민사소송법

<이론·판례·사례·선택형문제>

김 학 기

도서출판 오래

민사소송법

머 리 말

본서의 목적은 민사소송법을 최대한 쉽게 이해하고 소송법적 문제해결능력을 제고하기 위한 것이다. 기존의 동도제현의 훌륭한 분들로부터 저서와 논문, 강의 등을 통하여 많은 지도와 學恩을 받았다. 민사소송법을 공부하는 이들이 이 졸저를 통하여 민사소송법을 쉽게 이해하는 데 이용된다면 그분들의 학은을 다소 갚는 것이라 생각한다.

민사소송법은 소송주체들의 민사분쟁에 대한 소송과정을 규율하는 절차법이다. 처음에 소장을 법원에 접수하면서 시작되는 소송과정은 소장심사, 소장부본 송달과 답변서·준비서면 제출, 변론절차와 증거조사를 거쳐 판결에 이르고, 판결에 대한 불복이 있으면 상소심이 진행되어 종결되는 과정이다. 따라서 이 책은 물이 높은 데서 아래로 흐르듯이 소제기로부터 시작하여 답변서제출, 변론준비절차, 변론, 증거조사, 판결과 상소, 확정과 재심에 이르는 민사소송과정에 대하여 시간 순서로 서술하여 최대한 이해하기 쉽도록 구성하였다.

민사소송법은 법학의 여러 과목 중에서 가장 실무적인 과목이다. 민사소송법을 공부하는 목적인 실제 민사 법률문제해결방식에 중추적인 역할을 담당할 수 있도록 실체법이론과 연관된 입장에서 기술하였다. 민사소송은 민사소송법이라는 열차에 민법, 상법 등의 실체법을 싣고 궁극적인 법률문제해결이라는 민사집행을 향해 달리는 열차와 같은 과정이다. 그런데 민사법 체계와 이론서들은 민법, 상법 등의 실체법과 민사소송법이라는 절차법이 따로 강의되고 있으나 향후에는 실체법과 절차법은 합체되어 논의·강의되고 각종 시험에서도 혼합되어 출제되어야 실무상 법률문제해결이라는 법학교육의 궁극적인 목적을 달성할 수 있을 것이다. 따라서 민사소송법을 올바로 이해하려면 기초적인 민법 등의 실체법의 이해가 어느 정도 선행되어야 한다.

한편 민사소송법은 독립된 절차법으로서 체계를 가지고 있고, 민사소송의 과정을 규율하고 있으므로 이 흐름을 이해해야 절차법적 구제방법을 모색할 수 있다.

　　민사소송에서 문제해결기준이 되는 것은 법조문이다. 이것이 없거나 불분명하면 판례나 확립된 법이론과 신의칙에 의하여 해결한다. 이 책은 최대한 독자중심으로 집필한다는 원칙 아래 민사소송법에 대한 부담을 줄이고 소송의 흐름을 쉽게 파악하고 부담스럽지 않게 하기 위하여 이론과 학설의 주장을 축소하면서 분량을 조절하였다. 그러나 문제해결에 필요한 중요 쟁점에 관한 이론과 사안은 자세한 설명에 이어 관련판례의 간략한 해설을 하였다.

　　또한 이 책은 독자들이 민사소송법의 이해를 증진시키고 문제해결능력 제고를 위하여 사법시험, 변리사시험, 변호사시험의 기출문제를 중심으로 사례형과 선택형 문제를 해설하였고, 특히 채권자대위소송, 상계항변과 사행행위취소소송, 가압류·가처분 등 중요사항을 다루어 정리하였다.

　　본서의 활용방법은 먼저 이론부분만 1~2회 정독한 후 사례문제와 선택형문제를 푸는 것이 민사소송체계를 이해하는 데 유익하다. 그 후에는 본서를 처음부터 보지 말고 중복소송, 기판력, 재소금지의 요건과 효과의 차이점을 구분하여 이해하고 정리한 후, 소송물의 복수와 공동소송, 당사자변경을 순서대로 비교하면서 이해하고 나머시는 순서대로 소쟁점위주로 공부하면 민사소송법을 효율적으로 이해하고 문제해결능력 제고에 도움이 될 것이다.

　　본서가 나오기까지 여러분의 도움이 있었다. 흔쾌히 출판을 허락하신 황인욱 사장님과 더운 여름 편집에 노고를 마다 않으신 이종운 님에게 감사드린다. 미국에서 공부하는 딸 지수, 군복무중인 지웅, 새내기 대학생 종찬, 묵묵히 내조하는 아내 등의 사랑과 응원에 감사드린다. 앞으로 부족한 부분을 계속 보완해 나가기로 한다. 이 책 내용에 관하여 질책을 기대한다(khk@jbnu.ac.kr).

2015. 8.

전북대 법학전문대학원 연구실에서

김 학 기

일러두기

<**참고문헌 약어표**>

강현중	강현중, 민사소송법(제6판, 2004년)
곽윤직	곽윤직, 민법총칙(신판 수정판 1998년)
김상수	김상수, 민사소송법개론(제5판(증보판), 2010년)
김용진	김용진, 실체법을 통해 본 민사소송법(제5판 2008년)
김일룡	김일룡, 민사소송법강의(2013년)
김준호	김준호, 채권법(각 2012년)
김증한·김학동	김증한·김학동, 민법총칙(제9판)
김홍규·강태원	김홍규·강태원, 민사소송법(제2판, 2010년)
김홍엽	김홍엽, 민사소송법(제5판, 2014년)
방순원	방순원, 민사소송법(상) (전정개정판 1989년)
송상현·박익환	송상현·박익환, 민사소송법(신정제6판, 2011년)
양병회	양병회, 민사소송법(제4판, 2011년)
이시윤	이시윤, 신민사소송법(제9판, 2015년)
이시윤·조관행·이원석	이시윤·조관행·이원석, 판례해설 민사소송법(제2판 2014)
전병서	전병서, 기본강의 민사소송법강의(제5판, 2010년)
정동윤·유병현	정동윤·유병현, 민사소송법(제4판, 2014년)
정영환	정영환, 신민사소송법(2009년)
주석	주석 민사소송법(2012년), 한국사법행정학회
지원림	지원림, 민법강의(제12판, 2014년)
최성호	최성호, 신민사소송법(2012년)
피정현·김현선	피정현·김현선, 민사소송법(2011년)
한충수	한충수, 민사소송법의 이론과 실무(2006년)
호문혁	호문혁, 민사소송법(제10판, 2012년)

<**법령·판례 인용**>

민사소송법은 법령제목 없이 조문숫자만 표시하며, 조문인용시 '제2조 제1항 가목 제2호'는 '2 ① 가 2호 또는 (2)'와 같이 표기함.

가소	가사소송법
가소규	가사소송규칙
개인	개인정보보호법
규칙	민사소송규칙
공직선	공직선거법
국가당	국가를 당사자로 하는 소송에 관한 법률
국사	국제사법

농협	농업협동조합법
민사전자	민사소송 등에서의 전자문서이용 등에 관한 법률
민인	민사소송인지법
민집	민사집행법
방문	방문판매 등에 관한 법률
법원	법원조직법
변호	변호사법
부등	부동산등기법
비송	비송사건절차법
사물규	민사 및 가사소송의 사물관할에 관한 규칙
상고	상고심절차관한특례법
소비	소비자기본법
소액	소액사건심판법
소촉	소송촉진 등에 관한 특례법
수협	수산업협동조합법
상업	상업등기법
상고	상고심절차특례법
약관	약관규제에 관한 법률
어음	어음법
인지규	민사소송 등 인지규칙
자산공	한국자산공사설립에 관한 법률
공단	정부법무공단법
중재	중재법
조정	민사조정법
증집소	증권관련집단소송법
지자	지방자치에 관한 법률
채무자회생	채무자 회생 및 파산에 관한 법률
특허	특허법
할부	할부거래에 관한 법률
헌재	헌법재판소법
형소	형사소송법
행소	행정소송법

<기 타>

* 대법원 판결은 사건번호만으로 검색이 가능하므로 선고날짜는 생략하고 '대판 사건번호'로만 표시하고, 대법원 결정은 '대결 사건번호'로 약칭함.
* 헌법재판소 결정은 '헌재 사건번호'로 약칭함.
* '법전협'은 '법학전문대학원협의회'의 약칭임.
* 선택형 문제의 '답'은 각주에서 해설의 맨 앞에 두었음.

차 례

제1편 민사소송 통칙

제3장 訴訟上 代理人

제3편 제1심 소송절차

제1장 소송의 개시

제4장 證 據

제4편 판   결

제1장 재판일반

제2장 판   결

제5편 상소심절차

제1장 총 설

제2장 항 소

제3장 상 고

제6편 소송의 종료

제1장 판결의 확정

제3장 소송종료선언

제7편 再審과 準再審

제8편 복합소송

제1장 병합소송(소송물의 복수)

제9편 간이소송절차

제1장 소액사건심판절차

제2장 독촉절차(지급명령)

민사소송법

제1편 민사소송 통칙

제1장 민사소송절차 개관

제1절 민사소송이란

　　민사소송은 민사적 분쟁이 발생한 경우 이를 해결하기 위하여 소를 제기하고 변론과 증거조사를 거쳐 판결에 이르는 과정이다.

　　모든 사람은 그의 권리를 위하여 투쟁하여야 하고 소송인도 그의 이익을 변호함으로써 법의 유지에 기여하는 것이다(R. v. Jhering). 개인이 다른 사람과의 사이에 법적 분쟁이 생긴 때에는 원칙적으로 '자력구제가 금지'되는 대신 그 분쟁의 법적 해결을 국가기관인 법원에 구할 수 있다. 이 경우에 분쟁의 해결을 구하는 당사자인 원고가 '소장'이라는 서면을 작성하여 이를 법원에 제출하여 분쟁의 해결을 구하는 것이 소(訴)이고, 민사상의 분쟁해결을 법원에 신청하는 것을 '소의 제기'라고 하며 재판절차를 통한 과정을 민사소송이라 한다. 이렇게 민사소송은 '사인(私人) 사이의 분쟁의 법적 해결'을 위하여 소의 제기로부터 변론을 거쳐 판결에 이르기까지 원고, 피고 및 법원의 행위가 연속하여 이루어지면서 진행되어가는 재판상의 절차이다.

　　민사소송절차는 민사분쟁이 있는 당사자가 원고와 피고, 소송물을 특정하여 소장을 작성하여 법원에 접수함으로써 소를 제기하면 재판장이 소장을 심사하고 소장 부본을 피고에게 송달한다. 피고가 답변서를 제출하면 재판장은 변론준비절차에 부칠 필요가 있는 경우 이외에는 바로 변론기일을 지정한다. 변론기일이 열려 증거조사가 끝나면, 변론을 종결하고 법원의 판결선고로 1심이 종료되고 상소가 없으면 확정된다. 확정판결에 대하여는 재심사유가 있으면 재심기간 내에 재심의 소가 가능하다. 판결절차에서 확정된 권리는 강제집행과 배당에 의하여 권리가 실현된다.

　　민사소송을 통하여 피해구제와 분쟁해결하여 사법질서를 유지하고 개인의 권리를 확정하여 보호하게 된다. 이와 같이 민사소송은 개인의 권리보호를 위한 과정이므로 민사소송절차의 각 단계의 쟁점을 파악하는 것이 중요하다. 소제기부터 변론과 증거조사를 통한 판결, 상소와 판결확정에 이르는 민사소송절차를 개관하면 다음과 같다.

≪민사소송절차 개관≫

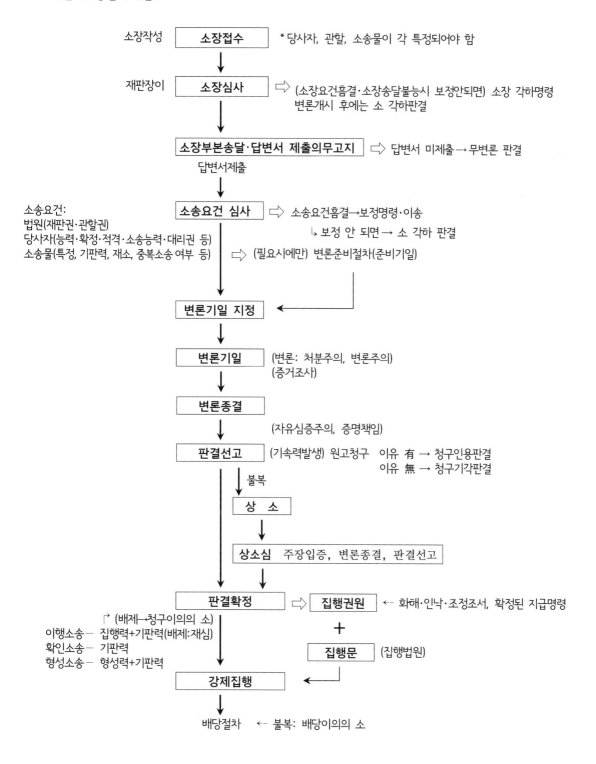

소장작성   **소장접수**   * 당사자, 관할, 소송물이 각 특정되어야 함

재판장이   **소장심사**   ⇨ (소장요건흠결·소장송달불능시 보정안되면) 소장 각하명령
              변론개시 후에는 소 각하판결

소장부본송달·답변서 제출의무고지   ⇨ 답변서 미제출 → 무변론 판결
       답변서제출

소송요건: **소송요건 심사**   ⇨ 소송요건흠결 → 보정명령·이송
법원(재판권·관할권)   ↳ 보정 안 되면 → 소 각하 판결
당사자(능력·확정·적격·소송능력·대리권 등)
소송물(특정, 기판력, 재소, 중복소송 여부 등)   ⇨ (필요시에만) 변론준비절차(준비기일)

변론기일 지정

변론기일   (변론: 처분주의, 변론주의)
          (증거조사)

변론종결
          (자유심증주의, 증명책임)

판결선고   (기속력발생) 원고청구   이유 有 → 청구인용판결
                          이유 無 → 청구기각판결
       ↓ 불복

       상 소

       상소심   주장입증, 변론종결, 판결선고

판결확정   ⇨   **집행권원**   ← 화해·인낙·조정조서, 확정된 지급명령
  ┌ (배제→청구이의 소)   +
이행소송 ─ 집행력+기판력(배제:재심)   **집행문**   (집행법원)
확인소송 ─ 기판력
형성소송 ─ 형성력+기판력

강제집행

배당절차   ← 불복: 배당이의 소

I. 訴의 제기

1. 소장의 제출

소송은 원고측 당사자의 주도에 의하여 소장을 법원에 접수함으로써 개시된다(소장제출주의).[1] 법원의 직권으로 소송이 개시되지 않는다(처분권주의). 따라서 임대보증금 또는 대여금을 반환받으려는 원고는 피고와 그의 주소, 청구취지와 청구원인을 특정하여서 소장을 작성하여 관할법원에 제출하여야 소송이 시작된다. 민사분쟁이 발생하여 소송으로 분쟁을 해결하려 하면 당사자 일방은 소장을 작성하여 법원에 접수해야 한다. 소장에는 당사자·법정대리인, 청구취지, 청구원인은 필수적 기재사항이며 나머지는 임의적 기재사항이다. 소장을 작성하는 원고는 피고와 소송물을 특정하고 피고의 주소를 확인하여 기재하여야 한다. 청구원인은 요건사실을 중심으로 사실관계와 법률상 주장을 기재한다.

2. 재판장의 소장심사와 소제기 뒤의 조치

(1) 사건의 배당과 재판장의 소장심사

(가) 위와 같은 사항을 기재한 소장이 법원에 제출되면, 일차적으로 접수담당 법원사무관 등이 소가산정과 인지액의 적정 여부, 필수적 기재사항의 기재 여부 등을 심사하며, 사건이 재판부에 배당되면 참여사무관 등이 사건기록을 작성한 뒤에[2] 다시 심사하여 흠결이 있으면 보정토록 한다.

(나) 소장의 적법 여부를 판단할 정식의 권한은 어디까지나 재판장(합의부의 재판장 또는 단독사건에서의 단독판사)이므로(254 ①), 접수사무관 등이 하는 심사는 재판장을 보조하는 의미에서의 사실상의 조사에 그친다.

---

1) 2천만원 이하의 금전 또는 대체물지급을 요구하는 소액사건에서는 구술제소와 당사자 쌍방출석에 의한 제소가 가능하다(소액 4, 5).

2) 예컨대 2015가합405와 같이 법원의 사건번호는 사건의 종류와 심급법원을 식별하기 위한 사건부호가 붙는다. 대부분 판결이고 항고·재항고 사건부호인 마, 무, 브, 스 등은 결정사건이다.

민사제1심단독	가단	민사제1심합의	가합	가사단독사건	드단
민사항소사건	나	민사상고사건	다	가사합의사건	드합
민사항고사건	라	민사재항고사건	마	가사항소사건	르
		행정재항고사건	무		
민사보전 단독사건	카단	민사보전 합의사건	카합	가사상고사건	므
행정1심 재정단독사건	구단	행정1심 합의사건	구합	가사항고사건	브
행정항소사건	누	행정상고사건	두	가사재항고사건	스

1) 심사대상

심사의 대상은 ① 소장이 필수적 기재사항을 갖추고 있는지의 여부와 ② 소장에 소정의 인지가 첨부(貼付)되어 있는지의 여부이다.

2) 소장보정명령

재판장은 심사의 결과, 소장에 흠이 있으면 상당한 기간을 정하여 보정을 명한다(254①). 인지가 부족한 경우에 인지의 추가첨부에 의한 보정의 효과는 소장제출시에 소급한다.

3) 소장각하명령

원고가 보정기간 이내에 소장의 흠을 보정하지 않는 경우에는 재판장은 명령으로 소장을 각하한다(254②). 이 소장의 각하는 소장을 수리할 수 없다는 이유에서 소장을 반환하는 취지이고, 소의 각하와는 다르다. 그러나 변론이 개시된 후에는 소장 흠결을 이유로 소 각하판결을 한다.[1]

(2) 소장부본의 송달과 답변서제출

(가) 재판장이 소장을 심사한 결과 적식(適式)이라고 인정된 때, 즉 소장에 흠이 없는 경우 또는 흠이 있어도 보정이 행하여진 경우에는 피고에게 소장부본을 송달한다(255①). 송달에 관한 사무는 법원사무관 등이 처리한다(175①).

(나) 피고가 원고의 청구를 다투는 때에는 공시송달의 방법에 따라 소장부본을 송달받은 경우를 제외하고, 소장부본을 송달받은 날부터 30일 이내에 답변서를 제출하여야 하고(256①), 법원은 소장부본을 송달할 때에 위 취지를 피고에게 알려 답변을 최고한다(256②).

(3) 무변론판결

피고가 답변서 제출기간 이내에 답변서를 제출하지 아니하거나 답변서를 제출하였더라도 원고의 주장사실을 모두 자백하는 취지이고 따로 항변을 하지 아니한 때에는 법원은 원고가 소장에서 주장한 사실을 피고가 자백한 것으로 보아 변론 없이 선고기일을 지정하여 무변론으로 판결을 할 수 있다(257①②).

(4) 변론기일 지정

피고가 답변서를 제출하면 재판장은 원칙적으로 바로 변론기일을 정하여야 한다(258①). 바로 사건을 검토하여 가능한 최단 기간 안의 날로 제1회 변론기일을 지정하여야 한다(규칙 69①). 2008년 민사소송법의 개정으로 변론준비절차는 '임의'

---

1) 대결 95마337.

절차화되어 사건관리방식이 '변론준비절차 선행방식'에서 '변론기일 지정방식'으로 변경되었다.

II. 변론준비절차와 변론

1. 변론준비절차

(1) 변론준비절차에의 회부와 진행

(가) 재판장이 필요하다고 인정한 변론준비절차는 변론이 효율적이고 집중적으로 실시될 수 있도록 당사자의 주장과 증거를 정리하는 절차를 말한다(279 ①). 재판장은 반소 등으로 사건이 복잡하게 되는 특별한 사정이 있는 때에는 변론기일을 열어 변론을 일부 행한 뒤에도 사건을 변론준비절차에 부칠 수 있다(279 ②).

(나) 변론준비절차의 진행은 재판장이 담당하나 합의사건의 경우에 재판장은 합의부원을 수명법관으로 지정하여 변론준비절차를 담당하게 할 수 있다. 변론준비절차를 진행하는 재판장 등은 변론의 준비를 위하여 필요하다고 인정하면 증거채택 여부를 결정을 할 수 있고, 재판장 등은 필요한 범위 안에서 증거조사를 할 수 있나. 다만, 증인신문 및 당사자신문은 일정한 제한이 있어 증인 등이 변론기일에 출석하기 어려운 경우 등 제313조에 해당하는 경우에만 변론준비절차에서 할 수 있다(281).

(2) 변론준비절차의 종류

변론준비절차의 종류로 서면교환방식에 의한 쟁점정리절차와 쟁점정리기일의 두 가지를 마련하고 있다. 서면공방에 의한 변론준비절차가 원칙적인 변론준비절차로 선행하고, 재판장 등은 이로써 부족한 경우에 변론준비기일을 열어 쟁점정리를 할 수 있다.

(3) 변론준비절차의 종결과 그 효과

(가) 재판장 등은 사건을 변론준비절차에 부친 뒤 6월이 지난 때, 정한 기간 내에 준비서면 등을 제출하지 아니하거나 증거의 신청을 하지 아니한 때, 당사자가 변론준비기일에 출석하지 아니한 때에는 변론의 준비를 계속하여야 할 상당한 이유가 없는 한 변론준비절차를 종결하여야 한다.

(나) 변론준비기일에 제출하지 아니한 공격방어방법은 ① 재정증인의 증인신문신청과 같이 그 제출로 인하여 소송을 현저히 지연시키지 아니하는 때, ② 중대한 과실 없이 변론준비절차에서 제출하지 못하였다는 것을 소명한 때, ③ 법원이

직권으로 조사할 사항인 때(예컨대 소송요건에 대한 흠의 주장) 이외에는 변론에서 제출할 수 없다(285 ①). 서면공방방식에 의하여만 변론준비절차가 진행된 경우에는 위 실권효는 발생하지 않고, 변론준비기일을 연 경우에만 실권효 규정을 두었다.

2. 변 론

(1) 변론준비절차가 끝난 경우에는 재판장은 바로 변론기일을 정하여야 하고(258 ②) 첫 변론기일을 거친 뒤 바로 변론을 종결할 수 있도록 하여야 하고, 당사자는 이에 협력하여야 한다(287 ①). 당사자는 변론준비기일을 마친 뒤의 변론기일에서 변론준비기일의 결과를 진술하여야 한다(287 ②). 변론준비기일에서 정리된 결과를 실질적으로 변론에 상정하여야 하고, 변론기일에서는 집중적으로 증거조사가 실시될 것인데(293), 이 때의 변론기일은 집중증거조사기일이 된다.

(2) 원칙적으로 피고가 답변서를 제출하면, 재판장은 사건을 검토하여 가능한 최단기간 안의 날로 제1회 변론기일을 정한다(258 ①; 규칙 69 ①). 변론기일은 공개법정에서 사건(예 「2015가합405호 대여금」)과 당사자의 이름을 부름으로써 시작된다(169). 변론은 당사자가 사실을 주장·증명하고, 법원이 심증을 형성하는 민사소송의 핵심절차이다. 원고의 청구원인에 대하여 피고로서는 통상 ① 자백(침묵 포함), ② 부인(부지 포함), ③ 항변이라는 답변 태도를 보일 것이다. 피고의 항변에 대하여 경우에 따라 원고는 자백(침묵), 부인(부지), 재항변할 수 있다.

Ⅲ. 증거조사

1. 증거조사의 개시

(1) 증거조사의 의의

(가) 증명을 필요로 하는 사실에 대하여 당사자가 일정한 증거의 조사를 구하는 한, 법원은 원칙적으로 증거조사를 하게 된다. 증거조사라 함은 법관의 심증형성을 위하여 법정의 절차에 따라 인적·물적 증거의 내용(예컨대 증인의 증언, 문서의 기재)을 오관의 작용에 의하여 지각하는 법원의 소송행위이다.

(나) 변론주의하에서 증거조사는 원칙적으로 당사자가 신청한 증거에 대하여 행하여진다. 보충적으로 당사자가 신청한 증거에 의하여 심증을 얻을 수 없거나, 그 밖에 필요하다고 인정하는 때에는 직권으로 증거조사를 할 수 있다(292).

(2) 증거의 신청과 채부

증거의 신청은 당사자가 그 주장을 증명하기 위하여 일정한 증거방법(증인, 당사자본인, 감정인, 문서, 검증물 등)에 대하여 법원에 조사를 구하는 소송행위이다. 증거의 신청은 증명할 사실을 특정하여 증거방법을 표시하고, 증명할 사실과 증거방법의 관계를 구체적으로 밝혀야 한다(289 ①, 규칙 74).

(가) 증거신청철회 가부

증거의 신청은 그 조사 전에는 임의로 철회할 수 있지만, 조사중에는 자유심증주의에 의하여 상대방에게 유리한 증거자료가 생기는 경우도 있으므로(증거공통의 원칙) 상대방의 동의가 없다면 그 신청의 철회는 허용되지 않는다. 나아가 증거조사 종결 뒤에는 이미 법관의 심증형성에 영향을 주었기 때문에 상대방의 동의가 있어도 철회가 허용되지 않는다.

(나) 상대방의 의견진술기회보장과 증거항변

증거신청이 있으면 법원은 상대방 당사자에게 의견을 진술할 기회를 주어야 한다(274 ① 5호, 283). 상대방은 실기한 신청이라든지, 증거가치가 없다든지, 불필요한 증거라든지, 서증이 인장도용에 의한 위조문서라든지 따위의 증거항변을 할 수 있다.

법원은 원칙적으로 신청한 증거를 조사하여야 하지만, 합리적인 이유가 있는 경우에는 신청한 증거의 조사를 거부할 수 있다. 예를 들어 시기에 뒤늦은 경우(149) 등 부적법한 것은 조사하지 아니하여도 무방하다.

(다) 채부의 결정

법원이 증거의 신청을 채택하여 증거조사를 하는 데에는 하나하나의 형식적인 증거결정은 필요하지 않지만, 특히 증거조사를 위하여 새 기일을 정하거나 수명법관 또는 수탁판사에 의한 조사를 행하기 위해서는 그 취지의 결정을 할 필요가 있다. 법원은 당사자가 신청한 증거를 필요하다고 인정하지 않은 때에는 조사하지 않을 수 있는데(290 본문), 다만 그것이 당사자가 주장하는 사실에 대한 유일한 증거인 때에는 이를 채택하여 조사하여야 한다(290 단서).

(3) 직권증거조사

법원은 당사자가 신청한 증거에 의하여 심증을 얻을 수 없거나 그 밖에 필요하다고 인정한 때에는 직권으로 증거조사를 할 수 있다(292). 변론주의에 따르는 통상의 민사소송절차에서는 직권증거조사는 보충적·예외적으로만 인정되고, 법원은 처음부터 적극적으로 증거를 탐지하여서는 안 된다.

2. 증거조사의 시행과 집중

(1) 증거조사의 실시와 당사자의 참여

직접심리주의하에서 증거조사는 수소법원이 그 법정에서 **변론기일**에 행하는 것을 원칙으로 한다. 이 경우에는 예정된 증거조사의 종결에 이어서 당연히 변론의 속행에 들어가는 관계상 그 증거조사기일은 동시에 변론기일이 된다. 그 예외로서 기일 전이나 법원 밖 다른 장소에서 증거조사를 할 수 있다. 이 경우에는 **증거조사기일**이 **변론기일**과 분리된다.

증거조사기일도 기일의 하나이고, 증거조사의 실시시에 자기의 이익을 도모할 필요가 있으므로 당사자에게 증거조사의 기일 및 장소를 통지하여야 한다(167, 297 ②, 381).

(2) 집중적 증거조사

제293조에서 증인신문과 당사자신문은 당사자의 주장과 증거를 정리한 뒤 집중적으로 하여야 한다고 집중증거조사의 원칙을 규정하고 있다. 집중증거조사는 증인 및 당사자신문에 한정된다(293).

(3) 증거조사 조서

증거조사기일의 경과 및 조사의 결과는 그 기일의 조서에 적어야 한다. 즉 변론기일에 행한 경우는 변론조서에(154 2호, 3호), 독립한 증거조사기일에 행한 경우는 증거조사기일의 조서에 적어야 한다(160).

3. 자유심증주의와 증명책임

(1) 증거조사결과의 평가는 법원의 자유심증주의에 따른다(202). 즉 법원은 법정의 증거법칙에 구속되지 않고, 변론 전체의 취지와 증거조사의 결과를 참작하여 자유로운 심증으로 사실주장이 진실에 합치하는지의 여부를 판단한다.

(2) 법원이 사실의 존부에 대한 심증을 얻을 수 없는 경우, 이른바 진위불명(眞僞不明)의 경우에는 증명책임에 따라 판결을 하게 된다.

Ⅳ. 판결의 선고

법원은 증거조사를 하여 이것을 가지고 판결을 내릴 수 있거나 그 이상 증거조사를 하더라도 무의미하다고 여길 때에는 변론을 종결하고 2주 이내에 판결을 선고한다(훈시규정). 재판장으로부터 교부받은 판결문을 법원사무관 등은 2주 이내 (훈시규정)에 당사자에게 송달한다. 판결은 선고되면 구속력이 발생하나 형식적 확정력, 실질적 확정력(기판력), 집행력, 형성력은 판결이 확정되어야 발생한다.

1. 판결내용의 확정

판결내용은 직접주의의 요청에서 기본이 되는 변론에 관여한 법관이 확정하여야 한다(204 ①). 변론종결 뒤 판결내용이 확정되기 전에 법관이 바뀐 경우에는 새로운 법관으로 하여금 판결내용을 확정시키기 위하여 변론을 재개하여야 하고 (142), 당사자는 변론을 갱신(보통 종전 변론결과를 진술한다고 함)하여야 한다(204 ②).

2. 판결서의 작성과 판결의 선고·송달

법원이 어떤 내용의 판결을 할 것인가를 확정하면, 법원은 그 선고 전에 판결서를 작성하여야 하고, 이에 기하여 판결을 선고하는 절차로 진행한다. 판결서(판결원본)는 선고 뒤 바로 법원사무관 등에게 교부하여야 한다(209). 그 뒤에 법원사무관 등은 판결서를 받은 날로부터 2주 이내에 당사자에게 판결정본을 송달하여야 하는데(210), 판결정본은 법원사무관 등이 정본이라는 취지를 기재하여 작성한 원본의 사본이다. 항소기간은 판결서가 송달된 날로부터 진행된다(396).

3. 부수적 재판

(1) 소송비용의 재판

법원은 사건을 완결하는 재판을 하는 때에 직권으로 종국판결의 주문에서 그 심급의 소송비용에 대하여 당사자가 부담하여야 할 소송비용의 액수·비율을 선고하여야 한다(104).

(2) 가집행선고

재산권의 청구에 관한 판결에는 상당한 이유가 없는 한, 당사자의 신청 유무를 불문하고 직권으로 가집행을 할 수 있다는 것을 선고하여야 한다(213 ①).

4. 판결 이외의 소송의 종료

물론 사건의 전부가 항상 판결로 마무리되는 것은 아니다. 처분권주의는 소송의 종료 단계에서도 타당하므로 소의 취하, 청구의 포기·인낙, 소송상 화해에 따라 소송이 종료되는 경우가 있다.

V. 항소심

판결은 그 심급을 종결시키는 것이지만(종국판결), 소송을 무조건 마무리하는 것은 아니다. 제1심판결에 대하여 불복이 있으면 제1심법원에 항소장제출을 제출하면(397) 원심(제1심) 재판장이 항소장을 심사하여 흠결에 대하여 보정명령을 하고 보정되지 않으면 항소장 각하명령을 한다(399). 흠결이 없으면 항소기록을 항소법원에 송부하고(400), 항소심재판장은 항소장을 다시 심사하여 흠결시 보정을 명령하고 보정되지 않으면 항소장 각하명령을 한다(399). 항소심은 항소요건을 심사하여 항소요건의 흠이 보정 불가능하면 변론 없이 항소를 각하하는 판결을 하고(413), 항소요건에 흠이 없으면 본안심리를 하여 원심판결이 정당하면 항소기각하고(414), 원심판결이 부당하거나(416) 소송절차가 법률을 위배하면(417) 항소심은 원심판결을 취소하고 자판하거나 필수적 환송(418), 관할위반위반시에는 관할법원으로 이송한다(419, 411 단서).

1. 항소의 의의

판결이 확정되지 않은 동안에 상급법원에 그 취소·변경을 구하는 불복신청을 상소라고 하는데, 이에는 항소와 상고가 있다.

2. 항소제기의 방식

(1) 항소장의 제출

항소는 항소기간 이내에 항소장이라는 서면에 법정사항을 적어 제1심법원에 제출하여야 한다(397①). 항소기간은 판결서의 송달일로부터 2주의 불변기간이다(396).

(2) 항소장의 기재사항과 인지의 첩부

항소장에는 당사자 등의 표시 이외에 제1심판결의 표시와 그 판결에 대한 항소의 취지를 표시한다(397②). 이것이 항소장의 필수적 기재사항이며, 불복의 범위와 불복의 이유는 임의적 기재사항이고, 성질상 기재되어도 준비서면이 되는 것이다(398). 항소장에 신청수수료로 소를 제기하는 경우에 납부하여야 할 수수료의 1.5배의 금액의 인지를 첩부하여 납부하여야 한다.

3. 항소장의 심사

항소장이 제1심법원에 제출되면 우선 원심재판장이 항소장을 심사하고(399),

항소기록이 항소법원에 송부된 뒤에(400), 항소심재판장이 다시 항소장을 심사한다(402).

4. 항소심의 심판

(1) 항소심의 구조와 심리

항소심에서도 원칙적으로 새로운 사실이나 증거를 제출할 수 있다. 제1심에서 이미 제출된 재판자료와 항소심에서 새롭게 제출된 재판자료가 항소심판결의 기초가 된다. 이 의미에서 항소심의 구조는 속심(續審)이다.

항소심은 ① 항소제기가 적식이고, 항소기간이 지켜졌는가, ② 항소가 적법한가, ③ 불복신청이 이유가 있는가 등의 순서로 심리한다.

(2) 항소심의 종국판결

항소심에서도 중간판결 그 밖의 중간적 재판을 할 수 있지만, 항소 또는 부대항소에 의한 불복신청에 대하여는 종국판결에서 완결하여야 한다.

(가) 항소장 각하명령

항소장의 심사단계에서 항소장이 부적식인 때, 항소기간을 넘긴 것이 분명한 때 등에는 재판장은 명령으로 항소장을 기각한다(399 ②, 402 ②).

(나) 항소각하판결·결정

항소요건에 흠이 있어서 항소가 부적법한 경우에는 항소법원은 **판결**로써 항소를 각하한다(413). 이는 소송판결이다. 항소법원은 당사자가 변론능력이 없어 진술을 금지당하여 변호사선임을 명하였으나, 당사자가 새 기일까지 변호사를 선임하지 아니한 경우 법원은 **결정**으로 항소를 각하할 수 있다(144).

(다) 항소기각판결

항소법원이 항소인의 항소가 이유 없다고 판단할 경우 판결로 항소를 기각하여 원심판결을 유지하는 경우이다.

(라) 항소인용판결

1) 원판결의 취소원판결이 내용상 부당한 때에는 이를 취소하여야 한다(416). 또한 원판결의 성립절차가 법률에 어긋나 그 존립 자체에 의심이 있는 경우에도 이를 취소하여야 한다(417).

2) 자판원판결을 취소하면 소에 대한 완결된 법원의 응답이 없게 되므로 이에 대하여 무엇인가 조치를 강구하여야 하는데, 항소심은 사실심인 관계상 항소법원이 스스로 제1심에 대신하여 소에 대하여 재판하게 되는 자판(自判)이 원칙이

다. 예를 들어 원고의 청구를 인용한 제1심판결에 대하여, 항소법원 「제1심판결을 취소한다」 다음에 「원고의 청구를 기각한다」와 같이 재판한다.

　　　　　3) 환송항소심법원은 소가 부적법하다고 각하한 제1심판결을 취소하는 경우에는 사건을 제1심법원에 환송하여야 한다(필수적환송). 다만 제1심에서 본안판결을 할 수 있을 정도로 심리가 된 경우 또는 당사자의 동의가 있는 경우에는 항소심법원은 스스로 본안판결을 할 수 있다(418).

　　　　　4) 이송전속관할 위반을 이유로 제1심판결을 취소한 때에는 항소법원은 사건을 관할법원으로 이송하여야 한다(419).

5. 항소의 취하

항소인에 의한 항소신청의 철회를 항소의 취하라고 한다. 항소의 취하는 법원에 대한 항소인의 의사표시로 소송행위이다. 항소인은 항소심의 종국판결이 있기 전에 항소를 취하할 수가 있다(393 ①). 제393조 2항에서 소를 취하할 경우 피고의 동의를 얻도록 한 제266조 2항을 준용하지 않으므로 피항소인의 동의는 필요하지 않다.

Ⅵ. 상 고 심

상고 및 상고심절차에는 특별한 규정이 없는 한 항소 및 항소심절차에 관한 규정이 준용된다(425). 제1심의 소송절차에 관한 규정도 준용된다(408).

상고심절차는 상고장의 제출, 소송기록접수통지(426), 상고이유서의 제출(427), 심리속행사유의 심사(상고 4), 상고이유서의 송달과 답변서의 제출(428), 상고이유의 심리순서로 진행된다.

Ⅶ. 판결확정과 재심

상고심의 종국판결과 같이 더 이상 상소를 할 수 없으면 판결은 확정된다. 그런데 종국판결에 대하여 판결의 확정에 이르기까지 절차의 중대한 흠이나 판결의 기초가 되는 자료에 묵과할 수 없는 흠이 있을 때에 법적 안정성보다는 구체적 타당성을 위하여 당사자는 그 판결의 취소와 사건의 재심판을 구할 수 있다. 변론 종결되어 기판력이 생긴 사건을 다시 심리하기 때문에 재심사유가 법정되어 있고(451 ①), 재심의 제기기간도 판결확정 뒤 재심의 사유를 안 날부터 30일, 판결확정된 뒤 5년 이내로 제한되어 있다(456). 예외로 대리권 흠결과 확정판결이 이전 것과 어긋난 때는 제소기간 제한이 없다(457).

<선택형>

1. 다음 중 현행 민사소송법상 기본원칙 또는 제도로 채택하고 있지 않고 있는 것은?[1]

    ① 처분권주의   ② 변론주의
    ③ 구술심리주의   ④ 법정증거주의
    ⑤ 구술심리주의   ⑥ 집중심리주의
    ⑦ 변론준비절차의 필수화 ⑧ 직권진행주의
    ⑨ 적시제출주의

제2절 민사소송 이외의 민사분쟁해결제도

민사소송 이외의 민사분쟁해결제도로서 협상, 조정, 중재, 알선 등의 내제직 분쟁해결제도(ADR Alternative Dispute Resolution)가 오늘날 세계적으로 확산되고 있다.

1. 협 상

협상(Negotiation)이란 제3자의 개입 없이 당사자 쌍방의 합의로 법적 권리와 의무, 경제적·사회적 이익의 교환 또는 타협을 수단으로 하여 서로에게 바람직한 법적 관계를 형성하기 위하여 기존의 차이점을 조정해 가는 과정이다.[2]

이러한 협상은 당사자가 협상절차에 참여할 것인가의 여부를 자유로이 결정할 수 있고, 제3자의 개입 없이 당사자 스스로 분쟁해결방법을 모색하며, 절차진행에 있어서나 결론도출에 있어서 제한이 없고, 협상과정을 통하여 당사자 사이에 합의가 성립되면 민법상의 화해계약으로서의 효력을 가지게 된다.

---

1) ④⑦. 현행법은 자유심증주의를 채택하고 있다. 2008년 민사소송법 개정시 변론준비절차를 임의적, 예외적 절차로 변경하였다.
2) 협상은 당사자간이라는 2면적인 점에서 이를 상대교섭이라고 하고, 당사자들과 제3자라는 3면적인 다른 ADR과 구별하기도 한다.

2. 조 정

(1) 조정은 제3자인 법원이나 각종 조정위원회 등 조정담당기관이 분쟁관계인 사이에 개입하여 화해로 이끄는 절차이다.

(2) 법원의 조정이 성립되어 조정조서가 작성되면 재판상 화해와 동일한 효력을 갖는다(민조 29).

(3) 법원 외 조정으로서 각종 조정위원회의 조정은 그 효력이 다양하다.

(가) 소비자·건설·의료·금융 각 분쟁조정위원회 등의 조정은 재판상 화해와 동일한 효력을 가진다(소비 67 ④; 건설산업기본법 78 ④; 의료사고 피해구제 및 의료분쟁 조정 등에 관한 법률 37 ④; 금융감독기구의 설치 등에 관한 법률 55).

(나) 하자심사조정위원회, 환경분쟁조정위원회, 한국저작권위원회 등의 조정조서는 당사자가 임의로 처분할 수 없는 사항을 제외하고는 조정조서가 재판상 화해와 동일한 효력을 갖는다. 당사자가 임의로 처분할 수 없는 사항은 집합건물의 공용부분의 담보책임 및 하자보수 등에 관한 것이다(주택법 46의 4 ⑧; 동법 시행령 62조의 13; 환경분쟁조정법 33 ②; 저작권법 117 ②).

(다) 건축·집합건물분쟁 각 조정위원회와 약관분쟁조정협의회 등의 조정은 조정서에 기재된 내용의 합의가 성립된 것으로 본다(건축법 96 ④; 집합건물의 소유 및 관리에 관한 법률52조의 8 ②; 약관규제에 관한 법률 28 ① 후문).

(라) 노동위원회의 조정은 단체협약과 동일한 효력이 있다(노동조합 및 노동관계조정법 61 ②).

(4) 법원의 관여 없이 이루어지는 분쟁조정위원회의 조정에 대하여 재판상 화해의 효력을 인정하는 경우 판사 출신이나 변호사를 조정위원의 일원으로 포함시켜 조정기관의 중립성과 독립성, 공정성을 보장할 필요가 있을 것이다.

(5) 조정서에 확정판결과 동일한 효력이 있는 경우에는 조정서에 법원의 집행문을 부여받아 강제집행을 할 수 있다. 그러나 조정에 민법상 화해나 합의, 단체협약과 동일한 효력이 인정되는 경우에는 집행력이 없으므로 강제집행을 실시하기 위하여서는 공증인으로부터 조정조항에 강제집행을 인정한다는 집행증서를 얻거나, 법원에 소제기하거나 제소전 화해를 신청하여 별도의 집행권원을 얻어야 한다.

3. 중　재

(1) 중재는 사법(私法)상의 분쟁을 적정·공평·신속하게 해결함을 목적으로 당사자의 합의에 의하여 선출된 중재인의 중재판정에 의하여 당사자간의 분쟁을 해결하는 절차이다(중재 3). 분쟁의 1회적 해결의 장점이 있다.

(2) 중재합의의 대상인 분쟁에 관하여 소가 제기된 경우에 피고가 유효한 중재합의가 있다는 항변(抗辯)을 본안(本案)에 관한 최초의 변론을 할 때까지 하였을 때에는 법원은 그 소를 각하(却下)하여야 한다(중재 9).

(3) 중재절차를 진행하여 행한 중재판정은 확정판결과 동일한 효력이 있다(중재 35).

확정된 중재판정으로 집행하려면 법원의 승인 또는 집행판결을 구하여 이에 따라 한다(중재 36 ①).

(4) 중재를 신청한 당사자는 중재판정에 대하여는 선량한 풍속이나 그 밖의 사회질서에 반하거나 절차적 흠 이외에 내용의 흠은 원칙적으로 다툴 수 없으므로 (중재 36 ②) 중재조항을 계약에 삽입하거나 중재신청에 동의할 경우 신중해야 한다.

제 2 장 민사소송법의 의의

I. 의　의

민사소송법은 법원이 국민의 사법상의 분쟁해결의 요청에 따른 절차를 진행하는 것을 주된 내용으로 하는 공법이고 민사법이며 절차법이다. 민사소송법은 민사분쟁이 있어 평행선상에 있는 당사자가 분쟁대상을 법원으로 가지고 가면 법원은 이 문제를 당사자와 이해관계인과 함께 재판과정을 통하여 분쟁해결과 권리를 실현할 때 지켜야 하는 규칙을 정한 것이라고 할 수 있다.

본래 소송에 해당하는 용어인 process는 일정한 목적을 향하여 진전되는 과정을 뜻하는 것이므로 소송절차의 전체적인 흐름을 먼저 이해하는 것이 중요하다. 민사재판은 어느 확정된 구체적인 요건사실이 대전제인 법규의 법률요건에 해당되는 것을 소전제로 하여 결론을 이끌어 내는 법적 3단 논법에 의하여 구체적인 법률효과의 발생 등을 판단하는 구조를 가진다.

민사소송은 당사자의 처분권주의가 지배하는 소제기 단계와 변론주의와 법원의 직권진행주의가 가미되는 심리단계에서 사실주장과 증명절차를 거쳐 판결단계를 거치게 된다. 한편 실질적인 변론주의가 실현되기 위하여 법원의 석명권이 적절하게 행사되도록 하고 법원의 절차진행에 대하여 당사자의 이의권이 인정되고 판결에 대하여 상소권이 인정되어 상호 견제와 균형이 이루어져 있다. 각 단계에서 적용되는 기본원리와 당사자에게 인정되는 절차적 권리와 법원의 권한이 무엇인지를 이해하는 것이 민사소송법의 주요 내용이다.

Ⅱ. 민사소송법규의 종류

민사소송법 각 규정은 훈시규정과 효력규정으로 나눌 수 있고 효력규정은 강행규정과 임의규정으로 나눌 수 있다. 각 규정을 위배한 경우 그에 대한 효과를 판단할 수 있다.

1. 훈시규정

훈시규정은 5월 이내 판결선고(199), 변론기일지정(258 ②), 항소기록송부기간(400)과 같이 주로 법원의 직무관련규정들이며 이에 위배하여도 효력에 영향 없음이 원칙이다.

2. 효력규정

(1) 강행규정

민소법의 대부분의 규정이며 강한 공익성을 가지며 강행법규의 위배 여부는 직권으로 조사해야 한다. 강행규정에 위배하면 판결 전에는 무효이고 치유대상이 아니다. 이를 기초로 판결이 선고되면 그 판결은 위법하여 취소대상이나 당연무효는 아니다. 판결이 확정되면 재심사유 외에는 강행법규위반임을 주장 못 한다. 법원구성, 법관의 제척, 전속관할, 당사자능력, 상소제기기간 등에 관한 규정이다.

(2) 임의규정

민법 등 私法상 임의규정은 당사자합의로 그 적용배제가능하나(私的 自治), 민사소송법상의 임의규정은 소송절차의 획일성과 안정성을 확보하기 위하여 일방 당사자가 임의로 소송절차를 변경할 수 없다.

단, 법이 허용하는 범위 내에서 쌍방 당사자 합의로 그 적용을 배제할 수 있다. 명문규정이 있는 관할합의(29), 불항소합의(390 ①), 기일변경합의(165 ②) 이외에 부제소특약, 소·상소 취하 합의, 증거·집행계약 등은 해석상 인정된다. 임의규정은 당사자의 편의·이익보호위한 규정이므로 그 위배가 있어도 불이익 받은 당사자가 이의하지 않으면 하자가 치유되며, 이의를 하면 그 때 고려하면 된다. 소송행위·증거조사의 방식, 소송서류 송달 등에 관한 규정 등이다.

소송법이 정한 소송행위의 방식을 당사자는 합의에 의하여 임의로 변경할 수 있는지의 여부는 결국 법 또는 해석상 허용하는 범위 내에서만 가능하다.

Ⅲ. 민사소송법의 효력의 한계(적용범위)

1. 시적 한계

민사소송법은 기술법이므로 사건에 대하여 획일적 처리를 위해 소급효를 인정한다(소급효). 단, 구법시 이미 완결된 소송행위는 구법에 의해 효력이 계속 유지된다. 신법이 구법에 비하여 불리한 경우에는 통상 해당 법률의 부칙을 통하여 구제한다.

2. 장소적 적용범위

한국 법원에서 심리되는 사건은 한국 민사소송법을 적용함이 원칙이다(법정지법의 원칙). 한국 법원이 외국사법기관의 촉탁을 받아 하는 송달·증거조사는 한국 민사소송법에 따른다.

3. 인적·물적 한계

민사소송법이 누구에게 미치고 어떤 사건에 미칠 것인가의 문제는 우리의 민사재판권이 미치는 인적 및 물적 한계의 문제에 귀착된다.

Ⅳ. 민사소송법의 연혁

(1) 1910년 한일합방 후 1912년 일제의 조선민사령에 의한 민사령규정과 일본의 민사소송법이 8·15해방 후에도 의용되어 오다가 독일의 1877년의 민사소송

법(CPO)을 계수한 일본의 민사소송법을 수정하여 1960. 4. 4. 구 민사소송법이 제정되어 1960. 7. 1.부터 시행되었다.

그 후 1990. 9. 1. 시행되는 민사소송법 3차 개정으로 이전의 경매법이 폐지되어 임의경매절차가 민사소송법의 강제집행편에 흡수되었다.

2002. 7. 1.부터 시행되는 신 민사소송법은 대폭 개정되어 종래 가압류·가처분절차와 강제집행절차를 분리하여 별도로 민사집행법을 제정하였고 변론준비절차를 중심적 절차로 채택하였다. 2008. 12. 26. 다시 민사소송법을 개정하여 변론준비절차를 임의적 절차로 변경하여 변론기일 중심주의로 돌아갔다.

(2) 2010. 3. 24. 민사소송 등에서의 전자문서 이용 등에 관한 법률이 제정되어 2012. 1. 2.부터 모든 민사소송사건과 민사조정사건에 대하여, 2012. 5. 7.부터 모든 가사사건과 행정사건에 대하여, 2013. 5. 6.부터 민사집행법 및 비송사건절차법의 사건에 대하여 전자소송이 시행되고 있다.

(3) 민사소송법의 시행규칙으로 대법원규칙인 민사소송규칙이 1983. 9. 1. 제정되어 여러 차례 개정을 거쳐 현재 시행되고 있다.

<선택형>

1. 민사소송법의 적용범위에 관한 다음 설명 중 옳은 것은?[1]

   ① 외국의 사법기관이 우리나라 법원의 촉탁을 받아 송달 등 소송행위를 한 때에는 당해 외국의 소송법에 따라 그 효력 유무가 결정된다.
   ② 우리나라 법원에 제소된 사건에서의 당사자가 모두 외국인일 경우에는 우리나라 민사소송법의 적용은 배제된다.
   ③ 우리나라 법원이 외국 사법기관의 촉탁을 받아 송달·증거조사 등의 소송행위를 하는 경우에는 당해 외국의 소송법이 적용된다.
   ④ 소송이 계속중의 민사소송의 규정이 개정된 경우에는 특별한 사유가 없는 한 개정된 법의 규정에 의하여야 한다.

1) ④. 민사소송법은 특별한 규정이 없으면 법시행 당시 법원에 계속중인 사건에도 적용한다(부칙 2조). ① 외국에서 시행한 증거조사는 그 나라의 법률에 어긋나더라도 민사소송법에 어긋나지 아니하면 효력을 가진다(269②). ② 민사소송법의 장소적 범위는 소송은 법정지법에 따르는 원칙에 의하여 우리나라 법원에 제소된 사건은 당사자가 외국인인 경우에도 우리나라 민사소송법이 적용된다. ③ 우리나라 법원이 외국 사법기관의 촉탁을 받아 송달이나 증거조사 등의 소송행위를 하는 경우에노 우리나라 민사소송법에 따라서 행하여진다.

2.   다음 규정들의 성질에 관한 설명 중 옳지 않은 것은?[1]
     ⓐ 관할합의규정   ⓑ 불항소합의규정   ⓒ 기일변경합의규정

     ① 법이 허용하는 범위 내에서 쌍방 당사자 합의로 그 적용을 배제할 수 있다.
     ② 당사자의 편의·이익보호위한 규정이다
     ③ 위 규정에 위배가 있어도 당사자의 이의 없으면 하자가 치유된다.
     ④ 민사소송법상의 임의규정으로서 일방 당사자가 임의로 소송절차를 변경할 수 있다.

3.   민사소송법규에 대한 다음 설명 중 옳지 않은 것은?[2]   [법전협 2013. 1차]

     ① 민사소송에 적용되는 법규정은 크게 효력규정과 훈시규정으로 나눌 수 있다.
     ② 효력규정에는 강행규정과 임의규정이 있다.
     ③ 민사소송법에서 임의규정의 의미는 민법에서의 임의규정의 의미와 같다.
     ④ 민사소송에서 신의칙은 적용된다.
     ⑤ 판결선고 기간에 관한 규정은 훈시규정이다.

제3장 민사소송의 목적과 理想 및 신의칙

제1절 민사소송의 목적과 특성

I. 헌법과 민사소송

　　우리 헌법은 생명·신체의 자유, 재산권 등의 기본권보장을 선언하고 있는데 이러한 기본권은 정당하고 공정한 재판을 통하여 그 실효성이 보장된다. 이를 위하여 우리 헌법은 민사재판에 관하여 지도원리가 되는 몇 가지 원칙을 선언·규정하고 있다. 재판받을 권리(헌법 27 ①), 재판공개의 원칙(헌법 109), 대법원의 소송절

---

1) ④. 민사소송법상의 임의규정은 민법상 임의규정과 달리 일방 당사자가 임의로 소송절차를 변경할 수 없음이 원칙이다. 이는 소송절차의 안정과 획일성을 위함이다.
2) ③. 민법 등 私法상 임의규정은 당사자합의로 그 적용배제가능하나(私的 自治), 민사소송법상의 임의규정은 소송절차의 획일성과 안정성을 확보하기 위하여 일방 당사자가 임의로 소송절차를 변경할 수 없다.

차에 관한 규칙제정권(헌법 108) 등이 그것이다.

헌법은 모든 국민은 헌법과 법률에 정한 법관에 의하여 법률에 의한 재판을 받을 권리 즉 재판청구권을 기본권으로 보장하고 있다(헌법 27 ①). 이는 국민에 대하여는 재판, 즉 법원에의 접근을 보장하는 것임과 동시에 법원에 대하여는 재판의 거절을 금지하는 것이다.

재판청구권은 헌법과 법률이 정한 법관에 의하여, 법률에 의한 재판을 받을 권리와 공정·신속·공개·평등의 재판을 받을 권리(헌법 27 ③, 동 109, 동 11 ①) 등을 그 내용으로 한다.

그리고 재판청구권에는 민사재판청구권도 포함되므로 국가는 국민의 민사재판청구권을 보장하기 위하여 최선의 노력을 다하여야 하여야 하고 국민의 민사재판권을 실질적으로 보장하기 위하여 민사소승의 절차규정이 헌법원칙에 맞게 입법되어야 하고, 각 절차규정을 적용하는 법관들도 헌법원칙에 따라 이를 적용하여야 할 것이다.

Ⅱ. 민사소송의 목적과 특성

私法상의 분쟁을 전제로 판결을 목적으로 나아가는 법원 및 당사자 등 이해관계인의 연속적 행위인 민사소송의 목적은 사권(私權)의 존재를 확정하여 사권을 보호하고, 절차을 보장하여 분쟁을 해결하여 결국 사법질서가 유지되는 것이다.

민사소송은 어떤 경우에도 이용가능하며(일반성), 당사자가 법적 해결에 불응해도 강제집행 가능하며(강제성), 국가의 재판권에 기초한 분쟁해결제도이다(공권성). 민사소송의 특성을 파악하기 위하여 가사소송과 비송사건을 검토한다.

민사소송제도 = 私人간의 분쟁을 공권적강제적으로 해결하는 국가제도
↓ | ↓
[심판대상의 私益性] | [제도운영의 公益性]
↓ | ↓
① 당사자주의적 성격 ⇔ ② 직권주의적 성격
↓
①과 ②의 성격이 교착(혼합)되어 있음

Ⅲ. 민사소송과 다른 소송과의 관계

1. 형사소송

(1) 형사소송은 개인에 대한 국가의 형벌권 행사에 관한 사건을 대상으로 하는 점에서 민사사건을 대상으로 하는 민사소송과 구별된다. 그러나 형사절차에서도 민사적 분쟁을 해결하는 경우도 있다. 즉 소송촉진 등에 관한 특례법 제25조 이하의 배상명령제도에 의하여 집행력 있는 민사판결의 정본과 동일한 효력이 있는 배상명령을 얻을 수 있고, 동법 제36조의 화해제도에 의하여 재판상 화해와 같은 효력을 부여받을 수 있다.

(2) 민사소송과 형사소송은 대상과 절차를 달리하므로 민사재판에서는 형사재판에서 확정한 사실에 원칙적으로 구속되지 아니하고, 형사판결은 증거자료가 되는 데 그친다.[1] 그러나 관련된 형사판결에서 유죄로 인정된 사실은 민사소송에서 유력한 증거자료가 되므로 특별한 사정이 없는 한 이와 반대되는 사실을 인정하여서는 안 된다.[2] 다만 무죄판결은 그러한 증명이 없다는 의미일 뿐이지 공소사실의 부존재가 증명되었다는 의미가 아니다.[3] 한편 검찰의 무혐의결정은 확정된 형사판결과 동일한 증거가치가 부여되지 않는다.[4]

2. 행정소송

(1) 행정소송은 공법상의 권리관계에 관한 사건(행정사건)을 대상으로 하는 점에서 민사사건을 대상으로 하는 민사소송과 구별된다. 다만 그 구별에 관하여 관련 법규에서 명확한 규정을 두고 있지 아니한 경우에는 어떠한 구제절차를 취할 것인지를 합목적적으로 판단하여 결정하여야 할 것이다.[5]

(2) 행정소송을 규율하는 행정소송법은 행정사건의 특수성에 비추어 관련 청구의 병합, 피고적격의 처분청 한정, 직권탐지주의, 사정판결 등과 같은 특칙을 두고 있으나, 그 이외의 사항에 관하여는 민사소송법의 규정을 준용하고 있다(행소8 ②, 16, 17 등). 행정처분의 효력의 유무나 존재 여부가 민사소송의 선결문제로 심리될 수 있지만(행소11), 행정행위에는 공정력(公定力)이 있어 행정처분이 위법하더라

---

1) 대판 79다913; 96다14470; 2004다4386.
2) 대판 94다39215.
3) 대판 98다25368; 2006다27055.
4) 대판 95다21884; 2000다43284·43307·43291.
5) 김홍엽, 5.

도 그 흠이 중대하고 명백하여 당연 무효라고 보아야 할 사유가 있는 경우를 제외하고는 아무도 그 흠을 이유로 행정행위의 효력을 부정하지 못한다. 따라서 행정처분의 흠이 취소사유에 불과한 때에는 그 행정처분이 취소되지 않는 한 그 처분의 효력을 부정할 수 없고, 민사소송에서는 그 행정처분의 효력을 부정할 수 없다.

(3) 그러나 위법한 행정행위 자체에 대하여 민사소송으로 손해배상청구소송을 제기한 경우 민사법원이 행정행위의 위법성 여부를 선결문제로 판단할 수 있는지에 관하여 판례는 위법한 행정대집행이 완료되거나 영업정지처분을 한 경우에 있어서 이미 그 영업정지기간이 만료되었다면 그 취소를 구할 법률상 이익이 없다 할 것이나 불법행위로 인한 민사상의 손해배상청구의 가능 여부는 본건 행정처분이 취소되는 여부와는 관계없이 별도의 입장에서 판단될 수 있다는 입장이다.[1]

(4) 한편 민사소송에 있어서 어느 행정처분의 당연무효 여부가 선결문제로 되는 때에는 이를 판단하여 당연무효임을 전제로 판결할 수 있고, 반드시 행정소송 등의 절차에 의하여 그 취소나 무효확인을 받아야 하는 것은 아니다.[2]

3. 가사소송

≪사례≫
[1] 甲이 乙을 상대로 제기한 대여금청구의 소와 같은 일반 민사사건은 지방법원의 전속관할인가, 아니면 가정법원에 민사사건이 변론관할이 성립할 것인가. 반대로 가사사건을 지방법원에 제기하면 전속관할에 위반되는가?
[2] 甲은 乙을 상대로 A 부동산에 대하여 B 지방법원에 제기한 소인 주위적 청구로서 증여를 원인으로 한 소유권이전등기청구(민사사건)를, 위 사실관계와 견련성이 있는 재산분할을 원인으로 한 소유권이전등기청구(가사사건)를 예비적으로 병합하여 청구하였다. 법원은 주위적 청구를 기각할 경우 예비적 청구에 대하여 심리·판단할 수 있는가?

(1) 의 의

가사소송은 가사소송법에 규정된 신분관계에 관한 분쟁과 이에 관련된 재산관계의 분쟁을 심판하는 절차이다. 가사소송법은 가사소송사건 외에 가사비송사건, 가사조정사건에 관하여 규정하고 있다. 가사소송법은 가사소송사건을 가류사건, 나류사건, 다류사건으로 분류하고 있으며 가정법원의 전속관할이며(가소 2 ①), 가사소송법 제2조 1항의 가사소송사건 중 '가류' 사건은 모두 단독사건이고 '나류' 사건은 혼인의 취소를 제외하고는 모두 합의부 관할사건이며 '다류' 사건은 주로

---

1) 대판 73다337, 73누228.
2) 대판 71다2279, 2009다90092. 피정현·김현선, 68.

손해배상사건 등이다.

(2) 가사소송의 특수성(민사소송의 특례)

가사사건은 가정법원의 전속관할이며(가소 2), 나류 및 다류사건에 대한 조정전치주의(가소 50 가류사건은 소송물을 당사자가 임의로 처분하는 것이 허용되지 않아서 조정전치의 대상이 되지 않는다), 본인출석주의(가소 7), 보도금지(가소 10), 가류 및 나류사건에 관한 직권탐지주의(가소 17 다류사건은 변론주의가 적용된다), 사정(事情)에 의한 항소기각(가소 19 ③), 가류 및 나류사건에 대한 확정인용판결의 대세효(가소 21), 항소심에서도 필수적 공동소송의 추가 및 피고의 경정허용(가소 7), 가사소송사건과 가사비송사건의 병합허용(가소 14), 소송승계의 특칙(가소 16), 혈액형검사 등의 수검명령(가소 29), 판결의무의 이행명령(가소 64) 및 그 불이행에 대한 과태료(가소 67), 감치처분(가소 68), 불출석에 대한 제재(가소 66) 등이 민사소송과 다른 특례이다.

(3) 민사소송과의 한계

가사소송사건과 일반 민사소송사건의 구별기준은 입법정책상의 문제이다. 私法상의 법률관계 중 가사소송사건은 가사소송법 제2조의 가정법원의 관장사항으로서 제1항에 열거한 사건과 다른 법률 또는 대법원규칙에서 가정법원의 전속관할에 속하는 사항으로 한정하고 있다(열거주의). 나머지 私法상의 분쟁은 일반 민사소송사건으로 볼 것이다. 가정법원에도 민사사건에 관하여 변론관할이 발생한다는 판결과[1] 가사소송법 제2조의 관할규정, 제3조의 관할지정규정, 제13조, 제14조, 제60조의 이송 및 병합 규정의 각 취지, 행정소송법 제10조의 규정과 위 가사소송법 각 규정과의 차이, 실무상 혼란을 고려하면 민사사건은 지방법원의 전속관할이고 지방법원으로 이송해야 한다는 판결이 있다.[2]

▨ **사례해설**

[1] 민사소송법에 민사사건이 지방법원의 전속관할이라는 규정이 없으므로 가사사건에 병합된민사청구에 관하여 가정법원이 변론관할을 인정할 수 있고, 원고가 동일한 목적을 추구하고 있어 사실관계가 견련성을 가지는 것으로 인정되면 각 청구의 병합도 적법하므로 민사사건을 지방법원의 전속관할에 속한다고 해석할 필요는 없다.[3] 가사사건은 가정법원의 전속관할이므로(가소 2 ①) 일반 지방법원에 제기할 수 없다. 그러나 사건이 가정법원과 지방법원 중 어느 법원에 속하는지 명백하지 아니하면 관계 법원의 공통되는 직근 고등법원이 관할법원을 결정하도록 하고 이 결정에 대하여는 불복할 수 없다 (28, 가소 3 ①).

---

1) 서울가정법원 2002르2424 판결(상고심 2004므979, 2004. 8. 20. 심리불속행판결로 확정됨).
2) 서울고등법원 2013. 2. 8, 2012르3661.
3) 법원실무제요(가사), 법원행정처, 25; 한충수, 56 이하.

[2] 민사사건과 가사사건은 동종절차 아니므로 민사사건에 가사사건을 병합할 수 없다.[1] 따라서 지방법원은 주위적 민사청구를 기각한 경우 병합된 재산분할을 원인으로 한 이전등기청구인 예비적 가사청구를 심리하여 판단할 수 없고 가정법원에 이송하여야 할 것이다. ⁄⁄

<선택형>

1. 다음 사안 중 가사소송의 대상이 될 수 없는 것은? (다툼시 판례에 의함)[2]

   ① 사실혼 부당파기로 인한 손해배상청구 및 원상회복청구
   ② 부부간 명의신탁해지를 원인으로 한 소유권이전등기청구
   ③ 이혼을 원인으로 하는 배우자 이외의 제3자에 대한 손해배상청구
   ④ 협의이혼에 따른 재산분할청구권 보전을 위한 사해행위취소 및 원상회복청구
   ⑤ 약혼 해제(解除) 또는 사실혼관계 부당 파기(破棄)로 인한 손해배상청구

4. 소송과 비송

≪사례≫

[1] A와 B는 부부이었으나 이혼하여 양자 사이의 자 C를 A가 혼자 양육한 경우 A는 이혼 후 청구시까지의 과거 양육비와 장래의 양육비 중 B 분담부분을 지급하여 줄 것을 요구하였으나 B는 소극적으로 차일피일 미루고 있다. A가 B에게 과거와 장래의 양육비를 비송사건으로 청구한 경우 법원은 어떤 판단을 할 것인가?[3]

[2] 서울가정법원의 전속관할인 장래 양육비청구를 서울동부지방법원에 제소하였다면 법원은 어떤 조치를 취하여야 하는가?

(1) 비송사건의 의의

비송사건은 법원의 관할에 속하는 민사사건 중 소송절차로 처리되지 않는 민사사건이다. 비송사건절차법에 정해진 사건과 그 총칙규정을 적용 또는 준용되는 사건이다. 예컨대 법원이 취급하는 호적, 등기, 공탁, 공시최고, 가사소송법 제2조 2호 라류 사건(실종, 후견 등)·마류사건(부부, 친족 등의 각종 처분), 과태료사건(비송 247 이하), 상업등기사건(상업 19), 가사비송사건(가소), 민사조정 및 가사조정(조정 39, 가소 49) 등이 있다. 부부의 생활비용부담에 관한 처분(가소 2 마(1))도 비송사건이다. 이는 공개된 법정에서 변론과 판결을 받고자 하는 재판청구권을 침해하는 것은 아닌가 하는 문제도 있다.[4]

---

1) 대결 2004므1378.
2) ②. 일반 민사소송사건이다. 나머지는 가사소송법 제2조 1항 다류사건이다.
3) 대결 92스21.
4) 부부생활비용 부담에 관한 처분은 부부생활비용을 부담할 의무가 존재함을 전제로 하며 그의 분담액을 형성·

(2) 소송의 비송화와 그 한계

종래 소송으로 처리하던 사건을 비송영역으로 이관하여 재량에 의한 탄력적으로 처리하는 현상을 소송의 비송화라고 한다. 이는 복지국가화 경향과 복잡다양한 사건의 종합적 처리의 필요성에서 법관재량영역[1]이 확대되어 가는 경향을 나타내고 있다. 그러나 비송화에는 재판받을 권리와 정당한 공개심리를 보장하고, 비송화로 인하여 대석(對席)변론 구조를 취하지 않아서 당사자권을 무시할 우려가 있고 비송화의 확대해석에 신중해야 하는 한계가 있다.

(3) 비송사건의 특질

비송사건은 법원의 합목적적 재량에 의하여 탄력적으로 처리되고 있다. 따라서 소송사건처럼 필요적 변론에 의하는 당사자대립주의 전제하지 않고, 직권주의적 색채가 강하여 비송사건절차법에 여러 가지 특례규정을 두고 있다. 비송사건절차는 신청 또는 심판청구에 의해 개시되고 구술변론이 요구되지 아니하여 공개·對審의 구조를 취하지 아니하며, 법원은 필요한 경우 재판의 기초자료를 직권으로 탐지할 수 있고(비송 11) 심리는 공개하지 않으며(비송 13) 검사가 사건에 관하여 의견을 진술하고 신문에 참여할 수 있다. 또 대리인자격에 제한 없고 자유로운 증명으로 족하고 재판에서도 법원의 재량의 여지가 많다. 일단 결정형식으로 재판을 하여도 기판력이 없으므로 법원은 결정이 부당하다고 인정되면 취소·변경이 자유스럽고(비송 19) 당사자는 항고로 불복할 수 있으며(비송 20) 불이익변경금지원칙이 적용되지 않는다.

(4) 소송사건과 비송사건의 구별론

소송과 비송의 구별기준에 관하여 ① 국가작용을 기준으로 소송사건은 실체법을 구체적으로 적용하여 권리의무의 존부를 판단하는 민사司法작용이고 비송사건은 국가가 사인간의 생활관계에 후견적으로 개입하여 조정하는 민사행정작용이라는 목적설, ② 법규정에 비송사건으로 처리할 것을 명시적으로 지정한 사건이 비송이고 그 밖의 사건은 소송이라는 실정법설, ③ 소송은 법적분쟁을 대상으로 하나 비송은 법원이 私人간의 생활관계에의 복리국가적·후견적 개입을 대상으로 한다는

결정하는 것이며 위 부부생활비용 부담에 관한 처분은 관련한 순수한 소송사건에 속하는 사항을 종국적으로 확정하는 것이 아니므로 헌법에 위반되는 것은 아니다. 다만 부부생활비용의 부담의무존부의 확정(소송)과 그의 부담액의 결정(비송)으로 나누는 것은 절차중복의 불합리가 있다는 비판이 가능하다.

1) 법관의 재량이 작용하는 영역으로 민사조정법에 의한 강제조정제도(30), 사정판결(상법 379, 행소 28), 증권집단소송에서 배상금의 분할지급 및 지급유예허락(증집소 36②) 등을 들 수 있다.

대상설, ④ 원칙적으로는 실정법설에 의하나 불명확한 경우에는 법원의 합목적적이고 유효적절한 재량이 필요하고 절차의 간이·신속성이 요구되는 경우는 비송으로 보고 그 이외의 경우는 소송사건으로 보는 견해(절충설) 등이 있다.[1]

판례는 회사정리절차의 개시 여부를 결정하기 위해서는 법원의 합목적적 재량을 필요로 하고 또 경제사정을 감안하여 유효적절한 조치를 강구하지 않으면 안 되고 절차의 간이 신속성이 요구되므로 정리절차의 개시결정 절차는 비송사건으로 보고 있다.[2]

(5) 비송사건을 소송절차로 제소한 경우 이송을 허용할 것인지의 여부에 관하여 제34조를 유추적용하여 가정법원으로 이송해야 한다는 판례가 있다.[3] 비송사건도 민사법원 재판권에 속하고, 소송경제상 이송하는 것이 타당하다.

░ **사례해설**

[1] 과거의 양육비는 권리의 존부에 관해서는 쟁송적 성격이 있고, 구체적인 과거 양육비의 금액은 합목적인 재량으로 정해야 하는 비송적 성격이 있어서 학설과 판례에서 논쟁이 있다. 가정법원은 가사비송사건으로 과거의 양육비에 관한 심판을 할 수 있고 법원은 당사자들의 재산 상황이나 경제적 능력과 부담의 형평성 등 여러 사정을 고려하여 적절하다고 인정되는 분담의 범위를 정할 수 있고(대결 92스21) 비송사건도 민사법원 재판권에 속하고 비송과 소송의 구별이 모호한 점에서 제34조를 유추적용하여, 소송경제상 이송하는 것이 타당하다.

아울러 과거 양육비청구를 비송사건으로 보는 판례의 다수설에 의하면 A는 적법한 청구를 한 것이다. 그러나 가사소송사건으로 보는 견해에 의하면 관할위반이라고 보게 되고 이송 여부의 문제가 발생한다. 또한 과거의 양육비청구는 일반 민사사건이고 장래의 양육비청구는 가사비송사건으로 본다면 전자는 지방법원의 관할이고 장래 양육비청구는 가정법원의 관할에 속하게 되어 심리의 지배원칙이 다르므로 병합심리가 적절하다고 할 수 없고 관련재판적의 병합청구를 할 수 없다.[4]

[2] 서울가정법원의 전속관할인 소를 서울동부지방법원에 제기하였다면 이는 전속관할위반이지만 가정법원에서도 가사소송법 제12조에 의하여 특별규정이 있는 경우를 제외하고는 민사소송법의 규정에 의하므로 위 동부지방법원은 위 소를 각하할 것이 아니라 민사소송법 제31조 1항에 의하여 서울가정법원으로 이송하여야 한다.[5] ░

---

1) 김홍엽, 11.
2) 대결 84마카42 회사정리절차.
3) 대결 80마445.
4) 대판 2004므1378 이혼 및 재산분할 등.
5) 대결 80마445.

관련판례

1. **이혼한 부모 중 한 쪽만이 자녀를 양육하게 된 경우 양육비 청구 이전의 과거의 양육비와 장래의 양육비의 상환을 청구한 경우 법원은 어떻게 처리하여야 하는가?**

[1] **[사실관계]** 부부 A와 B가 협의이혼을 하고 자녀를 청구인이 양육하여 왔으나, 자녀의 양육문제에 대하여 협의가 되지 않아, 양육자를 청구인인 母 B로 정해 줄 것과 과거의 양육비(이혼후 청구시까지의 양육비) 및 장래의 양육비를 청구하였다. 이에 대하여 원심인 대구지방법원은 자녀의 원만한 성장, 인격형성 및 육체적·정신적 건강 등 제반 사정을 참작하여 현재 자녀를 양육하고 있는 청구인을 자녀의 양육자로 지정하고, 이혼한 때(과거의 양육비 포함)부터 자녀의 양육비의 일부를 분담하게 하면서, 자녀의 양육에 소요되는 비용을 월25만원으로 인정하고, 여러 사정을 참작하여 상대방에게 그 중 약 3분의 1에 해당하는 월8만원의 부담을 명하였다. 이에 대하여 청구인과 상대방(과거의 양육비에 대하여, 특히 그 부당성을 주장)은 대법원에 재항고하였다.

[2] **[판단요지]** 대결 92스21(전합) 다수의견은「어떠한 사정으로 인하여 부모 중 어느 한 쪽만이 자녀를 양육하게 된 경우에, … 부모의 자녀양육의무는 특별한 사정이 없는 한 자녀의 출생과 동시에 발생하는 것이므로 과거의 양육비에 대하여도 상대방이 분담함이 상당하다고 인정되는 경우에는 그 비용의 상환을 청구할 수 있다. …부모 중 한 쪽이 자녀를 양육하게 된 경위와 그에 소요된 비용의 액수, 그 상대방이 부양의무를 인식한 것인지의 여부와 그 시기, 그것이 양육에 소요된 통상의 생활비인지 아니면 이례적이고 불가피하게 소요된 다액의 특별한 비용(치료비 등)인지의 여부와 당사자들의 재산 상황이나 경제적 능력과 부담의 형평성 등 여러 사정을 고려하여 적절하다고 인정되는 분담의 범위를 정할 수 있다고 판시하였다.」

[반대의견] 협의의 요청이나 심판청구가 있기 전의 기간에 지출한 양육비에 대하여는 이를 법원의 심판으로서 상대방에게 그 부담을 명할 수는 없다. 왜냐하면 민법 제837조 1항, 2항, 가사소송법 제2조 1항 (나)목 (2)마류 3호, 같은 법 제3편(가사비송)의 여러 규정을 종합하면, 이혼한 당사자의 아이의 양육에 관하여 가정법원이 비송사건으로서 행하는 심판은 어디까지나 아이의 현재와 장래의 양육에 관한 사항을 정하거나 이미 정하여진 사항을 변경하는 절차이지, 지나간 과거에 마땅히 이행되었어야 할 부양에 관한 사항을 다시 정하거나 이미 지출된 비용의 분담에 관한 사항을 결정하는 절차가 아니기 때문이다. 뿐만 아니라 협의의 요청이나 심판청구가 있기 전에 지출된 비용의 상환청구는 성질상 민사소송사항이고 가사소송법이 정한 가정법원의 관할 사항이 아니며, 가사소송법상 가사소송사건과 가사비송사건을 1개의 소로 제기할 수 있으나(가소 14①), 가사비송사건에 민사소송을 병합할 수는 없는 것이다.

[보충의견] 이혼한 부부 각자가 분담하여야 할 과거의 양육비의 비율이나 금액을 장래에 대한 것과 함께 정하는 것도 민법 제837조 2항에 규정된 자의 양육에 관한 처분에 해당하는 것으로 보아, 가정법원이 자의 연령 및 부모의 재산상황 등 기타 사정을 참작하여 심판으로 정하여야 할 것이지 지방법원이 민사소송절차에 따라 판정할 것은 아니라고 해석함이 상당하다.

2. <u>가사사건 소송에 통상의 민사사건에 속하는 청구를 병합할 수 있는지?</u> (대판 2004므1378)

판례는 부부간의 명의신탁해지를 원인으로 한 소유권이전등기청구나 민법 제829조 2항에 의한 부부재산약정의 목적물이 아닌 부부 공유재산의 분할청구는 모두 통상의 민사사건으로, 그 소송절차를 달리하는 나류 가사소송사건 또는 마류 가사비송사건인 이혼 및 재산분할청구와는 다른 종류의 소송절차에 따르는 것이므로, 원칙적으로 위와 같은 가사사건에 관한 소송에서 통상의 민사사건에 속하는 청구를 병합할 수는 없다고 판시하고 있다.[1]

그러나 이혼 및 혼인의 취소를 원인으로 하는 재산분할청구사건(마류 사건 4호)에 있어서는 부부간의 명의신탁해지로 인한 소유권이전 등기청구의 결과를 재산분할을 심판할 때 참작할 수 있으므로 후자가 성질상 민사사건에 속하여 전속관할로 양자를 분리하는 것보다는 소송경제와 재판의 통일을 위해 양자를 병합심리할 수 있도록 입법론적 해결이 필요하다.

제2절 민사소송의 이상과 현실

> **제1조(민사소송의 이상)** ① 법원은 소송절차가 공정하고 신속하며 경제적으로 진행되도록 노력하여야 한다.

민사소송은 적정, 공정, 신속, 경제를 그 이상(理想)으로 하고 있다. 민사소송의 이상과 이를 구현하는 제도에 관하여 민사소송법 제1조 1항은 법원은 소송절차가 공정하고 신속하며 경제적으로 진행되도록 노력하여야 한다고 규정하고 있다.

1. 공 정 (公正)

(1) **적 정**(適正): 재판의 적정은 재판이 올바르고 과오 없음을 말하며 이는 올바른 사실 확정과 올바른 법률의 적용을 요한다. 이를 구현하는 제도는 심급제, 재심, 석명, 직권증거조사, 전속관할, 교호신문, 변호사대리 원칙 등이 있다.

(2) **공 평**(公平): 재판의 공정은 한쪽 말만 듣고 재판하지 말고(법관의 중립성), 양 당사자를 공평취급하고 동등한 기회를 부여해야 한다는 원칙이다(무기평등). 이를 구현하는 제도는 심리공개원칙, 제척·기피·회피, 쌍방심리주의, 소송절차의 중단·정지, 변론주의, 대리인제도, 참가제도 등이 있다.

---

1) 대결 2004므1378.

2. 신 속

권리보호 지연은 권리보호 거절과 같을 수 있다. 헌법상으로도 신속한 재판을 받을 권리(헌법 27 ③)를 보장하고 있다. 이를 구현하는 제도로는 직권진행주의, 쟁점정리절차, 집중심리, 적시제출주의, 재정기간(裁定期間), 무변론판결, 신속한 기일지정, 의제자백, 취하간주, 쌍불취하제도 등이 있다.

3. 경 제

권리구제에 비용이 과다해서는 안 된다는 것으로 이를 구현하는 제도로 구술신청제도, 소송구조, 소송이송, 이의권의 포기·상실의 하자치유제도, 소액사건의 구술제소와 상고제한 등이 있다.

4. 민사소송의 현실

<u>적정·공평</u> ⇦ 긴장·이율배반관계 ⇨ <u>신속·소송경제</u>

위 적정·공평성과 신속·경제성은 이론상으로는 모순되지 않지만, 현실적으로는 여러 가지 제약요인에 의하여 상호간에 상충할 수 있다. 어디에 중점을 두느냐는 것은 정책적 문제이며 재판현실에서 사건의 폭수에서 오는 재판여건의 개선이 필요하고 위증성행, 문서화를 꺼리는 비법률적 습성에서 진실 파악이 곤란하며 소송과정에서 당사자간에 신의칙이 필요하다.

≪질문≫ [1] 민사소송의 이상 중 신속성과 적정성이 상충될 때 어느 것을 중시할 것인가? 그 이유는 무엇인가?
[2] 민사소송의 이상인 적정, 공정, 신속, 경제성을 구현하는 현행 민사소송법상의 각 제도는 어떤 것들이 있는가?

<선택형>

1. 권리보호의 지연은 권리보호의 거절과 같은 것일 수 있어서 신속성을 민사소송의 이상이며 헌법에서도 신속한 재판을 받을 권리(헌법 27③)를 보장하고 있다. 다음 중 재판의 신속을 구현하는 제도로서 가장 거리가 먼 것은?[1]
   ① 직권진행주의
   ② 쟁점정리절차
   ③ 집중심리제도
   ④ 적시제출주의
   ⑤ 심급제

---

1) ⑤. 심급제는 재판의 적정을 위한 제도이며 민사소송의 이상 중 공정·적정성은 신속·경제성에 상충할 수 있다.

제3절 민사소송에서의 신의칙

> **제1조(신의성실의 원칙)** ② 당사자와 소송관계인은 신의에 따라 성실하게 소송을 수행하여야 한다.

≪사례≫

[1] 甲은 乙을 상대로 영업양도의 무효를 주장하며 영업양수대금반환청구의 소를 제기하였다가 상대방이 제기한 영업장인도청구의 소(후소)에서는 그 영업양도의 유효를 주장하면서 그 영업양도의 계약이행을 구하고 있다.

   (1) 전소가 취하되어 소송이 종료된 경우 후소에서 甲의 영업양도의 유효주장은 신의칙에 반하는가?

   (2) 전소가 甲의 승소판결로 확정된 경우 상대방이 제기한 후소에서 甲의 영업양도의 유효주장은 허용되는가?

   (3) 위 소송의 사실관계에서 매매의 유효함이 진실한 경우 후소에서 매매유효주장이 허용되는가?

[2] 합자회사 Y가 경영부진으로 이 회사의 지분의 과반수를 가지고 있던 甲이 그의 지분을 乙에게 양도하고, 그 금액을 수령하였다. 그 후 Y회사의 영업이 정상으로 회복되었을 때, 甲이 乙에게 지분을 양도한 것을 승인하는 사원총회의 결의가 부존재함을 확인하는 소송을 제기하였다. 이 제소는 적법한가?

I. 의의·취지

(1) 제1조 2항에 규정된 신의칙(信義則)은 민사소송의 이상(理想)을 달성하기 위한 당사자와 소송관계인의 소송행위를 지배하는 행동원리이다. 외형적으로는 권리행사라 하더라도 사회정의와 형평성, 적법성의 관념에 반하면 허용될 수 없다.

(2) 법률의 규정이나 해석론에 의하여 타당한 결론을 얻을 수 없는 경우에 신의칙이라는 일반조항에 의하여 정의와 형평에 합치되는 해결을 도모하여 법규정의 형식적 적용에 따른 사회통념에 반하는 결과를 조정·보충한다.[1]

(3) 신의칙이 구체화된 규정으로는 소송지연목적의 제척·기피신청각하(45①), 소송완결지연의 공격·방어방법 각하(149) 등이 있다.

---

[1] 이시윤, 30. 신의칙은 당사자들의 소송행위를 지배하는 행동원리라는 견해(정동윤·유병현, 29), 민법과 민사소송법 전반에 걸친 최고규범 및 일반규범으로서… 민사소송법과 그 절차에 나타나는 법률과 행위들에 대한 평가·해석·수정 등의 역할을 한다는 견해(정영환, 100) 등이 있다.

Ⅱ. 적용범위

1. 보충적 적용 여부

(1) 일반조항인 신의칙 규정(1 ②)보다는 개별적·구체적 조항이 우선하며, 다른 법규로 해결 여부가 불분명한 경우 등에 보충적으로 활용하는 경향이다(보충적 적용).

(2) 판례는 부제소특약에 반하는 소제기는 부제소 합의내용이나 신의칙상 허용되지 않는다고 판시하여 신의칙의 적용범위로 보고 있어서 보충성원칙을 엄격하게 보지 않고 선택적 또는 추가적으로 적용하는 입장이다.[1]

(3) 부제소특약에 반하는 제소는 신의칙위배가 아닌 단순히 실체법상 계약의 구속력 위반이라는 견해가 있다.[2] 건전한 소송윤리를 확립하고 형식적인 법적용에서 오는 양식에 반하는 결과를 조정하기 위해서는 신의칙에 의한 제재를 강화할 필요가 있으나 부제소특약에 반하는 제소는 결론적으로 소송과정에서 배척되는 점에서 큰 차이는 없다고 할 것이다.

2. 신의칙의 규제를 받는 자(주관적 범위)

(1) 신의칙의 규제를 받는 자는 당사자와 소송관계인(보조참가인, 대리인, 증인·감정인, 조사자 등)이다(1 ②).

(2) 법원도 신의칙 규정을 적용받는다는 견해[3]와 조문 표현상 법원은 적용되지 않는다는 견해가 있다. 상급심에서 하급심의 증거채부, 사실인정, 법률의 적용 등에 관하여 신의칙에 기초하여 판단할 수 있다는 점에서 전자가 타당하다고 본다.

3. 실체법상 신의칙과의 관계

판례는 실체법상의 신의칙위반과 소송법상의 신의칙 위반을 명백히 구분하지 않고 있으나[4] 이를 구분하여야 한다는 견해가 다수이다.[5] 특히 소제기가 신의칙에 반하는 경우 소제기의 특성상 실체법상의 권리행사라는 측면과 최초의 소송행위라는 측면이 함께 있다. 이 경우 소송법상의 신의칙 위반을 이유로 소를 각하한다. 신의칙에 비추어 실체법상 권리가 인정되지 않아 청구기각판결하는 것과 소송행위로서의 소제기가 제1조에 위반하여서 강행규정 위반을 이유로 한 소 각하 판

---

1) 대판 92다21760, 정동윤·유병현, 29.
2) 호문혁, 51.
3) 정영환, 101.
4) 대판 96재다226; 98재다275; 2002재다623.
5) 김홍엽, 20; 호문혁, 51.

결하는 것은 구분하여야 한다.[1] 결과적으로 소송에서 신의칙에 위반되지 않아야 한다는 점을 소송요건으로 취급하고 있다.

Ⅲ. 발현형태

발현형태의 유형화는 다양할 수 있으나 일응 다음 4가지로 분류할 수 있다.

1. 소송상태의 부당형성 배제

당사자 일방이 잔꾀를 써서 자기에게 유리한 소송상태를 만들고 이를 이용하는 것을 금지한다. 예건대, 소액사건심판법을 적용받으려고 4천만원 대여금청구를 분할하여 2천만원씩 2개의 소로 청구하는 것을 금지한다(소액 5의 2. ① ②). 또 민사소송의 일방 당사자가 다른 청구에 관하여 관할만을 발생시킬 목적으로 본래 제소할 의사 없는 청구를 병합한 것이 명백한 경우에는 관할선택권의 남용으로서 신의칙에 위배되어 허용될 수 없으므로, 그와 같은 경우에는 관련재판적에 관한 제25조의 규정을 적용할 수 없다.[2]

2. 선행행위와 모순되는 거동의 금지(소송상의 금반언)

(1) 당사자가 어느 행위(선행행위)를 한 후 상대방이나 법원의 신뢰에 반하여 소송상 이것과 모순되는 후행행위를 하여 후행행위에 의한 상대방의 불이익이 있는 경우이다.

(2) 판례는 부제소특약에 반하는 제소, 매매무효주장하며 매매대금 반환 주장하다가 후에 매매유효를 주장하면서 매매이행을 구함은 신의칙위반이고,[3] 상속인인 소송수계인이 항소심에서 피상속인의 재산을 처분한 자신의 대리행위가 무권대리행위였다는 것을 주장하여 이전등기말소 또는 부동산 점유로 인한 부당이득금의 반환을 구하는 것은 금반언의 원칙이나 신의성실의 원칙에 반한다고 판시하였다.[4]

다만 가사소송에서와 같이 객관적 진실을 우선시켜야 할 경우 뒤의 행위가 진실이고 모순의 정도가 크지 않고 상대방의 불이익이 크지 않을 경우,[5] 또한 전

---

1) 한충수, "신의칙에 기한 소권의 박탈과 정지의 정당성 여부에 관하여", 법학논총(한양대학교) 제23집 제1호 (2006. 6), 454.
2) 대결 2011마62.
3) 대판 2004다55698l.
4) 대판 94다20617.
5) 이시윤, 32.

소가 취하된 경우는 소급적으로 선행행위도 소멸되므로(267 ①) 후소에서는 신의
칙이 적용되지 아니하여 선행행위와 모순되어도 후행행위는 유효하다.

3. 소송상 권능의 실효(Verwirkung)

(1) 허위주소 송달에 의한 판결편취당한 상대방이 이를 알고도 장기간 항소
권을 행사하지 아니한 경우는 항소권은 실효되어 그 뒤에 항소하려고 해도 허용되
지 않는 것을 말한다. 장기간 불행사에 대한 상대방의 정당한 기대를 근거로 한다.

(2) 판례는 근로자들이 면직되어 퇴직금 수령 후 10년 다 되어 면직처분무효
확인의 소 제기는 실효원칙에 따라 불허하였다.[1] 실체법상의 권리가 실효되는 것
이지 소권이 실효되는 것은 아니라는 실효부정설도 있다.[2]

4. 소송상 권능의 남용금지

(1) 소송상 권능도 법이 그것을 인정한 취지를 남용하는 소권의 행사는 사법
제도를 부당하게 이용하고 남용하는 것으로 신의칙상 허용되지 않는다. ① 3명의
공동상속인 중 1인만 무자력인데 그 무자력자만이 원고가 되어 상속재산의 보전
을 위한 소를 제기하고 소송구조신청을 한 경우 이는 소송구조신청권의 남용이
다. ② 소송지연을 위한 기피신청은 각하될 수 있다(45 ①). 이를 간이각하(簡易却下)
라 한다.

(2) 판례는 실질상 1인 주주로서 대표이사직에 있던 자가 주권발행 전에 주
식을 양도한 후 양수인들이 회사 부채를 정리하고 경영한 지 7, 8년이 지난 후 그
주식양도의 효력 등을 다투는 것은 신의칙에 반하는 소권행사로서 허용되지 않는
다고 판시하였다.[3] 또 이사로서의 직무집행의사는 없음에도 학교로부터 금품을
받을 목적으로 제기한 이사회결의부존재 확인의 소는 기획소송으로서 권리보호자
격 내지 소익이 없다고 판시하였다.[4] 이는 신의칙의 보충성 취지상 타당하다고
볼 것이다.

(3) 나아가 청구이유가 없음이 명백한 때에 법원이 직권으로 원고에게 소송
비용담보제공명령을 할 수 있고(117), 원고가 이에 불응하면 소 각하하여 소권남
용을 방지할 수 있다.

---

1) 대판 92다23285.
2) 호문혁, 47.
3) 대판 80다580.
4) 대판 74다767.

(4) 다만 재판받을 권리는 헌법상 인정되는 기본권이므로 예컨대 친생자관계부존재확인의 소에 대하여는 특별히 제소기간에 제한을 두지 아니한 취지에 비추어 비록 친자관계의 직접 당사자인 호적상 부모가 사망한 때로부터 오랜 기간 경과한 후에 위 소를 제기하였어도 그것만으로 신의칙에 반하는 소송행위라고 볼 수 없다 할 것이므로, 달리 특별한 사정이 없는 한 친생자관계부존재확인의 소가 소권의 남용이라는 명목으로 쉽게 배척되어서는 안 될 것이다.[1]

Ⅳ. 소송법상의 신의칙 위반의 효과

1. 직권조사사항 여부

(1) 신의칙에 어긋나는지의 여부는 당사자의 주장이 없더라도 법원은 직권으로 판단할 수 있는 직권조사사항이라는 견해가 다수설·판례이다.[2] 이에 반하여 법원과 당사자들 사이에서의 신의칙은 법원이 직권으로 고려하여야 하나 당사자들 사이에서는 당사자의 원용이 필요하다는 견해[3]와 신의칙 자체가 불특정개념이므로 그를 구성하는 개별적인 사실을 주요사실로 파악할 필요가 있음을 주장하는 견해도 있다.[4]

(2) 한편, 법관이 직권으로 판단하여 원고가 제기한 소가 신의칙에 위반된다는 심증을 형성한 경우, 특히 피고의 신의칙위반 항변조차 없는 경우에도 제136조 4항 지적의무에 따라 신의칙위반 여부에 대해 원고가 반론을 제기할 수 있는 기회를 주어야 할 것이다.[5]

2. 신의칙 위반의 소송행위

(1) 원고의 소제기가 신의칙에 위반되는 경우 소익(권리보호자격 또는 이익)흠결이라는 소송요건의 흠으로 각하된다(다수설·판례).[6][7]

(2) 한편 제소 그 자체는 실체법상의 권리행사의 한 방법으로 보고 제소가

---

1) 대판 2004므405
2) 대판 94다42129.
3) 정동윤·유병현, 33.
4) 하철용, "신의칙위반·권리남용 등의 소송상의 주장", 민사판례연구 Ⅸ, 247 이하.
5) 한충수, 앞의 논문, 454.
6) 대판 84다카855; 76다558; 74다757. 이시윤, 207; 정동윤·유병현, 363; 강현중, 317.
7) 제1조에서 신의칙을 명문으로 규정하고 있고 이는 절차법적 강행규정에 해당하므로 소송법상의 신의칙에 위반해서 제기된 소는 신의칙에 어긋남을 이유로 각하함이 타당하며 소의 이익개념과 연관지을 필요는 없다는 견해가 있다(한충수, 앞의 논문, 454).

신의칙에 위반되면 실체법(민법 2)상의 신의칙 위배이고 소송요건과 관계없으므로 청구기각해야 한다는 견해가 있다.[1]

(3) 소 제기 이외의 소송행위가 신의칙에 위배되는 경우에는 행위 유형에 따라 다르다. 신청과 같은 취효적 소송행위는 신청을 각하하고, 청구의 포기·인낙, 소취하 등의 여효적 소송행위는 무효로 취급되어야 한다.[2]

(4) 신의칙 위반을 간과한 판결은 확정 전에는 상소 가능하나, 확정 후에는 당연무효 판결은 아니다. 판례에 의하면 상대방의 주소를 알고 있으면서도 모른다고 법원을 기망한 공시송달에 의한 판결편취(사위판결詐僞判決)의 경우는 재심이 가능하다.[3]

(5) 신의칙에 반하는 소송행위에 대하여는 승소한 당사자에게도 소송비용의 전부 또는 일부를 부담하게 할 수 있다(100). 피고가 부당하게 응소하는 경우 연 20%의 지연손해금을 지급하도록 했다(소촉 3).

3. 신의칙위반 판결의 집행

신의칙에 위반한 판결이 집행된 뒤에는 추후보완상소·재심을 거쳐 부당이득 반환청구 또는 불법행위로 인한 손해배상청구 등이 가능할 것이다.

▨ **사례해설**

[1] (1) 전소가 취하되어 소송이 종료된 경우 소취하 효과로 소송계속이 소급적으로 소멸되므로(267①) 법원 및 당사자의 소송행위(영업양도의 무효주장)도 당연히 실효되어 甲이 후소에서 영업양도의 유효를 주장하여도 모순되지 않는다. 따라서 신의칙에 반하지 않는다. (2) 전소가 甲의 승소판결로 확정된 경우 후소에서 甲의 후소에서의 유효주장은 전소에서의 무효주장과 모순되어 허용할 수 없다. 그 근거에 관하여 전소에서의 중요한 쟁점에 대하여 당사자나 법원은 이와 모순된 주장이나 판단을 할 수 없다는 쟁점효이론과 전소에서 유리한 받은 판단과 모순된 주장을 다시 할 수 없다는 신의칙이론이 있다. 우리 민사소송법(1②)에 근거가 있는 신의칙상의 금반언의 원칙을 근거로 보는 것이 타당하다고 할 것이다. 전·후 양소는 소송물의 각 전제되는 법률관계로서의 영업양도의 계약이 유효·무효로 서로 모순되어도 이에 대하여는 기판력이 발생되는 부분이 아니므로 기판력과는 무관하다.[4] → 기판력 작용범위의 모순관계(제6편 제1장 제2절 제2관 제2항 Ⅲ. 3)와 비교. (3) 위 매매의 유효함이 진실하여도 일반 민사사건에서는 후소에서 매매유효주장이 허용되지 않으나 가사사건에서는 실체적 진실에 의하여 판단하여야 하므로 전소에서 매매무효를 주장하였어도 후소에서 매매유효를 주장할 수 있다.

[2] 甲은 자신의 의사에 따라 Y 회사의 지분을 양도한 것으로 별다른 사정이 없는 한 그 양도

---

1) 호문혁, 51·296.
2) 한충수, 앞의 논문, 454.
3) 대판 75다634; 공시송달이라도 일단 유효라고 보고 판결은 확정되었다고 본다(김홍엽, 1125).
4) 대판 2004다55698.

이후에 이루어진 Y 회사의 사원총회 결의에 하자가 있다 하여 甲이 제기한 사원총회 결의부존재확인의 소는 신의성실의 원칙에 반하는 제소로서 소권의 남용에 해당한다.[1) 위 사건의 항소심은 甲은 이를 다툴 법률상 이익이 없다 하여 각하하였다.

관련판례

1. 부제소합의에 위반한 제소가 신의칙에 반하는지의 여부 (대판 92다21760)

[사실관계] 이 사건 토지의 소유권 귀속이 불분명한 상태를 악용하여 원고는 사건 토지에 관하여 소송을 제기한 후, 이와 관련하여 피고와 협상을 하면서, 이 사건 토지의 소유권이 망 소외인의 상속인들에게 귀속되었음을 내세워 더 이상 피고 명의의 소유권보존등기나 이에 기한 소유권이전등기의 말소를 구하는 등 일체의 소송을 제기하지 아니하기로 합의한 바 있다. 그런데도 원고는 이에 반하여 다시 제소하였다.

[판결요지] 위 합의에 위반한 원고의 제소는 권리보호의 이익이 없고, 또한 권리의 행사와 의무의 이행은 신의에 좇아 성실히 하여야 한다는 신의성실의 원칙은 계약법뿐 아니라 모든 법률관계를 규제, 지배하는 법의 일반원칙으로서 민사소송에서도 당연히 요청되는 것인 바(제1조는 이를 명백히 규정하고 있다), 이 사건 소는 위 부제소 특약에 위반한 것으로서 부적법하고 원고가 위와 같은 이유로 이 사건 토지에 관한 피고 명의의 소유권보존등기의 말소를 구할 수 없는 이상, 위 등기에 터잡아 그 후에 경료된 나머지 피고들 명의의 소유권이전청구권보전의 가등기 및 소유권이전등기에 대한 말소등기절차이행청구도 앞에서 본 합의내용이나 신의성실의 원칙에 비추어 허용될 수 없다.

2. 전소에서 매매무효를 주장하다가 후소에서 매매유효를 주장하는 것이 기판력에 저촉되거나 신의칙에 반하는지의 여부 (대판 2004다55698).

[사실관계] 원고는 피고로터 A 부동산을 매수하고 매매대금을 지급하였으나 원활한 계약이행이 되지 않았다. 원고가 매도자 피고를 상대로 이 사건 매매계약의 무효 또는 해제를 이유로 매매대금의 반환을 구하는 소(전소)를 제기하여 소송을 진행하다가 원고는 전소를 취하한 후 위 매매의 계약의 유효를 주장하면서 피고를 상대로 매수인으로서 소유권이전등기의 이행을 구하는 이 사건 소를 제기하였다. 그런데 피고는 위 소취하에 대하여 부동의하여 소 취하의 효력이 발생하지 아니하였고, 2개의 소가 동시에 계속되게 되었는데, 피고가 전소의 제1심에서 패소한 이후에 그 동안의 태도를 바꾸어 원고의 전소 청구를 인낙함으로써 전소의 사건이 확정되어 종결되었다. 이 사건의 소에 대한 영향은 어떠한가가 쟁점이 되었다.

[판결요지] 원고가, 매매계약의 무효 또는 해제를 주장하면서 그 매매대금의 반환을 구하는 소를 제기하고 그 소송 계속중에 이중의 이득을 얻으려는 목적으로 매매계약이 유효함을 주장하여 그 이행을 구하는 별도의 소를 제기한 경우라든지, 원고와 피고 사이에 매매계약을 무효 또는 해제로 하기로 하는 합의가 있었거나, 원고가 피고에게 매매계약에 기한 소유권이전등기청구를 하지 않는다는 신뢰를 부여하는 행위를 하였고 피고가 이를 신뢰할 정당한 이유가 있음에도 이를 위반하여 매매계약의 이행을 구하는 소를 제기한 경우 등, 특별한 사정이 있는 때에는, 그러한 원고의 소제기는 신의칙에 위반되는 것으로 허용될 수 없을 것이지만, 이 사건과 같이 원고가 매매계약의

---

1) 대판 87다카113.

무효 또는 해제를 이유로 전소를 제기한 상태에서 매매계약에 따른 소유권이전등기의 이행을 구하는 이 사건 소를 제기하였다는 것만으로 원고에게 이중의 이득을 얻으려고 하는 목적이 있었다고 볼 수 없고, 또 피고에게 원고가 향후 이 사건 소를 제기하지 않는다는 신뢰를 부여하였다고 보기 어렵다. 결국, <u>원고가 전소와 이 사건 소에서 모두 승소하여 이중으로 이득을 볼 수 있게 된 사정은, 피고가 전소의 취하에 부동의하여 취하의 효력발생을 저지하고 있다가 갑자기 그 청구를 인낙하는, 매우 이례적 행위를 함으로써 발생한 것이지, 원고의 행위가 원인이 된 것이라 할 수 없으므로, 이러한 사정만으로는 피고의 전소 청구인낙 후 원고가 이 사건 소를 유지하는 것이 신의칙에 반하는 것이라고 볼 수 없다.</u>

3. 대리권한 없이 타인의 부동산을 매도한 자가 그 부동산을 상속한 후 소유자의 지위에서 자신의 대리행위가 무권대리로 무효임을 주장하여 등기말소 등을 구하는 것이 금반언의 원칙이나 신의칙상 허용될 수 없는지의 여부 (대판 94다20617).

[판결요지] 甲이 대리권 없이 乙 소유 부동산을 丙에게 매도하여 부동산소유권이전등기등에관한특별조치법에 의하여 소유권이전등기를 마쳐주었다면 그 매매계약은 무효이고 이에 터 잡은 이전등기 역시 무효가 되나, 甲은 乙의 무권대리인으로서 민법 제135조 1항의 규정에 의하여 매수인인 丙에게 부동산에 대한 소유권이전등기를 이행할 의무가 있으므로 그러한 지위에 있는 甲이 乙로부터 부동산을 상속받아 그 소유자가 되어 소유권이전등기이행의무를 이행하는 것이 가능하게 된 시점에서 자신이 소유자라고 하여 자신으로부터 부동산을 전전매수한 丁에게 원래 자신의 매매행위가 무권대리행위여서 무효였다는 이유로 丁 앞으로 경료된 소유권이전등기가 무효의 등기라고 주장하여 그 등기의 말소를 청구하거나 부동산의 점유로 인한 부당이득금의 반환을 구하는 것은 금반언의 원칙이나 신의성실의 원칙에 반하여 허용될 수 없다.

<선택형>

1. 민사소송법상 신의성실의 원칙에 관련이 없는 것은?[1]

① 당사자가 고의 또는 중대한 과실로 시기에 늦어서 제출한 공격방어방법은, 이로 인하여 소송의 완결을 지연하게 하는 것으로 인정할 때에는 법원이 직권 또는 당사자의 신청에 의하여 이를 각하할 수 있다.

② 당사자가 변론에서 상대방이 주장한 사실을 명백히 다투지 아니한 때에는 그 사실을 자백한 것으로 본다.

③ 당사자가 소송절차에 관한 규정에 위배됨을 알거나 알 수 있었을 경우에 지체 없이 이의하지 아니하면 그 권리를 잃는다.

④ 소의 취하는 상대방이 본안에 관한 준비서면을 제출하거나 준비절차에서 진술하거나 변론을 한 후에는 상대방의 동의를 얻지 아니하면 효력이 없다.

2. 민사소송법상의 신의칙에 관련하여 다음 중 옳지 않은 것은?[2]

---

1) ④. 피고가 본안에 관하여 응소하여 본안판결을 받으려는 적극적 태도를 보였다면, 피고에게도 청구기각의 판결을 구할 이익이 생겼다고 볼 수 있다. 따라서 소의 취하시에 피고의 동의를 얻도록 하는 것은 신의성실의 원칙과 직접직인 관련이 없다(266 ②). ① 제149조, ② 제150조, ③ 제151조.

2) ④. 신의칙 위반의 판결이 확정되더라도 당연무효의 판결은 아니다. 다만 판결편취와 관련하여 재심사유가

① 신의칙에 위반되는지의 여부는 법원의 직권조사사항이다.
② 신의칙에 위반되었어도 변론주의상 당사자가 주장하고 입증하여야 한다.
③ 신의칙규정은 강행법규이다.
④ 신의칙위반의 소송행위를 간과하고 판결한 경우 확정 전에는 상소로, 확정 후에는 당연무효의 판결이어서 재심으로 취소할 수 있다.
⑤ 신의칙에 위반을 간과한 판결이 집행된 뒤에는 손해배상책임을 청구할 수도 있다.

---

3. 甲은 A부동산에 대한 매매 무효를 주장하며 매매대금반환청구의 소(전소)를 제기하였다. 甲은 그 후 상대방이 제기한 다른 A부동산에 대한 인도청구의 소(후소)에서는 그 매매의 유효를 주장하면서 그 계약대로 목적물소유권이전을 구하고 있다. 이에 대하여 다음 설명 중 옳은 것은? (다툼시 판례에 의함)[1]

① 전소가 甲의 승소판결로 확정된 경우 甲의 후소에서의 유효주장은 전소에서의 무효주장과 모순되어 허용할 수 없다는 쟁점효이론을 판례가 취하고 있다.
② 전소에서 甲이 매매 무효를 주장하여 甲의 승소판결로 확정된 경우에도 후소에서 甲의 매매유효주장은 전제적 법률관계에 관한 사항으로 소송물에 관한 사항이 아니므로 기판력에 저촉되지 않는다.
③ 전소가 甲의 승소판결로 확정된 경우 전·후 양소에서의 소송물의 전제적 주장이 매매계약의 유효·무효로 서로 모순되어 이에 대하여는 기판력에 저촉된다.
④ 甲이 A부동산에 대한 매매 무효를 주장하던 전소가 취하되어 소송이 종료된 경우 상대방이 제기한 후소에서 甲이 그 매매의 유효주장은 신의칙에 반하여 주장할 수 없다.
⑤ 甲이 매매 무효를 주장하던 전소 소송 중 상대방이 후소를 제기한 경우 중복소송에 해당한다.

될 수도 있다(451 ① 11호).
1) ②. 전소의 판결의 이유에서의 판단인 선결적 법률관계는 기판력이 발생하지 아니하므로 前訴에서 매매 무효를 주장하였어도 후소에서 그 매매의 유효를 주장하더라도 기판력에 저촉되지 않는다. ① 대법원은 쟁점효이론을 인정하지 않는다. ④ 전소가 소취하되면 소송계속이 소급적으로 소멸되므로 후소에서 다른 주장을 하여도 신의칙에 반하지 않는다. ⑤ 전소와 후소는 당사자, 소송물이 다르므로 중복소송에 해당하지 않는다.

제4장 민사소송의 기본구조

I. 민사재판의 구조

(1) 민사소송은 민사분쟁이 발생하면 원고가 주장하는 권리의 존부에 대하여 법원이 심리하여 재판하는 것에 의하여 그 분쟁을 해결하는 것이다.

(2) 민사재판은 ① 금전을 빌리고 반환할 것을 약정한 자는 약정시기에 변제할 의무가 있는 것과 같이 어느 법률요건이 있으면(민법 598), 어느 법률효과가 발생한다는 법규(민법 603)를 대전제로 하고, ② 확정된 구체적인 요건사실이 위 법률요건에 해당되는 것(A가 B로부터 5천만원 차용사실)을 소전제로 하여 ③ 사안에서 그 법률효과가 인정된다는 결론(B는 A에게 차용금을 갚아야 한다)을 이끌어 내는 법적 3단 논법에 의하여 법률효과의 변동을 판단하여 선언하는 구조이다.

II. 심리구조

민사소송은 어떻게 시작되고 어떤 구조 속에서 심리(審理)되어 판결되는가. 민사소송은 제소단계(본안신청단계), 사실과 법률상 주장단계, 증명단계를 거치게 된다.

```
제소단계    ― 소송상 청구(소송물)제시 ←---------------------- 처분권주의
  ⇩        ① 피고에 대한 주장 + ② 법원에 대한 심판요구


주장단계
  -법률상 주장                        ―침묵
  ⇩ -사실상 주장 ←    변론주의   → 認否 ―인정⇐(제2명제 : 자백 구속력)
      (제1명제 : 주장책임)              ―부인·부지(不知·否認) ← 요증사실
증명단계
다툼 있는 사실(요증사실), ----> 증거신청 ⇐ (제3명제)
              증거조사 결과 + 변론전체의 취지
              = 증거원인
                    ↓
              자유심증 → 심증형성되면 → 판결.
              심증형성 안 되면 →입증촉구, 보충적 직권증거조사.
                    그럼에도 진위불명시→ 증명책임 → 판결
```

1. 청구(본안의 신청)의 단계

(1) 소송은 원고가 법원에 제시하는 청구인 본안의 신청에서 시작한다. 청구는 소제기의 단계에서는 소장에 청구취지로서 기재되며, 이후 주장·증명이라는 심리의 대상이 되고, 판결의 단계에서는 판결서의 중심적 판단의 대상이 된다.

(2) 원고의 청구에 대하여 피고가 원고 청구의 기각을 구하면서 다투면 절차는 다음 주장·증명단계로 진행한다. 그러나 원고의 소 취하, 청구의 포기 또는 피고의 청구인낙, 소송상 화해가 성립하면 소송이 종료되는데 이는 당사자처분권주의가 지배하기 때문이다.

2. 법률상의 주장 단계

원고는 자기의 청구를 뒷받침하는 법률상의 주장을 하고, 이에 대하여 피고가 응답한다. 예컨대 원고가 토지소유권에 기한 반환청구권으로서 토지인도를 구하는 경우에 토지의 소유권을 가지고 있다는 법률상의 주장을 피고가 인정하면, 원고가 소유권의 취득원인사실을 주장·증명할 필요가 없지만, 피고가 원고의 소유권을 다투면, 원고는 토지소유권에 관하여 주장·증명하여야 하고 절차는 다음 단계로 진행하게 된다.

3. 사실상의 주장 단계

청구에 대한 원인사실(예컨대 매매계약체결사실)을 원고가 주장하고, 이에 대하여 피고는 응답하게 된다. 통상적으로 피고의 응답은 ① 인정한다, ② 다툰다(부인하거나 모른다), ③ 인정하면서 다툰다는 경우로 나눌 수 있다.

피고가 인정하면 재판상 자백이 되어 불요증사실이 되고, 침묵의 경우(자백간주)도 동일하다. 피고가 다투면 증명이 필요하다. 피고가 인정하면서도 다투면 이를 항변이라 하고 이에 대하여 원고가 다투면 증명이 필요하여 다음 증명단계로 진행한다(원고가 항변사실을 인정하면 항변사실은 불요증사실이다).

4. 증명의 단계

(1) 피고의 응답 중 다툼 있는 사실에 대하여는 증명이 필요하게 된다.

위 예에서 원고가 목적물을 매수하였는지의 여부가 쟁점이 되면, 원고는 매매계약서를 증거로 제출하고(본증),[1] 피고는 그 계약서가 위조된 것을 감정에 통

---

1) **본증**은 자기에게 증명책임이 있는 사실을 증명하기 위한 증거 또는 증명활동으로서 요증사실의 존재에 대하여 법관이 확신을 갖도록 입증해야 한다. **반증**은 상대방이 증명책임을 지는 사실에 대하여 제출되는 증거 내지는

하여 밝히려는(반증) 공방이 전개될 것이다. 법관은 증거조사의 결과에 따라 자유로운 심증으로, 예건대 매매계약체결사실이 인정되는 심증이면 원고의 청구를 인용하는 판결을 하고, 계약체결사실이 부정되는 심증이 형성되면 원고의 청구를 기각하는 판결을 내리게 될 것이다.

(2) 그러나 계약체결사실에 관하여 법관이 알 수 없게 되어 심증을 형성하지 못하면 증명책임이 있는 당사자인 원고에게 입증을 촉구하고, 또한 보충적으로 법원이 직권증거조사를 하여도 진위불명시에는 법관은 재판을 거부할 수 없으므로 증명책임이 있는 원고에게 불이익하게 판결하게 된다.

증명활동으로서 법관이 의심을 갖게 하는 것으로 족하다.

제2편 소송의 주체

소송의 이상과 기본원리는 소송주체에 의하여 실현된다. 소송을 담당하는 소송상의 주체는 법원과 당사자이고 이들이 어떻게 구성되고 확정되는지는 소송의 전 과정을 파악하는 데에 중요하다.

제1장 법   원

소송을 진행하여 재판하는 판사로 구성된 법원은 법원조직법과 민사소송법에 의하여 조직되고 소송의 주체로서 합의부와 단독판사의 직분에 관하여 규정하고 있다. 공정한 재판을 위해 사건 또는 당사자와 일정한 관계에 있는 법관은 제척·기피·회피될 수 있도록 하고 있다.

제1절 법원의 의의와 구성

I. 법원의 의의

법원은 넓은 의미로는 법관과 그 이외의 법원직원으로 조직된 국가官署로서의 법원을 의미하나, 좁은 의미의 법원은 판결절차를 취급하는 受訴법원과 강제집행을 실시하거나 감독하는 집행법원의 기능을 가진다.

II. 법원의 구성

법원은 그것을 구성하는 법관의 수에 의하여 합의제와 단독제로 나뉜다. 합의제는 재판의 공정성과 적정성이 강조되고, 단독제는 재판의 신속성에서 우월하다.

1. 합 의 제

재판장과 합의부원으로 구성된다. 합의제에 있어서는 사건처리상 중요한 사항은 그 구성법관의 합의에 의한 과반수의 의견으로 정한다.

2. 단 독 제

단독제에서는 법관 개인의 주관성의 배제가 문제되는 반면 판사의 책임과 소신에 의하여 신속하게 처리할 수 있는 장점이 있다.

3. 합의제와 단독제의 조화

(1) 양자는 위와 같은 장단점이 있으므로 이를 조화시키는 것이 각국의 소송법의 과제이다. 합의제의 단점을 보완하기 위하여 각종의 촉탁(139②), 재판기일지정(165①) 등 합의부 판사 모두 관여할 필요가 없는 간단한 사항과 여유가 없는 급박한 사항에 대하여 재판장이 독립하여 법원의 권한을 행사하거나, 법원 밖에서의 증거조사 등에 관하여는 구성법관의 일부를 수명법관으로 지정하여 그 처리를 위임한다(139①).

(2) 단독제를 보완하기 위하여 사건 내용이 복잡하고 중요한 경우 단독판사도 직권 또는 당사자의 신청에 따라 합의부로 이송할 수 있다(34②). 또한 이 경우 합의부도 스스로 심판할 수 있는 **재정합의**제도가 있다(34③). 또한 합의부 사건이라도 합의부가 스스로 단독판사가 심판할 것으로 결정할 수 있다. 이를 **재정단독**이라 한다(사물규 2 (4)).

제2절 재 판 권

Ⅰ. 의 의

(1) 법원에 관한 소송요건으로서 재판권과 관할이 구비되어야 한다. 구체적인 사건에 관하여 우리나라 법원이 재판권이 있는가는 재판권문제이고, 재판권을 전제로 여러 법원 중 어느 곳의 법원이 재판권을 분담하는가의 문제가 관할이다.

(2) 재판권은 구체적인 사건을 재판에 의하여 처리하는 국가권력이며 이 중 민사소송을 처리하는 권능을 민사재판권이라 한다. 민사재판권은 재판에 의하여 판결하고 강제력으로 강제집행과 보전처분 등을 할 수 있다. 일반민사재판권 외에 가사·행정·특허사건과 비송사건에 대한 특별민사재판권이 있다.

Ⅱ. 대인적 제약

(1) 민사재판권은 원칙적으로 모든 사람에게 미친다(영토고권). 다만, 치외법권자[1]에게는 전면적 또는 직무상 면제된다. 외국국가에 관하여 판례는 한때 절대적 면제주의 입장이었으나 외국국가의 *私法*적 행위가 문제된 사안(미군부대 식당종업원의 해고무효와 임금청구사안)은 한국 법원에 재판권이 있다는 상대적 면제주의로 변경하였다.[2]

(2) 특수하게 주한미군에 대하여는 한미행정협정(SOFA) 제23조에 따라 공무상의 불법행위는 한국법원의 민사재판권이 <u>면제되어</u> 국가손해배상법에 따라 대한민국을 피고로 하여야 한다. 그러나 미군의 비공무상 불법행위는 우리 재판권이 미친다.

---

1) 치외법권자는 외교사절 및 그 수행원과 가족(전면적 면제: 외교관계에 관한 비엔나협약 31조), 영사관원과 그 사무직원의 영사업무 중 행위(직무상 면제: 비엔나협약 43조) 외국의 원수, 국제기구 대표자 및 직원 등이다.
2) 대판 97다39216사건은 상대적 주권면제이론 중에서 면제기준과 관련하여 외국국가의 주권(권력)행위만 면제되고 *私法*행위는 면제되지 않는다는 행위성질기준설을 취하고 있다. 그 외에 외국국기의 공적 목석행위만 면제되고 사적 목적을 위한 행위는 면제되지 않는다는 행위목적기준설 등이 있다.

Ⅲ. 대물적 제약(국제재판관할권)

1. 국제관할권 의의

국제적 민사사건에 관하여 국내법원과 외국법원 중 어느 곳에서 재판권을 가지는가의 문제이다. 국제재판관할에 관해서도 거동관할인 합의관할이나 변론관할이 있으면 이에 의하고 이러한 거동관할이 없으면 국제사법 제2조에 의하여 정한다.

> **국제사법 제2조(국제재판관할)** ① 법원은 당사자 또는 분쟁이 된 사안이 대한민국과 실질적 관련이 있는 경우에 국제재판관할권을 가진다. 이 경우 법원은 실질적 관련의 유무를 판단함에 있어 국제재판관할 배분의 이념에 부합하는 합리적인 원칙에 따라야 한다.
> ② 법원은 국내법의 관할 규정을 참작하여 국제재판관할권의 유무를 판단하되, 제1항의 규정의 취지에 비추어 국제재판관할의 특수성을 충분히 고려하여야 한다

2. 국제관할권 결정의 기준

(1) 국제관할결정기준에 관하여 약간의 학설대립이 있다. ① 국내법 토지관할 규정으로 국제관할을 역추지(逆推知)하여 정한다는 **역추지설(토지관할규정유추설)**, ② 민사소송법의 이념 및 조리에 의해야 한다는 **관할배분설(조리설)** ③ 역추지설을 원칙으로 하되 심히 부당한 특단의 사정이 있는 경우에는 관할배분설에 의한다는 **수정역추지설** 등이 있는바, 우리나라 **판례**는 기본적으로는 역추지설이나[1] 외국인 이혼사건과 일반사건에서는 관할분배설(조리설)로 기울어가고 있다.[2]

(2) 국제사법 2조는 우리나라 법원이 당사자와 분쟁대상을 개별적·종합적으로 고려하여 판단한 <u>실질적 관련성</u>을 기준으로 하되, 국내법의 토지관할규정, 관할배분의 이념을 고려하도록 규정하고 있다. 실질적 관련성의 판단은 토지관할규정이 중요하게 고려하나 국제재판관할의 특수성이 고려되어야 한다.

(3) **판례**는 한국인이 미국인과 결혼하여 미국국적을 취득하여 부부의 상거지(常居地)가 한국인 경우 이혼은 한국법원이 실질적 관련성이 있어서 한국법원의 재판권을 인정하였고,[3] 제조물책임소송에서 예컨대 당해 손해 발생지의 시장을 위한 제품의 디자인, 상품광고, 정기적인 구매상담, 판매대리점 개설 등과 같이 당해 손해 발생지 내에서의 거래에 따른 이익을 향유하려는 제조자(피고)의 의도적인 행위가 있었는지 실질적 관련성을 판단하여 토지관할 규정을 불구하고 원고 회사

---

1) 대판 71다248.
2) 대판 2002다59788.
3) 대판 2005므884.

의 본점소재지(미국 플로리다)인 외국법원(플로리다법원)에 국제재판관할권을 인정하지 아니하였다.[1]

3. 국제재판관할이 부정되는 경우

① 외국소재 부동산에 관한 소송, ② 외국의 권리나 그 이해관계만 관련된 소송, ③ 외국인 상호간의 이혼소송시 피고의 주소가 우리나라에 없는 때 등에는 국내법원에 국제재판관할권이 부인된다(규칙 6. 역추지설의 예외).

4. 긴급·보충관할

외국의 어느 법원에 의해서도 사법적 구제를 받을 수 없는 경우 보충적으로 국내법원의 재판권이 인정된다.

Ⅳ. 재판권의 조사와 흠결의 효과

1. 소송요건, 직권조사사항

민사재판권의 존재는 소송요건으로서 절차의 어느 단계에서도 직권조사사항이다. 외국인이 우리나라 재판권에 복종할 의사가 있는 때에는 재판관할권이 인정된다.[2]

2. 흠이 있는 경우

재판권에 명백한 흠이 있는 경우는 소장각하명령을 한다(255, 254). 이는 관할권 흠결시 이송하는 경우와 다르다. 그러나 흠이 있는지의 여부가 불명이면 변론을 열어 재판권부존재가 판명되면 소각하판결을 한다.

3. 흠 간과 판결

흠을 간과한 판결은 무효이다.[3] 따라서 확정 전에는 상소할 수 있으나(다수설) 확정 후에는 재심사유가 아니므로 취소를 구할 수 없다.

---

1) 대판 93다39607.
2) 대판 88다카3991.
3) 사망자를 상대로 한 판결도 무효이다.

제3절 관 할

Ⅰ. 관할의 의의와 종류

≪사례≫ A토지에 관하여 甲으로부터 乙 앞으로 매매를 원인으로 한 소유권이전등기가 마쳐져 있다. 甲은 乙을 상대로 乙이 등기관련 서류를 위조하여 위 등기를 이전하였다고 주장하면서 소유권이전등기 말소등기청구의 소를 제기하였다. 甲의 주소지는 전주이고, 乙의 주소지는 대전이다. 만일 甲이 수원지방법원에 제소한 경우, 이곳에 관할권이 생기는 경우는 어떤가? [제50회 사법시험]

1. 의 의

관할은 재판권이 있음을 전제로 하여 전국에 많은 법원 중 어느 종류의 어느 곳의 법원이 재판권을 분담하는가의 문제이다. 같은 법원 내의 재판부간의 사무분담과 구별된다.

2. 관할의 종류

(1) 분 류

관할이 정해지는 모습에 따라 법정(法定)관할, 지정(指定)·재정(裁定)관할, 당사자의 거동(擧動)에 의한 관할로 분류된다.

(가) 재판권의 분담기준을 직접 법률로 정한 **법정관할**에는 직분관할, 사물관할, 토지관할이 있다. ① 직분관할은 수소법원과 집행법원, 지법 단독판사와 본원 합의부 및 지원합의부, 심급관할 등으로서 전속관할이다. ② 사물관할은 지방법원 단독판사와 합의부 사이의 사건의 경중을 표준으로 재판권의 분담관계로서 임의관할이다. ③ 토지관할은 보통재판적과 특별재판적, 인적재판적과 물적재판적로 나눌 수 있으며 임의관할이다.

(나) 관할이 불분명한 경우 직근 상급법원이 지정하는 **지정관할**은 제28조와 민사소송규칙 제7조, 제8조, 제9조에 규정하고 있다.

(다) **당사자 거동에 의한 관할**은 사물관할과 토지관할에 대하여 위 법정관할에 우선하는 관할을 당사자가 합의하거나 변론하면서 인정되는 임의관할로서 합의관할, 변론관할이 있다.

(2) 전속관할과 임의관할

（가） **전속관할**은 재판의 적정, 공정 등 고도의 공익성이 요구되는 배타적 관할권으로서 직권조사사항이며 관할위배시 상소이유가 되나 재심사유는 아니다. 가사소송관할법원, 공시최고사건을 관할하는 법원, 지급명령사건을 관할하는 법원 등이 전속관할이다.

（나） **임의관할**은 당사자 편의와 공평을 위한 사익적 요구에 의한 것으로 보통재판적·특별재판적이 적용되며 합의관할·변론관할이 가능하며 변론주의가 적용되며 관할위배시 1심판결선고로 흠이 치유되고 간과판결시 상소·재심제기할 수 없다. 사물관할과 토지관할, 직분관할 중 비약상고가 임의관할이다.

(3) 검토순서

관할관련 여부는 보통 법정관할인 직분관할과 사물관할, 토지관할로서 보통재판적, 특별재판적, 관련재판적, 합의관할 여부, 변론관할 여부, 이송 가능성 여부의 순서로 논점을 검토하면 편리하다.

▩ **사례해설**

제20조 재산권소재지의 관할, 제21조 등기하는 곳의 관할, 제18조 불법행위지의 관할, 제26조 합의관할, 제30조 변론관할로서 수원지방법원이 각 고려될 수 있다. ▩

Ⅱ. 직분관할

（1） 직분관할(職分管轄)은 재판권의 여러 종류의 작용을 어느 종류의 법원의 직무권한(직분)으로서 분담시킬 것인가를 정한 것이다.

（2） 직분관할로서는 ① 수소법원과 집행법원의 직분관할, ② 간이한 사건, 급속을 요하는 사건 등은 지방법원 단독판사 또는 시군판사에게, 중요하고 신중한 사건, 정정보도청구사건, 제척·기피사건 등은 지방법원 합의부에, 중요사건 중 특별한 파산·개인회생사건, 증권관련집단소송사건 등은 본원 합의부에 각 직분관할이 있다. ③ 심급관할도 직분관할이다. 민사 및 가사소송의 사물관할에 관한 규칙 개정으로 2015. 2. 13.부터 소가 2억원 초과의 민사사건은 합의부사건인 사물관할과 달리, 소가 제소 또는 청구취지확장(변론병합 포함) 당시 소가가 1억원을 초과한 민사소송사건과 이 사건을 본안으로 하는 민사신청사건 및 이에 부수하는 신청사건에 해당하는 사건에 대한 지방법원 단독판사의 제1심판결·결정·명령에 대

한 항소 또는 항고사건은 종전대로 고등법원이 심판한다. 다만 수표금·어음금 등 사건이나(사물규 2 각호), 가압류, 다툼의 대상에 관한 가처분 신청사건 및 이에 부수하는 신청사건은 지방법원 항소부 관할이다(사물규 4 제2호 단서. 2015. 2. 17. 개정). 이는 심급관할간의 사건비율을 조정한 것이다.

Ⅲ. 사물관할

> **제26조(소송목적의 값의 산정)** ① 법원조직법에서 소송목적의 값에 따라 관할을 정하는 경우 그 값은 소로 주장하는 이익을 기준으로 계산하여 정한다.
> ② 제1항의 값을 계산할 수 없는 경우 그 값은 민사소송등인지법의 규정에 따른다.
> **제27조(청구를 병합한 경우의 소송목적의 값)** ① 하나의 소로 여러 개의 청구를 하는 경우에는 그 여러 청구의 값을 모두 합하여 소송목적의 값을 정한다.
> ② 과실(果實)·손해배상·위약금 또는 비용의 청구가 소송의 부대목적(附帶目的)이 되는 경우에는 그 값은 소송목적의 값에 넣지 아니한다

1. 의 의

사물관할(事物管轄)은 제1심 소송사건을 그 경중을 기준으로 지방법원단독판사와 지방법원합의부의 어느 쪽에 분담시킬 것인가를 정하는 것이다. 소송목적의 값을 소가(訴價)라고 하며 2억원을 넘지 않으면 단독판사가 담당한다(민사 및 가사소송의 사물관할에 관한 규칙 제2조 2015. 2. 13. 시행).

2. 합의부의 관할

지방법원의 합의부사건이 폭주하여 소송이 지연되어 업무부담을 조율하기 위하여 대법원은 2015. 1. 28. 민사 및 가사소송의 사물관할에 관한 규칙을 개정하여 단독재판부가 소가 1억원 초과 2억원 이하 사건도 관할하도록 하여 합의부의 업무부담을 줄이고 심리에 충실할 수 있도록 하였다

지방법원 및 지방법원지원의 합의부는 ① 소송목적의 값이 2억원을 초과하는 민사사건 및 ② 재산권에 관한 소(訴)로서 그 소송목적의 값을 계산할 수 없는 것(특허소송(인지규칙 17조의2), 이사 위법행위유지청구·주주대표소송·신주발행유지청구 등(인지규칙 15 ①))과 비(非)재산권을 목적으로 하는 민사사건(해고무효확인(인지규칙15 ④), 소비자단체소송·개인정보보호단체소송(인지규칙 15조의2) 등)을 제1심으로 심판한다(인지법 2 ④).

또 ③ 단독사건 중 중요하거나 복잡한 사건으로서 합의부에서 심판하기로 결정한 재정합의사건(34 ③)과 ④ 본소가 합의부관할인 관련사건(반소, 중간확인의 소,

독립당사자참가 등)도 합의부사건이다.

한편 소가의 계산 및 사물관할은 소제기시를 표준으로 하므로 소송 중 청구취지가 감축되거나 청구변경으로 소가가 2억원 이하로 떨어져도 합의부가 계속 관할한다.

3. 단독판사의 관할

(1) 해당사건

제1심 민사사건 중 합의부 관할사건을 제외한 민사 및 가사소송의 사물관할에 관한 규칙 제2조의 단서에 규정된 다음의 사건들은 단독판사관할이다.

① 소가 2억원 이하의 사건(사물규 2(1)).

② 수표금·어음금청구사건, 금융기관 등의 대여금·구상금·보증금 청구사건(사물규 2(1)), 자동차손해배상보장법에서 정한 자동차나 원동기장치자전거·철도차량의 운행 및 근로재해로 인한 손해배상 청구사건과 이에 관한 채무부존재확인사건(사물규 2(3))) 등은 신속처리가 요구되고 유형화된 사건이어서 소가가 2억원을 초과하여도 단독판사의 관할이다.

③ 합의부 관할사건이라도 재량으로 단독판사관할로 결정할 수 있다(사물규 2(4))재정단독사건).

(2) 관련사건

본소가 단독판사사건인 경우에 이에 병합하여 제기하는 반소, 독립당사자참가, 중간확인의 소 등이 합의사건에 속하면 법원은 직권 또는 당사자의 신청에 따른 결정으로 본소와 반소 등을 모두 합의부에 이송하여야 한다(269②). 다만, 반소 등에 관하여 변론관할이 생기면 합의부로 이송하지 않고 단독판사가 계속 심리한다(269②단서). 여러 사건을 단순히 하나의 절차에서 진행할 뿐인 변론병합의 경우와 다르다.

4. 소송목적의 값(소가)

(1) 의의와 산정방법

(가) 소송목적의 값인 소가(訴價)는 소 제기시를 기준으로 원고가 소로 주장하는 이익이 갖는 경제적 이익을 화폐단위로 객관적으로 평가한 금액이다(26①; 인지규 6)). 소가는 사물관할을 정하는 표준이고 국가소송제도를 이용하는 심판수수료인 인지액을 정하는 기준이 된다.

(나) 재산권상의 소로서 그 소가를 산출할 수 없는 것과 해고무효확인의 소 등 비재산권을 목적으로 하는 소송의 소가는 5,000만원으로 한다. 다만, 주주의 대표소송 등 회사관계소송, 소비자단체소송, 개인정보보호소송, 특허소송, 무체재산권에 관한 소송들의 소가는 1억원으로 한다(인지규 18의 2).

(2) 청구병합의 경우의 訴價(소송목적의 값)

(가) 합산의 원칙

1개의 소로써 경제적 이익이 독립한 여러 개의 청구를 하는 때에는 그 가액을 합산하여 그에 의하여 사물관할을 정한다(27 ①).

(나) 예 외

1) 중복청구: 여러 연대채무자나 청구의 선택적·예비적 병합청구, 목적물인도청구와 집행불능시 대상청구를 병합하는 경우 등 하나의 소로써 여러 개의 청구를 하더라도 경제적 이익이 같거나 중복되는 때에는 합산하지 않는다.

2) 수단인 청구: 대지인도청구를 하면서 그 수단으로 대지상의 건물철거를 하는 경우에는 건물에 대한 가액은 소가에 산입하지 않는다.

3) 부대청구: 원금과 이자를 함께 청구하는 경우 이자는 계산의 번잡을 피하기 위하여 소가 산정에서 제외한다.

4) 재산권상의 청구와 비재산권상의 청구의 병합: 이 경우 각 청구의 소가를 합산한다(인지규 23 ①). 그러나 수개의 비재산권을 목적으로 하는 청구와 그 원인된 사실로부터 생기는 재산권을 목적으로 하는 소송을 병합한 경우에는 많은 소가에 따라 인지를 붙인다(인지규 23 ②).

(다) 법원이 변론을 병합한 경우에는 여러 사건을 하나의 절차로 심판할 뿐 하나의 소가 아니므로 청구병합과 달리 합산하지 아니한다.

Ⅳ. 토지관할

≪사례≫ 전주에 본사가 있는 주식회사 삼광전자(대표이사 甲의 주소지는 1인 주주로서 주소지는 대전이다)의 춘천공장에서 3D 스마트TV를 만들어 미국 뉴욕백화점 주식회사에 수출하였는데 TV대금을 받지 못하였다. 수출계약시에 분쟁이 발생할 경우에 한국의 법원에서 소송하기로 합의한 사실이 있다. 甲은 국내 법원에 TV대금 1억원의 지급을 구하는 소를 제기하려고 한다. 이 때 누구의 이름으로, 어느 법원에 소를 제기할 것인가?

1. 의의와 종류

(1) 토지관할은 소재지를 달리하는 같은 종류 법원간 재판권의 분담관계이다.[1] 토지관할을 결정하는 연결지점 또는 토지관할의 근거를 재판적이라 한다. 따라서 재판적과 그곳의 관할법원과는 다른 개념이지만 재판적은 그것을 기초로 하는 토지관할을 지칭하는 의미로도 관용적으로 사용된다. 피고의 주소, 불법행위지 등 여러 재판적이 인정되는 경우 토지관할도 경합하여 발생하며 원고가 이중 임의로 선택하여 소를 제기할 수 있다.

(2) 재판적은 모든 소송사건에 대하여 공통적·일반적으로 정하여지는 보통재판적과 특정한 종류와 내용에 한정하여 적용되는 특별재판적으로 구분된다. 특별재판적에는 다른 사건과 관련 없이 인정되는 독립재판적과 다른 사건과 관련하여 인정되는 관련재판적이 있다.

2. 보통재판적

(1) 보통재판적은 피고의 응소편의를 위해 피고와 관계있는 곳을 원칙으로 하여 정한다(2).

(2) 피고가 사람인 경우 그 주소지가 원칙이고 국내에 주소가 없거나 알 수 없는 경우 거소지를, 거소를 알 수 없으면 마지막 주소지가 재판적이 된다(3).

(3) 법인 등 단체인 경우는 주된 사무소 또는 영업소이나 이것이 없는 경우에는 주된 업무당당자의 주소지가 재판적이다(5 ①).

(4) 피고가 국가인 경우는 국가를 대표하는 관청(법무부장관)이 있는 곳(과천시)을 관할하는 수원지방법원 안양지원 또는 대법원이 있는 곳(서울 서초구)을 관할하는 서울중앙지방법원이 관할법원이다(6).

(5) 국내에 주소가 없었던 재외동포, 외국인 등 보통재판적을 정할 수 없는 경우에는 대법원 소재지가 재판적이다(규칙 6).

3. 특별재판적 중 독립재판적

(1) 인정취지

같은 사건에서 특별한 관련성이 있으면 그 곳에도 관할을 인정하는 제도이다. 이것은 당사자의 소송편의와 사건과 증거에 가까운 곳을 관할로 인정하는 것이

---

1) 관할구역에 따른 법원은 '각급 법원의 설치와 관할 구역에 관한 법률'에서 정하고 있다.

소송경제와 재판의 적정에 적당하므로 특별재판적이 인정된다. 특별재판적은 제7조부터 제24조에 걸쳐 여러 종류가 있다.

(2) 근무지

사무소 또는 영업소에 계속하여 근무하는 사람에 대하여 소를 제기하는 경우에는 그 사무소 또는 영업소가 있는 곳을 관할하는 법원에 제기할 수 있다(7). 피고의 근무지에 관한 것이므로 원고의 근무지에 관할이 생기는 것은 아니다.

(3) 거소지

재산권에 관한 소를 제기하는 경우에는 거소지의 법원에 제기할 수 있다(8). 원래 거소지는 주소가 없거나 알 수 없는 때 보충적으로 적용되는 보통재판적이지만, 재산권에 관한 소의 경우에는 피고의 주소지를 알고 있는 경우에도 독립재판적으로 인정된다.[1]

(4) 의무이행지

재산권에 관한 소를 제기하는 경우에는 의무이행지의 법원에 제기할 수 있다(8). 재산권에 관한 의무이행지는 특정물의 인도청구 이외의 채무에 관하여는 지참채무의 원칙을 채택하고 있기 때문에(민법 467②) 채권자인 원고의 주소지가 의무이행지가 되며 영업에 관한 채무의 변제는 채권자의 현영업소가 의무이행지이나(민법 467②단서). 다만 가령 은행대출채무와 같이 채권자의 지점에서의 거래로 인한 채무이행의 장소가 그 행위의 성질 또는 당사자의 의사표시에 의하여 특정되지 아니한 경우 특정물 인도 외의 채무이행은 그 지점이 이행장소로 되어 의무이행지가 된다(상법 56). 그러나 이는 피고의 편의를 위한 피고주소지주의에 입각한 제2조의 취지를 무색하게 하는 면이 있다.

(5) 어음·수표지급지

어음·수표에 관한 소를 제기하는 경우에는 지급지의 법원에 제기할 수 있다(9). 채권자의 주소지가 아니다.

(6) 재산소재지(11)

예컨대 외국인 같이 국내에 주소가 없거나 알 수 없는 사람에 한하여 청구의 목적 또는 담보의 목적이나 압류할 수 있는 피고의 재산이 있는 곳의 법원에 제기할 수 있다. 피고의 재산이 채권인 경우 제3채무자의 주소·영업소 또는 그 채권에 대한 책임재산이 있는 곳 등이 관할법원이 된다. 이는 강제집행을 용이하게

---

1) 김홍엽, 72; 이시윤, 102.

하기 위한 것이다.

(7) 사무소·영업소 소재지

사무소 또는 영업소가 있는 사람에 대하여 그 사무소 또는 영업소(지점도 포함)의 업무와 관련이 있는 소를 제기하는 경우에는 그 사무소 또는 영업소가 있는 곳의 법원에 제기할 수 있다(12). 업무에 부수하여 발생한 불법행위·부당이득청구 등도 포함한다.

(8) 불법행위지

불법행위에 관한 소는 행위지의 법원에 제기할 수 있다(18①). 가령 대전에서 교통사고가 났는데 서울 서초구 소재 병원에서 치료받다가 사망한 경우 결과발생지인 서울 서초구도 불법행위지로서 재판적으로 인정된다. 채무불이행도 광의의 위법침해라고 하여 여기에 포함된다는 견해와[1] 엄격하게 해석하여 반대하는 견해가 있다.[2] 선박 또는 항공기의 충돌이나 그 밖의 사고로 말미암은 손해배상에 관한 소를 제기하는 경우에는 사고선박 또는 항공기가 맨 처음 도착한 곳의 법원에 제기할 수 있다(18②). 충돌한 두 선박이나 항공기가 서로 다른 지점에 처음 도착하면 그 두 곳의 재판적이 경합하게 된다.

(9) 부동산 소재지(20)

부동산 있는 곳의 관할은 부동산 자체에 관한 물권에 관한 소와 부동산에 관한 이전등기 또는 인도를 구하는 채권의 소만 포함된다. 부동산 자체를 목적으로 하지 않는 부동산 매매대금이나 임대료, 건축대금 등의 금전을 청구하는 소는 여기에 포함되지 않으며 재산권에 관한 소로 처리되어 의무이행지의 법원에 제기할 수 있다.

(10) 등기·등록지

(가) 등기·등록에 관한 소를 제기하는 경우에는 등기 또는 등록할 공공기관의 소재지의 법원에 제기할 수 있다(21). 부동산은 부동산소재지가 등기할 곳과 거의 일치하므로 등기의 특별재판적은 그 실익이 적다. 그러나 건설기계·소형선박·자동차·항공기 등의 경우에 그 등록지가 특별재판적이 되며[3] 동산담보권·채권담보권에 대한 **담보등기**와 지식재산권담보권에 대한 **담보등록**을 한 경우에는 그 등기·등록지가 특별재판적으로서 의의가 있다.[4]

---

1) 정동윤·유병현, 129; 강현중, 93.
2) 이시윤, 104.
3) 2009. 3. 25. 제정된 '자동차 등 특정동산저당법'이 적용된다.
4) 2012. 6. 11. 시행되는 '동산·채권 등의 담보에 관한 법률'이 적용된다.

(나) 판례는 사해행위취소에 따른 원상회복으로서의 소유권이전등기 말소등기의무의 이행지는 원고의 주소지가 아니라 그 등기관서 소재지라고 판시하고 있다.[1]

(11) 해난구조지 또는 선박의 최초 도착지

해난구조에 관한 소를 제기하는 경우에는 구제된 곳 또는 구제된 선박이 맨 처음 도착한 곳의 법원에 제기할 수 있다(19).

(12) 선적(船籍) 또는 선박소재지

선박 또는 항해에 관한 일로 선박소유자, 그 밖의 선박이용자에 대한 소(13), 및 선원에 대한 재산권에 관한 소(10①)는 선적이 있는 곳의 법원에 제기할 수 있다. 선박채권, 그 밖에 선박을 담보로 한 채권에 관한 소를 제기하는 경우에는 선박이 있는 곳의 법원에 제기할 수 있다(14). 다만 군인·군무원에 대하여 재산권에 관한 소를 제기하는 경우에는 군사용 청사 소재지 또는 군용 선박의 선적 소재지 법원에 제기할 수 있다(10②).

(13) 회사, 그 밖의 사단의 보통재판적 소재지

사원의 자격으로 말미암아 회사, 그 밖의 사단이 사원에 대하여 訴를 제기하거나 사원이 다른 사원에 대하여 제기하는 소(15①), 사단 또는 재단이 그 임원에 대하여 소를 제기하거나 회사가 그 발기인 또는 검사인에 대하여 제기하는 소(15②), 회사, 그 밖의 사단의 채권자가 그 사원에 대하여 소를 제기하는 소(16), 회사, 그 밖의 사단, 재단, 사원 또는 사단의 채권자가 그 사원·임원·발기인 또는 검사인이었던 사람에 대하여 소를 제기하는 경우와 사원이었던 사람이 그 사원에 대하여 제기하는 소(17)는 회사, 그 밖의 사단의 보통재판적 소재지 법원에 소를 제기할 수 있다.

(14) 피상속인의 보통재판적 소재지

상속에 관한 소 또는 유증(遺贈), 그 밖에 사망으로 효력이 생기는 행위에 관한 소를 제기하는 경우에는 상속이 시작된 당시 피상속인의 보통재판적이 있는 곳의 법원에 제기할 수 있다(22). 상속채권, 그 밖의 상속재산에 대한 부담에 관한 것으로 제22조의 규정에 해당되지 아니하는 소를 제기하는 경우에는 상속재산의 전

---

1) 대결 2002마1156: 부동산등기의 신청에 협조할 의무의 이행지는 성질상 등기지의 특별재판적에 관한 민사소송법 제21조에 규정된 '등기할 공무소 소재지'라고 할 것이므로, 원고가 사해행위취소의 소의 채권자라고 하더라도 사해행위취소에 따른 원상회복으로서의 소유권이전등기 말소등기의무의 이행지는 그 등기관서 소재지라고 볼 것이지, 원고의 주소지를 그 의무이행지로 볼 수는 없다.

부 또는 일부가 제22조의 법원관할구역 안에 있으면 그 법원에 제기할 수 있다(23).

(15) 지식재산권·국제거래사건의 고등법원 소재지

지식재산권·국제거래에 관한 사건은 관할법원 소재지를 관할하는 고등법원이 있는 곳의 지방법원에도 소를 제기할 수 있다(24). 이를 광역토지법원이라 하며 규모가 큰 지방법원에서 처리하여 전문화·효율화를 도모하기 위한 것이다.

4. 관련재판적

> 제25조(관련재판적) ① 하나의 소로 여러 개의 청구를 하는 경우에는 제2조 내지 제24조의 규정에 따라 그 여러 개 가운데 하나의 청구에 대한 관할권이 있는 법원에 소를 제기할 수 있다.
> ② 소송목적이 되는 권리나 의무가 여러 사람에게 공통되거나 사실상 또는 법률상 같은 원인으로 말미암아 그 여러 사람이 공동소송인으로서 당사자가 되는 경우에는 제1항의 규정을 준용한다.

(1) 의 의

관련재판적(병합청구 재판적倂合請求 裁判籍)은 어느 하나의 청구에 관하여 수소법원이 재판적이 있거나 공동피고간에 실질적인 견련관계가 있다면 **다른 청구**에 대하여 관할권이 없어도 그 수소법원에 재판적이 생기는 것이다. 이는 원·피고의 편의와 법원의 소송경제를 위해 인정된다.

(2) 적용범위

(가) 청구병합의 관련재판적

1) 한 개의 소로써 수개의 청구가 있어야 경우 관련재판적이 인정되려면 수소법원이 수개의 청구 중 적어도 하나의 청구에 제2조 내지 제24조 등에 따라 토지관할권이 있어야 한다.

2) 관련재판적 규정인 제25조에 제2조 내지 제24조만 명시되어 있으나 제29조 합의관할에도 적용된다고 해석한다(통설). 사물관할에는 적용되지 않는다. 관할권 없는 청구가 다른 법원에 전속관할에 속하지 않아야 한다(31).

(나) 공동소송의 관련재판적

이에 관하여 과거에 논의되어 적용된다는 적극설, 적용되지 않는다는 소극설, 공동소송 가운데 권리의무 또는 발생원인이 공통인 경우인 제65조 전문의 경우에만 적용된다는 절충설 등이 있었다.

개정 민사소송법은 제25조 2항을 신설하여 제65조 전문(前文)의 공동피고간에 실질적인 견련관계가 있는 공동소송은 관련재판적 규정이 적용된다는 절충설의 입장을 규정하였다.

(3) 인정효과

(가) 관련재판적이 인정되면 관할권이 없는 청구도 관할권이 창설된다(관할권의 창설).

(나) 원래 재판적이 있는 청구가 취하·각하되어도 관련재판적 관할은 영향이 없다(관할의 항정)(恒定).

▨ **사례해설**

1인 주주회사라 해도 법인인 주식회사 삼광전자가 원고가 되어야 한다. 원고 회사의 주된 사무소 또는 영업소로서 본사가 있는 전주 또한 재산권에 관한 소이므로 민사소송법 제8조 후단의 의무이행지는 민법 제467조 2항에 따라 채권자의 주소지인 전주지방법원, 외국법인에 대하여 우리나라 법원에 재판권이 있는데 보통재판적을 정할 수 없으면 우리나라 대법원 소재지(서울 서초구)가 보통재판적으로 인정되며(5②, 규칙 6), 국제거래사건이므로 제24조에 의하여 서울 서초구를 관할하는 고등법원이 있는 곳의 지방법원인 서울중앙지방법원, 전주를 관할하는 고등법원이 있는 곳(광주)을 관할하는 지방법원인 광주지방법원에 관할권이 인정되어 위 3곳의 법원 중 원고가 임의로 선택하여 제소할 수 있다. ▨

Ⅴ. 지정관할(재정관할)

> **제28조(관할의 지정)** ① 다음 각호 가운데 어느 하나에 해당하면 관계된 법원과 공통되는 바로 위의 상급법원이 그 관계된 법원 또는 당사자의 신청에 따라 결정으로 관할법원을 정한다.
> 1. 관할법원이 재판권을 법률상 또는 사실상 행사할 수 없는 때
> 2. 법원의 관할구역이 분명하지 아니한 때
> ② 제1항의 결정에 대하여는 불복할 수 없다.

(1) 지정관할(指定管轄)은 관할법원이 재판권을 법률상 또는 사실상 행사할 수 없는 때와 법원의 관할구역이 분명하지 아니한 때에 관계되는 바로 위의 상급법원의 결정으로 관할법원을 정하여 생기는 관할이다(28; 규칙 7 내지 9). 재정관할(裁定管轄)이라고도 한다.

예컨대, 관할법원의 법관이 모두 제척·기피·회피로 인하여(법률상 원인) 또는 질병이나 천재지변 등의 사고로(사실상 원인) 직무를 수행할 수 없는 경우(28(1)), 부산지방법원과 대전지방법원 중 어느 법원이 관할법원인지가 불분명한 경우(28(1))에는 직근 상급법원은 대법원이 되이 관할법원을 지정한다. 다만 사건이 가정법원과 지방법원 중 어느 법원의 관할에 속하는지 명백하지 아니한 경우에는 관계 법원의 공통되는 고등법원이 관할법원을 지정한다(가소 3).

(2) 소 제기 후의 사건에 관하여 관할지정신청이 있는 때에는 긴급한 필요가

없는 한 그 신청에 대한 결정이 있을 때까지 소송절차를 정지하여야 한다(규칙 9). 관할법원으로 지정되면 관할권이 발생하며 지정결정에 대해서는 불복할 수 없다 (28 ②). 그러나 지정신청기각의 결정에 대해서는 항고할 수 있다(439).

VI. 합의관할

> **제29조(합의관할)** ① 당사자는 합의로 제1심 관할법원을 정할 수 있다.
> ② 제1항의 합의는 일정한 법률관계로 말미암은 소에 관하여 서면으로 하여야 한다.

≪사례≫ 청주에 사는 甲은 전주에 사는 乙로부터 1억원을 차용하고 수원에 있는 A토지에 근저당권을 설정하여 주면서 향후 위 근저당권에 관련한 소송을 대전지방법원에서 소송을 하기로 乙과 합의하였다. 그 후 甲으로부터 A토지를 양수받은 丙이 위 근저당권의 말소소송을 제기하려고 할 경우 위 합의한 대전지방법원에 소를 제기하여야 하는가?

1. 의의와 성질

(1) 합의관할(合意管轄)은 법정관할 중 사물관할과 토지관할에 구속되지 않고 당사자의 편의도모를 위하여 당사자가 합의에 의해 자유롭게 정한 관할로서(29) 거동관할의 하나이다. 전속관할은 재판의 공정을 도모하므로 당사자가 합의하여 변경할 수 없다.

(2) 관할합의의 하자는 절차안정과 무관하므로 민법 제107 내지 제110조 규정을 유추적용하여 취소가 가능하다(다수설). 소송행위인 관할합의는 관련된 *私法* 상의 계약이 취소·해제되더라도 영향 없다.

2. 요건·방식

(1) 제1심법원의 임의관할에 한하므로(29 ①) 전속관할에 대한 관할합의는 효력이 없고, 소송능력이 있는 당사자가 합의해야 한다.

(2) 합의의 대상인 일정한 법률관계에 관한 소송이 특정되어야 한다(29 ②). 모든 법률관계에 관한 소송에 대한 합의는 무효이다.

(3) 관할법원이 특정되어야 한다. 여러 법원을 정할 수 있으나 모든 법원을 정하는 것과 원고가 지정하도록 하는 것은 피고에게 불리하므로 무효이다.[1]

(4) 합의는 서면으로 하여야 하며(29 ②), 합의시기는 제소 전이나 후이든 특

---

1) 대결 77마284.

별한 제한이 없다.

3. 합의 모습

(1) 부가적 합의와 전속적 합의

A, B 법정관할법원 가운데 하나(가령 A)를 특정하여 나머지 법정관할은 배제하는 전속적 관할합의로 보나, 법정관할법원 A, B 외에 다른 법원(가령 C)을 관할법원으로 합의한 경우와 당사자가 다른 법정관할법원을 배제할 의사로 관할합의한 것인지 명백하지 아니한 때에는 당사자에게 다소 유리한 법정관할 외의 관할을 추가하는 부가적 합의로 본다.[1] 전속적 관할합의를 한 경우에도 그 성질이 임의관할이므로 제35조나 제36조에 따른 이송이 가능하다.

(2) 외국적 요소가 있는 관할합의

관할합의는 특별한 사정이 없는 한 다른 국가의 재판관할권을 완전히 배제하거나 다른 국가에서의 전속적인 관할법원까지 정하는 합의를 한 것으로 볼 수는 없다. 따라서 채권양도 등의 사유로 외국적 요소가 있는 법률관계에 해당하게 된 때에는 다른 국가의 재판관할권이 성립될 수 있고, 이 경우에는 위 약정의 효력이 미치지 아니하므로 관할법원은 그 국가의 소송법에 따라 징하여진다고 봄이 상당하다.[2]

(3) 약관에 의한 관할합의

(가) 고객에게 불리한 관할합의조항

1) 보통거래약관으로 고객에게 부당하고 불리한 관할합의조항은 무효이다(약관 14(1)). 판례도 주영업소가 서울인 회사가 대전에 사는 계약자와 체결한 계약서상의 서울지방법원을 관할로 하는 약관은 무효라고 판시했다.[3]

2) 또 사업자와 고객 사이에서 사업자의 영업소를 관할하는 지방법원으로 전속적 관할합의를 하는 내용의 약관조항이 고객에 대하여 부당하게 불리하다는 이유로 무효라고 보기 위해서는 그 약관조항이 고객에게 다소 불이익하다는 점만으로는 부족하고, 사업자가 그 거래상의 지위를 남용하여 이러한 약관조항을 작성·사용함으로써 건전한 거래질서를 훼손하는 등 고객에게 부당하게 불이익을 주었다는 점이 인정되어야 하고, 전속적 관할합의 약관조항이 고객에게 부당한 불이

---

1) 대판 63다111.
2) 대판 2006다68209.
3) 대결 98마863.

익을 주는 행위인지의 여부는, 그 약관조항에 의하여 고객에게 생길 수 있는 불이익의 내용과 불이익 발생의 개연성, 당사자들 사이의 거래과정에 미치는 영향, 관계 법령의 규정 등 제반 사정을 종합하여 판단한다고 판시하고 있다.[1]

(나) 할부거래와 방문판매 등의 전속관할

할부거래와 방문판매 등의 경우에는 소비자의 주소 또는 거소를 관할하는 지방법원의 전속관할이어서(할부 44; 방문 46) 이와 달리 약관이나 관할합의를 제한하고 있다.

(4) 국제재판관할의 합의

(가) 외국법원을 전속적 국제관할법원으로 하는 합의

1) 국제재판관할의 합의도 국내법원 외에 외국법원을 추가로 인정하는 부가적 합의와 외국법원 만을 배타적으로 관할 법원으로 인정하는 전속적 합의가 있다. 부가적 합의를 인정하는 것은 별문제 없으나 우리나라의 재판권을 전면적으로 배제하는 전속적 합의는 문제가 있다.

2) 이에 관하여 판례는 대한민국 법원의 관할을 배제하고 외국의 법원을 관할법원으로 하는 전속적인 국제관할의 합의가 유효하기 위하여는, ① 당해 사건이 대한민국 법원의 전속관할에 속하지 아니하고, ② 지정된 외국법원이 그 외국법상 당해 사건에 대하여 관할권을 가져야 하고, ③ 당해 사건이 그 외국법원에 대하여 합리적인 관련성을 가질 것이 요구되고, ④ 전속적인 관할 합의가 현저하게 불합리하고 불공정하여 공서양속에 반하지 않아야 한다. 이에 위반되면 관할합의는 무효이다.[2]

(나) 대한민국 법원을 전속적 국제관할법원으로 하는 합의

판례는 특허권 양도계약을 체결하면서 관련 분쟁이 발생할 경우 관할법원을 대한민국 법원으로 하기로 약정한 사안에서, 외국 법원의 관할을 배제하고 한국 법원을 관할법원으로 하는 전속적인 국제관할의 합의가 유효하기 위해서는, ① 당해 사건이 외국 법원의 전속관할에 속하지 아니하고, ② 한국 법원이 한국법상 당해 사건에 대하여 관할권을 가져야 하고, ③ 당해 사건이 한국 법원에 대하여 합리적인 관련성을 가질 것이 요구되며, ④ 전속적인 관할 합의가 현저하게 불합리하고 불공정하여 공서양속에 반하는 법률행위에 해당하지 않을 경우 그 관할 합의는 유효하므로, 외국의 특허권의 성립, 유·무효 또는 취소의 소는 외국법원에 전속관할

---

1) 대결 2007마1328.
2) 대판 96다20093.

이지만 이와 관계없는 특허권 양도계약의 이행의 소는 외국법원의 전속관할에 속하지 아니하여 이 관한 전속적 국제관할합의는 유효하다고 본다.[1]

(다) **외국적 요소가 있는 소비자계약 및 근로계약의 경우**

외국적 요소가 있는 소비자계약 및 근로계약의 경우에는 ① 서면합의이고 ② 분쟁이 이미 발생했고 ③ 국제사법 제27조와 제28조의 법정관할법원에 추가한 부가적 합의인 경우에만 허용된다(국사 27 ⑥; 28 ⑥). 따라서 분쟁이 발생한 후에는 대한민국 법원의 국제재판관할권을 배제하기로 하는 전속적 합의도 허용된다.[2]

4. 합의의 효력

(1) 관할의 변동

(가) 합의에 의하여 그 내용대로 관할의 변경이 생긴다. 법정관할 이외의 법원을 관할로 합의하는 부가적 합의는 그 법원에도 관할권이 생기고, 법정관할 법원 중 한 곳으로 정하는 경우는 전속적 합의이며 이 경우 다른 법정관할은 배제된다(통설).

(나) 그러나 전속적 합의관할은 법률상 전속관할은 아니므로 다른 합의로 다시 변경할 수 있고 다른 법원에 변론관할이 생길 수 있다. 또 손해나 지연을 방지하기 위하여 다른 법정관할법원에 사건을 이송할 수 있다(35).

(2) 관할합의의 주관적 범위

관할합의의 효력은 원칙적으로 당사자간에만 발생하면 제3자에게는 합의의 효력이 미치지 않음이 원칙이다.

(가) **포괄승계인**

소송물이 승계된 경우에 상속이나 합병 등의 **포괄승계**의 경우에는 합의의 효력이 승계된다.

(나) **특정승계인**

판례에 의하면 특정승계는 채권승계와 물권승계의 경우를 달리 취급한다.

1) 채권승계인은 합의의 효력을 받는다. 지명채권의 채무자는 채권양도인에게 대항할 사유를 채권양수인에게 대항할 수 있으므로(민법 451 ②) 채권의 양수인은 관할합의가 불가분적으로 부착된 것으로 <u>변경된 권리관계를 승계</u>한 것이 되어 양수인에게 효력이 미친다.[3] 다만 일본에서 일본 법정지 법원을 관할합의 하였으

---

1) 대판 2009다19093 특허권이전등록.
2) 김홍엽, 83.
3) 대판 2005마902.

나 한국에 주소가 있는 자에게 채권양도된 경우와 같이 외국적 요소가 있는 법률관계에 해당하게 된 경우에는 위 관할합의는 구속력이 없다.[1)

　　2) **물권승계인**은 소유권과 저당권 등의 물권에 관한 관할합의는 물권법정주의(민법 185)에 의하여 권리관계의 내용을 자유롭게 정할 수 없고 합의를 공시할 수 없기 때문에 양수인에게 합의효력이 승계되지 않는다. 따라서 근저당권설정자와 근저당권자 사이의 관할합의의 효력이 근저당권설정자로부터 부동산을 양수한 자에게 미치지 않는다.[2)

관련판례

1. **외국적 요소가 있는 법률관계에 관할합의 효력 (대판 2006다68209)**

[사실관계]　일본에 거주하던 채권자와 채무자가 돈을 대차하면서 채권자 주소지 법원을 제1심 관할법원으로 하는 전속적 관할합의를 하였는데, 그 후 위 채권이 국내에 주소를 둔 내국인에게 양도되어 외국적 요소가 있는 법률관계가 된 경우이다.

[판결요지]　당사자들이 (일본)법정 관할법원에 속하는 여러 관할법원 중 어느 하나를 관할법원으로 하기로 약정한 경우, 그와 같은 약정은 그 약정이 이루어진 국가 내에서 재판이 이루어질 경우를 예상하여 그 국가 내에서의 전속적 관할법원을 정하는 취지의 합의라고 해석될 수 있지만, 특별한 사정이 없는 한 다른 국가(한국)의 재판관할권을 완전히 배제하거나 다른 국가에서의 전속적인 관할법원까지 정하는 합의를 한 것으로 볼 수는 없다.

[해설]　위 판례는 특정채권에 관하여 일본 내의 법원을 관할법원으로 한 관할 합의의 효력이 채권의 특정승계인이 다른 나라(한국)에서 소송을 제기하는 경우에는 미치지 아니한다는 취지로 판시하였다. 그러나 이는 섭외적요소가 개입되면 관할합의의 효력이 승계되지 발생하지 않게 되는 근거가 명확하지 않고, 채권에 관한 국내 관할합의는 채권양수인에게 승계된다는 종전 판결과 견해가 다르다.

2. **전속적인 국제재판관할 합의의 요건과 현저하게 불공정한 경우의 효력 (대판 96다20093)**

[사실관계]　원고(한국에 본사가 있다)는 피고(한국에 본사가 있고 미국 뉴욕에도 영업소가 있다)와 폴리에스터직물(2,700만원 상당)을 부산에서 미국 텍사스주까지 운송하는 계약을 체결하였으나, 위 물품은 미국 텍사스에서 보세창고에 보관중 운송물이 멸실되었다. 다만 위 운송계약에는 '이 운송에 기한 소는 모두 미국 뉴욕시법원에 제기하여야 한다. 다만 운송인(피고)은 위와 다른 법원에 소를 제기할 수 있다'는 조항이 있다. 원고는 피고를 상대로 한국 법원에 손해배상청구의 소를 제기하였고 피고는 이소는 운송약관에 기재된 전속적 합의관할 법원이 아닌, 재판관할권이 없는 한국 법원에 제기되었으므로 부적법하다고 주장하였다.

[판시사항]　판례는 당해 사건에 관하여 한국법원에 관할권을 인정하기 위해서는 ① 외국 법원의

---

1) 대판 2006다68209.
2) 대판 94마536.

전속관할에 속하지 아니하고, ② 한국 법원이 한국법상 관할권을 가져야 하고, ③ 한국 법원에 합리적인 관련성이 있으며, ④ 전속적인 관할 합의가 공서양속에 반하지 않은 경우에는 그 관할 합의는 유효하다고 판시하면서, 당해 사건이 미국 뉴욕주법원과 관련성을 갖는다고 볼 만한 점은, 피고가 뉴욕시에도 영업소를 가지고 있다는 점과 그 운송물이 멸실된 곳이 미국의 텍사스주라는 것 등인데, 한편 원고와 피고는 모두 한국에 주된 사무소를 두고 대표자 및 사원들이 한국인들로 구성된 한국의 법인인데다가, 운송물의 목적지는 텍사스주로서 뉴욕시와는 전혀 관련이 없고, 운송물이 멸실된 경위에 관하여 원·피고 사이에 전혀 다툼이 없어서 이 사건의 심리에 필요한 중요한 증거방법은 모두 한국 내에 있는 한국인 증인들이거나 문서들이며, 운송인의 책임 범위나 면책요건에 관한 미국의 법이 한국의 법보다 피고에게 더 유리하다고 볼 만한 자료도 없고, 그 밖에 이 사건 소송물의 가액이 극히 소액인 점 등에 비추어 보면, 이 사건 전속적 관할합의는 사건이 그 지정된 외국법원에 대하여 합리적인 관련성을 결여함으로써 전속적 관할 합의가 유효요건을 구비하지 못하여 무효라고 할 것이다. 한편 전속적인 관할 합의가 현저하게 불합리하고 불공정한 경우에는 그 관할 합의는 공서양속에 반하는 법률행위에 해당하는 점에서도 무효라고 판시하였다.[1]

[해설] 그러나 대등한 지위에 있는 합의 당사자들의 한 선택은 존중되어야 하며, 합리적 관련성을 절대적 요건으로 강조할 필요는 없다고 할 것이다.

▨ **사례해설**

물권적 청구권에 관한 관할합의는 물권법정주의와 공시곤란으로 승계인에게는 구속력이 없다. 따라서 대전지방법원을 관할법원으로 합의한 것은 구속력이 없다. 이 경우 본래의 보통·특별재판적에 따라 관할법원이 정해진다. ▨

VII. 변론관할(응소관할)

> **제30조(변론관할)** 피고가 제1심법원에서 관할위반이라고 항변하지 아니하고 본안(本案)에 대하여 변론하거나 변론준비기일에서 진술하면 그 법원은 관할권을 가진다.
> **제31조(전속관할에 따른 제외)** 전속관할이 정하여진 소에는 제2조, 제7조 내지 제25조, 제29조 및 제30조의 규정을 적용하지 아니한다.

1. 의 의

변론관할(辯論管轄)은 원고가 관할권 없는 법원에 소제기하였는데 피고가 이의 없이 본안에 관하여 변론하거나 진술함으로써 생기는 관할이다(30). 임의관할에 위반한 제소에 대하여 피고에 의한 사후적·묵시적인 관할합의에 준하여 당사자의 이익과 소송촉진을 위해 수소법원에 관할을 인정하는 것이다.

---

1) 대판 96다20093.

2. 요 건

(1) 원고가 임의관할권이 없는 제1심법원에 소제기하여야 한다. 토지관할뿐만 아니라 사물관할을 위반한 경우에도 변론관할이 생긴다(269 ②). 심급관할 등 전속관할에 위반한 경우는 변론관할이 생기지 않는다(31).

(2) 피고가 변론기일 또는 변론준비기일에서 본안에 관하여 현실적으로 변론하여야 한다. 소각하 판결을 구한 경우에는 변론관할이 생기지 않는다. 피고가 불출석하거나 출석해도 변론하지 않거나, 본안에 관하여 준비서면을 제출한 후 불출석하여 진술간주되어도 변론관할이 생기지 않는다(148, 286).[1]

한편 출석한 피고가 단순히 청구기각의 답변만 하고 청구원인에 관한 구체적인 답변은 뒤로 미룬 경우에 변론관할이 생기는지에 관하여 피고의 관할에 관한 이익을 보호해야 한다는 입장에서 부정하는 견해도 있지만, 원고의 청구를 배척한다는 뜻을 명백히 한 것이므로 변론관할이 생긴다고 할 것이다.

(3) 피고가 관할위반의 항변이 없어야 한다. 한편 피고가 일단 관할권이 있는 것을 조건으로 본안변론을 한 경우에는 관할위반의 항변을 한 것으로 보아 변론관할이 생기지 않는다.[2]

3. 효 과

변론관할이 인정되면 관할이 창설되고 피고는 관할위반에 대한 항변권이 상실된다. 변론관할의 효력은 당해 사건에 한하여 인정되므로 소 취하·각하 후에 다시 제기하는 소에는 변론관할의 효력이 미치지 않는다.

Ⅷ. 관할권의 조사

> 제32조(관할에 관한 직권조사) 법원은 관할에 관한 사항을 직권으로 조사할 수 있다.
> 제33조(관할의 표준이 되는 시기) 법원의 관할은 소를 제기한 때를 표준으로 정한다.

1. 직권조사

(1) 관할권이 있는 법원이 아니라면 본안판결을 할 수 없으므로 관할권의 존재는 소송요건이다. 전속관할이나 임의관할 모두 관할권의 유무는 직권조사사항

---

1) 대결 80마403.
2) 이시윤, 116.

이다. 다만 임의관할권이 없는 경우에는 바로 이송할 것이 아니라 변론관할이 생
길 수 있다.

(2) 피고가 임의관할위반이라고 항변하여 변론관할도 생기지 아니하였는데
제1심법원이 적법한 관할법원으로 이송하지 아니한 경우 상소심에서 이를 다툴
수 없다(411 본문). 그러나 전속관할 위반인 경우 상소심에서 다툴 수 있으므로(411
단서) 상소법원에서 이를 조사하여야 한다.

2. 조사의 방법과 정도

(1) 관할원인이 본안 청구내용과 관련이 있는 경우

관할권은 법원이 사건에 관하여 재판권을 행사할 권한으로서 청구의 당부
에 관하여 본안판결을 할 수 있는 전제요건을 이루는 것이므로 법원은 우선 사건
에 관하여 관할권의 유무를 확인한 후에 본안심리에 들어가야 하는 것이고, 관할의
원인이 동시에 본안의 내용과 관련이 있는 때에도 원고의 청구원인사실을 기초로
하여 관할권의 유무를 판단할 것이지, 본안의 심리를 한 후에 관할의 유무를 결정
할 것은 아니다.[1]

(2) 관할이 본안내용과 무관한 경우

그러나 관할이 본안내용과 무관하게 법원과 특수관계로 정해지는 경우 예
컨대 관할합의 유무나 불법행위지점 등은 수소법원에 관할이 있는지 그 관할원인
되는 사실에 대하여 증거조사를 한다.

(3) 직권증거조사가 허용 여부

전속관할의 경우에는 원칙적으로 직권증거조사가 허용되나(직권탐지), 임의
관할의 경우에는 다툼이 있는 관할권의 유무에 대하여 원칙적으로 당사자가 제출
한 자료에 의하여야 하며, 직권증거조사는 보충적으로만 허용된다.[2]

3. 관할결정의 표준시기

(1) 관할결정의 표준시기는 원고가 소를 제기한 때를 기준으로 정하며(33) 제
소시 존재한 관할은 그 뒤에 변동이 있어도 관할은 소멸되지 않는다(관할의 항정).
다만 본소가 단독사건인 경우에 피고가 반소로 합의사건에 속하는 청구를한 때나
청구취지의 확장으로 합의부 관할이 된 때에 변론관할이 생기지 아니하는 한 합

---

1) 대결 2004무20.
2) 김홍엽, 87.

의부로 이송하여야 한다(관할항정의 예외).

(2) 제소시에는 관할이 없는 경우에도 소송 중에 사실심변론종결시까지 관할원인이 생기면 관할위반은 치유된다.

4. 조사 후 조치

조사의 결과 관할권의 존재가 인정되면 법원은 그대로 심리를 진행하며 당사자간에 다툼이 있으면 중간판결이나 종국판결의 이유에서 판단한다. 관할위반이 인정되는 경우에는 판례에 의하면 당사자에게 이송신청권이 없고 법원이 관할법원으로 직권으로 이송하며(34①), 이 결정에 대하여 당사자는 즉시항고권이 없다.

5. 관할위반 간과 판결

(1) 임의관할을 위반한 제소임에도 제1심이 판결한 경우 항소심에서 제1심에서의 관할위반을 주장하지 못하므로(411) 그 흠이 치유된다. 그러나 전속관할 위반임에도 본안판결을 한 경우에는 상소로 다툴 수 있으나(424①(3)) 재심사유는 아니다.

(2) 지급명령신청(독촉절차)에 대하여는 채무자의 보통재판적이 있는 곳이나 근무지, 거소지, 의무이행지, 어음·수표지급지, 불법행위지의 법원이 전속관할이며 (463), 관할을 위반한 경우에는 지급명령신청을 각하한다(465①). 통상 관할위반의 경우 이송하는 것과 다르다.

IX. 소송의 이송

> **제34조(관할위반 또는 재량에 따른 이송)** ① 법원은 소송의 전부 또는 일부에 대하여 관할권이 없다고 인정하는 경우에는 결정으로 이를 관할법원에 이송한다.
> ② 지방법원 단독판사는 소송에 대하여 관할권이 있는 경우라도 상당하다고 인정하면 직권 또는 당사자의 신청에 따른 결정으로 소송의 전부 또는 일부를 같은 지방법원 합의부에 이송할 수 있다.
> ③ 지방법원 합의부는 소송에 대하여 관할권이 없는 경우라도 상당하다고 인정하면 직권으로 또는 당사자의 신청에 따라 소송의 전부 또는 일부를 스스로 심리·재판할 수 있다.
> ④ 전속관할이 정하여진 소에 대하여는 제2항 및 제3항의 규정을 적용하지 아니한다.
> **제35조(손해나 지연을 피하기 위한 이송)** 법원은 소송에 대하여 관할권이 있는 경우라도 현저한 손해 또는 지연을 피하기 위하여 필요하면 직권 또는 당사자의 신청에 따른 결정으로 소송의 전부 또는 일부를 다른 관할법원에 이송할 수 있다. 다만, 전속관할이 정하여진 소의 경우에는 그러하지 아니하다.
> **제36조(지식재산권 등에 관한 소송의 이송)** ① 법원은 지식재산권과 국제거래에 관한 소가 제기된 경우 직권 또는 당사자의 신청에 따른 결정으로 그 소송의 전부 또는 일부를 제24조의 규정에 따른 관할법원에 이송할 수 있다. 다만, 이로 인하여 소송절차를 현저하게 지연시키는 경우에는 그러하지 아니하다.
> ② 전속관할이 정하여져 있는 소의 경우에는 제1항의 규정을 적용하지 아니한다.

≪사례≫ 甲(대전 거주)은 乙(인천 거주)로부터 乙 소유인 광주 광산구 우산동 25. 대지를 대금 5억원에 매수하기로 약정하고 계약금 1억원은 계약 당시 지급하였고, 만일 위 계약과 관련하여 분쟁이 있어 소를 제기할 경우에는 서울중앙지방법원을 관할법원으로 하기로 명시된 계약서에 각기 날인하였다. 중도금을 지급한 甲은 그 후 잔금을 지급하고자 연락하였으나 乙이 한동안 연락되지 않더니, 잔금지급일이 5일이나 지난 후 甲에게 나타나 잔금 수령을 거절하면서 "계약금과 중도금을 돌려줄 것이니 위 매매계약을 해제하자"고 주장하였다.

[1] 甲이 乙을 상대로 아래와 같은 소를 제기할 경우 어느 법원에 제기할 수 있는가?
   (1) 위 계약을 원인으로 하는 토지인도청구소송
   (2) 위 계약을 원인으로 하는 소유권이전등기청구소송
   (3) 계약금의 배액과 중도금을 반환하라는 소송
   (4) 위 1. 2. 를 주위적으로 구하고, 예비적으로 계약해제가 인정될 경우에는 계약금의 배액과 중도금반환청구를 병합한 경우

[2] 위 계약과 관련된 분쟁에서 甲이 乙을 상대로 하여 서울중앙지방법원에 소를 제기하자 乙이 아래와 같이 대응하였을 경우, 법원은 어떻게 처리하여야 할 것인가?
   (1) 첫 기일의 첫 답변을 통해서 '위 관할약정에 대해서 전혀 합의한 적이 없다. 합의서에 기재되어 있다 하더라도 그것은 중개인이 임의로 그와 같은 내용이 기재된 계약서 서식이 사용된 데 따른 것일 뿐 자신의 의사와는 무관한 것이다'라고 주장한 경우
   (2) 첫 기일의 첫 답변을 통해서 '위와 같은 관할합의는 착오로 인한 것이므로 그 의사표시를 취소하겠다'고 주장한 경우
   (3) '이 사건 계약은 광주에서 이루어졌고 증인들도 모두 광주에 있는데, 증인들이 직장관계상 서울의 재판기일에 참석하기 어려우니 광주에서 재판이 진행될 수 있게 해달라'고 요구한 경우

[3] 甲이 乙을 상대로 하여 대전지방법원에 소유권이전등기청구 소송을 제기하자 乙이 아래와 같이 대응하였을 경우, 이에 대하여 법원은 어떻게 처리하여야 할 것인가?
   (1) 乙이 '원고의 청구를 기각한다. 원고의 청구원인을 모두 부인한다'는 취지의 답변서를 제출하고, 변론준비기일에 그와 같은 취지의 진술이 이루어졌는데, 제1회 변론기일의 첫 진술로써 '이 소송은 관할권이 없는 법원에 제기된 것이니 각하하여 달라'고 말한 경우
   (2) 위 1과 같은 내용의 답변서를 제출한 뒤 변론준비기일 없이 열린 제1회 변론기일의 첫 진술로써 '이 사건 청구는 받아들여져서는 안 된다. 관할권도 없는 법원에 제기된 것이니, 이송하여 달라'고 말한 경우

1. 소송이송의 의의

   소송이송은 법원에 일단 계속된 소송을 그 법원의 재판에 의하여 다른 법원에 이전하는 것이다. 소송이송은 관할의 탄력화를 통하여 적절한 법원이 선택되게 함으로써 소송촉진과 소송경제를 꾀하고, 관할을 위반한 소를 구제하여 원고의 소제기효과를 보호하는 취지가 있다. 같은 법원 내에서 단독판사 사이 또는 합의부 사이에 사무분담을 재조정하여 사건을 송부하는 이부(移部)와 다르다. 또 이송결정

이 없는 사실행위인 **소송기록송부**는 제소효과가 적법한 법원에 송부되어 접수된 때에 비로소 발생하고 처음 잘못 접수된 때부터 기간준수의 효과 발생하지 않으므로 원고에게 불리할 수 있다.

2. 이송의 사유

(1) 관할위반에 의한 이송

(가) **적용범위**

1) 전속관할권 없는 법원에 제소된 경우 결정으로 관할법원에 이송하나(34), 임의관할 위반시에는 변론관할 때문에 피고의 관할항변 여부를 기다려 결정할 필요 있다. 제1심의 민사법원 사이의 토지관할에 주로 적용된다. 사물관할은 수소법원에서 배당한다.

2) 심급관할을 위반한 제소[1]와 재심의 소를 제기할 법원을 그르친 경우[2]에 원고의 제소·재심기간도과 등의 불이익을 구제하기 위하여 이송을 긍정하는 것이 타당하다.

3) 심급관할위반의 상소의 경우에도 제34조 이송규정의 유추적용을 긍정하여 관할법원에 이송하여야 할 것이다. 다만 일부판례는 특별항고만 허용되는 재판에 대한 불복으로서 당사자가 '특별항고'라는 표시와 특별항고법원의 표시를 '대법원'으로 표시하지 않은 사건에서 항고장을 접수한 고등법원은 대법원으로 송부함이 마땅하다고 판시하여 기록송부로 처리하였고[3] 상고장이 대법원에 직접 제출되었다가 원심법원에 송부된 사건에서 상고장이 원심법원에 접수된 때를 기준으로 상고제기기간 준수 여부를 정하여야 한다고 하여 이송으로 처리하지 아니하였다.[4]

4) 가사소송사건이나 행정소송사건을 민사소송사건으로 잘못하여 민사법원에 소제기한 경우에는 이송하여야 한다는 것이 통설·판례이다.[5] 다만 행정소송으로서의 전심절차 및 제소기간을 도과하였거나 행정소송의 대상이 되는 처분 등이 존재하지 않는 등 행정소송으로서의 소송요건을 갖추지 않고 있음이 명백하여 한 경우에는 이를 각하하여야 한다.[6]

---

1) 대판 94마1961.
2) 대판 83다카1981.
3) 대판 95마531.
4) 대판 81누230.
5) 대결 80마445.
6) 내판 2007다25261.

(나) 전부 또는 일부이송

병합된 청구의 전부가 관할위반인 경우 전부이송하고 일부가 다른 법원의 전속관할에 속한 때에는 일부이송한다(34 ①).

(다) 직권이송

1) 법원은 결정으로 관할법원으로 직권으로 이송한다.

2) 당사자에게 이송신청권이 있는지에 관하여 판례는 당사자의 이송신청은 법원의 직권발동을 촉구하는 것일 뿐 이에 대하여 재판할 필요 없고 이송신청 기각결정에 대하여 즉시항고도 할 수 없다고 하나,[1][2] 제34조 1항의 문언적 해석으로 판례와 같은 결론을 내릴 수도 있지만 당해 조항이 당사자의 이송신청권을 부정하는 취지로 해석함은 무리이며, 헌법상 재판청구권 보장취지상 이송신청권과 즉시항고권을 인정함이 타당하다(긍정설).

3) 이송결정에 대하여는 즉시항고를 할 수 있다(39).

(2) 현저한 손해 또는 지연을 피하기 위한 이송(35)

(가) 당해 법원에 관할권이 있음에도 현저한 손해 또는 지연을 피하기 위하여 다른 법원에 이송할 수 있다. 현저한 손해는 주로 피고의 소송수행상의 부담, 소송경제를 고려한 사익적 규정이다. 지연은 법원이 심리를 함에 있어 증거조사상의 시간과 노력이 과도하게 소요되어 신속한 소송촉진이 저해되는 공익적 측면을 고려한 것이다.

(나) 이송은 직권 또는 당사자의 신청으로 하며, 전속관할의 경우에는 위 사유로 이송하는 것이 인정되지 않으며, 임의관할에만 인정된다. 전속적 합의관할의 경우에는 현저한 지연을 피하기 위한 경우에만 이송이 인정된다.

다만 판례는 불법행위에 대한 수사기록과 관련증거가 다른 곳에 있고, 소송이 제기된 법원에서 재판함에 과다한 비용이 든다는 이유만으로는 현저한 손해 또는 소송의 지연을 가져올 경우에 해당되지 아니한다 하는 등 이송을 인정한 사례는 거의 없다.[3]

---

1) 대판 93마524: 법원은 당사자의 이송신청에 대하여는 재판을 할 필요가 없고, 설사 법원이 이 이송신청을 거부하는 재판을 하였다고 하여도 항고가 허용될 수 없으므로 항고심에서는 이를 각하하여야 한다(다수견해). 이에 대하여 당사자에게 법률상 관할위반을 이유로 하는 이송신청권이 있고 없고를 떠나서 법원이 일단 이송신청을 기각하는 재판을 하였으면 적어도 그에 대한 불복은 허용되어야 한다는 반대의견이 있다.

2) 판례와 같이 당사자에게 신청권이 없고 법원의 직권발동의 의미만 있는 제34조 이송신청이나 제142조 변론재개신청, 제294조 조사촉탁신청에 대하여 재판하여도 당사자는 불복할 수 없다.

3) 대결 79마208; 2010마215; 98마1301; 79마392.

(3) 심판편의에 의한 이송

심판편의를 위하여 ① 지방법원 단독판사로부터 합의부로의 이송(34②), ② 지적재산권, 국제거래에 관한 소송은 관할법원 소재지를 관할하는 고등법원이 있는 곳의 지방법원에 이송할 수 있다(36).

(4) 반소제기에 의한 이송

(가) 본소가 단독사건인 경우에 피고가 반소로 합의사건에 속하는 청구를 한 때에는 법원은 직권 또는 당사자의 신청에 따른 결정으로 본소와 반소를 합의부로 이송하여야 한다(269 ② 본문).

(나) 다만 합의사건의 반소에 관하여 원고가 관할위반의 항변을 하지 아니하면 제30조 규정에 따른 변론관할권이 생겨서 단독판사가 본소와 함께 합의부사건의 반소를 심판할 수 있으므로 이송하지 않는다(269 ② 단서). 이는 소송지연목적의 반소를 방지하기 위한 것이다.

(5) 상소심에서의 환송에 갈음하는 이송

(가) 관할위반을 이유로 제1심판결을 취소한 때에는 항소법원은 판결로 사건을 관할법원에 이송하여야 한다(419).

(나) 상고법원은 상고에 정당한 이유가 있다고 인정할 때에는 원심판결을 파기하고 사건을 원심법원에 환송하거나, 동등한 다른 법원에 이송하여야 한다(436①).

3. 이송절차

(1) 신청 또는 직권이송

이송은 법원이 직권 또는 당사자의 신청에 의하여 할 수 있다(34②, 35, 36). 다만 관할위반을 이유로 하는 경우에는 당사자의신청권이 인정되지 않는다는 것이 판례입장이지만 이 경우에도 인정해야 한다는 것이 다수설이다. 이송신청은 신청이유를 밝혀야 한다(규칙 10).

(2) 결정과 불복

이송은 당사자의 의견을 진술할 기회를 주고 결정으로 재판한다(규칙11). 다만 상소심에서 관할위반을 이유로 원판결을 취소 또는 파기하고 이송하는 경우에는 판결에 의한다(419, 436). 이송결정과 기각결정에 대하여 즉시항고 할 수 있다(39). 단, 관할위반에 대한 이송신청을 기각한 결정에 대하여 당사자는 즉시항고 할 수 없다.[1]

---

1) 대결 93마524.

4. 이송의 효과

(1) 구속력

(가) 이송을 받은 법원은 잘못된 이송이라도 이송결정에 따라야 하며(38①) 반송·반송할 수 없다(38②). 이는 심리지연으로 인한 당사자의 손해를 방지하기 위한 것이다.

(나) **전속관할에 위반한 이송결정**에도 구속력을 인정할 것인가에 관하여 논의가 있다.

1) 구속력이 없다는 **소극설**은 법원의 결정에 의해 전속관할에 관한 명문규정을 배제할 수는 없으며 전속관할의 위반은 절대적 상고이유라는 것을 논거로 하고, **적극설**은 제38조가 전속관할의 경우에 기속력을 배제 하고 있지 않으며 이송반복에 의한 소송지연 방지를 위한 공익적 요청을 논거로 하고 있다.

2) **판례**는 소송지연 피하여야 할 공익적 중요성에 비추어 전속관할에 관하여도 이송의 구속력을 인정하나 심급관할위반의 경우 이송받은 하급심법원은 반복하여 전전이송되는 불합리한 결과를 방지하기 위하여 기속력이 미치지만, 심급이익과 사실주장기회를 박탈하지 않기 위하여 상급심을 구속하지는 않는다는 태도이다.[1] 심리지연방지의 공익과 심급보호라는 사익의 조화를 꾀하는 판례입장은 타당하다.

3) 이송 받은 뒤에 청구의 변경 등으로 새로 전속관할이 생긴 경우에는 구속력이 미치지 않기 때문에 다시 관할법원으로 이송할 수 있다.

(2) 소급효와 소송계속의 이전

이송결정이 확정된 때에는 소송은 처음부터 이송받은 법원에 계속된 것으로 본다(40①). 따라서 기간준수, 시효중단은 처음 제소시로 소급되며 이송 전의 소송행위는 계속 유효하며(다수설), 변론의 경신으로 충분하다.

(3) 소송기록송부와 긴급처분

이송결정이 확정된 때에는 그 결정의 정본을 소송기록에 붙여 이송 받은 법원에 송부한다(40②). 기록송부 전의 이송법원은 급박한 사정이 있는 때에는 증거조사나 보전처분 등의 긴급처분을 할 수 있다(37).

---

1) 대판 94마1059·1060.

사례해설

[1] (1) 피고의 보통재판적에 해당하는 주소지 인천이 있는 인천지방법원(2, 3), 부동산에 관한 소에 해당하는 계약을 원인으로 하는 토지인도청구 소송은 그 부동산이 있는 곳인 특별재판적에 해당하는 광주지방법원(20), 당사자간 분쟁이 있을 경우 법정관할 이외의 법원인 서울중앙지방법원을 관할법원으로 하기로 하는 부가적 관할합의를 하였으므로 서울중앙지방법원(29)을 포함하여 그 중 한 곳에 제소가능하다.

(2) 보통재판적으로 주소지 관할인 인천지방법원과 등기에 관한 소에 해당하는 계약을 원인으로 하는 소유권이전등기청구 소송은 그 부동산 등기할 공공기관이 있는 곳의 법원인 광주지방법원(21), 합의관할지 서울중앙지방법원 중 한 곳에 선택적으로 제소가 능하다. 한편, 부동산소유권이전등기의무이행지(민법 467②)로서 원고 현주소지인 대전지방법원도 가능할 것으로 해석할 수 있으나 판례는 사행행위취소에 의한 말소등기를 할 등기관서가 있는 곳으로 한정하고 있다(대판 2002마1156).

(3) 보통재판적 주소지 관할인 인천지방법원, 재산권에 관한 소는 그 의무이행지의 법원에 제기할 수 있고, 민법 제467조 2항에 의해 특정물인도 이외의 의무이행지는 채권자의 현주소이므로 원고의 주소인 대전지방법원(8), 합의관할지 서울중앙지방법원 중 한 곳에 제소가능하다.

(4) 관련재판적(25)으로 인천, 광주, 대전, 서울중앙의 각 지방법원 중 한 곳에 제소가 능하다.

[2] (1) 관할합의 자체가 없거나 무효라고 인정되면 관할합의 주장을 배척하고 관할법원에 이송하여야 하고, 관할에 관하여 약정한 것이 인정되면 합의조항이 부당하게 일방에 불리한지의 여부를 검토하여 무효로 볼 수 있다(약관 14). 개인간의 부동산 거래에 있어 계약서라는 처분문서의 기재라 하여 곧바로 당사자의 합의의 내용이라고 단정할 수는 없고 구체적 사안에 따라 당사자의 의사를 고려하여 그 계약 내용의 의미를 파악하고 그것이 예문에 불과한 것인지 아닌지를 판단한다. 예문에 불과하여도 관할합의의 유효를 인정한 판례[1])의 태도상 본 사례문제의 관할합의는 유효로 볼 수 있어 서울중앙지방법원에의 제소는 적법하므로 법원은 소송을 계속 진행한다.

(2) 소 또는 항소를 취하하는 소송행위가 정당한 당사자에 의하여 이루어졌다면 그 소 또는 항소를 취하함에 있어서 법률행위의 내용의 중요한 부분에 착오가 있어도 민법 제109조에 의하여 위 소송행위를 취하할 수는 없다는 것이 판례입장이다.[2]) 그러나 관할합의의 하자는 절차안정과 무관하므로 민법 제109조를 유추적용하여 취소가 가능하다고 본다면 민법 제109조의 착오에 의한 취소의 요건을 충족하여 피고가 관할합의를 취소하여 법원이 관할권이 없다고 인정하는 경우에는 결정으로 관할법원에 직권으로 이송한다(34).

(3) 제35조의 손해나 지연을 피하기 위한 이송의 요건을 충족시키면 다른 법정관할법원으로 이송할 수 있다. 피고측이 소송을 수행하는 데 많은 비용과 시간이 소요된다는 것만으로는 제35조의 이송사유가 있다고 볼 수 없다는 판례가 있으나(98마1301) 본 사례의 경우 모든 증거가 광주에 있다면 광주지방법원으로 이송할 수 있다.

[3] (1) 본 사례의 소는 대전지방법원은 관할권이 없으나 변론관할이 발생할 수 있다 (30). 즉 '원고청구의 기각을 구한다. 원고의 청구원인을 모두 부인한다'고 진술하면 관할위반이라고 항변하지 아니한 것에 해당하여 변론관할이 성립하므로 대전지방법원

---

1) 대판 2006다68209.
2) 대판 64다92.

은 소송을 계속 진행한다.

(2) 변론기일에 관할위반의 항변을 하였으므로 변론관할이 생기지 않는다. 판례에 의하면 관할위반에 대하여 당사자는 이송신청권이 없으므로 법원이 직권으로 판단하여 관할법원으로 이송한다.

관련판례

1. 소송이송시 소제기에 따른 시효중단의 효력발생시기 (대판 2007다54610)

[판결요지] 대법원은, 이송결정이 확정된 때에는 소송은 처음부터 이송받은 법원에 계속된 것으로 보므로(40 ①) 소송을 이송한 경우에 있어서 법률상 기간의 준수 여부는 소송이 이송된 때가 아니라 이송한 법원에 소가 제기된 때를 기준으로 하여야 한다고 판시한 바 있고(대판 83다카1981), 한편 민사소송법 제265조는 소제기에 따른 시효중단 및 법률상 기간 준수의 효력발생시기에 관하여 동일하게 규정하고 있으므로 소송이 이송된 경우 법률상 기간 준수 여부의 판단 기준시기에 관하여 위 판결이 취하고 있는 견해는 소멸시효의 중단에 관하여도 그대로 적용되어야 할 것이라고 판시하여 종래 해석상 인정해 온 것을 명백히 하였다.

<선택형>

1. 관할에 관한 다음 설명 중 옳지 않은 것은?[1]

① 전속관할에 위반한 판결에 대해서는 항소·상고를 제기 할 수 있다.
② 당사자의 관할합의가 있더라도 제1심 합의사건을 단독판사가 심판할 수는 없다.
③ 독촉사건, 공시최고사건에 있어서의 관할은 전속관할이다.
④ 소송이송시 법원의 관할은 소를 제기한 때를 표준으로 정한다.

2. 관할에 관한 다음의 설명 중 옳은 것은?[2]

① 소송의 목적의 가액이 1억원을 초과하는 약속어음금사건은 지방법원 및 지방법원지원의 합의부가 관장한다.
② 본소가 합의부관할에 속하는 경우에는 반소는 그 소가에 구애됨이 없이 본소와 함께 합의부의 관할에 속한다.
③ 어느 법원의 전속관할로 법정되어 있더라도 다른 법원에 대한 변론관할은 허용된다.
④ 보통재판적과 특별재판적이 경합될 경우에는 특별재판적이 우선한다.
⑤ 관련재판적은 소의 객관적 병합의 경우에 적용될 뿐이고, 소의 주관적 병합의 경우에는 적용될 수 없다.

---

1) ②. 제1심 합의사건도 단독판사가 심판할 수 있도록 관할합의를 할 수 있다(29 ①).
2) ②. 본소가 합의부관할에 속하는 경우에 본소와 견련관계가 있는 반소는 소가에 관계없이 본소와 함께 합의부가 심판권을 행사한다(269 ②). ① 수표·약속어음금의 청구사건에 관여하는 금액에 관계없이 단독판사가 제1심의 심판권을 행사한다(사물규 2). ③ 전속관할로 법정되어 있는 소에는 다른 법원에 변론관할이 발생되지 않는다(31). ④ 토지관할에 있어서 수개의 관할법원이 경합하고 있는 경우에 당사자는 그중에서 하나를 임의로 선택하여 소를 제기할 수 있고, 이들 간에 우열관계는 없다. ⑤ 관련재판적은 소의 주관적 병합의 경우에도 적용된다(25②).

3. 부산에 살고 있는 甲이 인천에 거주하고 있는 乙에게 광주소재 땅을 팔았는데 乙이 매매대금을 지급하지 않아 소송을 제기하려 한다. 다음 중 관할법원은? (각 지명의 관할법원은 그 지명의 지방법원임)[1]

① 부산지방법원
② 광주지방법원
③ 부산지방법원·인천지방법원
④ 부산지방법원·인천지방법원·광주지방법원

4. 인천에 거주하는 원고 甲이 청주에 거주하는 피고 乙을 상대로 금전의 지급을 구하는 지적재산권에 관한 소를 제기하는 경우, 민사소송법이 규정하는 보통재판적 및 특별재판적에 의하여 인정되는 제1심 관할법원이 아닌 것은? (각 지명의 관할법원은 그 지명의 지방법원임)[2]

① 청주지방법원
② 인천지방법원
③ 대전지방법원
④ 서울남부지방법원

5. A법원의 이송결정에 의하여 사건을 이송받은 동급의 B법원이 조사한 결과, B법원은 관할권이 없고 C법원의 관할에 속하는 것이 발견되었다. B법원이 취해야 할 조치는 다음 중 무엇인가? (다툼시 판례에 의함)[3]

① C 법원으로 이송하여야 한다.
② 심급관할을 위반한 이송의 경우 이송 받은 B 법원이 상급심인 경우에도 B 법원은 스스로 심판하여야 한다.
③ B · C 법원의 공통의 직근 상급법원에 관할지정의 신청을 한다.
④ 전속관할을 위반한 이송이더라도 B법원 스스로 심판하여야 한다.
⑤ B법원은 소송요건 흠결로 소를 각하한다.

6. 소송의 이송에 관한 설명 중 옳은 것은? (다툼시 판례에 의함)[4]

---

1) ③. 부동산에 관한 소가 아닌 매매대금청구의 소에 대한 보통재판적은 피고의 주소지를 관할하는 법원에 있으므로 乙의 주소지를 관할하는 인천지방법원에 관할권이 있고(3), 매매대금을 지급하라는 재산권에 관한 소는 의무이행지에 특별재판적이 있고(8) 민법은 지참채무(467 ②)를 원칙으로 하므로 의무이행지는 채권자의 주소지를 관할하는 부산지방법원이다.
2) ④. 서울남부지방법원은 해당 없다. ③ 청주를 관할하는 고등법원이 있는 대전고등법원이 소재지를 관할하는 대전지방법원도 관할이 있다(24).
3) ④. 전속관할을 위반하여 관할권 없는 법원에 이송한 경우에도 이송받은 법원을 구속하기 때문에 다시 관할법원에 이송할 수 없고 스스로 심판하여야 한다. 그러나 심급관할을 위반한 이송의 경우는 이송받은 하급심은 구속하지만 상급심은 구속되지 않는다(대판 94마1059·1060). ① 이송결정의 구속력상 이송할 수 없음이 원칙이다. ② 전속관할을 위반한 상급법원에의 이송은 구속력이 없으므로 이 경우 상급법원은 관할법원에 이송한다. ③ 관할법원이 재판권을 행사할 수 없거나 법원의 관할구역이 불분명한 경우에 바로 위의 상급법원에서 결정하는 지정관할에 해당하지 않는다. ⑤ 관할위반의 경우 각하가 아닌 관할법원으로 이송한다.
4) ②. 전속관할에 위반의 경우에도 소송의 지연을 막기 위하여 원칙적으로 이송받은 하급심법원도 기속된다(대판 94마1059·1060). ① 심판편의에 의한 소송이송은 전속관할의 경우에는 허용되지 아니한다(35 단서). ③

① 법원은 전속관할이 정하여진 소의 경우에도 현저한 손해 또는 지연을 피하기 위하여 필요하면 직권 또는 당사자의 신청에 따른 결정으로 소송의 전부 또는 일부를 다른 관할법원에 이송할 수 있다.

② 전속관할위반의 경우에도 이송결정의 기속력은 하급심에게 인정된다.

③ 소송의 이송결정이 확정되면 이송결정을 한 법원은 수소법원으로서의 자격을 상실하므로, 급박한 사정이 있더라도 소송에 관하여 어떤 처분도 할 수 없다.

④ 소송이 관할위반을 이유로 이송된 경우 소제기간의 준수 여부는 관할권이 있는 법원에 이송된 때를 기준으로 한다.

---

7. 주소가 부산인 乙과 주소가 대구인 丙이 서울 종로구에 주소를 둔 甲 소유의 대전에 있는 A토지를 무단 점유하여 건물을 신축하여 소유하고 있는 경우 甲이 乙과 丙을 상대로 무단점유를 원인으로 한 부당이 득금반환청구의 소를 제기하였고 피고들은 관할위반이라고 항변하였다. 위 사례와 관련하여 적법한 관할법원을 모두 모은 것은? (각 지명의 관할법원은 그 지명의 지방법원임)[1]

① 대구지방법원, 서울중앙지방법원, 부산지방법원
② 대구지방법원, 대전지방법원, 서울중앙지방법원
③ 부산지방법원, 대전지방법원, 서울중앙지방법원
④ 대구지방법원, 대전지방법원, 부산지방법원, 서울중앙지방법원,

---

8. 청주에 사는 甲은 전주에 사는 乙로부터 1억원을 차용하고 수원에 있는 A토지에 근저당권을 설정하여 주 면서 향후 위 근저당권에 관련한 소송은 대전지방법원에서 소송을 하기로 乙과 합의하였다. 그 후 甲으로 부터 A토지를 양수받아 소유권이전등기를 경료한 丙(창원 거주)이 위 근저당권의 말소소송을 제기하려고 할 경우 위 관할권이 있는 법원으로 옳게 묶은 것은? (각 지명의 관할법원은 그 시명의 지방법원임)[2]

① 창원지방법원, 전주지방법원, 수원지방법원.
② 대전지방법원. 수원지방법원.
③ 청주지방법원, 전주지방법원, 수원지방법원, 대전지방법원.
④ 청주지방법원, 전주지방법원, 대전지방법원.
⑤ 전주지방법원, 수원지방법원, 대전지방법원.

---

9. 甲은 乙에게 1억원을 대여하면서 乙의 소유인 A토지(甲주소지관할법원 외에 소재함)에 채권자를 甲으로 한 근저당권을 설정하였고 향후 위 근저당권과 관련한 소송은 甲의 주소지 법원으로 하는 합의를 하였다. 乙은 위 대여금을 변제하지 못하고 A토지를 丙에게 매도하였다. 丙은 위 토지를 매수한 후 乙을 대위하여 근저당채무 원리금을 모두 변제하였는데도 甲이 위 근저당권을 말소하지 않아 丙은 甲을 상대로 위 근저 당권말소의 소를 A 토지 소재지 법원에 제기하였다. 이에 관하여 다음 중 옳지 않은 것들은?[3]

이송결정이 확정된 뒤라도 급박한 사정이 있는 때에는 소송기록을 송부하기 전에는 증거보전, 가압류·가처분 등 필요한 처분을 할 수 있다(37). ④ 소송은 처음부터 이송 받은 법원에 계속된 것으로 보기 때문에 시효중단의 효과나 기간준수의 효과는 제소시를 기준으로 한다(40 ①).

1) ①. A 토지 소재지 법원은 부동산 자체에 관한 소가 아니므로 관할법원이 아니며, 乙과 丙은 부진정연대채무자 로서 제25조 2항의 관련재판적이 있다.

2) ①. 물권관계에 관한 관할합의는 물권법정주의와 공시곤란으로 승계인에게는 구속력이 없으므로 대전지 방법원은 관할권이 없다. 전주지방법원은 피고의 주소지(2), 수원지방법원은 재산소재지로서(11) 관할이 있다.

3) ②③. 판례에 의하면 丙은 乙의 물권관계의 승계인이므로 물권법정주의와 공시방법이 없어서 甲과 乙간의 위

① 甲과 乙간의 위 관할에 관한 합의의 효력은 丙에게 미치지 않는다.
② 위 수소법원이 甲과 乙간의 위 관할에 관한 합의에 따라 丙이 제기한 소를 甲의 주소지 관할법원으로 이송한다는 결정을 하였다면 이 결정은 적법하다.
③ 丙은 乙의 채권관계의 승계인이므로 甲과 乙간의 위 관할에 관한 합의의 효력은 丙에게 미친다.
④ 丙은 乙의 물권관계의 승계인이므로 甲과 乙간의 위 관할에 관한 합의의 효력은 丙에게 미친다.
⑤ 관할의 합의는 소송법상의 행위로서 합의 당사자 및 그 일반승계인을 제외한 제3자에게 그 효력이 미치지 않는 것이 원칙이지만, 지명채권과 같이 그 권리관계의 내용을 당사자가 자유롭게 정할 수 있는 경우에는, 당해 권리관계의 특정승계인은 그와 같이 변경된 권리관계를 승계한 것이라고 할 것이어서, 관할합의의 효력은 특정승계인에게도 미친다.

10. 서울에 사는 甲은 부산에 사는 乙에게 1억원을 대여하고 향후 위 대여금에 관련한 소송은 대전지방법원에서 소송을 하기로 乙과 합의하였다. 그 후 乙이 위 대여금을 변제하지 아니하여 甲은 자신의 거주지 관할인 서울중앙지방법원에 위 대여금반환청구의 소를 제기하였다. 乙은 위 관할합의를 근거로 하여 관할위반을 이유로 대전지방법원에 이송해달라는 이송신청을 하였다. 이에 대하여 다음 중 옳은 것은? (다툼시 판례에 의함)[1]

① 乙은 관할합의를 위반한 제소에 대하여 이송신청권이 있다.
② 법원은 위 이송신청에 대하여 이송 여부에 관하여 재판하여야 한다.
③ 법원이 이송신청에 관하여는 이송결정을 결정하여야 한다.
④ 법원이 이송신청에 대하여 기각결정을 한 경우 신청인은 즉시항고 또는 특별항고를 할 수 있다.
⑤ 乙이 위 서울중앙지방법원에서 열린 변론에 출석하여 본안에 관하여 진술하였다면 더 이상 관할위반을 주장할 수 없다.

11. 대전시에 주소를 둔 甲은 원주시에 본점을 둔 A회사에 대하여 금전채권을 가지고 있는데 A회사가 그 소유인 춘천시 소재 부동산들을 인천시에 주소를 둔 乙에게 매도하고 소유권이전등기까지 마쳤음을 이유로 '위 매매계약을 사해행위로서 취소와 위 소유권이전등기의 말소등기절차의 이행을 구하는 소'를 甲의 주소지 관할법원인 대전지방법원에 乙에 대하여 제기하였다. 이에 대하여 다음 중 옳지 않은 것은? (다툼시 판례에 의함)[2]

① 甲의 주소지 대전지방법원에 제기한 것은 적법하다.
② 채권자가 사해행위의 취소의 소를 제기하는 경우 채권자의 주된 목적은 사해행위의 취소 그 자체보다는 일탈한 책임재산의 회복에 있다.
③ 사해행위취소의 소에 있어서의 의무이행지는 '취소의 대상인 매매의 의무이행지'가 아니라 '취소로 인하여 형성되는 법률관계(소유권이전등기말소의무)에 있어서의 의무이행지'라고 보아야 할 것이다.
④ 부동산등기의 신청에 협조할 의무의 이행지는 성질상 등기지의 특별재판적에 관한 제21조에 규정된 등기관서 소재지인 춘천지방법원이라고 할 것이다.

관할에 관한 합의의 효력은 丙에게 미치지 않는다. 따라서 ②, ③은 옳지 않다.
1) ⑤. 변론관할이 생겨 유효하다. 판례는 합의관할법원이 아닌 다른 법원에 제소한 경우 상대방에게 관할위반을 이유로 이송신청권이 있는지에 관하여 이를 부인하고 항고권도 없다고 판시하고 있다(대결 93마524).
2) ①. 당해 부동산에 관한 등기할 공공기관 소재지인 춘천지방법원에 제기해야 적법하다. 나머지는 대판 2002마1156.

⑤   사해행위취소에 따른 원상회복으로서 부동산등기의 신청에 협조할 의무의 이행지는 그 등
기원인인 매매라는 법률행위의 의무이행지로서 원고의 주소지가 아니다.

---

12. 채권자 甲은 채무자 乙 소유 부동산에 대해 가처분신청을 하면서 동 재판을 관할하는 법원을 찾느라 매
우 고민을 하였다. 이러한 관할 법원과 성격이 다른 하나는?[1)]   [법무부 2010]

①   재판상 이혼을 구하는 소의 관할법원
②   외국판결의 강제집행을 구하는 소의 관할법원
③   법정관할 법원 중 전속적 관할합의에 따라 정해진 관할법원
④   공시최고사건을 관할하는 법원
⑤   지급명령사건을 관할하는 법원

---

13. 전속관할에 관한 다음의 설명 중 옳지 않은 것은? (다툼시 판례에 의함)[2)]   [법전협 2013. 3차]

①   토지관할, 사물관할은 원칙적으로 전속관할이 아니다.
②   심급관할은 전속관할이다.
③   어떤 사건이 단독재판부의 직분관할이라고 하는 것은 그 사건이 단독재판부의 전속관할에
해당한다는 의미이다.
④   전속관할을 위반한 경우에도 관할위반을 이유로 이송을 신청할 권한이 당사자에게 없다.
⑤   어떤 사건에 관하여 전속관할이 있다는 것은 단 하나의 법원에만 관할이 있다는 것이다.

---

14. 甲은 2015. 3. 5. 乙에 대한 2억원의 금전지급을 구하는 소를 제기하였다. 옳은 것을 모두 고르시오. (각
지문은 별개사안이고 다툼있는 경우 판례에 의함)[3)]   [법전협 2013. 3차 변형]

①   원고 甲의 매매대금청구에 지연손해금 5백만원을 병합청구해도 단독판사의 관할사건이다.
②   소송중 원고 甲이 청구취지를 3억원으로 확장할 경우 피고 乙이 이의 없이 본안에 관하여
변론하더라도 합의부로 이송하여야 한다.
③   원고 甲이 대여금청구에 이자 5백만원을 병합청구하면 합의부로 이송하여야 한다.
④   원고 甲의 청구에 피고 乙이 2억원의 손해배상금을 구하는 반소를 제기한 경우 합의부로
이송하는 것이 원칙이다.
⑤   원고 甲이 3억원의 어음금을 청구한다면 이는 단독판사의 관할사건이다.

---

15. 소송의 이송에 관한 다음 설명 중 옳은 것은?[4)]   [법전협 2015. 1차]

---

1) ③. 나머지는 모두 전속관할이다. 전속적 합의관할, 사물관할과 토지관할은 임의관할이다. 직분관할 중 심급
관할은 비약상고만 임의관할이다.
2) ⑤. 전속관할은 재판의 적정 등 고도의 공익적 고려에서 원칙적으로 법률상 명문으로 특정법원만이 배타적으로
관할권을 갖는 것이나 한 곳의 법원만이 관할권을 갖는 것은 아니다. 직분관할은 명문규정이 없어도 전속관할
이나, 토지관할과 사물관할은 제463조, 제476조 3항처럼 법률상 명문으로 정한 경우에만 전속관할이다.
3) ①⑤. ② 원칙적으로 합의부로 이송하여야 하나 사물관할도 임의관할이므로 변론관할이 성립하면 이송할 필요
없다. ③은 제27조 2항, ④ 소가 2억원도 단독재판부관할이다(사물규 2).
4) ②. 소송이송받은 뒤에 청구의 변경 등으로 새로 관할법원이 생긴 경우에도 구속력은 미치지 않는다(이시윤,
125). ① 법원은 당사자의 신청 또는 직권으로 이송할 수 있다(35). ③ 전속적 관할합의의 경우 법률이 규정한
전속관할과 달리 임의관할의 성격을 가지기 때문에, 법원은 공익상의 필요에 의하여 사건을 다른 관할 법원에

① 현저한 손해나 지연을 피하기 위한 이송은 당사자의 신청에 의해서만 할 수 있고 법원이 직권으로는 할 수 없다.
② 이송재판은 이송 받은 법원을 구속하지만 이송결정 후에 소의, 변경 등 새로운 이송사유가 생겼다면 이송받은 법원은 해당 사건을 다른 법원으로 이송 할 수 있다.
③ 당사자 사이에 전속적 관할 합의가 있는 경우 원고가 법정 관할권이 있는 다른 법원에 소를 제기하는 것은 전속 관할의 위반이므로 합의 관할 법원으로 이송해야 한다.
④ 관할은 소 제기시를 기준으로 정해지므로 1억원의 손해배상을 청구하는 소를 제기한 후 청구액을 3억원으로 확장하는 것은 이송사유가 되지 않는다.
⑤ 소송이 이송되면 이송시에 소송계속이 발생한 것으로 본다.

제4절 법관의 제척·기피·회피

법관의 제척·기피·회피제도는 공정한 재판을 담보하고 법관의 중립성을 확보하기 위하여 구체적 사건을 담당하는 법관이 우연히 그 사건과 인적, 물적으로 특수한 관계에 있는 경우에는 그 법관을 당해 사건의 직무집행으로부터 배제하는 제도이다. 제척은 법정사유에 의하여 당연히 배제되는 것이고(41), 기피는 당사자의 신청에 따라 법원의 결정으로 배제되는 것이고(43), 회피는 당해 법관 스스로 집무집행을 피하는 것이다(49).

I. 제 척 (법적 배제)

> 제41조(제척의 이유) 법관은 다음 각호 가운데 어느 하나에 해당하면 직무집행에서 제척된다.
> 1. 법관 또는 그 배우자나 배우자이었던 사람이 사건의 당사자가 되거나, 사건의 당사자와 공동권리자·공동의무자 또는 상환의무자의 관계에 있는 때.
> 2. 법관이 당사자와 친족의 관계에 있거나 그러한 관계에 있었을 때.
> 3. 법관이 사건에 관하여 증언이나 감정(鑑定)을 하였을 때.
> 4. 법관이 사건당사자의 대리인이었거나 대리인이 된 때.
> 5. 법관이 불복사건의 이전심급의 재판에 관여하였을 때. 다만, 다른 법원의 촉탁에 따라 그 직무를 수행한 경우에는 그러하지 아니하다.

≪사례≫ 甲은 乙에 대한 채권을 가지고 있는데 乙이 파산하여 丙이 파산관재인이 되었다. 그리하여 甲은 당사자적격을 상실한 乙 대신 丙을 상대로 乙에 대한 채권에 관한 소송을 제

이송할 수 있다(대결 2007마1328). ④ 3억원은 합의부 관할이므로 법원은 직권으로 합의부로 이송하여야 한다(34 ①). ⑤ 이송되면 소제기시에 소송계속이 발생한 것으로 본다(40 ①).

기하였다. 그런데 이 사건을 담당한 법관 丁은 파산자 乙의 과거 배우자였던 관계였는데 丁이 甲이 신청한 증인 戊를 신문하였다면, 이 증인신문의 효력은 인정되는가?

1. 의 의

제척(除斥)은 법관과 사건 사이에 법정의 특수관계 발생시 법률에 의해 당연히 직무집행에서 배제시키는 제도이다(41).

2. 제척이유

(1) 제척이유는 법관이 사건 당사자와 관계있거나 있었던 경우는 제41조 1호(배우자 등), 2호(친족 등), 4호(대리인)가 있고, 사건의 심리에 이미 관계한 경우는 제41조 3호(증언, 감정), 5호 전심관여(前審關與)가 있다.

(2) 특히 41조 5호에 규정된 바와 같이 법관이 이전심급(전심)에 관여하면 재판의 공정을 저해할 우려가 있기 때문에 제척된다. 여기서 ① '이전심급'은 하급심을 의미한다. 따라서 파기환송·이송 전 원심판결절차(436 ③), 재심소송의 대상인 확정판결절차,[1] 본안소송의 재판장에 대한 기피재판[2] 등에 관여한 경우는 동일심급이므로 제척이유가 아니다. 또한 소송상 화해와 화해내용에 따른 목적물인도소송,[3] 보전소송과 본안소송은 각기 다른 사건이므로 동일한 사건에 적용되는 전심(前審)에 해당되지 않는다.[4] 다른 당사자간에 동일내용의 분쟁을 판결한 법관도 제척기피사유가 되지 않는다.[5] ② '관여'는 판결내용의 형성에 깊이 관여하여야 한다. 따라서 최종변론, 판결내용 합의 및 판결의 작성에 관여해야 제척이유에 해당되며,[6] 증거조사만 또는 선고만 한 경우에는 제척이유가 아니다.[7]

3. 절 차

제척이유 유무는 그 법관 자신과 그 소속 합의부의 직권조사사항이다. 조사결과 제척이유가 있으면 해당법관은 스스로 물러나야 하나, 제척이유의 유무에 관하여 의문이 있으면 법원은 당사자의 신청이나 직권으로 제척의 재판을 해야 한다(42).

---

1) 대판 2000재다87.
2) 대결 91마631.
3) 대판 69다1232.
4) 대결 61민재항3.
5) 대판 83다카2009.
6) 대판 96다56115.
7) 대판 70다1938.

4. 제척의 효과와 재판

(1) 제척이유가 존재하는 경우는 법관은 법률상 당연히 그 사건에 대한 직무집행에서 배제된다. 제척규정에 위반한 법관의 소송행위는 본질적인 절차상의 하자 내지 강행규정위배로서 그 소송행위는 무효이다. 다만 제척이유가 있는 법관이 관여하여 선고한 판결만은 무효가 아니며 확정 전에는 상소(절대적 상고이유: 424 ① (2)), 확정 후에는 재심(451 ①(2))을 제기할 수 있다.

(2) 제척재판이 개시되면 본안소송절차는 정지되나 예외적으로 종국판결을 선고하거나 긴급을 요하는 경우에는 직무를 수행할 수 있다(48).

(3) 제척·기피신청이유를 밝히지 않거나 소송지연목적의 제척·기피신청은 법원과 법관은 간이각하(簡易却下)할 수 있다(45 ①). 이는 제척·기피신청권의 남용에 대한 제재이다.

(4) 제척의 효과는 재판 유무에 관계없이 당연히 발생하며, 제척재판을 하더라도 확인적 재판이다(45, 46). 제척을 인용하는 결정에 대하여는 불복할 수 없다. 제척신청을 기각·각하하는 결정에 대하여는 즉시항고 가능하다(47).

사례해설

제41조 1호의 규정은 당사자 이외의 보조참가인, 소송담당의 권리귀속주체에게도 적용되므로 배우자이었던 사람이 사건 당사자가 된 경우 해당 법관은 제척되어야 할 것이므로 해당 법관 의 소송행위는 무효이며 증인신문의 효력도 인정되지 못한다.

II. 기 피 (재판에 의한 배제)

제43조(당사자의 기피권) ① 당사자는 법관에게 공정한 재판을 기대하기 어려운 사정이 있는 때에는 기피신청을 할 수 있다.
② 당사자가 법관을 기피할 이유가 있다는 것을 알면서도 본안에 관하여 변론하거나 변론준비기일에서 진술을 한 경우에는 기피신청을 하지 못한다.

≪사례≫

[1] 甲이 乙을 상대로 소를 제기였는데 이 사건을 담당한 법관 丙은 얼마 전 甲乙 간의 사건과 동종의 사건에 관하여 재판하였는바, 甲은 자신에게도 불리한 재판이 내려질 것을 염려하여 丙을 재판에서 배제해 줄 것을 요구하였는데도 丙은 甲이 신청한 증인 戊를 신문하였다면, 이 증인신문의 결과는 甲, 乙 간의 소송에서 자료로 이용될 수 있는가?

[2] 기피신청이 있음에도 해당 법관은 소송절차를 정지하지 않고 진행하여 쌍방불출석

의 효과를 발생시켰다. 후에 위 기피신청에 대하여 각하결정이 확정된 때 절차위반의 흠결이 치유되는지의 여부에 대하여 치유되지 않는다고 판시한 판례(대판 2009다78467·78474)는 제48조 '기피신청시 소송절차를 정지해야 한다'고 규정과 관련하여 타당한가?

----

1. 기피 의의

기피는 법관에게 공정한 재판을 기대하기 어려운 사정이 있는 경우에 당사자의 신청에 의한 재판에 의해서 직무집행 배제하는 제도이다(43 ①).

2. 기피사유

(1) 제척이유 이외에 통상인의 판단으로 불공정재판 일으킬 객관적 사정이 있는 경우이다.

(2) 당사자, 법정대리인이 법관과 친인척, 동창, 당사자인 회사의 주주인 경우이다.

(3) 그런데 담당 **법관이** 당사자가 아닌 **소송대리인과 친인척, 친구관계인 경우**에도 기피사유가 되는지에 관하여 논의가 있다. 소송대리인이 변호사인 경우에는 특별히 공정을 해할 사유 이외에는 기피사유가 되지 않는다는 부정설과 진관예우와 인맥과 의리를 중시하는 풍토를 개선하기 위하여 기피사유가 된다는 긍정설[1]이 있으나 현재 인맥을 전혀 무시할 수 없는 실무관행을 고려한다면 후설이 타당할 것이다.

3. 기피신청(절차)과 그 효과

(1) 당사자의 신청만으로 개시된다(44). 기피신청이 되면 가령 멸실 염려의 증거조사 등의 긴급요하는 경우와 변론종결 후 기피신청한 경우의 종국판결 선고 이외에는 **본안소송절차는 정지**해야 한다(48).

(2) 기피신청을 하였는데도 긴급을 요하지 아니한 증인신문행위 등의 행위를 한 후 기피신청각하 또는 기각결정이 확정된 경우에 그 **하자가 치유되는지**에 관하여 기피신청한 자의 절차권을 보장하기 위하여 치유되지 않는다는 **소극설**과 소송의 원활하고 신속한 종결 등 공익을 위하여 치유된다는 **적극설**, 원칙적으로 하자가 치유되지 않으나 기피신청인이 충분한 소송행위를 하여 소송상 이익을 침해받지 않은 때에는 위법성이 치유된다는 **제한적 긍정설(절충설)**이 있다. 판례는 적극설

----

1) 이시윤, 85.

의 입장도 있으나[1] 기피신청 후 소송절차를 정지하지 않고 진행하여 쌍방불출석의 효과를 발생시킨 절차위반의 흠결이 후에 기피신청에 대한 각하결정이 확정된 사정만으로는 제48조에 위반되어 절차위반의 흠결이 치유되지 않는다는 판결도 있다.[2] 판례는 기피신청인이 충분한 소송행위를 하여 소송상 이익을 침해받지 않은 때에는 위법성이 치유된다고 보는 제한적 긍정설(절충설)의 입장이라는 견해도 있다.[3]

4. 기피신청에 대한 재판

(1) 기피신청을 받은 법원이나 법관은 위에서 본 바와 같이 간이각하를 할 수 있다(45 ①). 위에서 본 바와 같이 기피신청권의 남용에 대한 제재이다. 간이각하에 대하여는 기피신청자는 즉시항고를 할 수 있다(45 ②).

(2) 기피신청에 각하사유가 없으면 기피당한 법관이 소속된 법원의 합의부에서 재판하며(45, 46) 제척과 달리 기피재판에 의하여 기피 여부가 결정되는 형성적 재판이다.

(3) 불복 여부에 관하여 기피인용결정에는 불복할 수 없다(47 ①). 기각결정에는 즉시항고할 수 있다(47 ②).

> **사례해설**
>
> [1] 담당법관이 동종의 사건에서 판결한 것은 기피사유가 아니어서 甲의 기피신청은 이유가 없다. 기피신청이 있으면 소송절차는 정지되어야 하는데 정지되지 않고 진행한 경우 소송행위는 치유되어 유효한가에 관하여 적극설, 소극설, 절충설이 있다.
>
> [2] 위법성이 치유된다는 적극설, 치유되지 않는다는 소극설, 당사자의 소송상의 이익이 침해받지 않은 경우에만 치유된다는 절충설이 있으나, 판례는 치유되지 않는다고 하였다. 치유된다고 하면 기피신청자에게 결정적으로 불리하므로 판례 입장이 타당하다고 할 것이다.

Ⅲ. 회 피

> **제49조(법관의 회피)** 법관은 제41조 또는 제43조의 사유가 있는 경우에는 감독권이 있는 법원의 허가를 받아 회피(回避)할 수 있다.

제척·기피사유가 있을 때 법관 스스로 직무집행 피하는 것이다. 회피하려면 감독권 있는 법원의 허가를 요한다(49). 법원의 허가 후에 그대로 그 사건에 관여

---

1) 대판 78다1242.
2) 대판 2009다78467.
3) 김홍엽, 59.

하여 소송행위를 했어도 효력에 영향이 없고 상고·재심사유에 해당되지 않는다. 실무에서는 재배당신청을 하여 처리하는 경향이 있다.

<선택형>

1. 법관 등의 제척·기피·회피에 관한 다음 설명 중 옳지 않은 것은?[1]

① 법관의 제척원인이 되는 전심관여라 함은 최종변론과 판결의 합의에 관여하거나 종국판결과 더불어 상급심의 판결을 받는 중간적인 재판에 관여함을 말하는 것이고, 최종변론 전의 변론이나 증거조사 또는 기일지정과 같은 소송지휘 상의 재판 등에 관여한 경우는 포함되지 않는다.

② 제척 또는 기피신청에 정당한 이유가 있다는 결정에 대하여는 즉시항고 할 수 있다.

③ 법관은 민사소송법 제41조 소정의 제척사유 또는 제43조 소정의 기피사유가 있을 경우에는 감독권이 있는 법원의 허가를 받아 회피할 수 있다.

④ 담당 재판부의 판사 중 1인이 원고 종중의 종중원인 경우 법관의 제척사유에 해당한다.

⑤ 법원사무관 등에 대한 제척 또는 기피의 재판은 그가 속한 법원이 결정으로 하여야 한다.

2. 기피에 관하여 다음 중 옳지 않은 것은? (다툼시 판례에 의함)[2]

① 기피신청이 있으면 본안소송절차를 정지하여야 한다.

② 기피신청이 있으면 긴급을 요하는 행위는 본안소송절차를 정지하지 않을 수 있다.

③ 기피신청이 있음에도 본안소송절차를 정지하지 아니하고 재판을 진행한 경우 기피신청기각결정이 확정되면 그 하자는 치유된다고 일부판례는 판시하고 있다.

④ 기피신청이 있음에도 재판을 진행하여 1회 쌍방불출석으로 처리한 후 기피신청에 대하여 각하결정이 있어도 쌍방불출석으로 처리한 절차위반의 흠결이 치유되는 것은 아니다.

⑤ 기피결정을 받은 법관이라도 긴급을 요하는 행위는 할 수 있다.

3. 법관의 기피와 제척에 대한 설명 중 옳지 않은 것은?[3]   [법전협 2013. 2차]

① 기피신청은 그 이유가 있음을 알게 된 이후 지체 없이 하여야 한다.

② 제척이유에 관하여 민사소송법이 구체적으로 열거하고 있지만 기피이유에 관하여는 구체적으로 열거하고 있지 않다.

③ 소송지연을 목적으로 한 것이 분명한 경우에는 결정으로 기피신청은 물론 제척신청도 각하할 수 있다.

④ 기피신청이 있으면 그 소송절차는 정지된다.

⑤ 항소심 판사가 항소의 대상이 된 제1심에서 수탁판사로서 증인신문절차를 진행한 것은 제척의 이유가 된다.

---

1) ②. 제척 또는 기피신청에 정당한 이유가 있다는 결정에 대하여는 불복할 수 없다. 그러나 각하결정 또는 기각결정에 대하여는 즉시항고할 수 있다(47 ① ②).
2) ⑤. 기피결정을 받으면 긴급행위도 할 수 없다.
3) ⑤. 최종변론 전에 증거조사에만 관여한 경우 전심관여에 해당하지 않는다(대판 92다23537). ① 제43조 2항. ② 제41조, 제43조. ③ 제45조 1항. ④ 제48조.

4. 법관의 제척 및 기피에 관한 다음 설명 중 옳지 않은 것은?(다툼시 판례에 의함)[1] [법전협 2015. 1차]

① 법관은 전심에서 변론과 증거조사를 한 경우라도 해당 사건의 최종변론과 판결의 합의에 관여한 적이 없다면 그 사건 상소심의 직무집행에서 제척되지 않는다.

② 당사자가 법관을 기피할 이유가 있다는 것을 알면서도 본안에 관하여 변론한때에는 그 법관에 대해 기피신청을 할 수 없다.

③ 합의체의 구성원인 법관의 제척에 대해서는 그 법관이 소속한 법원의 합의부에서 결정으로 재판한다.

④ 법관의 제척 또는 기피의 주장이 있으면 원칙적으로 그 주장에 관한 결정이 확정 될 때까지 소송절차를 정지해야 한다.

⑤ 항소심에서 기피신청이 있는데도 불구하고 본안소송절차를 정지하지 않고 절차를 진행시킨 결과 쌍방불출석으로 항소취하의 요건이 갖추어졌다면 절차정지 없이 진행한 위법은 치유되어 적법하게 항소 취하된 것으로 보아야 한다.

---

1) ⑤. 기피신청에 대한 각하결정 전에 이루어진 변론기일의 진행 및 위 각하결정이 당사자에게 고지되기 전에 이루어진 변론기일의 진행은 모두 제48조의 규정을 위반하여 쌍방불출석의 효과를 발생시킨 절차상 흠결이 있고, 특별한 사정이 없는 이상, 그 후 위 기피신청을 각하하는 결정이 확정되었다는 사정만으로 제48조의 규정을 위반하여 쌍방불출석의 효과를 발생시킨 절차 위반이 흠결이 치유된다고 할 수 없다(대판 2009다78467, 78474). ① 대판 96나56115. ② 제43조 2항. ③ 제46조 1항. ④ 제48조 본문.

제2장 當事者

제1절 총 설

Ⅰ. 當事者의 의의 — 형식적 당사자 개념

소송의 이상과 기본원리는 소송주체에 의하여 실현된다. 소송을 담당하는 소송상의 주체는 법원과 당사자이고 이들이 어떻게 구성되고 확정되고 자격이 있는지는 소송의 전 과정을 파악하는 데에 중요하다. 자기 이름으로 국가의 권리보호를 요구(주장)하는 사람과 그 상대방(원고·피고, 항소인·피항소인, 상고인·피상고인, 채권자·채무자, 신청인·상대방)이 당사자이다. 이는 실체법과 항상 일치하는 것이 아닌 **형식적 당사자 개념**이다. 즉 파산자는 실체법상 권리의무 주체이나 소송수행권이 없고 파산관재인이 당사자가 되는 경우를 포함하는 개념이다.

종래에는 실체법상의 권리·의무자를 당사자로 이해하는 실질적 당사자개념으로 당사자를 파악하였으나 19세기에는 제3자 소송담당 개념이 도입되면서 오늘날은 실체법상의 개념과 달리 '자기의 이름으로' 판결을 요구하거나 요구받은 사람이 당사자라고 파악한다. 보조참가인은 자기 이름으로 소송에 관여하지만 자기 이름으로 판결을 요구하지 않는 종된 당사자에 불과하다.

Ⅱ. 당사자대립주의

소송의 적정과 공평을 기하기 위하여 소송에서는 그 기본구조로 두 당사자가 반드시 맞서 대립해 있지 않으면 안 된다. 이를 당사자대립주의라고 한다.

1. 소송의 적정과 공평을 위한 제도

양 당사자에게 대등한 변론기회를 제공하여 무기평등의 원칙·공평의 원칙을 실현시키기 위해서 쌍방대리 등의 금지(변호 31), 필요적 변론(134), 쌍방심리주의를 두고 있다.

2. 편면적 소송의 금지

당사자가 대립하고 있지 않는 편면적 구조(片面的 構造)인 비송사건과 구별된다.

(1) 당사자 일방이 이미 사망한 경우는 당사자 대립관계가 형성되지 않는다. 회사 지점은 당사자가 될 수 없고 본점만 가능하므로 같은 회사의 지점 상호간의 소송이나 전라북도 교육감이 도를 대표하여 도지사가 대표하는 도를 상대로 한 소송은 같은 당사자간의 소송이므로 부적법한 소이다.

(2) 소송 계속중 당사자 일방의 지위를 다른 당사자가 상속이나 법인의 합병 등의 사유로 승계(포괄승계)되면 소송은 당사자 지위 혼동으로 종료된다.

(3) 이혼소송중 일방 사망한 경우와 같이 권리관계의 성질(일신전속적 권리)상 승계할 자가 없는 때에는 대립소멸로 소송은 종료된다.

3. 2당사자대립주의의 예외

3인 이상의 당사자가 대립·항쟁하는 독립당사자참가, 예비적·선택적 공동소송 등 다면(多面)소송이 있으나 이들은 2당사자대립주의에 반하는 것이 아니다.

Ⅲ. 당사자권(절차적 기본권)

1. 의 의

당사자권(當事者權)은 소송의 주체인 지위에서 누리는 절차상의 여러 가지 권리의 총칭이다. 당사자권은 비송사건보다 소송사건에서 당사자권이 두텁게 보호되어 소송의 비송화경향에 제동역할을 하고, 당사자에게 기판력이 미치는 이론적 근거를 제공한다.

2. 전망과 구제

(1) 당사자는 소송의 주체로서 절차의 주역의 지위에서 절차적 기본권의 핵심으로 당사자권으로 심화시킴이 필요하다. 이를 침해받아 판결을 받으면 불법행위에 의한 손해배상청구가 가능하다.[1]

(2) 당사자 이외의 제3자에의 확대보장요청되는 경우도 있다. 채권자대위소송의 판결의 효력을 받을 채무자와[2] 가사소송에서 청구배척 판결의 기판력을 받

---

1) 대판 95다21808.
2) 대판 74다1664.

을 제3자의 절차적 보장(가소 21)이 권리로 요청된다.

Ⅳ. 당사자에 관한 소송요건

(1) 소송에서 특정인이 적법한 당사자로서 소송을 수행할 수 있기 위해서는 누구를 당사자로 삼을 것인지 당사자가 확정되어야 하며, 당사자로 확정된 자가 당사자가 될 일반적인 자격인 당사자능력이 있어야 하며 또 당사자로 인정되고 당사자능력이 있는 자가 구체적인 당해 사건에서 주장 자체로 판단하여 정당한 소송수행권(당사자적격)을 갖추어야 한다. 따라서 법원은 계속중인 소송에서 당사자로 기재된 자가 당사자가 될 수 있는 일반적인 자격이 인정되어야 비로소 그가 정당한 당사자인지를 심리한다. 여기에 소송능력을 갖추었는지를 판단하는데 이들이 당사자에 관한 소송요건이다.

(2) 즉, 서로 분쟁관계에 있어서 소를 제기하는 원고와 그 상대방인 피고 당사자는 확정되어야 그 후 당사자능력과 적격이 있는지를 논의할 수 있다. 특히 당사자를 정하는 기준에 관한 학설과 판례의 입장은 표시설이나 그 포섭범위가 다소 차이가 있다. 성명모용의 경우 보정명령과 모용자의 소송관여를 배척하고 피모용자를 소환한다. 또 당사자가 사망한 경우 각 단계에 따라 법적조치가 다르다.

(3) 당사자적격은 특정의 소송사건에서 정당한 당사자로서 소송을 수행하고 본안판결을 받기에 적합한 자격이다. 예컨대, 주민단체가 비법인사단으로서 당사자능력을 가진다고 해도 환경피해에 대하여 각 피해자는 각 주민 개인이므로 환경피해에 대한 손해배상청구의 소송에서 주민단체가 곧바로 당사자적격을 가지는 것은 아니다. 당해 손해배상청구권에 대하여 위 주민단체를 당사자로 하는 것이 유효·적절한가의 문제로서 당사자적격 여부를 판단한다.

소송승패에 대하여 법률상 이해관계를 가진 자가 정당한 당사자이나, 실체법상 권리의 주체가 아닌 제3자가 예외적으로 소송수행권을 갖고 소송수행하고 판결의 효력을 받는 당사자적격을 가지는 것을 제3자 소송담당이라 한다.

(4) 소송능력은 소송요건인 동시에 개개의 소송행위의 유효요건이다. 이는 당사자(또는 보조참가인)로서 유효하게 소송행위를 하거나 받기 위해 갖추어야 할 능력이다. 소송능력 흠결의 소송행위는 무효이다. 소송능력의 흠결을 간과한 판결은 당연무효는 아니고 무능력자가 패소한 경우는 부당한 판결의 시정기회를 줘야 하므로 상소·재심이 가능하나, 무능력자 측이 승소한 경우는 상소·재심의 이익이 없다.

(5) 당사자에 관한 소송요건을 검토한 후 원고가 청구하는 본안(本案)에 관하여 이유가 있는지를 판단하여 청구원인상의 주장사실을 뒷받침하는 증거가 있어서 원고 청구가 이유 있으면 본안적격이 있다고 하여 승소판결을 받게 되고, 원고 주장사실을 뒷받침하는 증거가 없으면 본안적격이 없다고 판단되어 패소하게 된다. 즉 소송요건인 당사자적격은 실체법상의 권리의무보다는 주로 소송법적으로 정하여지나, 본안적격은 실체법상의 권리 또는 의무의 귀속자인지의 문제로서 소송요건이 아니다.

제2절 당사자의 확정

Ⅰ. 의 의

(1) 당사자확정은 소 제기시부터 판결까지의 현실적인 소송절차에서 원·피고가 누구인지를 명확히 하는 것이다. 확정된 당사자를 전제로 당사자능력과 당사자적격을 검토하게 되고 절차에 관여할 자, 판결상 당사자, 인적(人的) 재판적, 제척이유 등을 정하는 기준이 된다. 당사자의 확정은 원고에 의하여 소장에서 다른 자와 구별할 수 있도록 식별하는 당사자의 특정(特定)을 전제로 한다.[1]

(2) 오늘날 형식적 당사자개념이 확립된 경우에서는 당사자확정은 보통은 문제되지 않고 주로 특별한 사안에서만 문제된다.

Ⅱ. 확정의 시기와 소송법상의 효과

1. 확정의 시기

당사자는 소제기 즉시 확정되어야 소장부본의 송달명의자, 재판관할 등을 정할 수 있다.

---

[1] 원고가 이도령을 상대로 제소한 경우 전국의 여러 이도령 중 남원에 사는 이도령을 피고로 특정하기 위하여 성명 이외에 주소, 주민등록번호 등을 기재한다. 이도령을 상대로 한 소송에서 방자가 나와서 실제로 소송을 수행한 경우 누가 당사자인지 당사자확정이 필요하다. 표시설에 의하면 이도령이, 행동설에 의하면 방자가 당사자로 확정된다.

2. 소송법상의 효과

(1) 당사자확정은 소송요건으로서 소송개시 때부터 당사자는 확정되어 있어야 하며 당사자가 불명확하면 법원은 직권으로 누가 당사자인가를 조사하고 석명하여야 한다. 법원이 조사하였으나 당사자를 확정할 수 없다면 소를 부적법 각하한다.

(2) 소송에 있어서 당사자가 누구인가는 당사자능력, 당사자적격 등을 심리하기 이전에 결정되어야 하는 중요한 사항이므로, 사건을 심리·판결하는 법원으로서는 직권으로 소송당사자가 누구인가를 확정하여 심리를 진행한다.

Ⅲ. 당사자 확정의 기준

1. 학 설

① **실체법설**: 당사자는 소송의 목적인 권리, 법률관계의 주체인 자라는 견해이나 제3자 소송담당을 인정하는 형식적 당사자개념을 포섭할 수 없는 약점이 있다.

② **의사설**: 원고나 법원의 의사에 의하여 당사자가 확정된다고 한다. 그러나 누구의 의사를 기준으로 할 것인지, 의사내용의 확정에 대한 객관적 기준 없다는 비판이 있다.

③ **행위설(행동설)**: 소송상 당사자로 행동하는 자가 당사자라고 한다. 그러나 어떤 행동을 기준으로 할지가 불명확하다는 비판이 있다.

④ **실질적 표시설**: 당사자를 소장 당사자란에 기재된 것만으로 파악하는 형식적 표시설이 아닌, 청구취지와 원인 등 소장 전체취지를 고려하여 합리적·객관적으로 정한다는 견해이다.

⑤ **규범분류설**: 소송개시시는 소장에 표시된 자, 진행 중에는 절차보장을 받은 자를 당사자라 본다.[1]

검토컨대 소장에 기재된 청구의 취지·원인 등 일체의 표시사항 등을 고려하여 합리적으로 해석하여야 한다는 실질적 표시설이 어느 정도 객관적 기준을 설정하고 있고 통설·판례이다. 다만 실질적 표시설에 의하더라도 소 제기후에 나타난 사실이나 소송진행중의 사실 등을 참작하지 아니하면 성명모용소송이나 死者를 당사자로한 소송에서 구체적 타당성 있는 당사자확정이 어려운 점이 있다.[2]

---

1) 강현중, 118.
2) 권혁재, 41. 위 각 학설은 대립하는 관계기 아니라 기본적으로는 표시설에 의하고 意思, 행동 등은 표시행위의 해석기준이라는 견해가 있다(호문혁, 211).

2. 판 례

(1) 판례에 의하면 실질적 표시설 입장에서 당사자는 소장에 기재된 표시 및 청구의 내용과 원인사실을 합리적으로 해석하여 확정한다.[1]

판례는 사망한 당사자를 피고로 한 소송에서는 청구의 내용과 원인사실, 당해 소송을 통하여 분쟁을 실질적으로 해결하려는 원고의 소제기 목적 내지는 사망 사실을 안 이후의 원고의 피고 표시 정정신청 등 여러 사정을 종합하여 볼 때에, 실질적인 피고는 당사자능력이 없어 소송당사자가 될 수 없는 사망자가 아니라 처음부터 사망자의 상속인으로 본다.[2] 여기서 실질적인 피고로 해석되는 사망자의 상속인이라 함은 실제로 상속을 하는 사람을 가리킨다 할 것이고, 상속을 포기한 자는 상속 개시시부터 상속인이 아니었던 것과 같은 지위에 놓이게 되므로[3] 제1순위 상속인이라도 상속을 포기한 경우에는 당사자가 되지 아니하며, 후순위 상속인이라도 선순위 상속인의 상속포기 등으로 실제로 상속인이 되는 경우에는 당사자에 해당한다.[4]

(2) 판례의 위 입장을 소장 전체의 취지를 합리적, 탄력적으로 해석하는 실질적 표시설입장에 있다는 견해와[5] 원고는 상속인을 피고로 의도 했을 것이라는 의사설적 입장이라는 견해가 있다.[6] 위 두 견해 모두 사망자를 피고로 표시한 경우 처음부터 상속인을 피고로 보는 점과 당사자표시정정이 되지 아니한 채 소송절차가 진행되면 법원은 이를 직권조사하여 부적법한 소로서 각하하는 점에서는 동일하다.

다만 표시된 피고가 이미 사망한 경우 상속인을 피고로 보는 것에 관하여 판례는 의사설이라고 명시한 바 없고 소장 전체에서 실질적이고 합리적으로 당사자를 정하고 있다고 볼 수 있으므로 실질적 표시설로 해석될 수 있다고 본다.

3. 석 명

(1) 당사자확정이 곤란할 경우에는 석명(釋明)이 필요하다. 당사자 동일성 범위 내에서 석명할 수 있다(석명의 한계).

(2) 동일성을 넘는 당사자변경에 대하여서도 석명할 수 있는지에 관하여 판

---

1) 대판 96다3852; 78다1205; 93후1414; 94다61243.
2) 대판 82다146.
3) 대판 95다27769.
4) 대판 2005마425.
5) 김홍엽, 105; 김일룡, 104.
6) 이시윤, 133; 정동윤·유병현, 162.

례는 원고가 조세부과처분청인 전주시 완산구청장을 피고로 해야 할 것을 피고적격이 없는 전주시장을 피고로 잘못 지정하였다면 법원으로서는 당연히 석명권을 행사하여 원고로 하여금 피고를 경정하게 하여 소송을 진행하게 하였어야 할 것임에도 불구하고 이러한 조치를 취하지 아니한 채 피고의 지정이 잘못되었다는 이유로 소를 각하한 것이 위법하다고 하여 긍정하고 있다.[1]

Ⅳ. 당사자표시의 정정

≪사례≫ 채권자 甲은 대여금을 반환받기위해 乙을 피고로 하여 소를 제기하였다.

[1] 甲이 乙의 사망사실을 모르고 乙을 피고로 표시하여 제소한 경우

[2] 甲이 乙의 사망사실을 알았지만 乙의 상속인들이 구체적으로 누구인지를 알지 못하여 일단 피고를 乙로 표시하여 제소한 후 소송을 진행하면서 사실조회를 통하여 가족관계를 확인하여 피고를 丙과 丁으로 표시정정신청을 한 경우 상속인으로 丙과 丁만이 있는데 丁은 상속을 포기하였고 乙의 아들 丙이 법정에 나와 소송을 수행한 경우 각각 피고는 누구이고, 법원이 위 각 사실을 안 경우 어떤 조치를 취할 것인가?

1. 당사자표시정정의 의의

(1) 당사자확정 후 **당사자의 동일성**을 해하지 않는 범위에서 당사자를 바로잡는 것을 당사자표시정정(訂正)이라 한다.[2] 당사자의 동일성이 없는 당사자변경(피고경정)과 구별된다.

(2) 당사자표시정정에 관한 명문규정은 없다. 판례는 엄격히 당사자 동일성이 인정되는 경우에 한정하여 인정한다. 당사자능력이 없는 경우 보정방법으로 피고경정을 규정한 제260조를 적용하거나 유추적용하여 경정하면 된다는 견해가 있으나[3] 피고경정은 당사자적격을 혼동하여 동일성 없는 당자자를 잘못 지정한 경우에 적용되는 것이므로 이 규정을 당사자표시정정에 적용하거나 유추적용하는 것은 타당하지 않다고 할 것이다.

(3) 판례에 의하면소장에 표시된 피고에게 당사자능력이 인정되지 않는 경우에는 소장의 전취지를 합리적으로 해석한 결과 인정되는 올바른 당사자능력자로 그 표시를 정정하는 것은 허용되며, 원고가 사망 사실을 모르고 사망자를 피고로 표시한

---

1) 대판 2002두7852.
2) 대판 94다61243.
3) 정동윤·유병현, 164; 호문혁, 212.

경우 여러 사정을 종합하여 그 표시를 잘못한 것이라면 사망자의 상속인으로 피고의 표시를 정정할 수 있다.[1] 소장에 표시된 당사자가 잘못된 경우 예컨대 회생절차개시 결정이 있는 때에는 채무자의 재산에 관한 소송에서는 관리인이 당사자가 되는데도(채무자회생 78) 원고가 당사자적격이 없는 채무자 본인을 당사자로 잘못 표시하였다면 법원은 당사자의 표시를 관리인으로 정정하는 보정명령을 내리는 조치를 취함이 없이 단지 원고에게 막연히 보정명령만을 명한 후 소를 각하하는 것은 위법하다.[2]

(4) 또한 표시정정절차를 남용할 수 없다고 할 것이어서 소장이 제1심법원에 접수되기 전에 공동원고의 한사람이 사망한 경우에는 그 원고명의의 제소는 부적법한 것으로서 그 부분은 각하할 수밖에 없다고 판시하고 있다.[3]

2. 판례상 당사자표시정정을 허용하는 경우

(1) 가족관계등록부, 주민등록표 등 공부상의 기재에 비추어 성명의 오기·탈루가 명백한 경우 가령 홍길동을 홍기도라고 잘못 기재된 경우 등이다.

(2) 당사자능력이 없는 자를 당사자로 표시한 경우는 오기에 준하여 표시정정으로 처리한다. 가령 대한민국 대신 관계행정관청(서울경찰청)을 피고로 지정하거나[4] 학교법인이나 학교대표자 대신 학교를 피고로 지정한 경우,[5] 상속인을 알 수 없어서 일단 사망자를 피고로 제소한 경우[6] 등은 대한민국, 학교법인, 상속인을 피고로 확정하고 당사자표시정정을 인정한다. 이 경우 상속인을 당사자로 피고경정(260, 261) 절차로 해결할 수 있다는 견해가 있다.[7]

(3) 법원이 원고의 부적법한 당사자표시정정신청을 받아들이고 피고도 이에 명시적으로 동의하여 정정된 원고와 피고 사이에 변론이 진행된 다음 본안판결이 선고된 경우에는 그 후에 당사자표시정정신청의 적법성을 문제삼을 수 없다.[8]

3. 판례상 당사자표시정정을 허용하지 않는 경우

(1) 당사자변경에 해당하는 사안을 당사자표시정정으로 할 수 없다, 따라서

---

1) 대판 2005마425.
2) 대판 97누5725; 2012다68279.
3) 대판 90다카21695.
4) 대판 4285민상27.
5) 대판 78다1205.
6) 대판 82다146.
7) 호문혁, 210.
8) 대판 2008다11276.

원고를 동일성이 없는 원고의 아버지로 변경하거나[1] 사망자를 피고로 제기하였다가 상속인으로 당사자표시정정을 하면서 일부 누락된 상속인을 항소심에서 추가하는 당사자표시정정이나,[2] 공유물분할청구소송에서 이미 사망한 자가 공동소송인에서 누락된 경우 고유필수적 공동소송인 추가는 제1심에서만 가능한 것이므로 누락된 사망자를 상고심에서 당사자표시정정의 방법으로 그 흠결을 보정할 수 없다.[3]

(2) 자연인인 원고가 항소심에서 자신이 대표로 있는 단체인 울산자치참여연대로,[4] 종회의 대표자 개인을 종회 자체로,[5] 각 당사자표시를 정정하는 것은 허용되지 않는다.

4. 당사자표시정정절차와 재판

(1) 당사자표시정정은 심급에 관계없이 허용된다. 당사자표시를 정정하는 것은 당사자를 변경하는 것이 아니므로 항소심에서의 정정이 당사자에게 심급의 이익을 박탈하는 것이 아니고, 상대편의 동의가 있어야 표시정정이 가능한 것도 아니다.[6] 또한 항소심에서 피고의 대표권 흠결된 경우 정당한 대표권자로 정정할 수 있다.[7]

(2) 당사자표시정정신청은 철회할 수 있다. 법원이 표시정정을 허용하는 경우는 별도의 명시적 결정 없이 정정표시된 사람을 당사자로 취급하면 되나 정정신청을 받아들이지 않을 경우에는 불허결정을 한다.[8]

(3) 당사자표시정정에 해당함에도 임의적 당사자변경에 해당한다고 잘못 판단하여 판결하거나[9] 임의적 당사자변경에 해당함에도 당사표시정정에 해당한다고 잘못 판단하여 판결한 경우[10] 각 진정한 소송당사자와 사이의 사건은 아직 당해 법원에서 변론이 진행 중에 있으므로 상소를 제기할 것은 아니고 변론기일지정신청을 심리하여 다시 진행해야 한다.

(4) 원고가 당사자를 정확히 표시하지 못하고 당사자능력이나 당사자적격이 없는 자를 당사자로 잘못 표시하였다면 법원은 당사자를 소장의 표시와 청구의 내용과 원인사실을 종합하여 확정한 후 확정된 당사자가 소장의 표시와 다르거나

---

1) 대판 69다2161.
2) 대판 73다1190.
3) 대판 2010다105310.
4) 대판 2002두8459.
5) 대판 94다61243.
6) 대판 78다1205; 96다3852.
7) 대판 96다3852.
8) 김홍엽, 110.
9) 대판 95다26773.
10) 대판 2009다54744,54751.

소장의 표시만으로 분명하지 아니한 때에는 당사자의 표시를 정정보충시키는 조치를 취하여야 하고 이러한 조치를 취함이 없이 단지 원고에게 막연히 보정명령만을 명한 후 소를 각하하는 것은 위법하다.[1]

5. 당사자표시정정 없이 한 판결

소장의 당사자 표시가 착오로 잘못 기재되었음에도 소송 계속중 당사자표시정정이 이루어지지 않아 잘못 기재된 당사자를 표시한 본안판결이 선고·확정된 경우라도 그 확정판결은 당연무효가 아니며, 그 확정판결의 효력은 잘못 기재된 당사자와 동일성이 인정되는 범위 내에서 적법하게 확정되는 당사자에 대하여 미친다.[2]

다만 소제기 당시 이미 사망한 자나 당사자능력이 없는 자를 당사자로 한 경우 그 상속인이나 당사자능력이 있는 자로 표시정정이 이루어지지 않고 법원도 이를 간과한 판결은 당연무효로서 그 확정된 당사자에게 미치지 않는다.[3]

───────────────

░ **사례해설**

[1] 형식적으로 표시설에 의하면 乙이 사망한 사실을 모르고 乙을 피고로 표시했다면 사망자 乙이 당사자이고, 당사자가 실재(實在)하지 아니하여 두 당사자의 실질적 대립이 흠결되게 되고 소송요건을 갖추지 못하게 되고 당사자표시정정이나 피고 경정되지 않으면 소가 부적법하며 법원은 판결로서 소를 각해야 한다.
그러나 탄력적인 실질적 표시설에 의하면 실질적인 피고는 당사자능력이 없어 소송당사자가 될 수 없는 사망자가 아니라 처음부터 사망자의 상속인인 피고이고 다만 소장의 표시에 잘못이 있었던 것에 불과하므로, 원고는 사망자의 상속인으로 피고의 표시를 정정할 수 있고, 당초 소장을 제출한 때에 소멸시효중단의 효력이 생긴다.[4]

[2] 위 사례의 경우 당사자표시정정하기 전까지는 乙은 사망했지만 이를 알고서 피고로 한 경우에는 일단 乙이 당사자로 확정된다. 사망자 乙은 당사자능력이 없으므로 甲의 소는 부적법하여 각하한다. 다만 판례는 양도세부과처분에 대한 심판청구를 한 후 피상속인이 사망한 경우 상속인이 피상속인의 사망사실을 알고도 피상속인을 원고로 하여 제소하고 수계신청한 경우에도 법원은 수계신청을 당사자표시정정신청으로 보아 당사자표시정정을 허용하였다. 따라서 당사자 표시정정을 신청하여 법원에서 상속인으로 표시정정하게 되면 이 정당한 당사자로서 소송을 수행할 수 있게 된다. 丁은 상속을 포기하

───────────────

1) 대판 2012다68279.
2) 김홍엽, 116. 대판 2008다27615. 따라서 예컨대 홍동길(洪童吉)이 매도증서에 자신의 성명을 홍길동(洪吉童)으로 잘못 기재하고, 이에 따라 이 사건 임야에 관한 등기부 및 구 토지대장에도 소유명의자가 홍길동(洪吉童)으로 잘못 기재된 경우 원고가 등기부 등의 기재를 신뢰하여 이 사건 임야의 소유명의자를 홍길동(洪吉童)으로 보고 그를 상대로 소송을 제기하여 승소판결을 받았다고 하여 그 판결을 실재하지 않는 자 또는 허무인을 상대로 한 소송을 통해 받은 판결로 보아 무효라 할 수는 없으며, 그 확정판결의 효력은 동일한 당사자로 인정되는 홍동길(洪童吉)에게 미친다.
3) 김홍엽, 117.
4) 대판 2010다99040.

였으므로 당사자로 될 수 없다. ▨

≪사례≫ 상속인으로 丙(아들)과 丁(처)만이 있는 사망자 乙을 상대로 한 채권자 甲은 대여금을 반환받기 위해 乙을 피고로 하여 소를 제기하였다. 그런데 丁은 상속을 포기하였고 丙이 법정에 나와 소송을 수행하였다.
 (1) 甲이 乙의 사망을 알면서도 제소한 경우
 (2) 사망사실을 모르고 제소한 경우
 위 각 경우 피고 당사자는 누구이고, 법원은 어떤 조치를 취할 것인가?

▨ 사례해설

 (1) 乙은 사망했지만 이를 알고서 피고로 한 경우에는 일단 乙이 당사자로 확정된다. 그러나 사망자 乙은 당사자능력이 없으므로 결국 甲의 소는 부적법하다. 다만 판례는 양도세부과처분에 대한 심판청구를 한 후 사망한 경우 상속인이 피상속인의 사망사실을 알고도 피상속인을 원고로 하여 제소하고 수계신청한 경우에도 법원은 수계신청을 당사자표시정정신청으로 보아 당사자표시정정을 허용하였다.[1]
 (2) 乙이 사망한 사실을 모르고 피고로 삼았으면 판례에 의하면 상속인으로 당사자 표시정정할 수 있다. 상속을 포기한 丁은 당사자가 아니다. 형식적 표시설에 의하면 일단 피고는 乙이나 이는 피고를 잘못 지정한 것이 명백하므로 피고 경정(260)을 거치도록 석명하여 丙을 피고로 바꿀 수 있다. 그러나 피고 경정이 되지 않으면 당사자능력 흠결로 부적법하게 되어 법원은 소를 각하여야 할 것이다. 그러나 확장된 실질적 표시설에 의하면 피고는 상속인 丙이 될 것이고 당사자표시정정이 가능할 것이다. ▨

V. 성명모용(도용)소송

≪사례≫ 甲은 인기탤런트 乙이 야간에 음주운전하는 차에 치여 상해를 입었다. (당사자확정의 기준은 대법원판례 입장에서 답변함)

[1] 甲이 乙을 피고로 하여 손해배상청구의 소를 제기하였는데 사고와 무관한 丙이 乙인 것처럼 하여 소송을 수행하고 있음이 밝혀진 경우 법원은 어떤 조치를 취하여야 하는가?
[2] 乙은 사고 직후 연예인으로서 명예실추와 인기하락을 염려하여 순간적으로 친구 丙이 생각나서 丙의 명함을 甲에게 제시하고는 연락하라고 하면서 급히 그 장소를 떠났다. 그 후 피해배상합의가 안 되어 甲은 피고를 丙으로 표시하여 손해배상청구의 소를 제기하였다. 사고를 낸 乙이 丙인 것처럼 소송을 수행하고 있음이 소송 도중에 밝혀진 경우 법원은 어떤 조치를 취해야 하는가?
[3] 甲의 친구 丁이 몰래 甲의 이름으로 변호사 A를 선임하여 乙을 상대로 소를 제기하여 소송을 수행하고 있는 것이 밝혀지면 법원은 어떤 조치를 취하여야 하는가?

---

1) 대판 93노12206

1. 의 의

성명모용(姓名冒用)·성명도용(姓名盜用) 소송은 타인의 성명을 무단히 이용하여 소를 제기하거나 소송에 응하는 것이다. 타인의 성명모용은 시기적으로 ① 제소단계에서의 모용, ② 소송중 모용으로 분류할 수 있다.

① 제소단계에서의 모용은 가령 타인(丙)이 원고(甲)의 명의로 제소하고 소송을 수행하는 경우이고(주로 원고측 모용), ② 소송중 모용은 진정한 피고(乙)에 대한 소송에서 타인(丁)이 피고(乙)인 것처럼 소송을 수행하는 경우(주로 피고측 모용)이다. ①과 ②의 경우 당사자와 다른 타인이 무단히 실제 소송을 수행하는 소위 성명모용소송의 문제로서, 누가 당사자인가의 문제인 당사자확정의 기준과 소송에 관여하지 못한 피모용자 구제를 위한 법원의 조치와 성명모용을 간과한 판결의 효력 등이 논의된다.

2. 당사자 확정의 기준

실질적표시설과 의사설에서 피모용자가 당사자이고, 행동설은 모용자가 당사자이다. 판례는 실질적 표시설이다.[1]

3. 성명모용소송의 효과: 피모용자의 구제

(1) 판결 전에 밝혀진 경우

(가) 법원의 조치

1) 법원에서 밝혀진 **원고측 모용의 제소**는 피모용자의 추인이 없는 한 무효이므로 소 각하판결을 하고 모용자가 소송비용을 부담한다. 이는 제소단계에서 당사자에 관한 소송요건을 갖추지 못하여 소 각하되는 경우이다.

2) 소송중에 **피고측의 모용**자가 소송을 수행하면 이는 소송중 타인이 출석한 경우이므로 법원은 소송 전체를 각하하지 않고 모용자를 배제하고, 진정한 피고에게 변론기일통지를 하여 소송을 수행하도록 한다. 원고측 모용과 달리 소를 각하할 수 없으며 모용자와 피모용자는 당사자 동일성이 없으므로 당사자표시정정도 할 수 없다.

(나) **모용자가 한 소송행위의 효력**

모용자가 한 소송행위는 당사자·피모용자에 대하여는 무권대리에 준하여 일단 유동적 무효이며 추인에 있으면 유효하게 된다.

---

1) 대판 82나146.

(2) 성명모용을 간과한 판결의 효력과 구제

1) 실질적 표시설과 의사설에 의하면 모용사실을 간과한 판결은 무권대리에 준하여 위법하나 당연무효는 아니고 유효하여 피모용자에게 미친다. 피모용자는 무권대리인이 대리권을 행사하여 소송을 수행한 경우처럼 확정 전이면 상소(424①4호), 확정 후이면 재심(451①3호)을 제기할 수 있다.[1] 또한 집행법상의 구제(집행에 관한 이의, 청구이의의 소, 집행문부여에 대한 이의, 제3자이의의 소 등)가 가능하다(민집 16, 44, 34, 45, 48). 다만 판결이 피모용자에게 유리하면 원용을 인정할 수 있을 것이다.[2]

실질적 표시설과 의사설에 의할 경우 피모용자에게 판결의 효력(기판력)이 미치므로 재심에 의해 확정판결이 취소 전에는 별소로 부당이득반환청구나 등기말소의 소제기할 수 없다.[3]

2) 행동설에 의하면 모용자가 당사자이므로 피모용자에게 판결의 효력이 미치지 않고 기판력이 미치지 않아 별소로 권리구제가 가능하다. 규범분류설에 의하면 당사자는 피모용자이나 절차보장을 받은 바가 없으므로 판결의 효력이 미치지 아니한다.

(3) 송달수령시 피고모용(판결의 편취)

원고가 피고의 주소를 허위로 표시한 후 그 주소지에서 '내가 피고다'면서 소장부본과 판결 등을 수령한 경우 대법원 판례 입장에 의하면 송달은 무효이고 판결은 확정되지 않아 피고는 항소가능하다.[4]

4. 성명모용 후 제소한 경우

(1) 제소 전에 성명모용이 있는 경우로서 가령 교통사고운전자가 타인 명의의 운전면허증을 제시하여 피해자가 가해자를 오해하여 타인을 피고로 표시한 것이 밝혀진 경우 원고는 제260조의 피고경정절차를 밟아야 한다. 피고를 잘못 지정한 것이 명백한 것에 대하여 판례는 원고가 법률적 평가를 그르치거나 법인격 유무에 관하여 착오를 이르킨 것이 명백한 경우 등 한정적으로만 허용하여 피고로 되어야 할 자가 누구인지를 증거조사를 거쳐 사실을 인정하고 그 인정 사실에 터잡아 법률 판단을 해야 인정할 수 있는 경우에는 이에 해당하지 않는다고 한

---

1) 성명도용을 간과한 화해조서는 위법하나 확정되었으므로 상소는 할 수 없고 준재심을 제기할 수 있다.
2) 이시윤, 138.
3) 대판 63다656.
4) 대판 75다634.

다.[1] 그러나 소송경제상 의무자를 혼동한 경우에도 포함하여 피고경정의 범위를 넓게 허용해야 한다는 견해가 있다.

(2) 성명모용 후 제소된 경우 피고경정이 되지 않으면 원고로서는 피모용자에 대한 소를 취하하고 모용자에 대해 다시 소를 제기할 수밖에 없고, 법원은 소취하가 되지 아니하면 피모용자에 대한 원고의 청구를 기각하는 판결을 한다.

▨ **사례해설**

[1] 피고모용(위장출석)의 경우이다. 모용자(위장출석자 丙)의 소송관여를 배척하고 진정한 피고 乙에게 출석을 요구하여 소송수행시킨다.

[2] 피고성명을 모용(도용)하고 위장출석한 경우이다. 위장출석은 대리인제도가 없는 형사소송에서 실제 발생할 가능성이 있으나 민사소송에서는 대리인제도가 있으므로 현실적인 필요성이 상대적으로 적다. 丙과 乙은 별개 인물이고 당사자 동일성이 없으므로 당사자표시정정을 할 수 없으며 피고경정절차(260)를 밟아 피고명의를 乙로 변경해야 하고, 피고경정이 되지 않으면 피고 丙에 대한 甲의 청구에 대하여 결국 기각판결하게 된다.

[3] 원고측 성명모용사건으로서 모용자 丁이 선임한 소송대리인 A는 무권대리인이다. 법원은 무권대리인에 대하여 대리권 흠결을 보정하도록 명령을 하고(59) 이에 따라 보정되면 계속 절차를 진행하고, 대리권이 보정되지 않거나 피모용자 甲에 의한 기존 소송행위의 추인도 없으면 법원은 위 소에 대하여 부적법 각하판결을 한다. ▨

VI. 제소 전에 이미 당사자가 사망한 경우

≪질문≫ 甲은 순수 예술을 추구하는 화가로서 은둔한 채 거의 하루 종일 작품활동을 하였다. 甲의 작품을 사랑하는 모임의 회원인 丙은 乙이 甲의 작품을 인수하였음에도 그 대금을 甲에게 지급하지 아니하자 丙이 甲을 돕는 마음으로 甲의 승낙 없이 甲을 원고로, 乙을 피고로 하는 대여금반환청구의 소를 제기하였다(다음 설문은 상호 독자적임).

[1] 丙이 소를 제기하기 이전에 이미 甲이 사망하였다. 이 경우 甲 사망의 소송상 취급은 어떤가?(甲의 상속인 丁이 있다).[2]

[2] 丙이 甲인 것처럼 하여 소송을 수행하다가 법정화해를 하여 화해조서가 작성되었다. 위 화해에 관하여 불만이 있는 甲의 소송상 구제방법은 어떤가?[3]

[3] 丙이 소송을 수행하여 甲 패소의 판결이 확정된 뒤에 甲 본인이 원고가 되어 乙을 상대로 동일한 대여금반환청구의 소를 제기한 경우 이 소는 적법한가?[4]

---

1) 대결 97마1632.
2) 당사자가 존재하지 않는 경우 등 참조.
3) 화해의 효력에 따라 구제방법이 달라진다.
4) 기판력이 적용되는지 등이 문제된다.

1. 소송단계별 효과 차이

(1) 소송당사자가 사망한 경우 소송에 미치는 영향은 예를 들면 甲이 乙을 상대로 대여금청구의 소를 제기하였는데 ① 제소 전에 이미 사망한 경우와 제소 후 소송계속 직전에 사망한 경우, ② 소송계속 후 변론종결 전에 사망 한 경우, ③ 변론종결 후에 사망한 각 경우에 소송의 진행단계에 따라 소송법적 효과는 상이하다.

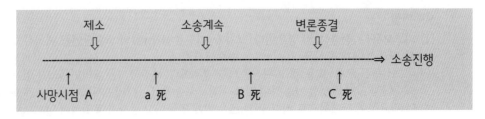

(2) 결국 사망시점이 A의 경우는 누가 당사자인가의 당사자확정문제이고, a의 경우는 A의 경우를 동일하게 적용하고,[1] B의 경우는 당사자능력 상실로 인한 소송절차의 중단과 수계(233)의 문제이고, C의 경우는 변론종결 후의 승계인의 문제이다(218).

2. 제소 당시(A시점) 이미 사망한 경우

(1) 당사자의 비실재

사망자에 대한 제소는 사망자가 당사자가 되어 당사자가 실재(實在)하지 않는 소가 되므로 2당사자대립구조(二當事者對立構造)의 흠결로서 소송계속이 발생할 여지가 없고 법원은 소송요건 흠결로 소각하 판결을 하게 되며 상속인들에 의한 소송수계도 허용되지 않음이 원칙이다.

(2) 상속인으로의 피고표시정정 可否

(가) 다만 판례는 피고가 이미 사망한 사실을 모르고 제소한 경우와[2] 채무자의 사망사실을 알면서도 상속인을 특정할 수 없어서 사망자를 피고로 제소하고 소송 중 상속인을 파악하여 표시정정신청한 경우 상속인이 실질적인 피고이므로, 상속인으로 피고의 표시를 정정할 수 있다고 하여 표시정정방법을 넓게 활용하고 있다.[3]

---

1) 대판 2014다34041.
2) 대판 69다1230; 대결 2005마425.
3) 대판 2010다99040.

그러나 상속인이 없거나 상속인으로 표시정정하는 것이 적당하지 아니하는 소송은 당사자가 실재하지 아니하여 소는 부적법하여 각하되어야 한다.

(나) 위 판례에 반하여, 피고로 지정된 자가 이미 사망한 경우 상속인을 피고로 변경하는 것에 대하여 현행법상 규정된 피고경정제도(260)를 이용하고, 명문규정이 없는 당사자표시정정은 순수한 의미의 오기의 정정에 한정하는 것이 타당하다는 견해가 다수설이다.[1]

(3) 당사자 사망을 간과한 판결의 효력과 구제수단

(가) 사망자를 피고로 하는 소제기는 원고와 피고의 대립당사자 구조를 요구하는 민사소송법상의 기본원칙이 무시된 부적법한 것으로서 실질적 소송관계가 이루어질 수 없으므로, 제1심판결이 선고되었어도 판결은 당연무효이며, 판결에 대한 상속인들에 의한 추후보완 항소나 소송수계신청은 부적법하고 그들에 대한 당사자표시정정신청도 허용되지 아니한다. 이러한 법리는 소제기 후 소장부본이 송달되기 전에 피고가 사망한 경우에도 마찬가지로 적용된다.[2] 이미 사망한 자를 상대방으로 하여 제기한 상고도 부적법하다는 입장이다.[3]

(나) 이에 대하여 유효한 판결처럼 보이는 외관의 제거를 위하여 수계인의 항소를 허용하자는 견해가 있다.[4]

(4) 사망을 간과한 판결의 하자 치유 여부

원칙적으로 하자가 치유되지 않으나, 상속인이 현실적으로 소송을 수행한 경우에는 그 하자가 치유되어 신의칙상 상속인에게 그 소송수행의 결과나 판결의 효력을 인수시킴이 타당하다. 판례는 사망한 자에 대한 송달은 위법하여 원칙적으로 무효이나, 상속인이 현실적으로 송달서류를 수령한 경우에는 하자가 치유되어 상속인에 대한 송달로서 효력이 발생한다고 판시하고 있다.[5]

---

1) 정동윤·유병현, 171; 호문혁 226.
2) 대판 2014다34041. 그러나 소송계속 중 당사자의 사망에 의한 소송절차 중단을 간과하고 변론 종결되어 선고된 판결은 당연무효가 아니다. 그 판결은 소송에 관여할 수 있는 적법한 수계인의 권한을 배제한 결과가 되는 절차상 위법은 있지만 그 판결은 대리인에 의하여 적법하게 대리되지 않았던 경우와 같이 대리권흠결을 이유로 상소 또는 재심에 의하여 그 취소를 구할 수 있을 뿐이므로, 판결이 선고된 후 적법한 상속인들이 수계신청을 하여 판결을 송달받아 상고하거나 또는 사실상 송달을 받아 상고장을 제출하고 상고심에서 수계절차를 밟은 경우에도 그 수계와 상고는 적법하다(대판 94다28444 전합).
3) 대판 2000다33775.
4) 김홍엽, 117; 이시윤, 139.
5) 대판 95다15667.

VII. 법인격부인과 당사자의 확정 등

乙회사의 지배주주(丁)에 의하여 재산이 빼돌려져 乙회사의 법인격이 형해화(形骸化)된 경우와 채무면탈목적 등으로 인적구성과 영업조직이 동일한 법인(丙)을 신설하여 丙의 법인격이 남용된 경우, 종래 법인(乙)의 법인격을 무시하고 그 배후에 있는 지배주주(丁) 또는 다른 회사(丙)를 당사자로 볼 수 있는지가 법인격부인이론(法人格否認理論)이다. 이 이론이 민사소송법에도 적용 가능한지의 문제로서 당사자확정과 당사자능력, 당사자적격, 강제집행가능 여부 등의 문제가 있다.

甲(채권자) --- 乙(채무회사) -- 재산도피 --> 신설회사 丙, 지배주주 丁
　　　　　　　└ 형해화된 회사

《질문》
[1] 위 사실관계에 관련하여 甲이 乙을 상대로 대여채무금청구소송에서 법인격이 부인된 乙회사는 당사자로서 확정될 수 있는가. 또 당사자능력과 당사자적격이 있는가?
[2] 위 소송에서 甲은 피고를 乙에서 丙, 丁으로 변경할 수 있는가?
[3] 위 사실관계에서 甲은 乙에 대한 채무금지급청구의 소를 丙과 丁도 피고로 하여 청구할 수 있는가?
[4] 甲이 乙과 丙 또는 丁 양자를 상대로 제소한 경우 乙과 丙 또는 丁에 대한 소송의 형태는 어떤가?
[5] 乙만을 상대로 제소하여 얻은 확정판결로 丙 또는 丁명의의 재산에 관하여 강제집행이 가능한가?

1. 당사자확정과 당사자능력과 당사자적격

(1) 법인격부인론은 형해화된 법인의 당사자능력을 상실시켜 면책하려는 이론이 아니고 특정사안에 한하여 배후자를 형해화된 법인과 동일시 하여 책임을 묻는 것이다. 판례에 의하면 형해화된 법인이 이론상 법인격부인되는 경우에도 당사자능력과 당사자적격은 변화 없이 인정되므로 형해화된 법인을 상대로 한 소에서 신설법인 내지 실질적 지배회사는 당사자로 되지 아니하며 형해화된 법인이 당사자로 확정된다.

(2) 최근 판례는 기존회사가 채무면탈목적으로 기업의 형태와 내용이 실질적으로 동일한 신설회사를 설립한 경우 기존회사의 채권자는 신·구회사 양쪽에 대하여 채무이행청구할 수 있다고 판시하고 있다.[1]

---

1) 대판 2002다66892.

(3) 형해화된 법인과 배후자 또는 신설회사도 함께 소를 제기할 경우 채권자에 대한 관계에서 양자는 부진정연대채무관계에 있으며 이 경우 소송형태는 통상 공동소송이 된다.[1]

2. 소송 계속중 배후자 또는 신설회사로의 변경가능 여부와 변경의 법적 성격

(1) 형해화된 회사를 상대로 소송 계속중 배후자 또는 신설회사로의 당사자를 변경할 수 있는지 있다면 그 법적 성격은 어떤지에 대하여 논의가 있다.

① 당사자의 동일성이 거의 인정되는 경우이므로 기존회사를 신설회사 또는 개인으로 당사자표시정정이 가능하다는 당사자표시정정설, ② 당사자의 동일성이 인정되지 않아 별개의 법인격을 가지므로 당사자표시정정이 아닌 임의적 당사자 변경이라는 임의적당사자변경설, ③ 원칙적으로 임의적 당사자 변경이나 예외적으로 채무면탈을 목적으로 구회사의 영업조직·인적 구성 등이 거의 같은 신회사를 설립한 경우에는 신·구회사를 동일한 당사자로 보아 표시정정이 가능하다는 수정임의적당사자변경설 ④ 형식적으로 별개의 법인격을 가지므로 소송승계절차에 준하여 처리하여 절차의 명확성·안정성을 기하자는 소송승계설 등이 있다.

(2) 생각건대 현행법이 한정적으로만 당사자변경을 인정하고 있고, 판례도 역시 한정적으로만 당사자표시정정을 인정하는 실무상, 법인격이 부인되는 형해화된 회사를 배후자 또는 신설회사로 당사자표시정정 또는 당사자변경은 인정되기 어렵다.

따라서 양 당사자가 실질적으로 동일한 경우에는 소송경제를 꾀하고 종전 소송행위 등 소송자료를 이용할 수 있는지의 여부로 판단하여 소송승계에 준하여 처리할 수는 있을 것이나,[2] 형해화된 회사만 피고로 한 경우에는 배후자 또는 신설회사를 상대로 별소를 제기하고 이송·병합신청 또는 변론병합할 수 있는데, 처음부터 형해화된 회사와 신설회사를 모두 공동피고로 제소하는 것이 간이한 방법이다.

3. 형해화된 회사에 대한 판결로 신설회사·지배주주의 재산에 대한 강제집행 여부

(1) 형해화된 회사에 대한 판결로 법인격남용의 신설회사 또는 지배주주의 재산에 대한 강제집행이 가능한지에 관하여 판결의 집행력의 주관적 범위의 확장에 대하여 긍정설과 부정설이 있다.

(2) 판례는 권리관계의 공권적인 확정 및 그 신속·확실한 실현을 도모하기

---

1) 정동윤·유병현, 170; 김일룡, 109.
2) 정동윤·유병현, 170.

위하여 절차의 명확·안정을 중시하는 소송절차 및 강제집행절차에 있어서는 그 절차의 성격상 형해화된 회사에 대한 판결의 기판력 및 집행력의 범위를 법인격 남용의 신설회사에까지 확장되지 아니한다고 판시하고 있다.[1] 결국 채권자로서는 배후의 지배주주 또는 신설회사를 상대로 별소를 제기해야 하나 배후자 등에게는 신의칙상의 금반언의 원칙이 적용되고, 전소의 소송결과(판결문)는 별소에서 중요한 증명력을 가진다고 할 것이므로 채권자의 소송수행상의 부담이나 판결 상호간의 모순·저촉의 가능성은 적다.

<선택형>

1. 다음 중 당사자표시정정이 허용되지 않는 경우는?[2]

① 점포주인인 자연인 대신 점포명을 당사자로 표시하였다가 점포주인으로 정정하는 경우
② 학교법인 대신에 학교를 당사자로 표시하였다가 학교법인으로 정정하는 경우
③ 이미 사망한 자임을 모르고 사망한 자를 당사자로 하여 제소하였다가 상속인으로 정정하는 경우
④ 개인이 자신의 명의로 취소소송을 제기하였다가 항소심에서 원고의 표시를 개인에서 자신을 대표자로 하는 시민단체로 징징하는 경우

2. 甲은 乙이 야간에 음주운전하는 차에 치여 상해를 입었다. 乙은 사고 직후 친구 A가 생각나서 A의 명함을 甲에게 제시하고는 연락하라고 하면서 급히 그 장소를 떠났다. 그 후 피해배상합의가 안되어 甲은 피고명의를 A로 표시하여 손해배상청구의 소를 제기하였다. 乙의 부탁을 받은 A가 실제 법정에 나와서 사고 운전자인 것처럼 소송수행을 하고 있음이 밝혀진 경우 법원이 취하여야 하는 조치 중 옳은 것은?[3]

① A와 乙은 별개 인물이므로 당사자표시정정을 하여야 한다.
② 법원은 직권으로 피고경정절차를 밟아 피고명의를 乙로 변경할 수 있다.
③ 피고경정이 되지 않으면 피고 A에 대한 甲의 청구에 대하여 결국 기각판결하게 된다.
④ A를 무권대리인으로 취급하여 대리권의 보정가능성이 있으면 대리권 보정을 명하고 이에 따라 대리권보정이 이루어지면 절차를 속행한다.
⑤ A에 대하여 대리권의 보정되지 않으면 위장출석자 A의 소송관여를 배척하고 적법한 당사자인 乙에게 기일통지를 한다.

3. 甲은 乙을 상대로 매매대금청구의 소를 제기했고, 乙은 A변호사를 소송대리인으로 선임하여 응소했다. 1심법원은 소송 계속중 乙이 사망했는데도 변론을 종결하고 乙을 피고로 하여 원고 승소판결을 선고했

---

1) 대판 93다44531.
2) ④. 개인이 자신의 명의로 취소소송을 제기하였다가 원고의 표시를 개인에서 자신을 대표자로 하는 울산자치참여연대로 정정하는 경우는 실질적 당사자변경에 해당하여 허용되지 아니한다(대판 2002두8459).
3) ③. ① 당사자의 동일성이 없으면 당사자표시정정이 허용되지 않는다(대판 2010다97044). ② 피고경정은 법원이 직권으로 할 수 없다(260 ①). ④⑤ A는 당사자이므로 대리인으로 유추할 수 없다.

다. 乙에게는 상속인 丙이 있었으나, A변호사는 乙명의로 항소를 제기하여 소송을 진행하다가 乙의 항소 기각판결이 선고되었다. 이에 관한 다음 설명 중 옳지 않은 것은?[1)]

① 제1심의 소송절차가 중단되지 않은 것은 적법하다.

② 판례에 의하면 수계절차를 밟지 않아도 피고의 지위는 상속인 丙에게 당연히 승계된다.

③ A변호사에게 상소의 특별수권이 있는 경우, 丙에 대한 상고는 적법하다.

④ A변호사에게 항소의 특별수권이 없는 경우, 1심판결송달로서 소송절차가 중단되므로 항소기각판결은 1심판결정본송달 후의 절차중단을 간과한 판결로서 위법하고 무효이다.

⑤ 형식적 당사자 개념에 의하면 상속인에 대하여 수계절차 없이 당사자지위의 당연승계를 인정하는 것은 부당하다.

---

4. 채무자 甲의 乙은행에 대한 채무를 대위변제한 보증인 丙이 채무자 甲의 사망사실을 알면서도 甲을 피고로 기재하여 소를 제기하였다. 이에 관하여 다음 중 옳지 않은 것은?[2)]

① 소송에서 당사자가 누구인가에 관하여 법원은 직권으로 소송당사자가 누구인가를 확정하여 심리를 진행하여야 한다.

② 당사자가 누구인가는 소장에 기재된 표시 및 청구의 내용과 원인 사실 등 소장의 전취지를 합리적으로 해석하여 확정하여야 한다.

③ 소장에 표시된 피고에게 당사자능력이 인정되지 않는 경우에는 소장의 전취지를 합리적으로 해석한 결과 인정되는 올바른 당사자능력자로 표시 정정하는 것이 허용된다.

④ 채무자 甲의 상속인이 실질적인 피고이고 다만 소장의 표시에 잘못이 있었던 것에 불과하므로, 보증인 丙은 채무자 甲의 상속인으로 피고의 표시를 정정할 수 있다.

⑤ 甲의 상속인에 대한 소멸시효중단의 효력은 甲의 상속인으로 피고표시를 정정한 때에 생긴다.

---

5. 당사자 확정에 관한 다음 설명 중 옳지 않은 것은? (다툼시 판례에 의함)[3)]

① 종중 대표자로서 소를 제기한 자가 그 종중 자체로 당사자표시변경신청한 경우 법원은 이를 인용할 것이다.

② 소장에 표시된 피고에게 당사자능력이 인정되지 않는 경우 당사자의 신청이 없더라도 법원은 직권으로 소장의 전취지를 합리적으로 해석한 결과 인정되는 올바른 당사자능력자로 그 표시를 정정할 수 있다.

③ 원고 갑을 제외한 나머지 원고들을 상고인으로 표시한 상고장을 제출하였다가 원고 갑을 상고인으로 추가하는 내용으로 한 당사자표시정정은 허용될 수 없다.

④ 원고가 사망자를 피고로 표시하여 소를 제기한 경우 사망자의 상속인이 처음부터 실질적인 피고이고 다만 그 표시를 잘못한 것으로 인정된다면, 사망자의 상속인으로 피고의 표시를 정정할 수 있다.

---

1) ④. 제1심 진행 중 당사자 사망으로 소송대리인에게 항소에 관한 특별수권이 없으면 제1심판결정본송달 후에는 소송절차는 중단되어야 하나, 중단되지 않고 항소기각판결이 있는 경우 이 판결은 위법하나 무효는 아니다.

2) ⑤. 당사자표시정정을 하여도 당사자의 동일성범위 내에서의 정정이므로 당초 소장을 제출한 때에 소멸시효중단의 효력이 생긴다.

3) ①. 당사지로 표시된 자와 동일성이 인정되는 범위 내에서 그 표시만 변경하는 경우에 한하여 허용된다. 종회와 대표자는 동일성이 인정되지 않는다. ② 대판 2010다99040. ③ 대판 91다8333. ④, ⑤ 대판 2005마425.

⑤ 원고가 사망자를 피고로 표시하여 소를 제기한 경우 실질적인 피고로 해석되는 사망자의 상속인은 실제로 상속을 하는 사람을 가리키고, 후순위 상속인이라도 선순위 상속인의 상속포기 등으로 실제로 상속인이 되는 경우에는 이에 해당한다.

---

6. X토지에 대한 공유자 甲, 乙, 丙은 X토지를 불법으로 처분하여 손해를 입힌 丁을 상대로 소송대리인 A를 선임하여 손해배상청구의 소를 제기하였다. 소송대리인 A는 2014. 2. 7. 판결 정본을 송달받고, 원고 甲을 제외한 나머지 원고들을 항소인으로 표시한 항소장을 원심법원에 제출한 후 2014. 3. 18.에 이르러 원고 甲을 항소인으로 추가하는 당사자표시정정신청서를 항소심법원에 제출하였다. 이에 관하여 다음 중 옳지 않은 것은? (다툼시 판례에 의함)[1]

① 당사자 표시정정은 당사자로 표시된 자의 동일성이 인정되는 범위 내에서 그 표시만을 변경하는 경우에 한하여 허용된다.
② 종래의 당사자에 곁들여서 새로운 당사자 甲을 추가하는 당사자표시정정은 허용될 수 있다.
③ 추가된 당사자에 관한 새로운 상소제기로 보아야 할 것이다.
④ 원고 甲의 항소는 항소제기기간 내에 제기되면 적법하다.

---

7. 1인 회사인 A주식회사의 주주 甲은 명목상 대표이사인 乙로부터 대표이사 직인 및 乙의 인감을 받아 보관하면서 丙 등 택지분양신청자들과 직접 A회사의 명의로 택지분양계약을 체결하였다. 분양대금은 甲개인의 B은행계좌에 입금시킨 채 이를 개인적인 용도로 사용하였다. A회사는 택지개발중에 도산하였다. 이 사례에서 丙이 취할 수 있는 조치와 관련한 설명 중 옳지 않은 것은? (다툼시 판례에 의함)[2] [법전협 2012]

① 법인격부인의 법리에 의하여 甲의 책임이 인정되는 경우에 A회사의 책임은 면제된다.
② 丙은 甲에 대하여 업무집행지시자 등의 책임에 관한 상법 제401조의 2의 규정을 근거로 손해배상을 청구할 수 있다.
③ 丙은 A회사의 대표이사인 乙에 대하여 임무해태로 인한 손해배상책임을 물을 수 있다.
④ 丙은 법인격부인의 법리를 근거로 甲에 대하여 손해배상을 청구할 수 있다.
⑤ 丙은 甲과 乙에 대하여 연대책임을 주장할 수 있다.

---

8. 당사자표시정정에 관한 아래의 설명 중 옳지 않은 것은? (다툼시 판례에 의함)[3] [법전협 2012. 3차]

① 당사자표시정정은 심급의 여하에 관계없이 허용된다.
② 소장에 표시된 원고에게 당사자능력이 인정되지 않은 경우에는 올바른 당사자능력자로 그 표시를 정정하는 것은 허용되고, 법원은 적극적으로 당사자표시를 정정케하는 조치를 취함이 없이 바로 소를 각하할 수는 없다.

---

1) ②. 대판 91다8333 원고 甲을 항소인으로 추가하는 당사자표시정정은 당사자의 동일성 범위내에 있지 않으므로 허용될 수 없다.
2) ①. 법인격이 부인되어도 당사자능력이나 민사상 책임이 소멸되지 않는다.
3) ③. 제소 전에 공동원고 중 1인이 사망한 경우 그 원고명의의 제소는 부적법 각하되어야 한다(대판 90다카 21695). 당사자능력은 제소단계에서는 소송요건이다. ① 대판 78다1205. ② 대판 2012다68279: 원고가 당사자를 정확히 표시하지 못하고 당사자능력이나 당사자적격이 없는 자를 당사자로 잘못 표시하였다면 법원은 당사자를 소장의 표시와 청구의 내용과 원인사실을 종합하여 확정한 후 확정된 당사자가 소장의 표시와 다르거나 소장의 표시만으로 분명하지 아니한 때에는 당사자의 표시를 정정보충시키는 조치를 취하여야 하고 이러한 조치를 취함이 없이 단지 원고에게 막연히 보정명령만을 명한 후 소를 각하하는 것은 위법하다.

③ 원고가 사망자를 피고로 표시하여 소를 제기한 경우에 상속인으로 피고표시를 정정할 수 있고 이러한 법리는 원고의 경우에도 적용된다.

④ 소제기 전 피고가 사망한 경우 제1순위 상속인이 상속을 포기한 경우에는 후순위상속인을 실질적 당사자로 보아 그의 명의로 당사자표시정정을 할 수 있다.

⑤ 소제기 당시에 소장에 표시된 피고가 이미 사망하였을 경우에 법원이 이러한 사실을 간과하고 그대로 판결을 선고한 경우에 그 판결을 당연무효이다.

---

9. 甲이 乙을 상대로 제기한 대여금청구소송에서 乙이 사망한 경우와 관련하여 다음 설명 중 옳지 않은 것은? (다툼시 판례에 의함)[1)]   [법전협 2015. 1차]

① 乙이 소제기 전 사망하고 甲이 소송 계속중 그 사실을 안 경우에는 甲의 신청에 의해 피고를 乙의 상속인으로 표시정정하는 것은 허용된다.

② 소송계속 후 乙이 사망한 경우 乙의 상속인으로 표시정정하는 것은 허용된다.

③ 변론종결 후 乙이 사망한 경우 법원은 판결을 선고할 수 있다.

④ 甲이 사망한 乙을 채무자로 하여 받은 처분금지가처분결정에 대하여 乙의 상속인은 그 외 관제거를 위하여 이의신청을 할 수 있다.

⑤ 甲이 승소확정판결을 권원으로 乙의 丙에 대한 채권에 대하여 받은 압류 및 전부명령 정본이 사망한 乙의주소로 송달된 결과 乙의 상속인이 현실적으로 그 압류 및 전부명령 정본을 수령하였다면 그 상속인에 대하여 송달의 효력이 발생한다.

제3절 당사자능력

> **제51조(당사자능력·소송능력 등에 대한 원칙)** 당사자능력, 소송능력, 소송무능력자(訴訟無能力者)의 법 정대리와 소송행위에 필요한 권한의 수여는 이 법에 특별한 규정이 없으면 민법, 그 밖의 법률에 따른다.

I. 의 의

당사자능력은 민사소송에 있어서 당사자로 될 수 있는 일반적인 자격이다. 소송의 주체가 될 수 있는 소송법상의 일반적인 능력이며 당사자적격과 달리 구체적인 청구원인상의 사건내용과 관계없이 일반적으로 정하여 진다. 소송요건이면서

---

1) ②. 소송계속 후 당사자가 사망한 경우 소송은 중단되고 상속인이 소송수계를 한다(233). 소송계속 후 사망한 당사자와 상속인 사이에 동일성이 인정되는 것은 아니며 표시정정할 수 없다. ① 대판 2005마425. ③ 변론종결 후에 당사자가 사망한 경우 수계절차를 밟을 필요가 없으며 판결선고는 소송절차가 중단된 경우에도 할 수 있으므로(247) 변론종결 후에 당사자가 사망한 경우에도 판결신고에 시상이 없다. 사망자명의로 된 판결이라도 무효도 위법도 아니고 상속인이 변론종결한 뒤의 승계인으로 되어 기판력이 미친다(218). ④ 대판 2000다30578.

소송행위의 유효요건이므로 흠결시 소는 부적법 각하되고 소송행위는 무효이다.

Ⅱ. 당사자능력자

1. 민법상 권리능력자

민법상 권리능력자(자연인과 법인)는 소송법상 당사자능력자인 것이 원칙이다 (51). 이를 실질적 당사자능력자이라 한다.

(1) 자 연 인

(가) 사람은 생존하는 동안 권리의무의 주체가 되고 소송상으로도 당사자능력이 있다. 사망에 의하여 당사자능력을 잃는다.

(나) 태아(胎兒)는 원칙적으로 당사자능력이 없으나, 불법행위로 인한 손해배상청구·상속·사인증여(死因贈與)·유증·인지의 경우는 이미 출생한 것으로 보아 권리능력을 인정하므로(민법 762, 동 1000 ③, 동 562, 동 1064)[1] 그 한도에서는 당사자능력이 인정된다. 당사자능력을 인정시기와 관련하여 절차안정을 중시하여 일단 태아인 상태에서는 당사자능력을 인정하지 않지만 출생하면 사건발생시까지 소급하여 당사자능력을 인정하는 정지조건설과 태아인 상태에서 당사자능력을 인정하여 대아보호에 중점을 두는 해제조건설이 있다. 태아로 있을 때에만 견해에 따라 차이가 있다. 통설인 해제조건설에 의하면 소송중에 사산(死産)되면 당사자능력 흠결로 소를 각하하고 판결 후 사산하면 판결은 무효이다. 판례가 취하는 정지조건설에서도 태아가 모체와 같이 사망하여 출생의 기회를 못 가진 경우는 배상청구권을 논할 여지가 없다.[2]

(다) 자연물인 나무, 산, 동물 또는 그를 포함한 자연 그 자체로서는 당사자능력을 인정할 수 없다(천성산도룡뇽가처분사건).[3]

(2) 법 인

법인은 모두 권리능력자(민법 34)이므로 당사자능력자이다. 국가, 지방자치단체 등의 공법인도 권리능력을 가진다. 파산·회생절차중의 법인은 당사자능력은 있지만 당사자적격 없어서 소송당사자가 될 수 없다. 국가기관은 당사자능력 없으나

---

1) 다만 사인증여에 대하여는 민법 제562조가 유증에 관한 규정을 준용하고 있으므로(민법 1064, 민법 1000 ③) 태아의 권리능력을 인정하는 것이 다수설이나(곽윤직, 116; 김증한·김학동, 101), 계약인 사인증여를 단독행위인 유증과 동일하게 볼 수 없으므로 사인증여는 제외해야 한다는 소수설이 있다(지원림, 66).
2) 대판 76다1365; 81다534.
3) 대판 2004마1148·1149.

(반론보도청구에서는 인정), 행정소송에서는 행정청은 피고능력이 있다(행소13). 법인의 지점·영업소는 의무이행지 등의 재판적은 되지만 독립한 당사자능력은 없다.

2. 법인 아닌 사단·재단

> **제52조(법인이 아닌 사단 등의 당사자능력)** 법인이 아닌 사단이나 재단은 대표자 또는 관리인이 있는 경우에는 그 사단이나 재단의 이름으로 당사자가 될 수 있다

법인 아닌 재단·사단은 민법상 권리능력이 인정되지 않는다. 그러나 민사소송법에서는 구성원 전원이 당사자로 나서는 불편을 해소하기 위하여 대표자나 관리인이 있으면 당사자능력을 인정하여 법인과 동일하게 취급한다. 이를 형식적(形式的) 당사자능력자라고 한다. 대표자나 관리인은 법정대리인에 준한다(64). 법인이 아닌 사단의 사원이 집합체로서 물건을 소유할 때에는 총유로 하며(민법 275 ①), 총유물의 관리 및 처분은 사원총회의 결의에 의한다(민법 276 ①).

(1) 법인 아닌 사단(비법인사단)

(가) 비법인사단(非法人社團)은 단체규약과 조직 등이 있어서 사단성을 갖추었지만 법인등기가 없는 단체이다.문중·종중, 동창회, 설립중의 회사, 노동조합지부,[1] 아파트부녀회, 교회, 직장주택조합, 자연부락, 이태원동(洞) 등이다.

(나) 판례는 ① 고유의 목적과 규약을 갖고 ② 구성원의 가입·탈퇴와 관계없이 단체가 존속하고 ③ 의결기관과 업무집행기관, 대표자, 관리인이 존재하면 당사자능력 인정한다.[2]

(다) 비법인사단인 교회에 대한 인낙조서의 기판력은 소송당사자가 아닌 사단 구성원인 교인에게는 미치지 아니고[3] 강제집행의 대상은 단체의 고유재산뿐이다.[4]

(2) 법인 아닌 재단(非法人財團)

(가) 비법인재단(非法人財團)은 일정한 목적을 위하여 출연되어 출연자로부터 독립하여 존재하고 관리인이 있는 재산의 집단으로 법인등기가 되지 않은 것으로 사회사업을 위해 모은 기부재산, 장학회 등이다. 국·공립학교는 교육시설 내지 영조물로서 당사자능력이 없고 국가·지방자치단체가, 사립학교도 당사자능력이 없고

---

1) 대판 76다2194.
2) 대판 2007다63683.
3) 대판 78다1206.
4) 대판 2004다44971.

학교법인이 당사자이다.

(나) 국립대학교는 법인 또는 비법인 사단이나 재단도 아닌 교육시설의 명칭에 불과하며,[1] 민법상의 권리능력이나 당사자능력이 없으므로 특허출원인이나 항고심판청구인, 상고인이 될 수 없다.[2]

(3) 총유재산에 관한 소송

총유재산에 관한 소송을 제기할 때에는 정관에 다른 정함이 있다는 등의 특별한 사정이 없는 한 사원총회 결의를 거쳐야 하는 것이므로, 비법인사단이 이러한 사원총회 결의 없이 그 명의로 제기한 소송은 소송요건 중 당사자적격이 흠결된 것으로서 부적법하다. 총유재산에 관한 보존행위에 관한 소송을 제기하면서 사원총회결의를 거쳤다고 하여도 대표자 개인은 그 소송의 당사자적격이 없다.

3. 민법상 조합

(1) 민법상 조합은 2인 이상의 특정인이 서로 출자하여 공동사업을 경영할 것을 약정하는 계약관계로서 조합원은 지분을 가진다(민법 703). 재산소유형태는 合有이다. 조합채무도 전 조합원에게 합유적으로 귀속되어 조합재산이 책임을 지나 각 조합원의 채무이기도 하여 2중적·병존적이므로 각 조합원은 손실분담의 비율로 각자의 개인재산으로 책임을 진다. 결국 각 조합원의 책임은 무한책임이다.[3] 다만 조합원의 합유지분에 대한 압류는 가능하나 그 잠재적인 지분에 대해서는 압류효력이 없고, 그 지분에 기한 장래의 이익배당 및 지분을 반환받을 권리에 대해서만 압류효력이 있을 뿐이다(민법 714).

(2) 비법인사단보다 단체성이 약한 민법상 조합의 당사자능력이 인정되는지, 부정된다면 그 단체가 소송을 수행하는 방법은 어떤지의 소송법적 문제가 있다.

(가) 당사자능력의 인정 여부

1) 이에 관하여 긍정설은 ① 조합도 약간의 사단성이 있고, 실제로 1개의 단체로 활동하며 ② 실체적으로는 조합과 사단의 구별이 용이하지 않고 ③ 당사자능력을 부인하면 상대방에게 큰 불편초래 함을 근거로 하고, 부정설은 ① 우리 민법은 조합과 사단을 구별하고 ② 조합은 계약관계에 불과하며 ③ 조합채무는 조합원 각자의 채무이고 조합 자체의 판결로 조합원 개개인에게 강제집행이 불가함을

---

1) 대판 2001다21991. 다만 서울대학교는 2011. 12. 28. 법인화되어 독자적인 당사자능력이 인정되었다.
2) 대판 96후328.
3) 지원림, 1576.

근거로 한다.

2) 판례는 부정설이다. 원호대상자 광주목공조합의 당사자능력을 부정하
였다.

3) 생각건대, 전형적인 민법상 조합은 당사자능력을 부정하여야 하지만,
조합재산의 독립성이 어느 정도 확보되고 대표자가 정하여져 조직을 갖추고 있으
면 당사자능력을 인정하여야 할 것이다. 변호사법 제58조의 26은 법무조합이 민법
상 조합규정을 준용함에도 당사자능력을 인정하였다.

(나) 당사자능력을 부정하는 경우에 소송수행방법

1) 능동소송(能動訴訟)의 경우에는 합유물 자체의 처분 변경뿐만 아니라 조
합원의 지분 처분에도 전원의 동의가 필요하므로(민법 273) 조합원의 소송은 고유필수
적 공동소송이 되며 다만 보존행위는 고유필수적 공동소송이 아니다(민법 272 ① 단서).

2) 수동소송(受動訴訟)의 경우 조합원 전원에게 조합재산에 관한 공동책임
을 묻거나 대체성이 없는 합유로 등기된 부동산의 이전등기는 고유필수적 공동소
송으로 보나, 금전채권 등 대체성이 있는 경우는 조합원 각 개인을 상대로 소를 제
기할 수 있고 한 소송에서 여러 조합원에 대한 소는 통상의 공동소송이다.

3) 일단 조합원 전원이 당사자가 되어 소송을 수행하는 경우 조합원 전원
이 나서는 불편을 해소하는 소송수행방법은 ① 선정당사자제도(53), ② 조합원 전
원이 공동으로 변호사를 선임하거나 가령 소액사건에서 업무집행조합원에게 소송
위임에 의한 소송대리, ③ 임의적 소송담당제도, ④ 법률상 소송대리제도(87)[1] 등
을 이용할 수 있다.

4) 판례에 의하면 조합규약이나 조합결의에 의하여 조합재산을 관리하고
대외적 업무를 집행할 권한을 부여받은 업무집행조합원은 전 조합원으로부터 임의
적 소송신탁을 받아 자기 이름으로 소송을 수행하는 것이 허용된다.[2]

4. 외국인의 당사자능력

외국인의 당사자능력의 결정에 관하여는 법정지법설(法廷地法說)과 속인지법설
(屬人地法說)이 대립하고 있다. 법정지법은 당사자능력의 결정은 소송절차상의 문제

---

[1] 업무집행조합원을 법률상 소송대리인으로 볼 수 있는지에 관하여 부정설도 있지만 긍정설은 명문규정은 없
지만 소송수행의 간편함을 이유로 한다(정동윤·유병현 176). 직접 관련된 판례는 없어도 대법원은 어음에 기
명날인할 때 조합명과 대표자 업무집행조합원성명으로 총조합원을 대리하는 방법이 유효하다고 인정하고
있다(70다360).

[2] 대판 83다가1815.

이므로 법정지인 우리나라의 민사소송법의 규정에 따라야 한다고 하는 데 대하여, 속인지법설은 당사자능력은 사람의 속성에 관한 문제이고 실체법상의 문제이기 때문에 속인법인 본국의 당사자능력에 관한 규범에 따라야 한다고 한다.

Ⅲ. 당사자능력이 없는 경우의 효과

1. 당사자능력의 존재는 소송요건

당사자능력은 소송요건이고 직권조사사항이며 또한 소송행위 유효요건이어서 당사자능력 없는 자의 소송행위는 무효이나 추인으로 유효하게 될 수 있다. **당사자능력이 없는 경우**에 보정이 안 되면 당사자지위를 가지지 못하여 부적법하므로 법원은 본안판결할 수 없고 소를 각하한다.

2. 소송 계속중 당사자의 사망 등으로 당사자능력을 상실한 경우

(1) 당연승계 여부

상속할 수 있는 법률관계에 상속인이 있는 경우에 소송 계속중 당사자가 사망하면 상속인이 당사자지위를 당연승계 하는지에 관하여 당연승계긍정설과 당연승계부정설[1]이 있고, 판례는 당연승계긍정설의 입장이다.[2] 소송중단의 해소는 당사자의 수계신청뿐 아니라 법원의 속행명령에 의해 해소될 수도 있으므로(244) 수계신청에 창설적 효력을 인정하기는 힘들고, 당사자가 사망해도 소송대리인이 있으면 절차가 중단되지 않는다는 제238조는 당연승계를 전제로 한 것이라는 점에 비추어 당연승계를 긍정하는 통설, 판례의 태도가 타당하다.

(2) 소송중단 여부

소송관계가 상속될 수 있는 법률관계이고 상속인이 있는 경우에 소송대리인이 없으면 당사자의 사망시 소송절차는 중단되며 승계인이 수계하여야 한다(233). 그러나 ⓑ 소송대리인이 있으면 대리인은 상속인의 대리인이 되고 절차는 중단되지 않는다(238).[3]

---

1) 호문혁, 215.
2) 대판 94다28444(전합).
3) 필수적 공동소송인 중 1인의 중단사유로 전체 소송이 중단되나, 통상공동소송인 중 중단사유가 있는 자만 중단되고 다른 공동소송인에게는 영향이 없다.

(3) 소송중 당사자 사망을 간과(看過)한 본안판결의 효력

소송중 당사자가 사망한 것을 간과하여 수계절차를 밟지 않고 본안판결을 한 경우 판결은 유효한지에 관하여 견해가 나뉜다.

1) 무효설: 당연승계부정설 입장에서 당연승계는 형식적당사자개념과 부합하지 않고 사망으로 당사자대립구조가 소멸하고, 민법상 상속인이라도 수계절차가 없는 한 당사자가 아니므로 간과판결은 당사자가 없는 대립당사자구조의 흠결로 당연무효이고 재심대상도 아니라는 입장이다.

2) 위법설: 당연승계긍정설 입장에서 사망은 포괄승계 원인이고 소송절차는 중단되어야 하는데 이를 간과하고 판결한 것은 제233조를 위반하여 위법하나, 다만 상속인이 당사자이므로 판결은 유효하고 이는 대리권의 흠결과 같은 이유로 확정 전이면 상소, 확정 후에는 재심사유에 해당한다는 견해로서 통설이다.

3) 판례는 적법한 수계를 배제한 위법이 있으나 당연무효는 아니라고 판시하고 있다.[1]

(4) 소송중 당사자사망을 간과한 판결의 치유 여부

(가) 소송에 관여할 수 있는 적법한 수계인의 권한을 배제한 결과가 되는 절차상 위법한 하자에 대하여는 상고이유로 삼지 아니하고 본안만 다툰 사안에서 제424조 2항을 유추하여 판결 후 명시·묵시적으로 원심절차를 적법한 것으로 추인하면 상소·재심사유는 소멸하여 위 하자는 치유된다.[2]

(나) 소송중 당사자가 사망한 경우 소송은 중단되며 승계인이 있으면 소송절차를 수계하고, 승계할 권리관계가 아니면(이혼소송중 사망한 경우) 소송은 종료된다.

3. 당사자능력의 흠을 간과한 본안판결

(1) 제소 전 이미 당사자가 사망했거나 비실재인(非實在人) 또는 단체로서의 실체가 존재하지 않음에도 이를 간과하여 판결하면 무효이다.[3]

(2) 부존재한 경우가 아니고 실체가 존재하면(조합, 학교 등) 소송이 확정 전이면 상소할 수 있다.[4] 다만 확정된 후의 판결의 효력에 대하여는 견해가 대립되어 있다. ① 당사자능력이 인정되지 않는 자(가령 조합) 명의의 판결은 집행이 불가능

---

1) 대판 94다28444.
2) 대판 94다28444.
3) 대판 94다16564; 94다14094.
4) 최성호, 63.

함을 이유로 확정판결은 효력이 없다는 무효설,[1] ② 강제집행을 저지할 필요상 소송능력의 흠결(451 ① 3호)을 유추하여 재심이 가능하다는 재심설,[2] ③ 재심사유로 규정되어 있지 않고 전혀 무관계한 자에 의한 소송수행과는 다르므로 유효하다는 유효설이 있다.[3]

(3) 생각건대 이 경우 사회생활단위로서 소송상 행동하여 판결을 받은 것이므로 판결은 유효하다고 볼 것이다. 한편 실종자를 당사자로 한 판결이 기판력이 발생한 경우에는 그 판결이 해제조건부로 선고되었다는 등의 특별한 사정이 없는 한 그 효력이 유지되며 실종선고가 확정되어 그 사망간주의 시점이 소 제기 전으로 소급하는 경우에도 위 판결 자체가 소급하여 당사자능력이 없는 사망한 사람을 상대로 한 판결로서 무효가 된다고는 볼 수 없다.[4]

관련판례

1. 자연물인 도롱뇽이 당사자능력이 있는지

[판결요지] 원심이 도롱뇽은 천성산 일원에 서식하고 있는 도롱뇽목 도롱뇽과에 속하는 양서류로서 자연물인 도롱뇽 또는 그를 포함한 자연 그 자체로서는 이 사건을 수행할 당사자능력을 인정할 수 없다고 판단한 것은 정당하다(대결 2004마1148, 1149 공사착공금지가처분-천성산도롱뇽사건).

[해설] 이 사건 당사자는 내원사(대한불교조계종 소속)와 미타암(대한불교조계종 소속) 도롱뇽, 도롱뇽의 친구들(환경단체)이다. 일반적으로 사설 사찰이 아닌 내원사와 미타암 등 조계종 종단에 등록을 마친 사찰들은 독자적인 권리능력이 있고 대표자 또는 관리인이 있어서 당사자능력을 가진 법인격 없는 사단이나 재단이라 할 것이나 도롱뇽은 동물로서 자연물이어서 당사자능력이 없다. 따라서 도롱뇽은 소송에 필요한 당사자능력이 보정될 수 없는 소송요건의 흠결로 각하되어야 한다.

2. 단체 내부결정에 대한 사법심사 여부

[판결요지] 종교단체의 징계결의는 종교단체 내부의 규제로서 헌법이 보장하고 있는 종교자유의 영역에 속하는 것이므로 교인 개인의 특정한 권리의무에 관계되는 법률관계를 규율하는 것이 아니라면 원칙적으로 법원으로서는 그 효력의 유무를 판단할 수 없다고 할 것이지만, 그 효력의 유무와 관련하여 구체적인 권리 또는 법률관계를 둘러싼 분쟁이 존재하고 또한 그 청구의 당부를 판단하기에 앞서 위 징계의 당부를 판단할 필요가 있는 경우에는 그 판단의 내용이 종교 교리의 해석에 미치지 아니하는 한 법원으로서는 위 징계의 당부를 판단하여야 할 것이다(대판 2005다10388 주지해임무효확인; 대결 2007마224 예배및출입방해금지등가처분).

---

1) 호문혁, 226.
2) 정동윤·유병현, 180.
3) 이시윤, 138; 김홍엽, 132.
4) 대판 92다2455.

[해설] 사찰의 주지는 종교상의 지위와 아울러 비법인 사단 또는 단체인 당해 사찰의 대표자로서의 지위를 겸유하면서 사찰 재산의 관리처분권 등을 갖게 되는 것이어서, 그 주지 지위의 확인이나 주지해임무효확인 등을 구하는 것이 구체적인 권리 또는 법률관계와는 무관한 단순한 종교상의 자격에 관한 시비에 불과하다고 볼 수는 없고 단순한 절차의 하자에 대한 것일 뿐 **종교상의 교리의 해석에까지 미치는 것이 아니므로**, 피고의 원고에 대한 징계해임처분의 무효확인을 구하는 이 사건 소는 사찰의 대표권과 사찰의 재산에 대한 관리처분권 등 구체적 권리의무관계에 대한 법률상 쟁송에 해당한다고 판단하였다.

결국 종교단체가 교리를 확립하고 단체 및 신앙상의 질서를 유지하기 위하여 목사 등 교역자나 교인에게 종교상의 방법에 따라 징계제재하는 내부결정이라도 ①최소한 내부결정에 의하여 대표권이나 재산처분 등의 구체적인 법률관계에 관한 분쟁이 존재하고, ② 그 청구의 당부를 판단하기에 앞서 그 징계의 당부를 판단할 필요가 있고, ③ 종교교리에 관계없는 경우에는 단체의 내부결정이라도 사법심사의 대상이 되는 것으로 해석된다.

따라서 이 건 판결로 인하여 단체내부의 결정에 대한 사법심사의 가능성이 많아지게 된 점에 의의가 있다.

3. 死者를 후순위 상속인으로 당사자표시정정 가능 여부

[판결요지] 원고가 사망자를 사망한 줄을 모르고 피고로 표시하여 소를 제기한 경우에, 그 표시를 잘못한 것으로 인정된다면, 사망자의 상속인으로 피고의 표시를 정정할 수 있다. 그리고 이 경우에 실질적인 피고로 해석되는 사망자의 상속인은 실제로 상속을 하는 사람을 가리키고, 상속을 포기한 자는 상속 개시 시부터 상속인이 아니었던 것과 같은 지위에 놓이게 되므로 제1순위 상속인이라도 상속을 포기한 경우에는 이에 해당하지 아니하며, 후순위 상속인이라도 선순위 상속인의 상속포기 등으로 실제로 상속인이 되는 경우에는 이에 해당한다(대결 2005마425 구상금).

[해설] 상속인 간에 상속포기한 자가 있을 경우 당사자표시정정을 할 수 있는 기준을 제시하고 있다.

4. 총유재산의 보존행위 소송도 전원이 해야 하는지

[판결요지] 총유재산에 관한 소송은 법인 아닌 사단이 그 명의로 사원총회의 결의를 거쳐 하거나 또는 그 구성원 전원이 당사자가 되어 필수적 공동소송의 형태로 할 수 있을 뿐 그 사단의 구성원은 설령 그가 사단의 대표자라거나 사원총회의 결의를 거쳤다 하더라도 그 소송의 당사자가 될 수 없고, 이러한 법리는 총유재산의 보존행위로서 소를 제기하는 경우에도 마찬가지라 할 것이다(대판 2004다44971(전합) 소유권말소등기).

[해설] 이전의 대법원판례는 총유재산에 대한 보존행위에 관한 소송에서 총회의 결의를 거치면 구성원(특히 대표자)이 제소를 할 수 있다는 입장이었으나, 전원합의체 판결로 이를 변경하여 대표자 개인은 당사자능력이 없다고 하였다. 이는 민법 제276조 1항은 "총유물의 관리 및 처분은 사원총회의 결의에 의한다"고 규정하고 있을 뿐 공유나 합유의 경우처럼 보존행위는 그 구성원 각자가 할 수 있다는 민법 제265조 단서 또는 제272조 단서와 같은 각자 보존행위를 할 수 있다는 규정을 두고 있지 아니한 점에서 타당하다고 할 것이다.

5. 합유관계인 조합의 관계가 되는지의 여부

[요지] 수인이 부동산을 공동으로 매수한 경우, 부동산의 공동매수인들이 전매차익을 얻으려는 '공동의 목적 달성'을 위해 상호 협력한 것에 불과하고 이를 넘어 '공동사업을 경영할 목적'이 있

었다고 인정되지 않는 경우, 이들 사이의 법률관계는 공유관계에 불과할 뿐 민법상 조합이 아니다 (대판 2005다5140 지분소유권이전등기).

[해설] 대판 93다54064 는 전매이익을 위한 것도 조합의 매수로 볼 수 있다는 취지로 해석되었는데 위 판결의 판시에 따라서 전매목적만으로는 조합의 매수로 볼 수 없고 공동사업의 목적이 있어야 조합의 매수로 볼 수 있다고 보았다. 다만 전원합의체 판례는 아니므로 앞으로의 추이를 지켜보아야 한다.

≪**사례**≫ 甲은 乙로부터 부동산을 매수하였으나 원활한 계약이행이 되지 아니하여 乙을 상대로 소유권이전등기 절차이행을 구하는 소송을 제기하고자 한다. 그런데 고령의 乙은 사망에 이르게 되었는데 그의 사망이 소송에 미치는 영향은 어떤가?

▨ **사례해설**

당사자의 사망 시점에 따라 법적 효과가 다르다.

1. 제제소 전에 당사자가 사망한 경우는 당사자 확정의 문제로서 본장 제2절 Ⅵ. 2 참조.
2. 소제기 후 소송계속 직전의 사망한 경우는(a시점) 소송대리인에게 사건의뢰 후 사망하거나 법원에 소장접수 후 소장부본 송달 전에 사망한 경우로서 제소 전에 이미 당사자가 사망한 경우와 동일하게 취급한다.[1]
3. 소송계속 중 (변론종결 前 B시점) 당사자의 사망시는 소송의 중단과 수계 문제로서 본장 제3절 Ⅲ. 2 참조
4. 변론종결후의 사망(C시점)시는 변론종결 후에 당사자가 사망해도 판결선고에 지장이 없으며(247), 사망자 명의의 판결도 위법·무효가 아니고 변론종결 후 승계인인 상속인에게 기판력이 미친다(218 ①). 다만 집행하기 위해서는 승계집행문을 받아야 한다. ▨

<선택형>

1. 법인 아닌 사단에 관한 설명 중 옳지 않은 것은? (다툼시 판례에 의함)[2]　　　　　　[변호사 2015]

① 법인 아닌 사단의 적법한 대표자 자격이 없는 甲이 한 소송행위는 후에 甲이 적법한 대표자 자격을 취득하여 추인을 하더라도 그 행위 시에 소급하여 효력을 가지는 것은 아니다.

② 법인 아닌 사단이 당사자인 사건에 있어서 대표자에게 적법한 대표권이 있는지의 여부는 법원의 직권조사사항이다.

③ 법인 아닌 사단이 당사자능력이 있는지의 여부는 사실심 변론종결시를 기준으로 판단한다.

④ 법인 아닌 사단의 대표자 乙이 특별한 사정이 없음에도 사원총회의 결의 없이 총유물의 처분에 관한 소송행위를 하였다면, 이는 소송행위를 함에 필요한 특별수권을 받지 않은 경우로서 재심사유에 해당한다.

⑤ 법인 아닌 사단이 타인 간의 금전채무를 보증하는 행위는 총유물의 관리·처분행위라고 볼 수 없다.

---

1) 대판 2014다34041.

2) ①. 대판 2010다5373. 후에 적법한 대리인이 기왕의 모든 소송행위를 추인하면 그 행위시에 소급하여 효력을 갖게 된다. ⑤ 대판 2004다60072, 60089.

제4절 당사자적격

당사자적격을 인정하는 취지는 무엇이고 본안적격과 어떻게 다른지, 제3자 소송담당에서 실체법상 권리주체도 아닌 제3자에게 소송수행권인 당사자적격이 인정되는 근거는 어떤지, 당사자적격의 흠결을 간과한 판결의 효력은 어떤지 등이 주요논점이다.

제1관 당사자적격의 의의

1. 개념과 취지

(1) 특정의 소송사건에서 정당한 당사자로서 소송을 수행하고 본안판결을 받기에 적합한 자격(소송수행 적격성)을 말한다.

(2) 실체법상 권리주체와 관계없이 형식적 당사자개념이 일반화되면서 소송에서 아무나 당사자가 될 가능성이 있기 때문에 적합한 당사자를 가려내 분쟁해결에 불필요하고 무의미한 소송을 배제하기 위해 당사자적격을 가질 것을 요구한다. 예컨대, 교통사고피해자(A)가 입원하고 있어서 손해배상청구소송을 제기하기가 어렵자 그의 친한 친구(B)가 A의 권리를 주장하면서 제소하는 등의, 남소를 방지하여 민중소송화되는 것을 막는 역할을 한다.

(3) 당사자적격은 이행소송에서 실체법상 관리처분권이 있거나 확인소송에서 법적 이익이 있는 자에게만 정당한 당사자로 인정하자는 주장이 되다가 오늘날은 소송수행권의 존재 여부를 기준으로 삼는다. 다만 소송수행권은 관리처분권과 법적 이익을 포함하여 '소송의 결과에 중요한 이익'으로 보기 때문에 상호 대립되는 개념은 아니다.[1]

2. 구별개념

(1) 당사자적격은 특정한 청구와의 관계에서 특정의 소송에 대한 소송수행의 유효·적절한 적격을 누가 갖는가, 즉 누가 소송을 수행하는 것이 타당한가라는 문제인데 특히 성명모용소송에서의 당사자확정, 당사자능력, 본안적격 등과 구분되

---

1) 김일룡, 128.

어야 한다.

(가) 성명이 모용된 소송에서 모용자와 피모용자간에 누가 당사자인가는 당사자확정문제이다. 당사자로 확정된 자가 원고로서 또는 피고로서 당사자적격이 있는가는 그 다음에 소장상의 주장 자체로만 판단한다.

(나) 당사자능력은 소송사건의 내용이나 성질에 관계없이 소송의 주체가 될 수 있는 일반적인 능력이다. 민법상 권리능력에 대응하고, 소송능력은 행위능력과 대응한다.

(다) 당사자적격은 실체법상의 권리 의무와는 무관하게 소송법적으로 정하여지는 개념이나 본안적격은 실체법상의 권리 또는 의무의 귀속자인지의 문제이다. 원고의 주장이 이유가 정당하여 실제 권리자이면 원고는 본안적격이 있게 되고 피고는 의무자가 되어 다른 사정이 없는 한 원고는 승소하게 된다.

(2) 당사자적격은 주장된 권리의 실체법적 귀속과는 관계없이 소장에서 당사자로 표시된 자와 청구원인상의 권리주장자 또는 의무자로 주장된 자가 일치하는지의 여부로 판단하며,[1] 주장에 따른 증거조사 후 실제 권리자인지의 여부는 본안적격문제이다.

제2관　당사자적격을 갖는 者(정당한 당사자)

I. 일반적인 경우

소송 승패에 대하여 법률상 이해관계를 가진 자가 정당한 당사자이다.

≪질문≫ 예컨대 甲이 乙을 채무자라고 주장하여 乙을 피고로 삼아 소를 제기하였으나 丙이 채무자임이 밝혀진 경우 위 소송에서 피고는 누구이고 법원은 다른 특별한 사정이 없다면 어떤 판결을 할 것인가?

1. 이행의 소

(1) 일반적인 경우로서 자기에게 이행청구권이 있음을 <u>주장하는</u> 자가 원고적격자, 이행의무자로 <u>주장된</u> 자가 피고적격자이다. 피고가 실제 이행의무자인가는

---

1) 다만 타인의 권리를 행사하는 소송담당의 경우는 주상 사체만으로 판단하는 것이 아니고 그 자격이 있는지를 증거조사하여 당사자적격 유무를 판단한다.

본안심리에서 판단하여 청구인용·기각할 뿐이다. 따라서 甲이 스스로 자신이 채권자라고 주장하였으므로 甲은 원고적격이 있다.[1] 채무자로 주장된 피고적격자는 乙이다. 乙이 의무자가 아니고 丙이 의무자이면 乙에 대한 청구를 기각할 것이며, 현재 피고 乙은 당사자적격이 있으므로 피고 乙에 대한 소를 각하할 수 없다.[2] 이와 같이 원칙적으로 이행의 소에서의 당사자적격은 통상적으로는 구비되어 있으므로 당사자적격의 결여는 문제되지 아니하고 당사자적격에 대한 판단은 청구의 당부인 본안적격의 판단에 흡수된다(이를 '본안적격의 당사자적격의 흡수'라고 한다).[3]

(2) 특수한 경우로서 판례는 당사자적격이 본안적격에 흡수되지 아니하는 몇 가지를 인정하고 있다. 즉, ① 채권자대위소송의 채권자는 피보전채권이 있고 채무자가 피대위채권을 행사하고 있지 않는 등의 요건을 갖춘 경우에만 원고의 당사자적격(원고적격)이 있으며, ② 소유권이전등기의 말소등기청구의 피고 당사자적격(피고적격)은 등기명의인이거나 그 포괄승계인인 등기의무자나 등기상 이해관계 있는 제3자이어야 하며,[4] ③ 근저당권설정자 또는 그로부터 소유권을 이전받은 제3취득자는 피담보채무가 소멸된 경우 또는 근저당권설정등기가 당초부터 원인무효인 경우에 근저당권의 현재의 명의자인 양수인을 상대로 주등기인 근저당권설정등기의 말소를 구할 수 있으며,[5] ④ 말소된 등기에 대한 회복등기를 위한 경우는 회복등기의무자만이,[6] ⑤ 등기상 이해관계가 있는 제3자가 존재하는 경우는 그 제3자만이[7] 각 당사자적격을 가지며 그 외의 자를 상대로 제소한 경우 부적법 각하된다. 이는 원고에 의하여 의무자로 주장된 자가 피고적격을 가지는 일반적인 이행의 소와는 다른 점이다.

---

1) 제3자가 타인의 권리에 대하여 스스로 원고가 되어 피고를 상대로 소송을 제기하는 것은 제3자 소송담당에 해당되지 않으면 원칙적으로 당사자적격이 인정되지 않는다.

2) 그런데 판례(대판 93다39225; 2006다43903)는 등기말소청구사건에서 등기의무자가 아닌 자를 상대로 한 등기의 말소절차이행을 구하는 소는 당사자적격이 없는 자를 상대로 한 부적법한 소라고 판시하여 본안문제를 당사자적격으로 처리하고 있다고 비판을 받는다.

3) 대판 94다14797; 2003다44387·44394.

4) 대판 2003다35567; 93다39225. 다만 예컨대 甲명의의 등기를 乙이 위조하여 가공인물 丙명의로 등기한 경우와 같이 그 등기명의인이 허무인(丙) 또는 실체가 없는 단체인 때에는 소유자 甲은 실제 등기행위를 한 乙에 대하여 소유권에 기한 방해배제로서 등기행위자를 표상하는 허무인(丙) 또는 실체가 없는 단체 명의의 등기말소의 소나 처분금지가처분을 제기할 수 있다(대결 2008마615; 대판 90다684; 90다카3307).

5) 대판 2003다5016; 2000다5640.

6) 대판 2006다43903; 68다1617.

7) 대결 98마40; 대판 95다39526.

2. 확인의 소

(1) 확인의 소에서는 주장 자체로 당사자적격을 판단하지 아니하고 청구에 대해 확인의 이익을 가져야 원고적격자가 되며, 원고의 이익과 대립·저촉되는 이익을 가진 자가 피고적격자로 인정된다.[1]

소유자인 권리자도 상대방이 다투지 아니하면 소유권 확인이익이 없고, 2번 저당권자가 제기한 1번 저당채무부존재확인의 소와 같이 실제 권리자가 아니라도 확인의 이익이 존재할 수 있다. 가령 A부동산의 소유권에 관하여 乙과 丙이 다투고 있을 때 丙의 절친한 친구 甲이 이를 보다 못해 乙을 상대로 A부동산의 소유자가 丙임을 확인하라는 소를 제기하였다면 법원은 甲이 부동산의 소유자가 누구인지에 따라 법률상 이해관계가 없으므로 당사자적격이 없어 각하한다.

(2) 판례도 아파트 동별 대표자선출결의무효확인소송에서 입주자대표회의는 피고적격이 있으나 총장임명무효확인의 소를 제기한 학부모는 당사자적격을 인정하지 않았다.[2]

3. 형성의 소

≪사례≫ 가령 甲은 자기 딸 乙이 사위 丙의 폭력으로 어렵게 살아가는 것을 옆에서 지켜보다가 참다못해 乙과 丙을 피고로 하여 이혼소송을 제기하였다. 이 소송에서 甲, 乙, 丙은 정당한 당사자인가?

형성의 소에서의 당사자적격자는 법률이 규정하는 경우가 많다(민법 817, 동 818 등). 이에 관한 명문규정이 없는 경우는 당해 소송물과 가장 강한 이해관계를 갖고 있고 충실한 소송수행을 기대할 수 있는 자가 당사자적격을 가진다.[3]

채권자취소권에 기한 사해행위취소의 소(민법 406)의 피고적격은 수익자 또는 전득자이고 채무자는 피고적격이 없다. 회사관계소송중 형성의 소는 일반적으로 원고는 주주(사원), 이사 또는 감사, 채권자 등이고, 피고는 해당 회사이다(상법 184, 동 185, 동 403).

---

1) 단체내부의 분쟁에서 피고적격자에 관하여 단체피고설, 대표자피고설, 단체와 대표자의 필수적 공동소송설 등이 있다. 판례는 종중대표자인준결의 무효확인의 소는 종중 자체(대판 73다1553), 이사회결의 부존재확인의 소는 이사가 아닌 회사(대판 80다2425)를 각 피고로 하여야 한다고 판시하여 단체피고설을 취하고 있다.
2) 대판 94다14803.
3) 대판 87다카1586.

░ 사례해설

재판상 이혼은 부부의 일방이 다른 일방을 상대로 청구해야 하므로(민법 840) 제3자 甲이 청구할 수 있는 것은 아니므로 甲과 乙, 丙은 정당한 원고와 피고가 아니다. 즉 당사자적격이 없다. ░

4. 고유필수적 공동소송

공유물 분할청구의 소와 같이 공유자 1인이 원고적격, 피고는 나머지 공유자 전원이다. 관계되는 공유자 1인이라도 누락되면 당사자적격 흠결로 소각하된다. 다만 필수적 공동소송인의 추가규정(68)에 의하여 누락자를 추가하면 소가 적법하게 된다.

판례는 비법인 사단의 대표자인 구성원이 단독으로 총유재산의 보존행위로 소를 제기한 경우에 종래의 판례를 변경하여 대표자 개인은 비법인 사단의 사원총회를 거쳤다고 하여도 그 소송의 당사자적격이 없고, 사원총회의 결의를 거쳐 비법인사단의 명의나 구성원 전원(고유필수공동소송)이 당사자가 되어야 적법하다고 하였다.[1]

Ⅱ. 제3자의 소송담당 (타인의 권리에 관한 소송)

타인의 권리에 관하여 소송을 수행할 수 있는 것은 어떤 경우이고 그 수행결과 받은 판결의 효력은 누구에게 미치는가의 문제이다.

1. 의 의

(1) 실체법상 권리의 주체도 아니고 법률상 이익이 있는 자도 아닌 제3자가 소송을 수행하고 판결의 효력을 받는 것을 제3자 소송담당이라 한다. 제3자가 예외적으로 소송수행권을 갖게 되어 당사자적격이 인정되는 경우는 소송수행권한 보유 여부를 증명해야 한다. 일반적으로 원고의 주장 자체만으로 당사자적격의 유무를 판단하는 것과 다르다.

(2) 소송담당자는 자기의 이름으로 소송을 수행하고 판결의 효력을 받는 점에서, 당사자 본인 이름을 표시하고[2] 판결의 효력을 받지 아니하는 대리인과 다르다. 소송담당에는 법정소송담당, 임의적 소송담당, 허가에 의한 소송담당이 있다.

---

1) 대판 2004다44971.

2) 소장이나 판결문의 당사자표시에서 제3자의 법정소송담당의 경우 그 관계를 표시하는 경우(원고 파산채무자 ○○○의 파산관재인 △△△, 원고 선장 △△△ 등)와 실무관례상 그 관계를 표시하지 아니하는 경우(대위채권자, 추심권행사하는 채권자, 질권자, 대표소송의 주주 등)가 있다.

2. 법정소송담당

(1) 법정소송담당은 권리관계주체의 의사와 관계없이 법률의 규정에 의해 제 3자가 소송수행권을 갖는 경우이다.

(2) 법률이 제3자에게 관리처분권을 부여한 결과 소송수행권을 갖게 되는 경우

(가) **병행형**(제3자가 권리관계주체와 선택적으로 소송수행권을 갖는 경우)

예컨대 회사대표소송의 주주, 채권질의 질권자, 공유물보존행위로서 소송하는 공유자이다. 권리주체자의 이익보호방법은 소송참가, 소송고지의무화가 있다(민법 405 ①, 상법 404 ②).

(나) **갈음형**(제3자가 권리관계주체에 갈음하여 소송수행권을 갖는 경우)

파산관재인, 채권추심명령을 받는 압류채권자,[1] 유언집행자,[2] 상속재산관리인, 정리회사의 관리인이 당사자적격자이다.

예컨대 甲이 乙을 상대로 대여금지급청구의 소를 제기하기 직전에 乙이 파산하여 丙이 乙의 파산관리인이 된 경우에는 甲은 파산관리인 丙을 피고로 해야 하고, 乙의 채권자 甲이 丙으로부터 채권압류·추심명령을 받은 경우에는 甲이 실체법상 청구권을 가지고 있지만 소송법상의 관리권은 추심채권자인 丙이 가시게 되어 丙만이 원고적격을 가지게 된다.[3]

---

1) 판례는 민사집행법 제238조, 제249조 1항에 따라 압류채권자만이 제3채무자를 상대로 압류된 채권의 이행을 청구하는 소를 제기할 수 있고 채무자는 당사자적격을 상실하나, 채무자가 제3채무자를 상대로 제기한 이행의 소가 법원에 계속중 압류채권자가 제3채무자를 상대로 제기한 추심의 소는 중복소송에 해당되지 않으며, 본안에 관하여 심리·판단한다고 하여, 제3채무자에게 불합리하게 과도한 이중 응소의 부담을 지우고 본안심리가 중복되어 당사자와 법원의 소송경제에 반하거나 판결의 모순·저촉의 위험이 없다고 판시했다(대판 2013다 202120).

그러나 채무자가 제3채무자에게 제기한 소송물에 대하여 압류 및 전부명령을 받게 되면 채권양도된 것과 같은 효력이 발생하여 전부명령채권자가 소송승계 해야 한다. 전부명령받은 채무자가 제3채무자를 상대로 급부이행의 소를 제기하면 법원은 청구기각판결을 한다. 단, 채무자가 가압류나 압류명령을 받은 때는 피압류채권에 기한 이행소송을 제기할 수 있다(대판 99다23888).

2) 판례는 유언집행자는 법정소송담당으로서 원고적격을 가지고, 유언집행에 필요한 한도에서 상속인은 상속재산에 대한 처분권은 제한되며 원고적격이 없고, 민법 제1103조 1항은 "유언집행자는 상속인의 대리인으로 본다"고 규정하고 있으나, 이 조항은 유언집행자의 행위의 효과가 상속인에게 귀속함을 규정한 것이지, 유언집행자의 소송수행권과 별도로 상속인 본인의 소송수행권도 언제나 병존함을 규정한 것은 아니라고 판시하였다(대판 2000다26920). 한편 상속재산관리인도 중립적 입장에서 업무를 처리해야 하는 소송담당자이고, 상속재산에 관한 소송에서 상속인은 당사자적격이 없다(대판 2005다55879).

3) 가압류집행이 있어도 가압류채무자가 제3채무자로부터 현실로 급부를 추심하는 것만을 금지하므로 가압류채무자는 제3채무자를 상대로 그 이행을 구하는 소를 제기할 수 있고 법원은 가압류되었음을 이유로 이를 배척할 수 없다(대판 2001다59033). 추심명령받은 채무자가 제3채무자 상대로 제소하면 당사자적격 흠결로 소각하한다.

(다) 채권자대위소송

채권자대위소송의 경우에는 그 법적 성질과 병행형 또는 갈음형에 관한 논의가 있다.

1) **소송담당설**에서는 채권자가 채무자의 권리를 대위하여 권리를 행사하는 소송담당으로 파악하고 채권자대위소송은 채무자가 소를 제기하기 이전에는 채권자와 채무자 양자 모두 제소할 수 있으므로 병행형이나, 채권자대위의 소가 제기되거나 채무자가 권리를 행사하여 제소하면 다른 쪽은 소송요건 흠결이 되므로 갈음형이 된다.[1]

소송담당설 입장에 있는 판례는 대위소송의 요건으로 ① 피보전채권의 존재와 변제기도래, ② 보전필요성(대위하여 행사하지 않으면 자기 채권의 완전한 만족을 얻을 수 없게 될 위험이 있어 채무자의 권리를 대위하여 행사하는 것이 자기 채권의 현실적 이행을 유효·적절하게 확보하기 위하여 필요한 경우),[2] ③ 채무자의 권리불행사, ④ 피대위권리가 존재하고 일신전속권이 아닌 재산권이어야 한다.

위 ① 내지 ③은 당사자적격 내지 소송요건에 해당되고, ④는 실체법상의 요건사실이다. ①의 경우 피보전채권에 기한 이행의 소가 확정된 경우 대위소송에서 제3채무자는 피보전채권의 존재를 부정할 수 없다.[3] 피보전채권의 변제기도래는 보전행위시에는 요건이 아니며, 법원의 허가를 받은 경우에는 변제기가 도래되지 않아도 가능하다(민법 404 ②). ②의 경우 피보전채권이 금전채권인 경우 채무자의 무자력에 의한 보전필요성이 요구되나, 소유권이전등기청구권과 같은 특정채권인 경우 채무자의 무자력에 의한 보전필요성은 요구되지 않는다. ③의 경우 채권자대위소송의 채권자는 채무자가 제3채무자에 대한 권리를 행사하지 아니하는 경우에 한하여 채권자가 자기의 채권을 보전하기 위하여 행사할 수 있는 것이어서 이미 채무자가 권리를 재판상 행사하였을 때에는 설사 패소의 본안판결을 받았더라도 채권자는 채권자대위소송의 소송요건에 흠결이 있게 된다.[4]

이 입장에 의하면 채권자는 자기의 권리가 아닌 채무자의 권리를 행사하

1) 김홍엽, 145.
2) 대판 2005다39013; 2000다55171 (채권자가 채무자를 상대로 소를 제기하였으나 패소의 확정판결을 받은 종전 소유권이전등기절차 이행 소송의 청구원인이 채권자대위소송에 있어 피보전권리의 권원과 동일하다면 채권자로서는 위 종전 확정판결의 기판력으로 말미암아 더 이상 채무자에 대하여 위 확정판결과 동일한 청구원인으로는 소유권이전등기청구를 할 수 없게 되었으므로, 채권자로서는 채무자의 제3자에 대한 권리를 대위 행사함으로써 위 소유권이전등기청구권을 보전할 필요가 없게 되었다). 지원림, 1133.
3) 대판 88다카9111; 2006디82700·82717 등.
4) 대판 92다30016.

는 것이고 위 ①~③ 중 하나라도 흠결되면 당사자적격 없거나 소가 부적법하여 소를 각하하여야 한다.[1) 소송물(=청구, =본안적격)인 ④ 피대위권리가 없으면 실체법상 요건사실의 흠결로 청구를 기각한다. 대위소송이 인용되어 판결이 확정된 경우 피대위채권의 존재에 관하여만 기판력이 발생하는 것이고, 채무자가 알았을 때에는 채무자에게 기판력이 미친다. 피보전채권의 존부에 대하여는 대위소송의 당사자도 아닌 채무자에게 기판력이 미치는 것은 아니다.[2)

2) **독자적 대위권설**(자기권리 행사설)에서는 채권자대위소송의 채권자는 자신의 권리를 보전하기 위하여 대위권이라는 실체법상의 자신의 권리를 행사한다는 점에서 소송담당이 아니라 독자적 대위권이라 한다.[3) 이에 의하면 채권자는 민법 제404조의 채권자대위권이라는 자신의 권리를 행사하는 것이고 당사자적격은 이행의 소의 원칙에 따라 주장자체로 구비되어 소를 각하할 수 없다. 소송물은 민법 제404조의 채권자대위권의 행사이며 그 요건사실은 ①②③④이며 이들은 실체법상의 법률요건으로서 하나라도 흠결되면 청구를 기각한다. 이 견해에서는 각 채권자는 각기 자신의 대위권행사이며 소송물도 다르다고 본다.

3) 결국 채무자의 권리를 전제로 하는 대위권이라는 권리의 속성을 고려한다면 일응 통설이 타당하다고 본다.

4) 한편 대위에 의한 말소등기를 청구한 경우에 소장의 청구취지나 인용판결의 주문에 말소등기의 이행상대방은 피대위자(채무자)로 기재하지만[4) 판례는 피대위자가 아닌 대위채권자인 원고에게 말소등기절차를 이행하라고 하여도 그 판결에 기한 말소등기에 따른 등기상태는 채무자 명의로 돌아가는 결과는 동일하므로 위법은 아니며[5) 원고가 미등기 건물을 매수하였으나 소유권이전등기를 하지 못한 경우에는 위 건물의 소유권을 원시취득한 매도인을 대위하여 불법점유자에 대하여 명도청구를 할 수 있고 이 때 원고는 불법점유자에 대하여 직접 자기에게 명도할 것을 청구할 수도 있다고 판시하고 있다.[6)

---

1) 대판 91다13717; 2004다21923. 이와 같이 피보전채권의 존재를 직권조사사항인 소송요건으로 보는 판례는 소멸시효를 원용할 수 있는 사람은 권리의 소멸에 의하여 직접 이익을 받는 자에 한정되며, 채권자대위소송에서는 채무자가 피보전채권이 시효소멸을 원용하지 아니하면 피고인 제3채무자는 피보전채권의 시효소멸을 주장할 수 없다(대판 92다35899; 97다31472). 그러나 채권자취소소송에서는 사해행위의 수익자는 채권자의 채권이 소멸되면 사해행위에 의하여 얻은 이익의 상실을 면하는 이익이 있으므로 시효를 원용할 수 있다(대판 2007다54849).

2) 대판 2011다108095.

3) 호문혁, 241.

4) 대판 66다1149.

5) 대판 94다58148.

6) 대판 79다1928.

5) 더 나아가 집행채무자의 채권자가 그 집행채권자를 상대로 부당이득금 반환채권을 대위행사하는 경우 집행채무자에게 그 반환의무를 이행하도록 청구할 수도 있지만, 직접 대위채권자에게 이행하도록 청구할 수도 있다고 보아야 하는데, 이와 같이 채권자대위권을 행사하는 채권자에게 변제수령의 권한을 인정하더라도 그것이 채권자 평등의 원칙에 어긋난다거나 제3채무자를 이중 변제의 위험에 빠뜨리게 하는 것이라고 할 수 없다고 한다.[1] 따라서 채무자의 채권자에 대한 자동채권과 채권자의 채무자에 대한 수동채권이 상계적상에 있다면 상계의 의사표시에 의하여 사실상 우선변제를 받는 결과가 된다.[2]

(3) 직무상 당사자

공무, 공익을 위하여 일정한 직무가 있는 자에게 소송수행권을 갖게 한다. 가령 가사소송에서 피고 적격자의 사망 후에는 검사를 피고로 하여 소를 제기하는데(민법 864) 이 경우 검사가 직무상 당사자이다. 이 경우도 법정소송담당이라 할 수 있다.

3. 임의적 소송담당

(1) 임의적 소송담당은 권리관계의 주체가 임의로 제3자에게 소송수행권을 수여하는 경우이다. 명문규정으로 허용되는 경우는 ① 선정당사자(53), ② 추심위임배서의 피배서인(어음 18), ③ 금융기관의 연체대출금 회수를 위임받은 한국자산관리공사(자산공사 26 ①) 등이다.

(2) 명문규정 없는 경우에는 원칙적으로 불허된다. 변호사대리원칙·소송신탁금지의 취지를 잠탈할 우려 때문이다. 예외적으로 위 우려가 없고, 합리적 필요성 있는 경우는 소송담당이 허용된다. 예컨대 매수인으로부터 추탈담보추궁을 받을 가능성이 있는 매도인이나, 권리자인 일반 조합원 못지않은 업무관련지식이 있는 조합의 업무집행조합원으로 선출된 자 등은 소송담당에 합리적 필요성이 인정될 수 있다.

(3) 판례는 동백흥농계의 조합규약이나 조합결의에 의하여 조합재산을 관리하고 대외적 업무를 집행할 권한을 부여받은 업무집행조합원은 조합원으로부터 임의적 소송신탁을 받아 자기 이름으로 소송을 수행하는 것이 허용된다고 판시하고 있다.[3]

---

1) 대판 2004다70024.
2) 지원림, 1144.
3) 대판 83다카1815.

4. 법원허가에 의한 소송담당

증권관련집단소송에서의 대표당사자(증집소 21 ④), 소비자단체소송에서의 소비자단체(소비 73, 소비 74), 개인정보단체소송의 단체(개인 54, 개인 55) 등은 법원의 허가를 받아 소송수행권을 갖도록 했다.

5. 제3자의 소송담당과 기판력 등

(1) 갈음형 소송담당의 경우, 직무상 당사자인 경우, 임의적 소송담당의 경우 소송담당자가 받은 기판력 등 판결의 효력은 모두 권리주체에 미친다(218 ③, 민집 25).

(2) 채권자대위소송의 경우와 같이 소위 병행형에서는 소송담당에 의한 판결의 효력이 권리주체에 미치는지에 대하여 견해대립이 있다.

① **효력부정설**: 채권자에 의한 판결의 기판력 등은 채무자 등 권리주체의 고유의 소송수행권을 침해하는 것이므로 채무자에게 미치지 않는다는 견해이다. 제3채무자는 소송을 반복하여 당할 우려가 있다는 비판이 있다.

② **효력긍정설**: 법적안정성을 위해 권리주체에게도 기판력 등이 미친다는 견해이나 권리주체와 무관하게 권리가 행사되는 결과가 되어 권리지보호에 미흡하다는 문제가 있다.

③ **절충설**(절차보장설): 채무자가 대위소송사실을 알아서 절차참여의 기회가 보장된 경우에만 기판력 등이 미친다고 한다.

④ **판례**는 어떠한 사유로 인하였던 간에 채무자가 채권자대위소송이 제기된 사실을 알았을 경우에 그 판결의 효력이 채무자에게 미친다고 판시하여[1] 절충설적 입장이다.

생각건대 채권자와 채무자의 이해관계를 적절히 조정하고 권리주체자인 채무자에게 절차참여의 기회가 보장되어 소송담당자의 불성실한 소송수행을 제지할 수 있었던 경우라면 기판력을 긍정해도 무방할 것이다.

(3) 증권관련집단소송에서 대표당사자가 소송을 수행하여 받은 판결은 제외신고를 하지 아니한 구성원에게 미치며(증집소 37), 소비자단체소송에서 단체가 받은 패소판결 동일한 사안에 대해서는 다른 단체에도 미치므로 다른 단체는 다시 단체소송을 제기할 수 없다(소비 75).

---

1) 대판 741664.

제3관 당사자적격 흠결의 효과

1. 소송요건

당사자적격은 소송요건이고 직권조사사항으로서 흠결시 소 각하판결을 한다.

2. 당사자적격의 상실의 경우

소송 계속중 당사자적격을 상실하면 당사자가 사망한 경우와 같이 포괄승계된 경우는 새로운 적격자가 당연승계하고(53 ②, 54, 233 내지 236 등), 소송물이 양도되어 특정승계된 경우는 승계자가 스스로 참가하는 참가승계(81)를 하거나 승계자를 강제로 소송에 끌어들이는 인수승계(82)를 하게 된다.

3. 흠결을 간과한 판결의 효력

(1) 당사자적격이 없음을 간과한 본안판결의 경우는 상소사유이지만(423), 간과판결이 확정되어도 당사자적격자에게나 소송담당의 경우 권리귀속주체에게는 판결의 효력이 미치지 아니하여 무효이며 재심사유도 아니다.[1]

(2) 다만 판례는 공동의 이해관계가 없는 선정자들이 선정당사자를 선정하여 선정당사자의 자격에 흠결이 있는 경우(53 ①)에는 이를 간과한 판결도 확정되면 유효하다고 본다.[2]

관련판례

1. **채권자대위소송에서 피보전채권의 존재 여부가 법원의 직권조사사항인지의 여부**(대판 2009다3234)

   [판결요지] 채권자대위소송에서 대위에 의하여 보전될 채권자의 채무자에 대한 권리(피보전채권)가 존재하는지의 여부는 소송요건으로서 법원의 직권조사사항이므로, 법원으로서는 그 판단의 기초자료인 사실과 증거를 직권으로 탐지할 의무까지는 없다 하더라도, 법원에 현출된 모든 소송자료를 통하여 살펴보아 피보전채권의 존부에 관하여 의심할 만한 사정이 발견되면 직권으로 추가적인 심리·조사를 통하여 그 존재 여부를 확인하여야 할 의무가 있다.

   [해설] 채권자대위소송에서 피보전채권의 존재하는지의 여부는 소송요건으로서 법원의 직권조사사항이며 간접적으로는 유력설인 피보전채권의 존재를 주요사실로 보는 독자권리설과는 다른 입장이라는 것을 명백히 하였다.

---

1) 김홍엽, 157.
2) 대판 2005다10470.

<선택형>

---

1. 당사자적격에 관한 다음 설명 중 옳지 않은 것은?[1)]

① 당사자적격이 없는 경우에는 소를 각하하고 청구기각의 판결을 할 것은 아니다.
② 당사자적격의 흠결을 간과한 본안판결은 상소가능하나, 재심사유는 아니다.
③ 당사자적격을 갖추었는가의 문제는 법원의 직권조사사항이다.
④ 형성의 소에 있어서의 원고적격은 법률 자체에서 지정해 놓은 경우가 대부분이다.
⑤ 이행의 소에 있어서의 피고적격은 실제 이행의무가 있는 자이다.

---

2. A비법인사단의 대표자구성 및 총유재산에 관련된 소송에 관한 다음 설명 중 옳지 않은 것은?[2)]

① 소장에 기재된 표시 및 청구의 내용과 원인사실 등 소장의 전취지를 합리적으로 해석하여 당사자를 확정하여야 하고, 이와 같이 확정된 당사자와 동일성이 인정되는 범위 내에서라면 올바른 당사자로 표시를 정정하는 것은 허용된다.
② 비법인사단이 당사자인 사건에서 대표자에게 적법한 대표권이 있는지의 여부는 소송요건에 관한 것으로서 법원의 직권조사사항이므로, 법원에 판단의 기초자료인 사실과 증거를 직권으로 탐지할 의무가 있다.
③ 비법인사단의 대표자라 하여 당사자표시정정신청을 한 甲에게 대표할 권한이 있는지에 관하여 다툼이 있다면 甲이 비법인사단의 적법한 대표자였는지를 밝혀 보았어야 함에도 甲을 대표자로 인정한 다음 더 나아가 본안에 대한 판단까지 한 것은 판결에 영향을 미친 위법이 있다.
④ 비법인사단이 총유재산에 관한 소송을 제기할 때에는 정관에 다른 정함이 있다는 등의 특별한 사정이 없는 한 사원총회 결의를 거쳐야 하는 것이므로, 비법인사단이 이러한 사원총회 결의 없이 그 명의로 제기한 소송은 소송요건 중 당사자적격이 흠결된 것으로서 부적법하다.
⑤ 비법인사단의 대표자가 총유재산에 관한 보존행위로서 소송을 제기하면서 사원총회결의를 거쳤다고 하여도 대표자 개인은 그 소송의 당사자적격이 없어 각하하여야 한다.

---

3. 다음 중 당사자적격을 가지는 경우가 아닌 것은? (다툼시 판례에 의함)[3)]

① 채권자대위소송의 채권자
② 소유권이전등기의 말소등기청구의 피고
③ 근저당권 이전의 무효사유를 주장하는 경우의 이전의 부기등기의 말소등기청구의 양수인
④ 말소된 등기에 대한 회복등기를 위한 경우는 회복등기의무자
⑤ 등기상 이해관계가 있는 제3자가 존재하는 경우는 그 제3자

---

1) ⑤. 이행의 소에서는 원고의 주장자체에 의하여 이행의무자로 주장되는 자가 피고적격을 갖는다. 따라서 실제로 의무이행자일 필요가 없다.

2) ②. 직권조사사항은 법원에 판단의 기초자료인 사실과 증거를 직권으로 탐지할 의무가 있는 것은 아니고 이미 제출된 자료에 의하여 대표권의 적법성에 의심이 갈만한 사정이 엿보인다면 그에 관하여 심리·조사할 의무가 있다. ⑤ 대판 2004다44971.

3) ③. 판례는 근저당권 설정등기의 원인무효를 이유로 근저당권등기 말소등기청구는 양수인을 상대로 하나, 근저당권의 이전무효를 다투는 부기등기의 말소등기청구는 양도인만이 피고적격이 있다고 판시하고 있다(대판 2003다5016; 2000다5640).

4. 다음 중 법정소송담당자로서의 자격을 잃거나 사망한 경우 소송절차가 중단되는 경우에 해당하는 것은? (다툼시 판례에 의함)[1]

① 채권추심명령을 받은 압류채권자
② 주주대표소송의 주주
③ 채권자대위자
④ 채권질권자
⑤ 파산관재인

5. 다음 중 동업관계에 있는 甲(대표자), 乙, 丙 3인이 10억원의 물품대금청구소송을 제기하면서 당사자와 대리인을 정하고자 한다. 그 중 적절하지 않은 방법은?[2]   [법무부 2010]

① 대표자 甲에게 소송수행권을 수여하는 임의적 소송신탁을 하여 甲만을 당사자로 한다.
② 평소 알고 지내던 변호사 丁을 소송대리인으로 선임한다.
③ 甲, 乙, 丙 모두를 당사자로 한다.
④ 甲과 乙을 선정당사자로 선정하여 이들로 하여금 소송수행을 한다.
⑤ 乙과 丙이 甲으로 하여금 단족적인 소송수행을 할 수 있도록 소 제기 전에 자신들의 권리를 甲에게 양도한다.

6. 甲은 乙에게 대여금채권이 있다. 채무초과상태인 乙은 丙에 대한 물품대금채권과 자기 소유의 유일한 부동산인 아파트를 가지고 있었는데, 위 아파트에 관한 강제집행을 우려하여 丁과 허위로 매매계약을 체결하고 丁명의로 소유권이전등기를 마쳤다. 다음 설명 중 옳지 않은 것은? (다툼시 판례에 의함)[3]   [법전협 2012. 2차]

① 甲이 乙을 대위하여 丙을 상대로 물품대금지급청구의 소를 제기하였는데, 甲의 대여금채권이 없는 것으로 밝혀진 경우 甲의 소는 각하된다.
② 甲이 乙을 대위하여 丙을 상대로 물품대금지급청구의 소를 제기하였는데, 乙의 물품대금채권이 없는 것으로 밝혀진 경우 위 甲의 청구는 기각된다.
③ 甲이 乙을 대위하여 丙을 상대로 물품대금지급청구의 소를 제기하였는데, 乙이 이미 丙을 상대로 물품대금지급청구의 소를 제기하여 승소확정판결을 받은 경우 甲의 소는 각하된다.
④ 甲이 乙을 대위하여 丙을 상대로 물품대금지급청구의 소를 제기하였는데, 乙이 이미 丙을 상대로 물품대금지급청구의 소를 제기하여 패소확정판결을 받은 경우 甲의 청구는 기각된다.
⑤ 甲이 대여금채권을 피보전채권으로 丁을 상대로 사해행위취소의 소를 제기하였는데, 甲의 대여금채권이 없는 것으로 밝혀진 경우 위 甲의 청구는 기각된다.

7. 다음 중 소송수행권을 가지게 되는 원인이 다른 하나는 무엇인가? (다툼시 판례에 의함)[4]   [법전협 2014. 1차]

---

1) ⑤. 파산관재인, 회생채무자의 관리인 등 권리귀속주체를 위하여 소송당사자가 된 사람이 그 자격을 잃거나 죽은 때에는 소송절차는 중단된다(237). 그러나 ①~④의 경우처럼 자신의 이익을 위한 법정소송담당의 자격을 상실하여도 소송절차는 중단되지 않으며(제237조 반대해석) 사망한 경우에도 제237조가 아닌 제233조가 적용되어 소송절차가 중단된다.

2) ⑤. 소제기 목적의 권리양도는 무효로 보는 것이 판례입장이다(대판 70다55; 95다20041). ① 대판 83다카1815. ②③④는 모두 적법하다.

3) ④. 채권자가 대위권을 행사할 당시는 이미 채무자가 권리를 재판상 행사하였을 때에는 설시 패소의 본안판결을 받았더리도 채권자는 채무자를 대위하여 채무자의 권리를 행사할 당사자적격이 없어서(대판 92다30016) 각하하여야 한다.

4) ①. 임의적 소송담당이고 ②~⑤는 법정소송담당이다.

① 선정당사자
② 주주대표소송의 주주
③ 채권자대위자
④ 채권질권자
⑤ 채권추심명령을 받은 압류채권자

8. 甲은 乙에 대하여, 乙은 丙에 대하여 각 금전채권을 가지고 있음을 이유로 甲은 乙을 대위하여 丙에게 금전지급을 구하는 소송을 제기하고 이를 乙에게 통지하였다. 다음 설명 중 옳지 않은 것은? (다툼시 판례에 의함)[1]　　　　　　　　　　　　　　　　　　　　　　　[법전협 2014. 3차]

① 甲의 乙에 대한 금전채권이 존재하지 않는 것으로 밝혀진 경우 甲의 소는 각하된다.
② 甲은 乙을 대위하여 丙에 대하여 甲 자신에게 직접 지급하라고 청구할 수도 있다.
③ 甲의 대위소송 제기로 인한 시효중단의 효력은 乙에게 발생한다.
④ 甲의 乙에 대한 금전채권에 대하여 동시이행의 항변이 존재하는 경우, 丙은 이를 원용하여 금전지급채무의 이행을 거절할 수 있다.
⑤ 대위권행사 통지 후 乙과 丙이 계약을 합의해제한 경우 丙은 이를 甲에게 대항할 수 없다.

9. 甲은 乙을 상대로 대여금 청구의 소를 제기하였다(이하에서 丙은 甲의 채권자이다). 다음 설명 중 옳지 않은 것은? (각 지문은 독립적이며, 다툼시 판례에 의함)[2]　　　　　　　　　　　　　[번호사 2015]

① 甲이 乙에게 소구하고 있는 채권을 丙이 가압류한 경우 법원은 甲의 소를 각하하여야 한다.
② 甲이 乙에게 소구하고 있는 채권에 대하여 丙이 압류 및 전부명령을 받고 그 전부명령이 확정된 경우 법원은 甲의 청구를 기각하여야 한다.
③ 丙이 甲을 상대로 신청한 파산절차가 개시되어 파산관재인이 선임된 후, 甲의 파산선고 전에 성립한 위 대여금 채권에 기하여 甲이 위 소를 제기한 경우, 법원은 甲의 소를 각하하여야 한다.
④ 丙이 甲을 대위하여 乙을 상대로 위 대여금의 지급을 구하는 소를 제기하고 甲에게 소송고지한 후 그 소송에서 패소판결이 확정된 경우, 법원은 그 후에 제소된 甲의 乙에 대한 위 대여금 청구를 기각하여야 한다.
⑤ 甲의 乙에 대한 대여금채권에 대해 丙이 압류 및 추심명령을 받아 그 명령이 甲과 乙에게 송달된 후, 甲이 위와 같이 제소하였다면 법원은 甲의 소를 각하하여야 한다.

---

1) ④. 대판 2007다64471. 채권자대위소송에서 제3채무자는 채무자가 채권자에 대하여 가지는 항변으로 대항할 수 없다. ① 대판 87다카2753. ② 대판 2004다70024. ③ 대판 2010다80930. 채권자대위권 행사효과는 채무자에게 미치므로 제소로 인한 소멸시효 중단의 효력은 채무자에게 미친다. ⑤ 대판 95다54167; 90다9407.

2) ①. 대판 2001다59033. 가압류되었어도 집행권원 취득과 소멸시효중단 등을 위한 제소가능하다. 단지 현실로 급부를 추심함만 금지될 뿐이다. 제3채무자는 채무자가 집행하면 집행기관에 가압류명령을 제시하여 변제를 거부할 수 있다(민집 227). ④ 대판 74다1664. ⑤ 대판 2013다202120. 다만 채무자가 압류명령만 받았을 때는 채무자는 피압류채권에 대한 이행소송을 제기할 수 있다(대판 99다23888).

제5절 소송능력

> **제51조(소송능력 등에 대한 원칙)** 당사자능력, 소송능력, 소송무능력자의 법정대리와 소송행위에 필요한 권한의 수여는 이 법에 특별한 규정이 없으면 민법, 그 밖의 법률에 따른다.
> **제55조(미성년자·한정치산자·금치산자의 소송능력)** 미성년자·한정치산자 또는 금치산자는 법정대리인에 의하여서만 소송행위를 할 수 있다. 다만, 미성년자 또는 한정치산자가 독립하여 법률행위를 할 수 있는 경우에는 그러하지 아니하다.
> **제57조(외국인의 소송능력에 대한 특별규정)** 외국인은 그의 본국법에 따르면 소송능력이 없는 경우라도 대한민국의 법률에 따라 소송능력이 있는 경우에는 소송능력이 있는 것으로 본다.
> **민법(법률 제10429호) 부칙 제2조 2항** 다만 위 민법개정 전에 금치산 또는 한정치산을 선고받은 자에 대하여 개정 민법에 따라 성년후견, 한정후견, 특정후견이 개시되거나 임의후견감독인이 선임된 경우 또는 위 개정 민법 시행일부터 5년이 경과한 때에는 그 금치산 또는 한정치산의 선고는 장래를 향하여 그 효력을 잃는다.

I. 소송능력의 의의와 취지

(1) 소송능력(訴訟能力)은 당사자(또는 보조참가인)로서 유효하게 소송행위를 하거나 받기 위하여 갖추어야 할 능력이다. 소송능력제도는 소송상 자기권리 옹호능력 없는 자를 보호하여 헌법상의 재판청구권의 실질적 보장을 꾀하고 절차안정을 위하여 인정된다.

(2) 소송능력은 소송개시 전이나 소송 외의 소송행위에도 갖추어야 한다(소송대리권 수여, 관할합의, 증거계약 등). 그러나 다른 사람의 대리인이나 증인은 소송능력이 필요 없다. 소송능력은 소송요건인 동시에 개개의 소송행위의 유효요건이다.

(3) 당사자적격을 상실한 자(파산자)도 소송능력이 인정되며, 소송능력자라도 정신박약자, 만취자 등 사건마다 개별적으로 판단되는 의사무능력자의 소송행위는 절대 무효이고 추인할 수 없으므로 행위능력은 의사능력이 구비되어야 한다.

(4) 소송능력제도는 소송무능력자에 대한 규율이 주로 문제된다. 개정 민법상 행위무능력자인 미성년자 및 피성년후견인과 개정 전 민법상의 한정치산자와 금치산자는 소송무능력자임이 원칙이다. 피한정후견인은 제한된 범위 내에서만 소송능력이 없는 제한적 소송능력자이다. 성년후견선고를 받지 않아도 사실상 의사무능력자 역시 소송무능력자이다.[1]

---

1) 대판 93다8986.

Ⅱ. 소송무능력자

1. 민법 개정

(1) 2013. 7. 1.부터 시행되는 개정 민법은 종래 성년연령을 만 20세에서 만 19세로 바꾸고(민법 4), 행위능력을 제한하는 성년후견제도를 도입하였으나(민법 9 내지 14의3)[1] 이에 따른 소송능력의 제한범위에 관련한 민사소송법이 개정되지 아니하여 현재 개정 작업중이다. 2011. 3. 7. 개정 민법은 금치산자 등에 관한 경과조치로 부칙 제2조에서 개정 민법 시행 당시 이미 금치산 또는 한정치산의 선고를 받은 사람에 대하여는 성년후견, 한정후견, 특정후견이 개시되거나 임의후견감독인이 선임된 경우 또는 시행일부터 5년이 경과되는 2018. 7. 1.까지는 종전의 소송무능력규정이 적용되어 법정대리인의 대리에 의하여 소송행위를 하게 된다(법률 제10429호 민법 부칙 2 ①).

(2) 개정 민법과 민사소송법에 따르면 소송무능력자는, 소송능력이 전혀 인정되지 못하는 금치산자와 피성년후견인, 원칙적으로 소송능력이 인정되지 않으나 제한적으로 인정되는 미성년자와 한정치산자, 원칙적으로 소송능력이 인정되나 일정한 경우 특정의 법률행위에 대하여 한정후견인의 동의를 받도록 심판을 받은 피한정후견인은 소송능력이 그 일부 제한된다.

2. 금치산자

금치산자는 단독으로 법률행위를 할 수 없으므로 소송행위도 할 수 없는 소송무능력자이다. 따라서 금치산자는 법정대리인의 대리에 의해서만 소송행위를 해야 한다(55).

3. 미성년자와 한정치산자

(1) 미성년자는 원칙적으로 소송무능력자이다. 따라서 법정대리인이 범위를 정하여 처분을 허락한 재산에 대하여도(민법 6) 소송이 제기되면 복잡하고 연쇄적인 소송절차의 안정을 위하여 미성년자의 소송능력을 부인하고 법정대리인의 소송행위만 인정한다. 또 소송무능력자인 미성년자에 대하여 신속하게 제소하고자

---

1) 성년후견제도는 **질병, 장애, 노령, 그 밖의 사유로 인한 정신적 제약으로**, 사무를 처리할 능력이 지속적으로 결여된 사람은 **성년후견**(민법 9), 사무를 처리할 능력이 부족한 사람은 **한정후견**(민법 12), 일시적 후원 또는 특정한 사무에 관한 후원이 필요한 사람은 **특정후견**(민법 14의 2), 사무를 처리할 능력이 부족한 상황에 있거나 부족하게 될 상황에 대비하여 자신의 재산관리 및 신상보호에 관한 사무의 전부 또는 일부를 다른 자에게 위탁하고 그 위탁사무에 관하여 대리권을 수여하는 **임의후견**(민법 959의 14) 등이 있다.

하는 자는 법원에 특별대리인의 선임을 신청할 수 있다(62).

(2) 그러나 미성년자라도 소송능력이 인정되어 독립하여 법률행위를 할 수 있는 경우가 있다. 즉 ① 법정대리인의 허락을 얻어 <u>영업</u>에 관한 법률행위를 하는 경우(55 단서, 민법 8), ② 성년이 되지 아니한 자라도 결혼한 때에는 성년으로 보아 독립한 소송능력을 인정한다(성년의제. 민법 826의 2), ③ 근로계약 체결과 임금청구,[1] ④ 미성년자가 단독으로 제기한 소의 취하(유효로 해석한다), ⑤ 미성년임을 간과한 판결에 대한 상소, ⑥ 증인신문, 당사자신문 등 증거방법이 되는 경우, ⑦ 타인의 대리인이 되는 경우 등은 미성년자라도 소송능력이 인정되어 독립하여 소송행위 할 수 있다.

(3) 한정치산자도 원칙적으로 소송무능력자이다. 따라서 법정대리인에 의해서만 소송행위를 할 수 있다(55 본문). 다만 한정치산자가 독립하여 법률행위를 할 수 있도록 법정대리인의 허락을 얻어 영업에 관한 법률행위를 하는 경우(개정 전 민법 10, 8 ①)에는 그 범위 내에서 소송능력이 인정된다.[2]

4. 피성년후견인

피성년후견인의 법률행위는 취소할 수 있다(민법 10 ①). 다만 피성년후견인은 가정법원이 취소할 수 없다고 정한 법률행위와 일용품의 구입 등 일상생활에 필요하고 그 대가가 과도하지 아니한 법률행위는 행위능력이 인정되어 취소할 수 없지만(민법 10 ②③) 소송행위는 법정대리인에 의하여 대리만 가능하므로(55) 소송능력이 인정되지 않는다.[3]

5. 피한정후견인

(1) 종래 한정치산자보다는 소송능력의 인정범위가 넓어진 피한정후견인은 한정후견의 심판이 있었다는 것만으로 행위능력이 제한되지 않는다. 한정후견인의 동의를 요하는 경우가 아니거나(동의유보 없는 한정후견), 동의를 요하여도(민법 13 ① 동의유보 범위 내에서의 한정후견) 동의가 있거나 가정법원의 허가가 있으면(민법 13 ③) 피한정후견인은 행위능력을 갖게 되고 이에 따라 소송능력을 갖게 된다.[4]

---

1) 대판 80다3149.
2) 김홍엽, 167.
3) 김홍엽, 166.
4) 동의유보 없는 경우에도 피한정후견인은 사무처리능력이 부족하므로 소송능력도 부정해야 한다는 견해로는 정동윤·유병현, 189-190.

(2) 가정법원이 피한정후견인에 대하여 한정후견인의 동의를 받아야 하는 행위의 범위를 정한 경우(민법 13 ①) 동의가 없으면 그 범위 내에서 행위능력이 제한되고 이에 따라 소송능력이 제한된다(제한적 소송능력). 이 경우 한정후견인에게 소송행위에 관하여 법정대리권이 부여될 수 있다(민법 959의 4 ①). 또 동의유보범위 외에서도 사무처리능력이 부족한 자이므로 소송능력이 없다고 할 것이다.[1]

6. 소송수행방법

(1) 미성년자와 한정치산자가 단독으로 법률행위를 할 수 있는 경우나 한정후견인의 동의를 받아야 하는 사항에 대하여 피한정후견인이 그 동의를 받은 경우는 각기 독자적으로 소송을 수행할 수 있으나, 그 외의 경우에는 법정대리인이나 한정후견인이 소송행위를 대리해야 한다(55).

(2) 법정대리권이 행사될 수 없는 소송무능력자를 상대로 소송을 제기하고자 하는 자는 법원에 특별대리인의 선임을 구할 수 있다(62).

Ⅲ. 소송능력자

(1) 행위능력자·피특정후견인·피임의후견인

민법상 행위능력자(51)는 소송능력자이다. 피특정후견인(민법 14의 2)과 피임의후견인(민법 959의 14)도 평소 완전한 행위능력자로서 원칙적으로 소송능력자이다. 다만 특정후견의 사무의 범위 내에 소송행위가 포함된 경우나 피임의후견인이 타인의 조력을 받고 싶어하는 사무에 대하여는 피특정후견인 본인 보호를 위하여 또는 피임의후견인의 의사를 존중하여 예외적으로 각 소송능력을 제한하여 특정후견인 또는 임의후견인이 소송행위를 대리하도록 할 수 있을 것이다.[2]

(2) 외국인

외국인의 소송능력은 본국법을 기준으로 하나, 내국인보다 특히 더 보호할 필요는 없으므로 한국법에 능력자이면 소송능력자로 취급한다(57).

(3) 법인, 비법인 사단과 재단

법인, 비법인 사단과 재단은 소송무능력자인 것을 전제로 대표자·관리인을 법정대리인에 준하여 취급한다(64).

---

1) 정동윤·유병현, 189. 동의유보범위 외의 행위에 대하여는 한정후견인의 개입 없이 독립하여 소송행위를 할 수 있다는 견해로는 이시윤, 160.
2) 정동윤·유병현, 190-191.

Ⅳ. 소송능력의 소송법상의 효과

1. 소송행위의 유효요건·소송요건

(1) 소송무능력자 또는 제한소송능력자의 소송행위는 유효요건인 소송능력 흠결로서 무효이다. 기일에 소송무능력자가 출석하여 변론하는 경우 소송관여를 배척하고 기일불출석으로 처리한다. 소송무능력자에게 할 송달은 그의 법정대리인에게 한다(179).

(2) 소송능력은 소송요건이므로 소송무능력자가 소를 제기하거나 그가 선임한 변호사가 제기한 소는 보정이 없는 한 소를 각하한다.

2. 소송무능력자가 한 소송행위의 추인

> **제60조(소송능력 등의 흠과 추인)** 소송능력, 법정대리권 또는 소송행위에 필요한 권한의 수여에 흠이 있는 사람이 소송행위를 한 뒤에 보정된 당사자나 법정대리인이 이를 추인(追認)한 경우에는, 그 소송행위는 이를 한 때에 소급하여 효력이 생긴다.

(1) 소송능력이 없는 자의 소송행위는 절대적 무효가 아닌 유동적 무효로서 추인이 가능하다. 추인은 법정대리인이나 성년이 된 본인이 법원 또는 상대방에 대하여 명시·묵시의 의사표시로 가능하다(60). 추인은 원칙적으로 그 때까지의 소송행위를 일괄하여 전체에 대하여 하고 일부추인은 원칙적으로 불허되나, 소송에 혼란을 야기할 우려가 없는 때에는 허용된다. 따라서 절차종료행위인 소취하를 제외한 나머지를 추인하는 것은 허용된다.

(2) 추인시기는 제한 없어서 상급심에서도 하급심의 소송행위에 대하여 추인가능하다. 미성년자가 직접 선임한 변호사의 제1심 소송행위에 대하여 제2심에서 법정대리인에 의해 선임된 소송대리인이 아무런 이의가 없거나,[1] 미성년자가 그 뒤 성년되어 묵시적 추인된 경우 소송능력의 흠은 치유된다.[2]

3. 소송능력의 조사와 법원의 조치

(1) 소송능력은 소송요건이며 직권조사사항이므로 원고나 피고가 소제기 과정에 소송능력에 흠이 있으면 법원은 보정명령을 한다. 변론종결까지 보정되지 않으면 소를 부적법 각하하고(59) 본안심리와 본안판결을 할 수 없다. 소장심사단계

---

1) 대판 70다2297.
2) 대판 80다308.

이라면 소장을 각하한다(254).

(2) 소송무능력자의 개개의 소송행위라도 추인의 여지가 있으므로 법원은 기간을 정하여 보정을 명할 수 있고 만일 보정하는 것이 지연됨으로써 손해가 생길 염려가 있는 경우에는 법원은 보정하기 전의 당사자 또는 법정대리인으로 하여금 일시적으로 소송행위를 하게 할 수 있다(59). 당사자는 과거의 불완전한 소송행위에 대하여 적법한 추인을 하거나, 장래에 있어서 유효한 소송행위를 하여 보정할 수 있다.

(3) 소제기 후 소송 계속중 당사자가 성년후견개시심판 등으로 소송능력을 상실한 경우(민법 12) 법정대리인이 수계할 때까지 소송은 중단되며 소를 각하하지 않는다(235). 그러나 소송대리인이 있으면 중단되지 않는다(238). 성년후견개시심판과 달리 한정후견인의 동의 또는 특정후견사무범위에 속한다는 취지의 심판을 받은 경우에는 소송절차는 중단되지 않는다.

(4) 소송능력이 없다고 판단된 자라도 이를 다투기 위한 소송행위는 유효하다. 그 범위 내에서 그러한 자 및 그가 선임한 대리인에 대한 판결정본의 송달도 유효하여 상소기간이 진행하며 상소제기할 수 있다.

4. 소송능력의 흠결을 간과한 판결

소송능력의 흠결을 간과한 판결은 절대무효는 아니고 무능력자가 패소한 경우는 부당한 판결의 시정을 위하여 상소·재심이 가능하나, 승소한 무능력자 측은 상소·재심의 이익이 없다. 무능력자의 상대방도 이를 재심사유로 삼기 위하여는 그러한 사유를 주장함으로써 이익을 받을 수 있는 경우에 한정된다고 볼 것이다.[1] 여기서 이익을 받을 수 있는 경우란 위와 같은 대표권 흠결 이외의 사유로도 종전의 판결이 종국적으로 상대방의 이익으로 변경될 수 있는 경우를 가리킨다.

<선택형>

1. 당사자능력과 소송능력에 관한 다음 설명 중 옳지 않은 것은?[2]

① 법정대리인은 상대방의 소제기 또는 상소에 관하여 소송행위를 하는 경우에는 친족회로부터 특별한 권한을 받을 필요가 없다.

---

1) 종중 대표권 흠결에 관하여 대판 2000재다513.
2) ④. 소송능력, 법정대리권 또는 소송행위에 필요한 권한의 수여에 흠이 있는 사람이 한 소송행위는 확정적으로 무효가 아니라 유동적 무효이다. 따라서 보정된 당사자나 법정대리인이 추인하면 처음부터 소급하여 행위시에 효력이 생긴다(60).

② 법인이 아닌 사단이나 재단은 대표자 또는 관리인이 있을 경우에는 그 사단이나 재단의 이름으로 당사자가 될 수 있다.

③ 소송능력, 법정대리권 또는 소송행위에 필요한 권한의 수여에 흠이 있는 경우에는 법원은 기간을 정하여 이를 보정하도록 명하여야 하며, 만일 보정하는 것이 지연됨으로써 손해가 생길 염려가 있는 경우에는 법원은 보정하기 전의 당사자 또는 법정대리인으로 하여금 일시적으로 소송행위를 하게 할 수 있다.

④ 소송능력, 법정대리권 또는 소송행의에 필요한 권한의 수여에 흠이 있는 사람이 소송행위를 한 뒤에 보정된 당사자나 법정대리인이 이를 추인한 경우에도 원칙적으로 종전 소송행위가 소급하여 효력이 생기는 것은 아니다.

---

2. 다음 설명 중 가장 옳은 것은?[1)] [법전협 2011. 1차]

① 채권자대위소송에 있어서 대위에 의하여 보전될 채권자의 채무자에 대한 권리가 인정되지 아니할 경우에는 채권자가 스스로 원고가 되어 채무자의 제3채무자에 대한 권리를 행사할 당사자적격이 없게 되므로 그 대위소송은 부적법하여 각하할 수밖에 없다는 것이 우리 판례의 입장이다.

② 공동의 이해관계를 가진 여러 사람이 선정당사자를 선정함에 있어 필요한 경우에는 법원의 허가를 얻어 제3자를 선정당사자로 선정할 수 없다.

③ 천연기념물로 보호되는 동물은 당사자능력이 있다.

④ 소제기 당시 이미 소송능력이 없다는 것이 판명된 경우에는 변론 없이 소를 부적법각하하여야 한다.

⑤ 변호사강제주의란 변호사가 아니면 다른 사람의 소송에 소송대리인으로서의 변론능력이 없다는 것을 의미한다.

---

3. 미성년자 甲이 그의 소유인 악기를 乙에게 매도하고 乙이 약속한 날짜에 그 대금을 지급하지 않자 甲이 乙을 상대로 제기한 매매대금청구소송에 관하여 아래의 각 설명 중 옳지 않은 것은? (다툼시 판례에 의함)[2)] [법전협 2012. 2차]

① 법원은 소장 심사단계에서 법정대리인의 기재 누락을 지적하여 보정을 명하여야 하며, 이에 불응하면 소장각하명령을 하여야 한다.

② 甲의 소송행위는 친권자에 의한 추인이 가능하며, 추인이 있는 경우에는 甲의 소송관여를 배제하고 친권자에 의한 소송을 계속하여야 한다.

③ 甲이 친권자의 동의하에 위 악기 매매계약을 체결하였다가 매수인 乙이 그 대금을 지급하지 않은 경우에는 甲이 단독으로 소를 제기할 수 있다.

④ 제1심법원이 甲의 소송능력의 흠을 간과하고 甲 패소의 본안판결을 한 경우에 상소 또는

---

1) ①. 대법 87다카2753. ② 변호사대리 원칙의 잠탈 우려에서 공동의 이해관계가 있는 자만 선정당사자가 될 수 있다(53). ③ 대판 2004마1148. ④ 추인의 여지가 있으므로 보정이 가능하면 보정명령을 하여야 한다(59). ⑤ 변호사강제주의는 소송수행은 변호사만 가능하고 사건 당사자 본인은 스스로 소송수행을 할 수 없다는 것이다.

2) ①. 제249조 1항, 제254조. ② 제60조. ③ 소송행위까지 단독으로 할 수 없다. 제55조 본문. ④ 절차보장을 받지 못한 위법은 있으나 일응 유효하다. ⑤ 다만 대리권의 흠결이 있는 당사자측의 상대편측에 있어서도 그러한 사유를 주장함으로써 이익을 받을 수 있을 경우에는 그 상대편측에서도 이것을 재심사유로 삼을 수 있다(대판 66다2569; 80사50). 따라서 판례에 의하면 상대방은 주장이익을 증명하여야 한다.

재심을 통하여 취소되지 않는 한 판결의 당연무효를 주장할 수 없다

⑤   제1심법원이 甲승소 판결을 한 경우에는 乙은 甲이 소송무능력자라는 이유로 상소 또는 재심의 소를 제기하여 그 판결의 취소를 주장할 수 없다.

---

4.   미성년자인 甲명의의 소유권이전등기가 마쳐진 X토지에 관하여 매매를 원인으로 하여 乙명의로 소유권이전등기가 마쳐졌다. 甲이 乙을 상대로 X토지에 관한 乙명의의 소유권이전등기 말소등기절차의 이행을 구하는 소를 제기하였다. 다음 설명 중 옳지 않은 것은? (각 지문은 독립적이고, 다툼시 판례에 의함)[1)]   [변호사 2013]

①   甲의 법정대리인이 없는 경우, 이해관계인은 소송절차가 지연됨으로써 손해를 볼 염려가 있음을 소명하여 수소법원에 특별대리인의 선임을 신청할 수 있다.

②   전(前) 등기명의인인 甲이 미성년자이기는 하나 일단 乙명의로 소유권이전등기가 마쳐진 이상, 그 이전등기에 관하여 필요한 절차를 적법하게 거친 것으로 추정된다.

③   법원은 기간을 정하여 甲의 소송능력을 보정하도록 명하여야 하며, 설령 보정하는 것이 지연됨으로써 손해가 생길 염려가 있는 경우에도 甲에게 소송행위를 하게 할 수 없다.

④   甲이 직접 소송대리인을 선임하여 제1심의 소송수행을 하게 하였으나 항소심에서 甲의 친권자인 丙이 다른 소송대리인을 선임하여 소송행위를 하면서 아무런 이의를 제기한 바 없이 제1심의 소송결과를 진술한 경우에는 무권대리에 의한 소송행위를 묵시적으로 추인한 것으로 보아야 한다.

⑤   친권자 丙이 甲을 대리하여 제기한 소송 중에 甲이 성년에 도달하더라도 그 사실을 乙에게 통지하지 아니하면 甲은 丙의 대리권 소멸의 효력을 乙에게 주장하지 못한다.

---

5.   소송능력에 관한 다음 설명 중 옳은 것은?[2)]   [법전협 2014. 2차]

①   미성년자는 민법상 행위무능력자이지만 소송능력은 있다.

②   소송무능력자의 행위는 취소될 때까지는 유효하다.

③   소송능력의 유무는 법원이 직권으로 조사하여야 한다.

④   외국인이 그의 본국법상 소송능력이 있는 경우에는 우리나라 법률에 소송능력이 없는 경우에도 소송능력이 있는 것으로 본다.

⑤   소송무능력자가 선임한 변호사가 제기한 소제기 자체는 적법하다.

---

6.   한국대학교 1학년인 甲(18,세 미혼)은 부모 몰래 X카드회사로부터 신용카드를 발급받아 유흥비로 마구 사용하다가 카드대금 2천만원을 연체하게 되었다. 이로 인해 X카드회사는 甲을 상대로 카드대금 2천만원의 지급을 청구하는 소를 제기하였다. 다음 설명 중 옳지 않은 것은?[3)]   [법전협 2015. 1차]

---

1) ③. 보정지연으로 인하여 손해발생 염려가 있으면 보정 전이라도 일시적으로 소송행위를 하게 할 수 있다(제59조). ① 제62조 2항. ② 대판 2001다72029; 2011다89545; 92다30047. ④ 대판 80다308. ⑤ 제63조, 제51조, 민법 제127조.

2) ④. 외국인(19세 6개월)이 그의 본국법(성인 20세인 경우)상 소송능력이 없는 경우에도 우리나라 법률(성인 19세)에 따라 소송능력이 있는 경우에는 소송능력이 있는 것으로 본다(57). 소송무능력자의 소송행위는 무효이나 법정대리인이나 소송능력을 취득한 본인의 추인에 의하여 소급적으로 유효로 될 수 있는 유동적 무효이다.

3) ④. 소액사건에서는 당사자의 배우자·직계혈족 또는 형제자매는 법원의 허가 없이 소송대리인이 될 수 있다(소액 8). 따라서 동생 C는 소송대리인이 될 수 있다. ① 민법 제911조, 제909조 1항. ② 민법 제921조. ③ 민법

① 부모 A와 B는 甲의 소송상 법정대리인이 된다.
② 甲의 부모 A와 B가 대리권을 행사 할 수 없는 경우에는 특별대리인을 선임할 수 있다.
③ 혼인중인 A와 B는 공동으로 대리권을 행사해야 한다.
④ 甲의 동생 C는 소송대리인이 될 수 없다.
⑤ 소송 계속중 법원은 甲이 18세라는 점을 발견하였더라도 보정을 조건으로 일시적 소송행위를 하게 할 수 있다.

제6절 변론능력

> **제144조(변론능력이 없는 사람에 대한 조치)** ① 법원은 소송관계를 분명하게 하기 위하여 필요한 진술을 할 수 없는 당사자 또는 대리인의 진술을 금지하고, 변론을 계속할 새 기일을 정할 수 있다.
> ② 제1항의 규정에 따라 진술을 금지하는 경우에 필요하다고 인정하면 법원은 변호사를 선임하도록 명할 수 있다. …
> ④ 소 또는 상소를 제기한 사람이 제2항의 규정에 따른 명령을 받고도 제1항의 새 기일까지 변호사를 선임하지 아니한 때에는 법원은 결정으로 소 또는 상소를 각하할 수 있다.

1. 의 의

변론능력은 법원에 대한 소송행위를 유효하게 하기 위하여 요구되는 능력이나 소송요건은 아니다. 우리나라는 변호사강제주의를 취하고 있지 아니하여 당사자 본인이 직접 소송을 수행할 수 있다. 이에 따라 변론능력이 다소 떨어진 당사자본인소송에서 당사자가 법원에서 소송행위를 할 때 소송의 원활·신속이라는 공익적 요청있다. 이에 따라 당사자가 소송행위를 함에 있어서 변론능력이 없는 당사자의 소송행위를 제한하여 소송의 원활을 꾀하기 위하여 변론능력이 요구된다. 소송무능력자를 보호하기 위하여 모든 소송행위에 필요한 소송능력제도와 다르다.

2. 변론무능력자

(1) 진술금지재판을 받은 자는 그 심급 전부의 변론이 금지된다(144 ①). 진술을 금지하는 경우에 필요하다고 인정하면 법원은 변호사를 선임하도록 명할 수 있다(144 ②).

(2) 발언금지명령을 받은 자는 해당기일만 변론이 금지된다(135 ②, 286).

제909조 2항. ⑤ 제59조 후단.

(3) 듣거나 말하는 장애자는 통역인이 통역하게 할 수 있다(143 ①). 이러한 장애자를 변론무능력자로 보는 견해가 있으나,[1] 통역이나 수화 등으로 소통이 가능하면 변론능력을 부정할 것은 아니라고 할 것이다.

(4) 변호사가 아닌 사람도 소송대리의 허가를 받은 경우 등에는 변론능력이 인정된다(87). 판례는 상표권침해의 민사소송에서 변리사가 소송대리인으로서 상고장을 작성하여 제출하는 것은 변호사대리의 원칙에 반하여 위법하다고 판시하였다.[2]

3. 변론능력의 소송상 효과

(1) 변론능력은 소송행위의 유효요건이다. 변론무능력자의 소송행위는 무효가 된다. 무효의 변론무능력자의 소송행위가 추인가능한가에 대하여 소급추인할 수 없다는 견해도 있으나,[3] 절차의 원활을 위하여 변론능력이 회복되거나 선임된 변호사에 의하여 추인 가능하다고 할 것이다.[4] 변론무능력자가 기일에 출석하여도 기일불출석으로 간주된다(150, 268).

(2) 당사자가 법원으로부터 변호사선임명령을 받고도 변호사를 선임하지 않은 경우 법원은 소 또는 상소를 결정으로 각하할 수 있다(144 ④).[5] 이 결정에 대하여는 즉시항고를 할 수 있다(144 ⑤).

(3) 변론무능력을 간과하고 종국재판을 하면 그 흠은 치유된다. 그 이유는 변론능력은 당사자를 보호하기 위한 것이 아니라 소송운영의 원활과 신속을 위한 공익적인 제도이기 때문이다.

---

1) 송상현·박익환, 112.
2) 대판 2010다108104.
3) 이시윤, 165; 송상현·박익환, 149.
4) 김홍엽, 166.
5) 소비자단체소송과 개인정보단체소송에서도 변호사선임명령을 받은 자가 정해진 기간 내에 변호사를 선임하지 않은 경우에도 결정으로 소를 각하한다(소비규칙 12②③; 개인정보규칙 11②③).

제3장 訴訟上 代理人

제1절 소송상 대리인의 의의와 종류

1. 소송상 대리인

소송상 대리인은 당사자 본인 이름으로 소송행위를 하거나 받는 제3자이다. 대리행위의 효과는 본인에게만 발생하고 대리인에게 발생하는 것이 아니다. 소송상 대리인(원고 소송대리인 홍길동)은 제3자가 당사자로서 자기의 이름으로 소송을 수행하고 받는 소송담당자(원고 소송담당자 박길동 또는 원고 박길동)와 다르지만, 판결의 효력은 권리귀속주체인 본인이 받는 점에서는 동일하고, 종된 당사자로서 자기의 이름으로 소송행위를 하고 판결의 참가적 효력을 받는 보조참가인과 구별된다.

2. 소송상 대리인의 종류

(1) 소송상 대리인은 본인의 意思에 의하지 아니하고 선임된 **법정**대리인(실체법상의 법정대리인과 소송법상의 특별대리인)과 본인의 의사에 의하여 대리인이 되는 **임의**대리인(소송위임에 의한 소송대리인과 법률상 소송대리인)으로 구분된다.

〈법정대리인, 법령상의 소송대리인, 위임에 의한 소송대리인의 비교〉

법정대리인	법률상의 소송대리인	위임에 의한 소송대리인
법령의 규정에 의하여 대리권 발생(친권자·후견인 등 실체법상 대리인, 소송법상 특별대리인)	본인이나 법인에 의하여 임면되므로 임의대리인이나, 대리권의 성질이나 대리행위는 법정대리인에 유사(지배인, 선장, 국가소송수행자)	본인의 의사에 의하여 대리권 발생 (변호사 등)
변호사 불문	변호사 아닌 자도 가능	변호사대리의 원칙
본인의 사망으로 대리권 소멸	본인의 사망으로 대리권 소멸	본인 사망해도 불소멸
당사자 본인에게 경정권 없음	경정권 있음	당사자본인·법정대리인의 경정권 있음
수인의 대리인은 공동대리의 정함이 있는 때 반드시 공동으로 행사(단, 수동대리는 예외)	실체법(상법 12조)상 공동대리가 가능하면 소송법상으로도 공동대리 가능	개별대리의 원칙

(2) 대리는 원칙적인 **포괄적 대리인**과 송달수령과 같이 개개의 특정행위만 대리하는 **개별적 대리인**이 있다. 포괄적 대리권을 가진 임의대리인을 소송대리인이라 한다. 소송상 대리는 소송절차의 원활·안정을 위해 대리권의 서면증명·소멸통지·범위의 법정, 표현대리를 배제하는 점에서 민법상의 대리와의 차이가 있다.[1]

제2절 법정대리인

I. 의 의

법정대리인(法定代理人)은 스스로 소송행위를 할 수 없는 소송무능력자(금치산자, 피성년후견인, 미성년자)나 소송능력은 있지만 소송수행능력이 충분하지 않은 제한소송능력자(피한정후견인)[2]를 보호하기 위하여 본인 의사와 관계없이 법률 또는 법원선임에 의하여 대리인이 된다.

II. 법정대리인 종류

1. 실체법상 법정대리인

(1) 제51조에 따라 소송무능력자의 법정대리인은 민법, 기타 법률에 따라 소송법상 법정대리인이 된다.

(2) 미성년자의 친권자인 부모(민법 909, 911), 미성년후견인(민법 928), 성년후견인(민법 9, 동 928, 동 936, 동 938), 법원이 선임하는 실체법상의 특별대리인(민법 64의 법인과 이사의 이익상반, 민법 847 친권부인의 소에서 친권자 母가 없을 때, 민법 921 친권자와 子 사이 이익이 상반되는 경우 등) 등은 소송법상으로도 법정대리인이 된다.

(3) 한정후견인(민법 959의4 ①)과 특정후견인(민법 959의11 ①)도 법원으로부터 부여받은 소송행위에 관한 대리권의 범위와 기간 등에서 제한이 있는 법정대리권

---

1) 대판 93다42047.

2) 2013. 7. 1.부터 시행된 개정 민법에 의하면 가정법원은 정신적 제약으로 사무처리능력이 지속적으로 결여되는 경우에는 성년후견인(민법 9 ③, 938 ②)을, 사무처리능력이 부족한 경우에는 한정후견인(959의4 ①)을, 일시적 기간 또는 특정한 사무에 한정하여 성년후견개시를 받은 자에 대하여 특정후견인에게 내리권의 범위를 정하여 대리권을 수여할 수 있다(민법 14의2).

을 행사할 수 있다.[1]

(4) 부재자의 이익을 위한 부재자재산관리인(민법 22, 동 24 ②)은 법정대리인이다. 법인이나 비법인 사단의대표자나 비법인 재단의 관리인도 법정대리인의 지위를 가진다(64, 52). 그러나 상속인과 이해가 상반되는 사항도 중립적으로 직무를 수행하여야 하는 유언집행자(민법 1101), 상속재산관리인(민법 1053)은 법정소송담당자이다.

2. 소송상의 특별대리인

소송상 특별대리인은 소송중에 소송과 관련하여 법원이 선임한 대리인이다.

(1) 소송무능력자를 위한 특별대리인

≪질문≫ 부모·친족, 이해관계인도 없는 15세의 甲이 오토바이에 의해 교통사고를 당한 경우 가해자 乙을 상대로 배상청구의 소를 제기하려면 어떤 절차를 밟아야 하는가?

(가) 소송무능력자를 대리해 줄 법정대리인이 없거나 법정대리인이 대리권을 행사할 수 없을 때 이들에 대하여 소송수행을 하고자 하는 자는 지연으로 인하여 손해를 받을 염려를 소명하여 수소법원에 특별대리인의 선임을 신청하여 법원이 선임한 대리인이다(62). 지연으로 손해받을 염려가 있는 때에는 시효중단이나 가압류·가처분의 행위가 필요한 때 등이다. 법인의 경우에도 준용한다(64).

(나) 위 사례는 원고측이 소송무능력자인 경우로서 특별대리인의 신청은 친족, 이해관계인, 검사가 법원에 할 수 있다(62②). 친족이 없는 甲은 무능력자 본인이어서 이를 신청할 수 없고, 이해관계인 乙의 신청은 기대하기 어려우므로 결국 공익의 대표자인 검사의 신청에 의해 수소법원이 선임한 소송상 특별대리인이 소송을 수행하여야 한다. 선임된 특별대리인은 법정대리인과 같은 권한을 가지나, 소송행위를 하기 위해서는 후견인과 같은 수권(授權)을 받아야 한다(62④).

---

1) **피특정후견인**은 소송능력자이다. 피특정후견인의 행위능력을 제한하는 규정은 없다. 다만 가정법원은 피특정후견인의 후원을 위하여 필요하다고 인정하면 기간이나 범위를 정하여 특정후견인에게 대리권을 수여하는 심판을 할 수 있다(민법 959의9 ①, 동 959의11 ①). 이 때 가정법원은 특정후견인의 대리권 행사에 가정법원이나 특정후견감독인의 동의를 받도록 명할 수 있다(민법 959의11 ②).
피특정후견의 심판을 받아도 행위능력과 소송능력에 제한이 없으므로 소송능력자이며 단독으로 법률행위와 소송행위를 할 수 있다. 법원이 심판으로 정한 특정후견인의 사무범위 내에 소송행위가 포함되어 있어도 피특정후견인의 행위능력이 제한되지 않는다. 특정후견인은 후견사무의 범위 내에 소송행위가 포함되어 있으면 소송행위에 대하여 법정대리권이 부여되어 대리할 수 있으나 피특정후견인의 법률행위에 대하여 동의권과 취소권은 없다.

(다) 피고측이 소송무능력자인 경우에는 원고가 수소법원에 선임신청을 할 수 있다(62①).

(2) 판결절차 이외의 특별대리인

증거보전절차에서 상대방을 지정할 수 없거나(378), 집행개시 후 채무자가 사망하였는데 상속인이 없는 경우에(민집 52②) 법원은 특별대리인을 선임할 수 있다.

Ⅲ. 법정대리인의 권한

> 제56조(법정대리인의 소송행위에 대한 특별규정) ① 법정대리인이 상대방의 소제기 또는 상소에 관하여 소송행위를 하는 경우에는 친족회로부터 특별한 권한을 받을 필요가 없다.
> ② 법정대리인이 소의 취하, 화해, 청구의 포기·인낙(認諾) 또는 제80조의 규정에 따른 탈퇴를 하기 위하여서는 특별한 권한을 받아야 한다.

1. 법정대리권의 범위

법정대리권의 범위는 민사소송법에 특별한 규정이 없는 한 민법 그 밖의 법률에 따른다(51).

(1) 친 권 자

친권자는 미성년자를 대리하여 제약 없이 모든 소송행위를 할 수 있다(민법 920). 따라서 친권자는 미성년자를 대리하여 소의 취하, 화해, 청구의 포기·인낙 또는 소송탈퇴도 제약 없이 할 수 있다.[1] 다만 친권자와 子 사이와 또는 子들 사이에 이해 상반되는 경우에는 특별대리인을 선임하여야 하고(민법 921) 이에 위반한 행위는 무권대리행위가 된다.

(2) 후 견 인

(가) 피후견인을 대리하여 소제기 또는 상소제기 등의 능동적 소송행위를 할 때에는 후견감독인이 있으면 그의 동의를 받아야 하고(민법 950⑤) 특히 화해, 포기, 인낙, 소송탈퇴 등 소송종료행위는 위 동의 이외에 특별수권을 받아야 한다(56②).

(나) 후견인은 상대방이 제기한 소에 대한 수동적 응소시에는 피후견인의 상대방 보호를 위하여 특별수권이 필요 없다(56①).

---

1) 제56조 2항의 '법정대리인'에 친권자는 해당되지 않는다고 해석하는 것이 통설이다(이시윤, 171; 김홍엽, 173; 호문혁, 261; 정동윤·유병현, 204; 김일룡, 145). 따라서 생모인 법정대리인이 소취하시 친족회(후견감독인)의 특별수권이 필요하지 않다(대판 74다1216). 다만 장석조, 주석서(Ⅰ) 398에서는 친권지인 부모도 제56조 2항의 규정대로 후견감독인의 동의를 얻어야 한다고 해석하고 있다.

(3) 특별대리인

민법상의 특별대리인과 소송법상 특별대리인의 권한이 다르다.

(가) 민법상의 특별대리인은 당해 소송행위에 대하여는 일체의 소송행위를 할 수 있다(민법 64, 민법 921).

(나) 소송법상 특별대리인이 소송행위를 하기 위해서는 후견인과 같은 권한을 받아야 한다고 규정하고 있으나(62 ④), 판례는 제62조에 따라 선임된 특별대리인은 그 선임결정에 따라서 상대방이 제기한 소송에 응소할 수 있을 뿐만 아니라 스스로 소송을 제기하고 이를 수행할 수 있고 그와 같은 소송행위를 함에는 제62조 4항의 특별수권을 필요로 하지 않는다고 판시하고 있다.[1] 법정대리권을 행사할 수 없는 경우에 법원에 의하여 선임되는 특별대리인이므로 판례의 입장은 타당하다.[2]

2. 공동대리

(1) 공동대리는 여럿의 법정대리인 또는 대표자가 공동으로 대리권을 행사하는 것이다. 이는 친권행사의 부모의 공동대리(민법 909), 회사 등의 공동대표(상법 208, 동389) 등이 있다.

(2) 수동적 소송행위의 경우인 수령행위(상법 12 ②, 동 208 ②, 동 389 ③, 동 562 ③)와 송달은 단독으로 할 수 있다(180).

(3) 능동적 소송행위의 경우로서 제56조 2항의 소·상소의 제기와 취하, 청구의 포기·인낙 등에 대하여 공동으로 해야 유효하고 그 외의 소송행위는 단독으로 하여도 다른 대리인이 묵인하면 묵시적으로 공동으로 한 것으로 보는 제56조 2항 유추적용설이 다수설이다.[3] 이에 대하여 본인에게 불리한 경우에만 전원이 함께 하면 된다는 제67조 준용설이 있으나[4] 대리행위에 관한 것이므로 공동소송규정보다는 대리에 관한 직접규정인 제56조 2항 규정을 유추적용하는 것이 타당하다고 본다.[5]

3. 법정대리권 등의 증명

법정대리권이 있는 사실은 서면(가족관계증명서, 법인등기부 등본·초본 등)으로 증명

---

1) 대판 82므34.
2) 김홍엽,174.
3) 이시윤, 171; 정동윤·유병현, 205; 호문혁, 262.
4) 강현중, 177.
5) 이시윤, 172.

하여야 한다. 이 서면은 소송기록에 붙여야 한다(58).

Ⅳ. 법정대리인의 지위

(1) 법정대리인은 당사자는 아니므로 법관의 제척이나 재판적을 정하는 기준이 되지 아니하며 판결의 효력을 받지 않는다. 당해 소송에서 보조참가인·증인이 될 수 없고, 법정대리인을 신문할 때에는 당사자신문규정에 의한다(372).

(2) 한편 당사자에 준하는 면이 있어서 소장이나 판결문의 필요적 기재사항이고(208, 249), 소송수행에 당사자의 간섭받지 않으며(94), 당사자본인에게 송달할 것은 법정대리인에게 하고(179), 법정대리인의 사망·대리권소멸시 소송절차가 중단된다(235).

Ⅴ. 법정대리권의 소멸

1. 소멸원인

소멸원인도 민법 그 밖의 법률에 의한다(51). 본인·대리인 사망, 대리인의 금치산·파산선고(민법 127), 미성년자 본인이 결혼하거나 성년에 도달하여 소송능력을 갖거나 법정대리인이 자격을 상실할 경우(친권상실, 후견인 사임 등) 법정대리권이 소멸된다.

2. 소멸의 통지

(1) 소송절차 진행중 법정대리권의 소멸은 상대방에게 소멸통지를 하지 않으면 소멸의 효력을 주장할 수 없다(63 ① 본문). 따라서 대리권 소멸통지가 상대방에게 도달하기 전까지는 종전 대리인이 한 소송행위나 종전 대리인에 대한 소송행위는 상대방이 당해 법정대리인의 대리권의 소멸을 알고 있어도 유효하다. 이는 상대방의 보호취지가 아닌 절차안정에 있기 때문이다. 소멸통지는 법인 등의 대표자의 경우에도 준용된다(64).

(2) 소멸통지는 변론기일이나 변론준비기일에서는 말로 할 수 있으나, 기일 외에서 서면으로 할 수도 있다.[1]

(3) 다만 법정대리권의 소멸사실이 법원에 알려진 뒤에는 상대방에게 통지 전이라도 그 법정대리인은 제56조 2항의 소송행위를 하지 못하므로(63 ① 단서) 당

---

1) 김홍엽, 178.

사자본인이나 새로운 법정대리인은 종전 대리인의 대리권소멸이나 변경을 법원에
서면신고해야(규칙 13 ①) 종전 대리인 또는 대표자 등이 상대방과 통모한 소송행위
로 인한 당사자본인의 피해를 방지할 수 있다. 법원에 대리권·대표권소멸사실이
알려진 뒤에 위 제56조 2항의 소·상소의 제기와 취하 등의 소송행위를 하게 되더
라도 무권대리인의 소송행위가 된다.[1]

3. 소송절차의 중단

소송중 법정대리권이 소멸할 경우 수계절차를 거칠 때까지 소송절차는 중단
된다(235). 그러나 소송대리인이 있는 경우에는 중단되지 않는다(238).

Ⅵ. 법인 등의 대표자

1. 법정대리인에 준하는 지위

(1) 법인 또는 비법인 사단이나 재단도 당사자능력을 갖지만 소송행위는 법인
등의 대표자에 의하여 행하여지므로 대표자는 법정대리인에 준한다(64 準法定代理人).

(2) 법인 등의 대표자는 법정대리인도 임의대리인도 아니며 친권자에 준하여
일체의 소송행위를 할 수 있다. 다만 주식회사의 대표이사직무대행자는 회사의 常
務에 속하지 아니하는 행위(예컨대, 항소권 포기, 항소취하, 청구인낙 등)는 법원의 허가를
얻어야 가능하다(상법 408).[2]

2. 법인 등의 대표기관

(1) 私法人인 민법상 법인의 대표기관은 이사이며(민법 59), 주식회사의 대표
기관은 대표이사(상법 389), 청산인(상법, 542, 255), 대표이사 직무대행자(상법 408)이
고, 이사와 회사간의 소에서는 감사이다(상법 394).

(2) 公法人인 국가를 상대로 하는 소송에서 법무부장관이 대표자이다(국가소
송 2). 법무부장관은 검사, 공익법무관, 관계행정청의 직원 중에서 소송수행자를 지
정하거나 변호사를 선임하여 대리하게 한다(국가소송 3 ①②). 국가나 자치단체로부
터 위임받은 정부법무공단도 국가소송을 대리하여 수행할 수 있다(공단 16).

(3) 특별시·광역시·시는 시장이, 도·군·구는 도지사, 군수, 구청장이 대표자
이다. 다만 특별시·광역시·도 등 광역지방자치단체의 경우에 교육·과학·기술·체

---

1) 장석조, 주석(Ⅰ), 432; 김홍엽, 178.
2) 대판 2003다36225.

육 그 밖의 학예에 관해서는 교육감이 당해 지방자치단체를 대표하며, 지역교육청을 둔 경우에는 교육장이 교육감으로부터 위임받은 사무에 관하여 대표자가 될 수 있다(지자 18, 동 34, 동 35). 읍, 면, 동은 독립한 지방자치단체가 아니고 시, 군, 구에 흡수된다. 외국은 당사국의 외교사절이 대표자가 된다.[1]

3. 대표자의 권한과 지위

(1) 법인 등 대표자는 법정대리인의 소송상 권한과 지위에 준하므로 법인 등의 목적 범위 내에서 일체의 소송행위를 할 수 있다.

(2) 다만 비법인사단의 대표는 단독으로 보존행위에 관한 소를 제기할 수 없고 사원총회의 의결을 거쳐 사단 이름으로 또는 구성원 전원의 이름으로 하여야 한다.[2]

(3) 대표권이 소멸된 경우 상대방에게 소멸을 통지하지 않으면 이를 주장하지 못한다(63 ①).

제3절 임의대리인

I. 임의대리인의 개념과 종류

임의대리인(任意代理人)은 본인의 의사에 의하여 대리권이 수여되고 해임되는 대리인이다. 본인의 의사와 관계없이 대리인이 되는 법정대리인과 다르다. 임의대리인에는 신고된 송달영수인(184)인 개별적 대리인과 소송대리인이라고 하는 포괄적 대리인이 있다. 소송대리인에는 법률상 소송대리인과 소송위임에 의한 소송대리인이 있다.

II. 법률상 소송대리인

1. 의의와 종류

(1) 법률상 소송대리인은 법률에 의하여 개인이나 회사 본인을 위하여 재판

---

1) 외교관계에 관한 비엔나조약 제7조.
2) 대판 2004다44971.

상의 행위를 행할 수 있는 것으로 인정된 대리인이다(87). 본인이 법률상 소송대리권이 있는 지위에 있는 자를 당사자의 의사에 의하여 선임하고 해임할 수 있으므로 임의대리인이다.

(2) 법률상 소송대리인에는 지배인(상법 11), 선적항 외에서의 선장(상법 773), 선박관리인(상법 765), 농업·수산업협동조합의 간부직원(농협 56 ③; 수협 59 ⑤ 동 136 ③), 국가소송수행자 등이 있다. 이들은 법률에 의하여 대리권이 인정된다. 다만 지방자치단체를 당사자로 하는 소송에서는 위 법률이 적용되지 아니하므로 그 산하 공무원은 소송수행자로 지정될 수 없고 변호사를 선임하여 해야 할 것이다.[1]

(3) 민법상 조합의 업무집행조합원에 대하여는 반대견해가 있으나,[2] 민법 제709조에 의하여 업무집행에 대한 포괄적 대리권이 있는 것으로 추정되므로 업무집행조합을 법률상 소송대리인으로 보아야 할 것이다.[3]

2. 대리인의 자격·권한에 대한 심사

(1) 법원은 지배인·선장 등 법률상 소송대리인의 자격 또는 권한을 심사할 수 있고 그 심사에 필요한 때에는 그 소송대리인·당사자 본인 또는 참고인을 심문하거나 관련 자료를 제출하게 할 수 있다(규칙 16 ①). 대리인의 자격을 서면으로 증명하여야 하는데(58) 실무상 상업등기부초본 등을 제출한다.

(2) 법원은 법률상 소송대리인이 그 자격 또는 권한이 없다고 인정하는 때에는 재판상 행위를 금지하고 당사자 본인에게 그 취지를 통지하여야 한다(규칙 16 ②). 예컨대 변호사 사무원으로 근무하면서 3개 회사의 지배인으로 등기하고 송무를 담당하는 것은 변호사법 위반이고,[4] 회사의 말단사원이어서 실제로는 지배인이

---

1) 지방자치단체가 변호사 아닌 소속 공무원으로 하여금 소송수행자로서 지방자치단체의 소송대리를 하도록 한 것은 민사소송법 제424조 1항 4호가 정하는 '소송대리권의 수여에 흠이 있는 경우'에 해당하여 무권대리로 취급된다(대결 2006두4035). 지방자치단체가 민사소송 또는 당사자소송(행정소송)의 당사자가 된 경우 그 대표자인 지방자치단체의 장이 직접 소송을 수행하거나 변호사를 대리인으로 선임하거나 소가 2억 이하의 단독판사사건에 대하여 법원의 허가를 받아 그 소속 공무원을 소송대리인으로 하여 소송수행을 하는 것만이 가능하다(88, 규칙 15). 그러나 지방자치단체의 장이 직접 소송업무를 담당하는 것은 현실적으로 불가능하여 실무 관행적으로 그 소속 공무원을 소송수행자로 지정하여 소송해 오고 있으나 입법적인 해결이 필요하다(김시목, '지방자치단체가 소송수행자를 지정할 수 있는지', 법률신문, 2006. 7. 17. 제3475호). 아울러 판례는 변리사가 상표권침해의 민사소송에서 소송대리인으로서 상고장을 제출한 사안에서 변호사대리의 원칙에 위배되어 부적법하다고 판시하였다(대판 2010다108104).
2) 업무집행조합원의 업무집행상의 대리권의 범위가 명확하지 않고 계약상 제한이 있으면 상대방이 예측하기 곤란한 점을 들어 법률상 소송대리권을 부정하는 견해가 있다(김홍엽, 183).
3) 이시윤, 178; 정동윤·유병현, 218.
4) 대판 78도2131.

아닌데도 오직 소송의 제기·수행을 위하여 지배인으로 등기한 사람의 소제기는 부적법하여 각하된다.[1]

3. 대리권의 범위

(1) 법률상 소송대리인은 일체의 재판상 행위가 가능하다(상법 11 ①, 동 761, 동 773). 변호사가 아니어도 재판상의 행위를 할 수 있고(87), 소송위임에 의한 소송대리권의 범위에 관한 제90조와 제91조 단서가 적용되지 않는다(92). 따라서 법률상 소송대리인의 권한의 범위는 제90조가 아닌 각 법령에서 정하고 있으며, 법률상 소송대리인이 변호사가 아니어도 본인이 대리인의 법정권한을 제한할 수 없으며 제한하여도 효력이 없다(92).

(2) 특히 지배인은 영업주에 갈음하여 그 영업에 관한 재판상 또는 재판외의 모든 행위를 할 수 있기 때문에 친권자나 법인의 대표자 수준의 광범위한 대리권을 가진다. 또한 국가당사자소송에서 국가소송수행자가 법무부장관의 승인 없이 원고의 청구를 인낙한 경우 유효한지에 관하여 소송수행자는 복대리인의 선임을 제외하고 일체의 대리행위를 할 수 있으므로(국가소송 7) 유효하다.[2]

Ⅲ. 소송위임에 의한 소송대리인

1. 의 의

본인으로부터 특정 소송사건의 처리를 위임받은 대리인이다. 이를 통상적으로 소송대리인이라 하며 변호사, 법무법인(변호 49), 유한법무법인(변호 58의2), 법무조합(변호 58의18)일 것을 원칙으로 한다. 예외적으로 소액사건 등에서는 비변호사도 대리인이 될 수 있다.

2. 소송대리인의 자격

(1) 변호사대리의 원칙

변호사대리의 원칙은 본인이 스스로 소송을 수행할 수 있으나, 대리인을 세운다면 변호사(법무법인, 유한법무법인, 법무조합 포함)를 선임하는 것이 원칙이다(87). 다만, 증권관련집단소송, 소비자단체소송, 헌법소송 등에서는 변호사강제주의를 채택하여 소송의 원활·효율적 진행과 본인 내지 구성원의 이익보호를 위하여 본인 스

---

1) 서울민사지방법원 1985. 12. 18. 85가단6904.
2) 대판 95다3077.

스로는 소송수행을 할 수 없고 변호사가 소송을 수행하도록 하고 있다.

(2) 예 외

(가) **단독판사 심리·재판하는 사건 중 민사소송규칙에서 정한 범위 내의 사건**: 당사자의 배우자 또는 4촌 안의 친족으로서 당사자와의 생활관계에 비추어 상당하다고 인정되는 경우와 당사자와 고용, 그 밖에 이에 준하는 계약관계를 맺고 그 사건에 관한 통상사무를 처리·보조하는 사람으로서 그 사람이 담당하는 사무와 사건의 내용 등에 비추어 상당하다고 인정되는 경우에는 법원의 허가를 받아 소송대리인이 될 수 있다(88 ①, 규칙 15 ②). 법원은 허가를 언제든지 취소할 수 있다(88 ③).

2015. 1. 28. 민사 및 가사소송의 사물관할에 관한 규칙 제4조가 신설되고 민사소송규칙 제15조 4항이 개정되어 소가 1억원 초과 2억원 이하 사건이 단독재판부의 사물관할로 되었지만 비변호사의 소송대리가 가능한 소가 범위는 종전처럼 1억원 이하 범위로 한정되었다. 이는 고액사건은 변호사가 소송대리하는 것이 바람직하기 때문이다. 상소심은 합의사건이므로 변호사대리의 원칙이 당연히 적용된다.

(나) **배상명령신청**: 형사소송절차에 부대하여 청구하는 배상명령신청도 배우자, 직계혈족, 형제자매는 법원의 허가를 얻어 소송대리인이 될 수 있다(소촉 27).

(다) **소액사건**: 소가 2,000만원 이하 소액의 단독사건 제1심에서는 배우자, 직계혈족, 형제자매는 법원의 허가가 없어도 소송대리인이 될 수 있다(소액 8 ①).

(라) **가사소송사건**: 가사소송사건은 합의사건이라도 본인 또는 법정대리인이 출석하여야 하나(본인출석주의), 비변호사라도 미리 재판장의 허가를 얻어 대리인이 될 수 있다(가소 7).

(마) **특허 등 무효소송**: 특허, 상표, 디자인, 실용신안에 관한 소송은 변리사도 대리할 수 있다(변리 8). 그러나 판례는 상표권침해로 인한 손해배상청구 등 일반 민사사건에서 변리사가 소송대리인으로서 상고장을 제출함은 제87조 변호사대리의 원칙을 위배하여 부적법하다고 판시하였다.[1] 한편 특허침해사건에 대하여 변리사는 변호사와 공동대리하여 소송을 수행할 수 있다는 입법안이 국회에 제출된 바 있다.

(바) **비송사건**: 본인출석명령을 받은 때를 제외하고는 소송능력자이면 변호사가 아니라도 법원허가 없이 소송대리인이 될 수 있다. 그러나 변호사가 아닌 자로서 대리를 영업으로 하는 자에 대하여는 법원은 대리를 금하고 퇴정을 명할 수 있다(비송 6).

---

1) 대판 2010다108104, 헌재 2012. 8. 23. 2010헌마740.

3. 소송대리권의 수여와 범위

(1) 수여행위의 법적 성질과 방식

당사자본인과 대리인인 수임인의 관계는 위임계약에 의하여 정하여지지만 대외적 효력이 있는 소송대리권 수여 자체는 소송대리권을 발생시키는, 승낙을 요하지 않는 단독적 소송행위이다. 본인이 위임할 때에는 소송능력이 있어야 한다. 법정대리인·법률상소송대리인도 소송위임이 가능하다.

(2) 소송대리권 증명

(가) 대리권 수여방식은 자유이나 대리권의 존재와 범위는 서면으로 증명해야 한다(89①). 통상적으로 소송위임장을 제출한다. 제출된 서면이 사문서인 경우에는 법원은 인증받도록 명할 수 있다(89②).

(나) 다만 서면증명이 있어야 하는 법정대리인의 경우(58)와 달리 당사자가 말로 소송대리인을 선임하고, 법원사무관 등이 조서에 그 진술을 적어 놓은 경우에는 서면증명 또는 인증이 필요 없다(89③). 그러나 단독사건인 경우에 소송대리허가를 받으려면 실무적으로 배우자나 4촌 이내의 친족 등 일정한 신분관계 또는 고용관계를 증명하는 서면(규칙 15②)과 법원의 허가서면을 제출하여야 한다. 소액사건에서도 수권관계에 대하여는 당사자가 판사의 면전에서 구술로 소송대리인을 선임하고 법원사무관 등이 조서에 이를 기재한 때에는 서면증명을 요구하지 않는다(소액 8②). 그러나 소액사건에서 법원의 허가없이 소송대리인이 될 수 있는 당사자의 배우자·직계혈족 또는 형제자매는 그 신분관계에 관한 증명은 서면으로 하여야 한다(소액 8①②).

(3) 대리권 범위와 제한

(가) 소송대리권의 범위

소송대리인은 위임을 받은 사건에 대하여 소제기, 청구변경, 상대방이 제기한반소나 소송참가에 대한 응소, 당해 소송에 관한 강제집행·가압류·가처분에 관한 소송행위와 공격방어방법의 제출 등 일체의 통상적인 소송행위를 할 수 있다(90①). 제90조 1항 규정은 소송절차의 원활·확실을 도모하기 위하여 소송법상 소송대리권을 정형적·포괄적으로 법정한 것에 불과하므로, 변호사가 처리의무를 부담하는 사무의 범위는 변호사와 의뢰인 사이의 위임계약의 내용에 의하여 정하여진다.[1]

---

1) 대판 95다20775. 따라서 본안소송을 수임한 변호사가 강제집행이나 보전처분에 관한 소송행위를 할 수 있는 소송대리권을 갖는다고 하여 의뢰인에 대해 당연히 그 권한에 상응한 위임계약상의 의무도 부담한다고 할 수 없다.

소송대리인은 본인에 대한 변제의 영수(90①), 본인의 상계권, 취소권, 해제권 등 형성권을 행사할 수 있다.

(나) **특별수권사항**

본인에게 중대한 영향을 미치는 다음 각호의 사항에 대하여는 특별한 권한을 따로 받아야 한다(90②). 이들 소송행위는 본인의 개별적 수권의사확인이 필요한 중요사항이기 때문이다.

1) **반소의 제기**: 반소제기에 대한 응소는 통상의 대리권에 속한다.

2) **소의 취하, 화해, 청구의 포기·인낙 또는 소송탈퇴**: 소송물 처분에 해당하므로 특별수권사항이다. 소취하에 대한 동의는 특별수권사항이 아니다.[1]

3) **상소의 제기 또는 취하**: 불항소 합의, 상소권의 포기도 특별수권이필요하다. 이와 관련하여 몇가지 논의가 있다.

가) **심급대리(審級代理)의 원칙의 적용 여부**

상대방이 제기한 상소에 대하여 특별수권을 받아야만 응소할 수 있는지가 문제된다. 제90조 2항 3호의 '상소의 제기'에 상소응소도 포함하여 특별수권이 필요하다는 긍정설이 통설과 판례이다.[2] 이에 대하여 상소의 제기만을 특별수권사항으로 한 위 규정의 반대해석상 상소에 대한 응소는 통상의 대리권에 포함되고 사건의 종국적 완결을 위임하는 당사자의사와 판결절차 이후의 강제집행절차에도 대리권이 미치고 변호사 문턱을 낮춰야 한다는 것을 근거로 심급대리를 부정하는 부정설이 있다.[3]

검토컨대 강제집행절차에도 본안소송의 소송대리권이 미친다는 점, 같은 변호사가 심급마다 보수를 받는 것은 당사자에게 부담이 과중한 점에서는 심급대리를 부정하는 것이 타당할 것이나 궁극적으로는 당사자와 대리인 간의 자유스런 계약내용이 우선할 것이다.

나) **상고심에서 파기환송시 항소심 소송대리인 대리권이 부활 여부**

이에 관하여 판례는 항소심 대리인은 사실관계에 정통하고 불신한다면 언제라도 해임가능하므로 부활한다고 판시하고 있다.[4] 이에 대하여는 파기환송판결을 종국판결로 본다면 환송 전후의 항소심은 다른 심급이며, 환송 전후의 심리를 다른 법관이 하고(436③), 상고심에서 다른 대리인을 선임했다면 종전 소송대리

---

1) 대판 82므40.
2) 대판 93다52105; 대결 99마6205(소송비용액확정).
3) 이시윤, 183.
4) 대결 96마148; 대판 84후102(실용신안무효).

인은 신뢰관계가 소멸되었고, 심급대리를 인정하는 판례입장과 모순되므로 부정하는 견해와[1] 당사자의 부담을 줄일 수 있고 소송대리권의 부활이 당사자의 의사에 부합하므로 긍정하는 견해가 있다.[2]

다) 재상고된 경우 종전 상고심 대리인의 대리권은 다시 부활되는지의 여부

이에 관하여 판례는 파기환송된 사건이 다시 상고된 경우, 변호사보수의소송비용산입에관한규칙의 적용에 있어 새로운 상고심은 환송 전의 상고심과는 별개의 심급으로 보아야 하므로 종전 상고심 소송대리권은 소멸하고 부활하지 않는다고 판시하고 있다.[3]

라) 재심에서 재심 전의 소송대리인의 소송대리권이 부활하는지의 여부

재심의 소는 새로운 소의 제기이므로 재심전의 소송과는 일응 분리된 별개의 소송절차이므로 재심 전의 소송대리인의 소송대리권은 부활하지 않는다.[4]

4) 복대리인의 선임: 제90조 2항 4호에는 대리인이라 되어 있으나 복대리인이며 복대리인의 선임은 특별수권사항이다. 복대리인은 직접 본인의 대리인이므로 소송대리인인 사망·사임하여도 복대리인의 대리권이 당연히 소멸하는 것은 아니다. 복대리인은 제90조 1항의 권한을 가지므로 재복대리인을 선임할 수 없다.

(다) 대리권 제한 여부

소송위임에 의한 소송대리인은 통상적인 소송행위에 대하여는 변호사인 경우 포괄적 대리권이 원칙이며 제한할 수 없다(90 ①, 91 본문). 변호사가 아닌 소송대리인의 경우는 본인이 제한할 수 있다(91 단서).

Ⅳ. 소송대리인의 지위

법률상 소송대리인이나 위임에 의한 소송대리인에게 공통적으로 다음과 같은 지위가 있다.

1. 제3자의 지위

소송대리인은 제3자의 지위에 있으므로 대리인은 증인·감정인능력 있다. 판결효력은 본인에게만 미칠 뿐이다.

---

1) 이시윤, 184; 정동윤·유병현, 214.
2) 김홍엽, 196.
3) 대결 96마148.
4) 대결 90마970.

2. 소송수행자로서의 지위

위 소송대리인은 소송수행자로서의 지위가 있기 때문에 어떤 사정에 대한 知·不知, 고의·과실은 대리인을 표준으로 한다(민법 116 ①).

3. 당사자의 경정권

(1) 소송대리인의 사실상 진술은 당사자가 이를 곧 취소하거나 경정한 때에는 그 효력을 잃는다(94). 이를 당사자의 경정권(更正權)이라 한다. 사실관계는 대리인 보다 본인이 더 잘 알고 있기 때문이다. 위 경정권은 당사자 본인뿐만 아니라 법정대리인과 소송대리인을 선임한 법률상 소송대리인이 행사할 수 있다.[1] 소송대리인 상호간에는 행사할 수 없다.

(2) 당사자가 경정할 수 있는 대상은 자백 등의 **사실상의 진술**에 한정되며 신청·소송물처분행위(소취하, 청구의 포기·인낙, 화해), 법률상 의견·경험법칙 등은 법률상 진술이므로 경정의 대상이 아니다. 취소 또는 경정은 주로 기일에 출석한 본인이 지체 없이 해야 한다(94).[2]

4. 개별대리의 원칙

(1) 동일 당사자에 대하여 여러 소송대리인이 있는 때에는 대리인 각자가 당사자를 대리한다(93 ①). 이를 개별대리의 원칙이라 한다. 이에 어긋나는 약정을 하여도 내부적으로는 유효하더라도 법원이나 상대방에 대한 관계에서는 무효이다(93 ②). 여러 사람이 대리권을 행사하는 공동대리를 인정하는 법정대리인과 다른 점이다. 다만, 법률상의 소송대리인 중 공동지배인과 같이 실체법상 공동대리가 인정되는 경우에는(상법 12) 소송상으로도 공동대리가 인정된다.

(2) 다수 소송대리인의 소송행위가 동시에 모순되는 경우에는 모두 무효이다.

다른 때에 모순되는 행위는 앞의 행위가 철회될 수 있으면 뒤의 행위에 의해 철회된 것으로 보고 앞의 행위가 철회될 수 없으면 뒤의 행위가 무효이다.[3] 따라서 대리인이 자백한 후 다른 대리인이 이를 부인하더라도 자백철회사유가 없는 한 부인하는 행위는 효력이 없다.

---

1) 박영재, 주석(Ⅰ), 725.
2) 대판 62다548. 다만 소송대리인의 진술 직 후에 변론기일이 끝나거나, 본인이 그 기일에 결석한 경우에는 다음 기일에 경정하면 된다는 견해가 있다(김홍엽, 198. 박영재, 주석(Ⅰ), 725).
3) 이시윤, 185.

(3) 공동대리의 경우 소송서류의 송달은 제93조의 개별대리의 원칙상 모두 당사자본인을 위하여 소송서류를 송달받을 지위에 있으므로 법원은 각 소송대리인에게 각각 송달하여야 한다. 따라서 공동대리인들에 관한 송달은 그 가운데 1인에게 하면 된다는 제180조가 적용되지 않는다.[1] 다만 당사자에 대한 판결정본 송달의 효력은 각 대리인 중 최초 판결정본이 송달된 때부터 상소기간이 진행된다.[2] 소송대리인 중 신고된 송달받을 자가 있으면 그 대리인에게 송달하여야 한다(규칙 49).

V. 소송대리권의 소멸

소송대리인은 다음과 같이 대리권의 소멸사유와 불소멸사유가 있다.

1. 불소멸사유

(1) 당사자 또는 법정대리인의 사망 또는 소송능력 상실, 당사자인 법인의 합병, 당사자인 수탁자의 신탁임무의 종료, 법정대리권의 소멸·변경, 소송담당자나 선정당사자의 자격상실 등의 경우에도 소송대리인의 소송대리권은 소멸하지 않는다(95, 96). 이는 개인적인 신뢰관계에 의존하는 민법상 대리와 달리 민사소송에서는 소송절차의 신속·원할, 위임범위의 명확화, 수임자가 주로 변호사인 점 등을 고려한 것이다.

(2) 소송대리인이 있으면 위 사유로 소송절차가 중단되지 않고 소송대리인은 위임자의 승계인을 위한 대리인으로 소송을 수행할 수 있다(238). 다만 심급대리의 원칙상에 따라 심급이 종료되면 그 소송대리권도 동시에 소멸되어 소송대리인이 없는 상태가 되므로 소송절차가 중단되게 된다.

2. 소멸사유

(1) 소송대리인의 사망, 성년후견 개시, 파산선고(변호 5)

파산선고받거나 성년후견이 개시된 대리인은 본인과의 신뢰관계가 유지될 수 없을 것이므로 대리권이 소멸한다. 또한 변호사가 자격상실이나 정직처분의 징계를 받은 경우 대리권은 존속하지만 변론능력을 상실한다는 견해도 있지만, 변호사가 징계를 받아 변호사로 활동할 수 없게 되었으면 대리권도 소멸한다고 볼 것이다.

---

1) 김홍엽, 199; 김일룡, 159.
2) 대결 2011마1335.

(2) 위임사건의 종료

심급대리원칙상 그 심급의 판결정본이 송달됨으로써 위임사건이 종료되며 대리권이 소멸한다.

(3) 기본관계의 소멸

본인의 파산이나 소송위임계약해지 등으로 기본관계가 소멸되면 대리권도 소멸한다. 다만 소송대리권이 소멸되더라도 상대방에게 통지하지 아니하면 그 소송대리인의 소송행위는 여전히 유효하다.[1]

<선택형>

1. 甲이 변호사 X를 선임하여 乙을 상대로 A토지에 관하여 매매계약을 원인으로 한 소유권이전등기청구의 소를 제기하였다. 다음 중 옳은 것은? (다툼시 판례에 의함)[2]   [법전협 2013. 3차]

　① 소송대리인 X에게 소송대리권이 없을 경우 甲과 乙사이의 판결은 무효이다.
　② 甲이 소송 계속중 사망한다면 그 상속인이 수계할 때까지 소송절차는 중단된다.
　③ 甲이 乙에 대한 소송 계속중 취득시효완성을 이유로 하는 이전등기청구를 추가하는 것은 공격방법의 추가에 불과하다는 것이 판례의 입장이다.
　④ 소송대리인 X는 甲으로부터 특별한 권한 수여가 없더라도 A부동산에 관하여 처분금지가 처분신청을 할 수 있다.
　⑤ 甲이 승소확정판결을 받고 그 판결에 기하여 이전등기를 마친 뒤에 乙이 다시 甲을 상대로 매매계약이 무효라고 주장하면서 소유권이전등기말소청구의 소를 제기하는 경우 기판력이 작용하지 않는다.

제4절 무권대리인

I. 무권대리인의 의의와 유형

무권대리인(無權代理人)은 소송대리권 없이 소송행위를 대리하는 자이다. 당사

---

1) 대판 94다49311.
2) ④. 제90조 1항. ① 무효는 아니며 상소·재심으로 다툴 수 있으나(424 ① 4호, 451 ① 3호) 추인하면 재심을 제기할 수 없다(451 ① 3호 단서). ② 제238조. ③ 단순한 공격방법의 추가가 아닌 별개의 청구를 추가한 것으로 소의 추가적 변경에 해당한다(대판 96다50520). ⑤ 다시 원인무효임을 내세워 그 말소등기절차의 이행을 청구함은 확정된 이전등기청구권을 부인하는 것이어서 모순관계로 기판력이 작용한다(대판 94다61649).

자 본인으로부터 대리권을 수여받지 못한 경우, 무자격의 법정대리인, 특별수권 없는 대리행위, 대리권을 서면으로 증명하지 못한 경우, 변호사 아닌 공무원의 지방자치단체의 소송대리,[1] 상표권침해의 민사소송에서의 변리사 대리[2] 등이다.

Ⅱ. 무권대리인 행위의 소송상 취급

1. 대리권은 소송요건 및 소송행위의 유효요건

대리권 유무는 소송요건이고 직권조사사항이다. 제소단계의 대리권의 흠은 변론종결시까지 보정되지 않는 한 소 각하를 한다(59). 소가 적법하게 제기된 후 무권대리인이 관여하거나 무권대리인이 된 경우는 무권대리인의 소송관여를 배척하여야 하고 본인에게는 불출석의 불이익을 줄 수 있다.

대리권은 개개의 소송행위의 유효조건이다.

2. 유동적 무효

무권대리행위는 유동적 무효(60)로서 본인이나 대리권자가 추인하면 소급적으로 유효하게 된다(60, 97). 추인방식은 명시나 묵시로 가능하고, 추인시기도 제한 없다. 추인은 소송행위의 전체를 대상으로 하여야 하고(일괄추인) 그 중 일부의 소송행위만을 추인하는 것은 특별한 사정이 없는 한 허용되지 아니한다.[3] 예컨대 무권대리인에 의한 소송행위 중 소취하만 제외한 나머지 소송행위를 추인하는 것은 절차안정을 해치지 아니하는 특별한 사정이 있으므로 일부추인이라도 인정된다.[4]

3. 대리권의 흠을 간과한 판결

대리권의 흠을 간과한 판결은 당연무효가 아니다. 일단 당사자에게 효력이 있어서 상소·재심사유이다(451 ① 3호). 이는 대리권의 흠결이 있는 당사자측의 재심사유이며 상대편측에 있어서는 그러한 사유를 주장함으로써 이익을 받을 수 있는 경우만 재심사유로 삼을 수 있다. 이익을 받을 수 있는 경우란 대리권(대표권) 흠결 이외의 사유로도 종전 판결이 종국적으로 상대방의 이익으로 변경될 수 있는 경우를 가리킨다.[5]

---

1) 대판 2006두4035.
2) 대판 2010다108104.
3) 대판 2007다79480.
4) 대판 69다60.
5) 대판 66다2569; 80사50; 2000재다513

Ⅲ. 쌍방대리 금지

《질문》 소송대리인의 쌍방대리가 금지되는 이유와 민사소송법이 아닌 변호사법 제31조가 적용되는 이유와 효력은 어떤가?

1. 의 의

당사자 일방이 타방을 대리하거나 동일인이 쌍방의 대리인을 겸하는 쌍방대리(雙方代理)는 당사자 일방의 권익을 침해할 수 있고 불공정한 재판이 될 수 있어서 허용되지 않는다. 제385조 2항(제소전 화해)은 대리인선임을 상대방에의 위임을 금지하고 있다.

2. 법정대리인의 쌍방대리

법정대리인의 쌍방대리에 관한 규정이 없으므로 민사소송법 51조에 의해 민법 등 실체법상 쌍방대리금지의 규정(민법 64, 921)을 적용하여 그 규정에 따라 해결한다. 결국 쌍방대리는 무효이나 추인에 의하여 소급하여 유효하게 된다.

3. 소송대리인의 쌍방대리

(1) 비변호사인 소송대리인의 쌍방대리에 관하여는 위 법정대리의 쌍방대리와 같이 명문규정이 없으므로 제51조에 의하여 민법, 그 밖의 법률에 의하여 규율된다.

(2) 그러나 변호사인 소송대리인에 대하여는 쌍방대리를 금지하고 있는 변호사법 제31조 규정이 있으므로 이 규정을 적용하게 된다. 변호사법 제31조 1호·2호·3호에 위반한 대리행위의 효력을 살펴본다.

> **변호사법 제31조(수임제한)** ① 변호사는 다음 각 호의 어느 하나에 해당하는 사건에 관하여는 그 직무를 수행할 수 없다. 다만, 제2호 사건의 경우 수임하고 있는 사건의 위임인이 동의한 경우에는 그러하지 아니하다.
> 1. 당사자 한쪽으로부터 상의(相議)를 받아 그 수임을 승낙한 사건의 상대방이 위임하는 사건
> 2. 수임하고 있는 사건의 상대방이 위임하는 다른 사건
> 3. 공무원·조정위원 또는 중재인으로서 직무상 취급하거나 취급하게 된 사건

(가) **제31조 1항 1호**— 수임사건의 상대방이 위임하는 **동일사건**

동일성 여부는 분쟁실체의 동일 여부로 결정하므로 민사사건과 형사사건같이 절차가 달라도 무방하다.[1] 법무법인의 A변호사가 형사사건의 가해자의 변호인이었는데 동일한 법인소속의 B변호사가 같은 쟁점의 민사사건의 피해자의 소송

---

1) 대판 2003다41791.

대리인이 된 경우[1])와 원고의 소송대리인이 독립당사자참가인의 소송대리인이었다가 참가인의 대리인 사임 후에도 원고의 대리인을 유지하는 경우는[2]) 동일사건이라고 판시하였다.

(나) **제31조 1항 2호— 수임 중의 사건의 상대방이 위임하는 다른 사건**

다른 사건이라 하여도 먼저 위임한 당사자에 관한 정보가 상대방에게 누설될 우려가 있는 등 변호사 직무의 공정성 및 품위유지를 위한 것이며 이를 위반하면 징계사유에 해당한다(변호 91 ②).

(다) **제31조 1항 1호와 2호에 위반한 대리행위의 효력**

위 규정들을 위반한 쌍방대리행위의 효력을 인정할 것인지에 관하여 견해가 나뉜다. 위 규정들은 훈시규정이고 변호사는 私的 대리인일 뿐이므로 행위의 효력에는 영향이 없다는 유효설, 위 규정들을 강행규정으로 보고 변호사는 준사법기관이고 공익적 측면을 강조하는 무효설, 위반행위는 무권대리행위이나 당사자 쌍방이 추인하면 유효하다는 추인설(追認說), 위 규정들을 임의규정으로 보고 상대방이 위반사실 알았거나 알 수 있었음에도 이의를 하지 않으면 이의권이 포기·상실된다는 이의설(異議說) 등이 있다. 이의설이 통설이며 판례의 주류이다.[3]

검토컨대 당해 대리인을 먼저 선임한 당사자의 이의만으로도 대리인이 행한 소송행위의 무효를 주장할 수 있도록 하는 것이 소송경제나 당사자의 의사를 존중하는 면에서 이의설이 타당하다. 따라서 위 규정들을 위반한 행위는 원칙적으로 유효하나 이의가 있으면 무효라고 할 것이다. 추인설에 의하면 위반행위는 원칙적으로 무효이나 쌍방 당사자의 추인이 있으면 유효하게 된다.

(라) **제31조 1항 3호 공무원으로서 직무상 취급한 사건**

예컨대 판사가 퇴직 후 담당사건을 대리인으로 수임하는 경우, 당해 사건을 수사한 검사가 사직 후 변호사로서 사건을 수임하는 경우, 공증사건에 관하여 그 사무소에 소속된 변호사가 대리하는 경우 등은 쌍방대리는 **아니나** 공정한 재판을 위하여 유효·무효 여부는 쌍방대리에 관한 규정에 관한 위 학설들이 적용된다.

Ⅳ. 소송행위와 표현대리

무권대리인의 소송행위이지만 그 상대방이 무권대리인의 대리행위에 대리권

---

1) 대판 2003다15556.
2) 대판 66두12(변호사징계처분결정에 대한 재항고).
3) 대판 94다44903.

이 있는 것으로 믿고, 믿은 데 정당한 사유가 있을 때 상대방은 표현대리(表見代理)의 법리에 의하여 보호를 받을 수 있는가에 대하여 견해가 대립된다.

1. 견해대립

① 소극설은 절차의 안정을 중시하는 소송행위에는 적용되지 않으므로 표현대리를 인정하지 아니한다.

② 적극설은 소송에서 상대방의 신뢰보호와 외관존중의 이념상 인정한다.

③ 절충설은 원칙적으로 소극설입장이나 부실등기의 원인이 법인 자신의 고의적 태만이나 고의에 기인하는 경우에는 표현대리의 법리적용을 인정한다.

2. 판 례

판례는 남편이 처에게 금원을 대여받는 것에 관한 대리권만 수여했는데 처가 약속어음공증하면서 집행인낙의 의사표시를 한 경우 이는 소송행위이며 이러한 소송행위는 민법상의 표현대리 규정을 적용 또는 준용할 수 없다고 하여 소극설의 입장이다.[1]

3. 검 토

상법 제14조가 표현지배인이 적용되는 사용인의 행위에서 재판상의 행위를 제외하고 있고, 민사소송법 제56조 2항에서 법정대리인에 대하여도 소 취하, 화해 등은 특별수권을 요하여 본인을 보호하려는 취지를 고려하고(친권자인 법정대리인은 특별수권을 요하지 않는 것으로 해석한다), 소송행위의 절차의 안정을 중시한다면 소극설이 타당하다.

Ⅴ. 변호사 아닌 자의 대리행위

(1) 소송위임에 의한 소송대리인은 원칙적으로 변호사이어야 한다(87). 이를 변호사대리의 원칙이라 한다. 변호사라도 정직이나 제명된 경우에는 변호사 아닌 자와 같이 소송행위에서 배척되어야 한다.

(2) 다만 이미 행해진 변호사 아닌 자의 소송행위의 효력은 어떤가에 대하여 견해의 대립이 있다. 소송대리인의 자격은 일종의 변론능력의 제한에 불과하므로 유효라는 유효설, 대리권 흠결된 경우에 준하여 무효이지만 당사자본인의 추인이 있으면 유효라는 추인설, 본인이 변호사 아닌 자의 소송대리라는 사실을 몰랐을

---

1) 대판 93다42047.

경우에만 추인을 인정하는 한정추인설 등이 있으나 사안별로 고찰한다.[1]

(가) 징계에 의한 정직 중인 변호사가 대리한 경우 당사자의 손해방지와 절차안정·소송경제를 위하여 그 소송행위를 유효한 것으로 본다(유효설).

(나) 징계에 의하여 등록취소된 변호사, 소송브로커 등의 소송행위는 무효라고 할 것이다(무효설). 다만 당사자의 추인하면 유효라고 할 것이나(추인설), 대리인이 변호사자격이 없음을 당사자본인이 알고 있었던 경우에는 추인이 허용되지 않는다(한정추인설).

(다) 변호사 아닌 자가 이익을 받을 목적으로 또는 영업으로 대리한 경우에는 강행규정인 변호사법 제109조 규정위반으로 추인의 여지가 없는 절대적 무효이다.[2]

(라) 판례는 등록이 취소된 변호사에 대하여 이루어진 소송행위(송달받은 행위 등)는 그 효력이 없다고 판시하고 있어서 유효설을 취하지 아니한 것은 분명하나 무효설과 추인설 중 어느 입장인지는 불분명하다. 다만 당사자 본인이 등록취소된 변호사의 소송행위(송달받은 행위)를 추인한 바가 없으면 무효설이건 추인설이건 효력이 없는 결과는 동일하다.

<선택형>

1. 소송대리에 관한 다음 설명 중 옳지 않은 것은?[3]

① 소송대리인의 권한은 서면으로 증명하지 않아도 되는 경우가 있다.
② 소송대리인의 사실상 진술은 당사자가 이를 곧 취소하거나 경정한 때에는 그 효력을 잃는다.
③ 여러 소송대리인이 있는 때에는 각자가 당사자를 대리하나, 당사자가 이와 다른 약정을 한 경우에도 유효하다.
④ 소송대리인은 그 소송의 제3자에 불과하므로 그 소송의 증인이 될 자격이 있다.

2. 단독사건에서 변호사가 아닌 사람이 소송대리를 할 수 있는 요건에 대한 설명 중 옳지 않은 것은?[4]

① 소가가 제소 당시 또는 청구취지확장 당시 1억원 이하인 민사소송사건이어야 한다.
② 대리인이 당사자의 배우자 또는 4촌 안의 친족으로서 당사자와의 생활관계에 비추어 상당

---

1) 김일룡, 169.
2) 대판 78다213. 김홍엽, 211; 김일룡, 170.
3) ③. 여러 소송대리인이 있는 때에는 각자가 당사자를 대리하며, 당사자가 이에 어긋나는 약정을 한 경우 그 약정은 효력을 가지지 못한다(93). 따라서 당사자가 이와 다른 약정을 하더라도 효력이 없다. ①은 제89조 3항. ②④는 소송대리인은 당사자가 아니고 제3자에 불과하므로 법정대리인과 달리 그 소송의 증인이 될 수 있다(303, 367, 372).
4) ⑤. 단독사건에서 변호사가 아닌 사람이 법원의 허가를 얻어 소송대리를 할 수 있는 요건은 소송목적의 값이 제소 당시 또는 청구취지의 확장(변론의 병합 포함) 당시 1억원 이하인 민사소송사건이어야 한다(88 ②; 규칙 15 ①, 사물규칙 2). 만일 법원의 허가 후 소송목적의 값이 1억원을 초과하는 경우에는 법원은 소송대리허가를 취소하고 당사자 본인에게 그 취지를 통지하여야 한다(규칙 15 ④). 소송대리허가신청은 서면으로만 가능하다(규칙 15 ③).

하다고 인정되는 경우도 가능하다.

③ 당사자와 고용, 그 밖에 이에 준하는 계약관계를 맺고 그 사건에 관한 통상사무를 처리·보조하는 사람으로서 그 사람이 담당하는 사무와 사건의 내용 등에 비추어 상당하다고 인정되는 경우도 가능하다.

④ 법원의 허가를 받아야 소송대리인이 될 수 있다.

⑤ 허가 신청은 서면 또는 구술로 하여야 한다.

---

3. 소송대리인에 관한 설명 중 옳지 않은 것을 2개 고르시오? (다툼시 판례에 의함)[1] 　　　[변호사 2011]

① 병원을 운영하는 의료법인이 5,000만원의 진료비를 청구하는 소송의 항소심에서, 변호사 자격이 없는 위 법인 소속 원무과 담당 직원은 법원의 허가를 얻어 위 법인을 대리하여 소송행위를 할 수 있다.

② 당사자에게 소송대리인이 선임되어 있는 경우, 그 당사자가 사망하면 소송대리권은 소멸되어 소송절차가 중단된다.

③ 항소심법원이 원고 소송대리인의 대리권 흠결을 이유로 소 각하 판결을 선고하자, 원고 소송대리인이 상고를 제기한 다음 상고심에서 원고로부터 대리권을 수여받아 자신이 종전에 한 소송행위를 모두 추인하였다면, 대법원은 항소심판결을 파기하여야 한다.

④ 무권대리인이 소송행위를 한 사건에 관하여 판결이 확정된 경우, 그 소송에서의 상대방이 이를 재심사유로 삼기 위하여는 그러한 사유를 주장함으로써 이익을 받을 수 있는 경우에 한한다.

⑤ 원고의 소송복대리인으로 변론기일에 출석하여 변론을 하였던 변호사가 같은 사건의 다른 변론기일에 피고의 소송복대리인으로 출석하여 변론한 경우, 원고가 이에 대하여 이의를 제기하지 않았다면 피고의 소송복대리인으로서 한 위 변론은 유효하다.

---

4. 다음 설명 중 옳지 않은 것은? (다툼시 판례에 의함)[2] 　　　[변호사 2013]

① 피고 경정의 경우에는 경정신청서의 제출시에 시효중단의 효과가 생기지만, 피고 표시정정의 경우에는 소제기시에 시효중단의 효과가 생긴다.

② 전속적 관할의 합의가 유효하더라도 합의한 법원이 아닌 다른 법원에 변론관할이 생길 수 있고, 법원은 사건을 다른 법정관할법원으로 이송할 수 있다.

③ 실효의 원칙은 항소권과 같은 소송법상의 권리에 대하여도 적용될 수 있지만, 법원은 구체적으로 권리불행사 기간의 장단·당사자 쌍방의 사정·객관적으로 존재한 사정 등을 모두 고려하여 사회통념에 따라 위 원칙의 적용 여부를 합리적으로 판단하여야 한다.

④ 업무에 관한 포괄적 대리권을 가진 상법상 지배인은 법률상 인정된 임의대리인이며, 소액사건의 경우 당사자의 배우자는 법원의 허가를 받아 소송대리인이 될 수 있다.

⑤ 소 또는 상소를 제기한 사람이 진술금지의 명령과 함께 변호사선임명령을 받고 새 기일까지 변호사를 선임하지 않은 때에는 법원은 결정으로 소 또는 상소를 각하할 수 있다.

---

1) ①. 항소심은 합의부 사건이므로 비변호사의 소송대리가 허용되지 않는다. ② 당사자 또는 법정대리인의 사망 또는 소송능력상실은 소송대리권의 소멸사유가 아니다(95). 당사자 사망은 소송중단사유이나(233), 소송대리인이 있는 경우에는 중단되지 않는다(238). ③ 대판 2011다70169. ④ 대판 2000재다513 ⑤ 대판 94다44903.

2) ④. 소액사건에서는 당사자의 배우자·직계혈족 또는 형제자매는 법원의 허가 없이 소송대리인이 될 수 있다(소액 8). ① 당사자표시정정은 당사자의 동일성을 유지한 경우로서 상급심에서도 가능하고 시효중단은 당초 소제기시 효과가 인정된다. 피고경정은 당사자의 동일성이 없는 경우로서 제1심변론종결시까지만 가능하며 그 경정신청서 제출시에 시효중단효과가 발생한다. ③ 대판 2005다45827. ⑤ 제144조 4항.

5. 甲은 만17세로서 A회사에 대하여 9천만원의 대여금청구의 소를 제기하려 한다. 甲의 가족으로는 거동이 불편한 아버지 乙과 23세의 형 丙이 있다. 다음 설명 중 옳은 것은? (다툼시 판례에 의함)[1] [법무부 2013. 변형]

① 甲에 대한 소송서류의 송달은 甲에게 할 수 있다.
② 乙이 강제집행, 가압류, 가처분에 관한 소송행위를 하고자 하는 경우에는 甲으로부터 특별수권을 받아야 한다.
③ 丙이 소송행위에 대한 수권을 받았다는 사실에 관한 증명은 반드시 서면으로 할 필요는 없다.
④ 위 사안에서 소가만 1억 2천만원이었다면 丙은 법원의 허가를 받아 소송대리인으로 선임될 수 없다.
⑤ 변호사 丁이 제1심에서 소송대리인으로 선임되어 소송하였으나 패소하여 항소하고, 항소심에서 乙이 소송을 대리한 결과, 항소심에서 취소되어 환송되더라도 丁의 소송대리권은 부활하지 않는다.

6. 소송대리인의 권한에 관한 다음 설명 중 옳지 않은 것은?[2] [법전협 2013. 1차 변형]

① 청구의 변경은 특별수권사항이 아니다.
② 소송대리인의 권한은 서면으로 증명하여야 하나 서면증명이 필요 없는 경우도 있다.
③ 소의 취하는 특별수권사항이다.
④ 반소의 제기는 특별수권사항이다.
⑤ 소제기를 대리한 변호사는 언제나 강제집행도 대리할 위임계약상 의무를 당사자에게 부담한다.

7. 피고의 대표이사이던 甲은 대표이사선임결의 무효확인소송의 제1심 진행중 대표이사의 직무집행이 정지되었음에도 원고가 제기한 항소심에 이르러 피고를 대표하여 변호사 乙을 피고 소송대리인으로 선임하면서 그에게 상고제기 권한까지 위임하였다. 이에 乙은 항소심에서 피고를 대리하여 모든 소송행위를 하였고 피고 패소의 항소심판결이 선고된 후 상고를 제기하였다. 다음 설명 중 옳지 않은 것은? (다툼시 판례에 의함)[3] [변호사 2014 변형]

① 항소법원은 乙이 소송대리인으로 선임된 후 乙에게 소송대리권의 흠을 보정하도록 명함에 있어, 보정이 지연됨으로써 손해가 생길 염려가 있는 경우에는 乙에게 일시적으로 소송행위를 하게 할 수 있다.
② 위 상고의 제기는 피고를 대리할 권한이 없는 자에 의하여 제기된 것으로서 부적법하다.
③ 위 상고가 각하된다면, 乙이 그 소송수임에 관하여 중대한 과실이 없는 경우 상고비용은 甲

---

1) ④. 소가 1억원초과 2억원미만 사건은 단독재판부의 관할이더라도 변호사대리 원칙이 적용되고, 그 사건에 대한 항소심도 고등법원 관할이다(사물규 2, 규칙 15). ① 미성년자에 대한 소송서류 송달은 법정대리인에 하여야 한다(179). ② 친권자는 법정대리인으로서 별도의 수권 없이 일체의 소송행위를 할 수 있다. ③ 당사자는 말로 소송대리인을 선임하고 법원사무관 등이 조서에 그 진술을 적어 놓은 경우에는 서면증명이 필요 없으나(89 ③), 법원 허가를 요하는 경우 일정한 신분관계를 증명하는 서면을 제출한다(88, 규칙 15 ②). ⑤ 환송심은 종전 원심의 속행이므로 종전 원심의 소송대리인의 대리권이 부활한다(대판 84후102 참조)
2) ⑤. 강제집행에 관한 소송행위도 소송대리권의 범위에 속하나(90 ①), 그 행사는 의무가 아니다. ② 제89조.
3) ⑤. 일단 추인을 거절하면 그 무권대리행위는 확정적으로 무효로 귀착되므로 그 후에 이를 다시 추인할 수 없다(대판 2007다79480). ① 제59조, 제97조. ③ 제107조 2항. ④ 이 사안에서는 상고제기만 추인을 허용할 특별한 사정이 없으므로 허용되지 않는다.

이 부담해야 한다.

④ 상고심에서 피고의 적법한 직무대행자 丁에 의하여 선임된 피고 소송대리인 丙이 항소심에서 乙이 한 소송행위중 상고제기 행위만을 추인하고 그 밖의 소송행위는 추인하지 아니하는 것은 허용되지 않는다.

⑤ 위 ④ 이후, 丙은 항소심에서 乙이 한 소송행위중 이전에 추인을 거절하였던 소송행위를 다시 추인할 수 있다.

---

8. **사망과 관련된 설명 중 옳은 것을 모두 고르시오.** (다툼시 판례에 의함)[1)] [법전협 2014. 2차 변형]

① 소송중 법정대리인이 사망하더라도 당사자 본인이 사망하지 않으면 소송절차는 중단되지 않는다.

② 당사자가 사망한 때에 소송절차는 중단되고 상속인은 상속포기를 할 수 있는 동안 소송절차를 수계할 수 있다.

③ 의사표시가 발송되고 나서 표의자가 사망한 후 상대방에게 도달되었다면 그 의사표시는 상속인의 의사표시로 간주되어 계속 효력을 가진다.

④ 소송당사자가 사망하더라도 그 소송대리인의 소송대리권은 소멸하지 아니하므로 소송절차는 중단되지 않는다.

⑤ 지배인의 대리권은 영업주의 사망으로 인하여 소멸하지 않는다.

---

9. **甲이 乙을 상대로 제기한 X토지의 소유권이전등기말소 청구의 소의 항소심법원은 甲에게 소유권이 인정되지 않는다는 이유로 甲이 승소한 제1심판결을 취소하고 甲의 청구를 기각하는 판결을 선고하였다. 이에 대하여 甲이 상고를 제기하였는데, 상고심법원은 항소심판결을 파기하고 항소심법원에 환송하는 판결을 선고하였다. 다음 설명 중 옳은 것은?** (각 지문은 독립적이며, 다툼시 판례에 의함)[2)] [변호사 2015]

① 항소심에서 판결 작성에 관여한 A판사가 상고심 재판에 관여한 경우, 乙은 법률상 재판에 관여할 수 없는 법관이 관여하였음을 이유로 위 파기환송판결에 대하여 재심의 소를 제기할 수 있다.

② 환송 후 항소심의 판결정본이 환송 전 항소심의 甲의 대리인인 변호사 B에게 송달되면 송달로서의 효력이 생기지 않는다.

③ 환송 전과 환송 후의 항소심은 동일한 심급이므로 환송 전의 항소심판결에 관여한 C판사는 환송 후의 항소심재판에 관여할 수 있다.

④ 이 사건 제1심법원의 촉탁에 의해 다른 법원의 D판사가 증거조사를 실시한 경우 D판사는 환송 후 항소심의 직무집행에서 제척된다.

⑤ 환송 후의 항소심판결에 대하여 乙이 적법하게 상고를 제기한 경우 환송 전의 상고심에서 乙을 대리하였던 변호사 E의 소송대리권은 환송 후의 상고심에서 부활하지 않는다.

---

1) ①. 법정대리인이 사망한 경우 소송절차는 중단된다(235). ④ 제238조. ⑤ 상법 제50조. ② 상속인은 상속포기를 할 수 있는 동안 소송절차를 수계하지 못한다(233 ②). ③ 표의자 의사표시로 본다(민법 111 ②).

2) ⑤. 대결 96마148. ① 대법원의 환송판결은 형식적으로는 종국판결에 해당하나 종국적 판단을 유보한 중간판결의 특성을 갖고 기판력도 생기지 않으므로 제451조 1항의 확정된 종국판결에는 해당되지 않아서 재심의 대상이 되지 않는다. 이에 대한 재심의 소는 부적법 각하하여야 한다(대판 93재다27). ② 상고심에서 환송된 경우 상고전의 항소심에서의 소송대리인의 대리권은 다시 부활하는 것이므로 그 소송대리인에게 한 송달은 효력이 있다(대판 84다카744). ③ 원심판결에 관여한 판사는 환송 후 다시 관여할 수 없다(436③). ④ 촉탁받아 전심 직무에 관여한 법관은 제척되지 않는다(41. 5호 단서).

제3편 제1심 소송절차

제1장 소송의 개시

제1절 소(訴)의 의의와 종류

Ⅰ. 소(訴)의 의의

소는 법원에 대하여 일정한 내용의 판결을 요구하는 당사자의 **신청**이다. 소는 당사자와 소송물(청구)을 포함한다. 청구는 소의 일부분이나 訴라 하기도 한다. 訴와 판결 사이의 절차인 소송과는 구별되는 소송행위이다. 소에 의하여 소송절차가 개시되며 소는 심판의 대상을 지정하여 법원에 대한 권리보호 또는 판결의 신청이다.

Ⅱ. 소의 종류

1. 이행의 소, 확인의 소, 형성의 소

소송물 즉 청구의 성질과 요구되는 판결의 내용을 기준으로 소의 종류가 정해진다. 크게 이행(履行)의 소, 확인(確認)의 소, 형성(形成)의 소로 분류된다. 이행의 소는 로마법시대부터 인정되어 왔고, 확인의 소는 19세기말 독일민사소송법에서 처음 인정되었고, 형성의 소는 20세기 이후 형성소권을 실현하기 위하여 인정되었다.

(1) 이행의 소

이행의 소는 원고의 이행청구권의 확정과 피고에 대하여 이행명령할 것을 요구하는 소로서 대여금 또는 가옥인도의 소 등이다. ① 사실심의 변론종결시를 기준으로 이미 이행기가 도래한 이행청구권이 주장되는 현재이행의 소와 ② 변론종결 후에 이행기가 도래하는 청구권을 주장하는 장래이행의 소가 있다(251). 이행의 소의 인용확정판결은 집행권원이 되며(민집 24), 집행력·기판력이 있다. 기각판결은 청구권의 부존재를 확정하는 확인판결이다.

(2) 확인의 소

(가) 확인의 소는 당사자간의 법률적 불안을 제거하기 위하여 실체법상의 권리 또는 법률관계의 존부의 확정을 목적으로 하는 소이다. 단, 증서의 진부확인의 소는 사실관계의 확인이지만 예외적으로 허용된다(250). 확인의 소는 확인의 이익이 필요하며 인용확정판결은 기판력만 발생하며 집행력은 발생하지 않는다.

(나) 건물소유권확인, 법인이사지위확인 등 권리 또는 법률관계의 존재의 확정을 목적으로 하는 적극적 확인의 소와 채무부존재확인 등의 그 부존재의 확정을 목적으로 하는 소극적 확인의 소가 있다.

(다) 이행의 소는 소송물의 현상변경을 목적으로 하나 확인의 소는 소송물의 현상유지를 목적으로 한다.

(3) 형성의 소

확인의 소는 관리관계를 다수의 이해관계인 사이에서 획일적으로 명확히 하거나 법적 안정을 도모하기 위하여 판결에 의하여 비로소 기존의 권리 또는 법률관계의 변경 또는 소멸시키거나 새로운 법률관계의 발생을 구하는 소이다. 즉 창설적 효과를 목적으로 하며 명문규정이 허용하는 경우에만 인정한다.[1] 형성의 소에는 실체법상·소송법상의 형성의 소와 형식적 형성의 소 등이 있다.

(가) **실체법상 형성의 소**로서 가사소송, 회사관계소송, 항고소송, 선거소송, 헌법소송이 있고 모든 사람에게 판결의 효력이 미치는 대세효(對世效)가 있다.

(나) **소송상의 형성의 訴**는 소송법상의 효과의 변동을 목적으로 하는 재심,

---

1) 실체법상 형성권은 권리자의 의방적인 의사표시로 법률관계를 변동시킬 수 있으므로 소송을 제기할 수 없음이 원칙이지만, 사회생활의 기본이 되는 신분관계나 다수의 이해관계인이 관여하는 법률관계의 안정이 필요한 회사관계에 해당하는 사건과 같은 경우에는 법원의 판결을 통해서만 그 변동을 인정하도록 한다.

정기금변경의 소, 집행법상 이의(異議)의 소 등이며 당사자 사이에만 판결의 효력이 있다(相對效).

(다) **형식적 형성의 소**는 토지경계확정,[1] 공유물분할, 父를 정하는 소와 같이 형성하는 권리관계의 내용을 법관의 후견적 재량에 일임되어 법률관계의 변동을 목적으로 한다. 처분권주의·불이익변경금지가 적용되지 아니하며, 청구기각할 수 없다. 실질은 비송사건의 성질을 가지나 소의 형식을 취하여 형식적 형성의 소라고 한다. 형성의 소의 인용판결은 형성력·기판력이 있다. 판결확정 전까지는 종전 법률관계를 존중해야 한다. 따라서 이혼사유가 있어도 이혼판결 전까지는 혼인관계가 해소됨을 전제로 하는 위자료청구는 불가하다.[2]

(4) 소송의 성질에 논의가 있는 경우

(가) **사해행위취소의 소**(민법 406)의 성질에 관하여 판례는 사해행위의 취소 및 재산반환을 함께 청구하므로 형성소송과 이행소송의 병합으로 본다(병합설).[3] 이 경우의 사해행위취소의 소에서 수익자 또는 전득자만 피고적격이 있고 채무자는 피고적격이 없으나, 위 사해행위취소의 소에 채무자를 상대로 한 본래의 급부에 대한 이행의 소를 병합할 수 있다.[4] 또한 사해행위의 취소의 소만을 먼저 제기하여 승소확정판결 후 나중에 별소로 원상회복의 소를 제기할 수도 있다.[5]

(나) **주주총회결의부존재·무효확인의 소**(상법 380 ①)에 대하여 형성소송인지 확인소송인지의 여부에 관하여 논의가 있다. 이들 소송은 주주총회결의취소의 소와 달리 제소권자와 제소기간의 제한을 두고 있지 아니하다. 판례는 주주총회결의부존재·무효사유는 언제든지 누구에 대하여 주장할 수 있으며 반드시 소로써 주장할 필요가 없는 확인소송이라 본다.[6]

(다) **사실혼관계존부확인의 소**(가소 2 ①가(2)나류)의 법적 성질에 관하여 법률혼의 창설을 목적으로 하는 형성소송설, 사실상 혼인관계의 확인을 구하는 확인을 구하는 확인소송설이 있다. 판례는 확인소송설의 입장에서 사실혼관계존재확인의

---

1) 토지경계확정의 소의 성질에 관하여 확인소송설, 형성소송설이 있으나, 형식적 형성소송설이 통설·판례이다 (대판 2000다24207). 토지가 아닌 건물의 경계확인은 공법상 경계를 확정하는 것이 아닌 사적 자치의 영역이 므로 소유권확인의 소에 의한다.
2) 대판 76다2223.
3) 취소소송의 본질은 채무자의 사해행위로 인해 침해된 재산의 회복에 있다는 이행소송설(청구권설)이 있다 (한충수, 486).
4) 김홍엽, 215.
5) 대판 2001다14108. 김홍엽, 221.
6) 대판 91다5365.

확정판결에 따른 신고를 창설적 신고라고 본다.[1] 그러나 사실혼관계부존재확인의 소는 확인소송이다.

(라) **가류 및 나류 가사소송**에 관하여 위 사실혼관계존재확인의 소를 제외하고는 신분관계의 획일적 확정과 인용판결의 대세효를 근거로 하는 형성소송설과 제소기간의 제한이 없고 소로써만 다툴 수 있다는 규정이 없음을 근거로 하는 확인소송설이 있다. 판례는 확인소송설에 입각하고 있다고 본다.[2]

2. 단일의 소와 병합의 소, 독립의 소와 소송 중의 소

제소(提訴)의 모습과 시기에 따라 단일의 소와 병합의 소, 독립의 소와 소송 중의 소로 분류될 수 있다.

1인의 원고가 1인의 피고를 상대로 1개의 청구를 하는 단순한 형태의 소인 **단일(單一)의 소**와 1인의 원고가 1인의 피고를 상대로 여러 개의 청구를 하는 **병합소송**과 수인의 원고가 1인 또는 수인의 피고를 상대로 단일 또는 수개의 청구를 하는 공동소송과 병합소송의 **복합소송** 등이 있다.

다른 소송절차와 관계없이 새로운 판결절차를 개시하는 소를 독립의 소라 하고, 이미 다른 소송절차 내에서 제기하는 반소(269), 중간확인의 소(264), 소송참가(81) 등의 소송 중의 소가 있다.

<선택형>

---

1. 甲의 X토지와 乙의 Y토지 사이에 경계확정의 소가 제기되었다. 이에 관하여 다음 중 옳지 않은 것은?[3]

   ① 판례에 의하면 위 경계확정의 소는 형식적 형성의 소이다.
   ② 소송 도중에 법원에 당사자 사이에 합의한 경계로 판결해 줄 것을 요청했다면 법원은 측량감정인의 감정결과와 달리 당사자의 합의한 내용대로 판결하여야 한다.
   ③ 경계에 관하여 피고가 청구를 인낙하여도 그 효력이 인정되지 않는다.
   ④ 경계의 확정을 구하는 소송에서의 경계를 확정함에 있어서도 지적도가 기술적 착오로 잘못 작성되었다는 등의 특별한 사정이 없는 한 지적도상의 경계에 의하여야 한다.
   ⑤ 법정지상권에 있어서의 지료결정청구의 소나 父를 정하는 소도 형식적 형성의 소이다.

---

2. 甲은 2009. 1. 1. 사망하였고, 그의 아들로 乙, 丙, 丁이 있다. 甲은 생전에 서울 서초구 서초동에 대지 300㎡를 소유하고 있었고, 乙, 丙, 丁이 이를 상속하였다. 乙, 丙, 丁은 위 대지를 분할하여 각자 소유하고자 한

---

1) 대결 91스6; 대판 95므694.
2) 대판 83므22.
3) ②. 대판 95다54761. 당사자가 법원의 판결에 의하여 경계를 확정할 의사를 유지하고 있는 한, 법원은 그 합의에 구속되지 아니하고 진실한 경계를 확정하여 판결하여야 한다. ④ 대판 92다44503.

다. 다음 설명 중 옳은 것은?[1]   [법무부 2010]

① 상속재산은 각자 지분별로 소유하기 때문에 乙은 丁만을 상대로 소송을 제기할 수 있다.

② 상속재산은 각자 지분별로 소유하기 때문에 법원은 소송진행 중 합의 의사가 있는 丙, 丁 사이에서만 화해로 해결하고, 합의 의사가 없는 乙에 대하여는 乙과 丙, 乙과 丁사이의 분할 판결을 할 수 있다.

③ 대지분할은 상속재산분할로서 반드시 현물로서만 가능하고, 현금이나 경매분할은 불가능하다.

④ 대지분할이 불가능하면 경매절차에 의한 현금분할이 가능한데, 상속지분권자들은 공유자 로서의 우선매수권이 주어지지 아니한다.

⑤ 법원은 그 토지의 형상, 가격 등을 고려하여 임의로 분할판결을 할 수 있다.

---

3. 공유물분할에 관한 다음 기술 중 옳지 않은 것은? (다툼시 판례에 의함)[2]   [법전협 2012. 2차]

① 공유물을 공유자간에 협의로 분할할 때에는 그 방법을 임의로 선택할 수 있다.

② 재판에 의한 공유물분할의 경우 법원은 그 분할방법에 관하여 당사자의 신청에 구애받지 아니하고 재량에 따라 공유지분 비율에 따른 합리적인 분할을 하면 된다.

③ 재판에 의하여 공유물을 분할하는 경우에는 법원은 현물로 분할하는 것이 원칙이다.

④ 현물분할을 하는 경우 분할을 원하지 않는 나머지 공유자를 공유로 남겨 두는 방법은 허용되지 않는다.

⑤ 공유물분할청구의 소의 승소확정판결에는 기판력이 있다.

---

4. Y회사의 주주 X는 Y회사에서 이루어진 A임원 선임의 임시주주총회 결의의 부존재확인을 구하는 소를 제기하였다. 이에 관한 다음의 설명으로 옳은 것은? (다툼시 판례에 의함)[3]   [법전협 2013. 2차]

① 판례에 의하면 X가 제기한 부존재확인의 소는 그 성질에서 보아 확인소송이 아닌 형성소 송이다.

② 이 사건 소송에서 Y만이 피고적격을 갖는 것은 아니다.

③ 주주총회 결의 부존재 확인의 소는 주주, 이사, 감사만 제기할 수 있다.

④ A는 이 사건 소송 계속중에 공동소송적 보조참가를 할 수 없다.

⑤ 이 사건 소송에서 승소판결이 내려지고 확정되면 판결의 효력은 소급하여 발생한다.

---

5. 甲, 乙, 丙 3인이 공유하는 토지의 분할에 관한 다음 설명 중 옳지 않은 것은? (다툼시 판례에 의함)[4] [법전협 2015. 1차]

---

1) ⑤. 대판 2004다30583. ① 공유물분할청구소송은 고유필수적 공동소송이므로 공유자 전원이 소송당사자가 되어야 한다(대판 2010다105310). ② 협의에 의한 상속재산의 분할은 공동상속인 전원의 동의가 있어야 유효하 다(대판 2001다28299). ③ 현물로 분할할 수 없거나 현물 분할시 현저히 그 가액 감손될 염려있으면 경매로 대금 분할 가능하다(대판 93다27819). ④ 공유자는 최고매수신고가격으로 우선매수신고를 할 수 있다(민집 140 ①).

2) ④. 위 방법도 허용된다(대판 91다27228).

3) ⑤. 대판 2009다2996. ① 판례(대법 91다5365)는 확인소송으로 본다. ③④ 부존재확인의 소는 제소권자가 한정되어 있지 아니하고 확인의 이익이 있는 소를 제기할 수 있고 판결의 대세효를 받는 A는 공동소송적 보조참가할 수 있다.

4) ⑤. 공유물 분할청구의 소는 공유자 사이의 기존의 공유관계를 폐기하고 각자의 단독 소유권을 취득하게 하는 형성 의 소로서 공유자 사이의 권리관계를 정하는 창설적 판결을 구하는 것이므로 그 판결 전에는 공유물은 아직 분할되 지 않고 따라서 분할물의 급부를 청구할 권리는 발생하지 않으며 분할판결의 확정으로 각자의 취득부분에 대하여 비로소 단독소유권이 창설되는 것이므로 미리 그 부분에 대한 소유권 확인의 청구도 할 수 없다(대판 68다2425).

① 분할의 방법에 관하여 협의가 성립되지 않은 때에는 공유자는 법원에 그 분할을 청구할 수 있다.
② 공유물의 분할은 현물분할이 원칙이며, 대금분할이나 가격분할은 예외적으로 인정된다.
③ 공유물분할의 소에서 당사자가 청구취지에서 분할의 방법을 구체적으로 제시하여도 법원은 이에 구속되지 않고 분할의 방법을 정할 수 있다.
④ 공유물분할의 소

제2절 소송요건

제1관 총 설

Ⅰ. 소송요건의 의의

소송요건(訴訟要件)은 소가 적법한 취급을 받기 위해 구비해야 힐 사항이다. 개개의 소송행위의 유효요건과 구별된다. 소송요건에 흠이 있으면 본안판결 및 심리를 할 수 없으며 본안심리중이라도 흠결이 확인되면 부적법 각하한다.

원고가 승소판결을 받기 위해서는 소장이 적식(適式)이어야 하고, 소의 제기에 대하여 본안의 심리와 판결을 하는 데에 필요한 요건인 소송요건이 구비되어야 한다. 소송요건은 소가 적법하게 취급을 받기 위한 적법요건이다. 소송요건은 본안판결을 할 가치가 없는 부적법한 소를 미리 배제하기 위한 것으로 소송요건이 흠결되면 부적법 각하한다. 소송요건에 관하여는 통일적인 규정이 없이 법원, 당사자 및 소송물, 그리고 공동소송, 반소 등의 특수소송에 관한 것으로 산재되어 규정되어 있다.

Ⅱ. 소송요건의 종류

1. 법원에 관한 소송요건

법원에 관한 소송요건은 재판권과 관할에 관한 것이다. 구체적인 사건에 관하여 우리나라 법원이 재판권이 있는가의 문제와 재판권을 전제로 여러 법원 중 어느 곳의 법원이 재판권을 분담하는가의 문제이다. 관할의 종류로 법정관할, 지정관할, 당사자의 거동에 의한 관할로서 합의관할과 변론관할이 있다. 관할위반시 소를 각하하는 것이 아니고 소송을 이송한다.

2. 당사자에 관한 소송요건

(1) 당사자가 실재(實在)하여 확정되어야 하고 당사자능력이 있고, 당사자적격이 있어야 한다. 특히 채권자대위소송과 임의적 소송담당이 문제된다.

따라서 법원은 계속중인 소송에서 당사자로 기재된 자가 위 요건을 구비하고 있는지 순서대로 심리한다. 즉 당사자로 확정된 자가 당사자가 될 수 있는 일반적인 자격인 당사자능력이 인정되어야 비로소 그가 정당한 당사자인지를 심리한다.

또 소송능력을 가져야 한다. 소송무능력자인 경우에는 법정대리인에 의하여, 법인 기타 단체인 경우에는 대표자에 의하여 대표되어야 한다. 소송능력은 제소시에는 소송요건이나 이후에는 소송행위 유효요건이다. 제소 이후에 소송능력을 상실하면 그 이후의 소송행위는 무효이므로 법정대리인이 수계할 때까지 소송계속이 중단된다.

(2) 원고는 필요한 경우에는 소송비용의 담보를 제공하여야 한다(117; 상법 176 ③, 상법 237, 상법 377).

3. 소송물에 관한 소송요건

소송물(訴訟物)은 ① 소송물이 특정되고 ② 소의 이익이 존재하고 ③ 중복된 소제기가 아니고(259), 재소금지(267 ②) 및 기판력에의 저촉되지 않아야 한다(확정된 동일한 소를 승소한 자가 제소하는 경우 반복금지설과 모순금지설에서는 기판력이 저촉되어 소를 각하하므로 소극적 소송요건이라 할 수 있다).

4. 특수한 소송에 관한 소송요건

(1) 공동소송(65), 청구의 병합(70), 청구의 변경(262), 반소(269), 중간확인의 소(264), 당사자참가(79, 83), 필수적 공동소송인의 추가(68), 피고의 경정(260) 등 소송 계속중의 소 또는 병합의 소에 있어서는 각각 그 고유한 요건을 구비해야 한다.

(2) 제소기간의 준수와 선행적 절차를 거치도록 되어 있는 경우에는 그러한 절차를 거쳐야 한다.

Ⅲ. 소송요건의 모습

1. 적극적 요건과 소극적 요건

(1) 적극적 요건은 그 요건의 존재가 소를 적법하게 하는 당사자능력, 소송능력, 관할권, 대리권 등이다.

(2) 소극적 요건은 그 존재가 소를 부적법하게 하는 소송장애를 가져온다. 재소금지, 중복소송, 기판력 등이다.

2. 직권조사사항과 항변사항

(1) 직권조사사항은 법원이 직권으로 조사하여 고려할 사항으로서 대부분의 소송요건이다.

(2) 항변사항(소송장애사유)은 피고의 주장을 기다려서 비로소 조사하게 되는 사항이다(임의관할위반, 부제소특약,[1] 중재합의, 소송비용의 담보제공위반(117) 등). 가령 중재합의가 있음에도 제소한 경우 상대방이 본안에 관한 최초의 변론까지 이에 대하여 항변하지 않으면(중재법 9 ②) 법원이 중재합의가 있음을 알아도 소를 각하할 수 없다.

Ⅳ. 소송요건의 조사

1. 조사개시: 직권조사

항변사항을 제외한 나머지 소송요건은 소송제도의 유지에 필요한 **공익적 성격**상 피고의 항변 유무에 관계없이 의문이 있을 경우에 법원이 직권으로 조사(調査)하여야 하는 직권조사사항이다.[2]

2. 직권조사사항의 조사

(1) 직권조사사항인 소송요건의 존부의 판단에 필요한 자료의 수집을 어떻게 할 것인가. 법원이 직권으로 수집할 것인가(직권탐지방식), 당사자가 법원에 제출한 것에 한정할 것인지(변론주의방식)가 문제된다. 직권조사사항 중 공익성이 강하고 본안관련성이 희박한 재판권, 전속관할, 당사자의 실재 등은 직권탐지방식에 의하고 나머지 대부분의 소송요건은 변론주의방식에 의하는 것이 타당할 것이다. 다만 재판권을 제외하고 공익성 인정 여부에 따라 직권탐지해야 할 사항의 범위에 관

---

1) 대판 79다2066: 불항소합의는 직권조사사항이라고 본다.
2) 판례가 직권조사사항으로 보는 것에 대하여는 제3편 제3장 Ⅳ. 2 참조.

하여 다양한 견해가 있다.[1]

(2) 직권조사사항은 사실에 대한 주장과 증거신청을 당사자가 하여야 하나 **재판상의 자백**이나 자백간주의 대상이 될 수 없고, 소송절차에 관한 이의권의 포기가 허용되지 않는다.

(3) 피고가 답변서를 불제출하여도 직권조사사항이 있으면 제257조의 **무변론판결**을 할 수 없고, 시기에 늦게 그 흠을 다투는 항변을 제출하여도 제149조에 의하여 각하할 수 없다. 그에 관한 상고이유서를 늦게 내어도 상고기각할 수 없다.

(4) 판례는 **소송요건의 조사**를 위하여 법원은 사실과 증거의 직권탐지까지 할 필요는 없으나,[2] 각 소송요건이 가지는 공익성의 정도(재판권, 전속관할 등)에 따라서 필요하면 직권탐지에 의할 수도 있다고 판시했다.

3. 증명의 정도와 증명책임

(1) 자유로운 증명으로 족하다는 견해와 실체적 요건에 못지않은 중요한 의미를 갖는 소송요건에까지 자유로운 증명을 허용하는 것은 지나친 확장이므로 엄격한 증명에 의한다는 견해가 있다.

(2) 직권조사사항인 소송요건은 원고에게 입증책임이 있고, 항변사항인 소송요건은 피고가 입증하여야 한다.

4. 소송요건 존부의 표준시

소송요건의 존부(存否)를 판정하는 시기는 원칙적으로 사실심 변론종결시이다. 단, 관할권은 제소시에 구비하면 족하다(사실심 변론종결시설 ; 판례). 독일에는 상고심 변론종결시설도 있다.

5. 소송요건 조사순서

소송요건 중에는 일반적인 것에서 특수한 것으로, 추상적인 것에서 구체적인 것으로 하되, 소익은 실체권의 판단과 밀접한 관계에 있으므로 마지막에 판단한다는 견해와 소송경제를 꾀하기 위해 가장 쉽고 빠르게 확정할 수 있는 소송요건을 먼저 심리하여야 한다는 견해가 있다. 어느 견해에 의하건 상호간의 심리순서를

---

1) 전속관할, 당사자의 실재, 소송능력, 당사자 능력, 대리권유무, 기판력 유무 등도 직권탐지형으로 조사해야 하는지에 대하여 다소 차이 있게 논의되고 있다(정동윤·유병현, 352; 김홍규·강태원, 233; 송상현·박익환, 200).
2) 대판 2006다60908.

어겨 판결을 하여도 위법한 것은 아니다[1]

V. 조사결과와 재판

1. 소송요건 조사의 선순위성

소송요건과 본안청구에 관한 심리에 관하여 명문규정이 없지만 실무상 병행하여 진행한다. 소송요건의 조사가 완료되지 않고 본안의 심리가 먼저 완료되어 본안청구가 이유 없음이 판명된 경우 법원은 곧 청구기각의 판결을 할 수 있는가가 문제된다. 이에 대하여 소송요건과 본안의 심리순서의 우열을 반대하는 다양한 견해가 있지만[2] 소송요건을 본안심판의 요건으로 보는 종래 통설·판례에 의하면 소송요건의 흠이 확인되면 본안판결을 선고할 수 없고 소송요건을 먼저 조사해야 하고 본안에 대하여는 판단을 할 수 없다.[3]

2. 소송요건 흠결이 있는 경우

(1) 소송요건에 흠이 있는 경우 보정할 수 있는 것이라면 법원은 상당한 기간을 정하여 보정을 명하고, 보정이 없으면 부적법하여 종국판결로서 소를 각하판결한다(219. 소송판결·본안전 판결). 소각하판결로 소송요건의 부존재에 대하여 기판력이 생긴다. 그러나 흠을 보충하면 다시 제소할 수 있다. 다만 소송진행중 당사자능력, 소송능력, 법정대리권의 소멸은 소송절차 중단사유가 되고 수계절차가 이루어져야 한다(233, 235).

(2) 이행의 소에서 주장 자체로서도 당사자적격이 없음이 분명하지 아니한 때에는 당사자적격의 판단이 본안의 판단에 흡수되어 청구기각판결을 하여야 한다.[4]

3. 소송요건 흠결을 간과한 판결

소송요건의 흠을 간과한 판결에 대하여는 상소기간 내이면 상소가능하고, 상소심에서 원심판결을 취소·파기하고 환송하여야 한다. 확정되었다면 재심사유(451①3호)에 한하여 재심이 가능하며, 재심사유에 해당하지 않으면 결국 판결은 유효하다.

---

1) 이시윤, 209; 정동윤·유병현 356.
2) 정동윤·유병현 354.
3) 대판 97후235.
4) 김홍엽, 228.

4. 소송요건 흠결이 없음에도 각하한 경우

소송요건에 흠이 없음에도 각하한 경우 상소가 가능하며, 원칙적으로 상급심 법원은 원판결을 취소하고 환송하여야 한다. 이는 제1심에서의 심급이익 보호상 상소심은 자판할 수 없다(418, 425).

<선택형>

1. 다음의 소송요건에 관한 설명 중 옳은 것은?[1)]

① 소송이송결정이 확정되어 이송받은 법원이 위 이송결정이 잘못된 것이라고 판단되면 이를 다시 적법한 관할 법원에 다시 전송시킬 수 있음이 원칙이다.

② 관할위반의 경우에 당사자에게 이송신청권이 있다는 것이 대법원 판례입장이다.

③ 전속적 합의관할에 속한 사건은 다른 법원에 이송할 수 없다.

④ 관할권의 존재 여부를 조사한 결과 관할권이 없으면 법원은 소 각하판결한다.

⑤ 경부고속철도공사에 관련하여 천성산터널 공사착공금지가처분사건에서 신청인들 중 도 롱뇽은 당사자능력이 없다.

2. 소송요건에 관한 다음 기술 중 옳지 않은 것은? (다툼시 판례에 의함)[2)]　　　　[법전협 2012. 2차]

① 전소 확정판결의 존부는 당사자의 주장이 없더라도 법원이 직권으로 조사하여 판단하여야 한다.

② 법인이 당사자인 사건에서 그 법인의 대표자에게 적법한 대표권이 있는지의 여부는 직권조사사 항이다.

③ 종중소송에서 그 종중의 대표자에게 적법한 대표권이 있는지의 여부는 자백의 대상이 될 수 없다.

④ 채권자대위소송에서 피보전채권이 존재하는지의 여부에 관하여 법원으로서는 그 판단의 기초자료인 사실과 증거를 직권으로 탐지할 의무가 있다.

⑤ 소송판결의 기판력은 그 판결에서 확정한 소송요건의 흠에 관하여 미친다.

3. 소송요건에 관한 다음 설명 중 옳지 않은 것은? (다툼시 판례에 의함)[3)]　　　　[법전협 2015. 1차]

① 소송물이 특정되었는지의 여부는 소송요건으로서 법원의 직권조사사항에 속한다.

② 피보전채권을 행사할 수 없는 경우에는 그 채권을 보전하기 위한 채권자대위소송은 부적 법하다.

---

1) ⑤. 자연물인 도롱뇽은 당사자능력이 없다. ③ 현저한 지연을 피한다는 공익상의 필요가 있으면 합의의 효력을 무시하고 다른 법정관할 법원으로 이송할 수 있다.

2) ④. 채권자대위소송에서 피보전채권이 존재하는지의 여부는 당사자적격의 요소이고 직권조사사항이다. 직권 탐지사항은 아니다.

3) ④. 부제소 합의와 불상소합의를 직권조사사항으로 보고 있는 판례입장에서는(대판 2011다80449) 법원은 직권으로 소의 적법 여부를 판단할 수 있다.

③ 제척기간이 경과하였는지의 여부는 이에 대한 당사자의 주장이 없더라도 법원이 당연히 직권으로 조사하여 재판에 고려하여야 한다.

④ 소가 부제소 합의에 위배되어 제기된 경우라도 당사자들이 부제소 합의의 효력이나 그 범위에 관하여 쟁점으로 삼아 소의 적법 여부를 다투지 아니하면 법원은 직권으로 소의 적법 여부를 판단할 수 없다.

⑤ 당사자능력은 소송요건에 관한 것으로서 사실심의 변론종결시를 기준으로 판단하여야 한다.

제2관   소의 이익

I. 소익의 의의

(1) 국민 개개인은 헌법상 법원에 소를 제기하고 재판받을 권리가 있지만(헌법 27) 이는 무제한적인 것이 아니고 특정한 소송상 청구에 대해서 본안판결을 구할 필요성·실효성이 있는 경우인 소익(訴益)이 인정되는 경우에 한하여 허용된다. 이러한 소익을 본안판결의 요건으로 함으로써 국가적·공익적 견지에서 무익한 소송제도의 이용을 통제하여 필요한 사건에 집중토복 하고, 당사사는 소송제도를 이용할 정당한 이익 또는 필요성이 있어야 적법한 소가 되도록 한 것이다.

(2) 넓은 의미의 소익은 ① 소송물(청구)의 내용이 본안재판을 받기에 적합한 일반적 자격을 갖추어야 하고(권리보호자격·청구대상적격), ② 그 청구가 그러한 형태의 소, 즉 이행·확인의 소 또는 형성의 소로써 주장할 구체적 이익 내지 필요가 있어야 한다(권리보호의 이익 또는 필요, 협의의 소익). 이 두 경우를 청구에 관한 객관적 이익이라 한다. ③ 당사자 측면에서 본 주관적 이익으로 당해 소송물이 당해 당사자에게 소송수행권이 있는지 또는 본안판결을 받기에 적합·정당한지의 문제인 당사자적격을 포함하기도 한다.

II. 공통한 소익

각종 소에 공통한 소익인 권리보호자격은 각종의 소에 공통한 소의 이익으로서 소송상 청구가 일반적으로 소송제도를 이용할 수 있도록 하는 자격(제소가능성)으로서 다음 같은 요건이 필요하다.

1. 청구가 소구(訴求)할 수 있는 구체적 권리·법률관계일 것

(1) 청구가 재판상 청구할 수 있는 것이라야 한다. 따라서 자연채무, 일방적 의사표시로 행사할 수 있는 해제권 등은 권리보호자격이 없다. 다만 채권자취소권 같은 형성소권은 소로써만 행사되어야 한다.

(2) **청구가 구체적인 권리·법률관계의 주장일 것**

(가) '법률적' 쟁송이어야 한다. 단순한 사실의 존부다툼은 원칙적으로 소송대상이 아니다. 단순한 사실(역사적 사실, 자연현상, 법률요건사실)의 확인을 구하는 소는 소의 이익이 인정되지 않으나 예외로 증서의 진정 여부 확인의 소(250)와 주주총회결의 부존재확인의 소(상법 380)는 인정된다.

판례는 임야대장·토지대장상 명의말소청구는 사실관계에 관한 청구에 불과하여 부적법하나,[1] 무허가건물대장·골프장클럽회원명부의 등재로 인하여 일정한 권리자로 인정되는 경우는 인정된다고 판시하고 있다.[2]

(나) '법원의 권한'에 속하는 법률적 쟁송이어야 한다. 통치행위와 자율적 해결에 맡겨진 특수단체의 내부분쟁은 사법심사 대상이 아니다. 다만, 통치행위라 해도 국민의 기본권에 영향을 주거나[3] 정당·대학·종교단체 내에서 단체법상의 행위도 하자가 매우 중대하여 정의관념에 현저히 반하는 경우[4] 사법심사대상이 되어 소익을 인정할 수 있다.

(다) '구체적인 사건성'이 있어야 한다. 법률적 쟁송이라도 구체적인 분쟁 없이 추상적으로 법령의 효력을 다투는 법률이나 명령의 위헌을 확인하는 청구는 권리보호자격이 없다.

2. 제소금지사유가 없을 것

(1) **법률상 제소금지사유**

중복소제기금지(259)와 재소금지(267 ②) 등의 법률상 제소금지사유가 없어야 한다.

(2) **계약상 제소금지사유**

부제소특약에 위반하여 소제기한 경우 피고가 항변으로 특약의 존재를 주

---

1) 대판 78다913.
2) 대판 85다카2469.
3) 대판 2010도5986; 헌재 93헌마186.
4) 대판 2003다63104; 2008다85345; 2005다30566).

장하면 소익이 흠결된다.

(3) 중재계약(중재 9)이 있고 이를 주장하면 부제소특약에 준하여 소익을 잃는다.

3. 특별한 구제절차가 없을 것

소송비용확정절차, 공탁금출급절차, 비송사건절차 등과 같이 법이 정한 직접적이고 경제적인 구제절차를 이용하지 아니하고 가령 소송비용지급청구의 소를 제기하면 권리보호자격이 없다.

4. 원고가 동일청구에 대하여 승소확정의 판결을 받은 경우가 아닐 것

(1) 원고가 동일청구에 대하여 승소확정의 판결을 받은 경우의 후소는 기판력에 저촉되어 소익이 없어 부적법하게 된다. 예외적으로 판결원본의 멸실,[1] 시효중단의 필요,[2] 판결내용의 불특정[3] 등 특별한 사정이 있는 경우에 소의 이익이 인정된다. 이 경우 신소는 전소의 기판력에 기속되어 그와 모순·저촉되는 내용을 주장하거나 판결할 수 없다.[4]

(2) 다만 기판력이 없고 집행력만 있는 집행증서(민집 56 ④, 59 ③), 확정된 지급명령(474; 민집 58 ③), 확정된 이행권고결정(소액 5의7 ①, 5의8 ③)은 별도로 소를 제기할 이익이 있다.[5]

(3) 한편 확정된 배상명령은 기판력은 없지만(소촉 34 ①④)피해자는 그 인용된 금액의 범위에서 다른 절차에 따른 손해배상을 청구할 수 없으므로(소촉 34 ②) 별소를 제기할 소익은 인정되지 않는다.

---

1) 민사집행법 제28조 2항의 규정에 의하여 집행문을 부여할 법원에 판결원본이 없는 경우 판결정본에 기하여 집행문을 부여하므로(판결정본에 기하여 집행문을 부여하는 요령(재민 85-3 재판예규 제871-46호)이 2002. 7. 1.부터 시행되어 현재는 별도의 소를 제기할 필요가 없다(김홍엽, 254). 그러나 정본은 원본을 전제로 하는 것이므로 판결원본이 멸실되어 어느 법원에도 없는 경우에는 판결정본을 발급받을 수 없게 되어 집행문을 부여받을 수 없게 되므로 결국 신소제기가 가능하여야 할 것이다(대판 80다1888, 1889).
2) 채권자와 주채무자 사이의 확정판결에 의하여 주채무의 소멸시효기간이 10년으로 연장되었다 할지라도 그 보증채무까지 당연히 단기소멸시효의 적용이 배제되어 10년의 소멸시효기간이 적용되는 것은 아니고, 연대보증채무의 소멸시효기간은 여전히 종전의 소멸시효기간에 따른다(대판 2004다26287,26294).
3) 대판 97다57658; 64다1387.
4) 김홍엽, 249.
5) 소송촉진 등에 관한 특례법에 따른 배상명령이 확정된 경우 피해자는 그 인용된 금액의 범위에서 다른 절차에 따른 손해배상을 청구할 수 없다(소촉 34 ②).

5. 신의칙위반의 소제기가 아닐 것

신의칙에 위반한 소제기는 권리보호의 가치가 없으므로 소익이 부정된다(통설).[1] 이에 대하여, 신의칙은 근본규범이고 소익에 대하여 상위개념이고[2], 실체법상의 문제이므로[3] 권리보호자격의 하나로 분류하는 것을 반대하는 견해들이 있다.

Ⅲ. 각종의 소에 특수한 소익(권리보호의 이익 또는 필요)

권리보호의 자격이 인정된다고 해도 당해 원고의 청구에 대한 본안판결을 하는 것이 분쟁해결에 유효적절성이 있어야 한다(현실적 필요성). 이것을 권리보호의 이익이라고 하며 이행의 소, 확인의 소, 형성의 소 등 각 유형의 소에 따른 고유한 소의 이익이 있다.

1. 이행의 소의 소익

통상 이행청구권은 그 주체와 내용이 명백한 경우가 대부분이어서 이행의 소는 이행청구권을 주장하는 것만으로 원칙적으로 소익이 인정된다.

이행의 소의 청구적격은 청구권(Anspruch)이다. 금전지급·물건인도청구권, 작위·부작위청구권, 의사의 이행을 구하는 청구권도 가능하다. 따라서 현재 이행의 訴는 원칙적으로 청구적격을 가지나 장래이행의 소는 '미리 청구할 필요'가 있는 경우에만 가능하다(251).

(1) 현재 이행의 소

(가) 의 의

현재 이행의 소는 사실심 변론종결 당시 이미 이행기가 도래하였으나 이행되지 않은 이행청구권의 존재와 이행을 주장하는 소이다. 원칙적으로 청구적격과 권리보호의 이익이 인정되며 특별히 소익을 증명하지 않아도 인정된다. 다만 소익 유무가 논의되는 것들이 있다.

(나) **집행이 불가능·곤란한 경우**

1) 채무자가 무자력이어서 집행이 불가능하거나 현저히 곤란해도 소익은 인정된다. 판결절차는 관념적 해결절차이고 사실적 해결절차인 집행절차와 상이하

---

1) 제1편 제2장 제3절 참조.
2) 정영환, 314.
3) 호문혁, 292.

고 집행권원 보유사실만으로도 채무자의 임의이행을 기대할 수 있기 때문이다.

2) 금전채권이 가압류·가처분·압류되었어도 채무자는 제3채무자에 대하여 무조건의 이행판결을 구할 소익이 있다. 다만 집행권원을 얻더라도 채무자는 강제집행을 할 수 없을 뿐이다(민집 227 ①, 동 296, 동 301). 그러나 금전채권이 아닌 소유권이전등기청구권이 가압류된 경우에는 소유권이전등기를 명하는 판결은 의사의 진술을 명하는 판결로서 이것이 확정되면 채무자는 일방적으로 이전등기를 신청할 수 있고 제3채무자는 이를 저지할 방법이 없으므로 가압류의 해제를 조건으로 이전등기청구를 해야 한다(민집 263 ①).[1]

3) 채권압류 및 추심명령이 있으면 제3채무자에 대한 이행의 소는 추심채권자만이 제기할 수 있으므로(민집 249 ①) 채무자는 피압류채권에 기한 이행의 소를 제기할 당사자적격이 없다.[2]

4) 순차 경료된 소유권이전등기의 각 말소 청구소송은 통상공동소송이므로 그 중의 어느 한 등기명의자만을 상대로 말소를 구할 수 있고, 최종 등기명의자에 대하여 등기말소를 구할 수 있는지에 관계없이 중간의 등기명의자에 대하여 등기말소를 구할 소의 이익이 있다.[3]

(다) 청구목적이 실현되거나 실익이 없는 경우

청구의 목적이 이미 실현되었거나 또는 실현실익이 없는 경우에는 소의 이익이 없다. 예컨대 멸실된 건물에 대한 소유권이전등기말소등기청구,[4] 말소된 근저당등기말소등기청구의 소,[5] 사해행위취소의 소송중 사해행위가 해제 또는 해지된 경우[6] 등에는 소익이 인정되지 않는다.

(라) 일부청구

일부청구의 권리를 남용하는 제소는 허용될 수 없으나(소액 5의2), 처분권주의상 분할청구의 자유를 존중하고 분쟁의 1회적 해결의 요청에서 명시적 일부청구는 허용된다고 할 것이다.

---

1) 대판 92다4680
2) 대판 2009다70067.
3) 대판 98다23393.
4) 대판 93다24810. 다만 소유권보존등기가 되었던 종전건물의 소유자가 이를 헐어 내고 건물을 신축한 경우에 종전건물에 대한 멸실등기를 하고 새 건물에 대한 소유권보존등기를 하기 위하여(부등 43 ①, 동 45) 종전건물에 대한 소유권보존등기에 터잡아 마쳐진 원인무효의 소유권이전등기 등의 말소를 청구할 소의 이익이 있다(대판 91다39184).
5) 대판 2002다57904.
6) 대판 2007다85157.

(마) 근저당권이전의 부기등기

근저당권이전의 부기등기는 근저당권설정의 주등기의 말소에 따라 직권으로 말소되므로 부기등기만의 말소를 따로 구할 실익이 없지만,[1] 근저당권의 주등기 자체는 유효한 것을 전제로 근저당권의 이전원인만이 무효로 되거나 취소 또는 해제되어 부기등기만의 효력을 다투는 경우에는 그 부기등기의 말소를 소구할 소의 이익이 예외적으로 있다.[2]

(2) 장래 이행의 訴

≪사례≫

[1] 1억원을 차용한 채무자가 채권자를 상대로 차용잔존채무 3천만원의 변제를 조건으로 근저당등기말소를 구하자, 피고는 잔존채무는 4천만원이라고 주장하였다. 법원이 피고의 주장을 받아들여 4천만원의 변제를 조건으로 근저당등기를 말소하라고 한 판결은 적법한가?

[2] 甲은 乙에게 A토지를 매수하고 매매대금을 지급하였는데도 乙이 소유권이전등기를 경료하지 아니하여 소유권이전등기절차를 이행하라고 제소하기 직전에 甲의 채권자 丙이 甲의 乙에 대한 소유권이전등기청구권에 관하여 가압류하였다.

(1) 위 가압류가 된 경우에도 甲은 乙을 상대로 소유권이전등기청구의 소를 제기할 수 있는가?

(2) 법원은 변론종결시까지도 위 가압류가 말소되지 아니한 경우 어떤 판결을 하여야 하는가?

(3) 한편 매도인 乙은 A토지 관련 재산세 등이 부과되고 가압류 등으로 법률관계가 복잡하여지는 것이 부담되어 하루라도 빨리 甲에게 소유권이전등기를 경료하여 주고 싶다. 그 절차는 어떤가?

(가) 의의와 인정취지

1) 장래이행의 소는 변론종결시 이후에 이행기도래 또는 조건 성취되는 청구에 대한 소이다(251). 이행기의 미도래, 조건 미성취의 청구권은 원칙적으로 권리보호이익이 없다. 예외적으로 '미리 청구할 필요가 있는 때'에 한하여 허용된다.

2) 피고는 2015. 8. 27.이 도래하면 원고에게 돈 1억원 및 이에 대한 2015. 8. 28.부터 다 갚는 날까지 연 20%의 비율에 의한 금원을 지급하라'는 장래이행의 소는 이행기 도래 즉시 채무자의 임의이행거부를 대비하여 미리 <u>집행권원</u>을 확보하는 것이다. 강제집행의 불능을 대비하는 보전절차와 다르다.

3) 장래이행의 소가 적법하려면 청구적격과 미리 청구할 필요가 있어야

---

1) 대판 2000다5640.
2) 대판 2002다15412.

한다. 청구적격은 미리 청구할 필요의 최소한의 (전제)요건이며 그 상관관계는 밀접하므로 일체로 보는 견해도 있다.[1]

(나) 청구적격

1) 청구기초관계의 확실한 예정

장래이행의 소가 허용되려면 변론종결 당시 <u>청구의 기초관계</u>(가령 불법점유상태)가 성립하고 있고 그러한 청구기초상태가 장래 이행기에도 계속할 것이 변론종결 당시 <u>확실히 예정</u>할 수 있어야 한다. 채무의 이행기가 장래에 도래하는 것뿐만 아니라 의무불이행사유가 그 때까지 존속한다는 것을 변론종결 당시에 확정적으로 예정할 수 없는 경우에는 장래의 이행을 명하는 판결을 할 수 없다. 개별적으로 다음과 같은 경우가 문제된다.

2) 불확정 기한부채권(장래 부당이득반환청구권)

불확정기한부 채권 특히 장래 부당이득의 반환청구의 소의 청구적격에 관하여 계약관계가 있던 경우와 법률상 원인이 없는 무단점유의 경우로 구분하여 본다.

가) 적법한 계약이나 법률관계가 있는 경우

예컨대 토지 임대차계약기간 종료 후 보증금반환청구권의 동시이행항변권 또는 유치권이 있어서 임차목적물을 계속 점유하는 경우와 같이 적법하게 개시된 토지점유의 경우에 대하여 지정된 특정일까지 임료상당의 부당이득의 반환을 청구하는 경우 ① 변론종결시 사용수익이 인정되어도 지정된 특정일까지(단지 점유만 하고) 사용수익은 종료할 수 있고 ② 지정된 특정일까지 계속 점유한다는 사정이 불확실하므로 청구적격을 인정할 수 없다.[2]

나) 불법 무단 점유자에 대한 부당이득반환의 경우

(a) 점유자가 국가·지방자치단체인 경우(수용권 보유)

a) 도로폐쇄에 의한 피고(국가등)의 점유종료일이나 원고의 도로소유권 상실일까지 임료상당의 부당이득반환청구는 피고의 점유상태가 이행기까지 존속함이 확실하므로 청구적격이 있다.[3]

b) 私人 소유의 토지를 도로로 무단점유하는 市의 매수시까지나 특정일(가령 2015. 8. 8.)까지의 각 부당이득반환청구는 매수일 또는 위 지정기일 이전에 市는 개인과 달리 수용 또는 점유종료 등이 가능하므로 위 기일까지 위 무

---

1) 전병서, 101.
2) 대판 2000다37517.
3) 대판 91다46717.

단점유상태가 불확실하여 청구적격이 없다.[1]

(b) **점유자가 개인인 경우**(수용권 부재)

a) **무단점유일부터 인도일까지의 부당이득반환청구**

개인의 무단점유 자체가 부당이득이고 피고의 점유상태가 인도일까지 존속함이 확실하므로 청구적격이 인정된다. 가옥명도의 판결을 하면서 그 명도시까지 임료상당의 손해배상을 아울러 명하는 경우에 판결의 시점에서 볼 때 명도시기가 불확정적이기는 하나 장차 명도라는 사실의 실현을 예정할 수 있는 경우로서 청구적격이 있다.[2]

b) **특정일까지의 점유로 인한 부당이득반환청구**

가령 2015. 10. 10. 특정일까지의 부당이득반환청구에 대하여 피고가 특정일까지 계속 점유한다고 확정할 수 없으므로 청구적격이 없다. 판례는 원고가 학교법인을 상대로 장차 지급받게 될 퇴직금에 대하여 중간이자를 공제한 현가로 환산하여 즉시 지급을 청구하는 소에서 원고가 위 교수임용계약 만료일까지의 사이에 복직되지 않으리라고 단정할 자료가 없고 퇴직금 산정의 기초가 되는 원고의 퇴직일자를 변론종결 당시 확정적으로 예정하는 것이 불가능하므로 위와 같은 성질의 청구는 즉시이행은 물론 장래이행으로서도 용인할 수 없다고 판시하고 있다.[3]

다) 검토컨대 위와 같이 판례는 원고가 설정한 종기(終期)에 청구기초상태가 장래 이행기에도 존속할 것이 변론종결 당시 확실히 예정할 수 있어야 한다. 그러나 특히 제136조 4항에서 지적의무를 규정하고 있으므로 당사자가 설정한 종기가 부적격한 경우 청구적격에 적법한 종기설정에 관한 의견진술의 기회가 주어져야 할 것이다.

3) **정지조건부(停止條件附) 채권**

가) 변론종결 당시 조건성취가 안 된 채권들은 이행기에 조건성취의 개연성이 희박하지 않아야 적법하다. 예컨대 20세 청년의 향후 30년의 생존을 조건으로 하는 정기금청구는 조건성취의 개연성이 인정되어 청구적격이 인정된다고 할 것이다.

나) 주무관청의 허가를 조건으로 하는 경우에 판례는 사립학교법 제28조 1항의 취지에 따른 학교법인이 감독청의 허가 없이 기본재산인 부동산에 관한 매매계약을 체결하는 한편 그 부동산에서 운영하던 학교를 당국의 인가를 받아

---

1) 대판 91다17139
2) 대판 86다카2151.
3) 대판 90다카25277.

신축교사로 이전하고 준공검사까지 마친 경우 위 매매계약에 기한 소유권이전등기 절차이행청구권의 기초가 되는 법률관계는 이미 존재한다고 볼 수 있고 장차 감독 청의 허가에 따라 그 청구권이 발생할 개연성 또한 충분하므로 매수인으로서는 미 리 그 청구를 할 필요가 있는 한 감독청의 허가를 조건으로 그 부동산에 관한 소유 권이전등기절차의 이행을 청구할 수 있다고 판시하고 있다.[1]

그러나 판례는 아직 거래허가를 받지 못한 거래허가구역 내의 토지거 래계약은 유동적 무효라고 하면서 매수인이 토지거래허가가 있을 것을 조건으로 한 소유권이전등기청구의 소에서 허가받기 전의 상태에서는 아무런 효력이 없어 권리의 이전에 관한 어떠한 이행청구도 할 수 없다고 하여[2] 청구적격이 없다고 판 시하고 있다.

결국 판례는 주무관청의 허가받을 개연성을 구체적 사실관계를 고려 하여 판단하는 듯하다.

(다) **미리 청구할 필요**

청구권의 성질 또는 상대방의 태도에 따라 미리 청구할 필요가 있으면 장래 이행의 소를 제기할 수 있다.

1) **청구권의 성질에 의한 필요성**

결혼식장에서의 축하연주와 같은 정기행위나 이행이 늦어지면 채무본지에 따른 이행이 되지 않는 기초생활보호 부양료의 청구는 미리 청구할 필요가 있다.

2) **의무자의 태도로 인한 필요성**(임의이행거부 등)

가) ① 의무자가 미리 의무의 존재, 이행기, 조건을 다투어서 이행기에 즉시 이행을 기대할 수 없음이 명백한 때 ② 이미 해태한 원금지급 및 원금 완제에 이르기까지의 지연이자청구, ③ 계속적·반복적 채무가 현재 이행기 도래분에 대해 불 이행한 이상 장래분의 자진 이행을 기대 어려우므로 미리 청구할 필요가 인정된다.[3]

나) 원고가 먼저 채무이행할 것을 조건으로 이행을 구하는 선이행청구 는 원칙적으로 허용되지 않는다. 예컨대 저당채무자가 저당권자를 상대로 피담보 채무의 변제를 조건으로 한 근저당권설정등기말소청구는 허용되지 않는다. 그러나 근저당권자가 피담보 채무의 수액을 다투거나[4] 양도담보권가 담보용이 아니라고

---

1) 대판 96다27988.
2) 대판 90다12243(국토의 계획 및 이용에 관한 법률 제118조 6항: 제1항의 허가구역에 있는 토지에 관한 소유권 등에 관하여) 허가를 받지 아니하고 체결한 토지거래계약은 그 효력이 발생하지 아니한다).
3) 대판 94다32085.
4) 대판 91다35175.

다투어서 채무자가 변제해도 근저당권이나 담보용소유권이전등기의 말소에 협력할 것을 기대할 수 없을 때는 미리 청구할 필요가 있으므로 장래이행청구가 허용된다.

▨ **사례해설**

[1] 3천만원의 변제를 조건으로 근저당등기말소를 청구하는 것은 선이행청구로서 장래이행의 소의 일종이므로 제251조의 미리 청구할 필요 등이 있어야 하며, 변제조건을 청구취지보다 더 불리하게 4천만원의 변제조건을 붙인 것이 처분권주의에 위반되는지가 문제되나, 설문의 장래 조건부 청구는 조건성취의 개연성이 희박하지 않아 청구적격이 있고, 법원이 피고의 항변을 인정하였으므로 피고가 잔존채무의 액수를 다툰 것으로 볼 수 있어 미리 청구할 필요성이 인정되고(대판 92다15376), 잔존채무액이 원고 주장의 금액을 초과하는 경우 그 확정된 잔존채무의 변제를 조건으로 말소등기절차 이행을 구하는 취지가 포함되어 있는 것으로 해석하므로 이 판결은 처분권주의에 위반되지 않아 적법하다.

[2] (1)(2) 일반적으로 채권에 대한 가압류가 있더라도 이는 채무자가 제3채무자로부터 현실로 급부를 추심하는 것만을 금지하는 것이므로, 채무자는 제3채무자를 상대로 그 이행을 구하는 소송을 제기할 수 있고, 법원은 가압류가 되어 있음을 이유로 이를 배척할 수 없는 것이 원칙이다. 왜냐하면 채무자로서는 제3채무자에 대한 그의 채권이 가압류되어 있다 하더라도 집행권원을 취득할 필요가 있고, 또는 시효를 중단할 필요가 있는 경우도 있을 것이며, 특히 소송 계속중에 그의 채권에 대한 가압류가 행하여진 경우에는 이를 이유로 청구가 배척된다면 장차 가압류가 취소된 후 다시 소를 제기하여야 하는 불편함이 있는 데 반하여, 제3채무자로서는 이행을 명하는 판결이 있더라도 집행단계에서 이를 저지하면 될 것이기 때문이다.

이와 달리 소유권이전등기청구권에 대하여 가압류된 경우에는 소유권이전등기를 명하는 판결은 의사의 진술을 명하는 판결로서 이것이 확정되면 채무자는 일방적으로 이전등기를 신청할 수 있고 제3채무자는 이를 저지할 방법이 없으므로 가압류의 해제를 조건으로 하지 아니하는 한 법원은 이를 인용하여서는 안 된다(민사실무 Ⅱ, 사법연수원, 2013. 76면).

(3) 제3채무자가 임의로 이전등기의무를 이행하고자 한다면 민사집행법에 의하여 정하여진 보관인에게 권리이전을 하여야 할 것이고, 이 경우 보관인은 채무자의 법정대리인의 지위에서 이를 수령하여 채무자 명의로 소유권이전등기를 마치면 될 것이다.[1] ▨

2. 확인의 소의 소익

(1) 확인대상적격

확인의 소의 확인의 대상은 무제한하므로 남소방지 위해 일정한 제한기준이 필요하다. 확인의 소의 청구적격과 즉시확정의 법률상 이익 즉 협의의 확인의 이익이 있어야 한다. 광의의 확인이익은 앞에서 본 확인대상적격(청구적격)과 협의

---

1) 대판 92다4680.

의 확인의 이익(권리보호이익)을 포함한다. 확인의 소는 당사자간의 현존하는 법적 분쟁의 해결을 위한 것이므로 확인대상은 현재의 권리·법률관계일 것을 요함이 원칙이다.

(가) 권리·법률관계

1) 자연현상이나 역사적 사실, 종손지위확인, 온천발견신고자의 지위확인[1] 같은 사실관계는 확인대상이 될 수 없다. 예외로 증서진부확인의 소는 허용된다(250).

2) 비법인사단의 대표는 사원총회의 결의를 얻어 사단재산을 처분할 권한과 대표권을 가지므로 재산의 관리처분과 관련한 교회나 종중의 대표자 지위에 관한 분쟁은 구체적인 권리 또는 법률관계를 둘러싼 분쟁에 해당하여 그 대표자 지위의 부존재 확인을 구하는 것은 소의 이익을 인정할 수 있다.[2]

종중재산분배와 관련한 종중원지위의 확인도 같은 이유로 소익이 인정된다.

(나) 「현재의」 권리관계 또는 법률관계

현재와 장래의 구분기준은 사실심 변론종결시를 기준으로 한다.

1) 과거의 법률관계에 대한 확인청구는 원칙적으로 불허된다. 다만 판례는 과거의 법률행위의 효력확인이 현재의 권리·법률관계에 관련되는 경우는 허용하여 매매계약무효확인의 소를 제기한 경우 현재 매매계약에 기한 채권채무가 존재하지 않는다는 확인을 구하는 취지로 보고,[3] 과거의 포괄적 법률관계(사망자에 대한 사실혼관계확인의 신분관계[4] 등)의 확인은 일체 분쟁의 직접적·획일적 해결에 유효적절한 수단이 되는 때에는 허용한다.

2) 장래의 권리 또는 법률관계의 확인청구도 향후 변동될 가능성이 있으므로 소익이 없다. 따라서 상속개시 전 상속권확인은 불허된다.

(다) 「당사자간」의 법률관계

1) 원칙적으로 소송 당사자간의 법률관계인 경우를 대상으로 하며 타인간의 법률관계는 확인의 이익이 없다.

2) 그러나 예외로 타인간의 법률관계라도 자기의 권리관계에 대한 불안이

---

1) 대판 2002다20353.
2) 대판 2006다41297[대표자지위부존재확인]
3) 대판 66다17; 81다108 [계약해제확인]; 86다카2675. 다만 이 경우에 채무이행이 완료된 경우에는 확인의 이익이 부정될 것이다.
4) 사실혼관계는 공무원연금법, 군인연금법 등 여러가지 법률관계의 전제가 되어 있고, 그 존부확인청구는 그 법률관계들과 관련된 분쟁을 일거에 해결하는 유효 적절한 수단일 수 있다.

나 위험을 제거할 수 있는 유효하고 적절한 수단이 되는 경우에는 확인의 이익 있다.

예컨대 ① 소외인이 피고교회의 적법한 대표자임을 전제로 하여 여러 법률관계가 형성되었고 또 새로이 법률관계가 형성될 가능성이 있다면, 그 법률관계에 대하여 개별적으로 해결함에 앞서 분쟁의 근원이 되는 소외인의 피고교회대표자지위 존부 그 자체의 확인을 구하는 편이 직접적이고도 획일적인 해결을 기대할 수 있으므로 교인(敎人)인 원고가 소외인 교회담임목사에 대하여 피고교회 대표자지위 부존재 확인을 구하는 경우,[1] ② 채권자가 채권자대위 대상이 된 채무자의 권리에 관하여 방해하고 있는 제3자를 상대로 채무자권리의 확인을 구하는 경우[2] 등은 소익이 있다.

(2) 즉시확정의 법률상 이익(협의의 확인의 이익)

확인의 이익은 원고의 권리 또는 법률적 지위에 위험·불안이 현존하고 또 위험·불안을 제거하는 데에 확인의 소가 유효·적절한 경우에 인정된다.

(가) 법적 불안성

법률상 지위에 불안이 있어야 하며 경제적·반사적 이익의 불안은 제외된다.

(나) 불안·위험 현존성

법적불안 내지 위험이 현존하여야 한다. 원칙으로 당사자 사이에 다툼이 없으면 확인의 이익이 없다. 따라서 자신의 법적지위와 양립하지 않는 주장을 당할 때, 시효중단의 필요시, 원고의 주장과 반대되는 공부(등기, 가족관계등록부 등)상의 기재가 있는 때는 인정된다.

1) 미등기토지의 토지대장상의 명의자가 불명확한 경우 판결에 의하여 보존등기를 할 수밖에 없으므로(부등 130(2)) 토지소유자는 다툼이 없더라도 국가(無主의 토지는 국가 소유이다. 민법 252②)를 상대로 소유권확인의 소를 제기할 수 있는 법적 불안의 현존을 인정한다.[3]

2) 미등기건물에 관하여는 건축물관리대장의 관리주체인 지방자치단체를 상대로 소유권확인을 구하는 방법이 가능하다. 국가가 그 소유권을 주장하지 않는 한 국가를 상대로 미등기건물의 소유권보존등기를 할 수 없다.[4]

---

1) 대판 2006다41297.
2) 대판 73다1306.
3) 대판 2009다48633.
4) 대판 94다20464.

(다) **불안제거의 유효·적절성**

확인의 소가 불안제거에 유효·적절한 수단이어야 한다. 불안제거에 더 근본적이고 간편한 방법이 있으면 확인의 소를 제기할 수 없다.

1) **원칙: 적극적 확인**

원고에게 소유권이 있음을 주장하는 적극적 확인이 가능한 경우에 피고에게 소유권이 없다는 소극적 확인소송은 확인의 이익이 없음이 원칙이다.

따라서

① 甲와 乙이 서로 자기가 丙에 대하여 채권자라고 주장하는 사안에서, 甲이 乙을 피고로 하여 丙의 乙에 대한 채무<u>부존재</u>확인을 구하는 것은 甲이 이 소송에서 승소해도 乙과의 관계에서 자기의 권리가 확정되는 것도 아니며 그 판결의 효력이 丙에게 미치는 것이 아니므로 자기의 권리 또는 법률적 지위에 현존하는 불안·위험을 해소시키기 위한 유효·적절한 수단이 될 수 없어서 확인의 이익이 없다.[1]

② 종중 대표자라고 주장하는 자가 종중을 상대로 하지 않고 종중원 개인을 상대로 하여 대표자 지위의 적극적 확인을 구하는 소송은, 만일 그 청구를 인용하는 판결이 선고되더라도 그 판결의 효력은 당해 종중에는 미친다고 할 수 없기 때문에 대표자의 지위를 둘러싼 당사자들 사이의 분쟁을 근본적으로 해결하는 가장 유효·적절한 방법이 될 수 없어서 확인의 이익이 없어 부적법하다.[2]

③ 미등기 건물의 매수인이 매도인에게 소유권이전등기의무의 이행을 소구하지 아니한 채 그 건물에 대한 사용·수익·처분권의 확인을 구할 소의 이익이 없다.[3]

2) **판례상 소극적 확인의 이익을 인정한 사례**

가) 원고에게 소유권이 없어서 원고가 원래 소유자를 대위하여 행사해야 하는 사정이 있어서 적극적으로 자기의 소유권을 주장할 수 없고 피고의 소유권이 부인되면 그로써 원고의 법적 지위에 대한 불안이 제거되어 분쟁이 해결될 수 있는 경우에는 예외적으로 피고의 소유권의 소극적 확인을 구할 이익이 있다.[4]

나) 담보권 실행을 위한 경매절차에서 근저당권자가 유치권자로 권리신고를 한 자에 대하여 유치권부존재확인의 소를 구할 법률상의 이익이 있다.[5]

---

1) 대판 2009다75635,75642; 2003다49092; 94다59257. 채무자에 대한 채권이 자기에게 있다는 적극적 확인을 구하는 경우 그 확인의 이익은 인정될 수 있다.
2) 대판 97다4104.
3) 대판 2005다41153.
4) 대판 83다카2337.
5) 대판 2011다84298; 2004다32848.

다) 보험계약 해지 후 피보험자가 여전히 자기 아닌 제3자가 보험금청구권을 가진다고 주장하는 경우, 보험자가 그를 상대로 보험금채무 부존재 확인을 구할 이익이 있다.[1]

라) 위에서 살펴본 소외인 담임목사의 교회대표자지위부존재확인[2]에서 소극적 확인의 이익을 인정하고 있다.

3) 당해 소송절차 내에서 판단 가능한 경우

당해 소송에서 재판을 받는 것이 예정된 사항, 예컨대 당해 소송절차에서 본안의 전제문제로서 판단되는 대리권과 같은 소송요건의 존재 여부에 관하여 또는 기일지정신청을 하여 판단받을 수 있는 소취하의 유효·무효 여부 등에 관하여 확인의 별소는 인정될 수 없다.

4) 확인의 소의 보충성

가) 형성의 소나 청구권에 관하여 이행의 소의 소가 가능한 경우에 이행청구권 자체의 확인의 소는 확인판결은 집행력이 없고 불안제거에 가장 적절한 수단도 아니고 소송경제에도 반하여 원칙적으로 허용되지 않는다. 이를 청구권에 관한 확인의 소의 보충성이라 한다. 따라서 형성의 소(이혼소송)가 가능한 경우에 이혼청구권의 확인의 소는 유효적절한 수단이 아니므로 불가하다.

나) 다만 예외적으로 ① 확인판결시 임의이행이 기대되는 경우, ② 현재 손해액수가 불명확한 경우, ③ 시효중단의 필요가 있는 경우는 확인의 소가 인정된다.

다) 보충성과 무관한 경우

선결적인 기본권리관계(소유권 유무)의 파생청구권(채권적·물권적 청구권)을 주장하여 이행의 소를 제기할 경우 그 이행의 소의 기판력이 기본관계에 미치지 않기 때문에 문제의 발본적인 해결을 위하여 기본의 권리관계의 확인의 이익 있다. 이는 엄밀히는 확인의 소의 보충성과 관계없다.[3] 따라서 소유권에 기한 건물인도청구가 가능한데도 건물인도청구권의 확인의 소는 보충성에 반하나, 선결문제로서 기본관계인 건물에 대한 소유권의 존재를 확인하는 소는 인도청구의 소와는 문제되는 권리·법률관계가 서로 다르고 기판력에 의하여 확정되는 내용도 다르므로 허용된다.[4]

---

1) 대판 94다51536
2) 대판 2006다41297.
3) 호문혁, 306-307.
4) 또한 매매계약해제의 효과로서 이미 이행한 것의 반환을 구하는 이행의 소를 제기할 수 있을지라도 기본이

　　　　　라) 판례는 근저당권설정계약에 기한 피담보채무 부존재를 원인으로 근저당권말소등기청구를 하면서 피담보채무의 부존재확인청구를 함께 구할 확인이익이 없다고 할 것이다.[1] 이는 분쟁의 주된·대상은 근저당권등기말소이므로 근저당설정등기의 말소를 구하는 것이 분쟁해결의 유효·적절하고 직접적인 수단이 될 것이나 피담보채무의 부존재확인은 분쟁의 유효·적절한 수단이 아니라고 보기 때문이다.[2] 그러나 피담보채무액에 관하여 다툼이 있는 경우에는 조건부 근저당권말소등기청구와 함께 피담보채무부존재 확인의 이익이 있다고 본다.[3] 이 경우는 분쟁의 주된 대상은 근저당권말소등기뿐만 아니라 피담보채권액의 확정에도 있으므로 별도로 피담보채무의 부존재확인청구는 분쟁의 유효·적절한 수단성이 인정된다고 할 수 있기 때문이다.[4]

　　5) 본소의 확인의 이익이 이행의 반소제기로 소멸하는지의 여부

　　　　손해배상채무의 부존재확인을 구하는 본소에 대하여 <u>그 채무의 이행을 구하는 반소</u>가 제기된 경우 본소에 대한 소의 이익이 소멸되는지의 여부에 관하여, 판례는 적법하게 제기된 본소가 그 후에 반소로 인하여 소송요건에 흠결이 생겨 다시 부적법하게 되는 것은 아니므로, 본소청구에 대한 확인의 이익이 소멸하여 본소가 부적법하게 된다고 볼 수는 없다고 본다.[5] 이는 가령 원고가 피고의 반소를 통하여 기판력을 취득하려고 본소를 취하하였으나 피고가 반소를 취하하면 원고는 당초 추구한 기판력을 취득할 수 없기 때문이다.

《사례》 A, B, C는 형제로서 선친의 후손들을 종원으로 하는 甲 종중을 설립하고, 공동상속한 X 임야를 甲 종중 앞으로 이전등기하였다. C와 친분이 있는 乙은 C와 접촉한 끝에 甲 종중으로부터 위 X임야를 매수하는 계약을 체결하였고, C는 이미 연로한 A, B에게 이 매매사실을 알리지 아니한 채, 젊은 C 자신을 종중의 대표자로 해 두자고 말하여 A와 B로부터 인장을 받아 자신을 甲종중의 대표자로 등록하고 위 임야에 관하여 乙 앞으로 매매를 원인으로 한 소유권이전등기까지 하였다.

　　나중에 A의 아들 D는 이 사실을 알고서 위 매매는 무효라고 이의를 제기하였다. 결국 甲 종

　　되는 매매계약 여부에 관하여 다툼이 있어 즉시 확정의 이익이 있는 경우에는 의무효확인의 소는 허용된다.

1) 대판 2000다5640. 또 손해배상청구를 할 수 있는 경우에 침해된 권리의 존재확인을 구하는 것은 분쟁의 종국적인 해결방법이 아니어서 확인이익이 없다는 판례(95다5622)도 있으나 이 역시 확인의 소의 보충성을 오해하였거나 부당하게 확대 적용하는 것으로 본다(호문혁, 305).

2) 이에 관하여는 확인의 소의 보충성문제가 아니고 확인을 구하는 법률관계가 이행의 소의 선결문제이므로 확인의 이익이 긍정되어야 한다는 취지의 주장이 있다(호문혁 307).

3) 대판 81다393.

4) 김홍엽, 274-275.

5) 대판 99다17401·17418; 2010다2428.

중을 원고로 하고 乙을 피고로 하여 소유권이전등기 말소등기청구 소송을 제기하려고 한다.

[1] 甲종중이 乙을 피고로 한 소유권이전등기 말소등기청구 소송을 제기하기 이전에 아래 소송이 별개로 제기되었다면 각 소들은 적법한가?

    (1) D가 원고로서 甲종중과 C를 공동피고로 하여 "피고 C를 甲종중의 대표자로 선출한 피고 甲종중 총회의결의는 존재하지 아니함을 확인한다"는 판결을 구하는 소.

    (2) 甲종중이 乙을 상대로 "위 매매계약은 무효임을 확인한다"는 판결을 구하는 소.

    (3) 乙이 원고로서 甲종중을 피고로 하여 "위 매매계약은 유효임을 확인한다"는 판결을 구하는 소.

    (4) 乙이 원고로서 甲종중과 C를 공동피고로 하여 "피고 C는 피고 甲종중의 대표자임을 확인한다"는 판결을 구하는 소.

[2] 만약 甲종중이 D를 종중대표자로 선임하여 위 토지를 되찾는 소를 제기할 권한을 수여하였고, 종중대표자 D가 甲종중 총회의 결의를 얻어 자신 D의 이름으로 乙을 상대로 제기한 말소등기청구의 소는 적법한가?

사례해설

[1] (1) D는 甲종중의 종원으로서, 확인의 이익(원고적격)이 인정되고, 단체의 대표자선출결의에 대한 무효(부존재) 확인을 구하는 소송은 그 단체 자체를 피고로 삼아야 하고, 그 선출된 대표자 C를 피고로 삼는 것은 피고적격 흠결되어 부적법하다.[1] 대표자개인에 대한 판결은 단체에 효력이 미치지 않는다(218 ①).

(2) 본 사안의 경우 추후 이전등기말소등기청구 외에 손해배상 청구가 예상될 수 있고 본 사안의 경우 매매계약무효확인은 이전등기말소의 선결문제에 해당하여 보충성과무관하게 즉시 확정의 이익이 있으면 확인 대상적격이 인정된다고 볼 수 있다. 한편 과거 법률행위의 효력에 대한 확인청구는 그 법률행위에 기한 채무가 현재 존재하지 않는다는 확인을 구하는 취지로 선해할 수 있다면 확인의 이익이 인정된다고 볼 것이지만[2] 본 사안의 경우는 이미 채무이행이 완료된 상태이므로 이에 해당되지 않고, 또한 甲 종중으로서는 乙명의의 소유권이전등기말소등기청구의 소가 가능하므로 매매계약 무효확인의 소는 원고의 법적 불안제거에 가장 유효적절한 수단이 아니므로 확인의 이익이 없다.

(3) 현재 등기명의자인 乙로서는 소유권확인의 소가 가능하므로 매매계약 유효확인의 소는 원고의 법적 불안 제거에 가장 유효적절한 수단이 아니므로 확인의 이익이 없다.

(4) 현재 등기명의자인 乙로서는 소유권확인의 소가 가능하므로 C의 대표자지위확인의 소는 乙의 법적 불안제거에 가장 유효적절한 수단일 수 없으므로 즉시확정의 이익이 없다. 또한 피고 C에 대한 청구는 피고적격 흠결이 의심된다. C만 대표자지위확인의 소의 피고로 하면 당연히 C는 확인의 이익이 없어 부적법하다.[3]

[2] 등기는 공동신청주의에 의하여 절차법상 등기권리자와 절차법상 등기의무자가 공동으로 신청하여야 한다(부등 28). 소유권이전등기 말소청구의 소는 종전의 등기명의인(또는 그 포괄승계인)이 그 이후의 등기명의인(또는 그 포괄승계인)을 피고로 제기하여야 한다. 따라서 D는 사단의 대표자라거나 사원총회의 결의를 거쳤다 하더라도 그 소송의 당사자가 될 수 없다.

---

1) 대판 97다4104.
2) 대판 66다17; 81다108 등.
3) 대판 97다4104.

≪사례≫ 원고가 장인 A를 대리인으로 하여 B로부터 대지를 매수하였는데 A가 아무런 권한 없이 그 아들인 피고와 원고의 3인 공유지분으로 위 대지에 대한 소유권이전등기를 마쳤다. 이에 원고는 지분권자인 B를 대위하여 피고 명의의 무효인 2/3 지분이전등기의 말소를 구하고 피고에게 위 대지에 대한 지분권이 없음의 확인을 구하는 것은 적법한가?

▨ 사례해설

원고의 청구는 피고의 2/3 지분등기는 무효라는 것이므로 그 지분권은 원래의 소유자인 B에게 남아있는 셈이 되어 원고로서는 오로지 위 지분권자인 B를 대위하여 피고 명의의 지분등기가 실체권리관계와 부합하지 않음을 이유로 무효임을 주장할 수 있을 뿐이고 적극적으로 자기의 지분권을 주장할 수 없는 처지이니, 피고의 지분권에 대한 소극적 확인을 구할 이익이 있다.[1] ▨

(3) 증서의 진정 여부를 확인하는 소

> 제250조(증서의 진정 여부를 확인하는 소) 확인의 소는 법률관계를 증명하는 서면이 진정한지 아닌지를 확정하기 위하여서도 제기할 수 있다.

(가) 의　의

증서의 진정 여부를 확인하는 소는 법률관계를 증명하는 서면이 진정한지 아닌지(성립진정 = 위조되었는지)를 확정하기 위한 소이다(250). 기재된 내용이 진실에 합치하는지(내용진정)에 관한 것이 아니다.[2] 증서진부확인의 소는 직접 법률관계를 대상으로 하지 않지만 서면의 진정 여부가 확정되면 법률관계에 관한 분쟁 그 자체가 해결될 수 있기 때문에 인정된다.

(나) 확인대상적격

1) 법률관계를 증명하는 서면은 그 내용에 의하여 직접적으로 법률관계의 존부가 증명될 수 있는 문서로서 예컨대 차용증서, 유언서,[3] 유가증권, 정관, 화해계약서 등 주로 처분문서이다. 다만 서면에 의하여 증명하고자 하는 법률관계에 대한 확인의 이익이 있어야 한다.

---

1) 대판 83다카2337.
2) 대판 91다15317.
3) 유언자가 사망한 경우 유언서는 증서진부확인의 소의 대상이라 할 것이다(정동윤·유병현 371). 다만 적법하게 성립한 유언서라도 유언자가 생존중에는 유언의 법률적 효력이 발생하는 것이 아니어서 유언자와 수유자 사이에 법률관계를 증명하는 서면이 아니므로 증서진부의 확인의 소의 대상이 아니다. 또한 공정증서에 의한 유언의 요건을 갖추지 못한 경우에는 민법 제1068조 소정의 '공정증서에 의한 유언'으로서의 효력을 가질 수 없기 때문에, 공정증서가 망인의 진정한 의사에 의하여 작성되었음을 확인하는 판결이 선고되더라도 유언의 유무효에 관한 권리관계 내지 법률적 지위의 불안이 제거될 수 없으므로 위 공정증서에 대한 증서진부확인의 소는 소익이 없어 부적법하다.

2) 직접 법률관계를 표상하지 아니하는 대부분의 보고문서(대차대조표, 세금 계산서, 회사결산보고서, 영수증[1])는 증서진부확인 대상적격이 없다.[2]

(다) **확인이익**

1) 법적 불안 상태가 현존하고 그 불안을 제거함에 문서의 진부확인이 가장 유효적절한 수단이어야 한다. 따라서 화해계약서의 진부확인의 소에서 그 계약내용인 실체법상 청구권이 이미 소멸되었거나[3] 서면으로 증명되는 법률관계가 해제되었는지의 여부에 다툼 된 경우에는 처분문서라도 확인의 이익이 없다.

2) 또 서면에 의하여 증명되어야 할 법률관계에 관하여 이미 소송중인 경우에는 그 소송중에서 증서진부확인을 다툴 수 있으므로 진부확인의 소를 별소로 제기할 소익이 없다.

3) 그러나 증서진부확인의 소가 먼저 제기된 후에 그 법률관계 관련의 소가 후에 제기된 경우에는 증서진부확인의 소의 소익이 소멸되지 않는다.[4] 그 법률관계에 관련된 후소가 취하, 부적법 각하되는 경우 증서진부에 관한 쟁점은 해결되지 못한 채 그대로 남기 때문이다. 이는 동일한 청구권에 대하여 이행의 소가 가능한데도 청구권리확인만 구하는 확인의 소의 보충성의 문제와 관련 없다.

(라) **절차와 심판**

절차는 확인의 소에 준하나 상대방 당사자는 서면에 의해 증명될 법률관계에 관하여 이해가 상반되는 자가 된다. 서면을 현실적으로 소지할 필요는 없으나 서면이 법원에 제출되지 않으면 진부확정을 할 수 없으므로 진부확인의 소는 각하된다. 진정 여부의 심판에서 문서의 진정성립에 관한 추정규정(356, 358)이 적용된다.

≪**사례**≫ A 부동산에 관하여 甲명의로 소유권보존등기가 경료된 다음 乙명의로 2013. 8. 27.자 매매를 원인으로 하여 소유권이전등기가 경료되었다. 甲은 위 매매에 관한 2013. 8. 27.자의 매매계약서와 영수증이 위조된 것이라고 주장하면서 각 서면이 진정하지 아니하다는 확인의 소를 제기하였다. 이 소의 사실심 심리중 甲은 乙이 임의로 소유권이전등기를 경료하였다고 주장하면서 乙을 상대로 소유권이전등기말소등기청구의 소를 별소로 제기하였다. 甲이 제기한 위 확인의 소는 먼저 변론종결하게 되었고 법원은 위 매매계약서와

---

1) 대판 2005다29290: 영수증은 그 기재대로 임대차계약금으로 일정한 금원을 받았음을 증명하기 위하여 작성되는 서면에 지나지 아니하여 특별한 사정이 없는 한 그로부터 원고와 피고들 사이의 임대차 등 법률관계의 성립 내지 존부가 직접 증명되는 것은 아니므로, 증서의 진정 여부를 확인하는 소의 대상이 될 수 없다.
2) 보고문서도 이에 의하여 직접 일정한 법률관계의 존부가 증명된다면 법률관계를 증명하는 서면이 된다(김홍엽, 284).
3) 대판 66다2489.
4) 대판 2005다29290·29306.

영수증이 위조된 것으로 심증을 형성하였는바, 이 확인의 소에 대하여 법원은 어떤 판결을 할 것인가?

📋 **사례해설**

매매계약서, 영수증 진부확인의 소는 사실관계의 확인을 구하는 소이나 이러한 증서진부확인의 소는 적법한지, 확인의 소의 확인대상적격이 있는지, 또 확인의 이익이 있는지의 문제이다. 확인의 대상이 되는 진정 여부란 형식적 진정성립, 즉 서면이 그 작성명의자에 의하여 작성된 것인지 아니면 위조되었는지를 말한다.

사례에서 매매계약서는 제250조에서 말하는 법률관계를 표상하는 증서로서 확인대상적격이 있으나, 영수증은 대금수수(授受)의 사실관계에 관한 것으로 법률관계를 표상하는 증서가 아니므로 확인대상적격이 없어서 영수증에 대한 진부확인의 소는 확인대상적격 흠결로 부적법 각하될 것이다.

매매계약서에 대한 진부확인의 경우 서면에 의해 증명되어야 할 법률관계에 관한 소가 후에 제기된 경우 증서진부확인의 이익이 있는지 문제되나, 진부확인의 소가 제기된 후에 그 법률관계에 관련된 소가 후소로 제기된 경우에는 진부확인의 소의 확인이익이 소멸되지 않는다고 본다. 따라서 법원은 매매계약서에 대한 진부확인의 소는 '원고를 매도인, 피고를 매수인으로 하여 2013. 8. 27.자로 작성된 별지 사본과 같은 매매계약서는 진정하게 성립된 것이 아님을 확인한다'고 판결하게 되고, '원고를 금원수령인, 피고를 금원지급인으로 하여 2013. 8. 27.자로 작성된 별지 사본과 같은 영수증에 대한 이 사건 청구는 각하한다'고 판결하게 된다. 📋

3. 형성의 소의 소익

(1) 형성의 소에 있어서는 원칙적으로 법률에 따라 제소하면 소익이 인정된다.

(2) 예외적으로 ① 회사해산 후에 회사설립무효의 소, 공유물의 분할에 관한 협의가 성립된 후의 분할청구의 소와 같이 소송목적의 실현된 경우, ② 회사이사의 선임결의취소소송 계속중 이사임기만료로 퇴임한 경우와 건물철거의 대집행계고 취소소송중 대상건물이 철거된 경우와 같이 사정변경에 의해 원상회복이 불능한 경우에는 소익이 부정된다.

Ⅳ. 소익의 소송상의 취급

(1) 소익은 소송물에 관한 소송요건으로서 소송제도의 남용방지와 당사자의 소송제도를 이용할 정당한 이익보호와의 균형적인 조화시키는 역할을 한다. 소익은 권리보호자격과 권리보호이익으로 구성되어 있고 소송의 종류에 따라 다소 상이하나 직권조사사항인 점은 공통하다.

(2) 소익에 흠결이 있으면 소를 각하한다. 다만 이 경우 소각하가 아니라 청

구기각을 했다고 해서 본안인 권리관계의 존부에 기판력이 생기는 것은 아니다. 소익이 없음에도 이를 간과한 판결은 상소가 가능하나 재심사유에 해당되지 아니한다.

<선택형>

1. 이행기(가령 2015. 9. 5.)가 '변론종결시(2013. 3. 5.) 이후에' 도래하는 채권에 대하여 당장 돈을 지급하라는 訴를 제기하였다. 법원은 어떤 판단을 해야 하는가?[1)]

① 법원은 청구에 이유가 없어 청구기각판결을 한다.
② 법원은 소송요건 흠결로 부적법 각하 판결한다.
③ 법원은 소송요건 흠결로 청구기각 판결한다.
④ 소장각하 판결을 한다.
⑤ 법원은 청구에 이유가 있어 청구인용판결을 한다.

2. 저당권 또는 담보가등기의 채무자가 채무액수가 다르다고 채권자와 다투면서 소를 제기하였다. 관련하여 다음 설명 중 옳지 않은 것은?[2)]

① 채무변제 등 선이행의무를 이행하지 아니하면서 근저당권말소를 주장하는 채무자의 저당권말소청구의 소는 부적법하다.
② 채무자의 저당권말소청구는 선이행청구이지만 액수에 관하여 다툼이 있는 경우 적법하다.
③ 근저당권 이전의 부기등기가 경료된 후 그 피담보채무가 소멸한 경우, 주등기인 근저당권설정등기의 말소등기만 구하면 되고, 그 부기등기에 대한 말소를 구하는 것은 소의 이익이 없다.
④ 근저당권 양도의 부기등기는 기존의 근저당권설정등기에 의한 권리의 승계를 등기부상 명시하는 것뿐으로, 그 등기에 의하여 새로운 권리가 생기는 것이 아닌만큼 근저당권설정등기의 말소등기청구는 현재 근저당권의 명의인인 양수인만을 상대로 하면 족하고 양도인은 그 말소등기청구에 있어서 피고 적격이 없다.
⑤ 또 채무자는 자신의 채무를 먼저 변제하여야만 비로소 그 채무를 담보하기 위하여 경료되었던 가등기 및 그 가등기에 기한 본등기의 말소나 새로운 소유권이전등기를 청구할 수 있는 것이기는 하지만, 채권자가 그 가등기 등이 채권담보의 목적으로 경료된 것임을 다툰다든지 피담보채무의 액수를 다투기 때문에 채무자가 채무를 변제하더라도 채권자가 위와 같은 소유권의 공시에 협력할 의무를 이행할 것으로 기대되지 않는 경우에는 미리 청

---

1) ①. 이행기가 '변론종결시 이후에' 도래하는 경우 장래이행의 소가 허용되나, 당장 돈을 지급하라는 현재이행의 訴로 제기하면 소송요건 자체는 구비되고 법률요건사실(변제기) 불충족으로 청구에 이유가 없어 청구기각하여야 한다. 그러나 피고는 원고에게 2018. 9. 5.까지 금1억원을 지급하라'는 장래이행의 소를 제기할 경우에는 청구적격과 미리 청구할 필요가 있어야 하며, 이를 구비하지 못하면 소송요건 흠결로 부적법 각하한다. ④ 위 사례에서 소장의 요건을 못 갖추었는지에 관하여 어떠한 언급이 없어서 소장 각하할 수 없다.
2) ①. 신이행청구는 원칙적으로 허용되지 않으나 채무액에 대하여만 다툼이 있는 경우 등에는 법원은 인정되는 채무액의 선이행조건으로 등기말소절차이행을 선고할 수 있다(대판 91다35175). ②와 ⑤ 대판 91다35175. ③ 대판 2009다21386. ④ 대판 2000다5640.

구할 필요가 있다고 보아 채무의 변제를 조건으로 채권담보의 목적으로 경료된 가등기 및 그 가등기에 기한 본등기의 말소나 새로운 소유권이전등기를 청구하는 장래이행의 소는 허용된다.

---

3. 장래이행의 소에 대한 설명 중 옳지 않은 것은? (다툼시 판례에 의함)[1]

① 장래이행의 소인지의 여부는 이행기가 사실심의 변론종결 이후에 도래하는가에 달려 있다.
② 기한미도래의 청구권뿐만 아니라 정지조건부 청구권에 대해서도 장래이행의 소가 이용될 수 있다.
③ 장래이행의 소는 미리 청구할 필요가 있는 경우에 한하여 허용된다.
④ 원고의 동시이행을 조건으로 한 장래이행의 소는 허용되나, 원고의 선이행을 조건으로한 장래이행의 소는 제기할 수 없다.
⑤ 목적물의 인도청구와 병합하여 장래의 집행불능을 염려하여 이에 갈음하는 대상청구는 장래이행의 소이다.

---

4. 확인의 소에 관한 다음 설명 중 옳지 않은 것은?[2]

① 상대방이 자기의 소유권을 다투는 경우에는 그 상대방의 소유권이 없다는 소극적 확인을 구하는 소를 제기하는 것이 가능하다.
② 매매계약서가 작성자라고 주장된 자의 의사에 의하여 작성된 것인지의 여부에 대해서는 확인의 소를 제기할 수 있다.
③ 이행의 소를 제기할 수 있는데도 이행청구권 그 자체의 존재확인을 청구하는 것은 원칙적으로 허용되지 않는다.
④ 자기의 주장과 반대되는 공부상의 기재로 법적 지위에 위협을 받는 경우는 자신의 법적 지위에 대한 확인의 소를 제기할 수 있다.

---

5. 증서진부확인의 소가 가능한 증서에 해당되지 않는 2개는?[3]

① 어음
② 대차대조표
③ 정관
④ 영수증
⑤ 임대차계약서

---

1) ④. 원고의 선이행을 조건으로 한 장래이행의 소는 원칙적으로 허용될 수 없으나 미리 청구할 필요가 있는 경우에는 허용된다(대판 91다35175).
2) ①. 자신의 권리가 위협·방해받는 자는 방해자를 상대로 자기의 권리의 확인을 구하여야 할 것이고, 방해자의 권리 부존재확인의 소는 자기의 권리 또는 법률적 지위에 현존하는 불안, 위험을 해소시키기 위한 유효적절한 수단이 될 수 없어서 확인의 이익이 없다(대판 2009다75635). ② 제250조. ④ 대판 93다40089.
3) ②④. 대차대조표, 회계결산보고서(대판 66다2154).

6. A는 B의 대리인이라고 주장하는 X와 병원주차장 임대계약을 하면서 X에게 임대보증금 2억원을 지급하고 임대차계약서, 영수증을 받았고, C는 B의 대리인이라고 주장하는 X와 병원영안실 임대계약을 체결하고 임대보증금 3억원을 X에게 지급하고 임대차계약서, 세금계산서를 받았다.
  B는 위 X는 자신의 대리인이 아니라고 하면서 임차목적물인 주차장과 영안실을 임차인들에게 인도하지 않았다. A는 B를 상대로 임대계약위반을 이유로 위약금 1억원의 지급을 구하는 소를 제기하였다. 그 후 B는 A와 C를 상대로 위 임대차계약서들과 영수증, 세금계산서 등의 진부확인의 소를 제기하였다. 또 그 후 C는 B를 상대로 임대계약위반을 이유로 위약금 2억원의 지급을 구하는 소를 제기하였다. 위 소송들과 관련하여 다음 중 옳은 것은? (다툼시 판례에 의함)[1]

① B가 A와 C를 상대로 제기한 위 진부확인의 소에서 임대차계약서들과 영수증, 세금계산서는 모두 확인의 대상이 될 수 있다.
② B가 A를 상대로 제기한 위 진부확인의 소에서 주차장임대차계약서는 확인의 대상이 될 수 있다.
③ B가 A를 상대로 제기한 위 진부확인의 소에서 영수증은 확인의 대상이 될 수 있다.
④ B가 C를 상대로 제기한 위 진부확인의 소에서 영안실임대차계약서는 확인의 대상이 될 수 있다.
⑤ B가 C를 상대로 제기한 위 진부확인의 소에서 세금계산서는 확인의 대상이 될 수 있다.

7. 소의 이익에 관한 설명 중 옳지 않은 것은? (다툼시 판례에 의함)[2]

① 확인의 소에 있어서는 권리보호요건으로서 확인의 이익이 있어야 하고 그 확인의 이익은 원고의 권리 또는 법률상의 지위에 현존하는 불안, 위험이 있고 그 불안, 위험을 제거함에는 피고를 상대로 확인판결을 받는 것이 가장 유효적절한 수단일 때에만 인정된다.
② 장래에 이행할 것을 청구하는 소는 미리 청구할 필요가 있어야 한다.
③ 확인의 소는 법률관계를 증명하는 서면이 진정한지 아닌지를 확정하기 위하여서도 제기할 수 있다.
④ 이행청구권에 대해서 이행의 소를 바로 제기할 수 있는 경우, 확인의 소는 이행의 소와 그 성질이 다른 것이므로, 별도로 그 청구권 자체의 존재확인의 소를 제기하는 것도 가능하다.

8. 전주시는 2008. 8. 8. 甲의 소유 대지 부근을 통과하는 도로를 개설하면서 동 대지 중 40m²을 침범하여 도로포장을 하고 공용에 제공하였다. 이에 甲은 전주시를 상대로 소를 제기하게되었다. 다음 중 위 소의 결과를 예상한 것 중 옳은 것은? (다툼시 판례에 의함)[3] [법무부 2010 변형]

> 도로법 제3조(사권의 제한) 도로를 구성하는 부지, 옹벽, 그 밖의 물건에 대하여는 私權을 행사할 수 없다. 다만, 소유권을 이전하거나 저당권을 설정하는 것은 그러하지 아니하다.

---

1) ④. 증서진부확인의 소의 대상이 되는 것은 법률관계를 증명하는 문서이어야 한다. 증서진부확인의 소가 제기된 후에 그 법률관계에 관련된 소가 제기된 경우에는 진부확인의 소의 소익이 소멸되지 않는다(대판 2005다29290·29306).
2) ④. 확인의 소의 보충성에 반한다.
3) ④. 도로법 제3조에 의하여 도로부지는 소유권이전이나 저당권설정을 제외한 사권(私權)을 행사할 수 없으므로 반환받을 수 없다. 사용의 종기(終期)를 확실히 예정할 수 있어야 한다.

① 침범당한 대지를 반드시 찾을 수 있고 2008. 8. 8.부터 대지인도완료일까지 월 임료상당액을 부당이득으로서 청구할 수 있다.

② 침범당한 대지는 현재로서 반드시 찾을 수는 없지만 2008. 8. 8.부터 전주시가 당해 대지를 수용할 때까지 월 임료상당액을 부당이득으로서 청구할 수 있다.

③ 침범당한 대지는 현재로서 반드시 찾을 수는 없지만 2008. 8. 8.부터 전주시가 당해 대지를 매수할 때까지의 월 임료상당액을 부당이득으로서 청구할 수 있다.

④ 침범당한 대지는 현재로서 반드시 찾을 수는 없지만 2008. 8. 8.부터 도로폐쇄에 의한 점유종료일까지 월 임료상당액을 부당이득으로서 청구할 수 있다.

⑤ 침범당한 대지를 반드시 찾을 수 있고 도로폐쇄에 의한 점유종료일 혹은 甲의 소유권 상실일까지 월 임료상당액을 부당이득으로서 청구할 수 있다.

---

9. **권리보호의 이익에 관한 다음 기술 중 옳지 않은 것은?** (다툼시 판례에 의함)[1] [법전협 2012. 3차]

① 특정한 권리나 법률관계에 관하여 분쟁이 있어도 제소하지 아니하기로 합의한 경우 이에 위반하여 제기한 소는 권리보호의 이익이 없다.

② 근저당권설정등기의 말소등기절차의 이행을 구하는 소송 도중에 그 근저당권설정등기가 경락을 원인으로 말소된 경우에는 더 이상 근저당권설정등기의 말소를 구할 법률상 이익이 없다.

③ 물상보증인이 근저당권자이 채권에 대하여 다투고 있을 경우 근저당권자가 근저당권의 피담보채무의 확정을 위하여 스스로 물상보증인을 상대로 확인의 소를 제기하는 것은 부적합하다.

④ 채권자대위권행사의 요건인 피보전권리가 인정되지 아니한다면 이 부분 청구에 관한 소를 각하하여야 한다.

⑤ 권리보호의 이익의 존부가 불분명한 경우에는 청구가 이유 없음이 분명하여도 청구기각판결을 할 수 없다.

---

10. **甲은 乙에 대한 대여금 채무를 담보하기 위하여 甲 소유의 X토지에 관하여 근저당권설정등기를 마쳐 주었다. 甲은 대여금 채무가 모두 변제되어 소멸되었다고 주장하며 근저당권설정등기 말소등기절차의 이행을 구하는 소를 제기하였다. 다음 설명 중 옳지 않은 것은?** (각 지문은 독립적이고, 다툼시 판례에 의함)[2] [변호사 2013 변형]

① 甲의 소제기에 앞서 위 대여금 채권이 양도되어 丙 앞으로 근저당권 이전의 부기등기가 마쳐진 경우, 위 소송에서 피고적격을 갖는 자는 근저당권설정등기의 현 등기명의인 丙이다.

② 乙의 신청으로 X토지에 관하여 담보권 실행을 위한 경매절차가 개시된 경우, 甲이 공탁원인

---

1) ③. 물상보증인이 근저당권자의 채권에 대하여 다투고 있을 경우 그 분쟁을 종국적으로 종식시키는 유일한 방법은 근저당권의 피담보채권의 존부에 관한 확인의 소라고 할 것이므로, 근저당권자가 물상보증인을 상대로 제기한 확인의 소는 확인의 이익이 있어 적법하다(대판 2002다20742).

2) ④. 대판 2002다57904. ① 근저당권의 현재의 명의인인 양수인이 피고적격자이다(대판 2000다5640). ② 대판 2000다59081. 저당물을 매수한 제3취득자나 근저당권의 물상보증인은 민법 357조에서 말하는 채권의 최고액만을 변제하면 근저당권설정등기의 말소청구를 할 수 있고 채권최고액을 초과하는 부분의 채권액까지 변제할 의무가 있는 것이 아니다(대판 74다998). ③ 대판 96다33938. ⑤ 대판 2010다97846.

이 있어 공탁에 의하여 채무를 면하고자 한다면 특별한 사정이 없는 한 피담보채권액이 근저
당권의 채권최고액에 관계없이 잔존채무 전체에 근저당권의 효력이 미쳐서 잔존채무액과 집
행비용을 공탁하여야 한다.

③ 위 소송에서 변제액수에 관한 다툼이 있어 심리한 결과 대여금 채무가 남아 있는 것으로 밝
혀지면, 법원은 특별한 사정이 없는 한 甲의 청구를 기각하여서는 아니 되고, 잔존채무의
변제를 조건으로 甲의 청구를 일부 인용하는 판결을 선고하여야 한다.

④ 위 소송중에 위 근저당권설정등기가 경매절차에서의 매각을 원인으로 하여 말소된 경우에
는 더 이상 근저당권설정등기의 말소를 구할 법률상 이익이 없게 되어 법원은 甲의 청구를
각하하여야 한다.

⑤ 甲이 乙을 상대로 한 위 소송에서 甲의 승소판결이 확정되었고, 이에 甲이 丁에게 근저당권
설정등기를 마쳐주고 이어 乙명의의 근저당권설정등기 말소등기를 마쳤는데, 乙이 甲을 상
대로 위 판결에 대한 재심의 소를 제기하여 "재심대상판결을 취소한다"는 취지의 조정이
성립한 경우, 丁은 乙에 대하여 乙명의의 근저당권설정등기의 회복등기절차에 대하여 승낙
할 의무를 부담하지 않는다.

11. 다음 사례와 관련하여 옳지 않은 것은? (다툼시 판례에 의함)[1]

[법전협 2013. 3차]

[甲은 의류 도매상을 운영하는 乙에게 5천 만원을 이자는 연 5%, 변제기의 정함은 없이 대여하였다. 같은
날, 위 대여금 채무에 대해 丙이 연대 보증하였고, 丁은 甲에게 위 대여금 채권을 피담보채권으로 하여 시
가 1억원의 丁 소유 부동산에 채권 최고액 7천 만원의 근저당권을 설정하였다. 그 후, 丁의 부동산에는 戊
가 2순위 저당권을 설정하였다.]

① 丁의 부동산에 대한 후순위 저당권자 戊는 乙의 채무를 변제할 정당한 이익이 있다.

② 丁이 甲을 상대로 채무부존재확인 및 근저당권말소등기청구를 병합하여 제기한다면 채무
부존재확인의 소는 원칙적으로 확인의 이익이 없다.

③ 저당권의 실행으로 丁의 부동산이 경매로 매각된 경우 丁은 乙과 丙에 대해 채권자 甲의 지
위를 대위한다.

④ 채무자 乙이 먼저 위 대여금채권 부존재확인의 소를 제기한 후 그 소송 계속중 채권자 甲이
대여금 청구의 소를 제기한 경우, 乙의 부존재확인의 소는 확인의 이익이 소멸하여 각하된다.

⑤ 만일 甲의 대여금 채권이 시효 소멸하였으나 乙이 시효이익을 포기한 경우라도 丙은 소멸
시효를 원용할 수 있다.

12. 다음의 경우 중 소의 이익을 갖추지 못한 것은? (다툼시 판례에 의함)[2]

[법전협 2014. 1차]

---

1) ④. 이미 발생한 확인의 이익이 이행의 소 제기에 의하여 소멸되는 것은 아니다(대판 99다17401, 17418). ①
③ 민법 제480조, 제481조. ② 대판 2000다5640. ⑤ 주채무가 시효로 소멸한 때에는 보증인도 그 시효소멸을
원용할 수 있으며, 주채무자가 시효의 이익을 포기하더라도 보증인에게는 그 효력이 없다(대판 89다카1114).
2) ①. 대판 2013다202120 채무자는 압류 및 추심명령이 있는 채권에 대하여 제3채무자를 상대로 이행의 소를
제기할 당사자적격을 상실하므로 채무자가 제소하면 부적법하다. ② 농지개혁법 제19조 2항 소정의 소재지
관서의 증명을 얻지 아니한 채 체결된 농지의 매매계약을 원인으로 하여 매수인이 매도인을 상대로 현재의 이행
의 소로 무조건의 소유권이전등기절차의 이행을 청구하는 경우에는 적어도 사실심의 변론이 종결될 때까지는
소재지 관서의 증명을 얻어야만 인용될 수 있다. 매수인은, 그 필요가 있는 한, 장래 이행의 소로 농지매매증명
이 발급되는 것을 조건으로 미리 농지에 관한 소유권이전등기절차의 이행을 청구할 수는 있다(대판 94다

① 甲의 채권자 丙이 甲의 乙에 대한 대여금청구권에 대하여 압류 및 추심명령을 받은 이후 甲이 乙에 대하여 제기한 대여금청구

② 소재지관서의 농지매매증명이 있을 것을 조건으로 하는 농지에 대한 매매계약을 원인으로 한 소유권이전등기청구

③ 甲의 乙에 대한 금전채권이 제3자에 의해 가압류된 상태에서 제기하는 甲의 乙에 대한 금전지급청구

④ 피고가 피담보채무의 액수를 이미 다투고 있어 원고가 자신의 저당권부 채무를 지급하는 것을 조건으로 하는 피고에 대한 저당권설정등기말소청구

---

13. 다음 사례 중 소의 이익이 인정되지 않는 것은? (다툼시 판례에 의함)[1] [변호사 2015]

① 경매절차에서 가장임차인의 배당요구에 따라 배당표가 확정된 후, 후순위 진정채권자가 그 배당금지급청구권을 가압류하고 가장임차인을 상대로 배당금지급청구권 부존재의 확인을 구하는 소를 제기한 경우

② 부동산담보권 실행을 위한 경매의 배당절차에서 근저당권자의 채권에 대하여 배당이의를 하며 다투는 물상보증인을 상대로 근저당권자가 피담보채권 존재의 확인을 구하는 소를 제기한 경우

③ 협의이혼으로 혼인관계가 해소되었지만 현재의 법률상태에 영향을 미치고 있어 그 이혼당사자의 한 쪽이 다른 쪽을 상대로 과거의 혼인관계 무효확인을 구하는 소를 제기한 경우

④ 사해행위인 근저당권설정계약에 기한 근저당권설정등기가 경매절차상 매각으로 인하여 말소된 후, 그 등기로 인하여 해를 입게 되는 채권자가 근저당권설정계약의 취소를 구하는 소를 제기한 경우

⑤ 채무자의 채무초과가 임박한 상태에서 채권자가 이미 채무자 소유의 목적물에 저당권이 설정되어 있음을 알면서 자기 채권의 우선적 만족을 위하여 채무자와 통모하여 유치권을 성립시킨 후, 저당권자가 경매절차에서 그 유치권을 배제하기 위하여 유치권자를 상대로 그 부존재의 확인을 구하는 소를 제기한 경우

---

14. 소의 이익에 관한 다음 설명 중 옳지 않은 것은? (다툼시 판례에 의함)[2] [법전협 2015. 1차]

42402). ③ 대판 2001다59033. ④ 대판 81다548.

1) ①. 배당을 받지 못한 후순위 진정채권자로서는 배당금지급청구권을 부당이득한 가장임차인을 상대로 그 부당이득 채권의 반환을 구하는 것이 손실자로서의 권리 또는 지위의 불안·위험을 근본적으로 해소할 수 있는 유효·적절한 방법이므로, 후순위 진정채권자가 가장임차인을 상대로 배당금지급청구권 부존재확인을 구하는 것은 확인의 이익이 없다(대판 96다34009). ② 대판 2002다20742. ③ 대판 78므7. ④ 대판 2011다75232. ⑤ 대판 2011다84298.

2) ④. 물상보증인이 근저당권자의 채권에 대하여 다투고 있을 경우 그 분쟁을 종국적으로 종식시키는 유일한 방법은 근저당권의 피담보채권의 존부에 관한 확인의 소라고 할 것이므로, 근저당권자가 물상보증인을 상대로 제기한 확인의 소는 확인의 이익이 있어 적법하다(대판 2002다20742). ① 대판 2002다57904. ② 채무자와 수익자 사이의 근저당권설정계약이 사해행위인 이상 그로 인한 근저당권설정등기가 경락으로 인하여 말소되었다고 하더라도 수익자로 하여금 근저당권자로서의 배당을 받도록 하는 것은 민법 제406조 1항의 취지에 반하므로, 수익자에게 그와 같은 부당한 이득을 보유시키지 않기 위하여 그 근저당권설정등기로 인하여 해를 입게되는 채권자는 근저당권설정계약의 취소를 구할 이익이 있다(대판 97다8687). ③⑤ 판례에 의하면 근저당권설정자가 근저당권설정계약에 기한 피담보채무가 존재하지 아니함의 확인을 구함과 함께 그 근저당권설정등기

① 근저당권설정등기의 말소를 청구하는 소송 도중에 그 근저당권에 기한 경매가 진행된 결과 근저당권설정등기가 말소된 경우에는 근저당권설정등기의 말소를 청구할 소의 이익이 없다.

② 채무자가 사해행위로 인한 근저당권의 실행으로 경매절차가 진행중인 부동산을 매각하고 그 대금으로 근저당권자인 수익자에게 피담보채무를 변제함으로써 근저당권설정등기가 말소된 경우, 채권자는 원상회복을 위하여 사해행위인 근저당권설정계약의 취소를 청구할 소의 이익이 있다.

③ 근저당권의 피담보채무에 관한 부존재확인의 소는 근저당권이 말소되면 과거의 권리 또는 법률관계의 존부에 관한 것으로서 소의 이익이 없다.

④ 근저당권자가 근저당권의 피담보채무의 확정을 위하여 물상보증인을 상대로 채무존재확인의 소를 제기하는 것은 소의 이익이 없다.

⑤ 근저당권설정자가 근저당권설정계약에 기한 피담보채무의 부존재확인을 청구하면서 그 근저당권설정등기의 말소 청구를 병합하는 경우, 피담보채무 부존재 확인을 청구하는 부분은 소의 이익이 없다.

제3절 소송의 객체(소송물)

Ⅰ. 소송물의 의의

1. 소송물의 의의와 연혁

(1) 소송의 객체인 소송물개념에 관하여 여러 견해들과 판례의 입장을 파악하고 소송물의 종류와 내용에 따라 소와 소의 이익이 달라지고 중복제소, 기판력의 객관적 범위, 재소금지, 병합소송, 청구변경, 항소심의 심판범위 등에서 논의된다.

(2) **소송의 객체**는 법원의 심판의 대상, 즉 **소송물**이라 한다. 민사소송법은 소송의 객체를 **소송목적**(26)이라고 하나, **청구**라고 하는 경우도 많다(25, 253).

소송물(청구)은 소송의 주체인 당사자와 함께 訴를 구성하고 있으나 청구(請求)를 訴라고 하는 경우도 있다. 보통은 訴와 청구는 모두 법원에 대한 원고의 소송행위이지만, 청구가 일정한 권리의 주장이라면, 訴는 청구를 대상으로 하는 일

의 말소를 구하는 경우에 근저당권설정자로서는 피담보채무가 존재하지 않음을 이유로 근저당권설정등기의 말소를 구하는 것이 분쟁을 유효·적절하게 해결하는 직접적인 수단이 될 것이므로 별도로 근저당권설정계약에 기한 피담보채무가 존재하지 아니함의 확인을 구하는 것은 확인의 이익이 있다고 할 수 없다(대판 2000다5640).

정한 심판을 구하는 신청으로서 일응 구별된다. 소송물에 관하여는 신·구(新·舊)소송물이론의 논의가 있다. 이하에서 소송물과 연관된 訴와 소송물에 관한 소송요건에 관하여 본다.

(3) 1877년 비스마르크의 독일제국이 민사소송법(Civil Prozessordnung)을 제정하면서 민사소송의 대상도 실체법상의 청구권인 Anspruch(청구)라는 용어를 사용하면서 소송상 청구를 실체법상의 청구권으로 볼 수 있는지, 소송상의 청구를 실체법상의 청구권과 분리하여 독자적으로 구성할 것인지, 후자라고 한다면 어떠한 기준에 의할 것인지가 논의되었다.

2. 관련규정

원고가 소에 의하여 주장한 권리 또는 법률관계의 존부, 즉 법원의 심판의 대상이 되는 소송의 객체인 소송물은 소송목적(26, 67), 소송목적인 권리의무(65, 81)라고 규정되어 있다. 토지인도청구의 소에서 토지는 청구의 목적물 혹은 계쟁물이고, 소송물은 토지인도청구권 존부이다.

3. 소송물의 실천적 역할

소송물은 소송절차의 **개시단계에서** 토지관할·사물관할을 결정하고 청구의 특정과 그 범위를 결정하고, 절차의 **진행과정에서** 청구병합과 청구변경 여부와 중복소제기금지와 처분권주의 위배 여부의 결정기준이 되며, 절차의 **종결과정에서** 기판력과 재소금지 범위의 기준이 되고, **실체법상** 소제기에 의한 시효중단범위를 결정하는 기준이 된다. 소송물을 어떤 기준에 의하여 정할 것인지에 관하여 학설에 따라 다르다.

Ⅱ. 소송물에 관한 학설

(1) 심판의 대상을 이론적으로 어떻게 파악할 것인가가 소송물이론이다. 소송물이론은 크게 ① 원고가 청구로 제시하고 있는 실체법상 권리 그 자체를 소송물로 파악하는 구소송물이론, ② 실체법상 권리에 구애받지 않고 소송법 독자의 관점에서 소송물을 파악하는 신소송물이론의 두 가지 입장이 있다. 기타 신실체법설과 상대적소송물설이 있다.

(2) 소송상의 청구취지(신청), 청구원인에서의 사실관계와 실체법상 권리 또

는 법률관계 중 어느 것을 소송물의 구성요소로 파악하는가의 소송물의 문제와 구체적인 소송에 있어서 소송물을 어떻게 기재할 것인가 하는 사실상의 문제인 소송물의 특정은 상호 밀접한 관련은 있지만 동일한 개념은 아니다.

(3) 그러나, 항상 원칙만 고수하는 것이 아니고 상황에 따라 예외적인 경우를 인정하고 있다. 이는 구실체법설이 동일한 사실관계에서 발생한 여러 개의 청구권들을 선택적 병합관계로 처리하고, 일분지설에서도 기판력범위에서 예외를 인정하여 그 범위를 축소하여 각 학설의 난점을 해소하려 한다.

≪질문≫ 다음 각 경우 소송물이 동일한지를 검토하시오.
1. 금전의 이행을 청구함에 있어서 원인채권에 기하는 경우(민법 568)와 원인채권의 담보로 받은 어음채권에 기하는 경우(어음 9): 다른 사실관계
2. X토지에 대한 소유권이전등기를 청구함에 있어서 매매계약을 원인으로 하는 경우(민법 568)와 상속을 원인으로 하는 경우(민법 999): 다른 사실관계
3. 남편이 다른 여자와 동거하면서 사느라고(민법 840. 1호) 妻를 악의로 유기(遺棄)하게 된 경우(민법 840. 2호): 동일한 사실관계
4. 남편이 처를 구타하고(민법 840. 3호) 이와 별개로 다른 여자와의 불륜행위(민법 840. 1호): 다른 사실관계

1. 구실체법설(구소송물이론)

(1) 소송물을 청구원인상의 개별적인 실체법상의 청구권(권리 또는 법률관계의 주장) 자체로 본다. 실체법상의 권리마다 소송물이 별개이다. 다만 소송물의 식별은 청구취지(신청)와 청구원인상의 사실관계와 주장된 권리·법률관계 모두로 판단한다. 세 가지 요소가 모두 동일해야 소송물이 동일하며 어느 하나라도 다르면 소송물이 다르게 된다. 소송물의 범위를 가장 좁게 파악하며 원고의 권리보호와 법원의 심리의 편의에 충실한 면이 있다. 청구취지 또는 사실관계가 다르면 당연히 별개 소송물이다. 현재 일본과 한국 판례의 주류 입장이다.

예컨대 택시를 타고 가다가 사고를 당한 승객이 택시운전자를 상대로 도급계약채무불이행에 의한 손해배상청구(A)와 일반 불법행위로 인한 손해배상청구(B)를 하는 경우, 경합된 A, B 두 개의 권리를 동시 주장하면 청구의 병합, A권리에서 B권리로 바꾸면 청구의 변경, A에 관한 소송의 계속중 B권리에 기해 새로운 소를 제기하여도 중복소송 아니고, A권리에 기한 소가 패소확정된 뒤 B권리에 기한 새로운 소를 제기하여도 기판력에 저촉되지 않고, A권리에 기하여 청구하여 온 경우 B권리에 기해 심판하면 처분권주의에 위배된다는 입장이다.

(2) 이에 대하여는 당사자가 법적 권리주장을 잘못하여도 법원은 다른 권리를 인정하여 줄 수 없으므로 원고는 청구기각을 당하게 되고, 실체법상 1회의 급부만 인정되는 경우에 여러 개의 집행권원을 부여할 수 있는 것은 비합리적이고 분쟁의 신속한 해결을 저해한다는 비판이 있다.

2. 소송법설(신소송물이론)

소송물에서 실체법상 요소인 권리·법률관계를 단절하여 소송법적 요소, 즉 청구취지만으로 또는 청구취지와 사실관계에 의해 소송물을 구성하고 이에 의해 소송물의 식별기준이 된다는 입장이다. 법적 판단은 법원이 하는 것이고 당사자는 법률을 몰라도 소송을 할 수 있도록 해야 한다는 것을 논거로 한다. 이 입장에 의하면 원고가 주장하는 권리나 법률관계가 달라도 소송물은 동일할 수 있고, 여러 개의 권리를 주장하더라도 소송물은 하나일 수 있다. 실체법상의 권리는 법적관점 내지는 공격방어방법으로 본다. 오늘날 다수설이다.

(1) **이지설(二肢說)(이원설, 이분지설):** 청구취지와 청구원인 중의 사실관계를 소송물의 두 요소로 본다. 두 요소 모두가 동일해야 소송물이 동일하다고 본다. 어느 하나만 달라도 소송물은 다르다고 본다. 독일의 다수설·판례이다. 사실관계라는 모호한 개념을 소송물의 구성요소로 한다는 비판이 있다.

(2) **일지설(一肢說)(일원설, 일분지설):** 기준이 모호한 사실관계를 제외하고 청구취지만으로 소송물을 식별하는 입장이다. 청구취지만이 분쟁의 진실한 대상이고 소송물의 구성요소라고 본다. 원고가 주장하는 사실관계가 달라도 청구취지가 동일하면 소송물은 동일하고, 여러 사실관계를 주장하여도 청구취지가 하나이면 소송물은 하나가 된다. 다만 예외적으로 금전지급이나 대체물인도청구소송에 있어서의 소송물의 특정을 위해 사실관계가 청구취지를 해석하는 데 보조적으로 활용된다고 한다.

3. 신실체법설(新實體法說)

(1) 소송물과 실체법상의 권리를 단절할 것은 아니고, 실체법상 청구권의 개념을 일정한 급여를 구할 수 있는 법적 지위 자체를 청구권으로 보아 수정된 의미의 실체법상의 청구권의 주장을 소송물로 파악하는 입장이다.

예컨대 기차전복사고의 피해승객이 손해배상청구를 계약불이행의 규정과 불법행위의 규정에 근거하여 청구할 수 있는 경우 소송물은 청구권의 경합이 아닌 법규경합에 입각한 <u>하나의 통일적 청구권</u>으로 본다.

(2) 이 견해에 대하여는 각 청구권 별로 요건과 관할법원, 시효, 증명책임 등의 규정을 두고 있는 현행 실체법 체계와 상이하고, 확인의 소나 형성의 소는 별도의 실체법상 청구권을 인정하지 않고 있어서 모든 소송형태에 적용할 수 없다는 비판이 있다.[1]

4. 사실관계 일지설·핵심설

(1) 소송물을 오로지 사실관계(청구원인사실)만에 의하여 구성되고 신청(청구취지)은 소송물의 구성요소가 아니라고 보고 당사자들이 관심을 가지고 있는 것은 구체적 사실관계를 둘러싼 분쟁의 해결이므로 분쟁의 대상은 핵심적 사실관계라고 보는 입장이다.

(2) 독일법원이 부양료소송에 관한 판결의 기판력과 관련하여 채택하고 있고, 유럽연합법원이 확인의 소와 이행의 소의 중복소송 여부의 판단을 위하여 채용하고 있다고 한다.[2]

5. 상대적 소송물설

(1) 상대적 소송물설은 소송물이 전 소송과정에서 획일적인 기준은 아니며, 소송진행 과정상 중복제소, 청구병합, 소변경은 일지설, 기판력범위는 이지설에 따라 판단하듯이 소송물이론의 통일적·절대적 구성을 포기하고 다양하게 재구성하려는 입장이다.

(2) 이 견해에 대하여는 소송물 개념 자체를 상대화하는 것은 심판대상의 절차 내에서 의의를 불분명하게 하고 결국 그 이론적 기초를 상실하게 될 수 있다는 비판이 있다.[3]

≪질문답변≫ 위 각 사실에 기한 소송상 청구가 동일한가에 관하여 각 학설의 입장에서 검토하면 구실체법설에서는 모두 동일하지 않게 보고, 일지설과 신실체법설에서는 동일하다고 보게 되며, 이지설에서는 ③의 경우에만 동일하게 본다. ①의 경우 동일내용의 급부를 여러 개의 사실관계에 기하여 청구하는 경우 일분지설은 일정 금원지급을 구할 수 있는 지위는 1개이므로 소송물이 1개로 보나, 이분지설은 사실관계가 다르므로, 구실체법설은 청구하는 권리가 다르므로 별개의 소송물로 본다.

---

1) 이시윤, 227; 김일룡, 234.
2) 정동윤·유병현, 247.
3) 정동윤·유병현, 253.

Ⅲ. 판례의 입장

1. 구실체법설

판례의 주류는 구실체법설인 입장에서 청구취지와 사실관계와 더불어 실체법상의 권리 또는 법률관계의 발생근거규정별로 소송물이 특정되고 동일성이 식별되는 그 각각을 소송물로 본다. 따라서 실체법상 근거규정을 달리하는 각 이혼사유와 재심사유마다 별개의 소송물로 보며, 어음과 원인채권에 기한 각 청구, 소유권과 점유권에 기한 각 청구, 채무불이행과 불법행위에 의한 각 손해배상청구도 각 소송물이 별개이다.[1] 따라서 이들 사유를 병합하여 청구하면 청구의 병합이 되고 이들 사유를 변경하면 청구의 변경이 되며 원고가 주장한 이외의 사유로 판결하면 처분권주의에 반하게 된다. 그런데 판례는 실체법상의 근거규정보다 더 세분화하여 소송물을 파악하는 경우가 있다.

2. 신체의 상해 등으로 인한 손해배상청구

(1) 판례는 신체의 상해 또는 사망으로 인한 손해배상청구의 경우에 소송물은 적극적 손해, 소극적 손해 및 정신적 손해(위자료)의 3가지로 나누어지고 각 청구범위를 넘어서 법원이 인용하지 못한다는 손해3분설 입장이다. 그러나, 원고가 재산상 손해(소극적 손해)에 대하여는 형식상 전부 승소하였으나 위자료에 대하여는 일부 패소하여 원고가 원고 패소부분에 불복하는 형식으로 항소를 제기한 경우 불법행위로 인한 손해배상에 있어 재산상 손해나 위자료는 단일한 원인에 근거한 것인데 편의상 이를 별개의 소송물로 분류하고 있는 것에 지나지 아니한 것이므로 이를 실질적으로 파악하여, 항소심에서 위자료는 물론이고 재산상 손해(소극적 손해)에 관하여도 청구의 확장을 허용하여[2] 엄격성과 경직성을 완화하고 있다.

(2) 학설은 손해1개설, 재산적 손해와 비재산적 손해의 2분설 등이 있다.

3. 원본채권과 이자청구

판례는 금전채무불이행의 경우에 발생하는 원본채권과 지연손해금채권은 별개의 소송물이므로, 불이익변경에 해당하는지의 여부는 원금과 지연손해금 부분을 각각 따로 비교하여 판단하여야 하고, 별개의 소송물을 합산한 전체 금액을 기

---

1) 대판 62다812; 92므266; 65다2028; 94다53006.
2) 대판 94다3065.

준으로 판단하여서는 안 되며[1] 더 나아가 이자청구의 소송물은 원금, 이유, 기간의 3개의 기준 중 어느 것이나 원고 주장의 기준보다 넘어서면 처분권주의에 반한다고 본다.[2]

Ⅳ. 검 토

(1) 구실체법설에 대하여는 실체법상의 권리가 소송물이라고 한다면 실체법상 권리 없이 소송하는 소극적 확인의 소는 소송물 없이 소송하는 것이 된다는 비판이 가능하다. 또 여러 청구권병합에 기한 이중이행판결의 가능성에 대한 비판을 피해 선택적 병합으로 이론을 구성하고 있는데, 이는 개개의 실체법상의 권리관계의 확정을 분쟁의 핵심적 사항으로 보는 기본입장과 맞지 않으며 청구원인의 권리만을 변경하는 경우 소변경의 절차를 밟아야 한다는 것은 소송의 촉진을 저해하며, 나아가 소송의 탄력성 있는 수행의 요청에도 반한다. 또한 중복소제기의 문제로서 하나인 분쟁을 하나의 소송절차 내에서 포괄적으로 해결하는 길을 막아, 소송경제에 반하고, 나아가 심판이 모순·저촉되는 결과가 될 수 있고 후소와 전소가 목적을 같이하고 같은 사실관계에 기한 청구라도 법률이론의 구성을 달리하면 전소의 기판력을 받지 않게 되어 후소가 가능하다면, 법적 평화와 안정을 이루려는 기판력의 기능이 약화될 수 있다. 그러나 심리의 범위와 확정판결의 효력의 범위를 명확히 하여 소송절차의 안정을 도모하는 장점이 있다.

(2) 신소송물이론 중 일지설에 대하여는 금전 기타 대체물지급소송에서 사실관계를 참작하는 예외와 기판력의 범위가 너무 넓게 인정되어 원고에게 불이익하다는 비판을 받아 기판력의 객관적 범위를 좁히려는 예외를 인정해야 하는 문제가 있고, 이지설은 소장에 청구원인을 필수적으로 기재하도록 한 현행 법규정(249 ①)과 상응하는 점이 있으나 그 범위가 불분명한 사실관계를 기준으로 하는 난점이 있다.

Ⅴ. 각종의 訴의 소송물과 그 특정

1. 소송물의 특정의 필요성

소송물의 특정은 심판대상을 명확히 하여 법원의 심판과 피고의 방어의 각 목표를 분명하게 하고, 청구병합·중복소제기금지·기판력의 범위 등을 명확히 하

---

1) 대판 2009다12399.
2) 대판 99다49644.

기 위해서 필요하다. 소송물의 특정은 소송의 유형에 따라 원고가 한다.

2. 이행의 소의 소송물

(1) 각 학설에 따라 특정방법이 달라진다. 구실체법설은 실체법상 권리·법률관계상의 청구권을 소송물 요소로 파악하나 소송물을 특정하려면 청구원인의 사실관계를 고려해야 한다는 입장이다. 예컨대 소비대차계약에 기한 대여금반환청구권이 소송물이다. 신소송물이론의 일지설은 소송법상의 요소인 청구취지에 표현된 급여를 구할 수 있는 법적 지위만으로 소송물이 특정된다고 본다. 다만 금전이나 대체물의 이행을 구하는 소는 청구원인의 사실관계에 의한 보충이 필요하다는 입장이다. 이지설은 소송물을 청구취지와 사실관계로 파악하고 이로써 소송물을 특정한다.[1]

(2) **등기청구**

(가) **이전등기청구의 소송물**

판례에 의하면 통상의 소유권이전등기청구의 소송물은 예컨대 매매와 시효취득 등 등기원인별로 별개로 인정된다.[2] 매매나 시효취득은 공격방법의 차이가 아니어서 상호간 확정판결은 기판력이 미치지 않는다. 예컨대 취득시효완성으로 인한 소유권이전등기청구사건에서 **소송물**은 시효취득을 원인으로 한 이전등기청구이고, **청구원인**은 소유의사로 평온, 공연하게 20년간 점유한 것이며, 대물변제 또는 증여받았다는 주장은 모두 부동산의 자주점유에 대한 판단기준이 되는 권원의 성질에 관한 **공격방어방법**의 차이에 불과하다.[3] 또 동일한 부동산에 대하여 ① 신탁관계의 종료와 신탁해지,[4] ② 가등기에 기한 본등기청구와 단순한 소유권이전등기청구,[5] ③ 대물변제예약과 매매[6]를 각 그 원인으로 소유권이전등기청구하는 경우 판례와 이분지설에서는 소송물을 별개로 본다. 일분지설에 의하면 소송물은 동일하다.

---

1) 신실체법설에 의하면 실체법상 진실로 보호할 만한 가치가 있는 법적 지위라는 '실체법적 급부청구권'이라는 목적론적으로 재구성된 통일된 청구권을 소송물로 본다.

2) 대판 68다123.

3) 대판 93다60120.

4) 대판 2000다55171.

5) 대판 92다34100. 또 부동산에 관한 소유권이전청구권 보전가등기 경료 이후에 다른 가압류등기가 경료되었다면, 그 가등기에 기한 본등기 절차에 의하지 아니하고 별도로 가등기권자 명의의 소유권이전등기가 경료되었다고 하여 가등기권리자와 의무자 사이의 가등기 약정상의 채무의 본지에 따른 이행이 완료되었다고 할 수는 없으니, 특별한 사정이 없는 한, 가등기권자는 가등기의무자에 대하여 그 가등기에 기한 본등기 절차의 이행을 구할 수도 있다(95다29888).

6) 대판 96다32133.

(나) 말소등기청구의 소송물

판례는 위 이전등기청구의 소송물과 달리 말소등기청구의 소송물은 '당해 등기의 말소등기청구권'이고 그 동일성식별의 기준이 되는 청구원인은 '등기원인의 무효'이고 전소 당시 발생한 개개의 원인무효사유인 무권대리, 불공정행위, 취소·해제사유 등은 '공격방법'에 불과하여 별개의 청구원인을 구성하는 것이 아니어서 후소에서 동일한 공격방법을 주장하는 것은 기판력에 저촉된다고 한다.[1]

다만 판례는 전소에서 주장한 근저당권설정등기의 말소등기청구권의 발생원인인 등기원인의 무효를 들어 말소등기청구를 하는 것이 아니라 사실심 변론종결 이후에 발생한 다른 원인인 피담보채무의 변제로 인한 말소등기청구를 하는 경우, 소유권에 기한 방해배제청구권의 행사와 사실심 변론종결 이후 계약해제에 따른 원상회복청구하는 경우는 별개의 소송물이 된다고 본다.[2][3]

위와 달리 사기에 의한 매매의 취소 주장과 매매의 부존재 또는 불성립의 주장은 다 같이 청구원인인 등기원인의 무효를 뒷받침하는 독립된 공격방어방법에 불과하며 이러한 주장은 별개의 청구원인을 구성하지 아니한다.[4]

(3) 부당이득반환청구의 소송물

등기말소청구의 소에서 인정한 것과 같은 논리로 부당이득반환청구의 소에서도 소송물식별 기준으로서 청구원인은 '법률상 원인이 없음'이고 이를 뒷받침하는 계약의 무효, 취소 등은 공격방법에 불과하다.[5]

(4) 진정명의회복을 원인으로 한 소유권이전등기청구의 소송물

무효등기의 말소등기청구의 소송물과 말소등기에 갈음하는 진정명의회복을 원인으로 한 소유권이전등기청구의 소송물은 실질적으로 그 목적이 동일하고, 두 소송물은 모두 소유권에 기한 방해배제청구권으로서 그 법적 근거와 성질이 동일하므로 그 소송물은 실질상 동일한 것으로 본다.[6]

(5) 후유증에 기한 확대손해

변론종결 후에 발생한 예상치 못한 후유증에 의한 확대손해는 청구할 수 있으나 그 근거에 대하여 확대손해는 잔부청구라는 잔부청구설, 기판력의 표준시 후

---

1) 대판 93다11050. 한편 판례는 사기에 의한 근저당설정의사표시취소와 피담보채무의 부존재도 각 그 청구원인을 달리하는 별개의 독립된 소송물로서 선택적 병합관계에 있다고 본다(대판 85다353).
2) 대판 92다1353.
3) 대판 82다카1203. 김홍엽, 294.
4) 대판 80다1548; 93다11050.
5) 대판 2000다5978.
6) 대판 99다37894(전합).

의 사유에 해당한다는 기판력의 시적한계설, 예상치 못한 확대손해는 별개의 소송물이라는 별개의 소송물설 등이 있다. 판례는 前소송의 소송물과는 별개라는 별개의 소송물설의 입장이다.[1]

(6) 일부청구와 소송물

판례는 명시설 입장이므로 일부청구임을 명시하였다면 소송물은 그 일부청구부분에 한정된다. 이 경우 잔부는 별도의 소송물로서 청구할 수 있으나 묵시적 일부청구를 한 경우에는 전체가 하나의 소송물이므로 기판력은 잔부청구에까지 미치게 되어 잔부를 청구할 수 없게 된다.[2] 사정변경에 의한 추가적 손해에 대한 변경의 소(252)의 소송물은 전소의 소송물과 별개인지가 논의된다(제6편 제1장 제2절 제2관 제3항 Ⅶ. 3 참조).

3. 확인의 소의 소송물

(1) 확인의 소의 소송물은 청구취지에 표시된 권리 또는 법률관계의 존부 자체이고 그 권리관계가 청구취지에 기재되는 것이 통례이므로, 청구취지만으로 소송물이 특정되며 따로 사실관계에 의한 보충은 필요 없다(다수설).[3] 다만, 이분지설에서는 소송물 특정을 위해서는 사실관계를 기재해야 하나, 다만 확인의 소에서의 소송물의 특정에서 사실관계를 기재할 필요가 없다는 예외설과 확인의 소에서도 일관되게 사실관계를 기재해야 한다는 일관설(一貫說)이 있다.

(2) 판례는 특정 토지에 대한 소유권확인의 본안판결이 확정되면 그에 대한 권리 또는 법률관계가 그대로 확정되는 것이므로 그 사건의 변론종결전에 그 확인원인이 되는 다른 사실(매수, 취득시효완성)에도 그 확정판결의 **기판력**이 미친다고 하여[4] 다수설 입장이다. 한편 판례는 부동산 전체를 증여받았음을 이유로 한 소유권확인청구를 한 후에 7분의 2의 지분을 상속받았음을 이유로 한 소유권확인청구는 동일하지 않다고 판시한 것도 있다.[5]

(3) 절충설로서 절대권과 상대권을 구분하여 확인의 소는 실체법상의 권리가 물권(절대권)인 경우 현재의 권리관계의 확정을 통한 분쟁해결위한 것이므로 실체

---

1) 대판 80다1671.
2) 대판 84다552. 묵시적 일부청구에 대한 전부인용판결에 관하여 상소가능한가는 별개로 논의된다.
3) 소수설은 제249조에서 소장의 기재사항으로 청구원인도 필수적으로 기재해야 하므로 확인의 소에서도 권리 취득원인인 사실관계까지 참작하여 소송물을 정하는 것이 맞다는 견해이다(호문혁, 135).
4) 대판 84다카2132.
5) 대판 91다5730.

법상의 권리자체가 소송물이며 사실관계를 고려할 필요가 없으나(청구취지의 예: 별지 목록 기재 부동산이 원고의 소유임을 확인한다), 실체법상의 권리가 채권(상대권)인 경우 청구취지에 청구권의 발생원인의 사실관계까지 표시하여야 하고(예컨대 원고의 피고에 대한 2013. 8. 27. 금전소비대차에 대한 기한 1억원의 채무는 존재하지 아니함을 확인한다),[1] 채권에 대한 확인의 소의 소송물은 채권발생원인의 사실관계에 따라 달라지며, 채권발생 원인사실을 달리한 채권확인의 후소는 전소의 기판력에 저촉되는 것은 아니라는 견해가 있다(가령 동일 피고에게 2013. 5. 5. 별개의 1억원을 대여했는지 다툰다면 위 확인의 소와 별개가 된다). 그러나 甲과 乙간의 절대권확인의 소의 판결이 확정되더라도 제3자 丙에게는 판결의 효력이 미치지 않고 丙이 소유권확인의 소를 제기하여 소유권을 확인받을 수 있다. 이처럼 실체법상 절대권도 판결의 상대성 때문에 그 절대성이 변질되므로 절대권과 상대권에 따라 소송물 특정기준을 나눌 수 없을 것이다.[2]

4. 形成의 소의 소송물

(1) 형성의 소의 소송물의 특정에 대하여 구실체법설과 소송법설의 견해가 나누어진다. 타인과 간통하고(민법 840(1)) 처를 구타하여 심히 부당한 대우를 하는(민법 840(3)) 夫에 대하여 제소한 이혼소송에서 구실체법설은 소송물을 실체법상 형성권 그 자체의 주장이라 보고 규정상의 각각 이혼사유마다 별개의 소송물이라고 한다.

소송법설 중 일분지설은 소송물을 청구취지에 표시된 법률관계의 형성을 구할 수 있는 법적 지위의 주장이라 보아 각각 이혼사유는 공격방법으로 보며 원고가 주장하지 않은 악의(惡意)의 유기사유로 이혼판결을 하여도 같은 소송물의 범위 내이므로 처분권주의에 위배되지 않는다. 이분지설은 사실관계가 다른 경우 별개의 소송물이다.

(2) 위 논의는 재심소송에서 각각 재심사유마다 별개의 소송물로 볼 것인가에 대하여 같은 논리가 적용된다.

≪사례≫ 甲은 乙을 상대로 X부동산에 대하여 1988.11.15. 대물변제를 점유권원으로 하여 2008.11.15. 취득시효 완성을 원인으로 한 소유권이전등기청구의 소를 제기하였으나 청구기각되었고 이는 확정되었다. 그 후 甲은 1988.11.14. 증여를 점유권원으로 하여 2008.11.14. 취득시효완성을 원인으로 한 소유권이전등기절차의 이행을 구하자 피고 乙이 기판력 항변을 하고 있다면 법원은 어떤 판결을 할 것인가?

---

1) 정동윤·유병현, 246.
2) 호문혁, 136.

🖉 사례해설

전소에서의 대물변제를 받았다는 주장과 이 사건 소에서의 증여를 받았다는 주장은 모두 부동산을 소유의 의사로 점유한 것인지를 판단하는 기준이 되는 권원의 성질에 관한 주장으로서 이는 공격방어방법의 차이에 불과하고, 취득시효의 기산점은 법률효과의 판단에 관하여 직접 필요한 주요사실이 아니고 간접사실에 불과하여 법원으로서는 이에 관한 당사자의 주장에 구속되지 아니하고 소송자료에 의하여 진정한 점유의 시기를 인정하여야 하는 것이므로, 그러한 점유권원, 점유개시 시점과 그로 인한 취득시효완성일을 달리 주장한다고 하더라도, 그러한 주장의 차이를 가지고 별개의 소송물을 구성한다고 할 수 없고, 甲의 이 사건 청구는 기판력에 저촉되며 판례가 취하고 있는 모순금지설에 의하면[1] 전소 패소자의 소제기이므로 법원은 청구기각 판결한다. 🖉

<선택형>

1. 소송물의 특정과 관련이 없는 것은?[2]

   ① 청구의 병합의 유무 결정
   ② 상소이익의 유무 판단
   ③ 중복소제기의 금지
   ④ 소취하 후의 재소금지제도
   ⑤ 청구변경의 유무 결정

2. 주주총회결의의 하자를 다투는 소에 관한 설명 중 옳지 않은 것은? (다툼시 판례에 의함)[3] [변호사 2014 변형]

   ① 주주총회결의에 의하여 선임된 감사들이 모두 그 직에 취임하지 아니하고 그 후 새로운 주주총회에서 후임 감사가 선출되어 선임등기까지 마친 경우, 특별한 사정이 없는 한 설사 당초의 감사선임결의에 어떠한 하자가 있었다고 할지라도 그 결의의 부존재나 무효확인 또는 취소를 구할 소의 이익은 없다.
   ② 주주총회결의 취소의 소는 그 결의의 날로부터 2개월 내에 제기하여야 하고, 주주총회에서 여러 개의 안건이 상정되어 각기 결의가 행하여진 경우 위 제소기간의 준수 여부는 각 안건에 대한 결의마다 별도로 판단되어야 한다.
   ③ 주주는 다른 주주에 대한 소집절차상의 하자를 이유로 하여 회사를 상대로 주주총회결의 취소의 소를 제기할 수 없다.
   ④ 주주총회결의 취소판결과 무효확인판결은 대세적 효력이 있으므로 그와 같은 소송의 피고가 될 수 있는 자는 그 성질상 회사로 한정된다.
   ⑤ 주주총회결의 취소의 소와 무효확인의 소는 회사의 본점소재지의 지방법원의 전속관할에 속한다.

---

1) 대판 93다60120.
2) ②. 상소이익의 유무 판단은 원심에서 당사자의 신청과 그 신청에 대한 법원판결을 비교하여 판결이 신청에 미치는지의 여부를 가지고 판단하므로 소송물의 특정과 직접적인 관련이 없다.
3) ③. 다른 주주에 대한 소집절차의 하자에 대하여도 주주총회결의 취소의 소를 제기할 수 있다(대판 2001다45584). ① 과거의 법률관계의 확인을 구하는 것이 된다(대판 91다8715). ② 대판 2007다51505. ④ 대판 80다2425. ⑤ 상법 제186조.

3. 乙회사는 2009. 4. 29. 임시주주총회에서, A를 이사로, B를 감사로 선임하였으며, 아울러 정관도 변경하였다. 乙회사의 주주인 甲은 위 3개 안건에 대한 결의 중 A를 이사로 선임한 결의에 대해서만 그 결의의 날로부터 2개월 내에 주주총회결의 부존재확인의 소를 제기하였다. 그 뒤 甲은 위 임시주주총회에서 이루어진 감사선임결의 및 정관변경결의에 대하여도 그 결의의 날로부터 2개월 내에 주주총회결의 부존재확인청구를 위 소송에 추가적으로 병합하였다. 그 후 원고 甲은 2009. 11. 1. 위 각 결의에 대한 주주총회결의 부존재확인청구를 주주총회결의 취소청구로 바꾸었다. 다음 중 옳지 않은 것은? (다툼시 판례에 의함)[1]

[법전협 2014. 1차]

① 주주총회결의의 취소의 소는 주주, 이사, 감사에 한하여 제기할 수 있다.
② 판례에 따르면 주주총회에서 여러 개의 안건이 상정되어 각기 결의가 행하여진 경우 결의취소의 소 제소기간의 준수 여부는 각 안건에 대한 결의마다 별도로 판단되어야 한다고 본다.
③ 주주총회 결의부존재확인의 소를 주주총회결의취소의 소로 바꾸는 것은 청구의 변경에 해당한다고 볼 수 있다.
④ 청구변경의 경우에는 변경신청서를 제출한 때에 효과가 발생하므로 위 각 결의에 대한 주주총회결의취소의 소는 제소기간을 넘긴 것으로서 부적법하다.
⑤ 주주총회결의취소의 소는 법원의 허가 없이도 취하할 수 있다.

4. 주주 甲은 2014. 4. 11. 개최된 주주총회에 중대한 흠이 있다고 하면서 회사를 상대로 주주총회결의 무효확인소송을 제기하였다. 다음 설명 중 옳지 않은 것은? (다툼시 판례에 의함)[2]

[법전협 2014. 3차]

① 원고 甲은 2014. 5. 12. 위 소송을 주주총회결의취소청구로 변경할 수 있다.
② 주주총회결의 무효확인청구와 주주총회결의 취소청구를 하나의 소송물로 보는 견해도 있다.
③ 주주총회결의 무효확인청구의 법적 성질에 대해서는 형성소송설과 확인소송설 등이 대립한다.
④ 회사의 다른 주주 A는 원고 甲이 제기한 기존 주주총회결의 무효확인소송에 참가할 수 있다.
⑤ 법원은 원고 甲이 제기한 주주총회결의 무효확인소송에서 결의에 흠이 있다 하더라도 결의내용, 회사의 현황과 제반 사정을 참작해서 청구를 기각할 수 있다.

5. 甲은 자기 소유의 부동산을 乙에게 매도하고 점유를 이전해 준 뒤, 이를 다시 丙에게 매도하고 丙에게 소유권을 이전해주었다. 이 사안에 대한 다음 설명 중 옳지 않은 것은? (다툼시 판례에 의함)[3]

[법전원 2014. 1차]

① 丙이 甲의 배임행위에 적극 가담한 경우 甲과 丙의 매매는 반사회적 법률행위로서 무효이다.

---

1) ④. 주주총회의 동일한 결의에 관하여 부존재확인의 소가 제소기간 내에 제기되어 있다면, 동일한 하자를 원인으로 하여 제소기간이 경과한 후 취소의 소로 변경하거나 추가한 경우에도 부존재확인의 소 제기시에 제기된 것과 동일하게 취급하여 제소기간을 준수한 것으로 본다(대판 2001다45584). ① 상법 제376조. ② 대판2007다51505.
2) ⑤. 상법 제379조 법원에 의한 재량기각을 제380조 주주총회결의 무효확인소송에서 준용하지 아니하여 사정판결을 할 수 없다. ① 상법 제376조 1항.
3) ③. 말소등기청구사건의 소송물은 당해 등기의 말소등기청구권이고 그 동일성 식별의 표준이 되는 청구원인인 당해 등기원인의 무효사유는 독립된 공격방어방법에 불과하여 전소의 변론종결 전에 발생한 사유라면 전소와 후소는 그 소송물이 동일하여 후소에서의 주장사유는 전소의 확정판결의 기판력에 저촉된다(대판 93다11050). ⑤ 소유권이전등기청구는 등기원인이 다르면 소송물도 다르다.

② 丙이 甲의 배임행위에 적극 가담한 경우 丙으로부터 소유권을 이전받은 丁은 소유권을 취득할 수 없다.

③ 乙이 丙을 상대로 채권자대위소송을 제기하여 甲과 丙의 매매가 반사회적 법률행위임을 이유로 소유권이전등기말소를 청구하였으나 패소 확정된 경우, 乙은 甲과 丙의 매매가 통정허위표시임을 이유로 채권자대위소송을 제기하여 丙명의의 소유권이전등기말소를 청구하더라도 기판력에 저촉하지 않는다.

④ 乙이 丙을 상대로 채권자대위소송을 제기하여 甲과 丙의 매매가 반사회적 법률행위임을 이유로 소유권이전등기말소를 청구하였으나 패소 확정된 경우, 乙은 甲과 丙 사이에 환매계약이 있음을 이유로 채권자대위소송을 제기하여 甲에게로 소유권이전등기를 청구하더라도 기판력에 저촉하지 않는다.

⑤ 丙 명의의 등기가 말소된 이후 乙이 甲을 상대로 매매를 이유로 소유권이전등기를 청구하였으나 패소 확정된 경우, 乙은 甲과의 사이에 취득시효를 이유로 다시 소유권이전등기를 청구하더라도 기판력에 저촉하지 않는다.

제4절 소제기와 보전절차

실무상 소송을 제기하기 전에 증거보전과 집행재산을 확보하기 위한 보전절차가 선행되어야 한다. 소를 제기하면 소송계속이 이루어지고 소송법상으로는 중복소제기가 금지되는 효과와 실체법상으로는 시효중단·법률상 기간준수의 효과가 발생한다. 특히 일부청구, 상계항변 등이 중복소송에 해당되는지가 논의된다.

제1관   보전절차와 소제기 방식

I. 소제기 전의 준비

소를 제기하려면 먼저 증거보전과 보전처분절차를 고려하여야 한다.

1. 증거보전과 증거확보

소송을 제기하려는 당사자는 먼저 필요한 증거의 수집을 철저히 하여야 한다. 관련문서, 사진, 목격자, 계약장소에 있던 자 등의 증인을 확보할 필요가 있다. 가령 증인될 자가 임종이 임박하거나 이민을 떠나는 경우, 의료사고시 병원측의 진료기록의 변조·훼손이 예상되는 경우 등에는 입증자는 본래의 증거조사기일 전에 법원에 증거보전을 신청하고, 법원은 미리 증거조사를 하지 아니하면 그 증거를 사용하기 곤란한 사정이 있다고 인정한 때에는 증거보전에 의한 증거조사를 할 수 있다.

2. 보전처분절차(가압류·가처분)

(1) 도중에 상대방의 재산상태의 변동, 다툼의 대상(계쟁물이라고 한다)에 관한 처분 등의 사유가 생기는 것에 의하여 소송에서 승소하고도 권리의 실질적 만족을 얻지 못할 우려를 대비하여 잠정적 조치인 **보전처분**을 받아야 할 것이다. 보전절차는 판결절차와 집행절차를 연결하는 역할을 한다.

예컨대 금전지급청구소송중 피고가 자기의 유일한 재산을 처분해 버린 경우, 소유권이전등기소송중 피고가 다툼이 있는 부동산을 제3자에게 처분하고 소유권이전등기를 마쳐 버린 경우 등에는 원고가 승소판결을 받더라도 강제집행을 할 수 없게 되어 판결문은 소용없게 된다.

(2) 민사집행법은 집행절차에 의하여 실현될 청구권을 보전하기 위한 잠정적 조치로서 채무자의 일반재산이나 다툼의 대상의 현상변경을 금지시키는 것 등을 인정하고 있다. 이것이 가압류 및 가처분을 내용으로 하는 보전처분절차이다(민집 276 이하).

(가) **가압류**는 금전채권이나 금전으로 환산할 수 있는 채권에 관하여 장래 그 집행을 보전하려는 목적으로 미리 채무자의 재산을 압류하여 채무자가 처분하지 못하도록 하는 제도이다. 가압류 명령의 효력은 피보전권리의 보전목적 범위 내에서 잠정적·가정적으로만 발생하고 피보전권리나 계쟁 법률관계의 존부를 확정하는 효력은 없다. 가압류 채권자는 채권자평등의 원칙에 따라 우선변제권이 없고 다른 다수의 채권자가 존재하는 경우 함께 배당을 받는다. 가압류가 되면 채무자는 가압류된 채권을 처분하는 행위를 할 수 없다. 즉 채무이행을 면제하거나, 지급유예, 강제집행에 의한 변제수령 등을 할 수 없다. 상계도 할 수 없다(다만 압류 전에 상계적상이 있었던 경우는 상계할 수 있다). 그러나 가압류의 제한을 받은 채권양도, 기본적 법률관계를 변경·소멸(계약의 취소나 합의해제, 해지, 퇴직 등)은 가능하며, 채권자를 해하지 않는 한도에서 권리행사도 가능하여 채권보존행위, 피압류채권의 소멸시효 중단행위 등은 가능하다.

또한 가압류채무자(또는 압류채무자)가 제3채무자를 상대로 즉시 급부를 구하는 이행청구 소송도 가능하며 판례에 의하면 금전채권의 가압류(압류)의 경우는 무조건 청구인용할 수 있고,[1] 소유권이전등기청구권의 가압류(압류)의 경우는 즉시 이행청구가 가능하나 압류의 해제를 조건으로 청구를 인용한다(조건부청구인용설).[2]

제3채무자도 채무자에게 임의변제하는 등 채무를 소멸시키는 행위를 할 수 없고, 채무자와 제3채무자 사이에 아무런 합리적인 이유 없이 채권소멸을 목적으로 하는 계약합의해제로 채권자를 대항할 수 없다.

(나) **가처분**은 채권자가 특정물의 인도와 같이 다툼의 대상에 관하여 처분되거나 멸실되는 등 법률적·사실적 변경이 생기는 것을 방지하기 위해 그 현상변경을 금지시키는 제도이다(민집 300). 가처분의 형식과 방법은 다양하다. 부동산처분금지가처분과 건물점유이전금지가처분 등이 있고, 또한 권리자의 현저한 손해를 방지위한 잠정적인 임시의 조치를 행하는 제도로, 예컨대 해고의 무효를 주장하는 사람에게 일단 임금을 계속 지급하도록 명령하는 따위의 가처분이 있다.

(3) 가압류집행이 있어도 가압류채무자가 제3채무자로부터 현실로 급부를 추심하는 것만을 금지하므로 가압류채무자는 제3채무자를 상대로 그 이행을 구하는 소를 제기할 수 있다.[3]

(4) 사망자를 피신청인으로 한 가압류신청은 부적법하고 그 신청에 따른 가압류결정이 내려졌다고 하여도 그 결정은 당연 무효로서 그 효력이 상속인에게 미치지 않으며, 이러한 당연 무효의 가압류는 민법 제168조 1호에 정한 소멸시효의 중단사유에 해당하지 않는다.[4]

3. 독촉절차

금전 기타 대체물 또는 유가증권의 일정 수량의 지급을 구하는 경우라면, 통상의 판결절차에 비하여 간이·신속·저렴하게 집행권원을 얻기 위해서 **독촉절차**(지급명령절차)의 이용도 고려할 필요가 있다(462 이하, 제9편 제2장 독촉절차). 현재 대법원 홈페이지에서 전자독촉시스템에서 사용자등록을 하고 지급명령신청서를 작성하여 전자서명을 한 후 제출하면 민사소송법 규정에 따라 제출된 서류와 같은 효력이 있다(http://www.scourt.go.kr).

---

1) 대판 88다카25038.
2) 대판 92다4680; 98다42615. 주문 기재례는 '피고는 별지 목록기재 건물에 관하여 원고와 소외 甲 사이의 대전지방법원 2014. 4. 2.자 2014카합123 소유권이전등기등기청구권 가압류결정에 의한 집행이 해제되면 원고에게 2013. 3. 4. 매매를 원인으로 한 소유권이선능기절자를 이행하라'이다.
3) 대판 2001다59033.
4) 다판 2004다26287.

Ⅱ. 소의 제기

1. 소제기의 방식

(1) 소장제출주의

소송절차를 개시하는 중요한 소송행위인 訴의 제기의 방식에 관하여 민사소송법은 몇 가지 규정을 두고 있다. 즉 訴는 원칙적으로 필요적 기재사항을 기재하여 소장을 관할법원에 제출함으로써 제기한다(248). 이러한 소장제출주의의 예외로 소가(訴價)가 2,000만원 이하의 금전 기타 대체물 등의 지급을 구하는 소액사건에 있어서는 구술제소나 당사자 쌍방의 임의출석에 의한 제소를 할 수 있다(소액 4, 5).

(2) 전자소송

(가) 민사소송 등에서의 전자문서 이용 등에 관한 법률에 의하여 전자문서(전자파일)를 법원의 시스템에 등재하는 방법으로 제소하는 전자소송이 2011. 5. 2.부터 시행되고 있다.

(나) 당사자, 소송대리인, 그 밖에 대법원규칙으로 정하는 자는 민사소송 등에서 법원에 제출할 서류를 전산정보처리시스템을 이용하여 공인인증서를 이용한 전자서명 등을 거쳐 전자문서로 제출할 수 있다(민사전자 5).

(다) 전자소송은 소송진행의 도구가 종이문서에서 전자문서로 전환되고 사건의 진행절차와 실체에 관한 정보가 모두 전자적으로 관리되며, 법정스크린 등 전자적 장비를 활용한 기일진행이 일상화되어 신속하고 효율적인 권리구제와 법정 중심의 기일운영을 통한 사법정의 구현을 지향한다.[1]

2. 소제기의 간주

독촉절차에 의한 지급명령에 대하여 채무자가 이의를 제기한 때(472), 제소전화해의 불성립으로 소제기신청이 있는 때(388), 조정이 성립되지 아니하거나 조정에 갈음한 결정에 이의신청한 때(조정 36)에 각 소가 제기된 것으로 간주하여 소송절차로 이행된다.

3. 소장의 기재사항

소장에는 당사자와 법정대리인, 청구취지와 청구원인 같은 필요적 기재사항을 기재하지 아니하면 제1회 변론기일 개시까지는 소장각하명령을 하고 변론개시

---

1) 김상준, 주석(Ⅰ), 97.

후에는 소송요건 흠결을 이유로 소각하판결을 한다(변론개시설)[1]. 소장의 임의적 기재사항은 소장의 표제, 사건표시, 소송대리인, 작성날짜, 법원표시, 증거방법 등으로서 이를 소장에 기재하지 않아도 소장이 각하되지 않는다.

(1) 청구취지[2]

청구취지는 원고가 소로써 달성하려는 소의 결론 부분이다. 소가산정, 사물관할, 상소이익, 시효중단범위 등의 판단에 기준이 된다. 청구취지는 확정적으로 신청하여야 하며 소송 외적 조건부 청구는 허용되지 않는다. 그러나 예비적 병합신청, 예비적 반소, 예비적 공동소송 등 소송 내에서 밝혀질 소송 내적 조건을 붙이는 것은 허용된다.

(2) 청구원인

(가) 청구원인에는 광의와 협의로 구분된다. 광의의 청구원인은 청구를 이유 있게 하는 데 필요한 일체의 사실로서 권리근거규정의 요건사실이다.

협의의 청구원인은 소송물을 특정하기 위해 필요한 사실관계를 말한다. 예컨대 1억원의 대여금청구의 소에서 당사자, 대여일자, 대여금액이 이에 해당한다. 협의의 청구원인사실이 바뀌면 소송물도 바뀐다. 변제기도래 여부는 광의의 청구원인이고 이것의 변경은 소송물의 변경을 가져오지 않는다.

(나) 청구취지에서 소송물이 특정되는 확인의 소는 청구원인을 참고할 필요가 없지만(다수설), 이행의 소나 형성의 소의 경우에는 소송물의 특정에 청구원인의 기재가 필요하다. 그런데 필요한 정도가 어느 정도인지 견해가 나뉜다.

1) 청구원인에 사실관계를 어느 정도 기재하여야 하는가에 관하여 이유기재설과 식별설이 있다. **이유기재설**(사실기재설)은 청구가 이유 있게 하는 데 필요한 일체의 사실(광의의 청구원인)을 기재하여야 한다는 견해이다. 위 대여금청구의 소에서 변제기도래는 이유기재설에서는 필요한 요건사실이다. **식별설**은 청구취지를 보충하여 청구를 특정하기 위한 사실 즉 협의의 청구원인만 기재하면 된다는 견해이다. 특정의 내용에 관하여 구실체법설에 기초하여 권리 또는 법률관계의 구체적인

---

1) 소송계속시설(소장부본송달시설)에서는 부적식한 소장이라도 소장부본이 송달되면 원고·피고·법원의 관계로 발전하므로 법원이 판결로 소를 각하한다. 결국 소장의 부적식은 소장부본송달 또는 제1회 변론기일이 개시되면 소송요건 흠결로 되어 부적법하게 된다고 한다.

2) 이행의 소의 청구취지의 기재례는 '피고는 원고에게 1억원을 지급하라'이며, 1억원이 대여금인지 매매대금인지 그 금원의 성질은 청구원인에 기재한다. 법원이 적당하다고 인정하는 금액을 지급하라는 식의 기재는 허용되지 않는다. 확인의 소의 청구취지의 기재례는 '별지 목록 기재 부동산이 원고의 소유임을 확인한다. 원고의 피고에 대한 2014. 2. 3. 금전소비대차계약에 기한 채무는 존재하지 아니함을 확인한다'이고, 형성의 소의 기재례는 '원고와 피고는 이혼한다. 피고의 주주총회가 2014. 9. 9.에 한 별지 기재 결의를 취소한다'이다.

요건사실을 열거해야 한다는 **구식별설**과 소송법설의 입장에서 수회 대여한 경우 다른 대여금의 청구와 구별할 수 있을 정도로 기재하면 된다는 **신식별설**이 있다.[1]

2) 규칙 제62조는 집중심리를 위해서 소장의 청구원인에는 청구를 뒷받침하는 구체적 사실과 피고가 주장할 것이 명백한 방어방법에 대한 구체적인 진술, 그리고 입증이 필요한 사실에 대한 증거방법까지 기재하도록 하고 있는바(규칙 62) 이는 이유기재설에 입각하고 있다고 볼 수 있다. 그러나 현행 법 제146조는 적시제출주의를 채택하고 있어서 소장에는 청구(소송물)가 다른 청구와 구별되도록 특정되면 되고 나머지는 추가로 준비서면 등에서 주장하면 충분하므로 식별설이 타당하다.

3) 청구원인에는 소송법설에 의하면 소송물을 특정하기 위한 사실관계를 기재하면 되며 법률용어나 법조문을 표현할 필요는 없으나, 구실체법설에서는 어느 규정에 의하여 청구권이 발생한 것인지 기재할 필요가 있다. 임대차가 아닌 사실관계를 임대차로 표현하여도 법원은 이에 구속되지 아니하고 본래 법적 성질인 사용대차라고 인정할 수 있다.[2]

<선택형>

1. 소의 제기와 관련된 다음의 설명 중 옳지 않은 것은? (다툼시 판례에 의함)[3]　　　　　[법전협 2014. 1차 변형]

　① 소장의 필수적 기재사항에 흠이나 인지의 부족이 있는 경우 법원은 원고에게 기간을 정하여 그 흠의 보정을 명하여야 한다.

　② 재판장의 보정명령에 대해 원고는 즉시 항고할 수 없다.

　③ 보정명령은 반드시 서면으로 송달하여야 한다.

　④ 원고의 소장 부본 송달에 의해 소송계속의 효과가 발생하며 그 다음날부터 지연손해금의 법정이율이 연 20%로 된다.

　⑤ 피고가 소장부본을 송달받은 날부터 30일 이내에 답변서를 제출하지 않으면 청구의 원인이 된 사실을 자백한 것으로 보고 변론없이 판결할 수 있는데 공시송달사건의 경우에는 무변론판결을 할 수 없다.

---

1) 청구원인 기재사실에 관하여 구실체법설은 어떤 권리인가, 일분지설은 어떤 금전채권인가, 이분지설은 어떤 사실관계인가가 주된 관심사이다.

2) 대판 62다448.

3) ③. 서면송달 이외에 전화, 팩스, 이메일 등의 방법이 가능하다. ② 보정명령은 제439조의 "소송절차에 관한 신청을 기각한 결정이나 명령"에 해당하지 아니하여 이의신청이나 항고를 할 수 없다(내판 2009그35). ① 보정명령은 보정기간을 정하여야 한다(대결 80마160). ④ 소촉법 제3조 1항. ⑤ 공시송달한 경우 답변서제출의무가 없으므로 무변론판결할 수 없다(256 ① 단서).

제2관 소제기 후 조치

I. 재판장의 소장심사

1. 의의와 심사대상

(1) 소장이 접수되면 변론기일이 열리기 전에 우선 재판장은 소장의 방식에 맞는지, 즉 적식 여부를 심사한다(254 ①). 소장심사는 소송요건심리 또는 청구이 유구비 여부에 대한 심리보다 먼저 한다. 이를 소장심사의 선순위성이라 한다. 다만 실무상 소장심사와 소송요건심리는 동시에 할 수 있다.[1]

재판장은 소장의 필요적 기재사항의 기재 여부, 인지첨부 여부, 청구원인사실에 대응하는 증거방법과 서증사본제출 여부 등을 심사한다(254 ④).

(2) 판례는 소장에 일응 청구의 특정이 가능한 정도로 청구취지 및 원인이 기재되어 있다면 비록 그것이 불명확하여 파악하기 어렵다 하더라도 그 후는 석명권 행사의 문제로서 제254조 1항의 소장심사의 대상이 되지는 않는다고 할 것이고, 석명권 행사에 의하여도 원고의 주장이 명확하게 되지 않는 경우에는 비로소 원고의 청구를 기각할 수 있을 뿐이고 소장각하명령을 할 수 없다고 판시하였다.[2]

2. 보정명령

(1) 소장에 필요적 기재사항의 흠결이 있거나 인지부족 등이 있는 때 재판장은 상당한 기간을 정하여 그 보정을 명한다(254 ①).

(2) 흠결을 보정한 경우 보정의 효력발생시기에 관하여 보정시설(비소급설), 소장제출시설(소급설), 인지보정의 경우에는 소급하고 청구내용의 부정시에는 소급하지 않는다는 절충설 등이 있으나 판례는 보정시설이다.[3]

(3) 보정명령은 중간재판이므로 독립하여 항고 등으로 다툴 수 없고, 보정명령에 불응하여 재판장이 소장이나 상소장에 대하여 각하명령을 하면 이에 대하여 즉시항고할 수 있다.[4]

---

1) 이시윤, 267.
2) 내결 2004무54.
3) 대결 2007마80.
4) 대판 94다39086, 94다39093(참가).

3. 소장각하명령과 즉시항고

(1) 원고가 소장보정명령을 받고도 보정하지 않거나 소장부본을 송달할 수 없는 경우 재판장은 명령으로 소장을 각하한다(254 ②, 255 ②). 다만 원고가 소장에 인지를 첨부하지 아니하고 소송구조신청을 한 경우 원칙적으로 그에 대한 기각결정이 확정될 때까지는 인지첨부의무가 발생하지 않는다고 할 것이어서 재판장은 소장 등에 인지가 첨부되어 있지 아니함을 이유로 소장 등을 각하할 수 없다.[1]

(2) **소장각하명령 시기**

(가) 소장각하명령을 내릴 수 있는 종기(終期)에 관하여 소장부본송달시설(소송계속시설)과 변론개시설이 있다. 변론개시설에 의하면 제1회 변론이 개시되면 소장의 부적식은 소송요건이 되어 그 흠결시 소각하 판결을 하게 되고 변론개시 이전이면 소장각하명령을 하게 된다.

(나) 판례는 제1심에서 소장부본송달이 있었으나 변론개시되기 전에 소장각하명령을 할 수 있는지에 관한 직접적인 판례는 아직 없지만, 항소심의 변론이 개시된 후에는 피항소인에게 변론기일소환장 등이 송달불능 되었다는 이유로 항소장을 각하명령할 수는 없다고 하여[2] 결국 변론개시설적으로 판시하였다.

(다) 검토컨대 소장각하명령과 소각하판결은 모두 심급을 종료시키는 효력은 동일하므로 재판형식 여부보다는 당사자의 변론권이 충분히 보장되었는지의 여부에 대하여 심리를 집중하는 것이 더 타당할 것이다.

(3) **즉시항고**

보정명령 자체에 대하여는 즉시항고를 할 수 없으나, 보정불응을 이유로 한 소장각하명령에 대하여는 즉시항고할 수 있다(254 ③). 다만 판례는 보정기간 내에 인지보정을 하지 아니하여 소장각하명령 후 인지를 보정하고 그 명령에 불복하여도 원심법원으로서는 재도의 고려에 의하여 그 각하명령을 취소할 수 없다는 것이다.[3]

Ⅱ. 소장부본 송달

(1) 재판장은 소장을 심사하여 흠이 없으면 소장부본을 피고에게 송달하여야

---

1) 대결 2002마3411; 2007무77.
2) 대결 81마275.
3) 대결 95두61.

한다(255 ①; 규칙 64 ①). 소장에 기재된 피고주소가 잘못되거나, 피고가 사망한 경우, 피고가 무능력자인데 법정대리인의 표시가 없거나 법인 기타 단체인데 대표자의 기재가 없는 경우, 피고가 재판권을 면제받는 자로서 소장수령을 거부하는 경우[1] 등으로 소장부본이 송달불능 되면 상당기간 주소보정을 명하고 이에 응하지 않으면 소장을 각하한다(255 ②).

(2) 현재이행의 소의 소장부본이 송달되면 피고는 방어준비를 할 수 있고 소송계속의 소송법적 효과가 발생하고 소장부본을 송달받고도 변제하지 아니하는 경우 지연이자이율이 연20%로 된다(소촉 3 ①, 소촉령).[2]

≪사례≫ 등기이사를 퇴직한 사람이 회사를 상대로 사임을 주장하며 이사직을 사임한 취지의 변경등기를 구하는 소를 제기하면서 회사를 대표할 사람을 감사로 표시하였다(이사와 회사간의 소송에서 회사의 대표자는 감사이다. 상법 394 ①). 법원은 일단 대표자의 이름이 표시되어 있다면 부적법한 대표자라 해도 소장각하명령이 아닌 소각하 판결을 해야 한다는 취지로 판결하였다(대판 2013마1273). 이 판결은 타당한가?

‖ 사례해설

법인대표자를 잘못 지정한 경우도 소장부본을 송달할 수 없는 송달불능으로 볼 수 있고 제255조 2항의 규정을 적용해서 소장을 각하할 수 있다고 본다면 위 판결의 견해는 타당하다고 할 수 없다. ‖

Ⅲ. 피고의 답변서제출의무와 무변론판결

1. 답변서제출의무

소장부본을 송달받은 피고가 원고의 청구를 다투는 경우에는 송달받은 날로부터 30일 이내에 준비서면에 준하는 실질적인 답변서를 제출해야 한다. 답변서에는 제274조의 준비서면에 기재할 사항인 소장에 기재된 개개의 사실에 대한 인정 여부, 항변과 이를 뒷받침하는 구체적 사실, 증거방법과 민소규칙 제65조에 의한 상대방의 청구와 공격 또는 방어의 방법에 대한 진술 등을 구체적으로 기재한다(256 ① ④, 274, 규칙 65). 답변서가 제출되면 법원은 변론준비절차에 부칠 사건과 변론기일을 정할 사건을 검토하여 분류한다.

---

1) 강영수, 주석 (Ⅳ), 252.
2) 물론 약정이율이 연20%를 초과한다면 이자제한법의 범위 내의 약정이율을 우선하여 계속 적용한다(대판 84다2649).

2. 무변론판결

(1) 의 의

(가) 피고가 소장부본을 송달받은 날로부터 30일 이내에 제256조 1항의 답변서를제출하지 아니한 때(257①)와 피고가 청구원인사실을 모두 자백하는 취지의 답변서를 제출하고 따로 항변을 하지 아니한 때(257②)에는 청구원인사실을 자백한 것으로 보고 판결선고기일을 통지하여(257③) 변론기일 없이 원고승소판결을 선기기일에 할 수 있다.[1]

(나) 무변론판결제도는 피고의 방어의사가 없는 사건은 당사자의 기일출석 부담을 줄이고 소송신속·경제를 위해 인정한 것이다.

(2) 예 외

(가) ① 공시송달사건,[2] 직권조사사항이 있는 사건, 판결선고 전까지 다투는 답변서제출이 있는 경우(256① 단서, 257① 단서). ② 성질상 무변론판결이 적당하지 않거나 자백간주되지 아니한 가사소송 중 가류·나류사건(혼인무효, 친생자관계부존재확인, 父를 결정하는 소 등 직권탐지절차), ③ 당사자의 주장에 구속받지 않는 형식적 형성소송, ④ 원칙적으로 이행권고결정을 하고 피고가 이행권고결정에 대하여 이의신청을 하면 바로 변론기일을 지정하는 소액사건(소액 5조의3) 등은 결과적으로 무변론 원고승소판결을 할 수 없다. 이들 경우에는 증거에 의하여 사실인정을 하여야 한다.

(나) 원고의 청구를 인낙하는 취지의 답변서를 제출한 경우는 무변론 원고승소판결을 하지 않고 변론기일을 지정하여 인낙조서를 작성하여 사건을 종결한다.

(3) 청구이유가 없는 경우

원고의 주장 자체로 이유가 없거나 주장이 모순·불명료한 경우 무변론으로 원고청구에 대하여 기각판결을 선고할 수 있는가에 관하여 피고에 대하여 무변론기일 원고승소판결이 가능한 것과 형평상 원고청구기각판결이 가능하다고 할 수 있으나, 원고에게 불리한 것이므로 명문규정이 없는 이상 무변론 원고청구기각판결을 할 수 없고 변론기일을 열어 보정의 기회를 준 후 보정되지 않으면 기각해야 할 것이다. 그러나 소액사건에서는 청구가 이유 없음이 명백한 경우에는 무변론으로 청구기각판결을 할 수 있다(소액 9①).

---

1) 애당초 변론기일 자체를 열지 않는 것이다. 변본기일에 출석하였으나 변론하시 않아 불출석(기일해태)으로 간주되는 것과 다르다.
2) 공시송달사건은 소장부본을 송달받지 못하여 답변서제출의무가 없어서 무변론판결을 할 수 없다.

(4) 효 과

답변서 미제출에 의한 자백간주의 효과가 발생한다. 이는 재판상 자백과 달리 당사자에 대한 구속력은 없으므로 피고는 그 뒤 항소심에서 그 사실을 다툼으로서 자백간주 효과를 번복할 수 있다. 다만 실기한 공격방어방법의 각하(149), 변론준비기일의 종결효과(285)의 제한을 받는다.

Ⅳ. 변론기일지정

2008. 12. 26. 개정된 민사소송법은 변론준비절차를 임의절차화하였다. 이는 공개주의를 전제로 충실한 구술변론을 실현하고 신속한 재판을 도모하기 위함이다. 답변서가 제출되면 재판장은 최단기간 내의 날로 제1회 변론기일을 지정하여야 한다. 법원은 변론이 집중되도록 함으로써 변론이 가능한 한 속행되지 않도록 하고, 당사자는 이에 협력하여야 한다(규칙 69).

<선택형>

1. 재판장의 소장심사권에 대한 다음 설명 중 옳지 않은 것은?[1]

① 재판장의 소장심사권의 대상은 소장의 필수적 기재사항의 구비 여부 및 소정의 인지를 붙였는지의 여부와 같은 형식적 사항에 그치고, 소송요건 및 청구의 당부와 같은 실질적 사항에는 미치지 않는다.

② 재판장의 인지보정명령에 불응하여 명령으로 소장이 각하되어 송달된 후에는 부족된 인지를 가첨하고 그 명령에 불복을 신청하였다 할지라도 그 각하명령을 취소할 수 없다.

③ 재판장의 인지보정명령에 대하여는 독립하여 이의신청이나 항고를 할 수 없고, 다만 보정명령에 따른 인지를 보정하지 아니하여 소장이나 상소장이 각하되면 그 각하명령에 대하여 즉시항고하여 다툴 수밖에 없다.

④ 재판장의 소장심사권은 형식적이므로 소장심사단계에서 미리 원고에게 청구하는 이유에 대응하는 증거방법을 구체적으로 적어 내도록 명할 수는 없다.

⑤ 재판장의 소장보정명령은 변론이 개시된 뒤라도 소장에 흠결이 발견되면 그 보정을 명할 수 있고 상고심에서도 가능하다.

2. 피고의 답변서 제출이 없어서 변론기일 없이 판결할 수 있는 것에 관한 설명 중 옳은 것은?[2]

① 소송요건 등 직권조사사항 흠이 있는 것으로 판단되는 경우에도 답변서제출이 없으면 무

---

1) ④. 미리 원고에게 청구하는 이유에 대응하는 증거방법을 구체적으로 적어 내도록 명할 수는 있다(규칙 65, 254 ④).
2) ⑤. ① 공시송달사건이나 직권조사사항이 있으면 무변론판결을 할 수 없다. ② 30일이 지난 후에 원고의 청구를 다투는 취지의 답변서가 제출되면 변론기일을 지정하여 심리한다. ④ 판결선고시가 기준이다.

변론판결을 할 수 있다.

② 소장부본을 송달받은 날로부터 30일이 지난 후에 원고의 청구를 다투는 취지의 답변서가 제출되어도 변론 없이 판결할 수 있다.

③ 실기한 공격방어방법의 각하(제149조), 변론준비기일의 종결효과(제285조)의 제한을 받지 않는다.

④ 변론 없이 하는 판결이 확정될 경우, 그 기판력의 표준시는 사실심 변론종결시이다.

⑤ 답변서를 제출하지 아니하면 자백간주의 효과가 발생하나 피고는 그 뒤 사실심에서 그 사실을 다툼으로서 자백간주 효과를 번복할 수 있다.

---

3. 답변서를 법정기한 내에 제출하지 아니하여 변론 없이 원고승소의 판결을 할 수 있는 것은?[1]

① 소송요건 등 직권조사사항의 흠이 있는 것으로 판단되는 경우

② 피고가 소장부본을 공시송달의 방법으로 송달받은 경우

③ 무변론판결선고 바로 전에 원고의 청구를 다투는 취지의 답변서를 제출한 경우

④ 통상 다툴 가능성이 높은 의료소송, 해고무효소송 같은 성질의 사건인 경우

⑤ 공유물분할청구소송와 친생자관계부존재확인소송

---

4. 甲은 乙을 상대로 3억원의 지급을 구하는 대여금청구의 소를 제기하였다. 다음 설명 중 옳은 것을 모두 고르면?[2]　　　　　　　　　　　　　　　　　　　　　　　　　　　　[변호사 2013]

① 법원은 乙이 소장 부본을 송달받은 날부터 30일 이내에 답변서를 제출하지 아니한 때에는 직권으로 조사할 사항이 있더라도 청구의 원인이 된 사실을 자백한 것으로 보고 변론 없이 판결할 수 있다.

② 乙이 소장 부본을 송달받은 날부터 30일이 지난 뒤라도 판결이 선고되기까지 甲의 청구를 다투는 취지의 답변서를 제출하면 법원은 더 이상 무변론 판결을 할 수 없다.

③ 乙이 청구의 원인이 된 사실을 모두 자백하는 취지의 답변서를 제출하고 따로 항변을 하지 아니한 때에도 특별한 사정이 없는 한 법원은 무변론 판결을 할 수 있다.

④ 甲이 출석하지 아니한 변론기일에 乙은 자신의 준비서면에 적지 않았다고 하더라도 상계항변을 할 수 있다.

⑤ 乙이 준비서면을 제출한 후 변론기일에 불출석하여도 법원은 乙이 그 준비서면에 적혀 있는 사항을 진술한 것으로 보고 출석한 甲에게 변론을 명할 수 있다.

---

5. 소의 제기와 관련된 다음의 설명 중 옳은 것은? (다툼시 판례에 의함)[3]　　　　　　　[법전협 2014. 1차]

---

[1] ④. 통상 다툴 가능성이 높은 의료소송, 해고무효확인소송 같은 성질의 사건인 경우에도 답변서를 법정기한 내에 제출하지 아니하면 원고승소의 무변론판결을 할 수 있다.

[2] ②③⑤. ①② 직권조사사항이거나 선고기일까지 다투는 취지의 답변서 제출 있으면 무변론판결할 수 없다(257 ① 단서). ③ 제257조 2항. ④ 합의부사건인 경우에는 준비서면에 적어 제출하지 아니하면 상대방이 출석하지 않은 경우 이를 주장할 수 없다.

[3] ②. 재판장의 인지보정명령은 일반적으로 항고의 대상으로 삼고 있는 제439조 소정의 "소송절차에 관한 신청을 기각한 결정이나 명령"에 해당하지 아니하고, 또 이에 대하여 불복할 수 있음을 정하는 별노의 규정도 없으므로, 그 명령에 대하여는 이의신청이나 항고를 할 수 없고(대결2009그35), 인지보정명령에 따른 인지를 보정하지 아니하여 소장이나 상소장이 각하되면 이 각하명령에 대하여 즉시항고로 다툴 수 있으므로, 인지보정명령은

① 소장의 필수적 기재사항에 흠이나 인지의 부족이 있는 경우 법원은 원고에게 기간의 정함이 없이 그 흠의 보정을 명하여야 한다.
② 재판장의 보정명령에 대해 원고는 즉시 항고할 수 없다.
③ 보정명령은 반드시 서면으로 송달하여야 한다.
④ 원고의 소장접수에 의해 소송계속의 효과가 발생하며 그 다음날부터 지연손해금의 법정이율이 연 20%로 된다.
⑤ 피고가 소장부본을 송달받은 날부터 30일 이내에 답변서를 제출하지 않으면 청구의 원인이 된 사실을 자백한 것으로 보고 변론없이 판결할 수 있는데 이는 공시송달사건의 경우에도 마찬가지이다.

제3관   소송구조

1. 의 의

소송구조는 소송비용을 지출할 자금능력이 부족한 사람이 미리 소송비용을 안들이고 소송을 할 수 있도록 하는 제도이다.

2. 요 건

법원은 소송사건에 관하여 소송비용을 지출할 자금능력이 부족한 사람이 패소할 것이 분명한 경우가 아닐 때 소송구조를 할 수 있다. 소송비용을 전부 지출하면 자기나 동거가족이 통상의 경제생활에 위협을 받게 되면 자금능력이 부족한 것으로 인정된다.[1]

3. 절 차

소송구조는 소송비용을 지출할 자금능력이 부족한 사람의 신청에 따라 또는

소장 또는 상소장의 각하명령과 함께 상소심의 심판을 받는 중간적 재판의 성질을 가지는 것으로서 제449조에서 특별항고의 대상으로 정하고 있는 "불복할 수 없는 명령"에도 해당하지 않는다(대결 2012그46 상고장보정명령에 대한 특별항고). ① 보정기간이 지정한 바 없으므로 이것은 적법한 보정명령이아니고 그 보정을 아니하였다고 항소장을 각하한 이 원명령은 파기를 면치 못한다(대결 80마160). ③ 변호사인 소송대리인에 대한 송달은 법원사무관등이 전화·팩시밀리·전자우편 또는 휴대전화 문자전송을 이용하여 할 수 있다(규칙 46 ①). ④ 금전채무 불이행으로 인한 손해배상액 산정의 기준이 되는 법정이율은 그 금전채무의 이행을 구하는 소장 또는 이에 준하는 서면이 채무자에게 송달된 날의 다음 날부터는 연 100분의 40 이내의 범위에서 「은행법」에 따른 은행이 적용하는 연체금리 등 경제 여건을 고려하여 대통령령으로 정하는 이율(연 2할)에 따른다. 다만 장래이행의 소에서는 제외한다(소촉 3 ①). ⑤ 공시송달사건은 무변론판결을 할 수 없다(256 ① 단서).
1) 김홍엽, 318.

법원의 직권으로 할 수 있다(128 ①).

4. 구조의 효과와 취소

(1) 소송구조가 결정되면 인지액과 송달료 등 재판비용의 납입유예, 변호사 및 집행관의 보수와 체당금(替當金)의 지급유예, 소송비용의 담보면제, 대법원규칙이 정하는 그 밖의 비용의 유예나 면제(129 ①)를 한다.

(2) 소송구조는 이를 받은 사람에게만 효력이 미친다. 따라서 법원은 소송승계인에게 미루어 둔 비용의 납입을 명할 수 있다(130 ①②).

(3) 소송구조로 지급유예된 경우 종국판결로 소송비용의 부담재판을 받았으면 이를 지급하여야 한다. 상대방이 소송비용을 부담하는 재판을 받은 경우 국가가 상대방으로부터 직접 지급받을 수 있다(132 ①).

(4) 소송구조를 받은 사람이 소송비용을 납입할 자금능력이 있다는 것이 판명되거나, 자금능력이 있게 된 때에는 소송기록을 보관하고 있는 법원은 직권으로 또는 이해관계인의 신청에 따라 언제든지 구조를 취소하고, 납입을 미루어 둔 소송비용을 지급하도록 명할 수 있다.

5. 법률구조

민사소송법의 소송구조와 별도로 경제적으로 어렵거나 법을 몰라서 법의 보호를 충분히 받지 못하는 자에게 법률구조를 할 수 있다(법률구조 1), 법률구조는 법률상담, 변호사나 공익법무관에 의한 소송대리, 그 밖에 법률 사무에 관한 모든 지원을 하는 것이며(법률구조 2), 이를 위하여 정부의 출연금에 의하여 운영되는 대한법률구조공단이 설립되었다(법률구조 8).

제4관 소제기의 효과

원고가 소장을 법원에 제출하여 소장부본이 피고에게 송달되면 법원, 원고, 피고 각 사이에 소송법률관계가 성립한다. 이 상태를 소송계속이라고 한다. 이에 따라 소송법상·실체법상 효과가 발생한다.

소장제출 → 실체법상의 효과 : 소장접수시 시효중단, 법률상 기간준수 (265),
　　　⇩　　　　　　　　　소장부본 송달시부터 20%지연이자발생 (소촉 3)
　　　⇩
소송계속 → 1. 소송법상 효과 : 중복소제기금지(259)· 소송참가와 소송고지 가능
　　　↳　　 2. 실체법상 효과 : 선의 점유자의 악의 의제(민법 197),
　　　　　　　　　　　　　어음법상의 상환청구권의 소멸시효진행(어음 70)

제1항 소송계속

1. 의 의

소송계속(訴訟係屬)은 특정한 청구에 대하여 법원에 판결절차가 현실적으로 걸려있는 상태, 법원이 판결하는 데 필요한 행위를 할 수 있는 상태를 말한다.

2. 발생시기와 효과

(1) 소송계속의 발생시기에 관하여는 규정이 없다. 제265조를 근거로 소장제출시설이 있으나 제265조는 실체법상 효과의 발생시기일 뿐이고 대립당사자구조가 형성되는 소장부본 송달시로 보아야 한다는 것이 통설·판례이다. 소장을 정정한 경우 그 소송계속의 발생시기는 당초의 소장부본이 송달된 때이다.[1] 소송요건에 흠이 있어도 소송계속이 생긴다.

(2) 소송계속이 되면 중복소제기가 금지되고(259), 소송참가(71, 79, 79, 81, 82, 83), 소송고지(84), 청구의 변경(262), 중간확인의 소(264)나 반소(269)의 기회가 생기게 되고, 관련청구의 재판적이 인정된다.

3. 종 료

(1) 소송계속은 판결확정시에 종료된다. 그 밖에 소장각하결정(144④), 이행권고결정·화해권고결정의 확정, 화해조서나 청구의 포기·인낙조서의 작성 또는 소의 취하·취하간주(268) 등에 의하여 소멸된다.

(2) 주위적·예비적 병합의 경우에 주위적 청구나 선택적 병합의 경우에 어느 한 청구를 인용한 각 판결이 확정되면 심판을 받지 아니한 예비적 청구나 다른 청구는 소급적으로 소송계속이 소멸된다.

---

1) 대판 94다12517·12524.

(3) 소송계속 종료의 효과를 다투려면 기일지정신청을 할 수 있다. 법원은 이 기일지정신청에 대하여 심리한 결과 소송계속이 종료되었으면 판결로써 소송종료선언을 한다(규칙 67 ③).

제2항 중복 소제기의 금지

> 제259조(중복된 소제기의 금지) 법원에 계속되어 있는 사건에 대하여 당사자는 다시 소를 제기하지 못한다.

≪사례≫ 甲(대전 거주)은 乙(서울 서초구에 거주)에 대하여 물품대금 1억원의 채권을 가지고 있다. 甲에 대하여 2억의 대여채권을 가지고 있는 채권자 丙은 甲에 대하여 대여채무의 변제를 요구하였으나 甲은 이에 대한 변제를 미루고 있고 이미 이행기를 지난 乙에 대한 위 물품대금의 채무변제에 관한 독촉도 하지 않고 있다. 이에 丙은 甲을 대위하여 乙을 상대로 물품대금 1억원의 지급청구의 소를 제기하겠다고 통지하였다. 이에 자극을 받은 甲도 서둘러 乙을 상대로 물품대금청구의 소를 대전지방법원에 제기하였다. 丙의 乙에 대한 채권자대위의 소(A訴)는 서울중앙지방법원에 2014. 8. 9. 제기되었는데 2014. 8. 12. 소장부본이 乙에게 송달되었고, 甲이 2014. 8. 8. 乙을 상대로 하여 대전지방법원에 제기한 대여금청구의 소(B訴)는 2014. 8. 13. 소장부본이 乙에게 송달되었다.

[1] A訴와 B訴는 각각 적법한가?
[2] A訴와 B訴에 대하여 위 각 수소법원은 어떠한 판단을 할 것인가?
[3] B訴가 중복된 소라고 한다면 권리주장을 하고자 하는 甲은 어떠한 법적 절차를 취할 수 있는가?

Ⅰ. 의 의

(1) 중복된 소제의 금지는 이미 법원에 계속된 사건과 동일한 사건에 대하여 당사자는 소를 제기하지 못한다는 원칙이다(259). 중복소송금지의 원칙이라고도 한다.
(2) 이는 피고의 응소번잡과 법원의 중복심리에 따른 비용과 노력낭비, 판결의 모순·저촉 등을 방지하기 위함이다.

Ⅱ. 해당요건

이미 소송 계속중인 사건과 동일한 후소가 제기되어야 한다. 법원의 동일성은 문제삼지 아니하고 당사자와 소송물이 동일한지의 여부로만 판단한다.

1. 당사자의 동일

중복소제기는 전소·후소의 당사자가 동일하거나 제3자에게 판결의 효력이 미쳐서 당사자와 동일하게 볼 수 있는 경우(80 단서, 82 ③)이어야 한다.

(1) 원·피고 역전형

동일한 원고와 피고의 위치가 바뀌어도 동일사건으로 될 수 있다. 가령 원고의 소유권확인청구에 피고가 제기한 원고의 소유권부존재확인청구는 원고청구 기각주장과 같으므로 소송은 동일하다. 그러나 원고의 소유권확인청구에 같은 물건의 소유권에 대하여 피고가 자신이 소유자임을 주장하며 소유권확인청구는 서로 동일하지 않다.

(2) 판결의 효력을 받는 사람

당사자가 달라도 가령 변론종결 후의 승계인과 청구목적물의 소지자, 선정당사자소송의 선정자(218 ①③)와 같이 기판력의 확장으로 판결의 효력을 받는 자가 제소하면 동일사건이다. 이로 인하여 판결이 모순·저촉될 수 있기 때문이다.

(3) 채권자대위소송

다음과 같이 경우에 따라 다소 달리 취급한다.

(가) 채권자대위소송 중 채무자가 제소할 경우

① 판례는 비록 당사자는 달라도 실질상 동일 소송이므로 중복소송이라고 한다.[1] ② 법정소송담당이라고 보는 통설도 채권자는 채무자의 권리를 이미 행사하고 있는 것이므로 채무자의 제소는 중복소송이라고 보는 긍정설, ③ 소송담당이 아니고 채권자 고유의 대위권리를 행사하는 것이고 소송물과 당사자가 모두 다르므로 중복소송이 아니라는 부정설[2], ④ 기판력이 미치는 경우와 동일하게 채무자가 대위소송 중임을 안 경우에만 중복소송이라는 한정적 긍정설 등이 있다.[3]

검토컨대 민법상 채권자대위권의 행사효과는 바로 채권자에게 귀속되지 않고 직접 채무자에게 귀속하여 총채권자를 위해 공동담보가 되고, 대위소송의 소송물을 채무자의 권리존부라고 본다면 소송담당이라 할 것이고, 중복소송금지는 중복판결로 인한 판결의 모순방지에 목적이 있으므로 채무자가 대위소송을 알았는지에 관계없이 별소는 중복소송으로서 금지하고 소송상 권리주장을 하려면 대위소송

---

1) 대판 94다29256.
2) 호문혁, 143-145.
3) 이시윤, 281.

에 공동소송적 보조참가하여 법적 주장할 수 있을 것이다. 한편 채무자가 대위소송의 계속 사실을 채무자가 모르는 경우 채무자는 여전히 소송수행권을 가지고 있으므로(병행형) 중복소송에 해당한다. 채무자가 이를 안 경우에는 채무자는 소송수행권을 상실하여(갈음형) 채무자가 별소 또는 반소를 제기하는 경우에는 민법 제405조 2항 해석상 채무자는 소송수행권이 상실되므로 당사자적격이 흠결되나, 중복소송여부는 일반적 소송요건이므로 당사자적격의 유무보다 먼저 판단하여 중복소송을 이유로 부적법하여 각하하게 된다.

(나) 채무자 제소중 채권자대위의 후소의 경우

1) 판례는 양 소송은 당사자는 다를지라도 실질상 동일한 소송이므로 후소는 중복소송금지규정에 저촉된다고 판시하거나[1] 대위권행사 당시 이미 채무자가 그 권리를 재판상 행사하였다면 설사 패소의 판결을 받았어도 채권자는 채무자를 대위하여 채무자의 권리를 행사할 당사자적격이 없다고 판시하고 있다.[2]

2) 소송담당설 입장에서 채권자는 채무자의 권리를 행사하는 것이므로 이 경우에도 중복제소로 각하해야 한다는 중복소송긍정설이 있고, 민법상의 대위요건불비를 이유로 청구기각설이 있다.[3]

3) 검토컨대 채무자가 이미 권리를 행사하고 있다면 채권자는 대위권의 당사자적격을 흠결하여 각하되어야 할 것이다. 소송담당설 중 채권자대위소송에 대하여 채무자는 병행형이라고 보아 당사자적격이 유지되지만 중복제소에 해당되므로 공동소송적 보조참가만 가능하다고 해석하는 견해가 다수설이나, 채무자는 채권자가 대위소송을 제기한 사실을 알고 있으면 민법 제405조 2항에 의하여 권리에 대한 처분권이 상실하여 별소 제기 또는 공동소송참가를 할 수 없고 공동소송적 보조참가만 가능하다고 할 것이다.

(다) 채권자대위소송중 다른 채권자의 대위의 후소

1) 판례와 다수설은 채권자 상호간은 대등한 관계이므로 한 채권자의 대위소송은 다른 채권자의 당사자적격을 박탈하지 않고 공동소송참가를 할 수 있고 채권자들은 채무자의 동일한 권리를 행사하는 것이므로 별소를 제기할 경우 중복제소로 본다.[4]

2) 이에 대하여 채무자가 대위소송 중임을 안 경우에만 후소는 중복제소

---

1) 대판 80다2751.
2) 대판 92다32876.
3) 호문혁, 150.
4) 대판 93다53092; 97다45532.

라는 **한정적 긍정설**(절충설)[1]과 각 채권자의 별개의 대위권행사이어서 중복제소가 아니라는 견해가 있다.[2]

　　　　3) 검토컨대 중복판결의 모순은 금지해야 하므로 별소는 채무자가 아는지의 여부에 관계없이 별소는 중복제소는 금지해야 할 것이다. 중복제소로 금지되어도 다른 채권자는 신소제기의 실질을 갖는 공동소송참가를 할 수 있으므로 불리한 것은 없다.

(4) 채권자취소소송

채권자대위소송과는 달리 취급한다.

　　(가) 채권자취소소송중 다른 채권자의 채권자취소의 제소는 각 채권자 고유권리행사이므로 중복소송은 아니다.

　　(나) 한 채권자 취소판결 확정 후 다른 채권자의 취소의 후소는 기판력을 받지 않는다. 이는 승소자가 집행신청을 하지 않을 수 있기 때문이다.

　　(다) 다른 채권자가 집행중인 때에는 채권자는 배당에 참여만 가능하므로 채권자취소의 후소는 소익이 없어 부적법 각하된다.

2. 청구(소송물)의 동일

(1) 청구취지는 동일하지만 청구원인을 이루는 실체법상의 권리가 다른 경우

가령 동일한 교통사고에 관하여 불법행위를 원인으로 손해배상청구의 소가 계속중 채무불이행을 원인으로 하는 손해배상청구의 소를 제기하는 경우에 구소송물이론은 다른 사건으로 보나 신소송물이론에서는 동일사건으로 보아 중복제소라고 본다.

그러나 원칙적으로 공격방어방법으로 주장한 권리(매매목적물인도청구에 대하여 매매잔대금지급을 동시이행항변한 후 잔대금지급청구의 소), 선결적 법률관계(소유권이전등기말소 소송중 소유권확인청구의 소)에 관해서는 소송계속이 발생하지 않으므로 별소 제기가 가능하다.

(2) 청구취지가 다른 경우

원칙적으로 다른 사건이다. 다만, 청구취지가 달라도 그 기초를 이루는 권리관계가 동일한 경우에는 사건의 동일성이 인정된다.

---

1) 이시윤, 282.
2) 호문혁, 150.

(가) 동일권리에 관한 원고의 적극적 확인청구와 피고의 소극적 확인청구

피고의 후소는 원고의 청구기각 구하는 것 이상의 의미가 없으므로 동일사건으로서 중복제소이다. 다만, 서로 적극적 확인청구시 동일사건 아니다.

(나) 동일권리에 대한 확인청구와 이행청구

1) 반복형소송: 가령 원고가 돈 1억원의 대여금채권존재**확인의 소송**중 같은 피고를 상대로 그 돈 1억원의 **지급청구**의 소를 별개로 제기하였다. 이 소는 적법한가? 이는 청구취지가 다르지만 중복제소 여부가 논의된다.

가) 중복소송부정설(적법설): 청구취지가 다르므로 동일사건이 아니다. 이행청구의 경우에 변제기 미도래로 청구기각 판결이 될 수 있기 때문에 확인의 소라도 유지할 실익이 있다는 입장이다.

나) 중복소송긍정설(부적법설): 이행의소로 청구취지의 변경가능하므로 중복소송이라고 보는 입장이다.

다) 절충설: 이행소송 후 확인의 소가 후소인 때만 중복제소이나, 확인소송 후 이행소송은 중복소송이 아니다. 확인소송은 기판력은 발생하나 집행력이 발생하지 않으므로 집행력을 얻기 위해서는 이행의 소가 필요하다.

라) 확인의 소의 補充性으로 해결하려는 견해: 청구취지가 다르므로 중복소제기가 아니지만 다른 이행이나 형성의 소가 係屬하면 확인의 소는 전후를 불문하고 補充性흠결로 권리보호의 이익이 없어 부적법 각하한다는 주장이다.[1]

마) 검토컨대, 보충성문제로 보는 견해는 확인의 소가 보충성흠결로 각하되는 것은 타당하나 각하되기 전까지는 중복소송의 문제가 있다는 난점이 있고, 상고심에 계속중일 때는 청구취지의 확장·변경을 할 수 없다는 점에서 중복소송긍정설도 난점이 있는 점을 고려하면 절충설이 타당하다. 이행의 소가 확정되면 확인의 소에서는 없는 집행력이 발생하므로 후소인 이행의 소는 적법하여 본안판단할 실익이 있다.

2) 대향형소송: 교통사고 피해자의 보험금**지급청구**의 소에 대하여 피고인 보험회사의 보험채무부존재**확인의 소**는 사건의 동일성이 인정되므로 중복소송에 해당될 것이다.

그런데 **판례**는 채권자가 채무인수자 상대로 전소로서 이행의 소를 제기하여 계속중 채무 인수자가 채권자 상대로 후소로서 채무부존재확인의 소를 제기한

---

1) 호문혁 151; 김용진 173.

사안에서 전후 양소가 청구취지와 청구원인이 다르므로 중복소송에 해당하지는 않지만, 전소에서 청구기각의 판결을 구함으로써 채권자가 채무자에 대하여 채권을 가지고 있지 아니함을 다툴 수 있으므로 후소는 권리보호의 이익이 없어 부적법하다고 판시하여 중복소송의 문제로 파악하지 아니하고 소의 이익의 유무로 판단하고 있다.[1]

(3) 상계의 항변

소송물의 전제를 이루는 공격방어방법이나 선결문제로 주장한 권리에 대하여 별개로 소를 제기하더라도 중복소송이 아니다. 그러나 상계항변의 경우 기판력이 발생할 수 있으므로(216 ②) 중복소송금지규정을 유추해서 불허해야 하는지 논의된다.

예컨대 매매대금 1억원 청구의 소에 대하여 피고가 대여금 1억 5천만원으로 상계항변한 후 별소로 대여금지급청구를 할 수 있는가?(상계선행형)

① 중복소송부정설(적법설): 일종의 공격방어 방법에 불과하고 피고의 이익을 위하여 반대채권에까지 소송계속의 효과를 적용시킬 수 없다.

② 중복소송긍정설(부적법설): 상계항변의 판단에는 기판력이 생기고 판결모순·저촉우려가 있으므로 중복소송금지의 취지를 유추적용한다.

③ 반소병합설: 원칙적으로 중복소송이 아니므로 허용하되, 기존 소송절차에 반소로써 병합되도록 한다는 입장이다.[2]

④ 무조건적 상계항변은 중복제소라는 견해: 移部·移送 등으로 병합심리하고, 이것이 불가능할 경우 상계항변이 예비적이면 후소를 허용하고, 무조건적이면 중복제소로 처리한다.[3]

⑤ 판례는 별도의 소가 선행되고(별소선행형) 후소에서 상계항변이 이루어진 사안에서 선행하는 별소를 상계항변이 이루어진 후소에 이부, 이송, 변론병합하는 것이 소송경제와 판결모순방지를 위하여 바람직하나 그렇지 아니하더라도 상계항변이 부적법한 것은 아니라고 판시하여 중복소송을 부정한다.[4]

⑥ 검토컨대 상계항변은 예비적으로 취급되어 법원의 판단 여부는 소송종료시까지 불분명하므로 중복소송으로 보아 배척함은 원고에 가혹하다. 따라서 중복

---

1) 대판 2001다22246.
2) 이시윤, 273.
3) 호문혁, 153.
4) 대판 2000다4050.

소송임을 부인하나 판결모순을 방지위기 위해 병합심리함이 타당하다. 반소병합설은 현행법상 강제반소가 인정되지 않고 있으므로 처분권주의에 반한다. 위 사례에서 상계적상액을 초과하는 5천만원에 대한 청구는 당연히 적법하다.

(4) 중복소송금지의 원칙의 확대시도

전소와 후소의 소송물이 다르지만 전후 양소가 모순관계나 쟁점이 공통되는 경우에는 판결의 모순·저촉을 방지하기 위하여 중복소송금지의 원칙을 확대적용하자는 시도론이 있다. 다수설과 판례는 확대시도에 대하여 반대하면서 소송물이 동일한 경우에만 중복소송에 해당하고 판결의 모순·저촉은 이부·이송·변론병합에 의하여 단일소송절차로 병합심리하도록 해야 한다는 입장이다.

3. 전소의 계속중에 후소를 제기할 것

(1) 어느 소가 전소, 후소인지의 판별기준은 소송계속의 발생시기, 즉 소장부본 송달 선후(先後)에 의한다.

(2) 전소가 소송요건을 구비하지 못한 부적법하여 각하될 수 있는 경우(가령 미성년자에 의한 소제기)에도 후소는 중복소송금지원칙의 적용이 가능하다.[1] 채권자대위의 전소 후에 채무자가 원고로서 동일 내용의 후소를 제기한 경우 양 소송은 동일한 소송이므로 후소는 중복소송에 해당한다는 판례[2]의 입장에서는 채권자대위의 소는 전소이나 채무자의 권리불행사의 요건을 흠결하였고 채무자가 제기한 소는 후소로서 양 소송은 모두 각하사유가 존재하게 된다. 이 경우 전소가 실제 각하되면 후소는 중복소송이 되지 아니한다.

(3) 전소 계속중 후소가 다른 소송중의 소인 형태인 경우(병합청구·청구변경·반소·소송참가 등)에도 중복소송에 해당된다.[3]

그러나 전소 자체에서 반소형태로 제기하는 후소는 같은 재판부에서 심판하므로 판결의 모순·저촉 가능성이 없고 중복소송이 아니다.

(4) 후소제기 당시에 전소가 계속중이었더라도 후소의 변론종결시까지 전소의 계속이 소멸되면 후소는 중복소송이 아니어서 후소를 각하할 수 없다.

---

1) 대판 97다45532.
2) 대판 94다12517.
3) 대판 65다2371

Ⅲ. 중복소송의 효과

1. 소극적 소송요건

중복소송에 해당되는지의 여부는 직권조사사항이며 해당되면 후소를 부적법 각하한다.

2. 중복소송임을 간과한 판결

중복소송임을 간과한 판결은 당연무효는 아니고 확정 전에는 상소 가능하나, 확정 후에는 재심사유는 아니다. 다만, 전후 양소의 판결이 모두 확정된 경우 이들이 서로 모순·저촉된다면 어느 것이 먼저 계속되었었는지에 관계없이 먼저 확정된 판결이 효력이 있고 뒤에 확정된 판결은 재심의 소에 의하여 취소되어야 한다 (451 ① 10호). 그러나 재심에 의하여 뒤의 판결이 취소되기 전까지는 뒤의 판결도 당연무효는 아니고 새로운 것이기 때문에 우선하여 존중되어야 한다.[1)]

▨ 사례해설

[1] A訴는 채무자의 권리불행사라는 요건의 흠결로 이에 대한 판례와 학설의 견해에 따라 부적법 소각하 또는 청구기각될 것이다. A訴와 B訴는 실질적으로 동일하다는 판례에 의하면 후소인 B訴는 중복소송에 해당하여 부적법 각하사유에 해당한다.

[2] A訴는 채권자대위요건흠결로 각하되기 전까지는 前訴로서 소송계속하므로 B訴는 후소로서 각하된다. 그러나 전소인 A訴가 각하되면 B訴는 적법하게 된다.

[3] 甲은 A訴에 공동소송적 보조참가하여 법적 주장할 수 있다. ▨

Ⅳ. 국제적 중복소제기(국제소송의 경합)

(1) 동일사건에 대해 외국법원에 소가 제기되어 계속중 국내법원에 또 제소했을 때 중복소송인가에 관하여 논의가 있다.

① 규제소극설: 외국법원에의 사건 계속(係屬)은 민소법상의 소송계속으로 보지 아니하여 국내법원에의 소제기는 중복소송이 아니다.

② 승인예측설: 외국법원의 판결이 우리 법원에서 승인받을 가능성이 예측되면 동일사건을 국내법원에 제소하면 중복소송이다.

③ 비교형량설: 사안별로 어디가 적절한 법정지인가를 비교형량하여 결정한다.

④ 검토컨대 규제소극설은 국제간의 판결모순과 비경제를 야기할 수 있고,

---

1) 이시윤, 288.

비교형량설은 법관의 재량에 의존하므로 승인예측설이 타당하다.

(2) 외국법원에 소가 제기되어 계속중 계속된 권리에 시효중단의 효력이 생기는지에 관하여는 위 견해에 따라 다소 논의가 있으나 우리나라에서 그 외국판결이 승인될 것이 예측되면 중단의 효력을 인정해도 좋을 것이다.

≪사례≫ 甲종중은 2011. 2. 1. 乙로부터 乙 소유인 X토지를 대금 1억원에 매수하였는데, 그 소유권이전등기를 마치기 전인 2011. 5. 1. X토지에 관하여 丙명의로 "2011. 4. 1. 매매"를 원인으로 한 소유 권이전등기가 마쳐졌다. 이에 甲종중은 2011. 10. 1. 丙명의의 위 소유권이전등기는 丙이 乙의 인장을 훔친 후 위임장 등 관련 서류를 위조하여 마친 것이므로 원인 없는 무효의 등기라고 주장하면서, 乙을 대위하여 丙을 상대로 위 소유권이 전등기의 말소등기 청구의 소를 제기하였다(A訴라고 한다). 한편 乙은 丙이 매매대금을 곧 지급하여 주겠다고 약속하기에 먼저 소유권이전등기를 마쳐 준 것인데 매매대금을 지급하지 않고 있으니 위 매매계약은 사기에 의한 의사표시로서 취소한다고 주장하면서, 丙을 상대로 진정명의회복을 원인으로 한 소유권이전등기청구의 소를 제기하였고(B訴라고 한다), 그와 같은 내용이 담긴 소장이 그 무렵 丙에게 송달되었다. A訴의 1심에서 甲종중의 대표자로서 소를 제기한 丁에게 대표권이 없다는 이유로 소각하 판결이 선고되었고, 이에 甲종중이 항소를 제기하여 현재 소송 계속중이다. B訴가 A訴의 항소심 진행중 제기되었고, 심리한 결과 원고인 乙의 청구원인 주장이 모두 사실로 밝혀졌으며, 그 심리과정에서 위와 같은 A訴의 진행상황이 밝혀졌다면, B訴의 법원은 어떠한 판결을 하여야 하는가? [2012년사법시험]

사례해설

채권자에 기한 대위소송인 A訴와 채무자의 진정명의 회복을 위한 소유권이전등기청구의 소인 B訴간의 당사자와 소송물 동일 여부를 판단하여 중복된 제소에 해당하는지와 법원의 조치를 검토하는 문제이다. 판례에 의하면는 A訴와 B訴간의 당사자와 소송물은 실질적으로 동일하다고 보아 전소 계속중에 제기된 후소인 B訴는 중복소송이 되어 부적법 각하판결한다.[1]

≪사례≫ 甲은 2012. 4. 1. 乙에게 2억원을 변제기 2013. 4. 1.로 정하여 대여하였으나 乙이 변제기에 위 차용금을 변제하지 아니하였다. 이에 甲은 乙을 상대로 서울중앙지방법원에 대여금 청구의 소를 제기하여 위 법원으로부터 2억원의 지급을 명하는 청구인용 판결을 선고받았고, 위 판결은 2013. 8. 1. 확정되었다. 한편, 친구 사이인 丙, 丁, 戊 3인은 2013. 6. 1. 乙로부터 X토지를 대금 1억원에 매수한 다음 3인이 1/3지분씩 공유하는 것으로 소유권이전등기를 마쳤다. 그런데 丙, 丁, 戊가 위 토지의 매매대금을 지급하지 아니하자, 乙은 2013. 9. 1. 丙, 丁, 戊를 상대로 X토지 대금 1억원의 지급을 구하는 소를 서울중앙지방법원에 제기하였고, 2013. 9. 10. 丙, 丁, 戊에게 소장 부본이 송달되었다. 甲은 2013. 10. 1. 乙에 대한 위 확정 판결에 기하여 서울중앙지방법원에 乙을 채무자로, 丙, 丁, 戊를 제3채무자로 하여, 乙이 丙, 丁, 戊에 대하여 가지는 위 1억원의 매매대금 채권에 관하여 채권압류 및 추신명령을 받았고, 위 채권압류 및 추신명령은 2013. 12. 1. 丙, 丁, 戊에게 모두 송달되었다.

---

1) 대판 99다37894.

그 후 甲은 丙, 丁, 戊를 공동피고로 삼아 1억원의 추심금의 지급을 구하는 소를 서울중앙지 방법원에 제기하였다. 이에 대하여 피고 丙, 丁, 戊는 이미 乙이 매매대금 청구의 소를 제기하여 별도의 소송이 계속중인데 다시 甲이 같은 매매대금 채권에 관한 추심의 소를 제기한 것은 부당하다고 다투었다. 피고 丙, 丁, 戊의 주장은 타당한가? [2014. 사법시험]

사례해설

압류·추심명령받은 甲의 丙 등에 대한 소가 중복소송에 해당하는지가 쟁점이다. 채무자가 제3채무자를 상대로 먼저 제기한 이행의 소와 압류채권자가 제3채무자를 상대로 나중에 제기한 추심의 소는 비록 당사자는 다를지라도 실질적으로 동일한 당사자에 해당하고, 甲의 추심금청구는 乙을 채무자로, 丙 등을 제3채무자로 삼은 압류·추심명령에 터잡은 것이므로 乙이 직접 丙 등을 상대로 청구하는 매매대금청구는 실질적으로 동일한 소송물에 해당한다. 채권에 대한 압류 및 추심명령이 있으면 제3채무자에 대한 이행의 소는 추심채권자만이 제기할 수 있고 채무자는 피압류채권에 대한 이행소송을 제기할 당사자적격을 상실한다(대판 99다23888). 또 이미 동일한 사건에 관하여 전소가 소송요건을 갖추지 못한 부적법한 소라고 할지라도 후소의 변론종결시까지 취하·각하 등에 의하여 소송계속이 소멸되지 아니하는 한 후소는 중복소송에 해당한다(대판 97다45532). 따라서 乙이 丙 등을 상대로 제기한 전소는 부적법한 소로 종국에는 각하될 것이나 그 소송 계속중에 제기된 甲의 丙 등에 대한 추심의 소는 위 법리에 따라 중복소송의 금지에 저촉되는 부적법한 소로 볼 여지가 있다. 이에 대하여 대판 2013다202120(전합)판결의 다수의견은 채무자가 제3채무자를 상대로 제기한 이행의 소가 이미 법원에 계속되어 있는 상태에서 압류채권자가 제3채무자를 상대로 제기한 추심의 소의 본안에 관하여 심리·판단한다고 하여, 제3채무자에게 불합리하게 과도한 이중 응소의 부담을 지우고 본안 심리가 중복되어 당사자와 법원의 소송경제에 반한다거나 판결의 모순·저촉의 위험이 크다고 볼 수 없으므로 채무자 乙이 제3채무자 丙 등을 상대로 제기한 이행의 소가 법원에 계속되어 있는 경우에도 압류채권자 甲은 제3채무자를 상대로 압류된 채권의 이행을 구하는 추심의 소를 제기할 수 있고, 제259조가 금지하는 중복소송에 해당하지 않는다고 본다. 이에 의하면 丙 등의 주장은 타당하지 않다.

한편 압류채권자에게는 채무자가 제3채무자를 상대로 제기한 이행의 소에 제81조(승계참가), 제79조(독립당사자참가)에 따라 참가할 수 있는 길이 열려 있는데도 불구하고 이 절차를 이용하지 않고 별도의 추심의 소를 제기함은 제3채무자에게 이중의 응소부담을 지우는 결과가 되어 甲의 추심의 소는 중복소송에 해당한다는 위 판례의 소수의견이 있다.

<선택형>

1. 甲은 乙을 상대로 X토지를 매수하였다고 주장하면서 소유권확인의 소(A訴)를 제기한 후 다음 날 다시 乙을 상대로 시효취득을 주장하면서 소유권확인의 소(B訴)를 제기하였다. A訴의 소장 부본은 2011. 4. 15. 乙에게 송달되었고 B訴의 소장 부본은 2011. 4. 14. 乙에게 송달되었다. 이에 관하여 옳은 것은? (다툼시 판례에 의함)[1]

   ① A訴와 B訴는 청구하는 법적 권리와 사실관계가 상이하여 서로 소송물이 다르므로 동일한 소가 아니다.

---

1) ⑤. 판례(84다카2132)와 다수설에 의하면 확인의 소의 소송물은 현재의 권리관계이고 청구원인의 사실관계는 고려할 필요가 없으므로 위 사례에서 양소의 소송물은 동일하고 중복소송의 문제가 발생한다(일관설은 사실관계도 소송물의 구성요소로 보므로 소송물이 다르다고 본다). B訴가 전소이다.

② B訴가 후소이므로 당사자의 소각하 신청에 의하여 B訴가 각하되어야 한다.

③ 법원이 중복제소임을 간과하고 후소인 B訴에 대하여 판결하면 확정 전에는 당사자의 상소로 취소될 수 있다.

④ 전후 양소의 판결이 모두 확정된 경우 A訴에 대한 판결이 먼저 확정되고 B訴에 대한 확정판결이 A訴 판결과 어긋나면 재심의 소로 취소될 수 있다.

⑤ 전후 양소의 판결이 모두 확정된 경우 재심에 의하여 뒤의 판결이 취소되기 전까지 뒤의 판결도 당연무효이다.

---

2. 채권자대위소송에 관한 다음 기술 중 옳지 않은 것은? (다툼시 판례에 의함)[1] [법전협 2012. 3차]

① 채권자대위소송 사이에서의 중복소송의 금지는 전소가 적법한 경우에만 적용된다.

② 채권자대위소송의 제기로 인한 소멸시효 중단의 효력은 채무자에게 미친다.

③ 채권자대위소송의 계속중 채무자와 제3채무자 사이에 소송물을 같이하는 내용의 소가 제기된 경우 중복소송이 된다.

④ 채권자대위소송에서 피보전채권이 존재하는지는 소송요건으로서 법원의 직권조사사항이다.

⑤ 채권자대위소송의 기판력은 어떤 사유로든 채무자가 대위소송이 제기된 사실을 알았을 경우에 채무자에게 미친다.

---

3. 중복된 소제기의 금지에 관한 설명 중 옳은 것을 모두 고르면?[2] [변호사 2013]

① 채권자가 채무자를 대위하여 제3채무자를 상대로 제기한 채권자대위소송이 계속중 채무자가 제3채무자를 상대로 채권자대위소송과 소송물이 같은 소를 제기하여 소송이 계속된 경우, 후소는 중복된 소제기에 해당한다.

② A소가 제기되어 그 소송 계속중 A소와 당사자 및 소송물이 동일한 B소가 제기되고 양 소에 대한 판결이 선고되어 확정된 경우, 양 판결의 내용이 서로 모순·저촉될 때에는 뒤에 확정된 판결은 무효가 된다.

③ A가 B의 폭행으로 상해를 입고 B를 상대로 이로 인한 손해배상으로 치료비를 청구하는 소송 계속중에 B를 상대로 동일한 상해에 기한 일실임금을 청구하는 별소를 제기한 경우, 후소는 중복된 소제기에 해당하지 않는다.

④ A소의 소장 제출일은 2012. 11. 5.이고 소장 부본 송달일은 2012. 12. 26.이며, B소의 소장 제출일은 2012. 11. 7.이고 소장 부본 송달일은 2012. 12. 24.인 경우 중복된 소제기에

---

1) ①. 대판 97다45532. ② 대판 2010다80930. ③ 대판 91다41187. ④ 채권자대위소송에서 대위에 의하여 보전될 채권자의 채무자에 대한 권리(피보전채권)가 존재하는지의 여부는 소송요건으로서 법원의 직권조사사항이므로, 법원으로서는 그 판단의 기초자료인 사실과 증거를 직권으로 탐지할 의무까지는 없다 하더라도, 법원에 현출된 모든 소송자료를 통하여 살펴보아 피보전채권의 존부에 관하여 의심할 만한 사정이 발견되면 직권으로 추가적인 심리·조사를 통하여 그 존재 여부를 확인하여야 할 의무가 있다(대판 2009다3234). ⑤ 채권자대위소송의 채권자가 채무자에 대하여 민법 제405조 1항에 의한 보존행위 이외의 권리행사의 통지, 또는 민사소송법 제84조에 의한 소송고지 혹은 비송사건절차법 제49조 1항에 의한 법원에 의한 재판상 대위의 허가를 고지하는 방법 등으로 대위소송의 제기사실을 채무자가 알았을 때에는 그 판결의 효력이 채무자에게 미친다(대판 2011다108095).

2) ①③⑤. ① 대판 91다41187. ② 기판력에 저촉되는 판결은 재심에 의하여 취소되어야 하고(451 ① 10호) 무효는 아니다. ③ 판례는 손해3분설의 입장에서 치료비청구와 일실임금청구는 소송물이 달라서 중복소송이 아니다, ④ 양소의 소장부본송달시를 기준으로 전소·후소 여부를 판단하므로 A소가 후소이다. ⑤ 대판 97다45532.

해당하는 소는 B소이다(단, A소와 B소는 당사자 및 소송물이 동일함).

⑤ 동일한 사건에 관하여 전소가 소송 계속중이라면 설령 그 전소가 소송요건을 흠결하여 부적법하다고 할지라도 후소의 변론종결 시까지 취하·각하 등에 의하여 그 소송계속이 소멸되지 아니하는 한 후소는 중복된 소제기에 해당한다.

---

4. 중복제소 금지에 관한 설명 중 옳지 않은 것은? (다툼시 판례에 의함)[1)]   [법무부 2013]

① 중복제소금지의 원칙이란 이미 법원에 소송계속된 사건과 동일한 사건에 관하여 당사자는 다시 소를 제기하기 못함을 말하는바, 그 이유는 중복제소가 심리의 중복으로 소송경제에 반하고 판결의 모순·저촉 우려가 있기 때문이다.

② 중복제소의 여부는 직권조사사항이므로 이에 해당하면 피고의 항변을 기다릴 필요 없이 판결로써 후소를 부적법 각하해야 한다.

③ 채권자대위소송이 제기된 후 채무자가 같은 내용의 후소를 제기한 경우 후소가 중복제소에 해당하는지에 대해 견해가 대립하고 있다. 부정설은 대위소송이 제3자의 소송담당이 아님을 전제로 중복소송이 아니라고 보며, 긍정설은 대위소송을 법정소송담당으로 보아 중복제소로 보고, 한정적 긍정설은 채무자가 채권자 대위소송이 계속중임을 알았을 경우에 한하여 중복제소로 본다.

④ 채권자대위소송이 계속중 다른 채권자가 채권자대위소송을 제기하는 경우 각 채권자는 고유권리로서 채권자대위권을 행사하는 것이어서 소송물을 같이하는 것이라도 중복제소에 해당하지 않는다.

⑤ 회사가 대표소송에 당사자로서 참가하는 것은 소송경제가 도모되고 판결의 모순·저촉을 유발할 가능성도 없으며 회사의 권익을 보호하려한 상법 제404호 제1항 입법취지상 중복제소가 아니다.

---

5. 채권자대위소송에 관한 설명 중 옳지 않은 것은? (다툼시 판례에 의함)[2)]   [법전협 2013. 1차]

① 채권자대위소송에서 대위에 의하여 보전될 채권자의 채무자에 대한 권리(피보전채권)가

---

1) ④. 이미 동일한 사건에 관하여 전소가 제기되었다면 설령 그 전소가 소송요건을 흠결하여 부적법하다고 할지라도 후소의 변론종결시까지 취하·각하 등에 의하여 소송계속이 소멸되지 아니하는 한 후소는 중복제소금지에 위배하여 각하를 면치 못하게 되는바, 이와 같은 법리는 어느 채권자가 채무자를 대위하여 제3채무자를 상대로 제기한 채권자대위소송이 법원에 계속중 다른 채권자가 같은 채무자를 대위하여 제3채무자를 피고로 하여 동일한 소송물에 관하여 소송을 제기한 경우에도 적용된다(대판 97다45532). ③ 판례는 긍정설이다(대판 91다41187). ⑤ 대판 2000다9086.

2) ⑤. 채무자가 자신의 채무불이행을 이유로 매매계약이 해제되도록 한 것을 두고 민법 제405조 2항에서 말하는 '처분'에 해당한다고 할 수 없다. 따라서 채무자가 채권자대위권행사의 통지를 받은 후에 채무를 불이행함으로써 통지 전에 체결된 약정에 따라 매매계약이 자동적으로 해제되거나, 채권자대위권행사의 통지를 받은 후에 채무자의 채무불이행을 이유로 제3채무자가 매매계약을 해제한 경우 제3채무자는 계약해제로써 대위권을 행사하는 채권자에게 대항할 수 있다. 다만 형식적으로는 채무자의 채무불이행을 이유로 한 계약해제인 것처럼 보이지만 실질적으로는 채무자와 제3채무자 사이의 합의에 따라 계약을 해제한 것으로 볼 수 있거나, 채무자와 제3채무자가 단지 대위채권자에게 대항할 수 있도록 채무자의 채무불이행을 이유로 하는 계약해제인 것처럼 외관을 갖춘 것이라는 등의 특별한 사정이 있는 경우에는 채무자가 피대위채권을 처분한 것으로 보아 제3채무자는 계약해제로써 대위권을 행사하는 채권자에게 대항할 수 없다(대판 2011다87235 전합; 2006다85921). ④ 대판 87다카2753.

존재하는지의 여부는 소송요건으로서 법원의 직권조사사항에 속한다.

② 채권자대위소송의 계속중 같은 채무자의 다른 채권자가 동일소송물에 대하여 대위권에 기한 소를 제기한 경우에는 중복소송이 된다.

③ 채권자대위소송에 있어서 대위에 의하여 보전될 채권자의 채무자에 대한 권리가 인정되지 아니할 경우, 채권자가 스스로 원고가 되어 채무자의 제3채무자에 대한 권리를 행사할 당사자적격이 없게 되므로 그 대위소송은 부적법 각하할 수밖에 없다.

④ 채권자대위소송에서 제3채무자는 채무자가 채권자에 대하여 가지는 항변으로 채권자에게 대항할 수 없고, 피보전채권의 소멸시효가 완성되어도 시효이익을 직접 받지 않는 제3채무자는 소멸시효의 완성을 원용할 수 없다.

⑤ 채권자가 채무자를 대위하여 제3채무자의 부동산에 대한 처분금지가처분을 신청하여 처분금지가처분 결정을 받았고 채무자가 그러한 채권자대위권의 행사 사실을 알게 된 이후에 그 부동산에 대한 매매계약이 합의해제로 채권자대위권의 객체인 그 부동산의 소유권이전등기청구권을 소멸시켰다면 채무자는 채권자에게 그 등기청구권이 소멸되었다고 주장할 수 있다.

---

6. **중복된 소제기의 금지에 관한 설명 중 옳지 않은 것은?** (다툼시 판례에 의함)[1)]　　　　[변호사 2014]

① 중복된 소제기임을 법원이 간과하고 본안판결을 하였을 때에는 상소로 다툴 수 있고, 판결이 확정되었다면 당연무효의 판결이라고 할 수 없다.

② 전소와 후소의 판결이 모두 확정되었으나 그 내용이 서로 모순저촉되는 때에는 어느 것이 먼저 제소되었는가에 관계없이 먼저 확정된 종국판결에 대하여 재심의 소를 제기할 수 있다.

③ 전 소송에서 피해자 甲이 가해자 乙에게 불법행위를 원인으로 치료비를 청구하면서 일부만을 특정하여 청구하고 그 이외의 부분은 별도소송으로 청구하겠다는 취지를 명시적으로 유보한 경우, 甲이 전 소송의 계속중 동일 불법행위를 원인으로 나머지 치료비 청구를 별도소송으로 제기하였다 하더라도 중복된 소제기에 해당하지 않는다.

④ 상계의 항변을 제출할 당시 이미 자동채권과 동일한 채권에 기한 소를 별도로 제기하여 계속중인 경우, 특별한 사정이 없는 한 별소로 계속중인 채권을 자동채권으로 하는 소송상 상계의 주장이 허용된다.

⑤ 채권자 丙이 채무자 甲과 수익자 乙 사이의 법률행위의 취소를 구하는 채권자취소소송이 계속중 甲의 다른 채권자 丁이 甲과 乙 사이의 동일한 법률행위의 취소를 구하는 채권자취소소송을 제기한 경우, 후소는 중복된 소제기가 아니다.

---

7. **甲은 자기 소유의 부동산을 乙에게 매도하고 점유를 이전해 준 뒤, 이를 다시 丙에게 매도하고 丙에게 소유권을 이전해 주었다. 이 사안에 대한 다음 설명 중 옳지 않은 것은?** (다툼시 판례에 의함)[2)]　　[법전협 2014. 1차]

---

1) ②. 전후 판결이 모두 확정된 경우 이들이 서로 모순된다면 전소·후소 관계없이 먼저 확정된 판결이 효력이 있고 뒤에 확정된 판결은 재심에 의하여 취소되어야 한다(451 ① 10호). 그러나 뒤의 판결은 재심에 의하여 취소되기 전까지는 새로이 선고된 판결로서 우선하여 존중된다(이시윤, 270). ③ 대판 84다552. ④ 대판 2000다4050. ⑤ 대판 2003다19558.

2) ③. 소유권이전등기 말소등기청구사건에서 전소의 반사회적 법률행위의 주장과 후소의 통정허위표시의 주장은 다 같이 등기원인의 무효사유로서 공격방어방법에 불과하므로 전소의 기판력은 후소에 미친다. ④ 전·후 양소는 소송물이 달라서 기판력에 저촉되지 않는다. ⑤ 소유권이전등기청구에서는 매매나 취득시효와 같은

① 丙이 甲의 배임행위에 적극 가담한 경우 甲과 丙의 매매는 반사회적 법률행위로서 무효이다.

② 丙이 甲의 배임행위에 적극 가담한 경우 丙으로부터 소유권을 이전받은 丁은 소유권을 취득할 수 없다.

③ 乙이 丙을 상대로 채권자대위소송을 제기하여 甲과 丙 사이의 매매가 반사회적 법률행위임을 이유로 소유권이전등기말소를 청구하였으나 패소 확정된 경우, 乙은 甲과 丙의 매매가 통정허위표시임을 이유로 채권자대위소송을 제기하여 丙명의의 소유권이전등기말소를 청구하더라도 기판력에 저촉하지 않는다.

④ 乙이 丙을 상대로 채권자대위소송을 제기하여 甲과 丙의 매매가 반사회적 법률행위임을 이유로 소유권이전등기말소를 청구하였으나 패소 확정된 경우, 乙은 甲과 丙 사이에 환매계약이 있음을 이유로 채권자대위소송을 제기하여 甲에게로 소유권이전등기를 청구하더라도 기판력에 저촉하지 않는다.

⑤ 丙명의의 등기가 말소된 이후 乙이 甲을 상대로 매매를 이유로 소유권이전등기를 청구하였으나 패소 확정된 경우, 乙은 甲과의 사이에 취득시효를 이유로 다시 소유권이전등기를 청구하더라도 기판력에 저촉하지 않는다.

---

8. 공작기계 판매업자 甲은 乙에게 목공용 선반 1개를 3천만원에 매도하였으나, 乙은 대금지급기일까지 기계대금을 지급하지 않고 있다. 이에 채권자 甲은 乙이 丙에 대해 5천만원의 대여금 채권을 가지고 있는 것을 발견하고 乙을 대위하여 丙에게 위 대여금을 청구하는 소를 제기하였다. 이와 관련한 다음 중 옳은 것들은? (다툼시 판례에 의함)[1)]   [법전협 2014. 1차]

① 甲의 乙에 대한 채권이 부존재하는 경우 법원은 甲의 청구에 대해 청구기각 판결을 하여야 한다.

② 乙이 丙에게 별소로 대여금 청구를 한 경우 별소 법원은 乙이 甲의 소제기 사실을 아는지의 여부와 상관없이 乙의 소를 각하하여야 한다.

③ 甲과 丙의 소송중 丙은 乙에 대한 손해배상채권 1천만원을 상계항변으로 주장하였다. 이때 丙이 별소로 乙에 대해 위 손해배상채권 1천만원을 청구함은 중복제소로서 부적법한 청구이다.

④ 甲은 丙을 상대로 甲 자신을 이행의 상대방으로 하여 청구할 수 있다.

---

9. 채권자 甲은 채무자 乙에 대해 1억원의 물품대금채권을 갖고 있다. 그런데 乙은 별다른 재산이 없고 단지 丙에 대해 X부동산에 대한 매매를 원인으로 한 이전등기청구권과 丁에 대해 2천만원의 금전채권 만을 갖고 있다. 다음 설명 중 옳지 않은 것은? (다툼시 판례에 의함)[2)]   [법전협 2014. 2차]

① 채권자 甲은 채무자 乙의 丙에 대한 이전등기청구권을 가압류할 수 있다.

등기원인마다 소송물이 다르므로 후소는 전소의 기판력에 저촉되지 않는다.
1) ②④. ① 피보전채권이 인정되지 않으면 채권자가 스스로 원고가 되어 채무자의 제3채무자에 대한 권리를 행사할 당사자적격이 없게 되므로 그 대위소송은 부적법하여 각하할 수밖에 없다(대 87다카2753). ② 대판 91다41187. ③ 대판 2000다4050. ④ 집행채무자의 채권자가 그 집행채권자를 상대로 부당이득금 반환채권을 대위행사하는 경우 집행채무자에게 그 반환의무를 이행하도록 청구할 수도 있지만, 직접 대위채권자에게 이행하도록 청구할 수도 있다(대판 2004다70024).
2) ④. 지급명령이 확정되면 확정판결과 동일하므로(474), 압류 및 전부명려이나 추심명령을 받아 직접 청구할 수 있다.

② 채권자 甲은 채무자 乙을 대위하여 丙에게 위 부동산에 대한 처분금지가처분을 할 수 있다.
③ 채권자 甲은 채무자 乙을 대위하여 丁에게 2천만원의 지급을 직접 구하는 소를 제기할 수 있다.
④ 채권자 甲은 채무자 乙을 상대로 지급명령을 받았고 동 지급명령 역시 확정된 경우에도 채권자 甲은 채무자 乙의 丁에 대한 2천만원의 금전채권을 대위하여 청구할 수 있을 뿐이다.
⑤ 채무자 乙의 다른 채권자가 또 다시 채권자대위소송을 제기할 경우 이는 중복소송이다.

---

10. 중복된 소 제기의 금지에 관한 설명 중 옳지 않은 것은? (다툼시 판례에 의함)[1)]   [변호사 2015]

① 치료비의 일부만 특정하여 그 지급을 청구한 경우에 명시적으로 유보한 나머지 치료비 지급청구를 별도 소송으로 제기하더라도 중복된 소 제기에 해당하지 아니한다.
② 법원에 계속되어 있는 전소가 부적법하더라도 동일한 후소의 변론종결시까지 취하·각하 등에 의하여 소송계속이 소멸되지 아니하는 한 그 후소는 중복된 소 제기의 금지에 저촉되는 부적법한 소로서 각하를 면할 수 없다.
③ 중복된 소 제기에 해당하지 않는다는 것은 소극적 소송요건으로 중복된 소 제기에 해당하면 법원은 피고의 항변을 기다릴 필요없이 후소를 부적법 각하하여야 한다.
④ 계속중인 전소의 소구채권으로 그 소의 상대방이 청구하는 후소에서 하는 상계항변은 허용된다.
⑤ 중복된 소 제기임을 법원이 간과하고 본안판결을 한 후 그 판결이 확정되었다 하더라도 무효이다.

≪질문≫ [1] 채권자취소의 소의 법적 성질과 판결의 효력은 어떤가?

　　1. 채권자취소의 소는 사해행위의 취소 및 재산반환의 양자를 본체로 하여 형성의소와 이행의 소의 병합적 성격을 갖는다는 견해가 통설, 판례이다.
　　2. 채권자취소판결은 상대적 효력을 가질 뿐이므로 수익자, 전득자만을 피고로 하고 취소의 대상이 되는 사해행위는 채무자가 한 법률행위이어야 하고 수익자, 전득자가 한 법률행위는 취소권의 대상이 되지 않는다.
　　3. 채권자취소소송의 피고는 수익자 또는 전득자이고 판결주문의 내용은 사해행위를 취소하고 원상회복을 구하는 것을 내용으로 하여야 한다. 원상회복의 경우 확정되어야 효력이 발생하므로 가집행은 허용되지 않는다.
　　4. 채권자취소권이 채권자들의 공동담보를 확보하기 위하여 인정되는 취지인 것에 반하기 때문에 특정채권보전을 위한 채권자취소의 소제기는 허용되지 않으며 재판상 행사만 가능하다. 따라서 그 행사기간인 채권자가 취소원인을 안날로부터 1년, 법률행위 있은 날로 부터 5년은 제척기간으로 본다.
　　5. 채권자취소소송에서 연대보증인의 사해행위성 판단기준으로 무자력 여부를 결정할 때 주채무에 관하여 주채무자 또는 제3자 소유의 부동산에 대하여 채권자 앞으로 근저당권이 설정되어 있는 등으로 채권자에게 우선변제권이 확보되어 있는 경우가 아닌 이상, 주채무자의 일반적인 자력은 고려할 요소가 아니다.
　[2] 채권자취소의 소의 소송물은 무엇이고, 채권자가 취소소송 중 다른 채권자가 채권자취소

---

1) ⑤. 중복소송임을 간과한 판결은 당연무효는 아니며, 확정 전에는 상소가능하나 확정되더라도 재심사유는 아니다.

의 소를 제기하면 중복소송이 되는지, 채권자취소소송에서 승소판결이 확정된 경우 다른 채권자가 채권자취소의 소를 제기할 수 있는가?

1. 채권자취소소송의 소송물은 채무자와 수익자가 한 법률행위에 대한 그 채권자의 취소권이다.
2. 각각의 채권자는 각자 자기의 고유한 채권자취소권이 소송물이므로 전소·후소의 소송물이 다르므로 중복제소라고 할 수 없다.
3. 각 채권자는 각자 자기고유의 권리를 행사하는 것이므로 소송물이 달라 다른 채권자는 전소의 기판력을 받지 않는다. 따라서 다른 채권자는 채권자취소의 소를 제기할 수 있다. 다만 기판력에는 저촉되지 않으나, 전소의 채권자취소소송에서 승소확정판결에 의해 원상회복이 된 뒤에는 다른 채권자의 사해행위취소 및 원상회복청구는 전소와 중첩되는 범위에서 권리보호이익이 없게 되어 다른 채권자가 취소의 소를 제기할 수 없게 된다.[1]

<선택형>

1. **채권자취소소송에 관한 설명으로 옳지 않은 것은?** (다툼시 판례에 의함)[2]

① 사해행위의 취소와 원상회복은 취소채권자의 개인적 채권 만족을 위한 것이 아니라 모든 채권자를 위하여 채무자의 책임재산을 보전함을 직접적인 목적으로 하는 것이다.

② 사해행위취소에는 상대적 효력만 인정되므로 사해행위취소의 효과는 당사자인 취소채권자와 수익자 또는 전득자에게만 미치고, 소송에 참가하지 아니한 채무자 또는 다른 채권자에 대하여는 미치시 아니한다.

③ 취소채권자는 채권만족에 관한 일반원칙에 따라 책임재산이 채무자에게 회복된 후 채무자로부터 임의변제를 받거나 강제집행에 의하여 채권내용을 실현할 수밖에 없다.

④ 사해행위의 목적물이 금전이어서 금전의 반환을 청구하는 경우나 원물반환이 불가능하거나 현저히 곤란하여 가액배상을 청구하는 경우, 취소채권자는 그 금전을 채무자가 아닌 자기에게 직접 반환하거나 지급할 것을 청구할 수 있다.

⑤ 취소채권자가 승소하여 금전을 수령한 경우에는 사실상 우선변제 받는 결과를 초래하므로 일반채권자에게도 취소채권자에 대하여 위 금전에 대한 분배청구권을 허용하여야 한다.

2. **채무초과상태에 있는 甲이 乙에 대하여 손해배상채권을 가지고 있음에도 이를 행사하지 않고 있을 뿐만 아니라, 처 丙과 이혼하면서 재산분할 명목으로 자기의 유일한 재산인 아파트에 관한 소유권이전등기를 丙 앞으로 경료하여 주었다. 이러한 경우에 甲의 채권자 丁의 구제책에 관하여 다음 중 옳지 않은 것은?**
(채권자취소권의 법적 성질에 관하여 판례의 입장을 따를 것)[3]　　　　　　　　　　　　　[법무부 2010. 변형]

---

1) 대판 2011다110579; 2005다51457.
2) ③. 취소소송을 제기한 채권자가 대위수령한 할 수 있으므로(대판 2007다84352), 이 경우 채권자의 채무자에 대한 채권과 채무자의 회복된 재산에 대한 반환채권이 상계적상에 있으면 상계에 의하여 사실상 우선변제 받게 된다. 다만 다른 채권자가 집행권원에 기하여 배당절차에 참가하거나 파산신청하면 우선변제받을 수 없다.
3) ④. 각 채권자는 고유의 권리로서 채무자의 재산처분 행위를 취소하고 그 원상회복을 구할 수 있는 것이므로 각 채권자가 동시 또는 이시에 채권자취소 및 원상회복소송을 제기한 경우 이들 소송이 중복제소에 해당하는 것이 아니다(대판 2003다19558). ① 채권대위 청구에 있어서, 제3채무자는 채무자가 채권자에 대하여 가지는 항변으로 대항할 수 없고, 채권의 소멸시효가 완성된 경우 이를 원용할 수 있는 자는 원칙적으로는 시효이익을 직접 받는 자뿐이고, 채권자대위소송의 제3채무자는 이를 행사할 수 없다(대판 97다31472). ② 대판 91다41187; 93다53092. ③ 대판 2004다21923; 2004다58963. ⑤ 대판 99다9011; 2004다23110; 2005다1407.

① 丁이 甲을 대위하여 乙에 대하여 채권의 지급을 구하는 소를 제기하였는데, 丁의 채권에 관하여 이미 소멸시효가 완성되었고 甲이 이를 원용한 것이 법원에 증거로 제출되었다면, 위소는 부적법하므로 각하되어야 한다.

② 丁이 乙을 상대로 채권자대위소송을 제기한 경우에, 甲이 다시 乙을 상대로 채권의 지급을 구하는 소를 제기하는 경우뿐만 아니라 甲의 다른 채권자 戊가 다시 乙을 상대로 채권자대위소송을 제기하는 경우에도 중복소송에 해당하여 허용되지 않는다.

③ 丁이 위 아파트에 관한 소유권이전행위를 사해행위로 취소하고 원상회복을 구하기 위하여는 丙을 피고로 하여야 하고, 그 범위는 재산분할이 상당한 정도를 벗어나 과대하다고 인정되는 경우에 그 과대한 부분에 한정된다.

④ 丁이 사해행위취소소송을 제기한 후에 다른 채권자 戊가 다시 사해행위취소소송을 제기하면 戊의 소송은 언제나 중복소송에 해당한다.

⑤ 丁이 사해행위의 취소와 함께 乙에 대하여 책임재산의 회복을 명하는 사해행위취소의 판결을 받은 경우 그 취소의 효과는 丁과 乙 사이에만 미치므로, 乙이 丁에 대하여 사해행위의 취소로 인한 원상회복 의무를 부담하게 될 뿐, 甲과 사이에서 그 취소로 인한 법률관계가 형성되거나 취소의 효력이 소급하여 甲의 책임재산으로 회복되는 것은 아니다.

---

3. 채권자취소소송에 관한 설명 중 옳지 않은 것은? (다툼시 판례에 의함)[1]   [변호사 2012]

① 채권자취소권은 법원에 소를 제기하는 방법으로 행사하여야 하고, 피고가 소송에서 항변으로 행사할 수는 없다.

② 채권자취소소송은 사해행위로 인하여 이익을 받은 자나 그로부터 전득한 자를 피고로 하여야 하고, 채무자는 피고적격이 없다.

③ 사해행위취소판결의 기판력은 그 취소권을 행사한 채권자와 그 상대방인 수익자 또는 전득자에게 미치고, 채무자에게는 그가 소송계속 사실을 알았을 경우라도 미치지 않는다.

④ 채권자가 사해행위의 취소 및 원상회복을 구함에 대하여 법원이 원상회복으로 원물반환이 아닌 가액배상을 명하고자 할 경우, 청구취지의 변경 없이 곧바로 가액배상을 명하는 것은 처분권주의에 반한다.

⑤ 채무자 乙의 사해행위에 대하여 채권자 甲이 제기한 채권자취소소송의 계속중, 다른 채권자 丙이 제기한 채권자취소소송은 중복소송에 해당하거나 권리보호의 이익이 없는 것으로 볼 수 없다.

---

4. 사해행위취소의 소에 관한 다음 기술 중 옳지 않은 것은? (다툼시 판례에 의함)[2]   [법전협 2012. 2차]

---

1) ④. 저당권이 설정되어 있는 부동산이 사해행위로 이전된 경우에 그 사해행위는 부동산의 가액에서 저당권의 피담보채권액을 공제한 잔액의 범위 내에서만 성립한다. 사해행위 후 변제 등에 의하여 저당권설정등기가 말소된 경우 그 부동산의 가액에서 저당권의 피담보채무액을 공제한 잔액의 한도에서 사해행위를 취소하고 그 가액의 배상을 구할 수 있을 뿐이고, 특별한 사정이 없는 한 변제자가 누구인지에 따라 그 방법을 달리한다고 볼 수는 없다. 사해행위인 계약 전부의 취소와 부동산 자체의 반환을 구하는 청구취지 속에는 위와 같이 일부취소를 하여야 할 경우 그 일부취소와 가액배상을 구하는 취지도 포함되어 있다고 볼 수 있으므로 청구취지의 변경이 없더라도 바로 가액반환을 명할 수 있다(대판 99다20612).

2) ⑤. 어느 한 채권자가 동일한 사해행위에 관하여 사해행위취소의 승소판결을 받아 그 판결이 확정되었다는 것만으로는 그 후에 제기된 다른 채권자의 동일한 청구가 권리보호의 이익이 없게 되는 것은 아니고, 그에 기하여 재산이나 가액의 회복을 마친 경우에 비로소 다른 채권자의 사해행위취소 및 원상회복청구는 그와 중첩되는

① 채권자가 채권자취소권을 행사하려면 사해행위로 인하여 이익을 받은 자나 전득한 자를 상대로 그 법률행위의 취소를 구하는 소를 제기하여야 한다.

② 각 채권자가 동시 또는 시기를 달리하여 채권자취소 및 원상회복의 소를 제기한 경우 이들 소송이 중복제소에 해당하는 것은 아니다.

③ 여러 명의 채권자가 사해행위취소 및 원상회복청구의 소를 제기하여 수익자가 가액배상을 하여야 할 경우 수익자가 반환하여야 할 가액 범위 내에서 각 채권자의 피보전채권액 전액의 반환을 명하여야 한다.

④ 사해행위취소판결의 기판력은 그 취소권을 행사한 채권자와 그 상대방인 수익자 또는 전득자와의 상대적인 관계에서만 미친다.

⑤ 어느 한 채권자가 채권자취소 및 원상회복청구를 하여 승소판결을 받아 그 판결이 확정되었다면 그 후에 다른 채권자의 동일한 청구는 권리보호의 이익이 없어지게 된다.

---

5. 채권자 甲은 채무자 乙에 대해 1억원의 물품대금채권을 갖고 있다. 그런데 乙은 별다른 재산이 없고 단지 丙에 대해 X부동산에 대한 매매를 원인으로 한 이전등기청구권과 丁에 대해 2천만원의 금전채권 만을 갖고 있다. 다음 설명 중 옳지 않은 것은? (다툼시 판례에 의함)[1]　　　　　[법전협 2014. 2차]

① 채권자 甲은 채무자 乙의 丙에 대한 이전등기청구권을 가압류할 수 있다.

② 채권자 甲은 채무자 乙을 대위하여 丙에게 위 부동산에 대한 처분금지가처분을 할 수 있다.

③ 채권자 甲은 채무자 乙을 대위하여 丁에게 2천만원의 지급을 직접 구하는 소를 제기할 수 있다.

④ 채권자 甲은 채무자 乙을 상대로 지급명령을 받았고 동 지급명령 역시 확정되었지만 이 경우에도 채권자 甲은 채무자 乙의 丁에 대한 2천만원의 금전채권을 대위하여 청구할 수 있을 뿐이다.

⑤ 채무자 乙의 다른 채권자 역시 독자적으로 채권자대위소송을 제기할 수 있으며 이는 중복소송이 아니라는 견해도 있다.

---

6. 사해행위취소의 소에 관한 다음 설명 중 옳지 않은 것은? (다툼시 판례에 의함)[2]　　　　　[법전협 2015. 1차]

① 사해행위취소는 목적물의 반환에 필요한 범위에서만 상대적 효력이 있을 뿐이므로 그 반환의 상대방인 수익자 또는 전득자만이 피고적격이 있고 그 채무자는 피고로 될 수 없다.

② 사해행위취소소송에서 피보전채권은 금전채권이나 종류채권이어야 하고 소유권이전등기와 같은 특정물채권은 피보전채권이 될 수 없다.

③ 피보전채권에 대하여 담보물권이 설정되어 있는 경우에는 피보전채권액에서 제외되는데, 이러한 법리는 피보전채권에 대하여 변제자력이 있는 연대보증인이 있는 경우에도 마찬가지로 적용된다.

④ 부부간의 협의이혼시에 재산분할 약정이 채권자를 해하는 경우에 그것이 재산분할의 취지

범위 내에서 권리보호의 이익이 없게 된다(대판 2007다84352, 2011다110579).

1) ④. 지급명령이 확정되면 압류 및 전부명령 또는 추심명령을 제기할 수 있다.

2) ③. 연대보증인의 법률행위가 사해행위에 해당하는지의 여부를 판단함에 있어 주채무자의 일반적인 지력은 채권자 앞으로 근저당권이 설정되어 있는 등으로 채권자에게 우선변제권이 확보되어 있는 경우가 아닌 이상, 주채무자의 일반적인 자력은 고려할 요소가 아니다(대판 2003다13246).

에 따른 상당한 정도를 벗어나는 특별한 사정이 있는 경우에는 사해행위 취소의 대상이 될 수 있다.

⑤ 저당권이 설정되어 있는 부동산의 소유권이 사해행위로 이전된 경우에 사해행위인 계약의 취소와 부동산 자체의 반환을 구하는 청구취지 속에는 그 일부취소와 가액배상을 구하는 취지도 포함되어 있다고 볼 수 있으므로 법원은 청구취지의 변경이 없더라도 가액반환을 명할 수 있다.

제3항 실체법상의 효과

제소에 의하여 시효중단과 법률상의 기간(제척기간)준수의 효과, 선의점유자의 악의 의제, 어음법상 상환청구권의 소멸시효기간의 개시, 연 20%의 지연이자의 발생 등의 효과가 있다.

I. 시효중단

1. 소제기의 시효중단의 근거

소제기로 인한 시효중단의 근거에 관하여 권리확정설은 권리관계의 존부가 판결로 확정되고 계속된 사실상태가 법적으로 부정되는 점을 근거로 한다. **권리행사설**은 권리자가 권리 위에 잠자지 않고 권리를 행사한 점을 근거로 하며 통설이다.

2. 중단의 대상

(1) 소송물로 주장한 권리관계에 대하여 시효중단의 효력이 생기는 것이 원칙이다. 구소송물이론에 의하면 소송물인 원고 주장의 실체법상의 권리만을 시효중단의 대상이 된다.

신 소송물이론에 의하면 원고의 주장 여부에 관계 없이 1회적 급부실현의 수단되는 모든 권리에 시효중단을 인정한다.

(2) 공격방어방법으로 주장한 권리는 중단의 대상이 아니라는 것이 전통적인 입장이나, 판례는 소송물의 범위와 달리 이를 완화하여 소유권에 기한 방해배제, 손해배상·부당이득청구가 인용되어 확정되면 소유권의 취득시효중단 효력이 생긴다고 판시했다.[1]

---

1) 대판 95다33047.

3. 응소와 시효중단 여부

민법 제168조 1호, 제170조 1항에서 시효중단사유의 하나로 규정하고 있는 재판상의 청구라 함은, 통상적으로는 권리자가 원고로서 시효를 주장하는 자를 피고로 하여 소송물인 권리를 소의 형식으로 주장하는 경우를 가리키지만, 이와 반대로 시효를 주장하는 자가 원고가 되어 소를 제기한 데 대하여 피고로서 응소하여 그 소송에서 적극적으로 권리를 주장하고 그것이 받아들여진 경우는 시효가 중단되는 것으로 해석한다.[1]

4. 채권자대위권 행사의 효과는 채무자에게 귀속되는 것이므로 채권자대위소송의 제기로 인한 소멸시효 중단의 효과 역시 채무자에게 생기므로,[2] 대위소송 제기시에 시효중단의 효과가 발생한다.

≪사례≫

[1] 채권자 甲이 채무자 乙을 대위하여 丙을 상대로 부동산에 관하여 부당이득반환을 원인으로 한 소유권이전등기절차 이행을 구하는 소를 제기하였다가 피보전권리가 인정되지 않는다는 이유로 소 각하판결을 선고받아 확정되었다. 그로부터 3개월 남짓 경과한 후에 또다른 채권자인 丁이 자신의 권리를 보전하기 위하여 乙을 대위하여 丙을 상대로 같은 내용의 소를 다시 제기하였다. 이 경우 채무자 乙의 丙에 대한 위 부동산에 관한 부당이득반환을 원인으로 한 소유권이전등기청구권의 소멸시효는 중단되었다고 볼 수 있는지, 중단되었다면 중단시점은 언제인가?

[2] 甲은 2005. 5. 5. 당한 교통사고로 인한 손해배상청구의 소를 2005. 8. 8. 제기하면서 나중에 신체감정 후 확장하기로 함을 명시하고 일단 3천만원을 청구하는 소를 제기하였다. 신체감정 후 2009. 5. 5. 청구금액을 7천만원으로 확장하는 청구취지확장신청서를 제출하자 가해운전자 피고 乙은 확장된 나머지 4천만원의 청구권은 시효소멸되었다고 주장하였고, 甲은 2005. 8. 8.에 제소했으므로 청구채권 전부의 시효가 중단되었다고 주장하는 경우 법원은 시효중단 주장에 대하여 어떻게 판단할 것인가?

[3] 원고의 매매대금 1천만원의 청구소송에서 피고가 별개의 대여금 1,500만원으로 상계항변한 후 별소로 대여금 1,500만원의 지급청구할 수 있는가?

▨ 사례해설

[1] 판례는 재판상 청구가 소 각하 판결이 선고된 경우 민법 제170조 2항에 의하여 소멸시효 효과가 부활하려면 대위의 객체인 채권의 시효중단의 효과는 피대위자인 채무자 乙에게도 미치므로 채무자 乙의 丙에 대한 위 부동산에 관한 부당이득반환을 원인으로 한 소유권이전등기청구권의 소멸시효는 또 다른 채권자 丁의 채권자대위소송이 6개월 이내에 다시 제기됨에 따라 최초의 재판상 청구인 甲의 채권자대위소송 제기한 시점에서 중

---

1) 대판 92다47861(전합).
2) 대판 2010다80930.

단되었다고 판시하였다.[1] 각하판결은 소송요건의 흠으로 소가 부적법하다는 판단에 대해서만 기판력이 미치고 소송물인 권리관계로서 피대위채권의 존부에 대하여는 미치지 않는다.

[2] 일부청구에 대하여 시효중단되는 범위에 관한 문제에 관하여 청구한 부분만 중단된다는 일부중단설, 나머지 부분도 중단된다는 전부중단설, 절충설(명시설) 등이 있다. 판례는 신체감정결과에 따른 청구취지변경을 유보한 손해배상채권에 관하여는 전부중단된다는 입장이다.[2] 전부중단설 입장에서는 잔부청구금 4천만원을 포함한 채권전부가 시효중단되었다고 판단하게 된다.

[3] 통상의 공격방어방법의 항변은 소송계속이 발생하지 아니하므로 중복제소의 문제가 발생하지 아니하나 상계항변의 경우에는 기판력이 발생하므로 중복제소 여부가 논의 된다. 판례는 별도의 소가 선행되고 후소에서 상계항변이 이루어진 사안에서 선행하는 별소를 상계항변이 이루어진 후소에 이부, 이송, 변론병합하는 것이 소송경제와 판결모순 방지위해 바람직하나 그렇지 아니하더라도 상계항변이 부적법한 것은 아니라고 하여 중복소송을 부정하는 입장이다.[3] 따라서 대여금 중 1천만원 부분에 대하여 중복제소 여부가 문제된다. 반소요구설은 강제반소가 불인정되고 처분권주의에 반한다. 상계항변은 예비적 취급되어 법원판단 여부는 소송종료시까지 불분명하므로 중복제소로 봄은 원고에 가혹하다. 따라서 1천만원 부분은 중복제소가 아니라고 할 것이나 판결모순을 방지위기 위해 병합심리함이 타당하다. 500만원 부분은 중복제소여지가 없다.

Ⅱ. 법률상의 기간준수

소를 제기하면 일정한 기간 안에 소를 제기하지 않으면 권리 등이 없어지게 되는 기간을 준수한 효력발생한다. 제척기간준수의 범위도 원칙적으로 소송물인 권리관계와 일치한다. 구이론과 신이론 중 이분지설은 주장된 이혼사유만 기간준수효과발생하나 신이론 중 일분지설은 나머지 이혼사유(공격방어방법에 불과)도 기간준수효력이 인정된다. 제척기간 내의 명시적 일부청구를 초과한 부분은 제척기간 도과로 소멸한다.

Ⅲ. 효력발생 및 효력소멸 시기

시효중단이나 법률상의 기간준수의 효력은 소의 제기시, 즉 소장을 법원에 제출한 때이나, 선의점유자의 악의의제(민법 197)와 어음법상 상환이행청구권(어음 70)의 소멸시효기산점은 소장부본 송달일, 지연손해금의 법정이자 기산일은 소장송달 다음날부터이고 소송촉진 등에 관한 특례법 제3조의 연20% 지연이자가 발생한다.

---

1) 대판 2010다80930.
2) 대판 91다43695; 99다72521.
3) 대판 2000다4050.

관련판례

1. 확인의 소(증서진부확인의 소) 대판 2005다29290,29306

[요지] 어느 서면에 의하여 증명되어야 할 법률관계를 둘러싸고 이미 소가 제기되어 있는 경우에는 그 소송에서 분쟁을 해결하면 되므로 그와 별도로 그 서면에 대한 진정 여부를 확인하는 소를 제기하는 것은 특별한 사정이 없는 한 확인의 이익이 없다.

[해설] 위 판례를 반대해석하면 서면에 의하여 증명되어야 할 법률관계에 대하여 제소 전인 경우에는 증서진부확인의 소의 이익이 인정되어 적법한 소가 된다.

2. 중복소송(채권자취소소송) 대판 2004다67806

[요지] 채권자취소권의 요건을 갖춘 각 채권자는 고유의 권리로서 채무자의 재산처분행위를 취소하고 그 원상회복을 구할 수 있는 것이므로 각 채권자가 동시 또는 이시에 사해행위의 취소 및 원상회복을 구하는 소송을 제기하였다 하여도 그 중 어느 소송에서 승소판결이 선고·확정되고 그에 기하여 재산이나 가액의 회복을 마치기 전에는 각 소송이 중복제소에 해당한다거나 권리보호의 이익이 없게 되는 것은 아니다.

[해설] 채권자취소소송을 하는 채권자는 채권자대위소송을 하는 소송담당자와 같지 아니하기 때문에(소송담당이 아니라는 견해도 있음) 양자를 구별하여 채권자취소소송에 있어서 채권자는 자기의 고유 권리로서 채권자취소권을 행사하기 때문에 중복소송에 해당하지 않는다고 판시하고 있다.

<선택형>

1. 甲은 2005. 5. 5. 당한 교통사고로 인한 손해배상청구의 소를 2005. 8. 8. 제기하면서 나중에 신체감정 후 확장하기로 함을 명시하고 일단 3천만원을 청구하였다. 신체감정 후 2009. 5. 5. 청구금액을 7천만원으로 확장하는 청구취지확장신청서를 제출하자 교통사고운전자 乙은 확장된 나머지 4천만원은 3년의 소멸시효가 완성되었다고 주장하였고, 甲은 2005. 8. 8.에 제소했으므로 시효중단되었다고 주장하였다. 乙의 배상책임이 인정되고 다른 특별한 사정이 없다면 법원은 어떤 판단을 할 것인가? (다툼시 판례에 의함)[1]

   ① 법원은 乙은 甲에게 3천 만원을 지급하라고 판결한다.
   ② 법원은 乙은 甲에게 4천 만원을 지급하라고 판결한다.
   ③ 법원은 乙은 甲에게 7천 만원을 지급하라고 판결한다.
   ④ 법원은 甲의 청구를 기각한다.
   ⑤ 법원은 이 사건 청구를 각하한다.

---

2. 甲은 乙에게 3천만원을 대여하고 그 대여금 채무의 지급을 확보하기 위하여 乙로부터 지급지와 지급받을 자 부분이 백지로 된 어음을 교부받았다. 乙은 변제기가 지나도 대여금을 변제하지 않고 있다. 이에 관한 설명 중 옳지 않은 것은? (다툼시 판례에 의함)[2]   [법전협 2013. 3차 변형]

---

1) ③. 대판 92다29924; 2005다60017.
2) ②. 백지약속어음을 보충하지 않은 상태에서 어음금을 청구하는 것은 어음상의 청구권에 관하여 잠자는 자가 아님을 객관적으로 표명한 것이고 그 청구로써 어음상의 청구권에 관한 소멸시효는 중단된다(대판 2009다48312). ④ 대판 2005다29290.

① 甲이 乙에게 어음금청구의 소를 제기하면 대여금 채권의 시효는 중단되나, 대여금 청구의 소를 제기하여도 어음금 채권의 시효는 중단되지 않는 것이 원칙이다.

② 甲이 지급기일로부터 3년의 소멸시효기간이 완성되기 전에 백지 부분을 보충하지 않은 채 어음금청구의 소를 제기하면 어음금채권의 소멸시효는 중단되지 않는다.

③ 甲이 대여금청구소송을 제기한 후, 그 변론종결 전에 乙이 교통사고로 사망하여 소송이 중단되었음에도 불구하고 1심법원은 이를 간과한 채 원고 전부 승소판결을 선고하였다. 이 경우 그 판결은 위법하나 유효하므로 乙의 상속인들은 상소나 재심을 통해 다툴 수 있다.

④ 甲이 어음금청구의 소를 제기한 경우, 甲이 별소로 어음에 대한 증서진부확인의 소를 제기하는 것은 확인의 이익이 없다.

---

3. 소송 계속중 소멸시효의 중단에 관한 설명 중 옳지 않은 것은? (다툼시 판례에 의함)[1])   [변호사 2014]

① 청구의 대상으로 삼은 채권 중 일부만을 청구한 경우에도 그 취지로 보아 채권 전부에 관하여 판결을 구하는 것으로 해석되는 경우에는 그 동일성의 범위 내에서 그 전부에 관하여 시효중단의 효력이 발생하지만, 이러한 법리는 특정 불법행위로 인한 손해배상채권에 대한 지연손해금청구의 경우에는 적용되지 않는다.

② 甲이 乙을 상대로 채권자대위권에 기하여 대여금청구를 하다가 당해 피대위채권 자체를 양수하여 양수금청구로 소를 교환적으로 변경하였다 하더라도 당초 채권자대위소송으로 인한 시효중단의 효력은 소멸하지 않는다.

③ 乙은 丙에 대한 대여금채권을 담보하기 위하여 丙 소유 부동산에 관하여 乙 명의의 가등기를 마쳤다. 이후 위 부동산을 취득한 甲이 乙을 상대로 그 가등기가 허위의 매매계약에 기하여 마쳐진 것이라는 주장을 하면서 가등기의 말소를 구하는 소를 제기하였다. 이에 乙이 丙에 대한 대여금채권의 존재를 주장하면서 응소하였다 하더라도 시효중단의 효력 있는 응소행위라고 볼 수 없다.

④ 채무자 甲이 채권자 겸 근저당권자인 乙을 상대로 피담보채권인 대여금채권이 부존재함을 이유로 근저당권설정등기말소청구의 소를 제기하였다. 이에 乙은 청구기각 판결을 구하면서 위 대여금채권이 유효하게 성립된 것이어서 이를 피담보채권으로 하는 위 근저당권설정등기는 유효하다는 답변을 하였고 위 주장이 받아들여졌다면 위 대여금채권에 대한 소멸시효의 진행은 중단된다.

⑤ 채권양도의 대항요건을 갖추기 전에 양도인 甲이 채무자 乙을 상대로 제기한 재판상 청구가 소송중에 乙이 채권양도의 효력을 인정함으로써 기각되고 그 후 6월 내에 양수인 丙이 재판상 청구를 한 경우, 甲의 최초의 재판상 청구로 인하여 시효가 중단된다.

---

1) ①. 일부청구한 경우에도 그 취지로 보아 채권 전부에 관하여 판결을 구하는 것으로 해석되는 경우에는 그 동일성의 범위 내에서 그 전부에 관하여 시효중단의 효력이 발생하고, 이러한 법리는 특정 불법행위로 인한 손해배상채권에 대한 지연손해금청구의 경우에도 적용된다(대판 99다72521). ② 채권자대위소송의 소송물은 채무자의 제3채무자에 대한 계약금반환청구권인데 위 양수금청구는 원고가 위 계약금반환청구권 자체를 양수하였다는 것이어서 양 청구는 그 소송물은 동일한 점 등을 이유로 한다(대판 2010다17284). ③ 시효를 주장하는 자의 소 제기에 대한 응소행위가 시효중단사유로서의 재판상 청구에 준하는 행위로 인정되려면 의무자가 제기한 소송에서 권리자가 의무자를 상대로 응소하여야 할 것이므로, 제3취득자나 물상보증인 등 시효를 원용할 수 있는 지위에 있으나 직접 의무를 부담하지 아니하는 자가 제기한 소송에서의 응소행위는 권리자의 의무자에 대한 재판상 청구에 준하는 행위에 해당한다고 볼 수 없다(대판 2003다30890). ④ 대판 2003다30890; 2006다33364. ⑤ 대판 2008다20109.

4. 다음 중 시효와 관련된 내용 중 옳지 않은 것은? (다툼시 판례에 의함)[1)]   [법전협 2014. 1차]

① 판례에 따르면 소멸시효 기산점은 주요사실이나 취득시효의 기산점은 간접사실에 해당한다.

② 소가 취하된 경우에는 시효중단의 효력이 없다.

③ 금전채권자가 채무자의 재산을 가압류한 경우에는 소멸시효의 진행이 중단되고, 가압류가 취하되면 그 취하 시점부터 중단된 시효기간이 다시 진행하게 된다.

④ 금전채권자가 채무자의 재산을 가압류한 경우에는 소멸시효 진행이 중단되지만 가압류 결정이 추후 제소기간도과로 취소된 경우에는 가압류가 취소된 때부터 다시 진행하게 된다.

⑤ 소제기에 따른 피고의 응소행위도 재판상 청구로 볼 수 있는 경우가 있어 시효중단사유가 될 수 있다.

5. 다음 중 시효와 관련된 내용 중 옳지 않은 것은? (다툼시 판례에 의함)[2)]   [법전협 2014. 1차]

① 소멸시효 기산점은 주요사실이나 취득시효의 기산점은 간접사실에 해당한다.

② 은행이 영업행위로서 한 대출금에 대한 변제기 이후의 지연손해금은 그 원본채권과 마찬가지로 상행위로 인한 채권으로서 5년의 소멸시효를 규정한 상법 제64조가 적용된다.

③ 소가 취하된 경우에는 시효중단의 효력이 없다.

④ 금전채권자가 채무자의 재산을 가압류한 경우에는 소멸시효의 진행이 중단되고, 가압류가 취하되면 그 취하 시점부터 중단된 시효기간이 재진행하게 된다.

⑤ 소제기에 따른 피고의 응소행위도 재판상 청구로 볼 수 있는 경우가 있어 시효중단사유가 될 수 있다.

6. 소멸시효에 관한 다음 설명 중 옳지 않은 것은? (다툼시 판례에 의함)[3)]   [법전협 2014. 3차변형]

---

1) ③. 권리자의 신청에 의하여 가압류가 취소된 경우 소멸시효 중단 효력이 소급적으로 소멸된다(민법 175). ④ 그러나 제소기간의 도과로 인하여 가압류가 취소된 경우에는 가압류에 의한 집행보전의 효력이 존속하는 동안은 가압류채권자에 의한 권리행사가 계속되고 있다고 보아야 하므로 위 법조가 정한 소멸시효 중단의 효력이 없는 경우에 해당한다고 볼 수 없으므로 가압류가 취소된 때로부터 다시 소멸시효가 진행한다고 하여 비소급적으로 판단하였다(대판 2010다88019).

2) ④. 금전채권의 보전을 위하여 채무자의 금전채권에 대하여 가압류가 행하여진 후 채권자의 신청에 의하여 그 집행이 취소된 경우, 민법 제175조에 의하여 가압류에 의한 소멸시효 중단의 효과가 소급적으로 소멸된다(대판 2010다53273). 그러나 법률의 규정에 따른 적법한 압류가 있었으나 이후 남을 가망이 없는 경우의 경매취소를 규정한 민사집행법 제102조 2항에 따라 경매절차가 취소된 때는 민법 제175조가 정한 소멸시효 중단의 효력이 유지된다(대판 2014다228778). ① 취득시효완성으로 인한 소유권이전등기청구소송에 있어서, 전소에서의 대물변제를 받았다는 주장과 후소에서의 증여를 받았다는 주장은 모두 부동산을 소유의 의사로 점유한 것인지를 판단하는 기준이 되는 권원의 성질에 관한 주장으로서 이는 공격방어방법의 차이에 불과하고, 취득시효의 기산점은 법률효과의 판단에 관하여 직접 필요한 주요사실이 아니고 간접사실에 불과하다(대판 93다60120). ② 대판 2006다2940. 다만 상법 제487조에 의하여 사채의 상환청구권에 대한 지연손해금은 사채의 상환청구권과 마찬가지로 10년간 행사하지 아니하면 소멸시효가 완성하고, 사채의 이자에 대한 지연손해금은 사채의 이자와 마찬가지로 5년간 행사하지 아니하면 소멸시효가 완성한다(대판 2010다28031). ③민법 제170조 1항.

3) ④. 당사자의 원용이 없어도 시효완성의 사실로서 채무는 당연히 소멸되나(대판 65다2445), 변론주의의 원칙상 소멸시효의 이익을 받을 자가 그것을 포기하지 않고 실제 소송에 있어서 권리를 주장하는 자에 대항하여 시효소멸의 이익을 받겠다는 뜻을 항변을 하지 않는 이상 이를 재판에서 고려할 수 없다(대판 78다2157). ① 대판 92다47861(전합); 2006다33364. ⑤ 민법 제495조.

① 소멸시효를 주장하는 자가 원고가 되어 소를 제기한 경우에, 피고로서 응소하여 그 소송에서 적극적으로 권리를 주장하고 그것이 받아들여진 경우도 시효중단의 효력이 발생한다.

② 채권 일부의 청구라도 그 취지로 보아 채권 전부에 관하여 판결을 구하는 것으로 해석되는 경우에는 그 전부에 대해 시효중단의 효력이 발생한다.

③ 본래의 소멸시효의 기산일과 당사자가 주장하는 기산일이 서로 다른 경우에 법원은 당사자가 주장하는 기산일을 기준으로 소멸시효를 계산하여야 한다.

④ 소멸시효 완성의 효과에 관한 절대적 소멸설에 의하면 소멸시효가 완성되면 채무가 당연히 소멸하므로 당사자의 주장이나 원용이 없더라도 법원은 시효완성사실을 고려할 수 있다.

⑤ 소멸시효가 완성된 채권이 그 완성 전에 상계할 수 있었던 것이면 그 채권자는 상계할 수 있다.

제5절 일부청구(Ⅰ)

Ⅰ. 일부청구 의의

(1) 일부청구(一部請求)는 수량적으로 분할급부가 가능한 채권에 대하여 전체 청구 범위 중 일부만을 특정하여 소를 제기하는 것이다. 일부청구는 금전 또는 대체물의 채권 전부를 청구할 수도 있었으나 임의로 그 일부만 청구하는 것이다. 소 제기 당시 전부를 특정할 수 없으면 일부청구가 아니다. 일부청구는 소송비용을 절약하거나 법원의 판단을 청구권 일부에 대하여 받아 보는 시험소송의 목적으로 행해진다. 전체 채권 중에서 최초의 일부청구(전소)는 원고의 의사를 존중하는 처분권주의(203)와 가분채권의 성질상 허용된다고 할 것이다.

(2) 이 경우 일부청구의 소송물은 무엇인지와 전소가 확정된 경우 나머지 잔부청구(후소)가 허용되는지 즉, 최초의 일부청구에 대한 판결의 기판력에 저촉되지 않는지, 일부청구의 소송 계속중 잔부청구가 중복소송에 해당되는지, 시효중단의 범위와 과실상계·상계항변의 대상은 무엇인지, 일부청구의 전부 승소자의 상소이익은 있는지 등 처분권주의와 소권남용 방지와 충돌 내지 조화의 문제가 있다.

Ⅱ. 일부청구의 소송물(허용성과 기판력 여부)

가분적 채권의 일부청구를 한 경우 그 소송물을 어떻게 보는가에 따라 일부청구를 허용할 것인지와 전소의 기판력이 후소인 잔부청구에 미치는지가 결정된다.

(1) 일부청구 긍정설

원고가 일부청구임을 명시한 바가 없어도 잔부와의 관계에서 청구한 일부분만 소송물로서 인정된다는 입장이다.[1] 소액사건심판법 제5조의 2규정이나 소권남용에 해당하지 않는 한 처분권주의와 판결주문에만 기판력이 미침이 원칙임(216①)을 근거로 한다. 먼저 청구한 일부청구의 소가 확정된 후 잔부를 청구하더라도 기판력에 저촉되지 않는다. 다만 전소 계속중 잔부에 관하여 별소를 제기하여도 중복소송에 해당되지 않게 되지만 가능하면 이송 등으로 변론병합하는 것이 타당하다고 한다.[2][3]

(2) 일부청구 부정설

분쟁의 일회적 해결을 강조하여 이행기의 차이나 담보권의 설정 여부 등으로 특정되어 있지 않는 한 채권 전부가 소송물이 되는 것이며 청구한 일부는 단지 인용한도액을 확정한 것에 그친다는 입장이다. 양소의 소송물이 동일하다고 보기 때문에 일부청구한 전소의 기판력이 후소에 미치게 된다.

(3) 명시설(절충설)

원고가 일부청구임을 명시한 그 일부만 소송물이 되지만, 명시하지 않은 경우에는 채권 전부가 동일한 소송물이 된다는 입장이다.[4] 일부청구임을 명시하면 심판이나 피고의 방어범위가 명백하고, 묵시로 청구한 후 후소에서 잔부를 청구함은 소송상 신의칙에 반하며, 전소에 대한 판결의 기판력이 잔부까지 미쳐서 잔부청구를 차단하여도 원고에게 가혹하지 않다는 것을 논거로 한다.

(4) 판례는 일부청구임을 명시한 경우 그 전 소송의 소송물은 먼저 청구부분에 한정된다는 입장이다(명시설).[5]

Ⅲ. 잔부청구와 중복소송

일부청구 중 잔부에 대한 별소 제기가 중복소송에 해당하는지 논의된다.

예컨대, 1억원의 대여금채권 중 6천만원 청구소송 계속중 4천만원을 별소로

---

1) 호문혁, 691.

2) 호문혁, 153.

3) 한편 일부청구긍정설의 입장이지만 일부청구의 소송 계속중에 잔부청구를 하려면 동일소송절차 내에서 청구취지를 확장하면 되므로 별소로 제기한 후소는 중복소송이리는 견해도 있디(김일룡, 216. 참조).

4) 이시윤, 236; 김홍엽, 250; 정동윤·유병현, 256.

5) 대판 84다552; 92다33008.

청구하면 중복소송에 해당되는지에 대하여 다양한 견해가 있다.

(1) 일부청구에 대한 확정판결 뒤의 잔부청구를 긍정하는 입장에서 잔부에 대하여는 소송계속의 효과가 발생하지 않으므로 중복소송이 아니라는 일부청구긍정설, ② 일부청구의 경우에도 채권 전부가 소송물이 되고 청구취지의 확장이 가능하므로 소송 계속중 잔부청구의 별도의 소는 중복소송이라는 일부청구부정설, ③ 명시적으로 일부청구를 한 후 잔부청구시는 중복소송이 아니라는 명시설, ④ 원칙적으로 중복소송이 아니지만, 일부청구가 사실심에 계속중일 경우는 청구취지의 확장이 가능하므로 잔부청구를 별소로 제기하면 남소에 해당하므로 *移部・移送*・변론의 병합하고 이것이 불가할 경우 후소를 각하할 것이라는 단일절차 병합설 등이 있다.

(2) 판례는 일부청구임을 명시적으로 유보한 경우 나머지 치료비청구의 소는 중복소송이 아니라고 판시하고 있다(명시설).[1]

(3) 검토컨대 일부청구부정설은 상고심에서는 청구취지의 확장을 할 수 없다는 점에서, 단일절차병합설은 변론의 병합을 강제할 수 없다는 점에서 각 난점이 있어서 재판현실을 반영하고 원고와 피고의 이익균형을 꾀한 명시설이 타당하다고 할 것이다. 명시설에 의하면 위 6천만원이 1억원의 채권 중 일부임을 명시하여 청구한 경우, 잔부청구의 소송물(4천만원)이 별개이므로 중복소송에 해당하지 않는다. 명시하지 않으면 청구 전체(1억원)가 소송물이므로 4천만원의 잔부청구는 중복소송에 해당한다.

Ⅳ. 일부청구와 시효중단되는 범위

(1) 전체 채권 중 일부만 청구의 소를 제기한 경우 나머지 채권부분도 시효중단의 효과가 있는가에 관하여 견해가 나뉜다.

① 명시 여부를 불문하고 청구한 부분만 중단된다는 일부중단설, ② 명시 여부를 불문하고 전부에 대하여 중단된다는 전부중단설, ③ 일부청구임을 명시한 경우에는 그 한도에서만, 명시하지 아니한 경우는 채권의 동일성의 범위에서 그 전부에 대하여 시효중단된다는 절충설(명시설) 등이 있다.

(2) 판례는 청구부분이 특정될 수 있는 경우에 있어서의 일부청구는 나머지 부분에 대한 시효중단의 효력이 없고 나머지 부분에 관하여는 소를 제기하거나 그 청구를 확장(청구의 변경)하는 서면을 법원에 제출한 때에 비로소 시효중단의 효

---

1) 대판 84다552.

력이 생긴다는 일부중단설적인 판결도 있지만[1] 채권 중 일부만을 청구한 경우에
도 그 취지로 보아 채권 전부에 관하여 판결을 구하는 것으로 해석되는 경우에는
그 동일성의 범위 내에서 그 전부에 관하여 시효중단의 효력이 발생하며,[2] 장차
신체감정결과에 따라 청구금액을 확장할 것을 전제로 우선 일부를 청구한다는 뜻
이라면 채권의 일부에 대해서만 판결을 구하는 취지의 일부청구는 아님이 분명하
여 소제기로 인한 시효중단의 효력은 소장에서 주장한 채권의 동일성의 범위 내
에서 채권 전부에 대하여 미친다고[3] 하여 절충설의 입장의 판례가 있다.

(3) 검토컨대 일부청구인정 여부에 대한 학설과 같은 맥락에서 절충설이 타
당하다. 절충설에 의하면 채권의 동일성이 인정되는 잔부부분을 포함한 전부에 시
효중단되었다고 판단하게 된다.

V. 일부청구와 **과실상계·상계항변**의 문제는 제3편 제3장 제3절 제1관 처분
권주의 Ⅳ에서 검토하고, 일부청구의 **전부 승소자의 상소이익**은 있는지 등은 제5편
제1장 Ⅲ에서 다룬다.

제2장 기일·기간·송달(소송절차진행의 전제)

소송의 심리를 절차적인 면에서 보면 심리의 내용을 충실하고 효율적으로 진
행하기 위하여 변론과 증거조사를 위하여 그 전제로서 일정한 일시에 재판을 하
여야 하고(기일), 당사자와 법원의 소송행위를 일정한 기간을 정하여 하도록 하고
(기간), 기일과 소송행위의 내용을 당사자와 소송관계인에게 알려야 한다(송달). 또
한 심리절차의 정상적 진행이 어려운 사유가 발생하면 소송절차를 정지한다.

---

1) 대판 84누649; 74다1557.
2) 대판 99다72521.
3) 대판 92다29924; 2005다60017.

제1절 기 일

1. 의 의

기일(期日)은 소송관계인이 모여 소송행위를 하기 위해 정해진 시간이다. 그 목적에 따라 변론기일, 변론준비기일, 증거조사기일, 판결선고기일, 화해기일, 배당기일 등이 있다.

2. 기일의 지정

기일지정은 소송지휘에 관한 것으로 미리 장소, 연월일 및 개시시간을 특정하여 직권으로 지정한다. 장소나 시간을 특정하지 않은 지정은 무효이고 무효인 기일에 이루어진 소송행위도 무효이다. 소액사건의 경우에는 직장근로자의 편의를 위하여 야간·휴일에도 개정할 수 있다(소액 7).

3. 기일지정신청

당사자는 법원의 직권발동을 촉구하는 의미로 기일의 지정을 신청할 수 있지만(165) ① 법원의 사건방치, ② 소송종료의 효력을 다투는 경우, ③ 당사자 쌍방의 2회 불출석 후 1월 이내 등에는 기일지정신청권이 있다.

4. 기일의 변경

(1) 의 의

기일의 변경은 기일개시 前에 그 지정을 취소하고 이에 갈음하여 新期日(신기일)을 지정하는 것이다.

(2) 변경의 요건

(가) 당사자의 첫 기일의 변경합의는 허용된다(165 ②).

(나) 첫 기일 이외의 경우에는 현저한 사유가 필요하다(165 ②). 당사자가 합의하였어도 현저한 사유가 없으면 변경할 수 없다. 현저한 사유는 부득이한 사유보다 넓은 개념으로서 불가항력뿐만 아니라 정당한 이유가 있으면 인정된다. 판례는 철도파업으로 교통이 마비된 경우도 현저한 사유로 보았다.[1]

---

1) 대판 66다17.

(3) 변경의 절차

기일변경신청에는 현저한 사유에 대한 소명자료를 붙여야 한다(규칙 40). 변경허가 여부는 재판장 직권사항이다.

5. 기일의 통지와 실시

(1) 기일의 통지는 지정된 기일을 소송관계인에게 기일통지서 또는 출석요구서로 통지하여 출석을 요구하는 것이다. 간이통지방식으로 전화·팩시밀리, 보통우편·전자우편, 그 밖에 상당하다고 인정하는 방법이 인정된다(규칙 45조).

(2) 당사자에게 적법한 통지 없이 기일을 진행실시는 위법하다. 다만 당사자가 지체없이 이의하지 아니하면 소송절차에 관한 이의권의 포기로서 흠이 치유된다.

(3) 기일은 지정된 일시와 장소에서 재판장이 사건과 당사자의 이름을 부름으로써 시작된다(169). 당사자 본인을 부르면 되고 그 대리인의 출석 여부까지 심리할 필요는 없다.

<선택형>

---

1. **다음 期日에 대한 설명 중 틀린 것은?[1]**

① 기일을 연기·속행하는 경우와 같이 기일을 변경하는 경우에도 조서작성이 필요하다.
② 기일의 변경이라 함은 기일의 개시 전에 그 지정을 취소하고 이에 대신하여 새로운 기일을 지정하는 것이다.
③ 속행은 기일을 개시하여 목적하였던 소송행위의 일부 또는 전부를 한 후에 나머지 또는 새로운 소송행위를 위하여 다음 기일을 지정하는 것이다.
④ 연기는 일단 기일을 개시한 후 목적하였던 소송행위를 하지 않고, 다음 기일을 지정하는 것이다.

---

2. **기일의 운영에 관한 다음 설명 중 옳지 않은 것은?[2]**   [법전협 2013. 1차]

① 소취하 후의 기일지정신청에 대하여 법원은 변론을 연 후 판결의 형식으로 재판하여야 한다.

---

1) ①. 기일을 변경하는 경우는 처음부터 기일을 열지 않아 조서의 작성이 필요하지 않다. 기일을 연기하거나 속행하는 경우에는 조서작성이 필요하다.
2) ②. 첫 변론기일 또는 첫 변론준비기일을 바꾸는 것은 현저한 사유가 없는 경우라도 당사자들이 합의하면 이를 허가한다(165 ①). ① 기일지정신청이 있는 때에는 법원은 변론을 열어 신청사유에 관하여 심리하여야 하고 심리한 결과 신청이 이유 없다고 인정하는 경우에는 판결로 소송의 종료를 선언하여야 하고, 신청이 이유 있다고 인정하는 경우에는 취하 당시의 소송정도에 따라 필요한 절차를 계속하여 진행하고 중간판결 또는 종국판결에 그 판단을 표시하여야 한다(규칙 67 ②③). ③ 제소기간의 연장을 위한 부가기간의 지정은 제소기간 내에 이루어져야만 효력이 있고, 단순히 부가기간지정신청이 제소기간 내에 있었다는 점만으로는 불변기간인 제소기간이 당연히 연장되는 것이라고 할 수 없다(대판 2007후4649). ④ 상고이유서제출기간, 공시송달기간, 불변기간 등은 당사자의 절차권 보호를 위하여 단축할 수 없다. ⑤ 대판 99다9622.

② 일단 지정된 첫 변론기일을 바꾸는 것은 당사자들의 합의 이외에 특별한 사정이 존재하여 야 법원이 이를 허가한다.

③ 법원이 불변기간에 대해 부가기간을 정하려면 불변기간이 경과하기 전에 정하여야 한다.

④ 통상기간이라도 신축이 불가능한 경우가 있다.

⑤ 변호사를 선임한 당사자가 소송행위의 추후보완을 하려면 소송대리인만이 아니라 그 변호 사사무소의 업무보조원에게도 과실 없이 불변기간을 준수할 수 없었던 경우이어야 한다.

제2절 기 간

I. 기간의 의의와 종류

기간(期間)은 시간의 경과로서 소송행위나 기일의 준비를 그 사이에 하여야 할 시간적 공간이다. 기간은 크게 행위기간과 유예기간으로 나뉜다. 행위기간은 다시 당사자 등의 소송행위에 관한 고유기간(보정기간·상소기간 등)과 법원의 소송행 위에 관한 직무기간(심리기간·판결선고기간 등)으로 나뉜다. 고유기간을 넘긴 경우에 는 상당한 불이익이 따르나 직무기간은 특별한 불이익이 없어 훈시규정에 불과하 다. 고유기간은 다음과 같이 분류된다.

1. 행위기간과 유예기간(中間기간)

기간의 목적에 따른 분류이다. 행위기간은 소송행위의 신속·명확을 위하여 당 사자의 특정한 소송행위를 일정한 기간 내에 해야 하는 기간이다. 보정기간(59, 97), 상소기간(396, 425, 444), 재심기간(456) 등이다.

유예기간은 행위자에게 준비와 숙고를 위한 기회를 주기 위한 것으로 중간기간 이라고도 한다. 공시송달의 효력발생기간(196) 제척원인의 소명기간(44 ②) 등이다.

2. 법정기간과 재정기간

기간의 근거에 따른 분류이다. 법률에 의하여 정해진 법정(法定)기간(답변서제 출기간 256)과 법원의 재판에 의하여 정해진 재정(裁定)기간(보정기간, 공격방어방법의 제 출기간)으로 나뉜다. 법정기간은 불변(不變)기간과 통상(通常)기간으로 다시 나뉜다.

3. 불변기간과 통상기간

(1) 불변기간은 법률이 불변기간으로 특별히 명시한 경우이고, 통상기간은 그 외의 법정기간이다. 불변기간은 법원이 부가기간은 정할 수 있으나(172②) 신축이 안 되며(172①), 당사자가 책임질 수 없는 사유로 기간을 준수하지 못한 경우에는 추후보완(追後補完)이 허용되고(173), 기간준수 여부는 직권조사사항이다(65누32). 상소기간, 재심기간, 각종 이의신청기간(226②, 470② 등), 중재판정취소의 소의 출소기간(중재 36③) 등이 불변기간이다.

(2) 통상기간에는 상고이유서제출기간(427), 소취하간주시 기일지정신청기간(268②) 등이 있다.

Ⅱ. 기간의 계산과 진행

기간의 계산은 민법에 따른다(170①). 日, 週, 月, 年으로 정한 때에는 그 기간이 오전 0시부터 시작되지 않는 한 초일불산입의 원칙에 따라(민법 157) 다음날부터 기간이 진행한다.

기간의 진행은 소송절차의 중단 또는 중지 중에는 정지되며 그 해소와 동시에 전체기간이 새롭게 진행한다(247②).

Ⅲ. 기간의 신축(伸縮)

기간의 신축은 법원의 재량으로 기간을 늘리거나 줄이는 것이다. 법정기간은 신축가능함이 원칙이나(173①③) 불변기간은 신축할 수 없지만 주소·거소가 멀리 떨어져 있는 사람을 위하여 부가기간을 정할 수 있다(172②). 불변기간이 경과한 뒤에는 부가기간을 정할 수 없고 소송행위의 추후보완의 가능 여부만 문제된다. 기간의 신축과 부가기간을 정하는 것은 법원의 직권사항이어서 당사자는 불복할 수 없다.

Ⅳ. 기간의 부준수(不遵守)와 소송행위의 추후보완

≪사례≫ 패소한 피고가 항소장을 우편으로 법원에 발송하였지만 폭우로 인하여 우편배달을 할 수 없었다가 다시 재개되어 법원에 도달하였지만 2주의 항소제기기간이 도과하였다. 피고가 항소제기에 관하여 구제받기 위하여 취할 수 있는 조치는 무엇인가?

1. 의 의

(1) 기간의 부준수는 항소기간을 도과한 경우처럼 당사자 기타 소송관계인이 행위기간중 소정의 소송행위를 하지 않고 그 기간을 넘긴 것으로 당사자 등은 해당 소송행위를 할 수 없는 불이익을 받게 된다.

(2) 그러나 당사자가 책임질 수 없는 사유로 인하여 불변기간을 지킬 수 없게 된 경우에 치명적인 손해가 발생하는 것을 방지하기 위하여 사후적으로 그 소송행위를 할 수 있도록 하고 있다(173). 이를 소송행위의 추후보완이라 한다.

2. 추후보완의 대상인 기간

(1) 추후보완(追後補完)이 허용되는 기간은 법정기간 중 불변기간에 한한다. 따라서 통상기간은 추후보완이 허용되지 않는다.

(2) 상고이유서·재항고이유서의 제출기간은 불변기간이 아니지만 해태의 효과가 상고기간 등 불변기간의 경우와 실질적으로 동일하므로 유추적용하자는 것이 다수설이다. 판례의 주류는 유추적용할 수 없다는 입장이다. 즉 우편배달원의 배달착오로 상고이유서 제출기간 도과시 재심사유(451 ① 3호)에 해당할 뿐이라고 판시했다.[1]

3. 추후보완 사유

당사자가 책임질 수 없는 사유는 천재지변, 그 밖의 불가항력이나 소송의 진행과 관련하여 일반인이 보통의 주의를 다하여도 피할 수 없는 사유를 말한다.[2] 그러나 이에 대한 구체적인 기준은 결국 판례를 통하여 개별적으로 고찰할 수밖에 없다.

(1) 불귀책사유를 긍정한 사례

① 천재지변에 의한 교통·통신의 두절로 인한 우편물배달지연된 경우.

② 법원의 잘못으로 인한 경우.[3]

③ 소송서류전달의 잘못(우편집배원의 잘못으로 인한 송달불능의 경우).[4]

④ 무권대리인이 소송수행하고 판결정본 송달받은 때.

⑤ 처음부터 공시송달에 의한 송달, 피고가 고의로 행방을 감춘 특별한 사

---

1) 대판 97재다445.
2) 대판 2007다37219.
3) 법원의 잘못으로 피고에게 판결선고기일이 제대로 고지되지 아니한 경우이다(대결 2011마1154).
4) 대판 2002다67628.

정이 없을 때,

송달기관 부주의로 송달불능되어 공시송달하게 된 때, 피고가 송달 당시 국내에 없을 때 등은 귀책사유가 없다.

(2) 부정한 사례

① 소송대리인이나 그 보조자의 고의·과실은 당사자본인의 것으로 본다. 대리인이 판결정본을 수령한 후 당사자에게 통지하지 않은 경우도 당사자의 과실로 본다.[1]

② 여행·질병치료를 위한 출타시 가족에게 송달된 경우와[2] 소송의 적극당사자의 경우 자신이 교도소에 구속된 경우 기간을 준수하지 못한 경우 책임질 수 없는 사유에 해당하지 않는다.[3]

다만, 피고가 입원하고 처는 간병하고, 자녀는 외가에 있을 때는 불귀책사유라고 판시하였다.[4]

③ 당사자가 신고한 주소에 송달되지 않아 공시송달한 경우, 처음에는 송달되다가 송달불능으로 공시송달한 경우는 당사자의 불귀책사유가 아니다.

4. 추후보완절차

(1) 추후보완기간

장애사유 종료 후 2주일 내에 추후보완하여야 한다(173①). 이 기간은 불변기간이 아니므로 신축·부가기간을 정할 수 없다.

추후보완기간의 기산시점은 그 재난이 없어진 날부터 기산된다(초일산입). 잘못된 공시송달에 의한 판결의 경우는 판결이 있었음을 안 때가 아니라 '공시송달의 방법으로' 송달된 사실을 안 때를 기준으로 한다. 통상적으로 피고가 해당 사건기록 열람하거나,[5] 판결정본을 영수한 때이다.[6]

(2) 추후보완의 방식

해태된 소송행위를 본래의 방식대로 하면 된다. 따라서 항소를 추후보완하려고 한다면 단순히 항소장을 제출하면 된다.

---

1) 대판 84다카744.
2) 대결 68마458; 66마594. 이시윤, 379.
3) 대판 92다3441.
4) 대판 90다20480.
5) 대판 94다24299.
6) 대판 98다43533.

(3) 법원의 심판

추후보완사유의 존부와 해태된 소송행위의 당부는 직권조사사항이며, 하나의 절차에서 심리하여 추완신청이 이유 있으면 보완되는 행위의 당부를 실질적 판단하고, 추후보완신청이 이유가 없으면 부적법 각하한다.

5. 추후보완신청의 효력

보완신청하는 것만으로 불변기간 도과에 의한 판결의 형식적 확정력이 바로 해소되지 않는다. 따라서 불복신청한 판결의 집행력·기판력에는 아무런 영향이 없다. 상소추후보완시 확정판결의 집행력을 막으려면 별도의 집행정지의 결정을 받아야 한다(500).

▨ **사례해설**

소송행위의 추후보완: 당사자가 책임질 수 없는 사유로 말미암아 불변기간을 지킬 수 없었던 경우에는 그 사유가 없어진 날부터 2주 이내에 게을리한 소송행위를 보완할 수 있다. 다만, 그 사유가 없어질 당시 외국에 있던 당사자에 대하여는 이 기간을 30일로 한다.
사안의 경우 재심사유에는 해당되지 아니한다. ▨

<선택형>

---

1. 다음 판례상 소송행위의 추후보완이 허용되는 경우는?[1]

   ① 당사자가 지방출장이나 질병치료를 위하여 출타한 경우
   ② 당사자가 이사를 가면서 법원에 주소이전신고를 하지 아니한 경우
   ③ 경매사건의 이해관계인이 경매가 유찰되었으니 다음 번 기일통지서가 송달될 때까지 기다리라는 집행관의 말을 경솔하게 신용하고 기록열람 등 그 사실을 확인하지 않은 경우
   ④ 피고가 소 제기사실을 모르는 상태에서 처음부터 공시송달로 송달이 이루어진 경우

---

2. 소송행위의 추후보완에 관한 다음 설명 중 옳은 것은? (다툼시 판례에 의함)[2]　　　[법전협 2014. 3차]

   ① 추후보완의 대상이 되는 기간은 불변기간과 재정기간이다.

---

1) ④. 처음부터 공시송달로 이루어진 경우 피고는 그 책임을 질 수 없는 사유로 인하여 불변기간을 준수할 수 없는 경우로서 추완항소를 할 수 있다(대판 2000므87). 나머지는 귀책사유가 있어서 추후보완항소할 수 없다고 판시하였다. ① 대판 90다20480. ② 대판 92마1030. ③ 대판64마9.
2) ④. 대판 84다카744. ① 불변기간에만 인정된다(173 ①). 제451조 1항 3호 대리권 흠결에 준하여 재심으로 구제받아야 한다(대판 97재다445). ③ 송달이 무효이면 불변기간이 진행되지 않는다. ⑤ 소송의 진행 도중 통상의 방법으로 소송서류를 송달할 수 없게 되어 공시송달의 방법으로 송달하였는데 소송의 진행상황을 조사할 의무가 있는 당사자가 이를 조사하지 않아 불변기간을 지키지 못한 경우 이를 불귀책사유에 의한 것이라고 할 수 없어 결국 소송행위 추후보완을 할 수 없다(대판 2012다44730). 공시송달했다고 추후보완을 할 수 없는 것은 아니다.

② 상고이유서 제출기간도 추후보완의 대상이다.
③ 송달이 무효라도 불변기간은 진행되므로 추후보완의 대상이 된다.
④ 당사자뿐만 아니라 그 소송대리인 및 대리인의 보조인에게 책임질 수 없는 사유가 있는 경우에도 추후보완을 할 수 있다.
⑤ 공시송달이 된 경우에는 그 자체로 제재의 의미가 있으므로 추후보완을 인정해서는 안 된다.

제3절 송 달

≪사례≫
[1] 피고에게 송달되는 판결정본을 원고가 도로상에서 집배인으로부터 수령하여 자기 처를 통하여 피고의 처에게 교부하고 다시 피고의 처가 이를 피고에게 교부하였다.
　(1) 위 경우에 위 판결정본의 피고에 대한 송달은 적법한가?
　(2) 피고가 위 송달에 관하여 문제삼지 않기로 하고 항소를 제기한 경우 그 송달의 하자문제는 치유되는가?
[2] 원고는 피고와의 오랜 소송 끝에 패소판결을 받고는 억울한 마음에 화병이 도져 병원에 장기간 입원한 후 집에 돌아와 보니 자신의 집 문간방에 세들어 사는 임차인이 판결정본을 건네 주었다. 임차인은 내용도 몰라서 안 받으려 했으나 우체국 집배원이 서명을 받더니 그냥 마루에 놓고 갔다는 것이다. 원고는 법원에 알아보니 이미 4주 전에 자신에게 송달된 것으로 되었다. 원고로부터 사건처리를 위임받은 변호사로서는 원고를 위하여 소송상 어떤 조치를 취하여야 할 것인가?

I. 송달의 의의

1. 개 념

송달(送達)은 법원이 당사자·소송관계인에게 소송상 서류의 내용 알리는 法定방식에 따른 통지행위이다. 송달은 재판권의 한 작용이며 당사자 등에게는 절차적 기본권을 보장하는 기능을 한다. 송달은 법정의 방식 없이 당사자에게 알리는 통지(242, 426) 및 불특정인을 대상으로 하는 공고(480; 민집 106)와 다르다.

2. 직권송달주의 원칙

원활한 송달은 소송촉진의 요체이고 절차의 확실성이 요청되므로 법원이 직권으로 하는 것이 원칙이다(174). 예외로 공시송달은 당사자의 신청으로도 명할 수 있다(194).

3. 송달의 목적

송달은 소송상 서류의 내용을 알리는 것이 주된 목적이지만 단순한 통지(72 ②, 85 ② 등), 소송행위를 완성시키고 효력을 발생시키기 위한 경우(255, 469), 상소기간진행을 위한 경우(396), 강제집행개시를 위한 요건인 경우(민집 39) 등이 있다.

Ⅱ. 송달기관

1. 송달담당기관(사무처리자)

법원사무관 등의 고유권한이다(175 ①). 예외로 공시송달은 재판장의 명령을 요한다(194).

2. 송달실시기관

원칙적으로 집행관, 우편집배원이다(176). 실무상 통상적으로 우편배달원을 통하여 송달하고, 야간송달·유치송달 등 전문성이 필요한 경우에 집행관을 통한 특별송달을 하게 된다. 예외적으로 출정한 당사자 등에게 법원사무관과 법원주사 등이 교부송달(177), 우편송달(184, 185) 등을 할 수 있고, 집행관의 직무대행으로 법정경위에 의한 송달도 가능하다(법원 64). 송달에 저항시 국가경찰공무원에게 원조를 요청할 수 있다(176 ③).

3. 송달증명방법

송달한 기관은 송달에 관한 사유를 법원에 알려야 한다. 통상 송달보고서를 법원에 제출한다(193). 송달보고서에는 송달된 때에는 송달일시·장소·수령자를 기재하고, 송달불능인 경우에는 불능사유(주소불명·수취인불명·폐문부재·수취인부재 등)를 기재한다. 다만 전자통신매체를 이용한 통지로 서면통지를 갈음할 수 있다(규칙 53).

Ⅲ. 송달서류

송달에 쓰이는 서류는 등본 또는 부본이 원칙이고, 기일통지서·출석요구서는 원본이고, 판결은 정본을 교부한다.

Ⅳ. 송달받을 자

1. 원 칙

원칙적으로 소송서류의 명의인인 당사자이다. **예외로** ① 소송서류명의인이 소송무능력자일 때는 법정대리인, ② 법인 또는 단체의 대표자, 국가에 대한 송달은 수소법원에 대응하는 검찰청의 장, ③ 소송위임시 소송대리인, 수인의 공동대리인 중 1인이다. 소송대리인 있는 때 당사자에의 송달은 적절치 않으나 유효하다.[1]

2. 법규상 송달영수권자

군사용의 청사 또는 선박에 속한 사람에게 할 송달은 그 청사 또는 선박의 장에게 한다(181). 체포·구속 또는 유치된 사람에게 할 송달은 교도소·구치소 또는 경찰관서의 장에게 송달하여야 하며(182), 수감되기 전의 주소에 한 송달은 무효이다.

3. 신고된 송달영수인

당사자 등은 주소 등 외의 장소(한국 안의 장소로 한정함)를 송달받을 장소로 정하여 법원에 신고할 수 있고 이경우에는 송달영수인을 정하여 신고할 수 있다(184).

Ⅴ. 송달방법

송달실시 방법은 교부송달을 원칙으로 한다. 그 외에 우편송달, 송달함송달, 공시송달이 있다. 교부송달에는 보충송달과 유치송달이 있다.

1. 교부송달

교부송달은 송달받을 사람에게 송달할 서류의 등본 또는 부본을 교부하는 방법에 의한 송달이다(178 ①).

(1) 송달할 장소

송달받을 사람의 주소·거소·영업소 또는 사무소에서 한다. 다만 법정대리인에게 할 송달은 본인의 영업소나 사무소에서도 할 수 있다(183①). 송달 받을 자의 주소 등의 장소를 알지 못하거나 그 장소에서 송달할 수 없는 때에 한하여 근무장

---

1) 대판 68다2021.

소에서의 송달을 할 수 있다(183②). 주소 등의 장소에 대한 송달을 시도하지 않은 채 근무장소로 한 송달은 위법하다.[1] 송달받을 사람의 주소 등 또는 근무장소가 국내에 없거나 알 수 없는 때 및 주소 등이 있어도 송달받기를 거부하지 아니하면 그를 만나는 장소(법정 등)에서 송달할 수 있다(183③④). 이를 조우송달(遭遇送達) 또는 출회송달(出回送達)이라 한다.

· 법인 등에 대한 송달은 법정대리인에 준하여 법인 등의 대표자 또는 관리인의 주소 등에서 하여야 한다(64).

(2) 보충송달

보충송달은 송달장소에서 수령인을 못 만날 때 그와 일정한 관계에 있는 사람에게 대리송달하는 경우이다.

(가) 주소 등에서 보충송달

주소 등 송달장소에서 송달할 사람을 만나지 못한 때에는 그 사무원, 피용자 또는 동거인으로서 사리분별지능 있는 자에게 서류를 교부할 수 있다(186①).

1) 보충송달은 송달장소에서 하여야 적법하다.[2] 송달할 장소가 아닌 도로에서 만나 교부한 것은 보충송달이라 할 수 없다.

2) 사리분별능력은 송달의 의미를 이해하고 송달서류를 송달받을 사람에게 전달할 능력만 있으면 되므로 행위능력이 없어도 수령대행인이 될 수 있다. 판례는 8세 10개월,[3] 9세 7개월의 초등학교 3학년 여학생에게도 보충송달이 가능하다고 보았으나,[4] 8세 3개월의 2학년 남학생은 사리분별지능이 있다고 보기 어렵다고 보았다.[5]

3) 사무원·피용자는 송달받을 사람과 인적·장소적 관련성을 가지고 있기 때문에 보충송달을 인정하는 것이다. 빌딩이나 아파트의 경비원·관리인·수위에게 입주자의 송달서류를 교부한 경우 최근 판례는 평소에 등기우편물 등을 대신 수령하여 왔다면 송달수령권을 인정하고 있다.[6]

4) 동거인은 동일한 세대에서 생활을 공동으로 하는 자를 의미한다. 법률상 친족관계에 있어야 하는 것은 아니다. 동거한 채 이혼소송중인 부부 상호간, 수

---

1) 대판 2004마535.
2) 대판 2001마3790.
3) 대판 68마336.
4) 대판 89누6013.
5) 대판 2005마1039.
6) 대판 2000도1164.

령권이 없고, 송달받은 자가 송달받을 자의 내연의 처의 조카로서 동일한 송달장소에 거주한다 하더라도 세대를 달리하는 반대당사자의 아들인 경우,[1] 같은 아파트 임차인들 사이, 임대인과 임차인 사이, 하숙인 사이 등은 생활을 공동으로 한다고 볼 수 없다. 그러나 평소에 등기우편물 등을 받아 동거인에게 전달해 온 경우 송달은 유효하다.[2]

(나) 근무장소에서의 보충송달

사리분별의 지능 있는 피용자 등이 수령을 거부하지 아니할 때 근무장소에서 보충송달을 할 수 있다(186 ②).

(3) 유치송달(留置送達)

유치송달은 송달받을 사람 등이 정당한 사유 없이 송달받기를 거부하는 경우 송달서류를 송달할 장소에 놓아둠으로써 행하는 송달이다(186 ③). 근무장소에서 보충송달할 경우에는 유치송달할 수 없다.

2. 우편송달

(1) 우편송달은 예컨대 전 가족이 장기 해외여행중인 경우와 같이 보충송달이나 유치송달도 불가능한 경우나 당사자 등이 변경된 송달장소를 신고하지 아니하고 현출된 자료만으로 송달할 장소를 알 수 없는 경우 법원사무관 등이 종전 송달장소에 등기우편 등으로 발송하는 송달방법이다(187). 우편집배원이 하는 '우편에 의한 송달'과 구별하여 실무상 **발송송달**이라고도 한다. 이것은 송달을 어렵게 한자에 대한 제재적인 의미를 가지나 송달받을 자는 송달 여부를 알 수 없기 때문에 신중하게 해야 한다.

(2) 우편송달은 발신주의에 의하기 때문에 등기우편의 발송시에 송달의 효력이 발생한다(189). 소송서류가 현실적으로 도달되었는지의 여부와 그 시기가 문제되지 않는다.

3. 송달함 송달

송달함 송달이란 법원 안에 송달함을 설치하여 법원사무관 등이 직접 송달하는 송달방법이다. 송달함에 서류를 넣은 지 3일이 지나면 송달된 것으로 본다(188).

<u>인터넷송달함 송달</u>은 독촉절차의 신청을 전자문서로 한 경우에 신청인에 대

---

1) 대판 81다카864.
2) 대판 78다2269.

한 송달에 한하여 전자적 방법을 통한 송달방법이며 신청인이 인터넷 송달함에서 등재사실을 확인하면 송달된 것으로 한다. 신청인이 등재사실을 확인하지 아니한 경우에도 2주가 지나면 송달된 것으로 본다(독촉전자 8).

4. 공시송달

(1) 의 의

공시송달은 법원사무관 등이 송달서류를 보관하고 그 사유를 법원게시판이나 관보·공보·신문게재, 전자통신체를 이용한 공시 중 하나의 방법으로 알리는 송달방법을 말한다(195). 당사자의 주소 등 행방을 알지 못하여 통상의 송달방법으로 송달이 어려운 경우에 하는 보충적인 송달방법이다.

(2) 요 건

당사자의 주소 등 또는 근무장소를 알 수 없는 경우 또는 외국에서 하여야 할 송달에 관하여 그 나라에 주재하는 대한민국의 대사·공사·영사 또는 그 나라의 관할 공공기관에 촉탁할 수 없거나 이에 따라도 효력이 없을 것으로 인정되는 경우에는 당사자나 보조참가인의 주소 등을 알기 어려운 경우에 한하여 보충적·비상적으로만 공시송달이 인정된다. 증인·감정인에게는 공시송달할 수 없고, 수취인이 장기여행중이라는 사유는 우편송달사유일 뿐이다.

(3) 절 차

(가) 공시송달은 위 요건을 갖춘 경우 법원사무관등은 직권으로 또는 당사자의 신청에 따라 공시송달을 할 수 있다(194 ①). 2015. 7. 1. 이전에는 재판장이 공시송달을 명하였던 것을 한정된 사법인력의 효율적 활용을 위하여 법원사무관등이 하도록 변경하였다.[1] 다만 재판장은 직권으로 또는 신청에 따라 법원사무관등의 공시송달처분을 취소할 수 있도록 하여 부당한 공시송달을 시정할 수 있도록 하였다(194 ④).

(나) 신청인은 송달받을 자의 행방불명사유를 불거주확인서나 주민등록말소자등본 또는 집행관의 특별송달을 시도하였으나 실패한 사실 등으로 소명하여 신청한다(194 ②). 직권에 의한 공시송달은 당사자의 신청을 기대할 수 없거나, 소송지

---

[1] 이는 실체적 본안판단과 무관한 일부 형식적·부수적 절차판단 업무인 공시송달과 각종 형식적 보정명령은 법원사무관 등이 이를 일차적으로 담당하게 하는 한편, 재판장에게는 직권공시송달명령 및 보정명령 권한을 유지시키고, 법원사무관 등의 공시송달 등에 관한 감독이나 사후교정 역할을 수행하게 함으로써 질자직 직정성을 확보함과 동시에, 재판장의 제한된 업무 역량을 실체 판단에 관한 심리에 집중할 수 있는 여건을 조성하려는 것이다.

연을 막기 위하여 인정된다. 법원사무관 등은 송달할 서류를 보관하고 인터넷상의 대법원의 홈페이지(http://www.scourt.go.kr)의 게시판을 이용하여 공시송달하고 있다.

(4) 효 력

(가) 첫 공시송달은 게시한 날부터 2주가 지나야 효력이 발생하고(196 ①). 그 뒤 공시송달은 게시한 다음날부터 효력이 생긴다. 외국에서 할 송달에 대한 공시송달은 2월이 지나야 효력이 발생한다(196 ②). 이러한 기간은 단축할 수 없다(196 ③).

(나) 2015. 7. 1. 이전에는 재판장의 명령으로 절차가 개시되므로 공시송달의 요건에 흠이 있어도 유효하고,[1] 재판형식으로 이루어지므로 불복할 수 없고 잘못된 공시송달로 인한 패소 판결에 대해 추후보완항소(173), 재심(451 ① (11))을 제기하여 그 기판력을 소멸시켜야 구제받을 수 있다.[2] 그러나 2015. 7. 1. 이후 법원사무관 등이 한 공시송달에 대하여도 위와 같이 볼 수 있을 것인지는 아직 선례가 없다.

(다) 공시송달을 받은 당사자는 현실적으로 송달사실을 알기 어렵기 때문에 자백간주·소취하간주, 답변서제출의무(256 ① 단서)·변론준비절차(279 이하)·외국판결의 승인규정(217 (2)) 등은 적용되지 않는다.

(라) 화해권고결정(225 ②)·조정결정·이행권고결정·지급명령(462 단서)의 송달은 공시송달에 의할 수 없다.[3]

5. 송달의 특칙

기일통지의 경우에만은 법원은 전화·팩스·보통우편 또는 전자우편 등 간이통지방법에 의한 송달을 할 수 있다(167 ②; 규칙 45 ①). 간이통지를 받은 당사자·증인·감정인이 기일에 불출석하여도 법률상 제재나 기일해태의 불이익을 줄 수 없다(167 ② 후단). 또한 소송대리인이 변호사에 대한 송달은 준비서면 등 다른 송달서류도 전화, 팩스 등을 이용한 송달이 가능하고, 변호사 사이에서는 직접 교부하거나 전자우편, 팩스로 보내고 송달영수증으로 법원에 증명하는 방법으로 송달을 할 수 있다(176 ①; 규칙 46, 47).

---

1) 대결 81마20.
2) 대판 2012다111340.
3) 다만 금융기관의 대여금 채권 등의 지급명령은 공시송달에 의하지 아니하고는 송달할 수 없는 경우 청구원인을 소명하여 공시송달을 신청할 수 있다(소송촉진 등에 관한 특례법 20의2).

Ⅵ. 외국에서 하는 송달(촉탁송달)

외국에서 하여야 하는 송달은 재판장이 그 나라에 주재하는 대한민국의 대사·공사·영사 등의 공공기관에 촉탁하지만(191), 송달을 촉탁할 수 없거나 촉탁하여도 효력이 없을 경우에는 공시송달의 방법을 이용할 수 있다(194 ①).

Ⅶ. 송달의 흠(瑕疵)

(1) 송달이 법에 정한 방식을 위배한 경우가 흠 있는 송달이며 이러한 송달은 원칙적으로 무효이다. 송달장소가 아닌 곳에서의 한 유치송달이나, 소장에 기재된 주소 등에 송달을 시도하지도 아니한 채 근무장소에 한 송달은 무효이다.[1]

(2) 송달에 흠이 있다고 하여도 추인 또는 이의권포기·상실로 흠이 치유되어 유효한 송달이 된다. 사망자에 대한 송달을 상속인이 현실적으로 수령시 치유된다.[2] 그러나 예컨대 판결정본송달과 같이 상소기간이라는 불변기간의 기산점에 관련된 송달에 위법이 있는 경우에는 이의권 포기·상실이 허용되지 않는다.[3]

(3) 판례에 의하면 제1심판결정본을 허위주소에 송달되어 당연무효인 경우는 항소기간이 진행되지 아니하므로, 항소추후보완문제가 아니고 언제든지 항소제기가 가능하다고 본다(항소설).[4] 그러나 상소추후보완·재심설에서는 위 판례는 제451조 1항 11호에 반하고 어느 때에나 항소할 수 있도록 하여 불안정한 법률상태로 방치되고 제1심의 심급이익을 박탈하게 되므로 부당하다고 본다.[5]

▒ 사례해설

[1] 이 사건 송달은 송달에 관한 절차를 위배한 것이어서 부적법한 송달이다. (2) 불변기간인 항소 제기기간에 관한 규정은 성질상 강행규정이므로 그 기간 계산의 기산점이 되는 판결정본의 송달의 하자는 이에 대한 이의권의 포기나 상실로 인하여 치유될 수 없다.

[2] 위 임차인은 송달수령권이 있는 동거인이라고 볼 수 없어 보충송달의 요건을 흠결하여 무효이며 판결정본송달의 하자는 이의권 포기·상실의 대상이 아니어서 하자가 치유되지 않으므로판결은 확정되지 않은 상태이고,[6] 상소기간이 진행하지 아니한 것이므로 항소할 수 있다(396). ▒

---

1) 대판 2004마535.
2) 대판 95다15667.
3) 대판 2001다84497.
4) 대판 75다634.
5) 이시윤 593.
6) 대판 75다756.

<선택형>

1. 다음 중 옳지 않은 설명은? (다툼시 판례에 의함)[1] 〔법전협 2012. 3차〕

① 공시송달로 소송서류가 송달된 경우에는 당사자에게 과실이 있는 경우에도 소송행위의 추후보완을 할 수 있다.

② 송달받을 사람의 주소·거소·영업소 또는 사무소에서 송달할 수 없는 경우에는 송달받을 사람의 근무장소에서 송달할 수 있다.

③ 전자소송의 이용에 동의한 자에게는 전자적인 방법으로 송달할 수 있다.

④ 소송대리인이 있는 경우에는 소송대리인에게 송달하는 것이 실무상의 원칙이다.

⑤ 판결의 송달이 무효인 경우에는 당사자가 이의권을 포기하더라도 그 흠은 치유되지 아니한다.

2. 송달에 관한 설명 중 옳지 않은 것은? (다툼시 판례에 의함)[2] 〔변호사 2013〕

① 원칙적으로 송달담당기관과 송달실시기관은 다르다.

② 소송서류는 특별한 규정이 없는 한 원본으로 송달하여야 하며, 소송대리인이 있는 경우에도 당사자 본인에게 한 송달은 유효하다.

③ 송달의 방법은 교부송달이 원칙이고, 우편송달의 경우 발송 시에 송달된 것으로 본다.

④ 공시송달은 직권 또는 당사자의 신청에 따라 재판장의 명령으로 한다.

⑤ 공시송달에 의한 판결편취의 경우, 이로 인해 패소한 당사자는 추후보완상소 또는 재심의 소를 통해 구제받을 수 있다.

3. 민사소송상 송달에 관한 설명 중 옳지 않은 것은?[3] 〔법무부 2013〕

① 우편송달은 송달기관이 송달할 장소에서 송달받을 자를 만나지 못하여 통상의 교부송달을 할 수 없고, 나아가서 그 대행인인 사무원, 고용인, 동거자도 만나지 못하여 보충송달이나 유치송달도 할 수 없는 경우 또는 수송달자와 대행인이 수령을 완강히 거부하여 보충송달이나 유치송달도 할 수 없었던 경우에 인정된다.

② 우편송달은 보충송달이나 유치송달이 불가능한 경우에 할 수 있는 것이므로 폐문부재와 같이 송달을 받을 자는 물론 그 사무원, 고용인 또는 동거자 등 서류를 수령할 만 한 자를 만날 수 없는 경우라면 모르거니와 단지 송달을 받을 자만이 장기출타로 부재중이어서 그 밖의 동거자 등에게 보충송달이나 유치송달이 가능한 경우에는 우편송달을 할 수 없다.

③ 송달한 기관이 송달에 관한 사유를 서면으로 작성하여 법원에 제출하는 송달보고서는 송

---

1) ①. 공시송달 자체에 대한 부지와 귀책사유가 없을 경우 소송행위의 추후보완이 가능하다.
2) ②. 송달은 등본송달이 원칙이다(176).
3) ④. 피고가 행방을 감추어 6개월 가량 경과하였고, 피고의 처자도 이미 다른 곳으로 이사하여 피고의 주민등록까지 그 곳으로 옮겨졌다면 종전 주소지에서 피고의 가족이나 고용인이 소장 등을 수령하였더라도 이는 피고에 대한 적법한 송달이 아니다(대판 92다43098). ① 제187조. ② 대판 91마162. ③ 송달보고서는 공문서로서 그의 진정성립이 추정되기에 송달보고서 기재상의 흠이 있다고 하여 바로 그 송달이 부적법하게 되어 무효가 되는 것은 아니고 다른 증거방법에 의하여 송달실시행위가 적법하게 이루어졌음이 증명되는 한 송달은 유효한 것으로 해석되며, 다른 증거방법에 의하여도 송달실시행위가 적법하게 이루어졌음을 증명할 수 없는 경우에만 송달을 무효로 볼 것이다(대판 2000모42; 85다894). ⑤ 대판 2009다5292.

달사실에 대한 단순한 증거방법에 지나지 않는다고 봄이 상당하므로 그 기재내용이 송달의 실질적 내용과 다르더라도 다른 증거방법에 의하여 적법한 송달이 증명된다면 그 송달은 유효하다.

④ 보충송달의 경우 소장에 피고의 주소로 표시된 곳이 피고가 도피하기 전까지 거주하던 곳이고 그 곳에 피고의 아버지 등이 거주하고 있다면 비록 피고가 행방을 감추어 6개월가량 경과하였고, 피고의 처자도 이미 다른 곳으로 이사하여 피고의 주민등록까지 그 곳으로 옮겨졌다고 하더라도 종전 주소지에서 피고의 가족이나 고용인이 소장 등을 수령하였다면 이는 피고에 대한 적법한 송달이다.

⑤ 제185조 1항의 '송달장소' 및 제2항의 '종전에 송달을 받던 장소'에는 실제로 송달을 받았던 장소뿐만 아니라 최초의 송달이 실시되기 전이라면 기록상 신고된 송달장소, 송달장소의 변경신고가 있었다면 그 변경신고된 송달장소도 이에 해당하는 것이고, 당사자가 종전의 송달장소에 대하여 변경신고를 한 경우에 그 변경된 송달장소에서의 송달이 불능되는 경우에도 위 규정에 따라 발송송달을 할 수 있다.

---

4. 송달에 관한 설명 중 옳지 않은 것은? (다툼시 판례에 의함)[1]   [변호사 2014]

① 송달받을 사람의 주소·거소·영업소 또는 사무소를 알지 못하거나 그 장소에서 송달할 수 없는 때에는 송달받을 사람이 고용·위임 그 밖에 법률상 행위로 취업하고 있는 다른 사람의 주소·거소·영업소 또는 사무소에서 송달할 수 있다.

② 우체국 창구에서 송달받을 자의 동거자에게 송달서류를 교부한 것은 위 동거자가 송달받기를 거부하지 아니한다 하더라도 보충송달의 방법으로서 부적법하다.

③ 송달받을 사람 본인이 장기출타로 부재중인 경우에는, 동거인에게 보충송달 또는 유치송달을 하거나 바로 우편송달을 할 수도 있다.

④ 당사자·법정대리인 또는 소송대리인이 송달받을 장소를 바꾸고도 그러한 취지의 신고를 하지 아니하고 달리 송달할 장소를 알 수 없는 경우, 그 사람에게 송달할 서류는 종전에 송달받던 장소에 등기우편으로 발송할 수 있다.

⑤ 여러 사람이 공동으로 대리권을 행사하는 경우의 송달은 그 가운데 한 사람에게 하면 된다.

---

5. 송달에 관한 다음 설명 중 옳은 것은? (다툼시 판례에 의함)[2]   [법전협 2014. 3차]

① 피고에게 송달되는 판결정본을 원고가 도로상에서 우편집배원으로부터 수령하여 자기 처를 통하여 피고의 처에게 교부하고 다시 피고의 처가 이를 피고에게 교부하여도 적법하다.

② 판결정본의 송달에 관한 흠에 이의를 제기하지 않기로 하면 항소심에서 그 송달의 흠은 치유된다.

③ 피고가 소송무능력자인 경우 법정대리인에게 송달하지 않고 피고 본인에게 송달해도 적법하다.

---

1) ③. 제187조. ② 보충송달은 소정의 송달장소에서 하는 경우에만 허용된다(183).
2) ⑤. 제189조, 규칙 제51조. ①② 판결정본의 송달과 같이 불변기간인 항소 제기기간에 관한 규정은 성질상 강행규정이므로 그 기간 계산의 절차에 위배한 것은 이의권의 포기·상실로 하자가 치유되지 않는다(대판 78다2448). ③ 소송무능력자·법인 등에 대한 송달은 법정대리인·대표자 또는 관리인에게 송달히여야 한다(179, 64). 소송무능력자에 대한 송달은 무효이다. ④ 근무장소에서 보충송달할 경우에는 유치송달할 수 없다(186 ②해석). ⑤ 제189조, 규칙 제51조. ③ 제179조 ④ 제186조 2항.

④ 근무장소에서 송달받을 사람을 만나지 못한 때에는 사리를 분별할 지능이 있는 다른 피용자가 거부하더라도 서류를 교부할 수 있다.

⑤ 우편송달은 등기우편의 발송시에 송달의 효력이 발생한다.

---

6. 송달에 관한 다음 설명 중 옳지 않은 것은? (다툼시 판례에 의함)[1)]   [법전협 2015. 1차]

① 보충송달의 요건인 "근무장소 외의 송달할 장소에서 송달받을 사람을 만나지 못한 때"에 있어서 '송달할 장소'는 반드시 송달받을 사람의 주민등록상의 주소지에 한정되는 것은 아니다.

② 이혼한 배우자라도 사정에 의하여 사실상 동일 세대에 소속되어 생활을 같이하고 있다면 보충송달에서 말하는 수령대행인인 동거인이 될 수 있다.

③ 보충송달에서 수령대행인이 될 수 있는 사무원이란 반드시 송달받을 사람과 고용관계가 있어야 하는 것은 아니고, 평소 본인을 위하여 사무 등을 보조하는 자이면 충분하다.

④ 등기우편에 의한 발송송달 요건으로서의 '달리 송달할 장소를 알 수 없는 경우'란 상대방에게 주소보정을 명하거나 직권으로 주민등록표 등을 조사할 필요까지는 없지만 적어도 기록에 현출되어 있는 자료로 송달할 장소를 알 수 없는 경우에 한한다.

⑤ 피고에 대한 변론기일 소환장이 공시송달의 요건을 갖추지 않은 채 공시송달되었더라도 각 변론기일에 양 당사자가 출석하지 아니하였다면 쌍방 불출석의 효과가 발생한다.

---

1) ⑤. 기일통지서를 요건에 흠이 있는 공시송달방법으로 송달한 경우에는 공시송달은 유효하나 당사자의 불출석의 불이익이 부과되는 적법한 송달은 아니어서 쌍방불출석의 제재를 받지 않는다(대판 92마175).

〈송달 받을 사람 · 송달장소 · 송달실시기관 · 송달방법 일람표〉

송달장소 및 송달 수령자		송달실시기관 및 송달방법	송달실시 기관	통상의 송달방법		예외적 송달방법	
				교부	유치	발송 송달[1]	공시 송달
법정송달장소	주소 거소 영업소 사무소	당사자 법정대리인 소송대리인	우편집배원 집행관 법정경위	교부송달 §183①	유치송달 §186③	교부·보충·유치 송달 불능시에 가능 ㉮ §187	
		수령대행인 (동거인·피용자·사무원)	〃	보충송달 §186①	유치송달 §186③		
	근무 장소	당사자 법정대리인 소송대리인	〃	교부송달 §183②	유치송달 §186③	㉮ 및 교부·보충 송달 불능 시에 가능 §187	
		수령대행인 (사용자·법정대리인·동료)	〃	보충송달 §186②	불가능		
	신고된 송달장소	수송달자 송달영수인	〃	교부송달 §184	유치송달 §186③	㉮ 또는 변경신고 불이행시 가능 §185	
		수령대행인	〃	보충송달 §186①	유치송달 §186③		
법정 송달대리인 (군인·선원/수감자)		부대장·선장/교도소장 등	〃	교부송달 §181.182	유치송달 §186③	불가능	
예외적송달장소	송달함	수송달자	법원사무관등	수령시 §188	투입 후 3일경과	불가능	
	출석한 법원	수송달자	〃	교부송달 §177①	원칙적 불가능[2]	불가능	
	그 밖에 수송달자를 만난 곳[3] (우체국 창구)	국내에 송달장소가 있는 경우	우편집배원 집행관 법정경위	조우송달 §183④	불가능	불가능	
		국내 송달장소가 없거나 알 수 없는 경우	〃	조우송달 §183③	유치송달 §186③	불가능	
법정 송달장소가 없거나 알 수 없는 경우			법원사무관등				가능 §193

1) 발송송달 실시기관은 법원사무관등이고, ㉮의 경우에는 송달서류마다 요건이 필요함
2) 원칙적으로 불가능하나, 국내에 송달장소에 없는 경우 예외적으로 조우송달이 가능함
3) 수송달자 본인 이외의 수령대행인·송달영수인에게는, 법정 송달장소 아닌 곳
　(예컨대 우체국 창구)에서는 보충송달이나 조우송달이 불가능함
※ 법인에 의한 송달에 관하여는 그 대표자를 법정대리인에 준하여 송달함

<송달불능시의 주소보정 방법>

송달불능 사유	불능의 원인	주소보정 방법
① 수취인 부재	송달받을 본인이 장기여행중이거나 군입대, 교도소 수감 등으로 송달을 받을 수 없는 경우	여행지나 군부대, 교도소의 주소를 알아내어 보정신고
② 폐문 부재	문을 잠그고 아무도 집에 없는 경우	같은 장소로 재송달을 신청하거나 집행관에 의한 주간 또는 야간 특별송달을 신청
③ 수취인 불명	송달장소에서 송달받을 사람을 전혀 찾을 수 없는 경우	새로운 송달장소를 알아내 보정 → 불가능시 공시송달 신청
④ 주소 불명	번지 기재가 누락되거나 아파트의 동·호수를 기재하지 않은 등으로 송달장소를 찾을 수 없는 경우	정확한 주소를 알아내서 보정신고
⑤ 이사 불명	송달받을 사람이 이사하였으나 그 이사한 곳을 알 수 없는 경우	새로운 송달장소를 알아내 보정, 불가능시 공시송달 신청

(법원행정처 교재에서 인용)

제3장 변   론

제1절 변론의 의의와 종류

I. 의   의

변론(辯論)은 재판기일에 수소법원의 공개법정에서 양당사자가 말로 판결의 기초가 될 소송자료(사실과 증거)를 제출하고, 법원은 이를 심리하는 것이다. 협의로는 당사자의 소송자료제출을 위한 신청과 주장 등의 소송행위와 법원의 증거조사를 말하나, 광의로는 법원의 소송지휘와 판결선고를 포함하며, 최협의로는 당사자의 소송행위만을 말하는 등 여러 가지 뜻으로 사용되나 일반적으로는 증거조사도 제외한 당사자의 소송행위만 말하는 경우가 많다(134, 272). 변론은 판결과의 상관관계에서 필요적 변론과 임의적 변론으로 구분한다.

Ⅱ. 종 류

1. 필요적 변론

판결절차에서는 원칙적으로 변론에서 구술진술만이 판결의 자료로서 고려되는 것을 필요적 변론이라 한다(134 ①). 예외로 소송요건흠결로 인한 각하판결(219), 청구이유 없음이 명백한 소액사건의 기각판결(소액 9 ①), 소송비용담보부제공으로 인한 소각하판결(124), 답변서미제출로 인한 무변론원고승소판결(256, 257), 상고심판결(429, 430) 등은 변론 없이 판결할 수 있고 그 범위가 확대되고 있다.

2. 임의적 변론

피고경정, 판결경정 등 결정으로 완결될 사건은 변론을 여는 것이 법원의 재량인 임의적 변론이다. 변론이 열려도 반드시 기일에 출석하여 말로 진술하여야 하는 것이 아니고 서면제출과 심리만으로도 가능하고 법원은 당사자·이해관계인·참고인 등을 심문할 수도 있다(134 ②).

<선택형>

1. 다음 중 변론 없이 판결할 수 있는 경우가 아닌 것은?[1]
    ① 소송비용의 담보제공을 명하였음에도 원고가 이를 이행하지 아니하여 소각하판결을 하는 때
    ② 소송요건에 보정 불가능한 흠결이 있어 소각하판결을 하는 때
    ③ 소액사건에서 소송기록에 청구가 이유 없음이 명백하여 청구기각판결을 하는 때
    ④ 피고가 원고의 청구원인사실을 재판상 자백하여 청구인용판결을 하는 때

Ⅲ. 변론절차의 구조

소송은 원고의 피고에 대한 주장에 관하여 법원에 심판을 요구하는 소송상 청구를 하는 소제기에 의해 시작된다. 2008년에 개정된 민사소송법은 피고가 답변서를 제출하면 바로 변론기일을 지정하여 변론절차로 들어가도록 하였고 필요한 경우에 한하여 변론준비절차를 거치게 하였다. 변론준비절차중심에서 변론절차중심으로 구조개편을 한 것이다.

따라서 변론준비절차가 생략되는 것이 원칙이어서 변론기일 전 증거신청과

---

1) ④. 판결은 원칙적으로 필요적 변론사항이다. ①②③의 경우에는 변론 없이 판결할 수 있다.

실기한 공격방어방법의 각하제도에 의하여 소송자료의 조기수집과 집중함이 특히 필요하게 되었다. 1회 변론기일에서 먼저 쟁점과 증거를 정리하고 나서 정리된 쟁점중심으로 집중된 증인신문과 당사자본인신문을 하여야 할 것이다. 그래서 일반적으로 변론절차는 당사자의 사실상·법률상 주장과 상대방의 반응에 따라 증명이 필요하면 증거신청과 증거조사가 이루어지고 쟁점이 정리되면 변론을 종결하여 법원의 자유심증에 의하여 판결을 선고하는 절차로 진행된다.[1]

제2절 변론의 준비

변론기일 전의 절차로서 변론의 준비로서 당사자에 의한 변론예고인 **준비서면**과 법원에 의한 쟁점과 증거를 정리하는 **변론준비절차**가 있다.

제1관 준비서면

Ⅰ. 의 의

준비서면은 당사자가 변론에서 하고자 하는 진술사항을 적어서 기일 전에 법원에 제출하는 서면이다. 이는 변론의 집중방안이다(272). 준비서면인지의 여부는 표제가 아니라 그 내용에 의하여 정하여진다. 준비서면이 소송자료로 되기 위해서는 변론에서의 진술이 필요하다. 따라서 변론이 없는 대법원에 제출하는 서면은 준비서면이 아니다.

Ⅱ. 준비서면의 종류와 기재사항

통상의 준비서면 외에 답변서(256 ④), 요약준비서면(278)이 있고 소장·상소장도 임의적 기재사항이 있는 한도에서 준비서면의 성격도 있다. 준비서면의 기재사

---

[1] 다만 2001년 민사재판에 '신모델' 방식을 도입한 이후에도 1심에 불복해 항소하는 비율이 꾸준히 늘어나 법정의 심리 관행을 개선해야 할 필요성이 높은 것으로 나타났다(법률신문 2013. 7. 15. http://www.lawtimes.co.kr).

항은 공격방어방법과 그에 대한 답변이다. 구체적으로는 법률상·사실상의 주장, 증거신청, 서증인부이다(274). 당사자가 가지고 있는 문서로서 준비서면에 인용한 것은 그 등본 또는 사본을 첨부하여야 한다(275①). 외국어로 작성한 문서의 경우 그 번역문을 붙여야 한다(277).

Ⅲ. 준비서면의 제출·교환

(1) 제출을 요하는 경우는 합의부 이상의 절차이다. 다만 단독사건에서도 상대방이 준비하지 아니하면 진술할 수 없는 사항은 준비서면이 필요하다(272②). 준비를 필요로 하는 사항은 종전의 변론에서 주장하지 아니한 새로운 사실의 주장·증거신청으로 상대방이 예상할 수 없는 것 등이다.[1]

(2) 서면의 교환은 법원을 통하여 교환하나(273), 변호사들 사이에서는 직접송달(규칙 47)도 많이 이용한다.

(3) 재판장은 당사자의 주장요지를 파악하기 어렵다고 인정하는 때에는 변론종결에 앞서 요약준비서면의 제출을 명령할 수 있다(278).

Ⅳ. 제출·부제출의 효과

1. 준비서면의 부제출의 효과

(1) 부제출자가 기일에 불출석하면 **무변론 패소판결 받을 위험** 있다(257).

(2) 부제출자가 출석하더라도 상대방이 출석하지 아니하면 **예고 없는 사실주장은 금지**된다(276). 이를 주장하려면 속행기일의 지정을 구하여 그 때까지 준비서면을 제출하여야 한다.

한편, 주장할 수 없는 사실에 증거신청이 포함되는지의 여부가 문제된다. 이에 대하여는 증거신청도 사실인정에 중대한 영향을 미치므로 준비서면에 기재한 사실이 없으면 증거신청도 할 수 없다는 **적극설**, 사실의 주장과 증거신청은 그 성격이 다르므로 증거신청이 가능하다는 **소극설**, 상대방이 예상할 수 있는 증거신청이면 허용된다는 **절충설**이 있다. 검토컨대 절차촉진과 상대방불이익방지를 조화시키기 위하여 절충설이 타당하다.

---

1) 박영재, 주석(Ⅳ), 512. 준비서면에 적지 아니한 사실은 상대방이 출석하지 아니한 때에 한하여 변론에서 주장할 수 없음이 원칙이다. 다만, 단독사건에서 준비서면을 필요로 하지 아니하는 경우에는(272③ 본문) 상대방이 출석하지 아니해도 준비서면으로 예고하지 아니한 사실도 변론에서 주장할 수 있다(276 단서).

다만 법률상의 진술은 법원의 참고자료일 뿐이고 상대방의 주장사실에 대한 부인·부지의 진술은 예상가능하고 상대방의 절차권이 침해되지 않으므로 주장이 가능하다.

(3) 변론준비절차의 종결

법원이 정한 준비서면제출기간이 도과하면 상당한 이유가 없는 한 변론준비절차를 종결한다(284).

(4) 소송비용의 부담

상대방이 출석한 경우에는 준비서면에 기재하지 않은 사실도 주장할 수 있으나 그로 인하여 심리가 지연된 경우에는 그 당사자는 승소에 불구하고 소송비용부담의 재판을 받을 수 있다(100).

2. 준비서면 제출의 효과

(1) 자백간주의 이익

준비서면제출자는 상대방이 불출석한 경우에도 기재부분에 대하여 상대방이 명백히 다투지 않은 것으로 되어 자백간수의 이익이 있다(150).

(2) 진술간주의 이익

준비서면제출자가 불출석하여도 그 사항에 관하여 진술간주될 수 있다(148).

(3) 실권효의 배제

준비절차 전에 준비서면을 제출하였으면 변론준비기일에 제출하지 않아도 변론기일에서 주장할 수 있다(285 ③).

(4) 소의 취하와 피고의 경정에 대한 동의권

피고가 본안사항을 기재한 준비서면을 제출하였으면 원고의 소취하와 피고경정시 피고의 동의를 받아야 한다(266 ②, 260 ①).

제2관 변론준비절차

I. 의 의

변론준비절차는 필요한 경우 변론기일에 앞서 당사지의 주장과 증거를 정리하는 절차이다(279 ①, 258 ① 단서). 2008년 법개정에 의하여 변론준비절차는 임의적

절차가 되고 조기 변론기일지정이 원칙으로 되었다.

변론준비절차는 변론에 앞선 절차로서 쟁점정리를 위한 예외적 절차로서 변론절차의 일부가 아니며, 법원은 쟁점과 증거의 정리, 그 밖에 효율적이고 신속한 변론진행을 위한 준비가 완료되도록 노력할 책무를 지고, 당사자는 이에 협력할 책무를 진다(규칙 70).

Ⅱ. 개 시

(1) 필요한 경우에만 재판장이 직권으로 회부한다(258 ①). 답변서제출이 있고 사건이 복잡하거나 집단소송 등 현대형 소송 등에 활용성이 높다.

(2) 변론개시 후에도 변론중지 후 변론준비절차회부할 수 있다.

Ⅲ. 진 행

1. 재판장의 권한

재판장이 소송진행을 담당함이 원칙이다(280 ②). 증거채부결정(281 ①), 증인신문, 당사자신문를 제외한 증거조사(281 ③)할 수 있으나 판결과 결정은 할 수 없다. 변론준비절차는 서면방식과 기일방식이 있다.

2. 서면에 의한 변론준비절차

소장부본을 송달받은 피고가 답변서를 제출하면 그 부본을 원고측에 보내고 원고측에서 반박준비서면을 제출하면 이것을 피고 측에 보내서 재반박준비서면의 제출을 촉구하는 등의 서면교환방식에 의한다. 서면준비절차는 4월을 넘을 수 없고, 재판장 등은 준비서면의 제출기한인 재정기간을 정할 수 있으나(280 ①), 서면제출이 없이 재정기간을 도과하여도 실권효는 없고 변론절차가 개시될 뿐이다(284).

3. 변론준비기일

(1) 변론준비기일의 목적과 절차

변론준비절차중에 주장과 증거를 정리하기 위하여 필요하면 변론준비기일(辯論準備期日)을 열어 당사자들을 출석하게 할 수 있다(282 ①).

당사자본인은 일반적으로 출석할 의무는 없으나 재판장은 필요하다고 인정하면 당사자본인의 출석을 명할 수 있다(282 ①; 규칙 29의2).

준비기일기간은 서면절차까지 6월 내이어야 함이 원칙이다(284 ①(1)).

(2) 불출석의 제재

(가) 일방 당사자가 기일에 불출석한 경우 진술간주, 자백간주의 효과가 있다(286, 148, 150).

단, 예고 없는 사실주장은 가능하다. 왜냐하면 ① 제276조가 준용되고 있지 않고 있고 ② 청구원인에 일부 주요사실이 누락된 불완전한 소장만 제출한 원고는 피고가 부인하는 답변서만 제출하고 불출석한 경우 예고 없는 사실주장을 못한다면 변론에서도 누락된 사실을 주장하지 못하여 패소당할 수 있는 불합리를 시정하기 위함이다.

(나) 당사자 쌍방이 기일에 2회 불출석한 후 30일 이내 기일지정신청 없으면 소가 취하 간주된다(286, 268).

(3) 변론기일과 구별

변론준비기일은 주장·증거 정리기일일 뿐이며 변론기일처럼 소송관계를 뚜렷이 할 필요는 없다. 공개주의와 직접주의가 적용되지 않으며[1] 변론기일을 생략하고 준비기일로서 대체할 수 없다.

Ⅳ. 변론준비절차의 종결

1. 준비절차 종결원인

주장과 증거가 정리되어 쟁점이 정리되면 준비절차를 종결한다. 그러나 준비절차가 6월이 지나거나 재정기간 내에 준비서면이나 증거를 제출하지 않거나 준비기일에 당사자가 출석하지 아니한 때 등에도 상당한 이유가 없는 한 변론절차를 종결한다(284 ①).

2. 준비기일 종결효과

(1) 실권효인정

원칙적으로 준비기일에서 제출하지 않은 주장과 증거인 공격방어방법은 그 뒤 변론에서 제출하지 못한다(285 ①). 서면에 의한 준비절차에서는 당사자가 진행경과를 잘 몰라서 자료를 제출하지 못할 우려가 있기 때문에 실권되지 않는다.

---

1) 대판 2004다69581.

(2) 예 외

직권조사사항, 소송지연 시키지 않는 사항, 중대한 과실 없이 제출하지 못한 사항(285 ① ③) 등은 늦게 제출되어도 실권되지 않는다.

V. 변론준비절차 종료후의 변론운영

1. 변론에의 상정

변론준비기일절차 결과를 변론기일에서 진술하면 바로 소송자료로 된다. 서면에 의한 변론준비절차는 제출된 소장, 답변서 등에 따라 변론하면 된다. 이를 변론에의 상정이라 한다(287 ②).

2. 1회 변론기일주의와 계속심리주의

법원은 준비절차를 마친 경우에는 첫 변론기일을 거친 뒤 바로 변론종결 하도록 하여 1회 변론기일주의를 취하고 있고(287 ①) 2일 이상의 변론이 소요되더라도 매일 또는 최단기간 내에 변론을 계속 진행하는 계속심리주의를 원칙으로 한다(규칙 72 ①). 다준비·소기일의 취지가 2008년 개정법에 의하여 소준비·다기일로 회귀되었다.

3. 집중적 증거조사

준비절차를 거친 경우 변론기일에 바로 증인신문과 당사자신문을 하여야 한다(287 ③). 그러나 준비절차를 거치지 않으면 실제는 제1회 변론기일에 집중적 증거조사는 불가하다.

<선택형>

1. 준비서면에 관한 다음 설명 중 타당하지 아니한 것이 있다면 그것은?[1]

① 단독사건에서 준비서면이 필요로 하지 아니한 경우에는 준비서면으로 예고하지 아니한 사실도 변론에서 주장할 수 있다.
② 결석한 당사자에 대한 자백간주의 효과는 준비서면에서 미리 예고한 사실에 한한다.
③ 준비서면을 제출하면 제출한 당사자가 변론기일에 불출석하더라도 준비서면에 적혀 있는

[1] 모두 맞다. ① 준비서면에 적지 아니한 사실은 상대방이 출석하지 아니한 때에 한하여 변론에서 주장할 수 없음이 원칙이나, 단독사건에서 준비서면을 필요로 하지 아니하는 경우에는(272 ③ 본문) 상대방이 출석하지 아니해도 준비서면으로 예고하지 아니한 사실도 변론에서 주장할 수 있다(276 단서). ② 제276조 본문. ③ 제148조 1항. ④ 제276조 단서. ⑤ 제286조, 제276조.

사항에 관하여 진술간주의 이익을 얻을 수 있다.

④ 변론은 집중되어야 하며, 당사자는 변론을 서면으로 준비하여야 한다. 그러나 단독사건의 변론은 서면으로 준비하지 아니할 수 있다.

⑤ 합의부사건이라도 변론준비기일에서는 준비서면으로 예고하지 아니한 사실도 주장할 수 있다.

---

2. 준비서면을 관한 다음 설명 중 타당하지 아니한 것은?[1]

① 소장부본을 송달받고 30일 이내에 답변서를 제출하지 아니한 경우 무변론 패소판결을 받을 위험이 있다.

② 준비서면에 적지 아니한 사실은 상대방이 출석하지 아니한 때에는 변론에서 주장하지 못함이 원칙이다.

③ 변론준비절차에서 법원이 정한 기간 내에 준비서면을 제출하지 아니한 경우 상당한 이유가 없는 한 변론준비절차를 종결하여야 한다.

④ 준비서면을 제출하지 아니하여 상대방이 변론준비하기 위하여 기일을 속행하게 된 경우 준비서면을 부제출한 당사자가 승소를 하더라도 소송비용의 전부나 일부를 부담할 수 있다.

⑤ 준비서면을 제출하였어도 변론준비기일에 진술하지 아니하면 그 준비서면에 적힌 사항을 변론에서 주장할 수 없다.

---

3. 甲은 乙을 상대로 3억원의 지급을 구하는 대여금청구의 소를 제기하였다. 다음 설명 중 옳은 것을 모두 고르면?[2]   [변호사 2013]

① 법원은 乙이 소장 부본을 송달받은 날부터 30일 이내에 답변서를 제출하지 아니한 때에는 직권으로 조사할 사항이 있더라도 청구의 원인이 된 사실을 자백한 것으로 보고 변론 없이 판결할 수 있다.

② 乙이 소장 부본을 송달받은 날부터 30일이 지난 뒤라도 판결이 선고되기까지 甲의 청구를 다투는 취지의 답변서를 제출하면 법원은 더 이상 무변론 판결을 할 수 없다.

③ 乙이 청구의 원인이 된 사실을 모두 자백하는 취지의 답변서를 제출하고 따로 항변을 하지 아니한 때에도 특별한 사정이 없는 한 법원은 무변론 판결을 할 수 있다.

④ 甲이 출석하지 아니한 변론기일에 乙은 자신의 준비서면에 적지 않았다고 하더라도 상계항변을 할 수 있다.

⑤ 乙이 준비서면을 제출한 후 변론기일에 불출석하여도 법원은 乙이 그 준비서면에 적혀 있는 사항을 진술한 것으로 보고 출석한 甲에게 변론을 명할 수 있다.

---

1) ⑤. 준비서면을 제출하면 변론준비기일에 진술하지 아니하더라도 그 준비서면에 적힌 사항을 변론에서 주장할 수 있다(285 ③). ① 제257조 1항. ② 제276조 본문. ③ 제284조 1항 2호④ 제100조.

2) ②③④. ① 직권조사사항이 있는 사건은 무변론의 판결을 선고할 수 없다. ④ 상대방이 출석하지 아니하면 출석한 당사자는 준비서면에 기재하지 아니한 사실은 주장하지 못한다(276).

제3절 변론(심리)에 관한 기본원칙

변론심리절차는 소송의 이상(理想)을 실현하고 심리의 적정성과 효율성제고 위한 역사적 과정에서 공개심리주의와 쌍방심리주의, 구술주의와 직접주의, 적시제출주의와 집중심리주의, 처분권주의와 변론주의 등의 심리에 관한 여러 원칙이 확립되었다.

민사소송은 소송이 개시되고 심판의 대상을 특정하고 소송을 종료하는 것과 소송자료의 수집과 제출을 당사자에게 일임하는 것이 **처분권주의**와 **변론주의**이고 이를 수정·보완하는 법원의 석명권이 있다. 따라서 법원이 직권으로 소송을 개시하고 증거수집을 직접하는 직권탐지주를 예외적으로만 채택하고 있다. 소송절차의 진행은 법원이 주도적으로 진행하여 나간다는 **직권진행주의**에 의하고 당사자의 이의권과 신청권에 의하여 견제·보완하고 있다.

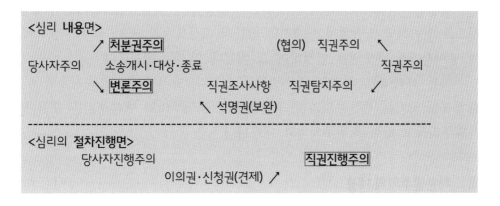

민사소송은 당사자의 소송물에 대한 처분의 자유를 인정하여 소송의 개시와 심판의 대상특정, 소송의 종료 등의 역할을 당사자에게 인정하는 **처분권주의**, 소송자료의 수집·제출의 권한과 책임을 당사자에게 인정하는 **변론주의**, 소송절차의 진행은 법원에게 맡기는 **직권진행주의**가 가장 근간을 이루는 기본원리이다. 그 밖에 공개주의와 쌍방심리주의, 구술주의와 직접주의, 적시제출주의와 집중심리주의에 입각하고 있다.

제1관   처분권주의

> **제203조(처분권주의)** 법원은 당사자가 신청하지 아니한 사항에 대하여는 판결하지 못한다.

≪**사례**≫ 다음 각 판결은 적법한가?

[1] 버스를 타고 가던 승객이 교통사고로 인하여 버스회사를 상대로 불법행위에 기하여 손해배상청구를 하였으나 법원은 채무불이행에 기하여 인용한 판결.

[2] 원고가 공유물에 대하여 현물분할을 청구하였으나 법원은 가격분할한 판결.

[3] 1억원을 차용한 채무자가 잔존채무에 대하여 분쟁이 있어서 채권자를 상대로 제기한 차용잔존채무는 3천만원을 초과하여서는 존재하지 않는다는 확인의 소를 제기하였다.
  (1) 법원이 잔존채무는 4천만원임을 인정하고 '원고의 청구를 기각한다'고 한 판결.
  (2) 법원이 잔존채무가 2천만원임을 인정하고 '잔존채무는 2천만원을 초과하여서는 존재하지 않음을 확인한다'고 한 판결.

Ⅰ. 처분권주의 의의

처분권주의(處分權主義)는 당사자에게 '소송물'에 대한 처분의 자유를 인정하는 것으로 일반적인 소송절차의 개시와 심판의 대상특정과 모습, 절차의 종결에 대하여 당사자에게 주도권을 인정하여 그 처분에 맡기는 원칙이다.

이는 사적(私的) 자치의 소송법적 반영이다. 당사자에게 소송자료의 수집·제출책임을 맡기는 변론주의와의 구별된다. 처분권주의와 변론주의를 포함하여 당사자주의라고 하며 직권주의의와 대응된다.

Ⅱ. 처분권주의의 내용

법원은 당사자가 신청한 사항에 대하여(질적 동일), 신청의 범위 내(양적 동일)에서만 판단해야 하고(203) 상소심에서의 처분권주의는 불이익변경금지의 원칙(415)으로 구현된다.

1. 질적 동일(당사자가 신청한 사항)

(1) 동일 소송물 범위 內

구소송물이론에서는 청구취지가 동일하여도 원고 주장과 다른 실체법상 권리에 기한 판결은 처분권주의에 위배된다고 본다. 가령 불법행위에 기한 손해배상청구에 대하여 채무불이행에 기한 손해배상청구를 인용은 처분권주의에 위배된다.

단, 자동차손해배상보장법 3조는 민법 제756조와 법조경합의 특별규정이므로 원고의 주장이 없어도 법원은 민법에 우선하여 적용 가능하다고 본다. 그러나 신소송물 이론에서는 원고의 주장과 다른 실체법상의 권리에 기하여 판단해도 원고의 주장과 같은 취지의 판결이면 처분권주의 위배가 아니다.

(2) 소의 종류·순서

민사소송법 제203조에 의하여 법원은 원고가 특정한 이행·확인·형성의 소의 종류와 순서에 구속되며 주위적 청구보다 예비적 청구를 먼저 심판하면 제203조에 위반된다.[1]

(3) 제203조의 예외

형식적 형성의 소인 경계확정의 소와 공유물분할청구의 소에 있어서는 당사자가 주장하는 경계선에 구속되지 않고 합리적인 다른 경계선 인정가능하며 처분권주의가 적용되지 않는다.

2. 양적 동일(신청의 범위)

(1) 양적 상한초과 가부

원고의 신청에는 양적 상한을 명시해야 하며 법원은 그 상한을 넘어서는 인용판결은 불가하다. 이와 관련하여 다음 사항들이 문제된다.

(가) 인명사고에 의한 손해배상청구

1) 원고의 배상청구 총액을 초과하지 않으면 법원이 각 항목별로 청구액을 초과해서 인용하는 것이 가능한지의 여부가 문제된다.

손해3분설은 적극적 손해·소극적 손해(일실이익)·정신적 손해(위자료)의 각 청구의 상한을 초과하여 인용하는 것은 불가하다는 입장이고, **손해2분설**은 적극적 손해와 소극적 손해의 법적 성격에는 차이가 없으므로 재산적 손해라는 하나의 소송물에 포함된다고 보아 재산적·정신적 손해로 나눈다. **손해1개설**은 손해총액이 피해자의 주된 관심사이고 분쟁의 핵심이므로 청구항목에 구속되지 않는다는 견해이다.

2) 판례는 주로 손해3분설에 의하여 각 항목을 초과하면 판결은 위법하게 되나, 재산상 손해의 발생이 인정되는데도 입증 곤란 등의 이유로 그 손해액의 확정이 불가능하여 그 배상을 받을 수 없는 경우에 이러한 사정을 위자료의 증액사

---

1) 대판 4291민상793.

유로 참작할 수 있다고 판시하고 있다.[1] 다만 손해금 중 일부임을 명시하지 아니한 재산상 손해의 일부청구는 전부승소, 위자료는 일부패소를 선고한 원심판결에 대하여 원고가 위자료에 대하여 항소하였다 하여도 전부승소한 재산상 손해에 대하여도 상소의 이익을 긍정하여 손해1개설적 결론을 취한 판결도 있다.[2]

검토컨대 각 손해항목은 인적 손해를 금전적으로 평가하기 위한 자료에 불과하고 정신적 손해(위자료)는 재산적 손해의 보충적 성격이 있으므로 손해1개설이 타당하다.

(나) 원금청구와 이자청구

1) 금전채무불이행의 경우에 발생하는 원본채권과 지연손해금채권은 별개의 소송물이므로, 불이익변경에 해당하는지의 여부는 원금과 지연손해금 부분을 각각 따로 비교하여 판단하여야 하고, 별개의 소송물을 합산한 전체 금액을 기준으로 판단하여서는 아니 된다.[3] 따라서 원금과 이자를 합한 금액 이내이어도 원금청구액을 초과하여 인용하면 처분권주의에 위반이다.

2) 이자청구에 관하여 대법원 판례는 원금, 이율, 기간 3개의 뙤子 중 어느 것이나 원고주장의 기준을 넘으면 처분권주의에 위배라고 하나,[4] 이자총액이 당사자의 주관심사이고 위 뙤子는 계산요소일 뿐 소송물이 아니므로 처분권주의에 반하는 것은 아니라는 비판이 있다.

(2) 일부인용

(가) 분량적인 일부인용

1) 법원은 원고가 청구한 범위보다 적은 부분만 인정될 때에는 원고의 의사를 고려하여 일부인용하는 판결가능하다. 1억원을 청구 중 인정되는 7천만원의 지급을 명하는 판결을 할 수 있고, 1억원의 본래의 채무 중 일부인 3천만원을 초과하는 채무의 부존재확인의 소에서 '4천만원을 초과하는 채무는 존재하지 않는다. 나머지 청구는 기각한다'는 판결도 가능하다. 일부인용판결을 인정하는 것이 분쟁해결의 일회성 요청상 타당하다(일부인용긍정설). 판례도 동일하다.[5] 그러나 위 청구

---

1) 대판 2005다5812,5829,5836.
2) 대판 76다1312; 2000다63752.
3) 대판 2009다12399.
4) 대판 4293민상18.
5) 대판 93다9422: 원고가 상한을 표시하지 않고 일정액을 초과하는 채무의 부존재의 확인을 청구하는 사건에 있어서 일정액을 초과하는 채무의 존재가 인정되는 경우에는, 특단의 사정이 없는 한, 법원은 그 청구의 전부를 기각할 것이 아니라 존재하는 채무부분에 대하여 일부패소의 판결을 하여야 한다(일부패소설 또는 일부인용 긍정설이다. 이에 대하여 전부인용·기각설이 있다).

에 대하여 '2천만원을 초과하는 채무는 존재하지 않는다'는 판결은 원고가 구하고 있는 것 이상을 인정하는 것으로서 처분권주의에 반하는 위법한 판결이다. 존재한다고 원고가 인정하는 채무금 3천만원까지는 심판대상이 아니기 때문이다.

2) 또 全部소유권확인청구에는 持分소유권확인의 취지가 포함되어 있으므로 인용할 수 있으며,[1] 부진정연대채무이행청구에 대하여 채무의 절대적 효력을 인정하는 범위가 넓어(민법 416 이하) 담보적 효력이 약한 진정연대채무관계로 인용할 수 있다.

(나) 단순이행청구시 상환이행판결 가부

1) 원고가 단순이행청구를 하는 경우에 피고의 <u>동시이행의 항변권</u>이나 <u>유치권항변</u>이 이유 있을 때는 원고가 반대의 의사표시를 하지 않는 한 원고의 채무이행과 상환으로 피고의 채무이행을 명하는 판결한다.[2] 원고의 신청범위를 벗어나는 것이 아니므로 처분권주의에 반하지 아니한다. 그러나 피고가 동시이행항변권을 행사한 사실이 없음에도 법원이 임의로 인정하여 상환이행판결을 하는 것은 처분권주의에 반한다.

2) 원고가 이행기도래 전의 동시이행을 청구하자 피고가 이행기가 도래하더라도 이행의무가 없다고 다투는 경우에는 장래이행을 청구하는 소에 있어서 미리 청구할 필요가 있는 경우에 해당한다.[3]

≪질문≫ 원고 甲은 피고 乙에게 토지를 임대하였으나 임대기간만료를 이유로 임대차계약을 해지하고 소유권자의 지위에서 乙을 상대로 乙 소유의 건물(시가 1억원) 철거 및 대지인도청구의 소를 제기하였으나 법원은 피고는 원고로부터 1억원을 지급받음과 동시에 원고에게 위 건물을 철거하고 토지를 인도하라는 판결을 하였다. 위 판결이 선고되기 위해서는 ① 피고가 소송절차에서 어떤 주장을 했어야 할 것인가? ② 피고의 ①항의 주장에 대하여 법원과 원고는 어떤 소송행위를 했어야 할 것인가?

3) 건물철거청구에 대하여 피고가 적법한 건물매수청구권을 행사한 경우 건물대금과 상환으로 건물을 인도하라는 상환이행판결이 가능한지에 관하여,

가) ① 원고에게는 철거청구권이 없어지고 다른 선택 가능성이 없는 점을 참작하여 원고의 소변경 없이 상환이행판결할 수 있다는 견해, ② 양자는 청구취지가 다르고 철거청구는 소유권에 기한 방해배제청구권에 기초하고 건물인도

---

1) 대판 95다22849·22856.
2) 대판 79다1508; 69다1592.
3) 대판 70다344.

청구는 매매에 기초하여 소변경이 없는 한 상환이행판결할 수 없다는 견해가 있다.

　　　　나) 판례는 건물철거청구에 건물매수대금과 상환으로 토지인도청구가 포함되어 있지 않고(상환이행판결불가설) 법원은 청구변경을 석명할 의무가 있다고 판시하고 있다.[1]

　　　　다) 검토컨대 건물철거청구와 건물매수대금과 상환으로 건물인도청구 간에는 청구취지와 청구원인이 모두 다르기 때문에 소송물의 동일성이 인정되지 않아 질적 일부인용판결에 해당되지 않으므로 판례입장이 타당하다. 따라서 법원은 반드시 원고에 대하여 청구취지의 변경 여부를 석명할 것이며 석명에도 불구하고 원고가 청구를 변경하지 않는 한 상환이행판결을 할 수 없고 피고의 항변은 이유가 있으므로 원고의 청구를 기각하는 판결을 선고하여야 할 것이다.

　　≪질문답변≫　피고가 적법한 건물매수청구권을 행사하고 아울러 동시이행항변을 주장했어야 한다. 판례에 의하면 법원은 반드시 원고에 대하여 청구취지의 변경 여부를 석명해야 할 것이며 석명에 따라 원고가 상환이행판결을 구하는 청구취지를 변경했어야 한다.

(다) 현재이행청구에 대해 장래이행판결(將來履行判決)

현재이행청구에 대하여 장래의 소로서 미리 청구할 필요가 있고 원고의 의사에 반하지 아니하면 장래이행 판결도 가능하다. 또 원고가 치료비 등을 일시금으로 청구한 경우 법원이 장래이행판결로서 연차적으로 지급하는 정기금지급판결을 하여도 처분권주의에 위반이 아니다.[2] 그러나 판례는 집행불능에 대비한 대상청구에 이행불능을 대비한 대상청구는 포함되지 않다고 판시하고 있다.[3]

(라) 단순이행청구시 선이행조건부 판결(先履行條件附判決)

피담보채무소멸이유로 저당권등기말소청구시 원고의 피담보채무가 잔존한 경우 잔존채무의 선이행조건으로 장래이행의 소 형태의 청구인용판결 가능하다. 판례는 피담보채무가 남아 있어 그 채무의 소멸을 이유로 한 소유권이전등기말소청구는 이유 없으나, 피담보채무의 변제공탁과정에서 계산상 착오로 채무전액을 소멸시키지 못하였다면, 위 청구 중에는 확정된 잔존채무의 변제를 조건으로 소유권이전등기의 말소를 구하는 취지도 포함되어 있다고 판시하였다.[4] 그러나 피담보채무가 애당초 발생하지 아니한 것을 전제로 근저당권설정등기의 말소등기절차이행을 구하는

---

1) 대판 94다34265.
2) 대판 70다621.
3) 대판 67다1525.
4) 대판 96다33938; 92다16157.

경우에는 채무이행을 조건으로 등기말소를 구하는 취지는 포함되어 있지 않다.[1]

(마) 채권자취소송에서 원상회복청구에 대해 가액배상판결

근저당권이 설정되어 있는 부동산을 증여한 행위가 사해행위에 해당하는 경우 사해행위를 전부 취소하고 원상회복을 구하는 채권자의 주장 속에는 사해행위를 일부 취소하고 가액의 배상을 구하는 취지도 포함되어 있으므로, 채권자가 원상회복만을 구하는 경우에도 법원은 가액의 배상을 명할 수 있다.[2]

3. 절차의 종결

통상의 민사소송은 당사자의 소취하, 청구 포기·인낙·화해, 상소취하 등에 의해 절차가 종결되나, 가사소송(가소 12, 가소 17)과 행정소송(행소 26) 등 직권탐지주의에 의하는 절차에서는 대세적 효력과 기판력이 있는 청구의 포기·인낙, 재판상 화해는 당사자가 임의로 소송의 승패를 결정해서는 안 되므로 불허되며, 같은 취지에서 주주대표소송에서의 소취하·화해, 청구의 포기·인낙, 증권집단소송의 상소의 취하·포기는 법원의 허가를 필요하고(상법 403 ⑥; 증집소 35, 증집소 36) 소비자단체소송의 청구포기는 허용 안 된다(소비 75).

Ⅲ. 위반효과

처분권주의에 위배된 판결은 확정 전에는 상소는 가능하나, 당연무효는 아니며 이의권(151)의 대상도 아니며 확정 후라도 재심사유도 아니다. 처분권주의에 위배되더라도 피고가 항소하여 원고가 1심에서 신청하지 않은 사항을 새로 신청하면 그 하자는 치유된다.

▨ **사례해설**

[1] 구실체법설인 판례에 의하면 불법행위에 기한 손해배상청구를 했는데 채무불이행으로 인한 판결은 처분권주의에 반한다.

[2] 형식적 형성의 소인 공유물분할·경계확정의 소에는 처분권주의가 적용되지 않으므로 위 판결은 적법하다.

[3] 소극적 확인소송에서 청구취지에 본래의 기본채무액(상한)이 명시되지 않은 경우에도 피고(채권자)는 특별한 사정이 없는 한 본래의 채권액을 곧 알 수 있으므로 본래 채무액을 명시하지 않아도 방어에 불이익이 없으므로 이를 허용할 것이다(기본채무를 명시해야 한다는 견해도 있다. 이시윤 235).

---

1) 대판 91다6009.
2) 대판 2000다66416.

기본채무를 명시하지 않았지만 원고가 주장한 잔존채무액 3천만원 보다 많은 4천만원을 잔존채무액으로 인정한 판결은 원고의 신청 범위를 벗어나지 않는 일부인용으로서 처분권주의에 반하지 않는다.

판례도 부존재확인을 구하는 목적인 법률관계가 가분이고 또 그 일부만이 존재하는 경우 석명권 행사 등으로 채무액수를 심리·확정한 다음 존재하는 부분에 대하여 일부패소판결을 해야 한다는 입장이다.[1] 이 경우 원고 의사는 전면적으로 인용되지 않는 한 채무존부확정만 희망하는 것이 통상적일 것이라고 하는 청구기각설도 있으나 분쟁해결의 일회성 요청에서 채무액수에 관한 다툼을 남기고 존부만 판결하는 것은 바람직하지 않고 수액에 관한 심리를 무용하게 한다는 비판이 있다. 따라서 법원은 '원고의 채무는 4천만원을 초과하여서는 존재하지 않음을 확인한다. 원고의 나머지 청구는 기각한다' 는 일부인용(패소)판결하여야 하며 전부기각하는 판결은 위법하다. ▨

≪사례≫ 甲은 乙에게 A토지를 임대하였고 乙은 B건물을 신축하여 사용 중 임대차기간이 만료되었는데도 乙이 토지를 반환하지 아니하여 甲은 乙을 상대로 B건물철거와 A토지인도의 소를 제기하여 하였다. 다음 각 판결은 적법한가?

[1] 乙은 변론에서 건물매수청구권을 행사하였다. 법원이 甲이 건물대금지급과 건물명도와 상환이행을 구하는 청구취지의 변경에 관한 석명도 없이 甲의 청구를 기각하는 판결.

[2] 乙은 변론에서 건물매수청구권을 행사하지 아니하여 甲은 승소하여 확정되었다. 그후 B건물이 철거되기 전에 乙이 甲에 대하여 건물매수청구권을 행사하면서 그 매매대금의 지급을 청구하는 소를 제기하자 법원이 乙의 청구를 인용하는 판결.

▨ 사례해설

[1] 위 사례의 논점은 ① 처분권주의와 관련하여 건물철거청구에 대금과 상환으로 건물인도청구가 포함되어 있는지의 여부와 ② 새로운 신청을 권유하는 적극적 석명을 허용할 것인지와 ③ 동시이행으로 건물인도청구로의 소변경에 대한 석명의무가 존재하는지의 문제이다.

(1) 건물철거청구에 대금과 상환으로 건물인도청구가 포함되어있지 아니하다는 부정설은 청구취지가 다르고 청구원인상의 기초가 매매계약과 소유권에 기한 방해배제청구권으로 각각 다른 점을 근거로 한다.

(2) 종전 소송자료와의 합리적 관련성, 당사자의 의사 등을 고려하면 제한적 적극설이 타당하다고 할 것이다.

(3) 판례는 당사자의사와 소송경제를 고려하여 적극적석명의무가 있다는 입장이다.[2] 따라서 위 판결은 적극적으로 석명을 하지 아니하여 위법하다.

[2] 이 사례의 논점은 乙의 건물매수청구권은 다른 형성권과 같이 기판력으로 차단되어 실권되는지, 아니면 건물매수청구권은 소송물 자체에 부착된 하자를 문제삼는 것이 아니고 건물효용유지를 위해 정책적으로 인정된 것이므로 변론종결 후 행사를 제한 없이 인정해야 하는지의 문제이다. 건물매수청구권도 다른 형성권과 같이 乙이 알고 행사하지 않는 것은 실권된다는 견해가 있으나[3] 서로 소송물이 다르므로 차단되지 않는다는 판례 입장에서보면[4] 위 판결은 적법하다. ▨

---

1) 대판 93다9422.
2) 대판 94다34265.
3) 이시윤, 633.
4) 대판 95다42195. 정동윤·유병현, 704.

Ⅳ. 일부청구(Ⅱ)

일부청구는 소액사건심판법에 저촉되어 소권남용에 해당되지 않으면 처권권주의 원칙상 인정된다. 일부청구한 경우 과실상계와 상계대상에 대하여 본다. 이 외에 전부승소자의 상소이익 유무, 청구의 확장 또는 감축이 청구의 변경인지 등도 논의되나 해당되는 부분에서 본다.

1. 일부청구와 과실상계

≪사례≫ 甲은 도로를 횡단하다가 乙이 운전하는 차량에 의하여 교통사고를 당하여 1천만원의 손해를 입었지만 600만원만 일부청구하면서 손해배상청구의 소를 제기하였다. 법원은 심리결과 피해자의 과실이 30%라고 인정되었고 특별한 다른 사정이 없다면 어떻게 판단할 것인가?

과실이 있는 원고가 일부청구한 경우 과실상계하는 방법에 관하여 견해가 나뉜다.

(1) 외측설: 손해전액을 산정한 후 과실상계한 뒤에 남은 잔액이 청구액을 초과한 때에는 청구액한도에서 인용하고 잔액이 청구액에 미달하면 잔액대로 인용할 것이라는 입장이다. 이에 의하면 청구액 600만원이 1천만원의 70%인 700만원에 미달하므로 600만원이 인용될 수 있다.

(2) 내측설: 청구금액에서 과실비율로 감액한 액을 공제한다. 이에 의하면 청구액 600만원에서 원고의 과실비율액(1천만원의 30%인 300만원)을 공제한 300만원이 인용될 수 있다.

(3) 안분설: 처분권주의상 손해전액이 아니라 소송물인 일부청구액에서 과실상계하 한다. 이에 의하면 청구액 600만원의 70%인 420만원이 인용가능하다.

(4) 판례는 외측설입장이다.[1]

(5) 검토컨대 원고가 자신의 과실을 참작한 후 일부청구하는 경우가 일반적이라 할 것이므로 외측설이 타당하나, 명시적으로 잔부를 더 청구할 것을 밝히는 경우에는 최초 청구액을 기준으로 과실비율을 계산한 안분비율액으로 과실상계하는 안분설이 타당하다.[2]

---

1) 대판 2006다5550; 2008다51649.
2) 이시윤, 296; 호문혁, 364.

2. 일부청구와 상계항변

> ≪사례≫ 원고가 1억원의 대여금채권 중 6천만원을 먼저 청구한 경우 피고가 원고에 대하여 가지고 있는 5천만원의 물품대금채권으로 상계한 경우 그 상계항변이 이유 있을 때 법원은 얼마를 인용하여야 하는가?

원고의 일부청구에 대하여 피고가 원고에 대하여 가지고 있는 별개의 반대채권으로 상계할 경우 공제대상이 무엇인지에 따라 견해가 나뉜다.

(1) 외측설: 외측설은 원고의 채권 전액에서 자동채권의 금액을 공제하고 확정한 잔여채권액과 일부청구액 중 적은 쪽을 인용하는 판결을 한다. 외측설에 의하면 위 사례에서 1억원에서 상계한 잔액 한도로 청구액을 인용하게 되므로 5천만원을 인용하는 판결을 하게 된다.

(2) 내측설: 원고의 채권 전액이 일부청구액을 넘는 경우 일부청구액에서 반대채권액을 공제하고 그 잔액을 인용한다는 입장이다. 내측설에 의하면 위 사례에서 1천만원이 인용될 것이다.

(3) 안분설: 내측설과 같이 일부청구액에서 반대채권액을 공제하지만 공제하는 금액은 반대채권의 전액이 아니라 채권총액에 대한 일부청구액의 비율로 안분한 반대채권액으로 한다는 입장이다. 안분설에 의하면 위 사례에서 6천만 - 5천만x6/10=3천만원이 인용될 것이다.

(4) 판례: 판례는 당사자의 통상적인 의사는 외측설과 같은 입장이라고 판시하고 있다.[1] 아울러 손익상계의 경우에도 외측설의 입장이다.[2]

(5) 검토컨대 현실적으로 당사자간에 채권채무가 서로 있는 경우 상계적상에 있는 채권의 대등액만큼 상계를 한 후에 소구하는 것과 원고가 일단 소구한 후 피고가 원고에 대한 반대채권을 취득한 경우 상계하는 경우 전체채권에 대하여 상계하는 것이 일반 실무관행이라 한다면 외측설에 의한 당사자간의 채권채무관계를 정산하는 것이 타당하다고 할 것이다. 외측설과 안분설은 원고주장의 채권총액을 확정하여야 상계할 수 있다.

---

1) 대판 83다323; 83다카1037.
2) 대판 94다20730.

<선택형>

1. 처분권주의에 관한 다음 설명 중 가장 잘못된 것은? (다툼시 판례에 의함)[1]

① 원고가 단순이행청구를 하고 있는데 피고의 동시이행항변이 이유 있는 경우 법원이 상환이행판결을 하는 것은 허용된다.

② 원고가 교통사고로 상해를 입었음을 원인으로 손해배상청구를 하면서 적극적 손해로 100만원, 일실이익손해로 50만원, 위자료 30만원을 청구하였는데 법원이 적극적 손해액으로 80만원, 일실이익 손해액으로 60만원, 위자료로 20만원을 인용하는 것은 허용되지 않는다.

③ 원고가 공유물분할청구를 하면서 현물분할을 청구한 경우 법원이 경매에 의한 가격분할을 명할 수는 없다.

④ 원고가 100만원의 대여금청구를 하였는데 그 중 60만원의 대여사실이 인정되는 경우 원고가 청구취지를 변경하지 않더라도 60만원의 지급을 명하는 판결이 가능하다.

2. 교통사고 피해자가 총피해액 1천만원 중 600만원의 손해배상청구의 소를 제기하였다. 피해자의 과실이 30%라고 한다면 대법원판례에 의하면 얼마가 인용될 것인가?[2]

① 500만원
② 600만원
③ 700만원
④ 420만원

3. 甲은 乙을 상대로 매매대금 1억원의 지급을 구하는 소를 제기하였는데 법원은 甲에게 승소판결을 선고하면서도 원고 甲이 구하는 금원은 매매대금이 아닌 대여금이라고 판시하였고 아울러 대여금 금 2억원의 지급을 명하는 판결을 선고하였다. 이에 대해 甲과 乙 모두 항소를 제기하고자 한다. 다음 중 옳지 않은 것은?[3]

[법무부 2010]

① 乙은 항소이유로 1심판결이 처분권주의를 위반하였다고 주장한다.
② 乙은 항소이유로 1심판결이 변론주의를 위반하였다고 주장한다.
③ 乙의 항소에 따라 1심판결이 취소될 가능성이 높다.
④ 甲에게도 항소권이 인정될 수 있다.
⑤ 甲은 1심법원에 판결경정을 신청하고자 한다.

---

1) ③. 공유물분할청구의 소는 형식적 형성의 소로서 법원이 원고의 청구와 달리 경매에 의한 가격분할을 명하여도 처분권주의에 반하지 않는다. 대법원 판례도 현물분할하는 경우 그 가액이 현저히 감소될 염려가 있는 경우 경매를 통한 대금분할을 할 수 있다고 판시하였다(대판 97다18219). ①은 79다1508. ② 신체침해로 인한 손해배상청구에 있어서 손해3분설을 취하는 대법원판례에 의하면 일실이익의 청구한도를 초과하여 인정할 수 없다 (2000다63752). ④는 분량적 일부인용으로서 처분권주의에 반하지 않는다(95다22849·22856).

2) ②. 대법원 판례 입장인 외측설에 의하면 1천만원의 손해 중 600만원만 일부청구할 때 청구액 600만원이 전체 손해 1천만원의 70%인 700만원에 미달하므로 600만원이 인용될 수 있고, 내측설에 의하면 청구액 600만원의 70%인 420만원이 인용가능하다.

3) ⑤. 판결에 잘못된 계산이나 기재, 그 밖에 이와 비슷한 잘못이 있음이 분명한 때에 경정결정(更正決定)을 할 수 있고(211), 판결내용에 대하여는 판결경정할 수 없다. ② 당사자는 매매사실을 주장하였으나 법원은 대여사실을 인정한 것이므로 변론주의에도 반한다.

제2관 변론주의

≪사례≫ 원고는 피고에게 대여금반환청구의 소를 제기하였다. 피고는 원고가 주장하는 대여받은 사실을 부인하면서도 별다른 주장을 하지 않았다. 법원은 원고가 제출한 차용증서에 관한 서증절차를 통하여 이미 그 대여금채권의 소멸시효기간이 경과하였다고 인정하고는 원고의 청구를 기각하였다. 이 판결은 정당한가?

I. 서 설

변론주의(辯論主義)는 당사자가 수집하여 변론에서 제출한 소송자료(사실자료와 증거자료)만을 재판의 기초로 삼아야 한다는 원칙이다. 직권탐지주의(職權探知主義)는 법원이 소송자료를 수집하여 심리의 자료로 삼는다.

민사소송법상 변론주의에 관한 직접적 근거규정은 없으나 당사자는 주장과 입증을 충실히 할 수 있도록 사전에 사실관계와 증거를 상세히 조사하여야 한다는 민사소송규칙 제69조의2가 간접적인 근거규정이다. 이론적 근거로는 본질설(사적 자치의 반영), 수단설(진실발견의 수단), 절차보장설(절차보장을 통한 공정한 재판) 등이 있으나 이들은 긍정적인 일면이 있으므로 각 주장들을 취합하는 다원설(多元說)이 타당하다. 주요사실의 주장과 증거의 제출에만 변론주의가 적용되며 법적 판단과 증거의 가치평가, 경험법칙 등은 적용되지 않는다.

변론주의는 주요사실(主要事實)의 주장책임(主張責任), 자백의 구속력, 당사자의 증거제출책임의 3가지의 명제를 내용으로 한다.

II. 변론주의의 내용

1. 주요사실의 주장책임

(1) 주요사실의 개념

≪질문≫ 예컨대, 甲(원고)이 乙(피고)에게 대여금 1,000만원의 지급청구의 소를 제기하였는데 乙이 대여 받은 사실(□□사실)을 부인(否認)하면 원고는 대여사실을 증명하기 위하여 대여한 차용증이나 이를 목격한 증인신청을 할 것이나(직접증거), 이것이 없으면 가령 대여하기 위하여 예금을 인출한 사실(□□사실)을 증명하기 위하여 은행출금확인서(간접증거)를 제출한 경우 乙이 위 확인서가 위조되었다고 주장하면 위조 여부(□□사실)에 대한 증거조사 실시 여부가 문제된다. 위 각 □□에 맞는 말은?

(가) 주요사실은 다른 사실을 고려할 필요 없이 그 사실 존재 여부가 법률효과 발생에 독자적으로 승패에 직접 영향을 주는 것이다. 주요사실은 당사자가 주장하지 않으면 법원이 독자적으로 이를 인정할 수 없다. 예컨대 대여금청구에서 대여사실, 변제사실 등은 대여금청구의 결과에 결정적으로 직접 영향을 미치게 되어 주요사실이다.

(나) 주요사실은 당사자가 변론에서 주장하지 않으면 법원은 이를 판결의 기초로 삼을 수 없어 불이익하게 판단받는 주장책임을 지고 자백의 구속력과 유일한 증거의 법리가 적용되어 소송의 승패를 결정하는 사실로서 증명의 목표이다. 그러나 어느 당사자이든 변론에서 주장하였으면 재판의 기초가 된다(주장공통의 원칙). 이에 비하여 간접사실과 보조사실에는 주장책임이 적용되지 아니한다.

(2) 간접사실과 보조사실

(가) 간접사실(間接事實)은 그 사실이 인정 안 되어도 다른 사실에 의하여 주요사실을 추단할 수 있다. 간접사실은 대여금청구에 대한 승패에 독자적으로 직접 영향을 주는 것이 아닌 대여경위에 관한 사실(간접사실), 즉 원고가 은행에서 대여금 상당의 돈을 인출한 사실만으로 대여사실을 인정하기 어렵다. 돈 인출사실은 간접사실이 된다. 간접사실은 당사자가 주장하지 않아도 증명되면 법원은 이를 인정할 수 있다.

(나) 보조사실(補助事實)은 증거의 증거능력과 증명력에 관계되는 사실로서 예컨대 서증으로 제출된 서류의 위조된 사실이나 증인이 위증으로 여러번 처벌받은 사실 등이다. 다만 문서의 진정성립에 관한 사실도 보조사실이나 주요사실 처럼 취급되어 그 자백에 구속력을 인정되는 경우도 있다.

(3) 주요사실과 간접사실의 구별

(가) 구별에 관한 학설

변론주의는 주요사실에 대해서만 적용되고 주요사실을 추인하기 위한 간접사실은 당사자의 주장이 없어도 증거로써 인정할 수 있으므로 그 구별이 중요하다.

주요사실과 간접사실의 구별에 관한 학설로 법규기준설, 중요사실기준설, 준주요사실기준설, 주요사실·요건사실구별설 등이 있다.

1) 먼저 **법규기준설**은 민법 등 실체법상 법률효과발생에 직접 필요한 요건사실을 민사소송법상의 주요사실로 동일하게 보는 견해로서 법규를 그 기준으로 삼는다. 이 기준에 의하면 예컨대 손해배상청구소송에서 가해자의 과실, 손해발생 등은 주요사실이고 변론주의가 적용되나, 가해자의 과실을 추단할 수 있는 음주운전사실·졸음운전사실·과속운전사실은 간접사실로서 변론주의가 적용되지 않는다.

이 견해에 대하여는 법규상 과실, 인과관계, 정당한 이유, 사회질서 위반 등 일반조항 내지 추상적 개념이 법규의 요건인 경우에는 이들에 해당하는 구체적 사실인 과속운전사실이나 음주운전사실이 주요쟁점인데도 당사자가 주장하지 아니한 사실을 간접사실이라 하여 법원이 증거에 의하여 인정하는 것은 당사자로서는 예상외의 재판을 받을 수 있고, 법규의 구조상 주요사실과 간접사실의 구별기준이 불분명하다는 비판 있다. 이를 해결하기 위하여 다양한 견해가 제시되고 있다.

2) **준주요사실기준설**은 대여사실이나 상계주장 등의 원칙적인 요건사실에 관하여는 법규기준설에 의하나, 예외적으로 과실이나 정당한 이유, 신의칙 등의 추상적·일반적 규정의 요건사실은 법적 평가로 보고 이것을 추인하게 하는 개개의 구체적 사실인 음주·졸음·과속사실 등을 주요사실에 준하여 변론주의 적용을 받게하는 입장이다.[1] 다만 이를 준주요사실이라 한다면 비교의 기준이 되는 주요사실이 없게 된다는 비판을 받는다.[2]

3) 실체법상의 요건사실이 소송법상 주요사실과 동일하지 않다는 전제에서 **요건사실과 주요사실을 구별하는 견해**에서는 위와 같이 통상적인 요건사실은 법규기준설에 의하여 주요사실과 동일시하되, 요건사실이 과실과 같은 법적 평가인 경우 과실은 주요사실이 아니며 과실을 추인할 수 있는 구체적인 사실, 즉 음주운전사실, 과속운전사실이 주요사실이며 준주요사실이라는 개념이 필요 없다고 본다.[3]

4) 신의칙위반과 권리남용은 직권조사사항이나, 그 외는 일반조항에 해당하는 구체적인 사실을 주요사실로 보는 견해가 있다.[4]

5) 검토컨대 주요사실은 변론주의가 적용되어 당사자가 주장하고 법원이 심리하여야 하는 사실이고, 요건사실은 법률효과를 발생시키는 법률규정상의 필요한 사실이다. 따라서 통상적으로는 주요사실은 요건사실과 동일하다. 그러나 요건사실에 일정한 사실에 대한 법적 평가나 권리 자체인 경우, 즉 선량한 풍속 그 밖의 사회질서 위반, 정당한 사유, 과실 등과 같이 일반조항이나 평가적·불특정조항으로 되어 있는 경우에는 달리 보아야 하는지 문제된다.

위 일반조항이 아닌 통상적인 요건사실인 경우는 간접사실과의 구별기준이 명확한 법규기준설에 의하되 정당한 이유, 과실, 인과관계 등과 같은 추상적·불확정·일반조항들은 이들도 요건사실이긴 하나 주요사실은 아니며 이들을 추인할 수 있는 개개의 구체적·현실적 사실인 음주운전사실, 과속운전사실 등이 변론주의가 적

---

1) 이시윤 324; 정동윤·유병현 315.
2) 호분혁 380.
3) 호문혁 379.
4) 강현중, 419; 김홍엽 393.

용되는 주요사실로 보는 것이 타당할 것이다.[1] 그 이유는 일반조항을 주요사실로 보게 되면 구체적 사실은 간접사실로 보게 되어 당사자주장 없이 다른 구체적 사실을 법원이 인정할 수 있으므로 피고의 방어권 행사에 중대한 지장을 초래할 수 있으며, 정당한 이유, 과실 등과 같은 요건사실의 판단에 법적 평가가 수반될 때는 이를 당사자의 주장에 구속시키는 것은 무리이기 때문이다. 이러한 구체적인 사실을 주요사실로 보면 변론주의가 적용되게 된다. 그러나 판례는 아래와 같이 달리 보고 있다.

(나) **주요사실에 관한 판례**

1) 판례는 변론주의 원칙은 주요사실에 대한 주장·입증에 적용되는 것으로서 그 주요사실의 존부를 확인하는데 도움이 되는 간접사실이나 보조사실은 적용되지 않는다고 하여 대체적으로 법규기준설 입장이다.[2] 일반조항 중 신의칙·권리남용 여부는 직권조사사항으로 보고,[3] 과실·인과관계·정당한 사유 등을 주요사실로 보고 구체적 사실은 간접사실로서 이들을 입증하여 주요사실인 과실을 사실상 추정하는 것을 인정하고 있다.[4][5] 다만 구체적 사안 별로 주요사실과 간접사실의 구별기준을 정해나가고 있다.

2) 판례는 대리행위,[6] 소멸시효의 기산점,[7] 월수입·가동연한·월생계비[8] 등은 주요사실로 보고, 연대보증계약의 성립경위,[9] 버스충돌사고의 구체적인 경위에 관한 사실,[10] 취득시효의 경우 기산일,[11] 신체손해의 산정방식, 과실상계시 피해자의 과실[12] 등은 간접사실로 본다.

---

1) 신의칙위반, 권리남용은 직권조사사항으로 변론주의가 후퇴된다(대판 97다37821).
2) 대판 2003다57697.
3) 대판 88다카17181.
4) 대판 99다66328; 2008다22030.
5) 김일룡, 331.
6) 대판 87다카982.
7) 민법 제166조에 명문으로 소멸시효의 기산점에 관하여 규정되어 있고 채무소멸효과발생의 요건에 해당하는 구체적 사실이다(94다35886).
8) 대판 83다191. 다수설은 월수입·가동연한·월생계비 등은 간접사실로서 손해의 금전적 평가자료로 보고 노동능력상실로 인한 손해 자체를 주요사실로 본다.
9) 대판 71다278. 어느 재산이 종중재산임을 주장하는 당사자는 그 재산이 종중재산으로 설정된 경위에 관하여 주장·입증을 하여야 할 것이나 그 설정경위의 입증은 간접사실 등을 주장·입증함으로써 그 요건사실을 추정할 수 있으면 족하다(대판 95다44283).
10) 대판 79다879.
11) 대판 92다44947. 민법 제245조에 취득시효의 요건사실로서의 명문규정 없고, 판례는 취득시효기산점을 주요사실로 보는 경우 당사자 주장하는 기산점에 구속되어 제3자의 소유권취득 시점을 취득시효기간 내인 것으로 하여 제3자의 권리를 해하여 결국 거래안전을 해칠 수 있으므로 이를 간접사실로 본다. 그러나 주요사실을 요건사실과 구별하여 재판을 하는 데에 중요한 사실이라고 보아 취득시효의 기산점 자체는 요건사실이 아니고 시효완성 여부를 정할 수 있는 주요사실에 해당한다고 보고 제3자가 다른 시점을 기산점으로 주장하여 다투면 법원은 (증거 등에 의하여) 자유롭게 판단할 수 있으므로 제3자는 보호된다는 견해가 있다(호문혁 379).
12) 대판 96다30113.

▨ **사례해설**

변론주의가 적용되는 주요사실에 관한 사실자료와 증거자료가 준별되며 위 사례에서 피고가 대여사실을 부인하고 원고는 대여사실을 증명하기 위하여 제출한 차용증서로 법원은 대여사실 이외에 소멸시효완성사실도 인정하였으나 후자의 사실은 당사자가 주장한 바가 없으므로 법원은 이를 판결의 기초로 삼을 수 없음이 원칙이다. 따라서 다른 특별한 사정이 없는 한 법원은 당사자가 주장하지 아니한 사실을 판결의 기초로 삼은 위법이 있다. 피고가 소멸시효완성의 항변을 했다면 원고는 소멸시효중단의 재항변을 하려 했으나 피고가 소멸시효완성의 항변을 하지 아니하여 원고로서는 위 재항변을 하지 아니한 경우 법원이 소멸시효완성을 간접적 주장이라고 인정한다면 원고에게 불의타가 될 수 있다. ▨

(4) 사실자료와 증거자료의 준별과 완화

(가) 당사자가 변론에서 사실에 관하여 주장한 사실자료(事實資料)는 증거조사의 결과 획득한 증거자료(證據資料)[1]와는 엄격하게 준별(峻別)되는 것이 원칙이다. 따라서 법원이 증거에 의하여 주요사실을 알았다 하더라도 당사자가 변론에서 주장한 바 없으면 이를 기초로 심판할 수 없다.[2] 이는 상대방의 불의타를 방지하고 방어권을 보장하기 위함이다. 예컨대 원고의 대여금청구에 대하여 피고가 소멸시효완성의 항변을 주장하지 아니하여 원고는 시효중단의 주장을 하지 아니하였는데 법원이 소멸시효완성에 대한 증거가 명백하다고 하여 이를 인정하여 판결한다면 원고는 시효중단주장의 기회를 잃게 되기 때문이다.

(나) 그러나 위 준별에 대한 완화이론으로 간접적 주장, 묵시적 주장, 다소차이의 허용이 논의된다.

1) 간접적 주장

당사자가 주요사실을 직접적으로 주장하지 않아도 <u>다른 행위를 통하여</u> 주장한 것으로 볼 수 있는지 즉, 주장을 의제할 수 있는지의 문제이다.

가) 긍정설은 증거에 의해 명백한 것이 당사자의 주장이 없다고 부정됨은 부당하며, 변론주의의 엄격한 적용으로 미흡할 수 있는 구체적 타당성을 실현하기 위해서 간접적 주장을 인정해야 한다는 견해이다.

나) 부정설은 심판범위불명확, 법원심리부담가중, 상대방방어권침해우려가 있고 규칙 제28조의 법원의 쟁점확인, 진술기회제공의 변론방식규정 취지상 주장은 명시적이어야 한다는 견해이며 석명권행사로 직접 주장을 유도하는 것이 타당하다는 견해이다.[3]

---

1) 사실자료(협의의 소송자료)와 증거자료를 합하여 소송자료라고 한다. 한편 소 제기, 청구와 같은 판결사항의 신청과 주장, 항변, 재항변 등 판결사항의 신청을 뒷받침하기 위하여 당사자가 제출하는 일체의 공격방어방법을 포함하는 개념을 소송자료라고 하고, 주장된 사실의 증명을 위한 증거자료와 구분하기도 하는데 이는 처분권주의를 포함하는 광의의 변론주의에서의 구분개념이라 할 것이다.

2) 대판 86다카443.

3) 이시윤, 323.

다) 판례는 당사자변론의 전체적인 관찰에 의해서나[1] 감정서나 서증을 이익으로 원용하는 경우,[2] 증거신청서에 기재한 사실[3] 등은 주장한 것으로 의제한다.

요컨대, 당연히 주요사실의 주장이 **예상**되고 증거자료의 제출 및 증거조사 결과의 원용이 있어서, 이러한 행위가 일정한 특정된 주장을 할 수밖에 없는 것이 **명확**하고 상대방의 **방어권**행사에 지장 없을 경우에는 구체적 타당성이나 진실발견의 견지에서 어느 정도의 유연한 해석이 필요하다.

2) 묵시적 주장

어떤 주장에 다른 주장도 포함되어 있는 것으로 보는 것을 묵시적 주장이라고 한다(**주장의 포함**이라고도 한다). 판례는 ① 상대방이 기존 임가공비의 지급을 지체하여 이건 가공원단납품을 거부하는 것은 채무불이행이 아니라는 주장에는 불안(不安)의 항변(민법 536 ②)의 주장이 포함되어 있으며,[4] ② 대리주장에 대리적 대행의 주장이 포함된다고 한다.[5] 그러나 유권대리 주장에 무권대리의 일종인 표현대리 주장은 포함되지 않는다고 한다.[6] 이는 양자의 주요사실이 다르다고 본 것이다. 이에 대하여 원고의 대리행위주장에 대하여 피고가 대리권소멸을 주장하면 주장공통의 원칙상 원고의 표현대리의 주장이 있는 것으로 볼 수 있다는 견해가 있으나 피고도 표현대리 효과를 의도한 주장이 아니므로 포함하지 않는다는 판례의 입장이 타당하다.

간접적 주장은 다른 소송행위를 통하여 어떤 주장이 있는 것으로 보고, 묵시적 주장은 일정한 주장에 다른 주장이 포함된 것으로 보므로 양자는 구분되나 주장된 것으로 보는 것은 동일하다.

3) 다소 차이의 허용

당사자의 주장하는 사실과 다소의 차이가 있는 사실을 인정하는 것이다. 예컨대 당사자는 사고당일 3시라고 주장해도 증거에 의하여 사고당일 3시 1분으로 인정하는 것이다. 다만 다소차이 있는 사실에 대한 상대방의 방어활동이 있음을 전제로 인정한다.

---

1) 대판 94다16083.
2) 대판 91다33384·33391.
3) 대판 92다54517.
4) 대판 93다53887 사건은 원고는 민법 제536조 2항을 들거나 동시이행의 항변권 또는 불안의 항변권을 행사하였다고 명확히 주장하지는 아니하였지만, 피고가 종전의 임가공비 지급을 지체하였기 때문에 가공원단을 납품하지 아니한 것이어서 자기의 납품거부행위가 채무불이행이 되지 아니하기 때문에 손해배상책임이 없다는 취지로 주장하였다면, 원고의 위 주장에는 자신의 납품거부행위가 동시이행의 항변권 또는 불안의 항변권의 행사로서 위법하지 아니하다는 주장을 포함하는 것으로 해석할 수 있어, 이는 변론주의 위반의 위법이 없다고 판시하고 있다.
5) 대판 94다19341.
6) 대판 83다카1489.

(5) 주장책임의 적용범위와 증명책임과의 관계

(가) 주장책임은 변론주의 하에서 당사자가 주요사실을 주장하지 않으면 그 사실이 존재하지 않는 것으로 보아 자기에게 이익되는법률판단을 받지 못하게 되는 위험 내지 불이익이다. 그 근거는 사실자료와 증거자료를 준별하는 변론주의이다.

(나) 주장책임은 논리적·시간적으로 증명책임에 선행한다. 주장책임은 변론주의에만 특유하며 증명책임은 직권탐지주의와 직권조사사항에서도 적용된다. 반드시 주장되어야 판결의 기초가 되는 것은 주요사실에만 한정되며 간접사실·보조사실은 당사자의 주장이 없어도 증거로 인정할 수 있다. 주장공통의 원칙상 어느 쪽 당사자이든 주장했다면 상대방도 그에 관한 주장책임을 다한 것으로 인정된다.

(6) 주장책임의 분배와 완화

(가) **원칙**적으로 주장책임의 분배기준은 증명책임의 분배기준과 일치함이 원칙이고 동일한 문제의 양 측면이다. 따라서 주장책임의 분배의 기준은 수정법률요건분류설에 의해도 무방하다.

(나) **예외**적으로 ① 소극적 확인소송에서 채무자인 원고가 권리관계의 부존재의 주장을 하지만, 권리관계 존재의 증명은 채권자인 피고가 부담한다는 견해[1]에서는 주장책임과 증명책임이 불일치하게 된다. 피고(채권자)가 권리관계의 구체적인 요건사실의 주장과 증명을 해야 한다는 견해에서는 주장책임과 증명책임이 일치하게 된다. ② 원고가 무권대리인에게 책임을 묻기 위해서는 무권대리사실에 대한 주장책임을 지고 무권대리인은 유권대리의 증명책임을 진다(민법 135 ①). ③ 금전채무불이행으로 인한 손해배상청구에서 원고가 손해와 액수에 대한 주장책임을 지나 민법 제397조 2항에 의해 증명책임은 면제된다.

(다) 판례는 사실자료와 증거자료의 준별이 완화하여 구체적 타당성을 위해 다소의 차이와 간접적 주장과 묵시적 주장을 제한적으로 허용한다.

2. 자백의 구속력

자백한 주요사실은 증거조사를 할 필요 없고 그대로 판결의 기초된다. 즉, 법원의 사실인정권이 배제된다. 이를 자백의 구속력(拘束力)이라 한다. 다만 현저한 사실에 반하는 자백은 구속력 없다.

3. 당사자의 증거제출책임

다툼 있는 주요사실의 인정에 필요한 증거의 신청은 당사자가 해야 한다. 당사자

---

1) 대판 97다45259.

가 신청한 증거로써 심증을 얻을 수 없는 경우 예외적·보충적으로 직권증거조사할 수 있다(292). 단, 소액사건, 증권집단소송 등에서는 보충성이 배제된다(소액 10. 증집소 30).

Ⅲ. 석 명

1. 석명제도의 취지

당사자 사이의 소송수행능력 불균형을 시정하여 실질적 당사자평등의 실현하기 위한 변론주의의 수정·보완이 필요하며 이를 위해 석명, 직권증거조사, 대리인선임명령, 소송구조 등의 제도가 있고, 당사자는 사실주장에 있어서 진실의무(1, 363, 370)를 진다. 특히 석명은 소송관계를 명확하게 하고 공평하고 적정한 재판을 도모하기 위한 법원의 권능이자 의무이다.

2. 소극적 석명과 적극적 석명

(1) 당사자의 신청·주장은 있으나 불명료·불완전·모순되는 경우에 이를 명확하게 하는 법원의 **소극적 석명**은 무제한적으로 인정된다.

따라서 당사자 주장이 없는데 법원이 당사자에게 새로운 주장이나 신청을 하도록 권유하는 **적극적 석명**은 원칙적으로 허용되지 않는다.[1] 이는 새로운 신청이나 주장을 하도록 석명한다면 이는 처분권주의 내지 변론주의에 위배되기 때문이다.

(2) 예외적으로 위 적극적 석명을 허용할 수 있는지에 관하여 논의가 있다.

(가) ① 석명권의 범위가 불분명해지고 변론주의에 반할 우려가 있으므로 인정할 수 없다는 **부정설**, ② 종전의 소송자료와 합리적 연관성, 즉 법률적·논리적으로 예상되는 경우에는 가능하다는 **제한적 긍정설**, ③ 실체적 진실발견을 위해 제한 없이 허용해야 한다는 **무제한 긍정설**이 있다.

(나) 판례는 소극적 석명을 넘어 적극적 석명하는 것은 변론주의의 원칙에 반하고 석명권의 한계를 일탈하므로 부정하는 입장이 주류이다.[2] 다만 대법원 94다34265 판결은 임대인이 임대토지상의 임차인 소유의 건물철거청구의 소에 대하여 임차인인 피고가 지상물매수청구권을 적법하게 행사한 경우에 원고에 대하여 대금지급과 상환으로 지상물의 명도청구로 소변경의 의사가 있는 것인지의 여부에

---

1) 다만, 적극적 석명과 소극적 석명의 구별기준이 반드시 명백하지 않다는 점에서 이러한 분류에 대하여 의문을 제기하는 견해가 있다. 松本博之, 주석 민사소송법 Ⅲ,(유비각, 1993), 119 참조. 어째든 소극적 석명은 확인적 석명으로, 적극적 석명은 시사적(권유적) 석명의 의미로 사용되고 있다.
2) 대판 2007다53013.

대해 석명의무 있다고 판시하고 있어서 제한적 긍정설의 입장이다.

(다) 생각건대 현행법의 지적의무 신설의 취지를 고려하고, 변론주의를 보완하여 실질적 당사자평등을 실현을 위해서는 제한적 긍정설이 타당하다.

3. 석명의 불이행과 상고이유

(1) 법원이 석명하지 아니하고 변론종결한 후 판결을 선고한 경우 상고이유가 되는지의 문제로서 석명의무성 인정 여부가 문제이다.

(가) 소극설: 석명권은 법원의 권능이고 행사 여부는 법원의 자유재량이므로 상고이유가 되지 않는다는 견해이다.

(나) 적극설: 석명권의 범위와 석명의무의 범위는 일치하므로 상고이유가 된다는 견해이다.

(다) 절충설: 석명권의 범위보다 석명의무의 범위가 좁게 보아서 석명권의 불행사가 현저히 재량의 일탈되어 객관적인 자의(恣意)에 의하거나 심리가 조잡하게 될 정도일 때 상고이유로 인정한다.

(2) 판례는 위 대법원 94나34265 사건에서 매매대금지급과 상환으로 건물명도 청구로의 청구변경 의사유무를 석명하지 아니한 채 원고의 청구를 배척함은 판결에 영향을 미친 위법을 저지른 것이라고 판시하여 적극설적 입장이다.

(3) 검토컨대 적극설은 상고심이 사실인정에 지나치게 간섭하게 되고, 소극설은 석명권은 법원의 권한인 동시에 의무임을 도외시하는 면이 있어 절충설이 타당하다.

4. 석명의 대상

(1) 청구취지·소송물의 특정 석명

(가) 청구변경이 교환적인지 추가적인지 불분명한 경우 소극적 석명으로서 제한 없이 허용된다. 판례는 현물인 백미로 손해배상청구를 한 경우 백미상당의 금전배상청구로 청구취지를 바꾸도록 석명하는 것을 허용하고 있다. 재산적 손해 및 정신적 손해로 인한 손해배상청구시 각 소송물을 달리하는 별개의 청구이므로 당사자는 그 금액을 특정하여야 하고, 법원으로서도 그 내역을 밝히도록 석명할 의무를 인정한다.[1]

(나) 전혀 새로운 청구취지로의 변경을 권유하는 것은 예상된 법률적·논리적 연관이 없는 한 적극적 석명으로서 석명권한계를 넘어 위법하여 허용되지 않는다.

---

1) 대판 2006다32569.

(2) 주장사실의 석명

(가) 불명료를 바로잡거나 사실자료보충을 위한 석명

청구원인이 매매인지 대물변제인지 불명하거나 청구원인이 청구취지와 모순시 석명을 인정한다. 어떠한 법률효과를 주장하면서 요건사실을 빠뜨린 경우 석명을 인정한다.

(나) 새로운 사실자료의 제출을 위한 석명

법원은 당사자에게 변제항변을 하라, 시효항변을 하라는 등의 새로운 사실자료에 대한 석명의무는 없다.

(3) 증거신청에 대한 석명(證明促求)

다툼 있는 사실에 관하여 소송정도로 보아 증명책임 있는 자가 부주의·오해로 증명하지 않음이 명백한 경우에 법원은 증거신청에 대한 석명으로서 증명촉구를 한다.

판례는 손해발생사실이 인정되면 법원은 손해액에 대한 증명을 촉구할 의무 있고[1] 간접사실에 의하여 배상액을 인정할 수 있다고 판시하고 있다.[2] 나아가 위자료 액수산정은 직권조사사항이다. 변제항변의 주장은 있는데 증거가 없는 경우 그 증명촉구도 없이 판결을 선고함은 위법이다.[3]

(4) 지적의무

≪질문≫ [1] 원고 앞으로 소유권이전등기가 된 바가 없는데도 제1심의 소유권이전등기말소청구소송에서 승소판결을 받은 자가 항소심에서 진정명의회복을 위한 소유권이전등기청구로 청구변경을 신청한 경우 법원은 어떠한 조치를 취하여야 하는가?
[2] 당사자들이 부제소 합의의 효력이나 범위에 관하여 다투지 않는데도 법원이 직권으로 부제소 합의에 위배되었다는 이유로 소가 부적법하다고 판단할 수 있는가?

(가) 의의와 성질

1) 법원은 당사자가 명백히 간과한 것으로 인정되는 <u>법률상의 사항</u>에 관하여 당사자에게 의견진술의 기회를 주어야 한다(136 ④).이를 지적의무(指摘義務) 또는 시사의무(示唆義務)라고 한다. 법원의 재량이었던 법적용과정에 당사자의 참여권을 인정하고 의외의 재판으로부터 당사자를 보호하여 불의의 타격을 방지하기 위함이다.

2) 지적의무의 법적 성질에 관하여 종래의 석명의무와 같은 개념이며, 이를 법률상 사항에 까지 확대·강화하여 주장하지 않은 법적 관점을 지적대상으로

---

1) 대판 93다30471.
2) 대판 2006다21880.
3) 대판 72다393.

하여, 법적 사항에 관한 한 적극적 석명을 인정했다는 견해가 통설이다.[1] 따라서 사실관계에 관하여 지적의무가 적용되는 것은 아니다.

(나) **적용범위(適用範圍)**

1) 당사자가 법적 관점을 간과했을 때 지적의무행사는 동일한 소송물범위 안에서 가능하다는 견해[2]와 소송물 동일은 지적의무의 요건이 아니라는 견해가 있다.

생각건대 제136조 1항과 4항의 적용범위가 명확하게 규정하고 있지 않아 오해도 생기고 있으나, 지적의무는 원칙적으로 동일한 소송물 내에서 당사자가 생각하는 법적 관점과 다른 법적 관점으로 재판하는 경우 원고가 주장한 요건사실에 적용될 적절한 법적 관점이 아닌 다른 법적 관점에서 재판이 이루어진다고 오해하고 있는 경우 이를 바로 잡는 지적의무의 행사가 가능하다고 할 것이다.

2) 판례는 소유권에 기하여 인도를 청구한 경우에 소송물이 다른 채권자 대위권에 기한 인도라는 판결하려면 지적이 필요하다고 한다.[3] 지적은 제출된 사실자료의 범위 안에서 가능하다고 할 것이다.

(다) 요   건

1) **분명한 간과(看過):** 통상인의 주의력을 기준으로 당사자가 소송목적에 비추어 당연히 주장하여야 할 법률상의 사항을 빠뜨리고 주장하지 않은 경우이다. 당사자가 주장하지 아니한 것에 대한 것이므로 원칙적으로 적극적 석명이다. 다만 판례는 당사자가 주장한 법률적 사항이 모순·불명확한 경우에도 지적하여야 한다는 입장이다.

2) **법률상의 사항:** 사실관계에 대한 법규적용에 관한 사항인 법률적 관점인 계약의 해석문제, 적용법규 등이다. 한편 신소송물론에서 손해배상청구에 관하

1) 이와는 달리 제136조 1항의 석명의무의 법률상 사항은 당사자의 개개의 주장사실에 대한 법률적 근거나 효과에 관한 것이고 제136조 4항 지적의무의 법률상 사항은 원고의 소송상 청구와 피고의 항변 자체의 법적 근거에 관한 것이라고 보아 양자는 그 뿌리가 다르고 보는 견해가 있다(호문혁 338).
2) 정동윤·유병현 333.
3) 대판 2007다19006: 원고가 이 사건 건물의 소유권을 취득하였음을 이유로 피고를 상대로 인도를 구하는 것과 이 사건 건물의 신축자인 원시취득자부터 원고로 이전된 경우 원고가 건물의 신축자를 대위하여 피고에 대하여 건물인도를 구하는 것은 법률효과에 관한 요건사실이 다르다 할 것이고, 법원은 변론주의의 원칙상 법률상의 요건사실에 해당하는 주요사실에 관한 한 당사자가 주장하지 아니한 사실을 기초로 판단할 수 없는 것인바, 원고가 이 사건 건물이 원고의 소유임을 전제로 피고를 상대로 인도를 구하였을 뿐 이와 달리 위 건물의 원시취득한 매도인을 대위하여 직접 그 인도를 구하였다고 주장한 바 없고, 가사 원심이 변론 전체의 취지 등에 의하여 원고가 위와 같은 주장을 한 것이라고 본다고 하더라도 법원은 당사자가 명백히 간과한 것으로 인정되는 법률상의 사항에 관하여는 당사자에게 의견진술의 기회를 주어야 하므로, 피고가 이 점에 관하여 아무런 답변이나 항변을 하지 아니하고 있는 상황에서 원심은 그에 관한 피고의 견해를 묻고 법률상 및 사실상의 반대주장을 할 수 있는 기회를 부여한 다음 그러한 판단에 나아갔어야 할 것이다. 그럼에도 원심은 원고가 주장하지도 아니한 채권자대위권을 행사한다는 주장에 기초하여 피고에게 의견진술의 기회조차 부여하지 아니한 채 원고의 청구를 인용하였으니, 이는 변론주의 원칙에 위반하여 판결 결과에 영향을 미친 위법이 있다.

여 동일한 사실관계에서 불법행위에 기한 청구인지 계약책임에 기한 청구인지, 사기에 관한 변론이 있었으나 착오를 인정하려는 경우 등은 청구권의 근거에 관한 것으로 이에 해당되나, 이 경우 구소송물론에서는 별개 소송물로 보아 지적의무대상이 아닌 적극적 석명문제로 보게 된다.

　　　　판례는 도난수표를 취득함에 있어 중대한 과실이 있었는지의 여부만 쟁점인 사건에서 제권판결의 소극적 효력을 지적하여 권리신고 여부에 관한 석명을 구하는 등의 조처 없이 제권판결이 선고된 사실을 재판의 기초로 삼아 수표금청구를 배척한 것은 석명의무를 불이행한 것이라고 판시했다.[1]

　　　　3) **판결의 결과에 대한 영향**: 독일 민사소송법과는 달리 우리 법조문에는 이를 명시하고 있지 않으나 지적의무의 적절한 제한 위해 판결결과에 영향이 있어야 한다고 해석한다.

　　(라) **내 용**

　　　　1) 의견진술 기회부여를 부여하면 된다.

　　　　2) 지적의무의 상대방은 그 법률적 관점이 적용되면 불리하게 작용할 당사자이다. 다만 이익을 받을 당사자로 하여금 상대방에게 지적하였음을 알고 있게 하여야 한다.

　　　　3) 지적의 시기는 변론기일에 진술기회 부여해야 하며 지적을 간과했으면 종결한 변론은 재개해서 의견진술기회를 주어야 한다.

　　(마) **지적의무의 위반**

　　법원이 지적의무를 해태한 경우 일반상고이유이다(423).

≪질문답변≫ [1] 법원은 원고가 자기 앞으로 소유권이전등기가 된 사실 또는 법률상 당연히 소유권을 취득하는 관계에 있지 않으므로 진정명의회복을 위한 소유권이전등기가 허용되지 않으므로 위 청구변경신청에 법률적 모순이 있음을 지적하고, 원고에게 의견진술의 기회를 주어야 한다고 판시했다(대판 2002다41435).

[2] 소송당사자에게 헌법상 보장된 재판청구권의 포기와 같은 중대한 소송법상의 효과를 발생시키는 것으로서 그 합의 시에 예상할 수 있는 상황에 관한 것이어야 유효하고, 그 효력의 유무나 범위를 둘러싸고 이견이 있을 수 있는 경우에는 당사자의 의사를 합리적으로 해석한 후 이를 판단하여야 한다. 따라서 당사자들이 부제소 합의의 효력이나 그 범위에 관하여 쟁점으로 삼아 소의 적법 여부를 다투지 아니하는데도 법원이 직권으로 부제소 합의에 위배되었다는 이유로 소가 부적법하다고 판단하기 위해서는 그와 같은 법률적 관점에 대하여 당사자에게 의견을 진술할 기회를 주어야 한다(대판 2011다80449).

---

1) 대판 94다59950.

5. 석명권의 행사

(1) 석명을 하는 주체는 원칙으로 재판장이며 배석판사도 가능하다(136 ①). 석명은 보통 석명준비명령으로 한다(137).

(2) 석명권의 행사는 기준과 한계가 있어서 공평과 친절이 조화를 이루어야 하며, 불공평·과잉친절하면 당사자는 이의사유(138), 기피사유(43)가 될 수 있다.

(3) 법원의 석명에 대하여 당사자는 응해야 할 의무는 없다. 다만, 불응하면 주장·증명이 없는 것으로 취급되거나 공격방어방법이 각하되는 불이익을 받는다(149 ②).

6. 석명처분

(1) 석명처분은 법원이 소송관계를 명료하게 하기 위한일정한 처분이다(140 ①).

(2) 석명처분은 당사자본인의 출석명령, 문서 그 밖의 물건의 제출·유치, 검증·감정, 조사촉탁(140 (1)내지(5)) 등을 명할 수 있다.

(3) 석명처분은 변론의 내용을 이해하고 사건내용을 파악하기 위한 것이므로 증거조사와 달리 석명적 처분에 의해 얻은 자료는 직접 증거자료로 할 수 없고, 변론 전체의 취지로서 참작될 뿐이다. 당사자가 원용하면 증거자료로 된다.[1]

Ⅳ. 변론주의의 예외

변론주의의 원칙은 직권탐지주의절차에서는 적용되지 않고 직권조사사항에 대해서는 한정적으로만 적용된다.

1. 직권탐지주의

(1) 의 의

직권탐지주의는 소송자료의 수집을 법원이 주도하여 직권으로 조사·탐지하는 것이다. 이는 판결의 효력이 당사자 이외에 제3자에게도 미치기 때문이다. 그러나 당사자의 절차적 보장이 필요하여 당사자에게 의견진술의 기회를 부여하거나(특허 159) 당사자도 자신에게 유리한 소송자료를 제출할 수 있다.

(2) 내 용

직권탐지주의에서는 ① 당사자의 주상책임이 배제되어 당사자가 주장하지

---

1) 정동윤·유병현 334.

않은 사실도 법원이 직권으로 수집하여 판결의 기초로 삼아야 하며, ② 자백의 구속력이 배제되며, ③ 법원의 직권증거조사가 원칙이며 당사자의 증거신청은 보충적 의미를 가지며, ④ 공격방어방법 제출이 시기에 늦었다고 배척되지 아니하고(제149조와 제285조의 적용 배제), ⑤ 청구의 포기·인낙, 화해가 허용되지 아니하여 처분권주의가 제한되나 판결의 효력이 발생하지 않는 소취하는 가능하다.

(3) 적용범위

판결의 효력이 널리 제3자에게 미치는 대세효가 있거나 공익성이 강하여 실체적 진실발견이 필요한 경우이다.

고도의 공익성이 인정되는 사항으로서 재판권의 존재와 전속관할, 법관이 직책상 규명해야 할 알려지지 않은 경험법칙·경험법규·관습법, 소송물의 공익적 특성상으로 가사소송(가소 12, 17), 행정소송(행소 26)[1], 선거소송(공직선거 227), 헌법재판(헌재 31, 40) 등이 있고 기타 비송사건(비송 11), 특허심판사건(특허 159)이 직권탐지주의절차이다.

회사관계소송에서도 원고승소판결이 널리 제3자에도 효력이 있고(상법 190), 재판상 화해와 청구인낙이 허용되지 않는 점에서 부분적으로 직권탐지주의를 적용하고 있다.

2. 직권조사사항

(1) 의 의

직권조사사항(職權調査事項)은 본안과 직접관계가 없는 사항이지만 공익에 관계된 것이므로 당사자의 주장과 관계없이 법원이 직권으로 문제삼아 조사하여 적당한 조치를 하여야 하는 것으로 항변사항과 대립한다. 직권조사사항에 대한 판단자료 수집에 있어서 소송상 청구에서와 같이 재판자료 수집에 관한 변론주의 또는 직권탐지의 방식에 의할 것인가 아니면 독자적인 방식에 의할 것인가와 관련하여 그 성질과 체계적 지위에 관하여 견해가 나뉜다.

(2) 직권조사사항의 성질

(가) 직권조사사항을 변론주의와 직권탐지주의의 중간지대인 제3의 입장으로 파악하는 견해와[2] 직권조사사항을 공익성의 정도에 따라 변론주의형(임의관할),

---

1) 판례는 변론주의를 기본으로 하고 직권주의가 가미된 재량적 탐지주의로 보며(대판 99두8107), 자백의 구속력을 인정한다(대판 91누13229).
2) 이시윤, 330.

직권조사형(소익 등 대부분의 소송요건), 직권탐지형(당사자의 실재, 재판권 등) 등 3가지 방식으로 구분하는 견해가 있다.[1)

(나) 이와 달리 직권조사를 처분권주의·신청주의와 대립되는 개념으로서 파악하여 그 대상인 사항을 직권조사사항이라고 보고 판단자료수집은 변론주의(소익, 기판력의 존부[2)], 당사자적격, 당사자능력, 소송능력 등의 대부분의 소송요건, 법인의 대표권[3)], 소송대리권[4)] 등) 또는 직권탐지주의(고도의 공익성이 있는 재판권, 전속관할, 당사자의 실재 등)에 의한다는 견해와,[5)] 조사개시에서는 직권조사사항과 변론주의적용사항으로 나누고, 판단자료수집에 관하여 직권탐지주의과 변론주의로 구분하여 직권조사사항과 변론주의 내지 직권탐지주의는 그 기능영역자체가 다르다고 보는 견해[6)]가 있다.

(다) 판례는 소송대리권이나 법인 대표권 유무에 관해 이미 제출된 자료들에 의하여 의심이 갈 만한 사정이 엿보인다면 법원으로서는 그 판단의 기초 자료인 사실과 증거를 직권으로 탐지할 의무까지는 없다 하더라도, 상대방이 이를 구체적으로 지적하여 다투지 않더라도 이에 관하여 심리·조사할 의무가 있다고 판시하고 있다.[7)]

(라) 검토컨대 위 견해들은 다소 견해차이가 있지만 법적 취급에서는 거의 동일하다. 조사개시 여부에 관하여 당사자의 주장이 없더라도 법원이 이를 판단하는 직권조사사항과 당사자의 주장이 있어야 판단을 개시하는 변론주의가 적용되는 항변사항 내지 신청사항과 서로 구분되고, 직권조사가 개시된 상태에서 자료수집에 관하여 변론주의형과 직권탐지형으로 나누는 것이 간명하나, 직권탐지형에 해당하는 소송요건이 어느 것인가에 대하여는 견해가 나뉜다.[8)] 결국 공익성이 강한 재판권 유무는 직권탐지형이라 할 것이고, 당사자의 이익을 위하여 인정된 임의관

1) 강현중, 306.
2) 대판 81다124.
3) 대판 96다40578.
4) 대판 66다1163.
5) 정동윤·유병현 339; 정영환 445.
6) 김홍엽, 401.
7) 대판 96다40578; 66다1163.
8) 재판권·재심사유존재, 알려지지지 않은 경험법칙·외국법규·관습법(이시윤, 309), 그 외에 전속관할존재와 당사자실재(정동윤·유병현, 352), 그 외 소송능력(양병회, 255), 그 외 당사자능력과 대리권(김홍규·강태원, 232), 그 외 기판력 유무(송상현·박익환, 200) 등을 직권탐지의 대상이라는 견해들이 있다. 또한 공익성이 강한 소송요건도 보충적 식권증거조사를 인정하고 있고 소송요건에 관한 자료의 수집을 직권탐지하면 민사소송의 상당부분이 직권탐지주의의 절차로 변모하게 되므로 소송요건 조사방법으로 직권탐지하는 것은 타당하지 않다는 견해가 있다(호문혁, 314).

할, 본안심리와 밀접한 당사자적격, 소익 등은 변론주의형이라 할 것이다.

(3) 직권조사사항의 내용

(가) 조사개시의 직권판단

직권조사사항에 관하여 법원은 당사자의 주장이나 없어도 직권으로 조사하여 판단한다. 그러나 법원은 항상 문제삼아 조사하여야 하는 것은 아니고 그 존부가 당사자의 주장이나 기타 자료에 의하여 의심스러운 경우에 비로소 문제를 삼으면 족한 것이 대부분이다.[1] 따라서 채권자대위소송에 있어서 피보전권리는 당사자적격 이라는 소송요건으로서 법원의 직권조사사항이기는 하나, 그 피보전채권에 대한 주장·증명책임이 대위권을 행사하려는 자에게 있는 점에서[2] 사실심 법원은 원고가 피보전권리로 주장하지 아니한 권리에 대하여서까지 피보전권리가 될 수 있는지 그 적격성 여부를 판단할 필요 없다.[3]

(나) 판단자료의 수집

1) 직권조사는 직권탐지에 의하여야 할 경우가 아니면 변론주의형에 의하며 이 때 이미 제출된 자료를 살펴보더라도 의심할 만한 사정이 있는 경우에는 법원이 필요한 정도에 따라 보충적으로 직권으로 증거조사를 할 수 있으나(292), 법원에 현출된 모든 소송자료를 통하여 살펴보아도 의심할 만한 사정이 발견되지 않는 경우까지 법원이 직권으로 추가적인 증거조사를 할 의무는 없다.[4]

2) 비법인사단의 대표자가 적법한 대표권한을 가지는지의 여부에 관하여 이미 제출된 자료들에 의하여 그 대표권의 적법성에 의심이 갈 만한 사정이 엿보인다면 상대방이 이를 구체적으로 지적하여 다투지 않더라도 이를 심리·조사할 의무가 있다.[5] 임의관할위반 여부는 항변사항으로 본다.[6]

(4) 직권조사사항의 소송상 취급

(가) 직권조사사항은 당사자의 신청과 이의 유무에 관계없이 이를 조사하여야 하고 이의권의 포기가 허용되지 않음이 원칙이다.

---

1) 신광렬, 주석 (Ⅴ), 171. 판례도 기판력의 저촉 여부와 같은 권리보호요건의 존부는 법원의 직권조사사항이나 이는 소위 직권탐지사항과 달라서 그 요건 유무의 근거가 되는 구체적인 사실에 관하여 사실심의 변론종결 당시까지 당사자의 주장이 없는 한 법원은 이를 고려할 수 없고, 또 다툼이 있는 사실에 관하여는 당사자의 입증을 기다려서 판단함이 원칙이라고 판시하고 있다(대판 81다124).
2) 대판 95다6885.
3) 대판 98다17183.
4) 대판 2001. 2. 27. 2000다44348.
5) 대판 87다카1574.
6) 이시윤 331; 정동윤·유병현 338.

(나) 직권조사사항이라도 자료수집과 제출을 변론주의형은 원칙상 당사자가 하나, 직권탐지형은 법원이 직권으로 탐지한다.

(다) 직권주의사항 자체의 존부는 재판상 자백이나 자백간주의 대상이 되지 않는다.[1]

(라) 직권조사사항은 공격방어방법(149, 285 ①(3)) 및 상고이유서의 각 제출의 시기제한이 없다(429 단서).

(마) 직권조사사항은 자유로운 증명으로 족함이 원칙이나, 소송요건·상소요건은 엄격한 증명을 요한다고 할 것이다.[2] 직권조사사항에 대한 증명책임은 원고가 진다.

(5) 직권조사사항에 대한 조사의 결과와 처리

(가) 직권조사사항이 구비된 경우에는 중간 판결이나 종국판결의 이유에서 판단한다.

(나) 직권조사사항에 흠이 있는 경우 보정되지 않으면 소각하판결을 한다.

(다) 소송계속이 없는 것으로 판명된 경우에는 소송종료선언을 한다.

(라) 직권조사사항인 소송요건의 흠을 간과하고 본안 판결을 한 경우는 확정 전에는 상소가 가능하다. 항변사항인 임의관할의 경우는 1심판결이 나면 치유된다. 확정 후에는 재심사유가 있으면 재심이 가능하다.

(마) 직권조사사항인 소송요건이 구비되었음에도 그 흠결이 있다고 하여 소각하 판결을 한 경우는 원심판결 취소하고 사건을 원심에 환송한다(418, 425).

(6) 적용범위

(가) 소송요건·상소요건·재심요건, 강행법규의 준수 여부, 제척원인의 유무(41), 변론공개 유무(424 ①(5)) 등이 직권조사사항이다.

(나) 그외 판례가 인정하는 직권조사사항은 ① 소송계속의 유무[3] ② 과실상계[4] ③ 위자료액수[5] ④ 신의칙 또는 권리남용[6] ⑤ 제척기간 준수 여부,[7] ⑥ 종중

---

1) 대판 2000다42908.

2) 정동윤·유병현 340.

3) 대판 81다849.

4) 대판 96다30113. 배상의무자가 피해자의 과실에 관하여 주장하지 않는 경우에도 소송자료에 의하여 과실이 인정되는 경우에는 이를 법원이 직권으로 심리·판단하여야 한다.

5) 대판 2003므2251.

6) 대판 97다37821 신의성실의 원칙에 반하는 것은 강행규정에 위배되는 것으로서 당사자의 주장이 없더라도 법원이 직권으로 판단할 수 있으므로 원심법원이 직권으로 신의칙에 의하여 신용보증책임을 감액한 데에 변론주의를 위배한 위법은 없다. 호문혁 384면은 신의칙이나 권리남용 등 강행규정 위반, 과실상계 등에 관하여 판례는 직권조사사항이 아니라 직권판단사항으로 보고 있다.

7) 대판 95다 50875.

(비법인사단)의 대표권 유무[1] 등이 있다.

≪사례≫

[1] 甲과 乙은 도로의 인도를 걸어가다 갑자기 인도로 진입한 丙이 운전하는 차량에 의해 모두 부상을 당하였다. 甲이 丙을 상대로 불법행위를 원인으로 한 손해배상청구소송을 제기하였다. 이 소송에서는 피고 丙의 과실 여부와 손해액에 관하여 쟁점이 되었다. (다음 각 설문은 독립적임).

(1) 피고 丙은 자신이 운전하던 자동차가 인도로 진입하게 된 것은 뒤에 있던 확인불명의 다른 차량이 자신의 자동차를 추돌한 사실(A사실) 때문이라고 주장하였고 甲이 A사실을 인정하였다면 법원은 어떠한 조치를 취하여야 하는가?

(2) 丙의 손해배상의무가 인정됨에도 불구하고 甲이 배상액을 입증하지 아니하여 항소심법원은 적극적으로 석명을 하지 않은 채 원고 청구기각판결을 했다면 이는 상고사유가 되는가?

(3) 丙의 손해배상의무와 甲의 과실도 40%가 인정되나 丙이 과실상계를 하여야 한다는 주장을 하지 않는 경우 법원은 어떠한 판결을 하여야 하는가?

(4) 乙은 甲의 승소를 위하여 보조참가를 할 수 있는가?

[2] 주요사실에 대한 주장은 원고 또는 피고 어느 당사자이든 변론에서 주장되면 된다는 주장공통의 원칙의 근거는 무엇인가?

[3] 원고 甲이 피고 乙을 상대로 대여금 1천만원 청구의 소를 제기 하였을 때 ① 소비대차계약이 체결되어 1천만원이 건네진 사실, 피고가 대여받은 사실이 없다고 부인하자 ② 원고가 피고에게 돈을 빌려주기 위해 은행에서 동일한 금액을 인출한 사실과, ③ 피고의 은행구좌에 그 무렵 동일한 금액이 입금된 사실을 주장함. ④ 피고는 원고 제출의 은행출금확인서는 위조된 사실을 주장함.

(1) 위 주장된 사실 ①②③④ 중 주요사실, 간접사실, 보조사실은 각각 어느 것인가?

(2) 간접사실은 당사자의 주장이 없더라도 법원이 판결의 기초로 할 수 있는 이유는 무엇인가?

[4] 직권조사사항과 소송요건은 그 범위가 일치하는가?

▨ 사례해설

[1] (1) A사실을 시인하는 것이 재판상 자백으로서 법원은 사실인정권이 배제되고 이를 전제로 판단해야 하는지가 문제된다. 주요사실인지 간접사실인지에 따라 상이하므로 그 구별기준이 문제된다. 구별에 관하여 법규기준설, 중요사실기준설, 준주요사실적용설, 요건사실·주요사실구별설 등과 판례입장을 간단히 검토한다. 통설인 법규기준설에 의하면 A사실은 간접사실이고 이에 대하여 재판상 자백의 구속력을 인정하지 않음이 원칙이나, 간접사실 자체에 대하여 일본에서는 구속력을 인정하는 견해도 있다. 통설인 법규기준설은 간접사실에 대하여 자백의 구속력을 인정하지 않게 되지만 준주요사실설에서는 A사실에 대한 자백의 구속력을 인정하게 되어 검토의견과 결론이 일치되어야 한다.

(2) 손해액에 대하여 적극적으로 석명하는 것이 소극적 석명인지 적극적 석명인지 밝히고 입증촉구 내지 석명의무와 상고이유 여부에 관한 학설과 판례를 검토한다(변론주의

---

1) 대판 2006다60908; 2000다42908.

와 석명의 한계). 소극적 석명인지 적극적 석명인지의 여부에 관하여 사례는 소극적 석명사항이다. 판례는 이 사건 사례의 경우 입증촉구의무가 있다고 판시하고 있다. 또 석명권 불행사에 대한 상고이유 여부에 관하여 적극설, 소극설, 절충설을 각 검토하고 판례(적극설)에 의하면 사례의 경우 반드시(적극적으로) 석명권을 행사하여 입증을 촉구하고 경우에 따라서는 직권이라도 손해액을 심리하여야 하고 이를 해태하면 위법하여 상고이유가 된다.

(3) 과실상계 여부는 직권조사사항이다. 직권조사사항은 당사자의 신청과 이의 유무에 관계없이 직권으로 이를 조사하여야 하고 이의권의 포기가 허용되지 않는다. 甲의 과실도 40%가 인정되면 丙이 과실상계를 하여야 한다는 주장을 하지 않아도 법원은 丙에게 60% 책임제한하는 판결을 한다.

(4) 소송결과의 이해관계와 관련한 제한설과 확대설을 설명하고 판례입장과 각자의 검토의견을 제시한다.

[2] 주장공통 원칙은 변론주의가 소송자료의 수집 책임에 관한 당사자와 법원간에 분배이고 당사자 사이의 분배가 아닌 점에 근거한다.

[3] (1) ①은 주요사실, ② ③는 간접사실, ④는 보조사실이다.

(2) 간접사실의 증거와의 등질성과 사실인정에 있어서 법원의 자유심증주의를 근거로 한다. 변론주의가 적용되는 주요사실(대여사실)을 추단하는 간접사실(대여할 돈을 은행에서 인출한 사실)은 주요사실의 존부판단을 위한 증거와 같은 역할을 하고 있으므로 증거평가에 있어서 작용하는 자유심증주의에 의해 법관은 여러 증거로부터 판명되어 있는 간접사실을 당사자의 주장이 없더라도 판결의 기초로 할 수 있다.

[4] 소송요건은 직권조사사항과 항변사항으로 나뉘나 신의칙과 권리남용, 과실상계와 같이 소송요건은 아니나 직권조사사항에 속하는 것이 있다. ▨

≪사례≫ 甲은 乙의 대리인이라고 주장하는 소외 丙으로부터 풍광이 좋아 별장을 지을 수 있다는 말을 듣고 이 사건 X토지를 매수하고 丙에게 대금을 전부 지급하였는데 X토지는 건축할 수 없는 군사지역임이 밝혀져 甲은 위 매매계약을 해제하였다. 甲은 乙이 매매대금을 반환하여야 한다고 주장하였으나 표현대리에 해당한다는 주장은 한 바 없다. 법원은 위 매매계약 이전에 이미 乙은 丙의 매도행위는 대리권 소멸 후의 무권대리행위라고 판단하고, 나아가 甲이 丙에게 대리권이 있는 것으로 믿은 것이 무과실이라고 볼 증거도 없다고 판단하여 甲의 청구를 배척하였다.

[1] 甲이 이 사건에 대하여 법원의 후견적 기능에 충실하도록 유권대리 주장에 표현대리주장도 포함되어야 한다고 주장하는 경우 피고측은 어떤 주장을 할 수 있는가?

[2] 위 사건에서 법원은 소외 丙의 대리권이 없었다는 심증을 얻게 되었다면 甲의 대리권 주장 안에는 표현대리의 주장도 포함되는 것으로 보고 이에 대하여도 직권으로 판단하여야 하는가?

▨ 사례해설

[1] 피고측은 표현대리는 무권대리로서 유권대리와는 그 성질과 요건사실이 다르므로 유권대리 주장 속에 표현대리 주장이 포함될 수 없다고 주장할 수 있다.

[2] 변론에서 당사자가 주장한 주요사실만이 심판의 대상이 되는 것으로서 대리권에 기한 대리의 경우나 표현대리의 경우나 모두 제3자가 행한 대리행위의 효과가 본인에게 귀속된다는 점에서는 차이가 없으나 유권대리에 있어서는 본인이 대리인에게 수여한 대리

권의 효력에 의하여 위와 같은 법률효과가 발생하는 반면, 표현대리에 있어서는 대리권이 없음에도 불구하고 법률이 특히 거래 상대방보호와 거래안전유지를 위하여 본래 무효인 무권대리행위의 효과를 본인에게 미치게 한 것으로서 표현대리가 성립된다고 하여 무권대리의 성질이 유권대리로 전환되는 것은 아니고, 양자의 구성요건해당사실 즉 주요사실은 서로 다르므로 유권대리에 관한 주장 가운데 무권대리에 속하는 표현대리의 주장이 포함되어 있다고 볼 수 없으며, 따로이 표현대리에 관한 주장이 없는 한 법원은 나아가 표현대리의 성립 여부를 심리판단할 필요가 없다.[1] 나아가 당사자에게 표현대리에 관한 요건사실의 주장이나 입증을 촉구할 의무가 없다.[2]

그러나 이 경우 법원은 피고로 하여금 그 부분에 대한 방어를 행하도록 석명함으로써 양당사자의 보호를 다 할 수 있을 것이다. 피고의 입장만을 생각한 나머지 표현대리의 주장이 없는 한 그 점을 판단할 의무가 없다고 한다면, 또한 표현대리의 주장이 있었으면 승소할 수 있었던 사안이라면, 원고로서는 표현대리의 주장을 아니하였다는 사유만으로 패소하고 다시 제소하여 구제받을 수 있는 길이 완전히 막혀버리게 되는 사태를 막기 위하여 법원이 보다 적극적이고 능동적인 자세를 가지고 당사자의 주장을 실질적으로 평가·판단함이 후견적 기능이 강조되는 현대 민사소송제도하의 법원의 역할을 다하는 것이다.[3]

관련판례

1. 소극적 석명인지 여부 (대판 85다카2453)

[판시사항] 손해배상책임은 인정되나 손해액이 불분명한 경우의 법원의 조치

[판결요지] 불법행위로 인하여 손해가 발생한 사실이 인정되는 경우에는 법원은 손해액에 관한 당사자의 주장과 입증이 미흡하더라도 적극적으로 석명권을 행사하여 입증을 촉구하여야 하고 경우에 따라서는 직권으로라도 손해액을 심리 판단하여야 한다.

≪질문≫ 1. 위 판례 법원의 조치는 소극적 석명인가 적극적 석명인가?
2. 원고는 피고의 불법행위책임에 기한 손해배상청구를 하였지만 법원은 계약불이행책임에 기하여 판결하려고 하는 경우에 이점을 원고가 간과하고 있다면 법원은 어떠한 조치를 취하여야 하는가?

2. 적극적 석명과 피고의 방어권 (대판(전합) 94다34265)

[판시사항] [1] 토지임대차 종료시 임대인의 건물철거 및 부지인도 청구에는 건물매수대금 지급과 동시에 건물명도를 구하는 청구가 포함된 것인지의 여부.
[2] 전항의 경우 임대인이 종전 청구를 유지할 것인지 아니면 대금지급과 상환으로 건물명도를 청구할 의사가 있는지에 관한 법원의 석명의무의 존부 여부.

[판결요지] [1] 지상물매수청구권은 이른바 형성권으로서 그 행사로 임대인·임차인 사이에 지상물에 관한 매매가 성립하게 되며, 임차인이 지상물의 매수청구권을 행사한 경우에는 임대인은 그 매수를 거절하지 못하고, 이 규정은 강행규정이므로 이에 위반하는 것으로서 임차인에게 불리한

---

1) 대판(전합) 83다카1489.
2) 대판 2001다1126.
3) 김황식, '유권대리의 주장에 표현대리의 주장이 포함되는지의 여부', 민사판례연구(7집).

약정은 그 효력이 없다(민법 642).

[2] 토지임대차 종료시 임대인의 건물철거와 그 부지인도 청구에는 건물매수대금 지급과 동시에 건물명도를 구하는 청구가 포함되어 있다고 볼 수 없다.

[3] [2]항의 경우에 법원으로서는 임대인이 종전의 청구를 계속 유지할 것인지, 아니면 대금지급과 상환으로 지상물의 명도를 청구할 의사가 있는 것인지(예비적으로라도)를 석명하고 임대인이 그 석명에 응하여 소를 변경한 때에는 지상물 명도의 판결을 함으로써 분쟁의 1회적 해결을 꾀하여야 한다.

≪질문≫ 법원이 위와 같이 원고에 대하여 적극적으로 석명함은 피고의 방어권의 침해를 야기하는 면이 있는지 검토하시오.

≪검토≫ 이처럼 제소 당시에는 임대인의 청구가 이유 있는 것이었으나 제소 후에 임차인의 매수청구권 행사라는 사정변화가 생겨 임대인의 청구가 받아들여질 수 없게 된 경우에는 임대인으로서는 통상 지상물철거 등의 청구에서 전부 패소하는 것보다는 대금지급과 상환으로 지상물명도를 명하는 판결이라도 받겠다는 의사를 가질 수도 있다고 봄이 합리적이라 할 것이고, 또 임차인의 처지에서도 이러한 법원의 석명은 임차인의 항변에 기초한 것으로서 그에 의하여 논리상 예기되는 범위 내에 있는 것이므로 그러한 법원의 석명에 의하여 임차인이 특별히 불리하게 되는 것도 아니고, 오히려 법원의 석명에 의하여 지상물명도와 상환으로 대금지급의 판결을 받게 되는 것이 매수청구권을 행사한 임차인의 진의에도 부합한다고 할 수 있기 때문이다. 또한 위와 같은 경우에 법원이 이러한 점을 석명하지 아니한 채 토지임대인의 청구를 기각하고 만다면, 또다시 지상물명도 청구의 소를 제기하지 않으면 안 되게 되어 쌍방 당사자에게 다 같이 불리한 결과를 안겨 줄 수밖에 없으므로 소송경제상으로도 매우 불합리하다.

3. 요건사실의 주장 정도 (대판 95다27998)

[1] 재판의 기초로 삼기 위한 요건사실의 주장 정도.

[2] 당사자의 주장 경과에 비추어 요건사실의 주장이 있는 것으로 본 사례.

원심이 이 사건 토지 중 소외 망 진석권이 국가로부터 매수한 부분을 매수한 사실을 인정함에 있어서, 망 진석권의 상속인을 대표한 소외 망 진두현으로부터 매수하였다라고 사실을 인정하여 그 취지를 알기 어려운 표현을 사용하고 있으나, 이는 자신을 제외한 다른 상속인들에 관하여는 대리인 자격으로 매도하였다는 취지의 사실을 인정한 것으로 봄이 상당하다고 할 것인데, 다른 상속인들의 지분에 관하여 대리인 자격으로 계약을 체결하였다는 사실은 법률효과를 발생시키는 실체법상의 구성요건 해당사실에 속하므로 법원으로서는 변론에서 당사자가 주장하지 않은 이상 이를 인정할 수 없을 것임은 상고이유에서 지적한 바와 같다. 그러나 이와 같은 주장은 반드시 명시적인 것이어야 하는 것은 아니고 당사자의 주장 취지에 비추어 이러한 주장이 포함되어 있는 것으로 볼 수 있다면 당연히 재판의 기초로 삼을 수 있다고 할 것인데, 원고는 이 사건 소장에서 소외 망 진석권이 매수한 이 사건 토지 부분을 그의 상속인들인 소외 망 진두현들로부터 매수하였다고 주장하다가, 1992. 2. 18.자 준비서면에서 소외 망 진석권의 장남인 소외 망 진두현으로부터 매수하였다고 주장하여 왔던 것으로, 원고 주장의 경과에 비추어 볼 때 그 주장 속에는 소외 망 진두현을 제외한 나머지 상속인들에 관하여는 소외 망 진두현이 그들을 대리하여 매도하였다는 주장이 포함된 것으로 못 볼 바 아니므로 원심의 사실인정이 변론주의에 위배되있다고 할 수 없다.

4. 지적의무 (대판 2007다19006,19013)

[요지] 원고의 소유권에 기한 건물인도의 청구와 채권자대위권에 기한 건물인도의 청구는 법률효과에 관한 요건사실이 다름에도 불구하고, 건물의 소유권을 취득하였음을 전제로 건물의 인도를 구하는 청구에 그 건물을 원시취득한 매도인을 대위하여 건물의 인도를 구하는 취지가 포함되어 있다고 보아 원심 변론종결시까지 주장하지도 아니한 위 채권자대위권에 기한 건물인도 청구에 기초하여 상대방에게 의견진술의 기회조차 부여하지 아니한 채 그 청구를 인용한 원심판결을 파기한 사례.

[해설] 자신의 인도청구권을 소송물로 하고 있는 경우에 피고는 이에 대하여 방어를 집중할 것이므로 전혀 예기치 못한 대위권에 기한 인도청구의 판결하려면 지적의무가 필요하다는 판례이다. 소송물이 동일하지 않더라도 지적이 가능하다는 판결로서 의미가 있다.

5. 지적의무 (대판 2009다42765)

[판결요지] 제136조 4항에 따라 손해배상청구의 법률적 근거는 이를 계약책임으로 구성하느냐 불법행위책임으로 구성하느냐에 따라 요건사실에 대한 증명책임이 달라지는 중대한 법률적 사항에 해당하므로, 당사자가 이를 명시하지 않은 경우 석명권을 행사하여 당사자에게 의견 진술의 기회를 부여함으로써 당사자로 하여금 그 주장을 법률적으로 명쾌하게 정리할 기회를 주어야 함에도, 이러한 조치를 취하지 않은 채 손해배상청구의 법률적 근거를 불법행위책임을 묻는 것으로 단정한 뒤 증명이 부족하다는 이유로 청구를 받아들이지 않은 원심판결을 파기한 사례.

6. 지적의무 (대판 2002다41435)

[판결요지] [1] 제136조 1항은, 재판장은 소송관계를 명료하게 하기 위하여 당사자에게 사실상과 법률상의 사항에 관하여 질문하거나 입증을 촉구할 수 있다고 규정하고 있는바 , 당사자가 구 청구를 취하한다는 명백한 의사표시 없이 새로운 청구로 변경하는 등으로 그 변경형태가 불명할 경우에는 사실심법원으로서는 과연 청구변경의 취지가 무엇인가 즉 교환적인가, 추가적인가의 점에 대하여 석명으로 이를 밝혀볼 의무가 있다.

[2] 제136조 4항은, 법원은 당사자가 명백히 간과한 것으로 인정되는 법률상의 사항에 관하여 당사자에게 의견진술의 기회를 주어야 한다고 규정하고 있으므로, 당사자가 부주의 또는 오해로 인하여 명백히 간과한 법률상의 사항이 있거나 당사자의 주장이 법률상의 관점에서 보아 모순이나 불명료한 점이 있는 경우 법원은 적극적으로 석명권을 행사하여 당사자에게 의견진술의 기회를 주어야 하고 만일 이를 게을리 한 경우에는 석명 또는 지적의무를 다하지 아니한 것으로서 위법하다.

[3] 소유권보존등기의 말소등기청구소송의 제1심에서 승소한 원고가 원심인 항소심에서 자기 앞으로 소유권을 표상하는 등기가 되어 있지 않았고 법률에 의하여 소유권을 취득하지도 않았다는 종전의 주장을 그대로 유지한 채 진정명의회복을 위한 소유권이전등기절차의 이행을 청구하는 새로운 청구를 제기한 경우, 원심으로서는 원고의 소변경신청에 법률적 모순이 있음을 지적하고 원고에게 의견을 진술할 기회를 부여함으로써 원고로 하여금 청구와 주장을 법률적으로 합당하게 정정할 수 있는 기회를 부여하여야 함에도 이러한 조치를 취하지 아니한 위법이 있다는 이유로 원심판결을 파기함.

<선택형>

1.   다음 중 변론주의가 적용되는 주요사실은? (다툼시 판례에 의함)[1]

①   기본사실의 경위·내력 등에 관한 사실
②   소멸시효의 기산일
③   취득시효의 기산일
④   차량충돌사고의 경위

2.   다음 중 변론주의 관련하여 주요사실(요건사실)과 간접사실에 대한 설명으로 타당하지 않은 것은? (다툼시 판례에 의함)[2]

①   주요사실(요건사실)은 법률효과가 생기는 요건으로 각 실체법규에 규정되어 있는 것에 해당하는 구체적 사실을 말한다.
②   간접사실은 변론에서 당사자의 주장이 없어도 증거로써 이를 인정할 수 있다.
③   간접사실에 대해서는 자백이 되어도 구속력이 없다.
④   간접사실이 증명의 목표이고, 주요사실은 그 수단으로 기능상 증거와 같은 작용을 한다.

3.   법원의 석명권 행사에 관한 설명 중 틀린 것은?[3]

①   법원은 경우에 따라서는 당사자가 주장하지 아니한 법률효과에 관한 요건사실이나 독립된 공격방어방법에 대하여 주장 또는 제출하도록 권유할 필요가 있다.
②   토지임대인의 임차인 상대의 지상물철거 및 토지인도청구소송에서 임차인이 지상물매수청구권을 적법하게 행사한 경우 법원은 임대인에 대하여 대금지급과 상환으로 지상물의 명도청구로 소변경의 의사가 있는 것인지에 대하여 석명의무가 있다.
③   불법행위로 인한 손해배상책임이 인정되면, 손해액에 관한 입증이 불충분하다 하더라도 법원은 그 이유만으로 손해배상청구를 배척할 것이 아니라 그 손해액에 관하여 적극적으로 석명권을 행사하고 입증을 촉구하여야 한다.
④   당사자가 부주의 또는 오해로 인하여 명백히 간과한 법률상의 사항이 있거나 당사자의 주장이 법률상의 관점에서 보아 모순이나 불명료한 점이 있는 경우 법원은 적극적으로 석명권을 행사하여 당사자에게 의견진술의 기회를 주어야 한다.

---

1) ②. ①과 ④는 주요사실을 추단할 수 있는 간접사실이다(대판 71다278; 79다879), ③은 주장자가 임의로 선택할 수 없는 간접사실로 보는 것이 판례이다(대판 93다60120), 그러나 소멸시효의 기산일은 소멸시효 항변의 법률요건을 구성하는 구체적인 사실에 해당하여 변론주의의 대상이라 한다(대판 2006다22852·22869).

2) ④. 주요사실은 법률요건적 사실로서 법원에 현저하거나 상대방이 다투지 않는 경우를 제외하고는 언제나 증거에 의하여 인정하여야 하기 때문에 증명의 목표가 된다. 그러나 간접사실은 그것이 다투어져도 주요사실과 관계없을 때에는 증거조사의 대상이 되지 않는다. ③ 주요사실의 자백에 대하여는 법원과 당사자 모두 이에 구속되나, 간접사실이나 보조사실의 자백은 법원도 당사자도 구속할 수 없다.

3) ①. 판례는 법원은 당사자가 수장하지 아니한 법률효과에 관한 요건사실이나 독립된 공격방어방법에 대하여 주장 또는 제출하도록 권유함과 같은 행위는 변론주의의 원칙에 위배된다고 한다(대판 96다47913). ② 대판 94다34265. ③ 대판 85다카2453 ④ 대판 2001다1055.

4. 甲은 乙에 대해 1억원의 물품대금채권이 있으나, 집행권원을 취득한 바 없다. 乙은 丙에 대한 1억원의 대여금채권 외에는 다른 재산이 전혀 없는 상태이다. 甲이 취할 수 있는 방법으로 적절하지 않은 것은?[1] [법무부 2010]

① 채무자 乙을 대위하여 丙에게 1억원의 대여금 채무를 乙에게 지급하라고 소구한다.
② 채무자 乙을 대위하여 丙에게 1억원의 대여금 채무를 甲에게 지급하라고 소구한다.
③ 채무자 乙의 丙에 대한 채권을 압류하고 추심명령을 신청한다.
④ 채무자 乙을 대위하여 丙에게 내용증명을 보내 조속히 乙에게 채무를 변제하라고 독촉한다.
⑤ 채무자 乙의 丙에 대한 채권을 가압류한다.

5. 다음 중 옳지 않은 것은? [2] [법전협 2011. 1차]

① 합의약정이 불공정한 법률행위로서 무효라는 취지의 주장에 대하여 착오에 기한 의사표시로서 취소를 구하는 취지로 해석한 것은 당사자가 주장하지도 아니한 사실을 기초로 삼아 판결한 것으로서 변론주의원칙에 위배된다.
② 당사자 한쪽의 소유권이전등기 채무가 이행불능이라 하더라도 변론을 종결할 때까지 이행불능의 항변을 하지 않은 경우, 변론주의의 원칙상 법원이 이행불능이라는 이유로 상대방의 청구를 배척할 수 없다.
③ 판례에 의하면 유권대리에 관한 주장 가운데 무권대리에 속하는 표현대리의 주장이 포함되어 있다고 볼 수 없으며, 따로 표현대리에 관한 주장이 없는 한 법원은 나아가 표현대리의 성립 여부를 심리 판단할 필요가 없다.
④ 변론주의는 법원과 당사자 사이의 역할분담 문제이므로 주장책임을 지는 당사자가 주장하는 사실만 판결의 기초로 삼을 수 있다.
⑤ 甲이 중도금을 乙에게 직접 지급하였느냐 또는 그 수령권한 수임자로 인정되는 자를 통하여 지급하였느냐는 결국 변제사실에 대한 간접사실에 지나지 않는 것이어서 반드시 당사자의 구체적인 주장을 요하는 것은 아니다.

6. 甲은 乙을 상대로 하여 2억원 대여금 청구의 소를 제기였다. 다음 중 옳은 것은? [3] [법전협 2011. 1차변형]

---

1) ②. 대판 2004다70024; 79다1928; 95다27998.
2) ④. 법원은 변론에서 당사자가 주장하지 않는 이상 이를 인정할 수 없으나, 반드시 주장책임을 지는 당사자가 진술하여야 하는 것은 아니고 소송에서 쌍방 당사자간에 제출된 소송자료를 통하여 심리가 됨으로써 그 주장의 존재를 인정하더라도 상대방에게 불의의 타격을 줄 우려가 없는 경우에는 그 주장이 있는 것으로 보아 이를 재판의 기초로 삼을 수 있다(대판 2000다48265). ① 대판 93다19962. 마찬가지로 조합의 단체적 계약이 직접 조합원에 대하여 효력이 있음을 이유로 조합원에게 계약에 기한 책임을 청구함에 대하여, 조합원이 계약당사자임을 이유로 계약에 기한 책임을 인정하는 것은 변론주의에 위배된다(대판 95다19959). ⑤ 대판 93다28379; 2000다62254.
3) ⑤. 판례는 별소 선행형에서 중복소송이 아니라고 한다(대판 2000다4050). ① 합의부는 소송목적의 값이 2억원을 초과하는 민사사건 및 재산권에 관한 소(訴)로서 그 소송목적의 값을 계산할 수 없는 것과 비(非)재산권을 목적으로 하는 소송에 해당하는 민사사건을 제1심으로 심판한다(사물규 2 ①). ② 원본채권과 지연손해금채권은 별개의 소송물이므로, 불이익변경에 해당하는지의 여부는 원금과 지연손해금 부분을 각각 따로 비교하여 판단하여야 하는 것이고, 별개의 소송물을 합산한 전체 금액을 기준으로 판단하여서는 아니 된다(대판 2009다12399; 2013다59050). ④ 소송요건을 구비하여 적법하게 제기된 본소가 그 후에 상대방이 제기한 반소로 인하여 소송요건에 흠결이 생겨 다시 부적법하게 되는 것은 아니다(대판 2010다2428; 99다17401, 17418).

① 이 소송은 원칙적으로 지방법원 합의부의 사물관할에 속한다.

② 법원은 甲의 청구에 관계없이 이자까지 지급을 명할 수 있다.

③ 법원은 증거조사 결과 甲의 채권이 시효로 소멸되었다는 심증을 형성한 경우에는 乙의 소멸시효 항변이 없어도 청구기각판결을 할 수 있다.

④ 乙이 이미 甲을 상대로 대여금 채무부존재확인의 소를 제기한 뒤 甲이 그 채무의 이행을 구하는 반소를 제기한 경우에는 전소인 부존재확인의 소는 소의 이익이 없게 된다는 것이 판례의 입장이다.

⑤ 甲의 대여금반환청구의 소에 대하여 乙은 甲에 대한 1억원의 매매대금채권으로 상계의 항변을 제출하고 동시에 이 채권에 기하여 소를 제기할 수도 있다.

---

7. 대지 소유자인 원고 甲이 대지 위에 건물을 신축하여 사용하던 피고 乙을 상대로 소유권에 기한 건물철거 및 대지인도청구의 소를 제기하자 피고 乙은 이를 다투는 취지의 답변서를 제출하였다. 제1회 변론준비기일에 재판장은 피고 乙에게 이 사건 대지의 소유자가 원고임을 인정하느냐고 석명하자 "그렇다"라고 답하였다. 다음 내용 중 가장 틀린 것은?[1)]   [법전협 2011. 1차]

① 피고 乙의 진술은 자백으로 취급될 수도 있다.

② 피고 乙의 진술은 선결적 법률관계에 대한 권리자백에 불과하다고 볼 수도 있다.

③ 피고 乙의 진술은 변론준비기일에서 한 것이므로 자백으로 취급되지 않는다.

④ 재판장의 석명은 석명권의 행사 범위를 일탈한 것은 아니다.

⑤ 원고 甲은 피고 乙의 진술을 이익으로 원용할 수 있다.

---

8. 변론주의에 관한 기술 중 옳지 않은 것은? (다툼시 판례에 의함)[2)]   [변호사 2012]

① 원고가 X토지를 피고로부터 매수하였다고 주장하였으나, 증인신문을 신청하여 제3자가 원고를 대리하여 피고로부터 위 토지를 매수한 사실을 입증하고 있다면, 원고가 대리행위에 관한 명백한 진술을 하지 않았더라도 법원이 대리행위에 관한 간접적인 진술이 있었다고 보는 것은 변론주의에 위배되지 않는다.

② 불법행위로 인한 손해배상책임이 인정되는 경우, 법원은 손해액에 관한 아무런 입증이 없다고 하여 바로 청구기각을 할 것이 아니라 적극적으로 석명권을 발동하여 입증을 촉구할 의무가 있다.

③ 증여를 원인으로 한 부동산소유권이전등기청구에 대하여 피고가 시효취득을 주장하였다

---

1) ③. 변론준비기일에서도 재판상 자백이 성립할 수 있다. ① 소유권에 기한 이전등기말소청구소송에 있어서 피고가 원고 주장의 소유권을 인정하는 진술은 그 소전제가 되는 소유권의 내용을 이루는 사실에 대한 진술로 볼 수 있으므로 이는 재판상 자백이라 할 것이다(대판 87다카749).

2) ④. 부동산의 시효취득에 있어서 그 점유가 자주점유인지의 여부를 가리는 기준이 되는 점유의 권원은 간접사실이므로, 법원은 당사자의 주장과 달리 증거자료와 변론 전체의 취지를 참작하여 형성된 자유로운 심증으로 진정한 점유의 권원을 심리하여 취득시효의 완성 여부를 판단할 수 있다(대판 96다53789). ① 甲이 소장에서 토지를 乙로부터 매수하였다고 주장하고 있으나 甲이 위 매매 당시 불과 10세 남짓한 미성년이었고 증인신문을 신청하여 甲의 조부인 丙이 甲을 대리하여 위 토지를 매수한 사실을 입증하고 있는 사례이다(대판 87다카982). ② 대판 97다42892, 42908. ③ 취득시효와 소멸시효는 그 성립요건을 달리하므로 피고가 취득시효를 주장하였다고 하여 소멸시효의 주장까지 포함한 취지라고 볼 수 없다(대판 81다534). ⑤ 주채무자와 보증인 사이의 소송형태는 통상공동소송으로서 소송자료가 불통일되어 다른 공동소송인에게 영향을 주지 않는다.

고 하여도 그 주장 속에 원고의 위 이전등기청구권이 시효소멸하였다는 주장까지 포함되었다고 할 수 없다.

④ 부동산의 시효취득에 있어서 그 점유가 자주점유인지의 여부를 가리는 기준이 되는 점유의 권원은 주요사실이므로 법원은 당사자의 주장과 달리 증거에 의하여 진정한 점유의 권원을 심리하여 취득시효의 완성 여부를 판단할 수 없다.

⑤ 대여금 채권자가 주채무자와 그 보증인을 공동피고로 하여 대여금청구의 소를 제기하였는데 보증인인 피고가 항변을 전혀 하지 않았다면, 설사 위 채무가 변제되었고 주채무자인 피고가 변제항변을 하였더라도 보증인인 피고에게는 변제항변의 효과가 미치지 않는다.

---

9. 척추 이상으로 허리 통증이 있던 甲은 의료법인 A병원에서 2008. 4. 3. 입원진료계약을 체결하고, 같은 달 30.에 수술을 받았다. 척추수술 직후, 甲에게 하반신마비 장애가 발생하였다. 다음 설명 중 옳지 않은 것은? (각 지문은 독립적임, 다툼시 판례에 의함)[1]   [변호사 2013]

① A병원의 치료비 채권은 특약이 없는 한 개개의 진료가 종료될 때마다 각각의 진료에 필요한 비용의 이행기가 도래하여 그에 대한 소멸시효가 진행된다.

② 甲이 A병원을 상대로 제기한 손해배상청구소송에서 일실이익의 현가산정방식에 관한 甲의 주장은 기초사실에 관한 주장에 속하므로, 법원이 甲의 주장과 다른 산정방식을 채용하는 것은 변론주의에 반한다.

③ 甲이 A병원을 상대로 불법행위를 원인으로 한 손해배상청구의 소를 제기하였는데, 법원이 진료계약상의 의무불이행을 원인으로 한 손해배상금을 지급하도록 판결한 것은 처분권주의에 반한다.

④ A병원이 진료기록을 변조할 가능성이 있는 경우, 甲은 소 제기 전이나 후에 증거보전절차를 신청할 수 있으며, 예외적으로 소송 계속중에는 법원이 증거보전을 직권으로도 결정할 수 있다.

⑤ A병원이 진료기록을 사후에 변조한 것으로 밝혀진 경우라고 하더라도 곧바로 A병원에 의료상의 과실이 있다는 甲의 주장사실이 증명된 것으로 볼 수는 없다.

---

10. 석명권과 관련된 설명 중 옳지 않은 것은? (다툼시 판례에 의함)[2]   [변호사 2013]

① 원고가 피고에 대하여 부당이득금반환을 구한다는 청구를 하다가, 제3자로부터 그 부당이득반환채권을 양수하였으므로 그 양수금의 지급을 구한다고 주장하여 청구원인을 변경하는 경우, 법원은 청구의 교환적 변경인지 추가적 변경인지를 석명으로 밝혀볼 의무가 있다.

② 사해행위 취소소송에서 그 소의 제척기간의 경과 여부가 당사자 사이에 쟁점이 된 바가 없

---

1) ②. 일실수익의 현가산정에 있어서 기초사실인 수입, 가동연한, 공제할 생활비 등은 사실상의 주장이지만(주요사실) 현가 산정방식에 관한 주장(호프만식 또는 라이프니쯔식에 의할 것이냐에 관한 주장)은 당사자의 평가에 지나지 않는 것이므로 당사자의 주장에 불구하고 법원은 자유로운 판단할 수 있다(간접사실)(대판 83다191). ④ 제379조. ⑤ 대판 2007다25971은 자유심증설 입장이다.

2) ③. 제424조의 절대적 상고이유에 해당하지 아니하고 제423조 일반상고이유이다. ① 대판 94다10153; 2007다51703. ② 이는 당사자가 전혀 예상하지 못하였던 법률적인 관점에 기한 예상 외의 재판으로 원고에게 불의의 타격을 가하였을 것이기 때문이다(대판 2005다37185). ④ 서증제출 및 증인신문신청에 비추어 증여를 원인으로 한 소유권이전등기 절차 이행청구가 법률적 견해의 착오에 기인한 것이라고 볼 여지가 있다면 석명권을 행사하여 같은 날자의 환지약정을 원인으로 한 소유권이전등기절차이행청구를 주장하려는 취지인지를 명백히 하였어야 한다(대판 94다16601).

음에도 당사자에게 의견진술의 기회를 부여하거나 석명권을 행사하지 않고 제척기간의 경과를 이유로 사해행위 취소의 소를 각하한 것은 법원이 석명의무를 위반한 것이다.

③ 지적의무를 게을리한 채 판결한 경우에는 소송절차의 위반으로 절대적 상고이유가 된다.

④ 증거로 제출된 차용증에 피고는 보증인, 채무자는 제3자로 기재되어 있고, 원고는 피고에 대하여 보증채무의 이행이 아니라 주채무의 이행을 구하고 있는 경우, 이는 당사자의 주장과 그 제출증거 사이에 모순이 있는 경우에 해당하므로 법원이 석명권을 행사하여 이를 밝혀보지 않고 원고의 주장사실을 인정하였다면 석명권 불행사로 인한 심리미진의 위법이 있다.

⑤ 당사자가 전혀 주장하지 아니하는 공격방어방법, 특히 독립한 항변사유를 당사자에게 시사하여 그 제출을 권유하는 것과 같은 행위는 변론주의의 원칙에 위배되는 것이어서 석명권의 한계를 일탈한 것이다.

---

11. 민사소송의 변론주의에 관한 설명으로 옳지 않은 것은?[1] [법무부 2013]

① 당사자가 준비서면에 기재하고 변론절차에서 주장하였더라도 법원이 당사자의 주장에 대하여 반드시 판단해야 하는 것은 아니다.

② 간접사실은 변론에서 당사자의 주장이 없더라도 증거로써 이를 인정할 수 있고, 자백하더라도 구속력이 없다.

③ 당사자 사이에 다툼이 없는 사실은 법원이 이에 구속되어 증거조사를 할 필요 없이 그대로 판결의 기초로 삼아야 한다.

④ 법원은 당사자가 주장하지 아니한 법률효과에 관한 요건사실이나 독립된 공격방어방법에 관하여 새롭게 주장하도록 시사하거나 증거를 제출하도록 권유해서는 안 된다.

⑤ 증거조사의 방식에 관한 규정에 위배한 경우에는 소송절차에 관한 이의권의 포기 또는 상실이 허용되지 않는다.

---

12. 처분권주의와 변론주의에 관한 설명 중 옳지 않은 것은? (다툼시 판례에 의함)[2] [변호사 2014]

① 유권대리에 관한 주장 가운데 무권대리에 속하는 표현대리의 주장이 포함되어 있다고 볼 수 없고, 별도로 표현대리에 관한 주장이 있어야 법원은 표현대리의 성립 여부를 심리판단할 수 있다.

② 건물의 소유를 목적으로 한 토지임대차에서 임대인이 임차인을 상대로 기간만료를 이유로 그 토지에 현존하는 건물철거 및 토지인도청구의 소를 제기하였다. 위 소송에서 피고가 건물매수청구권을 적법하게 행사하여 원고가 건물에 관한 소유권이전등기절차의 이행 및 건물인도를 구하는 내용으로 청구취지변경을 하였더라도, 법원은 피고가 동시이행항변을 하지 않는 한 건물매매대금을 지급받음과 상환으로 소유권이전등기절차의 이행 및 건물인도

---

1) ⑤. 증거조사방식의 위배는 이의권의 포기·상실의 대상이 된다. ④ 대판 2002두7234.

2) ③. 불법행위에 의한 손해배상청구와 채무불이행에 의한 손해배상청구를 별개의 소송물로 파악하는 판례입장에서는 처분권주의에 반한다(대판 2010다28604). ① 대리권이 있다는 것과 표현대리가 성립한다는 것은 그 요건사실이 다르므로 유권대리의 주장이 있으면 표현대리의 주장이 당연히 포함되는 것은 아니다(대판 88다카181; 83다카1489). ② 동시이행의 항변권은 당사자가 이를 원용하여야 그 인정 여부에 대하여 심리할 수 있는 것이다(대판 2005다53187; 90다카25222). ④ 대판 2001다64547. ⑤ 대판 2007다83694; 96다33938; 이와 같이 판단하는 것이 특별한 사정이 없는 한 원고의 청구 중에는 확정된 잔존채무를 변제하고 그 다음에 위 등기의 말소를 구한다는 취지도 포함되어 있는 것으로 해석함이 상당하고, 이는 장래 이행의 소로서 미리 청구할 이익도 인정된다고 할 것이다(대 80다2270).

를 명하는 판결을 내릴 수 없다.

③ 국가 명의로 소유권보존등기가 경료된 토지에 관하여 甲명의의 소유권이전등기가 경료되었는데, 위 토지를 사정받은 乙이 국가와 甲을 상대로 등기말소를 구하는 소를 제기하여, 국가는 乙에게 원인무효인 소유권보존등기의 말소등기절차를 이행할 의무가 있고 甲명의의 소유권이전등기는 등기부취득시효 완성을 이유로 유효하다는 취지의 판결이 확정되었다. 그 후 乙이 국가를 상대로 국가의 불법행위를 이유로 토지의 소유권 상실로 인한 손해배상을 구한 사안에서, 법원은 국가에 대하여 소유권보존등기 말소등기절차 이행의무의 이행불능으로 인한 손해배상책임을 인정할 수 있다.

④ 저당권이 설정되어 있는 부동산을 채무자가 사해행위로 수익자에게 매도한 후 수익자의 변제로 위 저당권설정등기가 말소된 경우, 채권자가 위 매매계약의 취소와 부동산 자체의 반환을 청구하였더라도 법원은 원고의 청구취지변경 없이 가액반환을 명할 수 있다.

⑤ 원고가 피담보채무 전액을 변제하였다고 주장하면서 근저당권설정등기 말소등기절차의 이행을 구하는 소를 제기하였으나 잔존채무가 있는 것으로 밝혀진 경우, 법원은 원고의 반대 의사표시가 없는 한 잔존채무의 지급을 조건으로 근저당권설정등기의 말소를 명하여야 한다.

---

13. 변론주의에 관한 설명 중 옳지 않은 것은? (다툼시 판례에 의함)[1]　　　　　　　　　　[변호사 2015]

① 소멸시효에 대하여 당사자가 본래의 기산일보다 뒤의 날짜를 기산일로 하여 주장할 경우 변론주의의 원칙상 법원은 당사자가 주장하는 기산일을 기준으로 소멸시효를 계산하여야 한다.

② 부동산의 시효취득에 관하여 자주점유인지의 여부를 가리는 기준이 되는 점유의 권원은 간접사실에 불과하므로 법원으로서는 이에 관한 당사자의 주장에 구속되지 아니하고 소송자료에 의하여 판단할 수 있다.

③ 채무불이행으로 인한 손해배상청구권에 대한 소멸시효항변이 불법행위로 인한 손해배상청구권에 대한 소멸시효항변을 포함한 것으로 볼 수는 없다.

④ 법원은 당사자가 시효를 원용하지 않는 경우, 당사자에게 시효를 원용할 의사의 유무를 묻거나 그 원용을 촉구할 의무가 없다.

⑤ 원고가 청구원인을 대여금 청구라고 밝히면서 그에 대한 증거로 약속어음을 제출한 데 대하여 피고가 소멸시효항변을 하면서 「어음법」상 3년의 소멸시효가 적용된다고 주장한 경우, 법원은 직권으로 「민법」 등이 정하는 소멸시효 기간을 살펴 소멸시효 완성 여부를 판단할 수 없다.

---

1) ⑤. 어떤 권리의 소멸시효기간이 어떤지에 관한 주장은 단순한 법률상의 주장에 불과하므로 변론주의의 적용대상이 되지 않고 법원이 직권으로 판단할 수 있다(대판 77다832; 2006다70929). ① 소멸시효의 기산일은 채권의 소멸이라고 하는 법률효과 발생의 요건에 해당하는 소멸시효기간 계산의 시발점으로서 시효소멸 항변의 법률요건을 구성하는 구체적인 사실에 해당하므로 이는 변론주의의 적용대상이라 할 것이고, 따라서 본래의 소멸시효 기산일과 당사자가 주장하는 기산일이 서로 다른 경우에는 변론주의의 원칙상 법원은 당사자가 주장하는 기산일을 기준으로 소멸시효를 계산하여야 하는데, 이는 당사자가 본래의 기산일보다 뒤의 날짜를 기산일로 하여 주장하는 경우는 물론이고, 특별한 사정이 없는 한 그 반대의 경우에도 동일하다(대판 94다35886). ② 대판 96다53789. ③ 구실체법설에 입각하면 소송물이 별개인 채무불이행으로 인한 손해배상청구권에 대한 소멸시효 항변이 불법행위로 인한 손해배상청구권에 대한 소멸시효 항변을 포함한 것으로 볼 수는 없다(대판 96다51110). ④ 취득시효로 어떤 권리를 취득한 것 같이 보이는 사실관계가 소송상 나타나더라도 법원은 그 당사자에게 시효를 원용할 의사의 유무를 묻는다거나 또는 원용을 촉구할 석명의무는 없다(대판 68다1467).

제3관 직권진행주의와 이의권

I. 의 의

우리 민사소송법은 소송절차의 진행 및 심리를 법원의 주도하에 행하는 직권진행주의를 취하고 있고 이 원칙은 법원에 소송지휘권을 부여하는 것에 의하여 구체화되며 당사자에게 소송절차 진행에 관하여 이의권을 인정하여 견제하고 있다.

II. 소송지휘권

1. 개념 및 내용

(1) 개 념

소송절차를 원활·신속히 진행시키고 또 심리를 완전하게 하여 분쟁을 신속·적정하게 해결하기 위해 법원에 인정된 소송의 주재권능이다. 소송지휘는 법원의 직권인 동시에 그 책무이다.

(2) 내 용

(가) **절차의 원활하고 합리적 진행에 관한 조치**로서 기일의 지정·변경·추정, 기간의 재정·신축, 소송절차의 중지, 중단절차의 속행, 변론의 제한·분리·병합, 변론의 재개, 재량이송, 증인 서로의 대질신문 명령 등이 있다.

(나) **절차의 합법적 진행에 관한 조치**로서 관할권 있는 법원에 이송, 소장·상소장의 각하 또는 보정명령, 소나 상소의 각하 등이 있다.

(다) 기일에서 **소송행위의 정리조치**로서 당사자나 대리인, 증인 등에 대한 발언명령·허가·금지 등을 하는 변론의 지휘(13), 법정경찰권행사(법조 58~61) 등이다.

(라) **심리의 집중과 촉진과 분쟁종결에 관한 조치**로서 준비절차에 회부, 요약준비서면의 제출명령, 실기한 공격방어방법의 각하, 증거채부과정에서의 불필요한 증거의 각하, 불필요한 변론의 불허, 명백히 이유없는 청구나 주장의 철회 또는 취하 종용, 화해의 권고 등이 있다.

2. 소송지휘권의 주체 및 형식

(1) 주 체

소송지휘권은 원칙적으로 법원에 속한다. 합의체의 심리는 주로 재판장이 그 대표기관으로서 또는 독립하여(기일의 지정, 공시송달 명령, 소장심사권) 소송지휘권을 갖는다. 수명법관, 수탁판사도 수권사항에 대하여는 소송지휘권을 갖는다.

(2) 형 식

대체로 재판의 형식에 의하고, 변론의 지휘와 같이 사실행위도 있다. 소송지휘의 재판은 불필요하거나 부적당하다고 생각하면 언제든지 취소할 수 있다. 이는 심리의 진행수단인 소송지휘권의 행사에 탄력성을 갖게 하려는 취지이다.

3. 당사자의 신청권

(1) 원칙적으로 소송지휘는 법원의 직권에 속하므로 당사자의 신청은 법원의 직권발동을 촉구하는 의미밖에 없고, 거부하더라도 각하재판이 필요 없다.

(2) 그러나 소송이송, 실기한 공격방어방법의 각하신청, 중단절차에 대한 상대방의 수계신청 등은 당사자에게 소송지휘를 구하는 신청권을 인정하고 있으므로 그 신청에 대한 재판이 필요하다.

Ⅲ. 소송절차에 관한 이의권

1. 의 의

이의권은 법원이나 상대방 당사자의 소송행위가 임의의 소송법규 중 임의규정에 위배되는 경우에 이에 대하여 당사자가 이의를 하여 그 무효를 주장할 수 있는 권능이다(151). 말하지 않는 이의는 포기된다는 당사자주의의 산물이다.

2. 적용범위

이의권의 대상은 "소송절차에 관한 임의규정"에 위배되는 행위만이다.

이에 반하여 소송행위의 내용이나 소송상의 주장에 관한 규정, 강행규정과 훈시규정은 이의권의 대상이 되지 아니한다. 또한 자신의 소송행위는 이의권의 대상이 되지 아니한다. 판례는 불변기간인 항소제기기간 규정은 성질상 강행규정이며 그 기산점되는 판결정본송달 하자는 이의권 포기상실로 치유되지 않는다.[1]

---

1) 대판 78다2448.

3. 이의권의 포기와 상실

(1) 이의권 포기

(가) **의 의**: 당사자가 법원이나 상대방의 소송행위가 절차규정에 위배되었음을 알면서도 이에 대하여 이의하지 않겠다는 취지를 법원에 표시하는 것이다.

(나) **포기의 방식**: 사전포기는 금지된다(소송진행을 당사자가 좌우하는 임의·편의소송금지). 명시적·묵시적으로 가능하나 확정적 의사표시이어야 한다.

(2) 이의권의 상실

법원 또는 상대방의 소송행위가 절차규정에 위배되고 그 규정이 이의 권의 대상인 경우에 당사자가 이를 알거나 알 수 있었을 때에는 지체없이(바로) 이의하지 않으면 그 권리를 상실한다(151). 바로라 함은 이의할 수 있는 기회에 곧바로 이의를 제기하는 것으로 예건대 당해 변론(준비)기일이거나, 기일통지 없이 증거조사가 이루어진 경우에 이해당사자가 다음 변론기일에 출석하여 그 사실을 안 경우에는 그 다음 변론기일을 말한다.[1] 변론종결시까지 이의할 수 있는 것은 아니다.[2]

(3) 포기·상실의 효과

하자가 치유됨. 법원의 소송행위에 위법이 있는 경우에는 양쪽 모두의 포기·상실이 있어야 치유되어 유효하게 된다.

관련판례

1. **판결정본 송달의 하자 (대판 78다2448)**

[**판결요지**] [1] 피고에게 송달되는 판결정본을 원고가 집배인으로부터 수령하여 자기 처를 통하여 피고의 처에게 교부하고 다시 피고의 처가 이를 피고에게 교부한 경우에 위 판결정본의 피고에 대한 송달은 그 절차를 위배한 것이어서 부적법한 송달이다.
[2] 제1심판결 정본의 피고에 대한 송달은 그 절차를 위배한 것이어서 부적법한 송달이라 할 것이며, 불변기간인 항소 제기기간에 관한 규정은 성실상 강행규정이니만큼 그 기간 계산의 기산점이 되는 위 판결 정본의 부적법한 송달의 하자는 이에 대한 피고의 책문권의 포기나 상실로 인하여 치유될 수는 없다.

---

1) 정영환 475.
2) 판례는 변호사법 31조 위반의 소송행위에 대한 이의시기를 사실심의 변론종결시까지로 본다(대판 2003다 15556).

제4관 공개심리주의

1. 의 의

헌법적 요청에서 재판의 심리와 재판의 선고를 일반인이 방청할 수 있는 상태에서 행하여야 한다는 공개심리주의가 적용되는 공개하여야 할 재판은 법률상의 실체적 권리관계 자체를 확정하는 소송사건의 변론절차와 판결의 선고만을 뜻하며, 비송사건절차, 조정절차 등은 제외된다.

2. 공개제한

당사자는 소송사건에 관하여, 비공개심리를 구 할 수 있는가? 소송사건이라도 재판의 심리는 국가의 안전보장, 안녕질서 또는 선량한 풍속을 해할 염려가 있는 때에는 결정으로 공개하지 않을 수 있으나(헌법 109 단서; 법조 57 ① 단서), 이 경우에도 판결의 선고는 반드시 공개해야 한다.

3. 공개주의위반

공개에 관한 사항은 변론조서의 필요적 기재사항이고 공개심리주의의 위배는 절대적 상고이유이다(424 ① 5호).

4. 기록열람과 제한

누구든지 권리구제·학술연구 또는 공익적 목적이 있으면 확정된 기록의 열람을 신청할 수 있으나(162 ②), 사생활의 비밀과 영업비밀의 보호를 위하여 소송기록의 열람을 제한할 수 있다(163).

제5관 쌍방심리주의

1. 의의와 적용범위

쌍방심리주의는 소송의 심리에 있어서 당사자 양쪽에 평등하게 진술할 기회를 주는 것으로 당사자평등의 원칙 또는 무기평등의 원칙이라고도 한다. 양당사자에게 공평하게 법적 심문청구권 내지 적법절차가 보장되어 재판받을 권리와 기회의 균등을 실질적으로 실현하고자 한다. 결정으로 완결한 사건과 강제집행절차에는 반드시 쌍방심리주의에 의하지 아니한다.

2. 쌍방심리주의 구현 제도

중요쟁점에 대한 의견진술의 기회보장(규칙 28조 ②), 소송절차의 정지, 대리인 제도 등은 쌍방심리주의를 실현하기 위한 제도이다.

3. 위반효과

본인·대리인이 출석할 기회가 없이 패소의 판결을 받은 경우 대리권의 흠을 이유로 상소(424 ① 4호) 또는 재심(451 ① 3호), 추후보완상소(173)를 제기할 수 있다.

제6관 구술심리주의

> **제134조(변론의 필요성)** ① 당사자는 소송에 대하여 법원에서 변론하여야 한다.
> **규칙 제28조(변론의 방법)** ① 변론은 당사자가 말로 중요한 사실상 또는 법률상 사항에 대하여 진술하거나, 법원이 당사자에게 말로 해당사항을 확인하는 방식으로 한다.
> ② 법원은 변론에서 당사자에게 중요한 사실상 또는 법률상 쟁점에 관하여 의견을 진술할 기회를 주어야 한다.

1. 의의와 활성화

구술심리주의(口述審理主義)는 당사자 및 법원의 소송행위 특히 변론 및 증거조사를 말로 행하는 원칙이다. 소송관여자 간에 즉각적인 의사소통이 가능한 구술주의에 관하여 현행법은 '당사자는 소송에 대하여 법원에서 변론하여야 한다'고 규정하고(134 ①) 있으나 실무상 구술주의의 형해화 내지 서면변론의 경향이 있어서 2007년 개정 민사소송규칙(28 ①)은 '변론은 당사자가 말로 중요한 사실상 또는 법률상 사항에 대하여 진술하거나, 법원이 당사자에게 말로 해당사항을 확인하는 방식으로 한다'고 규정하는 등 구술주의의 활성화를 꾀하고 있다.

2. 서면주의에 의한 보완

망각하기 쉬운 구술심리가 가지고 있는 단점을 보완하기 위하여 소·상소·재심의 제기, 소·상소의 취하, 청구의 변경, 참가, 관할합의 등의 중요한 소송행위, 법률심인 상고심, 결정으로 완결할 사건, 준비서면, 조서, 판결서작성 등은 서면주의에 의하고 있다.

제7관 직접심리주의

> **제204조(직접주의)** ① 판결은 기본이 되는 변론에 관여한 법관이 하여야 한다.
> ② 법관이 바뀐 경우에 당사자는 종전의 변론결과를 진술하여야 한다.
> ③ 단독사건의 판사가 바뀐 경우에 종전에 신문한 증인에 대하여 당사자가 다시 신문신청을 한 때에는 법원은 그 신문을 하여야 한다. 합의부 법관의 반수 이상이 바뀐 경우에도 또한 같다.

1. 의 의

직접심리주의(直接審理主義)는 재판을 하는 법관이 직접 변론을 듣고 증거조사를 행하여야 하고 판결은 그 변론에 관여한 법관이 하는 것이다(204 ①).

2. 예 외

판결하는 법관 모두가 계속해서 심리에 관여할 수 없는 경우에는 소송경제상 다음과 같이직접심리주의의 예외를 인정하고 있다.

(1) 변론의 경신절차: 변론에 관여한 법관이 바뀌어서 변론절차를 경신하는 경우에는 당사자가 새 법관의 면전에서 종전의 변론결과를 진술하거나 법원이 당사자에게 쟁점을 확인하는 방식으로 한다(204 ②, 규칙 55).

(2) 수명법관·수탁판사에 의한 증거조사: 증거조사를 법정 내에서 실시하기 어려운 사정이 있을 때에도 수명법관·수탁판사에게 증거조사를 시키고 그 결과를 기재한 조서를 판결자료로 하도록 하였다(297, 298).

(3) 재판장 등에 의한 변론준비절차: 쟁점 및 증거의 정리가 필요하여 거치게 된 변론준비절차는 재판장 또는 수명법관이 주재하고 그 결과를 변론기일에 상정시키게 된다(279 이하).

제8관 적시제출주의

> 제146조(적시제출주의) 공격 또는 방어의 방법은 소송의 정도에 따라 적절한 시기에 제출하여야 한다.

1. 의 의

적시제출주의(適時提出主義)는 당사자가 공격 또는 방어의 방법을 소송의 정도에 따라 적절한 시기에 제출하여야 한다는 원칙(146). 증거제출의 엄격한 순서를 정하여 실권의 제재를 가하는 法定순서주의 또는 동시제출주의에 대하여 프랑스혁명 이후 자유주의적 思潮에서 수시제출주의가 등장했으나 소송을 지연시키는 도구로 남용되어 현행법은 집중심리주의를 채택하면서 적시제출주의를 취한다.

2. 적시제출주의의 실효성확보책

적시제출주의의 실효성확보책으로 재정기간제도(제출기간의 제한)(147), 실기한 공격방어방법의 각하(149①), 변론준비기일을 거친 경우의 실권효(285), 석명에 불응하는 공격방어방법의 각하(149②), 중간 판결의 내용과 저촉되는 주장의 제한(201), 상고이유서제출기간 지난 뒤의 새로운 상고이유의 제한(427, 431), 소장송달 받은 날로부터 30일 이내에 답변서제출의무부과(256) 등이 있다. 또 임의관할위반, 소송비용의 담보제공, 중재합의 존재 등의 방소항변은 본안에 관한 변론 전까지 가능하도록 하여 시기에 늦은 항변을 제약하여 적시제출을 유도하고 있다.

3. 실기한 공격방어방법의 각하의 요건과 효과

(1) 시기에 늦은 공격방어방법의 제출이 당사자에게 고의 또는 중과실이 있고 이를 심리하면 각하할 때보다 소송의 완결이 지연될 것이 필요하다.

(가) 항소심에서 **시기에 늦었는지의 여부**를 판단할 때는 항소심이 속심구조이고 제149조가 총칙규정이고 신속한 재판을 위한 제149조의 취지와 제1심 중심주의를 강화하기 위하여 1심과 2심을 합쳐서 판단하고,[1] 지연 여부 판단은 시기에 늦은 공격방어방법을 조사하기위하여 각하하는 것보다 별도의 기일이 필요하여 절차가 더 오래 걸리면 지연되는 것으로 결정한다는 **절대설**[2]과 가상적인 적시에 제출한 경우보다 실기한 현실의 제출로 소송이 지연되는 경우만 지연으로 보는 **상대**

---

1) 대판 4294민상1122.
2) 이시윤, 309; 정동윤·유병현, 294.

설이 있다.[1] 예컨대 해외여행중인 증인을 늦게 신청하는 경우 절대설은 시기에 늦었다고 보나 상대설에서는 어차피 새 기일이 필요한 상황이었다면 실기한 것으로 보지 않는다.

생각건대, 소송의 신속성은 재판의 적정성이 퇴색해지는 것을 막기 위한 부차적인 가치이며 사건의 해결에 결정적인 증거까지 무시하면서 신속하게 소송을 진행해야 할 만한 절대적 가치를 지닌 것은 아니라는 상대설도 수긍되는 점이 있으나, 실제로 적시에 제출했어도 지연되었는지의 여부를 판단하기가 어렵고 제149조의 기능을 강화시키기 위해서는 절대설이 타당하다고 본다.

(나) 증거방법 중 **유일한 증거**도 지연을 이유로 각하할 수 있는지에 관하여는 재판의 신속을 도모하기 위해서는 다른 증거와 동일하게 취급하여 각하할 수 있다는 **긍정설**과 신속성이 절대적 가치는 아니고 실체적 진실발견을 위해서는 각하할 수 없다는 **부정설**이 있고 판례도 나뉘는 바(시기에 늦은 유일한 증거를 각하할 수 있다는 67다2628판결, 각하할 수 없다는 62다315판결), 유일한 증거는 조사하여야 하나 제149조의 취지에 반하는 증거신청까지 받아주어야 한다고 볼 수 없으므로 긍정설이 타당하다.

(다) 당사자 측의 고의·중과실이 있는지 판단함에 있어서는 출혈적이고 기판력이 발생하는 **상계항변**은 조기에 제출하는 것을 기대하기 어려우나 고의적인 지연제출이거나 자동채권의 존재가 의심스러워 그 항변이 소송지연책으로 보이고 상계항변의 당부를 판단하기 위하여 새로운 증거조사가 필요하여 소송완결을 지연될 가능성이 있을 때에는 각하할 수 있다.[2] **건물매수청구권**도 형성권이고 독자적인 권리행사가 가능하나 마찬가지로 볼 것이다.

(2) 각하는 직권 또는 상대방의 신청에 따라 하며 각하요건이 갖추어져도 법원의 재량으로 각하 여부를 판단할 수 있다는 재량설이 통설이며 제149조는 소송촉진을 위한 공익적 규정이므로 기속적으로 판단해야 한다는 견해도 있다.[3]

4. 적시제출주의에 위반

적시제출주의에 위반된 공격방어방법은 재제출이 금지되며, 소송비용부담의 제재가 있다(100).

---

1) 호문혁, 410
2) 대판 2003다44387, 44394.
3) 송상현·박익환, 234.

5. 적시제출주의의 예외(적용배제)

실체적 진실발견이 절실한 직권탐지주의나 직권조사사항에 관해서는 적시제출주의의 적용이 배제된다.

제9관 집중심리주의

1. 집중심리주의와 병행심리주의

집중심리주의(集中審理主義)는 소송의 초기단계에서 사건을 분류하고, 조기에 쟁점과 증거를 정리하여, 증명의 대상이 될 사실을 명확히 한 다음 집중적인 증거조사를 실시하는 계속집중형 심리(繼續集中型 審理)로서 소송촉진, 직접주의와 구술주의의 실현을 도모하고 있다(272). 이에 반해 동일기일에 여러 사건을 동시에 심리하는 병행심리주의는 산발형 심리(散發型 審理)로서 수시제출주의와 결합하여 소송(訴訟)이 지연되어 소송(訴訟)이 장기화되기 쉽고 이로 인하여 법관이 바뀌는 경우 간접주의로 전락되고, 기일간의 간격이 길어짐으로 인한 기억의 한계로 구술주의가 몰각되는 문제 있다.

2. 집중심리주의 전제

집중심리주의를 실현을 위해서는 쟁점이 사전에 명확한 부각, 사전에 충분한 증거수집, 기일연속의 제도적 보장, 당사자 측 협조적인 태도 등이 전제되어야 한다.

3. 집중심리주의의 내용

현행법상 규정하고 있는 집중심리주의는 소송자료의 조기충실화와 무변론판결사건의 분류(규칙 62, 65), 변론집중을 위한 쟁점정리절차(279 이하; 규칙 70 ③ ~⑤, 70의 2),첫 변론기일에서의 변론종결(287)을 위한 집중증거조사(293), 계속심리주의(규칙 72 ①) 등을 구체적인 내용으로 한다.

<선택형>

1. 실기한 공격방어방법의 각하에 관한 설명 중 옳지 않은 것은? (다툼시 판례에 의함)[1]

---

1) ④. 항소심만을 기준으로 판단한다는 소수설도 있으나, 판례에 의하면 항소심에서 시기에 늦었는지의 여부는

① 공격방어방법이 시기에 늦게 제출된 것이어야 한다.
② 시기에 늦은 것이 당사자의 고의나 중과실에 의하여야 한다.
③ 그 공격방어방법을 채택하면 소송의 완결이 지연되는 경우이어야 한다.
④ 항소심의 경우 시기에 늦은 것인지의 여부는 당해 심급만을 기준으로 판단한다.
⑤ 시기에 늦게 공격방어방법을 제출한 경우에는 비록 승소를 한 경우에도 증가된 만큼의 소송비용을 부담하게 된다.

제4절 변론의 내용

제1관 본안의 신청과 주장

Ⅰ. 의 의

변론에서 당사자의 소송행위는 자기에게 유리한 판결을 구하는 본안신청의 단계와 이를 뒷받침하기 위한 주장과 증명을 하는 공격과 방어의 단계로 구성된다. 본안신청단계에서 상대방이 다투지 않거나(인낙), 사실주장단계에서 상대방이 다투지 아니하는(재판상 자백) 경우가 아니면 다음 단계의 소송행위에 의하여 뒷받침되어야 한다. 원고가 입증책임을 지는 사실을 다투는 부인과 달리 피고가 적극적으로 방어방법을 주장하는 항변이 있다. 법원은 쟁점을 확인하고 당사자의 의견진술기회를 보장하여 변론을 진행한다.

Ⅱ. 본안의 신청

변론은 원고가 소장에 기재한 청구취지에 따라 특정한 내용의 판결을 구하는 진술하여 본안에 관한 종국판결을 구하는 본안의 신청으로부터 시작하고, 이에 대하여 피고는 소각하 또는 청구기각하여 달라는 반대신청을 한다.

신청에는 본안신청 이외에 관할지정·소송이송·제척기피·기일지정·변론재개·조사촉탁 등의 소송절차에 관한 신청인 소송상 신청이 있다.

제1심과 항소심을 통하여 판단한다.

Ⅲ. 공격방어방법

법원의 판단자료를 제공하는 행위인 공격방어방법의 제출에는 원고가 자기의 청구를 이유 있게 하기위하여 제출하는 공격방법과 피고가 원고의 청구를 배척하기 위하여 제출하는 방어방법이 있다. 공격방어방법은 자료의 성질에 따라 법률상·사실상 주장과 증거신청이 주된 것이고 넓게는 증거의 부적법을 다투는 증거항변과 소송의 요건·방식의 당부에 관한 주장인 절차이의권도 포함한다.

1. 주 장 (진술)

(1) 법률상의 주장(진술)

법률상의 주장은 협의로는 구체적인 권리관계에 관한 법률적 판단의 주장이다. 변제에 의한 채권소멸의 주장이나 손해배상의무가 있다는 주장 등이다. 상대방이 그 주장을 인정하는 취지의 진술을 해도 법원은 이에 구속되지 않음이 원칙이다.

광의로는 외국법을 포함한 법규의 존부·내용·해석·적용에 대한 주장도 포함된다. 이에 대한 당사자의 주장은 법원의 참고사항임이 원칙이다. 그러나 법원이 적용가능성이 있는 법적 관점에 대하여는 당사자에게 의견을 진술할 기회를 주어야 한다(136 ④).

(2) 사실상의 주장(진술)

(가) 의 의

사실상 주장은 구체적 사실의 존부에 대한 당사자의 지식이나 인식을 법원에 보고하는 당사자의 진술이다. 사실은 권리의 발생·변경·소멸이라는 법률효과의 판단에 직접적으로 필요한 사실인 주요사실, 경험칙에 의하여 주요사실을 추인케 하는 간접사실, 증거능력이나 증거력에 관계되는 보조사실로 구분된다.

(나) 소송상의 효과

1) 주요사실의 주장책임: 변론주의에서는 당사자가 주장하지 아니한 주요사실은 판결의 기초로 할 수 없으므로 주장책임 있는 자는 주장되지 아니한 사실에 대하여 그러한 사실이 없다고 불리하게 판단받을 수 있다.

2) 철회가능성: 원칙적으로 당사자는 주장한 후에도 임의로 철회·정정이 가능하다. 다만 자기에게 불리한 진술을 상대방이 원용한 뒤에는 재판상 자백이 되어 철회가 제한된다(288 단서).

3) 조건·기한의 원칙적 불가: 사실상의 주장은 절차의 안정성 유지를 위

하여 원칙적으로 조건·기한을 붙일 수 없다. 다만, 소송 내적 조건인 예비적 주장이나 가정적 주장은 허용된다.

(다) 상대방의 답변태도

당사자의 사실상의 주장에 대하여 상대방의 태도는 부인, 부지, 자백, 침묵으로 나눌 수 있고, 나아가 항변을 할 수 있다.

1) **부 인**: 상대방이 증명책임을 지는 주장사실을 진실이 아니라고 부정하는 진술이다. 상대방은 주장사실을 증명하여야 한다. 부인에는 상대방의 주장을 단순히 부정하는 단순부인(직접부인)과 상대방의 주장과 양립되지 않는 별개의 사실을 적극적으로 이유를 붙여 주장하는 적극부인(간접부인·이유부 부인)이 있다. 예컨대 원고의 대여금반환청구에 대하여 피고가 '대여받은 사실이 없다'고 주장하면 단순부인이고 '금전을 받았으나 대여가 아니라 증여받은 것이다'라고 주장하면 적극부인이다. 원고의 주장과 양립할 수 없다.

2) **부 지**: 상대방의 주장사실을 알지 못한다는 진술로서 부인으로 추정한다(150③). 그러나 자기가 관여한 행위나 서증을 부지라고 할 수 없다(독일 민소법 138④). 그럼에도 부지라고 진술하는 경우 법원은 이에 관하여 석명하고 석명에 불응하여 계속 부지하면 다투지 아니한 것으로 보아 자백으로 불리하게 보아야 할 것이다.

3) **자 백**: 자기에게 불리한 상대방의 주장사실을 시인하는 진술이다. 변론주의에서는 자백한 사실은 증명할 필요가 없고 재판의 기초로 한다(288).

4) **침 묵**: 상대방의 주장사실을 명백히 다투지 않는 것이며 변론전체의 취지로 보아 다툰 것으로 인정될 경우를 제외하고는 자백한 것으로 간주한다(150①). 당사자가 기일에 불출석한 경우에도 침묵에 준하여 자백으로 본다(150③). 다만, 자백이나 침묵해도 방어포기는 아닐 수 있다. 별개의 항변이 가능하고 원고의 청구가 주장 자체로 이유가 없을 수 있다.

2. 증거신청(입증)

상대방이 다투는 부지·부인사실에 대하여는 이를 입증하기 위한 증거신청이 필요하다. 증거신청에 대하여 상대방은 부적법, 불필요하다고 주장하는 증거항변을 할 수 있다.

Ⅳ. 항 변

1. 의 의

(1) 항변은 피고가 원고의 청구를 배척하기 위하여 소송상 또는 실체상 이유를 들어 적극적인 방어를 하는 것이다. 실체법상의 항변권(동시이행항변, 검색의 항변)과 구별된다. 항변에는 실체법상 효과에 관계있는 본안의 항변과 실체법상 효과에 관계없는 소송상 항변이 있다.

(2) 예컨대 원고의 대여금청구에 대하여 피고가 '금전을 대여 받았으나 변제했다'는 주장처럼 원고의 주장의 법률효과를 전제로 하면서도 원고의 주장을 배척하기 위하여 원고의 주장과 양립이 가능한 다른 요건사실의 진술이다.

2. 소송절차상의 항변

(1) 본안전 항변: 법원의 직권조사사항인 소송요건(기판력, 무권대리)의 흠결에 대한 주장으로서 진정한 의미의 항변이라 할 수 없고 직권발동의 촉구의미만 있다.

(2) 방소항변: 중재합의존재(중재 9), 임의관할위반(30)은 양립가능성과는 관계없지만 당사자가 주장해야 법원은 판단할 수 있다.

(3) 증거항변: 증거신청 각하를 구하거나 증거조사결과를 채용치 말아달라는 진술이다. 증거신청의 채택 여부는 직권사항이고 증거력의 여부도 법관의 자유심증이므로 본래의 의미의 항변은 아니다.

3. 본안의 항변

(1) 원고의 청구를 배척하기 위하여 원고의 청구원인사실이 진실임을 전제로 이와 양립 가능한 별개의 반대규정의 요건사실의 주장이다.

(2) 종 류

권리장애항변은 의사무능력, 강행법규위반, 원시적 이행불능의 주장처럼 원고주장의 권리근거규정에 기한 권리발생을 처음부터 방해하는 권리장애규정사실의 주장이다. 권리소멸항변은 변제, 공탁, 소멸시효 등 채권소멸원인, 후발적 이행불능 주장처럼 일단 발생한 권리를 소멸시키고자하는 주장이다. 권리저지항변은 유치권, 동시이행항변권의 주장처럼 권리행사를 저지시키는 주장이다.

4. 피고항변에 대한 원고의 태도

원고는 피고의 항변에 대하여 자백, 침묵, 부인, 부지, 재항변할 수 있다.

예컨대 원고의 대여금청구, 피고의 동시이행항변, 원고의 상계재항변, 피고의 자동채권의 무효(불공정행위)주장 등을 들 수 있다.

5. 항변과 부인의 구별

(1) 구별의 기준

(가) 양립 가능성 여부에 관하여 항변은 상대방주장과 양립가능하나 부인은 양립불가하다.

(나) 별개사실의 주장요부에 관하여 항변과 간접부인은 별개사실을 주장하여야 하나, 단순부인은 필요 없다.

(2) 구별의 실익

(가) 주장·증명책임 분배에 관하여 주장·증명책임이 항변은 항변제출자에게, 부인은 상대방에게 있다.

(나) 판결이유의 설시에 관하여 항변은 배척판단 설시필요하나, 부인은 배척판단 설시가 필요 없다.

Ⅴ. 소송에 있어서 형성권의 행사

1. 私法상 형성권에 기한 항변과 문제점

해제권, 취소권, 상계권 등 형성권(形成權)을 행사하는 방법으로는 ① 형성권을 소송전 또는 소송외에서 행사한 후 私法상 효과를 소송상 주장하는 경우와, ② 소송에서 비로소 형성권을 행사하고 동시에 항변하는 경우가 있다.

①의 경우는 요건·효과를 私法 또는 소송법에 의하여 판단할 수 있기 때문에 특별한 문제가 없으나 ②의 경우는 소송에서 하나의 행위만 나타나기 때문에 그 법적 성질이 문제된다. 특히 상계의 항변이 시기에 늦은 방어방법으로 각하되거나 소가 취하된 경우 상계의 私法상 효과는 어떤지가 문제된다.

2. 법적성질

(1) 양행위 병존설併存說(사법행위설私法行爲說)

형성권행사라는 私法行爲와 그러한 의사표시가 있었다는 법원에 대한 진술(항변)하는 소송행위의 2개의 행위가 병존한다고 본다. 각 행위는 실체법과 소송법에 의해 그 요건·효과기 띠로 각 규율된다. 이 견해는 피고가 반대채권을 갖고 상계항변시 그것이 실기 각하된 경우에, 상계의 私法상의 효과는 유효하여 피고의 반대채권(자동채권)은 소멸되지만, 소송법상 상계항변은 각하되어 원고의 소구채권소멸의 효과는 생기지 않아 결국 피고의 반대채권만 대가없이 없어지는 불합리한 결과 발생한다.

(2) 양 성 설

사법행위와 소송행위 두 가지 성질을 모두 갖춘 1개의 법률행위라고 본다. 상계항변이 각하되어 소송행위가 효력 없으면 私法상의 효과도 소멸된다. 이 견해는 현행 법제가 실체법과 소송법을 분리하고 있는 것에 반하는 해석이다.

(3) 소송행위설

순수한 소송행위로 그 요건과 효과는 전적으로 소송법의 규율이고 상계의 사표시가 아닌 상계항변을 인용한 법원의 판결에 의해 상계의 私法상 효과가 발생한다고 본다. 이 견해는 상계(형성권)가 실체법상 권리임에도 불구하고 전적으로 소송법에 의해서 규율되는 것은 부당하다.

(4) 신병존설

원칙은 병존설에 따르되, 상계항변에 포함된 의사표시는 유효하게 법원의 판단을 받게 될 때에만 그 私法상의 효과를 발생케 하려는 조건부 의사표시로 보고 상계항변이 각하되면 반대채권은 존재한다고 본다. 이 견해는 상계의사표시에는 조건을 붙이지 못한다는 민법 제493조 1항 단서에 반하는 면이 있다.

(5) 판례는 소제기로써 계약해제권을 행사하면서 원상회복에 기한 반환청구를 구한 후 그 뒤 그 소송을 취하하여도 해제권은 형성권이므로 그 행사의 효력에는 아무런 영향을 미치지 아니한다고 병존설적으로 판시한 바 있으나,[1][2][3] 다만 해제권 외에 상계항변이 있는 경우 소취하나 각하, 실기한 공격방어방법 각하 등의 경우에는 아직 판시가 없다. 한편, 대판2011다3329 사건에서는 상계항변이 있었으나 소송절차 진행중 조정이 성립됨으로써 수동채권의 존재에 관한 법원의 실질적인 판단이 없는 경우 그 소송절차에서 행하여진 소송상 상계항변의 사법상 효과가 발생하지 않는다고 판시하였고[4] 대판 2013다95964 사건에서는 상계항변은 통상 수동채권의 존재가 확정되는 것을 전제로 하여 행하여지는 일종의 예비적 항변으

---

1) 대판 80다916.
2) 이시윤, 386; 정동윤·유병현, 430; 정영환 509.
3) 이 판례는 피고가 반대채권으로 한 상계항변이 각하된 경우의 효력에 대한 것이 아니어서 위 학설들과 무관하다는 견해도 있다(김일룡, 371).
4) 대판 2011다3329.

로서 소송상 상계의 의사표시에 의해 확정적으로 효과가 발생하는 것이 아니라 당해 소송에서 수동채권의 존재 등 상계에 관한 법원의 실질적 판단이 이루어지는 경우에 비로소 실체법상 상계의 효과가 발생한다고 신병존설적으로 판시하였다.[1]

(6) 검토컨대 피고의 의사에 부합하고, 민법 제493조 1항 단서는 소송상 행사되고 소송상 판명될 조건이므로 소송절차를 불안하게 하지 않으므로 예외로 허용할 수 있으므로 신병존설이 타당할 것이다.

≪사례≫ 甲은 乙에게 함흥냉면용 면발기계를 1천만원에 팔았는데 乙이 아직 매매대금을 지급하지 않는다고 주장하면서 대금지급청구의 소를 제기하였다. (다음 각 질문은 상호 독립적임)[2]

[1] 乙이 원고 甲주장의 청구원인사실을 부인하면 甲은 어떠한 주장을 할 것인가?

[2] 乙이 원고 甲주장의 청구원인사실을 다투자 甲이 현재는 甲과 乙이 기계의 성능과 가격을 협의 중이라고 진술하였다면 법원은 어떤 판단을 하여야 할 것인가?

[3] 乙이 대금지급의무가 없다고 다퉈서 甲이 기계는 이미 乙에게 인도되어 乙이 그 기계를 사용 중이라고 주장하였다면 乙은 어떠한 반응을 보일 수 있는가?
그럼에도 부지라고 답변했다면? 자백으로 볼 것인가 부인으로 볼 것인가?

[4] 乙이 대금지급의무가 없다고 다투기 위하여 甲과 乙이 기계의 성능과 가격을 협의 중이라고 진술하였다면 甲은 어떠한 소송행위를 할 것인가?

[5] 乙이 대금지급의무가 없다고 다투기 위하여 甲에게 매매대금을 이미 지급하였다고 주장하면 乙의 주장의 성질은 무엇이고 甲은 이에 대하여 어떠한 소송행위를 할 것인가?

[6] 乙이 대금지급의무가 없다고 다투기 위하여 甲과 乙이 기계의 성능과 가격을 협의 중이라고 진술하고 가사 백보를 양보하여 계약이 체결되었다 하더라도 이미 甲에게 매매대금을 지급하였다고 주장하였다면 乙 주장의 성질은 무엇이고 甲은 이에 대하여 어떠한 소송행위를 할 것인가?

[7] 乙이 대금지급의무가 없다고 다투자 甲이 기계는 이미 乙에게 인도되어 乙이 그 기계를 사용 중이라고 주장하였다. 그러자 乙은 본래 그 기계는 100만원밖에 안 되는 것인데 그 기계를 한 번도 사 본 경험이 없는 자기를甲이 속여 1천만원을 지급하도록 계약을 체결한 사실을 주장하였다. 불공정계약체결사실에 대하여 법원은 진위불명이라고 판단되었다면 법원은 결국 어떤 판단을 할 것인가?

[8] 乙이 대금지급의무가 없다고 다투자 甲이 기계는 이미 乙에게 인도되어 乙이 그 기계를 사용 중이라고 주장하였다. 이에 대하여 乙은 아직 甲이 기계를 인도받지 않았다고 乙이 주장하였고 그것이 사실임이 인정되면 법원은 어떠한 판단을 할 것인가?

[9] 乙은 방어하기 위하여 甲로부터 乙의 매매대금채무를 면제받았다고 주장하였다. 이에 대하여 甲은 채무를 면제한 것은 사실이나, 그 면제 의사표시는 적법하게 취소되었다고 주장하였다. 그러나 법원은 취소 여부에 관하여 그 진위를 파악할 수 없었다. 법원은 사실관계를 어떻게 확정할 것인가?

---

1) 대판 2013다95964; 대판 2012다107662.
2) 호문혁, 441 참조함.

[10]원고 甲의 대여금청구에 대하여 피고 乙이 시효소멸의 항변하자 甲이 시효소멸완성 전에 가압류되어 소멸시효가 중단되었다고 주장하는 것은 재항변인가?

사례해설

[1] 乙이 부인한 것이므로 매도인 甲은 청구원인상의 요건사실로 민법 563조 규정에 따라 ① 매매대상물을 매수인에게 이전하기로 약정한 사실(재산권이전의 약속) ② 매수인 乙은 매매목적물재산권이전약속에 대한 대가로서 대금을 지급하기로 약정사실(대금지급약속)을 주장하고 법관이 확신하도록 입증하여야 한다. 대금지급시기미도래, 매매목적물의 인도없음 또는 소유권불이전사실 등은 항변사유이다.

[2] 甲 주장 자체로 매매체결이 되지 않은 사실을 주장한 것이다. 이는 주장의 일관성이 없는 사례이다. 법원은 특별한 다른 사정이 없는 한 甲의 청구를 이유 없다고 기각한다. 乙은 아무런 행위를 할 필요가 없다.

[3] 甲의 주장이 일관성이 있고 이미 이행하였다는 것을 내용으로 주장하면 일단 대금청구권의 요건사실을 주장한 것이다. 이에 대하여 乙은 부인, 부지, 자백, 침묵할 것이다. 자기가 관여한 사실을 부지라고 답변할 수 없다. 그럼에도 부지라고 답변하면 법원은 어떻게 처리할 것인가?

[4] 乙이 甲의 계약체결사실 주장과는 양립할 수 없는 다른 사실을 주장하는 것으로 이는 甲의 주장사실을 부정되게 되어 부인에 해당되어 甲은 청구원인사실을 증명하여야 한다.

[5] 乙은 변제항변을 한 것이고 이에 대하여 甲은 부인, 부지, 자백, 침묵할 것이고 재항변할 수도 있다.

[6] 乙은 부인하고 예비적으로 변제항변을 한 것으로 이것을 가정항변이라 한다. 이에 대하여 甲은 부인, 부지, 자백, 침묵할 것이다. 가정항변(假定抗辯)은 어떤 주장이 인정되지 아니할 경우를 예측하여, 당초의 주장과 동시에 주장이 인정된다면 무의미한 다른 사실을 가정적·예비적으로 진술하는 것을 가정주장(예비적 주장)이라고 하며 가정주장이 항변으로서 행하여지는 경우를 가정적 항변 또는 예비적 항변이라 한다. 예를 들면 피고가 차용사실을 부인하는 동시에, 가령 차용하였다고 하더라도 이미 변제하였다고 항변하는 경우를 말한다. 판결이유 중의 판단에는 기판력이 없으며(202), 다수의 주장·항변 등 어떠한 것을 판결이유로 하더라도 무방하므로 법원은 당사자가 정한 순위에 구속되지 않고 어느 것이나 선택하여 승소시킬 수 있다.

[7] 불공정한 법률행위(민법 104)이어서 그 매매계약은 무효라는 권리불발생항변(권리장애항변)하였다. 그러나 이 사실이 진위불명이라고 판단되면 결국 증명책임이 항변자에게 있으므로 불공정한 법률행위사실을 인정할 수 없다. 결국 매매는 유효하게 인정될 것이다.

[8] 갑과 을은 특별한 약정이 없는 한 동시이행의 관계에 있으므로 乙의 주장은 동시이행의 항변권(민법 536 ①)을 주장한 것이다. 乙의 위 항변이 이유가 있으면 법원은 甲의 청구를 기각하는 것이 아니라 상환으로 이행하라는 판결을 한다.

[9] 乙의 면제 항변에 대하여 甲은 면제취소라는 재항변을 한 것이다. 면제취소사실인 재항변사유가 진위불명이면 법원은 면제사실을 확정하게 된다.

[10]이에 대하여 재항변이라는 견해와[1] 이는 시효가 완성되지 않은 것을 주장하는 것으로 시효항변에 대한 부인에 해당하며 재항변이 아니라는 견해가 있다.[2] 어느 견해가 타당하다고 보는가? 그 근거는 어떤가?

---

1) 이시윤, 385.
2) 호문혁, 434.

제2관 소송행위 일반(一般)

I. 소송행위의 의의와 종류

당사자의 소송행위는 소송절차를 형성하고 그 요건과 효과가 소송법에 의하여 규율되는 행위를 말한다(요건 및 효과설). 반드시 변론절차에서만 소송행위를 할 수 있는 것은 아니나 주로 변론절차에서 이루어진다.

(1) 소송전·소송외의 소송행위와 변론상의 소송행위

소송행위의 시기·장소의 관점에 의한 구분으로서 전자는 관할합의, 중재합의, 소송위임 등이 있는데 사법상의 계약 중의 하나의 조문에 체결되므로 사법행위와의 구별이 문제된다.

(2) 신청·주장·증거신청·소송법률행위

변론상 소송행위에 대한 내용상 분류이다. 신청·주장·증거신청은 앞에서 살펴봤고, 소송법률행위(訴訟法律行爲)는 소송법상의 법률효과의 발생을 목적으로 하는 의사표시로서 소취하 같은 단독행위와 관할합의와 같은 소송계약이 있다.

(3) 취효적 소송행위와 여효적 소송행위

취효적(取效的) 소송행위는 신청·주장·증거신청 등 자료제공행위로서 적법성과 이유구비 여부의 2단계 평가를 거쳐 법원의 응답이 필요하다. 법원응답 전까지 철회 가능하다.

여효적(與效的) 소송행위는 소 취하, 청구포기·인낙, 화해, 소송고지 등과 같이 재판 없이 바로 소송법상의 효과가 발생하고, 유·무효만 문제되고 철회할 수 없음이 원칙이다. 의사표시의 흠이 있는 경우 민법 제109조·제110조를 유추하여 취소할 수 있는지가 문제된다.

II. 소송행위의 특질

소송행위는 사법상의 법률행위와 다른 소송절차 본래의 요청에서 독자적인 법리의 규율을 받는다.

1. 인적(人的) 요건

당사자가 소송행위를 유효하게 하기 위해서는 당사자능력·소송능력·변론능력을 갖추어야 하고 대리인은 대리권을 갖추어야 한다.

2. 소송행위의 방식

소송행위는 변론주의 및 구술주의의 요청상 변론절차에서 말로 함이 원칙이다(134 ①; 규칙 28). 그러나 예외로 소·상소의 제기, 청구취지의 변경, 소취하 등은 서면에 의하여야 한다(248, 425, 262).

3. 소송행위의 조건과 기한

私法행위와 달리 소송행위는 원칙으로 조건과 기한을 붙일 수 없다. 다만 예비적 신청과 예비적 주장은 소송 중에 판명될 수 있으므로 절차의 안정을 해칠 우려가 없기 때문에 허용된다.

4. 소송행위의 철회

(1) 철회의 자유

당사자의 소송행위는 처분권주의와 변론주의상 원칙적으로 철회할 수 있음이 원칙이다.

(2) 철회제한

그러나 상대방이 그 행위로 인하여 유리한 지위를 취득하거나 법원이 응답한 이후에는 다음과 같은 구속적(拘束的) 소송행위가 되어 철회가 제한된다.

(가) 취효적 소송행위

취효적 소송행위를 한 당사자에게 불리하거나 또는 상대방에 일정한 법률상 지위가 형성된 소송행위로서 예컨대 소제기 후 피고 본안응소, 증거신청에 증거조사 개시된 경우 등이다.

(나) 여효적 소송행위

재판상 자백, 청구의 포기·인낙, 소송상 화해, 소·상소의 취하 등도 구속적 소송행위이다.

(3) 구속적 소송행위이라도 다음의 경우는 철회할 수 있는 예외가 있다.

(가) 형사상 처벌할 수 있는 타인의 행위로 인한 소송행위

제451조 1항 5호의 취지를 유추하여 재판상 처벌받을 행위로 인하여 소송행위가 이루어진 때에는 판결의 확정을 기다려 재심의 소를 제기할 것이 아니라 그 소송절차 내에서 간편하게 소송행위를 부정할 수 있다. 판례는 유죄판결이 확정되고 소송행위에 부합하는 의사 없는 외형만 존재해야 한다고 하나,[1] 이는 피해자의 구제의 길을 지나치게 좁힌 것이라는 비판이 유력하다.

　　(나) **상대방의 동의**

　　상대방의 동의가 있으면 증거조사개시 후의 증거신청과 재판상자백의 철회가 인정된다.

　　(다) **진실에 반하고 착오에 의한 자백**

　　취소주장자는 반진실과 착오임을 다 입증해야 취소할 수 있다(288 단서). 다만 진실에 반함이 증명되면 변론전체의 취지만으로 착오를 인정할 수 있다.

　　5. 의사의 흠(하자)있는 경우 민법규정 유추적용 여부

　　(1) 구속적 소송행위에 관하여 사기·강박·착오 등 민법상 원인으로 소송행위를 취소할 수 있는지에 관하여, 민법에는 당사자가 행한 법률행위에 관해 후에 무효를 주장하거나 취소를 주장하는 규정이 있지만, 민소법에는 당사자가 행한 소송행위의 무효나 취소를 인정하는 규정이 존재하지 않는다.

　　(2) 사기·강박·착오가 있는 소송행위 중 소송절차를 조성하는 전형적 소송행위(자백 등)는 원칙적으로 취소할 수 없고, 소송 전·외 소송행위(관할합의, 불항소합의)는 절차안정을 해할 염려가 적어 민법규정을 유추하여 취소할 수 있다. 따라서 소송 중 행위인 소·상소취하, 청구의 포기·인낙, 화해 등의 절차종료행위에 관하여 취소할 수 있는지에 대하여 논의가 있다.

　　(가) **민법규정 불유추설(재심규정유추설)**은 소송절차의 안정을 위해 외관주의, 표시주의의 관철을 근거로 민법을 유추할 수 없어 취소할 수 없으나, 예외적으로 형사상 처벌할 수 있는 다른 사람의 행위로 인하여 한 소송행위에 재심사유에 해당하는 하자가 있을 경우에는 제451조 1항 5호를 유추하여, 또 상대방의 동의가 있는 경우에는 취소나 철회할 수 있다는 입장이다. 제451조 2항의 유죄판결의 확정까지 요구하지는 않고 소송절차 내에서 재심사유를 고려하면 된다는 입장이다(그래서 재심규정유추설이라고도 한다). 통설이다.

　　(나) **민법규정 유추설**은 소송절차를 종료시키는 행위는 절차안정과 무관하므로 민법규정을 유추가능하다는 견해이다.

　　(다) 판례는 소와 상소의 취하, 소송상 화해 등에서 강박에 의한 것임에도 취소할 수 없다는 하자불고려설의 입장이나 가처분취소가 사기, 강박 등 형사상 처벌을 받을 다른 사람의 행위로 이루어진 경우에도 유효하며 원칙적으로 유죄확정판결을 받고 소송행위에 부힙되는 의사 없이 외형만 존재한 경우에 한하여 제451

---

1) 대판 2000다42939·42946.

조 1항 5호, 2항의 규정을 유추해석하여 그 효력을 부인할 수 있다고하여 취소를 더 제한하고 있다.[1]

(라) 검토컨대 청구의 포기·인낙, 화해는 조서가 작성되면 기판력 있고 (220), 준재심(461) 이외 구제수단을 인정 않는 것이 우리 법제이므로 민법규정을 유추할 수 없다고 할 것이다. 그러나 소취하는 착오에 의한 경우는 법적 안정성의 요청 때문에 민법규정을 유추할 수 없어 취소할 수 없지만,[2] 사기·강박과 같이 제451조 1항 5호의 다른 사람의 형사처벌받을 행위에 의하여 소·상소취하가 있는 경우에는 이를 취소할 수 있다고 할 것이다. 다만 유죄확정판결이 필요한지에 관하여 논의되나 민사법원에서 형사처벌받을 행위인지를 판단하는 것은 무리이므로 유죄확정판결 등이 요구되어야 할 것이다.[3]

따라서 다른 자의 형사처벌받을 범죄행위에 의하여(451 ① 5호) 소취하한 경우에 유죄확정판결이 있으면(451 ②) 재심규정을 유추하여 기일지정신청을 하면서 소취하의 무효를 주장할 수 있다고 할 것이다.

6. 소송행위의 흠과 치유

(1) 흠 있는 소송행위

소송행위가 인적 요건을 갖추지 못하였거나, 방식이나 내용이 소송법규에 위배되거나, 기한이나 소송외적 조건을 충족하지 못한 경우에는 흠 있는 행위로서 원칙적으로 무효이나 법적 안정성과 소송경제를 위하여 일정한 경우에는 치유되어 유효로 되는 경우 있다.

(2) 하자의 제거 및 치유

① 소장부본이 잘못 송달된 경우 하자 없는 새로운 송달을 하거나, ② 소송능력 흠결시 법정대리인의 추인, ③ 인지부족, 주소불명 등 형식적 요건을 구비 못한 경우 이를 보정하거나, ④ 소송행위에 하자가 있어도 재판의 확정 또는 이의권의 포기·상실된 경우, ⑤ 무효행위의 전환이 있다.

(3) 무효행위의 전환은 하자있는 소송행위가 당사자가 의도하는 목적과 같은 다른 소송행위의 요건을 갖추었으면, 요건을 갖춘 다른 소송행위로서 효력을 갖는 것으로 인정할 것이다. 다만 이는 소송행위의 해석에 의하여 구제가능하므로 표

---

1) 대판 82다카963.
2) 대판 2003나46758.
3) 김홍엽, 469.

시주의와 외관주의에 따르는 소송행위에 민법상 무효행위의 전환규정을 유추적용할 필요가 없다는 견해가 있다.[1] 공동소송참가신청이 헌법소원 청구기간을 도과한 경우 이를 공동소송적보조참가로 인정한 헌법재판소 결정이 있다.[2]

7. 소송행위의 해석

(1) 불상소합의와 같은 소송행위의 해석은 내심의 의사가 아닌 철저한 표시주의와 외관주의에 따라 그 표시를 기준으로 하여야 하고 표시된 내용과 저촉되거나 모순된 해석을 할 수 없다.

(2) 당사자의 의사를 참작한 객관적·합리적 의사해석과 외부로 표시된 행위에 의하여 추단되는 당사자의 의사조차도 불분명하다면, 가급적 소극적 입장에서 그러한 합의의 존재를 부정할 수밖에 없을 것이다.[3]

Ⅲ. 소송상 합의 (소송계약)

1. 소송상 합의의 의의

소송상 합의(소송계약訴訟契約)는 특정한 소송에 대해 어떤 법률효과를 목적으로 하는 당사자간의 합의이다. 관할의 합의(29), 첫 기일변경의 합의(165 ②), 불항소합의(390 ① 단서) 등 명문의 규정이 있는 경우가 있다. 명문규정이 없는 경우에도 이를 일반적으로 인정할 것인가와 소송상 합의에 위반한 행위의 효력은 어떤가가 문제된다.

2. 허용성(적법성)

(1) 명문의 규정이 없는 경우 허용 여부에 관하여 ① 편의소송의 금지취지상 계약자유의 원칙이 허용되지 않는다는 **부적법설**이 있었으나, ② 부제소합의, 부집행합의 등 당사자의 의사결정의 자유가 확보된 처분권주의, 변론주의의 범위 내에서 당사자가 합의의 법적 효과를 명확히 예측하고 합의한 때에는 적법하다고 보는 **적법설**이 오늘날 통설·판례이다.[4]

---

1) 김홍엽, 478. 대판 4292민상524는 독립당사자 참가인이 참가취지 중 피고에 대한 본건 계쟁건물의 소유권 확인청구 부분을 취하하여 당초의 독립당사자참가의 성질을 상실하고 참가인이 원고의 피고에 대한 청구의 기각을 구하는 참가취지 부분만이 잔존하는 경우 참가인의 일부취하 후 참가유지에 관한 진술은 이를 피고를 위한 보조참가의 신청이라고 해석할 것이다고 판시하고 있다. 이는 무효행위의 전환이라기보다는 소송행위 해석에 의하여 구제가능할 것이다

2) 헌재 2005헌바872·918.

3) 대판 83다카1981; 2000다17803.

4) 대판 20011다80449.

(2) 단, 전속관할에 관한 관할합의, 증거력 계약, 소송요건에 관한 합의 등 강행법규를 배제하려는 합의는 무효이다.

3. 법적 성질

통설·판례 입장에서 적법하다고 보는 소송상 계약의 법적 성질에 관하여 견해가 나뉜다.

(1) 사법계약설

사법계약설(私法契約說)은 소송상의 사항에 대하여 약정대로 사법상 부작위·작위의무를 발생시키는 계약으로 본다. 이 견해에서도 합의불이행시의 구제수단에 관하여는 ① 의무불이행시 별소로 제소해야 한다는 의무이행소구설, ② 의무불이행시 상대방에게 항변권발생하여 당해 소송에서 주장 가능하다는 항변권발생설이 있다. 후자가 다수설이다.

(2) 소송계약설

직접적으로 소송법상 효과가 발생하여 소송절차 내에서 합의시 직권으로 소송종료선언하고 소송절차 외에서 합의시 피고가 이를 항변으로 주장한 때에 소송종료선언을 한다.

(3) 발전적 소송계약설(병존설)

소송계약으로 보면서도 소송법상의 처분적 효과와 의무부과적 효과까지 발생한다고 한다.

(4) 판례는 강제집행취하계약은 공법상 권리를 처분하는 것이어서 이를 허용할 수 없으므로 그 이행은 제소할 수 없고,[1] 부제소특약·소취하계약을 어긴 경우 권리보호이익이 없다고 하여 항변권발생설 입장에 있으나,[2] 불항소 합의는 직권조사사항으로 보고 있다.[3] 이와 같이 판례는 소송상 합의를 구체적 사례에 따라 그 성질을 달리 보고 있다.

(5) 검토컨대 의무이행소구설은 의무불이행에 대한 구제가 우회적이고, 소송계약설은 소취하계약과 소취하 자체를 동일시하여 문제가 있고, 발전적 소송계약설은 소송계약에서 사법적 권리·의무를 도출할 수 있는지 의문이다. 따라서 항변권 발생설이 타당하다.

---

1) 대판 66다564.
2) 대판 68다1665; 81다1312.
3) 대판 79다2066.

4. 유효요건

사법계약설에 따르면 소송계약자는 *私法상* 행위능력과 대리권이 있으면 족하고 소송능력과 소송상의 대리권은 필요 없게 된다. 따라서 의사표시에 관하여 민법규정이 유추적용되며 조건·기한을 부과할 수 있다. 또한 서면으로 하는 관할합의나 불항소의 합의와 같은 특별한 규정이 없으면 서면이든 말로써 하든 무방하다.

5. 효 력

(1) 소송상 합의의 효력은 계약당사자와 일반승계인에게 미친다. 소송물인 채권의 특정승계인은 채권양도가 있는 경우 이에 부수하는 권리관계는 승계인에게 이전되므로 양도인이 한 합의효력은 양수인에게도 미친다. 그러나 소송물인 권리관계가 법률상 정형화된 물권이 승계된 경우 물권법정주의의 제약과 공시방법이 없는 점에서 물권의 특정승계인에게는 합의효력이 미치지 않는다.

(2) 소송상 합의의 객관적 범위는 합의대상인 특정분쟁에 한하는 것이 원칙이다. 소송계약이 *私法상* 계약과 동시에 행해진 경우 *私法상* 계약이 무효라도 소송계약은 별개로 효력이 발생한다.

▨ 관련판례

1. **소송상 계약 (대판 2007다52317,52324)**

   [요지] 구체적인 사건의 소송 계속중 그 소송 당사자 쌍방이 판결선고 전에 미리 상소하지 아니하기로 합의하였다면 그 판결은 선고와 동시에 확정되는 것이므로, 이러한 합의는 소송당사자에 대하여 상소권의 사전포기와 같은 중대한 소송법상의 효과가 발생하게 되는 것으로서 반드시 서면에 의하여야 할 것이며, 그 서면의 문언에 의하여 당사자 쌍방이 상소를 하지 아니한다는 취지가 명백하게 표현되어 있을 것을 요한다.

   [해설] 판결 선고전의 불상소 합의는 반드시 서면에 의하여 한다는 것과 서면에 불상소합의의 존부에 관한 당사자의 의사해석방법에 대해 설시한 점에서 의의가 있다.

<선택형>

1. 원고가 매매를 원인으로 한 부동산소유권이전등기절차이행청구사건에 관한 다음의 피고의 변론내용 중 항변에 해당하는 것은?[1]

---

1) ③. 후발적 이행불능, 소멸시효의 완성, 해제조건의 성취 등은 권리소멸의 항변이다. ① 피고는 원고가 주장하는 매매계약의 체결사실은 인정하지만, 자기를 위한 계약이 아니라 소유자를 대리하여 매매계약을 체결한 것이므로 원고가 주장하는 대로 법률효과를 인정할 수 없다는 부인이다. ② 피고는 증여하기로 한 것인데 그 후 증여

① 피고는 본건 부동산의 소유자를 대리하여 원고와의 사이에 매매계약을 체결한 것이다.
② 피고는 본건 부동산을 원고에게 증여하기로 한 것인데 그 후 증여의사를 철회하였다.
③ 피고가 원고와의 사이에 매매계약을 체결한 후에 본건 부동산을 타인에게 매도하고 소유권이전등기를 경료하여 주었다.
④ 원고가 아닌 다른 사람과의 사이에 본건 부동산에 관한 매매계약을 체결하였다.

---

2. **원고가 3억원의 대여금청구사건에 관한 다음의 피고의 변론내용 중 항변인 것은?**[1]

① 본건 소비대차에 관하여 피고는 대리인으로서 원고와 소비대차계약을 체결한 것이다.
② 원고가 청구하는 본건 금원은 원고가 증여하기로 한 것이다.
③ 피고가 원고로부터 차용한 금액은 1억원이다.
④ 원고가 아닌 다른 사람으로부터 대여 받은 것이다.
⑤ 원고가 본건 대여금을 청구하는 것은 공서양속에 위반된다.

---

3. **대여금 5억원 청구사건에 대한 피고의 답변 중 항변에 해당하는 것은?**[2]

① 대여받은 것이 아니고 증여받은 것이다.
② 돈이 없어서 변제할 수 없다.
③ 차용하기로 약정하였으나 돈을 받지 못하였다.
④ 돈을 받은 일은 있으나 도박자금으로 받은 것이다.
⑤ 대여받은 금액이 5억원이 아니고 3억원이다.

---

4. **소송행위와 법률행위의 조건 또는 기한에 관한 설명 중 옳지 않은 것은?** (다툼시 판례에 의함)[3]

① 소송행위는 원칙적으로 조건과 기한을 붙일 수 없으나 예비적 신청과 예비적 주장은 허용된다.
② 조건의 성취로 불이익을 받을 당사자가 신의성실에 반하여 조건의 성취를 방해할 경우 상대방은 조건이 성취된 것으로 주장할 수 있고, 이 경우 조건이 성취된 것으로 의제되는 시점은 방해행위가 없었더라면 조건이 성취되었을 것으로 추산되는 시점이다.
③ 이행기가 도래하지 않았거나 조건이 성취되지 않은 청구권에 관하여 채무자가 미리 채무의 존재를 다투기 때문에 이행기가 도래하거나 조건이 성취되었을 때에 임의이행을 기대할 수 없는 경우, 채권자는 장래이행의 소를 제기할 수 있다.
④ 법률행위에 조건이 붙어 있는지의 여부에 대한 증명책임은 그 조건의 존재를 주장하는 자에게 있다.
⑤ 채무자의 무자력으로 강제집행의 곤란에 대비하기 위하여도 장래이행의 소가 허용된다.

의사를 철회하였다고 원고의 주장을 부인이다. ④ 원고와의 계약체결사실을 부정하는 진술로서 부인이다.
1) ⑤. 강행법규위반을 주장하는 권리장애의 항변이다.
2) ④. 권리장애의 항변이다.
3) ⑤. 채무자의 무자력으로 강제집행의 곤란에 대비하기 위하여는 가압류사유일 뿐 장래이행의 소를 제기할 미리 청구할 필요가 있는 경우가 아니다. ① 예비적 주장과 신청은 소송 내에서 판명될 수 있어서 절차의 안전을 해칠 우려가 없으므로 허용된다. ② 대판98다42356.

제5절 변론의 실시

Ⅰ. 변론의 경과

변론은 변론준비기일을 거친 경우 당사자가 그 결과의 진술로써 하고, 그 외의 경우는 원고가 이미 제출된 소장에 기하여 본안신청진술로 **개시**되며 피고가 소각하·청구기각의 반대신청을 하고, 이어서 각 당사자는 변론에서 중요한 법률상·사실상의 사항을 **진술**하고 법원은 당사자에게 쟁점을 확인하고 의견진술의 기회를 주는 **방식**에 의하고(규칙 28) 판결하기에 성숙하면 변론을 **종결**한다.

Ⅱ. 변론의 정리

1. 변론의 제한

쟁점이 복잡한 경우 변론대상을 한정하는 조치로서 예컨대, 본안전항변이 있으면 이에 관한 조사에 한정하는 것 등이다.

2. 변론의 분리

청구가 여럿인 경우 관련성 없거나 일부 판결하기에 성숙한 경우 그 청구를 별개로 심리하는 것이다.

3. 변론의 병합

같은 종류의 소송절차에서 별개로 진행하는 각 청구 간에 법률상의 관련성 있으면 같은 소송절차에서 심리하는 것을 명하는 것이다. 병합의무있는 경우(상법 188. 회사설립무효의 소) 외에는 법원의 재량이다. 단지 심리만 동시에 행하는 변론의 병행과 구별된다.

변론병합 전에 각 사건의 증거조사결과가 병합사건에 공통의 증거자료가 되는지가 문제되나 병합으로 공동소송으로 된 경우는 원용이 필요할 것이다. 원용이 필요 없다는 견해도 있다.

Ⅲ. 변론의 재개

변론종결 후 심리미진 등 필요시 재량으로 재개할 수 있다. 다만 재심사유,

결정적인 요증사실을 재개사유로 제출한 때는 재개의무가 인정해야 할 것이다.[1] 특히 변론재개신청을 한 당사자가 변론종결 전에 그에게 책임을 지우기 어려운 사정으로 주장·증명을 제출할 기회를 제대로 갖지 못하였고, 그 주장·증명의 대상이 판결의 결과를 좌우할 수 있는 관건적 요증사실에 해당하는 경우 등과 같이, 당사자에게 변론을 재개하여 그 주장·증명을 제출할 기회를 주지 않은 채 패소의 판결을 하는 것이 민사소송법이 추구하는 절차적 정의에 반하는 경우에는 법원은 변론을 재개하고 심리를 속행할 의무가 있다. 또한 법원이 사실상 또는 법률상 사항에 관한 석명의무나 지적의무 등을 위반한 채 변론을 종결하였는데 당사자가 그에 관한 주장·증명을 제출하기 위하여 변론재개신청을 한 경우 등과 같이 사건의 적정하고 공정한 해결에 영향을 미칠 수 있는 소송절차상의 위법이 드러난 경우에는, 사건을 적정하고 공정하게 심리·판단할 책무가 있는 법원으로서는 그와 같은 소송절차상의 위법을 치유하고 그 책무를 다하기 위하여 변론을 재개하고 심리를 속행할 의무가 있다.[2]

Ⅳ. 변론의 갱신과 일체성

1. 변론의 갱신

(1) 변론의 갱신은 재판부 법관이 바뀐 경우에 변론을 진행하려면 당사자에게 반드시 종전의 변론결과를 진술시키는 절차이다(204 ②). 또 소송이송에 있어서 이송 전에 변론이 진행된 경우, 환송된 사건의 심리를 시작하는 경우, 재심사건의 본안심리에 들어가는 경우[3] 등에도 변론의 갱신을 한다. 이는 소송경제상 직접심리주의를 완화한 것이라 할 수 있다.

(2) 변론의 갱신은 출석한 당사자만이 개괄적으로 종전 변론결과를 진술하는 것으로 족하고 종전의 변론내용을 구체적으로 하나씩 들어 다시 진술하는 것은 아니며, 조서에도 '변론갱신 양쪽 대리인 종전 변론결과 진술'이라고만 기재한다.

(3) 변론갱신절차를 거쳐야 함에도 이 절차 없이 변론을 종결하면 판결의 기본이 된 변론에 관여하지 아니한 법관이 판결을 한 것으로 되어 위법하다. 그러나 그 후의 변론종결에 즈음하여 '소송관계 표명, 증거조사결과 변론' 등의 진술이 되

---

1) 대판 2005다53886.
2) 대판 2010다20532.
3) 대판 66다1639.

어 있으면 위법이 치유된다.[1]

    (4) 한편, 소액사건은 신속한 진행을 위하여(소액 9 ②), 변론준비기일에서는 그 진행단계의 성질상, 판결선고기일은 변론을 하는 것이 아니므로 각 갱신절차를 거칠 필요가 없다.

2. 변론의 일체성

    변론의 일체성은 변론 갱신 등이 있는 등 변론을 수회 열어도 소송자료로서 동일한 효력을 갖는다는 원칙이다.

V. 변론조서

1. 의 의

    변론조서는 변론의 경과를 명확하게 기록보존하기 위하여 법원사무관 등이 작성하는 문서이다.

2. 조서의 기재사항

    변론조서는 사건의 표시, 법관과 법원사무관등의 성명, 출석한 당사자·대리인·통역인과 출석하지 아니한 당사자의 성명, 변론의 날짜와 장소, 변론의 공개 여부와 공개하지 아니한 경우에는 그 이유 등 형식적 기재사항(153 1호 내지 6호)[2]과 화해, 청구의 포기·인낙, 소의 취하와 자백 등의 당사자의 소송행위, 증인·감정인의 선서와 진술 등의 증거조사의 결과, 재판장이 적도록 명한 사항과 당사자의 청구에 따라 적는 것을 허락한 사항, 서면으로 작성되지 아니한 재판, 재판의 선고와 같은 실질적 기재사항을 명확하게 기재한다(154). 소액사건에서는 판사의 허락 하에 조서기재를 생략할 수 있다.

3. 조서의 기재방법

    (1) 통상의 방식은 기본적 변론조서, 증거조사조서, 증거목록 등으로 나누어 기재한다. 조서에는 서면, 사진, 그 밖에 법원이 적당하다고 인정한 것을 인용하고 소송기록에 붙여 이를 조서의 일부로 삼을 수 있다(156).

---

1) 대판 66다1639.
2) 조서에는 법원사무관 등이 형식적 기재사항을 직고, 재판장과 법원사무관등이 기명날인한다. 다만, 재판장이 기명날인할 수 없는 사유가 있는 때에는 합의부원이 그 사유를 적은 뒤에 기명날인하며, 법관 모두가 기명날인 할 수 없는 사유가 있는 때에는 법원사무관등이 그 사유를 적는다(153 단서).

(2) 조서에 갈음하는 녹음과 속기를 할 수 있다. 법원이 필요하다고 인정할 때와 당사자의 신청이 있고 특별한 사정이 없을 때에는 변론의 전부나 일부를 녹음하거나 속기하도록 명하여야 한다(159 ①). 녹화테이프, 광디스크 등으로 녹화하여 재생할 수 있는 매체를 이용하여 변론의 전부나 일부를 녹음·녹화하여 조서의 기재에 갈음할 수 있다(규칙 37 ①).

4. 조서의 공개

(1) 소송관계인에의 소송기록의 열람·복사신청권이 인정된다(162 ①).

(2) 사생활비밀과 영업비밀이 적혀 있는 조서는 당사자에게만 한정하여 열람·복사가 가능하도록 제한할 수 있다(163 ①).

(3) 일반공개되어 일반인도 권리구제·학술연구목적상 확정된 소송기록열람신청가능하다. 그러나 비공개사건이나 소송관계인의 동의가 없으면 열람이 제한된다(162 ②~④).

5. 조서의 정정(訂正)

완성된 조서에 잘못된 기재에 대하여 이의가 정당하면 조서의 기재를 정정한다. 이의제기하였으나 이유가 없다고 인정될 경우에는 조서에 그 취지를 적는다(164).

6. 조서의 증명력

변론방식에 관해서는 법정증거주의가 적용되어 절대적 증명력이 인정된다. 그 기재를 반증을 들어 복멸할 수 없다(158). 변론방식은 변론의 일시·장소, 공개 유무, 당사자와 대리인의 출석 여부, 관여법관, 판결의 선고사실 및 그 일자 등의 외형적인 형식을 말한다. 그러나 변론내용에 관하여는 일응의 증거로서 진실한 것이라는 강한 증명력만 있을 뿐이다.[1]

<선택형>

1. **변론조서에 관한 설명 중 옳지 않은 것은?**[2]

    ① 재판장은 변론을 녹음하거나 속기하는 경우 등의 특별한 사정이 있는 경우 법원사무관등을 참여시키지 아니하고 변론기일을 열 수 있고, 이 경우 법원사무관 등은 그 기일이 끝난

---

1) 대판 2001다6367.
2) ④. 재판장이 기명날인할 수 없는 때에는 합의부원이 그 사유를 적은 뒤에 기명날인하며, 법관 모두가 기명날인할 수 없을 때에 법원사무관 등이 그 사유를 적는다(153). 나머지는 민사소송법 조문이다

뒤에 재판장의 설명에 따라 조서를 작성하고, 그 취지를 덧붙여 적어야 한다.

② 법원은 필요하다고 인정하는 경우 변론의 전부 또는 일부를 녹음하거나 속기자로 하여금 받아 적도록 명할 수 있고, 당사자가 녹음 또는 속기를 신청하면 특별한 사유가 없는 한 이를 명하여야 한다.

③ 조서에 적힌 사항에 대하여 관계인이 이의제기한 때에는 조서에 그 취지를 적어야 한다.

④ 조서에는 원칙적으로 재판장과 법원사무관 등이 기명날인하나, 재판장이 기명날인할 수 없는 사유가 있는 때에는 법원사무관 등이 그 사유를 적은 뒤에 기명날인한다.

---

2. 변론에 관한 다음 설명 중 옳지 않은 것은?[1]　　　　　　　　　　　　　　[법전협2013. 2차]

① 같은 심급의 변론과정에서 법관이 바뀐 경우뿐만 아니라 소송이송이나 항소에 의하여 법관이 바뀐 경우에도 변론의 갱신이 필요하다.

② 변론의 재개는 법원이 직권으로 하지만, 재개하지 않으면 위법한 절차가 되는 경우가 있다.

③ 변론공개의 유무에 대해서는 원칙적으로 변론조서에 의해서만 증명할 수 있다.

④ 항소심에서 양쪽 당사자가 2회 이상 불출석하고 1월 이내에 기일지정신청이 없는 경우 소가 취하된 것으로 간주한다.

⑤ 준비서면에 적지 아니하여 상대방이 출석하지 아니한 변론기일에서 주장하지 못하는 사실에는 주요사실만이 아니라 간접사실도 포함된다.

제6절 변론기일 결석(기일의 해태)

I. 서 설

당사자가 적법한 기일통지를 받고도 필요적 변론기일에 불출석 하거나 출석하여도 무변론의 경우를 기일의 결석(缺席) 또는 해태(懈怠)라 한다. 판결은 구술변론을 거쳐서 행하여야 하므로(134①) 당사자 쌍방 또는 일방이 변론기일에 결석하면 소송을 진행할 수 없어서 소송을 원활히 진행할 수 없고 일정한 경우 판결을 할 수 없게 된다. 따라서 우리 법은 한쪽 당사자 결석의 경우에는 진술간주와 자백간주로, 양쪽 당사자 결석의 경우에는 소취하간주의 불이익효과로 소송지연을 방지하고 소송경제를 도모하고 있다.

---

1) ④. 소 취하가 아니라 상소심에서는 상소를 취하한 것으로 본다(268④). ① 제204조 2항. ② 대판 2010다
20532. ③ 제158조. ⑤ 그러나 법률상 진술이나 상대방의 주장에 대한 부인·부지의 진술은 할 수 있다.

Ⅱ. 당사자의 결석의 요건

(1) **변론준비기일과 필요적 변론기일**에 한하여 문제된다. 변론을 여는 것이 법원의 재량인 임의적 변론(결정으로 완결되는 사건)에서는 당사자의 결석이 문제되지 않는다.

(2) 당사자가 **적법한 기일통지**를 받고 불출석한 경우라야 한다. 송달불능·송달무효로 인한 불출석은 기일해태가 아니다. 간이한 송달방법으로 한 기일통지도 적법한 기일통지라고 할 것이나 기일해태의 불이익은 줄 수 없다(167 ②). 공시송달의 경우 자백간주효과가 생기지 아니하고(150) 진술간주와 소취하간주의 효과도 생기지 않는다는 견해도 있으나[1] 소제기 후 원고도 송달불능이 되어 공시송달로 진행한 경우에는 진술간주와 소취하간주가 가능하다.

(3) 당사자의 **결석** 또는 **출석하였으나 무변론**한 경우이다. 당사자와 대리인도 모두 출석하지 않은 경우이다. 당사자가 출석해도 진술금지의 재판, 퇴정명령, 임의퇴정한 경우도 불출석한 것으로 간주된다. 피고가 청구기각만의 판결을 구하고 사실상의 진술을 않은 경우와 단순히 기일변경을 구하는데 그치는 경우도 변론을 한 것으로 인정하는 것이 타당할 것이다(반대견해 있음).

Ⅲ. 양쪽 당사자의 결석: 소의 취하간주

양쪽 당사자가 기일에 2회 결석(缺席)하고 1월 이내에 기일지정신청을 하지 아니하거나 새로 지정된 기일에 결석하면 소취하한 것으로 간주한다. 이를 소의 의제적 취하라고도 한다. 실무상 쌍불취하 또는 3불취하라 한다.

1. 취하간주의 요건

(1) 양쪽 당사자가 1회 결석하면 재판장은 속행기일을 지정한다. 그 후 지정된 기일에 양쪽 당사자가 2회 결석 하여야 한다. 연속적 2회 결석할 필요는 없다. 기일은 동일 심급이어야 한다. 따라서 파기환송 전후의 2회 결석으로는 취하간주되지 않는다.[2]

또 동종 기일이어야 한다. 변론준비기일과 변론기일은 동종기일이 아니다.[3]

---

1) 이시윤, 406.
2) 대판 73다209.
3) 대판 2004다69581.

양자는 심리주체와 공개 여부가 다르기 때문이다.

동일한 訴가 유지되는 동안 2회 결석하여야 한다. 따라서 교환적 청구변경 전후의 2회 결석으로는 취하간주되지 않는다.

(2) 양쪽 당사자가 2회 결석 후 1월 내에 기일지정신청이 없거나(쌍불취하) 기일지정신청 후 지정된 기일 이 후에 양쪽 당사자의 결석이 있어야 한다(3불취하).

2. 취하간주의 효과

(1) 취하간주되면 소송계속이 소급적으로 소멸된다.

이를 간과하고 심리하던 중 발견한 경우에는 법원은 바로 심리를 종결하고 소송종료선언의 판결을 하여야 하고, 본안판결을 한 경우에는 상소법원은 소송종료선언(訴訟終了宣言)을 해야 한다.

(2) 상소심에서 쌍불취하 또는 3불취하의 경우 상소의 취하로 본다(268 ④). 이 경우 원판결은 확정된다.

Ⅳ. 한쪽 당사자의 결석

현행 민사소송법은 한쪽 당사자가 기일에 결석한 경우 불출석자에게 불이익한 패소판결이 가능한 궐석판결주의(缺席判決主義)를 취하지 아니하고, 마치 출석하여 진술하였거나 자백한 것으로 보고 절차를 진행시키는 대석판결주의(對席判決主義)의 입장을 취하였다.

1. 진술간주

(1) 의 의

진술간주(陳述看做)는 한쪽 당사자가 변론기일에 출석하지 아니하거나 출석하고서도 본안에 관하여 변론하지 아니한 때에는 그가 제출한 소장·답변서, 준비서면에 기재한 사항을 진술한 것으로 보는 것이다(148①). 진술간주는 소송지연을 방지하고 서면제출자의 기일출석의 시간과 노력을 최소화하여 소송경제를 도모한다.

(2) 요 건

(가) 적법한 기일통지를 받고도 필요적 변론기일에 결석 또는 출석하고도 변론하지 아니하고,

(나) 진술한 것으로 간주되는 <u>서면</u>을 세출하여야 한다. 서면은 실질적으로

준비서면이면 족하다.

(3) 효 과

(가) 제148조의 진술간주를 적용할 것인지의 여부는 법원의 재량이다. 따라서 법원은 변론을 진행할 수도 있고 기일을 연기할 수도 있다. 다만 출석한 당사자만으로 변론을 진행할 때에는 반드시 불출석한 당사자가 그 때까지 제출한 소장·답변서, 그 밖의 준비서면에 적혀 있는 사항을 진술한 것으로 보아야 한다.[1]

(나) 다만, 청구의 포기·인낙은 그 의사표시가 적혀 있는 서면을 공증사무소의 인증을 받아 법원에 제출되고 변론이 진행되어야 성립된 것으로 본다(148②).

(다) 또 당사자가 진술한 것으로 보는 답변서, 그 밖의 준비서면에 화해의 의사표시가 적혀 있고 공증사무소의 인증을 받은 경우에, 상대방 당사자가 변론기일에 출석하여 그 화해의 의사표시를 받아들인 때에는 화해가 성립된 것으로 본다(148③).

(4) 진술간주의 한계

(가) 판례에 의하면 원고가 관할권 없는 법원에 제소한 경우 피고가 본안에 관한 사항을 기재한 답변서만을 제출한 채 불출석한 경우 진술간주되어도 변론관할은 발생히지 않는다.[2]

(나) 준비서면에 증거를 첨부하여 제출하고 기일에 불출석한 경우 주장에 관하여는 진술간주되어도 증거신청의 효과는 발생하지 않는다.[3] 이에 대하여는 서증조사를 신속하게 하도록 준비서면에 서증인부를 기재하게 한 규정(274②)과 부합하지 않는다는 비판이 있다.

2. 자백간주

(1) 의 의

자백간주(自白看做)는 공시송달에 의하지 아니한 방법으로 기일통지서를 송달받은 당사자가 답변서·준비서면 등 아무런 서면도 제출하지 아니하고 불출석하면 출석한 당사자의 주장사실에 대하여 마치 출석하여 명백히 다투지 아니한 것처럼 자백한 것으로 간주하는 것이다(150)

(2) 요 건

① 공시송달에 의하지 않은 기일통지를 받아야 한다(150③ 단서).

---

1) 대판 2008다2890.
2) 대판 80다403.
3) 대판 91다15775.

② 답변서·준비서면 등을 제출하지 않고 결석하여야 한다(148).

③ 변론 전체의 취지로 보아 다투지 않았어야 한다(150 ① 단서).

(3) 효 과

자백간주가 성립되면 법원은 구속되나 당사자는 구속되지 않는다. 당사자는 사실심 변론종결시까지 다투어 자백간주됨을 막을 수 있다.[1] 이는 상대방의 신뢰형성이 아직 없기 때문이다. 재판상 자백은 취소가 제한되는 것과 다르다.

≪질문≫ 불리한 사실을 진술한 준비서면을 제출하고 변론기일에 불출석한 경우 재판상 자백인가 자백간주인가?

[답변] 피고가 후에 구속력을 부인할 수 있는 자백간주로 볼 것이다.

<선택형>

1. **변론에서 당사자의 불출석에 관한 설명 중 옳지 않은 것은?** (변호사를 선임하지 않고 당사자 본인이 소송을 수행하는 것으로 가정함)[2]   [변호사 2012]

   ① 당사자가 민사소송법 제144조에 의해 진술을 금지당한 경우, 변론속행을 위하여 정한 새 기일에 그 당사자가 출석하더라도 그 기일에 불출석한 것으로 취급될 수 있다.
   ② 변론기일에 한쪽 당사자가 결석한 경우, 변론을 진행할지 기일을 연기할지는 법원의 재량에 속한다.
   ③ 공시송달의 방법으로 기일통지서를 송달받은 당사자가 당해 변론기일에 출석하지 아니하고 아무런 준비서면도 제출하지 않은 경우, 법원은 그 당사자가 상대방의 주장을 자백한 것으로 본다.
   ④ 원고가 청구포기의 의사표시가 적혀 있는 준비서면에 공증사무소의 인증을 받아 이를 제출하고 변론기일에 결석한 경우, 변론이 진행되었다면 청구의 포기가 성립된 것으로 본다.
   ⑤ 제1심에서 당사자 쌍방이 변론기일에 결석하여 법원이 새로운 기일을 정하고 그것을 당사자 쌍방에게 통지하였지만 그 새로운 기일에도 쌍방 모두 결석한 후 1월 이내에 당사자의 기일지정신청이 없으면, 소를 취하한 것으로 본다.

2. **당사자가 기일에 출석하지 아니한 경우의 효과에 관한 다음 설명 중 옳은 것은?** (다툼시 판례에 의함)[3]   [법전협 2012. 3차]

---

1) 대판 87다368.
2) ③. 공시송달에 의하지 않은 방법으로 기일통지를 받은 당사자의 기일해태에 대하여 간주자백이 성립된다(150 ③ 단서). ① 제144조. ② 대판 2008다2890. ④ 제148조. ⑤ 제268조.
3) ④. ① 한쪽 당사자가 변론기일에 결석한 경우 변론을 진행할 것인지는 법원의 재량이다. ② 양 쪽 당사자가 변론기일에 출석하지 아니하거나 출석하였다 하더라도 변론하지 아니한 때에는 재판장은 다시 변론기일을 정하여 양 쪽 당사자에게 통지하여야 한다(268 ①). ③ 제268조 4항. ⑤ 변론관할이 생기려면 피고의 본안에 관한 변론이나 준비절차에서의 진술은 현실적인 것이어야 하므로 피고의 불출석에 의히여 답변서 등이 법률상 진술 간주되는 경우는 이에 포함되지 아니한다(대결 80마403).

① 법원은 한쪽 당사자가 변론기일에 결석한 경우에는 반드시 변론을 진행하여야 한다.
② 법원은 원고와 피고가 모두 변론기일에 결석한 경우에는 원고가 책임질 수 없는 사유로 출석하지 못한 경우에 한하여 새 기일을 지정한다.
③ 항소심에서 양 당사자가 결석한 경우에는 소취하가 간주되므로 동일한 소의 제기는 허용되지 않는다.
④ 당사자 한쪽이 결석한 경우에 결석자의 준비서면에 상대방의 주장사실을 인정한다는 기재가 있고 이것이 진술간주되면 재판상 자백이 성립한다.
⑤ 원고가 관할권 없는 법원에 소를 제기하고 피고가 결석한 경우에 본안에 관한 사항을 적은 피고의 답변서가 진술간주되면 그 법원에 변론관할이 생긴다.

제7절 소송절차의 정지(중단과 중지)

심리절차의 정상적 진행이 어려운 사유가 발생하면 소송절차를 정지한다. 당사자 일방의 사망·합병 등의 사유가 있는 경우 쌍방신리주의를 관칠하기 위하여 소송절차의 정지가 인정된다. 소송절차의 정지에는 중단과 중지가 있다.

I. 의의와 적용범위

(1) 소송절차의 정지는 소송이 계속된 뒤에 아직 절차가 종료되기 전에 소송절차가 법률상 진행할 수 없는 상태로 되는 것이다. 법원에 의한 기일의 추후지정 등과 같이 소송절차가 사실상 정지된 경우와는 구별된다.

소송절차의 정지는 당사자 일방의 사망·합병 등의 사유가 있는 경우 쌍방심리주의를 관철하기 위하여 인정된다.

(2) 절차정지제도는 판결절차에 적용되는 것이 원칙이며 재판의 적정보다 신속한 재판의 이념이 앞서는 강제집행, 가압류, 가처분, 증거보전 등의 절차에는 준용되지 않는다.소송절차 정지는 그 각 사유와 정지해소절차, 당사자·소송수행자의 교체 여부에 따라 소송절차의 중단과 중지가 있다.

Ⅱ. 소송절차의 중단

1. 의 의

소송절차의 중단은 당사자나 소송행위자에게 소송수행을 할 수 없는 사유가 발생한 경우, 새로운 소송수행자가 소송에 관여할 수 있을 때까지 소송절차의 진행이 법률상 당연히 정지되는 것이다.

2. 중단사유

중단은 다음의 법정사유가 존재하면 당연히 발생한다(233~240). 그 사유는 다음과 같다.

(1) 당사자의 사망(233)

소송중 당사자가 사망으로 당사자능력을 상실한 경우가 있다. 특히 소송중 당사자가 사망하면 상속할 수 없는 법률관계(소송물)이거나 상속인이 없으면 법원은 종국판결로 소송종료선언을 하게 된다. 그러나 상속할 수 있는 법률관계에 상속인이 있는 경우에 소송 계속중 당사자가 사망하면 상속인이 당사자지위를 당연승계하는지와 소송절차의 중단이 있는지가 논의된다.

(가) 당연승계 여부

상속인이 당사자의 지위를당연히 승계하는지에 관하여 견해가 나뉜다.

1) **당연승계긍정설**: 당사자 사망으로 상속이라는 포괄승계사유를 반영하여 상속인이 당사자지위를 당연승계하며 수계절차는 단지 확인적 의미만 있다고 하며 통설이다. 이는 실질적 당사자개념적 해석이다.

2) **당연승계부정설**: 당연승계설은 오늘날 일반화된 형식적 당사자개념(形式的 當事者概念)에 맞지 아니하고 실체법상의 권리자가 바뀐다고 당연히 소송상 당사자가 바뀌는 것이 아니고 수계절차를 거쳐 수계인이 당사자로 표시되어야 변경된다는 견해에서는 상속인 중 수계한 상속인만이 당사자가 된다는 견해이다.[1]

3) 판례는 당사자가 사망함으로 인해서 그 당사자로서의 자격을 상실하게 된 때에는 그 대립당사자 구조가 없어져 버린 것이 아니고, 사망시부터 그 소송은 사망한 당사자의 지위를 당연히 이어 받게 되는 상속인들과의 관계에서 대립당사자 구조를 형성하여 존재하게 된다고 하여 당연승계긍정설의 입장이다.[2]

---

1) 호문혁, 215.
2) 대판(전합) 94다28444.

4) 생각건대 포괄승계(예컨대 상속, 합병 등)는 그 원인이 있으면 피상속인의 지위는 상속인에게 당연히 이전된다는 점에서 소송상의 지위도 피상속인의 지위인 이상 이 지위도 당연히 이전된다고 보아야 할 것이다.[1]

소송중단의 해소는 당사자의 수계신청뿐 아니라 법원의 속행명령에 의해 해소될 수도 있으므로(244) 수계신청에 창설적 효력을 인정하기는 힘들고, 당사자가 사망해도 소송대리인이 있으면 절차가 중단되지 않는다는 제238조는 당연승계를 전제로 한 것이라는 점에 비추어 당연승계를 긍정하는 통설, 판례의 태도가 타당하다.

실체법상으로도 만약 상속인이 상속을 포기하면 그 포기의 소급효(민법 1042) 때문에 상속포기한 상속인이 아닌 후순위의 상속인이 상속개시시부터 상속인이 되는 것이고 따라서 소송상으로도 후순위의 상속인이 당사자가 된다.

당연승계를 부정하는 견해에 의하면 수계신청이 없으면 소송대리인이 있는데 당사자 본인이 없는 이상한 결과가 된다.

(나) 소송절차 중단 여부

소송관계가 상속될 수 있는 법률관계이고 상속인이 있는 경우에 ① 소송대리인이 없으면 당사자의 사망시 소송절차는 중단되며 승계인이 수계하여야 한다(233). 그러나 ② 소송대리인이 있으면 대리인은 상속인의 대리인이 되고 절차는 중단되지 않는다(238).[2]

소송계속 후 당사자가 사망한 경우 소송물인 권리의무가 상속의 대상이 되는 경우에만 중단되고 상속인이 당연승계한다(당연승계긍정설). 상속대상이 될 수 없는 경우는 소송은 소멸된다. 통상공동소송에서는 사망당사자와 그 상대방 사이만 중단되나 필수적 공동소송에서는 소송절차가 전면적으로 중단된다.

(2) 법인의 합병(234)

법인이 합병 이외의 사유로 해산된 때에는 청산법인으로 존속하므로 중단되지 않으나 청산절차 없이 법인이 소멸된 경우에는 중단된다.[3] 영업양도된 것만

---

1) 이 경우에 상속인이 밝혀진 경우에는 상속인을 소송승계인으로 하여 신당사자로 표시할 것이지만, 상속인이 누구인지 모를 때에는 망인을 그대로 당사자로 표시하여도 무방한 것이며 가령 신당사자를 잘못 표시하였다 하더라도 그 표시가 망인의 상속인, 소송승계인, 소송수계인 등 망인의 상속인임을 나타내는 문구로 되어 있으면 그 잘못 표시된 당사자에 대하여는 판결의 효력이 미치지 아니하고 여전히 정당한 상속인에 대하여 판결의 효력이 미친다(대판 91마342).

2) 필수적 공동소송 중 1인의 중단사유로 전체 소송이 중단되나, 통상공동소송인 중 중단사유가 있는 자만 중단되고 다른 공동소송인에게는 영향이 없다.

3) 이시윤, 440.

으로 중단되지 않는다.[1]

(3) 당사자의 소송능력의 상실, 법정대리인의 사망·대리권의 소멸(235)

당사자가 소송능력을 상실하는 것은 성년후견개시의 심판을 받은 경우이다. 법정대리권 내지 대표권의 상실은 가처분에 의한 직무집행정지된 경우이다.[2]

(4) 신탁재산에 관한 소송의 당사자인 수탁자의 임무종료(236)

신탁법에 의한 신탁의 경우이고 명의신탁관계는 해당되지 않는다.

(5) 소송담당자의 자격상실(237 ①) 및 선정당사자 전원의 자격상실(237 ②)

소송담당자의 자격상실은 파산관재인, 유언집행자 등이 자격을 상실한 경우를 말한다. 그러나 채권자대위소송의 채권자, 대표소송의 소수주주, 추심명령받은 채권자 등은 그 자신의 권리에 기하여 소송을 하는 것이므로 이들이 사망한 경우에는 제233조에 해당된다.[3] 선정당사자 일부가 자격상실한 경우 나머지 선정당사자가 모두를 위하여 소송수행하므로(54) 중단사유가 되지 않는다.

(6) 파산선고 및 파산해지(239, 240)

파산재단에 관한 소송중 파산선고가 있으면 당사자의 관리처분권이 상실되어 중단되고, 파산절차해지가 있으면 파산관재인의 임무가 종료되어 중단되고 파산선고를 받은 자의 관리처분권이 부활하여 소송절차를 수계한다(240).

3. 중단의 예외

(1) 파산을 제외한 위 중단사유가 있어도 소송대리인이 존재하면 소송대리권은 소멸하지 않으므로 절차는 중단되지 않는다(239). 사망한 피상속인의 소송대리인은 상속인들 전원을 위하여 소송을 수행하게 되는 것이며 그 사건의 판결은 상속인들 전원에 대하여 효력이 있다.[4] 소송대리인에게 상소에 관한 특별수권이 없는 경우 심급대리의 원칙상 이 판결의 정본이 소송대리인에게 송달된 때에 소송대리권이 소멸되며 소송절차는 중단되어 항소기간이 진행하지 않는다.

(2) 소송대리인에게 상소에 관한 특별수권이 있으면 판결이 송달되어도 예외적으로 중단되지 않으며 상속인들간에는 통상공동소송의 관계에 있기 때문에(판례

1) 대판 62다441.
2) 대판 80다623·624.
3) 김홍엽, 534; 이시윤, 441.
4) 이 경우에 상속인이 밝혀진 경우에는 상속인을 소송승계인으로 하여 신당사자로 표시할 것이지만, 상속인이 누구인지 모를 때에는 망인을 그대로 당사자로 표시하여도 무방하며, 가령 신당사자를 잘못 표시하였다 하더라도 그 잘못 표시된 당사자에 대하여는 판결의 효력이 미치지 아니하고 여전히 정당한 상속인에 대하여 그들의 상속지분만큼 판결의 효력이 미친다(대결 91마342).

와 통설) 항소를 한 상속인의 소송관계는 항소심에 이심되나, 항소하지 아니한 상속인이 있는 경우에 항소기간이 도과되면 그 상속분에 해당하는 소송은 확정되므로(확정설) 그 상속인에 대하여 항소심에서 수계신청을 하더라도 부적법하여 수계신청은 기각된다.[1] 이 경우 상소기간이 불귀책사유로 도과된 상속인은 추후보완상소가 가능할 것이나 불귀책사유를 증명하기는 쉽지 않을 것이다.[2]

(3) 한편 판례는 제1심판결의 잘못된 당사자 표시를 신뢰한 망인의 소송대리인(상소에 관한 특별수권 있음)이 판결에 표시된 소송수계인(甲)을 그대로 항소인으로 표시하여 그 판결에 전부 불복하는 위 항소를 제기한 이상, 그 항소 역시 소송수계인으로 표시되지 아니한 나머지 상속인(乙)에게도 효력이 미치는 위 제1심판결 전부에 대하여 제기된 것으로 보아야 할 것이므로, 위 항소로 인하여 제1심판결 전부에 대하여 확정이 차단되고(확정차단설) 항소심절차가 개시되었으며, 다만 제1심에서 이미 수계한 상속인(甲) 외에 망인의 나머지 상속인(乙)의 청구 부분과 관련하여서는 항소제기 이후로 소송대리인의 소송대리권이 소멸함에 따라 제233조에 의하여 그 소송절차는 중단된 상태에 있었다고 보아야 할 것이고 항소심법원은 망인의 정당한 상속인인 乙의 위 소송수계신청을 받아들여 그 부분 청구에 대하여도 심리 판단하였어야 한다고 판시하였다.[3]

(4) 당사자가 파산선고를 받으면 파산재단에 관한 소송절차는 중단되고 파산관재인 또는 채권자가 수계하며(채무자회생 347, 동 464, 동 466), 파산선고가 취소되면 파산선고받은 자가 소송을 수계한다.

4. 중단의 해소

소송절차의 중단은 당사자 양측이 수계신청을 하거나 법원의 속행명령으로 해소되고 소송절차의 진행이 재개된다.

(1) 당사자의 수계신청

수계신청(受繼申請)은 당사자가 중단된 절차의 속행을 구하는 신청이다

(가) 수계신청권자는 신수행자 또는 상대방 당사자이다(241). 공동상속재산

---

1) 대판 91마342.
2) 소송 당사자가 된 것을 모르는 상속인에게 가혹한 이러한 결론은 형식적 당사자개념을 취하고 있는 오늘날 타당하지 않으며 당사자는 수계하여 당사자로 표시가 되어 구체적으로 소송을 수행할 가능성이 생겨야 변경된다고 보아야 한다는 견해가 있다(당연승계부정설 호문혁 218).
3) 대판 2007다22859. 대판 91마342에서는 일부 상속인이 항소하였고 항소하지 아니한 상속인에 관한 소송관계는 확정된다는 판시이다.

은 필수적 공동소송관계가 아니므로 개별적으로 수계 가능하다.[1] 소송대리인이 없는 경우 상속인 중 일부만이 수계신청하여 항소한 경우 수계신청하지 않은 상속인의 소송관계는 중단된 채 1심에 계속중이다.[2]

(나) 공동상속인 중 일부의 상속인이 상속을 포기하면 그 상속분은 상속개시된 때에 소급하여 다른 상속인에 귀속되므로 상속포기의 법정기간(민법 1019: 상속개시 있음을 안 날로부터 3월이나 이해관계인 등의 청구에 의하여 가정법원이 연장할 수 있다) 동안은 실제의 상속인은 확정되지 않기 때문에 상속인이 상속포기기간 내 수계신청은 위법하다(233 ②). 그러나 상대방이 이의 없이 응소하면 위법은 치유된다.[3]

(다) 신청하여야 할 법원은 중단 당시 소송이 계속된 법원이다(243 ②). 종국판결이 송달된 뒤에 중단된 경우 어느 법원에 수계신청을 하여야 하는지에 관하여 논의된다.

1) 원심법원설은 원심법원에 수계신청해야 한다는 견해로서 제243조 2항의 법조문과 상소장의 원심법원제출주의를 근거로 하며 통설이다.

2) 선택설과 판례는 소송경제와 소송수행 편의를 위하여 원심법원 또는 상소법원 중 선택가능하다는 견해이다.[4]

3) 생각건대 기록이 원심법원에 있고 원심법원이 수계재판을 하여야 한다는 제243조 2항의 취지와 상소장 원법원제출주의(397)상 통설이 타당하다.

(라) **수계신청절차**

수계신청은 신 소송수행지 또는 상대방이 서면 또는 말로 한다(161). 수계신청이 있었는지의 여부는 실질적으로 판단하며 기일지정이나 당사자 표시정정신청도 수계신청으로 볼 수 있다.[5] 수계신청이 있으면 법원은 이를 상대방에게 통지하여야 하고(242), 상대방에 대한 관계에서는 이 통지가 된 때에 중단이 해소된다(247 ②).

(마) **수계에 관한 재판**

1) 수계신청이 이유 없으면 수계신청을 기각하고(243 ①). 이유가 있으면 그대로 소송절차를 진행한다.

2) 소송절차를 한참 속행 뒤 승계인적격 없음이 판명된 경우에 관하여 소각하설, 신청각하설,[6] 신청기각설 등이 있으나 ①과 큰 차이가 없으므로 신청기각

---

1) 대판 63다974.
2) 대판 92다29801; 94다61649.
3) 대판 95다5905.
4) 대판 2003다34038.
5) 대판 80다623.
6) 대판 80다1895.

설 타당하다.

　　3) 참칭(僭稱)수계를 간과판결: 진정한 수계인에게는 판결은 무효이며 소송은 중단된 상태이다. 참칭수계인에게는 기판력 미친다.[1]

(2) 법원의 속행명령(續行命令)

법원은 수계신청이 없이 사건이 중단된 상태에서 오래 방치되는 것을 막기 위하여 직권으로 소송절차를 계속하여 진행하도록 속행을 명할 수 있다(244).

Ⅲ. 소송절차의 중지

소송절차의 중지는 당연중지, 재정중지, 다른 법령에 의한 중지가 있다

1. 당연중지

천재지변, 그 밖의 사고로 법원이 직무를 수행할 수 없을 경우에 소송절차는 그 사고가 소멸될 때까지 중지된다(245).

2. 재판에 의한 중지

법원은 직무를 수행할 수 있지만 당사자에게 소송행위를 할 수 없는 장애사유가 있는 경우에는 법원의 결정으로 소송절차를 중지할 수 있고 법원의 취소결정에 의하여 중지가 해소된다(246).

3. 다른 법령에 의한 중지

위헌제청신청, 조정에 회부, 회생절차개시결정 등과 같이 다른 절차와의 관계에서 소송의 속행이 부적당한 경우에 절차가 중지되는 경우이다.

Ⅳ. 소송절차정지의 효과

소송절차의 정지중에는 변론종결된 뒤의 판결선고 외에는 소송절차상 일체의 소송행위를 할 수 없고 기간이 정지된다. 정지 해소 후에는 소송절차를 다시 진행한 때로부터 전체기간이 새로이 진행된다(247 ②).

---

1) 대판 80다1895.

1. 소송절차 정지중에 한 당사자의 소송행위

원칙적으로 무효이나 추인 가능하다. 정지제도는 당사자의 보호를 위한 사익적 제도이므로 이의권이 상실하면 유효하다.

2. 소송절차 정지중에 한 법원의 소송행위

법원은 정지중에 기일지정, 증거조사, 재판 그 밖의 소송행위를 할 수 없다. 이에 위반된 법원의 소송행위는 원칙적으로 무효이나 이의권이 포기·상실되면 유효하다. 정지를 간과하고 절차를 진행하여 판결한 경우 대리권의 흠에 준하여 확정 전 상소, 확정 후 재심으로 구제될 수 있다. 예외적으로 판결선고는 소송절차 중단 중에도 할 수 있다(247 ①).

≪사례≫ 甲은 乙을 상대로 대여금 1억원의 지급청구의 소를 제기하였다. 乙의 상소의 특별수권을 위임받은 소송대리인 丙이 소송을 수행하던 중 乙이 소송 계속중 사망하였다. 乙의 상속인으로는 乙1, 乙2, 乙3 3인이 있었는데 甲의 소송대리인은 乙의 상속인으로 乙1, 乙2만을 소송수계신청하였고 심리 후 甲청구가 인용되는 판결이 선고되었다. 이 판결에 대하여 乙1, 乙2만이 항소를 제기하였고 乙3는 항소를 제기하지 않았다. 항소제기기간이 경과 후에 乙3는 항소심에서 소송수계신청을 하였다. 항소심법원은 이에 대하여 어떤 조치를 취할 것인가?

▨ **사례해설**

1심 소송 계속중 당사자가 사망한 경우 그 소송대리인에게 상소의 특별수권이 있어도 1심판결에 대하여 항소하지 않은 경우 상속인 일부가 항소기간 내에 항소하면 나머지 상속인에 대하여도 같이 이심되어 소송수계신청을 할 수 있는지의 문제이다.

당사자지위의 승계 여부에 관하여 당연승계긍정설, 당연승계부정설이 있고, 판례는 제1심에서 실제로 수계절차를 밟은 상속인만을 원고로 표시한 제1심판결의 효력은 그 당사자표시의 잘못에도 불구하고 당연승계에 따른 수계적격자인 망인의 상속인들 모두에게 미친다(대판 91마342). 검토컨대 제238조 해석상 당연승계긍정설 타당. 당연승계긍정설에 의하면 당사자가 사망한 경우 그 소송대리인은 상속인 전원을 위하여 소송수행하게 되며 그 사건의 판결은 상속인 전원에 대하여 효력이 있다. 따라서 丙은 당연히 乙3를 대리하게 되며 1심판결의 효력은 피고표시에서 누락되었지만 乙3에게도 그 상속지분만큼 미친다.

항소하지 않은 상속인의 소송관계는 확정되는지의 여부에 관하여 ① 상소의 특별수권이 있는 소송대리인이 있으므로 소송절차는 중단되지 않고 1심판결은 항소 없이 항소기간이 도과되면 확정되므로 항소하지 아니한 상속인 乙3에 대한 소송관계는 분리하여 확정되고 항소심에 이심되는 것이 아니므로 항소심에서 소송수계할 수 없다는 **확정설**, ② 당사자의 사망 후 상속인이 수계신청을 하여 수계가 이루어져야 당사자가 된다는 입장에서는 乙3는 수계신청이 없었으므로 당사자가 되지 않고 1심에서 소송이 중단된 상태이므로 1심법원에 소송수계가 가능하다는 **중단설**이 있다. 확정설입장인 판례에서는(대판 91마342) 1심판결은 항소기간도과로 확정되며 항소심에 이심되는 것이 아니므로 항소심법원은 乙3의 소송수계신청에 대하여 기각하여야 한다. 다만 본사안과 달리 사망한 당사자의 소송대리인이 상소하면서 항소인 표시상 일부 상속인이 누락되어도 전체 상속인에 대하여 항소심에 이심되어 그 누락된 일부 상속인은 항소심에서 소송수계신청이 가능하고 그 부분에 대한 심리해야 한다는 판결이 있다.[1] 망인의 소송대리인은 상속인 전원의 대리인이므로 그의 항소는 상속인 전원의 상소로 본 것이다. 검토컨대 당사자 사망에도 소송대리인이 있으므로 소송절차는 중단되지 않고 진행되어 乙3에 대하여도 판결효력이 미치고 乙3는 항소하지 아니하였으므로 항소기간이 도과되면 그에 대한 1심판결은 확정되는 것으로 보는 것이 타당하다. 사안의 경우 상소의 특별수권이 있는 소송대리인이 있으므로 소송절차는 중단되지 않고 1심판결은 항소 없이 항소기간이 도과되면 확정되며 항소심에 이심되는 것이 아니므로 항소심법원은 乙3의 소송수계신청에 대하여 기각하여야 한다.

한편, 소송대리인 丙과 누락 상속인 乙3에게 상소제기를 하지 못한 것에 대하여 과실이 없다면 누락된 상속인을 위한 추후보완상소를 제기할 수 있고, 소송대리인에게 과실이 있다면 누락 상속인은 소송대리인을 상대로 손해배상청구의 소를 제기할 수 있을 것이다. ▨

≪사례≫ 甲은 乙을 상대로 대여금 1억원의 지급청구의 소를 제기하였다. 乙의 소송대리인 丙이 소송을 수행하던 중 乙이 소송 계속중 사망하였고 甲의 소송대리인은 乙의 상속인이 乙1, 乙2만 있는 줄 알고 乙1, 乙2에 대하여만 수계신청을 하였고 1심법원 판결문에도 乙1, 乙2에만 乙의 채무 전부에 대하여 상속분에 따른 甲 청구가 인용되는 판결이 선고되었다. 상소제기의 특별수권을 받은 소송대리인 丙은 乙1, 乙2만을 항소당사자로 하여 1심판결에 대하여 전부 불복하는 항소를 제기하였다. 그러나 실제 乙의 상속인으로는 乙1, 乙2 외에 乙3가 있었다. 항소제기기간이 경과 후에 乙3가 자신이 누락된 사실을 알고서 항소심에서 소송수계신청을 한다면 법원은 이에 대하여 어떤 조치를 취할 것인가?

▨ 사례해설

乙의 소송대리인 丙이 있는 경우 상속인 乙3에게 위 1심판결의 효력이 미치는지와 판결의 효력이 미친다면 소송대리인 丙의 항소는 乙3에게도 효력이 있어서 乙3에 대한 소송 부분도 항소심에 이심되는지, 이심된다면 항소심에서의 소송수계신청이 허용되는지가 논점이다. 당사자지위의 승계 여부에 관하여 당연승계긍정설, 당연승계부정설이 있고, 판례는 제1심에서 실제로 수계절차를 밟은 상속인만을 원고로 표시한 제1심판결의 효력은 그 당사자표시의 잘못에도 불구하고 당연승계에 따른 수계적격인 망인의 상속인들 모두에게 미친다고 본다(대판 91마342). 검토컨대 제238조 해석상 당연승계긍정설 타당. 당연승계긍정설에 의하면 당사자가 사망한 경우 그 소송대리인은 상속인 전원을 위하여 소송수행하게 되며 그 사건의 판결은 상속인 전원에 대하여 효력이 있다. 따라서 丙은 당연히 乙3를 대리하게 되며 1심판결의 효력은 피고표시에서 누락되었지만 乙3에게도 그 상속지분만큼 미친다.

소송대리인 丙의 항소로 乙3에 관한 소송관계도 항소심에 이심되는지의 여부에 관하여 사망한 피고 乙의 소송대리인 丙은 상속인 乙3에 대하여도 소송대리인이고 상소의 특별수권을 받았으므로 소송절차는 중단되지 않으며(제238조) 1심법원의 판결은 乙3에게도 미친다. 이 때 丙의 항소로 乙3에 대한 소송관계도 항소심에 이심되는지 아니면 항소기간을 도과하면 乙3에 대하여는 판결이 확정되는지에 관하여 확정설은 공동소송인의 재산관계에 관한 공동소송은 통상공동소송이어서 소송관계가 통일되지 않으며 상소제기효력은 각각 따로 정해지므로 명시적으로 상소인으로 표시되지 아니한 乙3에 대한 제1심판결은 항소기간이

---

1) 대판 2007다22859.

도과로 항소인으로 명시된 다른 상속인과는 분리되어 확정된다는 입장이고(대판 91마342), 확정차단설은 사망한 당사자의 소송대리인이 상소한 경우에는 항소인 표시상 일부 상속인이 누락되어도 전체 상속인에 대하여 항소심에 이심되어 그 일부 상속인은 항소심에서 소송수계신청이 가능하고 그 부분에 대한 심리해야 한다는 입장이다(대판 2007다22859). 검토컨대 위 1심판결의 확정이 차단된다는 견해에 대하여는 필수적 공동소송이 아닌 점과 누락된 당사자의 상소라는 의사표시 없이 상소를 인정하는 것은 부당하다는 비판이 있지만 제1심판결의 잘못된 당사자 표시를 신뢰한 망인의 소송대리인이 판결에 표시된 소송수계인만을 항소인으로 표시하여 그 판결에 전부 불복하는 위 항소를 제기한 경우 상속인들 모두에게 상소의 효력이 미쳐서 사건 전체가 확정이 차단되고 항소심에 이심된다고 보는 것이 구체적으로 타당하다고 할 것이다.

항소심절차의 중단 여부와 乙3의 수계신청에 대한 법원의 조치에 관하여 판례는 사망한 당사자의 소송대리인 丙의 항소로 인하여 제1심판결 전부에 대한 항소심절차가 개시되었으나, 상속인들 모두의 청구 부분과 관련하여서는 항소제기 이후로 소송대리인의 소송대리권이 소멸함에 따라 민사소송법 제233조에 의하여 그 소송절차는 중단된 상태에 있었다고 보아야 하고 항소심으로서는 망인의 정당한 상속인 乙3의 이 사건 소송수계신청을 받아들여 그 부분 청구에 대하여도 심리 판단한다고 판시하고 있다(대판 2007다22859).

다만 한편으로 소송대리인의 사망이나 소송대리인의 대리권이 소멸되더라도 당사자 본인이 있는 경우 본인이 소송행위를 할 수 있으므로 소송중단사유가 아니다. 따라서 위 판례와 같이 피고 乙이 사망하더라도 상속인 乙3에 대한 소송관계에도 소송대리인 丙이 있어서 소송이 중단 없이 진행되어 판결정본이 송달되고 항소심에서 심급대리 원칙상 소송대리인 丙의 소송대리권이 소멸되더라도, 항소심 당사자로서 상속인 乙3이 있으므로 <u>소송은 중단되지 않고</u> 법원은 상속인 乙3를 소환하여 소송을 진행하여야 한다고 볼 여지가 있다.

<선택형>

1. 甲이 乙을 피고로 하여 소송을 진행하던 중 본인소송을 하던 피고 乙이 사망을 하였다. 피고 乙에게는 유일한 상속인 丙이 있었다. 이 경우 원고 甲이나 丙이 취할 수 있는 방법으로서 가장 부적절한 것은?[1]　　　[법무부 2010]

　① 원고 甲은 丙으로 하여금 소송을 승계하도록 인수승계신청을 하고자 한다.
　② 원고 甲은 丙으로 소송수계신청을 하고자 한다.
　③ 丙은 참가승계신청을 하고자 한다.
　④ 丙은 자신의 이름으로 소송수계신청을 하고자 한다.
　⑤ 원고 甲이나 丙은 소송중단신청을 하고자 한다.

2. 甲은 乙에 대하여 손해배상청구의 소를 제기하여 제1심 소송 계속중 乙이 사망한 경우의 소송관계에 대한 설명으로 옳지 않은 것은?[2]　　　[법전협 2011. 1차 변형]

　① 甲이 乙의 단독상속인인 경우 소송절차는 종료된다.
　② 제1심법원이 소송절차의 중단을 간과하고 절차를 진행하여 甲의 청구를 인용한 판결을 선고하더라도 그 판결은 당연무효로 되는 것은 아니다.
　③ 판례에 따르면, 乙을 위한 소송대리인이 있어 소송절차가 중단되지 않은 경우, 乙의 공동상

---

1) ⑤. 당사자가 소송대리인 없이 사망한 경우 소송은 당연히 중단한다.
2) ④. 심급이 종료되는 판결정본이 송달된 때 중단된다(대판 94다61649).

속인 丙과 丁중 소송수계절차를 밟은 丙만을 당사자로 표시한 판결의 효력은 丁에게도 미친다.

④ 乙을 위한 소송대리인이 있으나 그 소송대리인에게 상소제기에 관한 특별한 권한 수여가 없는 경우, 제1심판결선고한 때 소송절차는 중단된다.

⑤ 乙을 위한 소송대리인이 있으나 그 소송대리인에게 상소제기에 관한 특별한 권한 수여가 있는 경우, 제1심판결정본이 소송대리인에게 송달된 후 상소제기기간이 경과하면 甲의 乙에 대한 판결은 확정된다.

---

3. 甲은 乙을 상대로 원인무효의 등기말소청구소송을 제기하였는데 제1심 소송 계속중 사망하였다. 甲은 소제기 시부터 변호사 B를 소송대리인으로 선임하고 있었고, 甲에게는 복수의 상속인들이 있다. 이러한 사실관계에 대한 다음의 설명 중 옳은 것은?[1)] [법전협 2013. 1차 변형]

① 甲이 사망하더라도 소송절차는 중단되지 않는다.

② B의 소송대리권이 1심에 한하고 상소를 제기할 수권을 받지 않은 경우, 소송절차가 중단되는 시점은 판결정본 송달시 중단된다.

③ 1심판결이 甲의 공동상속인 중 소송수계절차를 밟은 일부만을 당사자로 표시한 것이라도 수계하지 않은 나머지 공동상속인들은 미치지 않는다.

④ 甲의 상속인은 甲이 사망한 후 상속포기기간 내에는 소송절차를 수계할 수 없다.

⑤ 甲의 상속인들은 공동상속인 전원이 수계를 할 필요 없다.

---

4. 乙은 자동차 사고에 대비하여 丁 보험주식회사와 책임보험계약을 체결하였다. 그 후 甲은 乙이 운전하는 차량에 부딪혀 중상을 입자 변호사 丙을 소송대리인으로 선임하여 乙을 상대로 불법행위를 원인으로 하는 손해배상청구소송을 제기하였다. 甲은 제1심 소송 계속중 사망하였고 상속인으로 A, B 및 가족과 연락을 끊고 미국에 사는 C가 있었으나, 丙은 A, B만 상속인으로 알고 A, B에 대해서만 수계절차를 밟았다. 위 사건에 관하여 제1심법원은 청구기각판결을 하였고 상소제기의 특별수권을 받았던 丙은 A, B만을 항소인으로 표시하여 항소를 제기하였다. 다음 설명 중 옳지 않은 것은? (다툼시 판례에 의함)[2)] [변호사 2014]

① 甲이 사망하였으므로 소송절차가 중단되는 것이 원칙이나, 소송대리인 丙이 있으므로 소송절차는 중단되지 않는다.

② 甲의 사망 후 원고는 상속인인 A, B, C가 되고 甲에 의해 선임된 소송대리인 丙은 상속인들 모두의 대리인이 된다.

③ 위 손해배상청구소송은 통상공동소송이다.

④ 비록 丙이 A, B만 상속인으로 알고 C를 위하여 항소를 하지 않았다고 하여도, C는 상속이 되었다는 사실을 알기 힘들고 대리인 丙도 마찬가지이므로 당사자가 책임질 수 없는 사유에 의해 항소를 하지 못한 경우에 해당하여 추후보완항소를 할 수 있다.

---

1) ③. 사망한 당사자를 위한 소송대리인이 있는 경우 망인을 그대로 당사자로 표시하여 판결하였다고 하더라도 그 판결의 효력은 망인의 소송상 지위를 당연승계한 상속인들 전원에게 미치는 것이므로, 망인의 공동상속인 중 소송수계절차를 밟은 일부만을 당사자로 표시한 판결 역시 수계하지 아니한 나머지 공동상속인들에게도 그 효력이 미친다(대판 2007다22866; 2007다22859).

2) ④. 대판 2007다22859.

⑤ 甲의 상속인들은 乙이 책임을 질 사고로 입은 손해에 대하여 보험금액의 한도 내에서 丁에게 직접 보상을 청구할 수 있다.

제4장 證　　據

제1절 증거의 의의

I. 증거의 필요성

(1) 증거는 증거방법, 증거자료, 증거원인 등 여러 가지의 의미가 있다. 대여금을 변제받고자 하는 甲이 乙을 상대로 대여금청구의 소를 제기하면 乙이 甲의 청구원인사실을 인정하거나 침묵하면 甲은 청구원인사실을 증명할 필요가 없으나, 乙이 부인(否認) 또는 부지(不知)하면 청구원인사실의 증명이 필요하다. 甲은 증명을 요하는 사실을 증명하기 위하여 인증이든 물증이든 증거를 신청하여 증거조사를 하고 증거조사의 결과인 증거자료는 변론전체의 취지와 함께 증거원인이 되어 법관의 자유심증의 대상이 된다. 민사재판에 있어서 증거는 사실확정과 분쟁예방을 위한 중요한 역할을 담당한다. 당사자간에 법적 다툼을 대비하여 객관적·합리적인 사실인정의 자료로서 증거가 필요하며 증거를 미리 확보하면 법적 분쟁과 소송을 미연에 방지할 수 있다.

(2) 전통적인 증거법이론에 대하여 오늘날 현대형 소송에서는 증거의 구조적 편재로 인한 상황에서 진실발견을 위한 당사자 사이에 실질적 평등요청상 증거법에서의 새로운 노력이 전개되고 있다. 공해소송과 의료과오소송 등에서 피해 당사자의 증거방법의 획득을 용이하게 하기 위하여 문서제출명령의 강화, 증거보전제도의 확대, 모색적 증명과 증명방해이론, 위법수집증거의 증거능력 부정 등의 문제가 있고, 자유심증주의에 의한 진실발견의 용이성 증대를 위한 증명도의 경감위한 개연성설과 역학적 증명 등이 논의되고, 증명책임의 완화나 그 분배기준의 합

리화를 위한 표현증명·간접반증의 이론과 새로운 증명책임 분배기준의 등장 등이 논의되고 있다.[1]

Ⅱ. 증거 개념과 종류

증거는 경우에 따라 증거방법, 증거자료, 증거원인, 증거능력, 증명력 등을 뜻한다.

(1) **증거방법**은 법관의 오관으로 조사가 가능한 유형물을 뜻하며 증인·감정인·당사자본인은 인증이고 문서·검증물·기타 정보기록물 등은 물증이다.

(2) **증거자료**는 증거방법에 대한 증거조사로 얻은 내용, 즉 증언, 문서기재내용, 감정·검증·조사촉탁 등의 결과이다. 당사자신문결과도 증거자료이므로 사실상 주장이 아니어서 신문과정에서의 불리한 진술은 재판상 자백이 될 수 없다.

(3) **증거원인**은 법관의 심증형성의 원인이 된 위 증거자료와 변론과정에서 얻은 기타 상황인 변론전체의 취지를 포함한다. 법관은 증거원인에 의하여 사실에 관한심증을 자유로이 형성한다(202).

(4) **증거능력**은 증거방법으로서 증거조사의 대상이 될 자격이다. 위법하게 수집된 증거도 증거능력이 있는지 논의된다.

(5) **증명력**은 증거자료가 요증사실을 인정하는 기여의 정도이다. 이를 증거력, 증거가치라고도 한다. 증명력은 논리칙과 경험칙에 입각하여 변론전체의 취지에 따라 법관이 자유롭게 판단한다(202).

(6) **직접증거와 간접증거**

직접증거는 주요사실에 관한 증거이다. 예컨대 매매를 원인으로 한 소유권이전등기청구의 소에서 매매사실의 존부를 증명하는 매매계약서, 대여 장소에 있던 자의 대여사실에 관한 증언이다. 간접증거는 간접사실과 보조사실에 관한 증거이다. 가령 부동산 매매를 추단케 하는 중개사사무실에서 매도인과 매수인이 만난 사실에 관한 증거는 간접증거이고, 위 만난 사실을 목격했다는 증인이 그 당시 그 곳에 없었다는 다른 증인의 증언은 보조사실에 관한 증거로서 간접증거이다.

---

1) 정동윤·유병현, 461.

Ⅲ. 증명의 종류

증거에 의한 사실인정인 증명은 증명책임소재에 따라 본증과 반증으로, 증명의 정도에 따라 통상의 증명과 소명으로, 증명대상에 따라 직접증명과 간접증명으로, 증명절차에 따라 엄격한 증명과 자유로운 증명으로 나누어진다.

1. 증명·소명·증명도의 경감(상당한 개연성)

> 제299조(소명의 방법) ① 소명은 즉시 조사할 수 있는 증거에 의하여야 한다.
> ② 법원은 당사자 또는 법정대리인으로 하여금 보증금을 공탁하게 하거나, 그 주장이 진실하다는 것을 선서하게 하여 소명에 갈음할 수 있다

증명도의 정도에 따라 분류하여 증명과 소명을 구분한다. 증명은 **고도의 개연성** 즉, 법관이 확신을 얻은 상태 또는 확신을 갖도록 하는 노력이며 이는 과학적 증명이 아닌 역사적 증명이다.

소명은 증명에 비하여 **저도의 개연성**으로 족한 것 즉 법관이 일응 확실할 것이라는 추측을 얻은 상태 또는 그와 같은 상태에 이르도록 하는 노력이다. 소명은 법률에 별도로 규정된 것으로 절차상 파생적 사항이나 신속처리를 요하는 기피사유(44 ②), 보조참가 이유(73 ①), 소송구조사유(128 ②), 가압류·가처분사유(민집 279 ②, 301) 등으로서 증거방법을 즉시 조사할 수 있는 것에 한정된다(299 ①).

한편 장래의 일실이익을 인정할 때나 현대형 소송에서는 인과관계의 과학적인 엄밀한 증명 보다는 완화하여 상당한 개연성 있는 증명도의 경감을 인정하고 있다.

2. 엄격한 증명과 자유로운 증명

法定의 증명절차·방법이 요구되는지에 따라 엄격한 증명과 자유로운 증명으로 구분된다. **엄격한 증명**은 주요사실·간접사실·보조사실은 모두 요증사실로서 法定의 증거신청·증거조사실절차와 공개주의·구술주의·직접주의가 적용되는 엄격한 증거조사절차를 요한다. 소송요건, 상소요건도 그 중요성에 비춰 엄격한 증명을 요한다고 할 것이다.

자유로운 증명은 간이신속을 요하는 결정절차나 직권조사사항, 준거외국법, 관습법, 전문적 경험법칙, 소가의 산정 등에 한정적으로 인정된다. 재판의 공정성을 침해하지 아니하는 범위에서 소송상 편의를 위하여 간편한 절차로 인정된다. 엄격한 증명과 자유로운 증명은 모두 증명이며 법관의 사실인정의 확신정도에 차이는 없고 일응 확실할 것으로 추측하는 소명과는 구별된다.

3. 직접증명과 간접증명

증명대상이 무엇인지에 따라 구분한 것으로 직접증명은 직접 주요사실에 대하여 증명하는 것이고, 간접증명은 간접사실 또는 보조사실을 증명하여 주요사실을 추단케 하는 증명이다. 직접사실에 대한 증명방법이 없거나 곤란한 경우 주요사실을 추단할 수 있는 간접사실을 증명하여 주요사실에 대한 증명효과를 거둘 수 있다. 직접 증명에는 증명책임지는 자가 법규의 구성요건사실의 존부를 그 대상으로 증명하는 직접적 본증과 그 상대방이 증명책임자의 증명사실의 존재에 대한 법원의 확신을 흔들어 의심케 하는 직접반증이 있고, 간접증명에도 간접 본증과 간접반증이 있다.[1]

4. 본증, 반증, 반대사실의 증거

(1) 증명책임의 소재를 기준으로 분류한 것이다. **본증**은 증명책임지는 요증사실을 증명하기 위한 증거이고, 그 상대방이 이 사실을 부정하기 위해 제출하는 증거는 **반증**이다. 본증으로 증명하는 자는 그 사실의 존재에 관하여 법관이 확신을 갖도록 증명하여야 하나, 반승으로 증명하는 자는 본증을 방해하여 본증사실의 존재에 의문을 품게 하면 족하다.

(2) 반증은 직접반증과 간접반증으로 나눌 수 있다. 직접반증은 주요사실이든 간접사실이든 증명책임 있는 당사자가 증명하려고 하는 사실에 대하여 직접적으로 반격을 가하는 증명활동이다. 간접반증은 본증자가 주요사실을 추인할 수 있는 간접사실을 일단 표현증명(주요사실의 추인)한 경우에 상대방이 위 간접사실과 양립할 수 있는 별개의 간접사실을 증명하여 위 표현증명을 저지하는 증명활동이다. 결국 직접반증은 증명책임자의 증명활동에 대한 직접 반박이고 간접반증은 주요사실에 대하여는 반증이지만 간접사실로 증명된 사실을 별개의 간접사실을 확실하게 증명하여야 하는 본증으로서 주요사실의 추인을 반박하는 것이다. 한편 반증도 증명이므로 '고도의 개연성'이 있어야 하며 '단순한 개연성'만으로는 그 증명이 부족하다.

(3) 간접반증과 달리 **반대사실의 증거**는 법률상 추정된 것을 깨뜨리기 위해 제출하는 증거로서 증명책임이 전환되어 법관이 확신을 갖도록 입증해야 하므로 본증이다. 예컨대 父의 친생자로 법률상 추정되는 子의 '父와의 DNA 불일치검사결과'는 반대사실의 증거로서 법률상 추정되는 것과 반대되는 주요사실을 본증으로

---

1) 김용진, 295 이하.

제출하는 증거이다.

5. 표현증명

표현증명은 경험칙 중에서 일정한 간접사실이 증명되면 주요사실이 거의 증명된 것으로 볼 정도로 개연성이 매우 높은 경험칙이 적용되어 정형적 진행경과가 입증되면 일응 증명된 것으로 본다. 위 간접증명과 다르다. 정형적 사상경과가 입증되지 아니했는데도 표현증명된 것으로 인정하면 경험칙위반으로 판례는 법령위배와 같이 상고이유가 된다. 위 표현증명된 간접사실을 복멸하기 위해서는 이와 양립되는 별개의 간접사실에 대한 증거를 제출하여야 한다. 이를 간접반증이라 한다. 이는 주요사실에 대하여는 반증이나, 별개 간접사실에 관하여는 법관의 확신을 요하므로 본증이다.

─────────────

≪사례≫

[1] 원고 甲이 乙에게 대여한 대여금청구의 소송 중 금전대여 여부와 관련하여
원고측의 증인 A가 원고주장의 대여일시에 서울역에서 甲이 乙에게 대여하는 것을 목격하였다고 증언하였다면 A의 증언은 요증사실이며 주요사실인 대여사실에 관한 증거로서 증명책임을 지는 자가 제출하기 때문에 직접적 본증이다.
피고 乙이 신청한 증인 B가 '이전에 만난 원고 甲이 아직 乙에게 대여금을 건네준 것은 아니라고 말했다'고 증언하였다면 B의 증언은 상대방이 증명책임있는 주요사실인 대여사실을 부정하기 위한 증거이기 때문에 직접반증이다.
만약 위 B가 '甲이 주장하는 대여 장소인 서울역이 아닌 전주역에서 甲을 보았다'는 증언(①)도 직접반증이다. B의 증언은 상대방에게 증명책임이 있는 대여사실을 직접 반박하는 '다른 곳에서의 목격'이라는 사실이기 때문이다.[1]

≪질문≫ (1) 위 B의 증언(①)에 대하여 甲측 증인 C가 '내가 그 당시 전주역에서 B와 같이 있었는데 B가 그곳에서 본 것은 甲이 아닌 甲의 쌍둥이 동생 甲을 보았다'는 증언의 성질은 어떤가?
(2) 甲이 乙에게 돈을 대여사실을 입증하기 위하여 '은행에서 돈을 인출하는 것을 보았다'는 甲측의 증인 D의 증언의 성질은 어떤가?

[2] 甲과 乙간의 대여금청구의 소송 중 금전대여 여부와 관련하여 원고측의 증인 A가 대여일시에 서울역에서 甲이 乙에게 대여하는 것을 목격하였다고 증언하였다면 A의 증언은(①)이다. 乙이 신청한 증인 B가 이전에 만난 원고 甲이 아직 乙에게 대여금을 건네준 것은 아니라고 말했다고 증언하였다면 B의 증언은 (②)이다. 만약 乙측의 증인 B가 甲이 주장하는 대여일시에 서울역이 아닌 전주역에서 甲을 보았다는 증언은 (③)이다. 甲이 乙에게 돈을 대여하기 위하여 은행에서 돈을 인출하는 것을 보았다는 C의 증언은 (④)이다. 甲이 돈을 인출한 것은 맞지만 그 돈을 乙이 아닌 소외 丙에게 대여

─────────────

1) 정동윤·유병현 457.

하는 것을 보았다는 乙측 증인 D의 증언은 (⑤)이다. 다음 중 각 괄호에 해당하는 내용을 다음 중에서 고른다면?[1]

> a 직접적 본증 b 직접반증   c 간접적 본증   d 간접반증

사례해설

[1] (1) 상대방측의 증인의 증거력을 다투는 경우 증명책임을 지는 자의 증명활동이므로 간접적 본증으로 본다.

(2) 대여사실에 대한 증명책임을 부담하는 자의 증명활동이므로 본증 활동이다. 이에 대하여 상대방은 직접반증·간접반증 또는 항변을 하게 된다.

	증명책임자	상대방
요건사실(주요사실)	직접본증	직접반증·간접반증
간접사실	간접본증	또는 항변

[2] 직접반증은 증명책임 있는 자의 주요사실 또는 간접사실에 관한 본증활동을 직접 반격을 가하는 것이고 간접반증은 위 사례에서 주요사실인 甲의 대여사실을 추인하게 하는 돈 인출이라는 간접사실과 별개이고 이와 양립되는 간접사실인 인출한 돈을 乙이 아닌 丙에게 대여하는 것을 목격한 자의 증언은 甲의 乙에의 대여한 사실을 추인하는 것을 방해하는 것으로 이를 간접반증이라 한다.

Ⅳ. 위법하게 수집한 증거의 증거능력

1. 문 제 점

위법하게 수집한 증거의 증거능력에 관한 규정이 민사소송법에 없어서 이러한 증거가 증거조사의 대상이 될 자격이 있는지에 대하여 견해가 나뉜다.

2. 학설과 판례

(1) 위법하게 수집된 증거라도 증거확보의 어려움, 실체진실발견 때문에 증거능력을 인정하는 증거능력긍정설, 기본권이 침해될 우려 때문에 이러한 증거는 증거조사를 할 수 없다는 증거능력부정설, 원칙은 부정설이나 예외로 상대방동의나 위법성조각사유가 있는 경우 증거능력을 인정하는 견해가 있고,[2] 원칙은 긍정설이나 예외로 인격권을 침해하거나 형사범죄행위로 수집한 경우에는 증거능력을 부정하는 견해가 있다.[3]

---

1) ① a ② b ③ b ④ c ⑤ d
2) 이시윤, 450; 징동윤·유병현, 469.
3) 호문혁, 483-490.

(2) 판례는 상대방 몰래 대화를 녹음한 비밀테이프라도 증거능력을 인정하며, 채증 여부를 사실심의 재량으로 보고 이에 대한 증거조사는 검증으로 한다.[1]

3. 검 토

진실발견과 증명의 필요, 인격권보호와 위법행위 유발방지의 균형상 원칙적으로 위법수집증거라도 증거능력을 인정할 것이나, 증거의 위법수집을 유발하는 폐단을 막기 위하여 범죄행위로 수집된 경우와 법원에서의 증거조사가 인격침해를 가져오는 경우에는 증거능력을 부정하는 것이 타당하다고 할 것이다.

≪질문≫ 甲이 乙을 상대로 2천만원의 대여금청구소송을 제기한 경우에 乙은 위 대여금을 변제하고 받은 영수증을 분실하였다.
1. 乙은 甲에게 전화를 하여 이미 변제했는데 왜 소송을 했냐며 항의하면서 甲이 이미 변제받은 듯이 말하는 것을 몰래 녹음하였다.
2. 乙은 甲의 집에 몰래 들어가 乙이 변제한 사실을 기재한 甲의 장부를 들고 나왔다. 법원은 乙이 제출한 위 녹음테이프와 장부를 증거조사할수 있는가?

[답변] 위 사례에서 ① 위 녹음테이프는 진실발견을 위하여 증거조사가 가능하다고 할 것이나, ② 장부에 대한 증거조사는 범죄행위에 해당하므로 부정되어야 할 것이다.

제2절 증명의 대상(요증사실)

법원은 사실을 확정하고 이에 대하여 법규를 적용하여 재판을 한다. 확정해야 할 사실 중 당사자 사이에 다툼이 있는 사실은 증거에 의하여 확정한다. 따라서 주된 증명의 대상(要證事實)은 당사자 사이에 다툼이 있는 사실이고, 그 외에 특수·전문적 경험법칙과 외국법·관습법 등 법규 등이 증명의 대상이다.

I. 事 實

(1) 민사소송과 관련된 증명대상사실은 다툼이 있는 사실이다. 사실은 구체적인 장소와 시간으로 특정되어 인식할 수 있는 외계의 일과 내심(고의·과실, 선의·악의)의 상태를 말한다. 단순한 법적 판단이나 추론은 증명의 대상이 아니다.

---

1) 대판 99다1789; 80다2314.

(2) 원칙적으로 법규의 구성요건해당사실인 주요사실이 증명대상이 되나, 간접사실, 보조사실(문서의 증거능력이나 증명력에 관련된 사실)도 주요사실을 증명하고자 할 때에는 증명의 대상이다. 그러나 예컨대 원고가 도박자금으로 대여한 금원을 지급하라고 청구하면 대여사실에 관하여 다툼이 있더라도 주장 자체로 이유 없어서 배척되어 대여사실을 조사함이 없이 청구를 기각한다.

Ⅱ. 경험법칙

1. 소송법적 의의

(1) 경험법칙은 같은 종류의 반복된 경험을 통하여 귀납적으로 얻어지는 사물에 대한 지식이나 법칙이다. 판례는 농촌일용노동자의 매월 가동일수는 25일로 추정되나, 적절한 통계 기타 자료가 있으면 달리 인정할 수 있다고 판시하고 있다.[1] 경험법칙은 일반성의 정도에 따라 일반상식인 경험법칙, 학리적·전문적 지식에 속하는 경험법칙으로 나눌 수 있고, 개연성의 정도에 따라 표현증명에 이용되는 고도의 개연성이 있는 경험법칙과 단순히 가능성 있는 경험법칙으로 구분할 수 있다.

(2) 경험법칙은 사실에 대한 평가적 판단, 증거의 가치판단, 간접사실에 의한 주요사실의 추단 등을 할 때 사용될 수 있다.[2]

2. 증명의 대상 여부

(1) 경험법칙이 소송상 주장이나 증명이 필요한지에 관하여 단순한 경험법칙은 일반적인 상식에 속하므로 불요증사실이나 학리적·전문적 지식에 속하는 경험법칙은 재판의 공정성과 법관이 동시에 감정인이 될 수 없으므로 요증사실이나(예컨대 문서의 작성년도 감정 등) 자유로운 증명으로 족하다.

(2) 경험법칙은 구체적인 사실이 아니므로 자백의 대상이 되지 않아 자백하여도 구속력이 없다.

3. 경험법칙 위배시 상고이유 여부

(1) 경험법칙을 잘못 적용한 경우 법령위반처럼 상고이유가 되느냐에 관하여 견해대립이 있다.

① 경험칙을 법규에 준하는 성격으로 보아 상고이유 된다는 법률문제설, ②

---

1) 대판 98다4774.
2) 김홍엽, 558.

사실판단의 자료에 불과한 경험칙에 관하여 사실심 법관보다 더 전문적이라고 할 수 없는 상고심법관이 사실심이 인정한 경험칙을 비판하는 것이 용이하지 않음을 근거로 상고이유를 부정하는 사실문제설, ③ 경험칙적용은 원칙은 법률문제이나 그 적용에 현저한 오류가 있을 때만 상고이유 긍정하는 절충설이 있다.[1]

판례는 법령위배와 같이 상고이유가 된다고 본다(법률문제설).[2]

(2) 검토컨대 경험법칙에 의한 사실인정의 경로는 상고심법관도 충분히 판정 가능하나 상고심의 사실심화되는 것을 방지할 필요가 있으므로 절충설이 타당하다.

Ⅲ. 법 규

1. 예외적 요증(要證)

법규의 존부·적용의 문제는 법원의 책무이므로원칙적으로 증명의 대상이 되지 아니한다. 다만 예외적으로 외국법, 지방법령, 관습법과 사실인 관습, 실효된 법률, 구법 등은 법원(法源)의 불명으로 불이익을 당할 당사자는 이를 증명하여야 할 것이다. 증명방법은 법원의 직권조사 또는 전문가의 감정이 원칙이고 자유로운 증명으로 가능하다.[3]

2. 외국법존부 불명

(1) 외국법 적용에 있어서 직권조사를 하여도 외국법의 존부를 확정할 수 없는 경우에는 논의가 있다.

① 의심스러울 때는 법정지법에 의한다는 국내법적용설(법정지법설), ② 외국법이 없는 경우와 같이 민법 제1조에 따라 조리(條理)에 의하여야 한다는 조리설, ③ 가장 유사한 법률을 적용할 것이라는 유사법적용설 등이 있다.

(2) 판례는 외국법의 존재와 내용이 불명한 경우 법원으로서는 법원(法源)에 관한 민사상의 대원칙에 따라 외국 관습법에 의할 것이고, 외국 관습법도 그 내용의 확인이 불가능하면 조리에 의하여 재판할 수밖에 없는바, 그러한 조리의 내용은 가능하면 원래 적용되어야 할 외국법에 의한 해결과 가장 가까운 해결 방법을 취하기 위해서 그 외국법의 전체계적인 질서에 의해 보충 유추되어야 하고, 그러한 의미에서 그 외국법과 가장 유사하다고 생각되는 법이 조리의 내용으로 유추될 수도 있다고 하면서, 신용장 거래상 환어음 인수인의 어음법상 의무에 관한 준

---

1) 이시윤, 456.
2) 대판 71다2070.
3) 대판 91다41897.

거법이 환어음 지급지인 중국의 법이지만 환어음이 지급제시 되고 인수될 당시 중국에 어음관계를 규율하는 법이 존재하지 않았던 경우, 그 후 시행된 중국의 어음수표법을 유추적용하는 것이 조리에 부합한다고 판시하여 조리설에 의하고 있다.[1]

제3절 불요증사실

≪질문≫ 변론에 나타난 사실이라도 증명이 필요 없는 사실인 불요증사실(不要證事實)에는 ① 당사자 사이에 다툼 없는 사실(재판상 자백, 자백간주), ② 현저한 사실, ③ 법률상 추정된 사실이 있다. 이들은 왜 증명이 필요하지 않은지와 각 그 내용은 어떤가?

Ⅰ. 재판상의 자백

1. 의　의

재판상 자백은 소송당사자가 변론 또는 준비기일에서 상대방 주장과 일치하고 자기에게 불리한 사실의 진술이다. 법적성질은 당사자가 자백의 법적 효과를 의욕한다는 의사표시설과 상대방의 주장사실이 진실이라는 인식을 보고하는 것이라는 사실보고설이 있다. 후자가 통설이다.

2. 요　건

(1) 구체적인 주요사실(자백의 대상적격)

(가) 자백은 상대방 주장의 사실상의 진술에 대하여 성립하는 것이 원칙이다. 구체적인 사실이 아닌 법률상의 진술 또는 의견, 계약해석이나 정당한 사유, 선량한 풍속위반 등의 진술 등은 자백의 대상이 되지 않고 권리자백의 문제가 된다.[2]

(나) 자백은 주요사실에 한한다. 다만 판례에 의하면 문서의 진정성립을 자백하거나 문서에 날인된 인영의 진정함을 인정하는 것은 보조사실에 관한 자백이지만 그 취소에 관하여는 주요사실에 관한 자백취소와 동일하게 취급하여 당사자를 구속하므로 자유롭게 취소할 수 없다.[3] 이는 문서에 관하여 날인진정이 인정되

---

1) 대판 98다35037; 2000다70064; 2001다30469; 2006다5132.
2) 대판 2007다87061.
3) 대판 67다225; 88다카3083; 2001다5654.

면 2단계의 추정을 거쳐 주요사실의 실질적 증명력까지 사실상 추정되는 효과가 있기 때문이다.

(다) 간접사실에 대하여도 금반언과 자기책임을 근거로 당사자 또는 법원에 대하여 구속력을 인정하자는 견해가 일본에서 주장되고 있으나 자유심증주의와의 관계상 간접사실에 대한 자백의 구속력을 인정할 수 없다고 할 것이다.[1]

(2) 불리한 사실상 진술(자백의 내용)

자백은 자기에게 불리한 사실상의 진술에 관하여 자기가 증명책임을 지는 사실에 대하여도 자백이 성립하는지가 논의된다.

1) **증명책임설**: 상대방이 증명책임을 지는 사실만 자백의 대상이라는 입장이다. 예컨대 대여금청구소송에서 대여사실에 대하여 피고가 자백하면 원고는 대여사실에 대한 증명책임이 면제된다는 것으로 피고에게는 청구원인사실이, 원고에게는 항변사실이 불리한 사실이 된다.

2) **패소가능성설**: 불리하게 진술한 사실을 바탕으로 판결하면 패소될 가능성이 있는 경우에는 자기에게 증명책임이 있는 사실도 포함된다고 한다. 예컨대 선의취득을 주장하는 원고가 무과실을 입증해야 하나 스스로 과실을 자인하는 경우도 자백으로 인정하게 된다. 판례도 패소가능설 입장이다.[2]

검토컨대 자백에는 엄격한 구속력이 인정되므로 그 범위를 좁게 해석하는 증명책임설도 일리가 있으나, 권리관계 자체에 불리한 진술인 청구인낙도 인정되는 점에서 자기에게 증명책임이 있는 사실에 대하여도 자백할 수 있다고 할 것이다.

(3) 상대방의 주장사실과 일치하는 진술(자백의 모습)

(가) 상대방 주장이 있고 이와 일치하면서 불리한 진술함이 보통이다. 이와 달리 불리한 진술을 먼저 하고(자인진술) 상대방이 이를 원용하거나 위 진술과 일치하는 진술을 하는 선행자백(자발적 자백)도 재판장 자백이다.[3] 그러나 상대방의 원용이 없는 상태의 자인진술은 상대방의 <u>원용 전</u>에는 자유롭게 철회가능하고 철회한 자인진술은 당사자를 구속하지 않고 소송자료로부터 제거된다.[4] 다만 자인진술은

---

1) 정동윤·유병현, 476 이하.
2) 대판 92다24899.
3) 대판 85다카944; 92다5546; 92다14724. 김홍엽, 552; 김일룡, 460. 이러한 입장과 달리 상대방이 원용하지 않은 상태가 선행자백이고, 상대방이 원용하면 재판상 자백이 되며 이를 따로 선행자백이라고 부를 이유가 없거나 자인진술 용어사용에 의문을 제기하는 다수 견해가 있다(호문혁, 469; 이시윤, 437). 이 견해에 의하면 결국 자인진술이라는 개념이 필요하지 않게 된다. 그러나 이러한 진술을 상대방이 원용하기 전에는 진술자가 자유로이 철회할 수 있는 점에서 자백과 다른 '자인진술'이라 하는 것도 의미가 있다고 힐 것이다.
4) 대판 2006다79544; 2009다29281·29298.

상대방이 원용을 하지 않더라도 <u>철회하기 전</u>에는 법원은 이를 기초로 판단해야 하므로 법원에 대한 구속력은 있게 된다.[1] 이는 간주자백이 당사자는 구속하지 아니하나 법원은 이에 구속되는 점에서 동일하다.

(나) 자백의 가분성이 인정되므로 이유부부인(理由附否認 대여주장에 대한 증여주장)과 제한부자백(制限附自白 대여주장에 대한 변제주장)을 하면 금원수령사실에 대하여는 자백한 것으로 인정된다.

(4) 변론이나 변론준비기일에서의 소송행위로서 진술(자백의 형식)

(가) 자백은 변론이나 변론준비기일에서의 소송행위로서 진술이다(법정자백). 소송 외에서의 자백이나 당사자신문에서의 진술은 증거일 뿐 주장이 아니므로 자백이 되지 않아서 구속력이 없다.

(나) 자백은 법원에 대한 단독적 소송행위이므로 상대방이 불출석해도 자백은 가능하다. 상대방 주장사실에 대하여 자백하는 취지의 서면이 진술간주(148)되면 재판상 자백의 효력 발생한다. 다만 이 경우 자백자에게는 구속력이 없는 의제자백으로 보자는 견해도 있다.

3. 효 력

(1) 불요증사실

재판상 자백한 사실은 불요증사실이다. 따라서 그 상대방은 증명책임이 면제된다(288 본문).

(2) 법원에 대한 구속력

재판상 자백한 사실은 법원의 사실인정권이 배제된다. 법원은 다른 심증을 형성하였다고 하여도 자백을 기초로 판단해야 한다.[2] 이는 변론주의에 근거한다.[3] 직권탐지주의절차에서는 자백은 법원을 구속하는 효력이 없고 하나의 증거원인일 뿐이다. 단, 현저한 사실이나 경험법칙에 반하거나 불능인 사실을 인정하는 자백에는 구속력이 부인된다(통설·판례).[4] 이는 재판의 신뢰를 보호하고 형식적 변론주의의 폐단을 막기 위함이다.

---

1) 정동윤·유병현, 478.
2) 대판 87다카804.
3) 형사소송상 자백이 유일한 증거일 경우 자백배제법칙이 적용이 되는 점에서 다르다(형소 310)
4) 대판 4291민상551.

(3) 당사자에 대한 구속력

자백이 성립되면 자백한 당사자는 원칙으로 임의로 철회할 수 없다(철회의 제한). 예외로 다음의 경우에만 철회를 인정한다.

1) 상대방의 동의있는 때

판례는 당사자가 종전 자백과 배치되는 주장을 하는 경우 상대방이 이에 이의를 제기하지 않는 것만으로는 동의한 것으로 볼 수 없고 배치되는 주장을 인정하여야 자백취소에 동의한 것으로 본다.[1]

2) 자백이 제3자의 형사상 처벌받을 행위로 인하여 이루어진 때(451 ①(5)).

판례는 유죄판결이 확정될 것까지 요구하나, 확정은 필요하지 않다는 학설도 있다.

3) 자백이 진실에 반하고 착오로 인한 것임을 증명한 때(288 단서).

진실에 반한다는 증명만으로 착오에 의한 자백으로 추정되지 않는다.[2] 단 진실에 반함이 증명된 경우라면 변론 전체의 취지만으로 착오 인정이 가능하다.[3]

4) 소송대리인의 자백을 당사자가 更正한 때(94).

단, 위 경우들도 철회가 시기에 늦어서는 안 되고(149) 상고심에서는 인정되지 않는다.

<선택형>

1. 甲은 A임야에 관하여 등기명의자 乙에게 소유권에 기한 소유권이전등기말소청구의 소를 제기하였다. 소송에서 乙은 甲의 소유권을 다투면서 과거에 甲의 선친이 공동상속한 사실은 인정하는 진술을 하였다. 이에 甲은 상속을 청구원인사실로 병합하려고 한다. 이에 관하여 다음 중 옳지 않은 것은? (다툼시 판례에 의함)[4]

   ① 乙이 인정한 甲의 선친의 공동상속에 관한 진술을 甲이 원용하기 전에 이를 취소할 경우 이 취소는 유효하다.
   ② 乙이 인정한 甲의 선친의 공동상속에 관한 진술을 甲이 원용 전과 乙의 취소 전에 법원은 乙의 위 진술내용에 구속되므로 달리 인정할 수 없다.
   ③ 乙의 위 진술은 선행자백으로서 甲이 원용하기 전에도 乙은 이를 철회할 수 없다.
   ④ 乙의 위 진술은 자인진술로서 甲이 원용하기 전에는 乙은 이를 철회할 수 있다.
   ⑤ 乙의 위 진술에 대한 철회는 시기에 늦어서는 안 되고 상고심에서는 인정되지 않는다.

1) 대판 94다22897.
2) 대판 94다14797; 2009다84288·84295.
3) 대판 2000다23013.
4) ③. 대판 2006다79544; 2009다29281·29298.

2. **재판상 자백에 관한 다음 중 옳지 않은 것은?** (다툼시 판례에 의함)[1]

① 문서의 진정성립에 관한 자백은 보조사실에 대한 자백이지만 그 자백의 취소는 주요사실에 관한 자백의 취소와 같이 문서의 진정성립을 인정한 당사자는 자유롭게 이를 철회할 수 없다.

② 자기에게 불리한 사실상 진술을 상대방에 의하여 원용되기 전이나 이에 상응하는 일치된 진술이 없는 때에는 자유롭게 철회가 가능하며 이를 선행자백이라 한다.

③ 자백은 변론이나 변론준비절차에서 소송행위로서 진술하여야 하므로, 소송 밖에서 한 자백이나 다른 소송에서 한 자백은 사실인정에 영향이 있을 뿐, 당연히 법원의 사실인정권을 배제하는 효과가 있는 것은 아니다.

④ 상대방의 주장과 전부 일치해야 하는 것은 아니고 일치하는 부분에 한해 자백이 인정되므로 자백의 가분성 원칙이 인정된다.

3. **재판상의 자백에 관한 다음 설명 중 옳은 것은?** (다툼시 판례에 의함)[2] [법전협 2013. 1차]

① 자백된 사실이 진실에 반하는 것이 증명되면 자백이 착오에 기한 것이라는 점이 추정된다.

② 주요사실에 대한 자백의 효력만이 인정되므로, 문서의 진정성립에 대해 당사자가 자백하여도 법원은 여기에 구속되지 아니한다.

③ 자백도 소송행위의 하나라는 점에서 자백의 취소는 반드시 명시의 방법으로 하여야 하고, 선에 한 자백과 상충된 사실을 주장하는 등 묵시적으로는 할 수 없다.

④ 甲은 乙회사의 주주라고 주장하며 乙이 불법하게 소집하고 개최한 임시주주총회의 결의의 무효의 확인을 구하는 소를 제기하고, 乙은 준비서면에서 甲이 명의상으로 만이 아니라 실질적으로도 주주임을 자백한다는 취지의 주장을 하였는데, 乙은 그 후의 또 다른 준비서면에서 甲이 주주명부에 등재된 명의상의 주주에 불과하고 실질적인 주주가 아니므로 위 주주총회의 결의를 유효하다는 취지의 주장을 하였다면, 乙은 자백을 적법하게 취소한 것이 된다.

⑤ 재판상 자백의 취소사유로서 자백이 반진실임이 증명된 경우라면 착오의 유무에 대해 법원은 변론전체의 취지로 그 유무를 인정할 수 있다.

4. **甲은 乙에게 매매계약에 기한 매매대금 청구의 소를 제기하면서 매매계약서를 그 증거로 제출하였다. 乙은 제1회 변론기일에서 甲이 주장하는 매매계약 체결사실과 매매계약서의 진정성립을 인정하였다. 그후 乙은 매매계약 체결사실을 다투고자 한다. 이 사안에 관한 설명 중 옳지 않은 것은?** (다툼시 판례에 의함)[3] [변호사 2015]

① 乙이 위 자백을 취소하려면 그 자백이 진실에 어긋나는 것 외에 착오로 인한 것임을 아울러

---

1) ②. 판례는 당사자가 먼저 자기에게 불리한 자인진술과 선행자백을 구분한다(2006다79544). ① 문서의 진정성립에 관한 자백은 보조사실에 대한 것이나 그 취소는 주요사실에 관한 자백의 취소와 같이 문서의 진정성립을 인정한 당사자는 자유롭게 이를 철회할 수 없다고 한다(2001다5654).

2) ⑤. 대판 2004다13533. ① 제288조 단서의 착오는 반진실의 증명만으로 추정되지 않는다(대판 94다14797; 2009다84288, 84295). ② 대판 2001다5654. ③ 대판 89다카14240. ④ 위 자백이 진실에 반할 뿐만 아니라 착오로 인함을 인정하여야 취소할 수 있다.

3) ④. 문서의 진정성립을 인정한 경우 다른 간접사실에 관한 자백의 취소와는 달리 주요사실의 자백취소와 동일하게 처리하여야 할 것이므로 자유롭게 이를 철회할 수 없다(대판 88다카3083).

증명하여야 하고, 진실에 어긋나는 것임이 증명되었다고 하여 착오로 인한 자백으로 추정되지는 않는다.

② 乙의 자백 취소에 대하여 甲이 동의하면 진실에 어긋나는지의 여부나 착오 여부와는 상관없이 자백의 취소는 인정된다.

③ 乙의 위 자백이 진실에 어긋난다는 사실이 증명된 경우라면 변론 전체의 취지에 의하여 그 자백이 착오로 인한 것이라는 점을 법원이 인정할 수 있다.

④ 乙이 매매계약서의 진정성립에 관하여 한 자백은 보조사실에 관한 자백이어서 이를 자유롭게 취소할 수 있다.

⑤ 乙의 위 자백이 진실에 어긋난다는 사실의 증명은 간접사실의 증명에 의하여도 가능하다.

4. 권리자백

(1) 의 의

(가) 권리자백은 권리 또는 법률관계에 관한 일체의 불리한 진술이다. 권리자백은 구체적인 사실에 관한 진술인 재판상 자백과 소송물인 권리 또는 법률관계 자체가 대상인 청구의 인낙과 구별된다.

(나) 권리자백의 대상인 법률상 진술의 종류로는 ① 법규의 존부·해석에 대한 진술, ② 사실에 대한 평가적 판단의 진술, ③ 법률상 개념을 사용한 사실을 진술, ④ 선결적 법률관계에 대한 진술 등이 있다. 이러한 법률상 진술은 재판상 자백으로 인정되지 않음이 원칙이나 재판상 자백으로 취급되는 경우도 있어서 그 구별 기준이 문제된다.

(2) 법률상 진술의 종류와 자백 성부(成否)

(가) 법규의 존부·해석에 대한 진술

법규의 존부·해석은 법원의 전권사항이므로 법규의 존부·해석에 대한 진술은 자백의 대상이 아니다.

(나) 사실에 대한 법적 평가·판단의 진술(법적 추론) 또는 권리관계나 법적 성격·효과에 관한 진술

법률상 주의의무에 대한 위반인 과실·정당한 이유 등에 관하여 불리한 진술을 하여도 자백으로 인정되지 않는다. 이들은 준주요사실설에 의할 때 주요사실이 아니고 법적 평가이다. 무명계약을 담보설정계약의 취지로 자인하거나[1] 법률상 유언이 아닌 것을 유언이라고 시인했다고 하여도[2] 이는 법률적 성격에 관한 진술에

---

1) 대판 4294민상1071.
2) 대판 70다2662.

불과하고 사실에 관한 진술이 아니어서 진술자는 그 진술을 자유롭게 철회할 수 있고 법원도 이에 구속되지 않는 권리자백일 뿐이다.

≪질문≫ [1] 원고가 피고를 상대로 계약이 이행불능이라고 주장하며 손해배상청구를 하였다가 이행불능의 주장을 철회하고 계약의 유효를 주장하면서 소유권이전등기절차이행을 구하여 승소판결을 받자, 피고가 이행불능이라는 주장은 재판상 자백이므로 이행불능임을 전제로 판단였어야 한다고 주장하면서 항소하였다. 항소심은 이 주장에 관하여 어떻게 판단하여야 하는가?

[2] 법정변제충당의 순서를 정함에 있어 기준이 되는 ① 이행기나 변제이익에 관한 사항, ② 법정변제충당의 순서 자체 등에 관한 당사자간의 합의 또는 진술이 구속력 있는 재판상 자백으로서 성립하는가?

[답변] [1] 이행불능에 관한 주장은 법률적 효과에 관한 진술을 한 것에 불과하고 사실에 관한 진술을 한 것이라고는 볼 수 없으므로 그 진술은 자유로이 철회할 수 있고 법원도 이에 구속되지 않는다.[1]

[2] 법정변제충당의 순서를 정함에 있어 기준이 되는 이행기나 변제이익에 관한 사항 등은 구체적 사실로서 자백의 대상이 될 수 있으나, 법정변제충당의 순서 자체는 법률 규정의 적용에 의하여 정하여지는 법률상의 효과여서 그에 관한 진술이 비록 그 진술자에게 불리하더라도 이를 자백이라고 볼 수는 없다.[2]

(다) 선결적 법률관계에 대한 자백(협의의 권리자백)

1) 예컨대 소유권침해로 인한 손해배상청구소송에서 피고가 원고의 소유권의 존재에 대한 자백하는 것과 같이 사실이 아닌 선결적 법률관계에 대한 자백의 구속력을 인정할 것인지 문제된다. 이에 관하여 다음과 같이 견해의 대립이 있다.

① 법률판단은 법원의 전권사항이므로 구속력을 부정하는 부정설, ② 선결적 법률관계가 중간확인의 소의 대상이 되면 청구의 인낙이 허용되므로 그 보다 유리한 재판상 자백 효력은 당연히 인정가능하다는 긍정설, ③ 당사자는 자백에 구속되어 임의로 철회가 금지되나, 법원에 대한 구속력은 부정하여 자백에 반하는 판단이 가능하다는 절충설이 있다.

2) **판례**는 매매계약무효확인청구의 소에서 소송물의 전제문제가 되는 권리관계에 관한 진술은 **권리자백**으로서 법원을 기속하지 않으며, 상대방의 동의 없이 자유로이 철회할 수 있으며, 피고가 이건 매매계약의 법률효과에 대하여 자백하였다 할지라도 이미 철회된 이상 계약해제의 효과가 생긴 것이라고 할 수 없다고

---

1) 대판 90다7104.
2) 대판 98다6763.

판시하고 있다.[1] 그러나 소유권에 기한 소유권이전등기말소청구소송에서 피고가 원고의 부친의 소유권을 인정하는 진술은 소유권의 내용을 이루는 사실에 대한 진술로 볼 수 있으므로 이 경우는 재판상 자백으로 **유효**하다고 보고, 토지 소유권이전등기청구소송의 피고가 원고의 토지상속을 인정하다가 위 토지는 종중소유라고 번복한 주장한 경우 자백으로 인정하여 취소 불가하다고 판시하였다.[2]

　　　3) 검토컨대 선결적 법률관계에 대한 자백의 구속력을 인정할 것인지의 여부는 선결적 법률관계에 관한 진술이 선결적 법률관계를 구성하는 요건사실에 대한 진술인지 아니면 법률효과에 대한 진술인지의 문제이다. 판례는 전자는 그 소전제가 되는 선결적 법률관계의 내용을 이루는 사실에 대한 진술이라 표현하고 재판상 자백으로 취급하고, 후자에 대하여는 소송물의 전제가 되는 권리관계나 법률효과를 인정하는 진술이라는 표현을 쓰고 권리자백일 뿐 재판상 자백으로 인정하지 않는다.[3]

　　(라) **법률상 개념을 사용한 압축적 진술**

　　법적 개념의 진술이 구체적 사실관계를 압축적으로 진술 하는 경우 재판상 자백이 **성립**한다.[4] 예컨대 '甲과 乙 사이에 그 동안 협의한 것으로 보아 매매가 이루어졌다'고 하는 경우의 '매매'는 법적 평가 또는 권리관계를 의미하며 이에 대한 진술은 권리자백일뿐이지만, 甲과 乙 사이에 '매매'가 이루어졌으므로 甲은 乙에게 대금을 지급할 의무가 있다고 할 때의 '매매'는 사실관계의 압축적 진술이다.[5] 이에 대하여는 재판상 자백이 가능하다.

　　(3) **권리자백의 효과**

　　(가) 위 사항 중 재판상 자백으로 취급되는 것은 상대방의 증명책임이 면제되고, 법원과 당사자를 구속한다.

　　(나) 재판상 자백으로 취급되지 않는 것은 법원과 당사자를 구속되지 않으며, 변론전체 취지로만 참작될 뿐이다.

---

1) 대판 80다851.
2) 대판 87다카749.
3) 이시윤·조관행·이원석, 352.
4) 대판 84다122.
5) 이시윤·조관행·이원석, 350.

Ⅱ. 자백간주(의제자백)

1. 의 의

(1) 개 념

자백한 바가 없어도 자백으로 간주되는 자백간주는 상대방의 주장사실을 명백히 다투지 않거나 당사자가 기일에 불출석하거나 답변서를 제출하지 아니한 경우 그 사실을 자백한 것으로 보는 것이다.

(2) 적용범위와 취지

변론주의에서 다툴 의사가 없다고 인정되면 증거조사를 생략하는 것이 타당하다취지에서 인정된다.

2. 자백간주의 성립

(1) 상대방의 주장사실을 명백히 다투지 아니한 경우(150 ①)

(2) 한 쪽 당사자가 기일에 불출석한 경우(150 ③).

다만 당사자가 공시송달 이외의 방식으로 기일통지를 받았어야 하고, 기일에 불출석해도 상대방 주장사실을 다투는 준비서면을 제출하지 않아야 한다.

(3) 피고가 답변서를 제출하지 않은 경우(256, 257) 등은 상대방의 주장에 대하여 각 자백이 간주된다.

3. 자백간주의 효력

(1) 법원에 대한 구속력 발생

자백간주가 성립되면재판상 자백과 같이 법원에 대한 구속력이 생기며 법원은 그 사실을 기초로 판단해야 하며 달리 사실을 인정할 수 없다.

(2) 당사자에 대한 구속력

자백간주되어도 당사자에 대한 구속력은 없어서 당사자는 그 뒤 사실심에서 그 사실을 다툼으로써 그 효과를 번복할 수 있다. 다만 항소심에서는 시기에 늦은 공격방어방법각하(149)와 변론준비기일 종결효과(285)의 제약하에서만 다툴 수 있다.

Ⅲ. 현저한 사실

1. 의 의

현저한 사실은 법관이 명확히 인식하여, 증명이 불요할 정도로 객관성이 담보된 사실로서 공지(公知)의 사실과 법원에 현저한 사실이 있다.

2. 공지의 사실

(1) 공지의 사실은 통상의 지식과 경험을 가진 일반인이 믿어 의심치 않을 정도로 알려진 사실이다. 공지의 사실이 불요증사실인 근거는 어느 때나 그 진실 여부의 조사가 보장되기 때문이다. 공지의 사실은 불요증사실이나 공지에 대한 반증이나 공지사실이 진실이 아니라는 증명이 허용된다.

(2) 판례가 인정하는 공지사실로는 도시일용근로자의 월평균가동일수, 서울대가 국립학교라는 사실[1] 등이다.

3. 법원에 현저한 사실

(1) 법원에 현저한 사실은 법관이 직무상의 경험으로 명백히 알거나, 기록 등을 조사하여 곧바로 알 수 있는 사실이다.[2] 농촌일용노임·정부노임단가, 소속법원에서 행한 가압류, 파산·금치산선고 등이다.

(2) 불요증의 근거는 법관의 인식의 객관성에 있다. 따라서 법관이 교통사고를 목격하여 개인적으로 알게 된 사실은 객관성과 공정성을 담보할 수 없으므로 증명을 필요로 한다.

또한, 생명표에 의한 연령별기대여명은 법원에 현저한 사실로 보아 불요증사실로 보는 견해와 판례가 있으나,[3] 현실적으로 구체적인 기대여명은 매년 변경되고 법관들도 잘 알지 못하므로 전문적인 경험법칙으로 보아 증명을 요한다는 견해가 타당하다.

4. 소송상 취급

(1) 현저한 사실은 불요증사실이다.

(2) 주장필요 여부에 관하여 공지성을 강조하여 주장이 필요 없는 변론주의 예외라는 주장불요설과 판례가 있으나,[4] 현저한 사실이 주요사실인 경우에는 당사자의 변론 기회보장을 위해 당사자의 주장이 있어야 판결의 기초로 삼을 수 있다는 주장필요설과 판례의 입장이 타당하다.[5]

(3) 현저한 사실에 반하는 자백는 이를 인정하는 것은 변론주의의 과장이고,

---

1) 대판 2001다21991.
2) 대판 94다20051 다수의견.
3) 대판 99다41886.
4) 대판 63다493.
5) 대판 64다1761.

재판의 객관성에 반하여 자백의 효과를 인정하지 않는다(통설·판례[1]).

(4) 상고 가능성 여부에 관하여 현저한 사실이 아닌데도 증거조사를 하지 않고 사실을 인정한 경우 현저한 사실인지의 여부를 사실문제라는 견해에 의하면 상고이유는 되지 않는다. 그러나 법률문제로 보는 견해에서는 상고이유가 된다.

Ⅳ. 법률상의 추정

법률상의 추정은 전제사실이 증명되면 추정 사실 또는 권리가 별도의 증명이 없이 인정된다는 점에서 일응 불요증사실로 볼 여지는 있지만, 전체적인 과정에서 보면 전제사실을 증명하는 것은 필요하므로 완전한 불요증사실로 분류할 수는 없다. 증명책임의 완화의 부분에서 자세히 살펴본다.

> <질문> 甲은 A임야소유권에 기하여 乙에게 소유권이전등기말소청구의 소를 제기하였고 乙은 이 소송에서 이 사건 임야는 원래 甲의 부친 외 3인의 공동소유였다는 甲의 주장사실을 인정하는 진술을 하였다. 그런데 乙은 항소심에서 위 진술을 취소하였다. 위 진술의 취소는 유효한가?
>
> [답변] 선결적 법률관계에 해당하는 원고의 소유권을 인정하는 진술은 그 소전제가 되는 소유권의 내용을 이루는 사실에 대한 진술로 볼 수 있으므로 이는 재판상 자백으로서 구속력이 있다(대판 87다카749). 따라서 다른 특별한 사정이 없는 한 위 진술취소는 유효하지 않다.

<선택형>

1. 불요증사실에 해당되지 아니하는 것은?[2]

① 재판상 자백
② 전문적 경험법칙
③ 공지의 사실
④ 법원에 현저한 사실

2. 불요증사실에 관한 기술 중 옳은 것을 모두 고르면? (다툼시 판례에 의함)[3]   [변호사 2012]

① 불요증사실로서 법원에 현저한 사실은 판결을 하여야 할 법원의 법관이 직무상 경험으로 그 사실의 존재에 관하여 명확한 기억을 하고 있는 사실뿐만 아니라, 기록 등을 조사하여 곧바로 그 내용을 알 수 있는 사실도 포함한다.

---

1) 대판 4291민상551.
2) ②. 전문적 경험법칙은 요증사실이다.
3) ①②⑤. ③ 당사자는 변론이 종결될 때까지 어느 때라도 상대방의 주장사실을 다툼으로써 자백간주를 배제시킬 수 있고, 상대방의 주장사실을 다투었다고 인정할 것인가의 여부는 사실심 변론종결 당시의 상태에서 변론의 전체를 살펴서 구체적으로 결정하여야 할 것이다(대판 2004다21305). ④ 자백이 진실에 부합하지 않는 것임이 증명되면 그 자백이 착오로 인한 것이라는 점은 변론 전체의 취지만에 의하여 인정할 수 있다(대판 2004다13533).

② 피해자의 장래수입상실액을 인정하는 데 이용되는 고용형태별근로(직종별임금)실태조사보고서와 한국직업사전의 각 존재 및 그 기재 내용을 법원에 현저한 사실로 보아, 법원은그것을 기초로 피해자의 일실수입을 산정할 수 있다.

③ 원고가 주장한 사실에 대해서 자백간주가 되었다면, 피고는 그 뒤 변론종결시까지 그 사실을 다투더라도 자백간주의 효과를 번복할 수 없다.

④ 자백의 취소에 있어 그 자백이 진실에 부합하지 않는 것임이 증명된 경우라도 나머지 요건인 그 자백이 착오로 인한 것이라는 점은 변론 전체의 취지만에 의하여 인정할 수 없다.

⑤ 당사자가 주장하지 않았음에도, 법원이 당해 법원의 다른 판결에서 인정한 사실관계를 법원에 현저한 사실로 인정한 것은 변론주의를 위반한 것이다.

제4절 증거조사의 개시와 실시

당사자 사이에 다툼이 있은 요증사실을 증명하기 위하여 증인신문·당사자신문·감정 등의 인증이든 서증·검증·그 밖의 증거(정보수록물) 등의 물증이든 당사자는 증거신청을 한다. 증거신청에 대하여 법원은 채부를 결정하나 유일한 증거는 원칙적으로 채택를 거절하지 못한다. 증거조사를 실시하여 얻은 증거조사의 결과인 증거자료와 여기에 변론전체의 취지를 더하여 법관이 자유심증으로 판단하게 된다.

<증거조사 절차>

```
원고 甲 --대여금청구-->피고 乙 반응
  - 자백·침묵 → 재판상자백, 권리자백, 간주자백 → 증명불요
  - 부인·부지 → 증명필요
        ↓
증거신청 ⇐ 증거방법 : 증인· 감정인 등(인증), 문서·물건·그 밖의 증거 등(물증)
  ↓
채부결정 ⇐ 유일한 증거
  ↓
증거조사실시 ⇐ 증인 등 신문, 감정, 서증, 검증 등
  ↓
조사결과 ⇐ 증언내용, 당사자신문내용, 검증·감정결과, 문서기재내용 등
  └ 증거자료 + 변론전체의 취지
       =증거원인 ⇐ 자유심증주의 → 심증형성 되면 → 판결
                       └ 심증형성 안 되면
                            └ 입증촉구, 직권증거조사 후에도 진위불명시
     →증명책임 → 판결 → 확정 ---→ 집행-------→ 배당
          ⁝        ⁝        ⁝            ⁝
     <불복방법>⇨ 상소    재심   청구이의의 소  배당이의의 소
```

제1관 증거조사의 개시

I. 증거신청

1. 의 의

증거신청은 요증사실을 증명하기 위하여 일정한 증거방법을 지정하여 법원에 그 조사를 청구하는 소송행위이다. 증거신청권은 헌법상 재판청구권의 한 부분이고 당사자권의 한 내용이며 증거신청권이 침해당한 경우는 대리권의 흠에 준하여 상고이유가 된다.

2. 신청의 방식

(1) 증거신청은 서면 또는 구술로 신청한다(161 ①). 증거를 신청하는 때에는 증거와 증명할 사실의 관계를 구체적으로 밝혀야 한다(규칙 74).

(2) 증인신문사항, 감정사항, 서증사본 등을 제출하여야 한다(규칙 101, 규칙 105).

(3) 모색적 증명의 인정 여부

증명할 사실은 먼저 주장하고 증거를 제출하는 것이 순서이다. 따라서 주장을 하지 않고 증거신청부터 한 후 증거조사를 통해 주장사실의 기초자료를 얻어내려고 하는 모색적 증명은 변론주의와 제289조 1항에 의하여 원칙적으로 금지된다.

다만 공해·의료·제조물책임소송 소위 현대형 소송 등에서는 증거의 구조적 편재를 시정하기 위하여서 제한적으로 허용할 것이라는 견해가 있다.[1] 모색적 증명의 취지는 제346조의 문서목록제출신청제도로 그 일부가 구현되고 있다.

3. 신청의 시기

증거신청은 집중심리주의와 적시제출주의에 적합하고 변론종결 전까지 신청하면 된다. 변론종결 후에 신청한 경우 법원은 이를 판단자료로 삼을 수 없고 이를 직권으로 조사할 의무가 없다.[2] 다음과 같이 변론기일 등에서 각 증거신청이 가능하다. 다만 준비기일이 도과되면 실권효의 제재를 받을 수 있다.

(1) 소장과 답변서, 준비서면 제출시의 증거신청

원고는 청구하는 이유에 대응하는 증거방법을 구체적으로 적고, 소장에서

---

1) 이시윤, 447.
2) 대판 88다카34148.

인용한 서증(書證)의 등본 또는 사본을 붙여서 제출하여야 하며(254 ④), 사실상 주장을 증명하기 위한 증거방법과 상대방의 증거방법에 대한 의견을 함께 적어야 한다(256 ④, 274 ②). 피고의 답변서나 준비서면에서 동일한 방법으로 증거를 신청할 수 있다(256 ④, 274 ②, 275)

(2) 변론(준비)기일 전 및 변론준비절차에서의 증거신청

증거의 신청과 조사는 변론기일 전에도 할 수 있으며(289 ②), 변론준비절차에서는 기간을 정하여 주장사실을 증명할 증거를 신청하게 한다(280 ①).

(3) 변론기일에서의 증거신청

변론준비기일을 거친 사건은 소송을 지연시키지 않거나 중대한 과실이 없거나 직권조사사항인 경우에만 변론기일에 증거신청이 허용된다(285 ①).

4. 상대방의 진술기회보장

증거신청에 대하여 상대방은 의견을 진술하거나 증거항변을 할 수 있으나(274) 법원이 진술기회를 주었음에도 당사자가 의견제출이 없으면 소송절차에 관한 이의권(151)의 포기·상실로 위법한 증거조사라도 적법한 것이 된다.

5. 신청의 철회

증거조사 전에는 제한 없이 철회가 가능하고,[1] 조사개시 후에는 상대방에게도 유리하게 참작될 수 있으므로 상대방의 동의가 있어야 가능하다. 조사가 종료되면 증거신청의 목적을 이룬 것이므로 철회할 수 없다. 철회는 기일 또는 기일 전에 말 또는 서면으로 할 수 있다.

Ⅱ. 증거의 채부 결정

1. 서 설

법원은 증거신청이 부적법거나 적법하더라도 증거조사가 필요하지 않다고 인정한 것은 조사하지 않을 수 있다(290 본문). 판례에 의하면 신청한 증거에 대한 채택 여부는 법원의 재량이고[2] 증거신청에 대하여 판단하지 아니하더라도 이는 판단유탈에 해당하는 것이 아니고 묵시적으로 기각한 취지로 보며[3] 당사자가 신청

---

1) 대판 70다3013 문서제출명령에 따른 문서가 제출되기 전에 문서제출명령신청철회가 가능하다.
2) 대판 90다19121.
3) 대판 2000다35955.

한 증거로서 법원이 필요 없다고 인정하고 변론을 종결하였더라도 종국판결에 대한 불복절차에 의하여 그 판단의 당부를 다툴 수 있는 것은 별론으로 하고 별도로 항고로써 불복할 수는 없다.[1] 그러나 유일한 증거일 때는 예외로 반드시 조사해야 함이 원칙이다(290 단서).

2. 유일한 증거

(1) 의의와 취지

주요사실을 증명하기 위하여 당사자가 신청한 증거로서, 그에 관하여 제출된 다른 증거가 없어서, 이를 조사하지 아니하면 요증사실을 증명할 수 없게 되는 경우가 유일한 증거이다(290조 단서). 이를 배척하면 증명이 불가하여 쌍방심문주의에 반한다.

(2) 유일한 증거인지의 판단기준

유일한 증거인지의 여부는 사건 전체로 보아 여러 개의 증거가 있어도 어느 쟁점에 관한 증거 중 하나도 조사하지 아니하면 유일한 증거를 배척한 것이 된다. 증거의 개수를 기준으로 판단하지 않는다. 또한 유일한가의 여부는 전 심급을 통하여 판단한다.

(3) 적용범위

(가) 주요사실에 대한 증거(직접증거)

유일한 증거로서 반드시 조사해야 하는 증거는 주요사실에 대한 직접증거에 한한다. 간접사실·보조사실에 대한 증거(간접증거)는 포함되지 않는다. 유언의 존재 및 내용이 증명사항인 경우 증거방법인 유서의 무인에 대한 감정결과는 보조사실에 관한 증거이므로 유일한 증거라도 배척가능하다.[2]

(나) 본증에 한하는지의 여부

판례는 유일한 증거는 자기에게 증명책임이 있는 사항에 대한 증거에 관한 것이므로 본증에 한하며 반증은 이에 해당되지 않는다고 한다.[3] 이에 반하여 법관 앞의 평등이라는 쌍방심문주의와 당사자의 증거제출권의 중요성과의 관계에서 본증과 반증을 같이 취급함이 타당하다는 견해도 있다.[4]

(다) 당사자본인신문·감정결과의 경우

---

1) 대결 89마694.
2) 김홍엽, 584.
3) 대판 97다38510.
4) 이시윤, 475.

과거의 판례는 당사자신문에 대하여 보충적 증거방법임을 이유로 유일한 증거 아니라고 보았으나, 개정법은 당사자신문의 보충성을 폐지하여 이제는 유일한 증거의 자격이 있다. 그러나 감정결과는 법원 판단의 보조자료라는 이유로 유일한 증거로 인정되지 않는다.[1]

(4) 조사의무의 내용과 한계

유일한 증거는 증거조사를 거부할 수 없다는 것이며 그 조사결과를 받아들여야 하는 것은 아니다.

(5) 유일한 증거라도 배제할 수 있는 경우

증거신청이 부적법하거나 법원의 재량에 의하여 증거신청을 각하할 수 있다.

예컨대, ① 신청 자체가 부적법한 경우 ② 신청이 시기에 늦은 경우에 관하여 다수설은 소송촉진을 위하여 각하해야 한다고 하나,[2] 재판의 신속성은 재판의 적정성을 넘은 절대가치는 아니므로 시기에 늦은 유일한 증거를 각하할 수 없다는 견해도 있었다. ③ 직권탐지주의사항,[3] ④ 법률상 의미 없는 사실에 관한 증거신청, ⑤ 쟁점과 관련 없는 증거신청, ⑥ 불요증사실에 관한 증거신청, ⑦ 증인의 장기해외여행, 질병 등으로 법원이 증거조사를 할 수 있을지 언제할 수 있는지 알 수 없는 경우(291), ⑧ 최종변론기일에 당사자가 더 이상 증거방법이 없다고 진술한 경우 등이다.

(6) 위반의 효과

적법한 사유 없이 유일한 증거를 배척하면 채증법칙 위반되어 상고이유가 된다.

3. 증거채택 여부의 결정(증거결정)

(1) 증거신청에 대하여 법원은 신청을 배척하는 각하결정, 채택하는 증거결정, 보류 등을 한다. 위 결정들은 소송지휘의 재판이므로 어느 때나 취소변경 할 수 있다(222). 다만 합의사건의 변론준비절차에서의 증거결정한 경우 이에 대하여 제138조의 규정을 준용하여 당사자는 이의신청할 수 있고 법원은 결정으로 그 이의신청에 대하여 재판하여야 한다(281).

(2) 증거신청에 대하여 법원이 채부결정 없이 변론을 종결하고 판결을 선고한 경우 판례는 증거신청을 묵시적으로 기각한 것으로 본다.[4] 그러나 당사자의

---

1) 대판 4291민상477.
2) 정동윤·유병현, 527.
3) 직권탐지주의사항은 당사자의 증거신청이 큰 의미가 없으므로 유일한 증거신청 여부를 가리는 것도 별 의미가 없다는 견해로 호문혁, 527.
4) 대판 2000다35955.

증거조사청구권을 실질적으로 보장하여 절차적 기대권을 보호하고 절차의 확실성을 위하여 법원은 명시적으로 증거결정을 하여야 할 것이다.[1]

Ⅲ. 보충적 직권증거조사

1. 의의와 취지

(1) 직권탐지주의(가사소송, 행정소송)절차에서는 직권증거조사가 원칙이나(가소 12, 17, 행소 26). 변론주의 절차인 민사소송에서는 법원은 당사자가 신청한 증거에 의하여 심증을 얻을 수 없거나 기타 필요하다고 인정할 때만 보충적으로 직권증거조사 가능하다(292).

(2) 직권증거조사는 본인소송 등 실질적 당사자대등이 어려울 때 변론주의를 보완하는 보충적 예외적인 절차이다. 그러나 소액사건과 증권집단소송에서는 필요시 보충성이 없어도 직권증거조사가 가능하다.

2. 성질 및 내용

(1) 보충성: 심리의 최종단계에 이르러 당사자 신청증거로 심증형성 안 될 때 비로소 직권증거조사가 가능하다.

(2) 입증능력이 부족한 자에게 증명책임분배의 원칙에 따라 재판하는 것이 정의와 형평에 반할 때 직권조사가 필요하다. 판례는 손해배상의무가 있으면 손해액을 직권심리해야 한다고 판시했다.[2] 직권조사는 개별적으로 조사촉탁(294), 감정촉탁(341), 당사자신문(367) 등이 가능하다. 직권증거조사결과에 대하여 당사자의 의견을 들어야 한다(소액 10 ①).

3. 비용예납

법원은 이익 받을 자에게 비용예납을 명할 수 있고 예납하지 않으면 직권증거조사를 아니할 수 있다(116). 다만 이익 받을 자가 불명한 경우 원고가 예납하고 당사자가 무자력이면 국고에서 대체충당 후 패소자로부터 받는다(규칙 19 ①③).

<선택형>

1. 甲이 乙을 상대로 제기한 소송에서 승소하기 위한 요건사실로 A, B, C의 3개가 있고, 이에 대해서 모두

---

1) 김홍엽, 586.
2) 대판 2000다5817.

甲이 증명책임을 지고 있다. 이 중 A, B 요건사실에 대해 甲이 신청한 증거는 각각 1개씩이고, C 요건사실에 대해서는 3개의 증거를 제출하였다. 乙은 B 요건사실을 탄핵하는 1개의 증거를 제출하였다. 다음 설명 중 옳은 것은? (다툼시 판례에 의함)[1]   [법전협 2014. 2차]

① 甲은 이 소송과 관련하여 모두 5개의 증거를 제출하였으므로 甲이 제출한 증거는 모두 유일한 증거가 될 수 없다.
② A와 B 요건사실에 대해 甲이 제출한 증거는 모두 유일한 증거이다.
③ 乙이 B 요건사실에 대해 제출한 증거는 유일한 증거이다.
④ 법원은 A 요건사실에 대해 甲이 제출한 증거에 대해 반드시 증거조사를 해야 할 뿐만 아니라 그 조사의 내용도 채택해야 한다.
⑤ 유일한 증거는 증거신청이 부적법한 경우라도 반드시 증거조사를 해야 한다.

제2관 증거조사의 실시

I. 실시원리

1. 증거조사와 집중심리주의

① 제1회 변론기일에서 쟁점정리를 한 후 제2회 변론기일에서 집중심리하거나, ② 변론준비절차에서 주장과 증거를 정리한 뒤 후 증인신문과 당사자신문은 변론에서 집중적으로 행한다(293). 집중심리는 증인상호간 모순을 쉽게 파악하고, 전체적인 신문시간을 단축하며, 대질신문이 용이하고, 선명한 심증형성을 가능하게 한다.

2. 증거조사와 직접심리주의

(1) 증거조사는 직접심리의 요청에서 법원에서 변론기일에 함이 원칙이다(변론기일의 원칙). 변론기일의 예외로서 ① 기일 전 증거조사(289), ② 법원 밖에서의 증거조사(현장검증 등), ③ 외국에서의 증거조사(296 ①)가 인정된다.

(2) 위 ②, ③의 경우 그 결과를 당사자가 원용하여야 하는가에 관하여 직접주의·구술주의 취지를 관철하기 위해서는 원용이 필요하다는 견해와 직접주의의 예외로서 의견진술의 기회만 제공하면 족하며 원용이 필요 없다는 견해가 있다. 증거조

---

1) ②. B요건사실에 관하여 乙이 제출한 증거는 반증이다. 제263조 단서가 규정하는 유일한 증거는 당사자가 입증책임이 있는 사항에 관한 유일한 증거를 말하는 것인바, 유언의 존재 및 내용이 입증사항인 이상 유서에 대한 필적과 무인의 감정은 반증에 불과하여 유일한 증거에 해당하지 않는다(대판 97다38510). ① 유일한 증거 여부는 당사자가 신청한 특정 주요사실을 단위로 하여 판단한다. ③ 대판 97다38510. ④ 유일한 증거는 증거조사만 반드시 하면 되고, 그 내용의 채택까지는 필요 없다(대판 66다697). ⑤ 부적법한 증거는 유일한 증거라도 증거조사를 하지 않을 수 있다.

사인 현장검증이나 서증조사기일에는 사실주장이나 증거신청 등 변론을 할 수 없다.

3. 당사자의 참여권과 당사자공개주의

증거조사를 하는 경우 당사자공개의 원칙상 당사자의 증거조사에의 참여권이 보장되나 참여 기회만 제공하면 족하다.

4. 증거조사의 조서작성

증거조사의 절차 및 결과는 변론기일·변론준비기일에 행하는 경우는 변론조서에, 그 외의 경우에는 증거조사기일의 조서에 기재하여야 한다(160).

Ⅱ. 증인신문

1. 총 설

(1) 의 의

증인신문(證人訊問)은 증인의 증언으로부터 증거자료를 얻는 증거조사이다. 증인은 과거에 경험한 사실을 법원에 보고할 것을 명령받은 사람으로 당사자 및 법정대리인 이외의 제3자이다. 조사절차는 증인신문절차에 의한다(증인신청·채택·출석요구·증인신문).

(2) 증인능력

당사자, 법정대리인 및 당사자인 법인 등의 대표자 이외의 자는 증인능력을 갖는다. 소송무능력자나 당사자의 친족이라도 상관없다.

(3) 증인의무주체

우리나라의 재판권에 복종하는 사람이면 누구든 증인의무가 있다. 치외법권자도 임의로 신문에 응하면 증인으로 된다. 공무원의 직무상 비밀사항을 신문할 경우에는 당해 공무원과 소속기관 등의 동의가 필요하다(304~306).

(4) 증인의 신청과 채택 여부의 결정은 일괄신청과 일괄결정하고, 증인신문사항을 법원에 제출하여야 한다(규칙 80 ①).

2. 증인의무

증인은 법원에 출석하여 선서하고 진술할 의무를 진다.

(1) 출석의무

(가) 채택된 증인이 지정된 기일에 출석할 수 없을 때에 사유를 밝혀 신고

하지 않은 경우 신고의무불이행시 불출석으로 인정되고, 소송비용부담, 500만원 이하의 과태료, 7일 이내의 감치, 구인 등의 제재가 가능하다(311, 312 ①).

(나) 다만 증인이 정당한 사유로 수소법원에 출석하지 못하는 때, 증인이 수소법원에 출석하려면 지나치게 많은 비용 또는 시간을 필요로 하는 때, 그 밖의 상당한 이유가 있는 경우로서 당사자가 이의를 제기하지 아니하는 때에 법정 외의 장소에서 수명법관 또는 수탁판사로 하여금 증인을 신문하게 할 수 있다(313). 이 경우의 증인신문의 결과를 증거자료로 하려면 변론에의 상정절차가 필요하다.[1]

(2) 선서의무

(가) 재판장은 증인에게 선서거부사유가 없는 한(324) 신문에 앞서 선서서에 따라 선서를 하게 하여야 한다. 다만, 특별한 사유가 있는 때에는 신문한 뒤에 선서를 하게 할 수 있다(319, 321 ①). 선서서를 읽지 못하거나 기명날인 또는 서명하지 못하는 경우에는 참여한 법원공무원이 대신한다(321 ③).

(나) 16세 미만, 선서취지를 이해 못 하는 사람은 선서무능력자로서 선서의무가 없어서 선서를 시키지 못한다(322),

(다) 증인거부권자가 증언거부하지 않고 증언하겠다고 한다면 선서를 시키지 않을 수 있으나(323) 정당한 사유 없이 선서를 거부하면 소송비용과 과태료가 부과될 수 있다(318). 선서거부사유는 소명하여야 한다(326, 316). 선서해야 할 자가 선서 없이 진술한 경우에도 당사자가 이의를 하지 않는 한 하자가 치유되어 유효하다.

(3) 진술의무

(가) 증인은 진술의무가 있으나 정당한 사유 없이 증언을 거부하면 소송비용부담, 과태료의 **제재**가 있다(출석하고 증언만 거부하면 감치는 할 수 없다). 자신과 근친자, 증인의 후견인 등이 증언의 결과로 처벌, 치욕이 될 염려가 있는 때와 신문사항이 공무상·직무상, 기술상 비밀에 관한 경우 증언거부권을 가진다(314, 316). 재판장은 필요하다고 인정하는 경우 증인으로 하여금 문자를 손수 쓰거나 그 밖에 필요한 행위를 할 수 있다(330).

(나) 공무원의 증언

법원은 직무상 비밀에 관한 사항을 신문할 경우 前現 대통령·국회의장·대법원장 및 헌법재판소장은 그의 동의를(304), 前現 국회의원은 국회의 동의를(305 ①), 前現 국무총리·국무위원은 국무회의의 동의를(305 ②), 그 외의 前現 공무원은 그

---

1) 신광렬, 주석(Ⅴ), 275.

소속 관청 또는 감독관청의 동의를 받아야 한다(306). 위 국회·국무회의·감독관청은 국가의 중대한 이익을 해치는 경우를 제외하고는 동의를 거부하지 못한다(307).

　　(다) **기자의 취재원**이 제315조 1항 2호에 해당하는가에 관하여 논의가 있다. 언론의 자유와 관계에서 문제되기 때문에 원칙적으로 증언거부할 수 있다는 다수설과 취재원을 공표하면 취재에 지장을 주는 등 선별적으로만 증언거부할 수 있다는 소수설이 있다. 자유민주주의에서 언론의 기능을 보호하고 직업의 비밀은 그 자체로 보호되어야 할 것이어서[1] 다수설이 타당하고 본다.

3. 증인조사방식

서면에 의한 증언과 출석증언이 있다

(1) 서면에 의한 증언

(가) 의　의

　　법원은 증인과 증명할 사항의 내용 등을 고려하여 상당하다고 인정하는 때에는 출석·증언에 <u>갈음하여</u> 증언할 사항을 적은 서면을 제출하게 할 수 있다(310①). 신법은 구법의 공정증서에 의한 증언의 특례를 서면에 의한 증언제도로 대체하여 증인출석에 대한 대안으로 증언관계자가 겪는 불편해소를 위하여 인정하였다. 주로 반대신문이 필요하지 아니하는 사건에 이용된다.

　　서면증언도 증언이다. 증인에 대하여 서면증언을 명하고, 서면증언서가 법정에 현출되면 족하다. 이점이 출석증언과 다르다.

(나) 요　건

　　1) 서면증언하려면 증인능력과 증인의무가 존재해야 한다.

　　2) 서면증언의 대상은 사물의 성상이나 증명사항의 내용 등을 고려하여 서면진술로 충분하다고 인정되는, 예컨대 공시송달사건, 진단서의 진정성립확인, 증인의 중환, 원거리거주 등이다.

　　3) 서면증언에 대하여 상대방의 이의가 있는 경우에는 서면증언한 증인을 출석하여 증언하게 할 수 있다(310②).

(다) 절　차

　　1) 출석증언 대신 서면에 의한 증언으로 할지의 여부는 법원이 선택하여 법원이 직권으로 결정한다(규칙 84①).

　　2) 증인소환장에 서면증언의 취지와 요령을 기재한다(규칙 84②). 선서의

---

1) 이시윤 486.

무가 면제된다(위증죄의 불성립).

(라) 효 과

1) 서면증언서도 별도로 서증의 절차 없이 직접 출석증언과 동일하게 평가되어 법관의 자유심증의 대상이 된다.

2) 서면증언을 제출하지 않은 경우에도 과태료 등의 제재는 없고, 서면증언내용이 허위라도 선서한 바가 없으므로 위증죄가 성립하지 않는다. 출석증인신문에 앞서 증인진술서를 제출하게 하거나, 구술 대신 서면증언도 가능하다.

(2) 출석증언

(가) 증인진술서의 제출

법원은 효율적인 증인신문을 위하여 필요하다고 인정하는 때에는 증인을 신청한 당사자에게 증언할 내용을 시간순서에 따라 적고 증인이 서명날인한 증인진술서를 제출하게 할 수 있다(규칙 79). 이는 통상 증거신청자에게 우호적인 증인 경우에 증인진술서가 이용된다. 증거신청자에게 적대적인 증인인 경우는 증인신문사항을 미리 법원에 제출하여 법원이 증인에게 증인신문하기 2일 이전까지 송달하여 신문사항에 대하여 준비하도록 한다.

증인진술서는 서증이고, 법원은 당사자에게 이를 제출하도록 명하며, 제출 후 증언하도록 한다.

(나) 증인신문의 방법(교호신문·격리신문·구술신문)

1) 교호신문

교호신문(交互訊問)은 증인신문을 신청한 당사자가 주신문, 상대방의 반대신문, 다시 주신문자의 재주신문의 순으로 이루어지고, 그 이후의 재반대신문, 재재주신문 등은 재판장의 허가를 얻은 경우에 한하여 허용되며, 재판장은 당사자의 신문이 끝난 후 보충신문을 할 수 있고(327 ① ②), 예외적으로 당사자의 신문 도중이라도 개입신문을 할 수 있고(327 ③), 신문의 순서를 바꿀 수 있다(327 ④). 합의부원은 재판장에게 알리고 신문할 수 있다(327 ⑥). 당사자는 각 증언과정에서 증언의 증명력을 다투기 위하여 필요한 사항에 관하여 신문할 수 있는데 이를 탄핵신문이라 한다(규칙 94).

2) 격리신문

같은 기일에 두 사람 이상의 증인을 신문하는 경우에는 나중에 신문할 증인을 법정에서 나가도록하는 격리신문이 원칙이다(328 ② 본문). 증인이 특정인 앞에서 충분히 진술하기 어려운 경우에도 그 특정인을 법정에서 증언하는 동안 나가도록 할 수 있다(규칙 96).

3) 구술신문

증인은 구술로 진술함이 원칙이고 서류를 보면서 진술하지 못하나(331조 본문) 당사자는 재판장의 허가를 받아 문서·도면·사진 그 밖의 물건을 이용하여 신문할 수 있다(331 단서; 규칙 9 ①).

4) 訊問에서의 재판장의 지휘권과 이의신청

가) 재판장은 증인신문에 앞서 인정신문을 한다. 재판장은 필요하다고 인정한 때에는 증인 서로의 대질신문할 수 있고(329), 신문이 중복되거나 쟁점과 관계없는 때, 증인의 의견을 묻거나 증인이 직접 경험하지 아니한 사항에 관한 진술을 구하는 신문은 제한할 수 있고(32 ⑤; 규칙 95 ②) 문자를 손수 쓰게 하거나 그 밖의 필요한 행위 하게 할 수 있다(330).

나) 증인신문에 관한 재판장의 명령 또는 조치에 대하여 당사자는 바로 이유를 밝혀 이의신청할 수 있고 법원은 바로 결정으로 재판하여야 한다(규칙 97).

<선택형>

1. **다음 중 옳지 않은 설명은?** (다툼시 판례에 의함)[1]   [법전협 2012. 2차]

    ① 법정대리인은 증인능력이 없다.
    ② 감정증인은 감정인이므로 감정인과 같은 절차로 증거조사를 한다.
    ③ 감정은 원칙적으로 당사자의 신청에 의하여 한다.
    ④ 감정인은 법원이 지정한다.
    ⑤ 증인신문은 원칙적으로 당사자의 신청에 의하여 한다.

Ⅲ. 서 증

1. 서증과 문서의 의의

서증은 문서를 열람하여 그에 기재된 의미 내용을 증거자료로 하기 위한 증거조사이다. 문서는 문자, 그 밖의 기호 등에 의하여 사상을 표현한 종이쪽지 그 밖의 유형물이다. 실무상 서증의 대상이 되는 문서를 서증이라고도 한다. 당해 소송의 증거조사의 결과를 기재한 문서(각종 조서)는 그 자체가 증거자료이며 다시 서증의 대상이 아니다. 단 다른 사건의 조서는 서증대상이다.

---

1) ②. 증인이므로 증인신문을 한다(340).

2. 문서의 종류

문서는 증명력 또는 제출방법의 차이로 인하여 공문서와 사문서, 처분문서와 보고문서, 원본·정본·등본·초본 등으로 분류할 수 있다.

(1) 공문서·사문서(형식적 증명력의 차이)

공문서는 공무원이 그 직무권한 내의 사항에 대하여 직무상 작성한 문서이다. 공문서 이외의 문서는 사문서이다. 공문서는 진정성립이 추정되나(356①) 사문서는 진정성립을 증명하여야 한다(357). 부동산의 매도증서에 등기공무원의 등기필을 기입한 등기필권리증과 같은 공사병존문서(公私倂存文書)는 각각 공문서부분과 사문서부분이 별개로 진정성립이 인정된다. 공문서부분의 진정성립으로 사문서부분의 진정성립을 추정할 수 없다.

(2) 처분문서·보고문서(실질적 증명력의 차이)

처분문서는 증명하고자 하는 행위가 문서 자체로 행하여지는 문서로서 합의서, 계약서, 어음·수표, 회사정관 등이다. 형식적 증거력 인정되면 실질적 증거력이 강력히 사실상 추정된다.

보고문서는 작성자가 보고 듣고 판단한 바를 기재한 문서로서 회계장부, 영수증[1]이다. 실질적 증거력이 추정되지 않지만 일부 공문서(등기부, 가족관계증명서, 토지대장 등)에 대하여 그 기재사항을 진실이라고 추정하는 경우가 많다.

판결서는 처분문서이기는 하지만 그 판결이 있었는지 또 어떠한 내용의 판결이 있었는지의 사실을 증명하기 위한 처분문서라는 의미일 뿐 판결서 중에서의 사실판단을 다른 사건의 사실을 증명하기 위하여 이용을 불허하는 것이 아니어서 이를 이용하는 경우에는 판결서도 그 한도 내에서는 보고문서이라는 판례가 있다.[2]

(3) 원본·정본·등본·초본

문서제출은 원본, 정본, 인증등본으로 해야 하나(355①) 사본만의 제출을 상대방이 이의하지 않으면 허용된다.[3] 원본은 문서 그 자체, 정본은 정본이라 표시한 문서의 등본으로서 원본과 같은 효력이 인정되며, 등본은 원본 전부의 사본, 초본은 그 일부의 사본이다. 인증기관이 공증한 등본을 인증등본이라 하며 나머지는 단

---

1) 영수증에 영수한 나머지 금원은 나머지 포기한다는 내용이 있으면 이 부분은 처분문서이다.
2) 대판(전합) 79다1281 다수의견에 대하여 판결서는 그 본질이 법원의 의사표시이지 작성자의 견문, 판단, 감정 등을 기재 보고하는 것을 본질로 히논 것이 아니라고 하여 판결서 중에서 한 사실판단을 그 사실을 증명하기 위하여 이용할 수 없다는 반대의견이 있다.
3) 대판 95다48667.

순히 사본이라 한다. 정본·등본·초본(抄本)은 사본을 한 자가 작성자가 되며 원본의 존재 및 내용의 동일성에 대하여 작성자가 증명을 부여한 것이다.

3. 문서의 증거능력

증거능력은 추상적으로 증거조사의 대상이 될 수 있는 자격으로서, 증거능력에 제한이 없음이 원칙이다. 자유심증주의에 의하여 모든 문서가 서증의 대상이 된다. 형사소송에서 문서의 증거능력을 제한하고 있는 것과 다르며(형소 310의2), 형사사건의 각종 조서도 민사소송에서 증거능력이 부인되지 않는다.

판례는 서증의 사본이나 소제기 후 계쟁사실에 관하여 작성된 문서, 위법수집증거도 증거능력을 인정한다.[1]

4. 서증신청의 절차

> 증거제출할 당사자 소지 → 직접제출(343 전단)
> 증거제출의무 있는 상대방 당사자·제3자 소지 → 문서제출명령(343 후단)
> 제출의무 없는 제3자 소지 → 송부촉탁 (352)
>   ㄴ 서증조사 (規칙 112)

(1) 문서의 직접제출

(가) 원본·정본 또는 인증등본의 제출

문서제출은 원본, 정본, 인증등본으로 해야 하나(355①) 사본만의 제출을 상대방이 이의하지 않으면 허용된다.[2] 문서의 제목·작성자 및 작성일을 밝혀 제출한다. 변론기일에서 현실로 제출할 것을 요한다. 답변서나 준비서면에 첨부한 경우 답변서 등이 진술간주되어도 문서는 제출간주되지 않는다. 서증의 내용의 이해 곤란, 그 수의 방대, 입증취지가 불명확 할 때는 법원은 당사자에게 증거설명서의 제출을 명령할 수 있다.

(나) 사본을 제출하는 경우

사본제출은 ① 원본 대용(代用)(갈음)인 경우 ② 사본(寫本) 자체를 원본으로 제출하는 경우가 있다.

1) ①의 경우는 제355조의 원칙에 위배되므로 원본대신 사본을 제출함에

---

1) 대판 99다1789.
2) 대판 95다48667.

이의가 없고 원본 존재와 그 진정성립이 인정되면 사본이 제출되더라도 원본을 증거조사하는 것이며 원본의 증거력을 인정할 수 있다. 원본대신 사본제출에 대하여 상대방의 이의가 있으면 사본으로써 원본을 대신할 수 없다.

2) ②의 경우는 사본 자체가 원본으로 조사되는 것이므로 제355조에 위반되지 않고 사본 자체의 증거력이 문제된다. 증거에 의하여 사본과 같은 원본의 존재와 진정성립이 인정되면 사본내용의 실질적 증거력을 인정할 수 있다. 그러나 그 원본의 진정성립이 인정되지 않는 한 그와 같은 사본이 존재한다는 것 이상의 증거가치가 없다고 할 것이므로[1] 원본보다는 실질적 증거력이 떨어진다.

(2) 문서제출명령

(가) 의의와 취지

제출의무 있는 상대방 또는 제3자가 소지하는 문서를 제출하도록 하는 문서제출명령은 서증신청을 구하여야 한다(343 후단). 이는 증거의 구조적 편재에서 오는 당사자 사이에 실질적 불평등을 시정하고, 일반적 강제적으로 인정되는 증인의무와 균형을 위하여 인정된다.

(나) 문서제출의무 있는 문서

1) 명시적으로 열거된 문서(344 ①)

가) 소송중 인용한 문서(1호)

당사자가 소송중 인용하여 활용한 것은 상대방에게도 이용시키는 것이 공평하기 때문에 제출의무가 있다.

나) 거증자에게 인도·열람 청구권 있는 문서(2호)

거증자인 변제자의 반환청구권이 있는 채권증서, 위임사무처리 결과물 등 私法上의 청구권이 있는 경우이다.

다) 거증자 이익문서와 법률관계문서(3호)

거증자에게 이익되는 영수증과 거증자와 소지자간의 법률관계를 나타나는 매매계약서가 이에 해당된다. 다만 ① 공무원의 직무상 비밀이 있어 동의를 받지 않은 문서, ② 문서소지자나 근친자에게 형사소추·치욕되어 증언거부사유가 적혀 있는 문서, ③ 직무상 비밀이 적혀 있고 비밀유지의무가 면제되지 않은 문서 등에는 이익·법률관계문서라도 제출거부가 가능한 경우이다(3호 단서). 그러나 공무

---

1) 원본이 아니고 단순한 사본만에 의한 증거의 제출은 정확성의 보증이 없어 원칙적으로 부적법하므로, 원본의 존재 및 원본의 성립의 진정에 관하여 다툼이 있고 사본을 원본의 대용으로 하는데 대하여 상대방으로부터 이의가 있는 경우에는 사본으로써 원본을 대신할 수 없다(2009마2050 결정).

원이 당사자가 되어 소송중 인용한 문서는 비밀이 있어도 형평상 제출하여야 할 것이다.

2) 일반문서(일반적 제출의무로 확장)

제344조 2항은 위 1항의 문서에 해당하지 않는 일반문서도 모두 제출할 일반적 의무로 확장하였다. 다만, ① 문서소지자가 형사소추·치욕당하거나(314), 직업상 비밀 등(315)의 증언거부사유가 기재된 문서(344 ① 3호, 나목, 다목). ② 자기사용문서로서 오로지 소지인이 이용하기 위한 문서(일기, 편지), ③ 공무원의 직무상 또는 공공기관의 보관문서의 경우에는 예외적으로 제출을 거부할 수 있다. ③의 경우 공공기관의 정보공개에 관한 법률에서 정한 절차와 방법에 의하며 민사소송법상의 문서제출의무가 없다. 현재 공직에 있지 아니한 공무원이었던 자가 보관하는 문서는 송부촉탁 또는 서증조사에 의해야 한다.

3) 제344조를 1항과 2항으로 나주어 규정한 이유는 상이한 제출거부사유 때문이다.

(다) 문서제출명령의 신청 및 심판

1) **신 청**: 문서제출명령을 신청하고자 하는 당사자는 문서표시·신청취지·증명사항·제출의무자·의무원인 등을 서면에 명시하여 법원에 신청한다(345, 규칙 110).

2) **심 리**: 위 당사자의 신청이 있으면 법원은 제출의무와 소지사실에 대하여 심리하여 그 허가 여부를 결정하고(347 ①) 제3자가 소지자이면 소지자를 심문한다. 대상문서의 일부에 영업비밀 등 사유가 있는 경우 나머지 부분 만이 증거가치가 있다면 그 부분만의 일부제출명령을 한다(347 ②). 비밀사항이 있는 경우 제출거부사유 여부를 판단함에 있어 그 제시문서를 다른 사람이 보지 못하도록 비밀심리절차에 의한다(347 ④).

3) **재 판**: 문서제출명령 또는 각하결정한다(347 ①). 판례는 증거신청에 대하여 법원의 아무런 판단이 없어도 묵시적인 기각결정이며 판단누락이 아니라고 하나,[1] 당사자의 불복의 길을 막고 당사자의 증명활동을 저해하는 문제가 있다.

4) **결정에 대한 불복**: 법원의 문서제출명령 또는 각하결정이 있으면 이에 대하여 당사자는 즉시항고할 수 있다(348).

5) **문서정보공개제도**(346): 특히 상대방이 소지하거나 문서가 많은 경우 등에는 문서의 취지나 증명할 사실을 개괄적으로만 표시하여 신청하면 법원은 상대

---

1) 대판 91다25444.

방 당사자에게 관련문서의 표시와 취지 등을 명확히 적어내도록 먼저 명령하는 문서정보공개제도가 있다. 다만 문서공개명령에 불응하더라도 강제제도가 없고 달리 제재할 수 없어서 실효성이 문제이다. 변론전체의 취지로 참작할 뿐이다.

(라) 문서의 부제출·훼손 등에 대한 효과

제출명령에 따라 법원에 제출할 때는 원본·정본 또는 인증 있는 등본으로 제출이 원칙(355 ①)이나 이 명령에 불응할 때 등의 효과에 관하여 논의가 있다.

1) 당사자 불응에 대한 효과: 진실의제

가) 진실의제의 범위

예컨대 원고가 매매로 인한 소유권이전등기청구의 소에서 매매계약체결사실을 부인하는 피고에 대하여 계약서제출명령을 받은 피고가 이에 응하지 않을 때에는 법원은 문서기재에 대한 상대방의 주장을 진실한 것으로 인정할 수 있다(349). 이 때 상대방의 주장을 진실한 것으로 인정하는 것의 의미에 관하여 ① 매매계약체결사실이 증명해야 할 주요사실이고, ② 매매계약서 존재사실은 간접사실일 경우 계약서제출명령을 받은 자가 이를 제출하지 아니한 경우 어느 사실을 진실한 것으로 인정할 것인지에 관하여 논의가 있다.

나) 학설과 판례

(a) **자유심증**설은 제출명령받은 문서의 부제출·훼손이 있으면 ① 계약서존재사실만 제349조에 의하여 인정하고 ② 매매계약체결사실 인정 여부는 법관의 자유심증으로 판단한다.

(b) **법정증거설**은 부제출에 대한 불이익으로 증명할 사실 자체를 진실한 것으로 인정하자는 견해로서 ② 매매계약체결사실을 진실한 것으로 인정한다.

(c) **증명책임전환설**은 매매체결사실의 반대사실에 대한 입증책임이 상대방에게 전환된다는 입장으로서 독일 판례이다.

(d) **절충설**은 원칙은 자유심증설의 입장이나 증거의 구조적 편재 있는 현대형소송과 행정소송에서는 법정증거설의 입장이다.

다) 판례는 위 자유심증설 입장이다.[1)]

검토컨대 법정증거설은 법관의 자유심증을 필요이상으로 제한하고, 증거가 없는 거증자에게 너무 유리하므로 자유심증설이 타당하나 현대형 소송에서는 증거편재를 시정하기 위하여 절충설이 타당할 것이다.

---

1) 대판 93다41938.

2) 제3자의 불응에 대한 효과

문서제출명령을 받은 제3자가 불응하면 과태료만 부과할 수 있다(351).

(마) 제출된 문서의 서증으로 제출

제출된 문서가 서증으로 제출할 것인지는 당사자가 결정하며 제출원본이나(355 ②), 인용문서의 등본이나 초본(355 ③)을 서증으로 제출하여야 증거로 삼을 수 있다.

(3) 문서의 송부촉탁

예컨대 산재기록과 같이 제출의무는 없지만 촉탁받은 문서의 소지자(주로 국가기관이나 법인)는 정당한 이유 없이 문서의 송부에 대한 협력을 거절하지 못한다(협력의무 352의 2). 당사자는 송부된 원본·정본·인증등본 중 필요부분을 복사하여 서증으로 제출해야 하고 사문서인 경우 진정성립이 인정되야만 실질적 증거력의 판단에 들어갈 수 있다.

(4) 문서 있는 장소에서의 서증조사

예컨대 미완결 수사기록과 같이 문서제출신청의 대상이 아니고 송부촉탁을 하기도 어려운 문서에 대하여는 법원은 신청을 받아 그 문서가 있는 장소에 가서 서증조사할 수 있다(규칙 112 ②). 이 경우 법원은 문서가 있는 곳에서 열람하여 내용을 확인함에 그치므로 신청인은 서증으로 신청된 문서의 사본을 법원에 제출하여야 하며(규칙 112 ②), 상대방 방어의 편의를 위해 소송기록에 첨부되어야 한다.

5. 문서의 증명력

형식적 증명력이 인정되면 그 다음에 실질적 증명력을 검토한다.[1]

(1) 문서의 형식적 증명력(성립의 진정)[2]

(가) 의의와 인부

문서를 증거로 제출하는 자가 주장하는 문서 명의자 또는 특정인의 의사에 기하여 작성된 것을 문서의 진정성립이라 하고, 진정하게 성립된 문서를 형식적 증명력이 있다고 한다(다수설). 판례도 동일하게 보고 있다.[3]

---

1) 대판 2000다66133.
2) 문서의 진정성립은 증명력의 전제로 보는 소수설(호문혁, 543)에서는 진정성립이 인정되는 문서에 대하여 작성자가 문서에 나타난 의사를 실제로 표시하였을 개연성이 매우 높아 정형적 사상경과에 해당되어 표현증명으로 형식적 증명력이 인정된다고 본다(호문혁, 547 ; 정선주, 앞의 논문, 245 ; 김일룡, 498).
3) 판례도 서증의 진정 성립에 석연치 않은 점이 있거나 서증의 진정 성립 여부가 쟁점이 되었거나 서증이 당해 사건의 쟁점이 되는 주요사실을 인정하는 자료로 쓰일 때는 문서의 형식적 증거력에 관해 실시하여야 한다고 하여 문서의 진정 성립과 형식적 증거력을 구분하지 않고 있다(대판 92다50973; 93다41914).

문서제출자의 상대방의 서증에 대한 답변 태도로는 성립 인정, 침묵(다툼이 없으면 인정으로 간주한다. 150 ①), 부인, 부지(부인으로 추정한다 150 ②) 등이 있다. 이를 문서의 인부라고 한다.

(나) 성립인정이나 침묵의 답변

서증에 대하여 성립인정이나 침묵을 하게 되면 실제는 보조사실에 대한 자백이지만 주요사실에 대한 경우처럼 재판상의 자백·자백간주의 법리가 적용된다(판례). 따라서 법원은 서증에 대하여 성립인정을 인정한 경우 자백과 같이 이에 구속되어 형식적 증거력을 인정해야 한다.

(다) 부인이나 부지로 답변

1) 문서의 진정성립을 부인할 경우에는 부인하는 이유를 구체적으로 밝히는 이유부부인(理由附否認)만 가능하다(규칙 116).

2) 자기명의의 문서에 대하여는 부지로 답변 할 수 없고 부인하거나 인정해야 하나, 부지라고만 답변한 경우 제150조 1항에 의하여 명백히 다투지 아니한 것으로 보아 자백한 것으로 간주될 수 있다고 보는 견해가 있으나 법원은 그 의미를 석명해야 할 것이다. 법원의 석명에 불구하고 계속 부지라고 진술할 경우 그러한 무책임한 진술에 대한 제재로서 다투지 아니한 것으로 보아야 할 것이다.

3) 진실의무: 고의·중과실로 진실에 반하여 문서의 진정성립을 다툰 경우에는 과태료 제재가 있다(363).

4) 진정성립의 증명책임은 문서제출자가 부담하고 증명방법은 제한이 없다.

변론 전체의 취지만으로도 진정성립을 인정할 수 있는가에 대하여 판례에 의하면 원칙적으로 이를 인정한다.[1] 그러나 매도인이 자필내역서의 진정성립을 다투고 필적감정 결과 그 문서의 필적도 매도인의 필적과 다르다고 나온 경우,[2] 문서의 사본에 대하여 부지라고 다투고 그 원본 존재와 진정성립에 관하여도 다투고 있는 경우[3] 등에서는 변론 전체의 취지만으로 진정성립을 인정할 수 없다.

법원은 상대방이 문서의 진정성립을 다투거나 진정성립 여부가 쟁점이 된 때, 서증이 당해 사건의 쟁점이 되는 주요사실을 인정하는 자료로 쓰일 때 등에는 어떠한 증거에 의하여 서증의 진정성립이 인정된 것인지 그 근거를 분명히 설시해야 한다.[4]

---

1) 대판 92다12070.
2) 대판 91다26935.
3) 대판 96다48667.
4) 대판 92다50973, 93다41914.

(라) 진정성립의 추정

1) 공 문 서

가) 공문서는 문서방식과 취지에 의하여 공문서로 인정되는 때에는 진정한 공문서로서 전면적 추정되는바(356 ①), 그 법적 성질은 실체법상 요건사실에 관한 추정이 아니고 증거의 증명력이나 증거가치에 관한 보조사실을 추정하는 것이므로 일종의 증거법칙적 추정이라할 것이다.[1] 한편 사실상 추정이라는 견해에 의하면 반증으로 복멸할 수 있고,[2] 제356조 1항의 법률상 추정이라는 견해에서는 반대사실의 증거를 본증으로서 증명하여야 위 추정을 복멸할 수 있다고 한다.[3]

나) 판례는 공문서는 그 진정성립이 추정됨과 아울러 그 기재 내용의 증명력 역시 진실에 반한다는 등의 특별한 사정이 없는 한 함부로 배척할 수 없고[4] 민사소송법 제327조 1항은 공문서의 진정추정에 관하여 문서의 방식과 취지에 의하여 공무원이 그 직무상 작성한 것으로 인정할 때에는 이를 진정한 공문서로 추정한다고 규정하고 있으므로 이 추정을 뒤집을 만한 특단의 사정이 증거에 의하여 밝혀지지 않는 한 그 성립의 진정은 부인될 수 없다고 한다.[5] 결국 판례에 의하면 공문서의 경우 진정성립의 추정을 복멸하려면 반대사실을 본증으로 증명할 것이다.

다) 법원은 공문서가 진정한지 의심스러운 때에는 직권으로 당해 공공기관에 조회할 수 있다(356 ②).

2) 사 문 서

사문서는 증서인부에 있어서 부인·부지로 다투어지면 문서제출자가 원칙적으로 진정성립을 증명하여야 한다(357). 다만 문서명의자의 서명·날인, 무인이 진정한 것임이 증명된 때에는 문서의 진정한 문서로 추정된다(358, 제한적 추정력). 사문서의 인영에 관하여는 다음과 같은 2단계에 걸친 추정이 인정된다.

가) 제1단계 추정

문서에 날인되어 있는 **인영** 등이 문서작성명의인의 인장 등에 의한 것이 인정되면 인영 등의 진정성립 즉 그 날인이 작성명의인의 의사에 기한 것(날인의 진정)이 사실상 추정된다(1단계 추정).[6] 작성명의자로서는 1단계의 추정을 복멸하려

---

1) 이시윤, 471-472.
2) 사실상 추정이라는 견해로는 강현중, 572; 송상현·박익환, 576.
3) 호문혁, 544; 정선주, 문서의 증거력, 민사소송(III), 한국민사소송법학회지 252 이하.
4) 대판 2003다14652; 2006다16055; 2006다16055.
5) 대판 84누786.
6) 대판 96재다462: 인영의 진정성립, 즉 날인행위가 작성 명의인의 의사에 기한 깃이라는 추정은 사실상의 추정이므로, 인영의 진정성립을 다투는 자가 반증을 들어 인영의 진정성립, 즉 날인행위가 작성 명의인의 의사에

면 작성명의인이 문서의 성립을 부인하면서 **위조항변**으로 인장이 도용되었거나 인영이 권한 없이 자신의 의사에 반하여 날인된 사실을 반증으로 증명하면 그 진정성립의 추정을 깰 수 있다.

제3자에 의한 날인이 확인되어 이 추정이 깨진 경우 문서제출자는 그 날인행위가 작성명의인으로부터 위임받은 정당한 권원에 의한 것이라는 사실을 본증으로 증명할 책임이 있다.[1]

```
              (날인 진정)        (형식적 증거력)     (실질적 증거력)
인영존재---1단계---> 인영 진정성립---2단계---> 문서 성립진정--------> 내용 진정
     사실상 추정            358조 추정        강력한 사실상 추정(처분문서)
         ⇑                     ⇑                        ⇑
복멸방법 ▶ 반증          ▶ 반증설·본증설           ▶ 반증
```

나) 제2단계 추정

일단 인영의 진정성립이 추정되면 제358조에 의하여 그 문서 전체의 전정성립까지도 추정된다(제2단계 추정).[2] 제2단계 추정의 법적성질과 복멸에 관하여 견해가 나뉜다.

(a) 제358조에 제2단계의 추정은 법정증거법칙적 추정으로서 사실상 추정이며 날인행위의 진정을 다투는 자가 반증을 들거나, 작성명의인 이외의 자에 의해 날인된 사실이 밝혀진 경우 진정성립의 추정은 깨진다는 견해,[3] ② 증거법칙적 추정이지만 반대사실에 대한 증명(본증)에 의하여만 추정력이 깨질 수 있다는 견해,[4] ③ 법률상 추정설에서는 추정의 반대사실에 대하여 본증으로 증명하여야 한다는 견해[5] 등이 있다.

(b) 판례 다수는 사문서의 제358조의 추정을 복멸하려면 작성명의인의 의사에 반하여 혹은 작성명의인의 의사에 기하지 않고 작성된 것이라는 것을 주장하는 자가 적극적으로 입증하여야 하고 이를 입증하는 증거의 증명력은 개연성만으로는 부족하다고 판시하고 있다.[6] 이를 반증이 아니라 반대사실에 대한 증명(본증)을

기한 것임에 관하여 법원으로 하여금 의심을 품게 할 수 있는 사정을 입증하면 그 진정성립의 추정은 깨어진다.
1) 대판 76다1394; 2002다69686; 2009다37831.
2) 대판 85다카1009; 87다카707; 2007다82158.
3) 이시윤, 476.
4) 김홍엽, 593.
5) 호문혁, 544, 정선주, 전게논문, 252 이하.
6) 대판 87다카707; 96재다462; 2002다69686; 2007다82158.

요구하고 있는 것으로 해석되나, 제358조의 진정성립의 추정력을 뒤집으려면 그럴 만한 합리적인 이유와 이를 뒷받침할 간접반증 등의 증거가 필요하다는 판례도 있다.[1]

(c) 문서 가운데 내용 일부가 문서 작성 후 변조되었다고 주장하는 **변조항변**은 인영의 진정성립은 인정되는 것이나 작성명의인의 의사에 반하여 문서내용이 변경된 사실을 증명하여야 문서 전체의 진정성립의 추정을 복멸하는 것이 된다.

(d) **백지문서 또는 미완성문서**를 다른 사람이 보충 또는 완성한 사실이 밝혀진 경우 완성문서로서의 진정성립은 추정되지 아니므로 문서제출자는 작성명의인으로부터 위임받은 정당한 권원에 의하여 내용이 기재되었다는 사실을 입증해야 한다는 것이 판례입장이다(가령 청구인 부담).[2] 이에 대하여 백지날인 문서를 교부한 것은 백지보충권을 준 것으로 보아 문서의 진정성립을 추정해야 한다는 견해가 있다(피청구인 부담).[3] 작성명의자의 보호를 위하여 추정의 범위를 좁혀야 할 것이므로 판례입장이 타당하다.

(e) 그러나 판례는 **백지약속어음**의 경우 발행인이 수취인 또는 그 소지인으로 하여금 백지부분을 보충케 하려는 보충권을 줄 의사로서 발행한 것이 아닌 불완전어음으로서 무효라는 점에 관한 증명책임은 발행인에게 있다(가령 피청구인부담).[4]

(마) **문서진부의 증명**

문서가 진정하게 성립된 것인지를 위하여 필적 또는 인영의 대조를 위한 제출과 수기(手記)를 등을 명할 수 있고(359, 360, 361) 육안대조를 할 수 있다. 이것은 검증의 일종이다.

≪사례≫

[1] 피고 乙은 위 차용사실을 부인 내지 저지하려면 어떤 사실을 증명하여야 하고, 제3자에 의한 날인사실이 증명된다면 원고 甲은 어떠한 사실을 증명하여야 하는가?

[2] 또 乙이 위 인영은 자신의 것이 맞다고 진술한 부분을 철회할 수 있는가?

- -

▨ 사례해설

[1] 인영의 진정이 인정되면 그 인영이 작성명의인의 의사에 의한 것 인영의 진정성립 즉 날인의 진정이 추정되고(1단계 추정) 날인의 진정이 추정되면 제358조에 의하여 문서 전

---

1) 대판 2009다7762.
2) 대판 99다37009, 2001다11406.
3) 이시윤, 503.
4) 대판 2001다6718.

체의 진정성립이 추정된다(2단계 추정). 결국 인영진정의 인정이 문서 전체의 진정성립이 추정된다. 따라서 乙은 인장 도용사실을 증명하여 위 추정을 복멸할 수 있고 제3자에 의한 날인사실이 증명된다면 甲은 위 제3자에게 작성명의인으로부터 날인을 위임받은 정당한 권원에 의한 것이라는 사실을 증명할 책임이 있다.

[2] 인영진정을 인정하는 진술은 보조사실에 대한 자인으로서 원칙적으로 주요사실을 대상으로 하는 자백에는 해당되지 않으나 판례는 주요사실의 자백과 동일하게 처리할 것이라 하면서 구속력을 인정하고 있으므로[1] 乙이 자인한 부분을 철회할 수 없음이 원칙이다. █

(2) 문서의 실질적 증거력(내용의 진정)

(가) 의 의

문서의 실질적 증거력은 어떤 문서가 요증사실을 증명하기에 적합한 증거가치(내용의 진정)이다. 실질적 증거력의 판단은 법관의 자유심증에 일임되어 이에 대한 재판상 자백은 구속력 없다. 처분문서 또는 보고문서에 따라 취급이 다르다.

(나) 처분문서

1) 처분문서의 진정성립이 인정되면 그 기재내용대로 법률행위의 존재 및 내용을 인정해야 하는 강력한 사실상의 추정력이 있고[2] 처분문서를 배척할 때에는 합리적인 이유설시를 요한다. 그러나 반증여지가 없는 완전한 증명력은 아니며[3] 이를 배척하려면 문서가 위조되었다는 등의 강력한 반증이 있어야 위 추정을 복멸할 수 있다.

2) 판례에 의하면 금융실명거래 및 비밀보장에 관한 법률에 따른 예금 또는 금융거래계약서는 규정상의 엄격한 실명확인절차와 정형적이고 대량·반복적으로 이루어지므로 다른 처분문서 보다 더 강력한 실질적 증명력이 인정되므로 예금명의자가 아닌 출연자 등을 예금계약의 당사자라고 볼 수 있으려면, 금융기관과 출연자 등과 사이에서 예금명의자와의 예금계약을 부정하여 예금명의자의 예금반환청구권을 배제하고 출연자 등에게 예금반환청구권을 귀속시키겠다는 명확한 의사의 합치가 있고 이 의사합치가 예금계약서 등의 증명력을 번복하기에 충분할 정도의 명확한 증명력을 가진 구체적이고 객관적인 증거에 의하여 매우 엄격하게 인정하여야 한다.[4]

---

1) 대판 2001다5654.
2) 대판 96다50520.
3) 대판 70다1630.
4) 대판(전합) 2008다45828; 2011다47169.

(다) **보고문서**

1) 보고문서는 진정성립이 인정되더라도 실질적 증거력은 추정되지 않고 법관의 자유심증으로 결정한다. 다만 등기부,[1] 가족관계등록부,[2] 토지대장,[3] 임야대장,[4] 토지조사부[5] 등의 공문서의 경우 기재사항 또는 소유권귀속이 진실이라고 추정된다.

2) 변론방식에 관한 증명은 변론조서만으로 증명할 수 있고(158), 변론내용에 관한 조서는 그 내용이 진실할 것이라는 강한 증명력이 있다.[6]

<선택형>

1. 교통사고 후 피해자 甲이 119구급차로 병원에 후송 중에 구급대원이 사고경위에 관한 질문을 하자 甲이 '보행자신호를 위반한 택시에 받혔다'고 진술하였고 구급대원이 기재한 위 구급차일지를 甲은 소송중 증거로 활용하고자 한다. 위 사례에서 위 구급일지에 관한 다음 중 옳지 않은 것은?[7]

① 위 구급일지는 인도 또는 열람문서가 아니다.
② 위 구급일지는 인용문서가 아니다.
③ 위 구급일지는 이익문서 또는 법률관계문서가 아니다.
④ 위 구급일지에 관하여 제344조의 일반적 의무에 이하여 문서제출명령을 신청하여 증서로 제출하기는 어렵다.
⑤ 위 구급일지에 관하여 해당 119구급대에 인증등본송부촉탁을 신청하여 증거로 제출하기는 어렵다.

2. 甲이 乙에 대한 차용금반환청구의 소를 제기하고 그 증거로 乙 명의의 인영이 찍힌 차용증을 증거로 제출하였고, 乙은 차용사실 자체를 부인하면서 차용증이 위조되었다고 다투면서도 그 인영이 자신의 인감도장 인영과 동일하다고 진술하였다. 이와 관련된 소송관계에 관한 설명 중 옳지 않은 것은?[8]   [법무부 2010]

① 乙은 그 날인자가 제3자임을 본증으로 입증하여야 한다.
② 누가 날인하였는지가 불분명한 경우에는 법원은 차용증의 내용에 따라 乙의 차용사실을 인

---

1) 대판 92다30047.
2) 대판 96다1320.
3) 대판 80다748.
4) 대판 2001다78768.
5) 대판 2007다79718: 재결에 의하여 査定내용이 변경되었다는 반증이 없는 한 소유자로 등재된 자는 그 토지의 소유권을 원시적으로 취득한다.
6) 대판 2001다6367.
7) ⑤. 위 구급일지는 119구급대가 업무상 작성하는 문서로서 일단 인용문서는 아니고, 甲에게 사법상 인도·열람 청구권이 있다고 볼 수 없고, 신청자의 이익을 위하여 작성한 문서도 아니고, 법률관계에 관하여 작성한 문서로 볼 수 없다. 다만 소방공무원은 개인정보보호법의 규정에 의하여 그 자료를 열람·복사할 수 있다.
8) ⑤. ① 작성명의인 이외 자에 의한 날인되었다는 사실을 반증으로 추정을 깰 수 있다는 견해가 있다(김홍엽, 609). 판례는 작성명의인의 의사에 기하지 않고 작성된 것을 주장하는 자가 적극적으로 입증하여야 하고 이 항변사실을 입증하는 증거의 증명력은 개연성만으로는 부족하다고 판시하고 있다(대판 2007다82158).

정하여야 한다.

③ 제3자가 날인한 사실이 밝혀진 경우에는 甲은 그 날인행위가 乙로부터 위임받은 정당한 권원에 의한 것이라는 사실을 입증할 책임이 있다.

④ 제3자가 날인한 사실이 밝혀졌지만 제3자의 대리권이 입증되지 아니한 경우 甲은 乙에 대하여 표현대리책임을 추궁하는 방법을 취할 수 있다.

⑤ 차용증의 인영이 자신의 인감도장에 의한 인영과 동일하다고 한 乙의 진술은 보조사실에 관한 자백이므로 乙이 이를 자유롭게 철회할 수 있다.

---

3. 증거 중 서증(書證)에 대한 설명으로 옳지 않은 것은?[1)   [법무부 2013. 변형]

① 사문서의 진정성립에 관한 입증책임은 그 문서의 제출자가 지게 되는데 입증방법에는 아무런 제한이 없으며 변론 전체의 취지만으로 이를 인정할 수 있다.

② 문서의 진정성립을 인정한 당사자는 자유롭게 이를 철회할 수 없으나, 문서에 찍힌 인영의 진정함을 인정하였더라도 나중에 이를 자유롭게 철회할 수 있다.

③ 처분문서의 진정성립이 인정되면 특별한 사정이 없는 한, 그 내용이 되는 법률행위의 존재가 인정되어 그 법률행위가 있었던 것으로 추정된다.

④ 문서제출명령의 신청자가 문서소지자에 대하여 실체법상 인도나 열람을 구할 권리가 없더라도 문서소지자는 원칙적으로 문서제출명령에 응하여 그 문서를 제출할 의무가 있다.

⑤ 당사자가 문서제출명령을 받고서도 이에 응하지 아니한 경우에 법원은 문서의 기재에 대한 상대방의 주장을 진실한 것으로 인정할 수 있다.

---

4. 교통사고 피해자인 甲은 가해운전자에 대한 수사기관의 수사중인 형사기록을 손해배상청구소송에서 증거로 제출하여 활용하고 싶다. 위 수사기록에 대하여 다음 중 옳지 않은 것은?[2)

① 문서제출명령의 대상은 아니다.

② 문서송부촉탁신청의 대상으로는 부적당하다.

③ 법원 밖에서의 서증조사가 적당하다.

④ ③항의 서증조사는 수명법관·수탁판사가 문서가 있는 곳에 가서 문서를 읽는 방법으로 증거조사를 한다.

⑤ 따라서 서증조사신청자는 신청한 문서의 사본을 법원에 제출할 수는 없다.

5-1 甲은 횡단보도에서 A회사 소속 운전사가 운전하는 택시에 치여 상해를 입어 개인병원에서 진단과 치료를 받고 A회사를 상대로 손해배상청구소송을 제기하였다. A회사 대표자는 변론에서 甲이 제시하는 법인등기부등본, 위 병원의 진단서와 치료비영수증에 대하여 진정성립의 인부를 함에 있어서 '부지'로 답

---

1) ②. 문서의 성립에 관한 자백은 보조사실에 관한 자백이기는 하나 그 취소에 관하여는 다른 간접사실에 관한 자백취소와는 달리 주요사실의 자백취소와 동일하게 문서의 진정성립을 자유롭게 이를 철회할 수 없고, 이는 문서에 찍힌 인영의 진정함을 인정하였다가 나중에 이를 철회하는 경우에도 마찬가지이다(대판 2001다5654). ④ 제344조 2항.

2) ⑤. 서증조사결과를 소송기록에 나타내고 상대방의 방어권을 보장하기 위하여 신청자는 기록보관자로부터 사본을 교부받아 법원에 제출하여야 한다(규칙 112②). ① 수사중인 수사기록은 아직 수사가 마무리되지 않고 수사기밀이 누설되어 수사에 방해될 수 있으므로 수사기관은 문서를 제출하지 않는다. 실무상 수사기관이 사본은 교부할 경우 주로 신청자의 진술부분만을 교부한다.

변하였다. A회사의 증거의견에 대하여 다음 중 옳지 않은 것은?[1]

① 문서에 당사자 또는 그 대리인의 서명이나 날인이 없는 경우만 진정성립의 인부에 부지로 인부할 수 있음이 원칙이다.

② 위 법인등기부등본에 대하여 부지로 답변한 경우 甲은 별도로 진정성립을 입증하여야 한다.

③ 위 진단서에 대하여 부지로 답변한 경우 甲은 별도로 진정성립을 입증하여야 함이 원칙이다.

④ 위 치료비영수증의 진정성립은 변론전체의 취지를 참작하여 자유심증으로 인정할 수 있다.

⑤ 위 진단서와 영수증의 진정성립의 확인을 위해서 그 인영에 대한 검증이나 감정보다는 증언에 갈음하는 서면으로 증언하게 하는 것이 적당하다.

5-2 5-1의 경우 甲은 사고당시 보행자신호이었다고 주장하였으나, 乙은 자신은 차량진행신호 중에 甲이 무단통행하다가 이 사건 사고가 난 것이며 이것은 택시에 설치된 블랙박스에 녹화되어 있다고 주장하면서도 이 녹화물을 제시하지 않고 있다. 이에 대하여 옳은 것은? (다툼이 있는 경우 판례에 의함)[2]

① 위 녹화물에 대한 증거조사방법은 일반적으로 감정이다.

② 위 녹화물은 문서가 아니므로 제출명령을 신청할 수 없다.

③ 甲은 녹화물에 대한 증거조사를 제366조에 의하여 검증물 제출명령을 신청하는 것은 부적당하다.

④ 乙이 법원으로부터 위 녹화물의 제출명령을 받고도 이에 불응한 경우 법원은 甲의 주장을 진실한 것으로 인정하여 보행자신호에 乙이 진행하다가 甲을 충격한 것으로자유심증으로 인정할 수 있다.

---

6. 다음 중 옳지 않은 것은? (다툼시 판례에 의함)[3] [법전협 2012. 3차]

① 부동산의 시효취득에서 법원은 점유권원에 관한 당사자의 주장에 구속되지 아니하고 소송자료에 의하여 진정한 권원을 심리하여 취득시효완성 여부를 판단할 수 있다.

② 소멸시효의 기산일에 관한 당사자의 주장에 법원이 구속된다.

③ 피고가 이행불능의 항변을 하지 않는 이상 법원이 이행불능이라는 이유로 원고청구를 배척할 수 없다.

④ 당사자 본인신문에서의 진술은 소송상 당사자의 주장과 같이 취급할 수 없다.

⑤ 당사자가 법원에 서증을 제출하며 그 증명취지와 함께 서증에 기재된 사실을 진술하는 경우에도 그 사실의 주장이 있는 것으로 볼 수 없다.

---

1) ②. 공무원이 작성한 공문서는 진정성립이 추정되므로(356) 별도로 진정성립을 입증할 필요가 없다. ④ 대판 2007다85980. ⑤ 위 진단서와 영수증에 찍힌 인영 자체에 문제가 있는 것은 아니므로 검증이나 감정을 신청하는 것은 부적당하고 증언에 갈음하는 서면증언이 적당하다.

2) ④는 판례·통설이다. ① 녹화물에 대한 증거조사는 일반적으로 검증이다.

3) ⑤. 당사자가 서증을 제출하거나 당사자의 변론을 전체적으로 관찰하여 볼 때 주요사실에 관한 간접적 진술이 있는 경우, 주요사실의 주장이 있는 것으로 보아야 한다(대판 98다46167). ① 대판 96다53789. ② 대판 88다카181. ③ 채무가 이행불능인 사실은 당사자의 항변사실에 불과하므로 이행불능의 항변을 하지 아니한 이상, 변론주의의 원칙상 법원이 이행불능이라는 이유로 상대방의 청구를 배척할 수 없다(대판 95다43044). ④ 증거조사과정에서 밝혀진 사실은 변론에서 별도로 주장하지 않는 한 판결의 기초가 되는 주요사실이 될 수 없다(대판 86다카443).

7. 甲은 乙에게 대여금반환청구의 소를 제기하면서 乙명의의 차용증서를 증거로 제출하였다. 다음 설명 중 옳지 않은 것은? (다툼시 판례에 의함)[1] [변호사 2014]

① 차용증서에 날인된 乙의 인영이 그의 인장에 의하여 현출된 것이라면 특단의 사정이 없는 한 그 인영의 진정성립, 즉 날인행위가 乙의 의사에 기한 것임이 추정되고, 일단 인영의 진정성립이 추정되면 민사소송법 제358조에 의하여 차용증서 전체의 진정성립이 추정된다.
② 위 ①의 경우, 乙이 반증을 들어 인영의 진정성립에 관하여 법원으로 하여금 의심을 품게 할 수 있는 사정을 증명하면 그 진정성립의 추정은 깨어진다.
③ 만약 乙이 백지로 된 문서에 날인만 하여 甲에게 교부하였다고 주장한다면, 문서를 백지에 날인만을 하여 교부하여 준다는 것은 이례에 속하는 것이므로 乙이 차용증서의 진정성립의 추정력을 뒤집으려면 그럴 만한 합리적인 이유와 이를 뒷받침할 간접반증 등의 증거가 필요하다.
④ 甲이 제출한 차용증서가 乙이 백지로 된 문서에 날인한 후 乙이 아닌 자에 의하여 백지부분이 보충되었음이 밝혀진 경우에는, 그것이 권한 없는 자에 의하여 이루어진 것이라는 점에 관하여 乙에게 증명책임이 있다.
⑤ 만약 차용증서의 진정성립이 인정되면 법원은 그 기재내용을 부인할 만한 분명하고도 수긍할 수 있는 반증이 없는 한 그 차용증서에 기재되어 있는 문언대로의 의사표시의 존재와 내용을 인정하여야 한다.

8. 문서에 관한 다음 설명 중 옳지 않은 것은? (다툼시 판례에 의함)[2] [법전협 2014. 2차]

① 민사소송법에 따르면 공무원의 직무관련 보관문서는 제출할 의무가 없다.
② 법원은 당사자의 신청이 없어도 직권으로 상업장부의 제출을 명할 수 있다. ③ 의료사고를 당한 환자가 의료기록문서의 제출명령을 신청하면서 의사의 과실을 증명하기 위한 것이라고 주장하면, 법원은 의사에게 관련문서의 표시와 취지를 적어내도록 명령할 수 있다.
④ 법원은 문서제출의무에 해당하는지를 판단하기 위해 문서소지자에게 비밀심리절차에 문서제시를 명할 수 있다.
⑤ 당사자가 문서제출명령에 따르지 아니한 때에는 그 문서로 증명하려는 사실의 진실성을 인정하여야 한다.

9. 문서의 증명력에 대한 다음 설명 중 옳지 않은 것은? (다툼시 판례에 의함)[3] [법전협 2014. 3차 변형]

① 문서의 성립을 인정하는 진술은 자백의 법리에 따라 구속력을 인정할 수 있다.
② 당사자 또는 그 대리인이 고의나 중대한 과실로 진실에 어긋나게 문서의 진정을 다툰 때에는 법원은 결정으로 과태료에 처할 수 있다.
③ 문서의 작성자의 필적이나 인영을 육안으로 대조하여 문서의 진정성립을 인정할 수 있다.

---

1) ④. 주장하는 당사자에게 증명할 책임이 있다(대판 2011다100923).
2) ⑤. 판례는 자유심증설이다(대판 93다41938). ① 공공기관의 정보공개에 관한 법률이 적용된다. ② 상법 제32조. ③ 제346조. ④ 제347조.
3) ④. 인정할 수 있다(대판 92다12070). ③ 서류의 위조 여부를 전문가의 감정과 법원의 육안대조, 즉 검증으로 인정할 수 있다(대판 77나762).

④ 문서의 진정성립을 변론 전체의 취지만으로 인정할 수 없다.

⑤ 문서에 날인된 인영이 작성명의인의 인장에 의한 것이라면 그 작성자의 의사에 의하여 날인한 것이 추정된다.

Ⅳ. 감 정

1. 의 의

(1) 감정(鑑定)은 전문적 사항에 관하여 전문가인 제3자로부터 그의 판단과 의견을 보고하여 사실인정의 증거자료로 하기 위한 증거조사이다.

(2) 감정의 증거방법은 감정인이다. 통상적으로 건축가, 감정평가사, 의사, 인장감정업자 등이 감정인이 된다. 2007. 7. 13. 민사소송법을 개정하여 첨단산업 분야, 국제금융 등 전문적인 지식이 요구되는 사건에 전문심리위원을 지정하여 소송절차에 참여하여 설명이나 의견을 개진할 수 있도록 하였다(164의2 내지 8). 전문심리위원의 의견은 재판의 전문성을 보완하는 것이며 증거자료가 되는 것은 아니다.

(3) 감정의 대상은 재판의 대전제인 외국법·관습법 등과 재판의 수전제인 사실관계 중 전문적인 사실인 공사비감정, 토지임대료, 노동능력상실정도, 필적이나 인영의 동일성, 혈액형·DNA검사 등이다.

2. 감정신청

감정은 당사자의 신청 또는 법원 직권에 의함이 원칙이다(292).[1] 그러나 법원은 감정촉탁(341), 검증시의 감정(365), 조사촉탁(294) 등의 절차를 이용할 수 있고 변론주의에 충실하기 위하여 직권에 의한 감정은 예외적으로만 허용된다고 할 것이다.

3. 감정의 종류

(1) 법원의 감정과 사감정

(가) 법원의 감정은 학식과 경험이 있는 사람을 감정인으로 지정하여 선서하게 한 후 감정하는 것이다. 법원이 감정인을 지정하고 그에게 감정을 명하면서 착오로 감정인으로부터 선서를 받지 않은 경우 그 감정 결과는 증거능력이 없다.[2] 그러나 그러한 서면이라도 아래의 사감정(私鑑定)으로 인정할 수 있다.[3]

---

1) 김홍엽, 600; 이시윤, 495.
2) 대판 82다카317.
3) 대판 97다57979; 2000다47361; 2005다77848.

(나) 사감정은 소송법상 감정인에 대한 신문이나 감정의 촉탁방법에 의한 것이 아니고 소송 외에서 전문적인 학식 경험이 있는 자가 감정의견을 기재한 서면이다. 사감정은 반대신문권이 보장되지 않으므로 상대방의 동의가 없으면 감정으로 볼 수 없지만 그 서면이 서증으로 제출되었을 때 법원이 이를 합리적이라고 인정하면 사실인정의 자료로 할 수 있다.[1] 그러나 특히 소송이 진행되는 중이어서 법원에 대한 감정신청을 통한 감정이 가능함에도 당사자 일방이 임의로 사감정을 의뢰한 경우라면 이를 쉽게 채용하여서는 안 되고 신중을 기하여야 한다.[2]

(2) 감정촉탁

(가) 감정촉탁은 법원은 공공기관·학교, 그 밖에 상당한 설비가 있는 단체 또는 외국의 공공기관에 감정을 촉탁할 수 있다. 위 감정과 달리 감정촉탁은 권위 있는 기관에 의하여 그 공정성과 전문성이 담보되므로 선서나 진술의무가 면제된다(341 ① 후문).

(나) 자연인에게는 감정촉탁을 할 수 없으나, 가령 법원이 대학병원장에게 신체감정을 촉탁하고 이에 따라 동 병원장이 그 소속 의사를 감정인으로 지정하여 그 의사가 자기명의로 작성송부한 감정서는 자연인에 대한 감정촉탁결과로 볼 것이 아니고 제341조 소정의 기관에 대한 감정촉탁결과로 보아 증거능력이 있는 증거로서 사실인정의 자료로 할 수 있다.[3]

4. 감정인의 감정의무

(1) 감정에 필요한 학식과 경험 있는 자로서(334 ①) 결격사유에 관한 규정 (314, 324, 322)에 해당하지 않는 자는 감정의무자이다(334 ②). 감정인은 법정에 출석의무가 있고 선서와 감정의견보고의무가 있다(333, 311 ① 319, 327 이하).

(2) 감정인이 위 감정의무를 위반할 경우 증인의무위배의 제재규정이 준용된다(333, 316, 317, 318, 326). 감정인은 전문가로서 일반적으로 복수로 존재하므로 대체성이 있기 때문에 구인이나 감치의 규정은 준용되지 않는다(333 단서). 선서한 감정인이 허위의 감정을 하면 허위감정죄에 해당한다(형법 154).

---

1) 대판 2005다77848.
2) 대판 2010다6222.
3) 대판 85다카1923.

5. 감정절차

(1) 감정절차는 증인신문절차를 준용한다(333 본문). 감정인은 법원 또는 수명법관·수탁판사가 지정하며(335), 당사자는 선정된 감정인이 성실하게 감정할 수 없는 사정이 있는 때에 당사자는 그를 기피할 수 있으나, 당사자는 감정인이 감정사항에 관한 진술을 하기 전부터 기피이유를 알고 있었던 때에는 감정사항에 관한 진술이 이루어진 뒤에 그를 기피할 수 없다(336). 법원의 기피결정에 대하여는 불복할 수 없고, 기피이유가 없다고 한 결정에 대하여는 즉시항고를 할 수 있다(337).

(2) 감정의견의 보고는 기일에 있어서는 말로, 기일 외에 있어서는 서면으로 한다. 실무 통례상 서면보고(감정서)를 제출한다. 감정인이 법원의 허가를 받아 남의 토지나 시설물에 들어 갈 수있는데 저항받으면 경찰공무원에게 원조를 요청할 수 있다(342 저항배제권).

6. 감정결과의 채택 여부

(1) 감정결과의 원용

감정인의 감정의견진술이 있으면 법원은 감정결과를 법정에 현출시켜 당사자에게 변론의 기회를 주어야 한다. 감정인의 감정 결과는 감정방법 등이 경험칙에 반하거나 합리성이 없는 등 현저한 잘못이 없는 한 존중하여야 한다.[1] 당사자는 감정결과가 자신에게 유리하면 이익으로 원용하는 것이 실무관행이지만 법원으로서는 감정결과를 당사자가 증거로 원용하지 않는 경우에도 증거자료로 할 수 있다.[2]

(2) 감정결과의 채택 여부와 자유심증

(가) 감정인의 감정결과의 채용 여부는 법관의 자유심증에 의한다(202). 따라서 법원의 감정촉탁에 대한 의료기관의 회보결과는 사실인정에 관하여 특별한 지식과 경험을 요하는 경우에 법관이 그 특별한 지식, 경험을 이용하는데 불과한 것이며, 의료과오가 있었는지의 여부는 궁극적으로는 그 당시 제반 사정을 참작하여 경험칙에 비추어 규범적으로 판단할 수밖에 없으므로, 위 회보결과에 의료과오의 유무에 관한 견해가 포함되어 있다고 하더라도 법원은 그 견해에 기속되지 아니한다.[3]

(나) 재감정신청의 채택 여부도 법원의 직권사항이다. 동일사항에 대한 상반된 수개의 감정결과가 나왔을 때 그 중 어느 것을 채택할 수 있고 그것이 경험칙

---

1) 대판 2009다84608.
2) 대판 94누2718.
3) 대판 98다12270.

또는 논리칙에 위배되지 않는 한 적법하다.[1] 감정인의 감정 결과는 그 감정방법 등이 경험칙에 반하거나 합리성이 없는 등의 현저한 잘못이 없는 한 이를 존중하여야 한다.[2]

(다) 다만 동일한 감정인이 동일한 감정사항에 대하여 서로 모순되거나 매우 불명료한 감정의견을 내놓고 있는 경우에, 법원이 위 감정서를 직접 증거로 채용하여 사실인정을 하기 위해서는, 특별히 다른 증거자료가 뒷받침되지 않는 한, 감정인에 대하여 감정서의 보완을 명하거나 감정증인으로 신문방법 등을 통하여 정확한 감정의견을 밝히도록 하는 등의 적극적인 조치를 강구하여야 한다.[3]

(라) 법원은 감정인의 감정 결과 일부에 오류가 있는 경우에도 그로 인하여 감정사항에 대한 감정 결과가 전체적으로 서로 모순되거나 매우 불명료한 것이 아닌 이상, 감정 결과 전부를 배척할 것이 아니라 해당되는 일부 부분만을 배척하고 나머지 부분에 관한 감정 결과는 증거로 채택하여 사용할 수 있다.[4] 그러나 감정경위나 감정방법의 잘못 등 감정 자체에 배척사유가 있는 경우에는 감정결과는 배척될 수 있다.[5]

V. 검 증

1. 의 의

(1) 검증(檢證)은 법관이 오관의 작용에 의하여 직접적으로 사물의 성질과 상태를 검사하여 그 결과를 증거자료로 하는 증거조사이다. 검증의 대상을 검증물이라 하고 검증에 의하여 얻은 인식결과를 검증결과라고 한다. 신체의 특징, 위조되었다고 주장된 문서의 지질·필적·인영,[6] 녹음·녹화테이프, 컴퓨터용 자기디스크, 광디스크 등을 조사할 때 검증한다.

(2) 문서의 필적 또는 인영을 대조할 때 법관의 육안으로 확인가능하면 검증으로 하고, 육안으로 확인할 수 없으면 전문인의 감정으로 한다. 사람도 진술내용을 증거로 할 때에는 증인 등의 인증이 되나 신체의 현상·특징을 대상으로 하면

---

1) 대판 2009다98904; 97다36507.
2) 대판 2004다70420·70437.
3) 대판 2003다33998.
4) 대판 2009다84608.
5) 대판 98다57198.
6) 위조된 문서라 하여 제출한 문서는 서증이 아니므로 상대방이 싱립을 인정히여도 성립에 다툼 없는 문서라고 할 수 없고 검증이나 감정의 대상이 될 수 있을 뿐이다.

검증 또는 감정이 된다.

2. 검증의 신청

(1) 검증은 원칙적으로 당사자의 신청에 의하며 검증목적을 표시하여야 한다(364). 검증에 의하여 증명할 사실의 관계를 구체적으로 명시하여야 한다(규칙 74). 서증의 신청에 대한 규정이 준용된다(366). 거증자가 검증물을 소지·지배할 때는 법원에 제출한다. 상대방 또는 제3자가 소지·지배할 때는 제출명령을 신청한다.

(2) 전문적인 사항에 대한 검증은 감정과 함께 신청하는 것이 실무이다.

(3) 법원은 소송관계를 분명하게 하기 위하여 소송지휘의 일환인 석명처분으로서 검증을 할 수 있다(140 ① 4호). 이 경우 검증은 엄밀한 의미의 검증은 아니지만 증거조사에 관한 규정이 준용된다(140 ②).

3. 검증의 실시

(1) 검증을 수인할 의무는 증인의무와 같이 공법상의 일반적 의무이다. 법원은 사람의 신체를 검증할 때에는 검증대상자의 출석을 명할 수 있고, 현장검증을 위하여 타인의 주거지나 토지에 들어길 수 있고, 경찰관의 원조요청이 가능하다(366 ③). 수명법관 등은 검증에 필요하다고 인정할 때에는 감정을 명하거나 증인을 신문할 수 있다(365). 제3자가 정당한 사유 없이 검증물의 제출명령을 위반하는 때에는 과태료를 부과할 수 있다(366 ②).

(2) 검증에 의하여 자기 또는 근친자가 처벌받을 염려나 치욕이 될 경우, 공무상·직업상의 비밀에 관한 경우 등 정당한 사유가 있으면 수인의무가 없다.

(3) 당사자가 검증물을 제출하지 않거나 검증수인명령을 따르지 않은 경우 거증자의 주장을 진실한 것으로 인정할 수 있다(366 ①, 349).

검증이 실시된 경우 법원사무관 등은 변론조서에 검증결과를 기재한다. 하급심은 피고의 점유부분을 특정하기 위한 현장검증시 문을 잠그고 잠적하여 현장검증을 방해한 경우 법원은 원고 주장대로 피고 측 점유를 인정하였다.[1]

---

1) 서울민사지방법원 97가합47366.

Ⅵ. 당사자신문

1. 의의와 법적성질

(1) 당사자신문(當事者訊問)은 당사자본인을 증인처럼 증거방법으로 하여 그가 경험한 사실에 대해 진술하게 하여 증거자료를 얻는 증거조사이다(367).

(2) 당사자신문에서의 진술은 증거자료일 뿐 사실자료는 아니다.[1] 따라서 당사자신문결과 중 상대방주장과 일치하는 부분도 재판상 자백이 성립되지 않는다.[2]

2. 독립한 증거방법

2002년 개정 전 민사소송법은 당사자신문의 증거방법으로서의 보충성을 인정하고 판례는 증거력으로서의 보충성까지 확장해석하였으나, 개정법은 사건을 잘 아는 당사자 본인신문을 독립한 증거방법으로 활성화하고 증거력의 독자성도 인정하여 재판의 신속과 적정이념을실현에 기여하도록 보충성을 폐지하였다.

3. 대 상

(1) 당사자본인과 그 법정대리인, 법인의 대표자나 비법인 사단·재단의 대표자등도 이 절차로 신문한다(372, 64). 미성년자 등 소송무능력자도 당사자신문이 가능하다.

(2) 제3자의 소송담당에 있어서 권리귀속주체인 피담당자는 기판력은 받지만 당사자가 아니므로 증인신문대상이다.

4. 절차와 효과(368~372)

(1) 증인신문규정이 대부분 준용되나(373) 증인신문과는 달리 직권으로도 가능하고 출석·선서·진술의무는 있으나 구인·과태료·감치 등으로 강제되지는 않고, 선서하고 허위진술을 해도 과태료 제재만 있고 위증죄로 처벌되지 않는다(367 후문).

(2) 당사자신문의 결과는 증거자료이며 증거력의 독립성이 인정된다.

(3) 진술거부에 대한 제재로서 당사자본인 신문시 출석·선서·진술을 거부하는 경우 신문사항에 관한 상대방 주장을 진실한 것으로 인정할 수 있다(자유심증설, 법정증거설 등의 견해 대립이 있다) 문중 대표자와 같이 당사자본인으로 신문할 자를 증인으로 신문했다고 하여도 상대방이 지체없이 이의하지 아니하면 이의권의 포기·상실로 하

---

1) 대판 81다262.
2) 대판 78다879.

자가 치유되어 그 증언을 채택하여 사실인정을 하였더라도 위법이라 할 수 없다.[1]

Ⅶ. 그 밖의 증거(정보수록물)에 대한 조사

도면·사진·녹음테이프·비디오테이프·컴퓨터용 자기디스크, 그 밖에 정보를 담기 위하여 만들어진 물건으로서 문서가 아닌 증거의 조사에 관한 사항은 감정, 서증, 감정에 준하여 조사한다(374).

(1) 자기디스크·광디스크 등에 기억된 **문자정보**에 대한 증거조사는 읽을 수 있도록 출력한 문서를 제출하여 서증의 방법에 의하고 증거조사를 신청한 당사자는 법원이 명하거나 상대방이 요구한 때에는 자기디스크 등에 입력한 사람과 입력한 일시, 출력한 사람과 출력한 일시를 밝혀야 한다(규칙 120).

(2) **음성·영상자료** 등에 대한 증거조사를 신청하는 때에는 진정성립과 내용의 정확성을 담보하기 위하여 음성이나 영상이 녹음 등이 된 사람, 녹음 등을 한 사람·일시·장소를 밝혀야 하고(규칙 121 ①), 법원이 명하거나 상대방이 요구한 때에는 녹음테이프 등의 녹취서, 그 밖에 그 내용을 설명하는 서면을 제출하여야 한다(규칙 121 ③). 이에 대한 증거조사는 녹음테이프 등을 재생하여 검증의 방법으로 한다(규칙 121 ②). 그러나 판례는 당사자 일방이 녹음테이프를 녹취한 녹취문을 증거로 제출하고 이에 대하여 상대방이 부지로 인부한 경우, 그 녹취문이 오히려 상대방에게 유리한 내용으로 되어 있었다면 그 녹취 자체는 정확하게 이루어진 것으로 보이므로, 녹음테이프 검증 없이 녹취문의 진정성립을 인정할 수 있다고 판시하고 있다.[2]

(3) 자기디스크 등에 기억된 정보가 **도면**, **사진**, 그 밖에 정보를 담기 위하여 만들어진 물건으로서 문서가 아닌 증거의 조사에 관하여는 특별한 규정이 없으면 검증·감정·서증절차에 관한 규정을 준용한다(규칙 122).

Ⅷ. 업무사항에 관한 조사·송부의 촉탁(사실조회)

1. 의 의

조사·송부의 촉탁(調査·送付의 囑託)은 기상청에 어느 일시의 기후상태를 알아보는 것과 같이 법원이 공공기관·학교 그 밖의 단체·개인 또는 외국의 공공기관

---

1) 대판 77다1316; 92다32463.
2) 대판 99다1789.

에게 그 업무에 속하는 사항에 관하여 필요한 조사보고를 촉탁하거나 보관중인 문서의 등본·사본의 송부를 촉탁하는 특별 증거조사절차이다(294). 실무에서는 사실조회(事實照會)라고 한다.

2. 절 차

당사자의 신청 또는 직권으로 할 수 있다. 촉탁 받은 자가 불응하여도 제재할 수 없다. 금융거래정보나 과세정보의 수집은 금융기관 또는 세무공무원에 대한 법원의 제출명령 또는 법관이 발부한 영장이 있어야 한다(금융실명 4 ① 1호; 국세 81의13 ① 3호).

3. 대 상

조사·촉탁대상은 촉탁상대방이 업무상 쉽게 조사할 수 있는 사실에 대하여 활용하고, 촉탁상대방의 특별한 지식경험을 필요로 하거나 전문적인 의견을 구하는 경우에는 감정촉탁이나 감정절차에 의하는 것이 바람직하다.

4. 조사·송부촉탁의 결과

조사·촉탁의 결과는 증거자료로 함에는 법원이 이를 변론에 현출하여 당사자에게 의견진술의 기회를 주거나[1] 원용이 필요하다고 할 것이다.[2] 제352조의 문서송부촉탁과 달리 제294조의 조사·송부촉탁에 의하여 송부되어온 문서에 대하여는 서증으로 제출할 필요가 없다.

IX. 증거보전

1. 의 의

(1) 증거보전(證據保全)이란 제소 전 또는 소송 계속중이더라도 미리 증거조사를 하지 아니하면 그 증거를 본안소송에서 사실인정의 자료로 사용하기 곤란할 사정이 있다고 인정한 때에 본안의 소송절차와 별도로 실시하여 그 결과를 확보해두는 판결절차의 부수절차이다(375).

(2) 증거보전은 사전의 증거수집에 의한 진실한 사실관계의 확정으로 소송제기를 방지하고, 쟁점을 명확히 하여 화해성립의 가능성을 증진시킬 수 있다.

---

1) 대판 81누270.
2) 대판 80다51. 원용이 필요 없다는 견해도 있다(이시윤, 520).

2. 요 건

(1) **보전의 필요성**: 미리 증거조사를 하지 않으면 장래에 사용이 불가능하거나 곤란한 사정인 '보전의 필요성'이 있어야 한다. 증거보전은 증인이 장기해외여행이나 임종에 가까운 병세가 악화되거나 물리적으로 곤란한 경우뿐만 아니라 경비가 증가할 경우의 객관적 사유와 문서소지자의 문서의 훼손이나 변개를 막기 위한 주관적 사유로 증거확보를 위해서 인정된다. 증거보전의 필요성 유무는 정규의 증거조사를 하는 시기를 기준으로 판단한다. 특히 소송중에 증거조사결정이 되어 있어도 증거조사기일까지 기다릴 수 없는 경우에는 증거보전의 필요성이 있을 수 있다.

다만 증권관련집단소송에서는 증거보전의 필요성이 없어도 미리 증거조사가 가능하다(증집소 33).

(2) **소명**(疎明): 증거보전의 필요성 내지 사정의 존재에 관하여 소명해야 한다 (377 ②). 소명은 즉시 조사할 수 있는 증거만 조사할 수 있다.

3. 절 차

(1) **관할법원**은 소제기 전이나 긴박한 경우에는 증거방법의 소재지를 관할하는 지방법원, 소제기 후는 증거를 사용할 법원이다(376).

(2) **신청**이 원칙이다. 신청서에 상대방의 표시, 증명할 사실, 보전하고자 하는 증거 증거보전의 사유를 기재하고 소명자료를 첨부해야 한다. 소명이 없으면 증거보전신청은 각하된다. 증거보전신청의 기각결정에 대하여는 불복할 수 있으나, 증거보전의 결정에 대하여는 불복할 수 없다(380). 예외적으로 소송 계속중에는 **직권**으로 가능하고(379), 증거보전의 상대방을 지정할 수 없는 경우에는 법원은 상대방이 될 사람을 위하여 특별대리인을 선임할 수 있다(380).

(3) 증거보전 **절차**는 증인신문, 서증, 검증 등 통상의 증거조사의 규정에 의한다(375). 증거보전결정이 있음에도 상대방이 보전대상인 문서 또는 검증물을 임의로 제출하지 않는 경우 신청인은 문서제출명령이나 검증물제출명령을 신청할 필요가 있다. 증거조전에 관한 기록은 본안소송의 기록이 있는 법원에 보낸다(382).

4. 증거보전 결과

증거보전에 의한 증거조사결과는 변론에 제출됨으로써 본 소송의 증거조사결과와 같은 효력을 갖는다. 다만 증거보전절차에서 신문한 증인이더라도 당사자가 변론에서 다시 신문을 신청한 때는 수소법원은 그 증인을 신문하여야 한다(384). 수소법원의 직접주의를 관철하고 증거보전에 참여하지 못한 당사자의 방어권보장을 위함이다.

<선택형>

1. 다음 서술 중 옳지 않은 것은?[1] [법전협 2011. 1차 변형]

① 제3자가 문서제출명령에 불응한 경우, 법원은 신청당사자의 주장을 진실한 것으로 인정할 수 없다.
② 당사자신문에서의 진술은 소송자료이지 증거자료가 아니다.
③ 민사소송규칙에서는 전자증거의 내용을 구분하여 증거조사를 다르게 시행하도록 하고 있다.
④ 조사의 촉탁(민사소송법 제294조)의 결과는 서면증거를 따로 제출하지 않아도 증거자료로 할 수 있다.
⑤ 당사자가 감정을 신청하는 경우 감정인의 지정은 법원이 한다.

2. 증거조사에 관한 설명 중 옳지 않은 것은?[2] [변호사 2012]

① 감정증인은 특별한 학식과 경험을 통하여 얻은 과거의 구체적 사실을 보고하는 사람을 말하는데, 경험을 보고하는 이상 증인이므로 법원은 증인과 마찬가지의 절차로 조사한다.
② 감정사항에 관한 진술이 있기 전부터 감정인이 성실하게 감정할 수 없는 사정이 있다는 것을 당사자가 알았다면, 그 당사자는 감정사항에 관한 진술이 이루어진 뒤에는 감정인을 기피할 수 없다.
③ 주신문에서는 특별한 경우가 아닌 한 유도신문이 금지되지만, 반대신문에서는 필요한 경우 유도신문이 허용된다.
④ 증인진술서가 제출되었으나 그 작성자가 증인으로 출석하지 않고, 당사자가 반대신문권을 포기하여 그 증인진술서의 진정성립을 다투지 않는 경우, 법원은 이를 서증으로 채택할 수 있으나, 그 증인진술서의 내용이 허위라고 하더라도 그 작성자에 대하여 위증죄의 책임을 물을 수 없다.
⑤ 법원은 다른 증거방법에 의하여 심증을 얻지 못한 경우에 한하여 직권 또는 당사자의 신청에 따라 당사자 본인을 신문할 수 있다.

3. 증거조사에 관한 다음 설명 중 옳지 않은 것은?[3] [법전협 2013. 2차]

① 유일한 증거인지의 여부는 쟁점단위가 아니라 사건전체차원에서 판단한다.
② 사실조회에 대한 결과(회보)가 제출되면, 법원은 이를 양 당사자에게 전화나 팩스 등의 간이한 방법으로 그 사실을 고지하고, 동시에 변론기일에서 당사자에게 의견진술의 기회를 부여하는 절차를 거쳐야 한다.

---

1) ②. 당사자신문에서의 진술은 증거자료이지 소송자료가 아니다. 따라서 상대방 주장과 일치되어도 자백이 되지 않는다. ① 제351조. ③ 규칙 제120조(출력문서제출), 제121조(음성재생검증). ⑤ 제335조.
2) ⑤. 제367조 본문에서 당사자본인이 독립한 증거방법임을 규정하고 있다.
3) ①. 유일한 증거 여부는 쟁점단위로 전 심급을 통관하여 판단한다. ④ 법원의 명령에 의한 감정은 감정서가 제출되었어도 인증이며 서증이 아니다.

③ 증언거부권이 있는 증인이 그 증언거부권을 포기하고 증언을 하는 조건으로, 증인이 증언을 위하여 법원에 출석함으로써 입게 되는 손해의 전보와 이에 더하여 수고료 명목으로 일정한 대가를 제공받기로 하는 약정은 무효이다.

④ 소송 외에서 당사자가 직접 의뢰하여 작성된 감정서가 법원에 제출되면, 법원은 서증으로서 사실인정의 자료로 삼을 수 있다.

⑤ 특정한 사실을 증명하기 위해 판결서를 서증으로 제출하여 당해 판결서 중에 기재된 사실판단을 이용하는 경우 당해 판결서는 보고문서에 해당된다.

---

4. 증거조사에 관한 설명 중 옳지 않은 것은? (다툼시 판례에 의함)[1]   [변호사 2013 변형]

① 문서의 일부를 제출하여 서증을 신청하고자 할 때에는 원칙적으로 그 일부에 대한 원본, 정본 또는 인증이 있는 등본을 제출하면 된다.

② 당사자가 아닌 제3자가 문서제출명령에 따르지 아니한 때에는 법원은 그 문서의 성질, 내용, 성립의 진정 등에 관한 상대방의 주장을 진실한 것으로 인정할 수 없다.

③ 증인의 신문은 증인신문신청을 한 당사자의 신문, 상대방의 반대신문, 증인신문신청을 한 당사자의 재주신문, 상대방의 재반대신문의 순서로 하나, 상대방의 재반대신문부터는 재판장의 허가를 받은 때에만 다시 신문할 수 있다.

④ 법인이 당사자인 소송에서 법인의 대표자에 대하여 당사자본인신문의 방식에 의하여 증거조사를 하여야 하나, 증인신문방식에 의하여 증거조사를 하였다고 하더라도 상대방이 이에 대하여 지체 없이 이의하지 아니하면 이익권 포기·상실로 인하여 그 하자가 치유된다.

⑤ 자백이 진실에 반하는 것임이 증명되면 그 자백은 착오로 인한 것이라고 추정되는 것은 아니다.

---

5. 증거에 관한 다음 설명 중 옳지 않은 것은? (다툼시 판례에 의함)[2]   [법전협 2013. 2차 변형]

① 즉시 조사할 수 있는 증거에 의하지 아니하더라도 필요한 경우에는 법원은 소명에 의하여 입증하게 할 수 있다.

② 외국에서 시행한 증거조사는 그 나라의 법률에 어긋나더라도 대한민국 민사소송법에 어긋나지 아니하면 효력을 가진다.

③ 진정성립이 인정된 처분문서는 그 내용이 진실하다고 간주되어야 하나 부동문자로 인쇄된 처분문서의 경우에는 예문에 불과하여 당사자의 합의의 내용이라고 단정할 수 없다.

④ 상대방이 원본의 존재나 성립을 인정하고 사본으로써 원본에 갈음하는 것에 대하여 이의가 없는 경우에는 사본을 원본에 갈음하여 제출할 수 있다.

⑤ 법원은 다른 증거방법에 의하여 심증을 얻지 못한 경우에 한하여 당사자를 신문할 수 있는 것은 아니다.

---

1) ①. 문서의 일부를 증거로 하는 때에도 문서의 전부를 제출하여야 한다. 다만, 그 사본은 재판장의 허가를 받아 증거로 원용할 부분의 초본만을 제출할 수 있다(규칙 105④). ②제351조의 제재(소송비용부담, 500만원이하 과태료)만 가능하다.
2) ①. 제299조 1항. ② 제296조 2항. ③ 대판 97다36231. ④ 대판 2009마2050. ⑤ 제367조.

제5절 자유심증주의

> **제202조(자유심증주의)** 법원은 변론 전체의 취지와 증거조사의 결과를 참작하여 자유로운 심증으로 사회정의와 형평의 이념에 입각하여 논리와 경험의 법칙에 따라 사실주장이 진실한지 아닌지를 판단한다.

I. 의 의

(1) 자유심증주의(自由心證主義)는 법원이 당사자간에 다툼있는 사실주장의 진부를 판단함에 있어서 사회정의와 형평의 이념에 입각하여 논리와 경험의 법칙에 따라 증거조사의 결과와 변론 전체의 취지를 참작하여 자유로운 심증으로 행할 수 있는 원칙이다(202). 근대 이전에는 재판기관의 전횡을 막고 법적 안정성을 위하여 최소한의 합리적인 재판을 위하여 법정증거주의에 의하였다. 그러나 오늘날 복잡한 사건에 대하여는 형식적 증거법칙에 의한 사실인정에 한계가 있고, 공개주의·구술주의가 제도화되어 재판심리과정을 국민이 감시하는 체제가 이루어지고 법관의 양식을 신뢰하여 프랑스혁명을 거치면서 대부분 국가에서 자유심증주의를 채택하고 있다.

(2) 한편 배심제를 취하는 영미법계에서는 일반인이 참여하는 배심제를 보완하기 위하여 법정증거주의를 일부 채택하고 있다.[1]

II. 자유심증주의의 내용

1. 증거원인의 자료

법관의 심증형성의 원인이 되는 증거원인에는 증거조사의 결과와 변론 전체의 취지가 있다.

(1) 증거조사의 결과

증언, 문서의 기재내용과 같이 법원이 증거조사에 의하여 얻은 결과를 증거자료라 하며 이에 따라 심증을 형성한다. 이는 증거방법이나 증거능력에 제한이 없음을 기초로 한다.

---

[1] 호문혁, 482.

(가) 증거방법의 무제한

자유심증주의는 일정한 사실의 확정은 특정한 증거방법에 의하여야 한다고 제한하고 있지 않다. 단, 절차의 명확과 신속을 위하여 대리권증명은 서면에 의하고(58, 89), 변론방법에 관해서는 변론조서(158), 소명자료는 즉시 조사할 수 있는 것에 한하고 있다(299 ①).

(나) 증거능력의 무제한

증거방법으로 이용될 수 있는 증거능력은 원칙적으로 제한하지 않는다. 판례는 소제기 후 작성한 문서나 전문증거, 미확정판결, 위법수집증거의 경우에도 증거능력을 인정한다.[1] 단, 당사자나 법정대리인은 증인능력 없다(367, 372).

(2) 변론 전체의 취지(202)

(가) 의 의: 변론 전체의 취지는 증거조사의 결과를 제외한 일체의 소송자료로서 당사자의 주장·내용·태도 기타 변론청취에서 얻은 인상, 증명방해·공동피고의 자백 등 일체의 사항 포함된다.

(나) 증거원인으로서의 독자성 인정 여부

1) 이에 관하여 견해가 나뉜다. ① 독립적 증거원인설은 변론전취지로만 판단함은 자유심증주의의 귀결이므로 무방하다고 한다. ② 보충적 증거원인설은 변론 전체의 취지의 개념이 모호하므로 법관의 자의나 전단을 방지하기위하여 독립적 지위를 부정한다.

2) 판례는 변론전체의 취지는 증거원인이지만, 그것만으로 주요사실을 인정할 수 없으나,[2] 문서의 진정성립을 인정하거나 자백의 철회요건으로서의 착오를 인정하는 근거로는 독립적 증거원인이 될 수 있다고 판시하고 있다.[3]

검토컨대 변론전체의 취지는 개념자체가 모호하여 상급심의 심사가 곤란하고 안일한 사실인정을 방지하기 위하여 보충적 증거원인설이 타당하다.

2. 증명력의 평가

(1) 자유로운 증거평가

원칙으로 직접증거와 간접증거, 서증과 인증 사이에 심증형성에 우열이 없다. 단 확정된 형사판결의 인정사실은 특별한 사정이 없으면 유력한 증거자료이

---

1) 대판 91다24755; 99다1789; 92다22107;67다67.
2) 대판 83다카971.
3) 대판 90다8244; 2000다23013; 2004다13533.

다.[1] 단, 문서의 형식적 증거력에 대한 추정규정(356, 358), 증명방해에 대한 불이익한 사실인정(349, 350, 360 ①, 361 ②, 366, 369) 등에 제한받는다.

(2) 증명력판단기준

(가) 형식적인 증거법칙과 자의와 임의적 판단이 아닌 <u>사회정의와 형평</u>의 이념에 입각하여 <u>논리와 경험의 법칙</u>에 의하여 사실인정을 하여야 한다(202).

판례는 가해기업이 배출한 어떤 유해한 원인물질이 피해물건에 도달하여 손해가 발생하였다면 가해자가 그 무해함을 입증하지 못하는 한 책임을 면할 수 없다고 봄이 사회형평의 관념에 적합하며,[2] 과실상계사유에 관한 사실인정이나 그 비율을 정하는 것이 사실심의 전권사항이라고 하더라도 자동차전용도로를 보행자가 야간에 무단횡단한 과실의 비율을 40%로(운전자 과실을 60%로 봄) 본 것은 형평의 원칙에 비추어 현저히 불합리하며,[3] 동일한 사항에 관하여 상이한 수개의 감정 결과가 있을 때 그 중 하나에 의하여 사실을 인정하였다면 그것이 경험칙이나 논리법칙에 위배되지 않는 한 적법하다고 판시하여[4] 구체적인 사례에서 법관의 자유심증의 기준을 제시하고 있다.

(나) 이와 관련하여 어느 증거에 의하여 어느 사실을 인정했는지 그 **심증형성의 경로**를 명시해야 하는지에 관하여 자의적 자의적 판단을 방지하기 위하여 명시해야 한다는 견해[5] 판결이유를 상세히 작성하는 것은 법관에게 큰 부담이 되어 소송지연의 원인이 될 수 있으므로 반대하는 견해가 있다.[6] 재판의 신속도 중시해야 하나 재판의 적정을 더 중시하여야 할 것이므로 심증형성경로를 명시하여야 할 것이다. 다만 그 구체적인 명시의 정도에 관하여 인정한 사실과 관련된 개별적인 증거자료의 채용과 배척이유를 일일이 명시하는 것은 판결이유의 간이화 규정취지(208 ②)와 자유심증 경로의 논리적 설명이 곤란하고 사실인정의 근거가 된 증거자료를 한꺼번에 포괄적으로 열거하는 것은 증거판단을 빠뜨리거나 자의적으로 판단할 가능성이 있으므로, 인정한 사실에 대하여는 그 근거로 채용한 증거만 개별적으로 적시하는 것이 타당할 것이다.[7]

---

1) 대판 93다29051.
2) 대판 81다558.
3) 대판 92다32821.
4) 대판 97다36507; 2007다57619; 2009다42185.
5) 김홍규·강태원, 495; 송상현·박익환, 507.
6) 이시윤, 500.
7) 호문혁, 510.

판례는 원칙적으로는 경험칙상 통상적인 사실에 대하여는 특별히 구체적인 인정근거를 밝힐 필요는 없으며(명시불요의 입장), 쟁점사실을 인정하기에 부족한 증거를 일괄적으로 간략하게 배척하는 방법으로 표시할 수 있다고 판시하고 있다.[1] 다만 ① 진정성립이 인정되는 처분문서의 증거력 배척, ② 공문서의 진정성립 부정, ③ 확정된 관련 민사사건에서 인정한 사실과 다른 인정, ④ 자기에게 불리한 사실을 시인하고 날인한 서증의 증명력을 배척, ⑤ 경험칙상 이례에 속한 판단 등은 분명하고 수긍할 만한 이유를 설시해야 한다.[2] 재판의 적정 및 소송경제와 당사자 보호의 조화가 요청된다. 그런 의미에서 판례입장이 타당하다.

(3) 증거공통의 원칙

(가) 의 의

증거공통의 원칙은 증거조사의 결과는 증거제출자뿐만 아니라, 원용이 없어도 상대방 당사자에게 유리하게 판단될 수 있다는 원칙이다. 그 근거는 자유심증주의이다. 당사자가 일단 제출한 증거의 평가는 법관의 직무로서 변론주의와 저촉되는 것은 아니다.

(나) 소송상 취급

증거신청의 철회 가부에 대하여 증거조사 개시 전에는 철회할 수 있으나 증거조사 개시 후에는 증거공통의 원칙상 상대방의 동의 있어야 가능하다. 증거조사 완료 후에는 법관의 심증형성에 영향을 미쳤으므로 철회할 수 없다.

(다) 통상공동소송인간의 증거공통의 원칙의 인정 여부에 대하여 이해관계가 서로 상반되지 않는 한 적용된다는 것이 다수설이나 판례는 인정하지 않는다.[3] 이해가 상반되면 방어권보장을 위하여 원용이 없는 한 증거공통의 원칙을 적용할 수 없으므로 공동소송인의 자백은 다른 공동소송인에 대해서는 자백이 아닌 변론의 전체취지로 참작될 뿐이다.[4]

(4) 자유심증의 정도

자유심증에 있어서의 확신의 정도에 관련하여 법관의 자유심증은 증거로부터 한 점의 의심도 허용되지 않는 자연과학상의 논리적 증명이 아닌 역사적 증명으로서 십중팔구까지는 확실하다는 <u>고도의 개연성</u> 있는 확신을 요한다(고도의 개연성

---

1) 대판 2003다60549.
2) 대판 96다29700.
3) 대결 1959. 2. 19. 4291민항231.
4) 대판 75다2152.

설)는 것이 통설·판례이다.[1] 미국 민사소송에서는 통상의 사건은 쌍방의 증거를 비교하여 한 쪽이 우월하면 된다는 '증거의 우월'의 증명으로 족하다(우월적 증명설).[2]

(5) 증명정도의 완화(증명도의 경감)

(가) 상당한 개연성증명

1) 상당한 개연성은 고도의 개연성을 요하는 증명과 저도의 개연성으로 족한 소명의 중간 정도의 증명이다.

2) **손해배상소송에서 장래 일실이익 증명**에 관하여 과거사실에 대한 증명의 경우보다 경감하여 객관적으로 입증된 근거 사실에 기하여 합리성과 객관성이 있으면 상당한 개연성 있는 증명으로 족하다.[3]

(나) **역학적 증명**

1) 역학적(疫學的) 증명은 피해자에게 원인불명의 집단적 질환이 발생한 경우 가해자가 발생시킨 역학적 인자(因子)에 피해자가 영향을 받았고 피해자의 증상이 집단적 질환의 기본적 특징을 갖춘 것이 인정되면 인과관계의 증명을 인정하고,[4] 가해자는 피해자의 질환이 다른 원인에 의한 것임을 입증하지 못하면 손해배상의무를 부담하는 증명책임의 분배를 인정하는 것이다.

2) 다만 판례는 고엽제사건에서 고엽제에 노출되어 특이성 질환(염소성여드름)이 발생한 경우 그 인과관계의 개연성이 인정되지만, 발생원인과 기전이 복잡하고 후천적 요인이 복합적으로 작용해 발생하는 비특이성 질환(당뇨, 폐암 등 질병)의 경우에는 특정 위험인자와 비특이성 질환 사이에 <u>역학적 상관관계</u> 이외에 비특이성 질환에 걸린 비율이 노출되지 아니한 집단에서의 비율을 상당히 초과한다는 점을 증명하고, 그 집단에 속한 개인이 위험인자에 노출된 시기와 노출정도, 발병시기, 위험인자에 노출되기 전의 건강상태, 생활습관, 질병상태의 변화, 가족력 등을 추가로 증명하는 등으로 <u>위험인자에 의하여 비특이성 질환이 유발되었을 개연성을 증명하여야</u> 한다면서, 각 개인의 위험인자에의 노출사실과 비특이성 질환사실을 증명하는 것만으로 양자 사이의 인과관계를 인정할 만한 개연성이 증명되었다고

---

1) 대판 2009다56603·56610.
2) 정동윤·유병현, 494.
3) 대판 92다36175; 2002다39616.
4) 역학적 인과관계에 관하여 ① 발병까지 발병인자의 일정작용기간 소요, ② 발병인자의 작용정도와 질병 발병율(이환율罹患率)과의 비례적 상관관계 존재, ③ 발병인자 제거시 발병율 감소, ④ 발병인자 작용 메카니즘을 생물학적으로 모순 없이 설명가능할 것 등 역학의 4요소가 충족하는 경우에 인과관계를 긍정할 수 있다고 주장되고 있다(정동윤·유병현, 494).

본 하급심판결[1]을 파기하여[2] 인과관계의 개연성을 엄격하게 요구하고 있다.

(다) 기여도의 비율적 인정

1) 원고의 손해발생에 대하여 기왕증의 기여도(寄與度)를 반영하여 가해자에게 손해의 전부를 배상하게 하는 것이 공평의 이념에 반하는 경우에는 과실상계의 법리를 유추적용하여 기여비율만큼 배상액을 감액액을 비율적으로 인정한다.

2) 판례는 이를 허용하고 있으며,[3] 공해소송에서 한파, 낙뢰와 같은 자연력이 가공한 경우에도 손해의 공평부담을 이유로 이를 인정한다.[4]

(라) 확률적 심증이론

1) 확률적 심증이론(비율적 인과관계론·사실인정론)은 법관이 사실인정이나 인과관계에 관하여 확신을 얻을 수 없는 경우 심증을 얻은 정도에 따라 그 범위에서 손해액을 결정하자는 이론이다. 어느 요소에 의하여 결과가 발생했는지 불분명한 경우 사실인정의 심증이 60% 정도의 심증이라면 손해액의 60%만 인정한다.

2) 판례는 불법행위로 인한 손해배상청구 소송에서 가해행위와 손해 발생 사이의 인과관계는 존재 또는 부존재를 판단하는 것이고, 이를 비율적으로 인정할 수는 없다는 입장이다.[5]

(마) 손해배상사건의 손해액 증명의 특칙

1) 특허법(128⑤), 상표법, 컴퓨터프로그램보호법(32⑤)들은 법원이 인정하는 상당한 손해액으로 정할 수 있도록 규정하고 있다. 그러나 법관에게 손해액 산정에 관한 자유재량을 부여한 것은 아니므로, 법원은 손해액 산정 근거가 되는 간접사실들의 탐색에 최선의 노력을 다해야 하고, 그와 같이 탐색해 낸 간접사실들을 합리적으로 평가하여 객관적으로 수긍할 수 있는 손해액을 산정해야 한다.[6] 증권관련집단소송법(34②)은 통계적 방법 등 합리적 방법으로 손해액을 인정할 수 있도록 규정하고 있다.

2) **특칙규정이 없는 경우**로서 손해배상의무가 인정되나 손해액이 불분명한 경우 평균수입액은 공평하고 합리적인 통계적 증거로 인정하여 손해액을 인정할 수 있도록 하여 증명도를 경감하고 있다.[7]

---

1) 서울고등법원 2002나32662 판결.
2) 대판 2006다17539.
3) 대판 2005다16713.
4) 대판 89다카1275.
5) 서울고등법원 2002나32662 판결; 대판 2006다17539.
6) 대판 2010다58728.
7) 대판 87다카1129; 90다카5198.

Ⅲ. 사실인정의 위법과 상고

(1) 사실인정은 사실심의 전권이므로(432) 원심의 증거채택과 사실인정에 잘못이 있다고 해도 원칙적으로 상고이유가 되지 않는다.

(2) 예외로 위법한 변론·증거조사에 의한 사실인정, 적법한 증거조사의 결과를 간과한 사실인정, 논리칙·경험칙을 현저히 어긴 사실인정은 내재적 제한을 일탈한 경우로서 제202조의 자유심증주의의 위반으로서 판결에 영향을 미친 때에는 **일반적 상고이유**(423)가 되고, **심리속행사유**(상고 4 ① 5호)에 해당되어 심리불속행판결을 면할 수 있다(상고 4 ③ 2호). 예컨대 버스뒷바퀴로 16세 소녀를 치었는데도 경상에 그쳤다고 인정하는 것이나 명의수탁자가 장기간 등기권리증을 소지하고 있는데도 명의신탁관계를 인정하는 것은 자유심증주의에 위반한 위법이 있어 상고이유가 된다.

Ⅳ. 자유심증주의의 예외

자유심증주의의 예외 또는 제한과 관련하여 법률상 추정, 자백의 구속력, 증거계약, 표현증명과의 관계가 문제되나 법률상 추정은 전제사실의 증명에 자유심증주의가 적용되고, 자백의 구속력은 변론주의의 결과이며, 표현증명은 자유심증주의의 범위 안에서 극히 일반적인 경험칙을 적용한 결과이고 증거계약은 자유심증주의를 제약하지 않는 범위 내에서 유효하므로 어느 것이나 자유심증주의를 제약하는 것은 아니다.[1] 우리 민사소송법은 자유심증주의를 원칙으로 하면서 다음과 같이 몇 가지 예외를 인정하고 있다.

1. 증거방법·증거력의 법정(法定)

(1) 증거방법의 제한

대리권의 존재는 서면으로 증명하도록 하고(58 ①, 89 ①),[2] 소명의 증거방법은 즉시 조사할 수 있는 것에 한정한다(299 ①).

(2) 증거능력의 제한

당사자·법정대리인·법인 등의 대표자의 증인능력을 부정한다(367, 372). 위

---

1) 정동윤·유병현, 468; 김일룡, 531.
2) 다만, 당사자가 말로 소송대리인을 선임하고, 법원사무관등이 조서에 그 진술을 적어 놓은 경우에는 서면증명을 요하지 아니한다(89③)

법하게 수집한 증거의 증거능력을 제한하자는 견해가 있다.

(3) 증명력의 제한

공·사문서의 진정성립을 추정하고(356 ①, 358), 증명방해자에게 불이익한 사실인정을 허용하고(349, 350, 360, 361, 366, 369), 변론방식에 관하여는 변론조서로만으로 증명하도록 한 것은(158) 증명력의 자유평가의 제한이라 보는 것이 다수설이다.[1][2]

2. 증거계약

(1) 증거계약(證據契約)은 광의로는 판결의 기초를 이루는 사실의 확정에 관한 당사자의 합의이고, 협의로는 증거제한 계약이다. 다음의 증거계약이 있으며 각 그 유효성이 문제된다.

(가) **자백계약**은 일정한 사실을 인정하거나 다투지 않기로 약정하는 것이다.

주요사실에 대한 자백계약은 유효하나 권리자백이나 간접·보조사실에 대한 자백계약은 법원을 구속하지 못한다.

(나) **증거제한계약**은 일정한 증거방법(가령 증인)을 증거로 제출하지 말자고 하는 계약이다. 변론주의 영역에서는 유효하다. 그러나 법관이 증거계약에 의한 증거로 심증형성을 못하여 하는 보충적인 직권증거조사를 하는 한도 내에서는 **무효**이다(292). 직권증거조사가 원칙인 소액사건·증권집단소송에서도 증거제한계약은 무효이다.

(다) **증명력계약**은 법관의 자유로운 증거력 평가를 제약하는 것으로 **무효**이다.

(라) **중재감정계약**은 사실확정을 제3자의 판정에 위임하여 이에 복종키로 하는 계약으로 유효하다. 유효한 중재감정계약의 존재를 주장하고 증명되면 중재가 행해질 때까지 소송절차가 중단된다(중재 9). 중재판정이 있으면 그에 따라야 한다.

(마) **증명책임계약**은 증명책임부담자를 미리 약정하는 것으로 증거계약은 아니나 처분권주의 하에서는 유효하다. 약관법에 위반한 경우는 무효이다.

(2) 증거계약에 따라 증거조사 후 심증형성 못 할 경우 다른 증거 제출 가능 여부

다른 증거를 제출가능하다는 **적극설**, 증거계약의 취지상 다른 증거제출 못한다는 **소극설**, 당사자는 다른 증거제출 못하지만 법원은 직권증거조사할 수 있다는 **절충설**이 있다. 제292조와 증거계약의 취지상 절충설이 타당하다.

---

1) 제158조 조서의 증명력은 그 내용은 증명력이 아니라 증거방법의 제한으로 보는 견해가 있다(호문혁, 512).
2) 이에 반하여 문서에 대한 진정성립 추정규정은 진정성립을 추정하는 것이지 형식적 증명력을 추정을 뜻하는 것이 아니라고 보거나(호문혁, 545), 증명방해도 불이익한 사실인정을 강세하는 것이 아니라고 보면(김일룡, 535), 각 증명력의 제한이 아니라고 보게 된다.

3. 증명방해

(1) 의 의

고의나 과실, 작위·부작위로 상대방 당사자의 증거사용을 불가능하게 하거나 곤란하게 하는 증명방해에 대한 제재의 법적 효과는 어떤지 문제된다. 예컨대 상대방신청의 증인출석을 방해하거나 점유부분을 특정하기 위한 현장검증을 방해하거나, 원고가 지정병원이 멀다는 이유로 재감정에 불응하는 경우[1] 등이다.

그러나 판례는 부모가 수령한 보상금에 대한 상속지분을 주장하는 형이 부모를 모셨던 동생을 상대로 한 상속지분금청구소송에서 증거자료에의 접근이 훨씬 용이한 당사자(동생)가 상대방(형)의 증명활동에 협력하지 않는다고 하여 이를 증명방해 내지 신의칙위배라고 할 수 없다고 판시했다.[2]

증명방해에 대하여 당사자 사이에 실실적 평등을 확보하고, 공평과 신의칙위반에 대한 제재라고 봄이 일반적이다.

(2) 입증방해의 효과

증명방해의 예시규정인 제349조, 제350조, 제360조 1항, 제366조 1항, 제369조 등의 규정들은 상대방 주장을 진실한 것으로 인정할 수 있다고 규정하고 있고 그 효과에 대하여 논의가 있는바, 위와 같이 명문규정이 없는 입증방해행위에 대하여도 동일한 논의가 있다.

(가) 학설로 ① 자유심증설, ② 법정증거설, ③ 증명책임전환설 등이 있다.

(나) 판례는 의사측이 진료기록을 변조한 것에 관하여 법원은 이를 하나의 자료로 하여 자유로운 심증에 따라 의사측에 불리한 평가할 수 있다고 하여 자유심증설의 입장이다.[3]

(다) 검토컨대 입증책임전환설과 법정증거설은 방해행위의 태양과 정도를 고려하지 않고 특히 과실에 의한 입증방해의 경우 방해자에 가혹하고, 자유심증주의의 예외는 제한적으로 인정해야 하는 점과 구체적 사실관계에 따라 타당성 있는 결론이 가능한 자유심증설 타당하다.

---

1) 대판 98다51831.
2) 대판 95다23835.
3) 대판 94다39567.

<선택형>

1. 완공 3주만에 교량붕괴로 중상 입은 피해자가 시공사를 상대로 시공과실로 인한 손해배상의 소를 제기하였다. 시공사는 시공은 잘못이 없었고 손해발생과의 인관관계는 없었는데 강력한 지진 때문에 다리가 붕괴한 것이라고 주장·입증하려 한다면 법관이 어느 정도 믿도록 입증해야 하는가에 대하여 다음 설명 중 옳지 않은 것은? (다툼시 판례에 의함)[1]

    ① 민법 제750조의 불법행위책임을 묻기 위해서는 원칙적으로 피해자가 가해자의 고의·과실을 입증하여야 한다.
    ② 다리붕괴라는 정형적인 사건경과로 인한 고도의 경험칙의 사태경과가 있으면 피해자에게 손해를 가한 시공사의 과실은 일응 인정되며, 이를 표현증명 또는 일응의 증명(추정)이라 한다.
    ③ 시공사는 강력한 지진발생이라는 특단의 다른 사정을 법관이 확신을 갖도록 증명하지 못하는 한 배상책임을 지게 된다.
    ④ 위 사례의 경우 표현증명된 것을 뒤집으려는 특단의 사정을 입증하는 경우 주요사실에 대하여는 본증이고 특단의 사정이라는 간접사실에 대하여는 반증이다.
    ⑤ 정형적 사상경과가 있는 경우의 사고피해자의 인과관계증명책임을 완화시켜 준다.

2. 허리수술받은 환자가 수술 후 하반신마비증세로 의사를 상대로 손해배상청구의 소를 제기하자 담당의사는 수술과정상의 과오를 부정하면서 의사진료기록의 기재 중 진단기록 일부가 임의로 가필되어 원래의 진료과정을 식별할 수 없도록 한 것으로 밝혀졌다. 이에 대하여 다음 중 옳지 않은 것은?[2]

    ① 이는 문서의 변조에 해당하는 것으로 민사소송법에서 규정하고 있다.
    ② 이는 증명방해로서 이를 근거로 피고의 수술과정상의 과오를 추정하는 자료로 삼을 수 있다.
    ③ 사실인정에 관하여 자유심증설은 본래 진료기록의 존재를 인정할 수 있을 뿐 요증사실에 대하여는 법관의 자유심증에 의한다고 한다.
    ④ 법정증거설은 요증사실 자체를 진실한 것으로 인정할 수 있다고 한다.
    ⑤ 대법원 판례는 자유심증설 입장이다.

3. 당사자간에 일정한 사실에 대하여는 소명만 있으면 증명된 것으로 하자고 약정할 수 있는지에 관하여 다음 중 옳은 것은?[3]

    ① 증거계약의 일종으로서 유효하다.
    ② 법관의 자유심증을 제약하므로 무효이다
    ③ 당사자의 처분권주의가 적용되는 소송에서는 유효하다.
    ④ 직권주의가 적용되는 소송에서는 유효하다.

---

1) ④. 표현증명된 것을 뒤집으려는 특단의 사정을 입증하는 경우 주요사실에 대하여는 반증이고 특단의 사정이라는 간접사실에 대하여는 본증이다.
2) ①. 민사소송법은 문서의 위조·변조에 관하여 직접 규정을 두고 있지는 않다. 이는 증명방해행위로서 그 처리방법에 관하여 자유심증설, 법정증거설, 증명책임전환설 등이 있다. 판례는 자유심증설 입장에서 그 문서에 의하여 증명될 사실관계인 요증사실에 관한 주장이 아니라 그 문서의 성질·내용의 주장에 관한 것으로서 그 진실 여부는 법원의 재량에 의하여 판단할 것이라고 한다(대판79다1577; 94다39567).
3) ②. 위 사안은 증거력 계약으로서 증거조사결과에 대한 법관의 자유로운 증거력 평가를 제약하는 것이므로 무효이다.

제6절 증명책임

Ⅰ. 의의와 기능

1. 의 의

(1) 증명책임은 법관이 어느 요증사실의 존재에 관하여 확신을 갖지 못하여, 즉 증명되지 못하여 당해 사실이 부존재하는 것으로 취급되어 패소될 위험 또는 불이익이다. 증명책임을 지는 당사자는 요증사실이 진위불명의 상태가 되지 않도록 적극적으로 입증행위를 하여야 하는 주관적 증명책임을 지며, 법원은 요증사실이 진위불명시 결국 누구에게 불이익을 부담시켜야 하는가하는 객관적 증명책임의 문제가 있다. 예컨대 대여금청구소송에서 법률요건분류설에 따라 미리 정해진 대여사실을 증명함에 따라 법관이 확신을 갖게 되면 그대로 판단하면 되나, 법관이 확신을 갖지 못하면 객관적 증명책임에 따라 대여사실이 인정되지 않게 되어 원고는 패소되는 불이익을 당하게 된다.

(2) 원고는 패소되지 않도록 청구원인사실인 대여사실에 관하여 법관이 확신할 수 있는 증거를 제출하여야 하고, 이에 대하여 피고가 대여 받지 아니한 사실에 대한 반증을 제출하면 원고는 피고의 반증을 복멸시키고 대여사실을 굳히는 본증활동 일환으로 증거를 제출하여야 할 증명의 필요 또는 부담이 있게 된다. 이와 같은 입증의 필요 또는 증거제출책임인 행위책임을 주관적 증명책임이라 한다.

또 위 대여사실에 대한 항변사실인 반사회적인 무효, 권리소멸사유, 권리행사저지사유에 대한 주장과 객관적 증명책임은 피고에게 분배되어 있어서 피고는 변제에 대한 증거를 제출하고 원고는 변제된 것이 아니라는 증거를 제출할 필요가 있게 된다. 이와 같은 입증의 필요 내지 부담을 주관적 증명책임(증거제출책임·행위책임)이라 한다.

(3) 당사자의 증명활동에도 불구하고 요증사실이 진위불명이면 최종적으로 대여사실이 존재하지 않은 것으로 취급되는 불이익은 원고가, 변제 여부가 진위불명시 변제의 부존재하는 것에 대한 불이익은 피고가 지도록 법률요건에 분배되어 있다.

	주관적 증명책임	객관적 증명책임
의 의	소송중 패소를 면하기 위하여 증거를 제출하는 행위책임(=증명의 필요)[1]	요증사실이 진위불명시 당해 사실이 부존재한 것으로 취급되는 불이익·위험의 결과책임
적용시기	심리개시단계부터 문제되어 변동될 수 있음	심리 최종단계
적용범위	변론주의절차에서만 적용	변론주의·직권탐지주의 절차

다만 주관적 증명책임도 처음부터 정해져 있고 소송경과에 따라 바뀌는 것이 아니라는 견해도 있고,[2] 주관적 증명책임과 증명의 필요를 구분하는 견해도 있다.[3]

2. 기 능

증명책임은 민사소송의 척추라고 표현할 만큼 중요한 역할과 기능을 한다. 증명책임은 청구원인과 항변의 구별, 항변과 부인의 구별, 본증과 반증의 구별, 증명촉구의 대상자 여부, 자백의 성립 여부에 관하여 증명책임설에 의할 경우 그 기준 등을 정하는 데 기준이 된다.

Ⅱ. 증명책임의 분배

1. 의 의

(1) 다양한 증거조사에 불구하고 진위불명상태인 사실에 대한 증명책임을 누구에게 부담시킬 것인가 하는 문제인 증명책임분배는 그 기준이 어떤지가 논의된다. 증명책임은 소송상의 문제이지만 그 분배는 민사소송법이 아닌 민법 등 실체법에서 규율한다. 법률에서 명문으로 규정한 경우는 거기에 따르면 된다. 예컨대 무권대리인은 대리권을 증명하지 못하거나 본인의 추인을 얻지 못하면 상대방에게 계약이행 또는 손해배상책임을 져야 하므로 대리권을 입증할 책임이 있다(민법 135 ①).

(2) 그러나 명문규정이 없는 경우에 어떻게 분배할 것인지에 관하여 학설이 나뉜다. 이에 관한 학설은 크게 법규분류설과 사실분류설로 대별되고,[4] 후자는 요

---

1) 대판 96누1627.
2) 호문혁, 514; 정동윤·유병현, 501.
3) 정동윤·유병현, 501; 오석락, 입증책임론, 일신사, 1991. 9면 이하에서는 증명의 필요는 상대방이 일응 유력한 증거를 제출한 경우에 패소되는 불이익하게 될 우려에서 자신에게 유리한 증명활동을 해야 하는 사실적 상황에 불과한 것으로서 법률상 개념인 주관적 증명책임과 구분된다고 한다.
4) 법규분류설은 법규를 원칙규정과 예외규정으로 분류하여 그 중 이면 규정을 주장하려는 자는 그 규성에 해당하는 사실을 증명해야 한다는 견해이나 실체법이 증명책임을 중심으로 제정된 것이 아니므로 타당하지 않다.

증사실분류설과[1] 법률요건분류설로 구별되며, 다시 후자는 원인설,[2] 이익설,[3] 규범설 등으로 분류된다. 오늘날 통설·판례는 규범설이어서 일반적으로 법률요건분류설이라고 하면 규범설을 말한다.

2. 법률요건분류설(규범설)에 의한 분배

(1) 법률요건분류설은 증명책임의 분배기준을 객관적 법규의 구조에서 찾으려고 한다. 각 당사자는 자기에게 유리한 법규의 요건사실에 관한 증명책임을 부담한다.

(가) 권리의 존재를 주장하는 자는 권리근거규범의 요건사실(권리발생사실)을 증명하여야 한다. 예컨대 대여금청구의 소의 원고는 권리발생사실로서 대여사실을 증명해야 하고, 대리인으로부터 부동산을 매수한 자는 대리권이 존부에 관하여 다툼이 있으면 정당한 대리권의 존재에 관하여 증명하여야 하고, 지명채권의 양수인은 그 대항요건구비를 증명하여야 한다.[4] 물건 소유자를 상대로 한 그 물건으로 인한 손해배상청구소송에서는 원고는 그 물건의 소유자가 피고임을 증명할 책임이 있다.

(나) 권리의 존재를 다투는 상대방은 반대규범의 요건사실을 각 주장·입증할 부담을 진다. 예컨대 위 대여금사건에서 피고가 대여금채권이 사회질서에 반하여 강행법규에 위반된 사실(권리장애사실)이나 원고에게 이미 변제하여 채무가 소멸된 사실(권리소멸사실), 동시이행항변권, 한정승인, 정지조건의 존재, 유치권항변의 원인사실(권리행사저지사실)을 주장하여 다툴 수 있다.

(다) 다만 이와 반대로 소극적 확인소송, 배당이의소송, 확정된 지급명령에 대한 청구이의소송에서는 원고가 권리장애·소멸·저지사실을 증명하고, 피고가 권리발생사실을 증명해야 한다.[5]

(라) 한편, 사해행위취소의 소송에서 채무자의 사해의사를 채권자가 증명할 책임을 지나, 수익자 또는 전득자는 자신은 악의가 없었음을 증명할 책임이 있고,[6] 대여금청구에서 피고의 소멸시효완성의 항변에 대하여 원고가 시효중단사유

---

1) 요증사실분류설은 증명할 사실 자체의 성질 내지 내용에 따라 증명책임의 분배를 정하는 이론이며 다시 세분되어 적극적 사실을 주장하는 사람은 이를 증명할 책임이 있지만 소극적 사실은 증명할 책임이 없다는 소극적 사실설과 외계의 사실은 증명을 요하지만 내심의 사실은 증명을 요하지 않는다는 외계사실설로 나뉘나, 각각 차별을 하는 근거가 약하다.
2) 권리발생의 원인이 되는 사실은 원고가, 그 부존재의 조건이 되는 사실은 피고가 각 증명책임을 진다는 학설이나 원인과 조건의 개념한계와 구별이 불명확하다는 비판이 있다.
3) 자신에게 이익이 되는 사실은 그 당사자가 증명해야 한다는 학설이다.
4) 대판 90다카27662.
5) 대판 2005디39617.
6) 대판 2007다28819,28826.

를 주장하는 것은 권리근거사실을 주장하는 것이고 소송에서는 재항변으로 나타난다.

(2) 검토컨대 환경소송·의료과오소송 등 현대형소송과 같이 증거의 구조적 편재가 심한 영역에서 증거확보가 어려운 당사자의 패소위험성을 보완할 필요가 있다고 할 것이다.

3. 분배기준에 관한 신이론

현대형 소송에서 당사자간의 실질적 불평등과 증거의 구조적 편재를 해결하기 위해 새로운 견해들이 등장했다.

(1) 위험영역설

위험영역설은 손해의 원인이 가해자의 지배 내지 책임영역인 위험영역에서 발생한 경우에는 가해자가 손해발생의 인과관계와 과실의 부존재에 대한 증명책임을 진다는 이론으로서 독일법상 불완전이행이나 제조물책임과 같은 법규범의 흠결을 전제로 해서 독일 연방대법원의 판례법으로 발전되었다. 이 이론에 대하여는 위험영역의 개념 자체가 불명확하며 일반 불법행위나 계약불이행의 경우에도 가해자 내지는 채무자가 증명책임을 질 수 있게 되어 우리 민법의 규율과 맞지 않는다는 비판이 있다.[1]

(2) 이익형량설(증거거리설)

이익형량설은 증거와의 거리, 증명의 난이도, 개연성이 높은 경험법칙 등 당사자의 이익을 형량하여 증거에 가깝고 용이한 자가 증명책임을 부담한다는 입장이다. 증거거리가 원고와 피고 사이에 동등할 경우에는 해결책이 될 수 없다는 비판이 있다.

(3) 수정법률요건분류설

원칙적으로 법률요건분류설에 의하나 소위 현대형 소송분야에서는 피해자의 증명곤란을 완화하기 위하여 신이론들의 취지를 반영하여야 한다는 입장이다.

4. 판례와 검토

(1) 우리 판례의 입장은 원칙적으로 법률요건분류설이다. 최근 의사의 설명의무이행 여부에 관하여 환자의 증명이 곤란한 경우에 위험영역설 등에 입각하여 증명책임을 전환시킨 경우도 있다.[2]

---

1) 호문혁, 518.
2) 대판 2005다5867.

(2) 입법자는 당사자의 공평을 고려하여 기본규범과 반대규범, 본문과 단서 등으로 규정했으므로 법률요건분류설이 타당하나, 권리근거·장애규정 중 어느 쪽인지 불분명하거나 의료과오사건이나 제조물책임사건, 환경사건 등 현대형소송과 같은 경우는 우리법이 미국법의 증거개시제도(discovery)와 같은 포괄적 증거확보제도가 미비한 점에서 신이론들에 의하여 보충함이 타당하여 수정법률요건분류설이 무난할 것이다.

Ⅲ. 증명책임의 전환

1. 의 의

예컨대 손해배상청구의 경우 원고가 피고의 고의·과실 등의 요건사실을 증명하는 것이 증명책임의 일반 원칙이나 특별한 경우에는 이를 수정하여 상대방인 피고가 그 부존재에 대한 증명책임을 부담시키는 증명책임의 전환을 법률에 규정을 두는 경우도 있지만 입법적 조치가 없는 영역에서는 판례와 학설을 통하여 해결을 시도하고 있다.

2. 특별규정

법률상 가해자의 과실을 추정하는 민법상 사용자책임, 공작물점유자·소유자책임, 동물점유자책임(민법 756, 민법 758, 민법 759) 자동차손해배상보장법 3조 단서, 제조물책임법 4조 1항, 환경기본법 31조 등에서는 가해자가 책임을 면하려면 해당 요증사실의 부존재 또는 무과실을 입증해야 하므로 증명책임 전환의 효과가 있다.[1]

3. 해석상 전환 여부

독일 판례는 상대방의 증명방해와 설명의무위반 등의 경우 해석에 의하여 증명책임을 전환시키고 있다. 우리 판례도 의사의 설명의무이행 여부에 대한 증명책임을 의사에게 전환시킨 판결이 있다.[2]

---

1) 한편 2007년 입법안이 제안되었다가 보수 기독교계 등의 반발로 폐기되었다가 2013년 다시 제안된「차별금지법」제31조 2항에서 차별이 이 법에서 금지하는 차별이 아니라거나 정당한 사유가 있었다는 점의 입증은 차별을 받았다고 주장하는 자의 상대방이 하여야 한다고 규정하여 증명책임 전환규정을 두고 있다.
2) 대판 2005다5867.

Ⅳ. 증명책임의 완화

증명책임을 완화하는 것으로 법률상 추정, 일응의 추정(표현증명), 증명도의 경감(역학적 증명, 확률적 심증, 비율적 인정, 상당한 개연성증명, 손해액증명의 특칙) 등이 있다. 증명도 경감은자유심증주의 부분에서 설명하였다.

1. 법률상의 추정

(1) 의   의

(가) 법률상 추정은 법규화된 경험칙인 추정규정을 적용하여 행하는 추정이다. 증명책임자에게 원래 증명하여야 할 <u>요증사실</u> 대신 보다 입증이 용이한 <u>전제사실</u>을 증명하면 법규정에 의하여 요증사실이 추정되므로 증명책임을 다한 것으로 인정하게 되고 그 추정에 의하여 불이익을 받는 상대방이 그 추정되지 않도록 추정방해사실(반대사실)을 적극적으로 입증하지 아니하면 불이익을 받게 된다. 결국 입증자의 증명책임을 완화하고 상대방이 추정을 저지하는 부담을 지게 되어 실질적으로는 증명책임을 전환시키는 기능을 한다.

(나) 일반 경험칙을 적용하여 행하는 사실상 추정은 반증에 의하여 깨뜨릴 수 있으나 법률상 추정은 추정사실의 반대사실을 적극적으로 법관이 확신을 갖도록 입증하는, 본증으로 증명하여야만 추정을 저지할 수 있다. 따라서 반대사실에 대한 증명은 본증이다.

(2) 법률상 추정의 종류

(가) 법률상의 사실추정

법률상 甲사실(전제사실)이 있을 때에는 乙사실(추정사실)이 있는 것으로 추정하는 경우이다. 예컨대 전후양시에 점유한 사실이 있는 때에는 그 점유는 계속한 것으로 추정한다(민법 198).

(나) 법률상의 권리추정

법률상 甲사실(전제사실)이 있을 때에는 乙권리(추정사실)가 있는 것으로 추정하는 경우이다. 예컨대 점유자가 점유물에 대하여 행사하는 권리는 적법하게 보유한 것으로 추정한다(민법 200).

(3) 법률상 추정의 효과

(가) 증명책임의 완화(증명주제의 선택): 증명책임자에 대한 효과

증명책임 있는 당사자는 요증사실을 직접 증명하거나, 그 보다 증명이 쉬운

전제사실을 증명할 수 도 있으므로 증명대상의 선택가능하다.

(나) 증명책임의 전환: 상대방에 대한 효과

증명책임 있는 당사자가 전제사실을 증명하면, 상대방은 추정되는 사실의 부존재에 대하여 증명해야 하므로 실질적으로 증명책임이 전환된다.

(다) 법률상 추정에 대한 복멸방법

전제사실에 대하여는 법관의 확신에 의심을 품도록 흔들리게 하는 반증으로 족하다. 그러나 전제사실이 증명된 경우에는 증명책임이 전환되어 추정된 사실의 반대사실의 존재에 대하여 법관에게 확신을 줄 수 있는 본증을 요한다.

(4) 등기의 추정력 문제

(가) 판례는 소유권이전등기에 관하여 등기는 적법하게 이루어진 것으로 법률상의 권리추정[1]과 법률상 사실추정(등기원인의 추정), 등기절차의 적법까지 추정을 인정한다.[2] 이에 대하여 명문규정도 없이 강력한 법률상의 추정력을 인정하는 것은 무리라는 비판이 있으나 등기를 신뢰한 자를 보호할 필요성과 점유에도 법률상 권리추정이 인정됨을 고려할 때 위 판례의 태도는 일응 타당하다고 할 것이다.

따라서 대리에 의한 등기이전의 경우 대리할 권한이 있음이 추정되고, 등기 서류를 위조 등의 무효사실에 대한 증명책임은 등기말소 주장자가 진다.[3]

(나) 부동산소유권이전등기등에 관한 특별조치법에 따른 소유권보존등기의 경우에도 보존등기명의자에게 소유권 있음이 추정되나, 보존등기명의자가 승계취득한 것이라고 주장하고 전 소유자는 양도사실을 부인하는 경우 그 보존등기 명의자는 그 양수사실을 입증할 책임이 있고,[4] 등기절차상 소요되는 보증서나 확인서가 허위 또는 위조되었다고 주장되고 법관이 진실이 아님을 의심할 정도로 증명(반증)된 때에는 그 등기의 추정력이 번복된다고 보아 사실상 추정으로 보고 있다.[5]

(다) 명의수탁자는 점유권원의 성질은 자주점유라 할 수 없고,[6] 신탁자가 스스로 점유를 계속하더라도 수탁자의 등기명의를 신탁자의 등기명의와 동일한 것으로 볼 수 없어서 신탁자는 등기부취득시효를 주장할 없다.[7]

---

1) 대판 79다741; 92다30047; 93다18914.
2) 대판 2001다72029.
3) 대판 2009다37831.
4) 대판 82다카707.
5) 대판 97다24900; 2004다29835.
6) 대판 91다27655.
7) 대판 2001다8097.

(라) 등기권리증을 신탁자가 소지하고 있는 사실은 명의신탁을 뒷받침하는 유력한 증거이지만 어떤 사정으로 수탁자가 소지하고 있어도 명의신탁관계를 인정할 수 있다. 즉 신탁자와 수탁자자가 처남 매형관계인 사실, 토지매입자금을 신탁자가 수탁자에게 송금한 사실, 수탁자는 매매계약현장에 안 간 사실, 제세공과금을 신탁자가 납부해 온 사실, 당시 수탁자의 수입 정도 등을 고려하여 판단해야 할 것이다.[1]

(마) 다만 근저당권은 근저당권설정행위와는 별도로 근저당권의 피담보채권을 성립시키는 법률행위가 있어야 하므로 근저당권의 성립 당시 근저당권의 피담보채권을 성립시키는 법률행위가 있었는지의 여부에 대한 입증책임은 그 존재를 주장하는 측에 있다.[2] 즉 근저당채무자는 근저당권자로부터 특정한 금원을 차용한 것으로 추정되지는 않는다.

(5) 유사적 추정

법조문에 '추정'이라는 용어를 사용하였지만 위 법률상의 추정에 해당하지 않는 경우로서 유사적(類似的) 추정이라 한다.

(가) 잠정적 진실

잠정적 진실(暫定的 眞實)은 예컨대 점유자는 소유의사로 선의·평온·공연하게 점유하는 것으로 추정하는 것과 같이(민법 197 ①) 전제사실이 없고, 무조건으로 일정한 사실이 추정되는 사실이다. 그 반대사실(타주점유·악의·불온·비밀)의 증명책임을 상대방에게 전환시키는 결과가 된다. 이는 법규상의 요건사실의 부존재의 증명책임을 상대방에게 지우기 위한 입법기술로서 단서로 규정하는 것과 같다.

(나) 의사추정

의사추정(意思推定)은 예컨대 기한은 채무자의 이익으로 추정하는 것처럼(민법 153 ①) 의사표시의 내용 또는 효과를 법률로 추정하는 것이다. 이는 법률행위의 해석규정에 불과하며 사실의 추정이 아니다.

(다) 증거법칙적 추정

증거법칙적 추정(證據法則的 推定)은 예컨대 문서제출명령에 위반하는 경우 문서기재에 대한 상대방의 주장을 진실한 것으로 인정하거나(349) 문서의 진정성립을 추정하는 것처럼(356, 358), 실체법상의 요건사실과 관계없이 일정한 증거방법에 대해 증거력을 추정하는 것이다. 이는 자유심증주의의 예외를 이룬다. 이를 복멸하려면 반증으로 족하다는 견해도 있으나 판례는 그 반대사실을 본증으로 증명하여

---

1) 대판 99다41985.
2) 대판 2009다72070.

야 한다는 입장이다.[1]

2. 일응의 추정 또는 표현증명

(1) 의 의

(가) 일응의 추정(Prima-facie Beweis, 표현증명表見證明, Anscheinbeweis)은 판례입장에서 보면 예컨대 완공한 지 2주 만에 붕괴된 다리에서 떨어져 상해를 입어 제기한 손해배상청구의 소에서 피해자가 <u>시공사의 과실</u>을 입증하려는 경우 <u>다리붕괴</u>라는 사건의 정형적 경과라는 고도(高度)의 개연성이 있는 경험칙을 이용하여 주요사실(시공사 과실 또는 인과관계)을 증명하는 것이다. 이는 독일 판례에 의하여 형성된 것으로 과실·인과관계와 같은 요증사실에 대하여 증명책임을 지는 자는 사건의 정형적 사상경과를 나타내는 간접사실(다리붕괴사실)만 증명하면 고도의 경험법칙에 의하여 주요사실(과실)이 일응 추정되므로 사건의 경위에 대한 상세한 증명이 필요 없게 되어 증명책임이 경감된다. 상대방이 경험칙을 배제하는 구체적인 특단의 사정(가령 불가항력적인 지진 등)을 증명하지 못하는 한 과실 또는 인과관계는 증명되는 것으로 취급된다.

(나) 일응의 추정에 의해 인정된 사실은 **거의** 증명된 것으로 보아 표현증명이라 하며 현대형 소송에서 입증이 어려운 인과관계와 과실의 증명에 주로 응용된다.

(2) 효 과

일응의 추정은 증명책임전환도 아니고 증명도 경감도 아닌 증명대상(주제)의 선택에 의한 증명책임의 완화이다. 특히 가해자의 과실에 의한 손해발생이라는 인과관계와 같이 증명이 곤란한 영역에서 정형적 사상경과가 추단될 때 입증이 용이한 전제사실의 입증으로 갈음할 수 있어서 피해자 구제측면에서 그 실익 인정된다. 위 예에서 다리붕괴를 입증하면 시공사의 인과관계는 그 정형적인 경과로서 일단 증명한 것으로 인정한다.

3. 간접반증

(1) 의 의

(가) 간접반증(間接反證)은 원고가 주요사실을 추인시키려는 간접사실(전제사실)을 증명하여(이를 간접본증이라 한다) 일응의 추정(표현증명)이 생긴 경우에 피고가 그 증명의 전제되는 간접사실과 양립하는 별개의 간접사실(특단의 사정)을 증명하여

---

[1] 대판 2003다14652; 2006다16055. 공문서의 진정성립에 관한 추정을 뒤집을 만한 특단의 사정이 증거에 의하여 밝혀지지 않는 한 그 성립의 진정은 부인될 수 없다(대판 84누786). 따라서 판례에 의하면 공문서의 진정성립의 추정에 대한 복멸방법이 법률상 추정과 같이 본증인 점이 동일하게 된다.

이러한 추인을 복멸시키는 것이다(일응의 추정에 대한 복멸방법). 직접 주요사실의 부존재의 증명을 목적으로 하는 것이 아니고 간접사실이 가지는 주요사실의 추인을 저지하는 증명활동이다. 위 예에서 시공사에게 책임이 없는 강력한 지진의 발생이라는 비정형적 사상경과라는 별개의 간접사실을 증명하여 주요사실인 인과관계의 추인을 면할 수 있다. 이러한 '특별한 사정 또는 특단의 사정'에 해당사실에 대한 증명이 간접반증이다.

(나) 예컨대 교량붕괴로 인한 손해배상청구소송에서 교량건설자인 피고가 주장·증명한 강력한 지진발생이라는 간접사실에 대해서는 법관의 확신을 요하므로 본증이나, 지진발생이라는 간접사실로부터 주요사실(과실·인과관계)의 추인을 동요시켜 주요사실 존재에 대한 법관의 확신에 의심을 품게 하므로 반증이다. 따라서 증명책임을 근본적으로 전환시키는 것은 아니며, 주요사실에 대한 반대사실의 증거는 아니다.[1]

(2) 응 용

(가) 예컨대 수질오염으로 인한 공해소송에서 원고가 ① 피고의 원인폐수배출, ② 원고에의 도달, ③ 피해발생을 증명하면 원고의 폐수배출과 재첩폐사로 인한 발생한 손해 사이의 인과관계가(고도의 개연성에 해당되지 아니하여 엄밀히는 일응의 추정이 된 것은 아니지만) 일단 증명되었다고 보고, 이에 대하여 피고가 직접반증으로 폐수 중에는 원인물질이 들어 있지 않은 사실을 증명하거나 간접반증으로 원인물질이 들어 있더라도 안전농도의 범위 내에 있다거나 폐수가 아닌 다른 원인에 의한 폐사를 증명하지 못하는 이상 피고는 책임을 지도록 한다.[2]

(나) 이와 같이 간접반증은 공해소송, 의료과오소송, 제조물책임소송 등에서 법률요건분류설에 의한 증명책임의 분배에 의하는 경우에 증명이 어려운 과실 또는 인과관계 등의 주요사실에 관련된 간접사실들에 대한 증명부담을 원고와 피고에게 공평히 분배하는 역할을 한다.[3]

---

1) 이시윤, 544.

2) 대판 2003다2123.

3) 간접반증이론은 증명책임 분배에 관한 법률요건분류설의 원칙을 따르면서도 공평한 증명책임의 분담을 도모한다. 이에 대하여 간접반증이론에서는 주로 과실, 정당한 이유 등 일반조항을 구성하는 구체적 사실을 증명하면 주요사실이 증명된 것이므로 이와 양립되는 피고의 주장사실에 대한 증명은 본래 피고의 항변사실의 입증에 불과하여 증명책임이 전환되어 간접반증이론 자체가 성립될 수 없다는 비판이 있다(김일룡, 561). 이에 대하여는 간접반증이론은 주요사실이 아닌 간접사실의 차원에서 증명부담의 공평·완화 시키는 깃으로 타당하고 필요하다는 반론이 있다(이시윤, 544; 정동윤·유병현, 518).

4. 증명책임의 완화와 현대형 소송

(1) 공해소송에서의 증명책임

(가) 손해배상청구소송에서 원고가 가해자의 고의·과실, 인과관계 등 주요사실을 모두 원고가 입증해야 하나 공해로 인한 손해발생과정을 원고가 증명하기는 어렵다. 이러한 문제를 해결하기 위하여 개연성설이 주장되었다. **개연성설**은 공해사건과 같이 복잡한 화학적 반응에 의한 손해발생의 인과관계의 증명은 과학적으로 엄밀한 증명이 아닌 가해행위와 손해 사이에 인과관계가 존재하는 상당한 정도의 가능성 즉 개연성이 있다는 증명을 함으로써 족하고, 가해자는 이에 대한 반증으로 인과관계의 존재를 부인할 수 있다는 이론이고 과거 판례의 입장이다.[1]

(나) 그러나 상당한 개연성이라는 증명도만을 이용하여 막연하게 피해자의 증명책임을 경감하려 한다는 비판이 있어서 간접반증이론을 응용하여 그 분배기준을 명확히 하고 있다. 이를 신개연성설이라 하며[2] 수개의 간접사실이 인정되면 고도의 개연성에 해당되지 않지만 마치 고도의 개연성이 있는 경험칙과 동일하게 취급하여 주요사실이 일단 증명된 것으로 보고 상대방이 직접 또는 간접의 반증으로 이를 번복할 수 있도록 한다.

(다) 최근 판례는 수질오탁으로 재첩 생육에 피해를 준 사안에서 피해자인 원고가 ① 피고측의 원인물질의 배출, ② 원고측에 원인물질의 도달, ③ 손해의 발생의 사실을 증명하면 일응 인과관계의 증명이 있었다고 볼 것이고, 가해기업인 피고가 직접반증으로 ④ 폐수중 원인물질의 부존재 또는 원인물질이 들어 있어도 안전농도범위 내라는 사실을 증명하거나 간접반증으로 ⑤ 양식장의 피해는 피고 공장이 배출한 폐수가 아닌 다른 원인이 전적으로 작용하여 발생한 것임을 증명하지 못하는 이상 피고들은 그 책임을 면할 수 없다고 판시하였다.[3] ④사실은 ①사실과 양립되지 않는 사실이라도 ⑤사실은 ①②③사실과 양립되는 별개의 간접사실인 것으로 피고가 이를 증명(간접반증)하면 원고의 일응의 인과관계의 증명(표현증명)이 번복된다.

위 판결은 간접사실에 정형적 사상경과에 해당하는 고도의 개연성이 있는 경험칙을 응용하여 주요사실을 추단하고 간접반증으로 이를 번복하는 간접반증이

---

1) 대판 72다1774. 한편 개연성이라는 용어는 증거평가에 대한 영미법적 원칙인 증거의 상대적 우월(prepondonce of evidence)의 의미로 사용되기도 한다.

2) 오석락, 276; 김일룡, 563.

3) 대판 2003다2123(재첩 양식장); 81다558(김 양식장); 89다카1275(관상수 농장); 95다2692(농어 양식장); 2009다84608(수도권매립지 인근 어장).

론을 응용하고 있다.

(2) 의료과오소송에서의 증명책임

(가) 증명완화의 필요성

의료과오에 기한 손해배상청구소송에서 원고가 그 요건사실을 증명해야 하므로 의료행위의 전문성과 증거의 편재로 인한 피해자의 증명곤란을 완화하여야할 필요성이 대두된다. 의료행위는 고도의 전문적 지식을 필요로 하는 분야로서 전문가가 아닌 일반인으로서는 의사의 의료행위의 과정에 주의의무 위반이 있는지의 여부나 그 주의의무 위반과 손해발생 사이에 인과관계가 있는지의 여부를 밝혀내기가 극히 어려운 특수성이 있다.

(나) 판례입장

판례는 환자가 다한증치료 도중에 사망한 경우에 있어서 피해자측에서 ① 일련의 의료행위 과정에 있어서 저질러진 일반인의 상식에 바탕을 둔 의료상의 과실 있는 행위를 입증하고 ② 그 결과와 사이에 일련의 의료행위 외에 다른 원인이 개재될 수 없다는 점, 이를테면 환자에게 의료행위 이전에 그러한 결과의 원인이 될 만한 건강상의 결함이 없었다는 사정을 증명한 경우, 의료행위를 한 측이 그 결과가 의료상의 과실로 말미암은 것이 아니라 ③ 전혀 다른 원인으로 말미암은 것이라는 입증을 하지 아니하는 이상 의료상 과실과 결과 사이의 인과관계를 추정하여 손해배상책임을 지울 수 있도록 입증책임을 완화하고 있다.[1]

또 수술 도중 환자에게 사망의 원인이 된 증상이 발생한 경우 그 증상 발생에 관하여 의료상의 과실 이외의 다른 원인이 있다고 보기 어려운 간접사실들을 입증함으로써 그와 같은 증상이 의료상의 과실에 기한 것이라고 추정할 수 있으나, 그 경우에도 의사의 과실로 인한 결과발생을 추정할 수 있을 정도의 개연성이 담보되지 않는 사정들을 가지고 막연하게 중한 결과에서 의사의 과실과 인과관계를 추정함으로써 결과적으로 의사에게 무과실의 입증책임을 지우는 것까지 허용되는 것은 아니라고 판시하고 있다.[2] 결국 위 판례의 입장은 공해소송의 판례와 같이 간접반증이론을 응용하고 있다.[3]

---

1) 대판 93다52402.
2) 대판 2002다45185.
3) 이에 대하여 증명책임을 완화하는 판례의 입장을 일응의 추정이론에 입각한 것이라는 견해와(이시윤, 517) 사실상의 추정론에 입각한 것이라는 견해가 있다(김홍엽, 659).

≪질문≫ 의료사고에서 의사의 과실과 인과관계를 추정할 경우 그 추정이 사실상 추정과 일응의 추정 중 환자인 원고에게 의사의 과실에 대한 증명의 부담이 더 가벼운 것은 무엇이고 그 이유는 무엇인가?

[답변] 판례에 의하면 만일 필요한 적절한 조치를 취하지 아니한 채 치료가능한 기간이 경과하였거나 취해서는 안 될 조치를 취하는 바람에 위와 같은 결과가 발생한 것이라면, 그 진료에 관여한 의사들이 자신이 처한 의료환경, 위 환자의 특이체질 기타 구체적 상태 등으로 인하여 그러한 조치를 취하지 아니한 특별한 사정에 관하여 납득할 만한 이유를 제시·입증하지 않는 한, 그 의료상의 과실과 결과 사이의 인과관계는 사실상 추정되어 의사에게 그로 인한 손해를 배상책임이 있다.[1]

위 판례가 사실상의 추정이라는 용어를 사용하였으나 이는 간접사실로부터 주요사실을 추단하는 모든 경우에 사용하는 보편적인 용어에 불과하다는 견해가 있다.[2] 일응의 추정(증명)이라 한다면 치료행위와 결과 사이의 고도의 개연성 있는 경험칙이 존재한 점을 환자측에서 증명하여야 하나, 의학의 비전문가인 환자측에서 생물학적 현상에 대한 고도의 개연성 있는 경험칙을 발견하기는 어려울 것이므로 단순한 경험칙에 의한 사실상의 추정으로 보는 것이 상대적으로 입증하기 쉽다.

(다) 의사의 설명의무이행에 대한 증명책임

의사의 설명의무이행에 대한 증명책임에 관하여 판례는 의사는 의료행위의 위험성 등을 설명하고 이를 문서화한 서면에 동의를 받을 법적 의무가 부과되어 있고, 의사가 그러한 문서에 의해 설명의무의 이행을 입증하기는 매우 용이한 반면 환자측에서 설명의무가 이행되지 않았음을 입증하기는 성질상 극히 어려운 점 등에 비추어 특별한 사정이 없는 한 의사측에 설명의무 이행 여부에 대한 증명책임이 있다고 판시하고 있다.[3]

(3) 제조물책임소송에서의 증명책임

(가) 제조물책임이란 제조물의 제조·설계 또는 표시상의 결함으로 인하여 생명·신체 또는 다른 재산에 손해를 입은 자에게 지는 손해배상책임을 말한다.

제조물책임법 제2조에서 '결함'을 당해 제조물에 제조·설계 또는 표시상의 결함이나 기타 통상적으로 기대할 수 있는 안전성이 결여되어 있는 것이라고 하고 '제조상의 결함'을 제조업자의 제조물에 대한 제조·가공상의 주의의무의 이행 여부에 불구하고 제조물이 원래 의도한 설계와 다르게 제조·가공됨으로써 안전하지 못하게 된 경우라고 규정하여 무과실책임형식으로 규정하고 있고, '설계상 또는 표시

---

1) 대판 97다38442.
2) 김일룡, 565.
3) 대판 2005다5867.

상의 결함'은 제조업자가 합리적인 대체설계를 채용하거나 합리적인 설명·지시·경고 기타의 표시를 하였더라면 당해 제조물에 의하여 발생될 수 있는 피해나 위험을 줄이거나 피할 수 있었음에도 이를 하지 아니한 경우라고 하여 각 과실책임형식으로 규정하고 있다.

(나) 그런데 제조물책임법은 제품의 결함과 손해발생 사이의 인과관계의 증명책임에 관한 규정이 없으므로 원칙적으로 소비자측에 증명책임이 있는데 이를 어떻게 완화할 것인지가 문제된다.

판례는 텔레비전 폭발사고와 자동차급발진사고로 인한 손해배상청구 사건에서 고도의 기술이 집약되어 대량으로 생산되는 제품의 결함을 이유로 그 제조업자에게 손해배상책임을 지우는 경우 그 제품의 생산과정은 전문가인 제조업자만이 알 수 있어서 그 제품에 어떠한 결함이 존재하였는지, 그 결함으로 인하여 손해가 발생한 것인지의 여부는 일반인으로서는 밝힐 수 없는 특수성이 있어서 소비자측이 제품의 결함 및 그 결함과 손해의 발생과의 사이의 인과관계를 과학적·기술적으로 입증한다는 것은 지극히 어려우므로 그 제품이 정상적으로 사용되는 상태에서 사고가 발생한 경우 소비자측에서 ① 그 사고가 제조업자의 배타적 지배하에 있는 영역에서 발생하였다는 점과, ② 그 사고가 어떤 자의 과실 없이는 통상 발생하지 않는다고 하는 사정을 증명하면, 제조업자측에서 그 사고가 제품의 결함이 아닌 다른 원인으로 말미암아 발생한 것임을 입증(간접반증)하지 못하는 이상 그 제품에게 결함이 존재하며 그 결함으로 말미암아 사고가 발생하였다고 추정하여 손해배상책임을 지울 수 있도록 입증책임을 완화하는 것이 손해의 공평·타당한 부담을 그 지도원리로 하는 손해배상제도의 이상에 맞다고 판시하고 있다.[1]

위 ①과 ②사항에 대한 증명책임은 피해자측에 있으므로 증명책임의 전환이 아니며, 피해자가 위 몇 가지 간접사실을 증명하면 제조자가 이에 대하여 간접반증으로 번복시키지 못하는 한 제품의 결함과 손해의 발생과의 사이의 인과관계를 추인하여 소비자의 증명책임의 완화하고 있는데 이는 간접반증이론을 응용하고 있다.

---

1) 대판 98다15934; 2003다16771.

Ⅴ. 사안해명의무

1. 의의와 인정 여부

사안해결의무(事案解明義務)는 증명책임이 없는 당사자에게도 예외적으로 증거 제출책임을 넓게 인정하는 것이다. 문서제출의무(349)와 당사자신문(344), 가사소송법상의 혈액형 등의 수검명령(가소 29) 등은 증명책임이 없어도 증거를 제출하여야 하는 경우이다. 이와 같은 명문규정이 없는 경우에도 증명책임이 없는 당사자에게 소송자료의 제출책임을 인정할 것인가에 대하여 독일에서는 현대형 소송에서 당사자의 실질적 평등을 실현하기 위해 긍정하는 견해도 있으나 우리 판례는 증거자료에의 접근이 훨씬 용이한 당사자가 상대방의 증명활동에 협력하지 않는다고 하여 이를 신의칙 위반이라 할 수 없다고 하여 이를 인정하는 데에 소극적이다.[1]

2. 사안해명의무의 법적 효과

사안해명의무를 인정한다면 이 의무를 위반한 효과에 관하여 ① 법관의 자유재량에 맡기는 자유심증설, ② 위무위반자에게 입증책임전환설, ③ 불이익한 사실을 의제하는 사실의제설(事實擬制說) 등이 있으나,[2] 증명책임이론의 근간은 유지해야 하므로 전면적인 인정은 어렵고 문서제출명령규정 등을 유추하여 개별적으로 인정하거나, 현대형 소송에서 증거의 구조적 편재시정은 신의칙에 의해 해결함이 타당하다고 할 것이다.

관련판례

1. **의료위험성의 설명의무이행에 대한 증명책임 (대판 2005다5867)**

통상적인 의료행위에 비해 오히려 긴급을 요하는 응급의료의 경우에도 의료행위의 필요성, 의료행위의 내용, 의료행위의 위험성 등을 설명하고 이를 문서화한 서면에 동의를 받을 법적 의무가 의료종사자에게 부과되어 있는 점, 의사가 그러한 문서에 의해 설명의무의 이행을 입증하기는 매우 용이한 반면 환자측에서 설명의무가 이행되지 않았음을 입증하기는 성질상 극히 어려운 점 등에 비추어, 특별한 사정이 없는 한 의사측에 설명의무를 이행한 데 대한 증명책임이 있다고 해석하는 것이 공평·타당하다고 판시하였다.

이 판결은 현대형 소송에서의 증거의 구조적 편재에서 환자 측의 입증곤란을 구제하여 입증책임전환을 인정한 의의가 크다.[3]

---

1) 대판 95다23835.
2) 정동윤·유병현, 522.
3) 이시윤, 547.

2. 자동차 급발진사고에 대한 책임 (대판 2010다72045)

고도의 전자장치로 된 오늘날 자동차가 통제불능으로 갑자기 급발진하는 것이 제조업자의 배타적 지배영역에 있는지가 주요 쟁점이다. 결국 급발진사고를 낸 자동차의 배타적인 지배영역이 누구에게 있는지에 대하여 구체적인 상황에 따라 다르겠지만 위 대법원의 판결처럼 고도의 전자장치 결합체인 자동차에 대하여 운전자의 전적인 지배하에 있다고 단정하기에는 다소 무리가 있다. 종래 서울지방법원 남부지원 2000가소195572 판결은 급발진사고에 대한 제조물책임을 인정한 첫 판결이라 하여 주목되었으나 그 항소심인 서울지방법원 2001나55870 판결은 자차손해를 구하는 것으로 제조물책임의 대상에 포함되지 않는다는 이유로 청구기각 되었다. 결국 자동차급발진 사건에 관하여 제조회사에 대하여 제조물책임을 인정한 대법원 판례는 아직 없다.

3. 흡연으로 인한 폐암발병에 대한 인과관계의 입증책임 (대판 2011다22092)

국가 등이 제조한 담배에 설계상의 결함이 있는지에 관하여 국가 등이 니코틴이나 타르를 완전히 제거할 수 있는 방법이 있다 하더라도 이를 채용하지 않은 것 자체를 설계상 결함이라고 볼 수 없고, 달리 흡연으로 인한 담배소비자의 피해나 위험을 줄일 수 있는 합리적 대체설계를 채용할 수 있었는데도 이를 채용하지 않았다고 인정할 증거가 없으므로 담배에 설계상의 결함이 있다고 보기 어렵고, 제조상 내지 설계상의 결함이 인정되지 아니하는 경우라 할지라도, 담배제조자인 국가 등이 법률의 규정에 따라 담뱃갑에 경고 문구를 표시하는 외에 추가적인 설명이나 경고 기타의 표시를 하지 않았다고 하여 담배에 표시상의 결함이 있다고 보기 어렵고, 30갑년 이상의 흡연력을 가진 흡연자들이 흡연과 비특이성 질환인 비소세포암, 세기관지 폐포세포암의 발병 사이에 역학적 인과관계가 인정될 수 있다고 하더라도 어느 개인이 흡연을 하였다는 사실과 비특이성 질환에 걸렸다는 사실이 증명되었다고 하여 그 자체로 양자 사이의 인과관계를 인정할 만한 개연성이 증명되었다고 단정하기는 어렵다는 등의 이유로 원고들의 흡연과 폐암 발병 사이의 인과관계가 인정되지 않는다고 판시하였다.

4. 등기적법추정의 효력 (대판 93다18914)

근저당권등기말소청구에 있어서, 제3자가 처분행위에 개입된 경우 그 제3자에게 전등기명의인을 대리할 권한이 없었다는 등의 무효사실에 대한 입증책임의 소재에 관하여, 前등기명의인의 직접적인 처분행위에 의한 것이 아니라 제3자가 그 처분행위에 개입된 경우 현등기명의인이 그 제3자가 이전등기명의인의 대리인이라고 주장하더라도 현등기명의인의 <u>등기가 적법히 이루어진 것으로 추정</u>되므로 그 등기가 원인무효임을 이유로 말소를 청구하는 전등기명의인으로서는 그 반대 사실, 즉 그 제3자에게 전등기명의인을 대리할 권한이 없었다든지, 또는 그 제3자가 전등기명의인의 등기서류를 위조하였다는 등의 무효사실에 대한 입증책임을 진다.

<선택형>

1. 甲이 운전하는 A차량이 인도로 돌진함으로 인한 피해자 乙이 甲를 상대로 손해배상청구의 소를 제기한 경우 甲이 배상책임을 면하려고 다른 12톤 트럭에 추돌당하여 인도로 들어가게 된 것이라고 주장했으나 법원은 위 12톤 트럭이 A차량을 추돌했는지 반신반의하고 있다. 법원은 어떻게 판단해야 하는지에 관하여 다음 중 옳지 않은 것은? (다툼시 판례에 의함)[1]

---

1) ③. 법원은 소송의 정도로 보아 증명책임 있는 당사자의 무지·부주의·오해로 인하여 증명하지 않음이 명백한

① 인도 돌진으로 甲의 과실은 정형적인 사건경과로 인한 고도의 경험칙상 일응 증명이 인정
된다.

② 甲은 특단의 사정(뒷차의 추돌사실)을 법관이 확신을 갖도록 증명하지 못하는 한 손해배상
책임을 지게 된다.

③ 법원은 위 12톤 트럭이 A차량을 추돌했는지에 관하여 반신반의하고 있어도 甲에 대하여
입증을 촉구하거나 보충적인 직권증거조사를 할 수 없다.

④ 법원은 A차량을 추돌했는지에 관하여 확신이 없는 경우 결국 증명책임분배원칙에 따라 판
단한다.

---

2. 손바닥 다한증(多汗症)에 대하여 의사 乙로부터 수술받은 甲은 수술 후 양팔마비증세가 생겨서 의사 乙을
상대로 자신의 양팔의 신경을 잘못 절단한 것과 수술후유증에 대한 설명의무위반을 이유로 손해배상청구
의 소를 제기하였고 乙은 답변서에서 수술과정상의 과오를 부정하고 甲이 양팔마비가 온 것은 甲의 체질적
인 혈전증에서 발생한 것이고 수술후유증에 대하여도 충분히 설명하였다고 주장했다. 법원은 乙이 제출한
진료기록 등을 심리한 결과 甲의 양팔 마비가 乙의 시술상의 잘못으로 인한 것인지와 수술후유증에 대하여
乙이 甲에게 설명하였는지에 관하여 확신할 수 없었다. 다음 중 옳지 않은 것은? (다툼시 판례에 의함)[1]

① 위 사례에서 甲의 양팔 신경절단에 대한 무과실에 대한 증명책임은 원칙적으로 피고 乙이
부담한다.

② 손해배상청구사건에서 과실상계 사유에 관한 사실인정이나 그 비율을 정하는 것은 형평의
원칙에 비추어 현저히 불합리하다고 인정되지 아니하는 한, 사실심의 전권사항에 속한다.

③ 甲이 이건 수술 전에는 양팔은 정상이었으나 이건 수술 후에 양팔마비 증세가 생긴 것과 일
반인의 상식에 바탕을 둔 의료상의 과실 있는 행위를 증명하면 乙이 양팔마비와 수술행위
사이에 다른 원인, 특히 혈전증세의 존재 등의 특별한 사정을 입증하지 않는 한 의료상의
과실과 결과 사이의 인과관계를 추정할 수 있다.

④ 위 사안에서 乙의 가해행위의 존재와 손해발생 사이의 인과관계에 대하여 과학적인 엄밀한
증명이 아닌 상당한 개연성으로는 인정할 수 있다.

⑤ 수술후유증에 대한 설명의무이행의 증명책임은 피고 乙에게 있다.

---

3. 원고 甲은 원고 소유의 A 부동산에 관하여 채권최고액 금 1억원, 채무자 丙, 근저당권자 피고 乙로 된 근저당
권설정등기가 위 丙이 권한 없이 원고 甲을 대리하여 마쳐진 것이므로 원인 없는 무효의 등기라고 주장하면
서 위 근저당권말소청구소를 제기하였다. 이에 관하여 다음 중 옳지 않은 것은? (다툼시 판례에 의함)[2]

① 위 근저당권설정등기는 적법하게 이루어진 것으로 추정된다.

② 위 근저당권설정등기가 원인무효임을 주장하는 원고가 그 무효사실 즉 위 丙에게 원고를
대리할 권한이 없다는 사실을 입증하여야 한다.

③ 우리나라 판례는 명문의 규정은 없지만 위 추정을 법률상 권리추정으로 인정한다.

④ 따라서 부동산 명의신탁자가 스스로 점유를 계속하는 경우 수탁자 명의의 등기를 주장하

경우 증명책임자에게 입증을 촉구하거나 보충적인 직권증거조사를 할 수 있다.

1) ①. 의사에게 무과실의 입증책임을 지우는 것은 아니다(대판 2002다45185). ②③ 대판 93다52402. ⑤ 대판
2005다5867.

2) ④ 판례는 부동산 명의신탁자가 스스로 점유를 계속하여도 수탁자 명의의 등기를 주장하여 등기부취득시효를
주장할 수 없다고 판시하고 있다(대판 2001다8097). ⑤ 대판 91다27655.

여 등기부취득시효를 주장할 수 있다고 판례는 인정하고 있다.

⑤ 명의수탁자는 점유하고 있더라도 점유권원의 성질은 자주점유라고 할 수 없다.

---

4. **등기의 추정적 효력에 관하여 다음 중 옳지 않은 것은?** (다툼시 판례에 따름)[1]

① 부동산에 관한 소유권이전등기의 무효사유는 이를 다투는 측에서 주장·입증하지 아니하는 한, 등기원인 사실에 관한 입증이 부족하다는 이유로 그 등기를 무효라고 단정할 수 없다.

② 소유권이전등기가 경료되어 있는 경우에는 그 등기명의자는 제3자에 대해서뿐만 아니라 그 전 소유자에 대해서도 적법한 등기원인에 의하여 소유권을 취득한 것으로 추정된다.

③ 소유권이전등기가 등기부 멸실 후의 회복등기절차에 의하여 이루어진 경우, 그 회복등기는 별다른 사정이 없는 한 등기공무원에 의하여 적법하게 수리되어 처리된 것으로 추정되므로, 그 등기명의자는 등기원인에 의하여 적법한 소유권을 취득한 것으로 추정된다.

④ 소유권이전청구권 보전을 위한 가등기가 경료되어 있으면 소유권이전등기를 청구할 어떤 법률관계가 있다고 추정된다.

⑤ 근저당권설정등기가 경료되어 있으면 근저당권의 존재 자체뿐만 아니라 이에 상응하는 피담보채권의 존재도 추정된다.

---

5. **A부동산은 甲으로부터 乙에게 매매를 원인으로 소유권이전등기가 되어 있다. 이 부동산에 관하여 甲은 乙을 상대로 등기의 원인무효를 주장하며 A부동산에 관한 소유권이전등기말소청구의 소를 제기하려고 한다. 다음 중 옳지 않은 것은?** (다툼시판례에 의함)[2] [법전협 2012. 2차]

① 매매계약이 무효라는 사실에 대하여 甲에게 증명책임이 있다.

② 등기원인의 무효를 뒷받침하는 개개의 사유는 별개의 청구원인을 구성하지 않는다.

③ 乙이 甲의 대리인 丙과 매매계약을 체결하였다고 주장하는 경우에 甲은 丙의 대리권의 부존재에 대하여 증명책임이 있다.

④ 부동산등기의 적법성은 추정되는데 이는 반증이 허용되는 강력한 사실상 추정이다.

⑤ 형식적 증거력이 인정된 매매계약서는 합리적 이유가 없는 한 그 내용을 배척하여서는 아니 된다.

---

6. **甲과 乙은 甲 소유 아파트에 관하여 매매대금 5억원에 매매계약을 체결하였다. 위 계약상의 잔대금 지급일에 乙이 잔대금 3억원을 지급하지 않자 甲이 위 잔대금 및 이에 대한 민법상의 연 5% 비율에 의한 지연이자의 지급을 구하는 소를 제기하였다. 위 소송과 관련한 아래의 설명 중 옳지 않은 것은?** (다툼시 판례에 의함)[3] [법전협 2012. 2차]

---

1) ⑤. 근저당권은 근저당권설정행위와는 별도로 근저당권의 피담보채권을 성립시키는 행위가 있어야 하므로 이에 대한 증명책임은 그 존재를 주장하는 측에 있다(대판 2009다72070).

2) ④. 판례는 등기의 추정력에 대하여 법률상 추정으로 보고 등기는 진실한 권리상태를 공시하고 적법한 대리인에 의하여 적법한 등기서류에 의하여 등기된 것으로 본다(대판 2009다75044·75051, 2011다89545, 2009다37831 등).

3) ⑤. 동시이행의 항변권이 존재하는 것만으로 이행지체의 책임이 없다(존재효 또는 당연효)(대판 97다54604·54611). 다만 이러한 효과를 소송에서 관철하려면 동시이행관계를 소송상 원용하여야 하고, 당사자의 원용 없이 법원이 직권으로 고려할 것은 아니다(대판 90다카25222).

따라서 피고가 동시이행관계에 있음을 원용하면, 원고에게 피고의 동시이행항변권 소멸로 지체책임이 있음에

① 위 소송은 매매대금청구와 이에 대한 지연이자청구가 병합된 것이고 각 청구의 요건사실도 별개라 할 것이므로 원고 甲이 이에 관하여 주장 및 증명하여야 할 책임이 있다.

② 위 소송에서 甲이 乙에 대하여 매매대금청구만 하는 경우에는 甲은 甲이 乙에게 甲소유의 아파트를 이전하기로 하고, 乙이 위 아파트 이전에 대한 대가로서 대금 5억원을 지급하기로 약정한 사실을 주장·증명할 책임이 있다.

③ 위 매매계약상 乙은 甲이 소유권이전등기에 필요한 서류를 준비하여 두고 乙에게 매매대금의 지급과 아울러 이를 수령하여 갈 것을 최고하여 올 때까지 잔대금지급의무를 이행하지 않아도 이행지체의 책임을 지지 않는다.

④ 위 매매계약상 甲의 매매대금채권은 乙에 대한 소유권이전등기의무와 동시이행관계에 있는 것이기는 하지만 위 계약 상의 잔대금지급일 이후에는 甲이 언제든지 잔대금의 지급을 청구할 수 있으므로 소멸시효도 잔대금 지급기일 이후 진행된다.

⑤ 甲의 위 청구 중 매매잔대금에 대한 법정이율 상당의 지연 손해금의 지급청구를 배척하기 위하여 乙은 위 잔대금지급 의무와 소유권이전등기의무가 동시이행 관계에 있어서 이행지체의 책임이 없다는 항변을 하여야 한다.

---

7. 증명책임의 소재에 관한 설명 중 옳은 것을 모두 고르시오 (다툼시 판례에 의함)[1)] [변호사 2013]

① 甲이 乙을 상대로 확정된 지급명령에 대한 청구이의의 소를 제기한 경우, 甲이 乙의 채권이 성립하지 아니하였음을 주장하면 乙은 채권의 발생원인 사실을 증명하여야 한다.

② 甲이 채권자 乙로부터 채무자 丙에 대한 채권을 양수할 당시 그 채권에 관한 양도금지 특약의 존재를 알고 있거나 그 특약의 존재를 알지 못함에 중대한 과실이 있다면 丙은 甲에 대하여 그 특약으로써 대항할 수 있고, 甲의 악의 내지 중과실은 채권양도금지의 특약으로 甲에게 대항하려는 丙이 증명하여야 한다.

③ 甲이 乙을 상대로 피담보채권이 성립되지 아니하였음을 원인으로 하여 X토지에 관하여 乙 명의로 마쳐진 근저당권설정등기의 말소를 구하는 경우, 근저당권의 성립 당시 근저당권의 피담보채권을 성립시키는 법률행위가 없었다는 사실은 근저당권설정등기의 말소를 구하는 甲이 증명하여야 한다.

④ 상대방과 통정한 허위의 의사표시는 무효이나, 그 의사표시의 무효는 선의의 제3자에게 대항하지 못하는데, 제3자가 선의라는 사실은 그 허위표시의 유효를 주장하는 자가 증명하여야 한다.

⑤ 임대인 甲이 임차인 乙을 상대로 임차건물이 화재로 소실되어 목적물 반환의무가 이행불능이 되었음을 원인으로 한 손해배상을 구하는 소를 제기한 경우, 甲은 乙의 귀책사유로 위 목적물 반환의무가 이행불능이 되었음을 증명하여야 한다.

대한 주장·증명책임이 있다.

1) ①②. ① 청구이의의 소에서도 일반 민사소송에서의 증명책임 분배의 원칙에 따라야 한다. 따라서 확정된 지급명령에 대한 청구이의 소송에서 원고가 피고의 채권 불성립을 주장하는 경우에는 피고에게 채권의 발생원인 사실을 증명할 책임이 있고, 원고가 주장하는 권리발생의 장애 또는 소멸사유에 해당하는 사실은 원고가 증명할 책임이 있다(대판 2010다12852). ② 대판 2010다8310. ③ 근저당권은 계속적인 거래관계로부터 발생하는 다수의 불특정채권을 장래의 결산기에서 일정한 한도까지 담보하므로, 근저당권설정행위와는 별도로, 근저당권의 성립 당시 근저당권의 피담보채권을 성립시키는 법률행위가 있었는지의 여부에 대한 입증책임은 그 존재를 주장하는 측에 있다(대판 2009다72070). ④ 통정허위표시에 대하여 제3자가 악의라는 사실에 관한 주장·증명책임은 허위표시의 무효를 주장하는 자가 진다(대판 2002다1321). ⑤ 임차인의 임차물반환채무가 이행불능이 된 경우, 그 귀책사유가 없음에 관한 증명책임은 임차인이 진다(대판 2005다51013·51020).

8. 증명과 관련된 다음 설명 중 옳지 않은 것은?[1)] [법전협 2013. 2차]

① 외국법이나 관습법은 증명의 대상이 되고 이 경우의 증명은 자유로운 증명이다.

② 법관이 공지의 사실에서 문제되는 공지성에 확신을 갖지 못하면 당사자는 당해 사실이 공지라는 점을 증명하여야 한다.

③ 간접사실이나 보조사실은 증명의 대상이 되지만 자백의 대상이 되지 않는 것이 원칙이다.

④ 정지조건부 법률행위에 해당한다는 사실은 그 법률행위로 인한 법률효과의 발생을 다투려는 자가 증명하여야 한다.

⑤ 판례에 의하면 의료과오소송에서 피고인 의사가 제출한 진료기록(차트)기재 중 환자인 원고에 대한 진단명의 일부가 흑색 볼펜으로 가필되어 원래의 진단명을 식별할 수 없도록 변조되어 있는 경우, 피고인 의사는 자기에게 과실이 없음을 증명하여야 한다.

9. 증명책임에 관한 설명 중 옳지 않은 것은? (다툼시 판례에 의함)[2)] [변호사 2014.]

① 채무불이행으로 인한 손해배상액이 예정되어 있는 경우 채권자는 채무불이행 사실만 증명하면 손해의 발생 및 그 액수를 증명하지 아니하고 예정배상액을 청구할 수 있고, 채무자는 자신의 과실없음을 항변하지 못한다.

② 점유자가 점유취득시효를 주장하는 경우 스스로 소유의 의사를 증명할 책임은 없고, 점유자의 점유가 소유의 의사가 없는 점유임을 주장하여 취득시효 성립을 부정하는 자에게 증명책임이 있다.

③ 피해자가 가해자를 상대로 대기오염이나 수질오염에 의한 공해로 인한 손해배상을 청구하는 소송에 있어서 가해자가 어떠한 유해한 원인물질을 배출하고 그것이 피해물건에 도달하여 손해가 발생하였음을 피해자가 증명하였다면, 가해자가 그것이 무해하다는 것을 증명하여야 한다.

④ 채무부존재확인소송에서 채무자가 먼저 청구를 특정하여 채무발생원인사실을 부정하는 주장을 하면, 채권자는 권리관계의 요건사실에 관하여 주장·증명책임을 부담한다.

⑤ 사해행위취소소송에서 사해행위의 취소를 구하는 채권자가 채무자의 수익자에 대한 금원지급행위를 증여라고 주장함에 대하여, 수익자는 이를 기존 채무에 대한 변제로서 받은 것이라고 다투고 있는 경우 그 금원지급행위가 증여에 해당한다는 사실은 취소를 구하는 채권자가 증명하여야 한다.

10. 증명책임에 관한 다음 설명 중 옳지 않은 것은? (다툼시 판례에 의함)[3)] [법전협 2014. 3차]

---

1) ⑤. 자유심증설에 따라 증명책임이 전환되는 것은 아니다(대판 2007다25971).

2) ①. (민법 제397조의 금전채무불이행 이외의) 채무불이행으로 인한 손해배상액이 예정되어 있는 경우에는 채권자는 채무불이행 사실만 증명하면 손해의 발생 및 그 액을 증명하지 아니하고 예정배상액을 청구할 수 있고, 채무자는 채권자와 채무불이행에 있어 채무자의 귀책사유를 묻지 아니한다는 약정을 하지 아니한 이상 자신의 귀책사유가 없음을 주장·입증함으로써 예정배상액의 지급책임을 면할 수 있다(대판 2006다9408). ② 대판 2011다15094. ③ 대판 2009다84608. ④ 대판 97다45259. ⑤ 대판 2005다28686.

3) ⑤. 대판 2005다5867. ① 제3자에 의하여 소유권이전등기가 경료된 경우 대리권 존재도 추정되므로 전 등기명의자(원고)는 제3자가 무권대리거나 등기서류 위조 등의 무효사실에 대한 증명책임을 진다(대판 2009다37831). ② 민법 제198조. ③ 대판 2009다37831. ④ 대판 93다52402.

① 甲이 乙을 상대로 소유권이전등기말소청구를 제기하였는데, 乙이 甲의 대리인 丙을 통해 이전등기를 마쳤다고 주장하는 경우 丙의 대리권이 없음을 甲이 증명하여야 한다.

② 甲이 乙 소유의 토지에 대한 소유권이전등기청구소송에서 甲의 전·후 양시의 점유가 인정되어 20년간 점유계속사실이 추정되는 경우에는 乙이 점유중단사실을 증명하여야 한다.

③ 공해소송에서 원고가 유해물질의 배출과 원인물질이 피해물건에 도달 및 손해발생을 증명하면 인과관계가 일응 추정되고, 피고는 원인물질의 무해, 유출과정에서의 희석, 다른 원인의 존재 등을 증명하여야 한다.

④ 의료소송에서 환자는 일반인의 상식에 바탕을 두고 의료상의 과실을 증명하고 의료행위 이전에는 건강상의 결함이 없었다는 것을 증명하면 손해발생의 인과관계가 일응 추정되고, 의사는 다른 원인에 의한 것임을 증명하여야 한다.

⑤ 허리디스크 수술의 후유증으로 하반신마비 증세를 보이는 환자가 제기한 의료소송에서 원고는 의사가 설명의무를 다하지 못하였음을 증명하여야 한다.

---

11. X부동산에 대하여 甲에서 乙로, 乙에서 丙으로 순차적으로 소유권이전등기가 경료되었을 경우, 다음 설명 중 옳지 않은 것은? (각 지문은 독립적이고, 다툼시 판례에 의함)[1]　　　　　[변호사 2015 변형]

① 乙명의의 소유권이전등기 원인이 매매인 경우, 乙은 甲에게 자신의 등기가 유효하다고 주장하기 위해 甲과의 매매계약이 체결되었음을 증명할 필요가 없다.

② 丙이 乙로부터 부동산을 취득함에 있어 등기부상 기재된 등기원인인 증여에 의하지 않고 다른 원인인 매매에 의하여 적법하게 취득하였다고 주장하여도 그 등기의 추정력은 깨지지 않는다.

③ 乙이 서류를 위조하여 자신의 명의로 소유권이전등기를 경료하였고, 다시 丙명의로 소유권이전등기를 경료한 이후 丙이 등기부취득시효에 의해서 소유권을 취득한 경우, 甲은 乙에게 소유권이전등기말소의무의 이행불능을 이유로 한 손해배상을 청구할 수 없다.

④ 甲이 丙에 대하여 소유권이전등기말소 청구소송을 제기하였으나 패소한 경우 甲의 乙에 대한 소유권이전등기말소 청구의 소는 소의 이익이 없다.

⑤ 만약 甲과 乙, 乙과 丙 사이에 순차로 이루어진 각 적법한 매매계약에 근거하여 甲으로부터 丙에게로 직접 등기가 경료되었다면, 중간생략등기에 관한 합의가 없어도 그 중간생략등기가 무효라고 할 수 없다.

---

12. 다음 설명 중 옳지 않은 것은? (다툼시 판례에 의함)[2]　　　　　[법전협 2015. 1차]

① 간접사실은 주요사실의 증명수단인 점에서 증거자료와 동일한 기능을 가지는 것이며 이에 대하여 재판상 자백의 효력을 인정한다면 자유심증주의 원칙을 훼손 할 수 있다.

② 반증은 상대방에게 증명 책임 있는 주요 사실에 대한 법관의 확신을 흔들리게 하여 진위불명의 상태에 빠뜨리는 것이면 증거로서의 가치가 인정된다.

③ 재판상 자백의 취소는 반드시 명시적으로 하여야만 하는 것은 아니고 종전의 자백과 배치

---

1) ④. 乙과 丙은 합일확정의 결과가 나와야 하는 필수적 공동소송관계에 있지 않으므로 甲이 丙에 대한 소송이 甲의 乙에 대한 소유권이전등기말소 청구의 소에 영향을 미치지 않는다(대판 80다3198; 94다47483). ①② 등기 추정력문제이다(대판 2009다105215). ③ 대판 2010다28604. ⑤ 대판79다847.

2) ④. 과실, 정당한 사유, 선량한 풍속위반 등의 진술은 사실에 대한 평가적 판단 또는 법적 추론의 진술로서 법원을 구속하는 재판상 자백이 될 수 없다. ③ 대판 2001다6367; 94다31976. ⑤ 대판 2007다91756; 2002다46256.

되는 사실을 주장함으로써 묵시적으로도 할 수 있다.

④ 선량한 풍속위반, 현저히 불공정한 법률행위에 해당한다는 상대방의 진술을 다투지 않은 경우에는 재판상 자백이 성립된다.

⑤ 부동산에 관한 소유권이전등기는 그 절차 및 원인이 정당한 것이라는 추정을 받게 되므로 그 절차 및 원인이 부당함을 주장하는 당사자가 이를 증명할 책임이 있지만 등기절차가 적법하게 진행되지 아니한 것으로 볼 만한 의심스러운 사정이 있음이 증명된 경우에는 그 추정력은 깨어진다.

제4편 판   결

제1장 재판일반

Ⅰ. 재판의 의의

재판은 재판기관의 판단 또는 의사표시로서 이에 의해 소송법상 일정한 효과가 발생하는 법원의 소송행위이다.

Ⅱ. 재판의 종류

	주 체	절 차		대상	기속력	이유기재	불복방법
		변론	고 지				
판 결	법 원	필수적	선고·송달	소송물	있음	원칙상 생략 불가	상소
결 정		임의적	상당한 방법으로 고지	소송절차·부수·파생·집행사항	없음. (결정 후 변경가능)	원칙상 생략가능	이의·항고
명 령	재판장						

재판의 주체와 성립절차의 차이에 따라 법률은 판결을 중심으로 규정하고 결정·명령은 판결에 관한 규정을 준용하고 있다.

사건처리와의 관계에서 종국적 재판·중간적 재판으로 나뉜다. 재판의 내용 및 효력의 차이 면에 따라 명령적 재판·확인적 재판·형성적 재판으로 나뉜다.

<선택형>

---

1. 판결·결정·명령에 대한 설명 중 옳지 않은 것은?[1] [법전협 2013. 2차]

① 판결은 법원의 재판이고, 결정이나 명령은 재판장 등 법관의 재판이다.

② 판결은 원칙적으로 변론을 열어야 하지만, 결정이나 명령은 변론을 열 것인지의 여부가 법원의 재량에 달려 있다.

③ 판결의 경우 판결서를 작성하여 그에 기하여 선고할 것을 요하나, 결정이나 명령은 상당한 방법으로 고지하면 된다.

④ 판결에 대한 불복방법은 항소·상고이고, 결정이나 명령에 대한 불복방법은 이의 또는 항고·재항고이다.

⑤ 판결은 법원은 자기의 판결에 기속되나, 결정이나 명령은 그렇지 아니하다.

제2장 판　결

제1절 판결의 종류

판결은 당해 심급의 심리의 완결 여부에 따라 중간판결과 종국판결로 나뉘고, 종국판결은 판결범위에 따라 전부판결·일부판결·추가판결로 구분되고, 판단내용에 따라 소송물에 대한 법원의 판단을 내용으로 본안판결(일부인용과 기각판결 포함)과 소송물에 대한 판단이 없는 소송판결(소각하판결·소송종료선언 등)로 나뉘고, 본안판결은 청구인용판결(소의 유형에 따라 이행판결·확인판결·형성판결)과 청구기각판결(확인판결)이 있다

---

1) ①. 결정도 법원의 재판이다.

I. 중간판결

1. 의 의

(1) 중간판결은 소송의 진행중 쟁점을 미리 정리·판단하여 종국판결을 용이하게하고 이를 준비하는 판결이다(201).

(2) 일부판결은 소송물의 가분적 일부에 대한 판단이나, 중간판결은 소송자료의 일부에 대한 판단이다. 중간판결은 종국판결이 아닌 점에서 종국판결인 중간확인의 소에 대한 중간확인판결과 구별된다.

(3) 중간판결을 할 것인지의 여부는 소송지휘권의 일환으로 법원의 재량이다. 실무상 법원의 업무과중과 절차의 번거로움으로 활용이 적다.

2. 중간판결사항

(1) 독립한 공격방어방법

독립한 공격방어방법은 예컨대 대여금청구의 소에서 변제 또는 상계의 주장, 소유권이전등기청구의 소에서 매매 또는 점유취득시효완성의 주장과 같이 어느 하나가 인정되면 당사자의 승소 또는 패소되는 공격방어방법이다. 독립한 공격방어방법을 배척할 때 중간판결을 하나,[1] 이를 인용하는 경우에는 이를 이유로 곧바로 청구인용 또는 기각의 종국판결을 한다.

(2) 중간의 다툼을 배척하는 경우

중간의 다툼이란 독립한 공격방어방법은 아니지만 소송상의 선결문제에 관한 다툼으로서, 이를 해결하지 않으면 청구이유 유무 여부에 대한 판단에 들어갈 수 없는 다툼이다. 예컨대 소취하의 유효 여부, 소송요건의 존재 여부, 재심의 소의 적법성과 재심사유의 존부(454②) 등에 다툼이 있을 경우 그 부존재 주장에 이유가 없으면 중간판결을 한 후 심리를 계속하고, 그 부존재주장에 이유가 있으면 소송을 종료해야 하므로 소 각하의 종국판결을 한다.

(3) 원인판결

원인판결은 청구의 원인과 액수 두 가지가 쟁점이 되어 있는 경우 청구권의 존부에 관하여 원인에 이유가 있으면 이를 긍정하여 먼저 정리하는 중간판결이다(201②). 청구의 원인에 이유가 없어서 청구권 자체가 없을 때에는 종국판결을 한다.

---

1) 소유권이전등기청구의 소의 원인으로 매매, 시효취득을 주장하는 경우 일분지설에 의하면 독립한 공격방법이 되어 중간판결을 할 수 있지만, 구실체법설에 의하면 독립한 공격방법이 아니라 소송물이 다르므로 청구의 병합이 되어 중간판결을 할 수 없게 된다.

3. 효 력

(1) 자기구속력

중간판결을 선고한 **법원**은 스스로 취소·변경할 수 없는 자기구속력(기속력)이 있어서 주문에 표시된 대로 종국판결을 하여야 하나, 중간적 재판이고 소송물에 대한 판단이 아니므로 확정된 종국판결과 달리 기판력이나 집행력은 없다. 그러나 상급심은 구속하지 않으며, 중간판결의 주문이 아닌 이유 중에서의 판단은 자기구속력이 없다.

(2) 실 권 효

당사자도 중간판결의 최종변론 전에 제출할 수 있었던 공격방어방법은 그 뒤의 변론에서 제출할 수 없다(실권효). 그러나 중간판결은 상급심을 구속하지 않으므로 실기하지 않았다면 상소심에서 이를 복멸하기 위한 공격방어방법을 제출할 수 있다. 또한 상계항변은 중간판결 이후에도 가능하다.[1]

(3) 독립한 상소불가

중간판결의 당부는 종국판결 전체와 함께 상소심의 판단을 받는데 그치며 독립하여 상소할 수 없다.

Ⅱ. 종국판결

1. 의 의

종국판결은 소 또는 상소에 의하여 계속된 사건의 전부 또는 일부를 그 심급에서 완결하는 판결이다(198). 소 각하판결, 소송종료선언, 상소심의 환송판결[2] 등도 종국판결이다. 종국판결에 대하여는 상소가 가능하다. 다만 상고심의 파기환송판결은 형식적으로 확정된 종국판결이지만 소송물에 관하여 직접적으로 재판하지 아니하고 하급심에서 다시 심리를 계속하게 되므로 실질적으로 확정된 종국판결이라고 할 수 없기 때문에 이에 대한 재심은 허용되지 않는다.[3]

2. 전부판결과 일부판결

(1) 전부판결은 같은 소송절차에서 심판되는 사건의 전부를 동시에 완결시키

---

1) 정영환, 965; 강현중, 641.
2) 대판(전합) 80다3271.
3) 대판(전합) 93재다27·34.

는 종국판결이다. 청구가 1개이거나 청구가 병합·반소 또는 변론병합되어 1개의 판결을 행한 때에도 전부판결이다. 전부판결은 1개의 판결이기 때문에 원고가 일부승소, 일부패소한 경우 패소부분에 대한 상소의 효력은 승소 부분에도 미쳐서 판결전체의 확정을 막는 차단효가 있고 상소심에 함께 이심되며 된다(상소불가분의 원칙). 그러나 상소심의 심판범위는 불복한 부분만이다(407 ①, 431).

(2) 일부판결은 법원이 의도적으로 사건의 일부를 다른 부분에서 분리하여 그것만 먼저 끝내는 종국판결이다(200 ①). 일부판결을 할 것인지의 여부는 법원의 재량이다. 남겨둔 나머지 부분은 원심에서 심리가 계속되며 잔부판결로 종결하게 된다. 잔부판결에서는 일부판결의 주문을 토대로 하여야 하나 재판모순이나 소송불경제의 원인이 될 수 있으므로 실무에서는 거의 활용되지 않는다.

한편 수개의 회사설립무효·취소와 같이 법률상 병합이 요구되는 경우(상법 188, 동 240, 동 380), 필수적 공동소송, 독립당사자참가, 예비적·선택적 공동소송, 예비적·선택적 병합청구, 이혼을 구하는 본소와 반소[1]같이 동일목적의 형성청구 등과 같이 일부판결이 내용상 서로 모순이 생길 염려가 있는 경우에는 일부판결을 할 수 없다.

3. 재판의 누락과 추가판결

(1) 법원이 청구의 전부에 대하여 재판할 의사였지만 본의 아니게 실수로 청구의 일부에 대하여 재판을 빠뜨린 경우 이를 재판의 누락이라 한다. 실수로 누락된 부분에 대하여는 종국판결로 추가판결을 하여야 하며(212 ②) 추가판결시 전 판결의 기속력이 인정되어 그 결과를 기초로 판단한다.[2] 누락된 부분은 누락한 법원에 계속되어 있으므로 상소의 대상은 아니다.

(2) 청구의 일부에 대한 재판누락은 판결이유에서의 공격방어방법에 대한 판단누락과 구별된다. 재판의 누락인지의 여부는 판결주문의 기재 여부로 판단한다.[3] 따라서 판결이유에서 그 당부를 판단하였더라도 판결주문에서 누락되면 그에 대한 재판은 특별한 사정이 없는 한 누락한 것이 된다.[4]

(3) 일부판결이 허용되지 아니하는 경우에 일부 빠뜨린 재판의 누락은 있을 수 없으므로 판단누락의 일종으로 보아 상소 또는 재심(451 ① 9호)으로 다투어야 한다.

---

1) 그러나 일반적으로는 병합된 본소와 반소 가운데 어느 하나의 청구에 대하여 일부판결이 허용된다(200 ②).
2) 김일룡, 626.
3) 대판 2001다73572.
4) 대판 2004다24083.

4. 소송판결과 본안판결

(1) 소송판결은 소·상소를 부적법 각하하는 판결, 소송종료선언, 소 취하무효선언 등이다. 소송판결은 필요적 변론의 원칙과 재소금지원칙이 적용되지 않고(219, 413, 267), 기판력이 발생하여도 뒤에 보정하면 재소가 허용된다. 소가 부적법하다고 각하한 제1심판결을 취소하는 경우에는 상소심의 필수적 환송사유이나 제1심에서 본안판결을 할 수 있을 정도로 심리되었거나 당사자 동의가 있는 경우에는 항소법원은 본안판결을 할 수 있다(418).

(2) 본안판결은 소에 의한 청구가 이유 있는가 여부를 재판하는 종국판결이다. 독립당사자참가소송이나 필수적 공동소송 등 합일확정소송에 대한 상소에 의한 확정차단·이심의 효력은 본안판결에만 발생한다.

제2절 판결의 성립

변론종결 후 판결은 내용을 확정한 후 판결서를 작성하고 선고하여야 성립된다.

I. 판결내용의 확정

(1) 직접심리주의의 요청상 판결의 내용은 변론에 관여한 법관이 확정한다(204). 판결내용이 확정되기 전에 법관이 바뀌면 변론을 재개하여 변론결과를 진술시키고 판결하여야 한다(204 ②). 합의체의 경우 구성법관의 과반수의 의견으로 합의에 의하여 정한다. 합의에 관한 의견이 3설 이상 분립하여 각각 과반수에 달하지 못하는 때에는 수액에 있어서는 과반수에 달하기까지 최다액의 의견의 수에 순차 소액의 의견의 수를 더하여 그중 최소액의 의견에 의한다(법원 66 ② 1호).

(2) 판결내용의 확정 후 법관이 변경되어도 합의부의 다른 법관의 서명날인이 가능하므로 판결의 성립에 아무런 영향이 없다(208 ④).

Ⅱ. 판결서(판결원본)

1. 판결서의 기재사항(208)

(1) 당사자와 법정대리인

특정할 수 있는 한도 내에서 당사자와 법정 대리인을 표시한다. 성명과 주소를 기재하는 것이 보통이다.

(2) 주 문

판결주문은 본안·소송비용·가집행에 관한 것 등 3 가지로 구성됨이 원칙이다. 강제집행과 기판력의 객관적 범위를 정하는 기준이 되므로 간결·명확하고 주문 자체로 내용이 특정될 수 있어야 한다. 불명확하면 취소·무효사유이다. 소송판결 중 소송종료선언은 '이 사건은 2013. 2. 15. 소 취하로 종료되었다'로 표시한다.

(3) 청구의 취지 및 상소의 취지

원고의 청구의 취지, 상소인의 상소의 취지 표시한다. 소송물을 밝히면서 기판력의 객관적 범위를 파악하는 취지이다. 이에 대한 일부를 적시하지 않아도 상고이유는 아니다.[1]

(4) 이 유

1) 판결서의 이유에는 주문이 정당하다는 것을 인정할 수 있을 정도로 당사자의 주장, 그 밖의 공격방어방법에 관한 판단을 표시한다(208②). 원고의 청구원인과 피고의 항변을 종합하여 사실확정 및 법률을 적용하여 주문에 도달한 경로를 명확히 한다.

2) 다툼 없는 사실이나 현저한 사실은 증거에 의한 사실확정이 필요 없으나(288), 다툼 있는 사실은 반드시 증거나 변론의 전취지에 의하여 인정해야 한다(202).

3) 이유가 없거나 이유모순은 상고이유(424①6호)이고, 중요사항 판단누락은 재심사유이다(451①9호).

(5) 변론을 종결한 날짜

결심한 날짜는 기판력의 시적 범위의 기준이 된다. 무변론판결의 경우 판결선고 날짜를 기재한다.

(6) 법원과 법관의 서명날인

판결서에 변론에 관여한 법관이 서명날인하고(208①) 그 소속한 관서로서의

---

1) 대판 63다1014.

법원, 합의체의 경우 소속부까지 기재하는 것이 관행이다. 서명날인이 없는 판결서에 기한 선고의 효력이 없다.[1]

2. 이유기재의 생략·간이화에 관한 특례

(1) 소액사건의 판결서, 배상명령, 결정·명령, 심리불속행·상고이유서부제출에 의한 상고기각판결 등에는 이유 기재를 생략할 수 있다.

(2) 제1심판결 중 무변론판결, 자백간주·공시송달에 의한 판결에서는 청구를 특정함에 필요한 사항과 상계항변의 판단에 관한 사항만을 간략하게 표시할 수 있다(208 ③). 항소심판결의 경우 제1심판결을 인용할 수 있고 가압류·가처분에 대한 이의·취소신청에 대한 결정은 이유요지만 기재할 수 있다(민집 286 ③, 민집 288 ③).

Ⅲ. 판결의 선고

(1) 판결선고는 변론종결일로부터 2주 이내에 하여야 한다. 특별한 사정이 있는 경우에라도 4주를 초과할 수 없다(207 ②). 소액사건의 경우 변론종결 후 즉시 선고할 수 있다. 1심은 수가 제기된 날부터, 항소심 및 상고심판결은 기록의 송부를 받은 날로부터 각 5월 이내 선고하여야 한다(199). 다만 이들은 훈시규정이다. 공개된 법정에서 재판장이 판결원본에 의하여 주문을 낭독하여 선고한다(206).

(2) 판결은 선고에 의하여 대외적으로 성립되고 효력이 발생한다(205). 심리불속행·상고이유서부제출에 의한 상고기각판결 등은 선고가 필요하지 아니하여 판결정본의 송달로써 효력이 발생한다. 소액사건에서는 판결서에 이유기재를 생략할 수 있지만 이유의 요지를 구술로 설명하여야 한다(소액 11조의2 ②).

Ⅳ. 판결의 송달

판결원본을 교부받은 법원사무관 등은 판결정본을 작성하여 판결을 영수한 날부터 2주 내에 당사자에게 송달하여야 한다(210). 이 때 상소기간과 상소장을 제출할 법원을 아울러 고지해야 한다(규칙 55조의2). 상소기간은 송달된 날부터 진행한다(396).

---

1) 대판 4289민상236.

제3절 판결의 효력

I. 구 속 력

1. 의 의

판결이 선고되어 성립되면 판결을 한 법원도 이에 구속되며, 스스로 판결을 철회·변경할 수 없다(자기구속력·철회불가성·기속력). 법적 안정성과 재판의 신용유지 위해 인정된다.

그런데 다른 법원에 대한 구속력을 뜻하는 경우도 있다. 즉 원심판결의 사실 판단은 상고심을 기속하고(432), 상고심의 파기환송판결의 사실상·법률상 판단은 환송받은 하급심을 기속하고(436 ②), 이송재판은 이송받은 법원을 구속하며(38), 헌법재판소의 위헌결정은 법원 등을 기속(羈束)한다(헌재 47 ①).

2. 구속력의 배제

판결이 아닌 결정·명령에 대하여 항고한 경우 원심법원은 스스로 재도의 고안(再度의 考案)에 의하여 취소·변경 가능하고(446), 소송지휘에 관한 결정·명령은 편의적이므로 언제든지 취소·변경할 수 있어 구속력이 없다(222).

II. 판결의 경정

1. 의의와 취지

판결의 경정은 판결내용을 실질적으로 변경하지 않는 범위 내에서 판결서의 표현상의 잘못을 판결법원이 직권 또는 당사자의 신청에 따라 결정으로 시정하는 것이다(211 ①). 이것은 강제집행과 가족관계등록부·등기부기재를 판결내용에 따라 변경함에 지장이 없도록 하기 위함이다. 집행과 무관한 경우에는 경정결정의 대상이 아니다. 청구포기·인낙조서 및 화해조서에도 준용된다(224).

2. 요 건

(1) 표현상의 잘못이 있어야 한다. 판단내용의 오류나 판단누락은 경정사유 아니다.

(2) 잘못이 명백하여야 하나. 잘못의 분명 여부는 판결서와 소송자료로 판단

한다.[1]

(3) 잘못의 발생원인은 불문한다. 법원의 과실에 기인하든 당사자의 청구에 오류가 있어 생긴 경우든 모두 경정이 가능하다.

판례상 주소누락,[2] 별지목록 누락, 목적물번지의 호수누락,[3] 손해금의 계산 등 계산상의 착오,[4] 등기원인일자의 잘못[5] 등은 경정사유이다. 그러나, 피고의 등기부상의 주소를 기재하지 않은 것은 명백한 오류가 아니므로 경정신청은 허용될 수 없다.[6]

3. 절 차

(1) 직권 또는 당사자의 신청에 의하여 어느 때에도 가능하다. 따라서 상소제기 후와 판결확정 후에도 가능하다.

(2) 경정기관은 원칙적으로 당해 판결법원이나 상소에 의해 사건이 상소심에 이심된 경우는 상급법원도 경정 가능하다. 다만 하급심에서 확정된 판결부분에 대해서는 상급심은 심판권이 없으므로 경정할 수 없다.[7]

(3) 경정은 결정으로 하지만 판결로 경정해도 위법은 아니다.[8]

(4) 경정결정은 판결의 원본과 정본에 부가하여 적거나, 결정의 정본을 송달한다(211 ②).

4. 경정결정의 효력과 불복

(1) 경정결정은 원판결과 일체가 되므로 판결선고시에 소급하여 효력발생한다(소급효).[9] 이것은 판결내용을 변경하는 것이 아니고 명확한 오류를 시정하는 것이기 때문이다. 따라서 상소기간은 경정에 의하여 영향을 받지 않고 판결이 송달된 날로부터 진행한다. 다만 경정한 결과 상소이유가 발생한 경우에는 추후보완상소할 수 있다(173). 또한 채권가압류결정의 채무자의 이름을 바꾸거나 채권압류·추심명령이 채권압류·전부명령으로 경정한 결과 제3채무자에게 당초 결정의 동일

---

1) 대판 98마1839.
2) 대판 2000그37.
3) 대판 63마40.
4) 대판 70다1156.
5) 대판 70다104.
6) 대판 85그66.
7) 대판 91마748.
8) 대판 67다982.
9) 대판 99다42346.

성에 실질적 변경을 가하는 것이라고 인정되는 경우에는 제3채무자에게 경정결정이 송달된 때 그 경정된 내용의 효력 발생시기이다.[1]

(2) 경정결정에 대해서는 즉시항고할 수 있다(211 ③). 경정신청기각결정에 대해서는 제211조 3항 본문의 반대해석상 불복할 수 없고 특별항고만 가능하다.[2]

(3) 경정신청을 각하하는 결정에 대하여는 통상항고(439)가 가능할 것이다.[3]

<선택형>

---

1. 재판의 누락에 관한 판례의 설명으로 옳지 않은 것은?[4]　　　　　　　[법무부 2013. 변형]

① 항소심이 재판을 탈루한 경우에 그 부분은 아직 항소심에 소송이 계속중이라고 볼 것이므로, 그에 대한 상고는 불복의 대상이 부존재하여 부적법하여 각하한다.

② 예비적 병합의 경우에 주위적 청구를 배척하면서 예비적 청구에 대하여 판단하지 아니하는 판결을 한 경우에는 그 판결에 대한 상소가 제기되면 판단이 누락된 예비적 청구 부분도 상소심으로 이심이 되고 그 부분이 재판의 탈루에 해당하여 원심에 계속중이라고 볼 것은 아니다.

③ 재판의 누락이 있는지의 여부는 우선 주문의 기재에 의하여 판정하여야 하고, 판결이유에서 청구가 이유 없다고 설시하고 있더라도 주문에서 설시가 없으면 특별한 사정이 없는 한 재판의 누락이 있다고 보아야 한다.

④ 제1심법원이 원고의 선택적 청구 중 하나만을 판단하여 기각하고 나머지 청구에 대하여는 아무런 판단을 하지 아니한 위법한 제1심판결에 대하여 항소한 경우, 선택적 청구 중 판단되지 않은 청구 부분은 독립적인 것이어서 재판의 탈루로서 제1심법원에 그대로 계속되어 있다.

---

2. 甲이 乙을 상대로 A, B, C의 세 청구를 병합한 소를 제기하여 원고 전부 승소판결을 선고받자(가집행선고는 없었음), 乙은 B, C 청구만을 다투는 항소를 제기하였다. 항소심이 乙의 항소를 모두 기각하고, 乙이 상고하면서 C 청구만 다툰 경우 판례의 입장에 입각할 때 옳은 것은?[5]　　　　　[법전협 2013. 1차]

① 甲은 1심판결에 대한 항소기간이 도과된 이후부터는 A청구에 관하여 강제집행을 신청할 수 있다.

② 甲은 항소심판결에 대한 상고기간이 도과된 이후부터는 B청구에 관하여 강제집행을 신청할 수 있다.

③ 甲은 항소심 변론종결 시부터 A청구에 관하여 강제집행을 신청할 수 있다.

---

1) 대판 99다42346; 2000다72589.
2) 대판 83그6; 95마531.
3) 정동윤·유병현, 681; 정영환 978.
4) ④. 판례는 선택적 병합청구 중 판단 받지 못한 청구에 대하여는 판단누락에 준하여 상소 대상으로 본다(대판 2010다8365).
5) ④. 위 청구들은 단순병합이나 전부판결을 한 경우 일부의 청구에 대하여 상소하면 나머지 청구에 대하여도 상소심에 이심되며 상소심판결선고시에 확정된다. 따라서 ①②③은 틀린다. ⑤ 연대채무자들에 대한 소송관계는 통상공동소송으로서 상소한 자의 소송관계만 상소심에 이심되고 상소하지 아니한 공동소송인은 상소기간이 도과되었을 때 확정된다.

④ 甲은 항소심판결이 선고된 때에 A청구에 관하여 강제집행을 신청할 수 있다.
⑤ 만약 甲이 乙과 연대채무자 丙을 공동피고로 하여 소를 제기하고 승소하였는데, 丙이 상소를 하지 않고 乙만 상소를 한 경우, 甲은 丙에 대하여 甲과 乙 사이의 상소절차가 모두 종료된 때에 비로소 丙에 대하여 강제집행을 신청할 수 있다.

---

3. 甲은 乙에게 1억원을 대여해 준 바 있다. 甲은 乙의 재산에 대하여 집행을 하고자 한다. 아래에 열거된 집행권원 중 성질을 달리하는 것은? (다툼시 판례에 의함)[1] [법전협 2014. 1차]

① 甲은 乙을 상대로 법원에 대여금반환청구소송을 제기하여 승소확정판결을 받았다.
② 甲은 채무자 乙과 함께 공증사무소에 가서 차용증을 공증하였는데 동 차용증에는 채무자 乙의 집행수락문구가 들어 있었다.
③ 甲은 법원에 조정신청을 하여 조정조서가 만들어지게 되었다.
④ 甲은 乙을 상대로 법원에 약정금청구소송을 제기하였는데 乙이 인낙하여 인낙조서가 만들어 졌다.
⑤ 甲은 乙을 상대로 법원에 대여금반환청구소송을 제기하였는데, 법원은 화해권고결정을 하였고, 甲, 乙 어느 누구도 이의신청을 하지 않았다.

---

4. 재판에 관한 설명 중 옳지 않은 것은?[2] [법전협 2014. 2차 변형]

① 제1심법원은 독립된 공격 또는 방어의 방법, 그 밖의 중간의 다툼에 대하여 중간판결을 할 수 있고, 중간판결에 대하여는 독립히여 항소를 힐 수 있다.
② 제1심법원이 단순병합된 청구의 일부에 대하여 재판을 누락한 경우에 항소가 있으면 누락된 부분은 항소심으로 이심되지 않는다.
③ 판결은 당사자가 출석하지 아니하여도 선고할 수 있다.
④ 판결에 잘못된 계산이 있음이 분명한 때에 법원은 직권으로 판결에 대한 경정결정을 할 수 있다
⑤ 어음금·수표금 청구에 관한 판결에는 담보를 제공하게 하지 아니하고 가집행의 선고를 하여야 한다.

제4절 판결의 흠(하자)

판결의 흠(하자瑕疵)은 판결의 부존재(비판결), 무효인 판결, 그 밖의 하자 있는 판결, 판결의 편취(사위판결詐僞判決) 등이 있다.

---

1) ②. 차용증 공증은 집행력만 있고 기판력이 없으나 나머지는 기판력도 있다.
2) ①. 제392조. ② 단순병합은 항소불가분의 원칙이 적용되지 않는다. ③ 대판 2002다72514. ④ 제211조 1항. ⑤ 제406조, 제435조.

I. 판결의 부존재(비판결)

(1) 판결의 부존재(不存在) 또는 비판결(非判決)은 법대생의 교육용 판결, 법원 사무관 등이 행한 판결과 같이 판결의 본질적 요건을 갖추지 못하여 판결로서의 존재 자체를 인정할 수 없다. 이러한 판결의 부존재는 법률상 판결이 존재하지 않는 것이므로 판결로서의 아무런 효력이 없으며 상소의 대상도 안 된다.

(2) 비판결은 판결이 선고된 것이 아니므로 당해 절차가 완결되지 않았기 때문에 당사자는 당해 심급에 기일지정신청으로 절차의 속행을 구할 수 있다.

II. 무효의 판결

1. 의 의

무효의 판결(無效의 判決)은 판결로서의 외관을 갖추었지만 절차상 또는 내용상 중대한 하자가 있어서 일정한 판결의 효력이 생기지 않는 판결이다.

절차상 중대한 흠의 경우로는 예컨대 치외법권자에 대한 판결 같이 재판권의 흠결, 당사자적격이 없는 死者에 대한 판결, 소 취하 후의 판결 등이 있고, 내용상 중대한 흠은 소작권확인과 같이 현행법상 인정되지 않는 법률효과를 인정하는 판결이나 도박자금용 대여금반환하라거나, 사람근육 1kg을 인도하라는 사회질서와 강행법규에 반하는 판결 등이다.

2. 효 력

(1) 무효의 판결은 소송절차상 유효한 판결로서 존재하므로 당해 심급을 완결시키는 소송종료효가 있고, 구속력이 있으므로 당해 판결을 선고한 법원은 판결을 변경할 수 없다. 그러나 내용상 효력인 기판력·집행력·형성력 등은 생기지 않는다.

(2) 무효인 판결도 형식적 확정력은 발생하는지에 관하여 이를 긍정하는 견해와[1] 부정하는 견해가 있고[2] 판례는 명확하지는 않으나 형식적 확정력도 발생하지 않는다고 보는 듯하다.[3][4]

(3) 무효의 판결은 형식적으로 확정되더라도 동일 소송물에 대하여 신소제기

---

1) 이시윤, 664; 김홍엽, 824.
2) 김일룡, 633.
3) 대판 94다16564.
4) 형식적 확정력을 판결확정에 따른 당사자의 불복상소할 수 없는 상대 또는 취소불가능성으로 파악한다면 무효의 판결에는 형식적 확정력이 발생하지 않는다고 본다.

가 허용되며 이에 기한 강제집행도 무효이다.

(4) 판결내용의 불명확으로 그 의미를 확정할 수 없는 판결은 전부를 무효로 볼 것은 아니고 불명확한 범위 내에서 기판력이 미치지 않는다.[1] 확정된 화해조서, 또는 판결내용이 불명확하여 강제집행이 불가능하면 동일한 청구의 재소가 가능하다.[2]

3. 구제방법

(1) 무효판결에 대하여 상소 또는 재심이 가능한가에 대하여는 상소·재심이 가능하다는 견해[3]와 상소는 가능하나 재심은 되지 않는다는 견해가 있다.[4]

판례는 무효판결에 대한 상소·재심은 원칙적으로 부적법하다고 본다.[5] 그러나 무효의 판결은 형식적 확정력과 기판력이 발생하지 않는다는 입장이라면 무효의 판결에 대하여는 재심은 허용할 수 없어도 상소는 가능하다고 해야 할 것이다.

(2) 판례도 이미 사망한 자에 대한 처분금지가처분결정도 외관제거를 위한 이의신청이 가능하다고 판시하고 있고,[6] 소송 계속중 사망에 의한 소송절차의 중단을 간과한 판결은 적법한 수계인의 권한을 배제한 결과가 되는 절차상의 위법은 있지만 그 판결은 당연무효가 아니므로 대리권의 흠과 같이 상소 또는 재심에 의하여 취소를 구할 수 있고, 당사자가 판결 후 명시적 또는 묵시적으로 원심의 절차를 적법한 것으로 추인하면 그 상소사유 또는 재심사유는 소멸한다고 판시하고 있다.[7]

Ⅲ. 그 밖의 흠 있는 판결

판결의 부존재나 무효에 해당하지 않더라도 예컨대 원고가 청구한 심판범위를 초과하여 판단하거나 공개원칙에 위반하는 등 판결내용이나 절차상 흠이 있는 경우에는 상소, 추가판결, 재심 등 법률상 절차에 의하여 취소되지 않는 한 이러한 판결은 일단 완전히 유효한 것으로 취급된다.

---

1) 김홍엽, 824.
2) 대판 94다25216; 85다카1952.
3) 정동윤·유병현 743; 정영환 1053.
4) 이시윤, 665.
5) 대판 2000다33775(상고); 2001다69122(상고); 94다16564(재심).
6) 대판 2000다30578.
7) 대판 94다28444.

Ⅳ. 판결의 편취(사위판결)

1. 의의와 유형

(1) 판결의 편취는 당사자가 악의로 상대방이나 법원을 속여 부당한 내용의 판결을 받는 것이다.

(2) 유형으로는 ① 자백간주에 의한 판결편취[1] ② 공시송달에 의한 판결편취[2] ③ 성명모용에 의한 판결편취 ④ 소 취하 합의에 의한 판결편취[3] ⑤ 기타 증거위조에 의한 판결편취 등이 있다.

2. 편취판결의 효력과 소송법적 구제

(1) 피고에게 절차보장이 없으므로, 재판받을 권리가 침해되므로 무효라는 견해도 있지만, 기판력제도와 재심사유로 규정한 취지상 유효하다고 할 것이다.

(2) 유효하다면 그 구제방법으로 위 유형 ②③④⑤의 경우에는 확정 전이면 **상소**, 확정 후이면 **상소추후보완·재심**이 가능할 것이다. 유형 ②는 제451조 1항 11호에 해당하여, 유형 ③④는 제451조 1항 3호 대리권 흠결에 준하여, 유형 ⑤는 제451조 1항 5호 내지 7호에 의하여 각 재심으로 구제받을 수 있다. 이는 통설·판례이다.[4]

(3) 유형 ①에 대하여는 제451조 1항 11호에 해당한다는 **상소추후보완·재심설**, 판결정본이 피고에게 아직 송달된 것이 아닌 상태이므로 항소기간이 진행되지 아니하여 미확정판결이므로 피고는 어느 때나 항소제기 가능하다는 **항소설**,[5] 편취판결의 피해자인 피고의 구제를 위하여 재심과 항소에 의한 구제 모두 가능하다는 **재심·항소병용설**[6]이 있다.

판례는 항소설의 입장이다.[7] 다만 종전 사찰주지였던 자(참칭대표자)를 피고(비법인 사단)의 대표자로 적어 그에게 소장부본이 송달되게 하여 자백간주로 인한 판결의 경우에는 송달 자체는 적법한 것으로 보아 대리권에 흠이 있는 재심사유

---

1) 허위주소로 소장 부본을 송달하게 하고 원고 측이 송달받아서 결국 피고가 답변서를 제출하지 아니한 것처럼 법원을 기망하여 자백간주로 무변론승소판결을 받고 판결정본도 같은 방법으로 송달되게 하는 경우.
2) 피고 주소를 알고 있음에도 소재불명이라고 공시송달명령을 받아 피고 모르게 승소판결을 받는 경우.
3) 원고와 피고가 소 취하 합의하여 피고가 불출석했으나 원고가 실제 소를 취하하지 아니하여 승소판결을 받은 경우.
4) 대판 73다1471; 85므12.
5) 호문혁, 936.
6) 정동윤·유병현 746; 정영환, 1056.
7) 대판 75다634; 94다41010. 유형 ①에 관하여 항소설 입장에서 상소하여 이를 시정할 수 있다면 아직 판결편취 당한 것으로 볼 수 없는 점이 있어서 다른 유형과 다른 면이 있다.

(451 ① 3호)로 인정하며,[1] 추후보완상소도 가능하다고 한다.[2] 이 경우는 참칭대표자가 판결정본을 직접 수령한 점이 위 ①의 경우와 다르다.

(3) 편취판결에 의한 강제집행중인 경우 **청구이의의 소**를 통해 효력을 배제할 수 있는가. 이는 기판력과 구체적 정의실현간의 충돌문제이다. 판결편취사유는 변론종결 전에 발생한 것이므로 청구이의가 인정되지 않는다는 견해도 있을 수 있으나, 판례에 의하면 편취판결에 의한 강제집행이 현저히 부당하고 정의에 반함이 명백하여 사회생활상 용인할 수 없을 경우 권리남용으로서 허용될 수 없다고 할 것이어서 청구이의의 소로서 그 집행력을 배제할 수 있다고 할 것이다.[3]

(4) **단체소송의 특례**

소비자 또는 개인정보단체소송에서 청구기각 판결은 대세효가 있으므로 다른 단체는 동일소송을 제기할 수 없으나 기각판결이 원고의 고의로 인한 것임이 밝혀진 경우에는 가능하다(소비 75; 개인정보 56).

3. 실체법상 구제

(1) 편취된 판결에 의한 강제집행이 종료되어 손해가 생긴 경우에, 재심에 의해 편취판결을 취소함이 없이 직접 실체법상 구제수단으로 부당이득반환, 손해배상청구가 가능한지가 문제된다.

(2) 부당이득반환·손해배상청구를 위하여 편취판결도 무효가 아니므로 재심에 의하여 판결취소가 있어야 한다는 **재심필요설**,[4] 실체적 정의를 위하여 기판력제도를 후퇴시켜야 하므로 재심으로 취소함이 없이 직접 부당이득청구 등이 가능하다는 **재심불요설**, 원칙적으로 재심의 소가 필요하지만 당사자의 절차적 기본권에 대한 근본적 침해 등의 특별한 사정이 있는 경우에 제한적으로 재심에 의한 취소가 없어도 직접 청구가 가능하다는 **제한적 불요설**(절충설)[5] 등이 있다.

(3) 판례는 부당이득반환청구의 경우는 편취판결이 취소되지 않는 한 '법률상 원인 없음'이라는 부당이득의 요건이 충족되지 않으므로 재심에 의하여 취소되지 않는 한 부당이득반환청구를 할 수 없다고 하나,[6] 위 유형 ①의 판결은 형식

---

1) 대판 98다47290.
2) 대판 94다55774.
3) 대판 96다4862; 2008다51588.
4) 이시윤, 666. 재심을 제기하면서 부당이득 또는 손해배상청구의 병합제기를 허용할 것이라 한다.
5) 정동윤·유병현, 747; 호문혁, 939; 정영환, 1057.
6) 대판 77다1753; 99다32905; 2009다56665(손해배상산정의 기초로 된 기대여명 보다 일찍 사망한 경우 기 지급된 배상금 중 일부를 반환청구한 것에 대하여 그 판결이 재심에 의하여 취소되지 않는 한 법률상 원인이 없다

적으로 확정되었다고 할 수 없어서 기판력도 발생하지 아니하며사위판결에 기하여 경료된 부동산에 관한 소유권이전등기는 실체적 권리관계에 부합될 수 있는 특별한 사정이 없는 한 원인무효로 말소될 처지에 있으므로 별소에 의하여 소유권이전등기의 말소를 구할 수 있다고 하였다.[1]

불법행위에 기한 손해배상청구의 경우는 원칙적으로는 재심에 의하여 취소되어야 하나 절차적 기본권의 근본적인 침해나 재심사유가 존재하여 확정판결의 효력을 존중하는 것이 정의에 반함이 명백하여 묵과할 수 없는 경우에는 재심으로 취소함이 없이 직접 청구가 가능하다는 제한적 불요설이다.

(4) 한편 판례에 의하면 재심의 소를 제기하면서 이에 관련된 부당이득·손해배상청구는 동종의 소송절차로 볼 수 없으므로 함께 병합할 수 없다.[2]

≪사례≫ 甲은 乙을 상대로 A토지에 관하여 매매를 원인으로 한 소유권이전등기청구의 소를 제기하였다. 법원은 소장에 피고의 주소로 기재한 丙의 주소지에 소장부본을 송달하였고, 이후 丙이 위 주소지에서 자신이 乙인 것처럼 가장하여 위 소장부본 등 소송서류를 송달받았다. 그 후 법원은 답변서 미제출로 인한 무변론 원고 승소판결을 선고하였고, 그 판결정본도 같은 방법으로 송달되었다. 이 판결에 대한 乙의 구제방법? (형사상 구제는 제외함)

▨ 사례해설

의제자백에 의한 판결편취유형으로서 위에서 본 학설과 판례에 따라 견해가 다르다. ▨

▨ 관련판례

1. **소유권이전등기 (대판 98다47290)**

[판결요지] [1] 제422조 1항 3호 소정의 재심사유는 무권대리인이 대리인으로서 본인을 위하여 실질적인 소송행위를 하였을 경우뿐만 아니라 대리권의 흠결로 인하여 본인이나 그의 소송대리인이 실질적인 소송행위를 할 수 없었던 경우에도 이에 해당한다.

[2] 참칭대표자를 대표자로 표시하여 소송을 제기한 결과 그 앞으로 소장부본 및 변론기일소환장이 송달되어 변론기일에 참칭대표자의 불출석으로 의제자백 판결이 선고된 경우, 이는 적법한 대표자가 변론기일소환장을 송달받지 못하였기 때문에 실질적인 소송행위를 하지 못한 관계로 위 의제자백 판결이 선고된 것이므로, 제422조 1항 3호 소정의 재심사유에 해당한다.

≪질문≫ [1] 피고를 대한불교조계종 은선사의 종전 대표자였던 소외인(참칭대표자)을 대표자로 하여 제기한 경우 피고는 당사자능력이 있는지?

고 할 수 없어 부당이득으로 반환할 필요 없다).
[1] 대판 91다38631.
[2] 대판 96다41649.

[2] 참칭대표자에게 판결정본이 송달된 경우 판결은 확정되었다고 볼 수 있는지?[1]

[3] 손해배상청구를 제기하기 이전에 재심에 의하여 전의 판결이 취소되어야 하는지?

[4] 정당한 대표자는 청구이의의 소를 제기할 수 있는지?[2]

2. 소유권이전등기말소등 (대판(전합) 75다634)

[판시사항] 허위주소로 송달하여 얻은 사위판결(詐僞判決)이 기판력이 있는지의 여부.

[판결요지] 종국판결의 기판력은 판결의 형식적 확정을 전제로 하여 발생하는 것이므로 공시송달의 방법에 의하여 송달된 것이 아니고 허위로 표시한 주소로 송달하여 상대방 아닌 다른 사람이 그 소송서류를 받아 의제자백의 형식으로 판결이 선고되고 다른 사람이 판결정본을 수령하였을 때에는 상대방은 아직도 판결정본을 받지 않은 상태에 있는 것으로서 위 사위 판결은 확정 판결이 아니어서 기판력이 없다.

<선택형>

1. 甲 소유의 부동산에 대하여, 乙은 甲의 주소를 허위로 기재하여 그 주소에 소장부본을 송달케 한 후 자신이 송달받아 법원으로 하여금 甲이 송달받고도 답변서를 제출하지 않는 것으로 속게 만들었다. 乙은 甲의 자백간주로 무변론으로 승소판결을 받았고, 甲의 허위주소로 판결정본이 송달되어 항소기간이 도과되었다. 乙은 위 판결에 기하여 자기 앞으로 소유권이전등기를 마쳐졌다. 위 부동산은 그 후 丙, 丁에게 순차 매도되고 그에 따른 소유권이전등기가 마쳐졌다. 丁권의 채권자인 戊는 위 부동산에 관한 가압류결정을 받았고, 위 결정에 따른 가입류등기가 경료되었다. 다음 중 옳지 않은 것은? (다툼시 판례에 의함)[3]   [법전협 2012. 3차]

① 甲은 언제든지 항소를 제기할 수 있다.

② 甲은 乙, 丙, 丁에 대하여 소유권이전등기말소를 청구할 수 있다.

③ 甲은 丁에 대하여 진정한 등기명의의 회복을 원인으로 하여 직접 소유권이전등기를 청구할 수 있다.

④ 甲이 乙, 丙, 丁에 대한 소유권이전등기말소청구와 甲의 丁에 대한 진정한 등기명의의 회복을 원인으로 하는 소유권이전등기청구의 실체법상의 근거는 동일하다.

⑤ 甲이 丁만을 피고로 하여 소유권이전등기말소청구의 소를 제기하는 것은 부적법하다.

2. **판결의 무효 및 편취에 관한 설명 중 옳지 않은 것은?** (다툼시 판례에 의함)[4]   [법전협 2013. 1차]

① 제소 전에 사망한 자를 당사자로 한 판결은 무효이다.

② 무효인 판결이라도 유효한 판결처럼 보이는 외관을 제거하기 위한 상소는 허용된다.

---

1) 대판 92다47632: 참칭대표자가 송달받은 경우에는 그 송달무효가 아니고 그 판결은 송달받은 때 항소기간이 진행하고 항소기간이 만료된 때에 확정되며 송달대리권의 흠결로 제3호 재심사유에 해당된다.

2) 대판 96다4862.

3) ⑤. 판례는 통상공동소송으로 보므로(대판 87다카1093) 적법하다. ① 대판 75다634. ② 대판 94다41010. ③ 대판 89다카12398. ④ 대판 99다37894.

4) ②. 판례에 의하면 사망자를 상대로한 판결은 당연무효이고 망인이나 그 상속인사이에는 실질적소송관계가 이루어졌다고 할 수 없으므로 이러한 경우 소송수계절차 자체도 적법하지 못함은 물론 상속인의 항소도 부적법 하다(대구고법 74나1114; 대판 65다1989). 다만 외관제거를 위한 상소가능하다는 견해도 있다. ③ 대판 75다634. ④ 대판 94다27922. ⑤ 대판 98다47290.

③ 원고가 피고의 주소를 허위로 기재함으로써 그 허위주소로 소송서류가 송달되어 그로 인하여 피고가 아닌 다른 사람이 그 서류를 받아 무변론원고승소판결이 선고되고 그 판결정본 역시 허위의 주소로 보내어져 송달된 것으로 처리된 경우에는, 피고는 아직도 판결정본의 송달을 받지 않은 상태에 있어 이에 대하여 상소를 제기할 수 있을 뿐만 아니라, 위 편취판결에 기하여 부동산에 관한 소유권이전등기가 경료된 경우에는 별소로 그 등기의 말소를 구할 수 있다.

④ 공시송달에 의한 판결 편취의 경우에는 판결정본의 송달이 유효한 것으로 보고 상소 추후보완, 재심을 청구할 수 있다.

⑤ 참칭대표자를 대표자로 표시하여 소를 제기한 결과 그 앞으로 소장 부본 및 변론기일소환장이 송달되어 변론기일에 참칭대표자의 불출석으로 무변론원고승소판결이 선고된 경우, 이는 적법한 대표자가 변론기일소환장을 송달받지 못하였기 때문에 실질적인 소송행위를 하지 못한 관계로 위 의제자백 판결이 선고된 것이므로, 민사소송법 제451조 1항 3호의 소정의 재심사유에 해당한다.

제5절 종국판결의 부수적 효력

종국판결의 주문 중에는 부수적으로 가집행선고와 소송비용에 대한 재판이 있다.

Ⅰ. 가집행선고

1. 의 의

가집행선고(假執行宣告)는 미확정의 종국판결에 미리 집행력을 주는 형성적 재판이다. 취지는 승소자의 신속한 권리실현 이바지하고, 패소자의 남상소를 억제하며 심리의 제1심 집중의 효과를 거둘 수 있다. 다만 미확정 판결에 기한 강제집행이고 상소심에서 판결이 취소되고 청구가 기각될 경우 원고는 집행 전 상태로 회복시킬 의무가 있으므로 가집행이 가능한 판결은 재산상의 판결로 한정한다.

2. 가집행선고의 요건

(1) 집행력선고의 대상

(가) 재산권의 청구에 관한 판결

1) 가집행선고는 용이하게 원상회복이 가능하고 금전배상이 가능한 재산

권의 청구에 관한 판결에서 한다(213 ① 본문). 배상명령(소촉 31 ③), 동시이행판결, 선이행판결, 국가상대의 재산권에 관한 청구 등에 가집행의 선고를 할 수 있다.[1]

      2) 비재산권의 청구인 이혼청구 등 신분상의 청구, 이혼소송과 동시에 하는 재산분할청구도 이혼판결이 확정되지 않은 상태이므로,[2] 재산권에 관한 의사진술을 명하는 판결(등기절차이행을 명하는 판결 등. 민집 263)과 사해행위취소의 효과발생을 전제로 하는 가액배상을 구하는 판결은 판결확정 전에 집행할 수 없으므로,[3] 각 가집행선고를 할 수 없다.

    (나) **집행에 적합한 종국판결**

      1) 현재의 이행의 소의 판결은 당연히 가집행선고가 인정된다. 장래이행판결은 성질상 가집행선고를 할 수 없다. 확인판결은 집행력의 문제가 발생할 여지가 없으므로 원칙적으로 가집행선고를 붙일 수 없다. 형성판결은 명문규정(민집 47 ②, 48 ③. 청구이의의 소의 소 등에 대한 잠정처분의 취소·변경 또는 인가판결)이 있거나 성질상 허용되는 경우에만 가집행선고를 할 수 있다.[4][5]

      2) 판결이 확정되어야 형성의 효과가 발생하는 행정처분의 취소·변경판결과 공유물분할판결 및 사해행위취소판결, 집행할 것이 없는 청구기각·소각하 판결, 원칙적으로 즉시 집행력이 발생하는 결정·명령, 판결선고 즉시 집행가능한 상고심판결 등은 가집행선고를 붙일 수 없다(민집 56 (1)).

      3) 가사비송사건인 재산상의 청구 또는 유아의 인도에 관한 심판으로서 즉시항고의 대상이 되는 심판 또는 판결에는 담보를 제공하게 하지 아니하고 가집행할 수 있음을 명하여야 한다(가소 42 ①③).

    (2) 가집행선고를 붙이지 아니할 '상당한 이유'가 없을 것

    (가) 재산권에 관한 청구는 가집행선고를 붙이지 아니할 상당한 이유가 없는 한 직권으로 가집행선고를 하여야 하며 법원의 자유재량이 아니다. 상당한 이유는 가집행이 패소한 피고에게 회복할 수 없는 손해를 줄 염려가 있는 경우이다. 예컨대 건물의 인도 또는 철거를 구하는 소송에서 청구와 같이 집행이 완료되면 재

---

1) 동시이행관계에 있는 반대급부의 이행(제공)은 집행개시의 요건이고(민집 41①), 선이행관계에 있는 반대급부의 이행은 조건에 해당하므로 집행문부여 요건일 뿐 가집행선고는 가능하다.
2) 대판 98므1193(이혼 등).
3) 김홍엽, 831.
4) 대판 65다2374.
5) 사해행위취소의 청구는 실체법상 권리관계의 변동을 일으키는 형성의 소로서 성질상 가집행선고가 허용되지 않는다.

입주나 건물신축이 용이하지 아니한 경우이다.

(나) 다만 실무에서는 건물철거소송에서도 사안이 명백하여 원고 승소판결이 상소심에서 취소·변경될 개연성이 적다고 판단되면 그대로 가집행선고를 붙이고 있다.[1]

3. 가집행선고의 절차 및 방식

(1) 직권에 의한 선고

(가) 가집행선고는 처분권주의가 적용되지 않고 법원의 직권으로 한다. 가집행선고가 붙지 아니한 제1심판결에 대하여 피고만이 항소한 항소심에서 항소를 기각하면서 가집행선고를 붙였어도 불이익변경금지의 원칙에 위배되지 아니한다.[2]

(나) 다만 불복신청이 없는 부분에 대한 상소법원의 가집행선고는 직권으로 할 수 없고 당사자의 신청이 있는 경우에 한하여 결정의 방식으로 한다(406, 435).

(2) 가집행선고와 담보제공

가집행선고는 담보제공 또는 담보제공 하지 않을 조건으로 한다. 원고 승소율이 대체로 높고 유통증권으로서 신속한 권리실현이 요구되는 어음·수표금청구에 관한 판결할 때 무담보부 가집행선고를 한다(213 ① 단서).

(3) 가집행면제선고

(가) 가집행선고시 동시에 피고가 채권금액을 담보로 제공하면 가집행을 면제받음을 선고할 수 있다(213 ②).

(나) 담보범위에 관하여 판례는 원고의 기본채권은 포함하지 않고 지연으로 인한 손해만 담보한다고 보고 있으나 채권전액을 담보로 제공하도록 한 취지상 기본채권도 담보한다고 보아야 할 것이다.[3]

(4) 판결주문에 표시

가집행선고 및 가집행면제선고는 함께 판결주문에 적어야 한다(213 ③).

4. 가집행선고의 효력

선고에 의하여 즉시 집행력이 발생한다. 즉 이행판결이면 집행권원이 된다. 가압류, 가처분과 같은 집행보전에서 그치지 않고 종국적 판결의 만족까지 이를

---

1) 강승준, 주석 (Ⅲ), 317.
2) 대판 98다42141; 90다17804.
3) 이시윤 597; 정영환 1061.

수 있는 점에서 본집행과 비슷하다. 그러나 가집행선고의 판결은 확정적 집행이 아니므로 상급심에서는 가집행결과를 참작할 것은 아니며[1] 재산명시신청과 재산조회신청을 할 수 없다.

5. 가집행선고의 실효와 원상회복

(1) 가집행선고의 실효

(가) 상소심에서 가집행선고만이 바뀌거나 가집행선고 있는 본안판결이 원고 패소판결로 바뀐 때에는 가집행선고는 그 변경한도에서 효력을 잃는다(215①). 본안판결을 변경하지 아니하고 가집행선고만 시정할 수 없다는 판례에 의하면 가집행선고만을 바꿀 수는 없게 된다.[2] 항소심에서 청구가 교환적으로 변경되면 구청구에 붙여진 가집행선고도 실효된다.

(나) 변경된 상소심의 판결정본을 제출하면 이미 실시한 가집행절차는 정지하고 취소하여야 한다(민집 49(1), 민집 50). 그러나 가집행선고는 소급하여 실효하지 않으므로(장래효) 이미 가집행이 진행된 경매의 매각허가결정에 기하여 매각대금이 납부되었다면 낙찰자는 소유권을 취득한다.

(2) 원상회복 및 손해배상의무

(가) 본안판결을 바꾸는 경우에는 법원은 피고의 신청에 따라 그 판결에서 가집행의 선고에 따라 지급한 물건을 돌려 줄 것과, 가집행으로 말미암은 손해 또는 그 면제를 받기 위하여 입은 손해를 배상할 것을 원고에게 명하여야 한다(215②). 가집행의 선고를 바꾼 뒤 본안판결을 바꾸는 경우에도 본안판결 바꾼 시점에 원상회복 및 손해배상의무를 진다(215③).

(나) 원상회복의무는 일종의 부당이득반환의무의 성질을 가진다. 판례는 점포명도청구사건에서 강제집행정지하기 위한 담보는 특별한 사정이 없는 한 명도집행을 하지 못함으로써 발생하게 될 임료 상당의 손해배상액이다.[3] 따라서 지연손해금 상당액으로는 부족할 수 있다.

(다) 손해배상의무는 불법행위책임으로서 공평의 원칙에서 인정되는 무과실책임이다.[4] 피고가 가집행에 의하여 또는 가집행 면제를 위하여 받은 상당인과관계에 있는 손해를 원고는 배상하여야 가집행채무자의 과실은 상계한다(민법 763, 396).

---

1) 대판 94다58490·58506.
2) 대판 93다56053.
3) 대결 91마718.
4) 대판 79다1476.

(라) 피고는 원상회복 및 손해배상청구를 위하여 원고를상대로 별도의 소를 제기할 수 있으나, 당해 소송의 상소심에서 본안판결의 변경을 구하면서 병합하여 원상회복 등의 청구를 할 수 있다(215 ②). 후자는 예비적 반소로서 본안판결이 변경되지 않는 것을 해제조건으로 하는 신청으로서 실무상 가지급물반환신청이라 한다. 상소심에서의 반소에 해당하나 상대방의 동의를 요하지 않는다(412).

<선택형>

1. 소장에 기재된 청구취지와 그에 대한 1심판결주문을 보고 설명한 내용 중 옳지 않은 것은? (다툼시 판례에 의함)[1)] [법전협 2013. 3차 변형]

> **청구취지**
> 1. 피고는 원고에게 A 부동산에 관하여 2010. 3. 3. 매매를 원인으로 한 소유권이전등기절차를 이행하라. 2. 소송비용은 피고의 부담으로 한다.
> **판결주문**
> 1. 피고는 원고에게 A 부동산에 관하여 2010. 3. 3. 증여를 원인으로 한 소유권이전등기절차를 이행하라. 2. 소송비용은 피고의 부담으로 한다. 3. 제1항은 가집행 할 수 있다.

① 원고는 소송 진행 중 청구취지 1항과 관련해서 청구를 변경했을 가능성이 있다.
② 1심법원은 청구취지 제1항과 관련해서 처분권주의를 위반해서 판결했을 가능성도 배제할 수 없다.
③ 1심법원이 판결주문 제3항과 관련하여 직권으로 한 가집행선고는 적법하다.
④ 피고가 항소할 경우 피고는 1심법원에 항소장을 접수하여야 한다.
⑤ 원고는 위 소 제기 전은 물론 제기 후에도 계쟁 부동산에 대해 처분금지가처분을 신청할 수 있다.

2. 판결선고에 따른 집행정지와 관련된 아래 설명 중 옳지 않은 것은? (다툼시 판례에 의함)[2)] [법전협 2014. 1차]

① 1심 가집행선고부 판결에 대해 피고가 상소를 제기한다고 해서 가집행선고부 판결에 따른 강제집행이 자동적으로 정지되는 것은 아니다.
② 1심에서 원고가 전부승소하고 동 판결이 확정된 경우에도 피고는 집행단계에서 원고에 대한 채권을 자동채권으로 하여 상계권을 행사하고 이를 토대로 청구에 관한 이의의 소를 제기할 수 있다.
③ 청구에 관한 이의의 소를 제기한다고 해서 당연히 강제집행이 정지되는 것은 아니며 별도의 잠정처분이 필요하다.
④ 피고가 1심 가집행선고부 판결에 대한 강제집행 정지를 위해 제공하는 담보는 지연손해금

---

1) ③. 의사진술을 명하는 판결(등기절차이행을 명하는 판결)은 판결확정 전에 집행할 수 없으므로 가집행선고를 할 수 없다.
2) ④. 점포명도청구사건에 관한 강제집행을 정지하기 위한 담보는 임료 상당의 손해배상액이다(대결 91미718). 따라서 지연손해금 상당액으로는 부족할 수 있다.

상당액으로 족하다.

⑤ 가집행선고 있는 본안판결이 항소심에서 바뀐 경우 그 가집행선고는 그 한도에서 효력을 잃는다.

---

3. 가집행의 선고에 관한 다음 설명 중 옳지 않은 것은? (다툼시 판례에 의함)[1] [법전협 2014. 2차]

① 제1심 가집행선고부 판결에 기하여 피고가 그 가집행선고 금액을 지급하면 항소심법원으로서는 이러한 지급을 변제로 참작하여 당해 청구의 당부를 판단하여야 한다.

② 가집행선고의 실효는 소급하는 것이 아니므로 그 이전에 이미 집행이 종료되었으면 이미 완료된 집행절차의 효력에는 영향이 없다.

③ 가집행선고 있는 제1심판결이 항소심에서 취소되면 가집행선고는 실효되지만 취소된 항소심판결이 상고심에서 파기되면 가집행선고의 효력은 다시 회복된다.

④ 가집행선고에 따른 집행절차가 계속중일 때에 가집행선고 있는 판결이 상소심에서 그대로 확정되면 별도의 집행문을 부여받을 필요는 없다.

⑤ 가집행선고 있는 판결을 집행권원으로 하여서는 재산명시신청, 채무불이행자명부등재신청 또는 재산조회신청을 할 수 없다.

Ⅱ. 소송비용의 재판

1. 의 의

법원은 종국판결에서 부수적 재판으로 가집행선고 이외에 소송비용의 부담에 관한 재판을 하여야 한다(104). 소송비용은 소송당사자가 현실적으로 소송에서 지출한 비용 중 법령에 정한 범위에 속하는 비용이다.

2. 소송비용의 범위

(1) 민사소송비용법, 민사소송 등 인지법, 변호사보수의 소송비용산입에 관한 규칙, 민사소송규칙, 변호사보수의 소송비용산입에 관한 규칙 등에서 정한다. 소송비용은 재판비용, 당사자비용으로 분류된다. 강제집행 또는 보전소송비용은 여기에 포함되지 않는다.

(2) 재판비용은 당사자가 국고에 납부하는 비용이다. 인지액과 그 밖의 비용(송달료, 증인 여부 등 체당금)이다. 인지액은 소송목적의 값이 1천만원미만인 경우에는 5,000분의 1을 곱한 금액이고, 소송목적의 값에 따라 비율이 다르게 정하여져 있

---

1) ①. 가집행선고에 기하여 채권자가 집행을 완료함으로써 만족을 얻은 경우, 상소심에서 본안에 관하여 판단할 때에는 그 집행의 이행상태를 고려하지 아니하고 청구의 당부에 관하여 판단하여야 한다(대판 94다58490·58506).

다(민인 2 ①). 체당금인 송달료, 증인여비, 검증비 등이 필요로 하는 소송행위에 대하여 법원은 당사자에게 그 비용을 미리 내게 할 수 있다(116 ②).

(3) 당사자비용은 당사자가 소송수행을 위해 자신 또는 국고 이외의 제3자에게 지출하는 비용이다. 소장작성비용, 당사자나 대리인의 기일비용, 변호사보수 등이다. 변호사보수는 변호사보수의 소송비용산입에 관한 규칙에 의하여 산정하며, 규칙보다 적은 금액은 지출금액이 기준이다. 소가에 의하여 변호사보수를 역진적 비율에 의하여 산정하고 있어서 소액사건은 변호사에 의한 법률서비스가 제대로 안 이루어지고 있다.

3. 소송비용의 부담

(1) 패소자부담을 원칙으로 한다(98). 일부 패소는 패소비율로 정하나 법원은 여러 사정을 고려하여 이와 달리 정할 수 있다(101).

(2) 예외로 불필요한 행위로 인한 비용 및 패소자에게 그 행위당시 필요하였던 경우, 승소자의 소송지연등으로 인한 비용은 승소자에게 부담지울 수 있다(99).

(3) 제3자에게 소송비용의 상환을 명할 수 있는 경우로서 법정대리인, 소송대리인, 집행관 등이 고의·중대한 과실로 인하여 무익한 지급을 하게 한 때 등이다(107).

4. 소송비용의 재판

(1) 중국판결의 주문에서 어느 비율로 부담할 것인가 정해야 한다(104).

(2) 상급법원에서 상소를 각하, 기각 때엔 그 심급에서 생긴 비용만 재판하나 하급법원의 본안판결을 변경하는 때에는 하급법원에서 생긴 비용까지 합하여 재판한다(105 전단).

(3) 소송비용의 재판은 독립하여 상소할 수 없다(391, 425).

5. 소송비용액의 확정절차

당사자는 제1심 수소법원에(소송이 재판에 의하지 아니하고 완결된 경우는 위당해 소송이 완결될 당시의 소송계속법원에[1]) 서면으로 소송비용액확정신청을 제출하면 법원은 결정으로 상대방이 부담할 수액을 확정하는 재판한다(110). 이는 판결에서는 소송비용부담자와 부담비율만 정하기 때문이다. 소송비용확정절차는 사법보좌관의 업

---

1) 대판 90마1003.

무이고 소송비용액의 계산은 법원사무관 등이 한다(115).

6. 소송비용의 담보

원고가 우리나라에 주소, 사무소, 영업소를 두지 아니한 때 소송비용의 담보 제공을 명할 수 있다(117①). 피고의 소송비용상환을 확실하게 하기 위한 것이다. 담보제공을 신청한 피고는 원고의 담보제공시까지 응소를 거절할 수 있다(119). 원고가 기간내에 담보를 제공하지 않는 때에는 변론 없이 소 각하판결할 수 있다(124).

<선택형>

1. 소송비용에 관한 설명 중 옳지 않은 것은? (다툼시 판례에 의함)[1] [변호사 2014]

① 소송비용에 대한 담보제공이 필요하다고 판단되는 경우에 법원은 피고의 신청이 있으면 원고에게 소송비용에 대한 담보를 제공하도록 명하여야 하고, 직권으로 담보제공을 명할 수도 있다.

② 법원은 사정에 따라 승소한 당사자로 하여금 그 권리를 늘리거나 지키는 데 필요하지 아니한 행위로 말미암은 소송비용 또는 상대방의 권리를 늘리거나 지키는 데 필요한 행위로 말미암은 소송비용의 전부나 일부를 부담하게 할 수 있다.

③ 일부패소의 경우에 당사자들이 부담할 소송비용은 법원이 정하며, 사정에 따라 한 쪽 당사자에게 소송비용의 전부를 부담하게 할 수 있다.

④ 소가 취하되면 소송이 재판에 의하지 아니하고 끝난 경우로서 소가 처음부터 계속되지 아니한 것으로 보므로 소송비용의 부담과 수액을 정하는 문제는 발생하지 않는다.

⑤ 공동소송인은 소송비용을 균등하게 부담하는 것이 원칙이나, 법원은 사정에 따라 공동소송인에게 소송비용을 연대하여 부담하게 하거나 다른 방법으로 부담하게 할 수 있다.

2. 원고가 피고를 상대로 1억원의 손해배상청구소송을 제기하였는데 1심에서 다음과 같은 주문의 내용을 가진 판결이 선고되었다. 이 판결에 대한 불복에 관한 다음 설명 중 옳지 않은 것은?[2] [변호사 2015]

<주문>
1. 피고는 원고에게 5천만원을 지급하라. 2. 소송비용은 피고의 부담으로 한다.
3. 위 제1항은 가집행할 수 있다.

① 원고와 피고 모두 항소의 이익이 있다.

② 원고는 판결문 정본을 송달받은 후 판결확정 여부와 관련 없이 가집행에 착수할 수 있다.

③ 피고는 소송비용에 대한 재판에 대해서만 불복하는 항소를 제기할 수 있다.

④ 피고는 항소를 제기하는 것과는 별도로 위 재판의 집행을 정지하는 절차를 따로 밟아야 한다.

⑤ 당사자는 판결 선고 후 판결정본 송달 전에도 항소를 제기할 수 있다.

---

1) ④. 법원은 당사자의 신청에 따라 결정으로 소송비용의 액수를 정하는데(114①) 원고를 패소자로 취급하여 그 전액을 원고에게 부담시키는 것이 원칙이다(114②).

2) ③. 소송비용에 대한 재판에 대해서만 불복하는 항소를 제기할 수 없다(391, 425).

제5편 상소심절차

제1장 총   설

Ⅰ. 상소의 의의와 자유

(1) 상소는 재판의 확정 전에 상급법원에 대하여 재판이 잘못되었으니 그 취소·변경을 구하는 불복신청방법이다. 항소, 상고, 항고가 있다.

상소제도는 분쟁해결의 적정을 기하고 오판으로부터 당사자의 권리구제와 법령해석·적용의 통일을 위해 인정된다. 상소는 3심제이며 첫 번째 상소심은 사실심으로서 사실인정과 법률적용의 양측면에서 심리하지만 두 번째 상소심은 제2심의 사실인정을 기초로 법률적용면에서만 심리하는 법률심이다.

(2) 상소와 구별되는 불복신청으로 확정된 재판에 대한 불복방법으로 재심·준재심, 불복할 수 없는 결정·명령에 대한 특별항고(449), 같은 심급 안에서 하는 재판에 대한 불복신청인 각종의 이의(異議)가 있다.

Ⅱ. 상소의 종류

1. 항소·상고·항고

항소는 제1심의 종국판결에 대한 불복신청, 사실심에의 상소이다. **상고**는 법률심에의 상소로서 원칙적으로 제2심 항소법원의 종국판결에 대한 불복신청이나, 예외로 제1심의 판결에 대하여 직접 상고심법원에 불복하기로 합의한 때는 **비약상고**할 수 있다(390 ① 단서, 422 ②). **항고**는 결정·명령에 대한 불복신청하는 것이고 **재항고**는 항고법원·고등법원·항소법원의 결정·명령에 대하여 다시 대법원에 항고하는 것이다.

2. 불복신청방법의 선택

신청인은 원재판의 종류에 맞는 불복신청방법을 선택하여야 하고, 선택을 잘못하면 부적법하나 법원은 신청서의 표제에 구애받지 말고 신청취지를 선해(善解)하여 처리한다.[1]

3. 형식에 이긋나는 재판

판결로 해야 할 것을 결정으로 재판한 경우와 같이 법에서 본래 기대되는 방식의 재판과는 다른 방식에 의한 재판하는 경우이다(위식違式의 재판). 형식을 어긴 재판 무효는 아니나 어떠한 불복방법을 선택할 것인가에 대해 견해가 나뉜다.

① 현재 취한 재판형식에 따라 상소의 종류를 정할 것이라는 주관설, ② 본래 하여야 할 재판형식에 따라 상소의 종류를 정할 것이라는 객관설, ③ 당사자는 어느 방식이든 선택하여 불복할 수 있다는 선택설이 있다.

제440조는 형식에 어긋나는 결정·명령에 대하여 항고할 수 있다는 규정에 대하여 주관설입장이라는 견해[2]와 선택설을 반영한 것이라는 견해가 있다.[3]

법원의 잘못된 재판으로 당사자가 불이익을 받는 것은 절차권 침해이므로 당사자에게 다소 유리한 선택설이 타당하다.

---

[1] 대판 2007다41560: 당사자가 항소를 제기하면서 추후보완항소라는 취지의 문언을 기재하지 아니하였다 하더라도 그 전체적인 취지에 비추어 그러한 주장이 있는 것으로 볼 수 있는 경우에는 당연히 그 사유에 대하여 심리·판단하여야 하고, 증거에 의하여 그 항소기간의 경과가 그의 책임질 수 없는 사유로 말미암은 것으로 인정되는 이상, 그 항소는 처음부터 소송행위의 추후보완에 의하여 제기된 항소라고 보아야 한다.

[2] 이시윤, 786.

[3] 정동윤·유병현 760; 성영환, 1079(결정·명령에 항고가 허용되는 경우에만 항고를 할 수 있으므로 판결로 할 것을 결정·명령으로 한 경우에 특별히 항고할 수 있도록 한 것은 선택설을 반영한 것이라는 입장이다).

Ⅲ. 상소요건

1. 의 의

상소가 적법한 것으로 취급되어 본안심판을 받기 위한 상소요건이 흠이 있을 때는 상소는 각하된다.

2. 상소의 일반요건

각 상소에 공통적인 **적극적** 요건으로 상소의 대상적격, 상소의 이익, 방식에 맞는 상소제기, 상소기간의 준수가 있고, **소극적** 요건으로 상소의 포기, 불상소의 합의가 있으며 상소요건은 직권조사사항이다. 상소요건의 구비시기는 상소제기행위에 관한 요건은 상소제기 당시이고 그 밖의 것은 변론종결시를 기준으로 한다.

(1) 상소의 대상적격

상소의 대상이 되려면 선고된 종국적 재판이어야 한다(390, 422, 443). 따라서 선고전의 재판,[1] 중간판결 이외의 중간적 재판,[2] 비판결(非判決), 상소 아닌 다른 불복방법이 있을 때(판결경정절차, 재판누락시 추가판결 등)에는 상소의 대상이 되지 않는다. 무효의 판결에 대하여는 견해가 나뉜다(판결편취 부분 참조).

(2) 상소의 이익

(가) 어떠한 경우에 상소이익을 인정할 것인가. 소익의 특수한 형태로서 무익한 상소를 견제하기 위한 것이나 명문규정이 없어서 상소이익을 인정하는 기준에 대하여 견해대립이 있다.

1) **형식적 불복설**: 판결주문이 신청보다도 양적·질적으로 불리한 경우 불복의 이익을 긍정하는 견해이다. 제1심에서 전부승소의 판결을 받은 자는 항소할 수 없게 된다.

2) **실질적 불복설**: 당사자가 상급심에서 원재판보다도 실체법상 유리한 판결을 받을 가능성이 있으면 불복의 이익을 긍정한다. 제1심에서 전부승소의 판결을 받은 자라도 유리한 판결을 구하기 위해 항소할 수 있다. 예건대 5천만원의 손해배상청구의 소를 제기하여 모두 인용되었어도 7천만원을 인용받기 위한 항소를

---

1) 대판 98마12: 결정의 고지 전에 한 항고는 부적법하며, 뒤에 결정이 고지되더라도 그 항고는 적법한 것으로 되지 않는다.

2) 중간적 재판은 종국판결과 함께 상소심에서 심사를 받게 되므로 독립하여 상소 할 수 없음이 원칙이다(391, 392, 406, 425, 443). 판례는 항소심에서의 환송판결·이송판결은 종국판결로 보아 독립힌 상고대상으로 본다(대판 80다3271).

인정한다.

　　3) **절 충 설**: 원고에 대해서는 형식적 불복설, 피고에 대해서는 실질적 불복설에 따라 상소이익의 유무를 가리자는 견해이나 당사자평등주의에 반한다는 비판을 받는다.

　　4) **신실질적 불복설**: 원판결이 그대로 확정됨으로써 기판력 그 밖의 판결의 효력이 미쳐서 별소 금지 등의 불이익이 있으면 상소의 이익을 인정하는 견해이다.

　　5) **판례**는 상소인은 자기에게 불이익한 재판에 대해서만 상소를 제기할 수 있는 것이고 재판이 상소인에게 불이익한 것인가의 여부는 재판의 주문을 표준으로 하여 결정되는 것이라 하여 형식적 불복설을 따랐다.[1] 다만 묵시적 일부청구의 전부승소자는 청구취지확장을 위한 상소를 예외적으로 인정한다.[2]

　　6) 생각건대, 판단기준이 비교적 명백한 형식적 불복설을 기준으로 하되 기판력 기타 판결의 효력 때문에 별소를 제기할 수 없는 경우에는 예외적으로 실질적 불복설 또는 신실질적 불복설에 의하여 상소이익을 인정하는 것이 타당할 것이다.

　　(나) 구체적인 예

　　1) 전부승소한 당사자는 청구확장·변경을 위한 상소의 이익이 없음이 원칙이다(부대상소는 가능함). 다만 예외적으로 잔부를 유보하지 않은 묵시적 일부청구는 기판력 때문에 별도의 소송을 제기할 수 없고[3] 청구이의의 소는 새로운 이의사유에 대하여 별소가 금지되므로(민집 44 ③) 이를 추가하기 위한 각 항소는 가능하다.

　　판례는 손해배상청구소송에서 원고가 재산상 손해는 전부승소, 위자료부분은 일부패소하여 패소부분만 항소한 경우 단일한 원인에 근거한 것인데 편의상 이를 별개의 소송물로 분류하고 있는 손해배상소송의 소송물의 특수성 때문에[4] 전부승소한 재산상 손해에 대해서도 항소심에서 확장을 허용한다.[5] 이는 실질설적

---

1) 대판 98다29797, 99다61378.
2) 대판 96다12276.
3) 대판 96다12276.
4) 대판 94다3063: 불법행위로 인한 손해배상에 있어 재산상 손해나 위자료는 단일한 원인에 근거한 것인데 편의상 이를 별개의 소송물로 분류하고 있는 것에 지나지 아니한 것이므로 이를 실질적으로 파악하여, 항소심에서 위자료는 물론이고 재산상손해(소극적 손해)에 관하여도 청구의 확장을 허용하는 것이 상당할 것이고, 이렇게 해석한다고 하여 피고의 법적 안정성을 부당하게 해하거나 실체적 권리를 침해하는 것도 아니고, 그러하지 아니하고 원심과 같이 재산상 손해(소극적 손해)에 대한 항소의 이익을 부정하고 청구취지의 확장을 허용하지 아니하면 원고는 판결이 확정되기도 전에 나머지 부분을 청구할 기회를 절대적으로 박탈당하게 되어 부당하다.
5) 대판 94다3063.

결론이라 할 것이다.

2) 승소한 당사자는 판단이유에 불만이 있어도 상소의 이익이 없다. 기판력은 주문의 판단에 만 생기기 때문이다. 다만 예비적 상계의 항변이 이유 있다 하여 승소한 피고는 소구채권의 부존재를 이유로 승소한 것보다 불이익하므로 상소의 이익 있다.

3) 청구를 일부인용하고 일부기각한 판결에 대해서는 원·피고 모두 상소 가능하다. 예비적 병합청구와 예비적 공동소송에서도 각 패소한 당사자는 패소한 부분에 대하여 상소할 수 있다.

4) 소각하판결은 원·피고 모두 불이익한 부분에 대하여 상소할 수 있다.

5) 제1심판결에 대하여 불복하지 않은 당사자는 항소심판결이 제1심판결보다 불리하지 않다면 상고의 이익이 없다.

(3) 방식에 맞는 상소제기와 상소기간의 준수

(가) 상소의 제기는 방식에 맞게, 상소장이란 서면에 의하여야 하고 판결을 선고한 원법원에 제출한다(원법원제출주의 397 ①, 425, 445).

상소장에는 ① 당사자와 법정대리인, ② 원재판의 표시, ③ 원재판에 대한 상소의 취지 등을 최소한 기재하여야 한다. 그러나 상소장을 상소법원에 잘못 제출하여 상소법원이 원법원에 송부한 경우 상소기간의 준수 여부는 상소장이 원법원에 접수된 때가 기준된다.[1]

(나) 상소는 법정의 상소기간 내에 제기해야 한다. 항소·상고는 판결서가 송달된 날부터 2주 이내, 즉시항고·특별항고는 재판의 고지가 있은 날부터 1주 이내에 하여야 한다. 이 기간이 경과하면 상소권은 소멸한다. 판결선고 후 판결문이 송달 전이라도 적법하게 상소제기할 수 있다(396 ① 단서, 425). **통상항고**는 재판의 취소를 구할 이익이 있는 한 어느 때나 제기할 수 있다.

(4) 상소권의 포기

(가) 당사자는 상대방 동의 없이 상소권을 포기할 수 있다(394). 다만, 대세효가 있는 판결(회사관계소송 등)은 제3자의 공동소송참가(83)의 기회보호를 위하여 상소권을 포기할 수 없다.

통상공동소송은 공동소송인 중 어느 한사람의 또는 어느 한 사람에 대한 포기가 가능하나, 필수적 공동소송, 독립당사자참가, 예비적·선택적 공동소송에서는

---

1) 대판 92마146.

그와 같은 포기는 효력없다. 증권집단소송은 법원의 허가가 있어야 상소포기할 수 있다.

(나) 상소포기는 법원에 대한 단독행위로서 상소제기 전에는 원심법원에, 상소제기 후에는 소송기록이 있는 법원에 서면으로 한다(395 ①). 소송기록이 원심 법원에 있는 동안에는 원심법원에 항소권포기서를 제출한 즉시 항소포기의 효력이 발생한다. 상소제기 후의 포기는 상소취하의 효력도 있다(395 ③).

(다) 상소의 이익의 존부와 범위는 판결선고가 있고 나서 알 수 있으므로 판결선고 전에 상소권의 포기는 인정되지 않는다(통설).

(라) 판결선고 전 소송 외에서 당사자간에 상소권포기계약이 체결되어 있음 에도 상소가 제기되면 피항소인이 항변하면 부적법한 상소로 각하하여야 할 것이다.

(5) 불상소의 합의

(가) 불상소의 합의(不上訴의 合意)는 미리 상소하지 않기로 하여 구체적인 사 건의 심급을 제1심에 한정하여 그것으로 끝내기로 하는 양쪽 당사자의 합의로서 소송법상의 계약이다.

(나) 불상소의 합의의 요건

1) 관할의 합의에 준하여 서면에 의하여야 하고, 그 서면의 문언에 의하 여 당사자 양쪽이 상소를 하지 아니한다는 취지가 명백하게 표현되어 있어야 한다.

2) 구체적인 일정한 법률관계에 기인한 소송에 관한 합의여야 한다(29조 2항 해석상).

3) 직권탐지주의에 의한 소송에서는 당사자가 임의처분의 권리관계가 아 니므로 허용되지 않는다(통설).

4) 한쪽만이 상소하지 않기로 하는 합의는 공평에 반하여 안 된다.[1]

(다) 판결선고 전의 적법한 불상소의 합의가 있으면 판결은 선고와 동시에 확정되어 소송은 완결된다. 판결 선고 후의 합의는 그 성립과 동시에 판결은 확정 된다.

(라) 불상소 합의는 직권조사사항으로 보는 것이 판례이나[2] 재판 외에서 합 의한 경우는 항변이 있어야 법원이 이를 알고 참작할 수 있으므로 본안전 항변이 라 할 것이다.

---

1) 대판 86다카2728.
2) 대판 79다2066: 피고가 원심에서 위 불항소의 합의에 관한 주장을 한 바 없음은 소론과 같으나, 이와 같은 합의 의 유무는 항소의 적법요건에 관한 법원의 직권조사사항이므로 원심이 직권으로 위와 같이 판단하였음에 아 무런 위법도 없다.

Ⅳ. 상소의 효력

상소가 제기되면 판결이 확정되지 않으며 사건은 상소심으로 이심(移審)되는 효력은 원칙적으로 불복신청의 범위와 관계없이 원판결의 전부에 대하여 불가분적으로 발생한다.

1. 확정차단의 효력

상소가 제기되면 재판의 확정은 차단되고, 상소기간이 경과되어도 원재판은 확정되지 않는다(498). 다만 통상항고는 확정차단효력이 없으므로 결정·명령은 통상항고를 하여도 집행을 저지하기 위해서는 별도의 집행정지의 조치가 필요하다(448).

2. 이심의 효력

상소가 제기되면 그 소송사건 전체가 상소심으로 이전하여 계속된다.

이심의 범위는 하급심에서 재판한 부분에 한하여 발생한다. 재판의 일부누락이 있을 때는 그 부분은 하급심에 그대로 계속(係屬)된다(212). 제1심에서 공동상속인 중 일부를 누락하여 판결한 경우 그 누락한 상속인의 소송관계는 이심되지 않고 여전히 1심에 계속되어 있다.[1]

3. 상소불가분의 원칙

확정차단의 효력과 이심의 효력은 원칙적으로 원판결 청구의 전부에 대하여 불가분으로 발생한다. 이를 상소불가분(上訴不可分)의 효력이라 한다.

(1) 청구가 병합된 여러 개의 청구에 대하여 하나의 전부판결을 한 경우에 어느 한 청구에 대하여 불복항소한 경우 다른 청구에도 항소의 효력이 미친다.

1개 청구의 1개의 판결의 일부패소부분에 대한 항소도 동일하다. 1,000만원의 대여금청구의 소에 대하여 피고는 원고에게 금 600만원을 지급하라고 판결한 경우 원고가 그 중 400만원 패소 부분에 대하여서만 불복한 경우에 원고가 불복하지 아니한 나머지 부분(600만원)도 확정되지 아니한다.

예외적으로 가분이 인정되는 경우로는 ① 청구의 일부에 대하여 불상소의 합의나 항소권·부대항소권의 포기시에는 그 부분만 가분적으로 확정된다. ② 통상공동소송인 중 한 사람의 또는 한 사람에 대한 상소는 다른 공동소송인에 대하여

---

1) 대판 93다31993: 상속인 중 일부만이 소송을 수계하여 항소한 경우에도 누락된 상속인의 소송관계는 여전히 제1심에 있다.

는 상소의 효력이 미치지 않으므로 그 부분은 확정된다. 다만 합일적으로 확정되어야 하는 필수적 공동소송, 독립당사자참가소송, 공동소송참가소송, 예비적·선택적 공동소송 등에서는 본안판결이 있었을 때는 가분적으로 효력이 발생하지 않고 전부 이심된다.

(2) 상소심의 심판의 범위는 불복한 범위에 한정되므로 확정차단·이심의 범위와 일치하지 않을 수 있다. 수개의 청구를 모두 기각한 판결에 대하여 일부 청구만 항소한 경우 불복하지 아니한 나머지 부분은 항소심에 이심되나 심판대상은 아니다.[1]

다만 주위적 청구를 인용한 제1심판결에 대하여 피고가 불복항소한 경우, 항소가 이유 있어 주위적 청구를 기각할 때에는 예비적 청구에 관하여도 심판해야 한다(파기자판설).

(3) 항소인은 항소심의 변론종결 시까지 항소취지를 확장할 수 있고, 피항소인도 부대항소가능하다.

V. 상소의 제한

1. 입 법 례

(1) 간이사건: 독일에서는 소가 5,000 유로 이하의 간이법원사건은 2심제로 운용하고 있다.

(2) 허가제: 미국 연방대법원은 대법원이 재량으로 상고를 허가하고 소송기록의 이송명령하는 이른바 허가제에 의하고 있고 독일에서도 허가상고제를 채택하여 상고사건은 상고법원이 상고를 허가한 사건으로 제한한다.[2]

2. 우리 법제

허가상고제를 채택하여 9년여 동안 시행하다가 폐기하고 법령위반을 이유로 한 경우 제한 없이 상고 가능하도록 하다가 현재는 상고주장 이유 속에 중대한 법령위반에 관한 사항 등을 포함하고 있지 않을 때에는 상고심리를 불속행한다는 이유로 상고기각판결을 하는 심리불속행제도를 시행하고 있으나 사실상 허가상고제가 부활되었다.

---

1) 대판 2000다9048.
2) 이시윤, 798.

<선택형>

1. 원고 甲은 피고 乙을 상대로 무조건 단순이행을 구하는 소유권이전등기청구의 소를 제기하였으나 다음과 같은 내용의 주문을 가진 판결을 선고받았다. 아래 내용 중 옳지 않은 것은?[1]   [법전협 2011. 1차]

   1. 피고는 원고로부터 1억원을 지급받음과 동시에 원고에게 이 사건 부동산에 관하여 2010. 3. 3. 자 매매를 원인으로 한 소유권이전등기절차를 이행하라.
   2. 소송비용은 피고의 부담으로 한다.

   ① 원고는 원칙적으로 항소 이익이 있다.
   ② 피고는 원칙적으로 항소 이익이 있다.
   ③ 피고는 소송비용 부담 부분에 대해서만 불만이 있더라도 항소할 수는 없다.
   ④ 피고가 항소를 제기하더라도 원고는 가집행할 수 있다.
   ⑤ 위 판결이 확정된 후 피고는 원고에게 이전등기의무에 대한 이행의 제공을 하더라도 금전지급을 위한 강제집행을 할 수는 없다.

2. 판결의 확정 및 상소에 대한 설명 중 옳지 않은 것들은? (다툼시 판례에 의함)[2]   [법전협 2013. 1차 변형]

   ① 판결은 상소를 제기할 수 있는 기간 중 또는 그 기간 이내에 적법한 상소제기가 있을 때에는 확정되지 아니한다.
   ② 항소를 한 뒤 소송기록이 있는 제1심법원에 항소권 포기서를 제출한 경우에는 항소기간이 도과되어야 항소권 포기의 효력이 발생한다.
   ③ 제1심판결정본이 적법하게 송달된 바 없으면 그 판결에 대한 항소기간은 진행되지 아니하므로 그 판결은 형식적으로도 확정되었다고 볼 수 없다.
   ④ 항소제기기간의 준수 여부는 항소장이 제1심법원에 접수된 때를 기준으로 하여 판단하여야 하며, 비록 항소장이 항소제기기간 내에 제1심법원 이외의 법원에 제출되었다 하더라도 항소제기의 효력이 있는 것은 아니다.
   ⑤ 항소는 1심법원이 선고한 판결서가 송달된 날부터 2주 이내에 하여야 하지만, 그 판결서 송달 전에는 할 수 없다.

3. 甲이 乙을 상대로 A, B, C의 세 청구를 [단순]병합한 소를 제기하여 [하나의] 원고 전부 승소판결을 선고받자(가집행선고는 없었음), 乙은 B, C 청구만을 다투는 항소를 제기하였다. 항소심이 乙의 항소를 모두 기각하고, 乙이 상고하면서 C 청구만 다툰 경우 판례의 입장에 입각할 때 옳은 것은?[3]   [법전협 2013. 1차]

   ① 甲은 1심판결에 대한 항소기간이 도과된 이후부터는 A청구에 관하여 강제집행을 신청할 수 있다.

---

1) ④. 의사진술을 명하는 소유권이전등기 이행판결은 가집행할 수 없고 확정되어야 등기가 가능하다. ①② 단순이행청구에 대하여 상환이행판결은 일부 인용한 것이므로 원고와 피고는 모두 상소가능하다. ⑤ 금원지급부분에 대한 판단에 집행력이 발생하는 것은 아니므로 강제집행할 수 없다.
2) ②⑤. ② 대판 2005다933. ⑤ 제396조. ③ 대판 97다10345. ④ 대판 92마146.
3) ④. ①②③ 1개의 전부판결이 선고된 경우 상소하지 아니한 청구도 상소불가분의 원칙상 상소심에 이심되고, 상소심판결선고시에 확정된다(대판 99다30312; 2001다62213). ⑤ 다수의 연대채무자들에 대한 소송은 통상공동소송으로서 상소불가분의 원칙이 적용되지 않아서 乙의 상소에 관계없이 상소하지 아니한 丙은 그 상소기간이 만료되었을 때 확정된다.

② 甲은 항소심판결에 대한 상고기간이 도과된 이후부터는 B청구에 관하여 강제집행을 신청할 수 있다.

③ 甲은 항소심 변론종결 시부터 A청구에 관하여 강제집행을 신청할 수 있다.

④ 甲은 항소심판결이 선고된 때에 A청구에 관하여 강제집행을 신청할 수 있다.

⑤ 만약 甲이 乙과 연대채무자 丙을 공동피고로 하여 소를 제기하고 승소하였는데, 丙이 상소를 하지 않고 乙만 상소를 한 경우, 甲은 丙에 대하여 甲과 乙 사이의 상소절차가 모두 종료된 때에 비로소 丙에 대하여 강제집행을 신청할 수 있다.

제2장 항 소

제1절 총 설

I. 항소의 의의

소는 제1심의 종국판결에 대하여 상급심에의 상소이다(390). 항소는 지방법원의 단독판사 또는 지방법원 합의부가 제1심으로서 행한 종국판결에 대하여 사실인정의 부당이나 법령위반을 이유로 직근 상급법원에 그 취소 또는 변경을 구하는 불복신청이다. 항소는 제1심판결의 취소·변경을 위하여 제1심판결을 계속심리를 요구하는 신청이다.[1] 항소심은 항소이유에 제한이 없어서 사실인정의 부당과 법령위반도 항소이유가 되므로 제2의 사실심이다. 법률심인 상고심과 구별된다.

---

1) 정영환, 1095.

Ⅱ. 항소요건과 당사자

항소요건은 당사자가 한 항소를 적법한 것으로 보아 법원이 이를 수리하여 본안심리를 하는 데 필요한 조건이다. 상소요건과 동일하게 ① 불복하는 판결이 항소할 수 있는 판결이어야 하고, ② 항소제기의 방식과 항소기간이 준수되어야 하고, ③ 항소의 당사자적격과 항소의 이익이 있고, ④ 항소인이 항소권을 포기하지 않았고 당사자간에 불항소의 합의가 없어야 한다.

항소의 당사자는 제1심의 원고·피고가 항소인·피항소인이 된다. 다만, 통상 공동소송의 경우 그 한 사람이 항소하거나 당하여도 다른 공동소송인은 항소인·피항소인이 되지 않는다(66). 보조참가인도 일정한 경우 항소할 수 있지만 당사자가 아니므로 항소인이 되지 않는다. 제1심판결의 선고 후에 승계인으로서 수계를 받은 자도 항소인 또는 피항소인이 된다. 가사소송사건의 당사자로 된 검사도 항소할 수 있다.

제2절 항소의 제기

Ⅰ. 항소제기의 방식

1. 항소장의 제출

항소제기는 항소기간 내에 제1심법원(원심)에 항소장을 제출하여 한다. 2011년 5월부터는 전자접수에 의해 항소할 수 있다. 원심법원 이외의 법원에 항소장이 제출된 때에는 제34조에 의하여 원심법원으로 이송하여 구제하나, 판례는 항소기간 준수 여부는 원심법원에 송부된 때를 기준으로 한다.[1]

2. 항소장의 기재사항

당사자와 법정대리인, 제1심판결의 표시, 그 판결에 대한 불복의 뜻의 항소의 취지는 반드시 기재하여야 한다(필요적 기재사항 397 ②). 항소심에서 심판의 범위를 징하게 될 불복의 범위와 그 이유기재는 임의적이지만, 항소심에서의 심리의 집중

---

1) 대판 85마178.

을 꾀하기 위하여 민소규칙 제126조의2에서 항소장이나 항소심에서 처음 제출하는 항소인의 준비서면에서 ① 제1심판결 중 사실인정, 법리적용의 잘못된 부분 ② 새롭게 주장할 사실과 증거신청 ③ 새로운 주장·증거를 제1심에서 제출하지 못한 이유를 적도록 규정하고 있다.

Ⅱ. 재판장의 항소장심사권

먼저 원심재판장이 심사, 항소기록이 항소심으로 송부된 다음에는 항소심재판장에 의하여 다시 심사한다.

(1) 원심재판장은 ① 항소장에 필요적 기재사항 기재 여부, ② 소정 인지 납부 여부를 각 심사하여 흠이 있으면 상당한 기간을 정해 항소인에게 보정을 명하고 ③ 항소기간의 도과 심사하여 도과되었으면 항소장각하명령을 한다(399).

(2) 항소심재판장도 위 사항 등을 재심사한다(402).

Ⅲ. 항소제기의 효력

항소제기에 의하여 제1심판결은 확정차단되고, 사건의 계속은 항소심으로 이전한다. 항소장부본은 피항소인에게 송달하여야 한다(401).

Ⅳ. 항소의 취하

1. 의 의

항소의 신청을 철회하는 항소법원에 대한 소송행위이다. 재판 외에서 피항소인에 대하여 취하의 의사표시 하여도 항소취하의 효력이 생기지 않는다. 소 자체를 철회하는 소의 취하(266)와 항소할 권리를 소멸시키는 항소권의 포기(394)와는 다르다.

2. 항소취하의 요건

(1) 항소제기 후 항소심의 종국판결 선고 전까지 항소를 취하할 수 있다(393①).

일단 항소심의 종국판결이 있은 후라도 그 종국판결이 상고심에서 파기되어 사건이 다시 항소심에 환송된 경우에는 먼저 있은 종국판결은 그 효력을 잃고 그 종국판결이 없었던 것과 같은 상태로 돌아가게 되므로 새로운 종국판결이 있기까지는 항소취하할 수 있다. 피항소인의 부대항소가 제기되었어도 항소취하할 수 있다. 부대항소의 이익은 본래 상대방의 항소에 의존한 은혜적인 것으로 주된 항소의 취하에 따라 소멸되기 때문이다.[1]

(2) 항소의 일부취하는 항소불가분의 원칙에 의하여 무효이다.

(3) 항소인만 항소취하를 할 수 있으며, 통상공동소송에서는 공동소송인 한 사람의 또는 한 사람에 대한 항소를 취하할 수 있으나, 필수적공동소송에서는 공동소송인 전원이 또는 전원에 대하여 항소를 취하하여야 한다. 보조참가인이 항소를 제기한 경우에는 피참가인의 동의가 있으면 보조참가인도 항소취하할 수 있다.

(4) 소취하와 달리 항소취하시 상대방의 동의가 필요 없으나, 증권관련 집단소송에서는 법원의 허가가 필요하다.

(5) 소송행위 일반의 유효요건(소송능력·대리권)을 갖추어야 하므로 의사무능력자가 행한 항소취하는 무효이다. 조건을 붙일 수 없는 점 등은 소송행위 일반과 같다.

3. 항소취하의 방식

소의 취하에 관한 제266조 3항 내지 5항이 준용된다. 취하서가 법원에 제출된 때 취하효력 발생한다. 상대방의 동의가 필요 없기 때문이다

4. 항소취하의 효과

(1) 항소를 취하하면 항소는 소급적으로 효력을 잃게 되고, 항소심절차는 종료된다(393 ②, 267 ①). 원판결에 영향을 미치지 않으며 그에 의해 원판결은 확정된다.

(2) 다만 항소심에서 소의 교환적 변경이 이루어진 뒤에 한 항소취하는 무효이다. 피고의 항소로 인한 항소심에서 청구의 교환적 변경이 적법하게 이루어졌다면 제1심판결은 청구의 교환적 변경에 의한 소취하로 실효되고, 항소심의 심판대상은 청구변경된 소송물로 바뀌어지고, 이에 대하여 항소심이 사실상 제1심으로 재판하는 것이 되므로, 그 뒤에 항소를 취하한다 하더라도 항소취하는 그 대상이 없어 아무런 효력을 발생할 수 없다.[2]

예컨대 원고의 소유권이전등기절차 이행을 구하는 소에서 패소한 피고가 추완항소를 하자 원고가 항소심에서 토지거래허가신청절차이행을 구하는 청구로 교환적 변경을 한 후 항소인이 항소를 취하하였어도 항소심은 교환된 토지거래허가

---

1) 대판 94다51543.
2) 대판 93다25875.

신청절차이행을 구하는 청구에 대하여 심리하여야 한다.

5. 항소취하의 간주

(1) 2회에 걸쳐 항소심의 변론기일에 양쪽 당사자가 출석하지 아니한 때에 1월 내에 기일지정신청이 없거나 그 신청에 의하여 정한 기일에 출석하지 아니 한 때는 항소취하로 간주된다.

(2) 상소심의 계속중에 법원의 재난으로 인하여 소송기록이 멸실되었을 때에 상소인이 6월 이내에 소장 또는 상소장의 부본 및 사건계속의 소명방법을 제출하지 아니한 때에는 상소취하로 간주된다(법원재난 2, 3).

6. 항소취하의 합의

피항소인이 항소취하계약을 주장·입증하면 항소법원은 항소의 이익이 없다하여 항소각하한다(사법계약설).

V. 부대항소

1. 의의 및 성질

(1) 부대항소는 피항소인이 항소인의 항소에 의하여 개시된 항소심절차에 편승하여 자기에게 유리하게 항소심 심판의 범위를 확장시키는 신청이다.

(2) 부대항소의 성질에 관하여는 항소의 이익이 없으면 부적법하므로 제1심에서 전부승소한 당사자에게 부대항소를 허용하지 아니하는 항소설도 있으나, 부대항소는 항소기각의 단순한 방어적 신청과는 달리 제1심판결 이상의 유리한 판결을 받기 위한 공격적 신청 내지 특수한 구제방법이므로 항소가 아니라는 비항소설이 통설·판례의 입장이다.[1]

2. 요 건

(1) 주된 항소가 적법하게 계속되어 있어야 한다. 당사자 양쪽이 모두 주된 항소를 제기한 경우에는 그 한쪽은 상대방의 항소에 부대항소할 수 없다.[2]

(2) 주된 항소의 피항소인이 항소인을 상대로 제기한다(403). 통상공동소송에서 피항소인이 아닌 다른 공동소송인은 공동소송인독립의 원칙(66)으로 분리확정

---

1) 대판 99므1596.
2) 김홍엽, 1062.

되었기 때문에 부대항소를 제기할 수 없다.

(3) 항소심의 변론종결 전까지 가능하다(403). 부대항소를 제기하였다가 취하했어도 변론종결시까지 다시 부대항소도 가능하다.[1] 관련하여 판례는 부대상고를 제기할 수 있는 시한을 항소심 변론종결시에 대응하는 상고이유서제출기간 만료시까지로 보고 있다.[2]

(4) 피항소인은 항소권을 포기하거나 항소기간 도과로 항소권이 소멸된 경우에도 부대항소 제기 가능하다(403).

3. 방 식

부대항소장이라는 서면제출 필요하다. 전부승소한 당사자는 독립의 항소를 할 수 없다. 그러나 상대방이 항소를 제기한 경우 부대항소할 수 있다. 이 때에 청구취지확장신청·반소장의 명칭으로 제출하여도 상대방에게 불리하게 되는 한도에서 부대항소한 것으로 본다.[3] 부대항소를 취하하는 경우 상대방의 동의는 필요 없다.

4. 효 력

(1) 불이익변경금지의 원칙배제

부대항소는 불이익변경금지의 원칙을 배제하는 효력이 있다.

원고 전부승소판결에 대하여 피고만이 항소한 항소심에서 원고가 청구취지를 확장·변경한 경우에는 그에 의하여 피고에게 불리하게 되는 한도에서 부대항소를 한 취지라고 볼 것이므로, 항소심이 1심판결의 인용금액을 초과하여 원고청구를 인용하더라도 불이익변경금지의 원칙에 위배되지 않는다.[4] 예컨대 원고가 2억원을 청구하여 전부인용하는 판결을 하자 피고가 항소하였는데 원고가 청구취지를 확장하여 3억원이 인용될 수 있다. 또한 원고의 1,000만원 지급청구소송에서 600만원만 인용되어 원고가 패소 부분 400만원에 대하여 항소하자 피고가 부대항소하여 600만원의 피고패소 부분의 변경을 구하여 300만원만 인용될 수 있다. 결국 항소하였으나 상대방의 부대항소로 인하여 불이익하게 변경될 수 있다.

---

1) 김홍엽, 1063.
2) 대판 2006다10439.
3) 대판 2008다18376; 94다58261; 91다43015.
4) 대판 91다21688.

(2) 부대항소의 종속성

부대항소는 상대방의 항소에 의존하는 것이므로 주된 항소의 취하 또는 부적법각하에 의하여 그 효력을 잃는다(404 본문). 이를 부대항소의 종속성이라 한다. 따라서 항소인은 부대항소인의 동의 없이도 항소를 취하할 수 있다(393). 항소는 항소심의 종국판결이 있기 전에 취하할 수 있는 것으로서(363 ①), 일단 항소심의 종국판결이 있은 후라도 그 종국판결이 상고심에서 파기되어 사건이 다시 항소심에 환송된 경우에는 먼저 있은 종국판결은 그 효력을 잃게 되므로 새로운 종국판결이 있기까지는 항소를 취하할 수 있고, 그 때문에 피항소인이 부대항소의 이익을 잃게 되어도 이는 그 이익이 본래 상대방의 항소에 의존한 은혜적이고 종속적인 것으로[1] 주된 항소의 취하에 따라 소멸되는 것이므로, 이미 부대항소가 제기되었어도 주된 항소의 취하는 그대로 유효하다.[2]

따라서 1심에서 원고가 1억원의 채권 중 6천만원을 청구하여 6천만원을 인용받아 승소하여 피고가 항소했는데 항소기간도과 후 원고가 1억원으로 청구를 확장하면서 부대항소를 했고, 항소심에서 원고가 7천만원을 인용받았지만 원고가 나머지 3천만원을 더 지급받고자 상고했는데 상고심에서 원고 청구가 인용되어 파기환송된 후 피고가 항소취하를 한 경우 확정되는 금액은 6천만원이다. 항소심에서 7천만원이 인용했더라도 항소심판결이 파기되어 효력을 잃게 되었고 환송 후의 항소심에서 피고가 항소를 취하하면 항소는 소급적으로 효력을 잃게 되고 원고의 부대항소도 종속성으로 인하여 같이 소멸하므로 1심판결이 확정되기 때문이다.

(3) 독립부대항소(항소간주)

(가) 항소의 적법요건을 갖춘 피항소인은 항소를 제기하든 부대항소를 제기하든 자유이나 피항소인이 항소기간 내에 '부대항소장'을 제출한 경우에는 독립된 항소로 본다(404 단서). 이를 독립부대항소라 한다. 독립부대항소는 주된 항소의 취하·각하에도 효력을 잃지 않게 되는데(404조 본문 반대해석), 독립부대항소는 항소로 간주되기 때문이다. 이처럼 독립된 항소로 간주되기 때문에 독립부대항소는 항소의 적법요건을 충족하여야 한다. 즉 항소기간 내에 부대항소가 제기될 것 이외에, 항소권의 포기가 없을 것, 항소하지 아니하는 취지의 합의가 없을 것, 항소의 이익이 있을 것 등의 요건을 갖추어야 한다. 그러므로 예컨대 1심에서 원고의 토지소유

---

1) 헌재 2003헌바117 결정.
2) 대판 94다51543.

권확인청구 전부인용판결에 대해 피고가 항소하자 항소심에서 원고가 청구를 위토지인도시까지 임료상당액의 손해금도 포함하는 청구로 확장한 경우, 원고는 1심에서 전부승소하였으므로 항소이익이 없어 그 청구확장은 단순한 부대항소로서의 성질을 가지므로 항소가 취하되면 그 부대항소는 실효된다.

　　　(나) 독립부대항소가 위에서 기술한 항소의 요건을 구비한 경우에는 주된 항소가 취하되거나 부적법 각하되는 경우에도 항소심법원은 독립부대항소에 대해서 심리하여 종국판결로 처리하면 된다. 이와 달리 독립된 항소로서의 요건을 충족하지 못하는 경우에는 단순한 부대항소로 취급되어 주된 항소를 부적법 각하하거나 주된 항소가 취하된 때에는 항소심법원은 그 종국판결 속에 부대항소는 실효하였다는 취지를 선언하여야 한다.[1] 이 판결에 대해 독립부대항소인은 상고할 수 있다.

제3절 항소심의 심리

I. 항소심의 구조― 속심제

　　(1) 항소심의 구조유형으로 복심제, 사후심제, 속심제 등 3가지가 있다. 제1심의 소송자료의 관계없이 항소심에서 독자적으로 소송자료를 수집, 이를 기초로 다시 심판을 되풀이하는 복심제와 원칙적으로 항소심에서는 새로운 소송자료의 제출을 제한하고 제1심에서 제출된 소송자료만을 기초로 제1심판결의 내용의 당부를 재심사하게 되어 있는 사후심제가 있으나, 우리나라에서는 제1심에서 수집한 소송자료를 기초로 하고(사후심적 요소 409, 407 ②, 410) 항소심에서 새로운 소송자료를 보태어(복심적 요소 408, 146) 제1심판결의 당부를 재심사하되 항소심의 변론종결시를 기준으로 판단하는 **속심제**를 채택하고 있다.

　　(2) 우리 법이 취하고 있는 속심제에서는 제1심에서 수집한 소송자료를 기초로 하여 심리를 속행하되 여기에 항소심에서 새로운 소송자료를 보태어 항소심 변론종결시를 기준시로 하여 항소와 부대항소의 적부와 제1심판결의 당부를 재심사한다.

---

1) 김형두, 주석 (Ⅵ), 146.

속심제에서는 당사자는 제1심에서 제출하지 아니한 새로운 공격방어방법을 제출할 수 있다(408 변론의 갱신권).[1] 그러나 소송지연과 제1심 경시풍조를 막기 위하여 항소심에서 적시제출주의(146), 재정기간제도(147) 등 적절한 제약이 필요하다.

Ⅱ. 심리의 대상

항소심은 항소의 적법성과 항소이유구비 여부를 심리한다.

1. 항소의 적법성의 심리

항소법원은 항소장방식이 맞고 항소기간이 준수된 것으로 인정되는 때에는 항소의 적법요건에 관하여 직권조사한다. 제소 전의 사망자를 상대로 한 판결에 대한 항소와 같이 조사하여 항소요건의 흠이 보정할 수 없는 것인 경우에는 변론 없이 항소를 각하할 수 있다(413). 소송비용 및 가집행에 관한 재판에 대하여는 독립하여 항소하지 못한다(391).

2. 본안심리— 불복의 당부심리

항소가 적법하면 불복의 당부, 즉 항소가 이유 있느냐의 여부에 관한 본안심리를 한다.

(1) 중간판결(201), 소송수계결정(243 ②), 청구변경불허결정(263), 소송지휘상의 결정(222) 등과 같이 항소심의 판단을 받는 재판은 종국재판 이전의 재판으로서 당사자의 불복유무에 관계없이 항소법원의 판단을 받는다(392 본문). 다만, 불복할 수 없는 재판과 항고로 불복할 수 있는 재판은 항소법원으로서는 그 당부를 판단하는 것이 허용되지 않는다(392 단서).[2] 항소심은 소에 의한 청구의 당부를 직접 심판하는 것이 아니고 제1심판결에 대한 불복의 당부를 심판한다.

(2) 항소를 제기하면 항소불가분의 원칙에 의하여 제1심판결에서 심판한 모든 청구가 이심되지만, 심판의 범위는 처분권주의와 불이익변경금지의 원칙에 의하여 당사자가 불복한 범위에 국한된다. 이와 같이 이심범위와 심판범위가 일치하지 않음이 통상이다. 또한 제1심판결로 심판되지 아니하고 누락한 청구 부분은 이심되지 아니하므로 항소심의 심판대상이 되지 않음이 원칙이다.

(3) 예외적으로 필수적 공동소송, 독립당사자참가 등 합일확정소송의 경우는

---

1) 이시윤, 861; 김홍엽, 1068.
2) 김홍엽, 1067.

불복하지 아니한 당사자의 본안판결부분과 재판누락부분도 합일확정을 위하여 항소심의 심판대상이 된다.

Ⅲ. 심리의 절차

1. 제1심변론결과의 진술

속심제의 항소심은 제1심에서 일단 종결한 변론을 재개하여 속행하는 것으로 된다. 따라서 제1심의 소송자료를 항소심에서 이용하려면 당사자가 제1심 변론의 결과를 진술하여(407②) 항소심의 변론에 상정할 필요가 있다. 이를 **변론의 갱신**이라 한다. 변론의 갱신을 통하여, 제1심에서의 소송행위는 당연히 그 효력이 유지되며, 변론결과의 진술은 당사자가 사실상 또는 법률상 주장, 정리된 쟁점 및 증거조사 결과의 요지 등을 진술하거나, 법원이 당사자에게 해당사항을 확인하는 방식으로 할 수 있다(규칙 127의2).

2. 제1심 소송행위의 효력지속

제1심의 소송자료는 항소심판결의 기초가 되며, 제1심의 소송행위는 항소심에서도 그 효력이 지속된다(409).[1] 따라서 외화채권을 채권자가 대용급부의 권리를 행사하여 우리나라 통화로 환산하여 청구하는 경우 항소심은 속심이므로 채무자가 항소이유로 삼거나 심리 과정에서 내세운 주장이 이유 없다고 하더라도 법원으로서는 항소심 변론종결 당시의 외국환시세를 기준으로 채권액을 다시 환산해 본 후 불이익변경금지 원칙에 반하지 않는 한 채무자의 항소를 일부 인용하여야 할 것이다. 다만 제1심에서 한 자백간주는 각 심급별로 독자적으로 발생하므로 항소심변론종결 전까지 다투면 자백으로서의 구속력이 없다.[2]

3. 새로운 공격방어방법의 제출 가능

당사자는 항소심에서 종전의 주장을 보충·정정할 수 있고, 제1심에서 제출하지 아니한 공격방어방법을 제출할 수 있다(408). 이를 변론의 갱신권이라 한다. 그러나 재판의 지연을 막고 제1심이 경시되는 것을 막기 위하여 변론갱신권의 적절한 제한이 필요하다.[3] 따라서 1·2심을 통관하여 적시제출주의에 위반하면 시기에

---

1) 대판 2006나72765.
2) 대판 67다2677.
3) 이시윤 815, 816.

늦은 것이 되어 각하된다(408, 149).

4. 새로운 본안의 신청

항소심에서도 청구의 변경, 반소, 당사자참가 등이 허용된다. 다만 반소제기는 상대방의 심급의 이익을 해할 우려가 없거나 상대방의 동의가 있는 경우에 한한다(412①).

5. 가집행선고

원판결 중에서 어느 당사자도 불복신청을 하지 않은 부분에 대해 가집행선고가 붙지 않은 경우에는 항소법원은 당사자의 신청에 의하여 결정으로 가집행선고를 할 수 있다(406①).

제4절 항소심의 종국적 재판

항소심에서도 중간판결 그 밖의 중간적 재판을 할 수 있지만, 항소 또는 부대항소에 의한 불복신청에 대하여는 종국판결에서 완결하여야 한다.

1. 항소장 각하명령

항소장의 심사단계에서 항소장이 부적식인 때, 항소기간을 넘긴 것이 분명한 때 등에는 재판장은 명령으로 항소장을 각하한다(399②, 402②).

2. 항소각하판결·결정

항소요건에 흠이 있어서 항소가 부적법한 경우에 흠을 보정할 수 없는 때에는 변론 없이 **판결**로 항소를 각하할 수 있다(413). 이는 소송판결이다. 항소법원은 당사자가 변론능력이 없어 진술을 금지 당하여 변호사선임을 명하였으나, 새 기일까지 변호사를 선임하지 아니한 경우 법원은 **결정**으로 항소를 각하할 수 있다(144).

3. 항소기각판결

제1심판결이 상당하거나 또는 그 이유는 부당하더라도 다른 이유로 정당하다고 인정될 때[1]에는 항소법원은 판결로써 항소를 기각한다(414②). 그러나 항소심

---

1) 원고가 대여금청구소송을 제기하자 제1심은 대여사실을 인정할 수 없다고 원고 청구기각판결을 하였으나 항

에서 제1심판결이 인정한 상계항변을 부정하고, 변제 등 다른 이유를 인정한 때에는 원심판결을 취소하여 청구를 기각하여야 한다. 이는 상계항변에 대한 판단에는 기판력이 생기기 때문이다(216 ②).

4. 항소인용판결

항소가 이유 있을 때에는 항소법원은 판결로써 원판결을 취소하고 자판·환송·이송의 조치를 취한다. 인용판결을 하더라도 불이익변경금지원칙이 적용된다.

(1) 원판결의 취소

제1심판결을 정당하지 아니하다고 인정한 때에는 이를 취소하여야 한다(416). 또한 원판결의 성립절차가 법률에 어긋날 때에도 이를 취소하여야 한다(417).

(가) **자 판**: 원판결을 취소하면 소에 대한 완결된 법원의 응답이 없게 되므로 이에 대하여 무엇인가 조치를 강구하여야 하는데, 항소심은 사실심인 관계상 항소법원이 스스로 제1심에 대신하여 소에 대하여 재판하게 되는 자판(自判)이 원칙이다. 예컨대 원고의 청구를 인용한 제1심판결에 대하여, 항소법원은 「제1심판결을 취소한다」 다음에 「원고의 청구를 기각한다」와 같이 재판한다.

(나) **환 송**: 항소심법원은 소가 부적법하다고 각하한 제1심판결을 취소하는 경우에는 제1심에서 소에 대한 아무런 본안심리가 없었으므로 사건을 제1심법원에 환송하여야 한다(필수적 환송). 다만 제1심에서 본안판결을 할 수 있을 정도로 심리가 된 경우 또는 당사자의 동의가 있는 경우에는 항소심법원은 스스로 본안판결을 할 수 있다(418). 환송판결은 종국판결이므로 상고할 수 있다. 환송받은 제1심법원이 다시 심판할 경우에는 항소법원이 취소의 이유로 한 법률상·사실상의 판단에 기속된다(법원조직 8).

소 각하판결 외의 본안판결을 취소하는 경우 환송의 허용 여부에 관해 견해가 대립되나 소송촉진상 허용할 필요가 없다고 할 것이다. 판례도 소극적인 입장이다.[1]

(다) **이 송**: 전속관할 위반을 이유로 제1심판결을 취소한 때에는 항소법원은 사건을 관할법원으로 이송하여야 한다(419).

(2) 불이익변경금지의 원칙

≪사례≫ 만20세 된 甲은 乙로부터 자전거를 구입계약을 체결하였으나, 乙이 이를 인도하지 않고 있다. 그래서 甲은 乙에 대해 자전거인도척의 소를 제기하였으나, 1심은 소송

소심에서 대여사실은 인정할 수 있으나 변제항변이 이유 있다고 판단하는 경우에는 항소기각판결을 한다.
1) 대판 71다1805.

무능력을 이유로 甲의 소를 각하하였다. 이에 甲은 소송능력이 있음을 이유로 불복하여 항소하였다. 항소심은 오히려 乙이 甲의 강박으로 인하여 헐값에 계약을 체결한 것을 이유로 계약을 적법하게 취소하였음을 인정하여 甲의 청구가 이유 없다는 심증이 형성되었다. 이 경우 항소법원은 어떻게 판단해야 하는가?

(가) 의의와 근거

항소를 인용하여 제1심판결을 변경할 때에는 불복의 한도를 넘을 수 없다 (415). 이를 불이익변경금지의 원칙이라 한다. 이는 당사자의 상소권을 보장하고 처분권주의를 근거로 한다. 따라서 항소법원은 제1심판결의 전부를 취소하면서 자판 또는 환송할 때 항소 또는 부대항소에 의한 불복신청의 범위를 넘어서 제1심판결보다 이익 또는 불이익하게 변경할 수 없다. 항소제기에 의하여 사건은 전부 이심되지만, 항소심에서의 심판의 범위는 불복신청된 부분에 한정되기 때문이다.

(나) 판단기준

이익·불이익의 판단기준은 변경금지가 문제되는 것은 기판력이 생기는 사항에 관한 것이므로 원칙적으로 1심과 항소심의 판결주문을 비교하여 판단한다. 예외로 기판력이 있는 상계항변의 경우는 이유에서의 판단이라 하여도 판단기준이 된다.

다만 동시이행의 판결에 있어서는 비록 피고의 반대급부이행청구에 관하여 기판력이 생기지 아니하더라도 반대급부의 내용이 원고에게 불리하게 변경된 경우에는 원고가 그 반대급부를 제공하지 아니하고는 판결에 따른 집행을 할 수 없기 때문에 불이익변경금지 원칙에 반하게 된다.[1]

(다) 내 용

1) 이익변경의 금지

항소인이 불복하지 아니한 패소 부분은 설사 부당하다고 인정될지라도 유리하게 변경할 수 없다. 판례에 의하면 재산상 손해배상청구와 위자료청구는 소송물이 동일하지 아니한 별개의 청구이므로 원심이 1심판결에 대하여 항소하지 아니한 원고에 대하여 1심판결보다 더 많은 위자료의 지급을 명하였음은 위법하다.[2]

2) 불이익변경의 금지

원칙적으로 상대방으로부터 항소나 부대항소가 없는 한 불복하는 항소인에게 불리하게 1심판결을 변경할 수 없다.[3] 항소인은 항소기각 이상으로 불이익한

---

1) 대판 2004다8197, 8203.
2) 대판 80다1192.
3) 재심은 상소와 유사한 성질을 갖는 것으로서 부대재심이 제기되지 않는 한 재심원고에 대하여 원래의 확정판

판결을 받지 않는다.

　　가) **일부기각판결에 대한 항소**: 예컨대 10억원의 대여금청구의 소에 대하여 7억원이 인용되어 원고만이 항소한 경우 항소심은 불복하지 아니한 7억원 부분도 이유가 없다고 판단되어도 기왕의 원고승소부분까지 취소하여 원고의 청구전부를 기각할 수 없다. 또 피고만이 항소한 경우 피고 승소 부분 3억원을 넘는 금액을 원고에게 지급하라는 불리한 판결을 할 수 없다.

　　나) **소 각하판결에 대한 항소**: 부적법하다고 소 각하한 1심판결에 대하여 원고만이 항소한 경우 항소법원이 소 자체는 적법하나 청구 자체가 이유가 없다고 판단한 경우 법원의 조치에 대하여 항소기각설, 청구기각설, 환송설, 청구기각 또는 환송한다는 절충설이 대립하고 있다. 항소기각설은 불이익변경금지 원칙에 충실한 입장이고, 청구기각설은 소송경제를 우선하는 입장이고, 환송설은 제418조의 취지대로 심급의 이익을 고려한 입장이다.

　　다) 판례는 소의 이익이 없다고 한 원심의 소 각하 판결을 파기하여 청구를 기각함은 원고에게 불이익한 결과가 되므로 원심판결을 유지하여야 할 것이라 하여 항소기각설 입장이다.[1] 다만 제1심에서 본안판결을 할 수 있을 정도로 심리된 경우 소 각하한 제1심판결을 취소하여 환송하지 않고 직접 본안 심리하여 원고의 청구를 기각한 하급심 판례가 있다.[2]

　　라) 생각건대 ① 항소기각설은 잘못된 1심판결을 확정하는 문제가 있고 ② 환송설은 1심에 불이익변경을 미루는 것이 되어 소송경제에 반한다(절충설도 사실상 환송설과 다를바 없다). 따라서 불이익변경금지의 원칙은 원판결이 상소인에게 인정한 '실체법상의 지위'를 빼앗지 못하도록 하는 원칙으로 이해하여, 원판결이 소송판결인 경우에는 이 원칙이 적용되지 않아 청구기각판결이 가능하다고 보고[3] 청구자체가 이유가 없다면 다시 제소하지 못하게 하는 청구기각설이 타당하다고 본다.

3) 판결이유변경의 경우

　　제1심판결의 이유를 변경하는 것은 판결주문에는 영향이 없으므로 당사자에게 불이익한 변경을 할 수 있다. 예컨대 원고의 대여금청구를 변제를 이유로 기각하여 원고만 항소한 경우 소멸시효를 이유로 항소기각을 하여도 불이익변경금지가 아니다.

　　결보다 불이익한 판결을 할 할 수 없다(2001다76298).
1) 대판 82누491.
2) 서울고등법원 2010나63173.
3) 정동윤·유병현, 787.

4) 1심에서 상계항변 인용으로 원고 청구기각에 대한 항소

예컨대 원고가 대여금 1억원의 지급을 구하는 소를 제기하였는데, 피고가 대여 사실을 부인하면서도 예비적으로 1억의 물품대금채권으로 한 상계항변을 인용하여 1심법원이 원고의 청구를 기각한 경우에 상계에 대한 판단은 판단이유 중의 판단이라도 기판력이 발생하므로(216 ②) 달리 보아야 한다.

가) 상계항변의 인용에 대한 불만으로 원고만이 항소한 경우 항소심이 원고의 소구채권(대여금채권)이 부존재한다고 판단되어도 원고의 항소에 대하여 소구채권의 부존재를 이유로 항소를 기각하거나 원고의 청구기각의 판결을 할 수 없다. 항소한 원고로서는 상계에 제공된 피고의 반대채권의 소멸의 이익마저 잃게 되어 1심판결보다 불리해지기 때문이다. 따라서 항소법원은 1심과 같은 이유로 항소기각의 판결을 하여야 한다. 소구채권은 심판의 대상이 아니므로 심판하여서는 안 된다.

나) 소구채권의 인용에 대한 불만으로 피고만 항소한 경우 항소심이 피고주장의 물품대금채권(자동채권)이 부존재한다고 판단되어도 이를 이유로 피고의 상계항변을 배척하면서 항소기각할 수 없다. 항소한 피고로서는 상계에 제공된 자동채권 인정의 이익마저 잃게 되어 1심판결보다 불리해지기 때문이다.[1] 따라서 항소법원은 자동채권이 존재하는 것처럼 인정하여 1심과 같은 이유로 항소기각의 판결을 하여야 한다.

(라) 위반의 효과

불이익변경금지원칙에 위반한 항소심판결은 처분권주의에 위배하여 법령위반으로 상고이유가 된다.

(마) 원칙의 예외

다음은 위 원칙이 적용되지 않는 경우이다.

1) **직권탐지사항과 직권조사사항**인 소송요건의 흠, 판결절차의 위배의 경우.

2) **형식적 형성소송**(경계확정소송, 공유물 분할청구소송 등)의 경우: 항소심은 1심판결이 정한 경계선을 변경할 수 있고 항소인은 오히려 불리하게도 될 수 있다.

3) **예비적·선택적 공동소송**: 채무자를 모순 없이 가리려는 합일확정소송의 특성상 불이익변경금지의 원칙이 적용되지 않는다. 따라서 패소한 예비적 피고만 항소한 경우 승소한 주위적 피고에게도 항소의 효력이 미쳐서 원고는 주위적 피고

---

1) 대판 94다18911: 피고의 상계항변을 인용한 제1심판결에 대하여 피고만이 항소하고 원고는 항소를 제기하지 아니하였는데, 항소심이 피고의 상계항변을 판단함에 있어 제1심이 자동채권으로 인정하였던 부분을 인정하지 아니하고 그 부분에 관하여 피고의 상계항변을 배척하였다면, 항소인인 피고에게 불이익하게 제1심판결을 변경한 것에 해당한다.

에게서 승소판결을 받을 수 있다.

　　4) **독립당사자참가소송**에서도 합일확정소송의 특성상 패소하였으나 상소하지 아니한 당사자에게도 항소심에서 유리하게 판결할 수 있다.

　　5) **항소심에서 한 상계주장**이 이유 있다고 인정된 경우는 일부승소한 원고에게 1심보다 더 불리한 판결을 할 수 있다(415 단서). 예컨대 원고가 1억원의 대여금청구의 소에 대하여 4천만원이 인용된 경우 원고가 패소 부분을 항소하자 항소심에서 피고가 3천만원의 반대채권으로 상계항변한 경우 항소심은 1천만원의 지급을 명하는 판결을 할 수도 있다.

　　6) 패소 부분에 대하여 피고만이 상고하여 **파기환송**된 뒤 환송심에서 환송 전의 판결보다 피고에게 더 불리한 판결을 할 수 있다.

　　7) **부대항소**있는 경우에도 항소인에게 더 불리한 판결을 할 수 있다.

　　8) **소송비용재판과 가집행선고**는 신청이 없어도 직권으로 하며 신청을 하여도 그 내용보다 불이익하게 할 수 있다. 가집행선고는 재산권의 청구에 관한 판결의 경우 상당한 이유가 없는 한 당사자의 신청 유무와 관계없이 선고하는 것으로 법원의 직권판단사항이어서 처분권주의의 적용을 받지 않는 것이므로 가집행선고가 붙지 않은 제1심판결에 대하여 피고만이 항소한 항소심이 항소기각하면서 가집행선고를 붙인 것이 불이익변경금지의 원칙에 위배되지 않는다.[1]

　▨ **사례해설**

　사안은 甲이 미성년자(소송무능력자)가 아닌데도(만 20세 1개월) 1심법원이 소송무능력을 이유로 소를 잘못 각하한 경우에 항소심이 청구기각의 심증이 형성된 경우 즉, 항소심법원이 소 자체는 적법하지만 본안에서 원고 청구가 이유가 없어 기각할 사안이라고 판단되는 경우에 항소심의 판결내용의 문제이다. ▨

제5절 항소심판결의 주문

1. 항소기각

제1심 판결이 정당하여 항소를 기각할 경우 『원고(또는 피고)의 항소를 기각한

---

1) 대판 90다17804.

다. 항소비용은 원고(또는 피고)가 부담한다』라고 표시한다.

2. 항소의 전부인용

제1심에서 인용된 경우 항소의 전부를 인용할 경우 『원판결을 취소한다. 원고의 청구를 기각한다』라고 표시한다.

제1심에서 기각된 경우 항소의 전부를 인용할 경우 『원판결을 취소한다. 피고는 원고에게 금 ○○○원을 지급하라』라고 표시한다.

3. 항소의 일부인용

제1심 판결이 『피고는 원고에게 금 500만원을 지급하라』인 경우에 대하여 항소심에서 200만원이 인정되는 경우 『원판결을 다음과 같이 변경한다. 피고는 원고에게 금 200만원을 지급하라. 원고의 나머지 청구를 기각한다』라고 표시한다.

4. 항소심에서 청구의 변경이 있는 경우

(1) 청구의 감축

항소심에서 원고가 청구의 일부를 감축하거나 취하한 경우 그 한도에서 1심 판결은 실효되고 나머지 부분에 대하여만 제1심판결의 당부를 가린다. 제1심판결이 정당하면 『항소기각을 한다. 원판결의 주문 제1항은 당심에서 청구의 감축에 의하여 다음과 같이 변경되었다. 피고는 원고에게 금 ○○○원을 지급하라』고 표시한다.

(2) 청구의 확장과 추가

피고가 항소하였으나 원고가 부대항소하여 청구를 확장한 경우 항소심에서 원고 청구를 전부 인용하는 경우는 『피고의 항소를 기각한다. 피고는 원고에게 금 ○○○원을 지급하라』고 표시한다(이 금원은 원고가 확장한 금액임).

항소한 피고가 모두 승소한 경우는 『원판결을 취소한다. 원고의 원심 및 당심에서의 청구를 모두 기각한다』라고 표시한다.

(3) 항소심에서의 소의 교환적 변경

변경된 신청구의 당부만이 심판대상이 되므로 항소심은 사실상 제1심으로 심판한다. 신청구를 배척하는 경우에는 『원고의 청구를 기각한다』라는 주문을 표시한다. 원판결취소나 항소기각의 여지가 없다.[1]

---

1) 대판 2007다83908.

≪사례≫ 甲이 乙을 상대로 1억원의 대여금청구의 소를 제기하였다. 乙은 자신이 1억원을 대여받은 사실이 없고 만약 빌렸다고 하더라도 전액을 변제하였으며, 위 주장들이 인정되지 않는 경우라면 예비적으로 자신의 甲에 대한 1억원의 물품대금채권으로 상계한다고 주장한다(다음 설문은 서로 독립적임). [2009년 변리사시험]

[1] 제1심법원은 심리결과 乙이 甲으로부터 대여받은 사실은 인정되고, 乙의 변제항변은 이유 없으나, 乙의 상계항변이 이유 있다고 판단하여 청구기각판결을 선고하였다.

   (1) 乙은 위 제1심판결에 대하여 항소할 수 있는가?

   (2) 甲만이 항소하였는바, 항소심법원은 乙이 甲으로부터 대여 받은 사실이 없다고 판단하였다. 항소심법원은 어떻게 판결하여야 하는가?

[2] 제1심법원은 乙이 甲으로부터 대여받은 사실이 없다고 판단하여 청구기각판결을 선고하였다. 甲만이 항소하였는바, 항소심법원은 乙이 甲으로부터 대여받기는 하였지만 乙의 변제항변이 이유가 있다고 판단하였다. 항소심법원은 어떤 판결을 하여야 하는가?

사례해설

[1] (1) 상계의 기판력에 의한 불이익을 면하기 위하여 乙에게 항소할 이익이 있다. 전부승소자의 상소의 이익 여부에 관한 문제로서 통설·판례가 취하고 있는 형식적 불복설이 타당하지만 전부승소한 乙은 원고의 소구채권의 부존재를 판결이유로 승소한 것보다 결과적으로 불이익이 되기 때문이다(216 ②).

   (2) 대여받은 사실이 없다는 이유로 변경함은 항소인에게 불이익한 변경이므로 1심과 같은 이유를 들어 항소기각한다. 소구채권의 부존재를 이유로 변경하는 것은 항소인에게 불이익(피고의 반대채권소멸이라는 이익의 소멸)하게 변경하는 것이므로 제1심과 같은 이유인 상계항변인용을 이유로 항소를 기각하여야 한다. 항소심에서 비로소 상계항변을 인정한 것으로 판단하고 이를 이유로 청구를 기각할 수 없다.

[2] 제414조 2항에 의하여 항소기각하는 문제이다. 이유변경에는 불이익변경 원칙이 적용되지 않으므로 인정되는 이유인 변제항변을 받아들인다는 이유를 적시하여 항소를 기각한다.

≪사례≫ 오피스텔분양업자 甲은 X토지상에 10층 건물을 지어 분양하기로 하고 건축업자 乙과 공사대금 50억원으로 정하여 건축도급계약하였다. 이 때 위 공사대금에 대한 담보로 X토지의 소유자 丙은 X토지에 대하여 근저당권자를 乙, 채권최고액 50억원으로 하는 근저당권을 설정하였다. 그 후 건물은 완공되었으나 분양이 원활하게 되지 아니하여 甲은 乙에게 공사대금을 지급하지 못하였다. 乙은 위 공사대금채권을 丁에게 양도하면서 위 근저당권이전의 부기등기를 경료하였다. 丙은 사건 채권양도 당시 물상보증인 丙의 동의나 승낙이 없어서 피담보채권이 양도되더라도 근저당권은 이전하지 않는다거나 乙의 甲에 대한 채권이 존재하고 있었다고 하더라도 甲에게 양도통지를 하지 않았거나 그의 승낙을 받지 않았으므로 채권양도는 효력이 없다고 주장하며 이 사건 근저당권이전의 부기등기만의 말소를 구하는 소를 제기하였다.

[1] 丙은 사건 채권양도 당시 물상보증인 丙의 동의나 승낙이 없어서 피담보채권이 양도되더라도 근저당권은 이전하지 않는다는 주장은 타당한가?

[2] 위 사건에 대한 제1심 법원은 丙이 근저당권이전의 부기등기만의 말소를 구하는 소는 소익이 없다고 각하판결을 하였다. 이 판결은 적법한가?

[3] 위 각하판결에 대하여 丙은 항소하였다. 항소심 법원은 이에 대하여 어떤 판단을 할 것인가?

▨ **사례해설**

[1] 저당권부 채권의 양도는 언제나 저당권의 양도와 채권양도가 결합되어 행해지므로 저 당권부 채권의 양도는 물권변동의 일반원칙에 따라 저당권을 이전할 것을 목적으로 하는 물권적 합의와 등기가 있어야 저당권이 이전되나, 이때의 물권적 합의는 저당권의 양도·양수받는 당사자 사이에 있으면 족하고 그 외에 그 채무자나 물상보증인 사이에까지 있어야 하는 것은 아니다. 단지 채권양도의 통지·승낙이 있으면 채권양도를 가지고 채무자에게 대항할 수 있게 될 뿐이다. 따라서 丙의 주장은 타당하지 않다.

[2] 근저당권이전의 부기등기가 기존의 주등기인 근저당권설정등기에 종속되어 주등기와 일체를 이룬 경우에는 부기등기만의 말소를 따로 인정할 아무런 실익이 없지만, 근저당권의 이전원인만이 무효로 되거나 취소 또는 해제된 경우, 즉 근저당권의 주등기 자체는 유효한 것을 전제로 이와는 별도로 근저당권이전의 부기등기에 한하여 무효사유가 있다는 이유로 부기등기만의 효력을 다투는 경우에는 그 부기등기의 말소를 소구할 필요가 있으므로 예외적으로 소의 이익이 있다.[1] 따라서 위 제1심 판결은 적법하지 않다.

[3] 丙의 위 각 주장은 인정되지 않는 사실에 기초한 것으로서 결국 받아들일 수 없고, 따라서 원심이 이 사건 청구에 대해 기각하여야 할 것을 소의 이익이 없음을 전제로 각하한 것은 잘못이라 할 것이나, 원심판결에 대해 원고만이 항소하였으므로 불이익변경금지의 원칙상 소각하한 원심판결을 그대로 유지하여야 할 것이다. ▨

<선택형>

1. 甲이 乙을 상대로 1억원의 대여금청구의 소를 제기하였다. 乙은 자신이 위 1억원을 대여받은 사실이 없고, 만약 빌렸다고 하더라도 전액을 변제하였으며 위 주장들이 인정되지 않는 경우라면 예비적으로 자신의 甲에 대한 1억원의 물품대금채권으로 상계한다고 주장하였다. 이에 대하여 다음 각 설명 중 옳지 않은 것은? (다툼시 판례에 의함)[2]

① 제1심법원은 乙이 甲으로부터 1억원을 대여받은 사실이 없다고 판단하여 청구기각판결을 선고하여 甲만이 항소하였는데, 항소심법원은 乙이 甲으로부터 대여받았지만 乙의 변제항변이 이유 있다는 심증을 갖게 되었다면 항소심은 항소를 기각한다.

② 제1심법원은 심리결과 乙이 甲으로부터 1억원을 대여받은 사실은 인정되고, 乙의 변제항변은 이유 없으나, 乙의 상계항변이 이유 있다고 판단하여 청구기각판결을 선고하자 甲만이 항소하였는바, 항소심법원은 심리 끝에 乙이 甲으로부터 대여받은 사실이 없다고 심증을 갖게 되었다면 항소심법원은 청구기각판결을 하여야 한다.

③ 제1심법원은 심리결과 乙이 甲으로부터 1억원을 대여받은 사실은 인정되고, 乙의 변제항변은 이유 없으나, 乙의 상계항변이 이유 있다고 판단하여 청구기각판결을 선고하였다면 乙은 위 제1심판결에 대하여 항소할 수 있다.

---

1) 대판 2002다15412,15429.
2) ②. 대여받은 사실이 없다는 이유로 변경함은 항소인에게 불이익한 변경이므로 1심과 같은 이유를 들어 항수기각한다. 소구채권의 부존재를 이유로 변경하는 것은 항소인에게 불이익(피고의 반대채권소멸이라는 이익의 소멸)하게 변경하는 것이므로 제1심과 같은 이유인 상계항변인용을 이유로 항소를 기각하여야 한다. 항소심에서 비로소 상계항변을 인정한 것으로 판단하고 이를 이유로 청구를 기각할 수 없다.

④ 제1심법원은 원고가 1억원의 대여금청구의 소에 대하여 6천만원의 변제사실을 인정하여 4천만원이 인용된 경우 원고 甲만 항소하자 항소심에서 피고가 새로이 3천만원의 다른 반대채권으로 상계항변한 것을 인정하는 경우 항소심은 1천만원의 지급을 명하는 판결을 할 수도 있다.

⑤ 제1심법원은 심리결과 乙이 甲으로부터 1억원을 대여사실을 인정하고 乙의 상계항변을 이유로 청구기각판결을 선고한 경우 소구채권의 인용에 대한 불만으로 피고만 항소한 경우 항소심이 피고 乙주장의 물품대금채권(자동채권)이 부존재한다고 판단되어도 이를 이유로 피고의 상계항변을 배척하면서 항소기각할 수 없다.

2. 부대항소에 관한 판례의 설명으로 옳지 않은 것은?[1) [법무부 2103]

① 제1심에서 전부 승소한 원고도 항소심 계속중 피고만이 항소를 한 경우에 그 청구취지를 확장·변경할 수 있고, 그것이 피고에게 불리하게 되는 한도 내에서는 부대항소를 한 취지로도 볼 수 있어 청구취지의 확장에 따라 제1심보다 항소심의 인용액이 늘어났다고 하여서 불이익변경금지 원칙에 어긋난다고 볼 수 없다.

② 항소심에서, 제1심 사실인정에 따르는 경우에 전부승소한 원고의 부대항소가 있는 경우에도 원고의 과실상계 정도를 제1심과 달리 새로이 정할 수는 없다할 것이므로 제1심의 과실상계 정도와 다르게 인정하는 것은 위법하다.

③ 통상의 공동소송에 있어 공동당사자 일부만이 상고를 제기한 때에는 피상고인은 상고인인 공동소송인 이외의 다른 공동소송인을 상대방으로 하거나 상대방으로 보태어 부대상고를 제기할 수는 없다.

④ 피고의 추완항소를 받아들여 심리 결과 본안판단에서 피고의 항소가 이유 없다고 기각하자 추완항소를 신청했던 피고 자신이 상고이유에서 그 부적법을 스스로 주장하는 것은 종전의 태도와 지극히 모순되는 소송행위를 하는 것으로서 신의칙상 허용될 수 없다.

⑤ 원고가 제1심에서 금원의 수령과 동시에 소유권이전등기의 말소를 구하여 승소판결을 받았는데 이에 대하여 피고만이 항소를 제기한 경우 항소심에서 원고가 금원 수령과의 동시이행부분을 철회한 것을 부대항소로 보아 등기말소 청구만을 인용하는 변경판결을 한 것은 불이익변경금지의 원칙에 위배되지 아니한다.

3. 판결의 확정 및 상소에 대한 설명 중 옳지 않은 것은? (다툼시 판례에 의함)[2) [법전협 2013. 1차 변형]

① 판결은 상소를 제기할 수 있는 기간이 도과되면 확정된다.

② 항소를 한 뒤 소송기록이 있는 제1심법원에 항소권 포기서를 제출한 즉시 항소권 포기의 효력이 발생한다.

③ 제1심판결정본이 적법하게 송달된 바 없으면 그 판결에 대한 항소기간은 진행되지 아니하므로 그 판결은 형식적으로도 확정되었다고 볼 수 없다.

④ 항소제기기간의 준수 여부는 항소장이 제1심법원에 접수된 때를 기준으로 하여 판단하여야 하며, 비록 항소장이 항소제기기간 내에 제1심법원 이외의 법원에 제출 되었더라도 항소제기의 효력은 있다.

---

1) ②. 피고만이 항소를 한 경우에도, 상대방이 항소심에서 청구취지의 확장을 한 경우엔 부대항소가 있는 것으로 의제되고, 항소심에서, 제1심 사실인정에 따르면서도 원고의 과실상계 정도를 제1심과 달리 새로이 정할 수 있다(대판 80다982). ① 대판 2008다18376; 80다982. ⑤ 대판 79다892.

2) ④. 대판 92마146. ② 대판 2005마933. ⑤ 제396조 단서.

⑤ 항소는 1심법원이 선고한 판결서가 송달된 날부터 2주 이내에 하여야 하지만, 그 판결서 송달 전에는 할 수 있다.

---

4. 항소심에서의 청구의 변경에 대한 다음 설명 중 옳지 않은 것은? (다툼시 경우 판례에 의함)[1]   [법전협 2013. 2차]

① 5,000만원의 청구를 인용한 제1심판결에 대한 항소심에서 원고가 청구를 감축하여 3,000만 원을 청구한 경우, 법원이 제1심판결이 정당하다고 보는 때에는 주문에서 항소기각을 하면서 집행의 범위를 명확히 하기 위하여 "원 판결의 주문 제1항은 당심에서 청구의 감축에 의하여 다음과 같이 변경되었다. 피고는 원고에게 금 3,000만원을 지급하라"는 주문 표시를 한다.

② 제1심에서 원고가 5,000만원의 청구에 대하여 전부 승소하자 피고가 항소하였고 이에 다시 원고가 부대항소를 하면서 청구를 7,000만원으로 확장한 경우, 법원이 원고를 전부 승소시킬 경우에는 "원 판결을 다음과 같이 변경한다. 피고는 원고에게 금 7,000만원을 지급하라"는 주문 표시를 할 수 있다.

③ 원고가 제1심에서 가옥인도청구가 인용되었는데 피고가 항소하자 항소심에서 손해배상청구를 추가한 경우, 법원이 새 청구까지 인용할 때에는 제1심판결에 대한 항소를 기각하고 새청구를 인용하는 주문표시를 한다.

④ 제1심에서 청구기각판결이 있은 후 항소심에 이르러 새로운 청구가 추가된 경우, 항소심법원이 기존의 청구와 항소심에서 추가된 청구를 모두 배척할 경우에는 일괄적으로 "항소를 기각한다"는 주문표시를 한다.

⑤ 항소심에서 청구가 선택적으로 병합되고 새로 병합된 청구가 이유 있다고 법원이 인정할 경우, 법원은 항소기각이 아니라 제1심판결을 취소하고 새 청구를 받아들이는 주문표시를 한다.

---

5. 다음 1심판결 주문과 피고의 항소장을 보고 추론한 내용 중 옳지 않은 것은?(다툼시 판례에 의함)[2]   [법전협 2014. 1차]

<1심판결 주문>
1. 피고는 원고에게 1억원을 지급하라.
2. 원고의 나머지 청구를 기각한다.
3. 소송비용은 이를 2분하여 그 1은 원고의, 나머지는 피고의 부담으로 한다.

<피고의 항소취지>
1. 원심판결 중 피고 패소 부분을 취소한다.
2. 원고의 청구를 모두 기각한다.
3. 소송총비용은 원고의 부담으로 한다.

① 원고의 청구금액은 약 2억원 전후일 것으로 추정된다.
② 원고는 피고의 동의를 얻어 항소심 계속중 소를 취하할 수 있다.
③ 피고는 항소심에서 항소를 취하할 수도 있다.
④ 피고는 항소제기와 함께 강제집행정지신청을 하였을 것이다.
⑤ 피고만이 항소기간 내에 항소를 제기하였더라도 원고는 항소심절차가 진행되는 동안 원래의 청구금액을 증액할 수 있다.

---

6. 甲은 자기 소유의 말 1필을 습득하여 점유하고 있는 乙에 대해 반환을 요구하였으나, 乙은 그 말이 자기의 소유가 아니라는 것은 인정하면서도 이 말이 처음 자기의 농장에 들어와서 입힌 피해와 그 후 6개월 동안 키우면서 들어간 사료비 등 250만원을 돌려주지 않으면 말을 돌려줄 수 없다고 항변하고 있다. 이에 甲은 법원에 이 말의 인도를 구하는 소를 제기하였다. 다음 설명 중 옳은 것은? (다툼시 판례에 의함)[1]   [법전협 2014. 3차]

① 乙이 자신이 지출한 비용에 대해 정당한 유치권의 항변을 하더라도 법원은 이와 무관하게 단순이행의 판결을 하여야 한다.
② 상환이행의 판결은 동시이행의 항변이 있을 경우에 한하여 선고될 수 있다.
③ 법원은 甲이 명시적으로 반대하지 않는 한 상환이행의 판결을 할 수 있다.
④ 乙이 유치권의 항변만을 하고 반소청구를 하지 않은 경우라도 법원은 甲에 대하여 "甲은 乙에게 乙이 지출한 비용을 변제하라"는 취지의 판결주문을 선고하여야 한다.
⑤ 제1심법원이 200만원과 상환하여 말을 인도하라는 판결을 하여 이에 대해 甲만이 항소하였다면, 항소심법원은 250만원과 상환하여 말을 인도하라고 판결할 수 있다.

7. 원고는 피고에게 대여금 1천만원의 지급을 구하는 소를 제기하여 1심에서 500만원의 지급을 명하는 판결을 선고받았다. 다음 설명 중 옳지 않은 것은?[2]   [법전협 2014. 3차]

① 원고와 피고 모두 항소의 이익이 있다.
② 소송비용은 사정에 따라 피고가 소송비용의 전부를 부담할 수 있다.
③ 이 사건은 재산권의 청구에 관한 판결이므로 가집행선고를 붙이는 것이 원칙이지만, 담보의 제공 여부는 법원의 재량이다.
④ 이 사건의 항소심은 지방법원본원 합의부 혹은 일부 지방법원지원 합의부 관할이다.
⑤ 항소를 한 뒤에 항소권의 포기를 하는 경우에는 항소심법원에 서면으로 항소포기서를 제출하여야 한다.

8. 다음의 항소심판결 중 불이익변경금지의 원칙에 위배되지 않는 것은? (부대항소는 고려하지 않음)[3]   [법전협 2015. 1차]

① 변제를 이유로 제1심에서 청구기각판결을 받은 원고의 대여금청구에 대하여 원고만이 항소하였는데, 시효 소멸을 이유로 항소를 기각한 항소심판결
② 제1심에서 피고의 상계항변을 받아들여 원고의 대여금청구를 기각하는 판결에 대하여 원고만이 항소하였는데, 금전대여 사실을 부정하면서 항소를 기각한 항소심판결
③ 대여금청구사건에서 피고의 상계항변을 인용한 제1심판결에 대하여 피고만이 항소하였는

---

1) ③. 원고가 단순이행청구를 하더라도 피고의 동시이행항변 또는 유치권항변이 이유가 있으면 원고의 명시적 반대의사표시가 없는 한 동시이행판결을 한다(대판 79다1508; 69다1592). ④ 유치권의 항변은 방어방법일 뿐이므로 반소제기가 없는 한 유치권의 피담보채무의 이행을 명하는 판결을 하지 않는다. ⑤ 동시이행의 판결에 있어서 반대급부의 내용이 항소한 원고에게 불리하게 변경된 경우에는 불이익변경금지 원칙에 반한다(대판 2004다8197).
2) ⑤. 항소권의 포기는 항소하기 이전에는 제1심법원에, 항소한 뒤에는 소송기록이 있는 법원에 서면으로 하여야 한다(395 ①).
3) ①. 제1심판결의 이유가 정당하지 아니한 경우에도 다른 이유에 따라 그 판결이 정당하다고 인정되는 때에는 항소를 기각하여야 한다(414 ②). ② 제1심에서 금전대여사실을 인정받은 이익에 반하는 판결을 할 수 없다. ③ 자동채권을 인정받은 이익에 반하는 판결을 할 수 없다. ④ 원고가 부담할 반대급부를 감축하는 것은 항소한 피고에게 불리한 판결이다. ⑤ 피고에게 불이익한 판결로서 불이익변경금지원칙에 반한다.

데, 제1심에서 상계된 자동채권으로 인정하였던 부분이 인정되니 않는다는 이유로 상계 항변을 배척하면서 항소를 기각한 항소심판결

④ 동시이행판결을 내렸던 제1심판결에 대하여 피고만이 항소하였는데, 원고가 부담할 반대급부의 금액만을 감축한 항소심판결

⑤ 금 1억원의 대여금청구소송에서 금 5천만원만을 인용한 제1심판결에 대하여 피고만이 항소하였는데, 금 1억원 전부가 인정된다는 이유로 피고에게 금 1억원 전부의 지급을 명하는 항소심판결

제3장 상　　고

제1절 상고의 의의와 상고심

I. 상고의 의의

상고는 원판결의 당부를 법률심으로서의 상고심에 불복신청하는 것으로 통상 항소심의 종국판결에 대한 상소이다. 즉 고등법원이 항소심으로서 한 판결과 지방법원합의부(본원 또는 지원의 합의부)가 항소심으로 한 판결이 상고의 대상이 된다(423 ①, 법원 14(1)). 다만, 특허법원의 판결, 중앙해양안전심판원의 재결(해양사고 3, 해양사고 74), 공정거래위원회의 처분에 관한 소에 대하여 전속관할인 서울고등법원판결 (공정거래 54, 55), 제1심판결에 대하여 불항소합의가 있는 경우(비약상고 390 단서) 등에 대하여는 직접 대법원에 상고할 수 있다. 어떤 사건에 관하여 상고허용 여부는 입법재량의 문제이다.

상고는 대법원이 상고를 독점하게 하여 법령해석의 통일을 기하고, 상고의 이익을 가진 당사자만이 상고를 제기할 수 있게 하여 오판으로부터 당사자의 구제함을 목적으로 한다.

Ⅱ. 법률심으로서의 상고심

상고심은 원판결의 당부를 법률적인 측면에서만 심사하는 사후심이다. 원심 판결이 적법하게 확정한 사실은 상고법원을 기속한다(432, 433). 따라서 새로운 청구나 청구의 변경은 새로운 사실조사를 하여야 하기 때문에 허용되지 아니함이 원칙이다.

예외로 가집행선고로 인한 가지급물의 반환신청(215 ②)은 그 신청이유로서 주장하는 사실관계에 대하여 당사자간에 다툼이 없어 사실심리를 요하지 아니하는 경우에는 새로운 청구가 허용되고,[1] 또한 직권조사사항인 소송요건·상소요건의 존부, 재심사유, 판단누락 등을 판단하기 위해서 새로운 사항을 참작할 수 있고 필요한 증거조사도 가능하다(434).

제2절 상고이유

상고이유로는 판결에 영향을 미친 헌법·법률, 명령 또는 규칙의 위반이 있는 경우에 인정되는 일반적 상고이유(423), 원판결의 결과에 영향을 미쳤는지의 여부와 관계없이 상고이유가 되는 절대적 상고이유(424), 재심사유와 소액심판법상의 상고이유의 특례가 있다.

Ⅰ. 일반적 상고이유

현행법상 일반적 상고이유가 되는 것은 판결에 영향을 미친 법령위반인 경우이고 사실인정의 과오는 해당되지 않는다(423).

1. 법령위반

(1) 법령에는 조례, 비준가입한 국제조약·협정, 보통거래약관이나 법인의 정관도 포함되며, 경험법칙도 법규에 준하여 판단의 전제가 된다. 대법원 판례위반도 지접적으로 법령위반은 아니나 법령해석의 잘못이 있는 것이 되어 결국 법령위반

---

1) 대판 80다2055.

이 된다.[1]

(2) 법령위반의 원인

법령위반의 원인을 기준으로 법령**해석의 과오**와 법령**적용의 과오** 모두 법률문제로서 상고이유가 된다.

사실인정의 과오는 사실문제로서 상고이유가 아니나, 자유심증주의의 한계를 벗어난 사실인정은 위법하여 상고이유가 될 수 있다.[2] 구체적 사실의 존부는 사실문제이나 사실에 대한 평가적 판단(과실, 정당한 사유, 신의칙위반)은 법률문제이다. 법원의 자유재량에 속하는 사항이나 증언의 신빙성, 서증의 증거력 등 증거가치의 평가는 사실문제이나, 사실추정의 법리·논리칙·경험칙의 위반 여부는 법률문제가 될 수 있으며 이를 현저히 위반한 사실인정은 상고이유가 되며 이를 채증법칙 위반이라 한다.[3] 또한 법률행위와 관련하여 의사표시의 존부 및 내용의 인정자체는 사실문제이나, 그에 기하여 법률상 어떤 법률효과를 인정할 것이냐는 법률문제이다.[4]

(3) 법령위반의 형태

법령위반의 형태를 기준으로 한 **판단상 과오**과 절차법규를 위배한 **절차상 과오** 모두 포함된다.

1) 판단상의 과오는 원심판결에서의 법률판단이 부당하여 청구의 당부판단을 잘못을 초래한, 주로 실체법을 위반한 경우이다. 법령의 올바른 적용은 법원의 당연한 직책이므로 법원은 당사자 주장의 상고이유에 구속됨이 없이 법률판단상의 과오를 직권조사하여야 한다(434). 이를 상고이유불구속의 원칙이라 한다.

2) 변론주의의 위반, 석명의무위반 등 절차상의 과오는 직권조사사항을 제외하고는 당사자가 상고이유로 주장한 경우에 한하여 조사한다(431). 다만 절차상 잘못이 있더라도 훈시규정·임의규정위반의 경우 이의권의 포기·상실되면 상고이유로 삼을 수 없다. 판례는 필요한 심리를 다하지 않고 결심한 심리미진도 상고이유가 된다고 하나[5] 심리미진은 법령해석·적용 이전의 문제로서 사실심리를 다

---

1) 이시윤, 880.
2) 대판 92다27164: 불법행위로 인한 손해배상책임의 범위를 정함에 있어 과실상계사유가 있을 때에는 먼저 그 사실을 인정하고, 이에 터잡아 과실상계의 정도를 정하는 것이고, 과실상계의 원인사실을 설시한 바 없이 과실상계만 한다면 무엇을 원인으로 하여 과실상계한 것인지, 과실상계를 한 것이 옳은 것인지, 과실상계의 정도가 적정한 것인지 알 수 없어 그와 같은 판결의 설시는 위법하다.
3) 이시윤, 880.
4) 김홍엽, 1078.
5) 대판 2004다4386: 원심판결에는 채증법칙 위배 또는 심리미진으로 인하여 사실을 오인하거나 불법행위로 인한 정신적 손해배상책임에 관한 법리를 오해한 위법이 있다고 할 것이고, 이러한 위법은 판결의 결과에 영향

하지 아니한 것을 의미하지만 어떤 법령위반에 해당하는지의 여부가 분명하지 아니하여 독립한 상고이유로 함에는 신중을 기하여야 한다.[1]

2. 판결에의 영향

단순히 법령위반만으로는 상고이유가 되지 아니하고, 법령위반과 판결주문 사이에 인과관계가 있어야 한다. 인과관계의 정도와 관련하여 법령위반이 원심판결과 주문을 달라지게 할 가능성만 있어도 족하다고 보나,[2] 가능성만으로는 부족하고 개연성까지 필요하다는 견해도 있다.[3]

Ⅱ. 절대적 상고이유

원판결의 결과에의 영향 유무에 관계없이 상고이유가 되는 경우이다. 판결의 결론과의 사이에 인과관계의 유무에 관계없이 중대한 절차상 위반이 있는 사유로서 제424조에 열거된 6가지 과오이다.

1호 **판결법원구성의 위법**은 2명의 판사가 합의부를 구성한 경우와 같이 판결법원의 구성이 법원조직법 및 민사소송법을 적용하지 아니한 경우이다.

2호 **판결에 관여할 수 없는 법관의 관여**는 제척이유(41), 기피의 재판이 있는 법관(43), 파기환송된 원판결에 관여한 법관(436 ③)이 관여한 판결이 이에 해당한다.

3호 **전속관할 규정에 어긋날 때.**

4호 **대리권의 흠**은 당사자의 절차적 참여권을 보장하기 위한 것으로 대리인으로서 소송수행을 한 자에게 대리권이 없는 경우, 무능력자의 소송행위나 대리인의 특별한 권한의 흠이 있는 경우, 성명모용자에 의한 소송수행, 당사자 사망에 의한 소송절차의 중단을 간과하고 판결선고한 때, 변론기일에 책임에 돌릴 수 없는 사유로 불출석하였음에도 불구하고 그대로 판결한 경우 등이다. 다만, 대리권의 흠을 추인한 경우에는 상고이유가 되지 않는다.

5호 **변론공개규정에 어긋날 때**는 헌법 제109조와 법원조직법 제57조의 규정에 위배하여 변론을 공개하지 않은 경우이다.

6호 중 **판결이유를 밝히지 않는 것**은 이유기재를 요구하는 규정(208 ①(4))에 반

을 미쳤음이 분명하다.
1) 정영환, 1130.
2) 이시윤 882.
3) 강현중 755.

하는 것으로 판결에 이유를 전부 또는 이유의 일부를 빠뜨리는 경우, 이유의 어느 부분이 명확하지 아니하여 법원이 어떻게 사실을 인정하고 법규를 해석·적용하여 주문에 이르렀는지가 불명확한 경우,[1] 인정사실만으로 인정한 법률효과가 도출되지 않는 경우 등이 포함된다.

이유에 모순있는 경우는 판결이유의 문맥에 있어서 모순이 있어 일관성이 없고, 이유로서 체제를 갖추지 못한 것이다. 판결이유에서 부진정연대채무를 인정하면서 주문에서 '연대하여 또는 각자'가 아닌 '각'으로 표시하여 지급을 명한 경우이다. 다만, 중요사항에 대한 이유가 맞지 않은 경우를 가리키는 것이므로, 부가적이거나 또 단순한 증거의 채택과정에 있어서 이유의 불충분·불명료는 이에 해당되지 않는다.

Ⅲ. 재심사유와 소액사건의 상고이유

제451조 1항 4~7호 가벌적 재심사유에 관하여도 상소에 의하여 주장할 수 있기 때문에(451 ① 단서) 절대적 상고이유에 포함되어 있지 아니하여도(451 ①) 법령위배로서(423) 상고이유로 된다. 다만 그 재심사유들은 당해 사건에 대한 것이어야 하고, 당해 사건과 관련된 다른 사건에 재심사유가 존재한다는 점을 상고이유로 삼을 수는 없으며,[2] 법률심이 원칙인 상고심에 의한 사실심리는 가능한 예외적으로 허용할 것이므로 제451조 2항의 유죄의 확정판결 등의 요건이 필요하다고 할 것이다.

신속·간이성을 중시하는 소액사건은 ① 법률·명령·규칙 또는 처분의 헌법위반 여부와 명령·규칙 또는 처분의 법률위반 여부에 관한 판단이 부당한 때, ② 대법원판례에 상반되는 판단을 한 때만을 상고이유로 삼을 수 있게 제한하였다(소액 3).

---

1) 대판 2001다81245.
2) 대판 2000다41349.

제3절 상고심의 절차

상고 및 상고심절차에는 특별한 규정이 없는 한 항소 및 항소심절차에 관한 규정이 준용된다(425). 제1심의 소송절차에 관한 규정도 준용된다(408). 상고심절차는 상고장의 제출, 소송기록접수통지(426), 상고이유서의 제출(427), 심리속행사유의 심사(상고 4), 상고이유서의 송달과 답변서의 제출(428), 상고이유의 심리, 상고심의 종국판결의 순서로 진행된다.

Ⅰ. 상고의 제기

1. 상고장의 제출과 심사

상고기간 내(425, 396, 원판결 송달 후 2주 이내)에 상고장을 원심법원에 제출하여야 한다(425, 397).

원심법원의 원심재판장은 상고장에 필요적 기재사항(425, 397 ②)이 기재되었는지의 여부, 인지를 제대로 냈는지의 여부 등을 조사하여 흠이 있으면 보정명령을 발하고 소정기간 내에 보정하지 않은 경우 상고장을 각하한다(425, 399).

2. 소송기록의 송부와 접수통지

원심법원의 법원사무관 등은 상고장이 각하되지 않으면 소송기록을 상고법원에 송부하고(425, 400), 상고법원의 법원사무관 등이 소송기록을 송부받은 때에는 바로 그 사유를 당사자에게 통지하여야 한다(426). 상고심재판장이 상고장을 심사하여 각하하지 않으면 상고장부본을 피상고인에게 송달한다.

3. 상고이유서의 제출

(1) 상고인이 상고장에 상고이유를 기재하지 아니한 때에는 소송기록의 접수통지를 받은 날부터 20일 이내에 상고법원에 상고이유서를 제출하여야 한다(427). 상고심에서의 신속하고 원활한 운영을 도모하기 위해서이다.

(2) 제출기간은 법정기간이지만 불변기간은 아니다. 당사자가 책임질 수 없는 사유로 제출기간을 준수하지 못한 경우 추후보완은 할 수 없지만 제출기간을 연장하거나, 제출기간을 경과하여 제출한 상고이유서를 적법한 것으로 처리할 수 있다고 하는 판례는 광주민주화사태로 제출기간을 도과하여 대법원에 제출된 날

까지 연장하는 것을 인정한 바 있다.[1] 또한 책임질 수 없는 사유로 제출기간이 도과되어 상고기각판결이 확정된 경우 재심의 소를 제기할 수 있다.

(3) 상고법원의 판단의 대상이 되는 상고이유는 상고이유서 제출기간 내에 제출된 상고이유에 한한다. 예외로 기간경과 후에 새로운 상고이유가 생기거나 직권조사사항(429조 단서)은 그 후라도 추가 제출할 수 있다.

(4) 상고이유를 기재함에는 원심판결의 어느 점이 어떻게 법령에 위반되는지 명시적이고 구체적인 법령위배의 사유, 법령의 조항 또는 내용, 절차위반의 사실을 표시해야 하며, 절대적 상고이유의 경우에는 해당 조항 및 이에 해당하는 사실을 명시하고, 판례위반을 주장하는 때에는 그 판례를 구체적으로 명시해야 한다(규칙 129~131). 상고인이 제출한 상고이유서에 위와 같은 구체적이고도 명시적인 이유의 기재가 없는 때에는 상고이유서를 제출하지 않은 것으로 취급한다.[2]

4. 부대상고

피상고인은 상고에 부대하여 원판결을 자기에게 유리하게 변경할 것을 요구하는 부대상고를 할 수 있다(425, 403, 404). 법률심인 상고심에서는 청구의 변경이나 반소가 허용되지 아니하므로 전부승소자는 부대상고를 할 수 없다. 부대상고장과 그 상고이유서도 상고이유서의 제출기간 내에 제출하여야 한다.[3]

Ⅱ. 상고심리 불속행제도

1. 의 의

상고심리불속행제도는 상고인 주장의 상고이유에 중대한 법령위반에 관한 사항 등이 포함되어 있지 않으면 상고이유의 당부에 대하여 더 이상 본안심리를 속행하지 아니하고 판결로 상고기각하는 제도이다. 이는 대법원의 업무부담경감의 조화를 위한 제도로서 무익한 상고 내지 남상고를 본안심리에 앞서 사전에 추려 내어 대법원으로 하여금 법률심으로서의 기능을 강화하기 위하여 1994년 상고심절차에 관한 특례법에서 채택하였다. 그러나 국민의 재판받을 권리를 보호하고 사법제도개선안을 주장하는 입장에서는 고등법원에 상고심사부를 설치하여 심리불속행제도를 폐지하는 방안이 검토된 바 있다.

---

1) 대판 80다918.
2) 대판 2008다14633; 97다55126.
3) 대판 2000다30165; 2006다10439; 93다44524.

심리불속행재판의 법적 성격에 대하여 심리속행사유에 해당하는지에 대한 판단은 결국 상고이유에 관한 실체적 판단이라고 볼 수 있으므로 상고기각판결의 일종이다.[1]

2. 심리속행사유

(1) 통상소송절차의 심리속행사유: ① 헌법위반이나 헌법의 부당해석. ② 명령·규칙·처분의 법률위반 여부에 대한 부당판단. ③ 대법원판례위반. ④ 대법원판례의 부존재 또는 변경의 필요성. ⑤ 중대한 법령위반에 관한 사항. ⑥ 이유불명시·이유모순을 제외한 제425조 소정의 각 절대적 상고이유 등이다(상고 4 ①).

(2) 가압류·가처분절차의 경우, 위 6가지 중 ①~③ 사유만을 심리속행사유로 하여 상고심리를 제한하였으며 이에 해당되지 아니하면 상고기각판결을 한다(상고 4 ②).

(3) 다만, 상고이유로 주장한 바가 위 ①~⑥까지 속행사유에 해당되어도 그 주장 자체로 이유가 없거나 원심판결과 관계없거나 영향이 없는 때에는 심리속행을 하지 않는다(상고 4 ③).

3. 심리불속행판결의 특례와 그 적용범위

(1) 심리속행사유에 대한 조사는 직권조사사항이며 대법원은 조사하여 심리속행사유에 해당되지 아니할 때에는 심리불속행의 상고기각판결을 하여야 한다. 상고본안심리의 거부라는 점에서 소송판결에 해당하나 심리속행사유에 해당하는지의 여부에 관한 판단 역시 상고이유에 관한 실체적 판단으로 볼 수 있으므로 그 형식은 각하가 아닌 기각판결이어서 본안판결이다.[2] 본안판결과 같이 신중을 기한다는 정책적인 의미가 있다고 할 것이다.[3]

(2) 간이·신속한 처리를 위한 특례: ① 판결의 이유기재를 생략가능하며(상고 5 ①), 상고장각하명령의 경우처럼 인지1/2을 환급청구할 수 있다(인지 14 ① 6호). ② 판결의 선고가 불필요하며, 상고인에의 송달로써 고지를 갈음할 수 있고(인지 5 ②), ③ 대법관 3인 이상으로 구성된 재판부 즉 소부(현재는 4인으로 구성된다)에서 재판하는 경우만 할 수 있고(인지 6 ①), ④ 판결의 시한은 상고기록을 송부받은 날로부터 법원사무관 등에게 교부하기까지 4월 이내이며, 이 4월이 지나면 따로 결정 없이 심리속행결정이 난 것으로 본다(인지 6 ②). ⑤ 법원사무관 등이 판결원본을 교부받

1) 김홍엽, 1049.
2) 이시윤, 844.
3) 정영환, 1144.

은 때에 판결이 성립하고, 법원사무관 등은 교부받은 판결원본에 영수일자만을 부기하고 날인 후 바로 당사자에게 송달하여야 한다(인지 5 ③). 판결의 효력발생시기는 상고인에게 송달한 때이다(인지 5 ②).

(3) **심리불속행제도**는 민사소송뿐 아니라, 가사소송, 행정소송, 특허소송의 상고사건까지 모두 적용되며(인지 2), 같은 소송들의 재항고·특별항고에도 준용된다(인지 7).

4. 문 제 점

현재 상고심 사건의 약 70%가 심리불속행으로 상고기각판결을 받는 상황에서 상고심절차에 관한 특례법 제4조 1항 5호의 '중대한 법령위반'의 구체적 기준이 없고, 판결이유 기재가 생략되어 재판부 성향에 따른 자의적 판단이 개입될 수 있고, 당사자로서는 판결에 대한 예측가능성이 불분명한 점이 문제가 있다. 실제로 원심판결의 소송기록을 송부받아 그 기록 전체를 놓고 이를 토대로 심리속행 여부가 가려질 수밖에 없어 업무부담의 경감에 기대만큼의 효과를 거두기 어렵다(인지 6 ②). 또한 심리불속행판결은 공개법정에서 변론도 없고, 선고도 없고, 이유 기재도 없는 판결이 되어 재판의 공개와 공정한 재판청구권을 규정한 헌법과 조화가 문제될 수 있다.[1]

Ⅲ. 상고심의 본안심리

1. 상고이유서의 송달과 답변서의 제출

상고법원은 상고이유서의 제출을 받은 경우에는 지체없이 피상고인에게 그 부본이나 등본을 송달하여야 한다(428 ①). 피상고인은 그 송달을 받은 날로부터 10일 내에 답변서를 제출할 수 있다. 답변서를 제출하지 아니하여도 상고이유에 대한 자백간주의 불이익이 있는 것은 아니다. 제출된 답변서의 부본이나 등본은 상고인에게 송달을 요한다(428 ③).

2. 심리의 범위

(1) 상고법원은 상고이유가 심리속행사유를 포함하고 있으면 상고이유로서 주장한 사항에 한하여 또 불복신청의 한도에서 원판결의 정당 여부를 조사한다

---

1) 이시윤, 845.

(431). 그 결과 원판결을 변경하는 경우에도 불복신청의 한도에 한한다(425, 407 불이익변경금지의 원칙). 실체법의 판단의 과오에 대해서는 상고이유불구속의 원칙상 상고이유에 지적되지 아니하여도 직권으로 심사할 수 있다. 또 직권조사사항에 대해서는 이 원칙이 적용되지 아니하여 불복신청이 없는 부분도 파기할 수 있다(434).[1]

(2) 상고심은 법률심이므로 직권조사사항을 제외하고 새로운 소송자료의 수집과 사실확정을 할 수 없다. 새로운 소송자료를 제출할 수 없기 때문에 새로운 청구인 청구변경, 반소 등을 할 수 없다. 다만, 가집행선고의 실효로 인한 원상회복신청은 가능하다(215).

3. 심리의 방법

상고심은 상고장, 상고이유서, 답변서 그 밖의 소송기록에 의한 서면심리로 판결할 수 있는 임의적 변론절차에 의한다(430 ①). 진술간주나 상소취하간주규정이 적용되지 않는다고 할 것이다.[2] 필요한 경우에는 변론을 열어 특정한 사항에 관하여 전문적 식견을 가진 참고인의 진술을 들을 수 있고(430 ②), 당사자는 참고인의 진술이 끝난 후 그에 관한 의견을 진술할 수 있다(대법원에서의 변론에 관한 규칙 5 ⑥).

Ⅳ. 상고심의 종료와 재판

상고심은 상고 또는 부대상고에 대하여 판결이나 명령 등으로 종국적 재판을 하여야 한다. 또 종국적 재판 이외에 소의 취하, 청구의 포기·인낙, 화해 등 당사자 의사에 의한 소송종료가 가능하다.

1. 상고장각하명령과 상고각하명령

상고장이 원심판결의 표시와 상고취지의 방식위배나 인지미첨부시 보정명령에 응하지 아니한 경우 상고심 재판장은 상고장각하명령을 할 수 있고 이에 대하여는 즉시항고 할 수 없다. 대법원에 대한 상급법원이 없기 때문이다.

상고요건의 흠이 있는 경우에는 상고법원은 판결로써 상고를 각하한다(425, 413). 다만, 상고기간경과 후의 상고임을 발견한 때에는 명령으로 상고장각하를 하게 된다(425, 402 ②, 399 ②).

---

1) 대판 80다284.
2) 이시윤 849; 정영환 1147.

2. 상고기각판결

원심판결이 정당하다고 인정하여 상고가 이유 없다고 인정할 때에는 상고기각의 본안판결을 하여야 한다(425, 414 ①). 상고이유대로 원판결이 부당하다 하여도 다른 이유에 의하여 결과적으로 정당하다고 인정할 때에는 상고기각을 하여야 한다(425, 414 ②). 심리속행사유가 없는 때, 상고이유에 관한 주장이 그 주장 자체로도 이유가 없는 때, 상고이유서를 제출하지 아니한 때(429) 등에는 상고기각판결을 한다.

3. 상고인용판결

상고법원은 상고가 이유 있다고 인정하는 때에는 원판결을 파기한다(436 ①). 파기사유는 ① 상고에 정당한 이유가 있다고 인정할 때, ② 직권조사사항에 관하여 조사한 결과 원판결이 부당한 때 등이다. 다만 비약상고(422 ②)에 대하여는 원심판결의 사실확정이 법률에 어긋난다는 것을 이유로 그 판결을 파기하지 못한다(433).

(1) 환송 또는 이송

상고법원이 원판결을 파기한 경우에는 새로 사실심리가 필요한 경우가 많으므로 사건을 환송 또는 이송하는 것이 원칙이다. 환송은 원심법원에 대해서 하지만, 환송심을 구성할 수 없는 경우는 동등한 다른 법원으로 이송하여야 한다(436 ①).

(가) 환송 후의 심리절차

1) 환송판결이 선고되면 사건은 환송받는 법원에 당연히 계속된다. 따라서 환송받은 법원은 변론갱신절차를 밟아 새로 변론을 열어서 심판한다(436 ②, 204 ②).

2) 환송 후 환송심의 심판의 대상이 되는 청구는 원판결 중 파기되어 환송된 부분만이다. 원판결 중 ① 상고이유가 없다 하여 기각된 부분, ② 파기자판한 부분, ③ 상고로 불복신청이 없었던 부분은 심판대상에서 제외된다.

3) 환송 전의 원심판결에 관여한 판사는 환송 후의 재판에 관여할 수 없다(436 ③).

4) 변론을 갱신한 속행절차에서는 당해 심급에서 허용되는 청구의 변경, 부대항소, 새로운 공격방어방법의 제출 등 변론의 갱신권이 인정되므로 일체의 소송행위를 할 수 있다.[1]

변론갱신 후 환송 전의 소송자료와 증거자료는 새 판결의 기초자료가 된

---

1) 대판 2005다48888.

다. 따라서 환송 후의 판결결과가 환송 전의 결과보다도 오히려 상고인에게 불리하게 될 수도 있다.

(나) 환송판결의 기속력

1) 의의와 성질

가) 환송 또는 이송을 받은 법원과 그 하급심이 다시 당해 사건을 심판하는 경우에는 상고법원이 파기의 이유로 한 사실상 및 법률상의 판단에 기속된다(436 ② 단서). 이는 법령의 해석적용의 통일을 기하고 환송받은 법원이 상고법원의 견해를 따르게 함으로써 심급제도를 유지하고 당사자의 법률관계의 안정과 소송경제를 꾀하고자 함이다.

(나) 기속력의 성질은 심급제도의 유지를 위해 상급심의 판결이 하급심을 구속하는 특수한 효력으로 본다(특수효력설·판례[1]).

2) 기속력의 범위

환송 또는 이송을 받은 법원과 그 하급심과 다시 상고받은 상고법원도 이에 구속된다. 그러나 법령해석적용에 관하여 의견변경권을 가진 대법원전원합의체는 기속되지 않아서 재상고된 경우에 기존 환송판결의 법률판단을 다르게 변경할 수도 있다.[2]

3) 기속력의 내용

파기이유로 한 사실상·법률상의 판단만이 기속력을 갖는다(436 ② 후문). 판결이유에서의 판단에도 발생하지만 당해 사건에 한하여 작용하고 다른 사건에는 미치지 않는다.

가) 여기서의 사실은 상고법원이 사실심이 아니고 하급심의 적법한 사실확정에 기속하므로(432) 파기이유로 삼은 소송요건과 같은 직권조사사항에 관한 사실, 절차위반을 판단함에 있어서 인정한 사실, 재심사유가 되는 사실 등에만 국한되는 것으로 축소해석 한다.[3] 본안에 관한 사실은 포함되지 않는다. 따라서 환송받은 법원은 본안에 관하여 새로운 증거에 의하여 새로운 사실을 인정할 수 있다.

나) 법률상의 판단은 법령해석·적용상의 견해를 뜻한다. 사실에 대한 평가 내지 판단도 포함된다.[4] 가령 특정한 증인의 증언을 채택한 것이 잘못이라고 파기하였는데 환송받은 법원이 그 증언을 채택한 경우에 기속력에 저촉된다.

---

1) 대판 93재다27·34.
2) 대판 98도15597.
3) 정준영, 주석(Ⅵ), 586.
4) 대판 82누480.

또한 상고법원이 명시적으로 설시한 법률상 판단뿐 아니라 명시적으로 설시하지 아니하였더라도 파기이유로 한 부분과 논리적·필연적 관계가 있어서 상고법원이 파기이유의 전제로서 당연히 판단하였다고 볼 수 있는 법률상 판단도 포함되는 것으로 보아야 한다. 따라서 환송판결에서 채권자대위소송의 피대위채권인 소유권이전등기청구권에 대하여 판단한 것은 피보전채권의 존재라는 소송요건을 구비하였다는 판단을 당연한 논리적 전제로 하고 있다고 할 것이므로, 환송판결의 기속력은 원고의 이 사건 청구가 그와 같이 소송요건을 구비하여 적법한 것이라는 판단에도 미친다.[1] 다만 채권자대위소송의 피보전채권의 존재를 소송요건이 아닌 본안요건으로 보는 견해에 의하면 환송판결의 기속력은 본안에 관한 사실에 대한 판단에는 미치지 않으므로 환송 후 원심법원은 본안에 관한 사실판단에 기속되지 않는다고 판단할 수 있게 된다.

다) 파기환송되었다 하여도 상고인이 반드시 승소된다고 단정할 수 없다. 하급심은 파기의 이유로 든 잘못된 견해만 피하면, 당사자가 새로이 주장·입증한 바에 의한 다른 가능한 견해에 따라 환송 전의 판결과 같은 결론의 판결을 하여도 기속력을 어긴 것이 아니다.[2]

4) 기속력의 소멸

환송판결의 기속력은 ① 환송판결에 나타난 법률상의 견해가 뒤에 판례변경으로 바뀌었을 때, ② 새로운 주장·입증이나 이의 보강으로 전제된 사실관계의 변동이 생긴 때, ③ 법령의 변경이 생겼을 때는 기속력을 잃는다.

(2) 자 판

상고법원이 원판결을 파기하는 경우라도 반드시 환송·이송의 판결을 하여야 하는 것은 아니다.

① 확정된 사실에 대한 법령의 해석·적용의 잘못을 이유로 원판결을 파기하는 경우에 새로운 사실의 확정을 요하지 않고 그 확정사실에 기하여 판결을 할 수 있을 때(1호), ② 사건이 법원의 권한에 속하지 않거나 그 밖의 소송요건의 흠을 이유로 원판결을 파기할 때(2호)에는 상고법원은 사건에 대해 자판을 하여야 한다(437).

≪사례≫ 甲은 乙 소유의 A토지에 관하여 임대차계약을 체결하였다. 이후 甲은 위 토지를 인도받아 사용하려고 하였으나 丙이 아무런 권원 없이 A 토지 위에 창고를 건축하여 그 토

---

1) 대판 2011다106136.
2) 대판 95다12828.

지를 불법점유하고 있음을 알게 되었다. 이에 甲은 乙에 대한 임차권을 보전하기 위하여 乙
을 대위하여 丙을 상대로 건물철거청구의 소를 제기하였다.(각 설문은 서로 관련 없음)

[1] 위 소송의 제1심법원은 원고 승소판결을 하였으나 항소심법원은 甲과 乙 사이의 임대
차계약이 무효이므로 피보전권리가 존재하지 않는다고 판단하여 제1심판결을 취소하
고 원고의 소를 각하하였다. 이와 달리 상고심법원은 甲과 乙 사이의 임대차계약은 적
법하게 성립되어 피보전권리는 존재한다고 판단하여 원심판결을 파기하고 환송하는
판결을 하였다.

(1) 피고는 상고심의 파기환송판결에 대하여 재심을 제기하려고 한다. 파기환송판
결은 재심대상이 될 수 있는가? (8점)

(2) 환송 후 원심법원이 임대차계약은 무효이므로 피보전권리가 없다고 판단하여
다시 원고의 소를 각하하는 판결을 하였다면 이 판결은 적법한가?
환송 후 원심법원의 판결에 대하여 다시 상고가 제기되었을 때 상고심은 환송
전 상고심판결에 기속되는가? (15점)

[2] 제1심법원에서 甲과 乙 사이의 임대차계약은 무효이므로 피보전권리가 존재하지 아니한
다고 판단하여 본안에 대한 심리 없이 소각하판결을 하였고, 항소심법원 역시 제1심법
원과 같이 판단하여 원고의 항소를 기각하는 판결을 하였다. 상고심법원은 이와 달리 임
대차계약이 유효하므로 피보전권리는 존재한다고 판단한 경우, 상고심법원은 원심판결
을 파기하고 이 사건을 어느 법원으로 환송하여야 하는가? (7점) (2013 사법시험)

▨ **사례해설**

[1] (1) 대법원의 파기환송판결이 재심대상이 되는 확정된 종국판결에 해당되는지에 관하
여 판례는 종국판결인 것은 인정하나 확정된 판결은 아니라하여 재심대상적격을 부정
하여 부적법 각하하게 되나, 긍정설에 의하면 재심대상이 되므로 재심청구는 적법하여
재심사유의 존부 및 당부 판단을 한다.

(2) 대법원의 환송판결 기속력은 파기사유로 한 사실상·법률상의 판단만이 당해 사건
에 한하여 기속력을 갖는다(436 ② 후단). 사실상의 판단은 직권조사사항에 관한 사실·
절차위배사항에 관한 사실·재심사유에 관한 각 사실에 한정되고 본안에 관한 사실은 포
함되지 않는다. 대위소송을 소송담당이라고 보는 판례에 의하면 피보전채권의 존재 여
부는 소송요건으로서 직권조사사항에 관한 사실이고 이에 대한 판단은 하급심을 기속하
므로 이와 다른 판단한 환송받은 법원의 판결은 부적법하다. 재상고심도 기속하나 전원
합의체에서 한 판결은 이에 기속되지 아니한다.

[2] 제1심과 원심에서 본안에 관한 심리 없이 소송요건 흠결로 부적법 각하한 사안이므로
상고심이 소가 적법하다고 보았다면 원심의 항소기각판결을 파기하고, 제437조 1호에
따라 사건이 그 사실을 바탕으로 재판하기에 충분한 때에 해당하여 제1심판결을 취소하
는 자판하면서, 제425조에서 준용하는 제418조에 따라 사건의 본안을 심리하게 하기 위
하여 사건을 제1심으로 환송하여야 한다.[1] ▨

----

1) 대판 2004다50235.

<선택형>

1. 상고에 관한 다음 설명 중 옳지 않은 것은? (다툼시 판례에 의함)[1]   [법전협 2014년 2차 변형]

① 상고장에는 상고이유를 적지 않아야 하며 상고법원의 사무관 등으로부터 소송기록의 접수 통지를 받은 날부터 20일 이내에 상고이유서를 제출하여야 한다.

② 상고하지 아니한 상대방 당사자는 부대상고가 가능하다.

③ 상고법원은 모든 사건에 대해 변론을 열 수 있다.

④ 사건을 환송받은 법원은 상고법원이 파기사유로 한 사실상 및 법률상 판단에 기속된다.

⑤ 상고법원에 의해 사건이 파기환송된 경우 환송 전 소송대리인의 소송대리권이 다시 부활하나, 다시 상고된 경우 종전 상고심 소송대리인의 소송대리권이 부활하지 않는다.

제4장 항고와 재항고

제1절 항 고

Ⅰ. 항고의 의의

(1) 항고란 결정·명령의 취소·변경을 상급법원에 구하는 독립된 상소이다. 민사소송절차에서 본안과 관련성이 적고 신속하게 확정할 절차적이고 파생적·부수적 사항은 중간적 재판의 성격을 가지는 결정·명령으로 판단된다.

(2) 중간적 재판의 당부는 종국판결의 당부에 관련될 가능성이 많으므로, 종국판결에 대한 상소에서 일괄적으로 판단하는 것이 원칙이다. 그런데 결정·명령에 대한 불복절차를 본안과 함께 상소심에서 심리하는 것은 절차번잡과 심리지연을 야기할 수 있고, 상급심에서 다투어질 기회가 없는 결정·명령은 상소와는 별도의 불복신청의 기회를 보장할 필요에서 항고제도가 마련되었다.

(3) 항고는 상급법원에 대한 불복신청이므로 동일심급에 대한 불복절차인 이

---

1) ①. 상고장에 상고이유서를 적는 것이 원칙이다(427). ③ 제430조 2항. ④ 제436조 2항. ⑤ 대판 84후102.

의신청(441, 54 ③, 138, 226, 469, 민집 283, 민집 301)과 구분된다.

Ⅱ. 항고의 종류

1. 통상항고와 즉시항고

(1) 통상항고는 항고기간의 제한이 없는 항고로서 항고의 이익이 있는 한 언제든지 신청이 가능하다. 통상항고에는 집행정지의 효력이 없다. 다만, 항고법원 또는 원심법원이나 판사는 항고에 대한 결정이 있을 때까지, 원심재판의 집행을 일지정지하거나 그 밖에 필요한 처분을 명할 수 있다(448). 이 때 항고는 적법하여야 한다.[1]

(2) 즉시항고는 신속한 확정을 위하여 명문의 규정이 있는 경우에 한하여 재판이 고지된 날부터 1주일의 불변기간 이내에 하여야 하고(444), 집행정지의 효력이 원칙적으로 인정된다(447). 그러나 필수적 공동소송인추가허가결정에 대한 즉시항고(68 ④,⑤)와 집행절차에서의 즉시항고(민집 15 ⑥)는 집행정지의 효력이 배제된다.

2. 최초의 항고와 재항고

(1) 결정·명령에 대한 최초의 항고의 절차에는 항소에 관한 규정이 준용된다(443①).

(2) 재항고는 최초의 항고에 대한 항고법원의 결정, 고등법원 또는 항소법원의 결정·명령에 재판에 영향을 미치는 헌법·법률·명령 또는 규칙의 위반이 있는 때에만 할 수 있다(442). 재항고에도 불복대상인 통상항고와 즉시항고가 있다. 재항고와 이에 관한 절차에는 상고에 관한 규정을 준용한다(443 ②).

3. 준항고, 재심항고

(1) 준항고는 수명법관·수탁판사의 재판에 대하여 당사자가 한 이의신청에 대한 수소법원의 재판에 대하여 불복하는 항고이다(441 ① ②).

상고심이나 제2심에 계속한 사건에 대한 수명법관·수탁판사의 재판에도 위 규정을 준용한다(441 ③).

(2) 재심항고란 준재심의 일종으로, 즉시항고할 수 있는 재판에 재심사유(451)가 있을 때에 하는 항고를 말한다. 재심항고는 재심의 소에 관한 규정을 준용(461)하는 점에서 다른 항고와 구별되나, 이 역시 항고이므로 판결이나 화해·포

---

1) 대판 4292민신4.

기·인낙조서에 대한 재심의 경우처럼 訴에 의하지 않고 신청으로 개시되며, 그 절차는 결정절차이다.

Ⅲ. 항고 당사자

1. 항 고 인

(1) 항고를 제기하는 자를 항고인이라고 한다. 항고신청을 할 수 있는 자는, 원재판에 의하여 불이익을 입은 자이다. 즉, 신청을 배척하는 재판에는 신청인이 항고권자가 된다(예컨대 보조참가신청을 각하하는 결정에 대하여 보조참가신청인이 항고권자가 된다).

(2) 또한 신청인에 한하는 것은 아니고, 예컨대 보조참가를 불허하는 결정에는 피참가인도 항고인이 된다. 나아가 신청을 인정하는 재판에는, 그 재판으로 불이익을 받는 제3자(예컨대 문서제출을 명령받은 제3자)가 항고인이 된다.

2. 피항고인

(1) 통상 피항고인은 항고인과 원판결의 내용상 이해관계가 대립하는 당사자, 보조참가인 또는 제3자 등이다. 항고에서는, 엄격한 대립당사자가 예정되지 않고 있다. 예컨대 소장각하명령을 받은 소제기자가 즉시항고를 제기하는 경우, 제재를 받은 증인이 항고를 제기하는 경우와 같이 상대방이 없는 경우도 있다.

(2) 피항고인인 상대방은 심문의 대상이 되고, 그에게 불이익한 항고심의 재판에 대하여 재항고를 할 수 있다.

Ⅳ. 항고 대상의 결정·명령

1. 항고 가능 범위

(1) 항고는 결정·명령에 대하여 성질상 상소(불복)할 수 있고 법률이 인정하는 경우에만 허용된다. 항고가 허용되는 경우로는 법이 명문으로 즉시항고를 인정한 결정·명령, 결정·명령형식으로 재판할 수 없는 사항에 관하여 행하여진 결정·명령(방식을 어긴 결정·명령, 440), 소송절차에 관한 신청을 기각한 결정·명령(439) 등이다.

(2) 반면에, 항고할 수 없는 결정·명령은 특별항고에서 본바와 같이 명문상·성질상 불복할 수 없는 재판, 항고이외의 불복신청방법이 인정된 재판, 대법원의 재판, 항고권이 실효되거나 즉시항고기간이 도과된 경우 등이다.

2. 소송절차에 관한 신청을 기각한 결정·명령(439)

(1) 소송절차에 관한 신청이 있다고 하더라도 당사자에게 신청권이 없고 법원의 재량에 의하여 재판할 사항에 대하여는 항고할 수 없다. 이는 법원이 이에 응답할 의무가 없기 때문이다. 이에 해당되는 것으로는 변론재개·분리·병합신청, 당사자의 합의가 없는 최초의 변론기일의 변경신청, 최초의 기일이 아닌 변론기일의 변경신청(165 ②) 등이다.

(2) 항고대상이 되는 것은 소송절차에 관한 당사자의 신청권이 있는 신청을 배척한 재판에 한한다.[1]

(3) 가집행선고가 붙은 판결에 대한 상소를 제기하는 데에 따른 강제집행정지결정을 위한 담보금액에 관하여는 항고할 수 없다.

다만 가압류 및 가처분명령의 담보액에 관하여는 이를 법원의 재량으로 해석하더라도 그 액의 확정이 경험칙에 반하여 부당하다고 인정되는 경우에는 그 재량의 범위를 넘어선 것이 되어 위법하여 채권자는 담보결정에 대하여 항고할 수 있다고 해석된다.[2] 신청을 인용한 경우에는 항고할 수 없다. 또한 고지 전에도 항고할 수 없다.

V. 항고의 제기

1. 관할법원

항고법원은 원심법원(또는 재판장)의 직근 상급법원이다. 즉, 간이법원에 대하여는 지방법원이, 지방법원에 대하여는 고등법원이 항고법원이다. 그리고 고등법원이 항고심으로 한 재판 및 고등법원의 결정·명령에 대하여는 대법원에 재항고 및 특별항고가 가능하다.

2. 항고제기의 방식

(1) 결정·명령에 의하여 불이익을 받은 당사자 혹은 제3자는 항고장을 원심법원에 제출함으로써 한다(445). 항고장에는 원재판의 취소·변경을 구하는 사유(항고사유)를 구체적으로 기재하여야 한다. 항고장에는 인지를 첨부하여야 한다.

---

1) 제439조에는 신청을 기각한 경우로 규정하고 있으나 신청을 각하한 경우도 포함한다. 김홍엽, 1097; 한승, 주석 (Ⅵ), 629.
2) 김홍엽, 1097.

(2) 항고이유서의 제출은 강제되지 않지만, 민사집행절차상 즉시항고에서는 항고장에 항고이유를 적지 아니한 때에는 항고장을 제출한 날부터 10일 이내에 항고이유서를 제출하여야 하며(민집 15 ③). 기간 내에 항소이유서를 제출하지 아니하면 원심법원은 항고각하결정을 한다(민집 15 ⑤).

3. 항고제기의 효과

(1) 원심법원의 재도의 고안

(가) 의 의

항고가 제기되면 원심법원은 항고에 정당한 이유가 있다고 인정하는 때에 그 재판을 경정하여야 한다(446). 이를 재도의 고안 또는 재도의 고려, 재고에 의한 원심재판의 경정이라고도 하며 원심법원이 상소심으로서가 아니라 원심으로서 당초의 신청에 대한 판단의 당부에 대하여 간이·신속한 결정을 하여 당사자의 이익를 도모하는 제도이다.

(나) 재도의 고안대상

통상항고와 즉시항고 불문하고 대부분의 항고에 대하여 허용되나, 다만 특별항고가 있는 경우에는 원심법원은 경정결정을 할 수 없고 기록을 그대로 대법원에 송부하여야 한다.[1]

부적법한 항고라도 항고가 이유가 있으면 재도의 고안이 허용된다는 견해도 있으나[2] 즉시항고기간을 도과한 항고는 원심이라고 재도의 고안을 허용할 수 없으므로 항고가 적법하여야 재도의 고안의 대상이 될 수 있다고 보는 판례와 다수설이 타당하다고 본다.

(다) 원심법원의 조치와 경정결정

1) 원심법원은 재도의 고안을 위하여 필요하다면 변론을 열거나 당사자를 심문하고 사실이나 증거를 조사할 수 있다. 재도의 고안에 의한 결정도 처분권주의가 적용되므로 당사자가 항고신청하는 범위 안에서 행하여진다(407 ①, 443 ①).

2) 경정에 의하여 원재판의 취소변경의 효력은 ① 경정의 고지에 의하여 원결정은 전부 실효됨과 동시에 그 절차도 없었던 것이 된다고 하는 견해도 있으나, ② 경정이 고지되면, 고지시에 그 내용에 따라 효력이 발생하며 원재판은 변경된 한도에서 실효된다고 할 것이다.

---

1) 대결 2001그4. 김홍엽, 1100.
2) 호문혁, 655.

3) 나아가 재도의 고안에 의한 경정의 고지와 더불어 원재판의 변경이 이루어진다면, 원재판에 대한 항고는 그 시점에 바로 목적이 달성되어 존속의 필요가 없으므로, 항고도 당연히 종료한다(항고종료설).[1] 다만, 재도의 고안으로 원재판의 일부만 변경한 경우에는, 그 부분의 항고는 소멸되지만, 나머지 변경되지 아니한 부분에 대한 항고는 잔존하여 항고법원으로 송부하여야 한다.

4) 경정결정으로 원결정이 취소되어 일부라도 불이익을 받은 자는 불복신청을 할 수 있다.[2] 이 때의 불복신청은 재도의 고안에 의한 경정결정에 대한 것이므로 항고이고, 재항고가 아니다.

재도의 고안에 의한 경정에 대한 새로운 항고가 제기되고, 후에 항고법원이 경정결정을 취소하는 결정을 한 경우에, 경정이 없었던 상태로 환원되어, 당초의 항고가 존속된다.[3][4]

(2) 이심의 효력

재도의 고안의 결과, 원심법원이 항고에 이유가 없다고 판단한 경우에는 항고기록에 항고장을 붙여 항고법원에 송부하여야 한다(443①, 400). 이에 의하여 사건은 항고심에 이심된다(이심의 효력). 항고기록이 항고법원에 송부된 후에는 사건은 항고법원에 계속하게 된다.[5]

(3) 집행정지의 효력

(가) 항고가 제기되면, 집행정지의 효력이 발생하는지는 항고의 종류에 따라 상이하다. 통상의 항고에는 집행정지의 효력이 발생하지 않는다(집행정지의 효력 불인정). 다만, 항고법원·원심법원·집행법원이나 판사는 재량으로 항고에 대한 결정이 있을 때까지 원심재판의 집행을 정지하거나 기타 필요한 처분을 명할 수 있다(448).

(나) 그러나 즉시항고에는 원판결의 집행을 정지하는 효력이 있으나(집행정지의 효력, 447), 증인에 대한 과태료·감치결정과 집행법원의 재판에 대한 즉시항고에는 정지의 효력이 없다.

---

1) 이시윤, 907.
2) 강현중, 760.
3) 대판 67마141.
4) 강현중, 760; 이시윤, 907. 당초의 항고는 경정결정에 의하여 이미 소멸하였으므로 부활하지 않는다는 견해도 있다. 한승 주석(Ⅵ), 659.
5) 강현중, 760; 호문혁, 577.

Ⅵ. 항고심의 재판

1. 임의적 변론

(1) 항고법원의 심리는 결정절차이므로, 반드시 변론을 열어야 하는 것은 아니다(임의적 변론). 그러나 변론을 한다면 그 절차는 성질에 반하지 아니하는 한, 항소심의 절차규정이 준용된다(443 ①). 따라서 항고심도 속심제가 되므로 당사자는 항고심에서 새로운 사실과 증거를 제출할 수 있다.

(2) 서면심리하는 경우라도 당사자·이해관계인, 그 밖의 참고인을 심문할 수 있다(134 ②). 여기에서 심문이란 항고인 기타 이해관계인의 주장을 듣는 것이므로, 그것 자체가 바로 증거자료나 소명자료가 되는 것은 아니다. 그러나 실재로는 증거자료와 유사한 기능을 한다.

2. 재 판

항고심의 재판은 결정의 형식으로 하며, 항고의 적법요건이 갖추어지지 아니하면, 항고법원은 항고신청을 부적법한 것으로 각하한다. 항고가 이유가 없다고 판단되는 경우에는 항고를 기각하고, 이유가 있다고 인정되는 경우에는 원심재판을 취소하고, 자판하는 것이 원칙이나 환송할 수도 있다.

<선택형>

1. 항고에 관한 다음 설명 중 옳지 않은 것은? (다툼시 판례에 의함)[1] [법전협 2014. 1차]

① 민사소송법상의 즉시항고는 집행정지효력이 있으나 민사집행법상의 즉시항고는원칙적으로 집행정지효력이 없다.
② 특별항고에는 집행정지의 효력이 있다.
③ 항고법원의 소송절차에는 항소심 절차를, 재항고절차에는 상고심절차를 준용한다
④ 즉시항고 제기기간은 불변기간에 해당한다.
⑤ 원심법원은 항고에 정당한 이유가 있는 경우 스스로도 재판을 경정할 수 있다.

---

1) ②. 특별항고는 원칙적으로 집행정지효력이 없다(450). 다만 항고법원 또는 원심법원이나 판사는 항고에 대한 결정이 있을 때까지 원심재판의 집행을 정지하거나 그 밖에 필요한 처분을 명할 수 있다(448). ① 즉시항고는 집행정지효력이 있으나(447), 민사집행법상의 즉시항고는 원칙적으로 집행정지효력이 없다(민집 15 ⑥). ③ 제443조. ④ 제444조. ⑤ 제446조.

2. 항고에 관한 설명 중 잘못된 것은?[1]   [법전협 2014. 3차 변형]

① 즉시항고는 신속하게 확정할 필요가 있어 불변기간으로서 1주일 이내에 제기하여야 한다.
② 재항고와 이에 관한 소송절차에는 상고절차의 규정을 준용한다.
③ 고등법원의 결정에 대해서는 사유에 따라 항고나 재항고를 할 수 있다.
④ 불복할 수 없는 결정이나 명령에 대해서도 대법원에 특별항고는 가능하다.
⑤ 항고는 항고장을 원심법원에 제출함으로써 한다.

3. 항고제도에 관한 다음 설명 중 옳지 않은 것은?[2]   [법전협 2015. 1차]

① 불복을 신청할 수 없는 결정이나 명령에 대하여서도 그것이 재판에 영향을 미친 헌법 또는 법률에 위반됨을 이유로 하는 경우 대법원에 불복할 수 있다.
② 민사소송의 재항고 및 특별항고에는 상고심절차에 관한 특례법상의 심리불속행제도가 적용된다.
③ 즉시항고는 명문규정이 있는 경우에만 허용된다.
④ 통상항고의 경우 불복신청기간의 정함이 없으므로 소송행위의 추후보완은 적용될 수 없다.
⑤ 결정의 원본이 법원사무관에게 교부되더라도 그 결정이 당사자에게 고지되기 전에는 당사자는 그 결정에 불복하여 항고를 제기할 수 없다.

제2절 재 항 고

≪사례≫ 甲은 乙을 상대로 3천만원의 손해배상채무 부존재확인의 소를 제기하였고 제1심에서 전부 승소하였다. 패소한 乙은 전부 불복하는 취지의 항소를 제기하였고 동 항소사건은 지방법원본원합의부(항소부)에서 심리되고 있었다. 乙은 항소심계속중 자신에게 발생한 손해가 1억 5천만원에 이른다면서 그 지급을 구하는 이행의 소를 반소로 제기하면서 이 사건을 고등법원으로 이송해 달라고 주장하였다. 항소심법원은 乙의 이송신청을 받아들여 민사소송법 제34조, 제35조를 근거로 동 항소사건을 고등법원으로 이송하는 결정을 하였다면, 항소심법원의 이송결정에 대하여 甲은 불복 가능한지, 아울러 불복이 가능하다면 그 절차는 무엇인가.

---

1) ③. 고등법원 또는 항소법원의 결정 및 명령에 대하여는 (재판에 영향을 미친 헌법·법률·명령 또는 규칙의 위반을 이유로 드는 때에만) 재항고할 수 있다(442) ① 제444조. ② 제443조 2항. ④ 제449조 1항. ⑤ 제445조.
2) ⑤. 제443조 1항, 제396조 1항 단서. ① 제449조 ② 제450조 ③ 즉시항고는 법률에 즉시항고할 수 있다는 명문의 규정이 있는 경우에 예외적으로 허용된다. ④ 통상항고는 항고의 이익이 있는 한 어느 때나 제기할 수 있다.

1. 재항고의 의의

재항고는 항고법원·고등법원·항소법원의 결정·명령에 영향을 미치는 헌법·법률·명령 또는 규칙의 위반이 있는 때에 한하여 법률심인 대법원에 하는 항고이다(442).

2. 재항고의 적용범위와 종류

(1) 재항고는 ① 항고법원이 제2심으로 한 결정·명령과, ② 고등법원과 항소법원이 제1심으로 한 결정·명령(예컨대 이송결정, 항소장각하명령)에 대하여 대법원에 제기할 수 있다(442).

(2) 항고법원의 결정에 대하여 재항고할 수 있는지의 여부는 그 결정의 내용에 따라 정하여진다. 항고를 각하 또는 기각한 재판에 대하여는 재항고를 할 수 있다(439). 항고를 인용한 결정에 대하여는 그 내용이 항고에 적합한 경우에 한하여 재항고를 할 수 있다. 따라서 기피신청의 각하·기각결정에 대하여 항소심이 기피를 이유 있다고 한 결정에 대하여는 불복할 수 없으므로(47①), 이에 대한 재항고도 허용되지 않는다.

(3) 재항고가 통상항고인가 즉시항고인가의 구분은 재항고의 대상이 되는 재판의 내용에 따른다.

(가) 항고법원이 항고를 인용하여 원재판을 취소(변경)하고 새로운 재판을 한 경우 새로운 재판을 기준으로 즉시항고 또는 통상항고할 것인지를 정한다. 따라서 법원의 담보취소결정에 대한 최초의 항고는 즉시항고이지만(125④) 항고를 **인용**하고 채무자의 담보취소신청을 기각한 결정(원재판 변경)에 대한 재항고는 통상항고이다(439).[1] 그러나 최초의 항고가 즉시항고인 때에 그 항고를 각하·**기각**한 결정에 대한 재항고도 즉시항고가 된다.[2]

(나) 고등법원과 항고법원의 결정에 대하여는 곧 대법원에 재항고만 허용되며(442) 즉시항고의 규정이 없으면 통상항고의 재항고를 한다(439).

(4) 재판에 영향을 미친 헌법·법률·명령 또는 규칙의 위반이 있는 때에 한하여 인정된다(442). 그 외에도 명문의 규정은 없지만, 절대적 상고이유(424)도 재항고사유가 된다.[3]

---

1) 김홍엽, 1105.
2) 대결 2006마409. 한승, 주석(Ⅵ), 669; 김홍엽, 1105.
3) 이시윤, 909.

3. 재항고절차

(1) 재항고의 절차는 그의 성질에 반하지 아니하는 한 상고에 관한 규정을 준용한다(443 ②). 따라서 재항고장은 원심법원에 제출하여야 하고, 재항고이유서도 제출하여야 한다. 또한 상고심절차에 관한 특례법도 준용되어서 재항고사유에 관한 주장이 심리속행사유에 포함되지 않는 경우에는 기록송부를 받은 날로부터 4월 이내에 심리불속행의 재항고기각결정을 해야 한다(상고 7, 상고 4 ②③).

(2) **집행법원의 재판에 대한 재항고**

집행절차에 관한 재항고에 관하여는 집행법상의 즉시항고에 관한 민사집행법 제15조를 준용하여(민집규칙 14조의2 2005. 7. 28 신설) 재항고인은 재항고장을 제출한 날부터 10일 이내에 재항고이유서를 제출하여야 하고(민집 15 ③), 이를 제출하지 아니하면 2심법원이 재항고장을 각하하게 된다(민집 15 ⑤).

집행절차에 관한 집행법원의 재판에 대하여는 특별한 규정이 있어야 즉시항고할 수 있다(민집 15 ①). 재산관계명시신청기각결정, 매각허가 여부결정, 압류명령·추심명령·전부명령 등이다.

※ **사례해설**

甲은 법원의 이송결정에 대해 불복할 수 있다. 단, 불복의 형식이 항고·재항고, 통상항고·즉시항고인지 문제된다. 사례의 경우 항소법원의 결정에 대한 불복이므로 제442조에 따라 재항고이다.[1] 다만 위 재항고가 통상항고인지 즉시항고인지는 재항고의 대상이 되는 재판의 내용에 따라 판단한다. 즉 항소법원의 재판의 내용이 즉시항고를 할 수 있는 것이라면 재항고는 즉시항고이다. 이송결정에 대하여는 제39조에 따라 즉시항고해야 하므로 원재판을 고지한 날로부터 1주간의 불변기간이 적용된다(444). 재항고장은 원심법원에 제출하며(425, 397) 독립된 서면에 의하고 다른 서면을 원용할 수 없으며 법률심이므로 새로운 증거는 참작할 수 없다. ※

제3절 특별항고

1. 의 의

특별항고는 불복할 수 없는 결정·명령에 대하여 비상불복방책으로 대법원에

---

1) 대결 2008마427.

하는 항고이다. 이는 통상의 불복방법이 아니어서 재판의 확정을 막고 차단시키는 효과는 없는 헌법적 통제이다.

2. 특별항고대상

불복신청할 수 없어서 특별항고를 할 수 있는 경우는 명문으로 인정하고 있는 경우로 관할지정결정(28 ②), 제척·기피결정(47 ①), 증거보전결정(380), 가집행에 관한 항소심의 재판(391), 지급명령신청을 각하하는 재판(465 ②) 등이 있고, 성질상 불복을 인정할 수 없어서 특별항고를 할 수 있는 경우로는 특별대리인의 선임 또는 부재자재산관리인의 선임결정,[1] 판결·화해조서·인낙조서의 경정신청을 기각하는 결정[2] 등이 있다. 단, 화해조서 경정결정에 대해서는 즉시항고가 가능하므로 특별항고를 할 수 없다. 대법원의 결정·명령에 대하여 불복할 수 없다.

3. 특별항고사유

특별항고사유는 ① 재판에 영향을 미친 헌법위반이 있거나, ② 재판의 전제가 된 명령·규칙·처분이 헌법이나 법률에 위반 여부에 대한 판단이 부당하다는 것을 이유로 하는 때에 제기할 수 있다(449 ①). 따라서 재판에 영향을 미친 '법률위반'이 있는 때에는 특별항고를 제기할 수 없다.[3]

4. 특별항고제기의 절차와 효력

특별항고는 재판이 고지된 날부터 1주일의 불변기간 내에 제기하여야 한다(449 ②,③). 특별항고제기는 원심재판의 집행정지를 시키지 못한다. 원심법원 또는 대법원은 집행정지의 처분을 명할 수 있다(450, 448). 재도의 고안은 허용되지 않는다.[4]

특별항고에는 그 성질에 반하지 않는 한 상고에 관한 규정과 상고심절차에 관한 특례법이 준용된다(450; 규칙 137 ②; 상고 7).

---

1) 대판 78스13.
2) 대판 86마895.
3) 내결 2003그136; 2009그196.
4) 대결 2001그4.

제6편 소송의 종료

민사소송은 법원의 종국판결에 관하여 더 이상 다툴 방법이 남아 있지 않게 되면 그 판결은 확정되고 소송은 종료된다. 그러나 판결이 확정되기 전에라도 당사자의 소 취하, 화해, 청구포기·인낙이 있으면 소송은 종료된다. 한편, 소송종료가 불명확한 경우 판결로써 소송종료선언을 하여 이를 분명히 할 수 있다.

제1장 판결의 확정

판결이 확정되면 형식적 확정력, 실체적 확정력(기판력), 집행력, 형성력 등이 생긴다.

제1절 形式的 確定力

I. 의 의

법원이 한 종국판결에 대하여 당사자의 불복으로 상소법원에 의하여 취소할 수 없게 된 상태를 판결이 확정되었다고 하는데 형식적으로 취소불가능성이므로 이를 형식적 확정력이라 한다. 이는 당사자간에 쟁송을 종결시키는 역할을 하나 적법한 송달을 전제로 한다.[1] 이는 그 자체로서는 판결의 구체적 내용에 따른 효력이 아니며, 단지 판결의 구속력과 같이 당해 사건에 대하여 발생하는 효력인 점에서 기판력과 구분된다.

II. 판결의 확정시기

1. 판결선고와 동시에 확정되는 경우

상소할 수 없는 상고심판결, 제권판결(490 ①), 불상소합의[2] 등이 있으면 확정된다.

---

1) 판결정본이 적법하게 송달된 바 없으면 그 판결에 대한 항소기간이 진행하지 않으므로 그 판결은 형식적으로도 확정되었다고 볼 수 없고 소송행위 추완의 문제도 나올 수 없다(대판 97다10345).
2) 제1심판결선고전에 미리 항소하지 아니하기로 합의하였다면, 제1심판결은 선고와 동시에 확정되는 것이므로 그 판결선고 후에는 당사자의 합의에 의하더라도 그 불항소합의를 해제하고 소송계속을 부활시킬 수 없다(대판 86다카2728).

2. 상소기간의 만료시에 확정되는 경우

상소기간 내에 상소를 제기하지 않고 도과되거나, 상소를 제기하였으나 상소를 취하한 때, 상소를 제기하였으나 상소각하판결이나 상소장각하명령이 있는 때, 비약상고의 합의(390 ① 단서, 422 ②)인 불항소합의가 있는 때 등에는 상소기간 만료시 확정된다.

3. 상소권 포기(395)

상소기간 경과 전에 상소권을 가진 당사자가 상소권을 포기하면 사건은 확정된다.

4. 상소기각판결이 확정된 경우

상소기각판결이 확정된 때에 원판결이 확정된다. 원판결은 항소심 판결 또는 비약상고시 제1심판결이다.

5. 일부불복의 경우

1억원 청구의 소에 대하여 7천만원이 인용되어 원고 패소부분 3천만원만 불복한 경우 불복하지 않은 7천만원 부분에 대한 부분은 언제 확정되는지, 즉 부대항소권이 언제 소멸하는지에 관하여, 항소심에서는 항소심의 변론종결시, 상고심에서는 상고이유서 제출기간의 도과시에 각각 확정된다는 변론종결시설[1]이 있으나 판례는 항소심과 상고심의 판결선고시라고 보는 선고시설 입장이다.[2] 변론종결 후 다시 변론이 재개될 수 있고, 상고심이라도 직권조사사항에 대한 판단이 필요할 수 있으므로 기준이 명확한 상고심 선고시설이 타당하다.

Ⅲ. 확정의 범위

상소불가분의 원칙 때문에 1개의 판결은 전부에 관하여 같이 확정되는 것이 원칙이다. 따라서 병합청구에 대한 판결 중 일부의 청구에 대해서만 상소한 경우 상소하지 아니한 부분도 상소심에 이심되어 확정되지 않는다. 다만 통상공동소송인 중 일부만 상소한 경우 상소한 공동소송인과 그 상대방 사이에서만 이심되고 확정차단의 효력이 발생한다.

---

1) 이시윤, 615.
2) 대판 99다30312; 2001다62213.

Ⅳ. 판결의 확정증명

판결이 확정되면 상급심에서 완결된 소송기록이라도 제1심법원에서 보존하게 되므로(421, 425) 확정증명서의 교부는 1심법원의 사무관 등으로부터 받음이 원칙이다(499). 상급심에 소송기록이 있으면 상급법원에서 교부받는다(499 ②).

Ⅴ. 소송의 종료와 확정력의 배제

판결이 확정되면 소송은 종국적으로 끝난다. 판결이 형식적으로 확정되어야 판결의 내용에 따른 기판력·집행력·형성력 등이 생긴다. 그러나 당사자가 책임질 수 없는 사유로 인한 **상소의 추후보완**(173), 정기금지급판결이 확정된 후라도 액수산정의 기초사정이 현저히 변경된 경우의 **정기금판결변경의 소**(252), 재심사유가 있는 경우의 **재심**(451), 제권판결의 불복사유가 있은 경우의 **제권판결불복의 소**(490 ②)를 각 제기하여 형식적 확정력을 배제시킬 수 있다.

제2절 기 판 력

제1관 기판력 一般

Ⅰ. 기판력의 의의

기판력은 확정된 판결의 내용이 갖는 규준으로서의 구속력이다. 확정판결의 판단에 대하여 뒤의 별개의 소송에서 법원 및 당사자에 대한 구속력이다. 기속력과 형식적 확정력은 당해 소송절차상의 효력이기 때문에, 같은 분쟁에 대해서 제2의 소송을 제기하고 여기에서 전소와 다른 판단을 한다면 분쟁이 계속 이어지게 되고 판결의 모순과 법적 안정성에도 반하므로 판결이 확정되면 그 존재와 내용을 확보하여 줄 필요가 있는데 이 역할을 하는 것이 기판력이며 실질적 확정력이라 한다.

Ⅱ. 기판력의 본질론

기판력의 본질론으로 기판력제도의 목적과 정당화 근거는 무엇인가, 기판력이 어떤 근거에 의하여 후소에 대하여 구속력을 가지는가, 법적 성질은 무엇이며, 어떠한 범위에까지 미치는가 등이 논의된다. 이것은 소권론, 민사소송제도의 목적론, 실체법과 소송법의 관계 등과 관련되어 있다.

1. 실체법설

판결은 판결의 내용대로 실체법상의 권리관계를 변동시킨다고 보고(Kohler), 기판력이 후소에서 재판의 내용을 구속하는 것은 판단의 대상인 실체법상의 권리관계가 이미 그 판결의 결과대로 변동되었기 때문이라는 입장이다. 이설은 실체법상의 권리존재 여부의 판단이 없는 소송판결의 기판력을 설명할 수 없다는 점과 소유권과 같은 절대권에 대한 판결효력이 당사자 사이에만 효력 있게 되나 이러한 소유권은 있을 수 없다는 점 등이 비판을 받는다.

실체법설과 근접한 **구체적 법규설(권리실재설)**은 하나의 가상에 불과한 소송 전의 권리는 소송을 통하여 구체적인 권리로 실재화된다고 하면서 이 실재화된 권리에 법원과 당사자가 구속된다는 견해이다. 실체법설에 대한 비판이 이 견해에도 적용된다.

2. 소송법설

실체법설의 난점을 극복하기 위하여 기판력을 실체관계와 관계없이 오로지 소송법상의 효과로서 파악한다.

(1) 모순금지설

어느 법원의 확정판결이 있으면 다른 법원은 전소의 확정판결과 모순된 판단을 금지시키는 구속력이라는 견해이다. 기판력은 재판의 통일을 기하기 위한 것으로 파악하여 승소자가 동일한 소를 제기할 경우 이미 확정판결이 있으므로 권리보호보익이 없어 소 각하하고, 패소자가 동일한 소를 제기할 경우 전소와 모순 없이 판결하여 청구기각한다. **판례**입장이기도 하나[1] 후소를 전소의 승패에 따라 달리 취급하는 근거가 명확하지 않다.

일부 모순금지설[2]과 최근 독일의 모순금지설은 전소에서의 승패를 불문하

---

1) 대판 87다카2478; 76다1488; 79다1275.
2) 호문혁, 675.

고 후소는 권리보호이익이 없어 부적법 각하되어야 한다고 한다.[1] 이 견해에 대하여는 재차의 소송을 허용하면서 후소의 판단이 전소의 판결의 내용에 저촉되어서는 안 된다고 하는 것은 후소의 허용취지가 빈약하고 다른 내용을 기대하고 후소를 제기하는 기대에 부응하지 못한다는 비판이 가능하다.[2]

(2) 반복금지설

기판력을 분쟁해결 일회성 내지 일사부재리의 요청상 후소법원에 대하여 다시 변론이나 재판 자체를 금지하는 구속력이어서 후소는 전소의 승패를 불문하고 부적법하여 소각하한다는 견해이다. 기판력은 소극적 소송요건이다.

(3) 절 충 설

전소와 후소의 소송물이 동일한 경우에는 반복금지로, 선결관계에 있는 별개의 소송물을 대상으로 하는 후소는 모순금지로 파악하는 견해이다.[3]

3. 검 토

어느 견해에 의하거나 각하 또는 기각되어 배척되는 것은 동일하나 근거의 이론구성민 차이가 날 뿐이며 논의실익은 크지 않다.[4] 소송물이 다르거나 시효중단의 필요, 판결원본의 멸실된 경우 후소가 적법해지는 것을 설명하기 곤란한 점이 있으나, 분쟁이 동일한 형태로 되풀이 되는 것을 막아 소송의 공권적·강행적 분쟁해결제도로서의 기능을 위해서는 분쟁해결의 일회성과 일사부재리의 원칙에 근거한 반복금지설이 기판력의 본질이론으로서 비교적 타당하다.

Ⅲ. 기판력의 정당화 근거

기판력에 관하여는 종래 법적 안정성에서 찾았으나(법적안정설) 기판력에 의하여 불이익을 받는 당사자에 대한 관계에서 기판력을 정당화시킬 근거로서 소송절차에 참여하고 변론 등 소송수행할 권능과 기회를 보장한 데에 있다(절차보장설)는 것에도 근거를 찾아야 할 것이다(이원설).[5]

---

1) 정동윤·유병현, 689.
2) 정동윤·유병현, 690.
3) 전병서, 638; 김용진, 545.
4) 이시윤, 618.
5) 이시윤, 619.

IV. 기판력의 작용

기판력은 전소에서 확정된 권리관계가 후소에서 다시 문제되는 때에 다음 3 가지 면에서 적극적·소극적으로 작용한다.

1. 작용면

전후 양소의 소송물이 동일한 경우에 미친다. 또 소송물이 달라도 전소의 소송 물이 후소의 선결관계이거나 모순관계있는 경우에도 기판력이 미친다. 따라서 전후 양소의 소송물이 동일하거나 모순되는 관계에 있는 경우 판례의 모순금지설에 의하 면 전소 승소자가 제기한 후소는 전소의 기판력에 저촉되어 권리보호이익이 없어 소 각하하게 되고 전소 패소자가 제기한 후소는 모순금지되어 전소와 동일하게 청구기 각을 하며, 전소의 소송물이 후소의 선결관계에 있는 경우 후소 법원은 전소 판결을 전제로 판결하여야 한다. 당사자가 동일하거나 계쟁물의 승계가 있더라도 전후 양소 의 소송물이 동일하거나 선결·모순관계에 있지 아니하면 기판력이 미치지 아니한다.

2. 작용의 모습

(1) 소극적 작용과 적극적 작용

기판력은 소송물 동일한 경우 당사자는 기판력 있는 판단을 다투기 위한 주 장이나 항변을 허용하지 않고 배척하는 소극적 작용(不可爭)과 후소의 선결관계가 되는 경우 후소 법원은 기판력있는 판단에 구속되는 적극적 작용(不可反)이 있다. 반복금지설은 전자를 강조하고, 모순금지설·실체법설은 후자를 강조하게 되나 양 자는 서로 배척하는 관계가 아니라 상호 보완관계이다(상호보완설).[1]

(2) 기판력의 양면성

기판력은 승소자에게 유리하게도 불리하게도 양면으로 작용한다. 예컨대 가 옥소유권확인의 소에서 승소한 자는 상대방으로부터 가옥철거를 청구당 한 경우 그 가옥이 자기 소유가 아니라고 주장할 수 없다.

3. 직권조사사항·소송요건 등

(1) 직권조사사항

기판력은 법적 안정을 위한 공법적·소송법적 구속력이므로 직권조사사항이 다. 실체법설에서는 이를 설명할 수 없다.

---

1) 이시윤 619; 정동윤·유병현, 696.

(2) 소극적 소송요건

기판력의 존재는 소극적 소송요건으로서 권리보호이익의 흠결로 각하된다. 판례나 모순금지설에서는 전소의 승패에 따라 각하 또는 기각한다. 전소의 기판력과 모순되는 판결은 무효는 아니고, 상소 또는 재심으로써 취소할 수 있다. 그러나 뒤의 확정판결이 취소될 때까지는 전·후의 판결은 어긋나는 상태에서 새로운 표준시로서 기판력을 갖는다.

(3) 기판력에 관한 합의

당사자간에 합의로 기판력을 소멸시키거나 부여할 수 없고 포기도 허용되지 않는다. 그러나 기판력에 의하여 확정된 권리관계를 변경하는 합의는 허용된다.

V. 기판력 있는 재판

1. 확정된 종국판결

중간판결, 미확정판결에는 기판력이 없다. 소송판결도 소송요건의 흠으로 소가 부적법하다는 판단에 기판력이 생기나[1] 흠을 보완하여 다시 소를 제기하면 기판력의 제한을 받지 않는다. 예컨대 대표권 흠결로 소각하판결을 받아도 새로운 대표자를 선임·보완하여 제소하면 기판력에 저촉되지 않는다.

사망자에 대한 판결처럼 무효의 종국판결은 내용적 효력을 인정할 수 없기 때문에 기판력이 없다.

2. 결정·명령

예컨대 소송비용확정결정, 배상금지급결정(민집 261)과 같이 사건의 실체에 관하여 종국적으로 해결하는 것은 기판력이 생기나(461), 소송지휘에 관항 결정·명령은 언제든지 취소할 수 있어서(222) 기판력이 없다.

3. 확정판결과 동일한 효력이 있는 것

청구의 포기·인낙조서(220), 중재판정(중재 35)은 확정판결과 동일하게 기판력이 있다. 지급명령과 이행권고결정은 확정되더라도 피고에게 변명기회가 주어진 절차적 보장이 없었으므로 기판력이 없다. 화해조서, 화해권고결정(231), 조정조서

---

1) 소송판결은 '이 사건 소를 각하한다'고 주문에 표시되므로 판단이유에서 소송요건 흠결부분을 참작하여야 기판력 발생범위를 알 수 있다.

와 조정에 갈음한 결정 등에 관하여 판례는 기판력을 인정하나 반대견해가 있다.

4. 외국판결의 확정판결

외국법원의 확정판결 또는 이와 동일한 효력이 인정되는 재판은 우리나라에서 승인될 수 있으면 기판력이 생기고(217), 같은 소송을 국내에서 제기하면 기판력에 저촉이 된다.

승인요건은 ① 국제재판관할권, ② 송달의 적법성과 적시성, ③ 공서양속 ④ 상호보증 등이 있어야 한다(217①). 법원은 상호보증 등의 요건이 충족되었는지에 관하여 직권으로 조사하여야 한다(217②).[1]

(1) 국제재판관할권

대한민국의 법령 또는 조약에 따른 국제재판관할의 원칙상 그 외국법원의 국제재판관할권이 인정되어야 한다(217① 1호).

(2) 송달의 적법성과 적시성

패소한 피고가 소장 또는 이에 준하는 서면 및 기일통지서나 명령을 적법한 방식에 따라 방어에 필요한 시간여유를 두고 송달받았거나(공시송달이나 이와 비슷한 송달에 의한 경우를 제외한다) 송달받지 아니하였더라도 소송에 응하였어야 한다(217① 2호).

(3) 공서양속

그 확정재판 등의 내용 및 소송절차에 비추어 그 확정재판등의 승인이 대한민국의 선량한 풍속이나 그 밖의 사회질서에 어긋나지 아니하여야 한다(217① 3호).

(4) 상호보증 등(217① 4호)

상호보증이 있거나 대한민국과 그 외국법원이 속하는 국가에 있어 확정재판 등의 승인요건이 현저히 균형을 상실하지 아니하고 중요한 점에서 실질적으로 차이가 없을 경우이어야 한다. 이는 외국판결의 승인요건이 우리나라의 그것과 모든 항목에 걸쳐 완전히 같거나 오히려 관대할 것을 요구하는 것은 지나치게 외국판결의 승인 범위를 협소하게 하는 결과가 되어 국제적인 교류가 빈번한 오늘날의 현실에 맞지 아니하고, 오히려 외국에서 우리나라의 판결에 대한 승인을 거부하게 하는 불합리한 결과를 가져온다는 점을 고려한 것이다.[2]

---

1) 대판 2009다22952.
2) 대판 2009다22952.

(5) 손해배상에 관한 확정재판 등의 승인특칙

법원은 손해배상에 관한 확정재판 등이 대한민국의 법률 또는 대한민국이 체결한 국제조약의 기본질서에 현저히 반하는 결과를 초래할 경우에는 해당 확정재판 등의 전부 또는 일부를 승인할 수 없다.[1] 법원은 위 요건을 심리할 때에는 외국법원이 인정한 손해배상의 범위에 변호사보수를 비롯한 소송과 관련된 비용과 경비가 포함되는지와 그 범위를 고려하여야 한다(217조의2).

<선택형>

1. 甲은 乙을 상대로 A부동산에 관하여 매매계약을 원인으로 한 소유권 이전등기청구의 소를 제기하였다. 다음 중 옳은 것은?[2]
   [법전협 2011. 1차]

   ① 甲이 승소확정판결을 받고 그 판결에 기하여 이전등기를 마친 뒤에 乙이 다시 甲을 상대로 그 부동산에 대하여 원인무효에 기한 소유권이전등기말소 청구의 소를 제기하는 경우에는 기판력에 어긋나지 아니한다.

   ② 甲이 승소확정판결을 받은 뒤에 乙이 甲을 상대로 하여 위 매매계약에 기한 대금지급청구의 소를 제기하면 전소법원에서 판단한 매매계약이 유효라는 사실에는 기판력이 있다.

   ③ 甲이 乙에 대한 소송계속중 취득시효완성사실을 추가로 주장하는 것은 공격방법의 추가에 불과하다는 것이 판례의 입장이다.

   ④ 甲의 소송대리인 丙은 甲으로부터 특별한 권한 수여가 없더라도 A부동산에 관하여 처분금지가처분신청을 할 수 있다.

   ⑤ 甲의 소송상 대리인인 丙에게 소송대리권이 없을 경우에 甲과 乙사이의 판결은 당연무효이다.

2. 甲은 乙에게 1억원을 대여해 준 바 있다. 甲은 乙의 재산에 대하여 집행을 하고자 한다. 아래에 열거된 집행권원 중 성질을 달리하는 것은? (다툼시 판례에 의함)[3]
   [법전협 2014. 1차]

   ① 甲은 乙을 상대로 법원에 대여금반환청구소송을 제기하여 승소확정판결을 받았다.

   ② 甲은 채무자 乙과 함께 공증사무소에 가서 차용증을 공증하였는데 동 차용증에는 채무자 乙의 집행수락문구가 들어 있었다.

   ③ 甲은 법원에 조정신청을 하여 조정조서가 만들어지게 되었다.

   ④ 甲은 乙을 상대로 법원에 약정금청구소송을 제기하였는데 乙이 인낙하여 인낙조서가 만들어졌다.

---

1) 하도급거래 공정화에 관한 법률 제35조 2항에서 3배 배상제도를 규정하고 있어서 악의적인 불법행위에 대한 징벌적 손해배상을 명하는 미국법원의 판결이 사안에 따라서는 공서양속에 반하지 않을 수도 있다(김홍엽, 767).

2) ④. 제90조 1항. ① 기판력이 모순관계로 작용하는 경우이다. ② 전소 법원에서 판단이유 중에서 판단한 매매계약의 유효사실은 기판력이 발생하지 않는다. ③ 매매로 하였다가 후에 취득시효의 완성을 선택적으로 추가하는 것도 단순한 공격방법의 차이가 아니라 별개의 청구를 추가시킨 것이므로 역시 소의 추가적 변경에 해당한다(대판 96다50520). ⑤ 소송대리권의 흠결은 판결의 당연무효사유가 아니고 제424조 1항 4호와 제451조 1항 3호에 규정된 위법한 판결이다.

3) ②. 집행수락문구가 있는 공정증서는 집행력만 있을 뿐 기판력은 없다.

⑤ 甲은 乙을 상대로 법원에 대여금반환청구소송을 제기하였는데, 법원은 화해권고결정을 하였고, 甲, 乙 어느 누구도 이의신청을 하지 않았다.

제2관 기판력의 범위

기판력은 판결효력의 범위와 관련하여, 누구에게 미칠 것인가(주관적 범위), 판결 중 어느 사항의 판단에 대하여 효력이 미치는가(객관적 범위), 어느 시점까지 생긴 사유에 그 효력이 생기는가(시적 범위) 등 3가지 관점에서 그 작용범위를 파악한다.

제1항 기판력의 주관적 범위

≪사례≫ 甲이 乙을 상대로 A토지에 대하여 다음 각 소를 제기하여 받은 승소확정판결은 동일한 소송물 또는 선결·모순관계에 있는 소송물을 청구한 丙에게 미치는가?
① 매매에 기한 소유권이전등기청구소송을 제기하였는데 변론종결 후 乙이 A토지를 丙에게 매도하여 丙이 이전등기를 마친 경우[1]
② 소유권에 기하여 원인무효를 이유로 한 소유권이전등기말소청구소송을 제기하였는데 변론종결 후 乙이 A토지를 丙에게 매도하여 丙이 이전등기를 마친 경우[2]
③ A토지에 관한 소유권에 기한 A토지인도청구소송을 제기하였는데 변론종결 이전에 乙이 A토지를 丙에게 점유이전하였으나 점유이전사실이 소송 중 진술되지 않은 경우[3]
④ A토지에 관한 소유권에 기한 인도청구소송을 제기하였는데 변론종결 이전부터 乙을 위하여 A토지를 점유하고 있는 관리인 丙[4]

I. 의 의

기판력의 주관적 범위는 소송과 어느 정도의 관련이 있는 사람에게 기판력이 미치는가를 명확히 하는 문제이다.

---

1) 제1항 Ⅲ. 1. (3) 3) 채권적 청구권에 기한 계쟁물 승계인.
2) 제1항 Ⅲ. 1. (3) 2) 물권적 청구권에 기한 계쟁물 승계인.
3) 제1항 Ⅲ. 1. (5)추정승계인.
4) 제1항 Ⅲ. 2. 청구목적물 소지인.

Ⅱ. 당 사 자

1. 기판력의 상대성 원칙

기판력은 소송에서 변론과 증거를 제출 원칙적으로 당사자 사이에만 미치고 제3자에게는 미치지 않는다(218①). 이를 기판력의 상대성이라 한다. 따라서 법정 대리인, 소송대리인, 단체대표자나 그 구성원, 보조참가인, 통상 공동소송인 등에 게는 기판력이 미치지 않는다. 대세적 효력이 있는 물권에 기한 판결의 기판력도 제3자에게 미치지 않는다.

2. 상대성의 근거

(1) 소송에 관여할 기회가 없는 제3자에게 그 효과를 미치게 하는 것은 부당 하고 판결은 당사자간에 분쟁의 상대적·개별적인 해결위한 것이기 때문이다.

(2) 실질적 당사자론에 기초한 법인격부인의 법리를 적용하여 형해화(形骸化) 된 회사가 받은 판결의 효력을 배후자인 개인이나 회사에 확장하려는 논의가 있 으나, 이는 배후자에게 실체법적으로 책임을 물을 수 있는지에 대한 문제이고 재 판절차와 집행절차에서는 절차의 명확·안정을 중시하여 기판력과 집행력이 미치지 않는다는 것이 통설·판례이나[1] 법인격이 남용되어 배후자에게 법적 책임을 인정한 다면[2] 소송법적 책임인 판결의 효력도 확장하는 것이 옳다는 견해도 있다.[3]

기판력은 분쟁해결의 실효성을 위하여 '당사자와 동일시할 수 있는 자'와 관련 이해관계인 사이의 획일적 처리를 위하여 '일반 제3자'에게도 확장하여 미친다.

Ⅲ. 당사자와 동일시할 제3자

법률규정에 의하여 당사자가 아니라도 당사자와 동일시 할 제3자로서 변론종 결 후 승계인(218①), 청구 목적물 소지자(218①), 제3자 소송담당의 권리귀속주체 (218③), 소송탈퇴자(80, 82)에게 기판력이 미친다.

---

1) 대판 93다44531: 甲회사와 乙회사가 기업의 형태·내용이 실질적으로 동일하고… 법인격을 남용하는 것으로 인정되는 경우에도, 권리관계의 공권적인 확정 및 그 신속·확실한 실현을 도모하기 위하여 절차의 명확·안정 을 중시하는 소송절차 및 강제집행절차에 있어서는 그 절차의 성격상 乙회사에 대한 판결의 기판력 및 집행력 의 범위를 甲 회사에까지 확장하는 것은 허용되지 아니한다.
2) 대판 2007다90982.
3) 이시윤, 648.

1. 변론종결 후의 승계인

≪사례≫

[1] 甲은 乙에게 토지를 임대하였으나 임대료를 2기 이상액을 체불하여 임대차계약을 해지하고 소유권에 기한 乙을 상대로 임대토지상의 건물철거 및 토지인도청구의 소를 제기하여 원고 승소판결이 선고되고 확정되었다. 甲은 확정판결에 기하여 집행하려 하였으나 위 소송의 변론종결 후에 乙이 丙에게 위 건물을 매도하여 丙이 건물을 사용하고 있음이 나중에 밝혀졌다. 甲이 乙에 대한 확정판결로 丙을 퇴거시킬 수 있는가?

[2] 甲은 乙에게 토지를 임대하였으나 임대료를 2기 이상액을 체불하여 임대차계약을 해지하고 소유권에 기한 乙을 상대로 임대토지상의 건물철거 및 토지인도청구의 소를 제기하여 원고 승소판결이 선고되고 확정되었다. 甲은 확정판결에 기하여 집행하려 하였으나 위 소송의 변론종결 후에 乙이 丙에게 위 건물의 일부를 임대하여 丙이 건물의 일부를 사용하고 있음이 나중에 밝혀졌다. 甲이 乙에 대한 확정판결로 丙을 퇴거시킬 수 있는 방법은 어떤가?

[3] 甲은 乙로부터 부동산을 매수하였으나 乙이 소유권이전등기절차를 이행하지 아니하여 매매를 원인으로 한 소유권이전등기청구의 소를 제기하여 승소하여 확정되었는데 확정 후 乙은 동일한 부동산을 甲과의 매매사실을 전혀 모르는 丙에게 매도하고는 소유권이전등기를 경료하여 주었다. 甲이 乙을 상대로 받은 확정판결의 효력이 丙에게도 미치는가?

(1) 의 의

제218조 1항에서 당사자뿐만 아니라 변론종결 후의 승계인에게도 기판력이 미치게 하는 것은 패소당사자가 소송물을 제3자에게 처분함으로 인한 기판력이 있는 판결의 무력화를 방지하고, 승소당사자는 소송물을 처분할 수 있도록 하기 위함이다. 즉 소송을 매매한 것으로 취급한다.

승계는 일반승계, 특정승계 불문하고, 매매·유증, 강제처분에 의한 전부명령·경매, 법률상 대위변제자(민법 399)도 해당된다. 승계시기는 변론종결 후이어야 한다. 등기가 변론종결 후이면 이에 해당된다.

(2) 승계인에게 판결의 효력 미치게 하는 근거

(가) 피승계인의 법적 지위를 포괄적으로 승계하는 일반승계가 아닌 특정승계에서는 소송에 관여하지 아니한 승계인에게 판결의 효력을 미치게 하는 근거에 관하여 논의가 있다. ① 승계인이 前主인 당사자의 소송물에 대한 실체법상의 지위에 종속 내지 의존관계에 있게 된다는 **실체법적 의존관계설**, ② 소송물인 채권의 양도 또는 채무의 면책적 인수 및 계약인수(계약당사자로서의 지위이전)[1]의 경우뿐만 아

---

1) 대판 2007다31990.

니라 소송목적물 즉 건물철거소송에서 계쟁물인 건물 그 자체의 이전적·교환적 승계도 포함시키는 적격승계설(適格承繼說),[1][2] ③ 토지임대인의 건물철거 및 토지인도소송의 변론종결 후 계쟁건물의 임차인에 대한 퇴거청구와 같이 서로 소송물이 다르지만 전소의 소송물인 권리의무관계로부터 변론종결 후에 파생 내지 발전된 것이므로 계쟁부동산의 전부 또는 일부에 대한 새로운 임차인 또는 근저당권자, 중첩적 채무인수인 등의 경우와 같이 설정적·추가적 승계의 경우에도 분쟁의 1회적 해결과 소송경제를 위하여 변론종결 후 승계인에 포함하여야 한다는 **분쟁주체지위승계설**[3] 등이 있다.

(나) 판례는 소유권이 기한 건물철거청구에 대한 판결 후 피고로부터 당해 건물을 매수하거나 소유권이전등기를 경료한 경우와 같이 계쟁물을 승계하거나[4] 물권적 청구권에 기한 건물명도판결이 난 뒤에 피고로부터 계쟁물인 당해 건물의 점유를 취득한 경우 기판력이 미친다고 판시하였다.[5] 그러나 전소 판결의 변론종결 후에 당사자로부터 계쟁물을 승계한 자가 후소를 제기하더라도 양소의 소송물이 동일하거나 선결문제 또는 모순관계에 의하여 기판력이 미치는 객관적 범위에 해당하지 아니하는 경우는 전소 판결의 기판력이 후소에 미치지 아니한다.[6]

(다) 검토컨대 적격승계설은 기판력판단과 소송승계에 있어 승계인 여부를 판단하는 데 있어 공통적으로 문제되고 소송상 목적인 권리 의무의 전부 또는 일부의 승계와 권리의무의 객체인 계쟁물의 승계까지 포함하고 있다. 다만 적격승계설에 의할 경우 원칙적으로 소송상 계쟁물 자체의 이전적 승계만을 원칙적으로 인정하고 계쟁물의 일부 임차인 같은 추가적 승계는 포함할 수 없기 때문에 이를 포함하는 분쟁주체지위이전설이 등장했으나, 승계를 인정하는 한계가 불분명한 파생·추가된 부분까지 기판력을 미치게 할 경우 법적 안정성을 위한 기판력제도의 취지에 반하게 되어 적격승계설이 무난하다고 할 것이다.

적격승계설에 의한다면 변론종결 후 새로운 임차인 또는 근저당권자에 대하여도 판결의 효력을 미치게 하여 또 다른 분쟁을 줄이기 위해서는 임차물 점유자를 상대로 점유이전금지가처분이나 소유명의자를 상대로 처분금지가처분을 활

---

1) 대판 2000다42786.
2) 이시윤, 650; 김홍엽, 686.
3) 정동윤·유병현, 725; 정영환, 1029.
4) 대판 91다650,667; 92다10883.
5) 대판 90다9964: 채권적 청구권에 기한 소송에서 소송물승계를 인정하지 않고 있어서 승계의 범위를 제한하고 있다.
6) 대판 2013다53939.

용하여야 한다.

(3) 승계인범위

(가) 소송물 자체의 승계인

소유권확인의 소송의 변론종결 후 소유권 양수인, 금전지급청구소송 변론종결 후 채권양수인 또는 채무의 면책적 인수인 등과 같이 종래 당사자는 당사자적격을 잃고 새로운 당사자가 당사자적격을 얻는 교환적·이전적으로 소송물 자체를 승계한 자이다.

(나) 계쟁물에 관한 당사자적격의 승계인

건물철거소송 변론종결 후 피고로부터 지상건물을 양수한 사람,[1] 임대차 종료에 기한 가옥인도청구의 피고로부터 가옥을 양수한 사람 등과 같이 다툼의 대상인 계쟁물에 관한 당사자적격을 교환적·이전적으로 승계한 자도 해당된다(적격승계설).

또 소송물인 권리관계의 양도뿐만 아니라 당사자적격 이전의 원인이 되는 실체법상의 권리 이전을 널리 포함하는 것이므로, 신주발행무효의 소 계속중 그 원고적격의 근거가 되는 주식이 양도된 경우에 그 양수인은 제소기간 등의 요건이 충족된다면 새로운 주주의 지위에서 신소를 제기할 수 있을 뿐만 아니라, 양도인이 이미 제기한 기존의 위 소송을 적법하게 승계할 수도 있다.[2]

(다) 소유권 등 물권적 청구권에 기한 소의 피고와 그 변론종결 후 승계인은 원고의 소유권행사를 방해해서는 안 될 물권적 의무자로 본다.[3] 그러나 **채권적 청구권에 기한 소의 계쟁물의 승계인**이 제218조 1항의 승계인에 포함되는지에 관하여 소송물 이론에 따라 다소 논의가 있다.

① 판례가 취하고 있는 구실체법설은 실체법상의 청구에 따라 소송물인 청구권이 물권적인 것이면 승계인에 해당되고, 채권적 청구권이면 승계인이 되지 않는다.[4] ② 소송법설은 변론종결 후에 계쟁물에 관한 당사자적격을 취득한 자는 모두 승계인에 포함된다는 입장이다. 이와 달리 ①설은 범위가 너무 좁고 ②설은 범위가 너무 좁으므로 소송물이 물권적 청구권 또는 채권적 청구권으로 이론구성이 가능한 경우(이른바 환취청구권)에만 승계인으로 인정하고, 물권의 배경이 없는 채권적인 경우(이른바 교부청구권)는 승계인이 아니라는 견해도 있다.[5]

---

1) 대판 91다650.
2) 대판 2000다42786.
3) 대판 74다1046.
4) 대판 72다935; 91다650,667; 92다25151.
5) 강현중, 697.

생각건대 소송법설은 승계인 개념이 지나치게 광범위하고, 환취청구권과 교부청구권으로 나누는 근거와 기준이 불명확하여 결국 구실체법설이 타당하다고 본다.

(4) 승계인에게 고유의 항변이 있는 경우

패소한 피고의 변론종결 후의 승계인이 승소원고에 대하여 실체법상 대항할 수 있는 항변, 즉 방어방법이 있는 경우 변론종결 후의 승계인에 해당하는지의 여부에 관하여 논의된다. 예컨대 원고의 소유권에 기한 인도청구소송에서 패소한 피고로부터 선의취득, 선의로 양도받아 먼저 등기를 이전받거나 취득시효완성 등의 경우이다.

(가) **형식설**은 당사자로부터 등기이전이나 점유승계를 하였다는 형식을 중시하여 변론종결 후 승계인으로 인정한다. 따라서 집행채권자가 제3자가 변론종결 후의 승계인이라는 사실을 증명하면 법원사무관 등에 의하여 승계집행문이 부여되고(민집 31) 위 제3자가 강제집행을 면하기 위해서는 승계인이 집행문부여에 대한 이의신청(민집 34), 집행문부여에 관한 이의의 소(민집 45), 청구이의의 소(민집 44)를 제기하여 고유의 이익을 주장하여야 한다.

(나) **실질설**은 고유의 방어방법이 있는 제3자는 실질적으로 당사자의 지위나 권리를 승계했다고 볼 수 없다는 입장으로 이러한 사유로 집행채권자가 강제집행하기 위해서 신청한 승계집행문을 부여받을 수 없게 된다면, 집행채권자는 강제집행하기 위해서는 위 제3자를 상대로 집행문부여의 소(민집 33)를 제기해야 한다.

(다) **판례와 검토**

원고가 명의신탁해지를 원인으로 이전등기를 청구하여 수탁자에게 승소하였으나 수탁자가 목적물을 처분한 사안에서, 소유권이전등기를 명하는 확정판결의 변론종결 후 그 청구목적물을 매수하여 등기한 제3자는 변론종결 후 승계인에 해당하지 않는다고 하여 실질설을 취하고 있다.[1]

어느 설에 의해도 고유한 방어방법을 가지고 있는 자는 판결의 집행을 방어할 수 있는 점은 동일하다. 다만 집행문부여절차는 법원사무관 등이 집행채권자가 제시하는 집행권원 등으로 획일적으로 처리하고 있는 절차를 감안하고(민집 31; 민집규칙 19 ③, 23) 안정적인 기판력제도와 추정승계인에 관한 제218조 2항의 취지상 형식설이 비교적 타당하다.

---

1) 대판 80다2217.

(5) 추정승계인

(가) 변론종결 전에 소송물 등을 승계했음에도 승계사실을 진술하지 않은 때에는 변론을 종결한 뒤에 승계한 것으로 추정하여 기판력이 미치게 한다(218②). 이를 추정승계인이라 한다. 이는 판결을 무용지물로 만드는 폐단을 방지하기 위함이다.

(나) 승계를 진술할 자에 관하여 피승계인이 승계사실을 진술하지 않아 승계인이 불이익을 입게 하는 것은 부당하므로 승계인이 진술하여야 한다는 승계인설이 있으나, 소송행위 진술을 소외인인 승계인이 할 수 없고 제218조 2항에 '당사자'라고 명시하고 있는 점에서 피승계인이 진술하여야 한다는 피승계인설이 타당하다. 판례도 피승계인설이다.[1)]

(다) 이 제218조 2항에 의하여 승소한 원고는 승계사실만 증명하여 승계집행문을 얻을 수 있다(민집 31, 동 32). 이에 대하여 승계인은 변론종결 전에 승계한 사실을 증명하여 기판력을 면할 수 있다.

※ **사례해설**

[1] 丙이 변론종결 후 승계인의 범위에 해당되는지의 여부에 관하여 어느 견해에서나 丙을 당사자적격 승계인으로 볼 수 있고, 乙에 대한 확정판결의 승계집행문을 부여받아 丙에 대하여 강제집행할 수 있다.

[2] 丙이 변론종결 후 승계인의 범위에 해당되는지의 여부에 관하여 분쟁주체지위이전설에서는 丙을 당사자적격 승계인으로 볼 수 있고, 乙에 대한 확정판결의 승계집행문을 부여받아 丙에 대하여 강제집행할 수 있으나, 판례의 적격승계설에서는 추가적 승계에 해당하는 丙은 기판력이 미치는 승계인에 해당되지 않는다.

[3] 채권적 청구권에 기한 소의 계쟁물의 승계인이 제218조 1항의 승계인에 포함되는지에 관하여 소송물 이론에 따라 논의가 있다. ① 구실체법설은 실체법상의 청구에 따라 소송물인 청구권이 물권적인 것이면 승계인에 해당되고 채권적 청구권이면 승계인이 되지 않아 판결의 효력이 미치지 아니한다.[2)] ② 소송법설은 변론종결 후에 계쟁물에 관한 당사자적격을 취득한 자는 모두 승계인에 포함된다는 입장이다. [사법시험 2014] ※

2. 청구의 목적물의 소지자

(1) 기판력을 받는 자를 위하여 특정물의 인도청구의 목적물을 소지한 자에게도 기판력이 미친다(218①). 당사자는 아니지만 기판력을 미치게하여도 그 절차권을 침해하지 않으며 기판력제도의 취지를 살리기 위함이다.

(2 '목적물'은 특정물 인도청구소송에서 인도의 대상이 되는 물건이며 일반적

---

1) 대판 77다92.
2) 대판 72다935; 92다25151.

으로 집행대상이 되는 물건이 아니다.[1]

(3) '소지자'는 수치인(受置人), 동거인, 관리인 등 오로지 본인을 위하여 목적물을 소지하는 자이다. 임차인이나 질권자는 자기를 위하여 점유하는 자이므로 청구목적물의 소지인이 아니고 목적물 점유의 승계인은 될 수 있다. 소지 시기는 변론종결 전후를 불문한다.

3. 소송담당의 경우의 권리귀속주체

(1) 제3자의 소송담당

타인의 권리관계에 관하여 자기의 이름으로 소송을 수행한 자는 소송담당자로서 당사자이지만 그 판결의 효력은 그 권리의무의 귀속주체에게도 미친다(218③). 따라서 파산관리자가 받은 판결은 파산자가 복권이 된 후 동일한 내용으로 제소하는 것은 기판력에 저촉된다.

(2) 채권자대위소송의 경우

(가) 대위소송의 판결이 채무자에게 미치는지에 관하여 대위소송에서 채권자는 소송담당자가 아니리는 근거로 채무자에게는 대위판결의 효력이 미치지 않는다는 소극설,[2] 채권자를 제218조 3항의 다른 사람을 위하여 원고로 된 사람으로 보는 적극설, 채무자가 알았을 경우에만 미친다는 절충설이 있다. 판례에 의하면 채무자가 채권자대위소송이 제기된 것을 알았을 경우(채무자가 증언한 경우 등)에는 그 확정판결의 효력은 후소를 제기하는 채무자에게도 미친다.[3]

생각건대 채무자가 현실적으로 채권자의 소송수행을 현실적으로 협조·견제할 수 있는 경우에 인정하는 것이 타당할 것이다.

(나) 채무자의 제3채무자에 대한 소송의 기판력이 후소인 대위소송의 채권자에게 미치는지에 관하여 채무자가 권리를 행사하였으면 대위소송은 소송요건 흠결로 각하되어야 하나 각하되지 않은 상태에서는 논의가 있을 수 있다. 판례는 실질상 동일소송이라는 이유로 판결의 효력이 미친다고 하나,[4] 판결효력의 의미에 관하여 논의가 있다. 이를 채권자와 채무자간의 실체법상 의존관계에 있는 반사효가 미친다는 견해,[5] 채무자와 제3채무자 사이의 판결은 후소인 채권자의 제

---

1) 호문혁, 714.
2) 호문혁, 715-716.
3) 대판(전합) 74다1664.
4) 대판 2000다55171.
5) 이시윤, 655.

3채무자에 대한 대위소송과 일종의 선결관계에 있다고 보아 기판력이 미친다고 보는 견해,[1] 대위소송은 대위권흠결을 이유로 청구기각사유가 된다는 견해[2] 등이 있다.

판례는 양 소송이 실질적으로 동일한 소송물이라고 판시하고 있으므로[3] 위 효력은 기판력을 의미한다고 할 것이다.[4]

(다) 채권자의 대위소송이 다른 채권자에게 미치는지에 관하여 판례에 의하면 채무자가 채권자대위권에 의한 소송이 제기된 것을 알았을 경우는 채권자의 대위소송의 확정판결은 후소를 제기하는 다른 채권자의 대위소송에도 미친다.[5]

채무자에게 미치고 그 결과 실체법상 의존관계에 있는 다른 채권자는 반사효를 받는다는 견해와[6] 채권자에게 효력이 미치는 근거가 전혀 없다는 견해가 있다.[7]

4. 소송탈퇴자

소송탈퇴자는 잔존 당사자와 제3자간의 판결의 기판력을 받는다(80 단서, 82). 선정자가 선정당사자를 선정함으로 인하여 당사자에서 탈퇴된 경우에도 같다(53 ②).

Ⅳ. 일반 제3자에의 확장

분쟁의 획일적 처리를 위하여 기판력의 상대성원칙을 수정하여 일정범위의 제3자에게까지 기판력이 확장된다. 이 경우 제3자의 절차보장이 문제된다.

1. 한정적 확장

일정한 이해관계인에게 한정적으로 확장되는 경우인 파산채권확정소송의 판결이 채권자 전원에게(채무자회생 468 ①, 607 ①), 추심의 소에 대한 판결이 참가명령 받은 모든 채권자에게(민집 249 ④), 증권집단소송의 판결이 제외신고하지 않은 모든 구성원에게(증집소 37) 각각 판결의 효력이 미치므로 다시 소를 제기할 수 없다.

---

1) 정영환, 1048.
2) 호문혁, 717.
3) 대판 76다688; 80다2751; 2000다55171.
4) 정영환, 1048.
5) 대판 93다52808.
6) 이시윤, 655.
7) 호문혁, 717-718.

2. 일반적 확장 : 대세효

(1) 모든 사람에게 획일적으로 처리할 필요가 있는 ① 가사소송(가소 21. 다류사건 제외), ② 회사관계소송(상법 190 등),[1] ③ 행정소송(행소 29 ①)[2]의 각 인용판결은 제3자에게도 판결의 효력이 미친다. ① 가사소송의 기각·각하판결은 사실심 변론종결시까지 제3자가 참가할 수 없었던 정당한 사유가 있는 경우에는 제3자에게 미치지 아니하여 재소(再訴)할 수 있고, 정당한 사유가 없는 경우에는 다시 소를 제기할 수 없다(가소 21 ②). ②③의 기각·각하판결은 당사자 사이에만 효력이 있다.

(2) 민법상 법인의 이사회결의 무효확인소송에서 승소확정판결의 효력은 당사자 사이에서만 발생하므로 판결의 대세적 효력이 없다.[3]

3. 일반 제3자에의 기판력확장과 절차 보장

일반 제3자에게 판결의 효력을 확장하려면 제3자의 절차참여보장이 필요하다. 직권탐지주의나 직권증거조사를 가미하고(가소 21, 동 17; 행소 26; 증집소 30), 제3자에게 소송참가기회를 제공하고(상법 187, 동 404 ②) 원칙적으로 제3자에 유리한 판결에 한하여 그 효력을 확장하고(상법 190; 가소 21), 제3자에게 사해재심을 인정하는 등(상법 406; 행소 31)에만 판결의 효력을 미치도록 한다.

≪**사례**≫ 원래 甲 소유이던 X토지에 관하여 위조된 관계서류에 의하여 乙명의로 소유권이전등기가 경료되었다. 丙은 甲으로부터 위 토지를 매수하고 나서 甲을 대위하여 乙을 상대로 소유권이전등기말소청구의 소를 제기하였으나 패소판결이 선고되고 확정되었다.

[1] 丙이 소송을 제기하여 패소한 사실을 모르는 甲이 乙을 상대로 소유권이전등기말소청구의 소를 제기하였다면 甲이 제기한 소는 적법한가?

[2] 위 [1]항의 甲과 乙 사이의 소송진행 도중 乙은 소송 외에서 甲의 주장을 인정하고 甲으로부터 X토지를 다시 매수하였다. 그런데 甲이 제기한 소송은 乙의 불출석으로 의제자백되어 甲의 승소판결이 선고되고 확정되었다. 그 후 乙이 사망하고 乙의 상속인 丁이 상속등기를 마치자 甲은 위 확정판결에 기하여 丁명의의 소유권이전등기를 말소하였다. 이에 丁은 甲을 상대로 피상속인 乙의 위 매매를 원인으로 한 소유권이전등기청구의 소를 제기하였다. 丁이 제기한 위 소는 적법한가?

---

1) 기판력의 확장이 아닌 형성력의 효과라는 견해(이시윤, 588, 호문혁, 687)가 있으나, 인용판결이 확인판결의 성질이 있고 형성력의 판단기준의 핵심은 판결로 권리변동이 있는지의 여부이지 제3자에게 효력이 미치는지의 여부가 아니라는 점에서 기판력의 제3자에 대한 확장으로 본다(정영환, 1039).

2) 인용판결의 대세적 효력의 성질에 관하여 형성력이라는 견해(통설)와 항고소송 중 취소소송만 형성력이고 나머지는 기판력의 확장이라는 견해가 있다(정영환, 1039).

3) 대판 98다26187; 99다30039.

▨ **사례해설**

[1] 채권자대위소송이 제기된 것을 모르는 채무자에게 대위소송의 기판력이 미치는지의 문제로서 판례에 의하면 기판력이 저촉되지 않는다(본관 제1항 Ⅲ. 3. (2) (가) 참조)

[2] 논점은 甲이 乙을 상대로 제기한 원인무효의 소유권이전등기말소청구의 소에 대한 판결의 기판력이 丁이 甲을 상대로 제기한 매매를 원인으로 한 소유권이전등기청구사건에 미치는가이다. 당사자와 이에 준하는 변론종결 후의 승계인도 기판력의 주관적 범위에 미친다. 전소와 후소 판결이 모순·저촉 우려가 있는 소송물동일, 모순관계, 선결관계에서 작용하므로 그 해당 여부를 판단하면 사례의 경우 후소는 X토지를 다시 매수한 별개의 사실관계에 기한 청구이므로 이들 관계에 해당하지 않는다. 시적 범위의 표준시는 전소 변론종결시점의 권리관계(소송물)가 후소의 규준이며, 전소 변론종결 前에 주장했던 또는 주장할 수 있었던 공격방어방법은 실효된다. 그러나 새로운 청구원인사실은 별개 소송물로서 차단되지 않는다. 위 사안의 경우는 기판력이 미치는 주관적 범위 속에는 해당될 수는 있으나, 전·후 양소의 청구는 소송물이 별개이고 동일하지 아니하고, 모순관계·선결관계에도 해당되지 아니하므로 전소 판결의 기판력에 저촉되지 않는다. ▨

<선택형>

1. 다음 중 변론종결 후의 승계인에 해당하는 것을 모두 고르면? (다툼시 판례에 의함)[1]   [변호사 2013]

① 확정판결의 변론종결 후 그 확정판결상의 채무자로부터 채무인수 여부에 관한 약정 없이 영업을 양수하여 양도인의 상호를 계속 사용하는 영업양수인

② 확정판결의 변론종결 후 그 확정판결상의 채무자인 회사를 흡수합병한 존속회사

③ 확정판결의 변론종결 후 그 확정판결상의 채무자인 회사가 신설합병되어 설립된 회사

④ 확정판결의 변론종결 후 그 확정판결상의 채무자로서 금전지급채무만을 부담하고 있는 회사가 그 채무를 면탈할 목적으로 기업의 형태·내용을 실질적으로 동일하게 하여 설립한 신설회사

2. 기판력에 관한 다음 설명 중 옳지 않은 것은? (다툼시 판례에 의함)[2]   [법전협 2015. 1차]

① 피고가 상계항변에 제공한 자동채권이 존재하지 않는다는 이유로 항변을 배척한 판결이 확정된 후에 그 자동채권의 이행을 구하는 소를 제기하는 것은 기판력에 저촉된다.

② 甲이 乙에 대하여 매매를 원인으로 A부동산에 관한 소유권이전등기청구의 소를 제기하여 변론종결 후 丙이 乙로부터 증여를 원인으로 위 부동산의 소유권이전등기를 넘겨받은 경우에 甲의 乙에 대한 승소판결의 기판력은 丙에게 미치치 않는다.

③ 제1심판결 정본이 공시송달의 방법에 의하여 피고에게 송달되었다면 비록 소장에 기재한

---

1) ②③. ① 양도인의 상호를 계속 사용하는 영업양수인 상법 제42조 1항에 의하여 그 양도인의 영업으로 인한 채무를 변제할 책임이 있다 하여도, 그 확정판결상의 채무를 면책적으로 인수하는 등 특별사정이 없는 한, 그 영업양수인을 곧 민사소송법 제204조의 변론종결후의 승계인에 해당된다고 할 수 없다(대판 78다2330). ④ 판례는 신설회사에 기판력의 확장을 인정하지 않는다(대판 93다44531).

2) ⑤. 한정승인과 달리 상속포기는 상속에 의한 채무의 존재 자체가 문제되어 그에 관한 확정판결의 주문에 당연히 기판력이 미치게 되므로 기판력이 실효되지는 않는다(대판 200879876). ① 제216조 2항. 대판 2004다17207. ② 판례는 피고가 전소의 변론종결 뒤 제3장에게 권리를 이전한 경우 전소의 소송물이 채권적인 경우 그 제3자에게 전소 확정판결의 기판력이 미치지 않는다는 입장이다(대판 96다41649) ③ 대판 94다27922. ④ 대판 2008다59230.

피고의 주소가 허위이거나 요건미비의 공시송달이더라도 그 송달은 유효한 것이므로 항소
기간의 도과로 그 판결은 형식적으로 확정되어 기판력이 발생한다.

④ 甲이 어음발행인 乙을 상대로 어음금청구의 소를 제기하였다가 어음요건 흠결을 이유로 패
소판결을 받은 경우에 그 백지부분을 보충하여 乙을 상대로 재차 어음금청구의 소를 제기
하는 것은 기판력에 저촉된다.

⑤ 甲이 乙을 상대로 상속채무이행의 소를 제기하여 승소판결을 받고 이에 기한 강제집행을
실행하고자 할 경우에, 乙은 피상속인 사망 후에 즉시 상속포기 하였음을 내세워 청구이의
의소를 제기할 수 있다.

제2항 기판력의 객관적 범위

≪사례≫

[1] 임대인 甲은 임차인 乙을 상대로 임대차가 해지되었으므로 소유권에 기하여 임차주택
인도청구의 소를 제기하자 법원은 甲은 임대주택의 소유자가 아니라는 이유로 원고청
구를 기각하는 판결을 선고했고 확정되었다. 전소에서 제대로 된 주장과 입증을 못해
패소했다고 생각한 甲은 이번에는 동일한 주택의 소유권확인의 소를 다시 제기하는
것은 적법한가?

[2] 甲은 前訴에서 乙을 상대로 매매무효를 주장하며 매매대금의 반환을 주장하여 乙의 인
낙으로 확정된 경우 상대방이 제기한 위 매매무효에 따른 소유권이전등기말소등기청
구의 後訴에서는 그 매매의 유효를 주장하면서 그 매매의 계약이행을 구하고 있다. 甲
의 후소에서의 매매의 유효주장은 허용되는가?

I. 기판력의 객관적 범위의 의미

전소 판결에서 판단된 사항 중 어느 부분에 기판력이 생기고(기판력 발생) 그
기판력이 후소의 어느 범위까지 미치는가(기판력 작용범위)의 문제로서 기판력의 객
관적 범위 또는 물적 범위라고 한다. 사건에 대한 법원의 판단은 판결서의 주문과
이유에 나타나는데 제216조 1항은 확정판결은 주문에 포함된 것에 한하여 기판력
을 가진다고 규정하고 있다. 그 이유는 당사자의 주된 관심사이고 심판대상이고
소송목적인 소송물은 주문에 표시되고, 법원도 판결주문의 판단사항에 심리를 집
중하여 신속한 결론을 낼 수 있기 때문이다. 판결이유 중의 판단까지 기판력이 발
생한다면 후소에서 이것을 다툴 수 없게 되어 당사자에게 불리하게 될 수 있다.

Ⅱ. 기판력의 발생범위

1. 원칙― 판결주문에서 한 판단

(1) 기판력은 판결주문에 포함된 것에 한하여 발생한다(216 ①). 주문에 포함된 것이란 당사자가 법원에 요구한 상대방에 대한 권리주장의 당부 즉 소송물에 대한 판단이다. 주문은 당사자간의 분쟁의 대상이며 주된 관심사이고 당사자의 공격·방어 대상을 한정하여 심리의 간소화와 탄력성을 확보할 수 있기 때문이다.[1][2]

(2) 다만 판결의 주문은 간결하므로 판결이유를 참작하여야 한다. 특히 소송판결과 청구기각판결은 더욱 참고하여야 기판력의 범위를 판단할 수 있다.

(3) 기판력의 범위는 소송물의 범위와 원칙적으로 같으므로 소송물이론에 따라 기판력의 범위에 광협의 차이가 있게 된다.

구소송물론에 의하면 소송물은 개개의 구체적 실체권이므로 기판력은 판결이유 중에서 인용되고 있는 특정한 이행청구권 또는 형성권의 존부에 관하여만 발생한다. 다만 청구기각판결의 판단이유 중에서 부정되고 있는 모든 청구권·형성권의 부존재에 관하여 기판력이 생긴다.[3]

신소송물론의 일분지설에 의하면 청구원인사실로부터 물권적 청구권과 채권적 청구권 등 여러 개의 이행청구권 또는 형성권이 있어도 그 목적·내용이 같은 경우에는 소송물은 실체법상의 하나의 포괄 지위이고 기판력은 이 포괄적 지위에 관하여 생기므로 여러 개의 청구권과 형성원인은 모두 기판력이 발생한다. 이분지설에 의하면 신청과 사실관계가 같은 경우에만 기판력이 발생하므로 사실관계가 다르면 소송물이 다르다고 보므로 기판력이 미치지 않게 된다.

다만 실체법상의 권리관계를 소송물로 하는 확인의 소에서는 청구취지(주문)만으로 소송물이 특정된다고 하나(다수설), 청구원인의 사실관계로 특정된다는 이지설 중 일관설이 있다.

▨ 사례해설

[1] 위 사례에서 법원은 판결주문에서 임대인에게 주택인도청구권이 없다는 판단과 판단이유에서 주택이 임대인의 소유가 아니라는 판단을 했으므로 그 기판력은 판결주문에 표시된

---

1) 독일 민사소송법 제322조 1항: 소 또는 반소로 신청한 청구에 대한 판단에 기판력이 있다.
2) 다만 '원고의 청구를 기각한다. 이 사건 소를 각하한다'라는 것과 같은 청구기각판결과 소송판결의 주문은 간결하게 표현되므로 기판력의 범위를 특정하기 위해서는 판결이유를 참작하여 하여 판단하여야 하나 이유판단에 기판력이 발생하는 것은 아니다.
3) 김홍규·강태원, 621.

주택인도청구권에 국한되고 판결이유에서 주택의 권리귀속에 관한 판단부분에까지 기판력이 미치지는 아니한다.[1] 따라서 임대인이 동일한 주택의 소유권확인의 소를 제기하는 것은 적법하다.

[2] 매매의 무효를 원인으로 한 대금반환청구의 소에 대한 인낙조서의 기판력은 그 대금반환청구권의 존부에 관하여만 발생할 뿐, 그 전제가 되는 선결적 법률관계인 매매의 무효 여부에까지 발생하는 것은 아니고, 전소의 인낙조서의 기판력이 미치는 법률관계는 원고가 피고에 대하여 대금반환청구권을 가진다는 것뿐이고, 반면 후소의 소송물은 소유권이전등기청구권의 존부이므로 후소가 전소에서 확정된 법률관계와 정반대의 모순되는 사항을 소송물로 하는 것이라 할 수 없으며, 기판력이 발생하지 아니하는 각 소의 소송물의 전제되는 법률관계가 유효 또는 무효로 서로 모순된다고 하여도 전소에서의 인낙조서의 기판력이 후소에 미친다고 할 수 없으므로 甲의 후소에서의 매매의 유효주장은 허용된다.

2. 예외— 상계항변

(1) 법규정과 취지

상계를 주장한 청구가 성립되는지 아닌지의 판단은 상계하자고 주장한 액수에 한하여 기판력을 가진다(216 ②).

기판력을 인정하지 않으면 피고의 상계항변이 배척되어 패소된 경우라도 후에 피고가 자동채권의 존재를 주장하여 그 이행을 구하는 소를 제기할 수 있고, 상계항변이 인용되어 피고가 승소한 경우라도 원고가 자동채권의 부존재를 원인으로 부당이득반환청구를할 수 있게 되어 분쟁이 반복되고 같은 채권의 이중이용을 방지하고, 원고의 청구권의 존부에 대한 전소의 판결이 결과적으로 무의미해지는 것을 막기 위함이다.[2]

(2) 상계항변의 기판력발생요건

판단이유에서 판단하였지만 기판력이 인정되는 유일한 예외인 상계항변에 대한 기판력은 자동채권의 존부에 관하여 상계하자고 주장한 액수에 한하여 실질적으로 판단한 경우에만 기판력을 인정한다. 따라서 상계항변이 ① 시기에 늦게 제출되어 각하된 경우(149), ② 성질상 상계가 허용되지 않는 경우(민법 496), ③ 상계부적상(민법 492 ①) 등을 이유로 배척된 경우에는 기판력이 미치지 않는다.

(3) 상계항변의 심리의 순서와 상소이익

상계항변은 수동채권(소구채권)의 존재에 대하여 증거조사를 하여 확정하고

---

1) 대판 88다카3618.
2) 대판 2004다17207.

난 후에 최후로(즉 예비적 항변으로 취급하여) 판단하여야 하며, 수동채권의 존재를 가정하여 상계항변으로 곧 청구기각을 하여서는 안 된다. 상계항변으로 전부승소한 피고라도 소구채권의 부존재 또는 아울러 제출하였으나 인정을 받지 못한 변제항변을 인정받기 위한 상소이익이 있다.

(4) 상계항변의 기판력 범위

1) 기판력이 발생하는 범위는 상계가 인용되든 배척되든 상계로써 대항한 수액에 한하여 기판력이 생긴다.

예컨대 매매대금 3억원을 청구한 소에 대하여 피고가 대여금 5억원의 자동채권으로 상계한 경우 기판력은 3억원에 한정되며 나머지 2억원은 전소의 기판력이 미치지 않으므로 별소로 청구할 수 있다.

2) 위 상계항변을 **배척**한 경우 대등액인 자동채권 3억원의 부존재에 대하여 기판력이 발생한다. 위 상계항변을 **인용**한 경우 ① 수동채권과 자동채권이 다 함께 존재하였다가 그것이 상계에 의하여 모두 소멸된 점에 기판력이 생기는지, ② 자동채권만 상계에 의하여 소멸되어 존재하지 않는다는 점에 기판력이 발생하는지에 대하여 논의가 있으나 '청구가 성립되는지 아닌지의 판단'이라는 법문에 충실하고 또 실제로 소구채권과 반대채권의 존재 여부가 다 같이 심리되는 점에서 전자가 타당하다.[1] 다만 어느 경우에나 상계항변이 인용된 부분은 부당이득으로 반환청구의 후소를 제기할 수 없으므로 논의 실익은 적다.[2]

3) 상계항변에 관한 판단에 기판력 생기는 것은 수동채권이 소송물로 심판되는 소구채권이거나 그와 실질적으로 동일한 경우에 한하므로 예컨대 원고의 매매로 인한 가옥인도청구의 소에 대하여 피고가 매매대금지급을 동시이행항변으로 주장한 경우에 이를 배척하기 위하여 원고가 <u>소송물과는 별개인</u> 별개의 대여금채권으로 상계의 재항변한 경우 이에 대한 판단에는 기판력이 생기지 않는다.[3] 만약 이 경우에도 기판력이 생긴다면 판결이유에서 판단한 동시이행 항변한 채권에도 기판력이 발생하게 되어 제216조 2항의 취지에 반하기 때문이다. 다만 전소 확정판결은 후소에 유력한 증거가 된다(증명효).[4]

≪**사례**≫ 甲은 乙에 대하여 1억원의 대여금채권지급청구의 소를 제기하였고 乙은 위 소송

---

1) 정동윤·유병현, 717.
2) 이시윤, 646; 김홍엽, 797.
3) 대판 2004다17207.
4) 대판 99다55472.

에서 1억 5천만원의 물품대금채권으로 상계항변하였다.(각 설문은 독자적 임)

[1] 乙은 원고의 위 1억원의 소구채권에 대하여 이미 변제하였다고 주장하였는데 법원은 변제 여부는 판단하지 않고 상계항변을 인용하여 원고의 청구를 기각 판결하였다. 이는 적법한가? 乙은 이 판결에 대하여 항소할 수 있는가?[1]

[2] 법원은 乙의 물품대금채권이 존재하지 않는다고 판단하고 甲의 청구를 인용하는 판결을 선고하였고 확정되었다. 그 뒤 乙이 제기한 위 물품대금 1억 5천만원의 지급을 구하는 소를 제기하였다. 이 소는 허용되는가?[2]

[3] 위 소송에서 상계항변이 인정되어 甲의 대여금청구가 기각되어 판결이 확정되었다. 그 뒤 甲이 乙의 물품대금채권 1억5천만원은 부존재한다고 주장하면서 상계로 인정된 1억원의 부당이득반환청구의 소를 제기하였다. 이 소는 허용되는가?[3]

[4] 甲은 위 대여금채권 1억원과 별도로 乙에 대하여 또 다른 1억5천만원의 대여금채권이 있었는데 소제기 전에 이를 자동채권으로 乙의 甲에 대한 위 물품대금채권과 대등액에서 상계하였다고 주장하였다. 법원은 위 채권들 모두 존재하고 甲의 상계 의사표시 당시 상계적상에 있었다는 것을 인정하고 있다.
ⓐ 법원은 어떠한 판결을 할 것인가?[4]
ⓑ 법원이 판단한 사항 중 어느 부분에 기판력이 발생하는가?[5]

3. 소송판결의 기판력

소송판결의 주문은 '이 사건 소를 각하한다'라고 간략히 표현하므로 기판력이 미치는 사항, 즉 어느 소송요건에 흠이 있는지는 판결이유를 참작하여야 한다. 따라서 채권자가 채무자를 대위하여 제3채무자를 상대로 매매를 원인으로 한 소유권이전등기청구소송을 제기하였다가 채무자를 대위할 피보전채권이 인정되지 않는다는 이유로 소각하 판결을 받아 확정된 경우 제3채무자가 채권자를 상대로 한 토지인도청구소송에서 채권자가 피보전채권의 존재를 주장하는 것은 위 확정판결의 기판력에 저촉된다.[6]

≪사례≫ 甲은 乙명의의 대지 위에 건물을 건축하여 점유하고 있다. 甲은 丙이 위 대지를 시효취득하였으며 자신은 丙으로부터 이를 매입하였다고 주장하면서, 丙을 대위하여 乙을

---

1) 상계항변의 판단순서위배로 항소가능하다.
2) 상계 대등액 1억원의 부존재는 기판력이 발생하나 나머지 5천만원의 물품대금은 기판력을 받지 아니하여 제소가능하다.
3) 상계 대등액 1억원의 물품대금채권의 부존재에 대하여 기판력이 발생하여 이를 다시 부당이득으로 반환청구함은 기판력에 저촉된다.
4) 피고의 상계항변을 배척하고 원고의 대여금청구를 인용할 것이다.
5) 자동채권인 물품대금채권의 부존재로 상계항변이 배척된 경우에 자동채권 1억원의 부존재에 기판력이 생긴다.
6) 대판 2000다41349; 2011다108095.

상대로 위 대지에 대한 소유권이전등기를 구하는 소를 제기하였다. 그러나 제1심법원은 丙이 위 대지를 甲에게 매도한 사실이 없다고 판단하여, 甲의 당사자적격의 흠결을 이유로 甲의 소를 각하하는 판결을 하였다. 제1심법원의 소각하 판결이 확정된 후, 乙은 甲을 상대로 하여 건물철거 및 대지인도청구의 소를 제기하였다. 이 소송절차에서 피고 甲은 丙을 대위하여 원고 乙에게 취득시효완성을 원인으로 한 소유권이전등기절차의 이행을 구할 수 있는 권리가 있다고 주장할 수 있는지 논하시오. [변리사 2005]

Ⅲ. 기판력이 작용하는 객관적 범위

전소에서 발생한 기판력은 후소와 소송물이 동일한 경우와 소송물이 달라도 모순관계 또는 선결관계인 경우에도 판결의 통일을 기하기 위하여 기판력이 작용하는 것을 인정한다.

1. 소송물의 동일

전후 양소의 소송물이 동일하면 기판력이 당연히 작용한다. 모순금지설과 판례입장에서는 전소의 승소자 제소시에는 소익이 없어 부적법 각하하고 패소자가 제소하면 전소와 동일하게 기각한다. 반복금지설에서는 승패불문하고 각하하여야 한다. 그러나 기판력이 있어도 판결내용 불특정, 시효중단의 경우에는 신소제기가 허용된다.

(1) 기판력이 미치는 범위를 알기위해서는 **전후 양소의 소송물이 동일한가**를 판정할 필요가 있기 때문에 결국 소송물이론에 귀결된다(소송물이론 참조). 아울러 소송물의 동일성에 관하여 논란이 있는 경우를 살펴본다.

(가) **청구취지가 다른 경우**: 신·구이론 모두 원칙적으로 소송물이 다르게 본다. 예컨대 동일 부동산에 관하여 소유권이전등기말소등기청구의 소와 이전등기청구의 소,[1] 전소가 1필 토지의 특정부분에 대한 소유권이전등기청구이고, 후소가 그 토지 중 일정지분에 대한 소유권등기청구 일 때 소송물이 다르므로 전소의 기판력에 저촉되지 않는다.[2] 다만 전소의 소송물이 후소의 선결관계이거나 모순관계일 때는 소송물이 다르더라도 기판력이 미친다.

(나) **청구취지는 동일하나 청구원인을 이루는 실체법상 권리가 다른 경우**: 예컨대 전소가 계약상 손해배상청구이고 후소가 불법행위상 손해배상청구인 경우, 소유권

------

1) 대판 93다43491.
2) 대판 94다17956.

과 임대차종료에 기한 명도청구, 부정행위와 악의유기를 원인으로 한 이혼청구는 구소송물이론은 각 실체법상의 권리가 다르므로 서로 별개의 소송물이고 기판력은 서로 미치지 않는다. 신소송물이론과 신실체법설은 동일 소송물로 보아 기판력이 미친다.

(다) **청구취지는 동일하나 청구원인을 이루는 사실관계가 다른 경우**: 예컨대, 매매와 취득시효완성을 원인으로 한 소유권이전등기청구, 매매대금청구와 위 대금지급을 위해 발행한 어음금청구의 경우 구소송물이론, 이원설은 소송물이 달라서 기판력이 발생하지 않으나, 일원설은 소송물을 동일하게 보아 기판력이 발생한다.

(2) **소유권이전등기말소청구소송과 진정명의회복을 위한 소유권이전등기청구소송**의 소송물의 동일 여부와 기판력에 관하여 판례는 다소 변화가 있었다.

(가) 판례는 과거에 진정명의 회복청구의 소를 인정하지 아니하였다가[1] 진정명의 회복청구의 소는 인정하였으나 양소의 소송물이 달라서 기판력에 저촉되지 않는다고 하였다.[2]

(나) 그 후 말소등기에 갈음하여 허용되는 진정명의회복을 원인으로 한 소유권이전등기청구권과 무효등기의 말소등기청구권은 모두 진정한 소유자의 등기명의를 회복하기 위한 것으로서 실질적으로 그 목적이 동일하고, 두 청구권의 근거가 소유권에 기한 방해배제청구권으로서 그 소송물은 실질상 동일하므로 소유권이전등기말소등기청구소송에서 패소확정판결을 받았다면 그 기판력은 그 후 제기된 진정명의회복을 원인으로 한 소유권이전등기청구소송에도 미친다고 판시하고 있다.[3]

(3) **일부청구와 기판력**

일부청구는 소권남용임이 명백하지 않으면 처분권주의상 원칙적으로 허용된다. 일부청구에 관한 전소 판결의 기판력이 후소인 잔부청구에 미치는가에 관하여 논의된다.

(가) 일부청구긍정설은 처분권주의상 소송물은 청구된 부분만 미치고 기판력은 주문에 포함된 것만 미치므로 일부청구가 긍정된다는 입장이다.

(나) 일부청구부정설은 피고의 응소의 번잡, 법원의 부담증가, 분쟁해결의 1회성 원칙상 소송물은 잔부도 포함되므로 전소의 기판력은 잔부까지 미친다.

---

1) 대판 72다1846.
2) 대판(전합) 89다카12398.
3) 대판(전합) 99다37894의 판결의 나수의견이 이 경우 소송물이 실질적으로 동일하다고 보는 것에 대하여, 전후 양소의 소송물이 다르다고 보고 신의칙에 반하여 후소가 인정되지 않는다는 별개의견이 있다.

(다) 명시설은 일부청구임을 명시한 때 소송물은 일부에 한정되고 기판력도 그 일부에만 미친다. 묵시적인 경우에는 전부청구로 보아 기판력에 의해 차단된다.

(라) 판례는 명시설이다. 다만 명시방법에 대해서는 잔부청구를 유보하는 취지임을 밝혀야 할 필요는 없고 잔부청구와 구별하여 그 심리의 범위를 특정할 수 있는 정도로 표시하면 족하다고 판시하고 있다.[1]

(마) 검토컨대 처분권주의와 분쟁의 1회적 해결과의 조화상 명시설이 타당하다.

2. 후소의 선결관계

(1) 전후 양소의 소송물이 동일하지 않지만 전소의 주문에 포함된[2] 소송물에 관한 판단이 후소의 선결관계일 때에는 당사자는 다른 주장이 허용되지 않고 후소 법원도 기판력을 받아 전소의 판단을 전제로 하여야 하고 변론종결 후 사유와 후소청구사항을 심리하여 재판을 한다. 기판력에 저촉된다고 각하하지 않는다. 이를 선결관계효라고 한다.[3]

예컨대 ① 甲이 乙을 상대로 소유권확인 소를 제기하여 소유권존재 인용판결 확정 후 또 乙을 상대로 소유권에 기한 목적물반환청구의 후소에서 乙이 甲의 소유권을 부인하는 주장을 할 수 없다.[4]

② 甲이 乙을 상대로 가옥소유권확인 소를 제기하여 패소 판결확정 후 또 乙을 상대로 동일한 가옥에 대한 소유권에 기한 인도청구의 후소에서 법원은 전소 기준시 이후에 새로이 인도청구권을 취득하였다는 사유가 없는 한 후소 청구를 이유 없다고 기각한다.[5]

③ 甲이 乙을 상대로 토지소유권이전등기청구 소를 제기하여 기각 판결확정 후 또 乙을 상대로 동일한 토지에 관하여 피고의 등기이전의무를 전제로 이행불능의 손해배상청구의 소는 기판력에 저촉된다.[6]

④ 甲이 乙을 상대로 원금채권확인의 소를 제기하여 원금채권부존재확인 판결확정 후 또 乙을 상대로 변론종결후의 이자청구의 소는 선결관계로 주장하여

---

1) 대판 86다카536.
2) 전소의 판단이유에서 판단한 선결관계는 후소에 영향을 미치지 않는다.
3) 이시윤, 589.
4) 대판 94다4684; 98다18155.
5) 정동윤·유병현, 696.
6) 대판 67다1179.

기판력에 저촉된다. 다만 이 경우 기판력을 전제로 판단할 뿐이며 각하판결이 아닌 이자청구의 囷子인 원본채권 부존재를 이유로 청구기각한다.[1]

(2) 결국 전소에서 패소한 자가 제기한 후소가 선결관계에 있는 전소에 저촉되는 경우 다른 권원을 취득하는 등의 특별한 사정이 없는 한 법원은 후소를 청구기각판결을 하게 된다.

3. 모순관계

(1) 전·후 양소의 소송물이 달라도 후소의 소송물 자체가 전소에서 확정된 법률관계와 직접적으로 정반대의 사항을 소송물로 삼았다면 전소 판결의 기판력이 후소에 미친다. 이것은 전소의 확정판결의 효과를 유지하기 위함이다.

(2) 판례는 소송물을 기준으로 모순관계와 선결관계 여부를 판단한다. 따라서 ① 가등기에 기한 소유권이전등기절차의 이행을 명한 전소 판결의 기판력은 소송물인 소유권이전등기청구권의 존부에 미치고 후소로써 위 가등기에 기한 소유권이전등기의 말소를 청구하는 경우,[2] 甲이 乙을 상대로 한 甲 소유권확인의 소가 인용되는 판결확정 後 乙이 甲을 상대로 한 乙의 소유권확인 소의 경우는 모두 전소확정판결의 내용과 후소의 소송물이 모순된 반대관계이므로 전소의 기판력에 저촉되고,[3] 일물일권주의(一物一權主義)에도 반한다. ② 甲이 乙을 상대로 한 판결확정으로 판결금을 지급을 한 後 乙이 甲을 상대로 위 지급금이 부당이득이라는 이유로 그 반환청구의 소,[4] 甲이 乙을 상대로 손해배상청구의 소송에서 배상의무가 존재한다는 인용판결확정 後 乙이 甲을 상대로 배상의무부존재 확인의 소도 전소의 주문에서 판단된 청구권 자체를 부인하므로 전소의 기판력에 저촉된다. ③ 甲이 乙을 상대로 제소전화해로 소유권이전등기를 받았는데 乙이 甲을 상대로 원인무효를 이유로 한 그 이전등기등기말소청구나 진정명의 회복을 위한 소유권이전등기의 소는 실질적으로는 양소의 소송물이 동일하여 제소전 화해의 기판력에 저촉되어 허용되지 않는다.[5]

(3) 전소와 후소의 소송물이 모순관계에 해당되면 소송물이 동일한 경우에

---

1) 대판 76다1488.
2) 대판 93다52488.
3) 그러나 甲이 乙을 상대로 한 소유권확인의 소가 기각판결확정 後 乙이 甲을 상대로 제기한 소유권확인 소는 전소의 기판력에 저촉되지 않는다. 전소의 확정판결은 甲이 소유자가 아니라는 점만 확인한 것이고 乙이 소유자라고 적극적으로 인정한 것은 아니기 때문이다.
4) 대판 99다32905.
5) 대판 2002다44014.

준하여 변론종결 후 새로운 사유가 없는 한 후소는 전소 확정판결의 기판력에 저촉되어 반복금지설에서는 소 각하판결을 하게 되고 판례의 모순금지설에 의하면 패소자의 청구이므로 기각판결을 하게 된다.

(4) 그러나 전소에서 기판력이 발생하지 않는 소송물의 각 전제가 되는 법률관계가 상호 모순되거나 이를 다투는 것에 불과한 경우에는 전소 확정판결의 기판력이 후소에 미치지 않는다. 따라서 판례에 의하면 ① 매매계약의 무효 또는 해제를 원인으로 한 매매대금반환청구의 전소와 매매계약에 기한 소유권이전등기청구의 후소에서 소송물의 각 전제가 되는 법률관계인 매매계약의 무효 또는 유효로 서로 모순되어도 전소 인낙조서의 기판력에 저촉된다가 할 수 없고,[1] ② 가등기에 기한 소유권이전등기절차의 이행을 명한 전소 판결의 기판력은 가등기의 효력 유무에 관한 판단에는 미치지 아니하므로 위 가등기만의 말소를 청구하는 것은 전소 판결의 기판력에 저촉되지 않으며,[2] ③ 매매를 원인으로 한 소유권이전등기절차이행 청구에 관한 인낙조서의 기판력은 인낙을 한 피고가 인낙조서에 기하여 소유권 이전등기를 한 원고나 전득자를 상대로 그 매매가 부존재함을 이유로 소유권확인을 구할 수 있고,[3] ④ (소유권에 기한 물권적 방해배제청구권을 기초로 하여) 건물 등에 관한 소유권이전등기의 말소등기청구의 전소(前訴)의 인용확정판결의 변론종결 후 피고로부터 건물 등의 소유권을 이전받은 자가 전소의 원고를 상대로 위 건물인도 및 차임 상당 부당이득반환을 구하는 소를 제기한 사안에서, 전소인 말소등기청구권에 대한 판단이 건물인도 등 청구의 후소의 선결문제가 되거나 후소의 건물인도청구권 등의 존부가 전소의 소송물인 말소등기청구권의 존부와 (기판력이 미치는) 모순관계가 아니라고 판시하고 있다.[4]

(5) 한편 전소에서 인정된 사실과 전혀 무관한 다른 사실을 후소 청구원인에서 주장하는 것은 모순관계에 해당되지 않는다. 따라서 소유권이전등기가 원인무효라는 이유로 그 등기말소를 명하는 판결이 확정되었어도 그 확정판결의 기판력

---

1) 대판 2004다55698.
2) 대판 93다52488.
3) 대판 81다464.
4) 대판 2013다53939 전소 판결에서 소송물로 주장된 법률관계는 건물 등에 관한 말소등기청구권의 존부이고 건물 등의 소유권의 존부는 전제가 되는 법률관계에 불과하고 기판력이 미치는 모순관계에 해당하지 아니하여 진소 판결의 기판력이 미치지 아니한다는 판례의 입장에 대하여, 전소의 확정된 법률관계를 우회적으로 회피하는 것을 차단하기 위하여 우회적인 보순·반대관계에도 전소 기판력이 미치게 해야 한다는 견해로는 한충수, 소송물의 실질적 동일성과 기판력의 작용이론-판례분석과 시론을 중심으로- 한양대학교 법학연구소, 법학논총, 제25조 제1호, 2008.

은 그 소송물이었던 말소등기청구권의 존부에만 미치며, 패소자가 전소에서 인정된 것과는 전혀 다른 청구원인사실에 기하여 소유권이전등기청구를 하는 경우는 기판력에 저촉되지 않는다.[1]

Ⅳ. 기판력이 발생하지 않는 판결이유 중의 판단

1. 원 칙

(1) 기판력은 그 판결의 판결이유 중의 판단된 사실인정, 항변, 선결적 법률관계, 법규의 해석·적용에는 발생하지 않는다(상계항변은 예외). 이는 당사자의 주된 관심사는 주문에서 판단되는 결론인 청구의 당부이고, 법원도 쟁점을 명확히 하고 그 쟁점을 집중적으로 심리하여 결론을 이끌어 내기 쉬운 것을 자유로이 선택하여 판단할 수 있기 때문에 이유 중의 판단에 구속력이 배제된다.

예컨대 매매계약이 무효임을 전제로 매매대금반환청구에 대한 인낙조서의 기판력은 매매계약이 유효임을 전제로 한 소유권이전등기청구의 소에 미치지 않는다.[2]

(2) 전제적 법률관계

임대인이 소유권에 기한 임대목적물인도청구의 소의 판결이유에서 임대인에게 소유권이 없다는 판단도 기판력이 없다. 따라서 임대인은 임차인을 상대로 다시 소유권확인의 소를 제기할 수 있다. 전제적 권리 또는 법률관계(선결문제)에 기판력 있는 판결을 받으려면 중간확인의 소를 제기하여야 한다(264).

訴 ⇨		訴 ⇦(소유권·원본채권 유무에 기판력 발생)
선결적 법률관계 (기판력 발생 안 함)	소송물 (기판력 발생)	
소유권에 기한	건물인도청구	소유권확인의 소
원본채권에 기한	이자청구	원본채권존재확인의 소

위 표에서 ⇨ 방향인 경우 소유권에 기한 건물인도청구의 소(전소)의 전제적 권리·법률관계(선결문제)는 기판력이 발생하지 않으므로 이를 소유권확인의 후소의

---

1) 대판 93다43491.
2) 대판 2004다55698: 원고가 전소와 이 사건 소에서 모두 승소하여 이중의 이득을 보는 불합리는 전소의 인낙조서의 집행을 불허하는 등의 방법에 의하여 제거되는 것이 마땅하다고 판시하였다. 이에 대하여 동일한 법률관계에 관하여 양립하지 아니하는 2개의 판결이 존재하게 되는 것을 인정하는 것이 되어 재판의 신뢰상 문제 있다는 비판이 있다(정영환, 991).

소송물로 하더라도 적법하다.[1] 반대로 ⇦ 이 방향인 경우 소유권확인의 소(전소)
가 확정된 후 소유권에 기한 건물인도청구의 소가 제기된 경우 전소의 소송물은
후소의 전제적 관계로서 후소법원은 기판력을 받으며 전소의 판단을 전제로 본안
심리를 하여야 한다.

(3) 사실인정·법률판단·항변

(가) 판결이유 속에서 판단한 사실과 법률판단에도 기판력이 발생하지 않는
다. 판결이유 속에서 판단되는 피고의 항변이 판결의 기초가 된 경우에도 기판력이
생기지 않는다. 예컨대 소유권에 기한 가옥인도청구가 피고의 임차권의 존재로 인
하여 기각된 경우 임차권의 존재에 관한 판단에는 기판력이 미치지 않는다.

(나) 상환이행판결의 경우에 소송물 내지 청구권에 동시이행조건이 붙어 있
다는 점에는 기판력이 발생하나 동시이행항변으로 제출한 반대채권의 존부 및 수
액에는 기판력이 발생하지 않는다.[2] 따라서 매매로 인한 건물인도청구에 대하여
피고가 매매대금의 동시이행항변을 주장한 경우 '피고는 원고로부터 1억원을 지급
받음과 동시에 건물을 명도하라'는 판결이 확정된 경우 기판력은 건물인도청구권
의 존재와 동시이행조건이 붙어 있다는 데에 기판력이 발생하며, 동시이행항변으
로 제출한 1억원의 반대채권의 존부와 수액에는 기판력이 발생하지 않기 때문에[3]
가령 후소에서 새로운 주장과 증거에 의하여 동시이행관계에 있는 매매대금이 2억
원이라고 인정하는 것이 가능하다. 다만 전소확정판결의 이유 중 사실확정에 대하
여는 사실상의 구속력인 증명효가 있으므로 전소판결을 배척하는 이유를 합리적으
로 설시해야 한다.

2. 기판력 또는 기속력의 확장시도론

(1) 논 점

기판력이 발생하지 않는 이유 중 판단에 구속력을 부정하면 분쟁재현과 판

---

1) 대판 93다52488: 가등기에 기한 소유권이전등기절차의 이행을 명한 전소 판결의 기판력은 소송물인 소유권
   이전등기청구권의 존부에만 미치고 그 등기청구권의 원인이 되는 채권계약의 존부나 판결이유 중에 설시되
   었을 뿐인 가등기의 효력 유무에 관한 판단에는 미치지 아니하여 만일 후소로써 위 가등기에 기한 소유권이전
   등기의 말소를 청구한다면 이는 1물1권주의의 원칙에 비추어 볼 때 전소에서 확정된 소유권이전등기청구권
   을 부인하고 그와 모순되는 정반대의 사항을 소송물로 삼은 경우에 해당하여 전소 판결의 기판력에 저촉된다
   고 할 것이지만, 이와 달리 위 가등기만의 말소를 청구하는 것은, 전소에서 판단의 전제가 되었을 뿐이고 그로
   써 아직 확정되지는 아니한 법률관계를 다투는 것에 불과하여 전소 판결의 기판력에 저촉된다고 볼 수 없다.
2) 대판 74다2074: 소송물 내지 청구권에 농시이행조건이 붙어 있다는 점에는 기판력이 발생하므로 그 확정판결
   후 무조건 소유권이전등기를 할 의무가 있다는 주장은 확정판결의 기판력에 저촉된다.
3) 대판 96다19017.

결모순의 가능성 있어서 독일이나 일본에서 판결이유에서 판단된 선결적 법률관계에 대해 기판력이나 기속력을 확장하려는 시도가 있다.

(2) 이유 중 판단에의 구속력 인정시도론

(가) **쟁점효이론**: 판결이유 중 중요한 쟁점으로 심리한 것은 후소에도 (기판력이 아닌) 구속력인 '쟁점효'를 인정해야 한다는 것이다. 그러나 쟁점효의 요건이 불명하고 기판력과 관계 정립이 명확하지 않다는 비판을 받는다.

(나) **Zeuner의 의미관련론**: 전소의 이유판단이 후소에 의미관련되면 <u>기판력</u>을 인정한다.

(다) **Henckel의 경제적 가치동일성설**: 전후 양소의 경제적 가치 동일하면 선결적 법률관계에도 <u>기판력</u>을 인정한다.

(라) **신의칙설·권리남용설(Jauernig)**: 전소와 소송물을 달라도 전소의 판단이유에서 긍정적으로 판단받은 주장을 후소에서 선행행위와 모순되는 주장은 신의칙상 허용되지 않거나 권리남용에 해당되어 선결관계에 실질적 구속력을 인정하여 <u>기판력</u>을 확정하려 한다.

(마) **증명력설(증명효)**: 분쟁의 기초사실이 같은 경우 전소의 판단은 유력한 증거자료로서의 <u>사실상 효력</u>이 있다는 입장이다. 이는 법적 효력은 아니다.

(3) 판례와 검토

원고가 농지에 관한 적법한 양도담보권자라는 전제에서 농지인도청구 등을 인용한 전소의 확정판결과 전소의 피고가 원고가 되어 이 사건 농지에 대하여 양도담보권자가 될 수 없다 하여 소유권이전등기의 말소를 청구한 후소와는 그 소송물이 상이하므로 기판력에 저촉하지 아니한다.[1] 결국 쟁점효를 부인한 것이다.

분쟁의 기초사실이 같은 경우 확정된 관련 민·형사사건의 인정사실을 특별한 사정이 없는 한 당해 소송의 유력한 증거자료로서의 사실상의 효력인 증명효가 생긴다고 본다[2](판결의 증명력설).

검토컨대 쟁점효이론은 제216조의 문언에 반하고, 의미관련론과 경제적 가치동일성설은 기준이 불명하고 제264조의 중간확인의 소를 둔 취지에 반하며 또한 이유 중 판단에 구속력을 인정한 경우 소송지연과 심리경직이 우려되므로 이유 중 판단의 구속력은 부정함이 타당하다. 신의칙설처럼 전후 모순되는 거동이 있다고

---

1) 대판 78다58.
2) 대판 2001다47467; 94다47292

일률적으로 불허할 수 없으므로, 이를 부정할 때 나타나는 문제점을 시정하고 재판의 모순방지를 위하여 위 판례입장이 타당하다고 본다.

사례해설

사안의 후소에서 피고 甲이 丙을 대위하여 원고 乙에게 취득시효완성을 원인으로 한 소유권이전등기청구권이 있다고 항변하고 있는데, 이는 결국 甲이 후소에서 다시 채권자대위권의 피보전채권의 존재를 전제로 항변하는 것인바, 이러한 甲의 항변은 전소에서 법원이 판단한 부분으로서 후소에서 선결관계로 작용한다(대판 2000다41349). 이 경우 후소 법원은 전소 법원과 다르게 판단할 수 없고 甲의 주장을 배척해야 한다.

관련판례

1. 소유권이전등기 (대판(전합) 99다37894)

[판시사항] 전소인 소유권이전등기말소청구소송의 확정판결의 기판력이 후소인 진정명의회복을 원인으로 한 소유권이전등기청구소송에 미치는지의 여부(적극)

[판결요지] **[다수의견]** 진정한 등기명의의 회복을 위한 소유권이전등기청구는 이미 자기 앞으로 소유권을 표상하는 등기가 되어 있었거나 법률에 의하여 소유권을 취득한 자가 진정한 등기명의를 회복하기 위한 방법으로 현재의 등기명의인을 상대로 그 등기의 말소를 구하는 것에 갈음하여 허용되는 것인데, 말소등기에 갈음하여 허용되는 진정명의회복을 원인으로 한 소유권이전등기청구권과 무효등기의 말소청구권은 어느 것이나 진정한 소유자의 등기명의를 회복하기 위한 것으로서 실질적으로 그 목적이 동일하고, 두 청구권 모두 소유권에 기한 방해배제청구권으로서 그 법적 근거와 성질이 동일하므로, 비록 전자는 이전등기, 후자는 말소등기의 형식을 취하고 있다고 하더라도 그 소송물은 실질상 동일한 것으로 보아야 하고, 따라서 소유권이전등기말소청구소송에서 패소확정판결을 받았다면 그 기판력은 그 후 제기된 진정명의회복을 원인으로 한 소유권이전등기청구소송에도 미친다.

[별개의견] 전소인 소유권이전등기말소등기청구소송과 후소인 진정명의회복을 위한 소유권이전등기청구소송이 그 소송목적이나 법적 근거와 성질이 같아서 실질적으로 동일하다고 하더라도, 각기 그 청구취지와 청구원인이 서로 다른 이상, 위 2개의 소의 소송물은 다른 것이므로, 전소의 확정판결의 기판력은 후소에는 미치지 않는다고 보아야 하고, 후소를 허용함으로써 분쟁이 이미 종결되었다는 상대방의 신뢰를 해치고 상대방의 법적 지위를 불안정하게 하는 경우에는 후소는 신의칙에 반하여 허용되지 않는다고 보아야 한다.

[반대의견] 소유권이전등기말소등기청구소송과 진정명의회복을 위한 소유권이전등기청구소송은 우선 그 청구취지가 다르므로, 이러한 법리의 적용을 배제할 만한 상당한 법적 근거가 없다면 각각의 소송물이 다르고, 실질적으로는 동일한 목적을 달성하기 위한 것이라 하더라도 각각에 다른 법률효과를 인정하여 별개의 소송물로 취급하는 것도 가능하고, 실체법과 함께 등기절차법의 측면에서 보면 이들 청구권의 법적 근거가 반드시 동일하다고만 볼 수도 없는 것이며, 또한 실제적인 측면을 고려할 때, 소유권이전등기의 말소청구와 함께 진정명의의 회복을 원인으로 하는 소유권이전등기청구를 중첩적으로 허용함이 타당하다.

2. 대판 2000다24856

소유권이전등기말소소송의 승소 확정판결에 기하여 소유권이전등기가 말소된 후 순차 제3자 명의로 소유권이전등기 및 근저당권설정등기 등이 마쳐졌는데 위 말소된 등기의 명의자가 현재의 등기명의인을 상대로 진정한 등기명의의 회복을 위한 소유권이전등기청구와 근저당권자 등을 상대로 그 근저당권설정등기 등의 말소등기청구 등을 하는 경우 현재의 등기명의인 및 근저당권자 등은 모두 위 확정된 전 소송의 사실심 변론종결 후의 승계인으로서 위 (말소소송의) 확정판결의 기판력은 그와 실질적으로 동일한 소송물인 진정한 등기명의의 회복을 위한 소유권이전등기청구 및 위 확정된 전소의 말소등기청구권의 존재 여부를 선결문제로 하는 근저당권설정등기 등의 말소등기청구에 모두 미친다.

≪**사례**≫ 甲은 乙 소유의 A건물을 1억원의 보증금으로 임차하여 식당으로 사용중인데 영업이 잘 되지 아니하여 월임대료 3기 이상을 체불한 상태이다. 그런데 甲에게 1억원을 대여한 丙의 독촉에 못 이겨 甲은 부득이 乙에 대한 위 임대보증금반환채권을 丙에게 2011. 5. 17. 양도하게 되었고, 甲은 2011. 5. 20. 乙에게 내용증명 우편으로 위 채권양도 사실을 통지하여 다음날 乙이 위 내용증명 우편을 수령하였다. 丙은 乙을 상대로 위 양수금반환청구의 소를 제기하였고 乙은 위 소송에서 연체차임이 임대보증금에서 공제되어야 한다는 항변을 전혀 하지 아니한 채 소송이 종료된 후 확정되었다.

乙은 甲이 연체한 차임이 5,000만원이라고 주장하면서 승소 가능성을 고려하여 일단 3,000만원만을 청구하는 것임을 소장 청구원인에서 명시적으로 밝히고 그 지급을 구하는 별도의 소를 甲을 상대로 제기하였다. 이 소송 제1심에서 원고 청구가 전부 기각되어 그 제1심판결이 그대로 확정된 후 乙이 나머지 2,000만원 부분에 대하여 甲을 상대로 소를 다시 제기하는 경우 이 소는 적법한가?

▨ **사례해설**

기판력의 주관적 범위와 객관적 범위 중 일부청구의 문제를 고려할 문제이다(본문 Ⅲ. 1. (3) 참조). ▨

≪**사례**≫ 甲종중은 2011. 2. 1. 乙로부터 乙 소유인 X토지를 대금 1억원에 매수하였는데, 그 소유권이전등기를 마치기 전인 2011. 5. 1. X토지에 관하여 丙명의로 "2011. 4. 1. 매매"를 원인으로 한 소유권이전등기가 마쳐졌다. 이에 甲종중은 2011. 10. 1. 丙명의의 위 소유권이전등기는 丙이 乙의 인장을 훔친 후 위임장 등 관련 서류를 위조하여 마친 것이므로 원인 없는 무효의 등기라고 주장하면서, 乙을 대위하여 丙을 상대로 위 소유권이전등기의 말소등기청구의 소를 제기하였다(A訴). 한편 乙은 丙이 매매대금을 곧 지급하여 주겠다고 약속하기에 먼저 소유권이전등기를 마쳐준 것인데 매매대금을 지급하지 않고 있으니 위 매매계약은 사기에 의한 의사표시로서 취소한다고 주장하면서, 丙을 상대로 진정명의회복을 원인으로 한 소유권이전등기청구의 소를 제기하였고(B訴), 그와 같은 내용이 담긴 소장이 그 무렵 丙에게 송달되었다. A訴의 1심에서 甲종중 대표자의 대표권 등 소송요건이 인정되는 한편, 乙이 증인으로 출석하여 丙에게 실제로 X토지를 매도한 바 있다고 증언하여 청구기각판결이 선고되고 그 무렵 그대로 확정되었다. B訴가 A訴의 판결확정 후 제기되었고,

심리한 결과 원고인 乙의 청구원인 주장이 모두 사실로 밝혀졌으며, 그 심리과정에서 위와 같이 A訴의 판결이 확정되었음이 밝혀졌다면, B訴의 법원은 어떠한 판결을 하여야 하는가? [사법시험 2012]

사례해설

A訴가 확정되어 기판력이 발생함에 따라 B訴가 전소의 기판력에 저촉되는지의 여부에 따라 B訴의 법원은 어떠한 판결을 하는지 문제된다. 기판력의 작용범위는 주관적 범위, 객관적 범위, 시적 범위를 검토하는데, 사안의 경우 말소등기청구의 전소와 진정명의회복을 원인으로 한 소유권이전등기청구의 후소의 소송물의 동일 여부에 관하여 법정소송담당설에 의하면 대위소송의 소송물은 피대위권리, 양소의 소송물은 목적과 근거가 동일하므로 실질적으로 동일하다. 판례의 입장이다.

독자적 권리설에서는 소송물이 달라서 기판력이 미치지 않게 된다. 시적범위와 관하여 사실심 변론종결 전에 주장할 수 있었던 공격방어방법인 취소권이 실권되는지에 관하여 상계권예외설에 의하면 위 취소권은 실권효의 제재를 받는다.[1] 따라서 사안은 전소의 기판력이 당사자와 소송물이 실질적으로 동일하고 취소권을 주장하는 후소에 미친다. 따라서 전소에서 패소확정판결을 받은 자가 동일한 후소를 제기하면 전소 기판력의 작용으로 모순된 판단을 하지 못하므로 후소법원은 후소의 청구를 기각하게 된다(판례).

<선택형>

1. 다음 중 후소가 전소 판결의 기판력에 저촉되지 않는 것은? (다툼시 판례에 의함)[2]

   ① 甲이 乙을 상대로 A부동산에 관하여 매매유효를 원인으로 한 소유권이전등기청구의 소가 인용하는 판결이 확정된 후 乙이 甲을 상대로 위 매매무효를 전제로 원인무효로 인한 소유권이전등기말소청구의 소

   ② 甲이 乙을 상대로 A부동산에 관하여 甲의 소유권확인의 소르 제기하여 기각판결확정 후 乙이 甲을 상대로 제기한 소유권확인 소

   ③ 甲이 A부동산에 관하여 乙을 상대로 제소전화해로 소유권이전등기를 완료하였는데 乙이 甲을 상대로 한 원인무효를 이유로 한 그 등기말소청구나 진정명의 회복을 위한 소유권이전등기를 구하는 소

   ④ 甲이 乙을 상대로 한 손해배상청구의 소송에서 배상의무가 존재한다는 인용판결확정 후 乙이 甲을 상대로 한 위 배상의무부존재확인의 소

   ⑤ 甲이 乙을 상대로 한 이행소송의 판결이 확정되어 판결금을 지급을 한 후 乙이 甲을 상대로 위 지급금이 부당이득이라는 이유로 그 반환을 구하는 소.

2. 甲은 A부동산의 소유권자 乙과 A부동산에 관한 매매계약을 체결하고 중도금까지 지급하였다. 그런데 그 후 甲은 잔금지급일자에 잔금을 지급하고 소유권이전등기에 필요한 서류를 교부받고자 하였으나 乙이 이를 거부하므로 乙을 상대로 매매를 원인으로 소유권이전등기청구의 소를 제기하였다. 다음 중 옳은 것은? (각 지문은 독립적이며 다툼시 판례에 의함)[3]

   [법전협 2012. 3차]

---

1) 대판 79다1105; 98다25344.
2) ②. ① 대판 94다61649; 2008다36022. ⑤ 대판 99다32905.
3) ④. 대판 90다카25222. ① 판례는 병존설적이나(대판 80다916), 상계항변에 관하여 신병존설적 판시한 판례가 있다(대판 2011다3329). ② 원고의 청구가 채권적 청구권이므로 丙과 丁에게 기판력이 미치지 않는나(대판 2002다64148). ③ 소송물이 모순관계로서 기판력이 미친다(대판 93다43491). ⑤ 丙은 변론종결 전 승계인이

① 乙이 답변서를 제출하면서 "이 답변서가 甲에게 송달됨과 동시에 매매계약은 사기를 원인으로 취소한다"고 적었는데, 甲이 乙의 답변서를 받고 곧바로 소를 취하한 경우에 매매계약은 취소되지 아니한다.
② 甲이 승소판결을 받은 뒤에 이전등기를 하지 않고 있는 사이 乙로부터 丙, 丁에게 순차로 소유권이전등기가 되었다면, 甲은 乙에 대한 승소판결에 승계집행문을 부여받아 丁으로부터 직접 이전등기를 받을 수 있다.
③ 甲이 승소 확정판결을 받고 그 판결에 의하여 甲명의로 소유권이전등기를 마쳤더라도, 乙이 위 매매계약의 무효를 주장하면서 소유권이전등기말소청구의 소를 제기하여 승소판결을 받을 수도 있다.
④ 甲의 소유권이전등기청구소송에서 법원은 乙의 항변이 없는 한 잔금을 지급하지 아니한 사실을 고려함이 없이 무조건의 소유권이전등기절차의 이행을 명하는 판결을 하여야 한다.
⑤ 甲의 소유권이전등기청구소송의 계속중 乙이 A부동산을 丙에게 등기이전하여 준 경우에 甲은 승소판결을 받으면 그 판결에 승계집행문을 부여받아 丙으로부터 이전등기를 받을 수 있다.

---

3. 기판력에 관한 다음 설명 중 판례의 입장과 다른 것은?[1] [법전협 2013. 2차]

① 소송판결도 그 판결에서 확정한 소송요건의 흠결로 소가 부적법하다는 판단에 기판력이 발생하나, 종전 소송의 원고 종중 대표자로서 소를 제기한 자가 자신이 종전 소송판결의 확정 후에 소집된 종중총회에서 새로이 대표자로 선임되었음을 들어 새로 원고종중의 대표자로서 소를 제기한 경우 종전 확정 판결의 기판력이 미칠 여지가 없다.
② 기판력은 ㄱ 소송이 변론종결 전에 주장할 수 있었던 모든 공격 및 방어방법에 미치는 것이며 그 당시 알 수 있었거나 또는 알고서 이를 주장하지 않았던 사항에 한하여 미친다고는 볼 수 없다.
③ 채무자가 확정판결의 변론종결 전에 상대방에 대하여 상계적상에 있는 채권을 가지고 있었으나 상계의 의사표시는 그 변론종결 후에 한 경우, 위 상계권은 변론종결 후의 사유로서 실권되지 않고 적법한 청구이의 사유가 된다.
④ 말소등기청구사건의 소송물은 당해 등기의 말소등기청구권이고 그 동일성 식별의 표준이 되는 청구원인, 즉 말소등기청구권의 발생원인은 당해 등기원인의 무효라 할 것으로서 등기원인의 무효를 뒷받침하는 개개의 사유는 독립된 공격방어방법에 불과하여 별개의 청구원인을 구성하는 것이 아니라고 할 것이므로, 전소에서 원고가 주장한 사유나 후소에서 주장하는 사유들은 모두 등기의 원인무효를 뒷받침하는 공격방법에 불과한 것일 뿐 그 주장들이 자체로서 별개의 청구원인을 구성한다고 볼 수 없고, 모두 전소의 변론종결 전에 발생한 사유라면 전소와 후소는 그 소송물이 동일하여 후소에서의 주장사유들은 전소의 확정판결의 기판력에 저촉되어 허용될 수 없는 것이다.
⑤ 식물인간 피해자의 여명이 종전의 예측에 비하여 수년 연장되어 그에 상응한 향후치료, 보조구 및 개호 등이 추가적으로 필요하게 된 것은 전소의 변론종결 당시에는 예견할 수 없었던 새로운 중한 손해라고 할지라도, 확정된 전소인 손해배상청구의 소와 별도로 새로운 손해배상청구의 소를 제기하였다면 이 소는 전소의 기판력에 저촉된다.

므로 소송승계 받을 지위에 있을 뿐이다.

1) ⑤. 예상 외의 수명연장으로 추가된 손해배상청구의 소는 전소의 기판력에 저촉되지 않는다(대판 2006다78640). ④ 대판 2007다51703.

4. 乙은 자기 소유의 A부동산을 甲에게 매도하고 인도하였는데 그 후 甲은 乙에 대하여 A동산에 대한 매매계약의 무효를 주장하며 매매대금반환청구의 소(전소)를 제기하였다. 그 후 甲은 乙이 甲에 대하여 제기한 A부동산에 대한 인도청구의 소(후소)에서는 그 매매계약의 유효를 주장하였다. 다음 설명 중 옳은 것은? (다툼시 판례에 의함)[1]   [법전협 2013. 2차]

① 甲이 제기한 전소가 취하되어 소송이 종료된 경우 乙이 제기한 후소에서 甲이 그 매매계약이 유효하다고 주장하는 것은 신의칙에 반한다.

② 전소에서 甲이 매매계약의 무효를 주장하여 甲의 승소판결로 확정된 경우에도 후소에서 甲의 매매계약이 유효하다는 주장은 기판력에는 저촉되지 않는다.

③ 전소가 甲의 패소판결로 확정된 경우 후소에서 甲의 매매계약이 유효하다는 주장은 기판력에 저촉된다.

④ 법원이 전소와 후소를 병합하여 하나의 판결로 선고하지 않으면 위법하다.

⑤ 甲이 매매 무효를 주장하던 전소 소송계속중 乙이 후소를 제기한 경우 중복소송에 해당한다.

5. 기판력에 관한 설명 중 옳지 않은 것은? (다툼시 판례에 의함)[2]   [변호사 2015]

① 소송에서 다투어지고 있는 권리 또는 법률관계의 존부에 관하여 동일한 당사자 사이에 전소에서 확정된 화해권고결정이 있는 경우, 그 당사자는 이에 반하는 주장을 할 수 없고 법원도 이에 저촉되는 판단을 할 수 없다.

② 채권자가 채권자대위권을 행사하는 방법으로 제3채무자를 상대로 소송을 제기하였다가 채무자를 대위할 피보전채권이 인정되지 않는다는 이유로 소 각하 판결을 받아 확정된 경우, 그 판결의 기판력이 채권자가 채무자를 상대로 위 피보전채권의 이행을 구하는 소송에 미치지 않는다.

③ 원인무효의 소유권이전등기에 대한 말소청구소송의 확정판결의 기판력은 동일한 당사자 사이의 후소인 진정명의회복을 원인으로 한 소유권이전등기청구소송에 미친다.

④ 소송판결의 기판력은 그 판결에서 확정한 소송요건의 흠결에 관하여 미치는 것이므로, 비록 당사자가 그러한 소송요건의 흠결을 보완하여 다시 소를 제기한 경우에도 그 기판력에 의한 제한을 받게 된다.

⑤ 소유권이전등기말소를 구하는 전소에서 한 사기에 의한 매매의 취소 주장과, 동일한 당사자를 상대로 동일한 후소에서 한 매매의 부존재 또는 불성립의 주장은 다 같이 청구원인인 등기원인의 무효를 뒷받침하는 독립된 공격방어방법에 불과하므로 전소 확정판결의 기판력은 후소에 미친다.

6. 기판력에 관한 설명 중 옳은 것을 모두 고르면? (다툼시 판례에 의함)[3]   [변호사 2015 변형]

---

1) ②. ②③ 전소에서의 매매 무효주장에 대한 판단이유중 판단으로서 기판력이 발생하지 아니하여 후소에 작용하지 않는다. ① 전소에서의 주장은 소취하되어 소급적으로 소멸하였으므로 전후소에서 모순적 주장이 아니다. ④ 변론병합은 법원의 재량이다. ⑤ 전후소는 소송물이 달라 중복소송이 아니다.

2) ④. 흠결된 소송요건을 보완 없이 다시 제소하면 기판력에 저촉되나, 보완한 경우 기판력에 저촉되는 것이 아니다 (대법 2002다7081). ① 제231조, 제220조. ② 대판 2011다108095. ③ 대판 99다37894. ⑤ 대판 2007다51703.

3) ③④. ③ 제수전 화해에 기하여 마쳐진 소유권이전등기가 원인무효라고 주장하며 말소등기절차의 이행을 청구하는 것은 소송물이 동일하지 않더라도 후소의 소송물이 전소에서 확정된 법률관계와 모순되는 성반내의 사항인 경우로서 전소 판결의 기판력이 후소에 미친다(대판 2002다44014). ④ 소각하 확정판결은 그 원인인 소송요

① 甲이 乙을 상대로 X토지의 소유권에 기한 방해배제로써 X토지에 관하여 乙명의로 마쳐진 소유권이전등기의 말소를 구하는 소송 중에 甲과 乙 사이에 "乙은 甲에게 X토지에 관하여 진정명의회복을 원인으로 한 소유권이전등기절차를 이행한다"라는 내용의 화해권고결정이 확정되었다. 그 후 乙이 丙에게 X토지에 관한 소유권이전등기를 마쳐준 경우, 위 화해권고결정의 기판력은 丙에 대하여 미치지 아니한다.

② 甲이 乙을 상대로 X토지에 관한 매매계약의 무효를 원인으로 하여 매매대금의 반환을 구하는 소송에서 乙이 甲의 청구를 인낙하는 내용의 인낙조서가 작성된 경우, 위 인낙조서의 기판력은 乙이 甲을 상대로 위 매매계약을 원인으로 한 소유권이전등기절차의 이행을 구하는 소에 미친다.

③ 甲이 乙에게 X토지에 관하여 신탁해지를 원인으로 한 소유권이전등기절차를 이행하기로 한 제소전 화해에 기하여 X토지에 관하여 乙명의의 소유권이전등기가 마쳐진 경우, 위 제소전 화해의 기판력은 甲이 乙을 상대로 위 소유권이전등기가 원인무효라고 주장하며 그 말소등기절차의 이행을 구하는 소에 미친다.

④ 甲이 乙을 대위하여 丙을 상대로 제기한 취득시효 완성을 원인으로 한 소유권이전등기절차의 이행을 구하는 소송에서 乙을 대위할 피보전채권의 부존재를 이유로 한 소각하판결이 확정된 후, 丙이 甲을 상대로 제기한 토지인도청구소송에서 甲이 다시 乙에 대한 위 피보전채권의 존재를 항변사유로 주장하는 것은 위 확정판결의 기판력에 저촉되어 허용될 수 없다.

⑤ 甲이 乙을 상대로 X토지에 관한 임대차계약이 기간만료로 종료되었음을 원인으로 하여 제기한 임대차보증금반환청구소송에서 임대차보증금의 지급을 명하는 판결이 확정된 경우, 위 확정판결의 기판력은 乙이 甲을 상대로 위 임대차계약에 기한 차임의 지급을 구하는 소에 미친다.

⑥ 乙의 甲에 대하여 매매를 원인으로 한 소유권이전등기청구의 소송 계속중 甲이 丙에게 X부동산의 소유권이전등기를 경료해 준 경우, 乙이 甲에 대한 승소판결을 받는다면 그 판결에 의하여 丙으로부터 이전등기를 받을 수 있다.

제3항 기판력의 시적 범위

I. 의 의

기판력의 시적범위는 확정판결의 내용을 이루는 사법관계는 시간의 경과에 따라 변동하므로 기판력이 생기는 판단이 어느 시점에 있는 권리관계의 존부에

건 흠결로 인한 소가 부적법하다는 판단에 기판력이 발생한다(대판 2011다108095). ① 물권적 청구의 소의 계쟁물 승계인으로서 기판력이 미친다(대판 79다1702). ② 매매계약의 무효를 원인으로 한 매매대금반환청구에 대한 인낙조서의 기판력은 그 매매대금반환청구권의 존부에 관하여만 발생할 뿐, 그 전제가 되는 선결적 법률관계인 매매계약의 무효 또는 해제에까지 발생하는 것은 아니므로 소유권이전등기청구권의 존부를 소송물로 하는 후소는 전소에서 확정된 법률관계와 정반대의 모순되는 사항을 소송물로 하는 것이라 할 수 없으며, 기판력이 발생하지 않는 전소와 후소의 소송물의 각 전제가 되는 법률관계가 매매계약의 유효 또는 무효로 서로 모순된다고 하여 전소에서의 인낙조서의 기판력이 후소에 미치지 않는다(대판 2004다55698). ⑤ 임대차보증금의 지급을 명하는 확정판결의 기판력은 연체차임채무의 부존재에 대하여 미치는 것은 아니다(대판2000다61398). ⑥ 전소의 소송물이 채권적 청구권인 소유권이전등기청구권인 경우에는 전소의 변론종결 후에 그 목적물에 관한 소유권이전등기를 넘겨받은 사람은 변론종결 후의 승계인에 해당하지 아니한다(대판 2002다64148).

관한 것인가를 명백히 하는 문제이다.

Ⅱ. 기판력의 표준시점

사실심 변론종결시이다.[1] 무변론판결의 경우는 선고시이다. 기판력의 표준시가 사실심 변론종결시인 것은 선고 전이라도 변론종결되면 당사자는 그 이후의 사정을 주장할 수 없고 당해 법원과 상고심법원도 이를 고려할 수 없기 때문이다. 표준시 이전 또는 이후의 권리관계에 대해서는 기판력이 미치지 않음이 원칙이다.

Ⅲ. 표준시 이전의 권리 또는 법률관계

기판력은 표준시 현재의 법률관계를 확정하므로 표준시 이전의 권리관계에는 미치지 않는다. 따라서 원본채권청구가 부존재를 이유로 기각되었어도 변론종결 전의 존재를 주장하여 변론종결 전까지 생긴 이자를 청구하는 후소는 가능하다. 후소법원은 전소 변론종결 전에 전소의 소송물 즉 원본채권 존부에 대한 당부를 판단하면 된다.

또 A토지의 소유권확인의 소의 확정판결에서 원고의 소유권의 부존재가 확인되더라도 그것은 변론종결시에 있어서 소유권의 부존재를 확정할 뿐이고 그 시점 이전에 있어서도 소유권이 존재 또는 부존재하였다는 것까지 확정하는 것은 아니다. 따라서 위 사건의 변론종결시 이전에 원고가 소유권자임을 전제로 피고의 A토지에 대한 불법점유로 인한 부당이득상당의 임료지급을 구하는 청구는 가능하다.

Ⅳ. 표준시 이전에 존재한 사유 : 실권효

1. 의 의

표준시 전에 존재하였으나 제출하지 않은 공격방어방법은 기판력에 의해 차단되어 후소에서 제출할 수 없다.

2. 실권효의 근거

판단효설은 실권효는 기판력의 작용에 의한 구속력이며 당사자 고의, 과실의 유무는 불문한다. 제출책임효설은 전소절차에서 사실과 증거자료를 충분히 제출하지 않은 것에 대한 자기책임을 근거로 한다. 따라서 고의, 과실이 있는 경우에

---

1) 대판 2000다50909.

만 실권효를 인정한다. 생각건대 법적 안정성상 당사자의 고의, 과실 유무를 불문하는 판단효설이 타당하다.

3. 실권의 범위

≪사례≫ 원고는 A부동산에 관하여 매매를 원인으로 한 이전등기청구의 소를 제기하였으나 매수사실을 입증하지 못하여 패소하였고 이는 확정되었다. 그 후 원고는 다음과 같은 후소를 제기한 경우 후소법원은 어떻게 처리해야 하는가?
① 원고는 그 후 해당 매매계약서를 찾아서 다시 동일한 원인의 소유권이전등기청구의 소를 제기하였다.
② 원고는 전소 변론종결 전에 취득시효완성된 것을 원인으로 소유권이전등기청구의 소를 제기하였다.

---

(1) 실권효가 적용되는 것은 동일한 소송물에 대하여 전소의 변론종결 전에 발생한 변제·매매·소멸시효 등의 공격방어방법[1]과 증거이다. 위 사례문제에서 ①의 소에 대하여 법원은 전소의 기판력에 저촉된다는 이유로 소 각하판결을 한다. ②의 문제는 전소의 실체법상 권리나 사실관계와 다른 사유들을 후소에서 주장하면 실권되는가이다. 이는 소송물이론에 따라 처리가 다소 달라진다. 전소의 매매와 후소의 취득시효완성은 청구원인을 구성하는 각각 다른 사실관계에 해당한다.

(2) 실체법상 권리를 소송물로 보는 **구실체법설**과 청구원인을 구성하는 사실관계를 달리 주장하면 신청과 사실관계를 고려하는 **이분지설**에서는 별개의 소송물이어서 실권효(차단효)가 미치지 않으므로 법원이 이를 적법하게 심리하여 판단한다.

일분지설은 소송물은 신청에 의해서만 구성되고 사실관계는 소송물의 구성요소가 아니라고 보게 되어 청구취지의 근거가 되는 모든 법률상 원인에 대해 실권효가 미친다(일본 일분지설). 다만 일분지설 내에서도 기판력은 전소의 사실관계와 무관하고 모순되지 않는 사실관계는 실권효의 예외로서 차단되지 않는다는 주장에 의하면[2] 후소에서 취득시효완성사실을 주장하는 것은 전소와 모순되지 않는 사실관계이므로 차단되지 않고 주장할 수 있으며 법원은 이를 기초로 심리할 수 있다고 본다. 그러나 이는 일분지설의 이론적 일관성에 문제 있는 결론이라 할 것이다.

---

1) 대판 93다11050 말소등기청구사건의 소송물은 당해 등기말소청구권이고 등기원인의 무효를 뒷받침하는 개개의 사유는 공격방어방법에 불과하여 차단효를 받는다. 전·후소 모두 취득시효로 이전등기를 청구함에 있어서 전소에서 대물변제로 받아 점유를 시작했다고 주장하고 후소에서는 증여받아 점유를 시작했다는 경우 증여주장은 차단된다.
2) 이시윤, 632.

V. 기판력의 표준시 이후에 생긴 사유

1. 원 칙

(1) 전소 변론종결 후 새로이 정지조건성취, 변제기도래, 농지증명구비 등의 사정변경을 주장하여도 실권효가 미치지 않는다. 변론종결 후 변제, 면제, 소멸시효완성 등으로 집행채권이 이미 소멸되었음을 이유로 청구이의의 소를 제기할 수 있다(민집 44). 또한 상속재산분할협의가 전소 변론종결 후에 이루어졌다면 비록 상속재산분할의 효력이 상속이 개시된 때로 소급한다 하더라도, 상속재산분할협의에 의한 소유권 취득은 전소 변론종결 후에 발생한 사유에 해당한다.[1]

(2) 전소 이후 새로이 매수한 경우와 같이 새로 발생한 사실관계를 이유로 하는 후소는 전소와 소송물이 달라서 기판력의 객관적 범위 밖이므로 굳이 시적 범위로 문제삼지 않더라도 기판력이 미치지 않게 된다. 시적 범위가 의미 있는 것은 새로운 사실관계 변동이 없어 소송물에 변화가 없는데도 이행기 도래와 같은 상황변화가 생겨서 전소의 기판력에 의하여 차단되지 않는 경우이다.[2]

2. 한 계

(1) 사정변경은 표준시 이후에 발생한 사실자료에 한정되므로 법률개정, 판례변경, 법률의 위헌결정, 판결의 기초가 되었던 행정처분 등의 변경되어도 실권됨에는 영향 없다.

(2) 액수산정의 기초에 현저한 사정변경시(임료폭등, 병세악화, 식물인간 기대여명연장)에는 정기금판결변경의 소를 제기할 수 있다(252).

VI. 표준시 후 형성권의 행사

≪사례≫

[1] 甲은 乙을 상대로 A부동산을 매도하고 그 매매대금청구의 소를 제기하여 승소하고 판결은 확정되었다.

　① 그 후 乙이 위 매매계약은 甲으로부터 속아서 매매하였으므로 이를 취소한다고 주장하고 청구이의의 소를 제기하여 위 확정판결을 뒤집고자 한다.

---

1) 대판 2011다24340. 따라서 전소의 기판력은 전소 변론종결 후에 상속재산분할협의에 의해 원고가 소유권을 취득한 나머지 상속분에 관한 소유권확인을 구하는 후소에는 미치지 않는다.
2) 호문혁 705

② 그 후 乙이 종전에 甲에게 대여한 대등액의 채권으로 위 매매대금과 상계하고 청구이의의 소를 제기하여 위 확정판결을 뒤집고자 한다.

[2] 토지임대인 甲에 의한 건물철거·토지인도의 소가 인용되어 확정되었다. 임차인 乙은 전소의 표준시 전에 행사하지 않은 적법한 건물매수청구권에 의한 건물매매대금청구의 소를 제기하였다.

[3] 채무자 丙의 유일한 상속인 乙은 한정승인을 하고도 채권자 甲이 乙을 상대로 제기한 상속채무이행청구의 소송의 사실심 변론종결시까지 한정승인한 사실을 주장하지 아니하였고, 법원도 책임의 범위에 관하여 아무런 유보가 없는 판결을 선고하여 확정되었다. 그 후 채무자 乙은 甲을 상대로 위 한정승인 사실을 내세워 청구이의의 소를 제기하였다.

위 乙이 제기한 위 각 소는 적법한가?

---

1. 문제점

변론종결 전에 발생한 해제권, 해지권, 취소권, 상계권, 매수청구권 등 사법상 형성권을 행사하지 않고 있다가 판결 확정 후 비로소 행사하여 확정판결의 효력을 다툴 수 있는지가 문제된다.

2. 학설과 판례

(1) 실권설은 법적 안정성을 논거로 모든 형성권이 실권된다고 본다(독일통설·판례). 비실권설은 모든 형성권을 변론종결 후 행사하면 변론종결 후에 발생한 사유로 보고 실권되지 않는다고 본다.[1] 상계권비실권설은 다른 형성권은 소구채권에 내재된 하자주장이나 상계권은 별개 채권을 주장하는 것이므로 상계권만 실권되지 않는다고 한다(통설).[2] 제한적 상계실권설은 절차의 촉진과 신의칙상 상계권이 있음을 몰랐을 때에만 실권되지 않는다고 한다. 실권해도 독자적으로 소구가 가능하여 불이익이 없음을 논거로 한다.

(2) 결국 **상계권**은 소구채권의 자체적인 하자문제가 아니고 전소와 무관한 별개의 원인에 의한 채권에 기한 것이고 분쟁의 1회적 해결이라는 소송경제와 출혈적 방어방법이며 실권시킨다면 그 행사를 강제하는 결과가 되는 점에서 상계권비실권설이 타당하다.

(3) 판례는 **건물매수청구권**은 임대인에 의한 건물철거·토지인도청구의 소의 표준시 전에 건물매수청구권을 행사하지 않았어도 건물이 철거되지 않은 한 임차인의 건물매수청구권에 의한 건물매매대금청구의 소는 서로 <u>소송물을 달리하므</u>

---

1) 호문혁 700.
2) 대판 79다1105; 98다25344.

로, 기판력에 의하여 건물매수청구권의 행사가 차단된다고 할 수 없다.[1] 매수청구권은 형성권으로서 이를 행사하면 건물의 소유권을 토지소유자에게 이전할 의무가 발생하고 임차인은 건물대금청구권 발생한다. 이는 건물매수청구권은 건물의 효용유지와 임차인의 투자회수의 정책적인 고려에서 타당하다.

(4) 판례는 **한정승인**에 의한 책임의 제한은 상속채무의 존재 및 범위의 확정과는 관계가 없고 다만 판결의 집행대상을 상속재산의 한도로 한정함으로써 판결의 집행력을 제한할 뿐이므로 상속인이 한정승인을 하고도 전소 사실심 변론종결시까지 이를 주장하지 않았다가 한정승인한 사실로 청구이의의 소를 제기할 수 있다.[2] 그러나 상속포기는 채무의 존재 자체가 문제되므로 전소의 기판력인 실권효가 적용된다.[3]

(5) 판례는 백지어음을 보충하지 아니한 어음금청구의 소에서 패소당한 후 백지어음을 보충하여 다시 동일한 어음금을 청구한 경우는 전소와 후소는 동일한 권리 또는 법률관계의 존부를 목적으로 하는 것이므로 <u>그 소송물은 동일한 것이어서</u> 기판력에 저촉된다고 판시하고 있다.[4]

▨ **사례해설**

상계, 건물매수청구권, 한정승인사실을 이유로 적법하게 청구이의의 소를 제기할 수 있으나, 다른 형성권은 전소 판결의 기판력에 의하여 차단된다. ▨

VII. 정기금판결에 대한 변경의 소

1. 의의와 취지

(1) 변경의 소는 정기금의 지급을 명하는 판결이 확정된 뒤에 그 액수산정의 기초가 된 사정이 현저하게 바뀐 경우에 장차 지급할 정기금의 액수를 바꾸어 달라는 소이다(252).

(2) 이는 장래의 손해에 대한 이행판결이 난 경우에 전소 표준시의 예측과는 달리 그 뒤에 사정변경이 생긴 경우 기판력에 의한 법적안정성의 요청보다 구체적 타당성의 확보가 절실한 경우 합리적인 조정을 위한 것이다.

---

1) 대판 95다42195.
2) 대판 2006다23138.
3) 대판 2008다79876.
4) 대판 2008다59230.

2. 법적 성질

재심의 소가 아닌 새로운 소의 이익으로 인정되어 확정판결의 변경을 목적으로 하는 특수한 소송법상의 형성의 소이나 청구내용에 따라 이행의 소나 확인의 소의 성격도 동시에 가질 수 있다.

3. 전소와의 소송물 동일 여부

(1) **소송물 동일설**: 기판력은 전소 법관이 장래 발생을 예측한 사실관계에 미치나 법관이 잘못 예측한 경우 형평의 관념에서 변경의 소로 기판력을 배제하고 당사자에게 새로운 사실주장을 인정하는 것이므로 그 소송물은 전소와 동일하다고 본다.[1]

(2) **소송물 별개설**: 변경의 소는 전소의 기판력을 건드리는 것이 아니라 변경된 사실관계를 기초로 별개의 소송물을 그 대상으로 한다는 견해이다. 재심처럼 잘못된 재판을 다시 하여 소급해서 변경해 달라는 것이 아니라 전소 판결에서 명한 급부의 내용을 장래를 향하여 변경해 달라는 것이어서 양소의 소송물은 다르다고 한다.[2]

(3) 생각건대 제252조가 형평을 이유로 전소판결 자체를 제약하려는 취지로 본다면 변경의 소와 전소의 소송물이 동일하다고 볼 것이다.

≪질문≫ 전소에서 예상 못한 후유증에 의한 확대손해를 정기금변경의 소로 청구할 수 있는가?
[답변] 전소의 재판시점에서 예상치 못한 후유증에 의한 확대손해의 별개의 청구는 가능하나 이론구성에 관하여 명시적일부청구의제설, 기판력의 시적범위원용설, 별개소송물설이 있다. 정기금판결한 소와 변경의 소의 소송물이 동일한 경우에만 가능하다고 보는 입장에서는 위 확대손해에 대하여 소송물이 다르므로 변경의 소로는 안 되고 별도의 소를 제기하여야 한다고 보고,[3] 소송물이 별개라고 본다면 후유증에 의한 확대손해도 구별하지 않고 변경의 소로 이를 청구할 수 있다고 본다.

4. 요 건

변경의 소도 일반적인 소송요건으로서 당사자능력, 중복소제기, 기판력 등의 적법요건을 갖추어야 하고, 다음과 같은 요건을 구비하여야 한다.

---

1) 정동윤·유병현, 708; 이시윤, 634; 김홍엽, 781.
2) 호문혁, 702.
3) 이시윤 637.

(1) 관할법원과 당사자

(가) 변경의 소는 변경된 상황에 대한 심리가 이루어져야 하므로 제1심법원의 전속관할이다(252 ②). 이 점에서 재심소송과 다르다.

(나) 당사자는 정기금의 이행을 명하는 판결을 받은 당사자와 그 기판력을 받는 제3자이다.

(2) 확정된 정기금 판결을 대상

(가) 예컨대 매달 정기적으로 급부를 명하는 판결이며, 정기금배상뿐만 아니라 치료비·양육비·임금이자지급판결도 그 대상이 된다.

(나) 일시금배상판결은 해당되지 않는다는 다수설에 대하여 정기금판결과의 가변성과 일시금판결을 받은 당사자의 피해가능성을 배제하기 위하여 유추적용할 수 있다는 소수견해가 있다.[1]

(다) 미확정판결에는 허용될 수 없다. 확정되기 전에 사정변경이 있으면 상소로 다툴 수 있기 때문이다.

(라) 확정판결과 동일한 효력이 있는 인낙·화해·조정조서에 대해서도 변경의 소가 유추적용된다.[2]

(3) 사정변경— 본안요건

(가) 정기금판결의 <u>변론종결 이후</u> 정기금 액수 산정의 기초가 된 사정이 예상치 못하게 현저히 변경되어 당사자 사이에 형평을 침해할 특별한 사정이 있어야 한다. 사정변경으로 변경청구권이 인정된다고 볼 것이다.[3]

(나) 예상된 후유장애의 큰 변화, 물가폭등, 환율변동과 같은 사실적 상황과 법개정의 법률적 상황도 포함된다.

(다) 현저한지의 여부는 변경의 정도뿐만 아니라 그 기간도 고려하여 판단해야 한다. 1년에 4배 변경은 10년에 5배 변경보다 더 현저성이 있다고 할 것이다.

(라) 이는 특유의 본안요건이며 이유구비요건(다수설)으로서 그 존재에 대한 증명책임을 원고가 진다. 그러나 종전의 판결을 유지할 근거가 될 다른 사정에 대한 입증책임은 피고가 진다.

---

1) 이시윤, 637.
2) 호문혁, 703; 이시윤, 637.
3) 호문혁, 704: 소송상뿐만 아니라 소송 밖에서도 증감을 청구할 수 있다고 한다.

5. 재판절차

(1) 신청절차와 심판범위

변경의 소의 소장에는 변경을 구하는 확정판결의 사본을 붙여야 한다. 변경의 소 제기시를 기점으로 장차 지급할 정기금액수만이 변경판결의 대상이다.[1] 정기금의 산정을 제외한 부분(불법행위·인과관계의 존재, 과실상계 등)에 대해서는 전소 확정판결과 다른 판단을 할 수 없다. 또 원판결을 취소할 필요도 없다.

(2) 재 판

원판결의 정기금을 변경하는 인용판결은 변경의 소를 제기일을 기준으로 장차 지급할 정기금액수만 변경하며 그 범위 내에서 종전 정기금판결의 기판력이 배제되고 새로운 사정을 기초로 다시 법률관계를 확정하게 된다. 종전 판결은 기준 시점까지 이행되지 않은 채무의 집행을 위해서 필요하므로 종전 집행권원이 소멸되는 것은 아니다.

변경의 소제기로 강제집행이 정지되는 것이 아니므로 별도로 집행정지신청을 하여 정지결정을 받아야 한다(501, 500).

6. 청구이의의 소와 관계

청구이의의 소는 피고가 집행권원(예컨대, 판결, 화해조서, 확정된 지급명령, 이행권고결정, 집행증서, 배상명령 등)의 내용인 원고의 사법상 청구권이 현재의 실제 상태와 일치하지 않는 것을 주장하여 그 집행권원이 가지는 집행력의 배제를 구하는 소이다.[2]

≪질문≫ 정기금지급의 판결 후 채무금을 모두 변제하였는데도 채권자가 정기금판결에 기한 강제집행을 취소하지 않는다. 채무자는 어떤 소로 대항할 수 있는가?

[답변] 변경의 소는 권리발생사실(청구원인사실)에 사정변경이 생겨서 종전 판결을 바꾸려는 것이나, 청구이의의 소는 정기금판결이라도 판결 후 권리소멸사실·권리저지사실의 발생 등 사정변경을 이유로 판결의 효력을 배제시키려는 점에서 차이가 있다.

---

1) 대판 2009다64215.

2) 기판력으로 변론종결 후의 사유에 한하는 판결과 달리 확정된 지급명령, 이행권고결정, 집행증서, 배상명령의 경우에는 기판력이 인정되지 않기 때문에 청구이의 사유의 발생시기에 대해서는 제한이 없다. 별도의 이의나 취소신청이 가능한 가압류·가처분 명령, 판결확정 됨과 동시에 강제집행이 완료되는 의사진술을 명하는 판결은 청구이의의 소의 대상이 아니다.

관련판례

1. 한정승인 사실이 적법한 청구이의사유인지의 여부(적극) (대판 2006다23138)

한정승인에 의한 책임의 제한은 상속채무의 존재 및 범위의 확정과는 관계가 없고 다만 판결의 집행대상을 상속재산의 한도로 한정함으로써 판결의 집행력을 제한할 뿐이다. 특히 채권자가 피상속인의 금전채무를 상속한 상속인을 상대로 그 상속채무의 이행을 구하여 제기한 소송에서 채무자가 한정승인 사실을 주장하지 않으면, 책임의 범위는 현실적인 심판대상으로 등장하지 아니하여 주문에서는 물론 이유에서도 판단되지 않는 것이므로 그에 관하여는 기판력이 미치지 않는다. 그러므로 채무자가 한정승인을 하고도 채권자가 제기한 소송의 사실심 변론종결시까지 그 사실을 주장하지 아니하는 바람에 책임의 범위에 관하여 아무런 유보가 없는 판결이 선고되어 확정되었다고 하더라도, 채무자는 그 후 위 한정승인 사실을 내세워 청구에 관한 이의의 소를 제기하는 것이 허용된다.

2. 채무자가 상속포기를 하였으나 채권자가 제기한 소송에서 사실심변론종결시까지 이를 주장하지 않은 경우, 채권자의 승소판결 확정 후 청구이의의 소를 제기할 수 있는지의 여부 (대판 2008다79876)

기판력에 의한 실권효 제한의 법리는 채무의 상속에 따른 책임의 제한 여부만이 문제되는 한정승인과 달리 상속에 의한 채무의 존재 자체가 문제되어 그에 관한 확정판결의 주문에 당연히 기판력이 미치게 되는 상속포기의 경우에는 적용될 수 없다.

3. 인정한 기대여명보다 일찍 사망한 경우 (대판 2009다56665)

불법행위로 인한 인신손해에 대한 손해배상청구소송에서 판결이 확정된 후 피해자가 그 판결에서 손해배상액 산정의 기초로 인정된 기대여명보다 일찍 사망한 경우라도 그 판결이 재심의 소 등으로 취소되지 않는 한 그 판결에 기하여 지급받은 손해배상금 중 일부를 법률상 원인 없는 이득이라 하여 반환을 구하는 것은 그 판결의 기판력에 저촉되어 허용될 수 없다.

≪사례≫ 甲은 乙과 丙을 연대채무자로 하여 1억원을 대여하였다. 甲은 이를 받지 못하여 대여금 1억원의 지급을 구하는 소를 乙만을 상대로 제기하였다. 연대채무자 丙이 위 대여금청구소송 중에 1억원을 甲에게 변제하였으나 甲과 乙이 이를 소송에서 주장하지 않아 원고 승소판결이 선고되고 확정되었다. 그 변제를 알게 된 乙은 丙의 변제를 이유로 甲을 상대로 제기한 청구이의의 소는 전소 판결의 기판력에 저촉되는가? 그 이유는 어떤가?

- -

사례해설

원고의 손해배상채권이 소멸한 사실을 스스로 알고 있으면서도 강제집행을 함은 신의에 좇은 성실한 권리의 행사라 할 수 없고 그 확정판결에 의한 권리를 남용한 경우에 해당한다. 청구에 관한 이의의 소의 규정은 부당한 강제집행이 행하여지지 않도록 하려는데 있다 할 것으로 판결에 의하여 확정된 청구가 그 판결의 변론종결 후에 변경소멸된 경우뿐만 아니라 판결을 집행하는 자체가 불법한 경우에도 이를 허용함이 상당하다. 이러한 경우의 불법은 당해 판결에 의하여 강제집행에 착수함으로써 외부에 나타나 비로소 이의의 원인이 된다 (대판 84다기572 청구이의).

<선택형>

1. 甲은 乙을 상대로 2007. 8. 8. 대여한 금원 1억원의 지급을 구하는 소를 제기하였고 乙은 2008. 8. 8. 변제하였다고 주장하였으나 변제를 증명하지 못하였고, 위 소송은 2009. 8. 8. 변론종결되어 원고승소판결이 확정되었다. 甲은 강제집행을 신청하였다. 다음 중 청구이의의 소의 경우 전소의 기판력에 저촉되는 것을 모두 고르면? (다툼시 판례에 의함)¹⁾

① 乙은 변제한 영수증을 강제집행 들어올 무렵 찾아서 위 판결의 집행을 저지하기 위하여 제기한 청구이의의 소

② 乙은 2009. 12. 12. 1억원을 변제한 후 위 판결의 집행을 저지하기 위하여 제기한 청구이의의 소

③ 乙은 전소에서 甲에 대한 1억원의 물품대금채권을 가지고 있었으나 甲이 강제집행을 할 무렵 상계하고 제기한 청구이의의 소

④ 乙이 위 소송 중 사망하여 乙의 상속인 丙이 소송승계하였는데 丙이 한정승인을 하고도 그 사실을 주장하지 아니하여 책임 범위에 관한 유보가 없는 판결이 선고되고 확정된 후 丙은 한정승인 사실을 내세워 제기한 청구이의의 소

⑤ 소송을 승계한 乙의 상속인 丙이 전소 중 상속포기하였으나 이를 주장하지 아니하다가 상속포기사실을 주장하며 제기한 청구이의의 소

2. 甲이 乙을 상대로 乙명의의 A토지에 관하여 소유권확인청구 및 원인무효를 이유로 소유권이전등기말소청구의 소를 세기하여 승소 확정판결을 받았다. 그 후 乙은 甲을 상대로 새로이 소를 제기하면서 확정된 위 소송의 변론 종결 이전에 이미 자기가 A토지에 대하여 시효취득을 원인으로 한 소유권이전등기청구의 소를 제기하였다. 다음 중 옳지 않은 것은? (다툼시 판례에 의함)²⁾   [법전협 2011. 1차]

① 乙이 전소의 패소확정 후 甲에게 A토지를 인도하였더라도, 점유취득시효의 완성을 주장할 수 있다.

② 乙은 전소 변론 종결 전에 점유취득시효의 완성사실을 주장하지 아니하였으므로 뒤늦게 이를 주장하면서 소를 제기하는 것은 전소판결의 기판력에 어긋난다.

③ 乙이 전소변론종결 전에 취득시효가 완성되었음을 항변으로 주장하였으면 甲의 청구는 기각될 수 있었다.

④ 소유권확인판결의 기판력이 후소인 취득시효완성에 기한 이전등기청구에 미치는 것은 아니다.

⑤ 乙이 甲을 상대로 A토지에 관하여 소유권확인의 소를 제기하는 경우 전소판결의 기판력에 어긋난다.

3. 甲은 乙에 대하여 대여금 반환채권을 갖고 있다. 그런데 乙이 사망하였고, 유일한 상속인 丙은 상속포기기간 내에 상속을 포기하였다. 다음 설명 중 옳지 않은 것은? (다툼시 판례에 의함)³⁾   [변호사 2012. 변형]

---

1) ①⑤. 전소에서 제출하거나 제출할 수 있던 증거는 후소에서 차단된다. 상속포기한 사실도 동일하다.

2) ②. 소유권보존등기 말소 및 소유권 확인을 구하는 전소에서 패소 확정된 당사자가 후소로써 전소 변론종결 전 취득시효 완성을 이유로 소유권이전등기를 구하는 경우 기존의 무효등기가 말소되었다 하여 취득시효 완성을 원인으로 하는 소유권이전등기청구권이 소멸되는 것도 아닌 이상, 을이 후소로써 취득시효 기간 완성을 원인으로 소유권이전등기 정구를 하는 것이 차단된다고도 할 수 없다(대판 94다35039·35046).

3) ④. 원고가 사망 사실을 모르고 사망자를 피고로 표시하여 소를 제기한 경우에, 여러 사정을 종합하여 볼 때

① 상속을 포기한 丙은 처음부터 상속인이 아니었던 것이 되는데, 상속의 포기는 丙의 채권자의 입장에서 그의 기대를 저버리는 측면이 있더라도 상속인의 재산을 현재의 상태보다 악화시키지 않으므로 사해행위취소의 대상이 되지 않는다.

② 만약 丙이 한정승인을 하고 상속재산에 대하여 상속을 원인으로 한 소유권이전등기를 마친 뒤 B에게 근저당권을 설정하여 준 경우, 상속채권자 A는 상속재산에 관하여 丙으로부터 담보권을 취득한 B에게 우선적 지위를 주장할 수 없다.

③ 丙이 상속포기를 하였으나, 甲이 丙을 상대로 제기한 대여금청구소송에서 사실심 변론종결시까지 丙이 이를 주장하지 않고 甲의 승소판결이 확정된 경우, 위 상속포기는 적법한 청구이의의 사유가 되지 못한다.

④ 甲이 乙의 사망사실을 모르고 乙을 피고로 하여 대여금청구의 소를 제기하였다가, 乙의 사망사실을 알고 피고의 표시를 상속인 丙으로 정정하였는데 丙의 상속포기사실을 알게 된 경우, 甲이 의도한 실질적 피고의 동일성이 충족되는 상황이라도 이제는 2순위 상속인인 丁으로 피고의 표시를 정정할 수 없고, 피고의 경정을 하여야 한다.

---

4. 판결의 효력에 대한 다음 설명 중 옳지 않은 것은? (다툼시 판례에 의함)[1] [법전협 2012. 3차]

① 전소의 소송물이 채권적 청구권의 성질을 가지는 소유권이전등기청구권인 경우, 화해권고결정이 확정된 후 그 목적물에 관하여 소유권이전등기를 받은 사람은 화해권고결정의 기판력이 미치는 승계인으로 볼 수 없다.

② 전소에서 조건의 미성취로 패소판결이 확정된 경우에는 후에 조건이 성취되더라도 다시 소를 제기할 수 없다.

③ 토지의 임대인 임차인에 대하여 제기한 토지인도 및 건물철거청구소송에서 패소하여 그 패소판결이 확정되었다고 하더라도 건물철거가 집행되지 않은 이상 임차인은 후소에서 건물매수청구권을 행사할 수 있다.

④ 전소에서 피고의 과실을 증명하지 못하여 손해배상청구소송에서 패소한 원고가 사고를 목격한 증인을 발견하였더라도 동일한 사고를 원인으로 하는 손해배상청구의 후소에서 그를 증인으로 신청하여 피고의 과실을 증명하는 것은 허용되지 아니한다.

⑤ 전·후 양소의 소송물이 동일하지 않다고 하더라도 후소의 소송물이 전소에서 확정된 법률관계와 모순되는 정반대의 사항을 소송물로 삼았다면 전소판결의 기판력이 후소에 미친다.

사망자의 상속인이 처음부터 실질적인 피고이고 다만 그 표시를 잘못한 것으로 인정된다면, 사망자의 상속인으로 피고의 표시를 정정할 수 있다. 그리고 이 경우에 실질적인 피고로 해석되는 사망자의 상속인은 실제로 상속을 하는 사람을 가리키고, 상속을 포기한 자는 상속 개시시부터 상속인이 아니었던 것과 같은 지위에 놓이게 되므로 제1순위 상속인이라도 상속을 포기한 경우에는 이에 해당하지 아니하며, 후순위 상속인이라도 선순위 상속인의 상속포기 등으로 실제로 상속인이 되는 경우에는 이에 해당한다(대판 2005마425). ① 상속포기나 승인은 일신전속적 권리로서 타인에 의하여 강요당할 수 없고 이는 사해행위취소의 대상이 되지 않는다. ② 한정승인자로부터 상속재산에 관하여 저당권 등의 담보권을 취득한 사람과 상속채권자 사이의 우열관계는 민법상의 일반원칙에 따라야 하고, 상속채권자가 한정승인의 사유만으로 우선적 지위를 주장할 수는 없다(대판 2007다77781). ③ 대판 2008다79876.

1) ②. 전소에서 정지조건 미성취로 청구기각되었어도 변론종결 후에 그 조건성취되었다면, 이는 변론종결 후의 취소권이나 해제권과 같은 형성권 행사의 경우와는 달리 동일한 청구에 대하여 다시 소를 제기할 수 있다(대판 2000다50909). ① 대판 2010다2558.

5. 甲은 乙로부터 그 소유의 X토지를 임차한 후 그 토지상에 Y건물을 신축하였다. 다음 설명 중 옳지 않은 것은? (각 지문은 독립적이고, 다툼시 판례에 의함)[1]   [변호사 2014]

① 乙이 甲을 상대로 X 토지의 인도 및 Y 건물의 철거를 청구할 수 있는 경우에, 丙이 Y 건물에 대한 대항력 있는 임차인이라도 乙은 소유권에 기한 방해배제로서 丙에 대하여 Y 건물로부터의 퇴거를 청구할 수 있다.

② 乙이 甲을 상대로 X토지의 인도 및 Y건물의 철거를 청구한데 대하여 甲이 적법하게 건물매수청구권을 행사한 경우, 법원은 乙이 종전 청구를 유지할 것인지 아니면 대금지급과 상환으로 건물인도를 청구할 의사가 있는지를 석명하여야 한다.

③ 乙이 甲을 상대로 X토지의 인도 및 Y건물의 철거를 청구한데 대하여 甲이 건물매수청구권을 제1심에서 행사하였다가 철회한 후에도 항소심에서 다시 행사할 수 있다.

④ 乙이 甲을 상대로 먼저 X토지의 인도를 구하는 소를 제기하여 승소판결이 확정되었다. 이후 다시 乙이 甲을 상대로 Y건물의 철거를 구하는 소를 제기하였는데, 이 때 甲이 'Y건물의 소유를 위하여 X토지를 임차하였으므로 Y건물에 관하여 건물매수청구권을 행사한다'고 주장하는 경우, 甲 주장의 임차권은 위 토지인도청구소송의 변론종결일 전부터 존재하던 사유로서 위 확정판결의 기판력에 저촉되는 것이다.

⑤ 乙이 甲을 상대로 제기한 X토지의 인도 및 Y건물의 철거청구소송에 승소하여 그 승소판결이 확정되었다고 하더라도, 그 확정판결에 의하여 건물철거가 집행되지 아니한 이상 甲은 건물매수청구권을 행사하여 별소로써 乙에 대하여 건물매매대금의 지급을 구할 수 있다.

6. 乙이 甲으로부터 토지를 매수하였으나 그 소유권이전등기를 마치지 않은 상태에서 대금을 완납하고 이를 점유하여 사실상 처분권을 가지고 있던 중 그 지상에 건물을 신축하고 소유권보존등기를 마쳤다. 그 후 건물에 관한 강제경매절차에서 丙에게 위 건물이 매각되었다. 이 사안에 대한 다음 설명 중 옳지 않은 것은? (다툼시 판례에 의함)[2]   [법전협 2014. 1차]

① 乙의 甲에 대한 소유권이전등기청구권의 소멸시효는 진행하지 않는다.

② 甲은 乙에 대하여 건물철거 및 대지인도를 청구할 수 없다.

③ 丙은 건물을 위한 관습법상의 법정지상권을 취득하지 못한다.

---

1) ④. 토지인도청구소송의 승소판결이 확정된 후 제기된 그 지상건물에 관한 철거청구의 후소에서 전소의 변론종결일 전부터 존재하던 건물소유 목적의 토지임차권에 기하여 건물매수청구권을 행사한 경우 전소 확정판결의 기판력은 전소에서의 소송물인 토지인도청구권의 존부에 대한 판단에 대하여만 발생하는 것이고 토지의 임차권의 존부에 대하여까지 미친다고 할 수는 없으므로 전소의 기판력에 저촉되는 것은 아니다(대판 93다37267).
① 대판 2010다43801. ② 대판 94다34265. ③ 대판 2001다42080. ⑤ 대판 95다42195.

2) ④. 강제경매의 목적이 된 토지 또는 그 지상 건물의 소유권이 강제경매로 인하여 그 절차상 매수인에게 이전된 경우, 건물 소유를 위한 관습상 법정지상권의 성립 요건인 '토지와 그 지상 건물이 동일인 소유에 속하였는지'를 판단하는 기준 시기는 압류 또는 가압류의 효력 발생시이고(대판 2010다52140), 설문은 강제경매개시결정 당시에는 토지와 건물 소유자가 동일하지 아니하므로 丙은 관습법상 법정지상권을 취득할 수 없다. ① 부동산을 점유하여 사용수익하고 있는 매수인의 등기청구권은 소멸시효에 걸리지 않는다(대판 76다148). ② 매수인이 소유권이전등기를 경료받기 전에 부동산을 인도받거나 이미 사용하고 있는 경우, 매수인은 그 부동산 점유·사용할 권리가 발생하고 부당이득이 되지 않는다(대판 95다12682). ③ 강제경매절차 당시 토지는 여전히 甲 소유이고, 건물은 乙 소유이므로 관습법상의 법정지상권이 성립하지 않는다. ⑤ 법률이나 판례의 변경은 변론종결 후의 사정변경에 해당하지 않는다.

④ 건물에 대한 강제경매개시결정의 기입등기가 이루어진 후 乙이 대지에 관한 소유권이전등기를 마치고, 그 후에 丙이 강제경매절차에서 위 건물을 매각받았다면 丙은 건물을 위한 관습상의 법정지상권을 취득한다.

⑤ 乙이 위 대지에 관한 소유권이전등기를 마치고 丙을 상대로 건물철거 및 대지 인도소송을 제기하였는데 패소판결이 확정된 경우, 확정판결의 최종변론종결 이후에 대법원에서 판례가 변경되었다는 사유로 동일 소송을 제기할 수 없다.

---

7. 상속의 승인과 포기에 관한 설명으로 옳지 않은 것은? (다툼시 판례에 의함)[1] 〔법전협 2014. 1차〕

① 상속인이 상속채무가 상속재산을 초과한다는 사실을 중대한 과실 없이 상속개시 있음을 안 날부터 3개월 기간 내에 알지 못하고 단순승인한 경우 그 사실을 안 날로부터 3개월 내에 한정승인할 수 있다.

② 상속인이 한정승인 또는 포기를 한 후에 상속재산을 은닉하거나 부정소비하거나 고의로 재산목록에 기입하지 않아 법정단순승인된 경우에는 민법 제1019조 3항의 특별한정승인을 할 수 없다.

③ 상속인이 한정승인한 채무에 대하여 법원은 상속재산이 없거나 그 상속재산이 상속채무의 변제에 부족하다고 하더라도 상속채무 전부에 대한 이행판결을 해야 하고, 다만 그 주문에 상속재산의 한도에서만 집행할 수 있다는 취지를 명시하여 한다.

④ 상속인이 상속포기를 하였으나 상속채권자가 상속인을 상대로 제기한 소송에서 이를 주장하지 않아 상속채권자의 승소판결이 확정된 경우에는 상속인은 상속포기를 이유로 청구이의의 소를 제기할 수 있다.

⑤ 상속포기는 상속이 개시된 때에 소급하여 그 효력이 있으므로 포기자는 처음부터 상속인이 아닌 것으로 된다.

제3절 확정판결의 내용에 따른 기타 효력

I. 집행력

1. 의 의

통상의 집행력(執行力)은 판결 등에서 명한 이행의무를 강제집행절차에 의하여 실현할 수 있는 효력이다. 가집행선고가 있거나 확정된 이행판결에 발생한다. 광의로 가족관계등록부에 기재 및 정정, 등기의 등록·말소 등의 확인판결과 형성

---

1) ④. 기판력에 의한 실권효 제한의 법리는 채무의 상속에 따른 책임의 제한 여부만이 문제되는 한정승인과 달리 상속에 의한 채무의 존재 자체가 문제되어 그에 관한 확정판결의 주문에 당연히 기판력이 미치게 되는 상속포기의 경우에는 적용될 수 없다(대판 2008다79876). ①② 민법 제1026조 3호. ③ 한정승인은 채무의 존재를 한정하는 것이 아니라 그 집행책임의 범위를 한정하는 것에 불과하기 때문이다.

판결의 내용실현도 포함한다.

2. 집행력 있는 재판

확정된 이행판결은 집행력이 발생함이 원칙이다.[1] 형성판결·확인판결은 소송비용재판부분에 집행력이 있다.

청구인낙·화해·조정 등 확정판결과 동일한 효력을 가지는 조서, 확정된 지급명령, 항고로써만 불복할 수 있는 결정·명령, 형사판결에 부대하는 배상명령, 승인된 외국법원의 확정판결 등, 재판은 아니지만 공증인의 집행증서, 검사의 집행명령 등이 있다.

3. 집행력의 범위

원칙적으로 기판력의 범위와 같다. 다만 승계인이 고유의 방어방법이 있으면 집행력이 미치지 않는다는 견해가 있다.[2]

Ⅱ. 형성력

1. 의 의

형성력(形成力)은 확정판결의 내용에 따라 법률관계의 발생·변경·소멸이라는 효과를 발생시키는 효력이다(형성력의 본질 내지 근거에 관하여 법률요건적 효력설, 의사표시설, 기판력근거설 등이 있다).[3] 이는 형성의 소를 인용한 확정판결에만 인정되고 이행판결이나 확인판결에는 발생하지 않는다. 형성판결에도 기판력이 인정된다(통설). 예컨대 이혼판결로 재산분할을 한 원고에 대하여 피고가 다시 그 재산이전에 대하여 부당이득반환청구하는 것은 기판력에 저촉된다.

2. 형성력의 범위

(1) 형성력의 경우도 기판력과 같이 주관적·객관적·시적 범위로 나눌 수 있다. 시적 범위는 변론종결시를 표준시로 하고 객관적 범위는 형성요건의 존재에 대한 주문의 판단에 한정한다. 법률에 특별한 규정이 있으면 그에 의하면 된다.

(2) 형성소송은 주로 가사소송·회사소송·행정소송이고 형성력의 주관적 범위

---

1) 이행판결이라도 부부 동거의무를 명하는 판결 등은 집행력이 인정되지 않는다.
2) 정동윤·유병현, 734~735.
3) 이시윤, 660.

에 관하여는 기판력의 일반 제3자에의 확장에서 본 바와 거의 같다.

Ⅲ. 법률요건적 효력

(1) 민법 그 밖의 법률에서 확정판결의 존재를 법률요건으로 하여 일정한 실체법상 효과를 발생시키는 효력이다.

(2) 실체법에서 판결의 존재를 요건사실로 하여 일정한 법률효과 발생을 규정한 경우로서 확정판결에 의하여 시효재진행과 단기시효의 10년 보통시효화(민법 178, 165), 보증채무존재를 확정하는 판결선고를 요건사실로 한 구상권의 현실화(민법 442 ① 1호), 소유권보존등기 신청권의 발생하는 것(부등 130, 부등 131) 등이다.

Ⅳ. 제3자에 미치는 효력(반사효)

1. 의 의

판결받은 당사자와 실체법상 특수한 의존관계에 있는 제3자에게 판결의 효력이 유리하게 또는 불리하게 미치는 것을 반사적 효력이라 한다.

2. 반사효의 인정 여부

(1) 판결의 반사효에 관하여는 인정 여부에 관하여 견해가 나뉜다. 이를 인정하는 다수설은 판결의 법률요건적 효력의 일부라고 하면서 당사자 사이에 자유롭게 처분할 수 있는 권리관계에 관하여 판결내용대로 권리관계가 실체화되어 그 결과 실체법상 의존관계에 있는 제3자가 그 판결에 구속된다고 한다.

(2) 판례는 채무자가 채권자대위권을 행사를 알았을 경우 대위소송의 판결의 효력은 다른 채권자에게 미친다고 판시하고 있다.[1] 이 판례에 대하여 실체법상 의존관계있는 채권자 사이에는 반사효가 미친다는 것이 전제된 것이라는 견해[2]와 단순히 채권자대위제도의 성질상 당연한 결론이며 기판력의 확장일 뿐 반사효를 인정하는 것은 아니라는 견해가 있다.[3]

3. 기판력과 차이

기판력은 소송법상 효력이나 반사효는 실체법상 의존관계에 따른 효력이다.

---

1) 내판 91다23486.
2) 이시윤, 661.
3) 정동윤·유병현, 741; 김홍엽, 822.

기판력은 직권조사사항이고 판결주문에만 효력이 있으나, 반사효는 이익받을 제3자의 원용에 의하여 비로소 고려하고 판결이유 중 판단에도 발생한다. 기판력이 미치면 공동소송적 보조참가를 할 수 있지만, 반사효는 통상의 보조참가만 가능하다.

4. 통상적으로 반사효가 인정되는 경우

① 주채무자에 대한 소송에서 주채무부존재의 판결은 보증채무의 부종성 때문에 보증인에게 미치고, ② 임대인과 임차인 사이의 임차권을 확정하는 판결이 전차인에게 각 미치는 효력, ③ 채권자대위소송의 판결이 다른 채권자에게, 대표소송의 판결이 다른 주주에게 미치는 효력, ④ 연대채무자의 승소판결이 다른 연대채무자에게 미치는 효력, ⑤ 채무자의 제3자채무자에 대한 패소판결이 채권자에게 불리하게 미치는 효력을 반사효로서 미친다고 한다.[1]

5. 공동소송형태

반사효를 받는 주채무자와 보증인은 양자간에 합일확정이 실체법이나 소송법상 요청되지 않으므로 통상 공동소송이나, 판례는 채권자대위소송의 채권자들은 유사필수적 공동소송으로 본다.[2]

V. 사실적 효력

판결이 일정한 사실상의 기능을 한다는 점에서 인정되는 효력으로서 증명효, 파급효, 재판절차효 등을 말한다.

(1) **증명효**는 판결내용이 후소에서 하나의 증거로서 법관으로 하여금 동일한 판단을 이끌어내는 실제상의 효과이다. 판례도 확정판결의 증명효를 인정하고 있다[3].

(2) **파급효**는 공해소송, 환경소송 등에서 판결이 소송 외 제3자의 행동이나 법적지위에 사실상 영향을 주는 효과로서 피해자 일부가 제기한 환경오염피해로 인한 손해배상청구의 소가 인용되면 나머지 피해자에 대한 피해변상이 마련되는 경우이다.[4]

---

1) 송상현·박익환, 466; 이시윤, 661. 그러나 공유자의 보존행위로 인한 승소판결이 다른 공유자에게 반사효가 미친다고 한다면 보존행위를 하는 공유자는 법정소송담당이 되고 공유자 전원은 권리귀속주체로서 확정판결의 효력(218 ③)을 받아야 하는 것과 상충된다고 할 것이다(송상현·박익환, 137).

2) 대판 91다23486.

3) 대판 2007다36445. 민사재판에 있어서는 다른 민사사건 등의 판결에서 인정된 사실에 구속받는 것은 아니라 할지라도 이미 확정된 관련 민사사건에서 인정된 사실은 특별한 사정이 없는 한 유력한 증거가 된다 할 것이므로, 합리적인 이유설시 없이 이를 배척할 수 없다(대판2000다20748 등 참조).

4) 정영환, 1050.

(3) **재판절차효**는 재판에서의 절차 자체가 상대방에게 사실상 영향을 주는 효과이다. 재판진행중 영업상 중요서류에 대한 문서제출명령이 있자 화해가 이루어지는 효과이다.

제2장 당사자의 행위에 의한 종료

처분권주의에 근거하여 당사자에 의한 소의 취하, 청구포기·인낙, 재판상 화해로 소송이 종료된다.

제1절 소의 취하

≪사례≫

[1] 甲은 乙이 운전하는 택시를 타고 가다가 사고를 당하여 불법행위에 의한 손해배상청구의 소를 제기하여 패소판결을 받아 항소하였다. 항소심 계속중 甲은 소를 취하하였다. 그 후 甲은 같은 사고로 채무불이행에 기한 손해배상청구의 소를 제기한 경우 후소는 적법한가? 1)

[2] 甲은 乙이 운전하는 택시를 타고 가다가 사고를 당하여 불법행위에 의한 손해배상청구의 소를 제기하여 패소판결을 받아 항소를 포기하였다. 그 후 甲은 같은 사고로 채무불이행에기한 손해배상청구의 소를 제기하였다. 후소는 적법한가?2)

[3] 甲은 乙을 피고로 하여 A토지의 소유권에 기한 토지인도의 소를 제기하여 승소판결을 받았고 항소심 계속중 乙로부터 A토지와 B토지를 교환하고 싶다는 신청을 받아들여 그 취지의 소송외 화해에 응하였고 甲은 소를 취하하였다. 그런데 乙이 B토지라고 보여준 토지는 C토지이고 실제의 B토지는 이용할 수 없는 토지임이 밝혀졌다. 그래서 甲은 乙에 대하여 A토지의 인도를 청구하고 싶어서 변호사인 귀하를 찾아왔다. 귀하는 어떤 법적 방법을 강구할 것인가? (형사적 수단은 제외함)3)

---

1) 재소 가능 여부는 소송물이론에 따라 결론이 달라진다.
2) 기판력 저촉 여부는 소송물이론에 따라 결론이 달라진다.
3) 사기·착오에 의한 소취하를 취소 가능한지에 관하여 판례과 학설에 따라 결론이 달라지나 변호사로서는 기일

Ⅰ. 의 의

(1) 소의 취하는 원고가 자신이 제기한 소의 전부 또는 일부를 철회하는 법원에 대한 단독적 소송행위이다. 소송계속이 제소시 소급하여 소멸한다. 당사자의 행위에 의한 소송종료사유이다.

(2) 소취하는 청구포기·상소취하·공격방어방법의 철회와 구별된다. 청구의 감축이 어느 것인지 불분명하면 원고에게 유리한 소취하로 볼 것이다. 소취하는 원고의 단독적 소송행위로서 소송 외에서 소취하하기로 하는 약정(소취하계약)과 구별된다. 소취하계약에 위반하여 소취하하지 않는 경우통설·판례인 항변권발생설에 의하면 권리보호이익 없어 부적법 각하하게 된다.[1]

(3) 소취하할 것인가는 원고의 자유이다.

Ⅱ. 요 건

1. 소취하 대상

모든 소송물에 대해 진부나 일부취하 가능하다. 가사·행정소송 등 직권탐지주의에서도 가능하다. 단 주주대표소송과 증권집단소송에서는 법원의 허가를 요한다.

2. 시 기

소제기 후 판결확정 전까지 가능하다(266 ①). 상소심에서도 가능하나 재소금지제한을 받는다(267 ②).

3. 피고의 동의

(1) 피고가 본안에 관하여 응소한 경우에는 피고에게도 청구기각판결을 받을 이익이 생겼기 때문에 동의를 요한다. 따라서 피고이익과 무관한 중복소송이나 본소취하 후 반소를 취하하는 경우 원고(반소피고)의 동의가 필요 없다. 피고가 주위적으로는 소각하판결을 구하고 예비적으로 청구기각판결을 구한 경우도 피고의 동의가 필요없다고 할 것이다.[2] 고유필수적 공동소송과 독립당사자참가에서는 당사자 모두의 동의를 요한다.

지정신청을 하여 소취하는 사기·착오에 의한 것이므로 취소되어야 한다고 주장하고 가사, 유효라고 하더라도 민법상 계약위반과 신의칙위반을 주장하고 화해나 조정을 유도하여야 할 것이다.
1) 대판 81다1312.
2) 대판 68다217.

(2) 피고가 동의를 거절한 후 태도를 바꾸어 동의해도 동의대상이 없기 때문에 취하의 효력은 발생하지 않는다.

4. 소송행위로서 유효

(1) 소취하를 하는 원고는 소송능력이 있어야 하고, 소취하는 소송의 처분에 해당되기 때문에 대리인에 의한 취하는 특별수권을 要한다. 다만 무능력자나 무권대리인이 제기한 소는 추인이 없는 한 스스로 소를 취하할 수 있다. 이 경우 피고가 본안변론을 한 후에도 피고의 동의가 필요하지 않다. 소 취하로 인하여 무능력자에게 해가 되지 않기 때문이다.

(2) 소취하의 의사표시에 착오·사기·강박 등의 하자가 있는 경우 절차의 안정성과 명확성이 요구된다는 이유로 그 무효·취소를 주장할 수 없으나(하자불고려설·민법규정부적용설)[1] 형사상 처벌받을 행위로 인한 경우에 예외적으로 무효·취소를 주장할 수 있다는 것이 다수설·판례이다. 다만 판례는 제451조 2항의 유죄판결의 확정이 필요하다는 입장이다.[2]

이에 반하여 각 소송행위를 구체적·개별적으로 검토하여 이익형량하고 특히 소송절차를 종료시키는 행위(소취하, 청구포기·인낙, 소송상 화해)는 의사표시에 관한 민법규정을 적용하자는 견해가 있다.[3]

Ⅲ. 방 식

1. 취하의 방식

소취하는 서면으로 하여야 하고, 다만 변론 또는 변론준비기일에서는 말로 할 수 있다(266 ③). 소취하 진술은 조서에 기재된다(154. 1호, 283 ②).

2. 동의의 방식

소취하에 대한 피고의 동의도 법원에 대하여 서면 또는 말로 할 수 있다. 피

---

1) 대판 2003다46758: 소송행위는 일반 사법상의 행위와 달리 내심의 의사보다 그 표시를 기준으로 하여 그 효력 유무를 판정할 수밖에 없는 것이므로 원고가 착오로 소의 일부를 취하하였다 하더라도 이를 무효라고 볼 수는 없다.

2) 대판 82다카963: 소송행위에 대하여는 민법 제109조, 제110조의 규정이 적용될 여지가 없으므로 소송행위가 사기, 강박 등 형사상 처벌을 받을 타인의 행위로 인하여 유죄판결이 확정된 경우에는 민소법 제422조 1항 5호, 2항의 규정취지를 유추해석하여 그로 인한 소송행위의 효력을 부인할 수 있으나 그 소송행위가 이에 부합되는 의사 없이 외형적으로만 존재할 때에 한하여 그 효력을 부인할 수 있고, 타인의 범죄행위가 소송행위를 하는 데 착오를 일으키게 한 정도에 불과할 뿐에는 그 소송행위의 효력을 다툴 수 없다.

3) 호문혁, 432.

고가 소취하서면이나 소취하의 진술이 기재된 조서등본이 송달된 날 부터 2주 내에 이의 없으면 동의로 간주된다(266⑥). 이는 동의 여부에 대한 의사표시의 지연에 따른 소송절차의 불안정·지연을 방지하기 위함이다.

Ⅳ. 소 취하 효과

1. 소송계속의 소급적 소멸

(1) 소가 취하되면 소송계속이 소급적으로 종료된다(267①). 따라서 일체의 판결을 할 수 없고, 그 때까지의 모든 소송행위는 실효된다. 이미 선고된 판결도 효력 없는 부존재 상태가 된다.

(2) 실체법상의 효과로서 소제기에 의한 시효중단의 효과는 소취하에 의해 소급적으로 소멸되고(민법 170), 기간준수효과도 소멸된다고 본다.

(3) 형성권이 소송상 행사된 후 소가 취하된 경우 사법상 효과도 소멸되는지에 관하여 사법상의 행위도 소취하와 함께 소멸된다는 소송행위설, 사법상 효과는 그대로 유지된다는 병존설, 상계가 유효하게 인정된 경우에만 그 효과기 유지된다고 보는 신병존설 등이 있다.

판례는 해제권행사의 효력은 소를 취하하였다고 하더라도 그대로 존속한다고 판시하여 병존설적인 것이 있고[1] 소송상 상계항변이 있었으나 소송절차 진행중 조정이 성립됨으로써 수동채권의 존재에 관한 법원의 실질적인 판단이 이루어지지 않은 경우, 상계항변의 사법상 효과가 발생하지 않는다는 신병존설적 판결도 있다.[2]

(4) 소가 취하되더라고 소송비용의 부담과 액수는 당사자의 신청에 의하여 법원이 결정한다. 소송계속중 생긴 소송비용 전액을 원고가 부담함이 원칙이나 구체적 사정에 따라 달리 정할 수 있다.

2. 재소의 금지

(1) 의의와 취지

본안에 대한 종국판결이 있은 후에 소를 취하한 자는 다시 동일한 소를 제기하지 못한다(267②). 이를 재소의 금지라 한다. 소취하에 의하여 종국판결도 실효

---

1) 대판 80다916.
2) 대판 2011다3329.

하게 되는데 원고가 재차 소를 제소하면 기존 종국판결에 대한 법원의 노력을 헛되게 하는 것을 방지하고, 소취하 또는 재소의 남용에 대한 제재이다.[1] 재소금지에 대하여는 다양한 입법례가 있다.

(2) 재소금지의 요건

재소가 금지되려면 재소가 전소와 동일하고 본안의 종국판결 후에 소를 취하할 것을 요한다.

(가) 전소와 동일한 소

재소는 전소의 당사자·소송물·권리보호이익이 동일하여야 금지된다.

1) 당사자의 동일

가) 전소(前訴)의 원고와 포괄승계인

재소를 제기할 수 없는 자는 원칙적으로 전소의 원고와 변론종결후의 원고의 포괄승계인(예 상속인)이다. 피고나 보조참가인은 재소제기에 제한받지 않는다.

나) 전소 원고의 특정승계인

(a) 전소의 원고의 변론종결 후의 소송물 또는 계쟁물의 특정승계인에게도 재소금지효과가 미치는가에 관하여 당사자와 동일하게 특정승계인에게도 재소금지 효과가 미친다는 견해(긍정설), 특정승계인이 전 원고의 남용행위에 가담하거나[2] 소취하를 알면서 승계하는 특단의 사정이 없으면 승계인에게는 미치지 않는다는 견해(부정설),[3] 채권과 같은 당사자가 권리의 내용을 자유로이 정할 수 있는 권리만 재소금지의 효과를 받는다는 견해가 있다.[4]

(b) 판례는 특정승계인도 재소금지자에 포함하되, 승계인에게 권리보호이익이 있으면 재소가 적법하다고 본다. 따라서 소송 계속중 부동산의 공유지분을 양도함으로써 그 권리를 상실한 공유자가 더 이상 소를 유지할 필요가 없다고 생각하고 소를 취하한 것이라면 그 지분을 양수받은 자에게 소취하에 대한 책임이 있다고 할 수 없을 뿐만 아니라, 공유지분 양수인으로서는 자신의 권리를 보호하기 위하여 양수받은 공유지분에 기하여 다시 소를 제기할 필요도 있어 그

---

1) 대판 95다48599.

2) 호문혁, 735.

3) 이시윤, 565.

4) 兼子一,「新修民事訴訟法體系」, 酒井書店, 1965, 297. 재소의 금지는 소권행사의 장애가 되는 것이므로 확장해석을 삼가야 하며 원고의 자유의사에 의한 소취하의 효과로서 인정된 것이므로 취하한 소의 권리의 내용이 채권과 같이 당사지간에 자유로 정할 수 있는 성질의 것일 경우에는 그 취하의 효과가 그 소송물과 일체화되어 특정승계인에게 넘어간다고 보아도 무방하지만 그 소송물이 물권과 같이 정형화된 경우에는 그 효과를 소송물인 권리와 일체화시키는 것이 부당하므로 재소금지에 해당되지 않는다는 견해이다.

공유지분의 양도인이 취하한 전소와는 권리보호의 이익을 달리하여 재소금지의 원칙에 위배되지 아니한다.[1]

검토컨대 재소금지제도의 취지인 제재적 기능을 관철한다면 특정승계인도 재소금지자에 포함하되, 특정승계인에게 전소 취하에 대한 책임이 없고 새로운 권리보호이익이 있다면 재소를 허용함이 타당하다고 할 것이다.

(c) 선정당사자

선정당사자가 소를 취하한 경우 선정자도 재소금지자에 포함된다. 선정자는 판결의 효력을 받기 때문이다. 이에 대하여 선정자 자신의 제소가 특별히 재소권을 남용한 것이 아니면 가능하다는 견해도 있다.[2]

(d) 채권자대위소송의 채무자

채권자대위소송을 하는 채권자가 패소판결을 받은 후 소를 취하한 후 동일한 소를 채무자가 제소하면 적법한가에 대하여 다수설·판례는 소송담당이라는 전제에서 채무자가 대위소송이 제기된 것을 안 이상 절차참가의 기회가 있었으므로 재소금지효력을 받는다고 본다.[3] 이에 대하여 채권자대위소송을 소송담당이 아니하고 보는 견해에서는 재소금지의 효력이 채무자에게 미치지 않으며, 채권자가 경솔하게 소취하한 효과를 채무자가 받아서 스스로 소송을 할 수 없다는 것은 부당하다고 본다.[4]

2) 소송물의 동일 여부
가) 전소와 재소의 소송물 동일

재소가 제한되려면 전소와 재소의 소송물이 동일하여야 한다. 소송물이론에 따라 재소금지해당 여부가 달라진다. 불법행위에 기한 손해배상청구를 하여 판결 후에 소취하 후 채무불이행에 의한 손해배상청구를 제기시 구이론과 판례에서는 실체법상의 권리를 달리하므로 동일한 소가 아니나 신이론에서는 동일한 소로 보아 재소금지에 해당된다.

---

1) 대판 95다48599, 48605.
2) 호문혁, 737.
3) 대판 95다18406: 甲이 乙 및 丙을 상대로, 乙에 대하여는 매매를 원인으로 한 소유권이전등기 절차의 이행을, 丙에 대하여는 乙을 대위하여 소유권보존등기 말소등기절차의 이행을 구하는 소를 제기한 전소에서, 乙은 甲의 청구를 인낙하였고, 丙에 대한 부분은 제1심에서 甲의 승소판결이 선고된 후 이에 대하여 丙이 항소를 제기하여 항소심에 계속중 甲이 소를 취하한 경우, 나중에 甲의 乙에 대한 권리가 없음이 밝혀져 甲이 乙을 대위하여 乙의 권리를 행사할 자격이 없었다고 하더라도, 甲이 그와 같이 乙의 권리를 대위 행사할 적격이 있다고 주장함에 대하여 乙이 적극적으로 甲의 주장을 인정하면서 그의 청구를 인낙하여 그 소송에서 甲에게 대위적격을 부여한 이상, 乙은 재소금지의 원칙상 丙을 상대로 동일한 소송을 제기할 수 없다
4) 호문혁, 736.

　　　　판례는 부친 소유 부동산에 관하여, 부친으로부터의 증여를 원인으로 한 소유권확인의 소와 부친의 사망으로 인한 상속을 원인으로 한 그 지분소유권확인의 소는 동일한 소가 아니어서 재소금지(240 ②)에 해당되지 않는다고 판시하고 있다.[1]

　　　　이는 전소는 증여로 인한 부동산 전부에 관한 소유권확인이나 후소는 상속으로 인한 지분소유권에 관한 소유권확인으로서 확인원인과 대상이 다르므로 별개의 소송이라고 할 것이다.

나) 전소의 소송물이 후소의 선결관계

《질문》 원본채권에 기한 대여금원지급의 소에 관하여 항소심에서 소 취하한 후 그 원본채권에 의한 이자청구의 재소는 허용되는가.

[답변] 판례와 다수설에 의하면 후소가 전소의 소송물을 선결적 법률관계 내지 전제로 하는 경우에는 전소와 후소의 소송물이 동일하다고 보아 재소금지에 해당한다고 본다.[2] 이에 대하여 양소의 소송물이 엄연히 다르고 재소금지취지는 기판력제도와 다르므로 재소 제기 자체는 허용되어야 한다는 견해도 있다.[3]
재소금지가 기판력제도와 목적을 달리하여도 판결의 모순·저촉 우려가 있고, 법원 판결의 농락의도가 있는 소 취하에 대한 제재의 취지에 있다면 동일한 소로 보아 재소금지에 해당된다고 보는 판례태도가 타당하다고 본다. 동일한 소라고 보더라도 재소제기의 권리보호이익이 인정되면 재소가 허용될 수 있다.

다) 재소의 소송물이 전소의 소송물 중에 포함되는 경우에는 재소금지에

해당된다. 예컨대 자경농지를 원인으로 하는 토지인도청구에는 당연히 그 경작권의 확인청구도 포함되었다 할 것이므로 위의 토지인도청구의 소를 제기하여 본안판결을 받은 후 그 소를 취하한 자는 이후 경작권확인 청구의 소를 제기하지 못한다.[4]

3) 권리보호이익의 동일

《사례》 甲은 A부동산을 매입함에 있어 소유자인 乙과 직접 계약을 체결하였으나 계약명의자와 등기명의만을 丙명의로 할 것을 부탁하였고 乙 역시 이에 동의하였다. 甲이 대금을 지급하고 丙 앞으로 이전등기가 경료되었다. 그 후 丙은 이 사건 부동산이 본래 자신의 것이라고 하면서 甲의 소유권이전요구를 거절하였다. 더구나 전소유자인 乙 역시 이에 관하여 모른 척 하고 있다. 이에 甲이 乙을 대위하여 丙을 상대로 소유권이전등기말소청구의 소를 제기하였다. 이 소송 중 甲은 乙에게 소송의 계속 사실을 알려 주었다. 丙은 1심에서 패소한 후에 항소를 제기하였으나 항소심 진행 도중 丙은 자신의 잘못을 뉘우치고 다시는 甲의 요구를 어기는 일이 없을 것이라고 다짐하

---

1) 대판 91다5730.
2) 대판 88나카18023.
3) 이시윤, 566; 호문혁, 737-738; 정영환, 908.
4) 대판 4290민상784 경작권확인.

면서 甲이 소를 취하해 주기를 간곡히 요청하였다. 이에 甲은 丙의 말을 믿고 항소심
에서 소를 취하였다. 그런데 그 후 丙은 다시금 甲의 소유권을 인정하지 않고 있다. 이
경우 甲이 丙을 상대로 위 부동산의 소유권명의를 회복하는 소를 제기할 수 있는가?
乙도 재소가능한가?

───

가) 재소금지는 소권박탈이 아닌 소취하 및 재소의 남용을 방지하기
위한 것이므로 재소가 전소와 권리보호이익을 달리하는 경우에는 재소가 가능하다.

나) 본안판결 이후 피고가 소유권침해를 중지하여 소를 취하하였는데
그 뒤 재침해하는 경우,[1] 피고가 전소취하의 전제조건인 약정사항을 이행하지 않
아 약정이 해제·실효되는 사정변경이 있는 경우, 소유권이전등기의 소를 제기하여
승소하였다가 토지거래허가 전이어서 취하하였는데 그 뒤 허가받았을 경우[2]에는
재소가 가능하다.

(나) **본안에 대한 종국판결 선고 후의 취하**

1) 재소금지의 대상은 본안에 대한 종국판결이어야 한다. 소송판결, 당연
무효 판결, 소각하 판결 후에는 재소가능하다.

2) 종국판결 선고 후의 소의 취하이어야 한다. 종국판결선고 전 취하를
간과하더라도 재소는 가능하다.

3) 항소심에서의 소의 교환적 변경 후 다시 본래의 청구로 재변경하면 구
소의 취하와 신소의 제기로 보기 때문에 재소금지에 해당될 수 있다. 판례는 교환
적 변경의 해석을 엄격하게 보고 있다.[3]

4) 판례에 의하면 중복소송의 경우 후소의 본안에 대한 판결이 있은 후
그 후소를 취하한 경우 후소의 취하로 인한 재소금지효가 전소에도 미치므로 전소
를 유지할 수 없어서 부적법하여 각하하여야 한다.[4] 이에 대하여 중복제소로 부적
법한 것은 후소이고 전소는 적법하며 판례에 의하면 전소에 대하여 부당한 소권박
탈이라는 견해와[5] 후소에 들인 법원의 노력을 무력화하고 법원을 농락한 것에 대
한 제재로서 전소에 대하여 재소금지가 적용되어야 한다는 견해가 있다.[6] 중복제
소에 대한 제재의 실효화를 위해서는 판례의 태도가 타당하다. 따라서 중복제소의

───────────────

1) 대판 81다64.
2) 대판 97다45341.
3) 대판 73다1499.
4) 대판 67다1042; 67다1848.
5) 호문혁, 744.
6) 김홍엽, 692.

경우 후소가 각하되기 전에 이미 본안판결이 있었던 전소를 취하한 경우에도 후소는 재소금지효를 받아 유지할 수 없다고 할 것이다.[1]

(3) 효 과

(가) 직권조사사항

재소금지의 여부는 직권조사사항으로서 법률상 제소금지사유이고 당사자가 항변하지 않더라도, 피고의 동의가 있어도 직권으로 조사하여 이에 해당되면 권리보호자격이 없어 소송요건 흠결로 부적법하여 소를 각하판결한다.

(나) 소권의 상실

재소금지에 해당되는 권리는 소권만 상실되는 소송법상의 효과임에 그치고 실체법상의 권리관계에는 영향이 없다. 따라서 자연채무로 존재한다. 따라서 재소금지된 권리라도 변제를 임의로 수령해도 부당이득이나 비채변제가 아니고 상계나 담보권실행이 가능하다. 재소금지의 효과를 받지 않는 피고는 채권 부존재 확인의 소를 구할 이익 있다.

(다) 재소금지의 배제

청구의 포기를 할 수 없는 가사소송, 소비자단체소송에 있어서는 재소금지의 원칙이 적용되지 않는다. 그러나 청구의 포기할 수 있는 가사소송사건 중 이혼으로 인한 손해배상청구 등 다류사건(가소 21)과 이혼·파양사건은 재소금지의 효과가 미친다.

사례해설

甲이 丙의 기망적 행위로 인하여 소를 취하한 경우 소송행위에 부합되는 의사가 존재하고 착오를 일으키게 한 정도에 불과한 경우 이를 이유로 소취하를 다시 취소할 수 없다.[2] 그러나 甲은 丙의 기망적 재침해행위로 인하여 甲의 전소와 동일한 소를 다시 제기할 권리보호이익이 있어서 재소금지에 해당되지 않는다.

판례에 의하면 피대위자 乙은 甲의 대위소송을 알고 있었으므로 乙이 동일한 소를 제기하면 甲이 제기한 소송과 동일한 소송으로 인정되나,[3] 丙의 기망적 재침해행위로 인하여 동일한 소를 제기할 권리보호이익이 있다.[4] 따라서 甲과 乙은 각기 丙을 상대로 소유권이전등기말소의 소를 대위하거나 직접 제기할 수 있다. 그러나 한 소송이 계속중에 제기하면 중복소송금지에 해당되어 각하될 수 있다.

---

1) 송우철, 주석 (IV), 388.
2) 대판 82다카963.
3) 대판 93다20177.
4) 대판 81다64.

Ⅴ. 소의 취하간주

다음은 소의 취하로 간주되는 경우이다.

(1) 당사자가 기일에 2회 또는 3회 불출석하면 쌍불·삼불취하된다(268, 286).

(2) 피고가 更正되면 종전 피고에 대한 소는 취하 간주한다(261 ④).

(3) 증권집단소송에서 소송절차중단 후 1년 이내에 소송수계신청이 없는 경우에도 소취하간주된다(증집소 24).

(4) 법원의 재난으로 기록멸실 후 6월 내에 소장을 제출하지 아니하면 소취하간주된다(법원재난 1~3).

(5) 소송사건이 조정성립 또는 조정에 갈음하는 결정이 확정된 때에도 소취하간주된다(조정규칙 4 ③).

Ⅵ. 소취하에 관한 다툼이 있는 경우

(1) 소취하의 유효·무효에 대하여 다툼이 있는 경우 당해 소송절차 내에서 해결하는 방식을 취하고 있기 때문에 별소로서 소취하의 무효확인청구는 할 수 없고 당해 소송에서 기일지정신청해야 한다(규칙 67 ①).

법원은 변론을 재개하여 소취하가 유효하면 소송종료선언을 하고, 소취하가 무효이면 필요한 절차를 진행하며 중간판결(201)이나 종국판결의 이유에서 판단한다(규칙 67 ③).

(2) 종국판결 선고 후에 상소기록을 상급심에 보내기 전에 소취하한 경우 취하의 무효를 다투며 기일지정신청을 한 경우 처리법원은 어디인가에 대하여 민소규칙은 상소이익이 있는 당사자 모두가 상소한 경우에는 상소법원(규칙 67 ④ 1호), 그 밖의 경우에는 원심판결법원이 그 당부를 심판한다(규칙 67 ④ 2호, ⑤).

≪사례≫ 甲회사는 乙회사를 상대로 부정경쟁방지 및 영업비밀보호법률 5조에 기하여 2010. 1. 1.부터 2013. 6. 30.까지의 부정경쟁행위로 인한 손해배상청구를 하였다. 이에 대하여 제1심법원은 甲의 청구를 기각하였다. 甲회사는 항소심에서 위 청구를 철회하고 상표법 제67조에 기한 손해배상을 청구하는 것으로 청구원인을 변경하였다. 그 후 甲회사는 다시 부정경쟁방지행위로 인하여 2010. 1. 1.부터 2014. 3. 3.까지의 부정경쟁행위로 인한 손해배상청구를 추가하였다. 이와 같은 甲의 추가청구가 재소금지의 원칙에 저촉되는지 설명하시오. [변리사 2013]

사례해설

논점은 본안에 대한 종국판결이 있은 뒤에 소를 취하한 자라도 정당한 사정이 있으면 다시 소를 제기할 수 있는지의 여부이다. 항소심에서 교환적 변경을 하였다가 그 후 재변경에 의하여 다시 본래의 구청구를 되살리면 원칙적으로 재소금지에 해당되어 부적법해진다(대판 87다카1405; 94다10153). 항소심에서 甲의 2010. 1. 1.부터 2013. 6. 30.까지의 부정경쟁행위로 인한 손해배상청구의 추가는 소송물이 동일하여 재소금지에 저촉되나, 2013. 7. 1.부터 2014. 3. 3.까지의 부정경쟁행위로 인한 손해배상청구의 추가는 제1심 변론종결 이후에도 계속하여 부정경쟁행위를 하고 있음을 전제로 그 제1심에서 청구하지 않았던 기간에 해당하는 손해배상청구를 한 것이므로 항소심에서 제1심에서 청구하지 않았던 기간에 해당하는 손해배상청구를 추가하는 것은 제1심에서 청구하였던 손해배상청구와 소송물이 동일하다고 보기 어렵고 다시 청구할 필요도 있어 甲의 그와 같은 청구의 추가는 재소금지의 원칙에 저촉되지 않는다(대판 2009다22037).

≪**사례**≫ 甲은 2009. 1. 1. 乙로부터 공작기계를 매수하였다. 甲과 乙은 위 매매계약 당시 乙이 기계를 계속 사용하되 甲이 요구하면 즉시 기계를 甲에게 인도하고, 乙은 2009. 1. 1.부터 공작기계를 현실적으로 甲에게 인도하는 날까지 월 1,000만원의 사용료를 甲에게 지급하기로 약정한 '계약서'를 작성하였다.

<제1심 소송절차> ① 甲은 2009. 7. 1. 乙을 상대로 기계의 인도와 2009. 6. 30.까지 이미 발생한 6개월간의 기계 사용료 합계 6,000만원의 지급을 청구하는 소를 제기하였다. ② 乙은 甲의 위 청구에 대해 기계 매도 사실을 부인하면서, 甲을 상대로 기계의 소유권 확인을 구하는 반소를 제기하였다. 제1심법원은, 甲이 乙로부터 기계를 매수하고 점유개정의 방법으로 그 소유권을 취득한 사실은 인정되나 사용료 지급 약정은 인정할 증거가 없다는 이유로, 甲의 기계 인도 청구는 인용하고 사용료 청구는 기각하는 한편, 乙의 반소 청구도 기각하였다. 乙은 제1심판결 선고 후인 2009. 10. 1. 甲에게 기계를 임의로 인도하였다.

<제2심 소송절차> 甲은 사용료 청구를 기각한 제1심판결에 대해 항소를 제기하였는데, 항소심에서 위 기계의 적정 임대료는 월 600만원이라는 감정 결과를 얻은 다음, 2009. 1. 1.부터 2009. 9. 30.까지 9개월간의 임대료 상당 부당이득금 합계인 5,400만원의 지급을 구하는 것으로 청구를 교환적으로 변경하였다. 그 뒤 甲은 위 '계약서'를 발견하고 이를 증거로 제출하면서 다시 (i) 주위적으로 2009. 1. 1.부터 2009. 9. 30.까지의 약정에 따른 사용료 9,000만원의 지급을 구하는 것으로, (ii) 예비적으로 2009. 1. 1.부터 2009. 9. 30.까지의 임대료 상당 부당이득 5,400만원의 지급을 구하는 것으로 청구를 변경하였다. [사법시험 2012]

[1문] 甲이 주장하는 사실이 전부 인정된다고 할 때, 항소심법원은 원고 甲의 청구에 대해 어떻게 판단하여야 하는가? (단, 소송물이론에 관하여는 대법원판례에 따라 논지를 전개할 것)

[2문] 위 소송이 확정된 후, ① 乙은 甲과 乙 사이의 위 기계 매매계약은 甲의 사기에 의해 체결된 것이므로 이를 취소한다고 주장하면서 甲을 상대로 '소유권'에 기하여 위 기계의 인도를 구하는 소를 제기하였고, ② 甲은 乙을 상대로 위 기계가 甲 소유임의 확인을 구하는 반소를 제기하였다. 乙의 본소와 甲의 반소가 각각 전소판결의 기판력에 저촉되는지의 여부를 설명하라.

사례해설

[1문] 항소심에서의 교환적 변경은 재소금지제한을 받고 주위적 청구가 인용될 때에는 예비석 청구부분에 대하여 심판 불요하나 주위적 청구가 배척(기각 또는 각하)될 때는 예비적

청구를 심판하므로, 사안의 주위적 청구 중 2009. 1. 1.부터 6. 30.까지의 사용료청구는 소각하판결하고, 2009. 7. 1.부터 9. 30.까지의 사용료 청구는 취하된 전소와 소송물 상이하므로 사실상 제1심으로 심판하여 청구인용판결하고, 예비적 청구 중 2009. 1. 1.부터 6. 30.까지의 부당이득청구는 청구기각판결한다(2009. 7. 1.부터 9. 30.까지의 부당이득반환청구에 대한 판단은 주위적 청구인용되므로 심판대상 아니다).

[2문] 사안에서 확정된 전소는 ① 甲의 기계인도의 인용판결, ② 甲의 사용료청구에 대한 소각하판결과 인용판결, ③ 乙의 소유권확인의 반소 기각판결이고, 후소는 乙의 소유권에 기한 기계인도의 소와 甲의 기계소유권 확인의 반소로서 전소의 기판력에 저촉되는지의 여부가 쟁점이다. ① 甲의 기계인도의 인용판결은 甲에게 기계인도청구원이 있다는 주문판단에, ② 甲의 사용료청구에 대한 소각하판결과 인용판결의 주문판단에, ③ 乙의 소유권확인의 반소 기각판결은 乙에게 기계의 소유권이 부존재한다는 주문판단에만 기판력 발생하며 이유 중 판단인 매매사실의 존부나 甲에게 소유권이 있다는 점 등에는 기판력이 발생하지 않는다. 따라서 ① 전소 甲의 기계인도청구와 후소 乙의 계인도청구는 소송물을 달리하나 서로 모순관계이고, ② 전소 사용료 청구에 대한 판결과 예비적 청구에 대한 청구기각판결의 기판력은 후소와 소송물이 상이하여 기판력 작용하지 않고, ③ 판결은 乙의 소유권에 기한 기계인도청구의 후소의 선결관계로 작용한다. 甲의 소유권확인의 반소는 전소 甲의 소유권에 기한 기계인도청구와 소송물이 다르고, 乙의 소유권부존재에 기판력이 발생한 전소 乙의 소유권확인 반소와 는 청구가 다르며, 모순관계도 아니다. 따라서 후소에서 乙의 소유권에 기한 기계인도청구는 전소의 확정판결의 기판력에 모순관계 및 선결관계로 저촉되어 청구기각하고, 甲의 소유권확인의 반소는 전소 확정판결의 기판력이 발생한 바가 없어서 기판력에 저촉되지 않아 본안판단을 한다. ▨

<선택형>

1. 甲이 A토지에 대하여 이를 점유하고 있는 乙을 상대로 甲이 A토지인도의 소를 제기하였고, 乙이 시효취득의 항변을 받아들인 법원은 원고의 청구기각판결을 하여 甲은 항소하였으나 甲은 건강을 잃게 되어 항소심에서 소를 취하하였다. 그 후 甲은 사망하였고 甲의 유일한 상속인으로 丙이 있다. 이에 관하여 다음 중 옳은 것은? (다툼시 판례에 의함)[1]

① 丙이 다시 乙을 상대로 그 A토지의 인도를 구하는 소를 제기할 경우 甲이 제기했던 소의 기판력에 저촉된다.
② 丙이 다시 乙을 상대로 그 A토지의 인도를 구하는 소를 제기할 경우 재소금지를 적용받지 않는다.
③ 丙이 다시 乙을 상대로 그 A토지의 인도를 구하는 소를 제기할 경우 중복소송의 금지를 적용받는다.
④ 위 사례에서 甲이 항소심 소송 중 A토지를 丁에게 매도한 후 甲이 소취하를 하였다면, 丁이 매수지분에 기하여 A토지의 인도를 구할 경우 재소금지의 원칙에 위배되지 아니한다.

2. 甲 소유의 토지 위에 丙이 무단으로 건물을 신축하여 점유하던 중 이 토지에 관하여 乙명의의 소유권이전등기가 경료된 경우의 법률관계에 관하여 다음 중 옳은 것은? (각 지문은 독립적이다)[2]　　　　[법무부 2011 변형]

---

1) ④. 대판 95다48599, 48605.
2) ⑤. 이 재소로 그 때까지의 법원의 노력이 무용화나 법원이 농락당한 것이라 할 수 없고, 그 지분 양수인에게

① 乙명의의 등기가 유효한 명의신탁에 기한 것이라면, 대내적 소유권을 가진 甲이 丙을 상대로 건물철거 및 대지인도를 청구할 수 있다.

② 乙이 丙을 상대로 제기한 건물철거 및 대지인도소송에서 丙이 사실심 변론종결후에 위 건물을 丁에게 인도하여 현실적으로 점유하고 있지 않다면 乙이 위 소송에서 승소하였더라도 집행할 수 없다.

③ 乙이 종중이고 乙의 대표자가 개인자격에서 총유재산의 보존행위로 丙을 상대로 건물철거 및 대지인도소송을 제기하였다면, 그 소는 기각되어야 한다.

④ 丙이 乙과 위 토지에 관하여 매수계약을 체결한 경우에, 丙 명의의 소유권이전등기가 경료되지 않았다면 乙은 丙을 상대로 건물철거 및 대지인도를 구할 수 있다.

⑤ 부동산 공유자들이 제기한 명도청구소송에서 제1심 종국판결 선고 후 항소심 계속중 소송당사자 상호간의 지분 양도·양수에 따라 부동산의 공유지분을 양도함으로써 그 권리를 상실한 공유자가 더 이상 소를 유지할 필요가 없다고 생각하고 소취하 후 양수인에 의하여 재소가 제기된 경우 이는 적법하다.

---

3. 소의 취하에 관한 설명에 대하여 옳지 않은 것들은?[1)   [법무부 2013]

① 소의 취하는 원고의 소 제기 후 판결이 확정되기까지 어느 때라도 할 수 있으나, 반드시 서면으로 하여야 한다.

② 가사소송, 행정소송과 같이 직권탐지주의의 적용을 받는 소송물에 대해서도 상대방의 동의만 있으면 취하할 수 있으나, 증권관련 집단소송에서는 법원의 허가를 얻어야 한다.

③ 고유필수적 공동소송에 있어서는 공동소송인 전원이 공동으로 취하하지 않으면 소취하의 효력이 없다.

④ 본안에 대한 종국판결이 선고된 후 소를 취하한 경우에도 처음부터 소송이 계속되지 않았던 것과 같은 상태로 소송이 종료된다.

⑤ 당사자가 소 취하의 무효를 주장하면서 기일지정신청을 한 경우에는 소의 취하가 유효하다고 판단되면 따로 변론을 열 필요 없이 종국판결로써 소송을 종료할 수 있다.

---

4. 소 취하에 대한 다음 설명 중 옳은 것은?[2)   [법전협 2013. 1차]

① 소취하는 서면으로만 하여야 한다.

소취하에 대한 책임이 없고, 자신의 권리를 보호하기 위하여 양도받은 공유지분에 기하여 다시 소를 제기할 필요도 있어 그 양수인의 추가된 점포명도청구는 양도인이 취하한 전소와는 권리보호의이익을 달리하여 재소금지의 원칙에 위배되지 아니한다(대판 95다48599). ① 대외적 소유권자는 수탁자 乙이므로 신탁자 甲이 직접 丙 상대로 신탁재산에 관한 침해배제를 구할 수 없고, 수탁자 乙을 대위하여 권리를 행사할 수 있을 뿐이다. ② 丁은 변론종결 후 승계인이므로 승계집행문을 부여받아 집행할 수 있다. ③ 당사자적격 흠결을 이유로 각하한다. ④ 丙은 乙에 대하여 매각되어 인도된 물건의 항변과 신의칙 위반을 주장할 수 있다.

1) ①⑤. ① 변론기일이나 변론준비기일에서는 말로 할 수 있다(266 ③). ⑤ 기일지정신청이 있는 때에는 법원은 변론을 열어 신청사유에 관하여 심리하여야 한다(규칙 67 ②). 법원이 심리한 결과 신청이 이유 없다고 인정하는 경우에는 판결로 소송의 종료를 선언하여야 하고, 신청이 이유 있다고 인정하는 경우에는 취하 당시의 소송 정도에 따라 필요한 절차를 계속하여 진행하고 중간판결 또는 종국판결에 그 판단을 표시하여야 한다(규칙 67 ③). ④ 제267조 1항.

2) ④. 규칙 제67조. ① 변론기일에서는 말로도 가능하다(266 ③). ② 본안에 대한 종국판결이 있은 뒤에 소취하하면 재소금지된다(267 ②). ③ 소취하는 법원에 대한 단독적 소송행위이다. ⑤ 인증받을 필요 없다(148 ②).

② 1심에서 소각하 판결이 선고된 이후 소가 취하되면 재소금지의 효과가 있다.

③ 소취하는 상대방에 대한 소송행위이다.

④ 민사소송규칙에 의하면 소취하가 무효인 경우에 기일지정신청을 할 수 있다.

⑤ 원고가 제출한 준비서면에 소취하의 의사표시가 적혀 있어도 공증사무소의 인증을 받지 아니하면 소취하의 효력이 발생하지 아니한다.

---

5. 소취하에 관한 설명 중 옳지 않은 것들은? (다툼시 판례에 의함)[1]　　　　　[법전협 2013. 2차]

① 상대방이 본안에 대하여 준비서면을 제출하거나 변론을 한 뒤에는 상대방의 동의를 받아야 소취하의 효력이 생긴다.

② 소는 종국판결이 선고될 때까지만 그 전부나 일부를 취하할 수 있다.

③ 원고들 소송대리인으로부터 원고 중 1인에 대한 소 취하를 지시받은 사무원이 착오로 원고들 소송대리인의 의사에 반하여 원고들 전원의 소를 취하하였다 하더라도 이를 무효라 볼 수는 없다.

④ 소취하의 서면이 송달된 날부터 1주 이내에 상대방이 이의를 제기하지 아니한 경우에는 소취하에 동의한 것으로 본다.

---

6. 다음 설명 중 옳은 것은? (다툼시 판례에 의함)[2]

① 소송 외에서 소송당사자가 소 취하 합의를 한 경우 바로 소 취하의 효력이 발생한다.

② 소송 진행 중에 원고가 청구금액을 감축하였으나 그 의사가 분명하지 않은 경우 법원은 이를 청구의 일부포기로 보아야 한다.

③ 소 취하의 특별수권이 있는 원고의 소송대리인인 변호사로부터 소송대리인 사임신고서 제출을 지시받은 사무원이 착오로 소 취하서를 법원에 제출한 후 원고가 소 취하의 효력을 다투면서 기일지정신청을 한 경우, 법원은 변론기일을 열어 소송종료선언을 하여야 한다.

④ 변론준비기일에서의 소 취하는 변론기일이 아니므로 말로 할 수 없다.

⑤ 본안에 대한 종국판결 후 소를 취하한 경우 다시 전소의 원고가 동일한 소를 제기하였다 하더라도 전소의 피고가 재소금지항변을 하지 않으면 법원이 직권으로 재소 여부를 조사하여 소를 각하할 수는 없다.

---

7. 소취하의 효과에 관한 다음 설명 중 옳지 않은 것은? (다툼시 판례에 의함)[3]　　　　　[법전협 2015. 1차]

① 본안에 대한 종국판결이 선고된 후 소를 취하한 원고가 다시 같은 소를 제기하는 것은 법원의 종국판결을 농락하는 결과가 되므로 금지된다.

---

1) ②④. ② 판결확정되기 전까지 가능하다(266 ①). ④ 2주 이내에 이의하지 않으면 동의간주된다(266 ⑥). ① 제266조 2항. ③ 대판 97다6124.

2) ③. 대판 97다6124. ① 판례는 사법행위설 중 항변권발생설 입장에서 피고의 항변이 있으면 소의 권리보호이익의 흠결로 각하되어야 한다(대판 81다1312). ② 판례는 소의 일부취하로 본다(대판2003다46758). ④ 변론준비기일에서도 말로 소취하할 수 있다(266 ③). ⑤ 재소금지 여부는 직권조사사항이다(대판 67다1848).

3) ⑤. 원고가 피고에 대한 소장부본 송달로써 원고와 피고 사이의 매매계약을 해제한다는 의사를 표시하였으나 그 소를 취하하였다면 해제권 행사의 효력에 아무런 영향을 미치지 않는다고 한다(대판 80다916). ② 대판 86다카2600. ③ 대판 2009다22037. ④ 대판 93다20177, 20184.

② 본안에 관한 종국판결이 선고된 후 교환적 청구변경을 한 다음 다시 본래의 구청구로 변경을 하는 것은 재소금지원칙에 의하여 부적법하다.
③ 본안에 대한 종국판결이 있은 후 소를 취하하였지만, 피고가 소취하의 전제조건인 약정사항을 지키지 아니하여 동 약정이 해제 또는 실효되는 사정변경이 발생한 경우에는 원고는 동일한 소를 다시 제기할 수 있다.
④ 채무자가 채권자대위소송이 제기된 사실을 알았을 경우, 대위소송의 본안에 관한 종국 판결 선고 후에 소가 취하되면 채무자는 동일한 소를 제기할 수 없다.
⑤ 원고가 피고에 대한 소장부본 송달로써 원고와 피고 사이의 매매계약을 해제한다는 의사를 표시하였으나 그 소를 취하하였다면 해제권 행사의 효력은 소급하여 소멸한다.

제2절 청구의 포기·인낙

I. 개 념

청구의 포기는 변론 또는 준비기일에서 원고가 자기의 소송상의 청구(소송물)가 이유 없음을 자인하는 법원에 대한 일방적 진술이고, 청구의 인낙은 피고가 원고의 소송상 청구가 이유 있음을 자인하는 법원에 대한 일방적 진술로서 변론조서나 변론준비기일조서에 기재하면 확정판결과 같은 효력이 발생한다(220).

청구의 포기·인낙은 처분권주의상 인정되는 점은 같으나 당사자 쌍방의 양면적 합의를 분쟁해결의 기준으로 하는 소송상화해와 다르고, 공격방어방법에 대한 불리한 진술인 자백과 다르고, 소송상 어떤 해결도 없이 일체의 소송행위를 소급적으로 소멸시키는 소취하와 구별된다. 가분적 청구의 일부포기·인낙허용 되나 조건부로 포기·인낙하는 것은 허용되지 않는다.

II. 법적 성질

청구의 포기·인낙의 법적 성질에 관하여 견해가 나뉜다.
(1) 사법행위설은 청구의 포기·인낙을 실체법상 권리의 포기 또는 의무의 승인이라는 입장이다.
(2) 양성설은 청구의 포기·인낙이 소송법적 효과를 목적으로 하나, 소송물인 권리관계를 실체법상 처분한 효과도 겸유한다는 입장이다.

(3) 소송행위설은 청구의 포기·인낙을 실체법상의 권리의무를 처분하는 행위가 아니고 소송상의 청구를 인정 또는 부정하는 관념의 표시라고 한다.

(4) 판례는 소송행위설이다.[1]

(5) 요컨대 법적 성질을 논의하는 실익은 청구의 포기·인낙의 의사표시에 하자가 있을 경우에 그 무효·취소를 주장할 수 있는가에 있다. 사법행위설과 양성설은 긍정하나 소송행위설은 원칙적으로 부정하며 준재심의 소에 의하여만 그 하자를 다툴수 있다고 주장한다. 준재심을 인정하고 있는 현행법의 태도상 소송행위설이 타당하다(461).

Ⅲ. 요 건

1. 당사자에 대한 요건

(1) 당사자는 당사자의 능력, 소송능력 등의 소송요건과 소송행위의 유효요건을 갖추어야 하고, 대리인은 특별수권이 필요하다. 국가소송수행자는 특별수권 없이 청구포기·인낙할 수 있다.[2]

(2) 필수적 공동소송에서는 공동소송인 전원이 일치해서 포기·인낙해야 한다(67 ①).

2. 소송물에 관한 요건

(1) 처분의 자유가 인정되는 소송물

(가) 처분주의의 발현으로 당사자가 자유로이 처분할 수 있는 소송물이어야 한다. 따라서 가사소송, 행정소송, 선거소송 등 직권탐지주의 절차에서는 허용되지 않는다. 다만 이혼·파양소송에는 협의이혼·파양이 인정되므로 그 범위 내에서 인낙이 허용된다고 할 수 있다.

(나) 회사관계소송에서 청구의 포기는 허용되나 제3자효가 있는 인낙은 허용되지 않는다.[3]

(다) 주주대표소송과 증관집단소송에서 청구의 포기는 법원의 허가를 요한다(상법 403 ⑥, 증집소 35).

(라) 소비자단체소송의 경우 청구기각의 확정판결은 대세효가 있으므로(소

---

1) 대판 4289민상439.
2) 대판 95다3077.
3) 대판 2004다28047.

비 75) 청구기각의 확정판결에 해당하는 청구의 포기는 허용되지 않는다.

(2) 청구가 반사회질서·강행법규에 위반되지 아니할 것

(가) 청구의 인낙은 소송물의 내용인 법률효과가 적법하고, 가능하고 사회적 타당성이 있는 경우에만 유효하다. 예컨대 금전채무불이행에 대한 책임으로 채무자의 근육1kg에 대한 인도청구하는 것은 허용될 수 없다.

(나) 청구취지는 적법하나 청구원인이 강행법규에 저촉되거나 사회적 타당성이 없는 경우, 청구의 인낙이 허용되는지(가령 도박채권에 기한 청구)에 관하여, 당사자가 인정하여도 국가가 그 권리의 행사 및 실현에 협력할 수 없으므로 청구기각 판결한다는 불허용설과 인낙효과는 원칙적으로 당사자간에만 미치므로 허용할 수 있다는 허용설이 있다. 판례는 인낙의 취지가 청구원인의 당부에 대한 법적 판단을 전면적으로 배제하는 데 있으므로 주장자체로는 이유 없는 청구일지라도 허용된다는 허용설을 취하고 있다.[1] 그러나 도박채권회수를 위해 인낙제도의 악용을 막기 위하여 불허해야 할 것이다.

3. 일반적 소송요건

청구포기·인낙은 본안판결과 동일한 효력이 있으므로 소익 등 소송요건을 구비하여야 한다. 소송요건에 흠결이 있는 경우 소 각하판결을 해야 한다(통설). 공익적 요소가 적은 임의관할위반, 중복소송, 소익의 흠결 등의 경우에는 청구의 포기·인낙이 가능하다는 견해가 있다.[2]

Ⅳ. 시기와 방식

1. 시 기

소송계속 후 판결 확정전이면 언제든지 가능하다. 사실에 대한 진술이 아니고 법적 효과에 관한 진술이므로 상고심에서도 가능하다.

2. 방 식

(1) 변론기일·변론준비기일에서 구술로 가능하다. 신법은 청구의 포기·인낙의 의사표시가 있는 답변서나 준비서면을 공증사무소의 인증을 받아 법원에 제출하여 진술간주되는 경우 서면에 의한 포기·인낙도 가능하다(148 ②).

---

1) 대판 68다2024: 소재지 관서의 증명이 없더라도 농지이선등기청구의 인낙조서가 무효 아니다.
2) 강현중, 613.

(2) 법원은 청구의 포기·인낙의 요건이 구비되어 있으면 당해 기일의 조서에 그 진술을 기재한다.

V. 효 과

1. 소송종료효

청구의 포기·인낙이 있는 범위 내에서 기존의 소송은 종료된다. 상소심에서 포기·인낙이 되면 상소의 대상이 된 하급심판결은 그 범위 내에서 실효된다.

2. 확정판결과 동일한 효력

청구포기·인낙의 진술이 있으면 그 기일조서에 그 진술이 있다는 취지만 기재하고 별도의 용지에 청구의 포기·인낙의 조서를 따로 작성한다. 이 조서가 성립되면 확정판결과 같은 효력이 발생한다(220). 포기조서는 기각판결에 인낙조서는 인용판결에 해당하는 효력이 발생하여 **기판력**이 발생하고 인낙조서는 그 내용에 따라 **집행력·형성력**이 발생한다.

3. 하자를 다투는 방법

(1) 조서작성 전에는 자백 철회에 준하여 상대방의 동의나 반진실·착오로 인한 경우 철회할 수 있다(다수설).

(2) 조서작성 후에는 기판력이 인정되기 때문에 의사의 하자 등의 이유로 무효·취소는 원칙적으로 인정되지 않고 재심사유가 있는 경우만 준재심을 제기할 수 있다(461).

4. 청구의 인낙과 해제

피고가 인낙의 내용에 따른 이행을 하지 않거나 이행불능이 된 경우에 소송행위설에 따르면 인낙은 관념의 표시이므로 인낙 자체를 해제하거나 무효로 할 수 없다.

<선택형>

1. 청구의 포기·인낙에 관한 설명으로 옳지 않은 것은? (다툼시 판례에 의함)[1]   [법전협 2013. 1차]

---

1) ②. 소유권자임을 인정하는 진술은 선결적 법률관계에 대한 권리자백일 뿐 청구인낙이 아니다.

① 청구의 포기는 변론 또는 변론준비기일에서 원고가 자기의 소송상의 청구가 이유 없음을 자인하는 법원에 대한 일방적 의사표시이다.

② 甲이 乙을 상대로 한 소유권에 기한 건물인도청구의 소에서 乙이 그 건물 소유권자가 甲이라고 인정하는 진술을 하면 인낙이 된다.

③ 당사자가 변론기일에 출석하지 아니하더라도 제148조 1항(한쪽 당사자가 출석하지 아니한 경우)의 규정에 따라 당사자가 진술한 것으로 보는 답변서, 그 밖의 준비서면에 청구의 포기 또는 인낙의 의사표시가 적혀 있고 공증사무소의 인증을 받은 때에는 그 취지에 따라 청구의 포기 또는 인낙이 성립된 것으로 본다.

④ 甲이 乙을 상대로 한 인지청구의 소에서 乙이 甲의 청구가 이유 있음을 자인하는 인낙은 허용되지 않는다.

⑤ 포기조서나 인낙조서는 확정판결과 같은 효력이 있으므로 조서확정 후에 다투려면 재심의 소를 제기하여야 한다.

---

2. 청구의 포기·인낙에 관한 다음 설명 중 옳은 것은?[1]　　　　　　　　　　　[법전협 2014. 2차]

① 준비서면에 청구의 포기 또는 인낙의 의사표시가 적혀 있고 공증사무소의 인증이 있더라도 청구의 포기 또는 인낙이 성립된 것으로 볼 수는 없다.

② 소송대리인은 위임을 받은 사건에 대하여 일체의 소송행위를 할 수 있으므로 청구의 포기 또는 인낙에 대하여도 특별한 권한을 따로 받을 필요는 없다.

③ 변론조서에 적을 사항은 대법원규칙이 정하는 바에 따라 생략할 수 있으며 청구의 포기 또는 인낙에 대하여도 마찬가지로 적용된다.

④ 청구의 인낙을 변론조서·변론준비기일조서에 적은 때에는 그 조서는 확정판결과 같은 효력을 가지므로 강제집행은 인낙조서에 기초하여서 실시할 수 있다.

⑤ 민사소송법에 따르면 예비적·선택적 공동소송에서는 공동소송인 각자가 개별적으로 청구의 포기·인낙은 할 수 없다.

제3절 재판상 화해

화해에는 기일 외에서 당사자의 합의에 의한 *私法상* 화해(민법 731 이하)와 재판상 화해가 있고, 재판상 화해에는 소송계속중 변론 또는 준비기일에서 하는 소송상 화해와 소송계속 전 화해기일에 하는 제소 전 화해가 있다.

---

1) ④. 제220조. ① 제148조 2항. ② 대리인의 청구의 포기 또는 인낙은 특별수권사항이다(90 ② 2호). ③ 청구의 포기·인낙조서를 생략할 수 없다(155 ②). ⑤ 예비적·선택석 공동소송에서 청구외 포기·인낙, 화해 및 소취하의 경우 필수적 공동소송에 관한 규정이 적용되지 아니하여 각 공동소송인은 단독으로 할 수 있다(70 ① 단서).

제1관 소송상 화해

≪사례≫ 정치에 뜻을 둔 甲은 2005. 6. 15. 소유자인 乙로부터 평택 소재 이 사건 임야를 매입하였는데 등기명의만은 丙명의로 이전등기가 경료되었다. 그 후 甲은 이 사건 임야의 명의를 자신 것으로 회복하고자 하였으나 丙은 이 사건 임야는 자신의 것이라고 하면서 甲의 요구를 거절하여 甲이 전 소유자 乙을 대위하여 丙을 상대로 소유권이전등기말소청구소송을 제기하였다. 소송진행중 원고 甲과 피고 丙은 다음 내용의 화해를 하였다.

① 피고 丙은 甲 또는 乙로부터 천만원을 지급받으면 이 사건 임야에 대한 등기명의를 말소한다.

② 피고 丙이 추후에 소유권을 주장하는 경우에는 이 사건 화해는 효력을 상실하며, 피고 丙은 甲에게 2천만원을 지급한다.

③ 원고의 나머지 청구는 포기한다.

④ 소송비용은 각자 부담으로 한다.

위 화해조항 ①항과 ②항은 각각 적법·유효한가?

I. 서 설

소송상 화해는 소송계속중 당사자 쌍방이 소송물인 권리관계익 주장을 서로 양보하기로 하여 소송을 종료시키기로 하는 기일에 있어서의 합의이다. 소송상 화해는 분쟁을 자주적으로 해결하여 당사자간의 감정대립해소와 이행확보가 용이하고 법원의 부담경감할 수 있지만 강자요구를 강요하는 수단이 되고 국민의 권리의식을 저해할 수도 있다.

Ⅱ. 법적성질

소송상 화해의 법적 성질에 관하여 사법행위설, 소송행위설, 양행위병존설, 양행위경합설(양성설)이 대립하고 있다. 학설의 논의는 당사자능력, 대리권, 의사표시의 하자에 관한 민법의 규정이 적용되는가의 문제이다. 소송행위설은 부정하나 나머지 견해들은 긍정한다.

(1) **私法행위설**은 소송상 화해를 민법상의 화해계약과 동일시한다. 소송종료라는 소송법적 효과를 설명하기 곤란하다는 비판을 받는다.

(2) **소송행위설**은 소송상 화해는 소송행위로서 소송법원칙에 의해 규율된다고 한다. 그 속에는 실체법적 분쟁해결의 의사도 결합되어 있고 사회질서에 반하는 화해도 준재심 외에는 다툴 수 없게 함은 불합리하다는 비판이 있다.

(3) 절 충 설

(가) **양행위병존설**은 민법상 화해와 소송종료 목적의 합의라는 2개의 행위가 병존하며 각각 독립적으로 소송법과 실체법의 원칙이 지배한다고 한다. 따라서 사법행위는 무효라도 소송행위는 유효할 수 있다.

(나) **양행위 경합설**(양성설)은 소송상 화해는 당사자 사이에서는 사법상의 화해인 성질을 갖고, 법원과의 관계에서는 소송행위의 성질을 동시에 가지는 하나의 행위라는 입장이다. 그 실체법과 소송법적 요건를 모두 갖추어야 그 효과도 동일하게 된다. 다수설이다.

(4) 판 례

판례는 화해의 내용이 민법 제108조나 제607조·제608조에 반함을 이유로 무효라고 할 수는 없다고 판시하여 소송행위설의 입장을 보이나, 실효조건부 화해를 인정하므로[1] 다소 일관되지 못한 면이 있다.

(5) 검토컨대 사법행위설은 소송종료효를 설명할 수 없고, 소송행위설은 화해에 조건을 붙일 수 없어서 유연한 해결에 장애가 있고, 강행법규위반이나 반사회질서의 사유가 있어도 화해효력에는 영향이 없으며 무제한기판력설과 이어지면 탈법적 수단으로 악용될 수 있고, 양행위병존설은 사법행위는 무효임에도 소송행위는 유효로 될 수 있게 되어 법적 안정성을 해칠 수 있고, 소송종료와 실체법상 문제해결을 결합하여 끝내려는 당사자의 의사에 반하며 사실상 하나의 행위를 2개로 의제하는 것은 너무 기교적이라 할 수 있다. 따라서 기본적으로는 양행위경합설(양성설)이 타당하다.

Ⅲ. 요 건

1. 당사자에 관한 요건

(1) 당사자는 당사자능력, 소송능력이, 대리인은 특별수권있어야 한다. 당사자 이외에 제3자도 화해절차참가신청를 하여 화해의 당사자가 되어 화해할 수 있다. 그러나 제3자가 화해당사자가 아닌 단지 수익자로서 화해내용에 포함될 수도 있는데 이 경우 제3자와의 관계에서는 제소 전 화해의 성질을 갖는다.[2]

(2) 독립당사자참가에 의한 소송에서 일부 당사자만의 화해는 합일확정취

---

1) 대판 88다카2332.
2) 대판 78다2278.

지에 반하므로 허용되지 않는다.[1]

2. 소송물에 관한 요건

(1) 처분할 수 있는 권리관계의 상호양보

처분할 수 있는 소송물에 대한 상호양보가 있어야 한다. 행정소송, 가사소송 등 직권탐지주의 소송절차에서는 원칙적으로 허용되지 않는다. 단 협의이혼·파양은 인정된다. 성질상 당사자가 임의로 처분할 수 없는 사항을 대상으로 한 재판상 화해는 허용될 수 없고, 설령 그에 관하여 재판상 화해가 성립하였더라도 당연무효이다.[2]

(2) 화해내용의 적법성

(가) 화해내용이 소송물인 권리의무 자체가 선량한 풍속 기타 사회질서에 위배되지 않는 등 현행법상 인정되는 것이어야 한다. 그러나 화해조항의 내용 자체가 아닌 청구원인에 반사회적 행위나 통정허위표시, 부동산실명법 위반의 명의신탁 등으로 무효사유가 있거나 중복제소금지에 해당되더라도 그 화해는 무효는 아니라고 할 것이다.

(나) 소송행위설의 입장에 있는 대법원 **판례**는 화해의 내용이 강행법규에 반하거나 화해에 이른 동기가 반윤리적·반사회적 요소가 내재되어 있다 하여도 준재심에 의하여 취소되지 않는 한 그 무효를 주장할 수 없다고 한다.[3]

(다) 조건부화해로서 화해내용을 이루는 이행의무의 효력발생에 조건을 붙이는 것은 무방하다. 그러나 화해성립이나 그 효력발생에 조건을 붙일 수 있는가에 관하여는 사법행위설과 양성설은 긍정하나, 소송행위설은 이론적으로는 부정한다. 다만 판례는 기본적으로는 소송행위설을 취하면서도 제3자의 이의가 있으면 화해의 효력을 실효시키는 실효조건부화해를 인정하고 있다. 재판상 화해가 실효조건의 성취로 실효되거나 준재심에 의하여 취소된 경우에는 화해가 없었던 상태로 돌아가므로 화해성립 전의 법률관계를 다시 주장할 수 있고,[4] 구소송은 다시 부활하게 된다.[5]

(3) 소송요건

청구에 관하여 소송요건에 흠이 있어도 제소 전 화해가 인정되기 때문에 흠

---

1) 대판 2004다25801.
2) 대판 2010다97846
3) 대판 98다38760.
4) 대판 94다35343.
5) 김홍엽, 714.

이 있는 경우에도 소송상 화해가 허용된다. 이점은 청구포기·인낙의 경우와 다르다.

3. 절 차

(1) 시기: 상고심 등 소송계속중 어느 때나 화해가 가능하다.

(2) 방식: 당사자 쌍방이 기일에 출석하여 말로 하는 것이 원칙이다. 청구의 포기·인낙에서와 같이 서면화해제도가 인정된다(148 ③).

Ⅳ. 효 과

1. 효력발생요건으로서 조서작성

일단 유효한 화해의 진술이 있으면 조서가 작성되기 전이라도 화해는 이미 성립한 것이므로 당사자는 일방이 이를 임의로 철회할 수 없다. 조서에 기재하기 전에는 양 당사자가 일치하여야 철회할 수 있다. 조서가 작성되면 화해로서 효력 이 발생하고 준재심에 의하지 않는 한 철회할 수 없다.

2. 확정판결과 동일한 효력

(1) 소송의 종료효

소송상 화해의 진술을 조서에 기재한 때에는 그 조서는 확정판결과 동일한 효력이 있고(220) 창설적 효력을 가지는 것이어서 화해가 이루어지면 종전의 법률 관계를 바탕으로 한 권리·의무관계는 소멸하고,[1] 화해의 범위 내에서 소송은 종료 한다(154. 1호). 상급심에서 화해가 된 때에는 그 범위 내에서 하급심의 미확정판결 은 실효된다. 소송비용은 각자 지출한 비용을 부담한다(106).

(2) 기판력 인정 여부

화해조서에 기판력을 인정할 것인가에 논의가 있다.

(가) **기판력부정설**은 조서에 주문과 이유의 구분이 없어 판결의 기판력보다 화해조서의 효력이 넓어질 것을 우려하고 재심·준재심은 형식적 확정력을 배제하기 위한 것이고 제461조가 기판력을 인정하는 규정이라고 단정할 수 없다고 한다.[2]

(나) **제한적기판력설**은 화해에 실체법상 아무 하자가 없는 경우에만 제한적 으로 제220조에 의해 기판력을 인정한다. 실체법상의 하자로 사법상의 화해 무효· 취소되면 이와 결합된 소송행위도 무효가 되어 기판력이 생기지 않고 기일지정신

---

1) 대판 2012다98225.
2) 정동윤·유병현, 647.

청이나 화해무효확인청구로 다툴 수 있다(다수설).

　　(다) **무제한 기판력설**(기판력긍정설)은 확정판결과 동일한 효력이 있으므로 전면적으로 기판력을 인정하며 화해성립과정에 실체법상 하자가 있더라도 준재심에 의해 구제받지 않는 이상 화해의 효력을 다툴 수 없다고 한다. **판례**의 주류이다.[1]

　　(라) **검　토**

　　제220조, 제451조 명문규정상 기판력을 인정하는 것이 타당하며 무제한기판력설은 화해의 실체법적 하자에 대한 구제가 실질적으로 봉쇄되므로 제한적기판력설이 타당하다고 본다. 양성설을 취하면서도 현행법 해석상 무제한기판력설을 취하거나,[2] 기판력부정설을 취하기도 하므로[3] 소송상 화해의 성질론에 따라 기판력인정 여부와 일치하는 것은 아니다.

　　(3) 창설적 효력이 미치는 범위

　　재판상 화해 등의 창설적 효력이 미치는 범위는 당사자가 서로 양보를 하여 확정하기로 합의한 사항에 한하며, 당사자가 다툰 사실이 없었던 사항은 물론 화해의 전제로서 서로 양해하고 있는 데 시나지 않은 사항에 관하여는 그러한 효력이 생기지 아니한다.[4]

　　(4) 집행력 및 형성력

　　화해조서는 확정판결과 같은 효력이 있으므로 그 내용에 따라 집행력과 형성력이 인정된다.

V. 소송상 화해의 효력을 다투는 방법

　　1. 명백한 기재의 오류

　　화해조서에 명백한 오류가 있는 때에는 판결에 준하여 경정이 허용된다(211).

　　2. 화해의 무효, 취소원인이 있는 경우

　　(1) 어떠한 사유가 화해의 무효·취소의 원인이 되느냐는 것도 소송상 화해의 성질 및 효력에 관한 견해와 밀접하게 관련되어 있다.

---

1) 대판 2000다58668.
2) 호문혁, 748.
3) 정동윤·유병현, 647.
4) 대판 2012다98225.

사망자를 당사자로 한 화해, 화해조서의 기재사항의 불특정인 경우,[1] 화해자체가 없는데도 작성된 화해조서[2] 등은 **당연무효**임에 다툼이 없다. 이 경우 당사자가 기일지정신청을 하면 법원은 기일을 지정하여 심리한 후 무효사유가 존재하지 아니하면 판결로써 소송종료선언을 하여야 한다.

(2) 그 밖의 화해무효·취소사유의 인정 여부에 관하여는 다툼이 있다.

(가) **판례와 무제한 기판력설**에 의하면 화해에 하자가 있어도 확정판결과 같은 효력이 있어 기판력이 생기는 것이므로 그 내용이 강행법규에 위반되더라도 재심사유에 해당하여서 준재심의 소로 취소되지 않는 한 그 화해가 무효라는 주장을 할 수 없다.

(나) **제한적기판력설**에서는 실체법상 하자가 없는 경우에 준재심(461)으로 다툴 수 있고, 실체법상의 무효·취소원인이 있으면 기일지정신청이나 화해무효확인청구를 할 수 있다.[3]

(다) **기판력 부정설**에서는 화해의 실체법·소송법적 요건에 흠이 있으면 무효원인이 되고, 사기·강박·착오 등이 있으면 취소원인이 되어 당사자는 기일지정신청을 하거나 화해무효확인청구의 소 또는 청구이의의 소(신소제기설)를 선택적으로 제기할 수 있다(경합설).[4]

사례해설

①항은 소송당사자가 아닌 乙이 화해조항에 포함되어 있으나 乙이 반대하지 아니한 적법하며, 또한 화해청구원인에 부동산실명법상 명의신탁약정은 무효이고 이를 회복하려고 甲의 요구가 있을시 수탁자명의의 등기를 말소하기로 하는 것은 위 강행법규를 잠탈하는 실체법적 하자가 있다고 하더라도, 소송행위설을 취하는 판례에 의하면 이미 화해가 이루어진 경우 확정판결과 같은 효력이 있으므로 이를 준재심의 소로 다투는 것은 별론으로 하고, 화해조항 자체는 적법하며, 조건부 소송상 화해의 인정 여부에 관하여는 화해내용의 이행의무의 발생에 조건을 붙이는 것으로 유효하며 허용된다. ②항은 소송상 화해 자체의 성립이나 그 효력 발생에 조건을 붙이는 조건부 소송상 화해로서 허용 여부에 관하여는 소송상 화해의 법적 성질에 대한 견해에 따라 다르다. 사법행위설과 절충설은 허용된다고 보나 소송행위설은 소송행위의 안정성과 확정성을 이유로 허용되지 않는다고 본다. 판례는 소송행위설적이나 제3자이의가 있으면 효력을 상실시키는 실효조건부 화해는 허용하고 있다.[5] 따라서 판례에 의하면 ①항과 ②항은 적법·유효하다.

---

1) 대판 97다57658.
2) 대판 99다67703.
3) 이시윤, 585.
4) 정동윤·유병현, 649.
5) 대판 94다35343.

3. 화해의 해제

≪사례≫ 甲은 乙에게 1억원을 대여하였으나 乙이 이를 변제하지 아니하여 대여금청구의 소를 제기하였다. 소송 중 乙은 3천만원을 깎아 주면 곧 돈을 마련하여 변제하겠다고 하여 甲은 7천만원을 지급받는 것으로 乙과 소송상 화해를 하였다. 그러나 그 이후 乙은 위 7천만원도 변제하지 않고 있다. 이에 甲은 위 화해를 해제하고 소송을 해서라도 1억원을 다 받고 싶다. 이것이 가능한가. 가능하다면 어떤 절차가 필요한가.

(1) 화해조서상의 의무불이행을 이유로 화해를 해제할 수 있느냐가 문제된다. 재판상 화해의 법적성질과 기판력인정 여부에 따라 화해를 해제할 수 있는지가 달라진다.

(가) 먼저 재판상 화해의 성질에 따라 사법행위설과 양성설에 의하면 소송상화해는 실체법적 요소가 있으므로 채무불이행에 의한 해제가 가능하다고 보게 되고, 소송행위설에 의하면 소송상화해는 私法상의 화해계약이 아니므로 해제가 허용되지 않는다. **판례**도 소송상 화해를 私法상의 화해계약이 아님을 들어 그 화해의 해제를 주장할 수 없다고 한다.[1]

(나) 또한 화해의무불이행에 의한 화해해제는 재판상화해에 기판력발생 여부에 따라서도 인정 여부와 구제방법이 달라진다.

1) 무제한기판력설과 대법원 **판례**는 재심사유가 있어서 준재심의 소를 제기하거나 당연무효와 같은 사유가 없는 한 화해해제를 인정하지 않게 된다.[2]

2) 기판력부정설과 제한적기판력설에서는 재판상 화해를 해제할 수 있고 그 주장하는 방법으로 소취하의 하자에 대한 다툼에서 기일지정신청(민소규칙 67)을 할 수 있는 것과 달리 특별한 규정이 없어서 변론기일지정신청설, 별소제기설(화해무효확인의 소 등), 선택설 등으로 나뉜다.

(2) 판례에 의하면 재판상 화해가 실효조건의 성취로 실효되거나 준재심에 의하여 취소된 경우에는 화해가 없었던 상태로 돌아가므로 화해성립 전의 법률관계를 다시 주장할 수 있다.[3] 이 경우 당사자는 기일지정신청을 할 수 있고,[4] 제1화해가 성립된 후에 그와 모순되는 제2화해가 성립된 경우 제1화해는 유효하며[5]

---

1) 대판 4294민상914.
2) 대판 90그3.
3) 대판 94다35343.
4) 정동윤·유병현, 650.
5) 대판 94다59028.

제2화해가 준재심사유가 될 것이다(461, 451 ① 10호).

▨ **사례해설**

판례에 의하면 위 사례의 사유만으로는 화해를 해제할 수 없다(소송행위설·무제한기판력설). 재심사유가 있어서 준재심의 소를 제기하거나 당연무효와 같은 사유가 있어야 화해해제를 할 수 있다. 한편 화해해제를 인정한다면 변론기일지정신청을 할 수 있고, 별소로 화해무효확인청구의 소 또는 청구이의의 소를 선택적으로 할 수 있다(경합설).▨

VI. 화해권고결정

1. 의 의

법원·수명법관 또는 수탁판사는 소송에 계속중인 사건에 대하여 직권으로 당사자의 이익, 그 밖의 모든 사정을 참작하여 청구의 취지에 어긋나지 아니하는 범위 안에서 사건의 공평한 해결을 위한 화해권고결정(和解勸告決定)을 할 수 있다(225).

2. 당사자의 이의신청

당사자는 화해권고결정에 대하여 그 조서 또는 결정서의 정본을 송달받은 날부터 2주 이내에 이의를 신청할 수 있다. 다만, 그 정본이 송달되기 전에도 이의를 신청할 수 있다. 이의기간은 불변기간으로 한다.

3. 화해권고결정의 효력

당사자가 화해권고결정의 내용이 적힌 조서 또는 화해권고결정서의 정본을 송달받고 2주 이내에 이의신청이 없는 때, 이의신청에 대한 각하결정이 확정된 때, 당사자가 이의신청을 취하하거나 이의신청권을 포기한 때 등에는 화해권고결정은 재판상화해와 같은 효력을 가진다(225~232).

제2관 제소전의 화해

1. 의의와 문제점

소제기 전에 지방법원 단독판사 앞에서 화해신청을 하여 민사분쟁을 해결하는 절차이다. 실무상 주로 임대건물명도의 집행권원을 만들기 위하여 이용되고 있고 법원은 단지 공증적 역할을 함에 그치고 있다. 반사회적인 채무에 대한 집행권원을 얻으려는 목적으로 남용되는 면이 있으므로 사회적 타당성이 있는 내용인지를 확인할 수 있도록 입법론적으로 검토가 필요하다.

2. 화해대상

당사자가 임의로 처분할 수 있는 권리관계이고 현실의 분쟁이 있을 때에 신청할 수 있다(현실분쟁설).

3. 절 차

(1) 상대방의 소재지관할의 지방법원에 하여야 한다. 지법단독판사의 직분관할에 속한다. 시·군법원관할구역 내의 사건은 시·군 판사의 배타적 사물관할에 속한다.

(2) 쌍방대리금지원칙상 자기 대리인의 선임권을 상대방에 위임하는 것을 금지시키고 있다. 이에 위반된 경우 대리권의 흠이 있는 것으로 준재심의 소의 대상이 된다.

(3) 화해신청의 요건 및 방식에 흠이 있는 경우 결정으로 이를 각하한다. 이에 대해 신청인은 항고가 가능하고 화해신청이 적법하면 법원은 신청인 및 상대방을 출석요구하여 심리한다.

4. 제소 전 화해조서의 효력

제소 전 화해조서는 확정판결과 같은 효력을 가지며 집행력·형성력이 있고, 논란은 있으나 판례에 의하면 기판력도 발생한다.[1] 화해성립된 된 대상은 종전의 권리·의무관계는 소멸되고(창설적 효력), 화해조서가 취소되는 경우 소송상화해와 달리 부활할 소송이 없으므로 화해 불성립으로 귀착된다.

제3관 화해간주

가사조정조서, 민사조정조서, 언론중재위원회의 중재 등은 재판상 화해 자체는 아니나, 그 효력에 관하여 재판상 화해의 효력과 동일한 것으로 간주한다.

---

1) 대판 90다카4953.

<선택형>

1. **재판상 화해에 관한 다음 설명 중 옳지 않은 것은?** (다툼시 판례에 의함)[1]

   ① 화해권고결정은 결정에 대한 이의신청 기간 이내에 이의신청이 없는 때 재판상 화해와 같은 효력을 가지므로 확정된 화해권고결정은 당사자 사이에 기판력을 가진다. ② 재판상 화해는 확정판결과 동일한 효력이 있고 창설적 효력을 가지는 것이어서 화해가 이루어지면 종전의 법률관계를 바탕으로 한 권리의무관계는 소멸한다.

   ③ 성질상 당사자가 임의로 처분할 수 없는 사항을 대상으로 한 재판상 화해는 허용될 수 없고, 설령 그에 관해 재판상 화해가 성립했더라도 효력이 없어 당연무효이다.

   ④ 재판상 화해에 있어서 법원에 계속중인 다른 소송을 취하하기로 하는 내용의 화해조서가 작성되었다면 그 다른 소송은 권리보호이익이 없게 되어 각하되어야 한다.

   ⑤ 독립당사자참가소송에서 원·피고 사이에만 재판상 화해를 하는 것은 허용된다.

2. **임대인 甲은 임차인 乙에게 건물의 일부를 임대하면서 제소전 화해 조서를 받아 두었다. 다음 중 위 화해조서와 성격이 다른 것 하나는?**[2] [법무부 2010 모의]

   ① 수소법원에서 이루어진 조정조서
   ② 준비절차에서 이루어진 화해권고결정
   ③ 소액사건심판법상의 이행권고결정
   ④ 민사조정법상의 조정에 갈음하는 결정
   ⑤ 청구의 포기조서

3. **甲은 乙을 상대로 5,000만원 대여금반환청구의 소를 제기하였다. 다음 설명 중 옳지 않은 것은?** (다툼시 판례에 의함)[3] [법전협 2012. 2차]

   ① 甲의 청구를 전부 인용하는 판결이 선고되고 그 판결정본이 甲에게 송달된 경우에는 소를 취하할 수 없다.

   ② 乙이 본안에 관한 사항을 적은 준비서면을 제출한 경우에는 乙의 동의가 있어야 소를 취하할 수 있다.

   ③ 乙이 甲에게 3,000만원을 지급하기로 하는 내용의 소송상 화해를 하였는데도 乙이 채무를 이행하지 아니하면 甲은 그 화해조서로 강제집행을 신청할 수 있다.

   ④ 乙이 甲에게 3,000만원을 지급하기로 하되 제3자 丙의 이의가 있으면 화해는 실효되는 것

---

1) ⑤. 원·피고 사이에만 재판상 화해를 하는 것은 3자 간의 합일확정의 목적에 반하기 때문에 허용되지 않는다. 독립당사자참가인이 화해권고결정에 대하여 이의한 경우, 이의의 효력이 원·피고 사이에도 미친다(대판 2004다25901, 25918). ① 제225조, 제231조. ② 대판 2012다98225. ③ 대판 2010다97846. ④ 대판 2005다14861.

2) ③. 소액사건심판법 규정들의 취지는 확정된 이행권고결정에 확정판결이 가지는 효력 중 기판력을 제외한 나머지 효력인 집행력 및 법률요건적 효력 등의 부수적 효력을 인정하는 것이고, 기판력까지 인정하는 것은 아니다(대판 2006다34190).

3) ①. 소는 판결이 확정될 때까지 그 전부나 일부를 취하할 수 있다(266 ①). ② 제266조 2항. ③ 제220조. ④ 판례는 재판상의 화해의 내용은 당사자의 합의에 따라 자유로 정할 수 있는 것이므로 화해조항 자체로서 특정한 제3자의 이의가 있을 때에는 화해의 효력을 실효시키기로 하는 내용의 재판상의 화해가 성립되었다면 그 조건의 성취로써 화해의 효력은 당연히 소멸된다고 하여 실효조건부 화해를 인정하고 있다(대판 88다카2332).

으로 하는 소송상 화해도 가능하다.

⑤ 甲이 청구를 전부 포기한 뒤에 다시 동일한 5,000만원 대여금반환청구의 소를 제기하면 법원은 청구를 기각한다.

4. 丙이 A아파트 분양권을 甲에게 양도하여 甲이 실질적인 소유자로서 권리를 행사하고 있었다. 그런데 이를 잘 알고 있는 乙이 丙의 배임행위에 적극 가담하여 재판상 화해를 통하여 그 아파트에 관한 대물변제예약을 하고 이에 기하여 소유권이전등기를 하였다. 이에 甲이 A아파트의 진정한 소유자임을 주장하면서 직접 乙을 상대로 진정한 등기명의의 회복을 원인으로 한 소유권이전등기청구의 소를 제기하였다. 다음 설명 중 옳지 않은 것은? (다툼시 판례에 의함)[1]   [법전협 2013. 1차]

① 乙은 甲이 A아파트에 관하여 소유자로서 권리를 행사하던 사실을 알았음에도 丙의 배임행위에 적극 가담하여 위와 같은 대물변제의 예약을 한 것이므로 위 대물변제예약은 사회질서에 위반되는 법률행위로서 무효이다.

② 위와 같이 무효인 법률행위에 기하여 A아파트에 관하여 경료된 乙명의의 소유권이전등기 또한 무효이다.

③ 재판상 화해의 내용이 강행법규나 사회질서에 위반된다면 재판상 화해는 무효이기 때문에 이 사건 재판상 화해도 그 내용이 사회질서에 위반된 것이어서 무효이다.

④ 재판상 화해조서는 확정판결과 같은 효력이 있어 기판력을 갖는다.

⑤ 기판력은 재판상화해의 당사자가 아닌 제3자에 대하여까지 미친다고 할 수 없으므로 이 사건 소와 같이 甲이 이 사건 아파트의 진정한 소유자임을 주장하면서 직접 乙을 상대로 진정한 능기명의의 회복을 원인으로 한 소유권이전등기 절차의 이행을 구하는 경우에까지 위 화해조서의 기판력이 미친다고 볼 수는 없다.

제3장 소송종료선언

I. 소송종료사유

소송이 종료되는 사유로는 법원의 종국판결, 당사자의 행위인 소의 취하, 재판상 화해, 조정, 청구의 포기·인낙, 대립구조의 소멸(상속, 합병 등 당사자의 지위 혼동

---

1) ③. 판례와 같은 무제한 기판력설에 의하면 화해에 단순한 하자가 있어도 확정판결과 같은 효력이 있어 기판력이 생기는 것이므로 그 내용이 강행법규에 위반된다 할지라도 재심사유에 해당한 경우 준재심의 소로 다투어 취소되지 않는 한 당사자 사이에서는 그 화해가 무효라는 주장을 할 수 없다. ①②⑤ 재판상화해조서의 기판력은 재판상화해의 당사자가 아닌 제3자에 대하여까지 미친다고 할 수 없다(대판 98다38760).

되는 경우)이다.

Ⅱ. 소송종료선언

1. 의 의

소송종료선언(訴訟終了宣言)은 소송종료 여부가 문제되는 사건에서 종국판결로서 소송이 확정적으로 종료되었음을 선언하는 확인판결이자 소송판결이다. 민사소송규칙 제67, 68조에서 규정하고 있다.

2. 소송종료선언의 사유

소송종료를 선언하는 사유는 이유 없는 기일지정신청, 법원의 소송종료 간과 진행, 2당사자대립구조의 소멸 등이다.

(1) 기일지정신청

(가) 소취하 또는 상소취하의 효력에 관한 다툼이 있는 경우(규칙 67)

법원은 변론을 열어 신청이 이유가 있어 소취하 등이 무효인 경우 본안절차를 속행하고, 신청이 이유가 없어 소취하 등이 유효하면 종국판결로써 소송종료를 선언한다.

(나) 청구의 포기·인낙의 효력에 관한 다툼있는 경우

이 경우에는 준재심의 소로써 다툴 수 있을 뿐이며, 기일지정신청하여 하자를 다툴 수 없다.

(다) 재판상 화해의 효력 다툼

제한기판력설에서는 기일지정신청이 가능하나 판례와 무제한기판력설에서는 준재심으로만 다투어야 하며 그럼에도 기일지정신청을 한 때에는 법원은 재판상화해에 당연무효사유가 없는 한 판결로써 소송종료선언을 한다.[1]

(2) 소송종료의 간과진행

(가) 취하간주를 간과하고 판결한 경우는 제1심판결을 취소하고 소송종료선언을 하여야 한다.

(나) 청구인낙을 간과하고 진행하는 경우 인낙으로 인한 소송종료를 판결로써 선언해야 한다.[2]

---

1) 대판 99다67703.
2) 대판 62마6.

(다) 판결 일부 확정을 간과하고 전부 판결한 경우에는 확정된 부분의 판결을 파기하고 소송종료를 선언한다.

(라) 청구의 교환적 변경의 간과한 경우에는 종전 청구에 대해서는 소송종료를 선언하고 신청구에 대하여는 추가판결을 한다.

(3) 당사자 대립구조의 소멸된 경우

소송계속중 사망한 당사자에게 상속인이 없거나, 일신전속적 법률관계인 경우(이혼소송)에 소송계속중 한 쪽 당사자가 상대방을 승계하여(상속 등) 대립구조가 소멸되면 바로 소송종료되나 이에 대하여 기일지정신청이 있으면 소송종료선언의 판결을 한다.

3. 소송종료선언의 효력

(1) 소송종료선언의 판결 주문은 통상 소송종료일자와 종료사유를 밝혀서 한다(이 사건 소송은 2012. 8. 8.자 소취하로 종료되었다).

(2) 확인적 성질의 소송판결·종국판결이고 불복상소 허용되며 소송판결이므로 재소금지규정이 적용되지 않는다.

<선택형>

1. **소송의 종료에 관한 설명 중 옳지 않은 것은?** (다툼시 판례에 의함)[1]

① 변론기일에 불출석한 원고 또는 피고가 진술한 것으로 보는 답변서, 그 밖의 준비서면에 청구의 포기 또는 인낙의 의사표시가 적혀 있고 공증사무소의 인증을 받은 경우, 상대방 당사자가 변론기일에 출석하여 그 청구의 포기 또는 인낙의 의사표시를 받아들여야만 그 취지에 따라 청구의 포기 또는 인낙이 성립된 것으로 본다.

② 소송이 종료되었음에도 이를 간과하고 심리를 계속 진행한 사실이 발견된 경우 법원은 직권으로 소송종료선언을 하여야 한다.

③ 당사자는 법원의 화해권고결정에 대하여 그 조서 또는 결정서의 정본을 송달받은 날부터 2주 이내에 이의를 신청할 수 있고, 그 정본이 송달되기 전에도 이의를 신청할 수 있다.

④ 상고인이 상고장에 상고이유를 적지 아니하였음에도 소송기록 접수통지를 받은 날부터 20일 이내에 상고이유서를 제출하지 아니한 경우, 상고법원은 직권으로 조사하여야 할 사유가 있는 때를 제외하고는 변론 없이 판결로 상고 기각하여야 한다.

⑤ 제1심에서 피고가 주위적으로 소각하판결을, 예비적으로 청구기각판결을 구한 경우 원고가 소를 취하함에 있어 피고의 동의가 필요 없다.

---

1) ①. 청구의 포기 또는 인낙은 법원에 대한 의사표시로서 상대방의 동의는 필요 없다. ② 대판 2012다98225. ③ 제226조. ④ 제427조, 제429조. ⑤ 판례는 설문의 경우 피고 동의가 필요 없다는 입장이다(대판 68다217).

제 7 편 再審과 準再審

≪질문≫ ① 재심의 구조, 소송물은 어떤가?

② 재심청구기각판결의 기판력의 기준시는 어떤가?

③ 대법원의 환송판결의 재심 대상적격은 어떤가?

④ 재심의 소의 보충성은 무엇인가?

제1절 재심제도의 의의

1. 재심의 의의

(1) 재심이란 확정된 종국판결에 재심사유에 해당하는 중대한 하자가 있는 경우에 그 판결을 취소하고 이미 종결된 소송을 부활시켜 재심판을 구하는 비상의 불복신청방법이다. 이는 확정된 종국판결이 갖는 기판력, 형성력, 집행력 등 판결의 효력의 배제를 주된 목적으로 하는 것이다.[1] 본래 종국판결이 확정되면 기판력에 의하여 그 확정판결의 취소·변경은 구할 수 없도록 하여 법적 안정성을 도모하나, 법이 정한 일정한 사유(즉, 재심사유)가 있는 경우에는 일정한 시간(출소기간 30일과 제척기간 5년) 내에 예외적으로 구체적 정의와 민사소송의 적정을 실현하기 위하여 재심대상판결을 한 법원에 확정판결을 취소하고 재심리를 구할 수 있도록 하는 제도가 재심이다.

(2) **상소, 상소의 추완, 청구이의의 소 등과의 차이**

(가) 재심은 확정판결에 대한 것이므로 확정차단효가 없으며 재심대상판결을 한 심급에서 심리되므로 이심의 효력이 없는 점에서 상소의 효과와 다르다.

---

1) 대판(전합) 93재다27,34. 다만 대판73다1842판결은 새심의 소는 확정판결을 취소하여 그 기판력을 배제하는 데 목적이 있다고 판시하고 있다.

(나) 재심과 상소의 추후보완은 일단 확정되었다고 보여지는 소송을 확정 전의 상태로 되돌리는 점은 같으나 양자는 다음에서 차이가 있다. 즉 ① 재심사유는 대부분 판결 전에 이미 존재하였던 하자이다. 그러나 추후보완사유는 판결 후에 당사자가 책임질 수 없는 사유로서 상소제기의 장해사유가 발생한 것이다. ② 재심사유는 재심기간의 제한이 없는 경우도 있으나(457 대리권흠결, 기판력저촉), 상소추완은 장해가 없어진 날부터 2주일이라는 기간제한이 있다(173). ③ 재심에는 보충성이 인정되어 상소에서 재심사유를 주장하였거나 할 수 있었던 경우에는 재심의 소를 제기할 수 없으나(451 ① 단서), 상소의 추후보완에서는 이러한 제한이 없다.

(다) 확정판결을 소급적으로 취소하여 집행권원 자체를 배제시키는 재심은, 변론종결 후 사유에 의한 확정판결의 집행력만 배제하기 위한 청구이의의 소(민집 44), 판결 후 액수산정의 기초사정에 현저한 변경이 생긴 경우에 증액·감액을 구하는 정기금판결에 대한 변경의 소(252)와 각 구별된다. 또한 재심은 그 사유에 있어서 제권판결불복소송(490), 중재판정의 취소의 소(중재36)와 비슷하나, 제권판결이나 중재판정은 그 취소 후에 부활되는 본안소송이 없다는 점에서 재심과 다르다.

(3) 강제집행 정지 여부

재심의 소를 제기하여도 종전의 소송이나 그 판결에 직접 영향을 미치지 않아서 원래의 소송에 대한 판결의 확정력을 막을 수 없으나 재심법원은 재심원고의 신청에 의하여 강제집행의 정지명령 기타의 가처분을 할 수 있다(500).

2. 재심소송의 소송물 구조

(1) 재심의 소송물

재심의 소의 소송물에 관하여 구소송의 소송물 하나로 구성되어 있고 확정판결에 재심사유가 있을 때 거듭 본안의 소송물에 대하여 재판받기 위한 전제조건일 뿐 독립된 소송물의 식별기준이 아니므로 재개된 본안소송의 소송물만이 재심의 소송물이라는 구소송물**일원설(본안소송설)**[1]과 재심의 소의 소송물은 확정판결의 취소요구와 구소송(본안소송)의 소송물로 구성된다고 보고 확정판결의 취소에 중점을 두는 **이원설 또는 소송상 형성소송설**이 있다. 재심의 소는 주로 본안심리를 위주로 하는 상소와 달리 재심의 소의 적법요건과 재심요건인 재심사유의 심리에 큰 비중이 있는 점을 명확히 하는 이원설이 타당하다.

---

1) 강현중, 775; 정동윤·유병현, 830, 上田徹一郞, 민사소송법(2004) 538은 재심의 소의 중점은 원판결의 취소청구이므로 재심의 소송물은 원판결의 취소요구라는 취소소송일원론을 주장하고 있다.

(2) 2단계구조

(가) 확정된 판결에 대한 재심의 소는 확정된 판결의 취소와 본안사건에 관하여 확정된 판결에 갈음한 판결을 구하는 복합적 목적을 가진 것으로서 이론상으로는 재심의 소의 적법 여부 및 재심요건의 존재 여부에 대한 심리절차(1단계)와 재심이 허용됨을 전제로 한 본안소송절차(2단계)로 구성된다.[1] 1단계는 다시 소의 적법요건에 관한 심리절차와 재심요건에 관한 심리절차로 구분된다.[2]

(나) 재심의 소의 적법요건에 관한 심리절차에서는 재심대상판결이 확정된 종국판결 여부(451 ①),[3] 재심기간 준수 여부(456), 재심의 관할존재 여부(453) 등을 직권조사하여 흠이 있으면 재심의 소를 각하하고(219), 재심요건에 관한 심리절차에서는 주장된 재심사유가 있는지, 보충성이 적용되었는지의 여부를 심리하여 재심요건이 없으면 재심의 소를 기각한다.[4] 재심사유가 있다고 인정하는 때에는 그 취지의 중간판결을 한 뒤 본안을 심리·재판한다(454).

3. 재심사유와 소송물의 개수

(1) 이원설 중 구소송물이론과 판례는 각 재심사유에 따라서 별개의 소송물을 구성한다고 본다. 이원설 중 신소송물이론의 이분지설도 재심소송이 신청은 1개라도 동일하지 아니한 사실관계를 구성하는 재심사유가 복수이면 소송물은 결국 복수로 파악하나,[5] 이원설 중 신소송물이론의 일분지설에서는 개개의 재심사유는 단순한 공격방법에 지나지 않음을 유지하면서, 그 심리단계에서 통상의 주의의무에 의하여도 알지 못하여 주장하지 않은 재심사유에 관하여는 실권하지 않고, 새로 재심청구할 수 있다는 견해이다.[6]

(2) 한편 이 문제는 소송물이론과는 별개이며 각 재심사유들은 중대한 흠에 해당하므로 구체적 타당성을 위하여 개별적으로 재심이 허용되어야 한다는 견해도 있다.[7]

(3) 민사소송규칙(141 ①)에 의한 재심절차에서 변론기일의 차수, 서증의 번호

---

1) 대판 92다22473, 92다22480.
2) 홍기태, 주석 민사소송법(Ⅶ), 36.
3) 대판(전합) 93재다27·34: 환송판결을 대상으로 하여 제기한 이 사건 재심의 소는 부적법하므로 이를 각하하여야 한다.
4) 대판 90다카21886.
5) 정영환, 1175.
6) 이시윤, 917.
7) 호문혁, 942.

는 재심 전 소송의 차수와 서증의 번호에 연속하여 매긴다. 이 규정은 일원설에
가깝다는 견해도 있으나[1] 이원설을 취하여도 같은 해석이 가능하다고 할 것이다.

제2절 재심의 적법요건

재심의 소가 적법하기 위해서는 당사자적격, 대상적격, 기간준수, 재심의 이
익, 재심사유 등이 갖추어져야 한다.

I. 재심 당사자

1. 재심원고와 재심피고

(1) 확정판결의 효력에 의해 불이익을 받는 자인 재심원고는 원칙적으로는
확정판결의 딩사자로서 선부 또는 일부 패소를 한 자이지만, 변론종결 후의 승계
인(218 ①),[2] 제3자의 소송담당의 권리귀속주체(218 ③), 기판력이 확장되는 제3자
도 재심원고가 될 수 있다. 그러나 현재 소송물에 대한 적격을 상실한 자는 재심
의 원고가 될 수 없다.

(2) 재심피고는 원칙적으로 확정판결에 의해 이익을 얻는 승소한 당사자이
다. 그의 변론종결 뒤의 승계인도 당사자가 된다.

2. 필수적 공동소송과 독립당사자참가의 경우

(1) 필수적 공동소송의 확정판결에 대하여는 공동소송인 가운데 한 사람이
재심의 소를 제기하면 다른 공동소송인도 당연히 재심당사자가 되고, 상대방으로부
터 재심의 소가 제기된 때에는 공동소송인 모두가 재심피고가 되어야 한다(67 ①②).

(2) 타인간의 재심소송에 독립당사자참가를 한 제3자는 재심대상판결에 재심
사유가 있음이 인정되어 본안소송이 부활됨을 전제로 독립당사자참가를 하는 것
이다.[3] 이 경우 제3자는 재심대상판결에 재심사유가 있어서 본안사건이 부활되기

---

1) 홍기태, 38.
2) 대판 73다1842.
3) 대판 92다22473, 92다22480.

전에는 원·피고를 상대로 소송목적의 전부나 일부가 자기의 권리임을 주장하거나 소송결과에 의한 권리침해를 주장할 여지가 없고, 재심사유 있음이 인정되어 본안사건이 부활된 다음에 비로소 위와 같은 주장을 할 수 있다.

Ⅱ. 재심의 대상적격

1. 확정된 종국판결

재심은 확정된 종국판결에 대하여 행하여진다. 따라서 미확정판결 및 중간판결 등에 재심사유가 있어도 독립하여 재심을 제기할 수 없다. 확정된 종국판결이면 일부판결, 소송판결, 가압류·가처분판결도 재심대상이 된다.

2. 대법원의 환송판결 등

(1) 판례는 대법원의 파기환송판결은 종국판결인 점은 인정하나, 환송받은 하급심에서 다시 심리를 계속하게 되므로 중간판결의 특성을 갖는 판결로서 실질적으로 확정된 판결이라 할 수 없고 종국적 판단은 유보되어 재판의 성질상 기판력·집행력·형성력 등이 발생하지 않으므로 재심의 대상이 아니라 한다.[1]

(2) 당연무효인 판결은 예컨대 이미 사망한 자를 상대로 한 제소와 그에 대한 판결은 형식적으로 확정된 종국판결이라도 내용상 확정력이 없으므로 재심의 필요가 없다.[2]

(3) 외국판결은 기판력은 발생하나 우리나라 법원이 취소할 수 없으므로 재심의 대상이 아니다.

3. 하급심판결과 상급심판결

(1) 항소심에서 본안판결(항소기각 또는 인용)이 있던 경우에는 사건이 전면적으로 재심판된 것이므로, 제1심판결은 재심의 대상이 아니고 항소심판결만이 재심의 대상이 된다(451 ③). 항소를 인용하여 제1심판결을 취소하면 제1심판결이 소멸되어 재심대상이 될 여지 없다.

(2) 제1심판결에 대한 항소가 부적법하다는 이유로 항소심에서 항소각하판결

---

1) 대판(전합) 93재다27·34. 이러한 다수의견에 대하여 대법원의 환송판결은 확정된 종국판결로서 재심대상이 된다는 소수의견이 있다.
2) 대판 94다16564. 그러나 소송계속중 사망한 자에 대한 판결은 당연무효가 아니며 대리권의 흠을 이유로 그 판결이 확정 전이면 상소, 확정 후이면 재심이 가능하다(대판(전합) 94다28444; 98그7).

을 한 때에는 항소심에서 제1심판결의 당부에 관하여 심리되지 아니하여 항소심
판결에 별도의 재심사유가 없는 한 제1심판결이 재심대상이다.

(3) 상고심에서 상고기각판결을 한 경우 상고심에서는 원심이 한 사실인정은
심판대상이 되지 아니하였으므로 하급심판결도 상고심판결과 함께 재심대상될 수
있다. 그러나 제451조 1항 6호 문서 등 위조·변조, 7호 증인 등 거짓 진술 등 사
실인정에 관한 재심사유에 대하여는 상고심판결은 재심대상이 될 수 없고 하급심
만 재심대상이다.

Ⅲ. 재심기간

재심과 확정판결에 의한 법적안정성과의 조화를 이루기 위하여 재심의 제소
기간(재심기간)에는 일정한 제한을 하고 있다. 당사자의 절차권 보장을 위하여 대
리권의 흠결(451 ① 3호)과 재판의 모순·저촉을 피하기 위하여 기판력의 저촉의 경
우(451 ① 10호)는 출소기간제한이 없다(457).

대리권의 흠은 대리권이 전혀 없는 경우이며 대리권이 있지만 소송행위를 함
에 **필요한 특별**수권에 흠이 있는 경우에는 재심기간의 제한을 받는다.

≪사례≫ 甲종중의 대표자 乙이 종중회의 없이 종중재산(A임야)을 丙에게 처분하여 甲종
중원들의 비난이 거세지자 甲종중의 대표자 乙은 자비를 들여 종중회의 없이 丙을 상대로
소유권이전등기 말소의 소를 제기하였으나 패소하여 확정되었다. 그러자 甲종중은 乙 대
신 丁을 새로운 대표자로 선임하여 6년 만에 위 소제기에 대한 甲종중의 결의가 없었으므
로 乙에 의한 소제기는 대리권의 흠이 있으므로 재심을 제기할 수 있다고 주장하면서 재심
의 소를 제기하였다. 이 소는 적법한가?

---

1. 안 날로부터 30일(출소기간)

(1) 재심의 소는 당사자가 확정판결 후 재심사유를 안 날로부터 30일의 불변
기간 내에 제기해야 한다(456 ①②). 출소기간의 기산시기는 재심사유를 안 날로부
터 기산하는 것이 일반적이다.

(2) 구체적으로 법원구성의 위법(451 ① 1호)과 판단누락(451 ① 9호)은 판결정본
이 송달된 때부터, 형사상 가벌행위의 재심사유(451 ① 4호-7호)는 유죄판결이 확정
된 때부터, 증거부족 이외의 이유로 유죄의 확정판결을 할 수 없을 때(공소권 없음
의 불기소결정, 면소판결 등)에는 이를 알았을 때부터 각 기산한다.

2. 판결확정시로부터 5년(제척기간)

(1) 판결이 확정된 후 5년의 제척기간이 지난 때에는 재심의 소를 제기할 수 없다(456 ③). 확정판결 후 재심사유가 발생한 경우에 위 제척기간은 그 사유가 발생한 날부터 기산한다. 따라서 당사자가 재심사유의 존재를 알지 못하였다 하여도 5년이 경과하면 재심의 소를 제기할 수 없다. 이 기간은 불변기간이 아니어서 추후 보완할 수 없다.

(2) 재심사유가 판결확정 전에 발생한 때에는 판결확정일부터 기산하지만, 확정 후에 발생한 때에는 그 사유가 발생한 때부터 기산한다(456 ④).

▨ **사례해설**

판례에 의하면 비법인사단의 대표자가 총유물의 처분에 관한 소송행위를 하려면 특별한 사정이 없는 한 민법 제276조 1항에 의하여 사원총회의 결의가 있어야 하는 것이지만, 그 결의 없이 소송행위를 하였다고 하더라도 이는 소송행위를 함에 필요한 특별수권을 받지 아니한 경우로서, 제451조 1항 제3호 소정의 재심사유에 해당하되, 전연 대리권을 갖지 아니한 자가 소송행위를 한 대리권 흠결의 경우와 달라서 제457조는 적용되지 아니한다.[1] ▨

IV. 재심사유

1. 의 의

법적 안정성을 확보하기 위하여 제451조 1항에 한정적으로 열거된 11개의 재심사유를 주장하는 것은 재심의 소의 적법요건이므로 이외의 사유를 재심사유로 주장하는 것은 부적법각하되어야 한다.

2. 보충성(재심사유와 상고이유의 관계)

(1) 상소와 재심은 원판결에 대한 불복수단이므로 동일한 사유에 대하여 중복하여 불복할 기회를 부여할 필요 없으므로 스스로 상소절차에서 주장했거나 주장하지 않은 자를 다시 재심으로 구제할 필요 없다는 것을 상소에 대한 **재심의 보충성**이라 한다. 재심사유에 해당하는 하자가 존재하여도 ① 당사자가 이를 상소로서 주장하였으나 기각되거나, ② 이를 알고 있으면서 상소심에서 주장하지 않거나, ③ 이를 알면서도 상소를 제기하지 아니함으로써 확정된 때에는 그 사유를 재

---

1) 대판 98다46600.

심사유로 주장할 수 없다(451 ① 단서).[1] 이는 재심사유는 당연히 상고이유가 됨을 전제로 한 것이다. 이는 재심사유이나 절대적상고이유로 규정되어 있더라도 확정판결 조차 재심으로 취소되는 만큼 확정 전이라도 상고이유가 되는 것으로 해석한다.

(2) 상고이유로 되어 있는 전속관할위배(424 3호), 변론공개의 규정의 위배(424 5호)를 재심사유로 하지 않은 것은 이는 법적 안정을 희생하면서 확정판결을 취소할 만큼 공익성의 요청이 강한 것이 아니기 때문이다.

(3) 판결이유의 불명시 또는 모순의 경우(424 6호)는 그 범위를 좁혀 판결에 영향을 미칠 중요한 사항에 관한 판단누락에 한하여 재심사유가 된다.

소액사건에서는 재심사유가 상고이유가 될 수 없으므로(소액 3), 재심의 소의 보충성은 배제된다.[2]

(4) 제451조 1항 단서에 따라 당사자가 상소에 의하여 재심사유를 주장하였다고 하기 위하여서는 단지 증거인 문서가 위조되었다는 등 제451조 1항 각호의 사실만 주장하는 것으로는 부족하고 재심의 대상이 되는 상태, 즉 유죄판결이 확정되었다거나 증거부족 외의 이유로 유죄판결을 할 수 없다는 등 동조 2항의 사실도 아울러 주장하였어야 한다.

≪질문≫ 예비적 청구에 대한 항소심의 판단이 누락되었다는 위법사유를 당사자가 상고하여 지적하였음에도 상고심에서도 법률관계상의 그 쟁점에 관한 판단을 빠뜨림으로써 그 오류가 시정되지 않은 채 상고심판결이 확정된 경우에도 제451조 1항 단서의 '상소에 의하여 그 사유를 주장한 경우'에 해당되어 재심이 허용되지 않는가?

[답변] 당사자가 원심판단의 위법사유를 지적하였음에도 상고심에서 그 판단을 누락하면 '상소에 의하여 그 사유를 주장한 경우'에 해당되지 아니하여 당사자는 재심사유를 주장·입증하여 그 상고심판결에 대한 재심을 구할 수 있다.[3]

3. 개별적 재심사유

(1) 총 설

(가) 제451조 1항 1호~3호 및 11호는 소송절차상 중대한 흠이 있는 경우로서 절대적 상고이유이므로 판결내용에 영향을 미쳤는지 관계없이 재심사유가 되나, 제451조 1항 4호~10호는 판결결과에 영향을 미쳤을 가능성이 있어야 한다. 제451

---

1) 대판 91다29057; 71후32.
2) 이시윤, 923; 김홍엽, 1114.
3) 대판 98다17145.

조 1항 6호, 7호는 사실심판결에 대한 재심사유이고, 상고심에 대한 것은 아니다.

　　제451조 1항 4호~7호는 판결에 영향을 미치는 범죄 기타 위법행위 즉 가벌적 행위를 규정하고 있다. 이 때 가벌적 행위만으로는 충분하지 않고 확정된 유죄판결 또는 과태료판결이 있거나, 아니면 증거부족 이외의 이유로(가령 범인의 사망, 공소시효완성, 사면 등) 유죄의 확정판결 또는 과태료의 확정판결을 할 수 없는 때에 한하여 재심의 소를 제기할 수 있다(451 ②). 이를 **증거확실성의 원칙**이라 한다. 그러나 소재불명으로 기소중지된 경우[1]나 혐의 없음의 불기소처분을 한 경우[2]에는 증거부족 이외의 이유로 유죄의 확정판결을 얻지 못한 경우에 속하지 않는다.

　　(나) 가벌적 행위만이 재심사유가 되고 유죄확정판결 등은 재심소송의 적법요건이 되는가(**적법요건설**),[3] 가벌적 행위와 유죄의 확정판결이 합쳐서 재심사유가 되는가(**합체설**)에 관하여 다툼이 있다. 유죄의 확정판결이 없는 경우에 적법요건설에서는 재심의 소는 각하되고, 합체설에서는 기각된다. 통설인 적법요건설에 입각하고 있는 주류적 판례에서는[4] 유죄의 확정판결이 변론종결할 때까지 없으면 주장된 가벌적 행위가 있었는지의 여부에 대한 심리 없이 부적법 각하하게 된다.

(2) 민사소송법상 각 재심사유

(가) **판결법원 구성의 위법**(451 ① 1호)

대법원에서 종전의 판례를 변경하면서 전원합의체가 아닌 소부(少部)에서 한 경우 등이다.

(나) **재판에 관여할 수 없는 법관의 관여**(2호)

다만 재심의 대상이 된 원재판에 관여한 법관이 그 재심사건의 재판에 관여한 때에는 본호의 재심사유에 해당되지 않는다.[5]

(다) **대리권의 흠결**(3호)

다만 추인이 있는 경우에는 재심사유로 되지 아니한다(단서). 대리권의 흠의 경우는 재심기간의 제한이 없다(457). 예컨대 성명도용소송의 피도용자의 경우,[6] 대표이사가 주주총회의 특별결의사항에 관하여 그 결의 없이 제소전화해를 한 경우[7]

---

1) 대판 88다카29658.
2) 대판 99두2475.
3) 김홍엽, 1117; 정동윤·유병현, 836.
4) 대판 82다146; 88다카29658.
5) 대판 90재다23.
6) 대판 64다328.
7) 대판 80다584.

등이 이에 해당한다.

(라) **법관의 직무상 범죄**(4호)

예컨대 법관이 그 담당사건에 관하여 수뢰죄나 공문서위조죄 등을 범한 경우이다.

(마) **형사상 처벌을 받을 다른 사람의 행위로 인한 자백 또는 공격방어방법의 제출방해**(5호)

다른 사람의 범죄행위로 인한 자백과 판결 사이에 인과관계가 있어야 한다. 판례는 제451조 1항 5호 소정의 형사상 처벌받을 타인의 행위로 인한 사유가 청구의 인낙에 대한 준재심사유가 되기 위하서는 그것이 당사자가 인낙의 의사표시를 하게 된 직접적인 원인이 된 경우만이라고 할 것이고, 그렇지 않고 그 형사상 처벌받을 타인의 행위가 인낙에 이르게 된 간접적인 원인밖에 되지 않았다고 보이는 경우까지 준재심사유가 된다고 볼 수는 없다고 한다.[1]

여기에서 말하는 공격방어방법에는 주장, 항변뿐만 아니라 증거방법도 포함된다. 허위주소로 공시송달되게 하여 사위판결을 받은 경우에 오로지 소송사기로밖에 처벌할 수 없다면 본호와 11호의 재심사유가 병존한다.[2]

(바) **판결의 증거된 문서의 위조·변조**(6호)

'판결의 증거로 된 문서가 위조 또는 변조된 것인 때'라 함은 위조나 변조된 문서가 판결주문을 유지하는 근거가 된 사실인정의 증거로 채택된 경우를 말하고, 위조 또는 변조된 문서 자체가 재심대상판결의 사실인정의 증거로 채용되지 아니한 이상 문서가 변조되었다는 유죄의 확정판결이 있었다 하여도 위 법조 소정의 재심사유에 해당한다 할 수 없다.[3]

(사) **증인 등의 거짓 진술**(7호)

증인 등의 진술이 직접 재심대상이 된 소송사건을 심리하는 법정에서 거짓으로 진술하고 그 거짓 진술이 판결주문의 이유가 된 사실인정의 자료가 된 경우에 비로소 재심사유가 된다. 따라서 법원이 서로 관련된 두 사건을 병행 심리하면서 그 두 사건에 대한 증인으로 한 사람을 채택하여 그 증인이 그 두 사건에 관하여 동시에 같은 내용의 증언을 하였으나 그 두 사건 중의 하나의 사건에 관한 증언이 위증으로 확정된 경우에는 그 증인의 위증은 그 사건에 관하여서만 재심 사유가 될 뿐이고 동시에 진행된 다른 사건에 있어서는 재심사유가 될 수 없다.[4]

---

1) 대판 95다3077.
2) 대판 96다41649. 김홍엽, 1121.
3) 대판 91다27495.
4) 대판(전합) 80다642; 97다32833.

(아) **판결의 기초가 변경된 때**(8호)

　　　1) 본호는 판결의 기초된 민사나 형사의 판결 기타의 재판 또는 행정처분이 다른 재판이나 행정처분에 의하여 변경된 때를 재심사유로 하고 있다. 이는 유죄의 형사판결이 재심대상판결의 사실인정의 증거로 채택되었는데 그 뒤 형사판결이 변경 또는 무죄확정된 경우 등이다.

　　　2) 재판 또는 행정처분이 재심대상판결에서 사실인정의 자료가 되었고 그 재판 등의 변경이 재심대상판결의 사실인정에 영향을 미칠 가능성이 있는 이상 재심사유는 있는 것이고, 변경된 재판내용이 담겨진 문서가 확정판결이 선고된 소송절차에서 반드시 증거방법으로 제출되어 그 문서의 기재내용이 증거자료로 채택된 경우에 한정되는 것은 아니다.[1]

　　　3) 재판 또는 행정처분의 변경은 확정적이고 소급적 효력이 있는 것이어야 한다. 검사의 불기소처분에는 확정재판에 있어서의 확정력과 같은 효력이 없어 일단 불기소처분을 한 후에도 공소시효가 완성되기까지 언제라도 공소를 제기할 수 있는 것이므로, 검사가 일단 불기소처분하였다가 후에 공소가 제기되었다고 해도 종전의 불기소처분이 '소급적'으로 변경된 것으로 보기 어렵고, 나아가 그 기소된 형사사건이 유죄로 확정되었다 하여도 이는 마찬가지이다.[2]

(자) **중대한 판단누락이 있는 경우**(9호)

　　판결에 영향을 미칠 중요한 사항에 관하여 판단을 누락한 때란, 직권조사사항에 해당하는지의 여부를 불문하고 그 판단 여하에 따라 판결의 결론에 영향을 미치는 사항으로서 당사자가 구술변론에서 주장하거나 또는 법원의 직권조사를 촉구하였음에도 불구하고 판단을 하지 아니한 경우를 말하는 것이므로 당사자가 주장하지 아니하거나 그 조사를 촉구하지 아니한 사항은 이에 해당하지 아니한다.[3]

(차) **전에 선고한 확정판결에 어긋나는 때**(10호)

　　재심대상의 판결의 기판력이 이전에 확정된 본안의 종국판결의 기판력과 저촉되는 경우를 말한다. 특히 두 판결은 동일 당사자간에 동일사건에 대하여 저촉되는 판결이 선고된 것을 요하므로, 당사자가 다르거나 소송물이 다른 경우에는 두 판결의 기판력에 저촉이 있더라도 재심사유가 되는 것은 아니다. 구소송물이론은 청구원인을 기준으로 소송물을 구별하므로 청구원인을 달리하면 상호 저촉되지 않

---

1) 대판 2003다55936; 94다20570.
2) 대판 97다50855.
3) 대판 2004마660.

는다. 확정판결과 동일한 효력을 가지는 조서 및 외국판결, 중재판정과 저촉되는 경우도 포함된다.

(카) 공시송달 또는 자백간주에 의해 판결편취(11호)

1) 사위판결(詐僞判決)에 관한 구제책이다. 전단은 당사자가 상대방의 주소 또는 거소를 알고 있었음에도 불구하고 있는 곳을 잘 모른다고 하거나 거짓 주소를 기재하여 소제기하여 소장 등이 송달불능되게 한 다음 소재불명을 이유로 법원을 속여 공시송달의 명령을 받고 상대방이 불출석한 가운데 소송을 진행하여 승소판결을 받은, 공시송달에 의한 판결편취이고 후단은 상대방의 주소를 알면서 다른 곳이 그 주소인 것처럼 소장에 기재하고 상대방 아닌 자가 소장부본 등을 수령하여 마치 상대방이 정당한 기일통지를 받고도 출석하지 않은 것처럼 법원을 속여 자백간주에 의한 승소판결을 받는, 자백간주에 의한 판결편취이다. 이들은 제5호 후단의 재심사유에도 해당하지만 유죄의 확정판결을 요구하지 아니하고 쉽게 재심청구를 할 수 있도록 제11호를 우리 민사소송법에서 특유하게 신설하였다.

2) 판례는 11호는 공시송달에 의한 판결편취로 보고, 자백간주에 의한 판결편취의 경우에는 언제나 항소를 제기할 수 있다고 한다(항소설).[1] 이 판례 입장에 찬동하는 견해[2]와 판례는 명문규정에 반한다는 견해[3] 등이 있다. 이는 판결의 무효에서 살펴보았다. 다만 상대방이 사위소송의 계속사실을 알았는데도 아무런 조치를 하지 않고 판결이 선고되고 확정되었다면 특별한 사정이 없는 한 재심사유가 있다고 할 수 없다.[4]

(3) 특별법상의 재심사유

(가) 위헌 여부 심판을 위한 헌법소원인용재심

법률의 위헌 여부 심판의 제청신청이 기각되어 청구한 헌법소원이 인용된 경우에 그 헌법소원과 관련된 소송사건이 이미 확정된 때에는 당사자는 재심의 청구를 할 수 있다(헌재 75 ⑦).

(나) 상법상의 사해재심(詐害再審)

주주의 대표소송에서 원고인 주주와 피고인 이사 등이 공모하여 소송의 목적인 회사의 권리를 사해할 목적으로써 판결을 하게 한 때에는 회사 또는 주주는

---

1) 대판(전합) 75다634.
2) 호문혁, 966은 공시송달은 엄연히 법률상 적법한 송달방법이므로 일단 판결은 확정되었다고 보고 재심을 인정함에 반하여, 타인에게 송달한 경우는 당사자에게 송달한 경우가 아니므로 판결은 확정되지 아니한 것이고, 이런 판결은 항소로써 다투어야 한다는 판례가 타당하다고 한다.
3) 이시윤, 930;정동윤·유병현, 842.
4) 대판 92다12131.

확정된 종국판결에 대하여 재심의 소를 제기할 수 있다(상법 406).

(다) 행정소송법상의 제3자 재심

행정처분 등을 취소하는 판결에 의하여 권리 또는 이익의 침해를 받은 제3자는 자기에게 책임없는 사유로 소송에 참가하지 못함으로써, 판결의 결과에 영향을 미칠 공격 또는 방어방법을 제출하지 못한 때에는 이를 이유로 확정된 종국판결에 대하여 재심의 청구를 할 수 있다(행소 31 ①).

제3절 재심의 절차와 심판

재심절차는 그 성질에 반하지 않는 한 각 심급의 소송절차에 관한 규정이 준용된다(455). 재심절차에 특수한 사항에 관하여 본다.

I. 재심의 소제기

1. 재심관할법원

재심의 소는 재심대상판결을 한 법원의 전속관할이다(453 ①). 심급을 달리하는 법원이 같은 사건에 대하여 내린 판결에 대한 재심은 상급법원이 관할하지만, 항소심판결과 상고심판결에 각각 독립한 재심사유가 있으면 각 법원이 관할한다(453 ② 단서).

2. 재심 소제기

(1) 재심의 소송절차에는 각 심급의 소송절차에 관한 규정을 준용하므로 재심의 소는 당사자와 법정대리인, 재심대상판결, 재심청구취지, 구체적 재심사유 등을 기재한 재심소장을 제출하여 한다(248준용, 458). 구체적인 재심사유를 기재하도록 하는 것은 근거 없는 재심의 소를 소장제출의 단계에서 배제하기 위함이다. 재판장은 재심소장의 방식준수에 대하여 심사권을 갖는다.

(2) 판례에 의하면 재심의 소는 통상의 소와 절차의 성질을 달리 하기 때문에 재심절차에서 재심청구에 병합하여 민사상의 청구를 할 수 없다.[1] 이에 반하

---

1) 대판 4291민상318.

여 재심원고가 승소할 경우를 대비하여 원상회복 등 관련청구의 병합제기를 허용해야 한다는 다수 견해가 있다.[1]

(3) 재심의 소가 제기되어도 확정판결에는 직접적인 영향은 미치지 않는다. 재심의 소가 적법하고, 재심사유가 존재한다고 인정된 후에 비로소 본래의 소송이 부활할 뿐이다. 따라서 재심의 제기로 확정판결의 집행력을 막을 수 없으며, 그에 기한 강제집행도 당연히 정지되는 것은 아니다. 재심원고의 신청이 있는 경우에 강제집행의 정지명령 기타 가처분을 할 수 있을 뿐이다(500).

(4) 실무에서는 재심사유를 소명하는 동안 강제집행이 완결되는 것이 일반적이므로, 위 가처분신청의 실익이 적다.[2]

II. 재심의 소의 심판절차

재판장은 재심소장이 요구되는 방식을 준수하였는지를 심사한 후 그것이 적식이면 다음 3단계를 심리한다. ① 재심의 소가 적법요건을 갖추었는지(재심의 적법성) ② 재심사유가 존재에 관하여 심리한 후, ③ 본안을 재심리하게 된다.

1. 재심의 소의 적법요건의 조사

재심법원은 일반적인 소송요건과 재심의 특수한 적법요건의 구비 여부를 직권으로 조사하여야 한다. 흠이 있지만 보정되지 않거나 보정할 수 없는 경우에는 재심의 소를 각하하는 판결을 한다. 따라서 재심원고가 주장하는 재심사유가 법정의 재심사유에 해당하지 않는 때에는 재심의 소는 부적법 각하한다.[3]

2. 재심사유의 존부확인과 중간판결

(1) 재심사유의 존부에 관하여는 당사자의 처분권을 인정할 수 없고, 직권으로 당사자가 주장하는 재심사유 해당사실의 존부에 관한 자료를 탐지하여 판단한다. 따라서 재심사유에 대하여는 자백이 허용되지 아니하며 의제자백에 관한 제139조 1항은 적용되지 아니한다.[4][5] 한편 재심의 소에 관하여는 청구의 포기·인낙, 소송상 화

---

1) 이시윤, 932; 정동윤·유병현, 845; 정영환, 1194.
2) 홍기태, 주석(VII), 35.
3) 대판 87재다24.
4) 대판 91다45691.
5) 다만 재심원고가 재심사유로 삼은 대리권의 흠결이 없었다고 재심피고가 자백하면, 추인의 효과를 인정하여 재심사유가 소멸된다고 할 것이다(호문혁, 972).

해가 허용되지 않는다. 그러나 재심에 대한 본안재판에서는 화해가 인정된다.[1]

(2) 재심사유가 존재하지 않는다고 판단되면, 이는 본안의 당부에 관련된 것으로, 재심청구를 기각하여야 한다. 반면에 재심사유가 존재하는 것으로 판단되면, 쟁점을 정리하는 의미에서 그 취지를 중간판결하거나(454), 종국판결의 이유에서 판단할 것인지는 법원의 재량이다.

3. 본안에 대한 재심리

(1) 재심의 소가 적법하고, 재심사유의 존재가 인정되면 본안의 재심리절차로 들어간다. 본안재심리절차는 원심판결의 대상이 된 청구에 관하여 처음부터 다시 심리하는 것이 아니라, 원판결에 의하여 종료된 전 소송의 변론종결 전의 상태로 돌아가서 심리한다. 따라서 변론의 갱신이 있어야 하며, 사실심이면 새로운 공격방어방법의 제출이 가능해진다. 변론기일의 차수, 서증번호 등도 재심전 소송과 연속된다(규칙 140 ①).

(2) 본안의 변론과 재판은 재심청구이유의 범위 즉 원판결에 대한 불복신청의 범위 안에서 행하여야 한다(459 ①). 부대재심이 없는 한 재심원고에 대하여 원래의 확정판결보다 불이익한 판결을 할 수 없다(불이익변경의 금지).[2]

(3) 본안의 소를 취하하거나 소송물에 관한 화해도 할 수 있다.

4. 재심청구기각과 인용

(1) 재심법원은 원심판결이 부당하다고 인정되면, 불복의 한도 내에서 원심판결을 취소하고, 이에 갈음하는 판결을 한다. 이 판결은 원심판결을 소급적으로 취소하는 형성판결이다.

(2) 심리결과 재심사유가 있더라도 원심판결의 결과가 정당하다고 인정한 때에는 재심의 청구는 기각하여야 한다(460).

(3) 원심판결을 유지해야 할 경우 기판력 기준시는 원심판결의 표준시 이전의 사유로 원심판결이 정당한 경우는 당연히 재심대상판결의 기준시이나, 원심판결의 기준시 이후 새로운 자료로 인하여 원심판결을 유지하는 경우에는 재심판결의 변론종결의 기준시이다.[3]

---

1) 김홍엽, 1128.
2) 대판 2001다76298.
3) 대판 92다25151; 2002다64148. 이시윤, 936.

5. 상 소

재심판결에 대하여는 그 재심에 따라 다시 항소나 상고할 수 있다. 그러나 재심의 상고심에서는 사실심 변론종결 뒤에 생긴 사실에 관한 재심사유는 주장할 수 없다.

제4절 준재심

1. 의 의

준재심이란 확정판결과 동일한 효력이 있는 청구의 포기·인낙, 재판상 화해의 조서(220), 조정조서(220조 유추적용)와 즉시항고로 불복을 신청할 수 있는 결정·명령이 확정된 경우에 재심사유가 있을 때에는 재심에 준하여 제기하는 재심이다(461).

2. 조서에 대한 준재심의 소

(1) 확정판결과 동일한 효력을 갖는 청구의 포기·인낙조서와 화해조서에는 준재심의 소가 인정된다(461전단). 이 외에 재판상 화해와 동일한 효력을 가진 조정조서, 화해권고결정, 조정에 갈음하는 결정도 같다.

(2) 그러나 중재판정은 확정판결과 동일한 효력을 갖지만, 별도의 중재판정취소의 소(중재 36)가 인정되므로 준재심이 인정되지 않는다. 또 판례는 기판력을 가지지 아니하는 확정된 지급명령(474. 민집 58 ③)과 이행권고결정(소액 5조의7)에 설사 재심사유에 해당하는 하자가 있다고 하더라도 이를 이유로 준재심의 소를 제기할 수는 없고, 청구이의의 소를 제기하거나 또는 전체로서의 강제집행이 이미 완료된 경우에는 부당이득반환청구의 소 등을 제기할 수 있을 뿐이라고 보고 있다.[1]

(3) 조서에 대한 재심제기의 절차는 확정판결에 대한 재심의 소의 소송절차가 준용된다. 다만 판결절차에서 발생할 수 있는 흠을 예상하여 규정한 제451조 1항 각 재심사유 중 2호 내지 5호, 10호 등 일부만 준용될 수 있고, 재심법원은 재심사유가 있는 경우 반드시 조서를 취소하여야 하므로 제460조(결과가 정당한 경우의 재심기각)는 준용될 수 없다.

---

1) 대판 2006다34190.

(4) 조서에 대한 재심은 신청이 아니라 소의 방식으로 제기되어야 하므로 결정절차가 아닌 판결절차에 의하여 심판하여야 한다.

3. 결정·명령에 대한 준재심신청

(1) 소각하명령, 상소장각하명령, 소송비용액확정결정, 과태료의 결정, 추심·전부명령 등과 같이 즉시항고로 불복할 수 있는 결정·명령[1]이 확정된 경우에도 준재심을 신청할 수 있다(461후단). 즉시항고로 불복할 수 있는 모든 결정·명령이 기판력을 갖는 것은 아니지만, 형식적 확정력 때문에 통상의 불복절차를 이용할 수 없기 때문에 비상의 불복절차인 준재심을 인정하는 것이다.

(2) 제461조는 준재심의 대상을 '즉시항고로 불복할 수 있는 결정이나 명령'으로 한정하고 있으나, 판례는 종국적 재판의 성질을 가진 결정이나 명령 또는 종국적 재판과 관계없이 독립하여 확정되는 결정이나 명령에 해당하는 경우라면 독립하여 준재심을 신청할 수 있다고 한다.[2] 따라서 담보권실행을 위한 경매개시결정은 그에 따른 매각허가결정에 대한 즉시항고로써 다툴 수 있는 것이므로, 종국적 재판의 성질을 가진 결정이나 명령 또는 종국적 재판과 관계없이 독립하여 확정되는 결정이나 명령에 해당하지 아니하므로 준재심의 대상에 해당하지 아니한다.[3]

(3) 또한 확정된 지급명령(474, 민집 58 ③), 이행권고결정(소액 5의7)은 기판력이 없으므로 준재심을 신청할 수 없고, 청구이의의 소를 제기하거나 강제집행이 완료되면 부당이득반환청구의 소를 제기할 수 있을 뿐이다.[4]

(4) 준재심 신청은 소가 아니라 신청의 방식에 의하여야 하며, 판결이 아니라 결정으로 심판한다. 조서에 대한 준재심제기의 절차에는 재심의 소의 소송절차가 준용된다. 따라서 재심법원, 재심기간, 재심소장, 심판의 범위 등이 준용될 것이다.

<선택형>

1. 재심과 관련된 다음 설명 중 옳지 않은 것은? (다툼시 판례에 의함)[5]　　　　[법전협 2013. 3차]

---

[1] 대결 99재마4는 재항고이유서 제출기간 내에 제출된 재항고이유서에 사건번호가 잘못 기재되어 있었던 관계로 재항고이유서가 사건의 기록에 편철되지 아니하여, 준재심대상결정이 재항고장에 재항고이유의 기재가 없고 재항고이유서 제출기간 내에 재항고이유서를 제출하지 아니하였다는 이유로 재항고이유에 관하여 판단하지 않고 재항고를 기각한 경우, 준재심대상결정은 결정에 영향을 미칠 중요한 사항에 관하여 판단을 유탈하였으므로 이는 제461조, 제451조 1항 9호에 해당하는 준재심사유가 된다고 판시하고 있다.
[2] 대판 2004마660.
[3] 대판 2004마660.
[4] 대판 2006다34190.
[5] ①. 재심은 재심을 제기할 판결을 한 법원의 전속관할로 하므로(453 ①) 제1심법원에 제기하여야 하고 제29조

① 1심판결이 확정된 후 동 확정판결에 대해 재심을 제기할 때는 1심법원의 바로 위 상급법원에 하여야 한다.

② 재심의 사유가 있는 경우라도 판결이 정당하다고 인정한 때에는 법원은 재심청구를 기각하여야 한다.

③ 재심관할 법원은 당사자간의 합의로 변경할 수는 없다.

④ 재심사유는 법정된 사유 이외에는 인정되지 않는다.

⑤ 재심제기와 함께 원상회복청구를 병합하는 것은 허용되지 않는다.

---

2. 상소 및 재심에 관한 다음 설명 중 옳지 않은 것들은? (다툼시 판례에 의함)[1)]   [법전협 2014. 3차]

① 제1심판결의 이유가 정당하지 아니한 경우에도 다른 이유에 따라 그 판결이 정당하다고 인정되는 때에는 항소를 기각하여야 한다.

② 재심의 소가 제기된 경우 재심사유에 대하여 당사자의 자백 또는 의제자백은 허용된다.

③ 원심판결에서 전부승소한 피항소인도 청구의 확장이나 반소의 제기의 방법으로 부대항소할 수 있다

④ 판결이 확정된 뒤에 재심사유가 생긴 경우라도 당해 판결이 확정된 때로부터 5년이 지난 때에는 재심의 소를 제기하지 못한다.

⑤ 구체적인 어느 특정 법률관계에 관하여 당사자 쌍방이 제1심판결선고전에 미리 상소하지 아니하기로 합의하였다면, 제1심판결선고 후에는 당사자의 합의에 의하더라도 그 불상소합의를 해제하고 소송계속을 부활시킬 수 없다.

---

3. 甲은 乙의 주소를 알고 있었음에도 소재불명으로 속여 乙에 대해 대여금 청구의 소를 제기하였다. 乙에 대한 공시송달에 의한 재판진행 결과 甲 일부 승소의 제1심판결이 공시송달로 확정되었다. 그 후 乙은 위 사건기록 열람과 판결정본의 수령으로 위와 같이 공시송달에 의해 재판이 진행된 것을 알게 되었다. 다음 설명 중 옳지 않은 것은? (다툼시 판례에 의함)[2)]   [변호사 2015]

① 乙은 위 사실을 알게 된 날부터 30일 이내에 재심을 제기할 수 있다.

② 乙이 추후보완항소 제기기간을 도과하였을 경우에는 재심청구 제기기간 내에 있더라도 재심을 제기할 수 없다.

③ 乙의 추후보완항소가 적법하게 계속될 경우 甲은 부대항소를 제기할 수 있다.

④ 乙이 재심을 제기할 경우 법원은 재심의 소가 적법한지의 여부와 재심사유가 있는지의 여부에 관한 심리 및 재판을 본안에 관한 심리 및 재판과 분리하여 먼저 시행할 수 있다.

⑤ 乙이 추후보완항소를 제기할 경우 판결의 선고 및 송달 사실을 알지 못하여 항소기간을 지키지 못한 데 과실이 없다는 사정은 乙이 주장·증명하여야 한다.

합의관할이 인정되지 아니한다. ② 제460조. ④ 대판 87재다24. ⑤ 재심의 소에서는 피고는 확정판결의 취소를 구함과 동시에 본소 청구기각을 구하는 외에 원고에 대한 새로운 청구를 병합하는 것은 부적법하다(대판 71다8).

1) ②④. ② 재심사유 존재 여부는 직권조사사항이고 자백 또는 의제자백은 허용되지 않는다(대판 2010다97846). ④ 재심사유가 판결확정 뒤에 생긴 때에는 제소를 위한 5년의 제척기간은 그 사유가 발생한 날부터 계산한다(456 ④). ① 제414조 2항. ③ 대판 2008다18376; 97다30066. ⑤ 대판86다카2728.

2) ②. 재심사유와 추완항소사유가 동시에 존재하고 추완항소기간을 도과한 경우 재심기간이 경과하지 않았으면 재심청구를 할 수 있다(대판 2011다73540). ① 제456조 1항. ③ 대판 2010다75044, 75051. ④ 제454조. ⑤ 대판 2012다44730.

제8편 복합소송

제1장 병합소송(소송물의 복수)

당사자 또는 소송물이 다수이거나 변경되는 경우를 복합소송(複合訴訟)이라 한다. 복합소송에는 당사자가 다수(多數)인 공동소송과 당사자가 변경되는 경우, 소송물이 복수인 병합소송(倂合訴訟:소송물의 복수複數)이 있다. 병합소송은 병합의 시기에 따라 제소 당시부터 하나의 소로 수개의 청구를 심판을 구하는 원시적 병합(협의의 청구의 병합)과 이미 계속중인 소송에 새로운 청구를 병합하는 청구의 변경(262), 반소(269), 중간확인의 소(264), 법원에 의한 변론병합 등 후발적 병합(광의의 청구병합)이 있다.

제1절 청구의 병합(소의 객관적 병합)

I. 서 설

1. 의 의

협의의 청구의 병합(소의 객관적 병합)은 원고가 하나의 소송절차에서 여러 개의 청구를 하는 경우이다(253). 청구가 단복 여부는 소송물이론에 따라 다르다. 1개의 청구를 뒷받침하는 공격방법의 복수와는 구별된다.

2. 인정취지

객관적 병합을 인정하는 이유는 당사자와 법원의 시간과 노력을 절약할 수 있고(소송경제), 관련사건의 판결의 모순·저촉을 방지할 수 있다. 그러나 이를 무제한으로 인정하면 오히려 심리를 복잡하게 하고 소송지연을 가져올 수도 있다.

II. 병합요건

1. 동종절차

여러 개의 청구는 같은 종류의 소송절차에 따르는 경우에만 하나의 소로 제기할 수 있다(253).

(1) 통상의 민사사건과 비송사건, 보전소송사건, 조정사건은 서로 병합이 허용되지 않는다.[1] 서로 다른 설정원리가 적용되기 때문이다.

(2) 재심의 소에 통상의 민사상 청구를 병합할 수 있는가에 관하여 판례는 재심대상판결에 의하여 경료된 소유권이전등기의 말소를 구하는 청구는 재심의 소에 병합하여 제기할 수 없고 별소로 제기하여야 할 것이라고 하나,[2] 통설은 재판의 모순방지와 소송경제를 위하여 병합심리하는 것이 바람직하다는 이유로 긍정한다.

(3) 가사소송에서는 소송목적이 되는 청구(예 이혼소송)와 이와 관련된 손해배상이나 재산분할청구를 한 개의 소로 병합할 수 있다(가소 14 ③; 행소 10 ②).

(4) 증권상실자의 일방적 제소로 이루어지는 제권판결에 대한 불복의 소(490 ②)

---

1) 대판 2004므1378; 2001다23225·23232.
2) 대판 96다41649.

는 통상의 판결절차로서 이에 손해배상청구를 병합하는 것은 허용되며,[1] 마찬가지로 중재판정취소의 소(중재 36)에 민사상 청구를 병합할 수 있다.[2]

2. 공통의 관할권

청구들 사이에 관할이 공통되거나 관련재판적이 있으면 병합요건에 해당되나, 다른 법원에 전속관할에 속하는 경우에는 병합심리할 수 없다.

3. 관련성 유무

(1) 단순병합은 청구들 사이에 관련성이 없어도 병합청구가 가능하다.

(2) 선택적 병합과 예비적 병합은 청구들 사이에 관련성이 있어야 한다.[3] 관련성 없는 청구들을 선택적·예비적 병합으로 청구한 경우 법원은 단순병합으로 보정하게 하여 처리여야 하나, 보정이 결국 안 되어 그 중 한 청구에 대하여만 심리·판단하여 이를 인용하고 나머지 청구에 대한 심리·판단을 생략하는 판결을 하였어도 그 성질은 단순병합이며, 선택적·예비적 병합으로 되지 아니한다.[4]

Ⅲ. 병합의 모습

《질문》 다음의 경우 병합유형은 어떻고, 법원은 어떻게 심판하여야 하는가?

① 특정물인도청구를 하면서 그 집행단계에서 인도불능시 손해배상으로서 그 특정물의 가격에 해당되는 대상청구도 하는 경우(위 인도불능을 집행불능으로 선해할 수 있음)

② 매매대금채권에 기한 청구와 그 매매대금지급을 위하여 발행한 어음채권에 기한 청구를 함께 하는 경우

③ 1차적으로는 물품대금의 지급을 구하고 2차적으로는 위 매매계약이 무효라고 한다면 이미 인도한 물품의 반환을 구하는 소를 제기하는 경우

④ 甲은 명화를 乙에게 대여하였으나 반환기간이 지나도 반환하지 아니하여 소유권에 기한 명화반환청구를 하는 동시에 변론종결 당시 이미 이행불능된 것을 대비하여 대상금(代償金) 5천만원의 손해배상의 청구를 하는 경우

⑤ 원고가 제기한 이혼소송에 있어서 부정행위와 악의의 유기를 선택적으로 주장하였으나 법원은 부정행위를 인정할 수 없다고만 판단하여 원고청구를 기각하자 원고는 항소하였다. 이 경우 악의의 유기사실은 항소심에 이심되어 심판의 대상이 되는가. 그 근거는 무엇인가?

---

1) 대판 88다카7962.
2) 김홍엽, 849; 이시윤, 687.
3) 이시윤, 687; 호문혁, 786.
4) 대판 2005다51495.

1. 단순병합(A+B)

(1) 의 의

(가) 원고가 서로 양립하는 수개의 청구를 병렬적으로 병합하여 그 전부에 관하여 심판을 구하는 형태의 병합이고 법원은 모든 청구에 대하여 판단한다. 각 청구 사이에 아무런 관계가 없어도 무방하다.

(나) 그러나 병합된 청구가 서로 일정한 관련이 있는 것도 있다. 예컨대 소유권확인청구와 소유권에 기한 목적물인도청구를 병합한 경우, 해고무효확인청구와 해고기간 및 장래의 임금까지 청구하는 경우 뒤의 청구, 매매계약확인청구와 계약에 따른 급부청구, 매매계약무효확인청구와 그 매매가 무효인 경우 매매로 넘어간 목적물반환청구 등은 앞의 청구를 전제로 하여 연결되어 있지만 두 청구는 양립할 수 있고 원고는 2개의 판결을 구하는 것이므로 단순병합이고 예비적 병합이 아니다.

(다) 또한 이런 관련성 있음을 이유로 1차 청구가 인용될 것을 대비하여 2차 청구하는 것을 부진정예비적 병합이라고는 견해가 있으나,[1] 이는 단순병합이며 단지 1차 청구가 이유가 없으면 2차 청구에 대하여 심판하지 않아도 된다는 점이 모든 청구를 심판하는 일반적인 단순병합과 다를 뿐이다.[2]

(2) 대상청구

(가) 물건(가령 시가 1억원의 고려청자) 인도청구하면서 그 물건의 인도가 집행불능이 될 것을 대비하여 그 물건가액 상당의 전보배상청구를 대상청구(代償請求)라 한다. 대상청구는 미리 청구할 필요가 있는 장래 이행의 소로서 현재이행의 소인 인도청구에 병합한 것이므로 두 청구가 양립 가능하여 단순병합이다.[3]

(나) 이 경우 법원은 양 청구에 대하여 판결하여야 하며 물건인도청구를 인용할 때에는 대상청구도 판단하여 별도의 주문을 내야 한다.

그러나 변론종결당시 이미 물건이 멸실되어 인도불능이 판명되면 물건의 인도청구는 기각하고 병합청구한 대상청구도 더 나아가 심리할 필요 없이 기각한다는 것이 판례의 주류이다.[4] 그러나 이 경우 권리구제와 분쟁의 1회적 해결요청상 물건인도청구만 기각하고 대상청구는 단순한 전보배상청구(민법 395)로 보아 인

---

1) 이시윤, 688.
2) 김홍엽, 858.
3) 대판 75다450.
4) 대판 68다158; 67다1525.

용해야 할 것이라는 견해가 있다.[1)]

(다) 대상금액의 산정시기는 전보배상청구권 발생시기가 도래하지 아니하였으므로 사실심 변론의 종결 당시의 본래적 급부의 가격을 기준으로 산정한다.[2)]

(라) 다만 특정물의 인도청구를 하면서 변론종결 당시 현재 이행불능이 된 것을 염려하여 한 대상청구(위 고려청자가 깨져서 인도할 수 없는 경우의 그 가액상당액청구)는 인도청구와 양립할 수 없으므로 이를 병합하는 경우에는 예비적 병합이다.[3)4)]

2. 선택적 병합(A or B)

(1) 의 의

청구의 선택적 병합이란 동일 목적이나 취지를 위하여 양립가능한 수개의 경합적 청구권에 기하여 급부를 구하거나 수개의 형성권에 기하여 형성적 효과를 구하는 경우에 그 어느 한 청구가 인용될 것을 해제조건으로 하여 수개의 청구에 관한 심판을 구하는 병합 형태이다.[5)] 예컨대 매수에 의한 소유권이전등기청구와 시효취득에 의한 소유권이전등기청구를 함께 하는 경우이다.

동일 목적성이 없어서 관련성이 없는 여러 개의 청구를 선택적으로 병합하는 것은 소송물이 특정되지 아니하고, 처분권주의에 반하여 부적법하다.[6)]

또 특별법조가 우선 적용되는 법조경합관계에 있는 청구와 여러 급부 중 선택하는 선택채권에 기한 청구는 1개의 채권이므로 선택적 병합의 대상이 아니다.

(2) 인정 여부

위 청구권경합의 경우 구실체법설은 실체법상 청구권이 다르므로, 신이론의 이원설은 사실관계가 달리하므로 선택적 병합형태로 인정하나, 신이론 중 일지설은 청구취지가 하나이므로 청구의 병합형태로 인정하지 않고 단지 공격방법의 복수로 본다.

---

1) 강영수, 주석(IV), 218.
2) 대판 75다450.
3) 대판 62다172는 최종의 변론 종결 당시 제1위의 청구의 이행이 불능한 경우에는 제1위의 청구가 이유 없다고 하여 그것을 이유로 제2위의 청구를 배척할 수는 없다고 판시하고 있다.
4) 실체법상 개념인 이행불능되면 절차법상 집행불능될 수 있지만 집행불능되더라도 당연히 이행불능이 되는 것은 아니다. 본안의 소에서 이행불능의 항변이 가능하지만 집행불능은 항변할 수 없다.
5) 대판 96다99.
6) 양립하지 아니하는 청구들을 법원이 자유롭게 택일할 수 있게 하여 법원의 업무경감을 위해 이를 인정하자는 견해가 있다(손한기, 소의 객관적 병합에 관한 연구, 법조 46권 3호(1999. 3), 112 이하).

3. 예비적 병합(A와 B청구 중 A 먼저)

(1) 의 의

심판에 순위 양립불가능한 수개의 청구를 하면서 그 심판에 순위를 붙여 1
차적 청구가 **배척**될 때를 대비하여 2차적 청구에 대하여 심판을 구하면 (진정)예비
적 병합이다. 주위적 청구의 수량만 감축한 예비적 청구나 주위적 청구가 단순이행
청구이고 예비적 청구가 상환이행청구인 경우처럼 흡수관계인 경우는 예비적 병합
이 아니다.[1] 예비적 병합은 1차적 청구에 대하여 증명이 어렵거나 법률적으로 확
신이 없는 경우에 1차적 청구가 배척된 뒤에 다시 신소 제기하는 소송불경제를 덜
고 분쟁의 1회적 해결을 꾀하고 소송내적 조건이므로 허용된다. 그 요건으로 청구
들 사이에 양립 불가능성과 순위성·관련성이 있어야 한다.

(2) 양립 불가능(모순·배척관계)과 순위

예비적 청구는 주위적 청구와 양립하지 않는 모순관계에 있다. 청구들이 양
립되지 않는 배척관계에 있으므로 순위를 붙이는 것이 필요하다.[2] 심판순위의 정
함이 없는 선택적 병합과 구별된다.

(3) 심판의 관련성(동일 목적성)

예비적 병합은 양청구가 법률적, 경제적으로 동일하거나 동종의 생활이익을
목적으로 하여 관련성이 인정되어야 한다.[3] 예컨대 주위적 청구로 가옥의 명도를
구하고 예비적 청구로 이와 무관한 대여금을 청구하는 것은 관련성이 없으므로 피
고의 동의가 없는 한 부적법하다.

(4) 부진정예비적 병합

(가) 판례는 논리적으로 **양립가능**한 <u>선택적 관계</u>에 있는 청구라도 심판순위
와 심판범위를 붙여 주위적 청구가 배척될 경우를 대비하여 예비적 청구에 대한 심
판을 청구할 **합리적인 필요성**이 있는 경우는 소위 부진정예비적 병합이라 하여 진정
예비적 병합과 동일하게 순위에 따라 심판한다.[4]

예컨대 택지공급계약청약권의 준공유자 중 1인이 주위적으로 보존행위로
택지전체에 대한 이전등기절차이행청구와 예비적으로 자기 지분권에 기하여 지분

---

1) 대판 90누1120. 정동윤·유병현, 860; 이시윤, 614.
2) 이시윤, 654.
3) 이에 대하여 모순 내지 배척관계에 있으면 대부분 관련성이 있으므로 관련성을 별도의 요건으로 할 필요는
   없다는 견해가 있다(문일봉 '선택적 병합과 청구권병합' 법조 제48권 제3호).
4) 대판 2001다17633; 98다17145.

에 대한 이전등기절차 이행을 청구는 순서를 붙여서 청구를 할 합리적 필요성이 있다고 인정되므로 법원은 먼저 구하는 청구를 심리하여 이유 없으면 다음 청구를 심리하게 된다.[1] 또 주위적 청구가 전부 인용되지 않을 경우에는 주위적 청구에서 인용되지 아니한 액수의 범위 안에서 판단을 구하는 예비적 청구를 할 수 있다.[2]

(나) 판례상의 부진정예비적 병합을 허용한다면 주위적 청구에 대하여 인용 판결로 예비적 청구가 판단되지 않았으므로 그에 대하여 후소로 제기될 수 있어서 피고가 분쟁에 계속 휘말릴 수 있으므로 예비적 병합으로 인정하지 않아야 한다는 주장도 가능하나, 당사자의 의사를 존중하는 처분권주의와 주위적 청구가 배척될 경우 예비적 청구를 즉시 심리하므로 분쟁해결의 일회성에 타당한 점이 있다.

(다) 순수하게 <u>단순병합</u>으로 청구하여야 할 청구들을 예비적 병합으로 청구 하여도 예비적 병합으로 취급되는 것이 아니다.[3] 따라서 대상청구를 본래의 급부 청구에 예비적으로 병합한 경우에도 본래의 급부청구가 인용된다는 이유만으로 예 비적 청구에 대한 판단을 생략할 수는 없다.[4]

(5) 한편 양립하는 청구를 순위를 붙여 1차적인 매매무효확인청구가 인용될 것을 조건으로 2차적으로 그 매매가 무효인 경우 매매로 넘어간 목적물의 반환도 함께 구하는 경우 독일에서는 이를 부진정 예비적 병합이라 하는데, 2차 청구는 1 차 청구를 전제로 하는 관계이지만 결국 원고는 2개의 승소판결을 구하는 것이므 로 단순병합이다. 다만 이 청구의 경우 1차적 청구가 이유 없으면 2차적 청구는 심 판하지 않아도 된다는 점이 순수한 단순병합과 차이가 있다.[5]

[답변] ① 특정물인도가 인용되더라도 강제집행의 불능사태에 대비하여 장래이행의 소로서 대상청구를 병합하였다면 이는 양립가능하므로 단순병합이다.
② 소송물이론에 따라 다르다. 구실체법설과 신소송물이론의 이분지설에서는 단순병합, 일분 지설에서는 공격방어방법의 경합으로 본다.
③ 예비적 병합이다.
④ 甲의 청구는 변론종결당시 특정물인 명화인도불능을 대비하여 대상청구로 손해배상청구 를 함께 청구한 것으로 양 청구는 양립불가능한 현재이행의 소로서 적법하며 그 병합형태는 진정예비적 병합이다.
⑤ 본절 IV. 5. (1) (가) 참조.

---

1) 대판 2001다17633.
2) 대판 2002다23598.
3) 김홍엽, 858.
4) 대판 2011다30666
5) 정동윤·유병현, 889; 김홍엽, 858.

Ⅳ. 병합청구의 절차와 심판

1. 소가의 산정

단순병합은 병합된 청구의 가액을 합산한다.

선택적·예비적 병합은 중복청구의 흡수의 법리가 적용된다.

2. 병합요건·소송요건의 직권조사

(1) 병합요건은 청구병합의 특유한 소송요건이므로 법원은 이를 직권으로 조사한다. 병합요건에 흠이 있으면 병합이 허용되지 않을 뿐이므로 별소로 취급하면 되고 전속관할 위반인 경우에는 관할법원으로 이송한다.

(2) 병합요건을 갖춘 경우에는 병합된 각 청구에 관하여 일반적인 소송요건을 직권조사하여 흠이 있으면 흠이 있는 해당청구를 각하하거나(219) 이송한다(34).

3. 심 리

(1) 소송자료의 공통

변론, 증거조사, 판결은 동일기일에 수개의 청구에 대하여 공동으로 행하며 증거자료나 사실자료는 모든 청구에 대한 판단자료가 된다.

(2) 소송진행의 공통

변론의 분리는 단순병합에만 인정되며 선택적·예비적 병합에는 불허된다.

4. 종국판결

(1) 단순병합

(가) 판단방법

단순병합된 청구의 판결은 모두에 대하여 전부판결하여야 하나 일부판결도 가능하다. 하나의 전부판결을 한 경우에는 일부청구에 대해서만 불복하더라도, 상소불가분의 원칙상 모든 청구가 이심되어 확정이 차단되나 심판대상은 불이익변경금지원칙상 불복범위에 한정된다(415).

(나) 재판누락

법원이 청구의 일부에 관하여 재판을 누락한 경우 법원은 추가판결한다(212①). 변론분리·일부판결시에는 각각의 청구에 대해 별도로 상소할 수 있고, 상소된 청구에 대해서만 이심된다.

(2) 선택적 병합과 예비적 병합

(가) 선택적 병합은 수개의 청구가 하나의 소송절차에 불가분적으로 결합되어 있기 때문에 선택적 청구 중 하나만을 기각하는 일부판결은 선택적 병합의 성질에 반하는 것으로서 법률상 허용되지 않는다.[1] 예비적 병합도 판결의 모순저촉 우려 때문에 일부판결을 할 수 없다.

(나) 판단방법은 ① 선택적 병합은 원고 승소시 하나에 대하여만 판단하면 되나, 원고패소시 모든 청구에 대하여 배척판단이 필요하다. ② 예비적 병합은 주위적 청구가 인용되면 나머지 청구에 대하여는 심판을 요하지 아니하나 주위적 청구가 기각되는 경우만 예비적 청구에 대하여 판단한다.

(다) 재판 또는 판단누락

선택적 병합에서 원고패소 판결을 하면서 병합된 청구 중 어느 하나라도 판단하지 않거나, 예비적 병합에서 주위적 청구를 먼저 판단하지 않거나, 주위적 청구를 배척하면서도 예비적 청구를 판단하지 않은 경우에 누락된 부분이 판단누락인지 재판누락인지와 그 처리를 어떻게 할 것인지의 논의된다.

1) **선택적 병합**

가) 재판누락으로 보아 추가판결할 것이라는 **추가판결설**, 판단누락에 준하여 상소로써 구제할 것이라는 **상소설**, 하나의 청구에 대한 판단을 누락하였으므로 재판누락이나 위법판결이므로 상소로 구제하여야 한다는 견해[2] 등이 있다. 판례는 판단누락으로 보고 상소의 대상이 된다고 본다.[3]

나) 이 경우 항소심은 사건을 제1심으로 환송할 것(환송설)이 아니라 원심판결을 취소하고 새로이 자판하여야 할 것이다(취소자판설).

2) **예비적 병합**

판례는 한때 재판누락이므로 추가판결대상이라고 보다가 대법원은 98다22253(전합)판결에서 견해를 변경하여 예비적 병합의 성질상 하나의 불가분의 전부판결이라고 보고 판단누락에 준하여 상소로 구제된다고 보았다. 별소로 다투는 것은 소익이 없다.[4] 항소심은 제1심에 환송할 것이 아니라 취소자판하여야 할 것이다(취소자판설).

---

1) 대판 96다99
2) 호문혁, 788.
3) 대판 96다99.
4) 대판 98다17145.

5. 항소심의 심판대상

(1) 선택적 병합

(가) 선택적 병합청구 중 일부 인용되어 제1심법원이 판단하지 않은 나머지 청구는 청구상호간의 불가분적 결합관계에 의하여 (형식적으로는 일부판결이지만) 사건완결의 전부판결을 한 것이며 심판하지 않은 나머지 청구도 실질적으로는 판단한 것처럼 되어 상소불가분의 원칙이 적용되어 항소심으로 이심되고, 모두 항소심의 심판대상이 된다.[1)2)] 따라서 선택적 병합청구 중 인용된 청구에 대하여 피고만 항소한 경우 항소심은 심판되지 아니한 청구를 임의로 선택하여 심리할 수 있고, 심리 결과 제1심에서 인용되었던 청구가 이유 없고 다른 청구가 이유가 있으면 피고의 항소를 기각해서는 안 되며 제1심판결을 취소하고 그 결론이 제1심판결의 주문과 동일한 경우에도 다른 청구를 인용하는 주문을 선고하여야 한다.[3)] 이것은 구실체법설에 의하면 제1심과 항소심에서 심판의 대상이 된 각 소송물이 다르기 때문이다.[4)] 이와 달리 항소심에서 인정되는 다른 청구를 인용하여 항소를 기각한다는 견해가 있다.[5)]

(나) 실질적으로 선택적 병합 관계에 있는 두 청구를 주위적·예비적으로 순위를 붙여 한 청구에 대하여 제1심법원이 주위적 청구를 기각하고 예비적 청구만을 인용하는 판결하여 피고만이 항소를 제기한 경우에도, 항소심으로서는 두 청구 모두를 심판의 대상으로 삼아야 한다. 이는 병합의 형태는 당사자의 의사가 아닌 병합청구의 성질을 기준으로 판단하기 때문이다.[6)]

(2) 예비적 병합

(가) 예비적 병합의 주위적 청구가 인용된 경우

주위적 청구를 인용하는 판결은 위와 같이 전부판결로서 이러한 판결에 대하여 피고가 항소하면 제1심에서 심판을 받지 않은 다음 순위의 예비적 청구도 모두 이심되고 항소심이 제1심에서 인용되었던 주위적 청구를 배척할 때에는 주위적

---

1) 대판 96다99. 이시윤, 695.
2) 대판 98다17145. 이러한 판례의 입장에 대하여 필수적 공동소송의 합일확정성은 제67조의 규정에 근거를 두고 있으나 예비적·선택적 병합의 청구상호간의 불가분성은 명문 규정이 없이 인정할 근거가 없다는 견해가 있다(한충수, 381).
3) 대판 92다7023; 2006다7587·7594.
4) 김홍엽, 862.
5) 정동윤·유병현, 865.
6) 대판 2013다96868.

청구와 해제조건관계인 다음 순위의 예비적 청구에 관하여 심판을 하여야 하며[1] 예비적 청구가 이유가 있는 경우 피고의 불복대상이 아닌 예비적 청구는 불이익변경금지 원칙상 심판할 수 없다고 할 수도 있으나 예비적 청구의 불가분적 조건관계상 인용하는 판결을 할 수 있다.[2]

(나) 주위적 청구는 기각되고 예비적 청구가 인용된 경우

1) 피고만이 패소부분인 예비적 청구의 인용에 대하여 항소하면 불복되지 않은 주위적 청구는 양 청구의 불가분적 성질상 함께 항소심에 이심되나, 항소심의 심판범위는 피고가 불복신청한 범위에 한하여(415 본문) 예비적 청구를 인용한 제1심판결의 당부에 그치고, 원고의 부대항소가 없는 한 주위적 청구는 심판대상은 아니다.[3]

2) 한편 원고의 주위적 청구를 기각하면서 예비적 청구를 일부 인용한 판결에 대하여 피고만이 항소한 경우 피고의 항소에 이유가 있는 때에는 항소심은 1심판결 중 예비적 청구에 관한 피고 패소 부분만 파기하여야 하고, 심판대상이 되지 아니한 주위적 청구 부분은 예비적 청구에 관한 취소판결(상고심의 경우에는 파기환송판결)의 선고와 동시에 확정된다(부대항소나 청구의 변경 등의 가능성이 없는 경우 판결선고시설).[4]

이는 단순병합청구의 경우 불복하지 아니한 청구는 원심판결의 선고와 동시에 확정되어 소송이 종료되는 점과 다르다.[5]

3) 판례는 피고만이 항소하여 원고의 주위적 청구가 항소심의 심판대상이 아닌 경우에도 피고가 항소심의 변론에서 원고의 주위적 청구를 인낙하여 그 인낙이 조서에 기재되면 그 조서는 확정판결과 동일한 효력이 있고, 그 인낙으로 인하여 주위적 청구의 인용을 해제조건으로 병합심판을 구한 예비적 청구에 관하여는 심판할 필요가 없어 사건이 그대로 종결된다고 한다.[6] 이는 주위적 청구는 현실적인 심판대상이 아니라도 항소심에 이심되어 있고 분쟁의 자주적 해결의 기회를 넓히기 위해서도 주위적 청구를 인낙할 수 있다고 할 것이다.

4) 한편 원고만이 패소부분인 주위적 청구의 기각에 대하여 항소하면 불

---

1) 대판 98다22253. 또한 원고의 주위적 청구 중 일부를 인용하고 예비적 청구를 모두 기각한 제1심판결에 대하여 피고가 불복 항소하자 항소심이 피고의 항소를 받아들여 제1심판결을 취소하고 그에 해당하는 원고의 주위적 청구를 기각하는 경우, 항소심은 기각하는 주위적 청구 부분과 관련된 예비적 청구를 심판대상으로 삼아 판단하여야 한다고 판시하였다.

2) 전병서, 611.

3) 대판 94다31624.

4) 대판 2005다67971; 2001다62213.

5) 대판 94다44644.

6) 대판 92다12032. 김홍엽, 833.

복되지 않은 예비적 청구는 항소심에 이심되나 불이익변경금지의 원칙상 항소심의 심판의 대상은 아니다. 항소심이 주위적 청구의 원인사실을 인정한다면 항소를 인용하여 제1심판결을 취소하고, 주위적 청구를 인용한다. 이 때 예비적 청구는 해제조건의 성취로 소멸되며 제1심의 예비적 청구의 인용판결이 확정되는 것이 아니다.

또 이 경우 항소심이 주위적 청구와 1심이 인용했던 예비적 청구 모두 이유가 없다고 판단되는 경우에도 불이익변경금지의 원칙상 예비적 청구를 기각할 수 없으며 1심판결을 유지해야 하고 그 결과 원고의 주위적 청구에 대한 항소를 기각하여 하여야 하며 안 된다.

《사례》 甲은 乙에게 건축자재를 납품하고 그 대금을 구하는 소를 제기하면서 납품계약이 무효라면 위 건축자재의 반환청구를 예비적으로 추가하였는데, 법원은 예비적 청구에 대하여는 아무런 판단을 하지 아니한 채 주위적 청구만 기각하는 판결을 하였다. 이 경우 甲이 예비적 청구에 대하여 법원의 판단을 받을 수 있는 적절한 방법은?

∖∖ **사례해설**

예비적 병합의 성질상 하나의 불가분의 전부판결이라고 보고 핀딘누락에 준하여 **상소**로 항소심의 판단을 구할 수 있다. 예비적 청구에 대하여 **별소**를 제기할 수 있는지에 관하여 판단누락설에 의하면 전소에서 예비적 청구는 재판을 받지 않았기 때문에 기판력이 발생하지 않았으므로 다시 별소를 제기할 수 있고, 재판누락설에 의하면 아직 전 소송에 계속중에 있으므로 별소는 중복소송에 해당하며, 판례는 상소절차를 이용할 수 있었음에도 그를 이용하지 아니하고 당연무효가 아닌 그 판결을 확정시켰다면 그 판결은 위법한 오류가 있는 그대로 확정되며 그 후 별소로 다시 제기하는 것은 특별한 사정이 없는 한, 그의 권리보호를 위한 적법요건을 갖추지 못하여 허용될 수 없다고 본다. 다만 당사자가 상고하여 그 예비적 청구에 대한 항소심의 판단이 누락되었다는 위법사유를 지적하였음에도 그 쟁점에 관한 판단을 빠뜨린 채 상고심판결이 확정되면 당사자는 재심사유를 주장·입증하여 그 상고심판결에 대한 **재심**을 구할 수 있다고 판시하고 있다.[1] ∖∖

관련판례

1. 대판 98다17145

성질상 선택적 관계에 있는 양 청구를 당사자가 주위적, 예비적 청구 병합의 형태로 제소함에 의하여 그 소송심판의 순위와 범위를 한정하여 청구하는 이른바, **부진정 예비적 병합** 청구의 소도 허용되는 것이며, 아울러 주위적 청구가 전부 인용되지 않을 경우에는 주위적 청구에서 인용되지 아니한 수액 범위 내에서의 예비적 청구에 대해서도 판단하여 주기를 바라는 취지로 불가분적으로 결합시켜 제소할 수도 있는 것인 바, 그 사건이 상소되면 그 예비적 청구부분도 재판의 탈루가

---

1) 대판 98다17145.

됨이 없이 이심되어 당사자는 상소심에서 그 위법사유에 대한 시정판단을 받는 등 진정한 예비적 청구 병합 소송에서와 마찬가지로 규율될 것이다.[1]

<선택형>

1. 청구병합에 관한 다음 중 옳은 것은[2]

① 법원이 변론병합의 결정을 한 경우 그 결정에 불복하는 당사자는 즉시항고할 수 있다.
② 수개의 청구에 관한 심판을 구하는 하나의 소를 제기하려면 그 청구의 기초가 동일하여야 한다.
③ 물건의 인도를 구하는 청구와 그 집행불능의 경우에 대비하여 그 물건의 가격상당액의 지급을 구하는 대상청구를 하나의 소로 제기한 경우 법원은 대상청구에 법률상 근거가 없다고 판단한 경우 대상청구에 관하여 판결을 할 필요가 없다.
④ 이혼청구와 그 이혼청구의 원인인 사실에 의해 발생한 손해배상청구는 가정법원에 하나의 소로 제기할 수 없다.
⑤ 동일한 회사에 관하여 그 설립무효의 소 또는 설립취소의 소가 제기된 때에는 법원은 이를 병합심리하여야 한다.

2. 병합소송의 심판방식에 대한 다음 설명 중 옳지 않은 것은? (다툼시 판례에 의함)[3] [법전협 2012. 3차]

① 병합소송을 심리할 때 법원은 먼저 병합에 특유한 소송요건인 병합요건이 구비되었는지를 직권으로 조사하여야 한다.
② 단순병합에서 전부판결을 할 의사로 판결을 하였으나 일부에 관한 재판을 누락한 경우 직권 또는 당사자의 신청에 따라 원심법원이 추가판결을 하여야 하며 상소로 시정을 구할 수는 없다.
③ 예비적 병합에서 주위적 청구를 배척하는 판결만 하고 예비적 청구를 판단하지 않거나, 주위적 청구를 제쳐놓고 예비적 청구를 먼저 판단하는 경우에는 재판의 누락으로 보아 원심법원이 추가판결을 하여야 한다.
④ 예비적 병합의 경우에 주위적 청구를 기각하고 예비적 청구를 인용한 원판결에 대하여 피고가 그 패소부분에 대하여 항소한 때에는 불복하지 아니한 주위적 청구의 기각부분도 이심하지만 원고가 항소나 부대항소를 하지 아니하는 한 항소심의 심판의 대상이 되지 않는다.

3. 청구의 객관적 병합에 관한 설명 중 옳지 않은 것은? (다툼시 판례에 의함)[4] [변호사 2013]

① 소송목적의 값의 산정은 단순병합의 경우에는 원칙적으로 병합된 청구의 값을 합산하나,

---

1) 이 판결요지에 대하여는 이미 상소가능성이 없어진 상태에서 새로운 소제기를 부적법하다고 함은 권리보호이익을 부당하게 확대 적용하여 권리보호가능성을 축소한다는 비판이 있다(호문혁 793).
2) ⑤. 상법 188. ① 변론병합 여부는 법원의 소송지휘에 관한 직권사항에 관한 결정으로서 당사자는 즉시항고할 수 없다. ② 청구기초의 동일성은 청구변경의 요건이다. ③ 물건인도청구와 그 집행단계에서 인도불능을 대비한 대상청구는 양립이 가능한 단순병합으로서 법원은 양자 모두에 관하여 판결하여야 한다. ④ 가사소송법 제2조 나류와 다류 2호 사건으로서 가정법원에 하나의 소로서 제기할 수 있다.
3) ③. 판례는 판단누락으로 본다(대판 98다22253). ② 제212조. ③ 대판 2002므852.
4) ⑤. 판단되지 않은 청구부분은 판단의 누락으로 본다(대판 96다99; 2010다8365). ④ 대판 2005다20064·20071.

선택적·예비적 병합의 경우에는 병합된 청구의 값 중 다액을 기준으로 한다.

② 甲이 乙에 대한 확정판결에 기하여 X 토지에 관한 소유권이전등기를 마친 경우, 乙이 甲을 상대로 위 확정판결에 대한 재심의 소를 제기하면서 위 소유권이전등기의 말소청구를 병합하는 것은 허용되지 아니한다.

③ 수 개의 청구가 제1심에서 선택적으로 병합되고 그중 어느 하나의 청구에 대한 인용판결이 선고되어 피고가 항소를 제기한 경우, 항소심에서는 선택적으로 병합된 위 수 개의 청구 중 어느 하나를 임의로 선택하여 인용할 수 있다.

④ 제1심에서 이미 충분히 심리된 쟁점과 관련한 반소를 항소심에서 제기하는 것은 상대방의 심급의 이익을 해할 우려가 없는 경우에 해당되므로 허용된다.

⑤ 선택적 병합에서 원고 패소판결을 하면서 병합된 청구 중 어느 하나를 판단하지 않은 경우, 판단되지 않은 청구부분은 재판의 누락으로서 제1심법원에 그대로 계속되어 있다고 볼 것이다.

---

4. 복수청구소송에 대한 다음 설명 중 옳은 것은? (다툼시 판례에 의)[1]   [법전협 2013. 1차]

① 여러 개의 청구는 같은 종류의 소송절차에 따르는 경우에만 하나의 소로 제기할 수 있다.

② 목적물의 인도청구와 함께 판결 확정 후 집행불능이 될 것을 대비하여 전보배상으로 그 목적물 가액상당의 금전의 지급을 구하는 대상청구를 병합하는 것은 소의 예비적 병합에 해당한다.

③ 선택적 병합에 대하여 원고패소판결을 하면서 병합된 청구 중 일부에 대하여 판단을 하지 않은 경우에는 재판의 누락이므로 추가판결을 하여야 한다.

④ 예비적 병합에서 주위적 청구는 제쳐 놓고 예비적 청구만을 먼저 하는 일부판결은 재판누락이므로 추가판결을 하여야 한다.

⑤ 예비적 병합의 경우 주위적 청구를 기각하고 예비적 청구에 대하여 법원이 판결을 하지 아니하였으나 당사자가 다투지 아니하여 판결이 확정되었다면 판결하지 않은 부분은 별소로 다툴 수 있다.

---

5. 소의 객관적 병합에 관한 설명으로 옳지 않은 것은? (다툼시 판례에 의함)[2]   [법전협 2013. 3차]

① 여러 개의 청구는 같은 종류의 소송절차에 따르는 경우에만 하나의 소로 제기할 수 있다.

② 성질상 선택적 관계에 있는 양 청구를 당사자가 주위적, 예비적 청구 병합의 형태로 제소함에 있어서 그 심판의 순위와 범위를 한정하여 청구하는 경우 법원은 합리적 필요성이 있다고 판단되면 그 순서에 따라 판단한다.

---

1) ①. 제253조. ② 단순병합이다(대판 2010다77781). ③ 선택적 청구들 상호간에 불가분적 결합관계에 있으며 선택적 병합청구에 관하여 아무런 판단도 하지 아니한 채 원고의 청구를 기각하는 것은 판단누락에 해당한다(대판 2010다8365). ④ 판단누락에 해당한다(대판 98다22253). ⑤ 상고로 다툴 수 없는 특별한 사정이 없었음에도 상고로 다투지 아니하여 그 항소심판결을 확정시킨 후 그 예비적 청구의 전부나 일부를 소송물로 하는 별도의 소송을 새로 제기하는 것이 권리보호 요건을 갖추지 못한 부적법한 소제기이다(대판 98다17145).

2) ③. 이 경우 현재 급부청구와 장래의 급부청구와의 단순병합이다(대판 2011다30666). ① 제253조. ② 대판 98다17145. ⑤ 항소제기에 의한 이심의 효력은 당연히 사건 전체에 미쳐 주위적 청구에 관한 부분도 항소심에 이심되지만, 항소심의 심판범위는 피고가 불복신청한 범위, 즉 예비적 청구를 인용한 제1심판결의 당부에 한정되는 것이므로, 원고의 부대항소가 없는 한 주위적 청구는 심판대상이 될 수 없고, 그 판결에 대한 상고심의 심판대상도 예비적 청구 부분에 한정된다(대판 2002므852).

③ 채권자가 본래적 급부청구에다가 집행불능에 대비한 전보배상청구를 병합하여 제소한 경우 양자는 주위적, 예비적 병합 관계에 있다.

④ 화주(貨主)는 화물이 훼손된 경우 운송인에 대하여 운송계약불이행으로 인한 손해배상과 불법행위로 인한 손해배상을 경합적으로 청구할 수 있고 이는 선택적 병합에 해당한다.

⑤ 제1심법원이 원고의 주위적 청구를 기각하고 예비적 청구만을 인용하는 판결을 선고한데 대하여 피고만이 항소한 경우 원고의 부대항소가 없는 한 주위적 청구는 항소심의 심판대상이 될 수 없다.

---

6. 원고 甲은 피고 乙을 상대로 별지목록기재 부동산에 대한 소유권이전등기청구소송을 제기하면서 아래와 같은 청구취지를 기재하였다. 그런데 아래와 같은 1심판결을 선고받았다. 이 판결에 대한 설명 중 옳지 않은 것은? (다툼시 판례에 의함)[1]　　　　　[법전협 2013. 3차]

[주위적 청구취지] 1. 피고는 원고에게 별지목록 기재 부동산에 관하여 2010. 3. 3. 매매를 원인으로 한 소유권이전등기절차를 이행하라. 2. 소송비용은 피고의 부담으로 한다.

[예비적 청구취지] 1. 피고는 원고에게 1억원 및 이에 대한 2009. 4. 5.부터 다 갚는 날까지 연 10%의 비율에 의한 금원을 지급하라. 2. 소송비용은 피고의 부담으로 한다.

[판결주문] 1. 피고는 원고에게 별지목록 기재 부동산에 관하여 2010. 3. 3. 매매를 원인으로 한 소유권이전등기절차를 이행하라. 2. 소송비용은 피고의 부담으로 한다.

① 원고는 원칙적으로 항소 이익이 없다.

② 피고는 소송비용 부담 재판에 대해서만 불만이 있더라도 항소할 수는 없다.

③ 1심법원이 원고의 주위적 청구를 기각하는 경우에는 당연히 예비적 청구부분에 대해서도 판단하여야 한다.

④ 피고가 위 판결에 대해 항소를 제기한 경우 예비적 청구부분도 항소심으로 이심된다.

⑤ 피고가 위 판결에 대해 항소를 제기한 경우 항소법원은 원고의 주위적 청구가 이유없다고 판단하는 경우에도 이심된 예비적 병합청구에 대해서는 원칙적으로 판단을 할 수 없다.

---

7. 청구의 병합에 관한 다음 설명 중 옳지 않은 것은? (다툼시 판례에 한함)[2]　　　　　[법전협 2015. 1차]

① 확정판결에 기하여 토지에 대한 소유권이전등기를 마친 경우, 그 확정판결에 대한 재심의 소를 제기하면서 위 소유권이전등기의 말소청구를 병합하는 것은 허용되지 않는다.

② 선택적 병합의 경우에 한 개의 청구를 인용한 판결에 대하여 피고가 항소한 경우에 제1심에서 심판하지 않은 청구까지 모두 항소심으로 이심된다.

③ 예비적 병합의 경우에 주위적 청구를 기각하고 예비적 청구를 인용한 판결에 대하여 피고만 항소하면 항소법원은 예비적 청구에 대해서만 심판하여야 한다.

---

1) ⑤. 예비적 병합은 주위적 청구가 인정되지 않은 경우 예비적 청구가 항소심의 현실적인 심판의 대상이 된다. ① 주위적 청구가 인용되면 원고는 전부승소한 것이 되어 항소이익이 없다. ②제391조. ③ 예비적 병합은 주위적 청구가 기각될 경우에만 심판한다. ④ 피고 항소시 예비적 병합의 특성상 예비적 청구도 함께 확정 차단되고 이심된다.

2) ④. 선택적 병합의 심리순서는 법원의 재량이다. ① 재심절차에서 재심청구에 민사상의 청구를 병합할 수 없다 (대판 71다8). 또 공유물분할청구하면서 그 분할판결이 확정될 것을 조건으로 지분이전등기청구를 병합하는 경우 후자의 이전등기청구는 공유물분할판결이 창설적 판결이고 공유물분할판결만으로도 원고 또는 피고가 공유물분할에 따른 목적물의 분필등기 및 지분이전등기를 단독으로 신청할 수 있다는 점에서 소익이 인정되지 않아 부적법하다. ② 선택석 병합의 성질 또는 성소불가분의 원칙상 같이 이심된다. ③ 불이익변경금지원칙이 적용된다. ⑤ 각 청구는 관련성이 없어 별개로 판단되어 판결에서 누락된 청구는 추가판결한다.

④ 제1심에서 청구가 기각되어 원고가 항소한 다음 항소심에서 청구를 선택적으로 병합한 경우 제1심에서 기각된 청구를 먼저 심리하여야 한다.

⑤ 단순병합의 경우에 병합된 청구에 관하여 법원이 하나의 청구라도 판단을 빠뜨리면 추가판결을 하여야 한다.

제2절 청구의 변경

Ⅰ. 의 의

(1)청구의 변경은 소송계속 후 원고가 동일 피고에 대한 본래의 청구(소송물)를 변경하는 것이다(262). 소송물이 변경되려면 청구취지 또는 청구원인을 변경하는데 새로운 청구로 바꾸거나 새로운 청구를 추가시키는 것이다.

(2) 원고가 소송상의 청구를 잘못 선택한 경우 종래의 소송절차를 유지하면서 분쟁해결에 적합하도록 변경하여 패소되지 않도록 하고 소송계속중 얻어진 소송자료를 병합되는 신청구의 판단에 이용함으로써 소송경제를 꾀할 수 있다.

(3) 한편 청구변경을 무한정 허용한다면 피고의 방어권을 침해할 수 있고 소송촉진에 반할 수 있으므로 원고의 편의와 피고의 보호 및 소송촉진과 조화가 필요하므로 그 인정범위를 일정한 경우로 제한한다.

Ⅱ. 청구변경의 인정범위

소송물의 이론에 따라 청구변경의 개념과 인정범위가 달라질 수 있다. 예컨대 소유권이전등기의 소를 제기하면서 매매사실을 원인으로 하다가 취득시효사실을 원인으로 변경하는 경우에 일분지설에 의하면 청구의 변경에 해당하지 않지만 구실체법설·이분지설은 청구의 변경이 된다.

1. 청구취지의 변경

청구취지의 변경은 원칙적으로 청구의 변경이 된다. 예컨대 건물인도청구를 하다가 동일 건물의 소유권확인청구로 바꾸는 경우와 같이 소의 종류를 변경하거나, Α 건물의 인도청구 하다가 B건물의 인도청구로 그 대상을 변경하는 경우 등이다. 대위에 의한 말소등기청구를 진정명의회복을 위한 소유권이전등기로 변경하는 것은 판례에 의하면 양 청구(소송물)은 실질적으로 동일한 것이나[1] 전자는 채권자대위소송이고 후자는 직접청구이므로 청구변경에 해당된다.[2]

　　소송물의 동일성에는 변동이 없이 청구취지에 기재한 수량만을 확장 또는 감축하는 심판범위의 변경도 청구의 변경에 해당되는지 논의된다.

(1) 청구의 확장

　　상환이행청구에서 단순이행청구로 바꾸는 질적 확장은 청구변경이다. 또한 소유권이전등기청구소송에서 그 대상을 1필지의 토지 일부에서 전부로 변경하거나[3] 명시적 일부청구에서 전부청구하는 양적 확장은 명시설에 의하면 소송물에 변경을 가져오므로 청구변경이나[4] 묵시적 일부청구에서 잔부청구까지 확장하는 것은 소송물의 변동이 없으므로 청구변경이 아닐 수 있으나, 피고의 방어범위확대에 따른 방어권보장과 소송경제를 위하여 청구변경으로 취급해야 할 것이다.[5]

(2) 청구의 감축과 청구취지의 보충·보정

　　청구의 감축은 양적, 질적 감축 모두 피고의 방어권에 영향이 없으므로 청구변경에 해당하지 않는다. 다만 감축된 한도에서 소의 일부취하 또는 일부포기 중 어느 쪽으로 볼 것인가는 문제이나 원고의 의사가 불분명하면 원고에게 유리한 소의 일부취하로 볼 것이다.[6] 불분명한 청구취지를 보충·정정하는 것은 청구변경이 아니다.[7]

2. 청구원인의 변경

(1) 실체법상 권리 변경

　　청구취지는 그대로 두고 예컨대 동일한 사실관계에서 손해배상청구를 하면서 그 원인을 불법행위에서 채무불이행 또는 부당이득청구로 실체법상 권리 변경만 바꾸는 경우 구이론에서는 청구변경에 해당되나, 신이론에서는 공격방법의 변경에 불과하고 청구변경으로 보지 않는다.

---

1) 대판 99다37894.
2) 대판 2002다41435.
3) 대판 96다50520.
4) 대판 96다50520.
5) 대판 63다689. 김홍엽, 866; 정동윤·유병현, 870.
6) 대판 71다1371; 83다카450.
7) 대판 2005다74863.

(2) 청구원인의 사실관계 변경

소유권이전등기청구의 소에서 등기원인을 매매로 주장하다가 취득시효완성을 추가적으로 변경하거나,[1] 금전지급이나 대체물인도청구에 있어서 청구원인에 기재된 사실을 별개의 것으로 바꾸는 경우(예컨대 2014. 3. 3. 대여한 1억원을 청구하다가 2014. 8. 8. 대여한 1억원의 청구로 변경한 경우)는 구이론과 이분지설에서는 청구변경이다. 이 경우 공격방법의 변경이라고 보게 되는 일분지설에서는 청구원인의 변경도 청구변경이라는 제262조 1항을 설명하기 곤란하게 된다.

(3) 공격방법의 변경

소송상 청구를 떠받드는 공격방법의 변경은 청구의 변경이 아니다. 매매예약완결행사로 인하여 가등기에 기한 본등기청구를 하면서 위 가등기의 피담보채권을 대여금채권에서 손해배상채권이라고 변경하더라도,[2] 사해행위취소의 청구하면서 그 보전하고자 하는 채권을 추가하거나 교환하는 것은 청구의 변경이 아니다.[3]

Ⅲ. 청구변경의 모습

1. 교환적 변경(A→B)

(1) 청구의 교환적 변경은 구청구에 갈음하여 신청구를 제기하는 경우이다. 통설과 판례는 구청구 취하와 신청구 추가의 결합형태로 본다(결합설).[4]

(2) 피고 동의가 필요한가에 관하여 **동의필요설**은 피고는 기각판결을 받을 이익이 있으므로 피고의 동의가 필요하다고 보고 동의를 얻지 못하면 구청구에 신청구를 추가한 것으로 본다.[5] **동의불요설**은 청구기초에 변화가 없음을 전제로 하므로,[6] 또는 제262조 문언상 동의요구를 하지 않으므로[7] 동의는 필요하지 않다고 본다. 판례는 결합설 입장이지만, 청구기초가 동일하다는 이유로 동의불요설 입장이다.[8]

---

1) 대판 96다50520.
2) 대판 92다11848.
3) 대판 2001다13532; 2010다80503.
4) 대판 2002다56987. 이시윤, 698.
5) 이시윤, 698.
6) 대판 69다2172. 정동윤·유병현, 879.
7) 호문혁, 798.
8) 대판 69다2172.

2. 추가적 변경(A→ A+B)

추가적 변경은 구청구를 유지하면서 신청구를 추가 제기하는 경우에는 후발적 병합요건을 필요로 한다. 병합형태에 따라 단순·선택적·예비적 병합이 된다. 추가적 변경으로 인하여 소가변동으로 단독판사에서 합의부로 이송할 수 있다.

3. 변경형태가 불명한 경우

청구의 변경이 교환적인지 추가적인지의 여부는 당사자의 의사해석에 의할 것이나, 당사자의 의사가 불분명하면 법원은 석명하여 이를 밝혀야 한다.[1] 다만 당사자로서는 소송종료시킬 의도로 청구변경할 리가 없을 것이므로[2] 신청구가 부적법하게 되는 경우까지 구청구가 취하되는 교환적 변경이라 할 수 없다.[3]

Ⅳ. 요 건

≪사례≫ 甲은 그의 소유인 A 건물을 乙이 불법으로 점유하고 있다고 주장하여 乙에 대하여 A건물의 인도를 구하는 소송을 제기하였다. 이에 대하여 乙은 A 건물은 이미 무너져 없어졌으며 현재의 건물은 그 자리에 새로 지은 B 건물로서 그 소유권은 乙에게 있다고 주장했다. 그러자 甲은 가령 乙의 주장이 정당하다면 B 건물의 대지인 C 토지의 소유권에 기하여 乙에 대하여 B 건물을 철거하고 C 토지의 인도를 요구하려고 하고 있다.

[1] 甲은 청구변경절차를 활용할 수 있는가?
[2] 어쨌든 甲은 청구변경절차를 밟았다. 이에 대하여 피고 乙이 이의를 하지 않는 경우 청구변경은 유효한가?
[3] 乙이 동의하여 청구변경절차를 밟은 경우 甲이 추가적 변경을 했다면 그 병합형태는 어떤가?
[4] 甲은 청구변경제도 이외에 어떤 절차를 취할 수 있는가?

1. 청구기초의 동일성

(1) 청구기초의 의미

청구기초는 **구청구와 신청구 간의 관련성**을 뜻하지만 그 동일성이 구체적으로 무엇을 의미하는가에 관하여 이익설, 사실설(사실자료동일설, 기본적 사실설), 병용설의 대립이 있다. 청구기초에 관하여 **이익설**은 청구를 특정한 권리로 구성하기 전의 사

---

1) 대판 2002다4135.
2) 김홍엽, 869.
3) 대판 73다1449.

실적인 이익분쟁 자체로 파악하고, **사실자료공통설**은 각 청구의 사실자료의 공통성 여부로 판단하고, **기본적사실설**은 사건의 동일인식을 표시하는 기본적 사실로 파악하며, **병용설**은 양 청구가 재판자료와 이익관계의 공통되는 경우로 파악한다. 판례는 대체로 이익설 입장이다.[1] 각 학설 구체적 적용결과는 큰 차이가 없다.[2]

(2) 판례상 청구기초가 동일한 경우

(가) 청구원인은 동일한데 청구취지만 변경한 경우

청구취지의 금액을 증감하는 경우,[3] 같은 지상의 방해물철거를 구하면서 그 대상만을 달리한 경우, 토지인도청구에서 그 지상가건물의 철거를 추가한 경우[4] 등이다.

(나) 신·구 청구 중 한쪽이 다른 쪽의 변형물·부수물인 경우

목적물의 명도를 구하다가 그 이행불능을 원인으로 한 전보배상청구하거나,[5] 임대료 상당의 손해배상금청구를 추가하는 경우,[6] 원본청구에 이자청구를 추가하는 경우는 청구기초가 동일하다.

(다) 같은 목적의 청구이나 그 법률적 구성을 달리하는 경우

물건인도를 소유권에 기하여 청구하다가 점유권으로 바꾸는 경우에는 신소송물론에서는 공격방법의 변경으로 본다.

(라) 같은 사실 내지 분쟁에서 그 해결방법만 달리하는 경우

어음금청구를 원인채권청구로,[7] 소유권이전등기청구에서 매매를 원인으로 하다가 대물변제로 변경하는 경우[8] 등이다.

그러나 판례는 건축공사대금채권의 부존재확인청구를 건물소유권확인청구로 변경하는 경우,[9] 어음금청구를 전화가입권 명의변경청구로 변경하는 경우[10] 등은 청구기초의 변경이 있다고 본다.

(3) 동일성 요건의 성질

동일성은 피고의 방어이익을 보호하기 위한 사익적 요건이므로 피고의 동

---

1) 대판 97다44416; 96다32133; 2007다56524. 사실자료공통설적인 판례도 있다(대판 64다480)
2) 이시윤, 700; 정동윤·유병현, 873; 정영환, 737.
3) 대판 83다카514.
4) 대판 69다1867.
5) 대판 69다413.
6) 대판 63다973.
7) 대판 65다2635.
8) 대판 96다32133.
9) 대판 4290민상230.
10) 대판 64다480; 김홍엽, 879.

의나 이의 없이 변론행위를 한 때에는 청구기초의 동일성이 없더라도 청구의 변경을 허용할 수 있고,[1] 이에 대하여 이의하지 않으면 이의권은 상실된다.[2]

2. 소장부본 송달 후 사실심 변론종결 전일 것

(1) 청구변경 가능시기

사실심 변론종결 후의 청구변경은 원칙적으로 허용되지 않으므로 상고심에서 변론을 열더라도 청구변경은 허용되지 않고,[3] 소장부본 송달 전에는 원고가 자유롭게 소장 기재를 보충·정정할 수 있으나 이는 청구의 변경이 아니다.

(2) 항소심에서의 청구의 교환적 변경

(가) 항소심에서는 청구기초가 동일하므로 상대방 동의 없이 청구변경 가능하다(408, 262). 그러나 항소심에서 다른 청구와 교환적 변경을 하고 나서 다시 본래의 구청구로 교환적 변경을 한 경우에는 종국판결이 있은 후 소를 취하하였다가 동일한 소를 다시 제기한 경우에 해당하여 부적법하다.[4]

(나) 항소심에서 교환적 변경에 의하여 구청구의 소송계속은 소급적으로 소멸되므로 항소심에서는 구청구에 대한 제1심판결을 취소할 필요 없이 심판대상인 신청구에 대하여만 제1심으로서 판결을 하게 된다.[5] 따라서 실질적으로 제1심으로 심판하는 신청구에 대하여 소취하는 가능하지만 항소취하를 할 수 없다.[6]

(다) 항소심에서 교환적 변경한 신청구를 배척하여야 할 경우 항소법원은 신청구에 대하여 청구기각한다는 주문표시를 하며 제1심의 주문표시가 일치되어도 항소기각을 해서는 안 된다.[7]

(라) 1억원의 매매대금청구가 인용되자 피고가 항소한 후 원고가 항소심에서 청구취지는 동일하나 청구원인에서 실체법상의 권리만 변경한 경우 예컨대 1억원의 매매대금청구에서 부당이득반환청구로 교환적으로 변경한 경우에 항소심이 매매대금채권에 기해서는 원판결이 부당하나 부당이득의 관점에서는 원심 결론대로 1억원이 인용될 수 있을 때 항소기각할 것인지가 문제된다. 이에 대하여 구실체법설에 의하면 실체법상의 권리가 다르므로 소송물이 변경된 것으로, 비록 판결주

---

1) 대판 81다546.
2) 대판 92다33831.
3) 대판 97누12235.
4) 대판 87다카1405.
5) 대판 87다카2372.
6) 대판 2008두2606.
7) 대판 96다25449, 25456; 2004다24083.

문이 동일하더라도 항소심으로서는 항소기각의 주문을 내서는 안 되고 새로 청구
인용의 주문을 내야 한다. 그러나 신이론에 의하면 소송물은 동일하고 단지 공격방
법 내지 법률적 관점의 변경에 불과하므로 항소기각의 주문을 내게 된다.

(마) 원고가 전부승소한 경우 청구변경만을 목적으로 항소하면 항소이익이
없다. 그러나 묵시적으로 일부청구한 원고가 전부승소하여 잔부청구를 확장하기
위한 항소는 예외적으로 허용된다.[1] 제1심에서 원고가 전부 승소하여 피고만이 항
소한 경우에 원고는 항소심에서도 청구취지를 확장할 수 있고 이는 부대항소를 한
것으로 의제된다.[2]

(바) 대법원에서 파기환송을 받은 항소심이 여는 변론은 실질적으로는 종전
변론의 재개·속행이므로 당사자는 변론종결에 이르기까지 항소범위변경, 청구변경
이나 새로운 공격방어방법을 제출할 수 있다.[3]

3. 소송절차를 현저히 지연시키지 않을 것

(1) **취 지**: 청구의 기초에 변경이 없더라도 구청구에 관한 심리가 마쳐지고
신청구에 대해 새로운 사실관계의 심리를 위하여 다시 변론이나 증거조사를 함으
로써 소송완결을 현저히 지연시키는 경우에는 청구의 변경을 허용할 수 없다. 이
러한 경우에는 청구변경보다 별소에 의하는 것이 소송지연을 막고 소송경제를 도
모할 수 있기 때문이다.

(2) **공익성**: 이것은 청구기초의 동일성의 요건과 달리 소송의 신속을 위한 공
익적 요건으로서 법원이 직권조사하여야 한다. 다만 별소를 금지하는 청구이의의
소는 소송절차를 지연시켜도 예외적으로 변경이 허용된다(민집 44 ②).

4. 청구병합의 일반요건을 갖출 것

(1) 신·구청구가 같은 종류의 소송절차에 의하여 심판되어야 한다. 가압류·
가처분 사건에서 본안소송으로의 변경은 허용될 수 없다. 판례는 재심의 소는 통
상의 소와는 성질이 다르므로 재심의 소를 통상의 소로 변경하거나 반대 경우로
변경할 수 없다.[4]

(2) 신·구청구가 다른 법원의 전속관할에 속하지 아니하여야 한다.

---

1) 대판 96다12276.
2) 대판 91다43015; 2008다18376.
3) 대판 2005나48888.
4) 대판 4291민상318.

V. 節 次

1. 원고의 신청

청구의 변경은 **원고**의 신청에 의한다. 이는 처분권주의 발현이다. 법원이 심리상 필요하다고 하더라도 청구변경을 강제할 수 없으나 관련분쟁의 1회적 해결의 관점에서 법원의 적극적 석명을 강조하는 견해가 유력하다.[1]

2. 방 식

청구의 변경은 **서면**에 의한다(262 ②). 소액사건은 구술로도 가능하다. 청구원인의 변경도 서면에 의하여야 하는가에 관하여는 견해가 나뉘나 판례는 구술로도 가능하다고 한다.[2]

3. 송 달

청구변경의 서면은 상대방에게 바로 송달하여야 한다(262 ③).

VI. 청구변경에 대한 법원의 조치(심판)

청구변경의 신청이 있으면 법원은 청구변경인가의 여부와 청구변경이라도 적법한 것인가의 여부를 직권으로 조사하여 합당한 조치를 취한다.

1. 청구의 변경이 없는 경우

이 경우 법원은 그대로 심리를 속행한다. 만일 당사자간에 다툼이 있으면 법원은 중간판결이나 종국판결의 이유에서 판단한다.

2. 청구변경이 부적법한 경우

(1) 청구변경은 있지만 변경요건상 부적법한 경우 법원은 상대방 신청 또는 직권으로 청구변경을 허가하지 않는 결정을 한다(263). 그 후 종래 청구에 대한 심판을 속행한다.

(2) 불허가결정은 중간적 재판이므로 독립하여 항고할 수 없고 종국판결에 대한 상소로만 다툴 수 있다. 실무상으로는 불허가결정을 별도로 하지 않고 종국판결의 이유에서 판단한다.

---

1) 이시윤, 703
2) 대판 65다170.

(3) 항소심이 제1심의 청구변경 불허가결정이 부당하다고 인정할 때에는 원결정原決定을 취소하고 스스로 새 청구에 대하여 심판할 수 있다. 청구기초가 동일하여 피고의 방어권을 침해할 염려가 없으므로 제1심으로 환송할 필요나 근거가 없다.

3. 청구변경의 적법과 신청구의 심판

(1) 원고의 청구변경이 적법하면 법원은 별도로 청구변경을 허가한다는 명시적 재판을 하지 않고 신청구에 대해 심판한다. 그러나 피고가 청구변경의 적법성을 다투면 청구변경 허가결정을 하거나 종국판결의 이유에서 판단한다. 청구변경 허가결정은 중간적 재판이므로 독립하여 불복할 수 없고 소송경제 상 종국판결에 대한 상소로도 다툴 수 없다.

(2) 적법한 청구변경이 인정되면 법원은 신청구에 대하여 심리·판단하면 된다. 구청구의 소송자료는 당연히 신청구의 자료가 된다. 교환적 변경은 구청구에 대한 소송계속은 소멸되고 신청구만 심판대상이 되고, 추가적 변경은 신·구 청구 모두 심판대상이 된다.

4. 청구변경의 간과

청구변경이 적법하다고 인정되어 신청구를 심판해야 함에도 이를 간과(看過)하고 구청구를 심판한 경우 이는 신청구에 대한 판단을 누락한 것이어서 위법하다. 그 처리방법은 변경모습에 따라 다르다.

(1) 교환적 변경을 간과한 경우

이를 발견한 상급심은 취하되어 심판의 대상이 아닌 것에 대한 판단이므로 원판결을 취소하고, 구청구에 대하여는 청구변경 시점에 소송이 종료되었다는 소송종료선언을 한다. 누락된 신청구는 상소심으로 이심하지 않고 원심에 소송계속 중이므로 원심이 신청구에 대하여 추가판결을 한다.

(2) 추가적 변경을 간과한 경우

(가) 단순병합에 해당됨에도 원심이 구청구에 대하여만 판단한 경우

이 경우 상급심은 이심된 구청구에 대하여만 심판하면 되고 신청구는 원심에 소송계속중이므로 원심이 추가판결을 한다.

(나) 선택적·예비적 병합에 해당됨에도 원심이 구청구만 판단한 경우

선택적 병합에서 원고패소판결하면서 신청구를 판단하지 않기나 주위적 청

구를 기각하면서 예비적 신청구를 판단하지 않은 경우에는 일부판결이 허용되지 않으므로 원심판결의 취소 또는 파기사유가 된다.[1] 따라서 누락에 대하여 상소할 수 있고 상소하면 선택적·예비적 병합의 합일확정의 특성상 모든 청구가 상소심으로 이심되어 상소심에서는 전부의 청구에 대하여 판단할 수 있다.

사례해설

[1] 위 사례에서는 양 청구는 청구기초가 동일한지 논의될 수 있으나 인도할 대상건물이 다르지만 분쟁관계의 이익이 동일하여 청구기초는 동일하여 청구의 추가적 변경절차를 이용하여 예비적 병합청구를 할 수 있다고 보여진다. 청구기초가 동일하지 않다고 보면 청구변경절차를 활용할 수 없음이 원칙이다.

[2] 청구기초의 동일성이 달라도 동일성은 사익적 규정이므로 피고가 이의를 제기하지 않은 경우 이의권 상실로 치유된다.

[3] 양 청구는 서로 양립되지 않은 관계이어서 예비적 병합이 가능하다. 논리적으로 양립할 수 없는 여러 개의 청구는 선택적 병합으로 청구할 수 없다.

[4] 청구변경 이외에 별소를 제기하여 변론병합, 이부, 이송하여 단일한 재판부가 재판하도록 하여 판결의 모순저촉과 소송경제를 도모하여야 할 것이다.

≪사례≫ 乙은 甲에 대한 대여금채무의 지급을 위하여 약속어음을 발행하여 교부하였다. 甲은 乙을 상대로 약속어음금지급청구의 소를 제기하였으나 항소심에 소송계속중 약속어음금청구를 원인관계에 의한 청구로 바꾸었다.

[1] 甲이 원인관계에 의한 청구로 바꾸는 것은 청구의 변경인가?

[2] 甲이 원인관계에 의한 청구로 바꾸는 것에 대하여 乙이 동의하지 않았는데도 법원은 원인관계에 의한 청구를 심리하였다. 이는 적법한가?

[3] 항소심은 원인관계에 의한 청구를 심리하여 이유 없음을 이유로 항소를 기각하였다. 이는 적법한가?

사례해설

[1] 소송물이 동일한지의 여부에 따라 다르다. 판례에 의하면 소송물이 상이하다고 보기 때문에 청구변경으로 보게 된다.

[2] 적법하다. 항소심에서 청구변경하는 경우는 피고의 동의가 필요 없다(408, 262).

[3] 부적법하다. 항소심에서 교환적 변경한 경우 항소심에서는 제1심으로 심판하게 되므로 청구에 이유 없으면 청구를 기각하여야 한다.

---

1) 대판 96다99; 88다가16270.

<선택형>

1. 채권자 甲은 채무자인 乙을 대위하여 丙을 상대로 소유권이전등기말소청구소송을 제기하여 전부승소판결을 받았고 피고 丙이 항소를 제기하였다. 甲은 계쟁부동산에 대해서는 아무런 권원이 없었으나 채권의 보전을 위해 이러한 소송을 제기한 것이다. 그런데 항소심에서 원고 甲은 진정명의회복을 원인으로 한 이전등기청구로 청구변경을 하면서 丙으로 하여금 직접 자신에게 이전등기해줄 것을 청구하였다. 이러한 상황에 대한 설명으로 적절하지 않은 것은?¹⁾ [법무부 2010]

   ① 청구변경은 항소심에서도 가능하다.
   ② 원고 甲의 청구변경은 종전의 청구인 이전등기말소청구를 취하하고 새로운 이전등기 청구소송을 제기한 것으로 보는 것이 일반적인 견해이다.
   ③ 甲의 청구변경에 따라 새로운 청구 자체가 이유 없게 되는 상황이라면 법원은 법적관점지적의무에 따라 甲에게 석명을 구하는 것이 적절했을 것이다.
   ④ ②의 견해에 따르면 원고 甲이 그 후의 항소심 절차에서 다시금 종전 청구인 이전등기말소청구로 청구변경을 하는 데도 아무런 제한이 없을 것이다.
   ⑤ 이 사건에서와 같이 소유권이전등기말소청구와 진정명의회복을 원인으로 한 이전등기청구는 상호 소송물이 동일하다는 것이 대법원의 확립된 입장이다.

2. 甲은 乙을 상대로 불법행위를 원인으로 한 손해배상금 1억원의 지급을 구함과 동시에 X토지에 관하여 매매를 원인으로 한 소유권이전등기절차의 이행을 구하는 소를 제기하였다. 제1심법원은 乙로 하여금 불법행위로 인한 손해배상금 1,000만원을 甲에게 지급할 것을 명하고, 甲의 나머지 청구는 모두 기각하는 판결을 선고하였다.
   甲은 제1심판결정본을 송달받은 후 항소에 따른 인지대 납부에 부담을 느껴, 기각된 불법행위로 인한 손해배상금 청구한 9,000만원 부분 중 2,000만원 부분에 대해서만 항소기간 내에 항소를 제기하였다. 이후 항소심 소송계속중 甲이 적법하게 할 수 있는 것으로 옳은 것을 모두 고른 것은?²⁾ [변호사 2012]

   ㄱ. 甲은 제1심에서 기각된 9,000만원의 손해배상금 청구 부분 전부에 대하여 다투는 것으로 항소취지를 변경(확장)할 수 있다.
   ㄴ. 甲은 제1심에서 기각된 9,000만원 부분뿐만 아니라 동일한 불법행위로 인한 손해배상으로 그 청구액을 2억원으로 변경(확장)할 수 있다.
   ㄷ. 불복하지 않은 청구도 항소심에 함께 이심된다는 입장에 따르면, 甲은 제1심에서 기각된 소유권이전등기청구 부분에 대하여 다투는 것으로 항소취지를 변경(확장)할 수 있다.

   ① 없음
   ② ㄱ
   ③ ㄱ, ㄷ
   ④ ㄴ, ㄷ
   ⑤ ㄱ, ㄴ, ㄷ

---

1) ④. 통설·판례는 교환적 변경을 구소취하·신소제기의 결합으로 보므로 이 경우 다시 종전 청구로 교환적 변경하는 것은 제267조 2항의 재소금지에 저촉되어 부적법하게 된다.
2) ⑤. 항소심에서도 청구의 기초에 변경이 없는 한 청구의 확장변경이 가능하다(대판 69다406).

3. 청구의 변경에 따른 항소심에서의 판단에 관한 설명 중 옳지 않은 것은? (다툼시 판례에 의함)[1]   [변호사 2014.]

① 피고만이 항소한 항소심에서 원고가 청구취지를 확장한 경우에는 그에 의하여 피고에게 불리하게 되는 한도 내에서 부대항소를 한 취지로 보아 항소법원이 제1심판결의 인용금액을 초과하여 원고의 청구를 인용하더라도 불이익변경금지의 원칙에 반하는 것은 아니다.

② 항소심에서 청구가 교환적으로 변경된 경우 항소법원은 구청구에 대해서는 판단을 해서는 아니되며, 신청구에 대해서만 사실상 제1심으로서 판단한다.

③ 제1심법원에서 교환적 변경을 간과하여 신청구에 대하여는 아무런 판단도 하지 아니한 채 구청구만을 판단한 경우, 이는 취하되어 재판의 대상이 아닌 것에 대하여 판단한 것이어서 항소법원은 제1심판결을 취소하고 구청구에 대하여는 소송종료선언을 하여야 하며, 신청구는 판단누락으로 항소심으로 이심되기에 항소심은 신청구에 대하여 판단하여야 한다.

④ 제1심법원에서 청구를 추가하여 단순병합으로 구하였음에도 그중 일부의 청구에 대하여만 판단한 경우, 나머지 청구는 재판누락으로 제1심에 계속중이므로 추가판결의 대상이 될 뿐이고 항소심은 이심된 부분에 대하여만 판단한다.

⑤ 제1심법원에서 청구를 추가하여 선택적 병합으로 구하였음에도 원고 패소판결을 하면서 병합된 청구 중 어느 하나를 판단하지 않은 경우, 이는 판단누락으로서 원고가 그 판결에 대하여 항소하였다면 누락된 부분까지 선택적 청구 전부가 항소심으로 이심된다.

4. 다음 중 청구의 변경이 아닌 것은? (다툼시 판례에 의함)[2]   [법전협 2014. 1차]

① 물건의 인도만 청구하다가 집행불능의 경우에 금전의 지급청구를 추가하는 경우

② 손해배상청구의 금액을 5,000만원에서 7,000만원으로 증액하는 경우

③ 소유권확인소송에서 소유권취득의 원인을 매매에서 취득시효로 바꾸는 경우 또는 소유권 이전등기말소소송에서 무효의 원인을 변경하는 경우

④ 원본청구에 이자청구를 추가하는 경우

⑤ 토지인도청구에 그 토지상의 가건물철거청구를 추가하는 경우

5. 청구의 변경에 관한 설명 중 옳은 것들은? (다툼시 판례에 의함)[3]   [법전협 2014. 1차]

① 원고는 청구의 기초가 바뀌지 아니하는 한도 안에서 변론을 종결할 때(변론 없이 한 판결의 경우에는 판결을 선고할 때)까지 청구의 취지 또는 원인을 바꿀 수 있다.

② 본안에 관한 종국판결이 있은 후에 구청구를 신청구로 교환적 변경을 한 다음 다시 본래의 구청구로 교환적 변경을 하는 경우 교환적으로 변경된 구청구는 적법하다.

③ 소송상 청구금액을 감축한다는 것은 소의 일부취하를 뜻한다.

---

1) ③. 신청구는 재판누락에 해당되어 원심에 그대로 계속되어 있다(대판 2002다56987). ① 대판 2008다18376. ② 대판 2007다83908. ⑤ 대판 96다99.

2) ③. 공격방법의 변경이다. 본래 청구에 부수물을 추가하거나 청구원인은 동일한데 청구취지만 증액하는 경우에도 청구의 추가적 변경이다.

3) ①③. ① 제262조 1항. ③ 대판 83다카450. ② 판례에 의하면 재소금지의 제재로 부적법하다. ④ 피고들만이 항소한 사건에서 원고는 항소심에서 청구취지를 확장할 수 있고, 이 경우 부대항소를 한 것으로 의제된다(대판 2008다18376).

④ 제1심에서 전부 승소한 원고는 항소심 계속중 그 청구취지를 확장·변경할 수 없다.

---

6. 원고가 피고에 대해 부동산의 소유권존재확인청구를 하면서, 자신이 그 부동산의 소유권자임을 근거로 주위적으로는 상속을 주장하고 예비적으로는 취득시효의 완성을 주장한 경우의 소송상 취급에 대하여 옳은 것들은? (다툼시 판례에 의함)[1]　　　　　　　　　　　　　　　　　　　　　　[법전협 2014. 2차]

① 법원은 상속에 대한 판단이 이유 없는 경우에 한하여 취득시효에 대해 판단할 수 있다.
② 법원이 취득시효의 완성을 이유로 원고의 청구를 인용할 경우 상속에 대하여는 판단하지 않을 수 있다.
③ 법원은 원고의 청구를 기각하는 때에는 상속과 취득시효의 두 가지 주장을 전부 배척하여야 한다.
④ 법원은 상속에 관한 부분과 취득시효에 관한 부분으로 변론을 분리하여 따로 재판할 수 있다.

제3절 중간확인의 소

I. 의 의

(1) 중간확인의 소는 소송계속중에 본래 청구에 대한 선결적 법률관계의 존부에 대하여 기판력있는 판단을 받기 위하여 추가적으로 제기하는 소이다(264). 예컨대 소유권에 기한 인도청구의 본소에 대하여, 피고가 목적물에 대한 자기의 소유권확인의 반소성질의 중간확인의 소로서 제기할 수 있다.

선결적 법률관계는 종국판결의 이유에서 판단하여 기판력이 발생하지 않으므로 이에 관하여 기판력을 받으려면 별도의 소를 제기할 수도 있으나 기존의 소송절차에서 함께 판단받아 소송경제와 재판 통일을 위하여 중간확인의 소가 인정되었다.[2]

(2) 중간확인의 소는 원고만이 아니고 무기평등원칙상 피고도 제기할 수 있다. 원고의 중간확인의 소는 일종의 청구의 추가적 변경이고, 피고의 중간확인의

---

1) ②③. 판례가 구실체법설을 취하고 있기 때문에 이 사안은 공격방어방법의 일종인 주장의 복수에 관한 문제로 된다. 청구의 복수라면 단순병합, 예비적 병합, 선택적 병합의 구별이 있을 것이나, 그러한 구별의 의의가 없고, 상계항변이나 지상물매수청구권의 항변 등 출혈적 항변을 제외하고는 법원이 자유로이 어느 것을 선택하여 원고 승소판단할 수 있다. 따라서 ①은 옳지 않고, ②는 서로 양립가능한 주장 중 하나가 인용되면 다른 주장에 관하여는 판단할 필요가 없으므로 옳다(대판 87다카823, 824). 또한 청구기각시에는 당사자의 주장을 전부 배척해야 하므로 ③은 옳다. 그러나 공격방어방법을 분리하여 재판할 수는 없으므로 ④는 옳지 않다.
2) 쟁점효이론에 제동이 되는 제도라고 한다(이시윤, 707).

소는 반소에 해당한다. 중간확인의 소는 공격방어방법이 아니므로 중간판결에 의할 것이 아니고 이에 대한 판단은 종국판결의 주문에 기재해야 한다.

Ⅱ. 요 건

중간확인의 소는 청구변경 또는 반소의 특수형태이고, 선결성·계쟁성의 존재를 요건으로 하는 것을 제외하고는, 그 요건과 절차는 통상의 청구변경 및 반소와 동일하다.

1. 다툼 있는 선결적 법률관계의 확인

(1) 법률관계

중간확인청구의의 대상은 본소의 법률관계이어야 하며 사실관계나 증서진부확인(250)은 대상이 될 수 없다. 경계확정의 소와 같은 형성청구도 중간확인의 소로 청구할 수 없다. 현재의 권리·법률관계이어야 하고 과거의 법률관계의 확인을 구할 수 없다.[1]

(2) 선 결 성

(가) 본소 청구의 전부 또는 일부와 선결적 관계에 있어야 한다. 계속중인 본래의 청구의 판단에 대하여 선결관계에 있는 법률관계를 소송물로 삼아야 한다. 가령, 이자청구소송에서 원본채권, 가옥의 인도청구소송이나 등기말소청구소송에서 가옥에 대한 소유권 등 이에 해당한다.

(나) 중간확인의 소의 대상은 본소의 재판에 있어서 항변 또는 재항변에 대하여 선결관계에 있는 사항인 경우도 있다. 예컨대 가옥명도청구에 대하여 피고가 임차권항변을 하면서 임차권에 관한 중간확인의 소를 제기하는 경우이다.

(다) 중간확인의 소의 판결 전에 본소취하·각하되어 선결문제를 판단할 필요가 없게 된 경우에, 중간확인의 소는 어떻게 되는 것인지가 문제된다.

이 점에 관하여 선결문제는 이론상의 선결관계이면 족하다고 하는 **이론설**과 선결관계에 관한 판단이 현실에서 본소의 결론을 좌우하는 관계이어야 하는 **현실설**[2]이 있다. 통설·판례는 현실설에 따르고 있다.[3]

---

1) 대판 65다244.
2) 이시윤, 708; 정동윤·유병현, 891; 호문혁, 811; 강영수, 주석 (IV) 333.
3) 대판 2007다69834,69841는 재심의 소송절차에서 재심사유가 인정되지 않아서 재심청구를 기각하는 경우에는 중간확인의 소의 심판대상인 선결적 법률관계의 존부에 관하여 나아가 심리할 필요가 없다고 판시하고 있다.

예컨대 토지침해의 불법행위를 이유로 한 손해배상청구를 하고 원고가 당해 토지가 자기에게 속하는 것이라는 중간확인의 소를 제기한 경우, 법원이 불법행위성립의 다른 요건인 인과관계가 충족되지 아니하였음을 이유로 손해배상청구를 기각하는 경우에는 현실설에 의하면 토지의 소유권중간확인의 소는 부적법하게 된다. 다만, 이 때 중간확인의 소는 별도의 확인의 소로서의 요건을 갖춘 경우에는 독립의 소로 심리할 것이고, 그렇지 못하면 소각하판결을 한다.

(3) 계 쟁 성

중간확인의 소도 일종의 확인소송이므로 선결적 법률관계에 당사자간에 다툼이 있으면 확인의 이익이 충족되므로 별도의 확인의 이익은 필요 없다.

2. 본소송이 사실심 계속과 변론종결 전일 것

(1) 선결적 법률관계에 대한 사실관계를 심리하여야 하므로 상고심에서는 중간확인의 소를 제기할 수 없다.

(2) 항소심에서 피고의 중간확인의 소는 반소의 일종이고 항소심에서 반소를 제기하려면 상대방인 원고의 동의를 얻어야 한다는 규정(412①)이 있으므로 이 때 원고의 동의가 필요한지가 문제되나, 본소재판의 선결문제의 확인청구에 불과한 중간확인의 소는 피고가 항소심에서 제기하는 경우에도 원고가 항소심에서 청구를 확장하는 경우와 같이 원고의 심급이익을 침해한다고 볼 수 없으므로 상대방의 동의를 요하지 아니한다.[1]

3. 다른 법원의 전속관할에 속하지 아니할 것

(1) 중간확인청구가 다른 법원의 전속관할에 속하지 아니하여야 한다(264①단서). 중간확인의 소가 다른 법원에 전속관할에 속하는 경우 독립의 소로서 처리될 수 있는 한, 이를 분리하여 전속관할이 있는 법원에 이송할 수 있다.

(2) 본소의 수소법원이 중간확인청구에 대해 법정관할을 갖지 못하는 경우에도 제264조 1항 본문에 의하여 당연히 관할권을 갖게 된다. 제25조 1항과 달리 토지관할과 사물관할 모두 관할권이 인정된다.[2] 사물관할에 관하여서 본소의 소송물가격과 중간확인의 소의 소송물가격의 합산액이 합의부사건이 되면 사건을 합의부로 이송할 것이다.[3]

---

1) 대판 72다1436.
2) 김홍엽, 881.
3) 이시윤, 708; 정동윤·유병현, 890.

4. 본소청구와 동종의 소송절차

(1) 민사사건의 본소청구와 다른 종류의 소송절차에 의하는 가사소송사항에 관하여는 중간확인의 소를 제기할 수 없다. 가령, 상속재산에 대한 물건인도청구 소송에서 선결적 법률관계로 친자관계의 존부가 문제되더라도 이는 민사소송이 아닌 다른 종류의 가사소송사항이므로 중간확인의 소를 제기할 수 없다.

(2) 다만 행정처분의 효력 또는 존재 여부가 민사소송의 선결문제가 되는 경우 민사소송절차에서 행정처분무효확인의 청구를 병합제기 하는 것이 허용될 수 있다는 견해와[1] 허용될 수 없다는 견해가 있다.[2] 생각건대 행정처분의 무효확인 소송은 행정법원의 전속관할로 된 점에서 같은 소송절차가 아니므로 병합심리할 수 없다고 할 것이다.

Ⅲ. 절차와 심판

1. 중간확인의 소의 제기

(1) 중간확인의 소는 소송계속중의 소제기이므로, 소장에 준하는 서면을 제출하여 한다(264 ②). 그 서면에는 법정의 인지 등을 첩용하여야 하고, 청구의 취지와 원인, 당사자 등을 기재하여야 할 것이다. 그 서면은 상대방에게 송달되어야 하고 (264 ③), 이로써 소송계속이 생긴다. 그러나 시효중단과 법률상 기간준수의 효력은 이 서면을 법원에 제출한 때에 생긴다(265).

(2) 중간확인의 소가 제기되었을 때 본소의 소송목적의 값과 합산하여 합의부의 관할에 속하는 경우 본소와 함께 합의부로 이송하여야 하는지에 관하여 이를 긍정하는 견해와[3] 원고가 제기한 경우는 원래의 청구아 중복·흡수관계에 있지 않는 한 합산하고, 피고가 제기한 경우는 합산하지 아니하고 중간확인의 소의 소송목적값만으로 합의부의 관할 여부를 결정한다는 견해가 있다.[4] 피고가 제기한 경우 반소에 준하므로 제269조 2항을 준용하여 후자의 견해가 타당하다고 본다.

(3) 원고 소송대리인의 중간확인청구는 소의 추가적 변경에 준하므로 본소의 소송대리권의 범위에 포함되어 특별한 수권이 필요 없지만,[5] **피고 소송대리인**이 중

---

1) 이시윤, 709,
2) 김홍엽, 882; 강현중, 382.
3) 정동윤·유병현, 892.
4) 김홍엽, 883.
5) 강현중, 383; 이시윤, 709.

간확인의 반소를 제기하려면 특별수권이 있어야 한다(90 ② 1호). 그러나 상대방 소송대리인이 중간확인청구에의 응소에는 새로운 수권을 요하지 아니한다.

2. 심 판

(1) 중간확인의 소는 청구가 병합되므로 법원은 우선 병합요건이 구비 여부를 심리하고 요건이 불비인 경우 독립한 소로 취급할 수 없으면 부적법 각하판결을 하고, 병합요건이 갖추어졌으면 본소청구와 병합심리하여 하나의 전부판결하는 것이 원칙이다. 중간확인판결을 먼저 하는 일부판결은 변론을 분리시키기 때문에 부적당하다고 할 것이다.[1] 이 때 그 일부판결은 병합된 청구중 일부청구에 대한 종국적 재판(일부판결)이고 중간판결이 아니다.

(2) 재판을 1개의 전부판결로 하게 되면 본래의 청구부분에 한하여 항소를 제기하더라도, 잔부까지 이심되어 전체에 대한 확정이 차단된다. 이 점은 청구의 객관적 병합의 경우와 같다.

≪사례≫ 甲은 乙이 자신의 부동산에 대한 침해행위를 하였음을 이유로 손해배상청구를 하였다. 위 손해배상청구소송 중에 피고가 이 건 부동산 소유권이 원고 소유가 아니라고 다투자 원고는 당해 부동산이 자기에게 속하는 것임의 확인을 구하는 중간확인의 소를 제기하였다. (각 문제는 독립적임)

[1] 이 때 법원이 불법행위의 성립요건 중 인과관계가 충족되지 아니하였음을 이유로 손해배상청구를 기각하는 경우에 원고의 부동산의 소유권확인의 소는 여전히 적법한가?

[2] 원고 혹은 피고의 소유권확인의 중간확인의 소제기는 항소심에서도 행하여질 수 있는가. 만약 가능하다면, 상대방의 동의가 필요한가?

[3] 설문의 소유권확인의 소가 적법한 경우에, 이것만을 분리하여 심판할 수 있는가?
만약 1개의 전부판결이 내려진 경우, 소유권확인부분만을 상소할 수 있는가?

░ 사례해설

[1] 본절 Ⅱ. 1.(2)(라). [2] 본절 Ⅱ. 2. (2). [3] 본절 Ⅲ. 2. 각 참조. ▨

---

1) 호문혁, 814; 이시윤, 710.

제4절 反 訴

I. 의 의

1. 반소의 개념

(1) 반소(反訴)는 소송계속중 피고가 원고에 대하여 새로운 소를 추가적으로 병합하여 제기하는 訴이다(269). 반소는 원고에게 청구병합 및 청구변경을 인정하는 것에 상응하여, 피고에게 반소를 허용함으로써 당사자의 공평을 도모하고, 관련청구를 하나의 절차에서 심리하여 소송경제와 재판의 통일을 기하기 위하여 인정한다.

(2) 반소는 본소청구기각 이상의 적극적 내용을 포함해야 한다. 예컨대 채무 금지급청구에 대하여 채무부존재확인의 반소는 허용되지 아니한다.

(3) 반소를 제기할 것인지 별소를 제기할 것인지는 피고의 선택에 의한다. 반소가 가능해도 별소를 제기할 수 있다. 반면에 미국은 본소의 대상인 거래 또는 사건과 관련성이 있는 것을 청구원인으로 하는 피고의 청구는 반드시 반소에 의해야 하고 별소를 제기할 수 없다는 강제반소(compulsory counterclaim)를 인정한다.[1] 우리 법체계에서는 강제반소의 규정이 없으므로, 관련청구에 대한 별소가 제기된 때에는 移部, 변론 병합(141), 이송(35) 등에 의해 1개의 소송절차에서 처리할 것이다.

2. 방어방법과 구별

(1) 반소는 피고가 자기의 소송상 청구에 대한 판결을 구하는 독립한 소제기의 일종이며, 본소의 기각을 위한 방어방법과는 구별된다. 예컨대 원고의 대여금에 대한 본소청구에 대하여 피고가 상계항변을 하는 것은 방어방법의 제출이지만 상계를 하고 초과부분의 이행을 청구하는 것은 반소이다.

(2) 공격방어방법에 적용되는 제149조 1항과 제285조는 반소에는 적용되지 아니한다. 법원은 공격방어방법과 달리 반소청구에 대하여는 별도의 주문으로 답하여야 한다.

---

1) 미국 연방민사소송규칙 13조 (a)는 임의적 반소의 경우에는 상호관련성 없는 반소청구도 허용하고 있다.

Ⅱ. 반소의 모습

1. 단순반소와 예비적 반소

(1) 단순반소는 본소청구가 인용 또는 기각·각하나 취하가 되든 관계없이 반소청구에 대하여 심판을 구하는 경우로서 반소의 전형적인 형태이다. 예컨대 원고의 매매대금청구에 대하여 피고가 매매목적물인도를 반소로 제기하는 것이다.

(2) 예비적 반소는 본소청구가 인용 또는 기각될 것을 조건으로 심판을 구하는 반소이지만, 그 조건의 성취 여부가 소송절차 내에서 확정되므로, 그 적법성이 인정된다.

(가) 본소청구가 **인용**되면 반소청구에 대한 심판을 구하는 **예비적 반소**는 본소가 배척(각하·기각)되는 것을 해제조건으로 한다. 예컨대 매매대금을 청구하는 본소에 대하여, 피고가 매매계약의 무효를 주장하고, 만약 계약이 유효하여 본소청구가 인용되는 경우에는 매매목적물의 인도를 반소로 청구하는 것이다.

(나) 또 본소청구가 **배척**(각하·기각)되면 반소청구에 대한 심판을 구하는 **부진정예비적 반소**도 허용된다. 본소가 인용되는 것을 해제조건으로 한다. 예컨대 원고의 매매대금청구에 대하여 계약의 무효를 주장하여 청구기각을 구하고 원고의 청구가 배척될 경우에는 부당이득으로서 이미 인도한 목적물반환을 구하는 반소이다.

본안판결이 바뀌어 본소청구가 배척되는 것을 대비하여 피고가 상소심에서 신청하는 **가지급물반환신청**(215 ②)은 (부진정)예비적 반소로서의 성질을 갖는다.[1] 가집행선고가 붙은 제1심판결에 대하여 피고가 항소하였지만 피고의 항소가 기각된 경우 법원이 따로 가지급물반환신청에 대한 판단을 하지 않는 것은 적법하다.[2]

(다) 또 다른 하나의 예비적 반소는 반소 자체에서 청구가 예비적으로 병합되는 것이다. 이 때에는 주위적 반소의 청구인용을 해제조건으로 예비적 반소가 제기되는 것이다.

2. 재 반 소

(1) 피고가 제기한 반소에 대하여 원고가 다시 반소를 제기하는 재반소는 반소의 요건을 갖추면 허용된다. 예컨대 원고의 대금지급청구에 대하여, 피고가 반대채권으로 상계한 후의 잔액을 반소로 청구한 경우에, 원고가 다시 자동채권의

---

1) 대판 96다5001.
2) 대판 2004다19647.

부존재확인을 구하는 소를 병합하는 것을 말한다. 재반소에 관한 규정은 없지만, 반소청구와 일정한 관련관계가 있는 청구들을 한꺼번에 해결할 수 있다는 점에서 인정된다.

(2) 판례도 원고의 본소의 이혼청구를 기각하고 반소의 이혼청구를 인용하는 경우, 본소이혼청구에 병합된 재산분할청구는 피고의 반소청구에 대한 재반소의 실질을 가지므로 원고에게 재산분할할 액수와 방법을 정해주어야 한다고 판시하고 있다.[1]

3. 제3자 반소

(1) 제3자 반소는 피고가 원고 뿐 만 아니라 제3자까지 반소피고로 추가하는 것 혹은 제3자가 피고와 함께 반소원고가 되어 원고를 상대로 하는 소를 제기하는 것이다. 예컨대 매매대금지급을 구하는 소송에서 피고가 원고 및 소개인인 제3자의 사기를 이유로 하여 원고와 그 제3자를 상대로 손해배상청구의 반소를 제기하는 경우 등 다양하다.

(2) **제3자 반소가 허용되는지**가 문제된다. 독일 판례는 이를 추가적 당사자의 변경요건을 갖추고 본소와 관련관계가 있는 경우에 허용하며, 미국은 연방민사소송규칙 제13조(h)에서 명문으로 인정한다.[2] 이에 관하여 명문규정이 없는 우리나라는 ① 다수당사자가 관련된 권리관계를 동일 소송절차에서 일거에 모순 없이 해결할 수 있다는 이유로 이를 인정하는 **적극적** 견해,[3] ② 반소는 공격을 받은 피고가 그로 인한 불이익배제기회를 보장하려는 것이므로, 피고가 아닌 제3자의 반소를 부정하고, 오히려 별소를 제기해야 한다는 소극적 견해,[4] ③ 현행법하에서 피고가 제68조의 요건을 갖추면 **필수적 공동소송관계**에 있는 제3자를 반소피고로 추가하는 제3자 반소가 가능하다는 견해[5] 등이 있다. 제68조는 원고의 신청에 의한 필수적 공동소송인의 추가만을 규정하고 있는 점에서 우리 법에서는 피고 신청에 의하여 이를 추가할 수 없다고 해야 할 것이다.[6]

---

1) 대판 2001므626,633.
2) 이시윤, 712; 김홍엽, 885.
3) 김홍규·강태원, 683.
4) 정동윤·유병현, 882.
5) 이시윤, 712.
6) 김홍엽, 885.

4. 공동소송인에 대한 반소

(1) 미국은 공동소송인 상호간의 반소를 허용하고 있다(횡소橫訴, cross-claim).[1] 이를 허용하면 예컨대 ① 원인무효의 소유권이전등기가 수인에게 경료되어, 그 수인을 공동피고로 하여 소유권이전등기의 말소를 구하는 소가 제기된 경우에, 최후의 등기명의자가 패소를 대비하여 前 명의자(매도자)에 대하여 손해배상청구소송을 병합하거나 ② 채권자가 채무자와 보증인을 공동피고로 하여 각각 이행을 구하는 소송을 제기한 경우에, 보증인이 자기의 패소를 대비하여 미리 채무자에게 구상하는 소를 병합하기 편리하다.

(2) 우리나라에서는 본래 반소는 본소피고가 원고를 상대로 제기하는 것으로 공동소송인 상호간의 반소는 허용되지 않는다.

Ⅲ. 요 건

1. 본소의 청구 또는 방어방법과 관련성

(1) 반소의 청구가 본소의 청구 또는 방어방법과 서로 관련성이 있어야 한다(269 ① 단서). 상호관련성을 필요하게 한 것은 변론과 증거조사를 함께 실시하는 데 편리하고 심리의 중복과 재판의 저촉을 피할 수 있고[2] 반소가 남발되는 것을 방지하고자 하는 취지이다.[3] 다만, 이 요건은 사익적 요건이므로, 상대방의 동의나 응소가 있으면 관련성 없는 반소도 허용된다.[4]

(2) 청구변경에 있어서 청구의 기초의 동일성에 대응하는 요건이나, 반소는 본소청구와 동일한 사실관계와 법률관계가 있어야 제기할 수 있는 것은 아니라는 점[5]에서 청구변경보다는 넓은 범위에서 허용된다. 이것은 원고가 완화된 요건에서 청구병합을 할 수 있는 것과 균형을 맞추기 위함이다.

(가) 본소의 청구와의 상호관련성

이것은 반소청구가 본소청구와 동일한 소송물 혹은 그 대상이나 발생원인에 있어서 법률상·사실상 공통점을 갖는 경우이다. 다음과 같은 경우이다.

---

1) 미국 연방민사소송규칙 13조(g)
2) 송우철, 주석(Ⅳ), 427; 이시윤, 714.
3) 호문혁, 817.
4) 대판 68다1886, 1887.
5) 대판 71다2314.

1) 반소청구가 본소청구와 **동일한 법률관계의 형성을 추구**하는 경우로서 이혼청구의 본소에 대하여 피고의 이혼청구의 반소를 들 수 있다. 그러나 원고의 채무금지급청구에 대하여 피고가 동일절차에서 채무부존재확인의 반소를 제기하는 경우는 확인의 소의 보충성에 반하여 확인의 이익이 없다.[1]

2) **청구원인이 동일**한 경우로는 예컨대 매매에 기한 물건인도청구의 본소에 대하여 피고가 반소로써 매매대금지급청구를 하는 경우이다.

3) 청구원인이 동일하지 않더라도 **소송의 대상·발생원인이 동일한 경우**로는 가옥의 소유권확인청구에 대하여 피고가 그 가옥의 임대권확인을 구하는 반소, 동일 교통사고에 의한 쌍방의 손해배상청구의 본소와 반소를 들 수 있다.

(나) **본소의 방어방법과의 상호관련성**

1) 본소의 방어방법과의 상호관련성은 반소청구가 본소청구의 항변사유와 그 대상·발생원인에 대하여 법률상 또는 사실상 공통성을 의미한다. 예컨대 금전지급청구인 본소에 대하여 방어방법으로 상계항변을 하고, 상계초과채권의 이행을 구하는 반소, 물건의 인도청구에 대하여 유치권의 항변을 하고, 그 유치권의 기초가 된 피담보채권의 변제를 구하는 반소 등이다.

2) 본소에 대한 방어방법인 실체법상 상계항변이 허용되지 않는 사유(민법 496~498)를 바탕으로 한 반소와 실기한 방어방법으로 각하된 항변(149, 285)에 기한 반소는 부적법하다.[2] 이러한 방어방법에 관하여 본안에서 심리할 수 없는 경우에는 이를 기초로한 반소청구를 동일 소송절차에서 심리할 이익이 없기 때문이다. 그러나 본소의 방어방법이 이유가 있어야 반소가 적법해지는 것은 아니다.[3]

3) 민법 제208조 2항은 '점유권에 기인한 소는 본권에 관한 이유로 재판하지 못한다'고 규정하여 점유권에 기한 본소에 대하여 본권에 기한 반소가 금지가 되는지에 관하여 논의되나, 위 규정은 피고가 본권을 방어방법으로 주장할 수 없다는 것이지 본권에 기한 반소제기하는 것을 막는 것은 아니라 할 것이므로 허용된다고 볼 것이다.

---

1) 김홍엽, 887.
2) 김홍엽, 887.
3) 송우철, 주석(Ⅳ), 430.

2. 본소가 사실심에 계속되고 변론종결 전일 것

(1) 본소의 소송계속

1) 반소는 본소가 사실심인 항소심 변론종결시까지 제기할 수 있다(269 ① 본문). 즉 사실심에 계속중이어야 한다. 그러나 반소제기 후에 본소가 각하·취하되어도 반소는 영향을 받지 아니한다. 이는 본소의 소송계속은 반소 제기요건이고, 존속요건은 아니기 때문이다.

2) 본소가 **취하**되면, 피고는 원고의 동의 없이 반소를 취하할 수 있다 (271). 본소가 취소된 경우까지 반소의 유지를 피고에게 강요하는 것은 당사자간의 공평에 반하기 때문이다. 본소의 청구가 포기된 경우도 같다. 다만, 본소가 부적법 **각하된** 경우 반소의 취하가 효력이 있으려면 원고동의가 필요 없다는 견해가 있으나[1] 이 경우 원고 의사로 본소를 소멸시킨 것과는 다르다고 할 것이므로 원고동의가 필요하다고 본다.[2] 판례도 같은 입장이다.[3]

(2) 항소심에서의 반소

피고는 항소심 변론종결전까지 반소를 제기할 수 있지만, 항소심에서 반소는 상대방의 심급이익을 해할 염려가 없는 경우 또는 동의를 받은 경우에 제기할 수 있다(412 ①).[4]

(가) 원 칙: 동의 필요

항소심에서의 청구변경에는 상대방 동의를 요하지 않는데, 반소에는 반소의 경우는 방어방법과 관련성이 있으면 모두 허용하므로 상대방의 심급이익을 보호하기 위하여 동의를 요한다. 그러나 상대방이 이의를 제기하지 아니하고 반소의 본안에 관하여 변론한 때에는 반소제기에 동의한 것으로 본다(412 ②).

(나) 예 외: 상대방의 심급이익의 침해 염려 없는 경우

항소심에서 '상대방의 심급이익을 해할 염려가 없는 경우'에는 상대방의 동의가 없어도 반소가 가능하다. 예컨대 ① 건물철거·토지인도소송에서 임차권의 항변이 받아들여 청구기각판결이 내려진 후, 항소심에서 피고가 임차권의 중간확인을 구하는 반소, ② 본소와 청구원인을 같이 하는 반소, ③ 제1심에서 이미 충분히

---

1) 강현중, 436
2) 김홍엽, 891; 호문혁, 823.
3) 대판 84다카298.
4) 대판 73다2031·2032는 항소심에서 피고가 반소를 제기하였는데 원고가 동의를 하지 아니하였고 반소의 본안에 관하여 변론한 흔적이 없는데도 원판결이 반소에 관하여 심리판단함은 위법이라고 판시하고 있다.

심리한 쟁점과 관련된 반소, 예컨대 건물철거·토지인도청구소송에 대하여 제1심에서 법정지상권에 기한 항변을 하고, 이것이 배척된 후에 항소심에서 법정지상권설정등기절차의 이행을 반소로 제기하는 경우, ④ 항소심에서 이미 제기된 반소에 추가하는 예비적 반소 등의 경우이다.[1)]

(3) 본소의 변론종결 후의 반소

변론종결 후에 제기한 반소는 부적법하다는 견해[2)]와 독립한 소로서 본소와 분리심판한다는 견해[3)]가 있다. 다만, 변론이 재개되면 그 하자는 치유된다.

3. 본소절차를 현저히 지연시키지 않을 것

반소는 본소절차를 현저히 지연시키지 아니하는 경우에만 허용된다(269 ① 본문). 본소의 지연책으로 반소를 남용하는 것을 방지하기 위함이다. 반소청구의 심리에 의해 절차가 지연되는 경우에는 별소에 의한 해결이 타당하다. 지연 여부는 사안마다 구체적으로 정하여질 것이다.[4)] 이 요건은 소송촉진을 도모하기 위한 **공익적 요건**이라서 이의권의 포기·상실의 대상이 되지 아니하며, 법원의 직권조사사항에 해당된다.[5)]

4. 반소가 다른 법원의 전속관할에 속하지 않을 것

반소청구가 다른 법원의 전속관할에 속하는 경우에는 본소계속법원에 제기할 수 없다(269 ① 단서). 당사자의 의사에 의한 전속적 합의관할은 공익적 요청에 기한 것이 아니므로 반소가 가능하다.[6)] 전속관할에 속하지 않는 이상 본소법원에 본래

---

1) 심급이익 침해가 없는 쟁점심리가 되었는지에 관하여 대판 2005다20064·20071는 이 사건 반소청구의 기초를 이루는 실질적인 쟁점은 이 사건 임대차가 그 임대차기간을 50년으로 한 것인지, 아니면 2년 정도의 임대차기간을 정하였다가 특별한 사정이 없으면 계속 갱신해 주기로 한 것인지의 여부와 계속 갱신해 주기로 한 것이라면 그 차임이 고정된 것인지, 아니면 사정에 따라 증액 또는 감액해 주기로 한 것인지의 여부 등 이 사건 임대차계약의 본질적인 내용에 관한 것인데, 원고는 당초 이 사건 임대차의 기간이 50년이라고 주장하면서 그 확인 등을 구하는 본소를 제기하였고, 제1심에서 그 청구원인 또는 방어방법으로서 이 사건 임대차의 내용에 관하여 충분히 심리되었을 뿐만 아니라, 원심에 이르러 원고는 이 사건 임대차의 차임이 원래의 차임을 기준으로 매년 정부 발표 물가인상률 등에 따라 정하여진다고 주장하면서 그 확인 등을 구하는 본소청구를 추가하였다. 그렇다면 <u>반소청구의 기초를 이루는 실질적인 쟁점이 제1심에서 충분히 심리되었다</u>고 할 것이어서 항소심에서의 반소청구는 원고에게 제1심에서의 심급의 이익을 잃게 할 염려가 없는 경우에 해당한다고 판시하였다.
2) 이시윤, 717; 김홍엽, 890; 호문혁, 804; 송우철, 주석(IV), 424.
3) 전병서, 749.
4) 변론준비기일을 마치고 쟁점·증거정리가 끝난 단계에서의 반소제기는 특단의 사정이 없는 한 본소절차의 현저한 지연으로 보는 견해(이시윤, 716)와 현행 변론기일중심주의 하에서는 지연으로 보는 것은 적절치 않다는 견해가 있다(김홍엽, 889).
5) 이시윤, 717.
6) 이시윤, 718.

토지관할권이 없더라도 반소청구에 대해 관련재판적(25)이 발생한다.

본소가 단독사건인 경우에 반소로 합의사건이 된 때에는 본소와 반소를 합의부로 이송해야 한다. 그러나 변론관할(30)이 성립할 수 있다(269 ② 단서).

5. 본소와 동종의 소송절차에 의할 것

본소청구와 반소청구는 청구의 병합요건을 갖추어야 하므로, 이 요건이 충족되어야 할 필요가 있다(253).

Ⅳ. 절차와 심판

1. 반소의 제기

(1) 반소에는 본소에 관한 규정이 준용된다(270). 따라서 반소제기는, 본소와 마찬가지로, 반소장을 제출한다. 반소장에는 소장의 필요적 기재사항(249)에 준하여 반소의 취지와 원인을 기재하고, 대응하는 본소를 명시하여야 한다. 반소제기에는 특별수권이 필요하지만(90 ② 1호), 이에 대한 응소에는 특별수권을 요하지 아니한다(90 ①).

(2) 반소제기에 의한 시효중단 또는 출소기간의 준수의 효과는 반소장의 제출시이고(265), 소송계속의 효과는 반소장이 상대방에게 송달된 시점이다.

2. 반소요건 등의 조사

(1) 반소요건에 흠결이 있는 반소는 그 소송요건 흠이 보정되지 않는 한 부적법하여 판결로 각하한다. 다만 반소가 독립된 소로서의 요건을 갖추고 있으면, 본소와 분리·이송에 의해서 심리·재판해야 한다(분리심판설·다수설).[1] 이는 분리심판이 당사자의 의사에 합치되고, 만약 당사자의 의사에 반하면 피고가 이를 취하하면 되며, 분리심판이 시효중단·기간준수의 면에서 당사자의 이익을 보호하는 것이며, 본소와의 병합요건에 흠이 있는 반소에 대해서 소의 객관적 병합요건에 흠이 있는 경우와 달리 취급할 합리적 이유가 없다는 것 등을 논거로 들고 있다.

(2) 항소심에서 상대방 상대방의 심급의 이익을 해할 우려가 있음에도 상대방의 동의 없는 반소는 부적법하여 각하한다.[2]

(3) 다만 다른 종류의 소송절차에 의하는 경우에는 해당법원에 이송해야 할 것이다.

---

1) 강현중, 381; 이시윤, 718; 송우철, 주석(IV), 424; 정동윤·유병현, 885.
2) 대판 65다2034.

3. 본안심판

(1) 반소요건을 갖춘 경우 본소와 반소를 병합심리하여 1개의 전부판결을 함이 원칙이다. 이 때 본소와 반소에 각각의 판결주문을 내어야 한다. 전부판결의 어느 1개에 대해 상소하면 전부 확정차단·이심의 효력이 생긴다. 따라서 원고의 본소청구를 인용하고 피고의 반소 중 청구를 일부 인용한 판결에 대하여 피고가 일부 기각한 부분에 대하여만 항소를 제기한 경우 원고의 본소청구는 항소심에 이심되나 항소심의 심판범위에서 제외된다(407 ①, 415 본문).

(2) 절차의 번잡·지연의 염려 등 특별한 사정이 있는 경우에는 예비적 반소의 경우를 제외하고 변론을 분리하여 일부판결을 할 수 있다(141, 200 ② 후단, ①).

4. 본소 취하·각하된 경우의 반소의 취급

(1) 제1심 소송계속중 반소가 제기된 경우

(가) 반소제기시에 본소가 소송계속중이면 족하며, 그 후 본소가 각하·취하 또는 청구의 포기 인낙, 소송상 화해 등으로 본소가 소멸된 경우라도 반소가 부적법하게 되는 것은 아니다. 즉, 반소청구는 원래 별소로 제기할 수 있으므로, 본소가 부적법 각하되어도 반소는 독립한 소로 존속할 수 있고, 제271조는 본소의 소송계속이 소멸되어도 반소는 존속한다는 것을 전제로 하고 있으므로 본소의 소송계속은 반소제기의 요건이지 반소의 존속요건은 아니다(통설).

(나) (통상의)**예비적 반소**청구는 본소청구가 각하·취하되면 반소청구는 심판대상이 될 수 없고 소멸되며,[1] 본소청구가 기각되면 반소청구는 아무런 판단을 요구하지 않는다.[2] 그럼에 불구하고 법원이 예비적 반소에 대하여 판단하여도 그 효력이 없다.[3]

(다) 원고의 본소와 (통상의)예비적 반소를 모두 각하한 제1심판결에 대하여 원고의 항소를 받아들여 원고의 본소청구를 **인용**하는 경우에는 피고가 항소하지 아니하였더라도 항소심으로서는 예비적 반소의 양립불가성 또는 상호관련성의 특성상 피고의 예비적 반소청구를 심판대상으로 삼아 판단해야 한다.[4] 이러한 견해에 대하여 피고가 재판결과에 승복하여 항소 또는 부대항소를 하지 아니하였는

---

1) 김홍엽, 894.
2) 대판 2006다19061,19078. 이시윤, 713.
3) 대판 2006다19061,19078; 98다22253.
4) 대판 2006다19061,19078. 김홍엽, 893.

데도 항소심이 심판하는 것은 처분권주의(불이익변경금지의 원칙)에 반한다는 견해가 있으나,[1] 본소청구가 1심에서 배척된 경우에는 (통상의) 예비적 반소청구는 항소 또는 부대항소의 대상이 될 수 없으므로 처분권주의의 문제는 발생하지 않는다.[2]

(2) 항소심에서 반소 후 본소의 항소가 각하·취하된 경우의 반소

항소심에서 비로소 반소가 제기되었는데, 본소의 항소가 각하·취하된 경우 항소심에서 제기된 반소는 어떻게 취급할 것인가에 대하여 **분리이송설**은 본소에 관한 항소가 각하·취하되어 항소심의 소송계속이 소멸되어도 이는 반소에 영향을 미치지 않으므로, 반소가 독립한 소송요건을 갖추고 있으면 반소는 존속하나, 원고의 심급의 이익을 보호하기 위해서 제1심으로 이송해야 한다고 하고, **소송종료설**은 항소가 부적법각하·취하되어 소멸되면, 항소를 전제로 한 반소도 소멸하고 법원은 반소가 유효하게 종료되었다고 소송종료선언을 하여야 한다고 한다.

≪사례≫

[1] A가옥의 임차인 甲이 임대료를 2회분을 연체하자 소유자 乙이 가옥에 강제로 들어와 점유하여 甲이 A가옥의 점유회복의 소를 제기하자, 피고 乙은 소유권에 기하여 A가옥에 대한 甲의 빙해배제를 구하는 반소를 제기하였다. 이 반소는 적법한가?

[2] 甲이 乙을 상대로 A토지의 인도를 구하는 소송을 제기하였다. 이에 대하여 乙은 유치권을 주장하고, 그의 피담보채권에 기한 청구를 반소로서 청구하였다.

  (1) 乙의 유치권의 항변이 시기에 늦은 것으로 각하되었다. 乙의 반소는 어떻게 처리될 것인가?

  (2) 乙의 유치권의 항변이 적시에 제기되었는데 후에 본소인 토지인도청구가 취하된 경우
    ① 乙의 반소는 어떤 영향을 받는가?
    ② 乙은 자신의 반소 청구를 임의로 취하할 수 있는가?
    ③ 甲의 토지인도청구가 취하된 것이 아니고 각하된 경우와는 어떠한 차이가 있는가?

  (3) 만약 乙이 제1심에서는 유치권만을 주장하고 항소심에서 피담보채권에 관한 반소를 제기한 경우이면 상대방의 동의가 필요한가?

  (4) 항소심에서 비로소 반소가 제기되었는데, 항소가 취하·각하된 경우에 항소심에서 제기된 반소는 어떻게 되는가?

사례해설

[1] 본절 Ⅲ. 1. (2) 3) 참조. 본래 점유권은 로마법상의 possessio에 기한 권리로서 점유사실 자체만으로 인정되는 권리이므로, 본권에 관한 이유로 항변하지 못하도록 하여 점유권을 보호한다. 다만 우리 민법상 점유의 소에 대하여 본권에 기한 반소도 금지시키는 것인지에 대하여 다툼이 있다. 통설과 판례[3]는 점유소송에 있어서 명문으로 본권에 기한

---

1) 이시윤, 713.
2) 김홍엽, 894.
3) 대판 4290민상454·455.

반소의 제기를 금지하고 있지는 않다는 점에서 본권에 기한 반소를 제기하더라도 적법하다고 한다. 소수설은 본권에 기한 반소를 인정한다면 점유소권의 존재의의를 무의미하게 하여 부적법하다고 하나 별소에 의하는 것이 오히려 소송경제에 반한고다고 할 것이어서 통설·판례가 타당하다고 본다. 위 본소와 반소가 모두 인용된 판결주문은 '피고는 원고에게 계쟁가옥을 인도하라(본소인용). 원고는 위 인도받은 뒤에 피고에게 위 가옥을 인도하라(반소인용)'가 된다.[1]

[2] (1) 부적법하게 된다. 또한 甲이 乙을 상대로 가등기에 기한 본등기청구를 하였고 이에 대하여 乙이 방어방법으로 가등기채무의 변제를 항변으로 제출하면서 가등기말소의 반소를 구하였으나 채무변제의 항변이 시기에 늦은 것으로 각하된 경우 乙의 반소도 역시 부적법하게 된다. (2) ① 본소의 소송계속은 반소 제기요건이고, 존속요건은 아니기 때문에 반소제기 후에 본소가 각하·취하되어도 반소는 영향을 받지 아니한다. ② 본소가 취하되면, 피고는 원고의 동의 없이 반소를 취하할 수 있다(271). ③ 본소가 부적법 각하된 경우 반소취하에는 원고동의가 필요하다는 것이 판례입장이다. (3) 항소심에서 '상대방의 심급이익을 해할 염려가 없는 경우'에는 상대방의 동의가 없어도 반소가 가능하다. (4) 본절 Ⅳ. 3. (2) 참조. ▨

≪사례≫

[1] 甲이 乙을 상대로 건물철거 및 대지인도청구의 소를 제기하였고 乙은 관습상의 법정지상권에 기한 항변을 하였다. 제1심법원은 乙의 위 항변을 배척하고 원고의 청구를 인용하였다. 乙이 제1심판결에 불복하여 항소를 한 후 항소심에서 법정지상권설정등기절차의 이행을 구하는 반소를 제기하려고 한다.

(1) 乙의 반소는 본소와 관련성(견련관계)이 있는가?

(2) 乙의 반소에 대하여 원고 甲은 동의하지 않았다면 乙의 반소는 적법한가?

[2] 본소 및 예비적 반소를 모두 각하한 판결에 대하여 원고만이 항소한 경우 예비적 반소가 항소심의 심판대상이 되는가?

▨ 사례해설

[1] (1) 피고의 방어방법인 관습상의 법정지상권에 기한 항변과 관련된 법정지상권의 설정등기절차이행을 구하는 반소는 상호관련성이 있다. (2) 항소심에서의 반소에는 원고에게 그 반소청구에 대한 제1심에서의 재판을 받을 기회를 상실하게 하고(심급이익상실), 반소는 청구변경보다 넓은 범위에서 인정되므로 원고의 동의가 필요함이 원칙이다. 그러나 이 사건 사례와 같이 제1심에서 이미 충분히 심리한 쟁점과 관련된 반소의 경우에는 '상대방의 심급이익을 해할 염려가 없는 경우'에 해당하여 상대방의 동의가 없어도 반소가 가능하다.

[2] 항소심으로서는 원고의 항소를 받아들여 원고의 본소청구를 인용하는 경우 피고의 예비적 반소청구를 심판대상으로 삼아 이를 판단하여야 한다.[2] 이에 대하여는 피고가 재판결과에 승복하여 항소·부대항소를 하지 않았는데도 항소심이 심판하는 것은 예비적 반소가 본소와 합일확정할 관계가 아닌 한 처분권주의에 반한다는 견해가 있으나,[3] 예비적 반소의 성질상 당연하다고 할 것이다.[4] ▨

---

1) 송우철, 주석 (Ⅳ), 429.
2) 대판 2006다19061.
3) 이시윤 713.
4) 김홍엽, 894.

<선택형>

1. 반소 및 중간확인의 소에 관한 다음 설명 중 옳지 않은 것은? (다툼시 판례에 의함)¹⁾　[법전협 2012. 3차]

　① 본소청구가 인용되거나 기각되는 것을 조건으로 하여 반소청구에 관한 심판을 구하는 것도 허용된다.

　② 본소가 부적법각하된 때에 피고는 원고의 동의 없이 반소를 취하할 수 있다.

　③ 상대방의 심급의 이익을 해할 우려가 없는 경우에는 항소심에서도 상대방의 동의 없이 반소를 제기할 수 있다.

　④ 중간확인의 소를 원고가 제기하는 경우에는 청구의 추가적 변경에 해당하고 피고가 제기하는 경우에는 일종의 반소라고 할 수 있다.

　⑤ 반소는 소송절차를 현저히 지연시키는 경우에는 허용되지 않는다.

2. 반소에 관한 설명으로 옳지 않은 것은? (다툼시 판례에 의함)²⁾　[법전협 2013. 3차]

　① 소송의 목적이 된 청구가 다른 법원의 관할에 전속되지 아니하고 본소의 청구 또는 방어의 방법과 서로 관련이 있어야 한다.

　② 원고가 피고에 대하여 손해배상채무의 부존재확인의 소를 제기하였는데 피고가 그 후에 그 손해배상채무의 이행을 구하는 반소를 제기하였다 하더라도 그러한 사정만으로 본소청구에 대한 확인의 이익이 소멸하여 본소가 부적법하게 된다고 볼 수는 없다.

　③ 반소가 적법하게 제기된 이상 그 후 본소가 취하되더라도 예비적 반소의 경우를 제외하고 반소의 소송계속에는 아무런 영향이 없다.

　④ 본소가 취하된 때에는 피고는 원고의 동의를 얻어야 반소를 취하할 수 있다.

　⑤ 원고의 본소청구와 피고의 예비적 반소청구에 대해 제1심법원이 원고의 본소청구를 기각하는 판결을 선고하였고 이에 원고만이 항소한 경우 항소심법원은 원고의 항소를 받아들여 원고의 본소청구를 인용한 이상 피고의 예비적 반소청구를 심판대상으로 삼아 이를 판단하여야 한다.

3. 丙은 甲보험회사(이하 甲이라 한다)와 자동차종합보험계약이 체결된 자신의 승용차를 운행하던 중 乙의 차량을 추돌하여 乙에게 10주의 치료가 필요한 상해를 입게 하였다. 乙은 甲에게 1억원을 직접 청구하였으나, 甲은 乙의 일방적 과실로 인한 사고라고 주장하며 그 지급을 거부하면서 乙을 상대로 위 교통사고로 인한 채무부존재확인의 소를 제기하였고, 乙은 이에 대한 반소로서 교통사고로 입은 손해 1억원의 배상을 청구하는 소를 제기하였다. 변론의 진행결과 丙의 과실로 인한 乙의 손해를 최종적으로 법원이 4,000만원으로 인정하였다면, 다음 설명 중 옳은 것은? (다툼시 판례에 의함)³⁾　[변호사 2015]

---

1) ②. 본소취하시 피고는 원고 동의 없이도 반소를 취하할 수 있으나(271), 본소 각하시에는 원고 동의가 있어야 반소취하할 수 있다(대판 84다카298). ⑤ 제269조 1항.

2) ④. 제271조. ① 제269조 1항. ② 원고가 반소가 제기되었다는 이유로 본소를 취하한 경우 피고가 일방적으로 반소를 취하함으로써 원고가 당초 추구한 기판력을 취득할 수 없는 사태가 발생할 수 있는 점을 고려하면, 반소가 제기되었다는 사정만으로 본소청구에 대한 확인의 이익이 소멸한다고는 볼 수 없다(대판 2010다2428, 2435; 99다17401, 17418). ⑤ 대판 2006다19061, 19078.

3) ③. ① 대판 2010다2428, 2435. ② 본소의 소송계속은 반소제기의 요건이고 그 존속요건 아니다. ④ 피해자와 보험자간에는 보험계약관계가 없으므로 이를 보험청구권으로 볼 수 없고 보험자가 피보험사의 손해배상채무를 병존적으로 인수한 결과 인정되는 손해배상청구권으로 본다. ⑤ 乙의 甲에 대한 반소와 丙에 대한 별소는

① 甲의 본소는 확인의 소의 보충성의 원칙상 소의 이익이 없어 각하될 것이다.
② 甲의 본소를 취하하는 것에 乙이 동의한 경우 반소의 소송계속도 소멸한다.
③ 甲은 丙이 乙에 대하여 부담하는 채무를 병존적으로 인수한 것으로 볼 수 있다.
④ 乙이 甲에 대하여 가지는 권리는 손해배상청구권이 아니라 피보험자 丙이 甲에 대해 가지는 보험금청구권의 변형 내지 이에 준하는 권리이다.
⑤ 乙은 甲을 상대로 반소를 제기하였기 때문에 丙을 상대로는 별도로 소를 제기할 수 없고, 丙을 상대로 소를 제기할 경우 소가 각하된다.

제2장 다수당사자소송(당사자의 복수複數)

당사자가 다수 존재하는 소송은 **공동소송**(통상의 공동소송, 필수적 공동소송, 예비적·선택적 공동소송), **소송참가**(보조참가, 공동소송적 보조참가, 소송고지, 독립당사자참가, 공동소송참가), 당사자변경(임의적 당사자변경, 소송승계) 등이 문제된다.

다수당사자 사이에 모순 없는 판결을 해야 하는 **합일확정을 필요로 하는 형태**로 필수적 공동소송, 예비적·선택적 공동소송, 독립당사자참가, 공동소송참가 등이 있다.

소송참가에는 다수당사자간의 소송상의 지위에 따라서 2인 이상이 같은 편 당사자들이 대등한 지위에 있는 공동소송참가와 당사자 사이에 주종의 관계에 있는 보조참가, 당사자 3인이 서로 대립적 지위에 있는 독립당사자참가가 있다.

前당사자의 지위를 승계하지 않는 임의적 당사자변경과 지위를 승계하는 소송승계가 있다.

다수당사자소송에서는 가능하면 분쟁현상을 하나의 소송절차에 반영하여 관계인이 소송에 등장할 기회를 넓게 인정하는 것이 최근 입법의 경향이다. 그러나 실제 다수자가 관여하면 절차가 번잡하고 비용·노력이 많이 드는 절차법상의 문제가 있다. 따라서 다수당사자소송은 분쟁의 1회 해결을 도모하면서도, 소송절차의 복잡과 심리의 지연을 방지해야 할 것이다. 당사자의 선택 및 당사자간의 관계

당사자가 동일하지 않으므로 중복소송이 아니다.

를 중시하면서도 다양한 분쟁주체가 공평하고 적절히 절차에 관여할 수 있게 하는 것이 오늘날 다수당사자소송의 과제이다.

제1절 공동소송

제1관 공동소송의 일반

I. 공동소송의 의의

1. 개 념

(1) 공동소송는 1개의 소송절차에 원고나 피고가 2인 이상이 관여하는 소송형태이다. 이를 소의 주관적 병합이라고 한다. 이 때 원고 또는 피고 측의 어러 사람을 공동소송인이라고 한다. 민사소송은 본래 대립하는 두 당사자가 존재함이 원칙이나, 실제로는 당사자 일방 또는 쌍방이 복수의 형태로 여러 분쟁을 야기하는 경우가 많으므로, 현행법은 이런 분쟁의 실체를 소송상에 반영하여 널리 공동소송을 인정하고 있다.

(2) 공동소송은 상호관련하는 청구를 1개의 소송절차에서 심리하여, 심리의 중복을 방지하고, 법원과 당사자의 노력을 절약하는 등의 소송경제적 측면과 통일적인 분쟁해결을 기대할 수 있다는 장점이 있다. 그러나 한편으로는 전혀 무관계한 청구나 당사자가 다수일 경우 절차가 복잡해지고 소송이 지연을 초래할 수 있으므로 적절한 소송지휘가 필요하다.

2. 종 류

(1) 제65조가 그 공통의 요건을 규정하고 있는 공동소송은 공동소송인 사이의 청구의 공통성·관련성의 정도 즉 합일확정(재판통일)이 필수적인가의 여부에 따라 통상공동소송 또는 필수적 공동소송으로 나뉜다.[1] 전자는 제66조가 적

---

1) 甲이 乙, 丙, 丁에 대하여 소송을 제기한 경우 그 판결의 기판력이 甲과 乙, 甲과 丙, 甲과 丁 사이에만 생기는 것이 통상공동소송이고, 乙, 丙, 丁 상호간에도 생기는 것이 필수적 공동소송이다.

용되어 각 공동소송인을 독립적으로 취급하며, 후자는 제67조가 적용되어 소송 자료와 절차진행의 통일을 요하며 실체법상 공동으로만 당사자적격이 인정되는 고유필수적 공동소송과 반드시 공동으로 당사자가 되어야 하는 것은 아니지만 같이 공동소송인이 되었으면 승패를 같이해야 하는 유사필수적 공동소송으로 나뉜다.

(2) 또한 공동소송의 특수한 형태로는, 당사자지위의 순서에 특이성이 있는 예비적·선택적 공동소송과 공동소송이 되는 시기에 특이성이 있는 주관적·추가적 공동소송이 있다.

Ⅱ. 공동소송의 발생원인과 소멸원인

1. 발생원인

(1) 원시적 발생원인

제소단계의 처음부터 여러 명의 원고로부터 또는 여러 명의 피고에 대하여 공동으로 소를 제기하는 경우이다.

(2) 후발적 발생원인

단일소송으로 소가 제기된 후 공동소송이 되는 경우로서 ① 필수적 공동소송이나 예비적·선택적 공동소송인의 추가(68, 70), ② 참가승계(81), ③ 소송인수(82), ④ 공동소송참가(83), ⑤ 변론의 병합(61), ⑥ 한 당사자의 지위를 수인이 승계한 경우(233 이하, 81, 82) 등이 있다.

2. 소멸원인

공동소송은 공동소송인 일부의 소송관계가 일부 판결·화해·포기·인낙 또는 취하에 의하여 종료되거나 변론의 분리 등이 있으면 공동소송은 해소되어 단일소송으로 된다. 그러나 나머지 원고 또는 피고가 다수이면 여전히 공동소송이다.

Ⅲ. 요 건

공동소송인들이 한 절차에 병합되기 위한 요건을 주관적 요건이라 하고, 소송상 청구들이 한 절차에 병합되기 위한 요건을 객관적 요건이라 한다.

1. 주관적 요건

(1) 수인을 공동소송으로 심리하기 위한 주관적 요건으로 각 공동소송인의 청구 또는 이들에 대한 각 청구 사이에 일정한 공통성·관련성이 존재하여야 한다. 주관적 요건은 주로 공동소송인의 이익을 위하여 인정하는 것이므로 항변사항이다.[1]

(2) 공동소송의 주관적 요건으로서는 소송의 목적이 공동소송인이 될 여러 사람 사이에서 다음과 같은 경우이다.

(가) 권리·의무의 공통(65 전문전단)

소송의 목적되는 권리·의무가 공통된 때는 청구권 자체가 각 공동소송인 간에 상호 공통성을 갖는 경우로서 여러 명의 합유자·공유자들의 소송, 연대채권자·연대채무자들의 소송, 수인의 공유자에 대한 등기말소소송 등이다.

(나) 권리·의무의 발생원인공통(65 전문후단)

소송의 목적되는 권리·의무가 사실상·법률상 원인이 공통인 때는 청구권 자체는 독립적이지만 그 청구를 이유있게 하는 원인사실의 주요부분이 일치하는 관계에 있는 경우로서 동일한 교통사고에 기한 여러 명의 손해배상청구, 주채무자와 보증인에 대한 지급청구소송, 토지의 점유자에게 건물철거를 구하고 그 건물사용자에게 퇴거를 구하는 청구, 양도를 무효라고 하여 양수인과 전득자를 상대로 각 등기말소를 청구하는 경우 등이다.

(다) 권리의무·발생원인의 同種(65 후문)

1) 소송의 목적되는 권리·의무가 같은 종류의 것이고, 사실상·법률상 같은 종류의 원인에 기인한 때는 청구권 상호간에 아무 관련이 없으나 청구권의 성격 및 발생원인이 같은 종류인 경우이다. 임대인이 소유한 여러 채의 가옥 각 임차인에 대한 차임청구소송, 여러 통의 어음소지인이 각 어음발행인에 대한 어음금청구소송 등이다.

2) 위 (가), (나)의 경우와 달리 (다)의 경우는 공동소송의 관련성이 거의 없으므로 관련재판적이 준용되지 않고(25 ②), 공격방어방법이 공통쟁점이 된 때 이외에는 선정당사자제도를 이용할 수 없고, 공동소송인 독립의 원칙의 수정이 요청되지 않으며 이론상 합일확정소송이 논의되지 않는다.

---

1) 피고들 사이에 어떤 관계도 없어서 주관적 병합요건이 흠결되더라도 이는 항변사항이므로 법원은 피고가 이의를 제기하지 아니하면 공동소송으로 그대로 심리한다. 다만 이로 인하여 소송이 과도하게 복잡한 경우에는 변론을 분리할 수 있다.

2. 객관적 요건

(1) 공동소송은 고유필수적 공동소송을 제외하고는 각 공동소송인과 상대방 사이에 각각 별개의 청구가 존재하고, 따라서 청구의 병합이 수반되므로 소의 객관적 병합요건을 갖추어야 한다. 이는 직권조사사항이다. 즉 ① 공동소송의 객관적 요건으로는 공동소송인의 각 청구가 동종의 소송절차에서 심판되고, ② 각 청구에 대하여 수소법원이 공통의 관할권을 갖고 다른 법원의 전속 관할에 속하지 않아야 한다.

(2) 그러나 권리의무·발생원인의 동종(65 후문)의 경우에는 제25조 2항의 관련재판적의 규정이 적용되지 않아서 같은 관할권이 인정되지 않으면 공동소송을 제기할 수 없다. 다만 변론관할은 생길 여지는 있다.

제2관   통상공동소송

Ⅰ. 의 의

통상공동소송(通常共同訴訟)은 공동소송인 사이에 승패가 다름이 허용되는 공동소송이다. 소의 주관적 병합이라고도 한다. 각각 별개소송에서 해결될 수도 있는 사건이 청구상호간에 제65조의 관계가 있어서 1개의 동일 소송절차에 병합된 것으로 청구의 병합이 발생하게 된다. 통상의 공동소송인은 각자 독립적으로 소송상 권리·이익을 처분할 권능이 인정된다.

Ⅱ. 공동소송인 독립의 원칙

(1) 통상공동소송인은 각각 독립하여 소송수행을 할 수 있는 지위에 있고 서로 어떤 협력관계도 없고 각 소송행위는 다른 공동소송인에게 아무런 영향을 미치지 않는다. 이를 공동소송인의 독립의 원칙이라고 한다. 따라서 어느 공동소송인의 행위의 효과는 유리하든 불리하든 다른 공동소송인에게 미치지 않는다. 그리하여 각 공동소송인은 당사자 지위가 독립되어 각 소송요건을 개별적으로 처리하고, 소송자료와 소송진행, 재판의 통일도 되지 않으며 오직 심리의 병합만이 그 특징으로 한다. 또한 공동소송인은 소송비용을 균등하게 부담하나, 법원은 사정에

따라 공동소송인에게 소송비용을 연대하여 부담하게 하거나 다른 방법으로 부담하게 할 수 있다(102 ①).

(2) 통상공동소송인은 각 독립의 지위를 갖지만 같은 절차에서 병합심리되므로 이를 통하여 각 공동소송인에 대하여 소송진행의 공통과 재판의 통일을 어느 정도는 기대할 수 있다.

Ⅲ. 공동소송인 독립원칙의 수정(修正)

통상 공동소송인 독립의 원칙을 획일적으로 적용하면 재판의 통일을 기할 수 없는 경우가 있다. 특히 제65조 전문의 권리의무 또는 발생원인이 공통인 공동소송인간에는 실질적인 견련관계가 있으므로 재판의 모순·저촉은 부자연스럽다. 이 때문에 독립의 원칙을 수정하려는 시도가 있다. 그 중 대표적인 것이 증거공통 및 주장공통의 원칙이다.

≪질문≫ 甲이 乙과 丙을 상대로 A부동산의 소유권확인의 소를 제기하여 같이 심리하게 되었다. 乙은 적극적으로 소송을 수행하였고 丙은 답변서도 제출하지 않아 자백간주되었다. 甲은 乙에 대하여는 패소, 丙에 대하여는 승소하였다. 결국 甲은 丙에 대하여는 소유권자, 乙에 대하여는 소유권자가 아니라는 결과가 되었는데 이는 소유권의 절대성(대세성)에 반하게 된다. 이를 시정하기 위하여 소송법적으로 어떤 주장이 필요한가?

1. 증거공통의 원칙의 적용 여부

(1) 통상공동소송도 병합하여 심리하는 이상 한사람의 공동소송인이 제출한 증거는 다른 공동소송인과 공통 또는 관련되는 계쟁사실에 관하여는 그 원용이 없어도 공통된 증거자료가 될 수 있다는 것을 증거공통의 원칙이라 한다.[1] 그 근거로서 변론주의의 완화에서 찾거나 공동소송으로 병합심리를 한 동일사실에 대한 통일적인 심증형성을 가능한 한 보장함이 합리적이며, 공동소송의 효용을 살린다는 것이다.

(2) 그러나 이를 인정할 경우 스스로 증거신청을 하지 않은 다른 공동소송인에게 불의의 타격이 될 수 있어서 절차보장의 문제가 생긴다. 따라서 이러한 증거공통의 원칙을 인정하더라도 공동소송인 사이에 이해가 상반되는 경우에까지 확장하는 것은 아니며, 공동소송인 중 1인이 자백하더라도 다른 공동소송인에 대해서는 변론 전체의 취지로만 영향을 줄 뿐이다.[2]

---

1) 이시윤, 726; 정동윤·유병현, 899; 정영환, 768.
2) 대판 75다2152. 이시윤, 726.

(3) 판례는 위 원칙을 부정하는 입장에서 '공동소송에서 입증 기타 행위는 행위자를 구속할 뿐 다른 당사자에게는 영향을 주지 않는 것이 원칙이다'라고 판시하고 있다.[1]

생각건대 증거공통의 원칙에 관한 법규정이 없는데도 불이익을 당할 수 있는 당사자가 있을 수 있는 사항을 해석으로 인정하기는 어렵다고 할 것이다.

2. 주장공통의 원칙의 적용 가부

(1) 공동소송인 중 1인이 상대방의 주장사실을 다투거나 항변하는 등 다른 전체 공동소송인에게 유리한 소송행위를 한 때에는 다른 공동소송인의 원용이 없어도 그를 위하여 주장하는 것으로 볼 수 있다는 것이 주장공통의 원칙이다.

(2) 통상공동소송에서 이 원칙이 인정되는가에 관하여 공동소송인 중 한 사람에 의하여 공통사실이 주장되었을 때에 다른 공동소송인이 이와 저촉되는 행위를 적극적으로 하지 않고 그 주장이 다른 공동소송인에게 이익되는 한 그 자에게도 효력이 미친다고 한다는 견해가 있으나(제한적 긍정),[2] 주장공통의 원칙을 인정하면 공동소송인의 독립의 원칙이 근본적으로 부정될 수 있으며, 변론주의의 원칙상 인정될 수 없다고 할 것이다.[3] 공동소송인 사이에 모순되는 재판이 나올 수 있는 문제점은 법원이 석명권을 적절히 행사함으로써 해결할 수 있을 것이다.[4]

(3) 판례도 제66조의 규정과 변론주의 소송구조 등에 비추어 통상의 공동소송에 있어서 이른바 주장공통의 원칙의 적용을 부정한다.[5]

(4) 공동소송인들 사이에 보조참가의 이익이 인정되는 때에는 특히 보조참가의 신청이 없더라도 공동소송인 한 사람이 한 소송행위는 다른 공동소송인을 위하여 보조참가인으로 한 것으로 취급하는 당연히 보조참가이론이 있다.[6] 이 견해에는 어떤 경우에 보조참가가 인정되는지의 판단이 곤란하고 소송관계를 불명확하게 한다는 비판이 있다.

(5) 권리의무에 관한 주장자체가 공통되지 않거나 권리의무 및 그 발생원인이 같은 종류일 뿐인 경우(65 후문)에는 이 원칙이 적용될 여지가 없다.

---

1) 대결 1959. 2. 19. 4291민항231. 통상공동소송인 사이에서 판결이 합일적으로 나와야 할 필연적인 이유가 없음에도 불구하고 재판의 통일을 염두에 두는 것은 대단히 비법률적인 이론이다. …원용하지 않은 공동소송인에 관한 증거가 충분할 때에는 증거공통의 원칙은 적용되지 않는다는 견해로는 호문혁, 831.
2) 이시윤, 727; 정영환, 769.
3) 호문혁 832; 김홍규·강태원, 192.
4) 정동윤·유병현, 902.
5) 대판 93다47196.
6) 이영섭, 98.

≪질문답변≫ 증거공통의 원칙, 주장공통의 원칙을 도입하거나, 공동으로 선정당사자, 소송대리인을 선임하는 것을 고려할 수 있다.

Ⅳ. 이른바 이론상 합일확정소송의 문제

≪사례≫
[1] 甲 소유의 등기가 A→B→C에게 순차로 경료되어 甲이 A·B·C 3인을 상대로 원인무효를 이유로 각 등기말소를 공동소송으로 청구하는 경우 어떤 공동소송형태인가?
위 B는 위 소송 중 자신에게 한 등기의 원인 무효의 사실에 관하여 자백을 하였다. 그 자백은 공동소송인 C에게 효력이 있는가?
[2] 수학여행가는 甲, 乙, 丙은 버스가 전복되어 부상을 입어 모두 공동원고로서 버스 회사를 상대로 손해배상청구하는 경우 그 소송형태는 어떤 공동소송형태인가?

1. 의 의

법률상으로는 합일확정이 요구되지는 않지만, 구구한 판결이 나오면 논리상 납득이 되지 않거나 원고의 본래 목적을 달성할 수 없는 경우에 주장공통·증거공통의 효력을 공동소송인 간에 인정하려는 취지에서 소위 이론상 합일확정소송이 주장되었다.

2. 적용영역과 법적 성질

위 이론상 합일확정소송은 제65조 전문에 해당하거나 전원에 대하여 승소하지 않으면 종국적인 목적을 달성할 수 없는 경우에 인정하자는 것이다. 그러나 위 사례 등은 합일확정이 법률상 보장되지 않으므로 위 소송들은 통상공동소송이다.

3. 판 례

(1) 위 사례와 같은 통상공동소송에서는 공동당사자들 상호 간의 공격방어방법의 차이에 따라 모순되는 결론이 발생할 수 있는데, 이는 변론주의를 원칙으로 하는 소송제도 아래서는 부득이한 일로서 판결의 이유모순이나 이유불비가 될 수 없다고 판시한다.[1] 따라서 위 사례의 경우 각 공동소송인의 행위는 다른 공동소송인에 영향을 줄 수 없고,[2] 한 공동소송인의 자백은 유효하므로 증거에 의한 심

---

1) 대판 90다9872.
2) 대판 70다232.

증에 불구하고 자백대로 사실확정을 하고, 위 자백을 다툰 다른 공동소송인에 대하여는 반대의 판단을 할 수 있다. 판례는 이러한 문제점을 인식하고는 최후의 등기명의자만을 상대로 한 진정명의등기회복을 위한 소유권이전등기를 인정하고 있다.[1]

　(2) 결국 판례에 의하면 소위 이론상 합일확정소송은 통상공동소송이며 이러한 개념을 인정할 필요가 없게 된다.

<선택형>

1.　甲은 자신의 소유인 X 부동산에 관하여 乙 명의로 소유권이전등기가 되어 있는 것을 발견하고, 소유권에 기하여 乙을 상대로 소유권이전등기 말소등기청구의 소를 제기하였다. 다음 설명 중 옳지 않은 것은? (각 지문은 독립적이고, 다툼시 판례에 의함)[2]

　① 乙이 甲의 대리인인 丙으로부터 X 부동산을 매수하여 그 이전등기를 마친 것이라고 주장하는 경우, 甲이 丙의 대리권 없음을 증명하여야 한다.
　② 甲이 乙의 등기원인을 증명하는 서면인 매매계약서가 위조된 사실을 증명한 경우, 乙은 다른 적법한 등기원인의 존재를 주장·증명하여야 한다.
　③ 甲이 변론을 통해 자신이 소유자라는 주장을 하자 乙이 이를 인정하는 진술을 한 경우, 그 진술을 甲의 소유권의 내용을 이루는 사실에 대한 것으로 보아 자백의 구속력을 인정할 수 있다.
　④ 甲으로부터 丁을 거쳐 乙 명의로 순차 소유권이전등기가 경료되었다면 甲은 丁과 乙 전원을 피고로 삼아야 하고, 그렇지 않을 경우에는 소의 이익을 인정할 수 없어 부적법한 소송이 된다.
　⑤ 甲이 말소등기청구소송에서 패소 확정판결을 받은 후, 乙을 상대로 진정명의회복을 원인으로 하는 소유권이전등기청구의 소를 제기하는 경우, 청구취지가 다르더라도 그 소송물은 실질상 동일하므로 기판력에 저촉된다.

2.　甲은 乙에게 1억원을 빌려주었는데 이 채무에 관하여 乙의 친구인 丙과 丁이 연대보증을 하였다. 채권자 甲은 乙, 丙, 丁을 피고로 대여금반환청구의 소를 제기하였다. 다음 설명 중 옳지 않은 것은? (다툼시 판례에 의함)[3]
　　　　　　　　　　　　　　　　　　　　　　　　　　　　　　　　[법전협 2014. 3차]

　① 원고 甲은 소송진행 도중 피고 丙에 대한 소를 취하할 수 있다.
　② 원고 甲이 전부승소하였고 이에 피고 乙만 항소를 한 경우에도 피고 丙, 丁에 대한 청구도 항소심으로 이심된다.
　③ 소송진행 도중 피고 丙, 丁은 원고 甲의 청구를 인낙할 수 있다.
　④ 원고 甲이 불출석하자 피고 乙과 丙은 변론을 하지 않겠다고 하는데 丁만 변론을 하는 것도 가능하다.
　⑤ 피고 乙이 제출한 증거방법이 원고 甲에게 유리하게 작용할 수도 있다.

1) 대판(전합) 89다카12398. 호문혁, 833.
2) ④. 순차로 경료된 이전등기의 각 말소등기청구의 소는 필수적 공동소송 아니다(대판 87다카1093). ① 대판 93다18914. ② 그 등기의 적법추정은 복멸되는 것이고 다른 적법한 등기원인이 있을 것으로 추정되지 않는다 (대판 98다29568). ③ 대판 87다카749. ⑤ 대판 99다37894.
3) ②. 통상공동소송에서는 소송진행, 재판의 통일도 되지 않아서 상소불가분의 원칙이 적용되지 않는다.

제3관 필수적 공동소송

필수적 공동소송이란 공동소송인 모두에게 합일확정이 되어야 하는 소송이다(67). 합일확정은 소송의 승패가 일률적인 것으로서 재판의 모순을 방지하기 위한 것이다. 필수적 공동소송은 본래 공동소송인 전원이 원고 또는 피고가 되는 소송공동이 강제되느냐에 따라 고유필수적 공동소송과 유사필수적 공동소송으로 분류된다.

I. 고유필수적 공동소송

1. 의 의

고유필수적 공동소송이란 처음부터 소송공동이 법률로 강제되고 합일확정의 필요가 실체법상에 근거한 필수적 공동소송이다. 즉, 권리의무가 공통한 여러 사람에게 소송수행권이 공동으로 귀속되어 여러 사람이 원고 또는 피고가 되지 않으면 당사자적격을 잃어 부적법해지는 경우이다.

2. 판단기준에 관한 학설

어떤 분쟁이 고유필수적 공동소송으로 취급되어야 하는지에 대하여 법률에 뚜렷한 기준이 설정되어 있지 않으므로 고유필수적 공동소송인가의 여부의 판단에 대하여 학설이 나뉜다.

① **관리처분권설**: 실체법상 관리처분권의 공동귀속되느냐의 여부를 기준으로 고유필수적 공동소송인지를 판단하는 입장이다. 고유필수적 공동소송의 범위를 좁히게 되어 피고가 여러 번 응소하게 될 수 있다는 비판이 있다. 다수설이다.[1]

② **소송정책설**: 소송법적 관점에서 분쟁의 1회적, 통일적 해결과 판결모순회피의 이익 등 을 중시하여 그 범위를 넓게 정하여야 한다는 입장이다.

③ **절충설**: 실체법적 관리처분권의 귀속 여부와 함께 소송법적 관점도 같이 고려하여야 한다는 견해이다.[2]

생각건대 기준이 객관적이고 명확한 관리처분권설이 무난할 것이다. 이러한 입장에서 보면 타인과의 사이에 형성권이 공동귀속된 경우와 관리처분권의 공동귀속되는 공동소유관계의 경우, 그리고 수인의 소송담당자가 있는 경우가 해당된다.

---

1) 이시윤, 728; 김홍엽, 903; 호문혁, 838.
2) 정동윤·유병현, 904; 정영환, 770.

3. 고유필수적 공동소송의 적용 여부

(1) 형성권의 공동귀속의 경우

(가) **재산관계소송** 중 **공유물분할청구**소송은 분할을 구하는 공유자는 나머지 공유자 전원을 상대로 제소해야 한다. **경계확정의 소**는 공유물의 처분·변경권에 관한 중요사항이므로(민법 264) 고유필수적 공동소송이라고 하는 것이 통설·판례이나,[1] 공유자 1인이 청구하더라도 공유물 전체의 경계가 정해지고 다른 공유자도 그 판결의 효력을 받으므로 유사필수적 공동소송이라는 견해가 있다.[2] 그러나 그 근거가 불명확하다는 비판을 받는다.[3]

(나) **가사소송** 중 실체법에 규정한 제3자가 제기한 혼인무효·취소의 소는 부부 모두를(가소 24 ②), 친자관계부존재확인의 소는 부모 및 자 모두를(가소 28, 24 ②) 각 공동피고로 하여야 하는 고유필수적 공동소송이다.

(다) **회사관계소송** 중 소수주주에 의한 청산인 또는 이사해임의 소(상 539, 385)는 회사와 청산인 또는 이사 모두 공동피고로 제기하여야 한다.[4]

(2) 공동소유관계의 경우

민법이 규정하고 있는 공동소유형태로는 공유, 합유, 총유의 형태가 있다. 공유는 구체적인 지분을 설정하고, 지분의 처분이나 공유물분할청구를 인정하고, 합유는 구체적인 지분을 설정할 수 없고 합유지분의 처분 또는 합유물 분할청구는 인정되지 않지만 잠재적 지분은 인정하여 청산시 합유재산의 분할은 인정된다. 총유는 지분이 관념적으로도 인정되지 않고 공동의 이용만 인정된다.

(가) 총유관계

지분이 인정되지 않는 총유관계에서는 법인 아닌 사단 자체 명의가 아닌 경우에는 그 구성원 전원이 당사자로 나서야 한다.[5] 비법인사단의 구성원 개인은 보존행위라도 총유재산에 관한 소를 제기할 수 없고, 사원총회의 결의를 거쳐 비법인사단 명의로 단독소송을 제기하거나 구성원 전원이 당사자가 되는 고유필수적 공동소송이 되어야 한다.[6]

---

1) 대판 200다24207.
2) 호문혁, 823.
3) 김홍엽, 904.
4) 대판 75마533.
5) 대판 95다21303.
6) 대판 2004다44971.

(나) 합유관계

1) 민법상 합유는 지분처분의 자유와 합유물 분할청구권이 없으며, 합유재산의 처분·변경권은 전원에 대하여 공동으로 귀속되므로(민 272) 이에 대한 소송은 **고유필수적 공동소송**이다. 합유로 등기된 부동산에 대한 소유권이전등기소송,[1] 합유인 공동광업권소송,[2] 동업자금을 공동명의로 예금을 하고 그 권리를 함께 행사하기로 한 경우의 예금반환청구소송[3] 등이 이에 해당된다.

2) **예외**적으로 합유물에 관한 소송이라도 ① 합유물에 관하여 경료된 원인무효의 소유권이전등기말소청구와 같은 보전행위에 관한 소송,[4] ② 합유재산인도를 구할 경우 현실적으로 점유하고 있는 합유자만을 상대로 청구할 수 있고,[5] ③ 조합의 채권자가 조합원의 대체적 채무인 금전채무이행을 개인적 책임에 기하여 당해 채권을 행사하는 경우에는 조합원 각자를 상대로 하여 그 이행의 소를 제기할 수 있다.[6] 즉 통상공동소송이다. 같은 맥락에서 2인이 부동산을 공동매수한 경우 '단순한 공동매수'일 때와[7] 공동명의예금자들의 '동업 이외의 목적의 공동예금' 반환청구는 필수적 공동소송이 아니라고 판시하였다.[8]

(다) 공유관계

물건이 지분에 의하여 수인의 소유로 된 공유는 그 지분을 임의로 처분할 수 있고, 공유물 전부를 지분비율로 사용·수익할 수 있으나(민법 263), 다른 공유자 전원의 동의 없이 공유물 자체를 처분하거나 변경할 수 없다(민법 264). 따라서 소송에서도 공유물 전체의 권리에 의한 소송과 공유지분에 관한 소송으로 구분할 수 있다.

1) **공유물 전체의 권리에 기한 소송**

가) 원칙적으로 이를 다투는 자를 상대로 공유자 전원이 하거나 전원

---

1) 대판 96다23238.

2) 대판 94다23500.

3) 대판 2003다28은 동업 이외의 특정 목적을 위하여 돈을 공동명의로 예치하여 둠으로써 그 목적이 달성되기 전에는 공동명의 예금채권자 중 1인이 단독으로 예금을 인출할 수 없도록 방지·감시하고자 하는 목적으로 공동명의로 예금을 개설한 경우라면, 그 예금채권은 각 공동명의자가 출연한 만큼 분량적으로 분할되어 각자에게 공동으로 귀속되고, 각 공동명의 예금채권자가 예금채권에 대하여 가지는 각자의 지분에 대한 관리처분권은 각자에게 귀속된다 할 것이므로, 공동명의 예금채권자 중 1인에 대한 별개의 대출금채권을 가지는 은행으로서는 그 대출금채권을 자동채권으로 하여 그의 지분에 상응하는 예금반환채권에 대하여 상계할 수 있다고 판시하고 있다.

4) 대판 96다16896.

5) 대판 69다1053.

6) 대판 91다30705. 지원림, 1591; 김재형, "조합채무", 민법학논총·제二(厚巖郭潤直先生古稀紀念), 419.

7) 대판 79다13.

8) 대판 93다31825.

의 동의를 얻어야 하는(민법 264) 공유물 자체의 처분이나 변경을 목적으로 하는 소송은 공유자 전원이 당사자가 되는 고유필수적 공동소송이다.

　　나) 판례도 공유관계 자체를 근거로 하는 청구로서 수인의 매수인이 매수목적물 전체에 대한 이전등기절차를 청구하는 소송,[1] 공유물분할청구소송,[2] 공동상속인이 다른 공동상속인 상대의 상속재산확인소송,[3] 공유물 전체에 대하여 소유권을 다투는 제3자를 상대로 한 소유권확인소송[4] 등은 고유필수적공동소송이 된다고 본다.

　　다) 공유물 전체에 대한 소의 제기라고 하더라도 보존행위인 경우에는 각자가 단독으로 제소할 수 있으나(민법 265 단서), 보존행위가 아닌 경우에는 자신의 지분에 한하여 권리를 행사할 수 있다. 따라서 공유물에 끼친 불법행위를 이유로 하는 손해배상청구권은 특별한 사유가 없는 한 각 공유자는 그 지분에 대응하는 비율의 한도 내에서만 이를 행사할 수 있고,[5] 공유자가 다른 공유자의 지분권을 대외적으로 주장하는 것은 공유물의 보존행위에 속한다고 할 수 없으므로, 자신의 소유지분을 초과하는 부분에 대한 등기의 말소를 구할 수는 없다.[6]

2) 공유지분에 기한 소송

　　가) 공유지분에 기한 소송은 통상공동소송인 것이 원칙이다. 각 공유자가 지분에 기한 보존행위로서 방해배제청구의 소(공유건물철거청구,[7] 공유부동산의 소유권이전등기말소등기청구[8] 등),[9] 공유물의 불법점거로 인한 손해배상청구의 소,[10] 공유자를 상대로 소유권이전등기청구의 소[11] 등은 각 지분의 한도에서 단독으로 제기하거나 제소당할 수 있다(민 264).

---

1) 대판 4292민상462.
2) 대판 2003다44615·44622.
3) 대판 2006다40980.
4) 대판 94다35008은 공유자가 다른 공유자의 지분권을 대외적으로 주장하는 것을 공유물의 멸실·훼손을 방지하고 공유물의 현상을 유지하는 사실적·법률적 행위인 공유물의 보존행위에 속한다고 할 수 없다고 판시하고 있다. 이에 대하여 단지 공유물의 소유권에 대한 법적 불안을 제거하기 위한 보존행위에 불과하므로 그 법적 근거가 무엇이든지 각 공유자가 단독으로 제기할 수 있으며 2인 이상의 공유자가 공동소송을 제기하여도 이는 통상공동소송이 된다는 견해가 있다(호문혁, 837).
5) 대판 70다171.
6) 대판 2006다72802; 2009다67429.
7) 대판 92다49218.
8) 대판 68다1102.
9) 대판 4280민상431.
10) 대판 70다171.
11) 대판 93다32880.

나) 판례에 의하면 공동명의로 담보가등기를 마친 수인의 채권자가 각자의 지분별로 별개의 독립적인 매매예약완결권을 가지는 경우 채권자 중 1인은 단독으로 자신의 지분에 관하여 가등기담보 등에 관한 법률이 정한 청산절차를 이행한 후 소유권이전의 본등기절차이행청구를 할 수 있다.[1]

3) 제3자가 공유자를 상대로 하는 소송(수동소송)

판례에 의하면 공유자를 공동피고로 하는 공유물분할소송과 경계확정소송은 고유필수적 공동소송으로 보나, 공유물반환 또는 철거소송,[2] 공유토지의 일부에 대하여 취득시효완성을 원인으로 공유자들을 상대로 그 시효취득부분에 대한 소유권이전등기절차의 이행을 청구하는 소송,[3] 공동상속인들을 상대로 소유권보존등기말소 및 소유권확인청구소송[4] 등은 통상 공동소송이다. 공유는 공유자들의 소유권이 지분의 형식으로 공존하는 것뿐이고, 그 처분권이 공동에 속하는 것은 아니므로 그러한 청구는 공유자 각자에 대하여 그의 지분권 한도 내에서 인도 또는 철거, 등기절차이행을 구할 수 있다.

(3) 수인의 소송담당자의 경우

법률 또는 권리귀속 주체의 의사에 의하여 여러 명의 소송남낭자가 공농으로 관리처분권을 행사하는 경우 그 다수인 사이에는 고유필수적 공동소송이 성립된다.

예컨대, 수탁자가 여러 명인 신탁재산에 관한 소송(신탁 45), 대표당사자가 여러 명인 증권집단소송(증권집단 20), 동일 선정자단에서 선출된 여러 명의 선정당사자의 소송(54, 53), 파산관재인이 여러 명인 파산재단에 관한 소송(채무자회생 360), 관리인이 여러 명인 회생절차상 채무자의 재산에 관한 소송(채무자회생 75), 여러 명의 유언집행자들을 상대로 유증의무의 이행을 구하는 소송[5] 등이다.

《사례》 2010. 9. 11. 사망한 부친 A로부터 이 사건 과수원을 유증 받은 A의 차남 甲은 어머니와 형과 동생에게 자신이 유증 받았으므로 甲명의로 소유권이전등기의 경료를 주장하였으나 어머니는 형과 동생들이 많이 있는데 이를 단독으로 甲에게만 소유권이전등기를 할 수 없다고 주장하였다. 순순히 말로는 해결되지 않을 것 같다고 판단한 甲은 어머니 乙만을 상대로 그 유증의무의 이행을 구하는 소를 제기하였다. 망인 A가 유언으로 유언집

----

1) 대판(전합) 2010다82530.
2) 대판 68다1102.
3) 대판 93다32880.
4) 대판 72다555.
5) 대판 2009다8345.

행자를 지정하거나 그 지정을 제3자에게 위탁하지 아니하였다. 이 소는 적법한가?

▒ **사례해설**

　유언집행자의 지정이나 위탁이 없는 경우 상속인 전원이 망인의 유언집행자가 되며 원고를 제외한 망인의 유언집행자인 상속인 전원을 피고로 삼아야 하는 고유필수적 공동소송이다. 이 사건 소는 수인의 유언집행자 중 1인만을 피고로 하여 제기된 것으로서 부적법하므로 각하하여야 한다(대판 2009다8345). ▒

Ⅱ. 유사필수적 공동소송

1. 의　의

　유사필수적 공동소송은 소송법상 판결효력이 제3자에게 확장될 경우에 인정되는 공동소송이 법률상 강제되지 않으나 합일확정의 필요가 소송법상에 근거한 필수적 공동소송을 말한다. 소송법상 이유에 의한 필수적 공동소송이라고도 한다.

　유사필수적 공동소송은 1인이 단독으로 소를 제기하거나 제기받을 수 있지만, 수인(數人)이 공동으로 소를 제기하거나 제기당한 경우에는 소송의 승패가 일률적이지 아니한 경우에는 서로 모순되어 분쟁해결이 곤란하므로 반드시 합일확정이 소송법상 요청되는 경우이다.

2. 인정범위

　유사필수적 공동소송은 판결의 효력(기판·력집행력·형성력)이 직접 제3자에게 확장되는 경우에 발생한다. 그뿐만 아니라 판결의 반사효가 제3자에게 미칠 경우도 포함된다는 견해가 다수설이다.[1]

(1) 판결의 효력이 직접 제3자에게 확장되는 경우(대세효)

　(가) 회사관계소송으로서 여러 명이 제기하는 회사합병무효의 소(상법 236), 회사설립무효·취소의 소(상법 184), 주주총회결의 취소·무효·부존재확인의 소(상법 376, 상법 380) 등은 판결의 대세적 효력 때문에(상법 190) 원고가 **數人**이면 유사필수적공동소송이다.

　(나) 신분관계소송인 **數人**이 제기하는 혼인무효·취소의 소(가소 24, 가소 21)와 **數人**이 제기하는 채권조사확정재판에 대한 이의의 소(채무자회생 463) 등도 대세적 효력이 있다.

---

1) 이시윤, 733.

(2) 판결의 반사효가 제3자에게 미치는 경우

여러 명의 압류채권자에 의한 추심소송(민집 249), 數人의 주주에 의한 대표소송(상법 403), 채무자가 대위소송을 알았을 경우에 數人의 채권자가 제기하는 채권자대위소송 등이 있다.[1]

Ⅲ. 필수적 공동소송의 심판

1. 필수적 공동소송인의 지위

필수적 공동소송인은 상호 연합관계에 있고 합일확정의 판결만 허용하기 때문에 통상공동소송에 있어서의 공동소송인 독립의 원칙이 적용되지 않는다.

그러나 각 공동소송인은 개별적으로 소송행위를 할 수 있으며 개별적으로 소송대리인을 선임할 수 있다. 그리고 유사필수적 공동소송의 경우에는 1인 또는 1인에 대한 소의 취하가 가능하다.

2. 소송요건의 조사와 보정

소송요건은 각 공동소송인 별로 직권으로 조사한다. 고유필수적 공동소송인 중 한 사람에게 소송요건의 흠이 있거나 누락이 있으면 소송 전체가 당사자적격의 흠으로 부적법하게 된다. 이를 보정하는 방법으로 누락한 당사자에 대한 별소 제기와 변론병합(141), 제1심인 경우 필수적 공동소송인의 추가(68), 공동소송참가(83)가 가능하다. 유사필수적 공동소송인은 강제로 추가할 수 없고, 소송요건에 흠결이 있는 당사자만 분리하여 각하한다.

3. 소송자료의 통일

(1) 능동적 소송행위

(가) 공동소송인에게 유리한 소송행위

공동소송인 중 1인이 한 유리한 소송행위는 그것이 공동소송인 전원에 대하여 효력이 있다(67①). 따라서 1인이 다투면 모두 다툰 것이 되고, 다른 1인이 응소하면 모두 응소한 것이 되어 소취하시 전원의 동의를 받아야 하고, 1인이 출석하면

---

[1] 대판 91다23486는 채무자가 대위소송을 알았을 경우 다른 대위채권자에게 판결의 효력이 미치므로 數人의 대위채권자들은 유사필수적공동소송관계로 인정하였다. 다만 이 판결은 반사효를 명시적으로 언급한 것은 아니다. 한편 이 판결에 의하면 채무자가 몰랐으면 통상의 공동소송이 되는데 이는 채무자의 주관적 사정에 따라서 數人의 채권자들의 관계가 좌우되는 것은 있을 수 없다는 비판이 있다(호문혁, 827).

모두 불출석의 불이익을 입지 않고, 1인이 기간을 준수하면 모두 기간을 준수한 것이 되고, 1인이 답변하면 모두 무변론패소판결을 받지 않게 된다.

(나) 공동소송인에게 불리한 소송행위

공동소송인 중 1인만의 불리한 소송행위는 효력이 없고 단지 변론의 전취지로 불리하게 참작될 수 있다. 따라서 전원이 같이 자백하거나 청구포기·인낙해야 그 효력이 생긴다. 한편 고유필수적 공동소송에서 소의 일부취하가 허용되지 아니하고 일부취하간주의 규정이 적용되지 아니한다. 유사필수적 공동소송에서는 소의 일부취하가 허용되나, 취하간주의 규정이 적용될 수 있다는 견해[1]와 없다는 견해가 있다.[2]

(2) 수동적 소송행위

공동소송인 중 1인에 대한 상대방의 소송행위는 이익·불이익을 불구하고 다른 공동소송인 전원에 대하여 효력이 있다(67②). 공동소송인 중 일부가 불출석하더라도 상대방의 소송행위에 지장이 없도록 하기 위함이다. 그러나 법원이 하는 소송행위 즉 송달이나 변론기일통지는 공동소송인 전원에게 개별적으로 하여야 한다.

4. 소송진행의 통일

(1) 기일·송달, 소송절차의 중단·중지

변론과 증거조사 판결은 같은 기일에, 송달은 각 공동소송인에게 해야 한다. 1인에 대하여 중단·중지의 원인이 발생한 경우 전 소송절차의 진행이 정지된다(67③).

(2) 심리·판결

변론의 분리는 인정되지 아니하고, 전원에 대한 전부판결을 해야 한다.

(3) 상 소

(가) 상소기간은 각 공동소송인에게 송달시로부터 개별적으로 진행되나(개별진행설), 전원에 대해 상소기간이 만료되기 전까지는 판결이 확정되지 않는다.

(나) 공동소송인의 1인이 상소 제기한 경우 전원에 대하여 판결의 확정이 차단되고 전소송이 상급심으로 이심된다. 항소심은 공동소송인 전원에 대하여 심판하여야 하며, 패소되었음에도 상소를 제기하지 아니한 공동소송인에게 유리하게 변경할 수 있어서 불이익변경금지원칙이 배제된다. 이는 합일확정이라는 필수적 공동소송의 특성에서 인정된다.

---

1) 김홍엽, 918; 이시윤, 735; 강현중, 207; 정동윤·유병현, 909.
2) 유사필수적 공동소송에서는 일부가 결석해도 다른 공동소송인의 출석에 의하여 출석의 효과가 발생하므로 일부 취하간주가 적용되지 않는다는 견해이다(호문혁, 842).

(다) 상소하지 않은 필수적 공동소송인의 상소심에서의 지위에 관하여 상소인설, 선정자설이 있으나 통설과 판례는 단순한 상소심당사자설이다.[1] 상소심당사자설에서는 실제로 상소한 공동소송인만이 상소인지를 첨부하고 상소비용을 부담하며 심판범위를 특정·변경할 수 있고 상소취하 여부를 결정하며 상소인으로 표시한다. 그러나 판결의 효력은 전원에게 미친다. 상고하지 않은 자는 '피고, 상고인'이 아닌 '피고'라고만 표시한다.

5. 본안재판의 통일

필수적 공동소송인 모두에 대한 하나의 판결을 선고하여야 하며 판결결과가 달라져서는 안 되며 공동소송인간에 모순 없이 합일되어야 한다. 패소시 소송비용은 공동소송인이 연대하여 부담한다(102 ① 단서).

≪사례≫ 丙의 채권자 甲과 乙이 각기 그 채권을 담보하기 위하여 공동으로 丙소유의 이 사건 건물을 각 2분의 1지분으로 매수하면서 매매예약을 원인으로 한 소유권이전등기청구권을 보전하기 위한 가등기를 경료한 후 이에 기한 본등기를 청구함에 있어, 甲이 단독으로 이 사건 건물에 대하여 자신의 지분권 부분만을 단독으로 소유권이전등기 청구를 할 수 있는가?

▨ 사례해설

수인의 채권자가 각기 그 채권을 담보하기 위하여 채무자와 채무자 소유의 부동산에 관하여 수인의 채권자를 공동매수인으로 하는 1개의 매매예약을 체결하고 그에 따라 수인의 채권자 공동명의로 그 부동산에 가등기를 마친 경우, 수인의 채권자가 공동으로 매매예약완결권을 가지는 관계인지 아니면 채권자 각자의 지분별로 별개의 독립적인 매매예약완결권을 가지는 관계인지는 매매예약의 내용에 따라야 하고, 매매예약에서 그러한 내용을 명시적으로 정하지 않은 경우에는 수인의 채권자가 공동으로 매매예약을 체결하게 된 동기 및 경위, 그 매매예약에 의하여 달성하려는 담보의 목적, 담보 관련 권리를 공동 행사하려는 의사의 유무, 채권자별 구체적인 지분권의 표시 여부 및 그 지분권 비율과 피담보채권 비율의 일치 여부, 가등기담보권 설정의 관행 등을 종합적으로 고려하여 판단하여야 한다.[2]

다만 당사자 사이의 법률관계가 명백하면 그 내용에 따라 다르다. ① 공유관계에서의 매매예약 완결권 행사에 기한 공유자 1인의 지분청구 가능 여부에 관하여 공유자가 그 지분은 단독으로 처분할 수 있으므로, 복수의 권리자가 소유권이전청구권을 보존하기 위하여 가등기를 마쳐 둔 경우, 그 권리자 중 한 사람은 자신의 지분에 관하여 단독으로 그 가등기에 기한 본등기를 청구할 수 있다.[3] ② 합유관계에서의 소유권이전등기청구의 법적 성질은 이른바 고유필요적공동소송이라 할 것이므로 그 매매계약에 기하여 소유권이전등기의 이행을 구하는 소를 제기하려면 동업자들이 공동하여야 한다(대판 93다54064). 합유자 중 일부의 청구인낙이나 합유자 중 일부에 대한 소의 취하는 허용되지 않는다(대판 96다23238). ▨

---

1) 대판 94다33002.
2) 대판(전합) 2010다82530.
3) 대판 2001다43922.

<선택형>

1. 甲이 乙에 대한 소유권이전등기청구권에 기하여 위 乙을 대위하여 丙에 대하여 소유권이전등기말소등
   기절차의 이행을 구하는 소를 제기하였다가 甲이 그 소송계속중인 사망하자 그 상속인들이 甲1, 甲2가
   소송수계를 하였다. 乙은 증인으로 증언까지 한 바 있으나 위 소는 청구기각 되었다. 甲1만이 항소하자
   항소심은 위 甲1만을 항소인으로 다루어 소송심리 후 그 항소를 기각하였다. 이에 관하여 다음 중 옳지
   않은 것은? (다툼시 판례에 의함)[1]

   ① 甲1의 상소제기는 甲2에게도 그 효력이 미친다.
   ② 甲2에 관한 부분도 확정이 차단되고 상소심에 이심된다.
   ③ 항소심은 甲2에 대한 청구부분도 포함하여 한 개의 판결을 선고하여야 한다.
   ④ 甲1과 甲2 간에는 고유필수적 공동소송관계에 있다.
   ⑤ 판례에 의하면 甲1과 甲2 간에는 통상공동소송은 아니다.

2. 甲, 乙, 丙, 丁은 X토지에 관하여 각 지분별로 등기를 마친 공유자이다. 다음 설명 중 옳은 것은? (다툼시 판
   례에 의함)[2]

   ① 甲이 乙, 丙만을 상대로 공유물분할청구의 소를 제기한 경우, 甲은 丁을 상대로 별도의 공유
      물분할청구의 소를 제기하여 乙, 丙을 상대로 이미 제기한 공유물분할청구소송에 변론병합
      을 신청할 수 있으나, 乙, 丙을 상대로 이미 제기한 위 소송에 丁을 피고로 추가할 수는 없다.
   ② 제3자는 X토지에 대한 소유권확인 청구의 소를 제기함에 있어 甲, 乙, 丙, 丁 전원을 피고로
      하지 않으면 그 소는 부적법하다.
   ③ 제3자가 X토지를 불법으로 점유하는 경우, 甲은 단독으로 제3자를 상대로 X토지에 대한
      인도청구의 소를 제기할 수 없다.
   ④ 甲, 乙, 丙, 丁이 X토지를 戊에게 매도하고 소유권이전등기를 마쳐준 후에도 여전히 X토지
      를 공동점유하고 있는 경우, 공동점유자 각자는 그 점유물의 일부분씩만을 반환할 수 없기
      때문에 戊는 甲, 乙, 丙, 丁 전원을 피고로 하여 토지인도청구의 소를 제기하여야 한다.
   ⑤ X토지에 대해서 甲, 乙, 丙, 丁으로부터 제3자 앞으로 원인무효의 등기가 마쳐진 경우, 甲은 그
      제3자에 대하여 원인무효인 등기 전부의 말소를 구할 수 있을 뿐만 아니라, 각 공유자 앞으로 해
      당 지분별로 진정명의회복을 원인으로 한 소유권이전등기절차이행을 단독으로 청구할 수 있다.

3. X토지의 공유자인 甲·乙·丙 사이에 X토지의 분할에 관한 협의가 이루어지지 않자, 甲이 乙과 丙을 상대로
   법원에 X토지의 분할을 청구하였다. 다음 설명 중 옳지 않은 것은? (다툼시 판례에 의함)[3]

---

1) ④. 판례는 위 소송수계인들 간에 유사필수적 공동소송으로 본다(대판 91다23486).
2) ⑤. 대판 2003다40651. ① 제68조에 의하여 丁을 필수적 공동소송인으로 추가할 수 있다. ② 수인 앞으로 경료
   된 공유등기의 말소청구소송은 권리관계의 합일적인 확정을 필요로 하는 필요적 공동소송이 아니라 보통공동
   소송이며, 공동당사자들 상호간의 공격방어방법의 차이에 따라 모순되는 결론이 발생할 수 있고, 이는 변론주
   의를 원칙으로 하는 소송제도 아래서는 부득이한 일로서 판결의 이유모순이나 이유불비가 되지 않는다(대판
   90다9872; 72다555). ③ 토지의 공유자는 단독으로 그 토지의 불법점유자에 대하여 명도를 구할 수 있다(대판
   69다21). 보존행위이므로 통상공동소송이다. ④ 공동점유물의 인도를 청구하는 경우 상반된 판결이 나면 사실
   상 인도청구의 목적을 달성할 수 없을 때가 있을 수 있으나 그와 같은 사실상 필요가 있다는 것만으로 그것을
   필요적 공동소송이라고는 할 수 없다(대판 65다2455).
3) ②. 일부 공유지분만 분할할 수 없다(대판 2010다92506). ① 대판 2004다10183. ③ 대판 2003다44615. ④

① 甲이 현물분할을 청구하였으나 현물로 분할할 수 없는 때에는, 법원은 청구취지의 변경 없이도 경매에 의한 분할을 명할 수 있다.

② 법원은 甲 지분의 일부에 대하여만 공유물분할을 명하고 일부 지분에 대해서는 이를 분할하지 아니한 채 공유관계를 유지하도록 할 수 있다.

③ 제1심판결에 대하여 乙만 항소하였더라도 丙에 대한 제1심판결은 확정되지 않는다.

④ 위 소송계속중 丁도 X토지의 공유자임이 밝혀졌을 경우, 甲은 丁을 추가하기 위해 소의 주관적 추가적 병합을 할 수 있다.

⑤ 위 ④의 경우, 丁은 甲이 제기한 소송에서 乙과 丙 측에 공동소송참가할 수 있으며, 이는 상고심에서는 할 수 없다.

---

4. 공유관계의 소송관계에 대한 설명 중 옳지 않은 것들은? (다툼시 판례에 의함)[1)]   [법전협 2011. 1차]

① 공유자 가운데 한 사람은 공유물에 되어 있는 원인무효의 등기에 관하여 각 공유자에게 해당 지분별로 진정명의회복을 원인으로 한 소유권이전등기를 이행할 것을 단독으로 청구할 수 있다.

② 공유물에 끼친 불법행위를 이유로 하는 손해배상청구권은 특별한 사유가 없는 한 각 공유자가 자신의 지분에 대응하는 비율의 한도 내에서만 이를 행사할 수 있다.

③ 상속에 의하여 수인의 공유로 된 부동산에 관하여 공유자 중 1인이 부정한 방법으로 공유물 전부에 관한 소유권이전등기를 단독명의로 마친 경우 다른 공유자 중 1인은 공유물의 보존행위로서 공유지분 전부에 관하여 소유권이전등기말소등기절차의 이행을 구할 수 있다.

④ 공동상속인이 다른 공동상속인을 상대로 어떤 재산이 상속재산임의 확인을 구하는 소의 고유필수적 공동소송이다.

⑤ 복수의 채권자들이 채무자가 변제기까지 채권을 변제하지 못하면 당연히 매매예약완결의 의사표시가 있는 것을 약정하고 채무자 소유의 부동산에 관하여 채권자를 공동명의로 하여 소유권이전등기청구권보전의 가등기를 마친 경우, 변제기 이후 채권자들이 채무자를 상대로 소유권이전등기절차 이행을 구하는 소는 고유필적 공동소송이다.

---

5. 공유자 甲, 乙, 丙은 균분하여 이 사건 부동산을 소유하고 있다. 甲은 乙, 丙에 대해 분할할 것을 요구하였으나 乙로부터 명시적으로 거절당하고, 丙으로부터는 명백한 답변을 듣지 못했다. 이에 甲은 乙만을 상대로 공유물을 현물

제68조. ⑤ 상고심에서는 공동소송참가를 할 수 없다(83).

1) ③⑤. ③ 공유자 중의 1인은 공유물의 보존행위로서 원인무효의 단독명의로 등기한 공유자에 대하여 그 공유자의 공유지분을 제외한 나머지 공유지분 전부에 관하여 소유권이전등기말소등기절차의 이행을 구할 수 있다. 공유자가 아닌 제3자 명의로 원인무효의 등기가 경료되어 있는 경우에는 제3자에 대하여 그 등기전부의 말소를 구할 수 있다(대판 87다카961). ⑤ 종래 대판 85다카2203은 고유필수적 공동소송이라 보았으나 대판(전합) 2010다82530은 매매예약완결권을 수인의 채권자가 공동으로 가지는 관계인지 아니면 채권자 각자의 지분별로 별개의 독립적으로 가지는 관계인지는 매매예약의 내용에 따라야 하고, 매매예약에서 그러한 내용을 명시적으로 정하지 않은 경우에는 수인의 채권자가 공동으로 매매예약을 체결하게 된 동기 및 경위, 지분권 비율과 피담보채권 비율의 일치 여부 등을 종합적으로 고려하여야 한다고 판시하여 항상 고유필수적 공동소송이 되는 것은 아니라고 판시하였다. ① 공유물에 경료된 원인무효의 등기에 관한 말소등기청구권과 진정명의로의 이전등기청구권은 실질적으로 그 목적이 동일하고 그 법적 근거와 성질이 동일하고, 공유자 중 한 사람은 해당 지분별로 진정명의회복을 원인으로 한 소유권이전등기를 이행할 것을 단독으로 청구할 수 있다(대판 2003다40651). ② 민법 제262조, 750조, 대판 70다171. ④ 대판 2006다40980.

로 분할해 달라는 공유물분할청구의 소를 제기하였다. 다음 설명 중 틀린 내용은?[1] 　　　　　　[법전협 2011. 1차]

① 甲의 이 사건 소는 각하될 수 있다.
② 법원은 이 사건 부동산에 대하여 대금 분할을 명할 수 없다.
③ 甲은 소송진행 도중 丙을 원고나 피고 쪽으로 끌어들일 수 있다.
④ 원고 甲의 소 취하에 대해서는 피고 乙만 동의하면 효력이 발생된다.
⑤ 이 사건 소는 비송사건으로 제기할 수는 없다.

6. 甲이 乙·丙·丁으로부터 각 3,000만원씩 합계 9,000만원을 차용하고 그 담보의 뜻으로 甲명의의 소유권이전등기가 되어 있던 A건물에 대하여 乙·丙·丁 앞으로 가등기에 기한 소유권이전등기를 경료 하여 주었다. 그 후 甲은 위 채무원리금을 모두 변제하였다고 주장하면서 乙·丙·丁을 공동피고로 하여 乙·丙·丁명의의 각 소유권이전등기말소청구의 소를 제기하였다. 위 소송에 관한 아래의 각 설명 중 옳은 것은? (다툼시 판례에 의함)[2] 　　　　　　[법전협 2012. 2차]

① 乙은 답변서를 제출하지 않고 변론기일에도 불출석한 반면에 丙·丁이 甲의 주장사실을 다투고 새로운 항변을 하고 있는 경우에 乙도 甲의 주장을 다투고 항변한 것으로 본다.
② 위 소송계속중 乙이 사망한 경우에 乙의 상속인들이 소송수계절차를 밟을 때까지 丙·丁과 甲 사이의 소송도 중단된다.
③ 법원은 甲의 乙에 대한 청구만 인용하고 丙과 丁에 대한 청구는 기각하는 판결을 할 수 없다.
④ 제1심법원에서 甲의 청구를 인용하는 판결이 선고되었으나. 丙·丁만 항소한 경우에 甲·乙 사이의 제1심판결도 그대로 확정되지 않고 항소심으로 이심된다.
⑤ 위 소송에서 법원은 심리한 결과 甲이 피담보채권 전액을 변제하지는 못한 것으로 인정한 경우에 그 잔존 채무액을 확정한 다음 甲의 잔존채무 변제를 조건으로 하여 일부 승소판결을 할 수 있다.

7. 다음 중 옳지 않은 것들은? (다툼시 판례에 의함)[3] 　　　　　　[법전협 2012. 3차]

① 공동상속인을 상대로 하여 상속채무의 이행을 구하는 소를 제기할 경우에는 공동상속인 전원을 피고로 하여야 하며, 일부 상속인이 누락된 경우에는 민사소송법 제68조 1항에 따

---

1) ②. 현물분할이 불가능하거나 분할로 현저한 가액감소 우려 있으면 대금분할이 가능하다(민법 269 ②). ⑤ 공유물분할청구의 소는 형식적 형성의 소로서 소송이므로 비송사건으로 제기할 수는 없다.
2) ⑤. 대판 96다33938. ①~④ 통상공동소송이므로 소송자료가 불통일되고, 사망한 乙에 대한 관계에서만 중단되고, 합일확정의 판결을 요구하지 않으며, 분리확정된다.
3) ①⑤. ① 공동상속인들을 상대로 피상속인이 이행하여야 할 부동산소유권이전등기절차이행을 청구하는 소는 필요적공동소송이 아니다(대판 64다1054). ⑤ 공동점유물의 인도를 청구하는 경우 상반된 판결이 나는 때에는 사실상 인도청구의 목적을 달성할 수 없을 때가 있을 수 있으나 그와 같은 사실상 필요가 있다는 것만으로 그것을 필요적공동소송이라고는 할 수 없다(대판 65다2455). ② 판례는 수동적 공유관계소송 중 공유물분할소송과 경계확정소송 이외는 모두 통상의 공동소송으로 본다. ③ 동업자들이 동업자금을 공동명의로 예금한 경우라면 채권의 준합유관계에 있어 합유의 성질상 은행에 대한 예금반환청구가 필요적 공동소송에 해당하나, 공동명의 예금채권자들 중 1인이 전부를 출연하거나 또는 각자가 분담하여 출연한 돈을 동업 이외의 특정목적을 위하여 공동명의로 예치해 둠으로써 그 목적이 달성되기 전에는 공동명의 예금채권자가 자신의 예금에 대하여도 혼자서는 인출할 수 없도록 방지, 감시하고자 하는 목적으로 공동명의로 예금을 개설한 경우에는 그 예금에 관한 관리처분권까지 공동명의 예금채권자 전원에게 공동으로 귀속된다고 볼 수 없을 것이므로, 이러한 경우 은행에 대한 예금반환청구는 필요적 공동소송에 해당않는다(대판 93다31825). ④ 대판 2009다8345.

라 누락된 상속인을 추가하는 신청을 할 수 있다.

② 공유자들을 상대로 한 공유물에 대한 소유권이전등기청구, 공유물의 철거 또는 반환청구의 소는 모두 공유자 전원을 상대로 하는 고유필수적 공동소송이 아니다.

③ 동업자들이 공동명의로 동업자금을 은행에 예금한 경우에는 채권의 준합유 관계가 성립하고, 은행을 상대로 하여 예금반환청구의 소를 제기할 경우에는 전원이 공동으로 원고가 되어야 한다.

④ 유언집행자가 여러 사람인 경우 피상속인의 유증을 원인으로 한 소유권이전등기의무의 이행을 구하는 소는 유언집행자 전원을 공동피고로 하여야 하는 고유필수적 공동소송이다.

⑤ 여러 사람이 하나의 동산이나 부동산을 공동으로 사실상 점유하고 있는 경우에는 공동점유자 전원을 피고로 하여 소를 제기하여야 한다.

---

8. 다음 중 판례에 의하여 고유필수적 공동소송으로 인정되는 것이 아닌 것은?[1]　　　　　　[법전협 2013년 1차]

① 공유자가 다른 공유자들을 상대로 제기하는 공유물분할 청구의 소
② 제3자가 부부를 공동피고로 하여 제기하는 혼인 무효·취소의 소
③ 공유건물의 철거청구의 소
④ 공동상속인이 다른 공동상속인을 상대로 어떤 재산이 상속재산임의 확인을 구하는 소
⑤ 법인 아닌 사단의 구성원 전원이 당사자가 되어 제기하는 소유권말소등기청구의 소

---

9. 다음 중 판례에 의하여 고유필수적 공동소송으로 인정되는 것이 아닌 것은?[2]　　　　　　[법진협 2013년 1서]

① 공유자가 다른 공유자들을 상대로 제기하는 공유물분할 청구의 소
② 제3자가 부부를 공동피고로 하여 제기하는 혼인 무효·취소의 소
③ 공유건물의 철거청구의 소
④ 공동상속인이 다른 공동상속인을 상대로 어떤 재산이 상속재산임의 확인을 구하는 소
⑤ 법인 아닌 사단의 구성원 전원이 당사자가 되어 제기하는 소유권말소등기청구의 소

---

10. A토지의 소유자는 甲이고 인접한 B토지의 소유자는 乙, 丙이다. 甲이 乙, 丙을 상대로 경계확정의 소를 제기하고자 한다. 아래 설명 중 옳지 않은 것은? (다툼시 판례에 의함)[3]　　　　　　[법전협 2013. 3차]

① 甲이 乙만을 피고로 소를 제기하였는데, 그대로 변론종결된다면 법원은 소 각하판결을 하여야 한다.
② 甲이 乙만을 피고로 소를 제기하였는데, 소송계속중 甲은 丙을 피고로 추가할 수 있다.
③ 甲이 乙만을 피고로 소를 제기하였는데, 소송계속중 丙은 공동소송참가를 할 수 있다.

---

1) ③. 통상 공동소송이다(대판 92다49218). ① 대판 2010다105310. ② 가사소송법 제24조 2항. ④ 공동상속인이 다른 공동상속인을 상대로 어떤 재산이 상속재산임의 확인을 구하는 소는 이른바 고유필수적 공동소송이라고 할 것이다(대판 2006다40980). ⑤ 대판 2004다44971.
2) ③. 통상 공동소송이다(대판 92다49218). ① 대판 2010다105310. ② 가사소송법 제24조 2항. ④ 공동상속인이 다른 공동상속인을 상대로 어떤 재산이 상속재산임의 확인을 구하는 소는 이른바 고유필수적 공동소송이라고 할 것이다(대판 2006다40980). ⑤ 대판 2004다44971.
3) ⑤. 경계확정의 소는 형식적 형성의 소로서 처분권주의와 불이익변경금지의 원칙이 적용되지 않으므로 항소인에게 더 불리한 내용의 판결이 가능하다.

④ 甲이 乙, 丙을 피고로 소를 제기하였는데, 변론기일에 乙이 불출석하였더라도 丙이 출석하여 변론하였다면 乙에게도 기일 불출석의 불이익은 없다.

⑤ 甲이 乙, 丙을 피고로 소를 제기하였는데, 1심판결선고 후 甲만이 항소하였다면 항소심법원은 불이익변경금지의 원칙상 甲에게 더 불리한 내용의 판결을 선고할 수 없다.

11. A부동산에 관하여 甲, 乙, 丙명의로 순차적인 소유권이전등기가 경료되었다. 甲은 乙, 丙명의의 등기가 각 원인무효라며 乙, 丙을 상대로 순차 경료된 소유권이전등기의 말소절차를 이행하라는 소를 제기하였다. 이 소송절차에서 乙은 원고 청구를 부인하는 내용의 변론을 하였고, 丙은 원고 청구를 부인하면서 가사 인정된다고 할지라도 등기부시효취득을 하였기 때문에 실체관계에 부합하는 등기라고 항변하였다. 법원의 심리결과 원고의 청구원인사실과 丙의 항변이 모두 인정된다면 법원은 어떤 판결을 하여야 하는 가? (다툼시 판례에 의함)[1]   [법전협 2014. 1차]

① 乙, 丙에 대한 소 각하 판결
② 乙에 대한 청구인용 판결, 丙에 대한 청구기각 판결
③ 乙에 대한 청구기각 판결, 丙에 대한 청구인용 판결
④ 乙, 丙에 대한 청구인용 판결
⑤ 乙, 丙에 대한 청구기각 판결

12. 필수적 공동소송에 관한 설명 중 옳지 않은 것은? (다툼시 판례에 의함)[2]   [법전협 2014. 1차 변형]

① 공동상속인이 다른 공동상속인을 상대로 어떤 재산이 상속재산임의 확인을 구하는 소는 필수적 공동소송이다.

② 합유물에 관하여 제3자에게 경료된 원인 무효의 소유권이전등기의 말소를 구하는 소송은 합유자 각자가 할 수 있다.

③ 복수채권자의 채권을 담보하기 위하여 그 복수채권자 전원을 공동매수인으로 하여 채무자 소유의 부동산에 관한 매매계약을 체결하고 이에 다른 가등기를 경료한 경우에 그 복수채권자는 매매예약완결권을 준공동소유하는 관계에 있기 때문에 가등기에 기한 본등기절차의 이행을 구하는 소의 제기 등은 반드시 그 복수채권자 전원이 하여야 하는 필수적 공동소송이어야 한다.

④ 총유재산에 관한 소송은 법인 아닌 사단이 그 명의로 사원총회의 결의를 거쳐 하거나 또는 그 구성원 전원이 당사자가 되어 필수적 공동소송의 형태로 할 수 있을 뿐이다.

⑤ 동업자들이 동업자금을 공동명의로 예금한 경우라면 채권의 준합유관계에 있어 합유의 성질상 은행에 대한 예금반환청구는 필수적 공동소송에 해당한다.

13. 甲, 乙, 丙은 각자 재산을 출연하여 중화요리 식당을 공동경영하기로 하는 조합을 결성하였다. 업무집행 조합원인 甲은 식당경영을 우해 丁으로부터 A건물을 매수하고 그 대금까지 지급하였고 그 매매대금을 마련하기 위해 戊로부터 3억원을 차용하였다. 이 사례와 관련된 설명 중 옳지 않은 것은? (다툼시 판례에 의함)[3]   [법전협 2014. 1차]

---

1) ②. 甲, 乙, 丙의 관계는 통상공동소송이므로 丙의 항변은 乙에게 항변이 될 수 없다(66).
2) ③. 대판 2010다82530. ① 내판 2006다40980. ② 대판 96다16896. ④ 대판 2004다44071. ⑤ 대판 93다31825.
3) ④. 각 조합원의 개인적 책임에 기하여 출자지분에 따른 책임은 민법 제712조에 의한 분할채무이므로 이행의

① 해당 조합이 위 매매계약에 기하여 A건물에 대한 소유권이전등기를 구하는 소를 제기하려면, 甲, 乙, 丙이 공동으로 당사자가 되어야 한다.

② 해당 조합이 A건물에 대해 합유 등기를 하지 아니하고 조합원 甲명의로만 소유권이전등기를 한 경우, 해당 조합이 甲에게 명의신탁한 것으로 보아야 한다.

③ 동업목적의 건물 매수를 위해 3억원을 차용한 甲의 행위는 업무집행조합원으로서 통상 사무라 할 것이므로 해당 조합은 3억원의 조합채무를 부담한다.

④ 채권자 戊가 조합원에 대하여 조합재산에 의한 공동책임을 묻는 것이 아니라 각 조합원의 개인적 책임에 기하여 출자지분에 따른 이행의 소를 제기하는 경우에도, 甲, 乙, 丙 전원을 상대로 소를 제기하여야 한다.

⑤ 위 3억원 채무가 조합원 전원을 위하여 상행위가 되는 행위로 인하여 부담하게 된 것이라면 그 채무에 관하여 甲, 乙, 丙에 대하여 상법 제57조 1항에 의거 연대책임이 인정된다.

---

14. 甲, 乙, 丙은 대지소유자인 A로부터 대지를 임차하여 건물을 축조한 후 1/3지분씩 균등하게 소유하고 있다. 다음 설명 중 옳지 않은 것은? (다툼시 판례에 의함)[1] [법전협 2014. 2차]

① 대지소유자 A는 건물철거를 위해 반드시 甲, 乙, 丙 모두를 피고로 하여 소를 제기할 필요는 없다.

② 위 건물의 분할 방법을 정하기 위해서는 甲, 乙, 丙 모두의 협의가 필요하다.

③ 甲은 위 건물의 분할을 원하고 乙, 丙은 분할을 반대하는 경우 甲은 乙, 丙 모두를 피고로 하여 분할청구의 소를 제기하여야 한다.

④ 甲이 乙만을 피고로 하여 공유물분할청구의 소를 제기한 경우 항소심에서 丙을 피고로 추가할 수 있다.

⑤ 대지소유자 A의 건물철거소송에 대해서 건물소유자 甲, 乙, 丙은 건물매수청구권을 행사할 수 있다.

---

15. 조합의 법률관계에 관한 다음 설명으로 옳지 않은 것은? (다툼시 판례에 의함)[2] [법전협 2014. 3차 변형]

① 조합재산에 경료된 원인 무효의 소유권이전등기의 말소를 구하는 소송은 조합원 각자가 할 수 없다.

② 조합이 동업목적의 조합자금을 은행에 예금한 경우, 예금반환청구소송에서는 별도의 특약이 없는 한 조합원 전원이 공동원고가 되어야 한다.

소를 제기하는 경우 이는 통상 공동소송이므로 각 조합원 개별적으로 제소할 수 있다. ① 조합은 당사자능력이 없기 때문에 조합이 소를 제기할 경우 조합원 전원이 당사자가 되어야 하는 고유필수적 공동소송이 된다. ② 대판 2003다25256. ⑤ 대판 91다30705.

1) ④. 필수적 공동소송인 추가는 제1심에서만 가능하다(68). ① 대판 92다49218. ③ 공유물분할청구의 소는 필수적 공동소송으로서 공유자 전원에 대하여 판결이 합일적으로 확정되어야 하므로, 공동소송인 중 1인에 소송요건의 흠이 있으면 전 소송이 부적법하게 된다(대판 99다31124, 2010다105310). ⑤ 민법 제643조, 283조.

2) ①. 합유물에 관하여 경료된 원인무효의 소유권이전등기의 말소를 구하는 소송은 통상공동소송이므로 조합원 각자가 제소할 수 있다(대판 96다16896). ② 동업목적 이외의 공동예금에 대한 소는 필수적 공동소송이 아니다(대판 93다31825). ③ 대판 91다30705. ④ 민법 제706조 2항. ⑤ 공동광업권자(조합원)의 1인이 사망한 때에는 그는 조합관계로부터 당연히 탈퇴되고, 상속인이 승계하기로 약정한 바가 없는 이상 사망한 조합원의 지위는 일신전속적인 권리의무관계로서 상속인에게 승계되지 아니하고, 망인이 제소한 조합관계소송은 그의 사망으로 당연히 종료되며(대판 81다145), 조합재산은 잔존 조합원의 소유로 귀속된다(대판 93다39225).

③ 조합채권자는 조합원 각자를 상대로 각 조합원의 손실분담비율에 따라 조합원의 개인재산으로부터 만족 받을 수 있다.

④ 조합재산의 처분, 변경은 업무집행자가 수인인 경우에는 업무집행자의 과반수로, 업무집행자가 없는 경우에는 조합원의 과반수로 결정한다.

⑤ 조합원 중 1인이 사망한 경우 별도의 약정이 없는 한 조합재산은 사망한 조합원을 제외한 잔존 조합원의 소유로 귀속한다.

---

16. 甲은 乙에게 1억원을 빌려주었는데 이 채무에 관하여 乙의 친구인 丙과 丁이 연대보증을 하였다. 채권자 甲은 乙, 丙, 丁을 피고로 대여금반환청구의 소를 제기하였다. 다음 설명 중 옳지 **않은** 것은? (다툼시 판례에 의함)[1)] [법전협 2014. 3차 변형]

① 원고 甲은 소송진행 도중 피고 丙에 대한 소를 취하할 수 있다.

② 원고 甲이 전부승소하였고 이에 피고 乙만 항소를 한 경우에도 피고 丙, 丁에 대한 청구는 항소심으로 이심되지 않는다.

③ 소송진행 도중 피고 丙, 丁은 원고 甲의 청구를 인낙할 수 있다.

④ 원고 甲이 불출석하자 피고 乙과 丙은 변론을 하지 않겠다고 하는데 丁만 변론을 하는 것도 가능하다.

⑤ 乙이 한 자백은 丙의 소송관계에서도 자백대로 사실확정을 해야 한다.

---

17. 공동소송에 관한 설명 중 옳지 않은 것을 모두 고르면? (각 지문은 독립적이며, 다툼시 판례에 의함)[2)] [변호사 2015]

① 통상공동소송에서 피고 공동소송인 乙, 丙 사이의 주장이 일치하지 아니하면 법원은 석명의무가 있다.

② 유사필수적 공동소송관계에 있는 공동소송인 甲, 乙의 청구를 모두 기각하는 판결이 선고되었고, 이에 대해 乙만이 항소를 제기하였더라도 甲, 乙 모두에 대해 사건이 항소심에 이심된다.

③ 통상공동소송에서 공동소송인 乙, 丙, 丁 중 乙이 자백을 하였다면 법원은 원칙상 乙에 대해서는 증거에 의한 심증이 자백한 내용과 다르더라도 자백한 대로 사실을 인정하여야 하며, 丙과 丁에 대해서는 이를 변론 전체의 취지로 참작할 수 있다.

④ 통상공동소송의 피고 乙, 丙, 丁 중 乙, 丙만이 상고를 제기하고 상고기간이 경과한 상태라면 원고 甲은 丁을 상대로 부대상고를 제기할 수 있다.

---

18. 甲과 乙은 상호출자하여 공동으로 나대지를 매수하여 주차장 운영사업을 하기로 약정하고 丙으로부터 X토지를 10억원에 매수하는 내용의 매매계약을 체결하였다. 다음 설명 중 옳지 않은 것은? (각 지문은 독립적이며, 다툼시 판례에 의함)[3)] [변호사 2015]

---

1) ⑤. 통상공동소송에서 乙이 한 자백은 丙의 소송관계에 직접적으로 무슨 효력을 발생할 수 없고 다만 변론취지로서의 증거자료가 된다.

2) ①④. ① 통상공동소송인 상호간에 그 주장이 일치하지 아니하다고 하여 재판장은 발문(석명)할 의무는 없다 (대판 81다39). ④ 통상공동소송에서는 상소불가분의 원칙이 적용되지 않으므로 상고하지 않은 공동소송인에 대한 판결은 확정되므로 상고심에서 그를 상대로 부대상고를 제기할 수 없다(대판 94다40734). ② 대판 2007 후1510. ③ 대판 75나2152.

3) ⑤. 금전을 출자의 목적으로 한 조합원이 출자시기를 지체한 때에는 연체이자를 지급하는 외에 손해를 배상하

① 甲이 丙을 상대로 매매계약에 기한 소유권이전등기절차의 이행을 구하는 소를 단독으로 제기하는 것은 적법하지 않다.

② 甲의 조합원 지분을 압류한 채권자 丁은 甲이 속한 조합에 존속기간이 정하여져 있다거나 기타 甲의 조합탈퇴가 허용되지 아니하는 것과 같은 특별한 사유가 있지 않는 한, 채권자대위권에 의하여 甲의 조합탈퇴의 의사표시를 대위행사할 수 있다.

③ 乙의 채권자 戊는 특별한 사정이 없는 한 乙에 대한 채권으로써 乙을 집행채무자로 하여 위 계약에 기한 소유권이전등기청구권에 대하여 강제집행을 할 수 없다.

④ 甲과 乙의 丙을 상대로 한 매매계약에 기한 소유권이전등기청구 소송계속중 甲만이 소 취하를 한 경우, 특별한 사정이 없는 한 丙이 위 소 취하에 동의하더라도 소 취하의 효력은 발생하지 않는다.

⑤ 乙이 약정한 5억원의 출자의무를 불이행하여 하는 수 없이 甲이 10억원 전액을 출자하여 X토지를 매입한 경우, 甲은 연체이자 외에 손해가 발생하더라도 乙에게 손해배상을 청구할 수 없다.

---

19. 다음 중 고유필수적 공동소송에 해당하는 것은? (다툼시 경우 판례에 의함)[1)]   [법전협 2015. 1차]

① 동업자들이 공동명의로 예금한 동업자금의 반환을 청구하는 소송

② 공유인 건물의 철거를 청구하는 소송

③ 공유물에 가하여진 불법행위를 원인으로 하는 손해배상청구소송

④ 제3자가 무단으로 점유하고 있는 합유물의 반환을 청구하는 소송

⑤ 공유물에 경료된 원인무효의 등기에 관하여 각 공유자에게 해당지분별로 진정명의회복을 원인으로 한 소유권이전등기를 청구하는 소송

제4관 특수한 공동소송

I. 예비적·선택적 공동소송

≪사례≫ A는 법원에 B에 대하여 X토지에 관한 2009. 12. 4.자 매매를 원인으로 한 소유권이전등기절차 이행을 구하는 소를 제기하였다. 재판과정에서, B는 자신은 X토지에 대한 매매계약과는 무관하고 X토지를 평소 관리하던 자신의 동생인 D가 아무런 권한 없이 B의 대리인을 자처하면서 A에게 X토지를 매도한 것이라고 주장하였다. B의 주장이 받아들여질 경우에 대비하여, 위 소송절차에서 A는 D에 대하여 손해배상을 구하는 예비적 청구를

여야 한다(민법 제705조). ① 대판 93다54064. ② 대판 2005마1130. ③ 민법 제272조. ④ 제67조.

1) ①. 대판 93다31825. ②와 ⑤공유물의 철거 또는 반환소송은 필수적 공동소송이 아니므로 공유자 각자에 대하여 그의 지분범위 내에서 인도 또는 철거를 구할 수 있다(대판 69다609). ③공유물에 끼친 불법행위를 이유로 하는 손해배상청구권은 특별한 사유가 없는 한 각 공유자는 그 지분에 대응하는 비율의 한도 내에서만 이를 행사할 수 있다(대판 70다171). ④민법 제272조 단서. 또 합유물에 관하여 경료된 원인 무효의 소유권이전등기의 말소를 구하는 소송은 합유물에 관한 보존행위로서 합유자 각자가 할 수 있다(대판 96다16896).

추가하고자 한다. 이 경우 예비적으로 D를 피고로 추가하는 것이 가능한지의 여부와 그 이유를 서술하시오. [변호사 2014]

---

1. 의   의

(1) 개념과 유형

(가) 예비적·선택적 공동소송은 공동소송인의 청구나 공동소송인에 대한 청구가 서로 논리상 양립할 수 없는 관계에 있는 경우 선택적 또는 순위를 붙이는 공동소송이다. 소의 주관적 예비적·선택적 병합이라고도 한다.

(나) 예컨대 제1차적으로 채권의 양수인이 채무자에 대하여 지급을 구하고, 제2차적으로 채권양도가 무효인 경우인 경우를 대비하여 양도인이 그 지급을 구하는 소를 같은 소송에서 제기한 경우(**원고측 예비적 공동소송**), 매수인의 대리인과 계약한 매도인이 제1차적으로 매수인에 대하여 매매대금의 지급을 구하고, 2차적으로 무권대리로 되는 것을 대비하여 대리인에 대하여 매매대금의 지급 또는 손해배상을 구하는 소를 같은 소송에서 제기한 경우(**피고측 예비적 공동소송**), A와 B를 모두 피고로 하되 채무자가 택일적이어서 A아니면 B에 대하여 인용해 줄 것을 구하는 경우(**선택적 공동소송**) 등이다.

(2) 인정 여부와 본질론

(가) 종래 예비적·선택적 피고지위의 불안정, 투망식소송 우려, 재판통일의 불보장 등을 이유로 경향이었고 판례도 이를 인정하지 않는 부정하는 입장이었으나, 2002년 개정법은 이 형태의 공동소송을 적법한 것으로 인정하였다.

(나) 예비적·선택적 공동소송인 간에 소송물에 대한 관리처분권이 공통되지 않고, 각 공동소송인 사이에 승패가 동일하지 않고, 각자가 받은 판결의 효력이 다른 공동소송인에게 미치지 않으며, 당사자의 소송물에 대한 처분의 자유를 보장하여 소의 취하, 청구의 포기·인낙 등을 각 공동소송인이 단독으로 할 수 있도록 하는 등(70 ① 단서) 통상의 공동소송의 성질도 있으나, 그 심판방법은 필수적 공동소송의 규정(67~69)을 준용하고(70 ①), 모든 청구에 대하여 판결하여야 한다고 규정하여(70 ②) 단순병합 형태의 특수한 공동소송형태를 취하고 있다.

2. 소송의 형태

(1) 능동형과 수동형

원고와 피고 당사자 중 어느 쪽이 공동소송인이 되느냐에 의한 구분이다.

제70조 전단의 '공동소송인 가운데 일부의 청구가 다른 공동소송인의 청구와 법률상 양립할 수 없는 경우'는 원고측이 능동적으로 공동소송인으로 되는 경우이고(채권자합일확정), 제70조 후단의 '공동소송인 가운데 일부에 대한 청구가 다른 공동소송인에 대한 청구와 법률상 양립할 수 없는 경우'는 피고측이 수동적으로 공동소송인이 되는 경우(채무자합일확정)로서 능동형과 수동형 모두 인정하고 있다.

(2) 예비형과 선택형

심판순서로 인한 구분으로서, 양립할 수 없는 청구를 하면서 공동원고 중 한 사람은 1차적 원고로, 다른 사람은 2차적 원고로 나서는 심판의 순서를 붙여서 청구하는 예비형이 있고, 채권양수인과 양도인이 택일적으로 원고가 되어 동일 피고를 상대로 청구를 하는 선택형이 있다.

(3) 원시형과 후발형

공동소송발생시기로 인한 구분으로서 예비적·선택적 공동소송이 소 제기 당시부터인 원시형과 단일소송계속중 공동소송인이 예비적 또는 선택적으로 추가되는 후발형이 있다(68).

3. 허용 요건

(1) 청구 사이에 법률상 양립 불가능

(가) 청구 사이에 양립할 수 없는 경우이어야 한다(70). 즉 어느 한 청구가 인용되면 법률상 다른 청구는 기각될 관계에 있어야 예비적·선택적 공동소송이 허용되며, 두 청구 모두 인용될 수 있는 경우이면 통상공동소송이다.[1]

법률상 양립되지 않는 관계이면 소송물이 동일하지 않아도 무방하다. 예컨대 대리인과 거래한 자가 매도인 본인을 상대로 계약에 기한 소유권이전등기 절차 이행을 구하고 무권대리로 판단되는 것을 대비하여 민법 제135조 1항에 기한 무권대리인을 예비적 피고로 하여 손해배상청구를 하여도 가능하다.[2]

(나) 청구 사이에 실체법상 또는 소송법상 법률상 양립할 수 없는 경우이어야 한다. 동일한 사실관계에 대한 법률적인 평가를 달리하여 두 청구가 모두 인용될 수 없는 관계인 경우나, 당사자들 사이의 사실관계 여하에 의하여 또는 청구원인을 구성하는 택일적 사실인정에 의하여 각 청구에 대한 법률효과가 반대의 결과

---

1) 대판 2006다47677.
2) 대판 2006다57872.

가 나오는 관계가 법률상 양립할 수 없는 경우이다.[1]

　　1) 실체법상 양립할 수 없는 경우는 실체법상 책임귀속자로 A가 아니면 B가 인정되는 양립불가능한 상황이 예정되어 있는 경우이다.[2]

　　예컨대 ① 민법 758조의 점유자와 소유자에 대한 순차적으로 손해배상청구하는 경우 ② 매도인 본인을 주위적 피고로 하고, 민법 135조에 따른 무권대리인을 예비적 피고로 하여 손해배상청구를 하는 경우(이는 대리권수여행위라는 동일한 사실의 존부를 전제로 하여 서로 모순되는 법률효과가 문제이다) ③ 주식회사 대표이사와 계약하였는데 그 계약당사자가 회사인지 대표이사 개인인지 불명확한 경우 주위적으로 회사로, 예비적으로 대표이사 개인을 피고로 하여 청구하는 경우로서 이는 대표권인정 여부에 따라 택일적으로 책임귀속주체가 정해지는 법률상 양립불가능에 해당된다. ④ 또한 도로관리 소홀에 대한 배상책임의 주체가 어느 공공단체인지 불분명한 경우에 원고가 피고들(의왕시, 경기도)을 상대로 제기한 선택적 공동소송에서 사고지점 도로부분의 관리자가 피고 중 누구인지 하는 택일적인 사실인정에 의하여 법률적 책임귀속자가 정해지는 경우도 서로 법률상 양립할 수 없는 경우에 포함된다.[3]

　　2) 한편 **소송법**상 양립할 수 없는 경우에도 인정된다. 아파트동대표지위부존재확인의 소에서 입주자대표자회의와 그 구성원인 대표자 개인 중 누가 피고적격을 가지는지에 따라 어느 일방에 대한 청구는 적법하고 다른 일방에 대한 청구는 부적법하게 될 수 있으므로 이들 각 청구도 이에 해당한다.[4]

　　3) 각 청구에 대한 판단과정이 필연적으로 상호결합관계에 있을 때 두 청구는 법률상 양립할 수 없는 관계에 해당한다. 따라서 공탁이 무효임을 전제로 주위적 피고에 대한 청구와 공탁이 유효임을 전제로 한 예비적 피고에 대한 청구도 이에 해당하며,[5] 주위적 청구는 카드회사가 자동차판매회사에게 차량대금을 지급하였음을 전제로 피고 자동차판매에 대하여 차량미인도로 인한 채무불이행책임을 묻고, 예비적 청구는 카드회사가 차량대금 미지급을 전제로 카드회사에 대하여 할

1) 대결 2007마515.
2) 호문혁, 850. 따라서 A도 B도 아닌 C일 가능성이 있는 경우에는 법률상 양립 불가능한 경우에 해당하지 않게 된다. 본래 청구가 기각될 때에 다른 청구가 인용될 수 있는 일정한 관련성이 있어서 예비적 당사자로 추가할 실체법상의 필요가 있는 경우이어야 한다.
3) 서울고등법원 2003나6639판결.
4) 대판 2007마515. 그러나 피고적격자 회사인지 대표개인인지 불분명한 경우에는 법률상 양립불가능과 관계없고 예비적 공동소송으로 소를 제기하여도 법원은 어느 한 쪽 피고에 대하여 당사자적격이 없다고 각하하면 그만이라는 견해가 있다(호문혁, 851).
5) 대판 2009다4335; 2006다57872.

부금지급채무부존재확인 등을 청구하는 것도 이에 해당한다.[1]

(다) 그러나 **사실상** 계약자가 불명이어서 가능성 있는 數人을 내세우거나, 또 가해자인 불법행위자가 누구인지 불명이어서 임의로 數人을 각 예비적 또는 선택적 공동피고로 하는 것은 투망식 소송이 될 수 있어서 허용되지 않는다. 이는 사실인정문제로서 상황에 따라 전혀 다른 제3자가 가해자일 수도 있고, 양자택일 관계가 아니고 양쪽 모두에게 패소할 수 있어서 법률상 양립불가능한 경우에 해당되지 않는다.

(2) 공동소송인 사이의 관계가 예비적인지 선택적인지의 표시

이것이 불명확하면 법원은 석명하여 분명히 하여야 한다. 예비적·선택적 공동소송에서는 모든 공동소송인에 대하여 판결하여야 하므로(70②) 공동소송인 상호간의 소송계속이 의존적이 아니고 독립적이다.[2]

(3) 병합요건의 구비

(가) 공동소송의 일종이므로 공동소송의 주관적·객관적 요건을 모두 갖추어야 한다. 예비적·선택적 공동소송의 허용요건에 관하여는 직권으로 판단하여야 하고 그 요건흠결시 원시적으로 제기된 소송을 바로 소 각하할 것이 아니라 각 청구가 통상공동소송의 요건을 갖추고 있으면 통상공동소송으로 취급하고 통상공동소송의 요건을 갖추지 못하였으면 각 청구를 분리하여 별개의 소로 취급하여야 한다.[3]

(나) 판례도 원고가 제70조 예비적 공동소송에 해당하지 아니한 부진정 연대채무자들에 대하여 예비적 공동소송 형태로 제소하자 제1심법원이 주위적으로 청구한 피고 乙에 대한 청구는 기각하고 예비적으로 청구한 피고 丙에 대한 청구는 인용하였는데 이에 대하여 원고가 기각당한 피고 乙에 대하여만 항소한 경우 丙에 대하여는 항소기간 만료로 분리 확정된다고 판시하고 있다.[4] 따라서 부적법한 예비적 공동소송을 통상 공동소송으로 취급하고 있다.

(다) 후발적으로 추가된 경우에 그 요건흠결로 기각한 결정에 대하여는 즉시항고할 수 있다(68⑤).

4. 심판방법

필수적공동소송의 특칙(67~69)이 준용되어(70①) 절차적으로 공동소송인독립

---

1) 대판 2006다57872.
2) 정영환, 783면; 호문혁, 852.
3) 대판 2006다47677. 김홍엽, 929.
4) 대판 2011다76747.

의 원칙이 배제되나, 당사자의 소송물의 처분자유를 인정하여 청구의 포기·인낙, 화해, 소취하가 인정된다(70 ① 단서).

(1) 소송자료의 통일

(가) 분쟁을 모순 없이 통일적으로 해결하기 위하여 필수적 공동소송에 관한 규정이 준용되므로 여기에는 소송자료의 통일도 포함된다고 보는 견해가 다수설이고 판례[1]입장이다. 주위적 청구에 대한 판단이유가 예비적 청구에 대한 판단이유에 영향을 줌으로써 위 각 청구에 대한 판단과정이 필연적으로 상호 결합되어 있다.[2]

(나) 공동소송인 중 한 사람의 소송행위는 모두의 이익을 위하여서만 효력이 발생한다(67 ① 준용). 공동소송인 중 한 사람이 다투면 모두 다툰 것이 되고, 한 사람이라도 변론기일에서 변론하면 다른 공동피고가 결석해도 자백간주 등의 불이익을 입지 아니한다.[3]

(다) 불리한 소송행위는 원칙적으로 공동소송인 전원이 함께 하여야 한다. **자백도 전원이 함께 해야 하는지**에 관하여 다수설·판례에 의하면 전원이 함께 해야 하고(동시자백), 1인의 자백(일방자백)은 효력이 없다고 한다.[4]

(라) 1인의 공동소송인을 상대로 소송행위를 하면 모두에게 효력이 미친다(67 ② 준용).

(2) 소송진행의 통일

(가) 예비적 공동소송절차는 제67조 3항의 준용으로 같은 기일에 소송진행하고, 변론분리·일부판결을 할 수 없다. 공동소송인 중 1인에 대하여 소송절차정지의 사유가 있으면 전 소송이 중단·정지된다.

(나) 제70조 1항의 단서에서 공동소송인 중 1인의 청구의 포기·인낙, 화해, 소취하가 인정된다. 선택적 공동소송에서의 각 피고와 예비적 공동소송에서 주위적 피고는 인낙할 수 있다. 주위적 피고가 인낙하면 예비적 피고에 대하여는 청구기각판결을 한다. 심리를 계속할 필요 없다.

(다) 그러나 예비적 피고의 인낙이 허용되는지에 관하여는 견해대립이 있

---

1) 대판 2006다57872.
2) 이와 달리 주위적 당사자와 예비적 당사자 사이에 아무런 청구가 없다는 점에서 소송자료의 통일을 위한 규정은 준용되지 않는다는 견해가 있다(호문혁, 854).
3) 그러나 소수견해에 의하면 공동소송인 중 한 사람이 한 유리한 행위는 다른 사람에게 영향이 없고 기일에 결석한 자는 **불출석**의 불이익을 받는다고 보게 된다.
4) 이시윤, 744; 김홍엽, 930.

다. 예비적 피고의 인낙은 청구인용판결의 같은 결과를 낳기 때문에 주위적 청구에 관한 판단이 없는 상태에서는 할 수 없고 인낙하더라도 그 효과를 인용할 수 없다는 견해(**인낙불허설**)가 있고,[1] 주위적 피고에 대한 청구가 이유 있으면 주위적 청구는 인용하고 예비적 피고에 대한 청구는 인낙에 불구하고 처분권주의를 적용한 부득이한 결과로 기각해야 한다는 견해(**인낙무효설**)가 있으나,[2] 제70조에서 이를 제외하고 있지 않으므로 해석론으로는 인정하여야 할 것이다(**인낙허용설**).[3] 예비적 피고의 인낙을 인정하여도 주위적 피고에 대한 청구도 인용될 수 있어 원고는 양쪽 모두 승소판결을 받는 결과가 되어 채무자 한 사람을 가리려는 제도취지에 반할 수 있으나, 예비적 피고가 인낙하여도 원고가 변제자력이 있는 주위적 피고에 대하여 우선적으로 승소판결을 받으려는 의사를 존중하여 법원은 심리를 계속하여 주위적 피고에 대한 청구를 인용 또는 기각한다. 주위적 피고에 대한 청구가 인용된 경우에 이중집행의 위험은 청구이의의 소로 구제될 수 있다.[4]

(라) 화해와 조정의 경우도 비슷한 문제가 발생할 수 있다. 판례에 의하면 예비적·선택적 공동소송에서 조정에 갈음하는 결정에 대하여 주위적 피고가 이의하지 않았다면 원칙적으로 그 공동소송인에 대한 관계에서는 조정결정이 확정되고 법원은 예비적 피고에 대한 부분은 심리를 계속할 필요 없이 청구를 기각하여야 한다. 다만, 조정결정에서 분리 확정을 불허하고 있거나, 그 결정에서 정한 사항이 공동소송인들에게 공통되는 법률관계를 형성함을 전제로 하여 이해관계를 조절하는 경우 등과 같이 분리 확정을 허용할 경우 형평에 반하고 또한 이해관계가 상반된 공동소송인들 사이에서의 소송진행 통일을 목적으로 하는 제70조 1항 본문의 입법 취지에 반하는 결과가 초래되는 경우에는 분리 확정이 허용되지 않는다.[5]

(3) 본안재판의 통일

제70조 2항에 의하여 모든 공동소송인에 관한 청구에 대하여 전부 판결하여야 한다. 법률상 양립할 수 없는 관계상 어느 한 피고에 대한 청구가 인용되면 다른 피고에 대한 청구는 기각하는 공동소송인 사이에 승패가 반대로 되는 결합관계가 있다. 즉 주위적 피고에 대하여 인용하면 예비적 피고에 대하여는 기각하여야 하며, 주위적 피고에 대한 청구를 기각하면 예비적 피고에 대하여는 인용 또는 기

---

1) 호문혁, 855.
2) 강현중, 212.
3) 이시윤, 696.
4) 김홍엽, 905.
5) 대판 2006다57872.

각하게 된다. 이 점은 소의 객관적 예비적·선택적 청구와 다르다.[1] 이는 소송에 관여하였지만 아무런 판단도 못 받은 자가 다시 제소당하는 것을 방지하기 위함이다. 따라서 예비적 공동소송에서 피고들 모두에 대하여 승소판결을 받을 수 없지만 모두 청구기각될 수는 있다.

(4) 판결에 대한 상소

(가) 법원이 착오로 일부 공동소송인에 대해서만 일부판결을 한 경우 전부판결을 한 것으로 취급하여 상소로써 다투어야 한다. 공동소송인 중 1인이 상소하면 전원에 대하여 판결의 확정이 차단되고 전체 소송이 상소심으로 이심되어 상소심의 심판대상이 된다.[2]

(나) 또 제1심에서 원고가 주위적 피고에 대하여는 패소하고 예비적 피고에 대하여는 승소한 경우 패소한 **예비적 피고만** 항소한 경우 재판의 통일을 기하려는 제도의 취지와 예비적 공동소송의 결론의 합일확정 특성상 항소심에서 원고에게 유리하게 주위적 피고에 대하여 인용되는 변경이 있을 수 있다. 즉 불이익변경금지 원칙이 적용되지 아니한다.[3]

(다) 예비적 공동소송인 중 어느 한 사람의 상고가 이유 있어 원심판결을 파기하는 경우에는 합일확정의 필요에 의하여 상고가 이유 없는 다른 한 사람의 청구 부분도 함께 파기하여야 한다.[4]

≪사례≫ 甲은 乙의 대리인이라고 주장하는 丙에게 건축자재를 매도하고 그 건축자재를 丙에게 인도하였으나 매매대금을 지급받지 못하였다. 이에 甲은 乙을 상대로 매매대금청구의 소를 제기하였다. 위 소송에서 乙은, 丙에게 위 매매계약에 관한 대리권을 수여한 바 없어 위 매매계약은 자신과 무관하다고 주장하였다. 甲은 丙이 乙과 무관하다는 乙의 주장이 받아들여질 경우에 대비하여, 위 소송절차에서 丙에게 손해배상을 구하는 내용의 예비적 청구를 추가하고자 한다.

[1] 이와 같이 예비적으로 丙을 피고로 추가하는 것이 가능한가?
[2] [1]에서 가능하다면 각 청구에 대한 소송형태와 법원의 심판방법은 어떤가?

---

1) 제8편 제1장 제1절 Ⅳ. 객관적 주위적 청구가 인용되면 예비적 청구에 대하여는 판단할 필요가 없다. 또한 예비적 청구만 인용된 것에 대하여 피고만 항소한 경우 주위적 피고에 대한 청구도 항소심에 이심은 되나 항소심의 심판대상이 아니므로 항소심은 이에 대하여 판단할 수 없는 점에서 예비적 공동소송과 다르다.
2) 대판 2009다43355; 2006두17765.
3) 이 점은 예비적 객관적 병합에서 주위적 청구에 대하여 기각되고 예비적 청구에 대하여 인용된 경우 피고가 예비적 청구의 인용에 대하여 항소한 경우, 불복하지 아니한 주위적 청구부분도 이심되지만 심판대상이 되지 않는 것과 다르다. 이것은 원고가 패소한 부분을 항소하지 아니하였는데도 항소심에서 인용될 수 있는 것은 불이익변경금지원칙에 반하기 때문이다.
4) 대판 2008다88207.

[3] 甲의 乙에 대한 청구는 기각되고 丙에 대한 청구는 인용되자 丙만이 항소를 제기하였는데 항소심은 심리결과 甲의 乙에 대한 청구는 이유가 있다고 인정되었다면 어떤 판단을 하여야 하는가?

🎤 사례해설

[1] 당사자추가는 제83조 공동소송참가, 제68조 필수적 공동소송인의 추가, 제81조 소송참가, 제82조 소송인수, 제70조 예비적·선택적 공동소송 등 법규정에 의하여 인정되는 경우 이외에는 추가적 주관적 병합이 인정되지 않는다.[1) 위 사례는 제70조가 제68조를 준용하고 있으므로 추가적 주관적 병합이 인정된다.

[2] 乙과 丙이 함께 피고가 된다면 소송형태는 예비적 공동소송이 되며 법원의 심판방법은 제67조 내지 제69조가 준용되어 소송자료와 소송진행이 통일되어야 한다. 다만 재판결과가 일률적으로 되어야 한다는 의미의 합일확정이 아니고, 오히려 법률상 양립불가한 공동소송인 사이에 승패가 반대되는 합일확정이며 청구원인사실에 대한 증명부족으로 모두 기각될 수도 있다.

[3] 주위적 공동소송인과 예비적 공동소송인 중 어느 한 사람에 대하여 상소가 제기된 경우 다른 공동소송인에 대한 청구 부분도 합일확정 필요상 심판대상이 되며,[2) 이 사건 항소심 심리결과 원고의 주위적 피고 乙에 대한 청구가 이유가 있으면 원심판결을 취소하여 원고의 乙에 대한 청구를 인용하고 丙에 대한 청구를 기각한다. 이는 합일확정의 요청 때문이다. 🎤

≪사례≫ 甲은 乙이 운전하는 개인택시의 조수석에 타고 성남시 인근 일반도로를 지나던 중 앞서 가던 화물차가 도로에 떨어진 철판을 밟고 지나갔고 떠오른 철판이 택시의 앞유리를 뚫고 들어와 甲의 머리와 목 부분을 충격하여 결국 사망하게 되었다. 甲의 상속인으로 丙과 丁만 있다. 丙과 丁은 위 화물차를 파악할 수 없었고, 사고지점을 관리하는 관리주체가 성남시인지 경기도인지 알 수 없었다. 그리하여 丙과 丁은 乙, 성남시, 경기도를 상대로 하나의 손해배상청구의 소를 제기하였다.

[1] 위 소송의 원고 丙과 丁 간의 소송형태는 어떤가?

[2] 위 소송의 피고 乙, 성남시, 경기도 간의 소송형태는 어떤가?

[3] 만일 丙과 丁이 손해배상청구의 소를 제기하면서 성남시를 누락한 경우 丙과 丁이 성남시를 피고로 추가하기 위한 방안으로 어떤가?

[4] 丙과 丁은 소장에서 乙을 상대로 불법행위로 인한 손해배상청구를 하였으나 소송 중 청구원인을 채무불이행에 의한 손해배상청구를 선택적으로 청구원인을 추가 하였다. 그런데 법원은 불법행위로 인한 손해배상청구에 대하여만 심판하여 원고 청구를 기각하면서 새로운 청구에 대하여는 심판하지 아니하여 丙과 丁은 항소하였다. 제1심에서 심판한 부분도 항소심의 심판대상이 되는가?

[5] 만일 丙만 피고들을 상대로 손해배상청구의 소를 제기한 경우 丁은 丙에게 보조참가할 수 있는가?

🎤 사례해설

[1] 공유관계인 공동상속인간의 상속재산에 대하여 판결내용과 결과가 다를 수 있으므로

---

1) 대판 93다32095.
2) 대판 2006두17765.

통상공동소송인의 관계이다.

[2] 사고지점 도로관리주체에 따라 택일적으로 정해지는 단독관리지역이고 도로관리 소홀에 대한 배상책임의 주체가 성남시와 경기도인지 불명한 경우이면 선택적 공동소송이나, 공동관리구역이라면 성남시와 경기도는 부진정연대책임관계로서 통상공동소송관계이다.

[3] 사고지점 도로관리주체에 따라 택일적으로 정해지는 관계이면 도로관리 소홀의 배상책임의 주체가 성남시인지 경기도인지 불명한 경우 피고들에 대한 청구는 서로 법률상 양립할 수 없는 경우에 해당한다.[1] 선택적 공동소송인 추가가 가능하고(70 ① 본문, 68), 별소제기 후 변론병합, 이송, 이부하여 변론병합이 가능하다(141).

[4] 선택적 병합청구 중 일부청구에 대하여 기각하면서 나머지 청구에 대하여 판단을 하지 아니한 채 판결을 선고하여 항소한 경우 판단누락에 준하여 상소심의 심판대상이 된다. 이는 성질상 불가분의 소송절차이기 때문에 1심 심판대상 전부가 항소심의 심판대상이 된다.

[5] 동일한 불법행위로 인한 피해자들 간에는 소송결과에 이해관계 있는 제3자에 해당되는지에 관하여 소송결과인 판결주문에만 영향을 받는 경우에 한정하는 제한설에서는 인정하지 않고, 판결이유에서 영향을 받는 자도 포함하는 확대설에서는 인정한다. 판례는 피해자(채권자)가 아닌 가해자(채무자)인 공동불법행위자들은 판결결과에 영향을 받는다고 판시하고 있다.[2] ▨

≪사례≫ 甲은 乙에 대한 대여금채권을 丙에게 양도하였는데 乙이 양수인 丙의 채권양수의 효력을 다투며 채무를 지급하지 않고 있다. 그리하여 甲과 丙이 공동으로 소를 제기하면서 우선 丙이 청구하고 丙이 채권양수의 효력을 인정받지 못하면 甲이 청구한다고 소를 제기하였다. 소송의 형태는 어떠하고 법원은 어떻게 심판할 것인가?

▨ 사례해설

원고측 예비적 공동소송으로서 제67조 내지 69조가 준용되어 소송자료와 소송진행이 통일되어야 하고, 주위적 원고의 청구가 인용되면 예비적 원고의 청구는 기각한다(70 ②). ▨

≪질문≫ 甲은 A주식회사의 대표이사 乙에게 2,000만원 상당의 사무용 책상 등을 팔았는데 대금을 받지 못하였다. 매수인이 회사인지 대표이사 개인인지 불분명하였다. 甲은 A회사와 乙 모두를 선택적으로 피고를 삼아 물품대금청구의 소를 제기하였다. 이는 적법한가?[3]

<선택형>

1. 甲은 乙의 대리인이라고 하는 丙에게 甲 소유 토지를 매도하였으나 乙은 丙에게 위 토지매매계약체결에 대한 대리권을 수여하지 않았다고 주장하면서 대금지급을 거절하여 甲은 주위적으로 乙에 대하여 토지 대금청구를, 예비적으로 丙에 대하여 무권대리인 경우 그로 인한 손해배상을 청구하는 예비적 공동소송을 제기하였다. 심리 중 丙은 책임추궁이 두려워 원고의 예비적 청구를 인낙하였다. 이에 대하여 다음 중 가장 틀린 것은?[4]

---

1) 서울고등법원 2003나6639.
2) 대판 99다12796.
3) 선택적 공동소송으로 가능하다. 다만 투망식 소송이 가능한 점이 문제이다.
4) ⑤. 법원은 위 인낙이 있더라도 심리를 진행하여 원고의 乙에 대한 청구에 관하여 원고 패소판결을 할 수도

① 丙의 인낙은 효력을 인정할 수 있다.

② 위와 달리 예비적 병합에서 예비적 청구에 대하여만 인낙하는 것은 효력을 인정할 없다.

③ 법원은 위 인낙에 불구하고 심리를 진행하여 원고의 乙에 대한 청구에 관하여 원고승소판결을 할 수 있다.

④ 법원은 위 인낙에 불구하고 심리를 진행하여 원고의 乙에 대한 청구에 관하여 원고패소판결을 할 수 있다.

⑤ 위 인낙이 있으므로 법원은 심리를 진행하여 원고의 乙에 대한 청구에 관하여 원고패소판결을 할 수 없다.

---

2. **甲은 자신의 소유인 X 부동산에 관하여 乙 명의로 소유권이전등기가 되어 있는 것을 발견하고, 소유권에 기하여 乙을 상대로 소유권이전등기 말소등기청구의 소를 제기하였다. 다음 설명 중 옳지 않은 것은?** (각 지문은 독립적이고, 견해다툼시 판례에 의함)[1]   [변호사 2012]

① 乙이 甲의 대리인인 丙으로부터 X 부동산을 매수하여 그 이전등기를 마친 것이라고 주장하는 경우, 甲이 丙의 대리권 없음을 증명하여야 한다.

② 甲이 乙의 등기원인을 증명하는 서면인 매매계약서가 위조된 사실을 증명한 경우, 乙은 다른 적법한 등기원인의 존재를 주장·증명하여야 한다.

③ 甲이 변론을 통해 자신이 소유자라는 주장을 하자 乙이 이를 인정하는 진술을 한 경우, 그 진술을 甲의 소유권의 내용을 이루는 사실에 대한 것으로 보아 자백의 구속력을 인정할 수 있다.

④ 甲으로부터 丁을 거쳐 乙 명의로 순차 소유권이전등기가 경료되었다면 甲은 丁과 乙 전원을 피고로 삼아야 하고, 그렇지 않을 경우에는 소의 이익을 인정할 수 없어 부적법한 소송이 된다.

⑤ 甲이 말소등기청구소송에서 패소 확정판결을 받은 후, 乙을 상대로 진정명의회복을 원인으로 하는 소유권이전등기청구의 소를 제기하는 경우, 청구취지가 다르더라도 그 소송물은 실질상 동일하므로 기판력에 저촉된다.

---

3. **다음 설명 중 옳지 않은 것을 모두 고르면?** (다툼시 판례에 의함)[2]   [변호사 2013]

① A아파트 입주자대표회의의 대표자를 피고로 삼아 제기한 대표자 지위부존재확인의 제1심 소송중에 위 아파트 입주자대표회의에 대하여 같은 내용의 확인을 구하기 위하여 위 아파트 입주자대표회의를 예비적 피고로 추가하는 신청은 적법하다.

② 甲이 주위적으로 B보험회사가 한 공탁이 무효임을 전제로 B보험회사에 대하여 보험금의

있다. 나머지는 제70조 해석과 관련하여 다양하게 주장되고 있다.

1) ④. 원인 없이 경료된 최초의 소유권이전등기와 이에 기하여 이후 순차로 경료된 일련의 소유권이전등기의 각 말소를 구하는 소송은 필요적 공동소송이 아니므로 그 말소를 청구할 권리가 있는 사람은 각 말소등기의무자에 대하여 이를 각각 청구할 수 있는 것이어서 위 일련의 소유권이전등기 중 최후의 등기명의자만을 상대로 그 등기의 말소를 구하고 있다 하더라도 그 승소의 판결이 집행불능의 판결이 된다거나 종국적인 권리의 실현을 가져다 줄 수 없게 되어 소의 이익이 없는 것으로 된다고는 할 수 없다(87다카1093).

2) ①③⑤. ① 대표자 또는 구성원 개인뿐 아니라 그가 소속된 단체를 공동피고로 하여 소가 제기된 경우에 있어서는, 누가 피고적격을 가지는지에 관한 법률적 평가에 따라 어느 한 쪽에 대한 청구는 부적법하고 다른 쪽의 청구만이 적법하게 될 수 있으므로 이는 제70조 1항 소정의 예비적·선택적 공동소송의 요건인 각 청구가 서로 법률상 양립할 수 없는 관계에 해당한다(대판 2007마515). ② 예비적 공동소송은 일부판결이 허용되지 않으므로 나중에 추가판결을 할 수 없다(대판 2009다43355). ④ 누락된 공동소송인을 추가할 수 있다(68).

지급을 구하고, 예비적으로 위 공탁이 유효임을 전제로 乙에 대하여 공탁금의 출급청구에 관한 승낙의 의사표시와 대한민국에 대한 통지를 구하는 소를 제기한 경우, B보험회사에 대한 판결을 먼저 한 다음 나중에 乙에 대하여 추가판결을 할 수 있다.

③ 甲, 乙, 丙의 합유로 소유권이전등기가 된 X 토지에 관하여 丁이 甲, 乙, 丙을 피고로 명의신탁해지를 원인으로 한 소유권이전등기절차의 이행을 구하는 소를 제기한 경우, 甲만이 변론기일에 출석하더라도 乙과 丙은 기일해태의 불이익을 받지 않는다.

④ 공동상속인 甲, 乙, 丙 중 甲과 乙 사이에 X 토지가 상속재산에 속하는지 여부에 관하여 다툼이 있어, 甲이 乙을 피고로 하여 X토지가 상속재산임의 확인을 구하는 제1심 소송 중에 丙을 피고로 추가하는 신청은 부적법하다.

⑤ 甲, 乙, 丙의 공유인 X토지에 관하여 甲이 乙, 丙을 피고로 삼아 제기한 공유물분할청구의 소송 중에 丙에 대한 소를 취하하는 것은 허용되지 아니한다.

---

4. 예비적·선택적 공동소송에 대한 다음 설명 중 옳지 않은 것은? (다툼시 판례에 의함)[1]　　　[법전협 2013. 2차]

① 예비적·선택적 공동소송에서는 필수적 공동소송에 관한 규정이 준용된다.

② 원고가 아파트 입주자대표회의 구성원 개인을 상대로 '동태표지위부존재확인'의 소를 제기하였다가, 소송계속중에 아파트 입주자대표회의를 피고로 예비적으로 추가할 수 있다.

③ 예비적·선택적 공동소송의 각 공동소송인은 단독으로 소의 취하, 청구의 포기·인낙, 소송상의 화해를 할 수 없다.

④ 주위적 공동소송인과 예비적 공동소송인 중 어느 한 사람에 대하여 상소가 제기되면 다른 공동소송인에 대한 청구 부분도 상소심에 이심되어 상소심의 심판대상이 된다.

⑤ 예비적·선택적 공동소송의 상소심에서는 합일확정이 필요한 한도에서 불이익변경금지의 원칙이 적용되지 않는다.

Ⅱ. 주관적·추가적 공동소송

≪사례≫ A토지의 공유자인 甲·乙·丙 사이에 A토지의 분할에 관한 협의가 이루어지지 않자, 甲은 乙·丙을 상대로 A토지의 분할을 청구하였다.

[1] 소장을 제출한 후 甲, 乙, 丙 외에 丁도 원래부터 A토지의 공유자임이 판명되었다. 이 경우 甲이 취할 수 있는 가장 적절한 조치는 무엇인가?

[2] 제1심판결에 대하여 乙만이 항소한 경우 나머지 피고들에 대한 제1심판결은 확정되는가?

1. 의　의

(1) 추가적 공동소송은 소송계속중에 원고측이나 피고측에 당사자가 추가되

---

1) ③. 예비적·선택적 공동소송의 각 공동소송인은 단독으로 소의 취하, 청구의 포기·인낙, 소송상의 화해를 할 수 있다(70 ① 단서).

어 공동소송화되는 경우이다. 소의 주관적·추가적 병합이라도 한다.

　(2) 이와 같이 명문규정으로 당사자추가가 인정되는 경우로 ① 종래 당사자가 제3자를 끌어들이는 경우로 필수적 공동소송인의 추가(68), 예비적·선택적 공동소송인의 추가(70, 68), 인수승계(82), 추심의 소에 있어서 피고(제3채무자)에 의한 다른 채권자의 인입(민집 249 ③)이 있고, ② 제3자가 스스로 가입하여 공동소송인이 되는 경우로 참가승계(81), 공동소송참가(83) 등이 있다. 이 밖에 원고와 공동의 권리를 가지는 제3자가 피고에 대한 소송을 병합하도록 하는 경우가 있다.

　(3) 명문규정이 없는 경우에도 주관적·추가적 공동소송을 허용할 것인가에 관하여 견해가 나뉜다

2. 학설·판례

　(1) 긍정설은 소송경제·분쟁해결의 1회성을 논거로 들고 부정설은 소송의 복잡화·장기화 우려를 논거로 든다.

　(2) 판례는 기존의 손해배상청구소송에 동일사고의 다른 피해자가 원고로서 가입하는 것은 통상공동소송에서는 허용될 수 없다는 입장이었다.[1] 명문규정이 없이 해석론으로 인정하기에는 어려울 것이다.

3. 병합의 형태와 요건

　긍정설에 의할 경우 그 병합형태와 요건은 다음과 같다.

　(1) 제3자 스스로 가입하는 예는 기존의 손해배상청구소송에 동일사고의 다른 피해자가 원고로서 가입하는 경우(원고측 가입)와 제3자 반소의 형태로서 제3자가 피고와 더불어 반소원고가 되는 경우(피고측 가입)이다.

　(2) 제3자를 강제로 끌어들이는 예로서 ① 피해자가 회사원을 피고로 손해배상소송을 제기한 후 회사를 피고로 추가 인입하는 경우(원고에 의한 인입)와 ② 피소된 공동불법행위자 1인이 구상을 위해 다른 가해자를 끌어들이는 경우(피고에 의한 인입)이다.

　(3) 요 건: 공동소송의 요건으로 주관적 요건(65)과 객관적 요건(소의 객관적 병합요건)인 동종절차, 공통관할이 있어야 하고 소송절차를 현저히 지연시키지 않을 것을 요건으로 한다.

---

1) 대판 93다32095.

░ 사례해설

[1] 필수적 공동소송인 추가이다. 丁이 공동소송참가할 수도 있으나 丁이 이를 거부하는 경우 어쩔 수 없고, 별소를 제기하여 변론병합을 시키는 방안도 있으나 이는 우회적이다.

[2] 합일확정 필요상 확정되지 아니하고 이심되어 항소심의 당사자가 된다. ░

관련판례

1. 부진정연대채무자들간의 예비적·선택적 공동소송인지 여부 (대판 2006다47677)

가. 부진정연대채무 관계는 서로 별개의 원인으로 발생한 독립된 채무라 하더라도 동일한 경제적 목적을 가지고 있고 서로 중첩되는 부분에 관하여 일방의 채무가 변제 등으로 소멸할 경우 타방의 채무도 소멸하는 관계에 있으면 성립할 수 있고, 반드시 양 채무의 발생원인, 채무의 액수 등이 서로 동일할 것을 요한다고 할 수는 없으며, 부진정연대채무의 관계에 있는 채무자들을 공동피고로 하여 이행의 소가 제기된 경우 그 공동피고에 대한 각 청구가 서로 법률상 양립할 수 없는 것이 아니므로 그 소송을 민사소송법 제70조 1항 소정의 예비적·선택적 공동소송이라고 할 수 없다.

나. 주위적 피고에 대한 예비적 청구와 예비적 피고에 대한 청구가 서로 법률상 양립할 수 있는 관계에 있으면 양 청구를 병합하여 통상의 공동소송으로 보아 심리·판단할 수 있다.

제2절 선정당사자

≪사례≫ 甲, 乙, 丙, 丁, 戊는 이 사건 연립주택의 1호, 2호, 3호, 4호, 5호를 건축업자 A로부터 각 임차하여 거주오던 중 위 연립주택 전체가 경매되어 보증금 일부씩을 모두 못받게 되어 임대차계약서상의 임대인 A를 상대로 보증금반환의 소를 제기하였고, 甲, 乙, 丙, 丁, 戊는 甲과 乙을 선정당사자로 하였다. A는 자신은 이 건 모든 임대차계약에서 명의만 대여한 것이고 실질적인 임대인이 아니어서 보증금반환의무가 없다고 다투고 있다.

[1] 이 사건은 선정당사자를 선정할 수 있는 사례인가?

[2] 선정당사자를 선임할 때 '제1심 소송절차에 한하여만 소송수행권 일체를 위임하나, 소의 취하, 청구의 포기·인낙, 화해는 제외한 한다'는 내용으로 한 경우 선정의 효력은 어떤가?

[3] 만일 선정당사자 선정이 효력이 있다면

 (가) 선정당사자를 선정한 선정자는 소송수행권이 상실되는가?

 (나) 甲과 乙이 수행하는 소송의 형태는 어떤가?

 (다) 변론기일에서 A의 주장에 대하여 甲은 인정하고 乙은 부인하는 진술을 한 경우 甲의 진술은 효력이 있는가?

 (라) 만일 상소에 관하여 특별수권이 있는 경우, 제1심법원에서 원고청구기각판결을 선

고하자 甲과 乙은 甲, 乙, 丙, 丁부분은 항소하지 않고 甲과 乙은 戊에 대해서만은 항소하였다. 이 항소는 적법한가?

(마) 만일 상소에 관하여 특별수권이 있는 경우, 제1심법원에서 원고청구기각판결을 선고하자 甲과 乙은 甲, 乙, 丙, 丁부분은 항소하지 않았고 戊부분에 대해서만은 항소하였다. 이후 항소심판결에 대하여 甲과 乙은 상고하였다. 이 상고는 적법한가?

(바) 만일 상소에 관하여 특별수권이 있는 경우, 제1심 진행도중 甲과 乙은 甲, 乙부분에 대하여는 소 취하를 하였고 A는 소 취하에 대하여 이의를 제기하지 않았다. 그 후 丙, 丁, 戊부분에 대해서는 소송이 진행되어 원고 청구기각의 판결이 선고되었고 이 판결에 대하여 甲과 乙은 항소하였다. 이 항소는 적법한가?

I. 선정당사자의 의의

1. 개념과 취지

(1) 선정당사자는 공동의 이해관계 있는 다수의 사람이 공동소송인이 되어 소송을 하여야 할 경우에, 총원을 위해 소송을 수행할 당사자로 선출된 자이다(53 ①). 선정당사자를 선출한 자를 선정자라고 한다

(2) 공동의 이해관계를 가지는 다수인이 소송당사자가 될 때의 복잡함과 소송불경제를 피하고, 소송의 단순화·간소화를 통한 소송진행의 촉진, 당사자의 노력과 비용의 절약을 위해 인정된 제도이다. 집단소송과 같이 다수자가 같은 소송대리인을 선임한 경우에도 다수자 각자의 소송요건을 조사하여야 하나 선정당사자만 조사하는 선정당사자제도가 더 편리할 수 있다.

2. 선정당사자와 선정자의 관계

법령에 근거한 임의적 소송담당(소송신탁)의 일종이므로 당사자적격문제이기도 하다. 선정당사자제도에 대한 이용 여부는 당사자 자유이다. 다만 민사조정에 있어서는 판사가 대표당사자의 선임을 명할 수 있다(조정 18 ③).

II. 요 건

1. 공동소송을 할 다수자가 있을 것

다수자는 2인 이상이면 되고 또한 원고측이든 피고측이든 상관없다. 다만 사단은 자체가 당사자로 되기 때문에 이론상 선정의 여지가 없다. 민법상의 조합은 그 자체에 당사자능력이 없기 때문에 선정당사자제도를 활용할 수 있다.

2. 공동의 이해관계가 있을 것

(1) 공동의 이해관계는 다수자 상호 간에 공동소송인이 될 관계에 있고 또 주요한 공격방어방법을 공통으로 하는 것을 의미한다(통설).

(2) 판례도 제65조 후문의 권리의무 또는 발생원인의 동종인 관계만으로는 공동의 이해관계가 있는 경우라 할 수 없으나,[1] 사건의 쟁점이 피고가 다수의 임대차계약상의 임대인으로서 계약당사자인지의 여부가 쟁점이 되어 그 임차인들은 상호간에 공동소송인이 될 관계가 있고 주요한 공격방어 방법을 공통으로 하는 경우에 해당하므로 제49조 소정의 공동의 이해관계가 있다고 보고 있다.[2]

3. 공동의 이해관계 있는 여러 사람 중에서 선정할 것

그들 이외의 제3자를 선정할 수 있게 하면 변호사대리의 원칙을 잠탈할 염려가 있기 때문이다. 판례는 제3자를 당사자로 선정하는 행위는 무효이고 그 피선정자가 원고로서 제기한 소는 각하해야 한다고 한다.[3]

Ⅲ. 선정행위

1. 선정의 성질

선정자가 자기의 권리이익을 위한 소송수행권을 수여하는 대리권수여와 유사한 단독소송행위이다.

2. 선정의 시기

소송계속의 전후를 불문한다. 소송계속 후 선정하면 선정자는 당연히 소송에서 탈퇴하게 되고(53 ②) 선정당사자가 그 지위를 수계한다.

3. 선정의 방법

① 소송능력이 필요하고 조건을 붙일 수 없다. 예외로서 심급제한의 가부가 논의된다. ② 선정자는 개별적으로 선정한다. 다수결에 의하여 할 수 없다. ③ 선정당사자의 자격은 서면증명이 필요하기 때문에 선정서를 제출한다. 선정서는 소송기록에 붙여야 한다(58 ②).

---

1) 대판 2005다10470.
2) 대판 99다15474.
3) 대판 4287민상104.

4. 심급을 제한하여 선정할 수 있는가

(1) 심급한정설은 선정자가 언제라도 선정을 취소 변경할 수 있고 심급한정은 조건이라고 볼수 없으므로 심급한정은 유효하다는 다수설이다.

(2) 소송종료설은 소송절차의 단순화·간소화에 의한 효율적인 제도운영의 취지상 심급한정의 조건이 있더라도 소송종료까지 계속되는 것으로 보는 입장이다.[1]

(3) 판례는 당사자 선정은 취소, 변경할 수 있는 만큼 당초부터 심급을 한정하여 선정을 하는 것도 허용된다고 판시하나[2] 심급한정의 문구를 엄격히 해석하고 있다.[3]

(4) 생각건대 당사자의 의사를 존중한다면 심급한정을 인정하는 것이 타당하다.

Ⅳ. 선정의 효과

1. 선정당사자의 지위

(1) 소송당사자

선정당사자는 선정자 총원 및 자기의 소송에 관하여 소송수행권을 가지는 소송당사자이다. 소송대리인과 달리 소송상 화해나 청구의 포기, 인낙 및 소의 취하 등 일체의 소송행위를 할 수 있다. 소송수행에 필요한 모든 사법상의 행위도 할 수 있고 개개의 소송행위를 함에 있어서 선정자의 개별적인 동의가 필요 없다.[4] 따라서 선정당사자의 권한을 제한하여도 무효이다. 선정자와 선정당사자 사이의 내부적인 조건에도 구속되지 않는다.

(2) 여러 명의 선정당사자간의 관계

동일선정자단으로부터 선정된 수인의 선정당사자는 소송수행권을 합유하는 관계이므로 고유필수적 공동소송관계이다. 별개의 선정자단으로부터 선정된 때와 선정을 하지 아니한 나머지 선정자들과 사이의 소송은 구체적인 소송관계의 성질에 따라 통상공동소송 또는 필수적 공동소송의 성질이 된다.[5]

---

1) 이시윤, 751.
2) 대판 2003다34038.
3) 대판 94마2452.
4) 대판 2001다10748.
5) 호문혁, 841. 정동윤·유병현, 922.

2. 선정자의 지위

(1) 선정자의 소송탈퇴

소송계속 후에 선정당사자가 선정되면 선정자는 당연히 소송에서 탈퇴하고 (53②) 선정당사자만 소송수행권을 가진다고 본다.[1] 소송계속 전에 선정한 경우에 선정자의 소송수행권이 상실하는가에 대해 학설이 대립된다.

(가) **적격유지설**

선정당사자의 사실상의 진술을 경정하는 등 선정당사자의 독주를 견제하기 위해 선정자에게 소송수행권이 있어야 한다는 견해이다.[2]

(나) **적격상실설**

선정자는 소송수행권을 상실하여 당사자적격이 없고, 제3자의 지위에 서므로, 공동소송적 보조참가를 할 수 있고 또한 증인능력도 있다는 견해이다.

(다) 생각건대 선정자가 다시 소송수행을 원하면 선정취소에 의해 소송수행권을 회복할 수 있고, 선정당사자는 소송대리인이 아닌데도 선정자에게 선정당사자의 진술을 경정할 수 있는 권리를 인정하는 것은 무리이므로 적격상실설이 타당하다.

(2) 선정자의 별소의 중복소송 여부

선정당사자가 받은 판결의 효력은 제218조 3항에 의하여 선정자에게 미치므로 선정당사자의 소송진행 중 선정자가 별소를 제기하면 중복소송에 해당한다.

선정자가 별소를 제기하면 중복소송이 되는 것은 선정자에게 당사자적격이 있다는 것을 전제로 한다는 견해가 있지만[3] 선정당사자가 진행하는 소송에서 선정자가 소송수행권을 상실하는지의 여부와 선정자의 별소제기의 중복소송 여부와는 다르고, 중복소송의 유무는 당사자적격 유무보다 우선하여 판단할 일반적 소송요건이기 때문이다.[4]

(3) 선정당사자가 받은 판결의 효력

선정당사자가 받은 판결 또는 화해조서의 효력은 선정자 전원에게 미친다. 그러나 선정자가 강제집행을 신청하거나 선정자에 대하여 강제집행을 하려면 승계집행문을 부여받아야 한다(민집 31).

---

1) 호문혁, 872.
2) 이시윤, 753; 정동윤·유병현, 923.
3) 이시윤, 753.
4) 김홍엽, 949.

3. 선정당사자의 자격상실

(1) 선정당사자는 **사망**하거나 **선정취소**에 의하여 자격을 상실한다. 선정의 취소 또는 변경은 대리권의 소멸의 경우처럼 상대방에 통지하지 아니하면 그 효력이 없다. 선정당사자 본인 부분의 소취하, 판결의 확정 등으로 선정당사자에게 공동의 이해관계가 소멸되면 선정당사자는 자격이 상실되며[1] 그 이후에는 행하여진 소송행위는 부적법하다. 선정자는 어느 때나 선정을 취소할 수 있으며, 취소와 동시에 새로 선정하면 선정당사자의 변경으로 된다. 그러나 선정자의 사망, 공동이익의 상실 등은 선정당사자의 자격에 아무런 영향을 주지 않는다.

(2) 선정된 여러 당사자 중 **일부**가 사망하거나 그 자격을 상실하면 소송절차가 중단되지 않고 다른 선정당사자가 모두를 위하여 소송행위를 한다(54). 그러나 선정된 당사자 모두가 자격을 잃거나 사망한 때에 **소송절차는 중단**된다(237). 이 경우 당사자를 선정한 사람 모두 또는 새로 당사자로 선정된 사람이 소송절차를 수계하여야 한다. 다만, 소송대리인이 있는 경우에는 중단되지 않는다.

(3) 선정당사자가 공동의 이해관계가 소멸된 후 항소는 선정당사자의 당사자적격이 없는 자의 항소로서 부적법하므로 항소를 각하하여야 한다.

V. 선정당사자의 자격흠결의 효과

1. 선정당사자의 자격 흠결

선정당사자의 자격의 유무는 소송요건인 당사자적격의 문제로서 직권조사사항이다. 그 흠결을 보정할 수 있으면 대리권흠결의 경우에 준하여 보정을 명할 것이고(61, 59), 보정시까지 일시 소송행위를 하게 할 수 있다. 자격흠결의 선정당사자의 소송행위는 그 후에 보정이나 추인에 의해 유효해 질 수 있다(61. 60). 만일 보정하지 못하면 부적법하여 소각하 판결한다.

2. 선정당사자 자격 흠결을 간과한 경우

(1) 선정당사자의 자격이 흠결된 것을 간과한 본안판결은 당사자적격의 흠결의 경우와 동일하게 **상소**에 의해 취소할 수 있으나 제451조 1항 3호가 정하는 재

---

[1] 대판 2005다44060; 2006다28775. 다만 이 경우 공동의 이해관계가 처음부터 없는 경우와 달라 선정당사자의 자격이 상실된다고 보기 어렵다는 견해가 있다(정영환, 870).

심사유가 아니므로 판결이 확정되더라도 재심의 소로써 다툴 수 없으나,[1] 그 판결의 효력은 무효이며 선정자에게 그 효력이 미치지 아니한다.[2]

(2) 선정자가 선정행위를 하였으나 공동의 이해관계가 없는 사람을 선정당사자로 선정하여 그 선정당사자에 대한 판결이 확정되었다면 선정자로서는 실질적인 소송행위를 할 기회 또는 적법하게 당해 소송에 관여할 기회를 박탈당한 것이 아니므로, 재심사유가 되지 않는다.[3]

▨ **사례해설**

[1] 본절 Ⅱ. 2 참조.

[2] 판례에 의하면 선정당사자의 심급한정이 허용되나(Ⅲ. 4) 선정당사자의 권한을제한하는 것은 효력이 없다(Ⅳ. 1. (1)).

[3] (가) 본절 Ⅳ. 2. (1). (나) 본절 Ⅳ. 1. (2). (다) 甲과 乙의 관계인 필수적 공동소송인 1인의 자백은 다른 공동소송인에 대하여는 효력이 없다. (라) 본절 Ⅳ. 1.(2) 甲, 乙, 丙, 丁, 戊의 관계는 통상의 공동소송의 관계이므로 판결내용과 상소 여부는 각자별로 결정된다. 戊에 대한 상소는 甲 내지 丁과 별개로 가능하므로 적법하다. (마) 선정당사자 본인 부분의 소취하, 판결의 확정 등으로 선정당사자에게 공동의 이해관계가 소멸되면 선정당사자는 자격이 상실되며 그 이후에는 행하여진 소송행위는 부적법하다. (바)는 (마)와 결론은 동일하다. ▨

≪사례≫ 마을 주변에 있는 공단에서 배출되는 폐수로 인해 고통을 받고 있던 마을 주민 100명은 피해를 견디다 못해 공동원고가 되어 공단 내에 입주한 X 회사를 상대로 불법행위를 원인으로 한 손해배상청구의 소를 제기하였다. 소송 계속중 원고 100명 가운데 주민 40명은 주민 甲을 선정당사자로 선정하였고, 주민 59명은 주민 乙, 주민 丙 두 사람을 복수의 선정당사자로 선정하였다. 그러나 주민 丁은 선정당사자를 선정하지 않고 직접 소송을 수행하였다. (甲, 乙, 丙, 丁은 원고들 100명에 포함되어 있으며, 다음 각 설문은 독립적임)

[1문] 변론기일에 선정당사자 甲, 乙 및 당사자 丁은 출석하였으나 선정당사자 丙은 불출석하였다. 丙의 불출석이 다른 공동소송인들에게 미치는 효과는 무엇인지 논하시오. (20점)

[2문] 주민 甲을 선정당사자로 선정한 주민 40명 중 한 사람인 A는 선정을 취소하지 않은 상태에서 자신이 직접 X회사를 상대로 불법행위를 원인으로 한 손해배상청구의 소를 별소로 제기하였다. 이 별소가 적법한지 설명하시오. [변리사 2013]

▨ **사례해설**

[1문] 선정당사자의 선정은 변론복잡방지 취지상, 주요공격방법 공통이어야 하므로 제65조 전문까지 인정하는 견해가 타당하고, 불법행위 공동피해자로서 쟁점을 공통으로 하고 있고 제65조 전문 후단의 권리의무의 발생원인이 사실상 공통한 경우에 해당하여 사안의 각 선정은 적법하다. 필요적 변론기일에 당사자 불출석의 효과로 제150조 3항의 자백간주의 불이익, 원고의 불출석으로 제268조의 취하간주의 불이익이 발생하며,

---

1) 대판 2005다10470.

2) 김홍엽, 951; 정동윤·유병현, 924.

3) 대판 2005다10470.

설문의 선정당사자들의 공동소송형태는[1] 丙은 乙과 동일선정자단에서 선정한 수인의 선정당사자들로서 소송수행권을 합유하는 관계에 있으므로 그 소송은 고유필수적 공동소송관계가 된다. 심판방식은 제67조 1항에 따라 소송자료가 통일되고 한 사람이 기일에 출석하여 변론하였으면 다른 공동소송인이 결석하여도 기일불출석의 효과(자백간주, 취하간주)가 발생하지 않는다. 丙은 甲과 丁과의 경우는 통상공동소송이므로 소송수행권을 각자 행사할 뿐이다. 심판의 독립이 인정되어 변론의 분리와 일부판결가능하고, 승패가 일률적이지 않을 수 있다(66). 따라서 사안에서 丙이 변론기일에 불출석한 경우 乙, 丙의 관계는 고유필수적 공동소송이므로 乙이 출석하면 제67조 1항에 따라 출석의 효과를 함께 받으므로 丙은 불출석으로 취급되지 않아 자백간주, 취하간주 등의 효과가 발생하지 않는다. 그러나 丙의 소송수행의 결과는 甲 및 丁에게는 미치지 않아서 丙의 불출석이 甲 및 丁에게 이익으로도 불이익으로도 영향을 미치지 않는다.

[2문] 별소는 중복소송으로 부적법하다. 쟁점은 소송계속중에 선정당사자를 선정시 선정자는 당연히 소송에서 탈퇴하는데(53②), 이 때 선정자가 소송수행권을 상실하는지, 나아가 당사자적격 흠결 여부와 별개로 중복소송 금지에 해당하는지 등이다. 선정자의 지위에 대하여 견해가 대립되나 선정자는 소송 중 선정당사자를 선정하면 소송에서 탈퇴하므로 소송수행권을 당연히 상실한다고 본다. 적격유지설은 선정자의 별소제기시 중복소송이라 볼 수 있으려면 당사자적격이 있어야 한다고 보나, 후소가 중복소송이 되는지의 여부는 당해 소송이 아니므로 별개의 문제이고 논리 필연적이지 않으므로 결국 적격상실설이 조문해석에 충실하다.

선정당사자 소송을 수행하고 있는데 선정자가 별소를 제기하는 것에 대하여, 당사자적격의 흠결이라는 견해에 의하면 선정자 A는 당사자적격이 상실되었으므로 별소를 제기할 수 없는 것이고 중복소송을 거론할 필요 없이 당사자적격 흠으로 부적법 각하하여야 하고,[2] 중복소송에 해당한다는 견해에 의하면 선정당사자가 받은 판결의 효력은 제218조 3항에 의하여 선정자에게 미치므로 선정자가 별소를 제기하면 중복소송에 해당하므로 각하되어야 한다는 입장이다. 검토컨대 선정당사자가 진행하는 소송에서 선정자가 소송수행권을 상실하는지의 여부와 선정자가 별소를 제기하는 경우 중복소송 여부와는 다르고, 중복소송의 유무는 당사자적격 유무보다 우선하여 판단할 일반적 소송요건이기 때문에 중복소송에 해당한다고 할 것이다.[3] 한편 A가 당사자적격을 상실하는 것은 선정당사자가 수행하는 소송에서의 문제이고 A의 별소는 주장자체에 의해 당사자적격이 구비된 것으로 보고 중복소송에 해당한다고 볼 수도 있다.[4]

<선택형>

1. 甲, 乙, 丙, 丁, 戊는 이 사건 연립주택의 1호, 2호, 3호, 4호, 5호를 건축업자 A로부터 각 임차하여 거주오던 중 위 연립주택 전체가 경매되어 보증금 일부씩을 모두 못 받게 되어 임대차계약서상의 임대인 A를 상대로 보증금반환의 소를 제기하였고, 甲, 乙, 丙, 丁, 戊는 甲과 乙을 선정당사자로 하였다. A는 자신은 이 건 모든 임대차계약에서 명의만 대여한 것이고 실질적인 임대인이 아니어서 보증금반환의무가 없다고 다투고 있다. 이에 관하여 다음 중 옳은 것은? (다툼시 판례에 의함)[5]

---

1) 호문혁, 841; 정동윤·유병현, 922.

2) 이시윤, 742; 김용진, 732.

3) 김홍엽, 949.

4) 호문혁, 873.

5) ③. 甲과 乙은 戊부분에 대하여 항소를 제기할 수 있다. ① 선정당사자의 소송수행권을 제한할 수 없다. ② 동일

① 선정당사자를 선임할 때 '제1심 소송절차에 한하여만 소송수행권 일체를 위임하나, 소의 취하, 청구의 포기·인낙, 화해는 제외한 한다'는 내용으로 한 경우 선정도 유효하다.

② 변론기일에서 A의 주장에 대하여 甲은 자백하고 乙은 부인하는 진술을 한 경우 甲의 진술은 효력이 있다.

③ 만일 상소에 관하여 특별수권이 있는 경우, 제1심법원에서 원고청구기각판결을 선고하자 甲과 乙은 甲, 乙, 丙, 丁부분은 항소하지 않고 戊부분에 대해서만 한 항소는 적법하다.

④ 만일 상소에 관하여 특별수권이 있는 경우, 제1심법원에서 원고청구기각판결을 선고하자 甲과 乙은 甲, 乙, 丙, 丁부분은 항소하지 않았고 戊부분에 대해서만은 항소하였다. 이후 항소심판결에 대하여 甲과 乙이 한 상고는 적법하다.

⑤ 만일 상소에 관하여 특별수권이 있는 경우, 제1심 진행도중 甲과 乙은 甲, 乙부분에 대하여는 소 취하를 하였고 A는 소 취하에 대하여 이의를 제기하지 않았다. 그 후 丙, 丁, 戊부분에 대해서는 소송이 진행되어 원고 청구기각의 판결이 선고되었고 이 판결에 대하여 甲과 乙이 한 항소는 적법하다.

---

2. **원고측의 선정당사자에 관한 아래 설명 중 옳은 것들을 모두 고른 것은?** (다툼시 판례에 의함)[1]   [변호사 2012]

① 선정당사자에 대하여는 소송대리인에 관한 규정이 준용되므로, 선정당사자가 소를 취하하려면 선정자들로부터 특별수권을 받아야 한다.

② 선정당사자와 선정자들 사이에는 공동의 이해관계가 있어야 하는바, 선정자가 공동의 이해관계가 없는 자를 선정당사자로 선정한 경우, 이는 재심사유에 해당한다.

③ 선정당사자가 변경된 때 그 변경사실을 상대방에게 통지하지 않았더라도 그 사실이 법원에 알려진 경우, 종전의 선정당사자는 상대방의 동의를 얻었더라도 소 취하하지 못한다.

④ 심급을 한정하여 선정을 할 수 없는 것은 아니나, 선정당사자의 지위는 제1심에 한하지 않고 소송이 종결될 때까지 유지되는 것이 원칙이다.

⑤ 선정은 소송계속 전·후를 불문하고 할 수 있고, 소송계속 후 선정을 하면 선정자는 당연히 소송에서 탈퇴한 것으로 본다.

---

3. **甲, 乙, 丙, 丁은 A 회사에 대하여 각 1억원의 손해배상채권을 가지고 있는데, A 회사를 상대로 손해배상청구의 소를 제기하면서 甲과 乙을 선정당사자로 선정하였다. 이 경우 선정당사자에 관한 설명으로 옳지 않은 것은?**[2]   [법무부 2013]

① 甲과 乙은 丙과 丁의 대리인이 아니라 丙과 丁의 소송수행권을 신탁받은 임의적 소송담당자로서 소송의 당사자이다.

② 甲과 乙은 소송당사자로서 일체의 소송행위를 할 수 있고, 소의 취하, 화해, 청구의 포기·인낙 등에 관해서도 丙과 丁으로부터 특별한 수권을 받을 필요가 없다.

선정자단에서 선정된 수인의 선정당사자는 소송수행권을 합유하는 관계에 있다. ④戊부분과 ⑤丙, 丁, 戊부분에 대하여는 甲과 乙은 공동의 이해관계가 소멸되어 선장당사자의 자격이 상실되었다.

1) ③④⑤. ① 선정당사자는 선정자들로부터 소송수행을 위한 포괄적인 수권을 받은 것으로서 일체의 소송행위는 물론 소송수행에 필요한 사법상의 행위도 할 수 있는 것이고 개개의 소송행위를 함에 있어서 선정자의 개별적인 동의가 필요한 것은 아니다(대판 2005다10470; 2001다10748). ② 대판 2005다10470. ③ 제63조. ④ 대판 2003다34048 ⑤ 제53조 2항.
2) ⑤. 다른 선정당사자가 모두를 위히여 소송행위를 한나(54).

③ 甲과 乙이 선정당사자에 선정되었다는 것은 반드시 선정서와 같은 서면으로 증명하여야 한다.

④ 甲과 乙은 소송수행권을 공동으로 수행하는 관계에 있기 때문에 그 소송은 필수적 공동소송으로 된다.

⑤ 甲과 乙은 1인이 죽거나 그 자격을 잃은 경우에 선정자들이 다시 선정당사자를 선정할 때까지 소송절차는 중단된다.

---

4. 선정당사자제도에 대한 다음 설명 중 옳지 않은 것은? (다툼시 판례에 의함)[1]   [법전협 2013. 2차]

① 선정당사자제도는 공동소송인 사이에 공동의 이해관계가 있는 경우에 한하여 이용할 수 있다.

② 선정행위는 소송행위이기 때문에 선정에는 조건을 붙일 수 없다.

③ 동일 선정자들이 여러 사람의 선정당사자를 선정한 때에 그 여러 선정당사자들이 하는 소송의 형태는 통상공동소송이다.

④ 선정당사자는 소송상의 화해, 포기·인낙, 소의 취하, 상소 등의 권한을 갖는다.

⑤ 선정당사자가 수행한 소송의 판결문에서 당사자로 선정당사자만 적고 선정자를 적지 아니하며 선정자목록을 판결문 뒤에 별지로 붙인다.

---

5. 선정당사자에 관한 다음 설명 중 옳은 것은? (다툼시 판례에 의함)[2]   [법전협 2015. 1차]

① 법원이 선정의 요건을 심리하여 허가하여야 선정당사자로서 소송수행권을 가지게 되므로, 소 제기 이전의 선정은 허용되지 않는다.

② 수인의 임차인이 동일한 임대인을 상대로 제기한 임차보증금반환청구소송과 같은 경우 공동소송관계에 있는 당사자 사이에서는 공동의 이해관계를 인정할 여지가 없으므로 선정당사자 선정이 허용되지 않는다.

③ 선정당사자 선정의 효력은 심급대리의 원칙상 판결정본이 선정당사자에게 송달됨과 동시에 종료된다.

④ 선정당사자가 사망하면 그 상속인이 소송을 수계할 때까지 소송이 중단된다.

⑤ 판결의 효력은 언제나 선정자에게 미친다.

---

1) ③. 동일 선정자들이 선정한 여러 선정당사자들은 소송수행권을 합유하는 관계이므로 고유필수적 공동소송이다. ① 제53조. ④ 대판 2001다10748.

2) ⑤. 제218조 3항. ① 선정당사자 선정은 소제기 전에도 가능하다. ② 임차인들이 甲을 임대차계약상의 임대인이라고 주장하면서 甲에게 그 각 보증금의 전부 내지 일부의 반환을 청구하는 경우, 그 사건의 쟁점은 甲이 임대차계약상의 임대인으로서 계약당사자인지의 여부에 있으므로, 그 임차인들은 상호간에 공동소송인이 될 관계가 있을 뿐 아니라 주요한 공격방어 방법을 공통으로 하는 경우에 해당하므로 제49조 소정의 공동의 이해관계가 있어 선정당사자를 선정할 수 있다(대판 99다15474). ③ 선정당사자의 선정행위시 심급의 제한에 관한 약정 등이 없는 한 선정의 효력은 소송이 종료에 이르기까지 계속되는 것이다(대판 2003다34038). ④ 선정당사자 일부가 사망하면 다른 선정당사자가 소송을 속행한다(54). 선정당사자 전부가 사망하면 소송은 선정자가 소송을 수계할 때까지 소송은 중단된다(237 ②).

Ⅵ. 집단소송제도

1. 대표당사자소송

대표당사자소송은 다수의 소비자나 투자자들이 원인이나 분쟁을 공통으로 하는 소액의 손해배상청구권을 갖는 경우에, 그 피해자집단에서 대표자가 나와서 그 집단에 속하는 총원의 청구금액을 일괄하여 청구하고 일거에 전체의 권리를 실현시키는 소송형태이다. 대표당사자는 선정이 없어도 피해자군(被害者群)인 총원(class)에 속하는 구성원(member)의 제외신고가 없는 한 당연히 수권이 있는 점에서 선정당사자와 다르다.

2. 단체소송

단체소송은 특정한 단체가 당사자가 되어 그 단체가 대표하는 다수의 소비자나 구성원을 위하여 그들이 입은 손해의 배상, 부작위 기타를 청구하는 소송으로서, 단체소송을 할 수 있는 단체는 개별적인 법률에 의하여 소비자단체 등 당사자적격이 인정된 것으로, 단체의 구성원이 그 소속단체에 자기의 소송수행권을 임의적으로 소송신탁한 경우이다.

제3절 집단소송

Ⅰ. 집단소송의 외국입법례

1. 대표당사자 소송(Class Action)— 미국식

(1) 의 의

다수의 소비자나 투자자들이 원인이나 쟁점을 공통으로 하는 소액의 손해배상청구권을 갖고 있는 경우 그 총원(Class) 중에서 대표자가 나서서 일괄하여 소제기를 하고 일거에 전체의 권리를 실현시키는 소송형태이다.

(2) 요 건

(가) Class를 이루는 자가 다수라서 전원을 당사자로 함에 실무상 곤란성이 있어야 한다.

(나) Class에 공통적인 법률상·사실상 문제가 존재해야 한다.

(다) 대표당사자의 청구 또는 항변이 그 Class의 청구 또는 항변의 전형적인 것이어야 한다.

(3) 문 제 점

(가) 대표당사자가 청구기각의 판결을 받은 경우 판결의 기판력이 소제기를 알지 못한 Class의 member에게 미친다.

(나) 대표당사자 개인이 class의 member 전체에 불이익한 소송수행을 못하도록 대표당사자 소송제기자격 규제의 어려움이 있다.

2. 단체소송-독일식

(1) 의　의

다수 소비자나 투자자들이 원인이나 쟁점을 공통으로 하는 소액 손해배상청구권을 가지는 경우 이를 실현하기 위하여 그가 소속하는 단체가 단체 구성원을 위하여 소송을 수행하는 제도이다.

(2) 요　건

공익을 위한 단체로서 이 목적을 직절하게 수행할 수 있는 능력이 인정되는 경우에 한한다.

Ⅱ. 증권관련집단소송

1. 의　의

증권관련집단소송이란 증권의 매매 또는 그 밖의 거래과정에서 다수인에게 피해가 발생한 경우 그 중의 1인 또는 다수인이 대표당사자가 되어 수행하는 손해배상청구소송을 말한다(증집소 2. 1호).

2. 증권관련집단소송의 허가요건

(1) 증권관련 손해배상청구소송일 것

증권관련집단소송은 자본시장과 금융투자업에 관한 법률 제125조, 제162조, 제175조, 제177조 또는 제179조, 제170조에 따른 주권상장법인이 발행한 증권의 매매 또는 그 밖의 거래로 인한 손해배상청구에 한정하여 제기할 수 있다(증집소 3).

(2) 구성원의 다수, 주요쟁점의 공통 이익보호에 적절한 수단일 것

증권의 매매 또는 그 밖의 거래과정에서 다수인에게 피해가 발생한 경우 그 손해의 보전(補塡)에 관하여 공통의 이해관계를 가지는 피해자 전원인 총원을 구성하는 각각의 피해자를 말한다. 구성원이 50인 이상이고, 청구의 원인이 된 행위 당시를 기준으로 그 구성원이 보유하고 있는 증권의 합계가 피고 회사의 발행 증권 총수의 1만분의 1 이상이고, 법률상 또는 사실상의 중요한 쟁점이 모든 구성원에게 공통되며 증권관련집단소송이 총원의 권리 실현이나 이익 보호에 적합하고 효율적인 수단이어야 한다(증집소 12 ①).

(3) 대표당사자가 당사자적격을 갖추었을 것

대표당사자는 구성원 중 해당 증권관련집단소송으로 얻을 수 있는 경제적 이익이 가장 큰 자 등 총원의 이익을 공정하고 적절하게 대표할 수 있는 구성원이어야 한다. 증권관련집단소송의 원고측 소송대리인은 총원의 이익을 공정하고 적절하게 대리할 수 있는 자이어야 한다. 최근 3년간 3건 이상의 증권관련집단소송에 대표당사자 또는 대표당사자의 소송대리인으로 관여하였던 자는 증권관련집단소송의 대표당사자 또는 원고측 소송대리인이 될 수 없다. 다만, 여러 사정에 비추어 볼 때 위의 요건을 충족하는 데에 지장이 없다고 법원이 인정하는 자는 그러하지 아니하다(증집소 11).

3. 허가절차

(1) 소의 제기와 소송허가신청

대표당사자가 되기 위하여 증권관련집단소송의 소를 제기하는 자는 소장과 소송허가신청서를 법원에 제출하여야 한다(증집소 7).

(2) 소제기의 공고와 대표당사자의 선임

법원은 증권관련집단소송의 소장 및 소송허가신청서를 접수한 날부터 10일 이내에 증권관련집단소송의 소가 제기되었다는 사실, 총원의 범위, 청구의 취지 및 원인의 요지, 대표당사자가 되기를 원하는 구성원은 공고가 있는 날부터 30일 이내에 법원에 신청서를 제출하여야 한다는 사실을 전국을 보급지역으로 하는 일간신문에 게재하는 등 대법원규칙으로 정하는 방법으로 공고하여야 한다(증집소10).

법원은 위 공고를 한 날부터 50일 이내에 소를 제기하는 자와 대표당사자선임신청서를 제출한 구성원 중 해당 증권관련집단소송으로 얻을 수 있는 경제적 이익이 가장 큰 자 등 총원의 이익을 공정하고 직절하게 대표할 수 있는 구성원을 법원은 결정(決定)으로 대표당사자로 선임한다(증집소10, 11).

(3) 소송허가 여부결정과 고지, 공고, 통보

법원은 허가요건에 적합한 경우에만 결정으로 증권관련집단소송을 허가한다(증집소15). 법원은 소송허가 결정이 확정되면 지체 없이 대표당사자와 그 법정대리인의 성명·명칭 또는 상호 및 주소, 원고측 소송대리인의 성명·명칭 또는 상호 및 주소, 피고의 성명·명칭 또는 상호 및 주소, 총원의 범위, 청구의 취지 및 원인의 요지, 제외신고의 기간과 방법, 제외신고를 한 자는 개별적으로 소를 제기할 수 있다는 사실, 제외신고를 하지 아니한 구성원에 대하여는 증권관련집단소송에 관한 판결 등의 효력이 미친다는 사실, 제외신고를 하지 아니한 구성원은 증권관련집단소송의 계속중에 법원의 허가를 받아 대표당사자가 될 수 있다는 사실, 변호사보수에 관한 약정 기타 법원이 필요하다고 인정하는 사항(증집소 18).

고지는 구성원 모두에게 주지시킬 수 있는 적당한 방법으로서 대법원규칙으로 정하는 방법으로 하여야 한다.

법원은 위 사항을 지정거래소에 즉시 통보하여야 하고 통보를 받은 지정거래소는 그 내용을 일반인이 알 수 있도록 공시하여야 한다(증집소 19, 20).

4. 소송관계인의 지위

(1) 대표당사자의 지위: 독자적 소송수행권을 갖는 당사자 본인이다.

(2) 법원의 지위: 대표당사자에 대한 견제와 감독으로 후견적 역할을 한다.

(3) 구성원의 지위: 권리귀속주체이다. 구성원은 법원에 제외신고를 하면 증권관련집단소송에 관한 판결 등의 기판력을 받지 아니할 수 있다.

5. 소송절차의 특례

(1) 당사자의 처분권 제한: 증권관련집단소송의 경우 소의 취하, 소송상의 화해 또는 청구의 포기, 상소의 취하 또는 상소권의 포기는 법원의 허가를 받지 아니하면 그 효력이 없다(증집소 35 ①, 38 ①).

(2) 변호사강제주의: 증권관련집단소송의 원고와 피고는 변호사를 소송대리인으로 선임(選任)하여야 한다(증집소 5).

(3) 직권증거조사: 법원은 필요할 때에는 직권으로 증거조사를 할 수 있다(증집소 30)

(4) 구성원 및 대표당사자의 신문: 법원은 필요하다고 인정할 때에는 소송

과 관련 있는 문서를 가지고 있는 자에게 그 문서의 제출을 명하거나 송부를 촉탁할 수 있다(증집소 32 ①).

　(5) 증거보전의 특례: 법원은 미리 증거조사를 하지 아니하면 그 증거를 사용하기 곤란한 사정이 있지 아니한 경우에도 필요하다고 인정할 때에는 당사자의 신청에 의하여 증거조사를 할 수 있다(증집소 33).

　(6) 문서제출명령 등: 법원은 필요하다고 인정할 때에는 소송과 관련 있는 문서를 가지고 있는 자에게 그 문서의 제출을 명하거나 송부를 촉탁할 수 있다. 문서제출 명령이나 문서송부 촉탁을 받은 자는 법규정이나 정당한 이유 없이 그 제출이나 송부를 거부할 수 없다.

　(7) 손해배상액 산정의 특례: 손해배상액의 산정에 관하여 자본시장과 금융투자업에 관한 법률이나 그 밖의 다른 법률에 따른다. 법원은 이에 따르거나 증거조사를 통하여도 정확한 손해액을 산정하기 곤란한 경우에는 여러 사정을 고려하여 표본적·평균적·통계적 방법 또는 그 밖의 합리적인 방법으로 손해액을 정할 수 있다(증집소 34).

　(8) 쌍불취하의 적용배제(증집소 38 ①)

　(9) 판결에 관한 특례: 법원은 금전 지급의 판결을 선고할 때에는 여러 사정을 고려하여 지급의 유예, 분할지급 또는 그 밖의 적절한 방법에 의한 지급을 허락할 수 있다.

6. 분배절차

　(1) 분배법원: 제1심 수소법원의 전속관할이다.

　(2) 분배관리인: 분배계획안을 만들어 분배법원의 인가를 받은 뒤 구성원으로부터 신고기간 내 권리확인신청을 받고 권리확인 후 분배절차진행시킨다.

　(3) 집단소송판결 등에 의한 권리실행으로 얻은 금전은 권리신고한 구성원만의 독점적 몫이 된다.

7. 증권관련집단소송의 문제점

　2005년부터 시행된 증권관련집단소송은 8년이 지난 2013년 8월 현재까지 5건이 제기되었다.[1] 이는 소송비용의 과다와 절차의 복잡성에 기인하는 것으로 이를 개선하고 피고기업이나 공공기관이 가지고 있는 손해입증증거에의 접근이 다

---

1) 법률신문 제4153호(2013. 8. 26).

소 용이하게 제도적 뒷받침이 필요하고 증권관련집단소송전담부를 신설하여 전문성을 제고하여 신속한 재판이 가능하도록 해야 할 것이다.

Ⅲ. 소비자단체소송

1. 의 의

사업자가 소비자의 권익관련의 기준규정을 위반하여 소비자의 생명·신체 또는 재산에 대한 권익을 직접적으로 침해하고 그 침해가 계속되는 경우 소비자단체가 나서서 그 권리침해행위의 금지·중지를 구하는 소송이다. 손해배상을 직접 청구할 수는 없다. 소비자기본법 제70조 이하에서 규율하고 있다.

2. 특 례

(1) 원고적격의 한정: ① 공정거래위원회에 등록된 소비자 단체로서 단체의 정회원수가 1천명 이상인 경우 등 소비자기본법 제70조의 요건을 갖춘 단체, ② 대한상공회의소, 중소기업협동조합중앙회 및 전국 단위의 경제단체, ③ 비영리단체로서 동일한 피해자 50인 이상의 소비자로부터 단체소송의 제기를 요청받은 단체의 상시 구성원 수가 5천명 이상으로 중앙행정기관에 등록되는 등 일정한 요건을 갖춘 단체로 한정된다(소비 70 각호).

(2) 제소에 대한 법원의 허가(소비 73, 74).

(3) 변호사강제주의: 단체소송의 원고는 변호사를 소송대리인으로 선임하여야 한다(소기 71).

(4) 청구기각판결의 대세효: 원고의 청구를 기각하는 판결이 확정된 경우 이와 동일한 사안에 관하여는 동법 제70조의 규정에 따른 다른 단체는 단체소송을 제기할 수 없다. 판결이 확정된 후 그 사안과 관련하여 국가 또는 지방자치단체가 설립한 기관에 의하여 새로운 연구결과나 증거가 나타난 경우와 기각판결이 원고의 고의로 인한 것임이 밝혀진 경우에는 그러하지 아니하다.

(5) 관할의 특례: 피고의 주된 사무소 또는 영업소가 있는 곳, 주된 사무소나 영업소가 없는 경우에는 주된 업무담당자의 주소가 있는 곳의 지방법원 본원 합의부의 관할에 전속한다(소비 71 ①).

Ⅳ. 개인정보 단체소송

개인정보 보호법(2011. 9. 30. 발효)에 의한 개인정보 단체소송은 개인정보보호단체가 나서서 개인정보에 관한 권리침해를 중지·금지시키기 위한 부작위소송으로서 공익소송으로서 손해배상은 청구할 수 없다. 소비자단체소송과 마찬가지로 소송으로서 실효성확대를 위해서는 한정적으로 손해배상청구도 가능하도록 해야 할 것이다.

Ⅴ. 견본소송

견본소송(Musterprozess) 또는 모델케이스소송은 쟁점이 유사한 사건이 법원에 병행하여 계류되었을 때 그 당사자끼리 효율성과 소송경제를 위하여 견본소송으로 합의하여 최고법원 또는 고등법원의 판결이 나면 그 결과를 기다려 나머지 소송은 이를 기준으로 해결하는 소송이다. 독일은 2005년 자본시장투자자표본소송법을 제정하여 시행하고 있으며, 법원의 사법자원의 효율화에도 기여하고 있다.

제4절 제3자의 소송참가

타인간의 소송에 제3자가 관여하는 소송참가는 참가자에게 당사자적격이 있는 당사자참가와 당사자적격이 없이 종전 당사자의 한쪽의 승소보조자의 지위에서 참가하는 보조참가로 나뉜다. 당사자참가에는 종전 당사자와 대립관계에 서는 **독립당사자참가**와 그와 연합관계가 있는 **공동소송참가**가 있고, 보조참가에는 판결의 효력을 받는 **공동소송적 보조참가**와 판결의 효력은 받지 않고 단지 법률상의 이해관계를 갖는 통상의 보**조참가**가 있다.

> 참가자가 당사자적격 有 → 연합관계 - 공동소송참가
> ㄴ 대립관계 - 독립당사자참가
> 당사자적격 無 → 판결효력 받음 - 공동소송적 보조참가
> ㄴ 판결효력 받지 않으나 참가적효력 有 - 보조참가

이와 관련하여 제3자에게 소송계속을 통지하여 참가할 기회를 제공하는 **소송고지**와 종전 당사자의 신청에 의하여 제3자를 소송에 강제가입시키는 **소송인입제도**가 있다. 실무상으로는 보조참가가 많이 이용되고 편면참가를 인정하는 독립당사자참가도 다소 이용된다.

제1관 보조참가

> **제 71조(보조참가)** 소송결과에 이해관계가 있는 제3자는 한 쪽 당사자를 돕기 위하여 법원에 계속중인 소송에 참가할 수 있다. 다만, 소송절차를 현저하게 지연시키는 경우에는 그러하지 아니하다.
> **제72조(참가신청의 방식)** ①참가신청은 참가의 취지와 이유를 밝혀 참가하고자 하는 소송이 계속된 법원에 제기하여야 한다. ②서면으로 참가를 신청한 경우에는 법원은 그 서면을 양쪽 당사자에게 송달하여야 한다. ③참가신청은 참가인으로서 할 수 있는 소송행위와 동시에 할 수 있다.

1. 의 의

보조참가(補助參加)는 타인간의 소송계속중 소송결과에 이해관계가 있는 제3자가 한쪽 당사자의 승소를 돕기 위하여 그 소송에 참가하는 것이다. 당사자는 아니지만 자기의 이익의 옹호를 위해 자기의 이름과 계산으로 소송을 수행하므로 대리인과 다르며 보조참가인도 자신의 소송대리인을 선임할 수 있다.

II. 요 건

≪사례≫ 甲과 乙은 데이트를 하면서 인도로 걸어가다가 인도로 돌진한 丙이 운전하는 차량에 치여 상당하게 모두 다쳤다. 甲은 丙을 상대로 손해배상청구의 소를 제기하였다. 이 소송에서 丙의 과실유무에 관하여 쟁점이 되었다.

(1) 乙이 甲의 丙에 대한 이 소송에 甲을 위하여 보조참가를 할 수 있는가?
(2) 위 보조참가가 적법하다면, 乙은 甲의 주장과 달리 재판상 자백할 수 있는가?
(3) 위 보조참가가 적법하다면, 이사건 판결이 乙에게 미치는 효력은 어떤가?
(4) 위 보조참가가 부적법함에도 당사자들은 아무런 이의를 하지 아니했어도 법원이 乙의 참가이유를 직권으로 소명하도록 요구하여 참가를 불허할 수 있는가?

1. 타인간의 소송계속중일 것

(1) 타인간의 소송에 한하여 허용되며 법정대리인은 당사자에 준하므로 본인의 소송에 보조참가할 수 없다. 통상공동소송인 사이나 그 상대방에게 보조참가를 할 수 있다. 이른바 이론적 합일확정소송에 당연보조참가를 인정하는 견해가 있으나, 명시적 참가신청 없이 보조참가를 인정할 수는 없다고 본다.

(2) 한쪽 당사자의 승소를 돕기 위하여 그 소송에 참가하는 것이므로 당사자 양쪽에 보조참가하는 쌍면적 보조참가는 금지된다. 다만 보증금청구소송에서 피참가인인 보증인이 채권자와 함께 주채무자를 사해할 우려가 있는 경우 주채무자는 독립당사자참가가 가능할 것이다.

(3) 상고심에서도 허용되나 사실상의 주장과 증거제출은 허용되지 않는다. 또 판결확정 후에도 상소의 추후보완(173)이나 재심의 소(451)와 동시에 참가신청이 가능하다(72 ③). 판결절차로 이행될 수 있는 독촉절차, 대립당사자구조를 갖고 있는 보전처분신청·이의·취소절차에서도 보조참가를 할 수 있다.[1]

(4) 그 이외 결정절차에 보조참가할 수 있는지에 관하여 판례는 결정절차인 부동산매각허가결정에 대한 항고·재항고 사건에서 대립하는 당사자구조절차가 아니므로 보조참가가 허용되지 않는다고 본다.[2] 보조참가인의 권리상태에 법률상 영향을 미치면 보조참가를 준용하자는 견해도 같은 맥락이라 할 수 있다.[3]

2. 소송결과에 대하여 이해관계(참가이유)가 있을 것

(1) 피참가인이 승소 또는 패소라는 판결의 결과에 참가인 자신의 법적 지위에 영향을 미칠 경우이다. 이는 판결주문에서 판단되는 소송물인 권리관계의 존부에 의하여 직접적으로 영향을 받는 관계이며 판결이유에서 판단한 것에 대한 이해관계는 여기에 해당하지 않는다(제한설). 통설·판례이다.[4]

예컨대 교통사고 피해자가 가해자 상대의 손해배상청구를 하는 경우 **동일사고의 다른 피해자**는 판결주문에 이해관계가 없고, 피고의 불법행위가 인정되는지의 여부의 판단에 이해관계가 있지만 이는 판단이유에서의 판단이므로 소송결과에 이해관계가 아니다.

이에 반해 판결주문뿐만 아니라 분쟁의 일회적 해결을 위하여 판결이유에서

---

1) 호문혁, 886.
2) 대결 93마1701(매각허가결정에 대한 항고절차에 대한 보조참가).
3) 이시윤, 772.
4) 대판 96다51714; 81누42

중요한 쟁점에 대한 판단에 영향을 받는 경우도 포함하는 **확대설**[1]에 의하면 위 사례의 교통사고 다른 피해자는 보조참가할 수 있다.

(2) 이해관계라 함은 '법률상'의 이해관계이다. 재산법상, 가족법상, 공법상의 관계를 포함하지만[2] 사실적, 경제적, 감정적 이해관계는 허용되지 않는다.[3] 예컨대 주식회사가 채무자를 상대로 대여금청구의 소를 제기한 경우 당해 회사주주는 회사의 자산증감에 대한 사실상·경제상 이익만 가지고 있고 법률상 이해관계가 없어서 회사를 위하여 보조참가할 수 없다. 또한 채권자 甲이 채무자 乙을 상대로 대여금청구소송에서 甲이 승소하면 다른 채권자 丙이 자신이 추심할 수 있는 책임재산이 감소한다는 것을 이유로 乙을 위해 보조참가할 수 없다.

다만 판례는 고속도로상에 떨어진 철판을 밟고 지나가서 철판을 떠오르게 하여 사고를 유발한 차량의 보험회사를 상대로 피해자가 제기한 손해배상청구소송에 **동일사고의 다른 공동불법행위자**(피해자가 타고 있던 차량의 보험회사)는 피해자(원고)가 제기한 소송결과에 법률상 이해관계를 가진다고 보고 피해자를 위하여 보조참가를 할 수 있다고 하여 참가이익을 확대하고 있다.[4]

3. 소송절차 현저한 지연 아닐 것(71 단서)

제도남용에 의한 소송지연책을 방지하기 위한 것으로 공익적 요건으로 직권조사사항이다.

4. 소송법상의 다른 구제수단(공동소송참가, 독립당사자참가 등)이 있어도 보조참가가 허용된다. 당사자참가가 부적법하면 보조참가신청으로 전환할 수 있다.

보조참가를 하다가 독립당사자참가를 하였다면 그와 동시에 보조참가는 종료된 것으로 보아야 할 것이고, 따라서 보조참가인의 입장에서는 상고할 수 없다.[5] 판례는 당사자참가를 하면서 예비적으로 한 보조참가신청은 양자는 제도적 취지가 다르므로 허용할 수 없다고 하나[6] 상호 지위 전환을 인정하는 것이 타당하므

---

1) 강현중, 220. 다만 이 견해에 대하여는 판결이유 중의 판단에 쟁점효를 인정하는 것이 되어 타당하지 않다는 비판이 있다.
2) 정동윤·유병현, 937.
3) 대판 99다26924.
4) 이 판결에 대하여는 참가인의 법적 지위가 피참가인에 대한 관계가 아니라 상대방에 대한 관계라는 점에서 보조참가의 본래의 목적에 맞지 않는다는 견해(호문혁, 867)와 보조참가의 이익을 유연하게 해석하여 허용요건의 확대라는 긍정적인 방향이라고 평가하는 견해(전병서, 536)가 있다.
5) 내판 93다5727.
6) 대판 92다22473; 92다22480.

로 예비적 보조참가도 허용해야 할 것이다.[1]

Ⅲ. 참가절차

1. 참가신청

참가신청은 서면 또는 말로 취지와 이유를 명시하여 현재 소송이 계속된 법원에 신청하며 **소송행위의 유효요건**을 갖추어야 한다. 참가하면서 할 소송행위(상소, 재심의 소제기 등)와 동시에 할 수 있다(72 ③).

2. 참가의 許否

신청의 방식·참가이유의 유무에 대해서는 당사자의 이의가 있는 경우에 조사함이 원칙이다(73 ①). 이의신청 없이 변론한 때에는 이의신청권을 상실한다(74). 법원은 필요하면 직권으로 참가이유를 소명하도록 명할 수 있다(73 ② 전문). 이는 변호사대리원칙을 피하고 사실상 소송대리를 할 목적으로 보조참가하는 것을 방지하기 위함이라 한다.[2] 이의신청이 있어도 본소송의 절차는 정지하지 않는다. 법원은 참가이유가 있다고 인정되지 아니하는 때에는 참가를 허가하지 아니하는 결정을 하여야 한다(73 ② 후문).

3. 참가의 종료

참가인은 어느 때나 상대방의 동의 없이도 신청을 취하할 수 있다. 이 때 참가인이 한 소송행위도 그 효력을 상실하는지에 관하여 상실하지 않는 견해[3]와 소급적으로 소멸함이 원칙이지만 당사자가 원용하면 효력이 유지된다는 견해[4]가 있다. 제75조 2항에서 원용에 대하여 규정하고 있으므로 후자견해가 타당하다고 본다.

판례는 참가가 각하되어도 법원이 이미 얻은 증거자료의 효력은 영향이 없다고 판시하고 있다.[5] 신청을 취하하여도 제77조의 참가적 효력을 받는다.

---

1) 이시윤, 774.
2) 이시윤, 775.
3) 이시윤, 776.
4) 호문혁, 869; 정동윤·유병현, 939.
5) 대판 71다309, 310.

Ⅳ. 참가인의 소송상의 지위

1. 보조참가인의 종속적 지위

소송당사자 아닌 제3자에 불과하며 당사자의 승소보조자이어서 참가인에게 중단사유가 발생하여도 절차진행에는 영향 없다. 참가인은 피참가인의 상소기간 내에만 상소할 수 있다.[1] 따라서 참가인은 다음의 행위를 할 수 없다.

(1) 참가당시의 소송정도로 보아 피참가인도 할 수 없는 행위로서(76 ① 단서) 자백취소, 시기에 늦은 공격방어방법 제출, 상고심에서 새로운 사실·증거의 제출 등이다.

(2) 피참가인의 행위와 저촉되는 행위(76 ②)로서 피참가인의 자백 부인, 피참가인의 상소포기후 참가인의 상소 등이다.

(3) 피참가인의 불리한 행위로서 소의 취하, 청구의 포기·인낙, 화해 등은 할 수 없다. 자백도 할 수 없음이 원칙이나, 보조참가인의 자백한 사실을 피참가인이 다투지 않으면 자백은 유효하게 된다.[2]

(4) 청구의 변경·확장, 반소, 중간확인의 소, 재심의 소 등을 승소보조자인 보조참가인이 제기할 수 없다.

(5) 피참가인의 私法上 권리를 참가인이 소송상 행사할 수 있는지에 관하여 私法上 제3자의 권리행사를 인정하는 명문의 규정(민법 404, 민법 418 ②, 민법 434)이 없는 경우 독립적 지위를 강조하여 인정하는 긍정설, 참가인의 이의제기 없으면 묵시적 승인으로 간주하자는 절충설 등이 있으나 보조참가인의 종속성이나 상계항변의 경우 출혈성을 감안할 때 부정함이 타당하며(부정설) 보조참가인의 불이익은 참가적 효력을 배제하여 구제할 수 있다.

2. 독립적 지위

(1) 참가인은 공격방어방법의 제출, 이의신청, 상소제기, 그 밖의 피참가인의 승소를 위해 상소 등 필요한 일체의 소송행위를 할 수 있다(76 ① 본문)

(2) 참가인은 대리인이 아니며 독자적인 권한과 자신의 이름으로 소송에 관여하는 점에서 독자성이 인정되며 별도의 기일통지·소송서류송달 등을 하여야 한다. 보조참가인만 출석해도 피참가인이 기일불출석의 불이익을 받지 않는다.

---

1) 대판 2007다41966.
2) 정동윤·유병현, 942.

참가인이 지출한 소송비용은 상대방과의 사이에 따로 부담에 관한 재판을 받는
다(103).

(3) 참가인은 피참가인의 동의 없이 참가신청을 언제든지 취하할 수 있다.

V. 참가적 효력

1. 참가인에 대한 효력

(1) 제77조는 재판은 참가인에 대하여도 그 효력이 있다라고 규정하는데 '효
력'의 의미가 무엇인지가 논의가 있다.

피참가인이 패소하고 나서 뒤에 피참가인이 참가인 상대로 소송 제기시 참가
인이 판결 내용이 부당하다고 주장할 수 없는 구속력이다. 공동소송수행에 따른
책임을 분담하는 것이 공평하다의 취지에서 주장되는 **참가적효력설(통설)**, 기판력의
주관적 범위의 확장이라 보는 **기판력설**, 참가인과 피참가인 사이에는 참가적 효력,
참가인과 피참가인의 상대방과의 사이에도 기판력 내지 쟁점효를 인정하는 **신기판
력설** 등이 있다.

(2) 생각건대 제77조의 예외사유는 참가인과 피참가인 간의 관계에 관한 사
유에 한정하고 있고, 쟁점효를 인정하지 않은 판례입장과 당사자에게만 기판력을
미치게 하는 제218조의 취지상 기판력설과 신기판력설은 해석상 수용할 수 없어
서 참가적 효력설이 타당하다.

2. 발생요건

참가적 효력은 본안판결이 확정되고 피참가인이 패소되었을 때 문제된다.

3. 효력 범위

(1) 주관적 범위: 참가인과 피참가인 사이에만 미친다.

(2) 객관적 범위: 판결主文과 판결이유 중 패소이유가 되었던 사실상·법률상
의 판단에 미친다. 다만 보조참가의 참가이유가 판결이유에만 이해관계있는 경우
보조참가를 허용하지 아니하는 입장에서는 판결이유에도 참가적 효력이 미치는
것과는 균형이 맞지 않는다.

(3) 기판력과 차이는 다음 표와 같다.

기판력		참가적 효력
법적 안정성	취지	공평과 금반언
피참가인의 승패에 관계없이 발생	발생	피참가인 패소시 발생
원칙적으로 소송당사자에게만 발생	주관적 범위	참가인과 피참가인 사이에만 발생
판결주문(상계 예외)에 한하여 발생	객관적 범위	판결이유 판단에도 발생
당사자의 주관적 책임과 관계없이 발생	배제 여부	패소가 피참가인의 단독책임시 배제
직권조사사항	주장요부	항변사항

4. 효력의 배제

소송수행 협력의 실체가 없는 경우로서 참가인이 필요한 행위를 유효하게 할 수 없었을 경우, 피참가인의 행위와 어긋나게 되어 효력을 잃은 경우, 피참가인이 참가인의 행위를 방해한 경우, 참가인이 할 수 없는 행위를 피참가인이 고의나 과실로 하지 아니한 경우에는 참가적 효력이 생기지 않는다(77. 1호~3호).

5. 참가적 효력의 유사확장시도

법정대리인이나 소송담당자에 의한 소송수행이 잘못된 결과로 본인이나 권리귀속주체가 입은 손해배상청구시 법정대리인이나 소송담당자에게 참가적 효력을 확장시키자는 주장과 당사자간에도 금반언(禁反言)의 원칙상 참가적 효력을 확장하자는 주장이 있으나 신의칙에 의한 해결이 가능할 것이다.

░ **사례해설**

(1) 소송결과에 대한 이해관계에 관한 확대설에 의하면 보조참가가 가능하다(본관 Ⅱ. 2).
(2) 보조참가인의 지위 문제이다(본관 Ⅳ. 4).
(3) 참가적 효력문제이다(본관 Ⅴ).
(4) 법원은 乙의 참가이유를 직권으로 소명하도록 요구하여 참가를 불허할 수도 있다(73 ②).░

<선택형>

1. 甲이 乙을 피고로 A 부동산에 대한 소유권확인의 소를 제기하고, 丙은 乙을 위하여 보조참가를 하였다. 위 소송에서 甲·乙·丙의 상호관계에 관한 아래의 설명 중 옳지 않은 것은? (다툼시 판례에 의함)[1] [법전협 2012. 2차]

---

1) ⑤. 참가적 효력은 참가인 丙과 피참가인 乙 사이에서만 발생한다. ① 제76조1항. ② 대판 2007다41966. ③ 제70조 2항 규정의 취지는 피참가인의 소송행위와 보조참가인의 소송행위가 서로 저촉될 때는 피참가인의 의사가 우선하는 것을 뜻하는 것이라 할 것이므로 피참가인은 참가인의 행위와 저촉되는 행위를 할 수 있고, 따라서 보조참가인이 제기한 항소를 포기 또는 취하할 수도 있다(대판 2010다38168). ④ 제79조는 제72조를 준용

① 丙은 乙의 소송행위와 저촉되지 않는 한 독자적으로 증인신청을 할 수 있고, 그 증인이 법정에 출석하여 甲에게 유리한 증언을 할 경우에 법원은 그 증언내용에 따라 甲에게 승소판결을 할 수 있다.

② 甲에 대한 승소판결 정본이 乙과 丙에게 각각 다른 날에 송달된 경우에 상소기간은 乙이 송달받은 날을 기준으로 한다.

③ 甲에 대한 승소판결이 선고되자 丙이 그 판결에 불복하여 상소를 제기하였더라도 乙은 독자적으로 상소를 포기하면서 동시에 丙이 제기한 항소를 취하할 수 있다.

④ 제1심법원이 甲 승소판결을 선고하고 그 판결정본이 乙에게 송달된 뒤 丙이 보조참가신청을 취하함과 동시에 제1심법원에 독립당사자참가 신청을 하면서 위 판결에 대하여 항소를 할 수 있다.

⑤ 제1심법원이 甲승소판결을 선고하고 그 판결이 확정된 뒤에 丙이 甲을 피고로 하여 A 부동산에 대한 소유권확인의 소를 제기한 경우에 위 확정판결에서 한 사실인정이나 법률판단은 후소법원을 구속한다.

2. 다음 중 옳지 않은 것은?[1)]   [법전협 2011. 1차]

① 소송법상 감정인 신문 등의 방법에 의하여 소송에 현출되지 않고 소송 외에서 전문적인 학식과 경험이 있는 자가 작성한 감정의견이 기재된 서면(사감정私鑑定)이 서증의 방법으로 제출된 경우라도 사실심법원이 이를 합리적이고 믿을만하다고 인정하여 사실 인정의 자료로 삼는 것을 위법하다고 할 수 없다.

② 민사소송에서 사실의 증명은 자연과학적 증명이 아니라 통상인이라면 의심을 품지 않을 정도의 역사적 증명이다.

③ 판례에 따르면 공동상속재산의 지분에 관한 지분권존재확인을 구하는 소송은 필수적 공동소송이다.

④ 보조참가인이 항소를 제기한 경우 피참가인은 항소심 진행 도중에 한소를 취하할 수 있다.

⑤ 판례에 따르면 법인 아닌 사단인 종중이 그 총유재산에 대한 보존행위로서 소송을 하는 경우에도 특별한 사정이 없는 한 종중의 총회의 결의를 거쳐야 한다.

하므로 독립당사자참가신청과 함께 상소를 제기할 수 있다.

1) ③. 통상공동소송이다(대판 2008다96963, 96970). ② 대판 2008다6755. ④ 대판 2010다38168.

제2관 공동소송적 보조참가

> **제78조(공동소송적 보조참가)** 재판의 효력이 참가인에게도 미치는 경우에는 그 참가인과 피참가인에 대하여 제67조 및 제69조를 준용한다.

I. 의 의

(1) 공동소송적 보조참가는 판결의 효력(기판력, 집행력, 형성력)이 미치는 제3자가 당사자적격이 없어 당사자참가는 할 수 없으나 보조참가하는 경우이다(78). 당사자적격을 가진 자에 의한 공동소송참가와 다르다.

이러한 판결의 효력을 받는 제3자의 이익을 해치는 소송행위를 견제할 수 있도록 필수적 공동소송인에 준하는 소송수행권능을 부여하기 위하여 인정되는 제도이다(67, 69 준용).

(2) 통상의 보조참가인지 공동소송적 보조참가인지는 당사자의 신청에 의해서 정하는 것이 아니라 법원이 법령해석에 의하여 결정할 것이다.[1] 다만 공동소송참가할 적격이 있음에도 공동소송적 보조참가할 수 있는가에 관하여 참가형태는 법령에 의하여 정하여지므로 이를 인정하지 않는 견해와,[2] 사적자치에 기한 분쟁해결방식의 선택자유가 있으므로 가능하다는 견해가 있다.[3]

II. 성립요건

1. 타인간 소송계속중일 것

(1) 보조참가에서와 같이 공동소송적 보조참가는 타인간의 소송에 한하여 허용되며, 한쪽 당사자는 자기 소송의 상대방에는 참가할 수 없고(71), 자기의 공동소송인이나 그 상대방을 위하여는 보조참가할 수 있다.[4]

(2) 상고심에서도 허용되며 판결확정 후라도 재심의 소의 제기와 동시에 보조참가신청을 할 수 있다(72 ③). 그러나 쌍면적 보조참가는 허용되지 않는다.[5]

---

1) 대판 4294행상172.
2) 정동윤·유병현, 946.
3) 정영환, 829.
4) 이시윤, 771.
5) 김홍엽, 958.

2. 판결의 효력을 받는 자

제3자의 소송담당의 경우 판결의 효력을 받는 권리귀속주체인 자가 보조참가하더라도 그 성질은 공동소송적 보조참가가 된다.[1]

3. 참가할 법률상 이익 존재

공동소송적 보조참가자도 참가를 통하여 보호해야 할 법률상 이익이 있어야 하고, 참가 당시의 소송정도에 따른 행위만 할 수 있다. 따라서 창고업자와 같은 청구목적물 소지자(218)는 독자적인 이익이 없으므로 공동소송적 보조참가할 수 없다.

Ⅲ. 인정되는 경우

1. 제3자의 소송담당의 경우

제3자의 소송담당(파산관재인, 유언집행자, 정리회사의 관리인)의 경우 권리귀속주체(파산자, 상속인, 정리회사 등)는 판결의 효력을 받으나 당사자적격을 상실하므로 공동소송적 보조참가가 가능하다. 다소 논의되는 것이 있다.

(1) 채권자대위소송에 채무자가 소송에 참가하는 경우

채권자대위소송이 있다면 채무자는 제3채무자에 대한 소제기는 허용되지 않으므로 공동소송적 보조참가를 할 수밖에 없다.

(가) 그 논거에 대하여 채무자가 당사자적격을 그대로 가진다고 보는 입장에서는(병행형) 채무자의 제3채무자에 대한 별개 이행의 소나 채권자대위소송에의 공동소송참가는 신소제기에 해당하고 대위소송과 실질적으로 동일한 소이므로 중복소송에 해당한다고 한다.[2]

(나) 그러나 채무자는 대위소송이 제기된 사실을 통지(민법 405 ②) 법원의 재판상 대위의 허가고지(비송 49 ①), 소송고지 등으로 알게 되면 대위의 대상인 권리에 관한 처분권한을 상실하게 되어 그 대상권리에 대한 소송수행권과 당사자적격도 아울러 상실하게 되어(갈음형) 결국 채권자대위소송이 제기되면 채무자는 판결의 효력은 받으나 당사자적격이 없어서 별소나 공동소송참가는 할 수 없고 공동소송적

---

1) 대판 2000다59333.
2) 이시윤, 782.

보조참가를 할 수 있다고 할 것이다.[1]

그 밖에 채권자대위소송은 소송담당이 아니라는 전제에서 자기 권리를 행사하므로 통상의 보조참가할 것이라는 견해가 있다.[2]

(다) 판례에 의하면 대위소송을 제기한 채권자의 통지, 소송고지 등에 의하여 채무자가 대위소송 계속을 안 경우에는 판결의 효력이 미치며 채권자대위소송에 채무자가 참가하는 경우 채무자의 참가형태에 관하여 명확하지는 않으나 소위 공동소송적 참가 등을 할 수 있다고 한다.[3]

(2) 주주의 주주대표소송에 회사가 원고측에 참가하는 경우

≪사례1문≫ 乙주식회사는 주주총회에서 새로이 A를 이사로 선임하였다. 위 회사의 주주 甲은 그 소집절차가 법령에 위반되었다고 하여 위 회사를 상대로 하여 주주총회결의 취소의 소를 제기하였다.

[1] 위 회사의 다른 주주인 丙이 乙회사측에 소송참가한 경우 ① 丙은 어떤 형태의 참가를 할 수 있는가? ② 丙이 乙회사를 위하여 변론하였으나 乙회사는 패소하여 乙회사는 항소를 포기하였다. 丙이 항소기간 내에 항소하였다면 이 항소는 적법한가?

[2] 위 항과 달리 丙이 甲측에 소송참가하였다면 ① 丙의 참가형태는 어떤가? ② 丙이 변론에서 자기에게 불리한 乙회사측의 주요사실을 인정하는 행위의 효력은 甲에게도 미치는가?

(가) 대표소송에 회사는 당사자적격이 있고 판결의 효력을 받으므로 공동소송참가를 할 수 있으나 중복소송에 해당되므로 공동소송적 보조참가할 것이라는 견해,[4] 상법 제403조 규정상 회사와 주주는 처음부터 같이 원고가 될 수 없으므로 주주의 대표소송에 회사는 별소나 공동소송참가를 할 수 없고 단지 공동소송적 보조참가만 할 수 있다는 견해가 있다.

(나) 판례는 판결의 효력을 받는 권리귀속주체인 회사가 소송에 참가하여 회사의 권익보호하기 위한 상법 제404조 1항의 특별규정의 취지에서 회사의 참가는 공동소송참가이고, 중복소송도 아니라고 한다.[5]

(다) 생각건대 주주가 대표소송을 제기하여도 회사의 신소제기의 실질이 있는 공동소송참가는 동일절차 내에서 분쟁해결의 일회성과 재판의 모순저촉의 위험

---

1) 김홍엽, 976. 김상균, "공동소송적 보조참가에 관한 고찰", 법조 53권 3호(통권570호)(2004. 3), 74이하.
2) 호문혁, 874.
3) 대판 74다1664.
4) 이시윤, 782.
5) 대판 2000다9086. 김홍엽, 976.

이 없으므로 중복제소에 해당되지 않는다고 할 것이어서 공동소송참가가 가능하다고 할 것이다.

(라) 일본 신회사법 제842조는 소송지연이나 법원의 업무부담을 가중하게 하지 않는 한 회사는 공동소송참가나 공동소송적 보조참가 어느 것도 할 수 있다고 규정하고 있다. 당사자의 편의와 권익보호를 위해서는 입법적으로는 일본의 입법례가 타당하다고 할 것이다.

(마) 주주대표소송에 다른 주주가 원고측에 참가하면 당사자적격이 있으므로 공동소송참가가 된다(상법 376 ① 188).

2. 가사소송 등 대세효가 인정되는 경우

가류·나류 가사소송(가소 21 ②), 회사가 피고로 된 회사관계소송(상법 190, 376 ②, 380, 381 ②, 430), 행정소송(행소 17, 29)에서 판결의 효력(형성력)을 받으나 당사자적격이 없는 제3자는 공동소송적 보조참가를 할 수 있다. 예컨대 회사의 이사선임 결의무효확인의 소에서 피고적격자는 회사이고 당해 이사는 피고적격이 없으므로 공동소송적 보조참가를 할 수 있다.[1]

3. 공동소송참가를 할 수 있는 자가 출소기간(상법 376 ①, 188, 행소 20)경과 등에 의해 공동소송참가를 할 수 없는 경우 공동소송적 보조참가를 할 수 있다.

Ⅳ. 공동소송적 보조참가인의 지위

≪사례2문≫ 甲은 乙에 대한 매매대금채권을 보전하기 위하여 乙의 대여금채무자 丙에 대하여 대여금지급의 대위소송을 제기하였고 소송도중 乙은 甲을 돕기 위하여 소송에 공동소송적 보조참가하였다.
(1) 이 경우 乙의 소송상 지위는 어떤가?
(2) 甲이 상소포기하였음에도 乙은 상소할 수 있는가?

보조참가인의 지위와 필수적 공동소송에 준하는 지위를 아울러 가지고 있다.

1. 필수적 공동소송에 준하는 지위(78, 67)

독립성이 강화되어 통상의 보조참가인과 달리 필수적 공동소송인에 준하는 강한 소송수행권이 부여된다. ① 참가인은 피참가인의 행위와 모순되는 행위도 가

---

1) 이시윤, 783.

능하고, 피참가인도 참가인에게 불리한 행위를 단독으로 할 수 없다(67 ① 준용, 76 ② 배제). 따라서 피참가인은 단독으로 청구의 포기·인낙, 화해, 소 취하를 할 수 없다.[1] 피참가인이 상소포기나 상소취하하여도 효력이 없고 참가인은 독립해서 상소할 수 있다. ② 상소기간도 독자적으로 진행한다(396). ③ 참가인에게 중단·중지 사유가 발생시 소송절차가 정지된다(67 ③).

2. 보조참가인의 지위

위의 경우 외에는 공동소송적 보조참가인은 당사자가 아니고 보조참가인의 지위를 가진다. ① 따라서 참가인은 참가 이전에 피참가인이 한 자백을 철회할 수 없고, ② 본소송의 절차나 소송물을 처분하는 행위인 청구의 포기·인낙, 화해, 소 취하를 할 수 없으며 ③ 본소가 부적법 각하되면 본소송의 소송계속에 의존하는 공동소송적 보조참가도 소멸하고,[2] 판결에는 보조참가인이라고 표시한다.

V. 공동소송적 보조참가의 판결의 효력

공동소송적 보조참가인은 공동소송적 측면에서 기판력 능 판결의 효력을 받고 보조참가 측면에서 참가적 효력을 받는다.

1. 기 판 력

피참가인의 상대방과의 관계에서 판결의 효력(기판력 등)이 미치므로 참가인은 피참가인의 상대방을 상대로 동일한 소를 제기하지 못한다(권리귀속주체에 대한 판결 효력 218 ③).

2. 참가적 효력

피참가인과의 관계에서 제77조 제1~3호 사유가 있어도 참가적 효력이 배제되지 않는다(76 ②). 따라서 피참가인이 패소한 경우 피참가인과의 후소에서 전소 판결의 부당성을 주장하지 못한다.

---

1) 소의 취하는 피참가인이 단독으로 할 수 있다는 견해와(이시윤 754, 김홍엽 942) 하급심판례(참가인에 불과한 공동소송적 보조참가인은 당사자의 소의 처분권을 침해할 수 없다 할 것이므로, 원고의 소 취하는 공동소송적 보조참가인의 동의를 요하는 불이익한 행위라고 할 수 없다: 서울중앙지법 2001가합548,33579)가 있으나 제67조를 준용하고 있으므로 피참가인이 단독으로 할 수 없다고 본다(정동윤·유병현, 948).
2) 대판 2000다9086.

▓ 사례해설

[1문] (1)에서 丙은 피고적격이 없으나 상법 190조 등의 판결의 효력을 받는 공동소송적 보
조참가인으로서 필수적 공동소송인에 준하는 지위를 가지므로 회사측에서 항소를 포
기하여도 항소기간 내에 항소가 가능하다. 따라서 乙의 항소는 적법하다.

(2)에서 丙은 원고적격이 있고 피참가인 甲과는 연합관계이므로 공동소송참가인으
로서 甲과는 유사필수적 공동소송인의 관계에 있으므로 전원에게 유리한 행위는 단
독으로 할 수 있으나 불리한 행위는 단독으로 할 수 없어서 丙의 자백은 甲에 대하여
는 효력이 없다. 단지 변론전체의 취지로 고려될 수 있다.

[2문] 본관 Ⅳ. 1 참조. ▓

<선택형>

1. 甲, 乙, 丙은 A주식회사의 주주이고, A주식회사는 2013. 4. 10. 임시주주총회를 개최하여 '우선주의 배
당률을 10%에서 5%로 인하한다'는 것과 '이사 丙을 이사직에서 해임한다'는 것을 각 의결하였다. 위 주
주총회결의를 취소하는 소에 관한 다음 설명 중 옳지 않은 것은? (다툼시 판례에 의함)[1] [법전협 2013. 3차]

① 甲과 乙이 공동으로 주주총회 소집절차를 통지의 하자를 이유로 주주총회결의취소의 소를
제기하면 그 소송형태는 유사필수적 공동소송이다.

② 甲과 乙이 공동으로 제기한 주주총회결의최소의 소에서 법원은 원고 주장의 소집절차의 하
자가 인정된다고 할지라도 결의취소가 회사 또는 주주에게 이익이 되지 않든가 이미 결의
가 집행되었기 때문에 이를 취소하여도 아무런 효과가 없든가 하는 때에는 재량으로 그 청
구를 기각할 수 있다.

③ 甲이 2013. 4. 15. 주주총회 소집절차 통지의 하자를 이유로 주주총회결의취소의 소를 제
기하였는데 乙이 소송계속중인 2013. 6. 14. 위 소송에 참가하려면 공동소송참가의 형태
로 하여야 한다.

④ 甲이 2013. 7. 4. 주주총회 소집절차 통지의 하자를 이유로 주주총회결의취소의 소를 제기
하였다면 법원은 소 각하 판결을 선고하여야 한다.

⑤ 丙은 다른 주주인 甲과 乙의 주주총회 소집절차 통지의 하자를 이유로 주주총회결의취소의
소를 제기할 수 있다.

---

1) ③. 주주·이사 또는 감사는 주주총회결의의 날로부터 2월내에 주주총회결의취소의 소를 제기할 수 있다(상법
376). 제소기간이 도과된 乙은 판결의 효력은 받지만 당사자적격이 없으므로 제83조 공동소송참가를 할 수
없고 제78조 공동소송적 보조참가를 할 수 있다. ②⑤ 대판 2001다45584.

제3관 소송고지

> **제84조(소송고지의 요건)** ① 소송이 법원에 계속된 때에는 당사자는 참가할 수 있는 제3자에게 소송고지를 할 수 있다. ② 소송고지를 받은 사람은 다시 소송고지를 할 수 있다.
>
> **제85조(소송고지의 방식)** ①소송고지를 위하여서는 그 이유와 소송의 진행정도를 적은 서면을 법원에 제출하여야 한다. ②제1항의 서면은 상대방에게 송달하여야 한다.
>
> **제86조(소송고지의 효과)** 소송고지를 받은 사람이 참가하지 아니한 경우라도 제77조의 규정을 적용할 때에는 참가할 수 있었을 때에 참가한 것으로 본다.

≪사례≫ 甲은 乙 소유의 건물을 乙의 대리인 丙으로부터 매수하였고 만일 丙에게 대리권의 수여가 없었다면 표현대리가 성립한다고 주장하면서 乙에 대하여 그 이전등기를 구하는 소를 제기하였다.

(1) 乙은 위 매매를 위한 대리권 수여를 인정하지 않고 丙에게 소송고지를 하였다. 丙은 甲 측에 보조참가를 하였다. 이 경우 소송고지와 보조참가는 적법한가?

(2) 乙이 위 매매를 위한 대리권 수여를 인정하지 않아서 甲은 丙에게 소송고지를 하였다. 丙은 乙측에 보조참가를 하였다. 이 경우 소송고지와 보조참가는 적법한가?

Ⅰ. 의 의

소송고지(訴訟告知)는 소송계속중에 당사자가 제3자에 대하여 일정한 방식에 따라서 소송계속의 사실을 통지하는 것이다.

피고지자에게 소송에 참가할 기회를 주고 참가적 효력을 미치게 하여 피고지자가 전 소송의 사실상·법률상의 판단에 반하는 주장과 항변하는 것을 막기 위함이다.

Ⅱ. 소송고지의 요건

1. 소송계속중일 것

국내 법원에 계속하고 있는 동안이 아니면 안 된다. 상소심에서도 가능하다.

2. 고 지 자

계속중인 소송의 당사자인 원·피고, 보조참가인 및 이들로부터 고지받은 피고지자(84 ②)이다. 고지 여부는 자유이나 추심의 소(민집 238), 주주대표소송(상법 404 ②), 채권자대위행사(민법 405) 등 예외적으로 고지의무가 있는 경우에 이 고지의무를 위반의 경우에는 판결의 효력이 피고지자에게 미치지 않는다.

3. 피고지자

당사자 외에 소송에 참가할 수 있는 제3자이다. 공동소송적 보조참가, 당사자 참가, 소송승계를 할 수 있는 제3자라도 상관없다. 양쪽 당사자로부터 이중고지되면 패소자와의 사이에만 참가적 효력이 발생한다.

Ⅲ. 소송고지의 방식

1. 소송고지서

고지서에는 이유 및 소송진행정도를 기재하여 법원에 제출한다(85 ①). 법원은 방식에 맞지 않으면 보정을 시켜 송달한다. 고지방식의 하자는 피고지자가 이의를 진술하지 않으면 소송절차에 관한 이의권의 상실로 치유된다(151).

2. 고지서의 송달

소송고지서는 피고지자와 상대방 당사자에 대하여도 송달한다(85 ②). 효력은 피고지자에게 적법하게 송달된 때에 생긴다. 판례는 소송고지서를 피고지자에게 송달하지 아니하여도 본소송의 판결결과에는 영향이 없다고 한다.[1]

Ⅳ. 소송고지의 효과

1. 소송법상의 효과

(1) 피고지자의 지위

참가하느냐의 여부는 피고지자의 자유이며 의무가 아니다. 피고지자가 참가신청을 한 경우 고지자는 이의를 제기할 수 없지만 상대방은 이의를 진술할 수 있다. 본소송의 진행에는 영향이 없다.

(2) 참가적 효력

피고지자가 보조참가할 이해관계가 있으면 고지자가 패소한 경우에는 소송고지에 의하여 참가할 수 있었을 때에 참가한 것과 마찬가지로 제77조의 참가적 효력을 받는다(86). 소송고지서가 송달되었을 것을 전제로 한다.[2] 피고지자의 주장

---

1) 대판 4294민상259.
2) 대판 85다카2091.

이 제한되는 것은 피고지자가 보조참가하여 상대방에 대하여 고지자와 공동이익으로 주장하거나 다툴 수 있는 사항에 한하며 고지자와 피고지자 사이에서만 이해가 대립되는 사항에 대하여는 참가적 효력이 생기지 않는다.[1]

(3) 기판력의 확장

(가) 채권자대위소송에 있어서 제84조 등에 의해 채무자에게 소송고지하여 소송계속사실이 알려졌으면 제3채무자가 승소시에 기판력이 채무자에게 미치는 것으로 볼 것으로 채무자가 신소제기하는 것을 막을 수 있다.[2]

(나) 혼인무효의 소를 제기할 수 있는 친족 A가 부부를 상대로 한 소에서 피고가 다른 친족 B에게 소송고지를 한 경우 친족 B는 친족 A가 부부를 상대로 한 패소확정판결의 효력을 받게 되어(가소 21) 친족 B의 제소를 막을 수 있다.

2. 실체법상의 효과

소송고지에 적어도 민법상의 최고로서 시효중단의 효과를 인정하여야 한다는 것이 판례이며[3] 어음법(70 ③, 80)·수표법(51, 64)상의 상환청구권에 시효중단의 효력을 인정한다.

▨ **사례해설**

(1) 丙이 甲에게 보조참가할 이익이 있는지의 여부에 따라 소송고지의 적법 여부도 정하여 진다. 피참가인 甲이 乙에 대한 소유권이전등기청구소송에서 丙의 대리권이 부인되고 표현대리도 성립하지 않아서 甲이 패소하면, 甲은 丙에게 무권대리인에 대한 책임(민법 135조)을 물을 수 있을 것이고 이 때 甲의 패소판결이 甲의 丙에 대한 권리행사의 논리적 전제가 되고, 판결주문에서 판단되는 소송물인 권리관계의 존부에 의하여 직접적으로 영향을 받는 관계이므로 보조참가의 이유가 있어서 보조참가는 적법하다고 할 것이고 소송고지도 적법하다.

(2) 丙이 乙에게 보조참가할 이익이 있는지의 여부에 따라 소송고지의 적법 여부가 정하여 지므로 乙이 패소하면 乙은 丙에게 불법행위로 인한 손해배상책임(민법 750)을 물을 수 있을 것이고, 이 때 乙의 패소판결이 乙의 丙에 대한 권리행사의 논리적 전제가 될 것이므로 丙은 본 소송결과에 직접 영향을 받는 관계에 있다고 할 것이므로 丙의 乙에의 보조참가는 적법하다고 할 것이고 乙의 소송고지는 적법하다. ▨

---

1) 대판 85다카2091; 88다카6358.
2) 대판 74다1664.
3) 대판 70다593.

<선택형>

1. 甲이 乙에게 1억원을 대여하였고 위 대여금 채무에 대해 丙이 보증을 하였다. 甲은 丙을 상대로 1억원의 보증채무 이행을 구하는 소를 제기하였고, 이 소송에서 丙은 甲의 청구를 부인하면서 乙에게 소송고지를 하였다. 다음 설명 중 옳지 않은 것은? (다툼시 판례에 의함)[1] [법전협 2013. 3차]

① 丙의 채무는 乙의 채무와 동일 급부를 목적으로 함이 원칙이지만 甲과 丙간에 다른 특약을 할 수 있다.

② 변제, 대물변제, 공탁 등 甲에게 만족을 주는 사유를 제외하고 丙에게 생긴 사유는 乙에게 효력을 미치지 않는다.

③ 丙이 乙에게 한 소송고지는 민법 제174조에 정한 시효중단사유로서 최고의 효력이 인정되고 6월 내에 재판상의 청구 등을 하면 소멸시효 중단의 효력이 발생하는데 그 기산일은 소송고지일이다.

④ 소송고지를 받은 乙이 위 소송에 참가하지 않더라도 丙이 패소한 경우에는 참가적 효력이 미친다.

⑤ 소송고지를 받은 乙은 참가할 수 있는 제3자에게 다시 소송고지를 할 수 있다.

제4관 독립당사자참가

> **제79조(독립당사자참가)** ① 소송목적의 전부나 일부가 자기의 권리라고 주장하거나, 소송결과에 따라 권리가 침해된다고 주장하는 제3자는 당사자의 양 쪽 또는 한 쪽을 상대방으로 하여 당사자로서 소송에 참가할 수 있다.
> ②제1항의 경우에는 제67조 및 제72조의 규정을 준용한다.

I. 의 의

(1) 독립당사자참가는 타인간의 소송계속중에 원·피고 쌍방 또는 일방을 상대방으로 하여 원·피고간의 청구와 관련된 자기의 청구에 대하여 함께 심판을 구하기 위하여 당사자로 참가하는 것이다(79).

독립당사자참가는 3면적 분쟁을 함께 모순 없이 해결함으로써 소송경제와 판결의 모순저촉을 방지하고자 한다. 참가이유에 따라 권리주장참가(79 ① 전단)와 사해방지참가(79 ① 후단)로 나뉜다. 당사자참가, 권리자참가라고도 한다.

(2) 제79조 1항 전단의 권리주장참가는 독일의 주참가소송(主參加訴訟)에서, 제

---

1) ③. 고지자로서는 소송고지를 통하여 당해 소송의 결과에 따라 피고지자에게 권리를 행사하겠다는 취지의 의사를 표명한 것으로 볼 것이므로, 당해 소송이 계속중인 동안은 최고에 익하여 권리를 행사하고 있는 상태가 지속되는 것으로 보아 민법 제174조에 규정된 6월의 기간은 당해 소송이 종료된 때로부터 기산된다(대판 2009다14340). ④ 제86조. ⑤ 제84조 2항.

79조 1항 후단의 사해방지참가는 프랑스의 사해재심제도(詐害再審制度)에서 각 유래한다.

(3) 당사자로서 참가하므로 보조참가와 다르고, 피참가인과 대립적이어서 연합관계인 공동소송참가와 다르다.

Ⅱ. 구 조

1. 쌍면적 참가의 구조에 학설

(1) 2당사자 대립구조를 유지하여 설명하려는 3개소송병합설과 그 예외를 인정하려는 3면소송설이 오늘날 주장되고 있다.

　(가) 3개소송병합설은 원고와 피고간, 원고와 참가인간, 피고와 참가인간의 독립된 3개의소가 병합된 것으로 본다.

　(나) 3면소송설(3당사자소송설)은 위 3면의 1개소송관계가 형성된다고 본다(통설·판례).[1]

(2) 생각건대 3개소송병합설은 필수적 공동소송에 대한 규정인 제67조 준용 취지와 맞지 않는 점은 있으나 가분적으로 취하·각하할 수 있는 점을 무난하게 설명할 수 있어서 비교적 타당하다고 본다.

2. 편면참가의 구조

편면참가의 경우 참가인과 피참가인의 소송관계와 피참가인과 그 상대방의 소송관계의 병합관계이다. 한 쪽 당사자에게만 청구할 뿐 참가요건과 심리방법에서 쌍면참가와 기본적으로는 차이가 없다. 청구를 제기하지 아니한 쪽의 당사자와는 참가인과 당사자관계가 성립하지 않는다.

Ⅲ. 참가요건

1. 타인간의 소송계속중 참가(79 ①)

(1) '타인간'이므로 본소송의 당사자가 아닌 제3자만 참가할 수 있다. 보조참가인도 가능하다. 통상공동소송인도 다른 공동소송인과 상대방과의 소송에 당사

---

1) 대판 91다21145·21152: 독립당사자참가는 소송의 목적의 전부나 일부가 자기의 권리임을 주장하거나 소송의 결과에 의하여 권리의 침해를 받을 것을 주장히는 제3자가 당사자로서 소송에 참가하여 3당사자 사이의 3면적 소송관계를 하나의 판결로써 모순 없이 일시에 해결하려는 것이므로, 종전당사자인 원고와 피고에 대하여 각 별개의 청구가 있어야 하고 각 청구는 소의 이익을 갖춘 것이어야 한다. 대판 90다4723도 3면소송설적 입장이다.

자참가할 수 있다.

(2) '소송'은 판결절차 또는 이에 준하는 절차이다. 강제집행·증거보전·제소전화해·중재·공시최고절차는 포함되지 않는다. 독촉절차에 관하여는 소극설도 있지만 이의신청 후에는 판결절차로 이행하므로 참가할 수 있다고 할 것이다(다수설).

(3) 사실심변론종결 전에 가능하다. 사실심변론종결 후에는 변론재개해야 참가할 수 있다.

(4) 상고심에서는 판례[1]와 소수설은[2] 독립당사자 참가는 신소제기의 성질을 가지므로 법률심인 상고심에서는 불가하다고 보는 반면 다수설은 파기환송 또는 이송되면 사실심리를 받게 되므로 상고심에서도 참가를 허용해야 한다고 본다.

2. 참가이유(참가형태)

≪질문≫ A토지에 관하여 매수인 甲이 매도인 乙을 상대로 한 소유권이전등기청구의 소송중
(1) 제3자 丙이 그 매매의 진정한 매수인이라면서 원고 甲에 대해서는 소유권이전등기청구권확인의 소를, 피고 乙에 대해서는 소유권이전등기절차를 이행을 구하면서 참가할 수 있는가?
(2) 위 매매와 별개로 제3자 丁이 甲이 매수하기 이전에 매도인 乙로부터 이 사건 토지를 매수하였다고 주장하면서 위 소송에 참가할 수 있는가?

(1) 권리주장참가

(가) 의 의

'소송목적이 전부 또는 일부가 자기의 권리임을 주장하는 경우이다. 즉 참가인이 주장하는 권리는 원고의 본소청구와 양립되지 않거나 우선하는 권리여야 한다(79 ① 전문).

(나) 양립하지 않은 관계의 의미

다수설은 참가인의 주장 자체에 의하여 인정되면 족하며(주장설) 본안심리결과 본소청구와 참가인의 청구가 실제로 양립된다고 하여도 독립당사자참가가 부적법하게 되지는 않는다고 본다.[3]

예컨대 특정토지에 관하여 매수인이 매도인을 상대로 한 소유권이전등기청구의 소송 중 제3자가 그 매매의 진정한 매수인이라면서 원고에 대해서는 소유권

---

1) 대판 93다43682.
2) 김홍엽, 986; 호문혁, 908.
3) 참가인이 주장하는 권리가 원고와 피고 쌍방에 대하여 다같이 대항할 수 있는 물권과 같은 대세권이 아니면 참가신청은 부적법하다고 보는 소수설이 있었다.

이전등기청구권확인의 소를, 피고인 매도인에 대해서는 소유권이전등기절차를 이행을 구하면서 참가하는 경우 매수인과 제3자는 서로 자기가 매도인과의 매매계약의 진정한 매수인이라고 주장하므로 양자의 청구들은 서로 양립할 수 없으므로 당사자간의 1회적 분쟁해결을 위해 독립당사자참가가 허용된다.[1] 이와 같이 동일한 매매나 동일한 명의신탁, 동일한 취득시효, 동일한 예금에 대하여 서로 매수인, 신탁자, 시효취득자, 예금자의 지위를 주장하는 경우에는 양립불가한 것으로 권리주장참가할 수 있다.

(다) 부동산 2중매매의 경우

제3자가 이미 별개의 매매로 매도인으로부터 매수하였다고 주장하면서 위 소송에 참가할 수 있는지에 관하여 판례는 원고의 청구와 참가인의 청구는 양립이 가능하므로 독립당사자참가는 부적법하다고 본다.[2] 이 경우 참가인은 원고의 피고에 대한 청구가 자기에게 속한다고 주장하는 것이 아니고 매도인과 별개로 체결한 매매계약에 기한 권리를 청구하는 것이고 서로 양립이 가능하다.

따라서 원고와 참가인 모두 매도인에 대하여 소유권이전등기청구권을 별개로 가지며 법원은 양자의 주장이 모두 인정되면 매수인의 청구를 이유로 제3자의 청구를 기각할 수 없고 두 청구를 모두 인용할 수 있다. 이 경우 먼저 소유권이전등기를 경료한 자가 소유권을 취득하고 소유권을 취득하지 못한 다른 매수인은 매도인을 상대로 손해배상 또는 부당이득반환청구를 할 수 있을 뿐이다. 이와 같이 원고와 참가인의 청구가 양립 가능한 경우 독립당사자참가는 부적법하다.

다만 원고의 주장과 참가인의 주장이 양립이 가능하여도 사해방지참가의 요건을 갖추면 사해방지참가가 성립할 수 있다.

(라) 채권자대위소송에 채무자가 독립당사참가한 경우

채권자대위소송의 계속사실을 채무자가 안 이후에는 채무자는 관리처분권을 상실하여 당사자적격이 없으나, 채무자가 채권자의 피보전채권의 존재를 다투는 경우에는 이들 분쟁을 현재 계속중인 대위소송에서 한꺼번에 해결하는 것이 타당하므로 독립당사자참가를 허용해야 할 것이다.[3] 이 경우 채권자의 피보전채권이 인정된다면 채권자는 대위의 목적인 권리에 관한 소송수행권을 가지게 되어 채무자의 참가는 소송수행권이 없어서 당사자적격의 흠으로 각하되어야 하고, 채권자의 피보전권리가 존재하지 않는 경우 채무자의 독립당사자참가신청은 적법하게 된다.[4]

---

1) 대판 86다148(본소),149(반소),150(참가); 86다카762(본소),763(반소),764(참가).
2) 대판 80다1872; 2005마814.
3) 김홍엽, 994.
4) 한충수, 477.

(2) 사해방지참가

(가) 의 의

제3자가 원고와 피고간의 소송의 결과에 의하여 '권리의 침해'를 받을 것을 주장하면서 당사자로 참가하는 경우이다(79 ①후문). 사해방지참가는 청구가 원고의 본소청구와 양립될 수 있어도 상관없고,[1] 권리주장참가하여 각하된 뒤에 사해방지참가를 해도 기판력이 미치지 않으므로 가능하다. 예컨대 보증금청구의 소에서 보증인이 상대방인 채권자와 함께 주채무자를 사해할 우려가 있는 경우 주채무자는 사해방지참가가 가능할 것이다.

(나) 권리침해의 의미

1) 권리침해의 의미에 관하여는 본소판결의 효력이 미치는 제3자의 권리만이 침해의 대상이 될 수 있다는 판결효설(判決效說)과 소송결과로 실질상 권리침해를 받을 제3자도 여기에 포함된다는 이해관계설(利害關係說)이 있고, 본소의 당사자들이 당해 소송을 통하여 참가인을 해할 의사가 있다고 객관적으로 판정할 수 있어야 한다는 사해의사설(詐害意思說)이 있다. 사해의사설이 현재 다수설이다. 사해의사설 중 객관적으로 사해적 소송수행을 명백히 한 경우에 사해의사가 존재한다고 보는 사해수행설(詐害遂行說)도 있다.[2]

2) 판결효설은 판결효력을 받는 자만 참가를 허용하므로 허용범위를 지나치게 좁고, 이해관계설은 참가범위는 넓지만 보조참가요건과 구별이 명확하지 않은 단점이 있다. 따라서 사해의사설 내지 사해수행설이 타당하다고 본다.

3) 사해의사는 원고의 주장이 허위이거나 그러한 의심이 있는 경우, 피고가 원고의 주장사실의 주요부분을 자백하거나 청구를 인낙하는 등 소송수행에 불성실 내지 소극적인 태도를 보일 때 인정할 수 있을 것이다.

4) 판례는 사해방지참가는 본소의 원고와 피고가 당해 소송을 통하여 참가인을 해할 의사를 갖고 있다고 객관적으로 인정되고 그 소송의 결과 참가인의 권리 또는 법률상 지위가 침해될 우려가 있다고 인정되는 경우에 가능하다고 하여,[3] 사해의사와 권리침해될 우려를 요건으로 하고 있어서 결국 사해의사설적 입장이다.

5) 판례에 의하면 원고의 피고에 대한 청구의 원인행위가 사해행위라는 이유로 원고에 대하여 사해행위취소를 청구하면서 독립당사자참가신청을 하는 경

1) 대판 96다22795.
2) 강현중, 241.
3) 대판 2005마814; 2009다42147,42154,42161.

우, 독립당사자참가인의 청구가 그대로 받아들여진다 하더라도 원고와 피고 사이의 법률관계에는 아무런 영향이 없고(상대적 효력), 따라서 그러한 참가신청은 사해방지참가의 목적을 달성할 수 없으므로 부적법하다.[1]

3. 참가취지

(1) 쌍면참가는 참가인이 원고와 피고 쌍방에 대하여 각기 자기 청구를 하는 경우이다.

(2) 편면참가

(가) 편면참가는 참가인이 당사자의 한쪽만을 상대로 하여 자기 청구를 하는 것으로 편면참가의 허용 여부에 관하여 한때 논의가 있었으나, 개정법 제79조1항 후단은 이를 입법적으로 인정하였다.

(나) 사해방지참가에도 편면참가가 가능한가에 대하여 기존 원고와 피고가 공모하는 것을 막기 위한 참가이므로 양자 모두를 상대로 해야 한다는 부정적인 견해와[2] 긍정적인 견해가 있다.[3]

(다) 편면참가도 피참가인의 주장과 실체법상 양립하지 아니해야 하므로 양립가능한 이중매매의 경우에는 편면참가로 성립될 수 없다.

4. 소의 병합요건과 소송요건

동종절차에 의하여 심판될 수 있고, 관할권이 공통되어야 한다. 참가신청은 실질적으로 신소제기이르로 일반 소송요건을 갖추어야 하며, 참가에서 주장한 청구를 별소로 구하는 경우에는 재판의 모순·저촉의 우려가 있으므로 중복소송으로 보아야 할 것이다.

Ⅳ. 참가절차

1. 참가신청

보조참가의 신청에 준한다(79 ②). 사실상 신소의 제기이므로 서면에 의하여야

---

1) 채권자가 사해행위의 취소와 함께 수익자 또는 전득자로부터 책임재산의 회복을 명하는 사해행위취소의 판결을 받은 경우 취소의 효과는 채권자와 수익자 또는 전득자 사이에만 미치므로, 수익자 또는 전득자가 채권자에 대하여 사해행위의 취소로 인한 원상회복 의무를 부담하게 될 뿐, 채권자와 채무자 사이에서 취소로 인한 법률관계가 형성되거나 취소의 효력이 소급하여 채무자의 책임재산으로 복구되는 것은 아니다(대판 2012다47548).
2) 호문혁, 908.
3) 이시윤, 796.

한다. 종전 당사자는 신청에 대하여 이의할 수 없다. 참가신청할 때 소제기의 효력이 발생하며, 종전 당사자는 참가인에 대하여 피고의 지위에 있게 되고 참가인을 상대로 반소를 제기할 수 있다.

2. 중첩적 참가와 4면소송

원고와 피고에 대한 제1참가 후에 제2참가인이 재차 원고와 피고를 상대로 제2차 참가하는 것을 인정하는 판례도 제2참가인과 제1참가인 사이에 아무런 관계를 인정하지 않는다(4면소송 부정).[1]

Ⅴ. 참가소송의 심판

1. 참가요건과 소송요건의 조사

(1) 참가요건을 직권조사하여 참가요건 불비시 부적법각하한다. 단 보조참가의 요건을 갖추면 그로 전환은 가능하다.

(2) 참가인의 신청이 소송요건을 갖추었는지의 여부도 직권조사사항이며 흠결이 있으면 판결로서 참가신청을 각하한다.

2. 본안심판

합일확정을 위하여 3자간의 소송자료의 통일과 소송진행의 획일화하며 (유사) 필수적 공동소송에 관한 제67조의 규정을 준용한다(79 ②).

(1) 본안심리

(가) 소송자료의통일: 원고·피고·참가인 3자 중 어느 한 사람의 유리한 소송행위는 나머지 1인에 대해서도 그 효력이 발생한다. 위 3자 중 2 당사자간의 소송행위는 다른 1인에게 불이익되면 2 당사자간에도 효력이 발생하지 않는다(67① 준용). 따라서 1인의 자백이나 청구의 포기·인낙, 화해, 상소취하는 허용되지 않는다. 이는 3자간에 합일확정의 결과가 나오지 않기 때문이다. 그러나 본소 또는 참가신청의 취하는 가능하다.

(나) 소송진행의 통일: 기일진행은 3당사자간에 공통되게 하여야 한다(67③준용).

---

[1] 대판 62다29: 권리참가가 복수인 경우에는 권리참가자 상호간에는 아무런 소송관계도 성립하지 않으므로 참가인 갑의 참가인 을에 대한 청구는 부적법한 것으로 되어 각하되어야 한다.

(2) 모순없는 본안판결

3당사자의 본안에 관한 다툼을 1개 소송절차로 한꺼번에 모순없이 해결해야 하는 합일확정의 관계에 있으므로 반드시 1개의 전부판결 해야 한다. 일부판결한 경우에는 추가판결할 수 없으며 판결 전체가 위법하여 상소심에서 파기되어 환송되어야 한다.

3. 판결에 대한 상소

≪사례≫ 甲은 乙이 행사에 쓴다고 빌려간 흥선대원군의 사군자병풍을 돌려주지 않자 乙을 상대로 병풍반환청구의 소를 제기하였는 바, 丙이 위 병풍은 자신의 소유라고 주장하고 나섰다.
(1) 丙이 甲·乙 양자를 상대로 각각 소유권확인청구를 하여 甲, 乙간의 소송에 참가한 경우 참가형태는 어떤가?
(2) 이 소송에서 甲은 乙의 동의를 얻어 본소를 취하할 수 있는가?
(3) 이 소송에서 甲이 승소하고 乙과 丙이 패소하였고 乙만이 항소하였다면
  ① 이 때 항소심에서 丙의 소송상 지위는 어떤가?
  ② 항소심에서 심리한 결과 제1심과는 달리 위 병풍은 丙의 소유로 인정되었다. 항소심은 어떤 판결을 할 것인가?

(1) 이심의 범위

(가) 원고·피고·참가인 3자 중 두 패소자 2인 중 1인만 상소한 경우 상소하지 아니한 다른 패소자에 대한 판결부분도 상소심에 이심되느냐 분리확정되느냐에 관하여 통설·판례는 전부이심설이다.[1] 분리확정설은 처분권주의와 변론주의를 내세우나, 독립당사자참가제도가 3자간에 본안에 관하여 합일확정을 목적으로하여 처분권주의에 의한 제한이 적용되지 않으므로 전부이심설이 타당하다.

(나) 다만 독립당사자참가 소송에서 3당사자간의 분쟁의 합일확정은 그 필요한 한도 내에서의 합일확정이라 할 수 있다. 즉, 피고측이 통상공동소송인의 일부 피고만 상소한 경우 상소하지 아니한 피고에 대한 관계의 3면소송은 상소기간 도과로써 종료(확정)되며, 상소한 피고들에 대한 관계에서만 3면소송이 상소심에 이심하게 된다.[2] 이는 분리확정되는 통상 공동소송의 성질상 그러한 해석론이 합리화될 수 있다. 이는 원고·피고·참가인 3자 사이의 일부만이 분리확정되지 않는

---

1) 대판 80다577는 독립당사자 참가인의 청구와 원고의 청구가 모두 기각되고 원고만이 항소한 경우에 제1심판결 전체의 확정이 차단되고 사건전부에 관하여 이심의 효력이 생기는 것이므로 독립당사자참가인도 항소심에서의 당사자라고 할 것이라고 판시하고 있다.
2) 대판 73다374.

합일확정의 성질과 달리한다.[1]

(2) 상소심의 심판범위

(가) 적법한 독립당사자참가의 소송의 상소심에서는 원고·피고·참가인 3자 사이의 합일확정요청상 원고에 대하여 패소한 피고가 상소한 경우에도 상소하지 아니한 참가인의 청구부분도 모두 심판대상이 되며, 실제 항소를 제기한 자의 항소 취지에 나타난 불복범위에 한정하되 위 세 당사자 사이의 결론의 합일확정의 필요 성의 한도 내에서 항소 또는 부대항소를 제기한 바 없는 당사자에게 결과적으로 제1심판결보다 유리한 내용으로 판결이 변경될 수 있다. 이는 불이익변경금지원칙 의 예외에 해당한다.[2]

(나) 그러나 독립당사자참가의 요건을 갖추지 못한 부적법한 참가의 경우에 도 합일확정되어야 하는 것은 아니다.[3]

(3) 패소하고도 상소하지 않은 당사자의 상소심에서의 지위

이에 관하여 ⓐ 상소인설(67①준용), ⓑ 피상소인설(67②준용), ⓒ 상대적 이 중지위설 등이 있으나 ⓓ 단순한 상소심당사자설이 통설·판례이다.[4] 통설에 의하 면 단순한 상소심당사자이므로 상소취하권이 없으며 상소비용을 부담하지 않는다.

▨ **사례해설**

독립당사자참가형태이며 주장자체로 참가의 적법 여부를 판단하며(대판 2006다80322) 상 대방의 동의를 얻어 본소를 취하할 수 있다. 丙에 대한 판결부분도 합일확정을 위하여 항소 심에 이심되며 丙은 단순한 항소심당사자이며 항소심법원은 불이익변경금지원칙이 배제되 어 丙에게 유리하게 판결할 수 있다. ▨

Ⅵ. 단일소송 또는 공동소송으로의 환원 (3면소송의 붕괴)

> **제80조(독립당사자참가소송에서의 탈퇴)** 제79조의 규정에 따라 자기의 권리를 주장하기 위하여 소송에 참가한 사람이 있는 경우 그가 참가하기 전의 원고나 피고는 상대방의 승낙을 받아 소송에서 탈퇴할 수 있다. 다만, 판결은 탈퇴한 당사자에 대하여도 그 효력이 미친다

독립당사자참가소송은 본소의 취하·각하, 참가의 취하·각하, 소송탈퇴가 있

---

1) 호문혁, 918.
2) 대판 2006다86573,86580.
3) 호문혁, 919.
4) 대판 92누17297.

으면 3면소송이 붕괴되어 단일소송 또는 공동소송으로 환원된다.

1. 본소의 취하·각하

(1) 참가후에도 원고는 참가인의 동의를 얻어 본소 취하를 할 수 있으며, 법원은 본소가 부적법하면 각하할 수 있다.

(2) 본소의 취하·각하의 경우 독립당사자참가소송의 운명에 대하여 전소송종료설이 있으나 통설과 판례는[1] 참가신청이 독립한 소로서의 요건을 갖추면 원·피고에 대한 공동소송으로 잔존한다는 공동소송잔존설이다.

2. 참가의 취하·각하

(1) 참가신청도 소의 취하에 준하여 취하할 수 있다. 따라서 본소 원고나 피고가 응소한 경우 쌍방의 동의를 요한다(266 ②).

(2) 참가를 취하하면 본소로 환원된다. 참가인이 제출한 증거방법은 당사자가 원용해야 판단기초로 삼을 수 있다.

(3) 참가신청 각하에 대하여 불복한 경우 본소의 진행에 대하여 불복에 대한 판결확정시까지 본소의 판결을 연기해한다는 주장이 있으나, 판례는 불복 여부를 무시하고 본소를 계속 심리·판단 할 수 있다고 입장이다.[2]

3. 소송의 탈퇴

(1) 의의와 취지

(가) 제3자가 참가함으로써 본소송의 원고 또는 피고가 당사자로서 소송에 더 머물 필요가 없게 된 때에는 소송에서 탈퇴할 수 있다.

(나) 제3자가 참가함으로써 소송수행의 이익 내지 필요성이 없어진 당사자가 잔존 당사자간의 소송결과에 따른 분쟁의 처리에 전적으로 승복한다는 조건하에 그 소송에서 탈퇴하여 소송관계를 간명하게 하는 것이다.

(다) 민사소송법상 탈퇴는 선정당사자(53), 독립당사자참가(79, 80), 참가승계(81), 인수승계(82)가 있다.

(2) 소송탈퇴의 요건

(가) 본 소송의 당사자일 것.

(나) 제3자의 참가가 적법·유효할 것.

---

1) 대판 90다4723.
2) 대판 76다797.

(다) 상대방 당사자의 승낙이 있을 것(80). 이 경우 **참가인의 동의도 받아야 하는지**에 관하여 참가인의 이익이 침해가 없고 제80조의 문리해석상 참가인의 동의는 필요없다고 할 것이다(통설).

(3) 사해방지참가에도 탈퇴가능한지의 여부

제80조 문언상 권리주장참가한 경우로 되어 있는 점에서 부정설이 있으나, 사해방지참가의 경우 피고가 소송수행의 의욕이 없고 소극적일 경우 탈퇴하려 할 것이고 제82조 소송인수의 경우에 소송탈퇴를 인정하므로 상대방의 동의를 얻으면 소송탈퇴할 수 있다는 긍정설이 다수설이다.

(4) 탈퇴절차

소송탈퇴나 이에 대한 제80조의 승낙은 서면으로 함이 보통이나 기일에는 구술로써 할 수 있다. 소취하에 대한 제266조 6항과 같은 동의간주는 인정되지 않는다.

(5) 탈퇴자에 대한 판결의 효력

(가) 판결은 탈퇴한 당사자에 대하여도 그 효력이 미친다(80 단서). 이 판결효력의 성질에 관하여 ① 참가적 효력설, ② 기판력설, ③ 기판력 및 집행력설 등이 있으나 독립당사자참가의 제도적 취지를 탈퇴에도 관철시키기 위해서는 기판력 외에 집행력을 포함한다는 집행력포함설이 타당하다.

(나) 판결효력이 미치는 근거에 관하여 청구의 포기·인낙의 경우와 같이 집행력이 미친다는 **조건부 청구포기·인낙설**과 탈퇴자가 잔존당사자에게 일종의 소송신탁을 한 것이므로 이에 기하여 기판력 및 집행력이 발생한다는 **소송담당설**이 있으나, 전설은 판결결과가 탈퇴자에게 유리한 경우에는 설명이 곤란하므로 후설이 타당하다.

(다) 판결은 탈퇴자에게도 집행력이 미치므로(집행권원) 판결주문에서 탈퇴자에 대하여 이행의무를 선언한다.

≪사례≫ 甲이 乙명의의 A 토지를 2013. 3. 4. 매입하였으나 소유권이전등기를 경료받지 못하여 소유권이전등기소송의 제기하였다. 그러나 甲의 乙에 대한 소유권이전등기등기청구 소송계속중 丙은 위 매매의 매수자는 자신이라고 주장하면서 甲을 상대로는 甲의 乙에 대한 A토지의 소유권이전등기청구권 부존재확인청구를, 乙을 상대로는 매매를 원인으로 하여 소유권이전등기청구를 각각 구하면서 甲, 乙간의 소송에 독립당사자참가하였다.

[1] 丙의 참가는 적법한가?
[2] 법원은 어떻게 심판하여야 하는가?

[3] 丙이 위 매매일자 이전인 2012. 3. 3. 이 사건 토지를 매수한 것을 근거로 甲을 상대로는 甲의 乙에 대한 A 토지의 소유권이전등기청구권 부존재확인청구를, 乙을 상대로는 2012. 3. 3.자 매매를 원인으로 하여 소유권이전등기청구를 구하여 소송에 참가하는 경우 이는 적법한가?

사례해설

[1] 丙의 독립당사자참가의 청구 중 甲을 상대로 A토지에 대한 甲의 乙에 대한 소유권이전등기청구권 부존재확인청구에서 甲이 이 소송에서 승소해도 乙과의 관계에서 자기의 권리가 확정되는 것도 아니며 그 판결의 효력이 乙에게 미치는 것이 아니므로 자기의 권리 또는 법률적 지위에 현존하는 불안·위험을 해소시키기 위한 유효적절한 수단이 될 수 없어서 확인의 이익이 없다. 다만 丙의 乙을 상대로 한 청구는 甲의 乙에 대한 청구와 양립할 수 없는 관계로서 참가이유가 있으므로 편면적 독립당사자참가로서 적법하며 중복소송에도 해당되지 않는다. 다만 丙의 甲에 대한 소극적 확인청구도 확인의 이익을 인정한다면 쌍면참가로서 적법하게 된다.
[2] 법원은 제67조의 필수적 공동소송의 심판절차를 준용하여 심리한다.
[3] 참가인이 피고로부터 이 사건 부동산을 매수하였다는 이유만으로 참가인에게 원고와 피고 사이의 위 매매계약에 의한 채권·채무관계의 부존재확인을 구하는 청구는 확인의 이익이 없어 부적법하다.[1] 가사 확인의 이익이 인정된다고 하여도 원고의 청구와 참가인의 청구는 각 양립 가능하므로 참가인의 권리주장 참가신청은 부적법하다. ▨

≪사례≫ 甲은 2004. 5. 5. 乙 소유의 인천 연수구 소재 토지 1천평(A토지)을 매수하였으나 자신의 명의로 소유권이전등기를 경료하기 전에 乙이 사망하자, 乙의 상속인 처 丁과 아들 戊를 상대로 A토지에 관해 매매를 원인으로 한 소유권이전등기청구의 소를 제기하였다. 이 소송계속중 丙은 A토지에 관해서 위 乙과 체결한 매매계약 당사자는 자신이라고 주장하면서 甲을 상대로 소유권이전등기청구권 존재확인청구를, 丁과 戊를 상대로 소유권이전등기절차이행청구를 제기하는 독립당사자참가신청을 하였다. 제1심법원은 丙과 乙 사이의 매매계약체결사실을 인정하여 甲의 丁과 戊에 대한 청구기각, 丙의 甲, 丁과 戊에 대한 청구인용판결을 선고하였다. 이 판결에 대해서 丁은 항소하였지만 戊와 甲은 항소하지 않았다. 항소심법원은 1심과 달리 丙과 乙 사이의 매매계약체결사실도 인정할 수 없다고 판단한 경우, 丁과 戊에 대한 丙의 청구인용판결을 취소하여 丁과 戊에 대한 丙의 청구를 기각할 수 있는가?

사례해설

甲--------> 상속인 丁   甲 -------> 상속인 戊

　　丙 (독립참가인)　　　　　丙 (독립참가인)

(1) 상속인 丁과 戊의 소송관계는 공유관계로서 통상공동소송인의 지위에 있다. 독립당사자

---

1) 대판 80다2532.

참가소송에 있어서 패소한 원고와 수명의 피고들 중 일부 피고만이 상소하였을 때 피고들 상호간에 필요적 공동소송관계가 있지 않는 한 그 상소한 피고에 대한 관계만 3면소송이 상소심에 계속되는 것이고 상소하지 아니한 피고에 대한 관계의 3면 소송은 상소기간도과로서 종료(확정)된다.[1]

(2) 사안에서 戊의 항소 포기로 戊에 대한 청구인용판결은 확정되어 취소할 수 없고, 丁은 항소제기 하였기 때문에 항소심법원은 1심과 달리 丙와 乙 사이의 매매계약체결사실도 인정할 수 없다고 판단한 경우, 丁에 대한 청구인용판결을 취소하여 丁에 대한 丙의 청구를 기각할 수 있다. ▨

<선택형>

1. A토지에 관하여 소유자 乙로부터 甲이 매수하였다. 이와 관련하여 당사자들 간에 다양한 분쟁이 발생하였다. 다음 중 옳지 않은 것은? (다툼시 판례에 의함)[2]

① A 토지에 관하여 매수인 甲이 매도인 乙을 상대로 한 소유권이전등기청구의 소송 중 제3자가 그 매매의 진정한 매수인이라면서 원고에 대해서는 소유권이전등기청구권확인의 소를, 매도인에 대해서는 소유권이전등기절차를 이행을 구하면서 참가하는 경우 독립당사자참가가 허용된다.

② A 토지에 관하여 매수인 甲은 乙로부터 매수하면서 丙명의로 소유권이전등기를 경료하였는바, 명의신탁을 해지하면서 소유권이전등기청구의 소를 제기하였는데 丁이 위 부동산의 실질적인 소유자는 자신이라고 하면서 권리주장참가할 수 있다.

③ A토지에 관하여 甲의 매매로 인한 소유권이전등기 절차이행를 구하는 소가 진행 중에 제3자 丁이 이미 별개의 매매로 매도인으로부터 매수하였다고 주장하면서 권리주장참가할 수 있다.

④ A토지에 관하여 2중매매가 있어서 매수인 甲과 별도의 매수인 丁 모두 매도인에 대하여 소유권이전등기청구의 소를 별개로 제기한 경우 법원은 두 청구를 모두 인용할 수도 있다.

⑤ 위 부동산 2중매매의 경우 먼저 소유권이전등기를 경료한 자가 소유권을 취득하고 소유권을 취득하지 못한 다른 매수인은 매도인을 상대로 손해배상 또는 부당이득반환청구를 할 수 있다.

2. 다음 설명 중 옳지 않은 것은? (다툼시 판례에 의함)[3]   [변호사 2013.]

① 원고가 건물인도청구 및 손해배상청구의 소를 제기하여 건물인도청구 인용·손해배상청구 기각의 판결을 받은 후 패소한 손해배상 부분에 대하여 항소한 경우, 승소한 건물인도 부분도 확정이 차단되고 항소심으로 이심된다.

② 소가 부적법하다는 이유로 각하를 한 제1심판결에 대하여 원고만이 항소하고 피고는 부대

1) 대판 73다374, 375.
2) ③. 판례는 본소의 원고의 청구와 참가인의 청구는 양립이 가능하므로 독립당사자참가는 부적법하다고 본다 (80다1872, 2005마814).
3) ⑤. 독립당사자참가소송에서 원고승소의 판결에 대하여 참가인만이 상소를 했음에도 상소심에서 원고의 피고에 대한 정+인용 부분을 원고에게 불리하게 변경할 수 있는 것은 참가인의 참가신청이 적법하고 나아가 합일확정의 요청상 필요한 경우에 한한다(대판 2007다37776). ① 상소불가분의 원칙. ② 대판 82누491. ③ 대판 94다3063. ④ 상소불가분원칙은 통상 공동소송에는 적용되지 않는다.

항소를 하지 않은 경우, 항소심이 소 자체는 적법하지만 청구기각할 사안이라고 판단할 때에는 항소기각 판결을 해야 한다.

③ 손해배상청구소송에서 원고가 재산상 손해에 대해서는 전부승소, 위자료에 대해서는 일부 패소하였다. 이에 원고가 위자료 패소부분에 대하여 항소한 경우, 전부승소한 재산상 손해에 대한 청구의 확장도 허용된다.

④ 甲이 주채무자 乙과 보증인 丙을 공동피고로 삼아 제기한 소송에서 甲이 전부 승소하자 乙만이 항소한 경우, 丙에 대한 판결은 그대로 확정된다.

⑤ 소송요건과 참가요건을 모두 갖춘 독립당사자참가소송에서 원고 甲 승소, 피고 乙 패소, 참가인 丙 패소의 경우, 丙만이 항소하여 항소심에서 심리한 결과 乙이 권리자로 판단되더라도 불이익변경금지의 원칙상 乙 승소판결을 할 수 없다.

---

3. 제3자의 소송참가에 관한 설명 중 옳지 않은 것은? (다툼시 판례에 의함)[1]   [변호사 2014.]

① 채권자 甲이 연대보증인 丙을 상대로 연대보증채무의 이행을 구하는 소송에서 주채무자 乙이 丙을 위하여 보조참가하여 주채무의 부존재를 주장하였으나 丙이 패소하였다. 그 후 甲이 乙을 상대로 주채무의 이행을 청구한 경우 乙은 전소의 판결이 부당하다고 주장하며 주채무의 존재를 다툴 수 있다.

② 甲이 乙을 상대로 제기한 소송에서 乙을 위하여 보조참가한 丙은 乙의 상소기간이 도과하지 않은 한 상소를 제기할 수 있다.

③ 甲이 乙을 상대로 제기한 소송에서 丙이 독립당사자참가를 한 경우에 甲과 乙만이 재판상 화해를 하는 것은 허용되지 않는다.

④ 甲이 乙을 상대로 근저당권설정등기의 불법말소를 이유로 그 회복등기를 구하는 소를 제기한 경우에 후순위 근저당권자인 丙은 甲과 乙이 당해 소송을 통하여 자신을 해할 의사, 즉 사해의사를 갖고 있다고 객관적으로 인정되고 그 소송의 결과 자신의 권리 또는 법률상의 지위가 침해될 염려가 있다고 인정되면 甲·乙을 상대로 근저당권부존재확인을 구하는 독립당사자참가를 할 수 있다.

⑤ 교통사고 피해자인 甲이 보험회사 丙을 상대로 제기한 손해배상청구의 소에서 소송계속중, 甲은 교통사고 가해자인 乙을 상대로 丙이 부담하는 책임보험의 한도액을 초과하는 손해에 대하여 이를 청구할 권리가 있다는 취지의 소송고지신청을 하였고 그 소송고지서가 乙에게 송달되었다. 이와 같은 소송고지는 민법 제174조에서 정한 시효중단사유로서의 최고의 효력이 있고, 위 조항에 규정된 6월의 기간은 소송고지된 때부터 기산하여야 한다.

---

4. 甲은 미등기 부동산인 X대지에 관하여 국가를 상대로 소유권확인의 소를 제기하여 진행하고 있다. 이 때 원고 甲이 속한 A종중의 대표자 乙은 이 사건 대지가 종중 소유라고 주장하면서 원고 甲과 피고 국가를 상대로 참가를 하였다. 다음 설명 중 옳지 **않은** 것은?[2]   [법전협 2014. 2차]

---

1) ⑤. 당해 소송이 종료된 때부터 기산된다(대판 2009다14340). ① 제77조. ② 제76조 1항. ③ 제79조, 제67조. ④ 말소된 근저당권설정등기의 회복등기를 구하는 본안소송에 대하여 그 후순위 근저당권자가 본안소송의 대상인 근저당권의 부존재확인을 구하는 청구를 독립당사자참가소송으로서 제기할 수 있다(대판 2000다12785).

2) ②. 제80조에 의하여 상대방 당사자인 국가의 승낙이 있어야 한다. ④ 제79조. ⑤ 제80조 단서.

① 참가신청의 취지로 보아 A종중은 독립당사자참가 중 권리주장참가를 한 것으로 보인다.

② A종중의 참가에 따라 원고 甲은 소송에서 자유롭게 상대방의 동의 없이 탈퇴할 수도 있다.

③ A종중은 대표자 乙이 있으므로 종중의 이름으로 당사자가 될 수 있다.

④ A종중은 피고 국가만을 상대로 소유권확인을 구하는 편면참가도 가능하다.

⑤ 원고 甲이나 피고 乙이 탈퇴하더라도 판결의 효력은 탈퇴한 당사자에게도 그 효력이 미친다.

제5관 공동소송참가

> **제83조(공동소송참가)** ① 소송목적이 한쪽 당사자와 제3자에게 합일적으로 확정되어야 할 경우 그 제3자는 공동소송인으로 소송에 참가할 수 있다.
> ② 제1항의 경우에는 제72조의 규정을 준용한다.

≪사례≫ A주식회사의 발행주식총수 1%에 해당하는 주식을 가진 주주가 같은 회사의 이사를 상대로 주주대표소송을 제기하였다(상법 403 ① ③ ④, 동 404 ①).

　① 회사가 원고측에 참가한 경우 그 소송법상의 지위는 어떤가?

　② 회사가 원고측에 참가한 경우 대표소송을 수행하는 주주의 주식이 모두 소각된 경우 회사의 참가는 적법한가?

　③ 다른 소수주주가 원고측에 공동소송참가할 수 있는가?

---

1. 의 의

공동소송참가(共同訴訟參加)는 소송목적이 한 쪽 당사자와 합일확정되어야 하는 경우 즉 판결의 효력을 받는 제3자가 당사자적격을 가지고 공동소송인으로 참가하는 형태이다(83). 주주의 주총결의부존재확인의 소에 다른 주주가 공동원고로 소송에 참가하는 경우이다.[1] 별소를 제기하는 대신 현재 소송계속중 공동소송인으로 참가하여 소송경제를 도모하려고 하는 경우에 이용할 수 있다. 당사자적격이 없는 공동소송적 보조참가인보다 강력한 당사자지위에서 소송을 수행할 수 있다.

상소심에서도 가능한 점에서 제1심까지만 가능한 필수적 공동소송인 추가(68), 피참가인과 상호 대립관계인 독립당사자참가와 각 다르다.

---

[1] 학교법인의 이사회결의무효확인의 소는 (회사관계소송과 달리) 당사자 일방과 제3자는 합일확정될 경우가 아니므로 제3자는 공동소송참가를 할 수 없다(대판 2001다13013).

2. 참가요건

(1) 타인간의 소송계속중

항소심에서도 공동소송참가가 가능하다. 상고심에서도 가능한지에 관하여 신소제기의 실질을 갖고 있기 때문에 법률심인 상고심에서는 허용되지 않는다고 볼 수 있으나 어차피 참가인은 판결의 효력을 받는 자임을 고려한다면 상고심에서라도 자기에게 유리한 법적 주장을 할 수 있도록 참가가 가능하다고 할 것이다.

(2) 당사자적격과 제소기간 준수

공동소송참가인은 당사자적격을 갖추어야 하고 제소기간을 준수하여야 한다. 당사자적격이 없거나 있더라도 제소기간을 도과하면 공동소송참가를 할 수 없다.

(가) 갈음형 소송담당인 파산관재인의 소송에 파산자, 유언집행자의 소송에 상속인은 당사자적격이 없으므로 공동소송참가를 할 수 없다.

(나) 채권자대위소송을 병행형으로 보는 다수설은 대위소송이 제기된 것을 알게 된 채무자는 당사자적격을 상실하지 않으나 중복소송에 해당하여 공동소송참가를 할 수 없고 공동소송적 보조참가만 가능하나,[1] 이 경우 대위소송 제기 후 채무자는 당사자적격을 상실하게 된다고 보는 갈음형으로 파악하면 당사자적격이 없으므로 공동소송참가를 할 수 없게 된다.[2]

(다) 주주의 대표소송에 대하여 회사는 당사자적격이 있으나 공동소송참가를 하면 이는 신소제기에 해당하므로 중복소송이 되어 공동소송적 보조참가만 가능하다는 견해가 있으나,[3] 판례는 회사는 독립적으로 권리를 보호하기 위하여 공동소송참가할 수 있으며 중복소송에 해당되지 않는다는 입장이다.[4]

(라) 선정자는 선정당사자소송에서 당사자적격을 상실한다고 본다면 공동소송적 보조참가만 가능하다.

(마) 채권추심소송 중 집행력있는 정본을 가진 채권자는 그 소송에 공동소송참가를 할 수 있다(민집 249 ②).

---

1) 이시윤, 806; 정동윤·유병현, 954; 정영환, 790.

2) 김홍엽, 1010.

3) 이시윤, 782.

4) 대판 2000다9086. 한편 일본 新會社法 제849조는 소송지연과 법원 업무부담과중만 없으면 회사는 공동소송참가 또는 공동소송적 보조참가 어느 것이든 가능하게 하였다. 주주의 대표소송은 발행주식의 총수의 1% 이상에 해당하는 주식을 가진 주주는 회사에 대하여 이사의 책임을 추궁할 소의 제기를 청구하였으나 회사가 청구를 받은 날로부터 30일 내에 소를 제기하지 아니하거나 위 기간의 경과로 인하여 회사에 회복할 수 없는 손해가 생길 염려가 있는 경우 위 주주는 즉시 회사를 위하여 소를 제기할 수 있다(상법 403 ①③④). 회사는 위 소송에 참가할 수 있다(상법 404 ①).

(3) 합일확정

참가하는 제3자는 당사자 일방과 합일확정되어야 한다. 판결의 효력뿐만 아니라 반사효를 받는 경우에도 포함된다. 채권자대위소송중 다른 채권자와 주주의 대표소송중 다른 주주도 공동소송참가를 참가할 수 있다.

유사필수적 공동소송 이외에 고유필수적 공동소송에서도 인정하면 누락된 공동소송인이 참가하게 하여 소송경제를 도모할 수 있고 상소심에서도 가능한 장점이 있다. 따라서 판결의 효력이 제3자에게 미치지 아니하는 학교법인의 이사회결의무효확인의 소는 민법상 법인에 대한 소로서 그 소송의 목적이 당사자 일방과 제3자에 대하여 합일확정될 경우가 아니어서 제3자는 공동소송참가를 할 수 없다.[1]

3. 참가절차

(1) 참가신청의 방식은 보조참가의 절차에 관한 제72조가 준용하여 서면에 의하나(83 ②) 인지를 첨부해야 하는 점이 보조참가와 다르다.

(2) 참가신청은 일종의 소제기이며 신청서에 어떠한 판결을 구하며, 어느 당사자의 공동소송인으로 참가하는지 참가취지를 밝히고, 참가이유로서 소송의 목적이 어느 당사자와 합일적으로 확정될 관계이고 그 근거는 무엇인지를 소명한다. 참가신청은 일종의 소제기이므로 상대방이 이에 대하여 이의를 제기할 수 없고, 참가신청서에는 청구취지와 청구원인을 기재한다.

4. 심 판

(1) 공동소송참가요건에 흠이 있으면 각하판결할 것이나 보조참가로 적법하다면 무효행위전환이론에 의하여 보조참가나 공동소송적 보조참가로 인정할 수 있다.[2] 참가가 받아들여지면 한쪽 당사자인 피참가인과 참가인은 필수적 공동소송으로 취급되어 제67조가 적용된다. 소송자료와 소송진행이 통일되며 판결의 모순을 막기 위하여 변론의 분리와 일부판결은 허용되지 않고 판결의 효력은 모두에 대하여 합일확정되어야 한다.

(2) 상소기간은 각 공동소송인 개별적으로 진행되며 공동소송인 전원에 대하여 상소기간이 만료되기까지는 판결은 확정되지 않는다. 공동소송인 1인이 상소하면 판결확정이 차단되고 전 소송이 이심된다.

---

1) 대판 2001다13013.
2) 이시윤, 808; 정영환, 791.

5. 공동소송참가인의 소송상 지위

공동소송참가인은 당사자적격을 가지고 제67조가 적용되므로 피참가인의 행위에 구애받지 않고 독자적으로 당사자로서 소송행위를 할 수 있다. 따라서 참가인은 청구의 변경, 반소 등을 제기할 수 있고. 피참가인이 상소권을 포기하거나 상소를 취하하여도 참가인이 상소를 제기하면 상소의 효력이 유지되고, 피참가인이 청구인낙이나 자백을 하여도 참가인이 이의하여 이를 무효화시킬 수 있다.

📖 사례해설

① 공동소송참가는 소제기 실질이 있어 중복소송이므로 공동소송적 보조참가만 가능하다는 견해도 있으나, 판례는 상법 제404조 1항에 의한 회사의 참가는 공동소송참가이고 이는 중복소송이 아니라는 입장이다.[1]

② 기존 소송의 소송계속에 의존하는 공동소송적 보조참가는 본소가 부적법 각하되면 같이 소멸하나, 주주대표소송을 제기한 후 주주의 주식소각 등으로 주식을 보유하지 못하게 되어 주주대표소송의 요건이 흠결되어도 회사의 공동소송참가의 당사자적격이 상실되어 부적법하게 되는 것은 아니다.[2]

③ 다른 주주도 당사자적격을 가지고 있으므로 원고 측에 공동소송참가할 수 있다.

<선택형>

1. A주식회사의 주주 甲은 A주식회사와 B주식회사와 사이 영업점양도계약은 무효라고 주장하면서 위의 계약을 체결한 A주식회사의 前대표이사인 乙에 대하여 손해배상을 청구하는 주주대표소송을 제기하였다. 위 소송에 관한 설명 중 옳지 않은 것은? (견해다툼시 판례에 의함)[3]   [법무부 2012]

① 甲은 일정한 요건에 따라 대표소송에 의하여 이사 乙의 책임을 추궁하는 소를 제기할 수 있을 뿐, 직접 A, B회사의 거래관계에 개입하여 회사가 체결한 계약의 무효를 주장할 수는 없다.

② 주식회사의 이사가 다른 업무담당이사의 업무집행이 위법하다고 의심할 만한 사유가 있음에도 불구하고 이를 방치한 때에는 이로 말미암아 회사가 입은 손해에 대하여 배상책임을 면할 수 없다.

③ 甲이 제기한 주주대표소송은 제3자의 소송담당에 해당하므로 판결이 선고되면 그 판결의 효력은 甲의 승패 여부와는 관계없이 당연히 A회사에게 미친다.

④ A주식회사는 그 소송에 참가할 수도 있으며, 이러한 회사의 참가는 공동소송참가를 의미하는 것으로 보아야 한다.

⑤ 甲이 제기한 주주대표소송에 A주식회사가 소송참가한 경우에 그 소송참가 후에 甲이 주주

---

1) 대판 2000다9086.

2) 대판 2000다9086.

3) ⑤. 비록 원고 주주들이 주주대표소송의 사실심 변론종결시까지 대표소송상의 원고 주주요건을 유지하지 못하여 종국적으로 소가 각하되는 운명에 있다고 할지라도 그 각하판결 선고 이전에 회사가 공동소송참가한 참가시점에서는 원고 주주들이 적법한 원고적격을 가지고 있었다고 할 것이어서 회사인 원고 공동소송참가인의 참가는 적법하다(대판 2000다9086).

대표소송의 요건을 결여하게 되었다면 A주식회사의 소송참가는 소급하여 부적법한 것으로 된다.

---

2. 비상장 주식회사 A는 공장 건설을 위하여 외부에서 거액의 자금을 빌려 투자하였는데 그 자금이 단기차입금 위주로 구성되어 재무구조가 열악하였다. 한편, 비상장 주식회사 B의 대표이사 甲은 A회사가 위와 같이 상환능력이 미흡하다는 사정을 알면서도 단지 A회사의 대표이사가 고등학교 후배라는 이유로 이사로서의 선관주의의무 내지 충실의무를 위반하여 담보도 없이 A회사에 10억원의 자금을 빌려 주었다. 이후 甲은 B회사의 대표이사 및 이사직을 사임하고, 乙이 B회사의 새로운 대표이사로 선임되었다. 하지만 A회사는 결국 자금 사정 악화로 B회사에 대여금을 상환할 수 없게 되었고, 이로 인해 B회사에 손해가 발생하자 B회사의 주주 丙은 상법 제403조 대표소송의 요건을 갖추어 甲에 대하여 책임을 추궁하는 소를 제기하였다. 다음 설명 중 옳지 않은 것은? (견해다툼시 판례에 의함)[1]　　　　[변호사 2013]

① 위 소송 중에 B회사에 대한 파산선고가 있으면 丙은 당사자적격을 상실한다.
② 비상장 주식회사 C는 B회사 주식의 70%를 소유하고 있는 데, C회사의 주식 5%를 보유하고 있는 주주 丁은 B회사를 위하여 甲의 책임을 추궁하는 상법 제403조의 대표소송을 제기할 수 없다.
③ 丙은 B회사의 이익을 위하여 대표기관적 자격에서 소송을 수행하는 것이므로 법정소송담당에 해당하고, 법원의 허가가 있는 경우에만 위 소를 취하할 수 있다.
④ 위 소송의 1심에서 丙이 상법 제403조 대표소송의 주주요건을 유지하지 못하게 되었더라도 소각하판결이 선고되기 전에 B회사가 공동소송참가를 신청하였다면, 그 참가는 적법하다.
⑤ 항소심에서 비로소 B회사의 공동소송참가가 이루어진 후 丙이 제기한 소가 소송요건의 흠결로 각하되면, B회사의 위 참가는 심급의 이익을 해할 우려가 있으므로 부적법하게 된다.

---

3. 주주대표소송에 대한 다음 설명 중 옳지 않은 것은? (다툼시 판례에 의함)[2]　　　　[법전협 2013. 2차]

① 소수주주는 상법에 근거하여 회사를 위하여 소를 제기하는 것이므로 그 법률상 성질은 법정소송담당이라고 할 수 있다.
② 퇴직한 감사도 주주대표소송의 피고가 될 수 있다.
③ 이사와 회사 간의 소송에서는 감사가 회사를 대표한다.
④ 퇴임한 이사를 상대로 대표소송을 하는 경우에는 대표이사가 회사를 대표한다.
⑤ 주주대표소송에서 원고 주주가 원고로서 제대로 소송수행을 하지 못하거나 상대방이 된

---

1) ⑤. 공동소송참가는 항소심에서도 할 수 있는 것이고, 항소심절차에서 공동소송참가가 이루어진 이후에 피참가소가 소송요건의 흠결로 각하된다고 할지라도 소송의 목적이 당사자 일방과 제3자에 대하여 합일적으로 확정될 경우에 한하여 인정되는 공동소송참가의 특성에 비추어 볼 때, 심급이익 박탈의 문제는 발생하지 않는다(대판 2000다9086). ① 상법 제399조, 제414조에 따라 회사가 이사 또는 감사에 대하여 그들이 선량한 관리자의 주의의무를 다하지 못하였음을 이유로 손해배상책임을 구하는 소는 회사의 재산관계에 관한 소로서 회사에 대한 파산선고가 있으면 파산관재인이 당사자 적격을 가진다(대판 2001다2617) ② 지배회사와 종속회사는 상법상 별개의 법인격을 가진 회사이고, 대표소송의 제소자격은 책임추궁을 당하여야 하는 이사가 속한 당해 회사의 주주로 한정되어 있으므로, 종속회사의 주주가 아닌 지배회사의 주주는 상법 제403조, 제415조에 의하여 종속회사의 이사 등에 대하여 책임을 추궁하는 이른바 이중대표소송을 제기할 수 없다(대판 2003다49221). ③ 상법 제403조 6항. ④ 대판 2000다9086.
2) ④. 공동소송참가는 항소심까지 가능하다(83). ② 상법 제415조, 제403조. ③ 상법 제394조. ⑤ 판례는 중복소송이 되지 않는다는 입장이다(대판 2000다9086).

이사와 결탁하여 회사의 이익이 침해될 염려가 있다고 하여 회사가 원고 측에 공동소송참가를 하는 경우 그 참가는 중복된 소제기에 해당한다.

---

4. 회사관계소송에 관한 다음의 설명 중 옳지 않은 것은? (다툼시 판례에 의함)[1)   [법전협 2013. 3차]

① 상법 제190조는 설립무효의 판결 또는 설립취소의 판결은 제3자에 대하여도 효력이 있다고 규정하고 있는데, 원고패소 판결의 경우에는 제3자에게 효력이 없다는 것이 통설 및 판례이다.

② A주식회사가 B주식회사와 C주식회사로 분할되어 각 분할등기가 경료된 경우 분할 전 A주식회사의 주주는 등기일로부터 6개월 이내에 B, C 주식회사를 공동피고로 하여 분할무효의 소를 제기하여야 한다는 것이 통설이다.

③ 한 주의 주식을 가진 주주라도 이사해임의 소를 제기할 수 있다.

④ 판례에 따르면, A주식회사의 주주 甲이 A주식회사의 이사 乙을 상대로 제기한 주주대표소송에 A주식회사는 공동소송참가할 수 있다.

⑤ A주식회사가 채무자 乙을 상대로 대여금청구의 소를 제기한 경우 A주식회사의 주주 甲은 A주식회사를 위하여 보조참가를 할 수 없다.

---

5. 주주의 대표소송에 관한 설명 중 옳지 않은 것은? (다툼시 판례에 의함)[2)   [법전협 2014. 1차]

① 비상장회사의 발행주식 총수의 100분의 1 이상에 해당하는 주식을 가진 주주는 회사에 대하여 이사의 책임을 추궁할 소의 제기를 청구할 수 있다.

② 회사가 주주대표소송의 청구를 받은 날로부터 30일내에 소를 제기하지 아니한 때에는 소의 제기를 청구한 주주는 즉시 회사를 위하여 소를 제기할 수 있다.

③ 주주는 대표소송에 있어서 상법 제404조 1항에서 규정하고 있는 회사의 참가는 공동소송참가를 의미한다.

④ 주주대표소송에서 회사의 참가는 1심에서만 가능하고 항소심에서는 심급이익보호의 필요상 인정되지 않는다.

⑤ 주식을 인수하면서 타인의 승낙을 얻어 그 명의로 출자하여 주식대금을 납입한 경우, 주주가 되는 자는 명의대여인(주주명부에 기재된 자)이 아닌 명의차용인이고 이 경우 상법 제403조 1항의 대표소송을 제기할 수 있는 주주에 해당하는 자도 명의차용인으로 보아야 한다.

---

6. 상장회사인 丙은행의 대표이사인 乙은 소외 A회사가 투기성 사업을 벌이면서 자금회수가 불투명하다는 것을 인지하면서도 대출담당자에게 압력을 행사하여 A회사에 대해 200억원의 대출을 하도록 하였는데, 결국 A회사는 이 사업에서 큰 손실을 보아 대출금의 변제가 불가능하게 됨으로써 丙은행는 해당 대출금의 상당액의 손해를 입게 되었다. 이에 丙 은행 주식의 1.02%를 보유한 주주 甲은 乙을 상대로 하여 손해배상을 구하

---

1) ③. 이사가 그 직무에 관하여 부정행위 또는 법령이나 정관에 위반한 중대한 사실이 있음에도 불구하고 주주총회에서 그 해임을 부결할 때에는 발행주식의 총수의 100분의 3 이상에 해당하는 주식을 가진 주주는 총회의 결의가 있은 날부터 1월내에 그 이사의 해임을 법원에 청구할 수 있다(상법 385 ③). ② 상법 제530조의11 1항, 제529조. ④ 대판 2000다9086. ⑤ 보조참가를 하려면 당해 소송의 결과에 대하여 이해관계가 있어야 하고, 여기서 말하는 이해관계라 함은 사실상, 경제상 또는 감정상의 이해관계가 아니라 법률상의 이해관계를 가리킨다(대판 99다26924).

2) ④. 항소심에서도 가능하다. 대법원에서도 가능하다는 견해가 있다(이시윤, 776). ⑤ 대판 2010다22552.

는 주주대표소송을 제기하였는데, 소송 중 丙은행은 위 대출로 인한 책임을 물어 대표이사 乙을 해임하고 甲이 제기한 소송에 참가하였다. 이후 丙은행은 자구책으로 甲의 주식을 포함한 발행주식 총수의 30%를 무상소각하였다. 다음 설명 중 옳은 것 2개를 고르시오 (다툼시 판례에 의함)[1]   [법전협 2014. 3차]

① 丙은행은 甲이 제기한 위 소송에 공동소송참가를 할 수 있다.

② 丙은행의 참가로 인하여 乙과 丙 사이의 소송관계는 이사와 회사 사이의 소송이 되었으므로 이 때부터 이 소송에 관하여 감사가 丙은행을 대표하게 된다.

③ 丙은행 주식의 무상소각으로 甲은 대표소송의 당사자적격을 상실하였으므로 위 소송은 각하되고 丙은행의 참가도 부적법하게 된다.

④ 丙은행의 참가와 주식의 무상소각이 위 소송이 항소심에 계속중에 일어났다고 하여도 위 참가가 심급의 이익을 상실하여 부적법하다고 할 수 없다.

---

7. X은행의 이사 A, B, C는 Y회사에 대한 거액의 대출을 결정함에 있어서 회수불능의 위험을 반영하지 않아 X은행에 손해를 초래하였으나 X은행은 이들에게 손해배상의 책임을 묻지 않고 있었다. 이에 법정 요건을 갖춘 소수주주인 甲, 乙, 丙은 X은행에 서면으로 A, B, C의 책임을 추궁하는 소를 제기할 것을 청구하였으나 30일이 지나도록 소의 제기가 없자 A, B, C를 공동피고로 하여 X은행에 위의 손해를 배상하라는 소를 제기하였다. 다음 설명 중 옳지 않은 것은? (다툼시 판례에 의함)[2]   [법전협 2014. 3차]

① 甲, 乙, 丙이 제기한 소송의 성격은 제3자가 소송수행권을 갖는 법정소송담당이라는 것이 다수의 견해이다.

② 甲, 乙, 丙은 유사필수적 공동소송의 관계에 있다고 보는 것이 다수의 견해이다.

③ 甲, 乙, 丙이 제기한 소송에 X은행이 참가하는 경우 이러한 참가는 공동소송참가이다.

④ 甲, 乙, 丙의 패소판결이 확정된 경우 그 기판력은 X은행에 미치지 않는다.

⑤ 소송의 목적인 회사의 권리를 사해할 목적으로 甲, 乙, 丙과 A, B, C가 공모하여 패소판결을 하게 한 때에는 X은행은 그 확정된 패소판결에 대하여 재심의 소를 제기할 수 있다.

≪질문≫ 주주의 대표소송의 의의와 제소요건과 심판절차, 판결의 효력은 어떤가?

[답변] (1) 의 의: 주주의 대표소송은 소수주주가 회사를 위하여 이사 등의 책임을 추궁하기 위하여 제기하는 소송이다. 이는 업무담당 이사의 권한 남용을 견제하고 소수주주의 권익을 보호하기 위한 유력한 수단이다. 발행주식 총수의 100분의 1이상의 주식을 가진 소수주주가 회사에 대하여 이사의 책임을 추궁할 소를 제기하도록 청구할 수 있게 하고 있다(상법 403 ① ②). 상법은 원칙적으로 이사와 회사간의 소송에 있어서는 감사나 감사위원회가 회사를 대표하여 소송을 진행하도록 하고 있으나(상법 394), 현실적으로 임원 상호간 책임추궁이 용이하지 않다는 점을 고려하여 소수주주에게 이러한 권한을 부여하고 있다. 다만 일정한 주식보유자에 한정하는 당사자적격의 문제, 패소시 제소자가 부담하고 승소해도 직접적인 보상이 거의 없는 구조상의 소송비용 전보 문제 등 몇 가지 이유로 아직까지는 그 활용이 미흡한 수준이

---

1) ①④. 대판 2000다9096. ② 이미 이사 아닌 자를 상대로 한 소송은 감사가 회사를 대표하도록 하는 상법 제394조 1항가 적용되지 않는다. ③ 대판 2000다9096.

2) ④. 대표소송은 회사의 소수주주가 회사의 이익을 위하여 회사의 대표기관적 자격에서 소송을 수행하는 것이므로 소송법상 제3자의 소송담당에 해당한다. 따라서 원고인 주주가 받는 판결의 효력은 승패에 관계없이 당연히 회사에 미치게 된다.

다(1년에 2~3건이 제기되고 있다고 한다).

(2) 행사요건과 절차: 대표소송을 제기하기 위해서는 이사의 책임이 전제되어야 한다. 이사의 책임은 이사가 회사에 대하여 부담하는 모든 채무가 포함된다. 다음으로 주주가 회사에 대하여 이사에 대한 소제기를 청구하였으나 회사가 이를 게을리 하여야 한다. 주주는 먼저 이유를 기재한 서면으로 감사 또는 감사위원회에 소제기를 청구하고 감사 또는 감사위원회가 30일 내에 소제기를 하지 아니하는 경우에 대표소송을 제기할 수 있다(상법 403 ③). 이러한 소송을 제기할 수 있는 주주는 발행주식총수(무의결권주를 포함)의 100분의 1이상을 보유한 소수주주에 한한다(상법 403 ①). 다만 제소주주의 지분비율이 그 이후 100분의 1 미만으로 감소한 경우에도 소송요건은 구비한 것으로 보아 소송을 유지할 수 있다(상법 403 ⑤). 회사 또는 주주가 제기한 경우 당사자는 법원의 허가를 얻지 아니하고는 소의 취하, 청구의 포기·인락·화해를 할 수 없다(상법 403 ⑥). 회사는 주주대표소송에 참가할 수 있다(상법 404 ①). 주주대표소송의 주주는 소를 제기한 후 지체 없이 회사에 대하여 그 소송의 고지를 하여야 한다(상법 404 ②). 주주가 이사를 상대로 제기한 주주대표소송에 회사는 공동소송참가할 수 있다.[1] 또 주주 대표소송이 제기된 경우에 원고와 피고의 공모로 인하여 소송의 목적인 회사의 권리를 사해할 목적으로써 판결을 하게 한 때에는 회사 또는 주주는 확정한 종국판결에 대하여 재심의 소를 제기할 수 있다(상법 406조 ①).

(3) 판결의 효력: 대표소송은 회사의 소수주주가 회사의 이익을 위하여 회사의 대표기관적 자격에서 소송을 수행하는 것이므로 소송법상 제3자의 소송담당에 해당한다. 따라서 원고인 주주가 받는 판결의 효력은 승패에 관계없이 당연히 회사에 미치게 된다. 제소주주가 승소한 때에는 소송비용은 패소한 이사가 부담하게 되고 변호사에게 지급할 보수와 같이 소송비용에 포함되지 않는 비용은 실비액의 범위 내에서 회사에 대하여 청구할 수 있으며 패소한 때에도 악의가 없는 한 회사에 대하여 손해배상의 책임을 지지 아니한다.

≪질문≫ 채권자대위소송으로 제기된 경우 당사자적격, 중복소송, 재소금지, 소송참가, 공동소송, 기판력 등에서 어떤 효과를 미치는가?

[답변] 1. **채권자대위소송의 성질**에 관하여 채권자가 자신의 채권을 보전하기 위해 채무자의 권리를 대신 행사할 수 있는 권리인 채권자대위권을 행사하는 소송이다. 위 소송의 법적성질에 관하여 제3자의 법정소송담당으로 보는 견해(판례), 고유의 실체법상 독자적인 대위권으로 보는 견해가 있다.

2. **채권자대위소송의 요건에 흠결있는 경우** 그 성질을 제3자 소송담당으로 보는 판례에 의하면 대위소송의 요건 중 ① 피보전권리 ② 보전의 필요성(채무자의 무자력은 불특정채권에서 필요함) ③ 채무자가 권리를 행사하지 않을 것 등은 소송요건인 당사자적격 흠결로서 각하하고, ④ 피대위권리 부존재인 경우 실체법상 법률요건 흠결로 소송상 청구를 기각한다.

3. **채권자대위소송 중 피대위채권에 대하여 채무자가 별소로 제기된 경우** 중복소송에 해당한다. ① 소송물이 동일하고 ②채무자는 채권자대위소송의 결과를 받는 자로 당사자 동일 요건도 충족하기 때문이다. 이 경우 법원은 채무자가 대위소송을 제기한 것을 알던 모르던 후소는 중복제소로서 각하하여야 한다. 그러나 후소의 변론종결 전까지 전소가 각하판결이 있는 경우에는

---

1) 대판 2000다9086.

후소는 중복제소로 각하되지 아니한다.

4. **채무자가 권리를 행사하여 소송 중 채권자대위소송이 제기된 경우** 판례에 의하면 위 채권자대위소송은 중복소송에 해당되어 각하한다고 보나, 채권자대위의 요건 중 채무자 권리를 행사하고 있으므로 대위소송도 그 요건 흠결로 각하된다.

5. **채권자대위소송 계속중 다른 채권자가 채권자대위소송을 제기한 경우** 채무자를 통해 소송물이 동일하게 되어 후소는 중복소송으로 각하해야 한다. 채무자가 알았을 때만 중복제소라는 견해도 있다.

6. **대위**채권자와 채무자가 원시적 공동소송인이 될 수는 없다. 채무자가 권리를 행사하는 경우에는 채권자는 대위할 당사자적격이 없기 때문이다. 채무자는 대위소송에 공동소송적 보조참가할 수 있다.

7. **다수의 대위채권자는 유사필수적 공동소송** 가능이 가능하다. 판례도 다수 채권자가 각 채권자대위권에 기해 공동하여 채무자의 권리를 행사하는 경우 채무자가 대위소송이 제기 중인 것을 알았으면 그 판결 효력은 채무자에게도 미치고 채권자들은 유사필수적 공동소송관계에 있다고 판시하고 있다.[1] 대위소송의 당사자가 공유자관계의 상속인들이어도 그들 사이는 통상공동소송이 아니라 실질적으로 채무자의 권리를 행사하는 관계로 고유필수적 공동소송이 된다. 이는 독립당사자참가에서 당사자가 사망하여 소송을 승계한 다수의 상속인간에는 통상공동소송의 관계가 되고 소송승계한 상속인 중 일부만 항소한 경우 항소하지 아니한 상속인에 대한 부분은 통상공동소송의 성질상 분리확정되는 것과 다르다.[2]

8. **채무자의 제3채무자에 대한 소송계속중** 불특정 채권의 채권자는 채무자의 소송에 법률상 이해관계가 있다고 할 수 없으니 채무자에게 단순보조참가도 할 수 없으며, 채권자가 기판력을 받는 것도 아니므로 공동소송적 보조참가도 허용되지 않는다. 그러나 특정채권의 채권자는 소송결과에 이해관계가 있으면 보조참가가 가능하다.

9. **채권자대위소송 중에 채무자가 참가**하는 경우 판례에 의하면 채무자가 대위소송을 제기한 채권자의 민법 405조 통지, 소송고지 등에 의하여 대위소송계속을 안 경우에는 판결의 효력이 미친다고 보고 있다. 판례는 채무자의 가능한 참가형태에 관하여 명확하지는 않으나 소위 공동소송적 참가 등을 할 수 있다고 한다.[3]

채권자대위소송을 병행형으로 파악하게 되면 채무자의 제3채무자에 대한 이행의 별소나 채권자대위의 소에의 공동소송참가는 신소제기에 해당하고 대위소송과 실질적으로 동일한 소이므로 중복소송에 해당하여 부적법하다고 보게 된다.

그러나 채무자가 채권자대위소송에 참가하는 경우 채무자는 민법 제405조 2항에 의하여 채권에 관한 처분권이 없어서 당사자적격이 없으므로(갈음형) 제소에 해당하는 공동소송참가는 할 수 없고 공동소송적 보조참가할 수 있다고 본다.

한편 나아가 이와 같이 채무자가 소제기를 할 수 없다고 한다면, 대위권행사를 다투기 위하여 **권리주장참가**도 할 수 없는지 문제가 될 수 있다. 이 경우 독립당사자신청을 받아들이되 심리결과 채권자의 피담보채권이 존재하여 채권자가 소송수행권을 갖는 것으로 판명되면 채무자는 대위채권에 대한 당사자적격을 상실하게 되는 것이므로 그 참가는 부적법 각하되지만, 채권자가 피담보채권이 부존재하여 소송수행권을 갖지 않는 것으로 판명되면 채무자는 그 소송

---

1) 대판 91다23486
2) 대판 73다374.
3) 대판 74다1664.

수행권을 상실하지 않아 그 참가는 적법한 것으로 처리하면 될 것이다.[1]

채권자대위소송에 채무자가 **사해방지참가**하는 경우 사해의사설에 의할 경우 채권자와 제3채무자간에 사해의사가 인정되면 허용된다고 할 것이다.

10. **채권자대위소송중 다른 채권자의 참가형태에 관하여** 판례는 채무자가 대위소송제기를 알았을 경우 채권자대위소송의 채권자끼리는 기판력을 받는다고 보고 있으므로,[2] 채무자가 대위소송에서 증언을 하는 등 대위소송을 알고 있는 경우에는 채권자들의 소송의 목적은 합일확정될 필요가 있고 다른 채권자는 공동소송참가할 수 있다.

11. **대위소송에 관한 종국판결이 있은 후 그 소가 취하된 때에는 채무자도 재소금지규정의 적용을 받는지에 관하여** 판례에 의하면 채무자가 대위소송 사실을 알았던 경우에는 기판력이 미치므로, 대위소송의 종국판결이 있은 후 취하된 때에는 피대위자인 채무자도 재소금지규정의 적용을 받는다.[3]

12. **채권자대위소송의 기판력이 채무자가 제3채무자를 상대로 제기할 소송에 미치는지에 관하여** 판례에 의하면 채무자가 소송제기 사실을 알게 된 경우 기판력이 미치게 되고[4] 채무자가 제3채무자에게 동일한 소를 제기하는 경우 판례의 모순금지설에 의하면 대위소송의 승패에 따라 각하 또는 기각판결을 받을 것이다. 그러나 채무자가 대위소송이 제기된 사실을 모르면 대위소송의 기판력이 채무자에게 미치지 않는다. 채권자대위권에 의한 소송의 판결의 효력이 채무자에게도 기판력이 미친다는 의미는 채권자대위소송의 소송물인 피대위채권의 존부에 관하여 채무자에게도 기판력이 인정된다는 것이고, 채권자대위소송의 소송요건인 피보전채권의 존부에 관하여는 당해 소송의 당사자가 아닌 채무자에게 기판력이 인정된다는 것은 아니다. 따라서 채권자가 채권자대위권을 행사하는 방법으로 제3채무자를 상대로 소송을 제기하였다가 채무자를 대위할 피보전채권이 인정되지 않는다는 이유로 소각하 판결을 받아 확정된 경우 그 판결의 기판력이 채권자가 채무자를 상대로 피보전채권의 이행을 구하는 소송에 미치는 것은 아니다.[5] 한편 대위소송이 채권자의 독자적인 권리라는 입장에서는 당사자와 소송물이 다르므로 기판력이 미치지 않는다고 보게 된다.

13. **채무자가 원고가 되어 제3채무자를 상대로 제소하여 판결이 확정된 경우 후소인 채권자대위소송에 미치는지에 관하여** 채권자가 대위권을 행사할 당시 이미 채무자가 그 권리를 재판상 행사하였을 때에는 설사 패소의 확정판결을 받았더라도 채권자는 채무자를 대위하여 채무자의 권리를 행사할 당사자적격이 없다.[6] 이는 채권자대위소송의 채무자의 권리불행사 요건이 흠결되어 소각하판결을 하며 피대위채권의 존부 문제가 아니다.

그러나 **이미 제3채무자가 채무자를 상대로 제소하여 판결 확정된 후 채권자대위소송**이 제기되면, 제3채무자와 채무자간의 전소의 기판력은 채권자대위소송에 기판력이 미치게 되어 모순금지설에 따라 전소에서 채무자가 승소하였으면 후소인 채권자대위소송은 권리보호이익이 없어 각하하고, 전소에서 채무자가 패소하였으면 모순금지에 의하여 대위소송은 청구기각하게 된다.[7]

1) 한충수, 477.
2) 대판 93다52808.
3) 대판 93다20177.
4) 대판(전합) 74다1664. 위 다수의견에 대하여 대위소송 진행을 채무자가 알든 모르든 기판력이 미친다는 반대의견이 있다.
5) 대판 2011다108095.
6) 대판 92다32876.
7) 대판 87다카2478; 76다1488.

14. **대위소송의 기판력은** 판례에 의하면 채무자가 대위소송 사실을 알게 된 경우 다른 채권자들도 기판력을 받는다.[1] 채권자가 채권자대위권을 행사하는 방법으로 제3채무자를 상대로 소송을 제기하였다가 채무자를 대위할 피보전채권이 인정되지 않는다는 이유로 소각하 판결을 받아 확정된 경우 제3채무자가 채권자를 상대로 한 소송에서 채권자가 피보전채권의 존재를 주장하는 것은 위 확정판결의 기판력에 저촉된다.

15. **채권자의 채무자에 대한 패소판결이 확정된 경우 채권자의 채권자대위소송은 적법한지에 관하여** 이 경우에는 채권자가 채무자에 대하여 동일한 청구원인으로 다시 소유권이전등기절차의 이행을 구할 수 있는 것도 아니므로, 채권자로서는 채무자의 제3자에 대한 권리를 대위행사함으로써 위 소유권이전등기청구권을 보전할 필요가 없게 되었으므로 채권자의 채권자대위소송은 부적법한 것으로서 각하되어야 한다.[2] 이는 보전의 필요성이 없어서 각하되는 것이지 단순히 기판력 저촉으로 각하되는 것이 아니다.

16. 채권자대위권을 행사하여 채권자가 제3채무자에게 그 명의의 소유권보존등기나 소유권이전등기의 말소절차를 직접 자기에게 이행할 것을 청구하여 승소하였다고 하여도 그 효과는 원래의 소유자인 채무자에게 귀속되는 것이니, 법원이 채권자대위권을 행사하는 **채권자에게 직접 말소등기 절차를 이행할 것을 명하였어도 이는 적법하다.**(대판 95다27998).

≪질문≫ 채권자대위소송 계속중 채무자가 대위소송을 제기한 채권자의 민법 제405조 통지, 소송고지 등에 의하여 대위소송계속을 안 경우에는 채권에 관한 처분권이 없으므로(갈음형) 제소에 해당하는 공동소송참가는 할 수 없다고 한다면, **채권자의 피보전채권의 부존재를 주장하면서 대위권행사를 다투기 위하여 독립당사자의 권리주장참가도 할 수 있는가?**

[답변] 이 경우 독립당사자신청을 받아들이되 심리결과 채권자의 피담보채권이 존재하여 채권자가 소송수행권을 갖는 것으로 판명되면 채무자는 대위채권에 대한 당사자적격을 상실하게 되는 것이므로 그 참가는 부적법 각하하고, 채권자가 소송수행권을 갖지 않는 것으로 판명되면 채무자는 그 소송수행권을 상실하지 않아 그 참가는 적법한 것으로 처리할 수 있다.

제5절 당사자의 변경

당사자가 바뀌는 당사자변경은 새로운 당사자가 전 당사자의 지위승계를 승계하지 아니하는 임의적 당사자변경인 피고경정, 필수적 공동피고인 추가, 예비적·선택적 공동소송인 추가가 있고, 당사자의 지위를 승계하는 당연승계와 특정

---

1) 대판 93다52808.
2) 대판 2000다55171.

승계(참가승계·인수승계)가 있다.

```
            종전 당사자 지위승계 無 → 임의적 당사자변경: 피고경정(260), 필수적 공동피고인
              ↗                              추가(68), 예비적·선택적 공동소송인 추가(70, 68).
   당사자변경
              ↘ 지위승계 有 → 소송승계 → 당연승계
                                        ↘ 특정승계: 참가승계(81), 인수승계(82).
```

제1관   임의적 당사자의 변경

I. 의 의

(1) 임의적 당사자의 변경(任意的 當事者의 變更)은 당사자의 의사에 의해 종전의 원고나 피고에 갈음하여 제3자를 가입시키거나 종전의 원고나 피고에 추가하여 제3자를 가입시키는 것으로 당사자적격의 승계가 없는 점에서 소송승계와 디르디.

(2) 종래의 판례는 死者나 당사자능력이 없는 자를 당사자능력자로 바꾸는 당사자표시의 정정 외에 당사자의 동일성이 상실되는 임의적 당사자의 변경은 원칙상 허용하지 않았다.

(3) 학설은 임의적 당사자의 변경을 당사자지위의 승계가 없는 당사자의 변경으로 보고 당연히 허용되는 것으로 보았다.

(4) 현행법에서는 필수적 공동소송인의 추가(68), 피고의 경정(260, 261), 예비적 선택적 공동소송인의 추가(70, 68)를 규정하고 있다.

II. 성 질

임의적 당사자변경을 허용한다면 그 법적 성질에 관하여 논의가 있다.

(1) **소의 변경설**은 당사자의 변경을 소 변경의 일종으로 파악한다.

(2) **특수행위설(소송속행설)**은 구당사자의 소송수행의 결과를 신당사자에게 미치게하는 이론구성으로서 구당사자의 절차와 신당사자의 절차를 소송법상 하나의 단일현상으로 파악한다. 독일의 다수설이다.

(3) **신소제기·구소취하설(복합설複合說)**은 신당사자에 대하여는 신소의 제기이고 구당사자에 대하여는 구소의 취하이며, 이 두개의 복합적 소송행위라고 본다. 우

리나라 다수설이다. 현행법은 신소제기·구소취하설을 입법화하였다고 해석된다
(68 ③, 260, 261).

Ⅲ. 법률상의 임의적 당사자의 변경

1990년 개정 민사소송법에서 허용한 임의적 당사자변경은 피고의 경정, 필수
적 공동소송인의 추가이다. 특색은 원고의 신청에 의해서만 당사자를 변경할 수
있도록 하고 피고나 제3자의 신청권을 인정하지 않으며, 제1심에 변론종결 전까
지만 허용된다는 점이 있다.

1. 피고의 경정

(1) 의 의

피고의 경정(更正)은 원고가 피고를 잘못 지정함이 분명한 때 원고의 신청에
의하여 법원의 결정으로 피고를 변경하는 것이다(260).

(2) 요 건

(가) 피고 경정은 원고가 피고를 잘못 지정함이 분명한 때

판례는 청구취지·원인의 기재자체로 원고가 법률평가를 그르치거나 법인격
에 착오가 있어 피고를 잘못 지정한 것이 명백한 때로 한정하고 뒤에 증거조사결
과 판명된 사실관계에 의하여 비로소 피고를 잘못 지정한 것이 밝혀진 경우는 피
고경정을 할 수 없다고 본다.[1] 이에 대하여 비용과 효율면에서 허용할 것이며 더
나아가 원고가 잘못 지정된 경우에도 신원고의 동의가 있으면 허용되어야 한다는
견해가 있다.[2]

(나) 교체 전후 간 소송물이 동일할 것.[3]

(다) 피고가 본안에 관하여 응소한 때에는 피고의 동의가 있을 것(260 ① 단
서) 등을 요한다.

(3) 신청절차

피고경정은 신소제기와 구소취하의 실질을 가지므로 원고가 서면으로 신청
하고(260 ②) 법원은 결정으로 허가 여부를 재판한다(261 ①). 경정허가결정에 대해
서는 원칙적으로 불복할 수 없지만, 동의권 가진 피고는 구소 취하에 부동의 하였

---

1) 대결 97마1632.
2) 이시윤, 812.
3) 이시윤, 813.

다는 것을 사유로만 즉시항고 할 수 있다(261 ③).

(4) 효 과

피고경정허가 결정이 있으면 종전의 피고에 대한 소는 취하 간주된다(261 ④). 피고경정되는 경우 새 피고에 대한 소 제기이므로 시효중단·기간준수효과는 경정신청서 제출시 발생한다(265). 종전 피고의 소송행위는 신당사자의 원용이 없으면 그에게 효력이 미치지 않는다. 다만 신당사자가 경정에 동의하거나 실질상 구소송절차에 관여하여 절차보장이 된 경우에는 원용이 없어도 소송수행의 결과는 그에게 미친다고 볼 것이다.[1]

2. 고유필수적 공동소송인의 추가

> **제68조(필수적 공동소송인의 추가)** ① 법원은 제67조제1항의 규정에 따른 공동소송인 가운데 일부가 누락된 경우에는 제1심의 변론을 종결할 때까지 원고의 신청에 따라 결정으로 원고 또는 피고를 추가하도록 허가할 수 있다. 다만, 원고의 추가는 추가될 사람의 동의를 받은 경우에만 허가할 수 있다.

(1) 의 의

(가) 고유필수적 공동소송의 추가는 고유필수적 공동소송인 일부가 누락된 경우 누락된 원고와 피고를 추가하는 것이다(68).

(나) 이는 공동소송인이 될 당사자를 누락시킨 경우에는 당사자적격이 없어서 그 소는 부적법하여 각하될 수 있는데 이 경우 원고는 누락된 당사자를 필수적 공동소송인에 포함시켜 다시 제소하는 불이익을 막기 위하여 누락된 당사자의 추가를 인정하게 하여 소송경제를 도모하고자 한 것이다.

(2) 요 건

(가) 고유필수적 공동소송인 중 일부가 누락된 경우이어야 한다. 예컨대 공유물분할청구의 소에서 원고가 상대방 중 공유자 일부를 누락한 경우이다. 유사필수적 공동소송이나 통상공동소송에서는 일부 공동소송인을 누락해도 당사자적격의 흠의 문제가 생기지 않으므로 해당되지 않는다.

(나) 제1심 변론종결전 이어야 한다. 항소심에서는 허용되지 않는다(68① 본문).

(다) 공동소송의 요건을 갖추어야 하며 원고측 추가시 신당사자 동의 필요하다(68① 단서). 이는 신당사자의 절차적 기본권보장을 위한 것이다.

---

1) 이시윤, 813.

(3) 신청과 허가 여부의 재판

(가) 추가된 당사자 사이에 신소의 제기이므로 서면에 의해 신청해야 하고 (소액사건에서는 구술로 신청가능), 원고의 추가신청에 대해 법원은 결정으로 허부를 재판하고(68 ①) 허가결정이 있으면 허가결정서의 정본을 모든 당사자에게 송달하고 추가될 당사자에게 소장부본도 함께 송달해야 한다(68 ②).

(나) 허가결정에 대해서는 원칙상 불복할 수 없으나 추가될 원고가 부동의했다는 것을 사유로 이해관계인의 즉시항고가 허용된다(68 ④). 추가신청의 기각결정에 대하여는 즉시항고할 수 있다(68 ⑥).

(4) 효　과

(가) 처음 소가 제기된 때에 추가된 당사자와의 사이에 소가 제기된 것으로 보기 때문에 시효중단·기간준수의 효과는 처음 제소시에 소급하여 발생한다(68 ③).

(나) 종전의 공동소송인의 소송수행의 결과는 유리한 소송행위인 범위 내에서 신당사자에게도 효력이 미친다.

3. 예비적·선택적 형태의 공동소송인으로의 추가(70, 68)

단일소송이 계속중에 예컨대 피고적격자가 불확실하여 예비적 피고를 추가하는 것처럼 소송상황에 적합한 소송수행과 분쟁의 1회적 해결을 위하여 제68조의 규정에 의해 새로운 당사자를 예비적 또는 선택적으로 추가하여 예비적·선택적 공동소송으로도 바꿀 수 있다(70 ①).

제2관　소송승계

I. 소송승계의 의의

(1) 소송승계(訴訟承繼)는 소송계속중 소송의 목적인 권리관계의 승계가 있어서 변 승계인이 종래 당사자의 지위(당사자 적격)를 승계받는 것이다. 법원은 이를 전제로 상대방과 승계인간에 심판을 하여야 한다.[1]

(2) 소송승계는 실체관계의 변동을 소송에 반영하여 기존의 소송상태를 존중

---

[1] 종전의 제소에 의한 시효중단, 기간준수의 효력, 종전 변론·증거조사·중간판결 등은 모두 새 당사자와의 소송에서도 효력을 가진다. 변론종결 전의 승계인은 소송을 승계받고 변론종결 후의 승계인은 기판력을 승계받게 된다.

하면서 새 당사자와의 사이에서 분쟁해결을 꾀하려 것이다.

(3) 당사자 지위와 관계없이 새로운 제3자가 소송에 가입하는 임의적 당사자의 변경과 구별된다. 소송승계의 형태로는 당연승계, 소송물의 양도에 의한 승계가 있고 이는 다시 참가승계와 인수승계로 나뉜다.

Ⅱ. 당연승계(포괄승계)

1. 사 유

당연승계의 사유로 당사자의 사망(233), 법인 등의 병합에 의한 소멸(234), 당사자인 수탁인의 임무종료(236), 일정한 자격에 기하여 당사자가 된 자의 자격상실(237①), 선정당사자의 소송 중에 선정당사자 전원의 사망 또는 그 자격의 상실(237②), 파산의 선고 또는 파산절차의 해지(239, 240) 등이 있다.

2. 소송상의 취급

(1) 당연승계 여부

당연승계의 사유가 발생하면 다수설은 법률상 당연히 소송당사자가 바뀌며 소송절차를 중단시키고 수계절차를 밟도록 한다.[1] 그러나 당연히 승계되는 것이 아니라 수계절차를 밟아서 당사자로 표시되어야 당사자가 변경된다는 소수설이 있다.[2] 소수설은 오늘날 형식적 당사자 개념을 관철하고 상속인 중 상속포기한 자도 있으므로 상속에 의하여 당연히 승계되는 것은 아니라고 하나, 제238조 규정해석상 소송대리인이 있으면 소송절차는 중단되지 않는다고 할 것이다.

(2) 수계신청에 대한 재판

(가) 수계신청은 승계인 자신이나 상대방이 하고, 신청이 있으면 법원은 승계인적격 여부를 직권조사하여 적격자가 아님이 밝혀지면 결정으로 수계신청을 기각한다(243①). 승계인적격이 인정되면 명시적 결정 없이 승계인의 소송관여를 허용한다. 재판이 속행된 뒤 승계적격 없음이 판명된 경우에도 신청을 기각한다(243①).

(나) 이 규정에 불구하고 변론을 거친 경우이므로 소각하판결해야 한다는

---

[1] 소송승계와 현실의 소송수행자가 교체되는 경우를 고려하는 소송절차의 중단·수계는 별개의 관념이다. 따라서 당사자의 교체로 소송승계가 없더라도 소송수행자가 바뀌는 경우(법정대리권 소멸 등)는 중단사유로 되고, 당사자의 교체가 있더라도 현실의 소송수행자가 바뀌지 않는 경우(소송대리인이 있는 경우)는 중단사유가 되지 않는다.

[2] 호문혁, 937.

견해와[1] 수계재판을 취소하고 신청을 각하해야 한다는 판례가 있다.[2]

(3) 소송절차 중단 여부

당연승계사유가 있어도 소송대리인이 있으면 절차가 중단되지 않으며 그 대리인은 구당사자의 이름으로 소송을 수행하게 되지만(238), 실질상 승계인의 대리인이라 할 것이다. 다만 집행을 위해서는 승계인 명의의 승계집행문을 부여받아야 한다(민집 31).

Ⅲ. 특정승계

≪사례≫ 甲이 무단점유자인 乙을 상대로 소유권에 기하여 토지인도청구의 소를 제기하였는데, 乙은 위 소송 중 점유취득시효완성을 원인으로 한 소유권이전등기청구의 반소를 제기하였다. 그런데 소송중 甲은 A에게 이 사건 토지의 소유권을 이전하여 주었고, 乙은 B에게 이 사건 토지를 점유를 이전하여 주었다.

[1] 이 경우 A는 B를 본소청구의 본소피고로 인수승계신청을 할 수 있는가?
[2] 乙은 A를 반소청구의 반소피고로 인수승계신청할 수 있는가?

1. 의 의

특정승계는 소송계속중 소송물인 권리관계 및 계쟁물이 타인에게 승계되어 당사자를 변경하는 것이다. 이는 실체법상의 권리관계의 변동을 소송절차에 반영하고 피승계인이 형성하였던 소송상태의 지위를 승계인이 인계하여 상대방 당사자의 기득적 지위를 보호하고, 소송경제와 공평를 도모하기 위해서이다.

2. 입법례와 현행법의 태도

(1) 로마법과 독일 보통법시대에는 소송계속중의 혼란을 피하기 위하여 소송물의 양도를 금지하였으나 현행법체제는 양도허용주의 입장이다. 이에 관하여 특정승계가 있어도 종전 당사자가 소송물 등 양수인의 소송수행자로서 절차에 참여하고 판결의 효력이 양수인에게 미치게 하는 당사자항정恒定주의로서 독일 민사소송법(ZPO)이 취하고 있고, 실체법상 양수인은 소송에서도 피승계인의 지위를 승계받는 것을 인정하는 소송승계주의가 있다. 당사자항정주의는 실체법상 양수인이 소송에 참여할 수 없어 자신의 권리보호에 충분할 수 없는 문제점이 있고,

---

[1] 이시윤, 817.
[2] 대판 80다1895.

소송승계주의는 소송승계절차를 밟지 못한 경우 판결의 효력이 양수인에게 미치지 못하므로 상대방은 양수인을 상대로 다시 소를 제기하여야 하는 소송불경제의 문제점이 있다.

(2) 현행법은 승계인이 자발적으로 참가하는 참가승계(81)와 종전 당사자가 승계인을 강제로 끌어들이는 인수승계(82)를 인정하여 소송승계주의를 채택하고 있다. 소송승계주의에서는 위와 같은 문제점을 시정하기 위하여 종전 당사자에게 가처분제도, 예고등기제도, 추정승계인제도 등을 두고 있다.

3. 특정승계의 요건

(1) 타인간의 소송계속중이어야 한다. 소송계속 이전이거나 이후이면 소송승계의 문제가 아니다.

(2) 소송물의 승계가 있어야 한다. 승계원인으로 매매·증여 등의 임의처분, 전부명령·매각허가결정 등의 집행처분, 변제자대위 등 법률규정에 의한 이전, 일부양도 포함한다(81).

(3) 당사자적격의 변동 여부

(가) 소송승계가 있으면 종전 당사자가 당사자적격을 상실하고 신당사자가 이를 취득한다. 승계인의 범위와 관련하여 제81조와 제82조의 소송승계인은 제218조의 변론종결 후의 승계인에 준하여 통일적으로 파악하고[1] 소송물인 채권의 양도 또는 채무의 면책적 인수 및 계약인수(계약당사자로서의 지위이전)[2]의 경우뿐만 아니라 소송목적물 즉 건물철거소송에서 계쟁물인 건물 그 자체의 이전적·교환적 승계도 포함시키는 적격승계설(適格承繼說)이 통설·판례이다.[3]

(나) 이에 대하여 소유권이전등기말소청구의 소가 계속중에 생긴 새로운 등기명의를 이전받거나 토지임대차종료에 기한 임대토지반환청구권으로서의 건물철거소송 중에 철거대상 건물의 일부를 임차하거나 중첩적 채무인수한 경우와 같이 설정적·추가적 승계까지 분쟁의 1회적 해결과 소송경제를 위하여 소송승계로 인정하는 분쟁주체지위승계설이 주장되고 있다.[4]

(다) 판례는 소송당사자가 제82조의 규정에 의하여 제3자로 하여금 그 소송

---

1) 제81조와 제82조의 소송승계인은 생성중인 기판력 즉 소송을 승계하고, 제218조는 완성된 기판력을 승계하는 자라고 본다.
2) 대판 2007다31990.
3) 대판 2000다42786.
4) 정동윤·유병현, 982.

을 인수하게하기 위하여서는 그 제3자에 대하여 인수한 소송목적된 채무이행을 구하는 경우에 허용되고 그 소송의 목적된 채무와는 전혀 별개의 채무의 이행을 구하기 위한 경우에는 허용될 수 없으므로 소송의 목적된 건물의 철거채무와는 전혀 별개인 건물에 관한 각 등기의 말소채무의 이행을 구하는 신청은 부적법하다고 판시하여,[1] 추가적·설정적 승계를 인정하지 않고 있다. 나아가 판례는 채권적 청구권에 기한 부동산 소유권이전등기청구의 소송계속중 소유권이전등기(또는 근저당설정등기)가 피고로부터 타인 앞으로 경료되었어도 이는 제82조 1항의 그 소송목적인 채무를 승계한 때에 해당한다고 할 수 없고 위 타인 명의의 등기말소를 구하기 위한 소송인수는 허용되지 않는다고 판시하여 채권적 청구권에 기한 소송에서 소송물승계를 인정하지 않고 있어서 승계의 범위를 제한하고 있다.[2]

(라) 검토컨대 적격승계설은 기판력판단과 소송승계에 있어 승계인 판단하는데 있어 공통적으로 문제되고 소송상 목적인 권리 의무의 전부 또는 일부의 승계라는 제81조의 문언에 불구하고 권리의무의 객체인 계쟁물의 승계까지 포함하고 있다. 다만 적격승계설에 의할 경우 원칙적으로 소송상 계쟁물 자체의 승계만을 원칙적으로 인정하고 계쟁물의 일부 임차인 같은 추가적 경우를 포함할 수 없기 때문에 분쟁주체지위이전설이 등장했으나 승계를 인정하는 한계가 불분명한 파생·추가된 분쟁까지 하나의 소송에서 심리할 경우 심리의 대상을 불분명하게 하고 심리를 복잡하게 할 여지가 있으므로 적격승계설이 무난하다고 할 것이다.

4. 특정승계의 방식과 절차

(1) 참가승계

> **제81조(승계인의 소송참가)** 소송이 법원에 계속되어 있는 동안에 제3자가 소송목적인 권리 또는 의무의 전부나 일부를 승계하였다고 주장하며 제79조의 규정에 따라 소송에 참가한 경우 그 참가는 소송이 법원에 처음 계속된 때에 소급하여 시효의 중단 또는 법률상 기간준수의 효력이 생긴다.

(가) 의 의

소송계속중 소송의 목적인 권리·의무의 전부나 일부의 승계인이 독립당사자참가의 방식으로 자발적으로 참가하여 새로운 당사자가 되는 것이다(81).

(나) 참가신청방식

참가승계신청은 소제기에 해당하여 피신청인이 신청인의 승계주장사실을

---

1) 대결 71다726.
2) 대결 80마283; 대판 92다25151.

다투는 경우에는 소장에 준하는 인지를 붙여야 한다(민인 6 ②).

신청권자는 권리·의무의 승계인이고 참가신청형식은 독립당사자참가와 동일하나 소송승계가 있어서 참가하는 점이 승계가 없는 독립당사자참가와 다르다.

(다) 신청효과

참가승계신청을 하면 시효중단, 기간준수효과는 당초 소제기시에 소급한다. 前主(피승계인)의 소송상 지위를 승계하므로 참가시까지 전주가 한 소송수행결과에 구속된다.

(라) 참가승계신청에 대한 심판

참가승계요건은 직권심사하여 부적법하면 본래의 소송과 분리하여 판결로 참가신청을 각하할 수 있고, 본안에 관한 심리결과 승계가 인정되지 않은 경우 청구기각판결한다.

(2) 인수승계

> 제82조(승계인의 소송인수) ① 소송이 법원에 계속되어 있는 동안에 제3자가 소송목적인 권리 또는 의무의 전부나 일부를 승계한 때에는 법원은 당사자의 신청에 따라 그 제3자로 하여금 소송을 인수하게 할 수 있다. ③제1항의 소송인수의 경우에는 제80조이 규정 가운데 탈퇴 및 판결의 효력에 관한 것과, 제81조의 규정 가운데 참가의 효력에 관한 것을 준용한다

(가) 의 의

인수승계는 소송계속중 소송의 목적인 권리·의무의 전부나 일부가 승계된 경우 종전 당사자의 인수신청에 의하여 승계인인 제3자를 신당사자로 소송에 강제로 끌어들이는 제3자의 소송인입이다(82). 점유이전금지가처분 또는 처분금지가처분과 같이 채무자의 피고적격을 항정(恒定)시켜 놓은 경우에는 인수승계시킬 필요 없다.[1]

(나) 인수인의 범위

의무승계인, 권리양수인도 포함된다. 권리승계인도 자기측의 승소가능성이 낮으면 참가를 꺼릴수 있으므로 피승계인의 상대방에 의한 인수승계가 가능하다.

(다) 인수승계의 원인

1) 교환적 인수

소송의 목적인 채무 자체를 제3자가 면책적 인수한 경우이다.

---

[1] 점유이전금지가처분채권자는 가처분 자체의 효력으로 새로운 점유자를 상대로 직접 퇴거를 강제할 수 없고 본안판결을 받은 후 집행단계에서 승계집행문(민집 31)을 부여받아 그 제3자의 점유를 배제할 수 있다. 부동산 처분금지가처분권자는 본안 승소판결로 인한 소유권이전등기신청을 하면서 가처분등기 후에 경료된 가처분 내용에 위반된 소유권이전등기말소신청을 동시에 해야 한다.

2) 추가적 인수

추가적 인수는 토지소유자가 가건물철거청구소송 중 가건물 소유자인 피고가 그 건물에 제3자를 입주시킨 경우 입주자도 피고로 삼아 그에 대한 퇴거청구하기 위하여 인수신청하거나 소유권이전등기말소청구의 소가 계속중에 새로운 등기명의자가 생긴 경우 등에 청구하는 경우로서 분쟁의 1회적 해결을 위하여 인정하는 견해가 있으나[1] 판례는 이러한 경우에 소송인수를 허용하고 있지 않다.[2]

(라) **신청절차**

1) 신청권자에 관하여 채무승계인도 인수승계를 할 수 있다는 견해가 있으나, 법문상 종전 당사자가 인수승계를 신청하여야 할 것이다(82 ①). 채무승계인은 제81조 1항에 의한 참가신청을 하여야 한다.

2) 신청방식은 서면 또는 말로 한다. 추가적 인수가 허용된다면 당사자교체와 인수인에 대한 청구취지, 청구원인을 새로 추가해야 한다.

3) 소송목적인 의무의 승계가 있다는 이유로 소송인수신청이 있는 경우 신청의 이유로서 주장하는 사실관계 자체에서 승계적격의 흠결이 명백하지 않는 한 인수신청을 인용하는 결정을 하여야 하고, 그 승계인에 해당하는가의 여부는 피인수신청인에 대한 청구의 당부와 관련하여 판단할 사항으로 심리한 결과 승계사실이 인정되지 않으면 청구기각의 본안판결을 하면 되는 것이지 인수참가신청 자체가 부적법하게 되는 것은 아니다.[3]

4) 신청각하결정에 대해서는 항고할 수 있으나(439), 인수결정은 중간적 재판이므로 독립하여 불복 할 수 없다.[4]

5. 특정승계의 효과

(1) 지위의 승계와 소송탈퇴

(가) 적법하게 승계한 신당사자는 종전 당사자(前主)의 소송상의 지위를 그대로 승계 받게 된다. 당초의 소제기에 의한 시효중단·기간준수의 효과도 신당사자에게 소급적으로 미친다(82 ③).

(나) 적법한 승계의 경우 종전 당사자는 통상 당사자적격을 상실하며 실체법상 권리자나 의무자가 아니므로 본안적격도 없게 된다. 따라서 종전 당사자는 소

---

1) 정동윤·유병현, 982.
2) 대판 71다726.
3) 대판 2003다66691.
4) 대판 81마357.

송에 이해관계가 있는 상대방의 동의를 얻어 소송탈퇴를 할 수 있다. 이 경우 법원은 승계인에 대한 청구에 대하여 심판한다. 소송에서 탈퇴하여도 판결의 효력은 탈퇴한 당사자에 미친다(80 단서).

(다) 그러나 승계가 부적법하거나 종전 당사자자가 승계의 효력을 다투는 경우, 소송탈퇴의 승낙 없는 경우에는 소송탈퇴가 없고 전주는 당사자적격을 잃지 않는다.

(2) 참가 후의 소송형태

(가) 권리·의무의 일부만 승계하거나 추가적 인수를 인정한다면 전주는 소송에서 탈퇴하지 않는다. 이들은 승계의 효력을 다투지 않는 한 새로 가입한 승계인과는 통상공동소송의 관계가 된다. 승계참가인이 승계참가신청을 하자 원고가 탈퇴를 신청하였으나 피고들의 부동의로 탈퇴하지 못한 경우에는 원고의 청구와 승계참가인의 청구는 통상의 공동소송으로서 모두 유효하게 존속하는 것이므로 법원은 원고의 청구 및 승계참가인의 청구 양자에 대하여 판단을 하여야 한다.[1]

(다) 종전 당사자가 승계의 효력을 다투며 탈퇴하지 않는 경우 누가 진정한 권리자인가에 관하여 다툼이 있으면 권리자합일확정의 독립당사자참가소송의 형태가 되므로 제79조를, 채무자가 누구인가가 다툼이 있으면 채무자합일확정의 예비적 공동소송형태가 되므로 제70조를 유추적용하여 재판의 통일을 기하여야 할 것이다.[2]

(3) 소송비용의 부담

소송승계가 있어도 소송비용부담은 승계되지 않고 승계 전후 각 당사자 개별적으로 정한다.

▨ **사례해설**

[1] 본소청구의 양수인 A는 계쟁물 양수인 B를 본소피고로 인수승계신청을 할 수 없다. 소송인수신청은 승계자인 A, B가 아니고 종전 당사자(甲, 乙)이 하여야 한다(82 ①).

[2] A는 소송물이 채권적 청구권에 기한 乙의 반소청구의 반소피고인데, 판례에 의하면 소송승계에서의 승계는 소송물이 대세효가 없는 채권적 청구권인 경우에서는 가능하지 않기 때문에[3] 계쟁물 양수인 B는 A를 반소청구의 반소피고로 인수승계신청할 수 없다. ▨

---

1) 대판 2002다16729.
2) 이시윤, 825; 김홍엽, 1040. 이와 달리, 권리자·의무자 측의 구분 없이 다툼 있는 경우 3면의 독립당사자참가소송이라는 견해(호문혁, 936), 승계에 대한 다툼에 관계 없이 참가승계의 경우에는 독립당사자참가형태로 인수승계의 경우에는 추가적 병합된 공동소송형태로 된다는 견해(정동윤·유병현, 985)도 있다.
3) 대결 80마283.

<선택형>

1. 채권자 甲은 채무자 乙에 대해 1억원의 대여원금 채권 및 지연손해금 채권을 갖고 있다. 채무자 乙이 변제기에 돈을 갚지 않자 甲은 乙을 상대로 대여원리금 반환청구의 소를 제기하였다. 그런데 甲은 소송진행 중 乙에 대한 채권 전액을 丙에게 양도하고 이를 채무자 乙에게 통지하였다. 다음 설명 중 옳지 **않은** 것은? (다툼이 있으면 판례에 의함)[1]

   ① 채무자 乙의 다른 채권자 A는 채권자 甲이 승소하면 자신이 추심할 수 있는 책임재산이 줄어든다는 것을 근거로 채무자 乙을 위해 보조참가를 할 수 있다.
   ② 대여원금 채권과 그 지연손해금 채권은 별개의 소송물이다.
   ③ 丙은 참가승계를 통해 甲의 소송상의 지위를 이어받을 수 있다.
   ④ 丙의 승계참가에 대해 원고 甲이 丙의 양수인의 지위를 다투면, 丙은 권리주장참가를 통해 자신의 권리를 주장할 수 있다.
   ⑤ 피고 乙이 채권양도사실을 다투는 경우 양도인이자 원고 甲은 양수인 丙을 예비적·선택적 공동소송의 공동원고로 추가할 수 있다.

2. 甲은 乙로부터 乙소유의 A토지를 건물소유의 목적으로 차임 월 100만원, 기간 5년으로 정하여 임차하였다. 그러나 A토지에는 丙이 乙로부터 A토지를 임차하여 가건물을 세워 거주하고 있고 차임을 2기 이상 연체하고 있다. 또한 A토지의 일부에는 丁이 폐기물을 놓아두고 불법으로 점유하고 있다. 이러한 사례에 관한 다음 설명 중 옳지 않은 것은? (다툼시 판례에 의함)[2]   [법전협 2013. 2차]

   ① 甲은 임차권에 기하여 丁에 대해 A토지의 인도를 청구할 수 없지만, 甲은 乙을 대위하여 丁에 대하여 A토지의 인도를 청구할 수 있다.
   ② 甲은 乙을 대위하여 임대차계약을 해지한 다음 丙에 대하여 이 사건 건물의 철거 및 A토지의 인도를 요구하고, 丙이 이에 응하지 아니하면 乙을 대위하여 丙을 피고로하여 건물철거 및 토지인도소송을 제기할 수 있다.
   ③ 甲이 丙에 대하여 채권자대위권에 기한 건물철거 및 토지인도청구소송을 제기한 후에 乙도 丙에 대하여 건물철거 및 토지인도청구소송을 제기하면 乙이 제기한 소는 부적법각하된다.
   ④ 甲이 丙에 대해 지문 ③에서의 소를 제기하고 그 계속중에 丙은 자신의 친구 戊에게 이 사건 가건물을 매각하고 인도하였다면, 甲은 戊에 대하여 소송인수를 신청할 수 있다.
   ⑤ 지문 ④에 戊는 의무를 승계한 것이므로 甲과 丙 사이의 소송에 스스로 참가승계를 할 수 없다.

3. 甲은 주식회사 乙을 상대로 "피고가 2014. 6. 10.에 한 액면 금 5,000원의 보통주식10,000주의 신주발행을 무효로 한다"라는 취지의 소를 2014. 11. 10. 제기하였다. 다음 설명 중 옳지 않은 것은? (다툼시 판례에 의함)[3]   [변호사 2015]

---

1) ① 법률상의 이해관계는 포함하지만, 사실적, 경제적, 감정적 이해관계는 허용되지 않는다(대판 99다26924). ② 대판 2004다40160. ③ 제81조 ④ 제81조, 제79조 ⑤ 제70조 1항, 제68조.
2) ⑤ 의무승계인도 참가승계할 수 있다. ① 甲은 임차권을 피보전채권으로 하여 乙의 소유권에 기한 방해배제청구권을 대위할 수 있다. ② 대판 88다카4253. ③ 乙의 후소는 甲의 제소에 대하여 중복소송에 해당하여 부적법각하된다. ④ 戊는 丙의 소송승계인이므로 甲은 소송인수를 신청할 수 있다(82).
3) ④ 제소기간준수 여부는 승계참가시기에 관계없이 당초 소제기시에 소급하여 발생한다(81). ① 신주발행의 무효는 주주·이사 또는 감사에 한하여 신주를 발행한 날로부터 6월내에 소만으로 이를 주장할 수 있다(상법

① 甲은 주주·이사 또는 감사에 한한다.
② 법령이나 정관의 중대한 위반 또는 현저한 불공정이 있어 그것이 주식회사의 본질이나 회사법의 기본원칙에 반하거나 기존 주주들의 이익과 회사의 경영권 내지 지배권에 중대한 영향을 미치는 경우로서 신주와 관련된 거래의 안전, 주주 기타 이해관계인의 이익 등을 고려하더라도 도저히 묵과할 수 없는 정도라고 평가되는 경우에 한하여 신주의 발행을 무효로 할 수 있다.
③ 甲은 위 소송계속중 2015. 1. 8.에 이르러 새로운 무효사유를 추가하여 주장할 수 없다.
④ 위 소송의 계속중 주주인 甲의 주식이 丙에게 양도되고, 丙이 명의개서절차를 거쳐 승계참가하는 경우에 그 제소기간의 준수 여부는 승계참가 시를 기준으로 판단하여야 한다.
⑤ 신주발행에 관한 이사회의 결의가 없거나 이사회의 결의에 하자가 있더라도 대표이사가 그 권한에 의하여 신주를 발행한 이상 신주발행의 효력에는 영향이 없다.

---

4. 甲이 乙을 상대로 A부동산에 관하여 점유시효취득(민법 제245조 1항)을 원인으로 한 소유권이전등기청구의 소를 제기하자 乙이 丙에게 A부동산에 관하여 증여를 원인으로 소유권이전등기를 마쳐주었다. 다음 설명 중 옳은 것은? (아래 각 지문의 내용은 상호 무관하고, 다툼시 판례에 의함)[1)]   [법전협 2015. 1차]

① 사실심 변론종결 전이라면 丙은 참가승계를 할 수 있다.
② 甲은 乙의 처분행위가 사해행위에 해당함을 이유로 乙에 대한 청구를 채권자취소청구로 변경할 수 있다.
③ 甲은 乙의 처분행위가 통정에 의한 허위표시라서 무효라는 이유로 丙을 상대로 소유권이전등기말소청구를 하기 위하여 인수승계할 수 있다.
④ 丙 명의의 소유권이전등기가 사실심 변론종결 후에 이루어진 것이라 하더라도 甲-乙 간 소송의 기판력은 丙에게 미치지 않는다.
⑤ 등기신청에 있어서는 등기명의인에게 당사자적격이 인정되므로, 법원은 직권으로 심리하여 변론종결일을 기준으로 乙이 더 이상 A부동산의 등기명의인이 아니라는 점이 인정된다면 소각하판결을 선고하여야 한다.

---

429). ③ 신주발행이 주식평등의 원칙에 위배되는 등 그 흠이 중대하고 명백하여 무효라는 주장은 상고심에 이르러 제기한 새로운 주장으로서 신주발행무효의 소의 출소기간이 경과한 후에 위와 같이 새로운 무효사유를 추가하여 주장하는 것은 허용되지 않는다(대판 2000다37326; 2005다77060). ⑤ 회사의 대표이사가 그 권한에 기하여 신주를 발행한 이상 신주발행은 유효하고, 회사의 내부적 의사결정에 불과한 이사회 결의 없이 또는 이사회 결의가 하자 있더라도 그 신주발행은 유효하다(대판 2005다77060).

1) ④. 실질설에 입각한 판례에 의하면 소유권이전등기를 명하는 확정판결의 변론종결 후에 그 청구목적물을 매수하여 등기를 한 제3자는 변론종결 후의 승계인에 해당되지 아니한다(대판 80다2217). ①과 ③ 丙은 甲과 乙 사이의 소송의 목적인 권리·의무를 승계한 것이 아니므로 참가승계나 인수승계할 수 없다. ② 채권자가 채권자취소권을 행사하려면 사해행위로 인하여 이익을 받은 자나 전득한 자를 상대로 그 법률행위의 취소를 청구하는 소송을 제기하여야 되는 것으로서 채무자를 상대로 그 소송을 제기할 수는 없으므로(대판 2004다21923), 乙에 대하여 채권자취소청구를 할 수 없음이 원칙이다. ⑤ 밀소된 등기에 대한 회복등기를 위한 경우는 회복등기의 무자만이 피고적격을 가지나(대판 2006다43903), 소유권이전등기의 경우 등기명의인에게 당사자적격인정되는 것은 아니다.

≪질문≫ 상계항변의 소송상 의의와 효과는 어떤가?

[답변] 1. **상계**는 상계권 행사자의 자동채권이 상대방의 수동채권과 상계적상에 있을 때 대등액에서 서로의 채권을 소멸시키는 일방적 의사표시로서 거래의 간소화, 자동채권에 대한 담보기능이 있다. 상계는 소송상·소송 외에서 할 수 있다. 소송외 상계는 실체법적으로 상계효과 발생하며, 소송 상 소구채권(수동채권)의 멸각사유이므로 이를 근거로 항변이 가능하다(민법 492). 소송상 상계는 실체법적으로도 소송법적으로도 상계효과가 발생하며, 상계항변이 있으면 법원은 그 존부의 판단을 판결이유에 설시하고 이에는 기판력이 발생한다(216 ②, 민법 492).

2. **소송에서 상계항변이 실기한 방어방법으로 각하되는 경우** 상계는 단독행위이므로 실기한 공격방어방법으로 각하되면 사법상 효과가 존속하는지에 관하여 학설에 따라 다르다. 병존설의 입장에 따를 때 소송법상 상계효과는 발생하지 않지만 사법상 상계의 효과는 존속한다.

3. **현재 계속중인 소송에서 상계항변으로 주장한 채권을 별소로 청구거나, 그 역으로 별소로써 구하고 있는 채권에 기하여 상계항변을 하는 경우** 상계항변은 판결이 확정된 경우 예외적으로 기판력이 발생하지만, 소송계속중에는 상계항변을 소송물로 볼 수 없으므로 상계항변 후 별소청구하거나 별소제기 후 후소에서 상계항변을 하더라도 이부, 이송, 변론병합으로 심리하는 것이 바람직하기는 하지만 그렇다고 중복소송에 해당하지 않아 적법하다.

4. **상계항변을 하면** 자동채권의 전액이 소구채권에 대항하는 경우 자동채권이 소멸하므로 시효중단을 논할 실익이 없다. 자동채권의 일부가 소구채권에 대항하는 경우, 자동채권 잔액은 존속하고 상계항변은 자동채권에 대한 적극적인 소송상 청구에 해당하므로 시효중단효가 있다고 보아야 한다.

5. **소송에서 상계항변을 주장할 수 있는 자**는 자동채권의 채권자만 주장할 수 있고, 공동소송인이나 대위채권자, 보조참가인 등은 행사할 수 없다고 보아야 한다.

6. **상계항변의 제출시기에 관하여** 상계항변이 출혈적 비상대응 수단이므로 조기제출을 기대하기는 어렵다. 그러나 고의적인 지연제출이거나 자동채권의 존재가 의심스러워 그 항변이 소송지연책으로 보이고 상계항변의 당부를 판단하기 위하여 새로운 증거조사가 필요하여 소송완결을 지연될 가능성이 있을 때에는 각하할 수 있다. 판례는 환송전 원심 소송절차에서 상계항변할 수 있었음에도 환송 후 원심소송절차에서 비로소 상계항변한 경우 이를 실기한 것으로 판시하였다.[1]

7. **상계는 독립된 공격방어방법으로서 중간판결의 대상이** 될 수 있다.

8. **상계항변한 경우 상계에 대한 판단**은 상계항변이 출혈적 비상대응 수단이므로 피고가 상계항변을 포함한 복수의 선택적 항변을 하는 경우 상계항변을 최후에 판단해야 한다.

9. **상계주장을 재항변으로 한 경우에도 기판력이 발생하는가** 즉, 피고의 동시이행항변에 대하여 원고의 재항변으로 상계주장을 하여 상계가 인정된 경우 상계하자고 대항한 액수에 대하여 기판력이 발생하지 않는다. 법원의 주요심리 대상은 원고의 요건사실과 이에 대응하는 피고의 항변들이다. 따라서 원고의 재항변으로 제출한 상계주장까지 기판력이 발생한다고 하면 피고의 항변에 기판력이 발생하게 되는 것처럼되고 법원의 심리에 큰 부담이 되기 때문이다.

---

1) 대판 2003다44387,44394.

10. **상계항변**은 단독행위이므로 의사표시가 상대방에게 도달한 이후에는 철회가 불가능하다. 법적안정성을 위함이다.

11. **소송상 상계항변에 대하여 실질적 판단을 받지 못한 경우** 판례는 상계항변은 통상 그 수동채권의 존재가 확정되는 것을 전제로 하여 행하여지는 일종의 예비적 항변으로서 소송상 상계의 의사표시에 의해 확정적으로 그 효과가 발생하는 것이 아니라 당해 소송에서 수동채권의 존재 등 상계에 관한 법원의 실질적 판단이 이루어지는 경우에 비로소 실체법상 상계의 효과가 발생한다(대판 2011다3329; 2013다95964)고 하여 신병존설적으로 판시하였다.

12. **피고의 소송상 상계항변에 대하여 원고가 다시 피고의 자동채권을 소멸시키기 위하여 소송상 상계의 재항변을 하는 경우**, 법원이 (원고의 소송상 상계의 재항변과 무관한 사유로) 피고의 소송상 상계항변을 배척하는 경우에는 소송상 상계의 재항변을 판단할 필요가 없고, 피고의 소송상 상계항변이 이유 있다고 판단하는 경우에는 원고의 청구채권인 수동채권과 피고의 자동채권이 상계적상 당시에 대등액에서 소멸한 것으로 보게 될 것이므로 원고가 소송상 상계의 재항변으로써 상계할 대상인 피고의 자동채권이 그 범위에서 존재하지 아니하는 것이 되어 이 때에도 역시 원고의 소송상 상계의 재항변에 관하여 판단할 필요가 없게 된다. 또한, 원고가 소송물인 청구채권 외에 피고에 대하여 다른 채권을 가지고 있다면 소의 추가적 변경에 의하여 그 채권을 당해 소송에서 청구하거나 별소를 제기할 수 있으므로 원고의 소송상 상계의 재항변은 일반적으로 이를 허용할 이익이 없다(대판 2013다95964 관리비반환 등).

13. **일부청구에 대하여 피고가 상계항변한 경우** 채권전체에서 상계를 하고 잔액이 일부청구액을 초과하는 경우 일부청구액 전부를 인용하고, 초과하지 않은 경우 일부청구와 상계 후 잔액 중 적은 범위에서 원고의 청구를 인용해야 한다.

14. 피고의 상계항변으로 원고 채권이 소멸하여 원고청구기각 판결을 하는 경우 상계항변으로 대항한 액수만큼 원고가 승소한 것과 마찬가지로 **소송비용에 관한 재판**을 한다.

15. **상계항변에 기판력이 미치는 이유**는 상계로 주장한 청구에 기판력을 인정하지 않으면, 소구채권에 관한 분쟁이 후소에서 반대채권에 관한 분쟁으로 모습만 바뀌어 반복되기에 전소판결이 무의미해지기 때문이다.

16. **상계항변에 대한 기판력의 객관적 범위**는 ① 자동채권이 판단된 경우에만 ② 수동채권이 소송물로서 심판되는 소구채권이거나 그와 실질적으로 동일한 경우 ③ 대항한 액수한도 내에서 기판력이 발생한다. 상계가 배척되든 인용되든 실질적으로 판단한 범위에서 발생한다.

17. **변론종결 이후에 상계권 행사한 경우** 변론종결 이후 새로운 사정이 생긴 경우에 해당하므로 청구이의의 소가 가능하다.

18. **예비적 상계항변으로 승소한 피고가 상소의 이익이 있는 이유**는 피고의 반대채권(자동채권)의 소멸로 원고의 청구를 저지하였으므로 상소하여 원고의 소구채권부존재 판결을 받을 상소이익이 존재한다.

19. **피고의 상계항변을 인정하여 반대채권이 존재함을 이유로 원고의 청구를 기각한 제1심판결에 대하여 원고만이 항소한 경우에는 항소심법원이 원고 주장의 소구채권이 부존재한다는 것으로 이유를 바꾸어 항소를 기각하는 것은** 불이익변경에 해당하므로 판결 이유를 변경하는 것은 허용되지 않는다. 비록 소구채권이 부존재한다고 하더라도 이유를 변경하지 아니하고 항소를 기각해야 한다.

20. **항소심에서 피고측이 한 상계항변이 인정되는 경우 불이익변경금지원칙의 예외가 적용**된다. 만약 원고청구 일부기각 판결에 대하여 원고만이 항소한 경우 항소심에서 피고의 상계항변이 받아들여져서 원고의 소구채권 전액이 소멸하였다고 인정된다면, 원고의 청구 전부를 기각할 수 있다. 원고로서는 비록 청구에 전부 패소하였지만 피고의 반대채권도 함께 소멸하였으므로 판결이 불이익하게 변경된 것이 아니기 때문이다.

<선택형>

1. **甲이 乙을 상대로 채권 1,000만원의 지급을 구하는 소송에서 乙이 甲에 대한 1천만원의 반대채권을 자동채권으로 상계항변을 한 경우를 전제로 하여 다음 중 옳은 것들은?**[1]   [법무부 2010]

   ① 판례에 따르면, 乙이 甲을 상대로 위 반대채권, 즉 1,000만원의 지급을 구하는 별도의 소를 제기하는 것은 부적법하여 허용되지 않는다.

   ② 위 소송에서 乙의 상계항변이 인정되더라도 이는 판결주문에 표시되지 않으므로 기판력이 생기지 않는다.

   ③ 甲의 乙에 대한 채권과 乙의 甲에 대한 반대채권이 모두 양자의 격투에 기한 손해배상채권인 경우에, 乙의 상계항변은 인용되어야 한다.

   ④ 乙의 甲에 대한 채권에 관하여 소멸시효가 완성되었다 하더라도, 그 완성 전에 상계적상에 있었다면, 乙의 상계항변은 인용되어야 한다.

   ⑤ 甲의 乙에 대한 채권과 乙의 甲에 대한 채권이 모두 매매계약의 해제에 따른 원상회복의무에 기한 것인 경우에, 양자 사이에 동시이행관계가 인정되므로, 乙의 상계항변은 인용될 수 있다.

2. **甲은 乙에게 과실로 인한 손해배상으로 3,000만원을 청구하는 이 사건 소를 제기하였고, 이에 대해 乙은 甲에 대하여 가지는 5,000만원의 대여금채권으로 상계한다는 항변을 하였다. 다음 중 옳지 않은 것은?** (다툼시 판례에 의함)[2]   [변호사 2012]

   ① 乙이 이 사건에서 위 상계항변을 제출할 당시 이미 甲을 상대로 위 대여금 5,000만원의 지급을 구하는 별소를 제기한 경우, 위 상계항변은 중복제소에 해당한다는 이유로는 배척되지 않는다.

   ② 이 사건 소송에서 乙의 상계항변이 인정되어 甲의 전부패소판결이 선고된 경우, 乙은 甲의 3,000만원의 손해배상채권이 원래부터 부존재함을 이유로 항소할 수 있다.

---

1) ④⑤. ④ 민법 제495조. ⑤ 상계의 대상이 될 수 있는 자동채권과 수동채권이 동시이행관계에 있다고 하더라도 서로 현실적으로 이행하여야 할 필요가 없는 경우라면 상계로 인한 불이익이 발생할 우려가 없고 오히려 상계를 허용하는 것이 동시이행관계에 있는 채권·채무 관계를 간명하게 해소할 수 있으므로 특별한 사정이 없는 한 상계가 허용된다(대판 2004다54633). ① 판례에 의하면 피고의 별소 제기가 중복소송에 해당하지 않는다(대판 2000다4050). ② 제216조 2항. ③ 민법 496조. 결투와 같이 상호 불법행위로 인한 손해배상채권인 경우 상계가 허용되지 않는다(대판 93다38444).

2) ④. 당사자 쌍방의 채무가 서로 상계적상에 있다 하더라도 그 자체만으로 상계로 인한 채무소멸의 효력이 생기는 것은 아니고, 상계의 의사표시를 기다려 비로소 상계로 인한 채무소멸의 효력이 생기는 것이므로, 채무자가 채무명의인 확정판결의 변론종결 전에 상대방에 대하여 상계적상에 있는 채권을 가지고 있었다 하더라도 집행권원인 확정판결의 변론종결 후에 이르러 비로소 상계의 의사표시를 한 때에는 제505조 2항이 규정하는 '이의 원인이 변론종결 후에 생긴 때'에 해당하는 것으로서, 당사자가 채무명의인 확정판결의 변론종결 전에 자동채권의 존재를 알았는가 몰랐는가에 관계없이 적법한 청구이의 사유로 된다(98다25344).

③ 만약 乙의 위 대여금채권 성립 전에 甲의 채권자 丙에 의하여 甲의 위 손해배상채권이 가압류 되고 그 가압류결정이 乙에게 송달되었다면, 乙은 丙에게 위와 같은 상계로 대항할 수 없다.

④ 만약 이 사건 소송에서 乙의 상계항변 없이 甲의 승소판결이 확정된 경우, 그 후 乙의 상계권 행사를 허용한다면 甲이 위 확정판결에 기하여 강제집행할 수 있는 지위가 무너지게 되어 부당하므로, 乙은 상계권을 행사하여 甲의 집행을 저지할 수 없다.

⑤ 만약 법원이 이 사건 소송의 심리결과 수동채권인 甲의 손해배상채권액은 5,000만원, 자동채권인 乙의 대여금채권액은 1,000만원이라는 심증을 형성하였다면, 이 사건 청구에 대하여 3,000만원 전부를 인용하는 판결을 하게 된다.

---

3. 상계에 관한 설명 중 옳지 않은 것을 모두 고른 것은? (다툼시 판례에 의함)[1]   [변호사 2015.]

① 채권자가 직접 채무자에게 금전을 대여하여 생긴 대여금채권에 대해 소멸시효가 완성되었다 하더라도 그 완성 전에 상계할 수 있었던 것이면, 그 채권자는 상계할 수 있다.

② 채권압류 및 전부명령 송달 이전에 채무자에 대하여 상계적상에 있었던 반대채권을 가진 제3채무자는 그 명령이 송달된 이후에도 상계로 전부채권자에게 대항할 수 있다.

③ 상계적상 시점 이전에 수동채권의 변제기가 이미 도래하여 지체가 발생하였더라도 법원은 상계에 대하여 판단할 때 상계적상 시점까지의 수동채권의 지연손해금을 고려할 필요 없다.

④ 동시이행항변으로 행사된 채권을 수동채권으로 한 상계항변에 대한 판단은 주문에 기재되지 않더라도 기판력이 생긴다.

⑤ 채권의 일부 양도가 이루어지면 특별한 사정이 없는 한 각 분할된 부분에 대하여 독립한 분할채권이 성립하므로 그 채권에 대하여 양도인에 대한 반대채권으로 상계하고자 하는 채무자로서는 양도인을 비롯한 각 분할채권자 중 어느 누구도 상계의 상대방으로 지정하여 상계할 수 있다.

---

1) ③④. ③ 상계의 경우 상계적상시까지의 수동채권의 원본 및 지연손해금에 대하여 상계충당의 순서에 따라 지연손해금, 원본의 순서로 자동채권과 대등액에서 소멸한다(대판 90다8855; 2005다8125). ④ 상계 주장의 대상이 된 수동채권이 동시이행항변에 행사된 채권인 경우 그러한 상계 주장에 대한 판단에는 기판력이 발생하지 않는다(대판 2004다17207). ① 민법 제495조 ② 민법 제498조 ⑤ 대판 2000다50596.

제9편 간이소송절차

제1장 소액사건심판절차
제2장 독촉절차(지급명령)

통상의 소송절차에 비하여 간이한 소송절차로 소액사건심판절차와 독촉절차가 있다. 모두 금전 그 밖의 대체물의 지급을 목적으로 채권을 대상으로 한다. 전자는 판결절차로서 쌍방심문주의가 적용되고, 후자는 판결절차에 선행하는 대용절차이고 채권자 일방심문주의에 의하고 있다.[1]

제1장 소액사건심판절차

I. 소액사건의 범위

(1) 소액사건심판절차는 제소시의 소가 2,000만원 이하의 금전 그 밖의 대체물·유가증권의 일정수량의 지급을 구하는 제1심의 민사사건이다. 소유권이전등기청구, 토지인도청구, 채무부존재확인청구 등은 소액사건에 해당되지 않는다. 그러나 청구의 변경으로 이를 초과하거나 당사자참가, 중간확인의 소 또는 반소의 제기 및 변론의 병합으로 인하여 소액사건이 아닌 사건과 병합심리하게 된 사건은

---

[1] 2012년 현재 연간 소액사건이 전체 제1심 본안사건 985,553사건 중 690,239건으로 약 70%이고, 2011년 독촉절차는 1,268,166건으로 전체 민사사건 4,268,251건의 29.7%를 점유하고 있다.대법원 사법연감(통계).

관할지방법원으로 이송하여야 한다(34 ①, 소액규칙 1의2).

(2) 주택·상가건물임대차보호법상의 보증금반환청구는 소가가 2천만원을 초과하여도 소액사건심판법의 일부 조문(소액 6, 7, 10, 11조의2 등)을 준용하여 재판의 신속을 도모한다(주택 13, 상가 18).

(3) 채권자는 소액사건심판법의 적용을 받을 목적으로 청구를 분할하여 그 일부만을 청구할 수 없다(소액 5의2 ①). 이에 위반한 소는 판결로 각하된다(5의2 ②).

Ⅱ. 이행권고제도

이행권고제도는 소액사건에 대하여 변론 전에 행하는 임의적 전치절차이다.

1. 이행권고결정

이행권고결정은 소액사건의 소가 제기된 때에 법원이 결정으로 소장부본이나 제소조서등본을 첨부하여 피고에게 청구취지대로 이행할 것을 권고하는 결정이다(소액 5의3 ①). 그러나 소송절차로 이행된 때, 청구취지나 청구원인이 불명한 때, 그 밖에 이행권고를 하기에 적절하지 아니하다고 인정하는 때에는 이행권고결정을 할 수 없다(소액 5의3 ① 단서).

이행권고결정에는 피고가 이의신청을 할 수 있음과 이행권고결정의 효력의 취지를 부기하여야 한다(소액 5의3 ②).

2. 피고에게 결정서 송달

이행권고결정서의 등본을 피고에게 송달하여야 한다. 다만, 우편송달(187)이나 공시송달(194 내지 196)에 규정한 방법으로는 송달할 수 없으며(소액 5의3 ③), 통상적인 송달방법으로 피고에게 이행권고결정서의 등본을 송달할 수 없는 때에는 지체없이 변론기일을 지정하여야 한다(소액 5의3 ④).

3. 이행권고결정에 대한 이의신청

(1) 피고는 이행권고결정서의 등본을 송달받은 날부터 2주일내에 서면으로 이의신청을 할 수 있다. 다만, 그 등본이 송달되기 전에도 이의신청을 할 수 있다(소액 5의4).

(2) 부득이한 사유로 2주 기간내에 이의신청을 할 수 없었던 경우에는 그 사유가 없어진 후 2주일내에 이의신청을 추후보완할 수 있다(소액 5의6).

4. 이행권고결정의 효력

(1) 이행권고결정은 이의기간 내에 이의신청을 하면 이행권고결정은 실효되며, 법원은 지체 없이 변론기일을 지정하여야 한다(소액 5의4 ③).

(2) 이행권고결정은 이의기간 내에 이의신청을 하지 아니거나 이의신청에 대한 각하결정이 확정된 때, 이의신청이 취하된 때에는 확정판결과 같은 효력을 가진다(소액 5의7 ①). 그러나 확정판결에 대한 청구이의 이유를 변론이 종결된 뒤(변론 없이 한 판결의 경우에는 판결이 선고된 뒤)에 생긴 것으로 한정하고 있는 민사집행법 제44조 2항과는 달리, 소액사건심판법 제5조의8 제3항은 이행권고결정에 대한 청구에 관한 이의의 주장에 관하여는 위 민사집행법 규정에 의한 제한을 받지 아니한다고 규정하고 있으므로, 확정된 이행권고결정에 관하여는 그 결정 전에 생긴 사유도 청구이의의 소에서 주장할 수 있는 위 소액사건심판법 규정들의 취지는 확정된 이행권고결정에 확정판결이 가지는 효력 중 기판력을 제외한 나머지 효력인 집행력 및 법률요건적 효력 등의 부수적 효력을 인정하는 것이고, 기판력까지 인정하는 것은 아니다.[1]

(3) 이행권고결정이 확정된 때에는 법원사무관등은 이행권고결정서의 정본을 원고에게 송달하여야 한다(소액 5의7 ②).

5. 이행권고결정에 기한 강제집행의 특례

이행권고결정에 기한 강제집행은 집행에 조건이 있거나 승계집행문의 경우를 제외하고 집행문을 부여받을 필요 없으며(소액 5의8 ①), 강제집행 중에는 이행권고결정에 재심사유가 있더라도 준재심의 소를 제기할 수 없고 청구이의의 소로써만 다툴 수 있다.

Ⅲ. 절차상의 특례

소액사건에 대하여는 소액사건심판법에 특별한 규정이 있는 경우를 제외하고는 민사소송법의 규정을 적용한다.

1. 소송대리에 관한 특칙

소액사건에서는 당사자의 배우자·직계혈족·형제자매는 변호사가 아니어도

---

1) 대판 2006다34190

법원의 허가 없이 소송대리인이 될 수 있다(소액 8 ①). 소송대리인은 당사자와의 신분관계 및 수권관계를 서면으로 증명하여야 한다. 다만 수권관계에 대하여는 당사자가 판사의 면전에서 구술로 소송대리인을 선임하고 법원사무관등이 조서에 이를 기재한 때에는 그러하지 아니하다(소액 8 ②).

2. 구술에 의한 소제기 등

소액사건은 구술로써 소를 제기할 수 있다. 이 경우 법원사무관등의 면전에서 진술하여야 한다(소액 4). 당사자쌍방은 임의로 법원에 출석하여 소송에 관하여 변론하여 간이하게 제소할 수 할 수 있는 임의출석제를 채택하였다(소액 5).

3. 1회 심리의 원칙

소액사건은 되도록 1회의 변론기일로 심리를 마치도록 하여야 한다(소액 7 ②). 이를 위하여 소장부본이나 제소조서를 지체 없이 피고에게 송달하되, 앞서 본 이행권고결정서 등본이 송달된 때에는 소장부본이 송달된 것으로 보고(소액 6), 소의 제기가 있는 경우 답변서제출기간을 기다리지 아니하고 바로 변론기일을 정할 수 있다(소액 7 ①). 또 판사는 변론기일전이라도 당사자로 하여금 증거신청을 하게 하는 등 필요한 조치를 취할 수 있다(소액 7 ③).

4. 심리절차상의 특칙

(1) 무변론 청구기각

법원은 소장·준비서면 기타 소송기록에 의하여 청구가 이유 없음이 명백한 때에는 변론 없이 청구를 기각할 수 있다(소액 9 ①).

(2) 변론갱신의 생략

판사의 경질이 있는 경우라도 변론의 갱신 없이 판결할 수 있다(소액 9 ②). 이는 직접심리주의(204)의 예외이다.

(3) 조서의 기재 생략

당사자의 이의가 있는 경우를 제외하고 판사의 허가가 있는 때에는 조서기재를 생략할 수 있다(소액 11 ①). 다만 변론의 방식에 관한 규정의 준수와 화해·인낙·포기·취하 및 자백에 대한 기재는 이를 생략할 수 없다(소액 11 ②).

(4) 공휴일, 야간의 개정

직장근무자들의 재판편의를 위하여 근무시간외 또는 공휴일에도 개정할 수 있다(소액 7의2).

(5) 원격영상재판

소액사건이나 즉결심판사건, 협의이혼사건 등에서 재판관계인이 교통불편 등으로 법정에 직접출석하기 어려운 경우 원격영상재판을 할 수 있다(원격영상재판에 관한 특례법 3(1), 법원 34 ①).

5. 증거조사에 관한 특칙

(1) 직권증거조사

소액사건에서는 판사는 필요하다고 인정한 때에는 직권증거조사를 할 수 있어서 그 보충성(292)을 지양하고 있다(소액 10 ①). 그러나 그 증거조사의 결과에 관하여는 당사자의 의견을 들어야 한다.

(2) 교호신문제 폐지

소액사건에서는 교호신문제를 따르지 아니하고 증인신문의 주도권을 법원에 옮겨 판사가 증인신문을 하고 당사자는 판사에게 고하고 보충신문할 수 있는 직권신문제를 채택하고 있다(소액 10 ②).

(3) 증인·감정인 등에 대한 서면신문제

소액사건에서는 판사는 상당하다고 인정한 때에는 증인 또는 감정인의 신문에 갈음하여 서면을 제출하게 할 수 있다(소액 10 ③). 이 서면은 증인신문과 같은 효력이 있는 것이고 서증이 아니므로 문서에 대한 증거조사절차에 의하지 않는다. 제310조의 서면증언제도와 달리 상대방의 이의가 있어도 출석하여 증언하게 할 수 없다.

6. 판결에 관한 특례

(1) 변론종결후 즉시 판결선고

통상 소송절차에서는판결의 선고는 변론종결일로부터 2주일 내에 하나 (207) 소액사건에서는 변론종결후 즉시 할 수 있다(소액 11의2 ①).

(2) 판결이유요지의 구술설명과 판단이유기재의 생략

소액사건에서는 판결을 선고함에는 주문을 낭독하고 주문이 정당함을 인정할 수 있는 범위 안에서 그 이유의 요지를 구술로 설명하여야 한다. 또 판결서에 그 이유를 기재하지 아니할 수 있다(소액 11의2 ② ③).

7. 상고 및 재항고 제한

소액사건에서는 하위법규의 상위법규에의 위반 여부에 대한 부당한 판단과 대법원판례에 상반된 판단에 한하여만 상고 및 재항고를 할 수 있도록 하여(소액 3) 사실상 2심제를 유지하고 있어서 헌법상 재판청구권의 침해 여지는 없는지 등이 논의되었다.

(1) 하위법규의 상위법규에의 위반 여부에 대한 부당한 판단

(가) 소액사건에 대한 지방법원 본원 합의부의 제2심의 판결·결정·명령에 대하여는 법률·명령·규칙·처분의 헌법위반 여부와 명령·규칙·처분의 법률위반 여부에 대한 판단이 부당한 때에 상고 또는 재항고를 할 수 있다.

(나) 소액사건에 대하여 상고이유를 제한하는 소액사건심판법 제3조는 헌법상 재판청구권을 침해하는 것인지에 대하여 헌법재판소의 판례는 대법원에 상고할 수 있는 기회를 제한하는 것이지 근본적으로 박탈하고 있는 것이 아니므로 위 조항은 헌법에 위반되지 아니한다고 판시하였다.[1]

(2) 대법원판례위반

소액사건에 대한 지방법원 본원 합의부의 제2심의 판결·결정·명령이 대법원판례에 상반되는 판단하는 경우이다.

(가) 여기서 '대법원판례'는 대법원의 모든 판결·결정 등의 재판을 가리킨다고 할 수 없고, 당해사건에 적용될 법령해석에 관하여 대법원이 이미 내린 판단을 말한다. 따라서 대법원판례위반이라고 주장하여도 그 실질은 단순한 법리오해나 채증법칙 위반 내지 심리미진 등을 주장하는 것에 지나지 않는 것이라면 단순한 법령위반의 주장이므로 적법한 상고이유가 아니다.[2]

그리고 '구체적인 당해 사건에 적용될 법령의 해석판단'이란 구체적인 당해 사건의 사안에 적용될 법령조항의 전부 또는 일부에 관한 정의적(定義的) 해석을 한 판례의 판단을 말한다.[3]

(나) '상반된 판단'은 구체적인 당해 사건에 적용될 법령의 해석에 관하여

---

1) 헌재 90헌바25. 헌법재판소의 위 다수의견에 대하여 소액사건심판법 제3조는 헌법 제27조 1항에서 도출되는 기본권인 대법원의 재판을 받을 권리의 본질적 내용을 침해하는 것이고 또한 단순히 소송가액만을 기준으로 하여 획일적으로 상고권을 제한하는 것이어서 헌법 제11조 1항의 평등의 원칙에도 위배되는 위헌의 법률이라는 재판관 변정수의 반대의견이 있다.

2) 대판 96다51714; 2000다26517; 2001다49739 .

3) 대판 2004다6979·6986.

대법원이 내린 정의적 해석과 상반되는 해석을 한 경우를 말하고, 단순한 채증법칙 위반이나 법리오해 등은 이에 해당하지 않는다.[1] 또한 원심판결의 가정적(假定的)판단이 대법원판례에 상반하더라도 상고이유가 되지 않는다.[2]

(다) 다만 소액사건에 있어서 구체적 사건에 적용할 법령의 해석에 관한 대법원판례가 아직 없으면 같은 법령의 해석이 쟁점으로 되어 있는 다수의 소액사건들이 하급심에 계속중에 있는데다가 재판부에 따라 상반되는 판단을 함으로 인하여 국민의 법적 생활의 안정성이 문제로 되고 있는 등 특별한 사정이 있는 경우에는, 상고심에서는 법령의 해석 및 적용의 통일이라는 본질적 기능을 수행하기 위하여 소액사건심판법에 규정된 상고이유의 제한에도 불구하고 원심의 실체법 해석 및 적용의 잘못에 관하여 직권으로 판단할 수 있다.[3]

제2장 독촉절차(지급명령)

I. 의 의

독촉절차는 금전, 그 밖에 대체물(代替物)이나 유가증권의 일정한 수량의 지급을 목적으로 하는 청구에 대하여 채무자가 다투지 않을 것으로 예상되는 경우 채권자가 간이·신속하게 집행권원인 지급명령을 얻을 수 있도록 하기 위한 절차이다(462). 인터넷으로 지급명령을 신청할 수 있는 '독촉절차에서의 전자문서이용 등에 관한 법률'에 의한 전자독차시스템이 2006. 11. 24.부터 대법원 홈페이지에서 시행되고 있다. 2014. 12. 1.부터 위 법이 폐지되고 '민사소송 등에서의 전자문서 이용 등에 관한 법률'이 적용된다.

---

1) 대판 81다897; 95다6403; 96다20772.
2) 대판 90다5283.
3) 대결 2003카기33.

Ⅱ. 지급명령의 신청

1. 관 할

독촉절차는 청구가액(소가)에 불구하고 지방법원 단독판사 또는 시·군법원판사, 사법보좌관의 직분관할에 속한다(법원 34 ① (2), 법원 54 ① (2)). 토지관할은 채무자의 보통재판적 소재지, 근무지, 사무소·영업소, 거소지, 의무이행지, 어음수표지급지, 불법행위지의 법원의 전속관할로 한다(463, 2, 7, 8, 9, 12, 18).

2. 요 건

(1) 금전, 그 밖에 대체물(代替物)이나 유가증권의 일정한 수량의 지급을 목적으로 하는 청구이다(462 본문).

상환이행청구는 가능하지만 현재이행이 가능해야 하므로 즉시 집행할 수 없는 조건부·기한부 청구, 예비적 청구에 대하여는 허용되지 않는다.

(2) 송달은 대한민국에서 공시송달 외의 방법으로 송달할 수 있는 경우에 한한다(462 단서). 법원으로부터 채무자의 주소를 보정하라는 명령을 받은 채권자는 보정 대신 소제기신청을 하여 소송절차로 이행시킬 수 있다(466 ①). 공시송달하여야 하거나 외국으로 송달하여야 할 때에는 법원은 직권에 의한 결정으로 사건을 소송절차에 부칠 수 있다(466 ②).

(3) 신청절차는 지급명령의 신청에는 그 성질에 어긋나지 아니하면 소에 관한 규정을 준용한다(464). 따라서 신청은 서면으로 하고 청구취지와 청구원인을 기재한다(249). 인지액은 소장 인지액의 1/10이다(민인 7 ②). 지급명령신청도 재판상 청구이므로 그 신청시 청구에 대하여 시효중단의 효력이 생긴다(265; 민법 172).

Ⅲ. 지급명령신청에 대한 재판

지급명령은 채무자를 심문하지 아니하고(467) 결정으로 한다.

1. 신청각하

신청에 관할위반, 신청요건의 흠, 신청취지에 의하여 청구가 이유가 없음이 명백한 때에는 그 신청을 각하한다. 여러개의 청구의 일부에 대하여 지급명령을 할 수 없는 때에 그 일부에 대하여만 각하한다(465 ①). 신청각하결정에 대하여는 불복할 수 없다(465 ①). 각하결정에는 기판력이 생기지 않으며 6개월 이내 다시 소를 제기하면 최초 지급명령신청시 시효가 중단된다(민법 170 ②).

2. 지급명령

(1) 각하사유가 없으면 청구가 이유있는지의 여부를 심리하지 않고 지급명령을 발하고 당사자 양쪽에 직권으로 송달한다(469 ①). 지급명령에는 당사자, 법정대리인, 청구의 취지와 원인을 적고, 채무자가 지급명령이 송달된 날부터 2주 이내에 이의신청을 할 수 있다는 것을 덧붙여 적어야 한다(468).

(2) 지급명령에 대하여 이의신청이 없거나, 이의신청을 취하하거나, 각하결정이 확정된 때에는 지급명령은 확정판결과 같은 효력이 있는 집행권원이 되며(474) 단기소멸시효에 해당되는 채권이라도 10년으로 연장된다(민법 165 ②). 확정된 지급명령은 집행력이 인정된다. 채권자에 의한 일방적 지급명령신청이고 채무자의 절차참여가 보장되지 아니하였으므로 기판력이 인정되지 않는다(민집 58 ③).[1] 따라서 기판력의 시적범위에 의한 제한을 받지 아니하므로 청구권의 불발생이나 무효 등과 같이 지급명령성립에 관한 하자는 지급명령 이전에 발생하더라도 청구이의의 소를 제기할 수 있다.[2]

Ⅳ. 채무자의 이의신청

1. 이의신청

(1) 채무자가 지급명령을 송달받은 날부터 2주 이내에 서면 또는 말로 이의신청을 할 수 있다(470). 이 기간은 불변기간이므로 귀책사유가 없이 이의신청기간을 도과한 경우 추후보완신청이 가능하다.

(2) 이의신청은 그 이유를 밝힐 필요가 없으며 일부에 대한 이의도 가능하며 이의하면 지급명령은 그 범위 안에서 효력을 잃는다.

2. 이의의 조사

법원은 이의신청이 부적법하다고 인정한 때에는 결정으로 이를 각하하여야 한다. 이 결정에 대하여는 즉시항고를 할 수 있다(471).

---

1) 대판 2006다73966. 민사집행법 제58조 3항은 지급명령에 대한 청구에 관한 이의의 주장에 관하여는 청구이의의 이유를 변론이 종결된 뒤에 생긴 것으로 한정하고 있는 민사집행법 제44조 2항의 규성을 적용하지 아니한다고 규정하고 있다.
2) 대판 2004다11346.

3. 이의의 효과 및 취하의 제한

(1) 적법한 이의신청을 한 경우에는 지급명령을 신청한 때에 소가 제기된 것으로 본다(472).

(2) 이의신청이 적법하다고 하여 소송으로 이행된 뒤에는 지급명령의 실효가 확정적인 것이 되고 독촉절차가 소멸되었다고 볼 것이므로 취하의 여지가 없다.[1]

(3) 소송으로 이행된 뒤에 이의가 부적법함이 판명된 경우 단독판사 또는 사법좌관의 적법인정이 사후의 본안법원을 구속하는지에 관하여 논의되나 이행후 절차안정을 위하여 구속된다고 본다(구속설).[2]

4. 소송절차로의 이행과 처리

(1) 이의신청 등에 따라 소가 제기된 것으로 보는 경우, 소장에 붙여야 할 인지액에서 소제기신청 또는 지급명령신청시에 붙인 인지액을 뺀 액수의 인지를 보정되어야 하며(473 ①), 인지가 보정되면 법원사무관 등은 바로 소송기록을 관할법원에 보낸다(473 ③).

(2) 채권자가 보정기간 내에 인지보정을 하지 아니하면 지급명령신청서의 각하결정을 한다(473 ②).

5. 조정으로의 이행신청과 법원의 조치

지급명령을 발령한 법원이 인지의 보정을 명한 경우 채권자는 인지를 보정하는 대신 해당 기간 이내에 조정으로의 이행을 신청할 수 있고(조정 5의2 ③), 법원은 조정수수료에서 지급명령신청시에 붙인 인지액을 뺀 액수에 해당하는 수수료를 보정하도록 명하며(조정 5의 3 ①) 보정기간 내에 조정수수료를 납부하지 아니하면 법원은 지급명령신청서를 각하결정여야 한다(조정 5의3 ①③).

---

1) 대판 76다2146·2147. 이시윤, 953.
2) 이시윤, 953; 김홍엽, 1147.

찾아보기

저자 약력

한양대학교 법과대학 졸업
변호사(사법연수원 20기)
법학박사
변호사시험위원, 사법시험위원, 변리사시험위원, 공인노무사시험위원
한국민사소송법학회 상임이사
전북대학교 법률지원센터장
전북대학교 법학전문대학원 교수

논문·저서
증권관련집단소송에 있어서 당사자 등에 관한 연구(박사학위논문)
구술심리의 실무적 고찰 –민사소송 제13권 1호(2009. 5)
토지점유에 따른 장래의 부당이득반환청구의 소의 訴益(원광법학 2011. 6)
중재판정의 승인과 집행(원광법학 2011. 12)
공익소송의 입법적 고찰(원광법학 2013. 9) 외 다수
법학입문(공저) 박영사(2010. 12)

민사소송법 <이론·판례·사례·선택형문제>

초판인쇄   2015. 8. 20
초판발행   2015. 8. 27

저자   김학기
발행자   황인욱

발행처   도서출판 오래
주소   서울특별시용산구한강대로38가길 7-18
신고   제302-2010-000029호(2010.3.17)
대표전화   02-797-8786
팩스   02-797-9911
http://www.orebook.com
email: orebook@naver.com

값 42,000원

ISBN 979-11-5829-007-8 93360

파본은 바꿔드립니다.